上海市级专志

上海久事（集团）有限公司志

上海市地方志编纂委员会　编

上海社会科学院出版社

1999 年 10 月 30 日，国家开发银行行长陈元（右二）来久事公司调研，了解外滩楼宇的租赁情况

2002 年 4 月 3 日，上海市副市长蒋以任（中）率委办负责同志来久事公司调研，久事公司董事长张桂娟（左一）等领导陪同

2003 年 4 月 10 日，国家计委原副主任、建设部原常务副部长干志坚（右三）等一行，在久事公司董事长张桂娟（右二）、副总经理胡岳义（左二）陪同下，参观久事公司成立十五周年回顾展并合影

2016 年 4 月 6 日，中共上海市委副书记应勇（右二）、副市长赵雯（右一）在久事集团原副总经理洪任初（左二）、巴士集团总经理张必伟（左一）陪同下，视察巴士集团

1987 年 12 月 30 日，上海市人民政府在上海展览中心召开上海久事公司、上海申能电力开发公司成立大会

1992 年 12 月 30 日，上海市召开扩大利用外资“九四专项”成果汇报会，久事公司总经理鲍友德在会上作汇报发言。“九四专项”除五大市政基础设施项目外，还包括 268 个工业技改项目和 35 个“三产”旅游项目

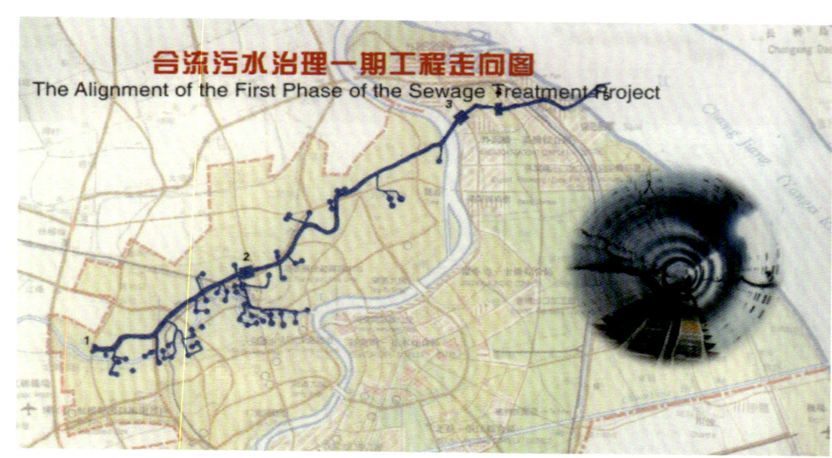

20 世纪 90 年代初，久事公司投资的上海苏州河合流污水治理一期工程走向图

上海虹桥机场改扩建工程（摄于 1991 年）

合流污水一期工程预处理厂及泵站（摄于 1993 年）

南浦大桥全貌

南浦大桥施工现场（摄于 1990 年）

1991 年 12 月 1 日，久事公司新老领导为南浦大桥投资纪念牌揭牌。左起陈庭范、赵福生、李功豪、张桂娟、邹金宝、陈士鹤、胡岳义（1993 年 5 月 22 日，上海市人民政府在海伦宾馆举行南浦大桥固定资产移交签字仪式。久事公司总经理鲍友德和大桥建设指挥部总指挥朱志豪分别代表双方在南浦大桥 10.56 亿元固定资产移交书上签字）

由久事公司投资的企业——上海施乐复印机有限公司于 1994 年跃入中国 500 强工业企业行列

1993 年 5 月 28 日，地铁一号线南段（锦江乐园—徐家汇）建成通车试运行。1995 年 4 月 10 日，由久事公司投资的 25.43 亿元的地铁一号线工程全面竣工并投入运行

1993 年竣工的电话网改扩建工程

上海先进半导体制造有限公司是飞利浦半导体项目（1988 年 8 月被列入“九四专项”）的项目公司，主营大规模集成电路芯片的开发、生产、销售。其前身是 1988 年成立的中荷合资企业——上海飞利浦半导体有限公司，1994 年更名为上海先进半导体制造有限公司

上海久事公司与上海真空电子器件有限公司、永新彩管（香港）有限公司合资组建的上海永新彩管有限公司是一家高科技企业，于 1987 年开工建设，被列为 1989 年上海市重大工程建设项目工业一号工程，一、二、三期工程总投资 23 亿多元，久事公司占股 23%

南浦大桥夜景

1994年10月12日，上海市副市长夏克强（后排左四）等领导在久事公司副总经理张桂娟（后排右一）陪同下，出席有期限出让“二桥一隧”专营权合作合同签字仪式

1998年8月14日，久事公司总经理鲍友德（左三）、副总经理张桂娟（右四）出席中国工商银行上海市分行、上海久事公司、上海轨道交通明珠线发展有限公司银企合作协议暨轨道交通明珠线贷款项目签约仪式

1998 年 12 月 11 日，久事公司副总经理张桂娟（前排左二）出席闵行区人民政府与上海久事公司合作建设上海市轨道交通莘闵线签约仪式并在协议上签字

1999 年 9 月 22 日，久事公司副总经理宋孝鋆（话筒前）、张桂娟（后排右五）出席明珠线（一期）工程项目 10.8 亿法郎法国政府混合贷款暨转贷款协议签约仪式

1999 年 12 月 6 日，久事公司党委班子成员及办公室主任在久事西郊花园合影留念，左起肖兴涛、熊亦桦、牟继祥、张桂娟、高国富、胡岳义、宋孝鋆、王雅丽

2001 年 6 月 28 日，上海高桥石化丙烯酸厂股权转让协议签字仪式在锦江小礼堂举行。上海市人民政府副秘书长黄奇帆（左七）在久事公司董事长张桂娟（左六）陪同下出席签字仪式。久事公司副总经理胡岳义（前排左二）在协议上签字

2002 年 4 月 19—21 日，由中国投资协会、国有投资公司委员会主办，久事公司与申能公司协办的中国投资协会、国有投资公司委员会 2002 年年会在上海举行。图为久事公司党委书记孙金富在年会上发言

2003 年 9 月 4 日，久事公司董事长张桂娟（左四）等领导出席久事公司发行的 2003 年上海轨道交通建设债券上市仪式

2004 年 12 月，久事公司董事长张惠民（右六）、副总经理胡岳义（右九）出席浦东芦潮港铁路集装箱中心站工程建设动员大会

2006 年 10 月 16 日，芦潮港集装箱中心站外景

2008 年 7 月 20 日，由久事公司代表上海出资的京沪高速铁路上海虹桥站及相关工程开工动员大会及奠基仪式

2015 年 11 月 26 日，上海久事（集团）有限公司举行揭牌仪式，由全国劳动模范马卫星（前排左一）和胡国林（前排右一）揭牌。后排左起为久事集团领导薛东、姜澜、孙冬琳、龚德庆、张国洪、张新玫、黄强、李仲秋

2016 年 12 月 28 日，久事集团副总裁张新玫（右四）出席上海国资战略入股澎湃新闻签约仪式

2017 年 12 月 12 日，久事集团党委书记、董事长龚德庆（左四），副总裁张新玫（左一）出席与上海文化广播影视集团有限公司战略合作协议签约仪式

2018 年 6 月 15 日，久事集团党委副书记、总裁郑元湖（后排左一），副总裁张新玫（前排左一）出席与腾讯公司战略合作框架协议签约仪式

2019 年 4 月 29 日，久事集团党委书记、董事长龚德庆（中），总裁郑元湖（右二），副总裁张新玫（右一）出席上海久事产业投资基金揭牌仪式

2019 年 12 月 12 日，久事集团党委书记、董事长过剑飞（中）会见华为上海总经理董刚，久事集团副总裁孙冬琳（右一）陪同在座

2005 年 7 月 1 日，久事公司总经理张惠民（右二）出席市交通局企业及交投公司划转交接仪式

2007 年 9 月 5 日，FIFA 2007 年中国女足世界杯上海赛区巴士集团服务车队成立

2008 年 1 月 16 日，上海首条双层观光巴士线路投入运营

2008 年，强生出租车调度中心

2010 年，巴士集团新型公交车亮相上海世博会

2017 年 2 月 1 日，上海首条中运量公交 71 路在延安东路外滩起点站正式开通

2018 年 6 月 8 日，久事集团党委书记、董事长龚德庆（左）与党委副书记、总裁郑元湖（右）为上海久事公共交通集团有限公司成立揭牌

2018 年 10 月 15 日，久事公交集团为首届进博会定购的智能新车型（黑金刚）交付使用

2018 年 12 月 28 日，上海公交全线开通公共交通乘车码“云闪付”服务运营，图为久事集团副总裁张新玫现场体验“云闪付”

2019 年 9 月 16 日，强生控股公司首批新能源车投入运营

2019 年 9 月 27 日，久事公交集团首批快充高能量智能超级电容车投入运营

2019 年 10 月 23 日，久事集团党委副书记、总裁郑元湖（右三），副总裁孙冬琳（左二）出席与上海隧道工程股份有限公司、上海机场（集团）有限公司的数据共享合作协议签约仪式

2019 年 11 月，久事集团党委书记、董事长过剑飞（前排中），党委副书记、总裁郑元湖（前排左二），副总裁李仲秋（后排右二），工会主席孙江（后排右三）等领导，在久事公交集团总经理张必伟（前排右二）等领导陪同下，到中国国际进口博览会现场慰问一线职工并指导工作

宝杨路停车场（摄于2016年）

高速磁浮列车是2000年由久事公司牵头投资的国家重大科研项目。2001年3月2日，上海磁浮列车示范运营线工程开工；2002年12月31日，举行通车典礼。图为行驶中的磁浮列车

国江路停车场（摄于2016年）

久事公交集团现代化智能分析指挥中心（摄于 2019 年）

强生出行网约车（摄于 2015 年）

上海都市旅游卡（摄于 2009 年）

上海公交站点“墨水屏”投入使用（摄于 2019 年）

2010 年 3 月 16 日，久事赛事公司党委书记、总经理姜澜（右一）与劳力士签署上海大师赛冠名赞助协议，并于 2014 年再度续约十年，创下国内单项国际赛事冠名期限的历史纪录

2010 年 8 月 30 日，久事赛事公司党委书记、总经理姜澜（左三）出席大师赛—世博会直通车签约仪式，上海劳力士大师赛携手世博七馆实现双向交流

2010 年 11 月 9 日，久事公司领导和部分机关部室负责人赴上海赛车场调研

2013 年 3 月 17 日，F1 中国大奖赛十周年万人上赛道活动

2014 年 6 月 6 日，上海市体育局党委书记、局长李毓毅（左五），久事公司总经理张惠民（左四），久事赛事公司党委书记、总经理姜澜（左二）为首届上海浪琴环球马术冠军赛揭幕

2015 年 1 月 1 日，首届“蒸蒸日上迎新跑”主席台鸣枪开跑瞬间

2016 年 4 月，上海浪琴环球马术冠军赛现场

2018 年 4 月 4 日，上海市副市长陈群（左二），市体育局党组书记、局长徐彬（右三）在久事集团党委副书记、总裁郑元湖（左三），副总裁姜澜（左一）陪同下，赴上海国际赛车场开展 F1 十五周年赛前检查

2018 年 4 月 21 日，上海市副市长陈群（中），市体育局党组书记、局长徐彬（左二），久事集团党委副书记、总裁郑元湖（右二）出席环球马术冠军赛上海站（五周年）1.6 米项目颁奖仪式

2018 年 10 月 14 日，上海大师赛十周年决赛现场，由塞尔维亚选手德约科维奇对阵克罗地亚选手丘里奇

2019 年 4 月 14 日，一级方程式世界锦标赛中国大奖赛（F1）第 1000 站发车主看台现场

2019 年 5 月 3 日，久事集团副总裁，久事体育集团党委书记、董事长樊建林（前排左三）与久事体育集团总经理姚冷（前排右二）出席上海久事国际马术中心项目启动仪式

上海体育场（摄于 2017 年）

东方体育中心（摄于 2017 年）

2019 年 5 月 18 日，钻石田径联赛上海站十周年比赛现场

上海国际赛车场赛道一角（摄于 2017 年）

上海市科学技术进步奖

一等奖

上海国际赛车场工程关键技术研究

第一完成单位：上海国际赛车场有限公司

证　书　号：2004163604-1-01

奖励日期：2004年12月19日

上海市人民政府

2004 年 12 月，上海国际赛车场工程关键技术研究获上海市科学技术进步奖一等奖

上海国际赛车场工程

詹天佑土木工程大奖

（第五届）

中国土木工程学会

中国科技发展基金会詹天佑土木工程科技发展基金

二〇〇五年十一月

2005 年 11 月，上海国际赛车场工程获詹天佑土木工程大奖

1993 年 12 月 2 日，久事西郊别墅开工奠基仪式

久事西郊别墅（摄于 1997 年）

2001 年 4 月 2 日，久事总部机关正式进驻坐落在中山南路 28 号的久事大厦

2003 年 2 月 28 日，中山东二路 9 号大楼租赁给上海市档案局改建为市档案馆新馆正式签约。久事公司党委书记孙金富（左三）出席签约仪式。图为久事公司副总经理胡岳义（左四）和档案局副局长仓大放（右五）分别代表双方在租赁合同上签字

2007 年 9 月 26 日，久事公司副总经理张建伟（后排右四）、总法律顾问李雪林（后排右三）等领导出席上海久事公司、上海市徐汇区人民政府“兆丰路旧区改造地块”项目合作签约仪式。图为久事公司总经理张惠民（前排右二）代表久事公司在协议上签字

2011 年 4 月 18 日，上海市副市长赵雯（右三）在久事公司总经理张惠民（右二）陪同下，出席上海外滩华尔道夫酒店开幕盛典

上海外滩华尔道夫酒店夜景（摄于 2016 年）

俯览久事商务大厦（摄于 2017 年）

中山东一路 2 号外景（摄于 2015 年）

2018 年 10 月，上海久事美术馆外滩馆（中山东一路 27 号）开馆

上海市
企业管理现代化创新成果
SHANGHAI ENTERPRISE MANAGEMENT MODERNIZATION INNOVATION ACHIEVEMENT
成果名称：以“三个中心”和全面预算管理构筑
战略控股型投资公司管理模式
贰等奖
获奖单位：上海久事公司
上海市企业管理现代化创新成果评审委员会
二〇〇四年八月

2004 年 8 月，久事公司上报的以“三个中心”和全面预算管理构筑战略控股型投资公司管理模式获上海市企业管理现代化创新成果二等奖

2009 年 7 月 17 日，久事公司召开 2009 年上半年度工作总结暨下半年度工作部署会议

2010 年 3 月 5 日，上海久事公司、上海国盛（集团）有限公司联合召开加强财务管控工作交流汇报会

2011 年 5 月 30 日，久事公司召开 2008—2010 年度任期考核评价会议

2012 年 4 月 9 日，久事公司召开安全生产专题培训会议

2012 年 5 月 24 日，久事公司召开总部推荐优秀中青年干部会议

2015 年 6 月 19 日，久事公司召开信息化工作会议

2017 年 6 月 6 日，久事集团召开企业法治化建设集体学习会，由集团总法律顾问孙江作专题辅导报告。此后，集团总法律顾问和法律事务部陆续为七家直属企业开展了十余场法治化和制度化培训讲座

1995 年至 2002 年，久事公司获得第八届、第九届、第十届、第十一届上海市文明单位称号

1998 年 6 月 25 日，久事公司新入党的员工在中共一大会址党旗下庄严宣誓

2005 年 4 月 18 日，久事公司党委组织全体员工赴洋山深水港工地进行“参观洋山深水港，学习洋山人艰苦创业精神”主题教育活动，学习洋山人的“负责、拼搏、奉献、进取、大局”五种精神

2011 年 9 月 28 日，久事公司召开 2011 年度党员领导人员民主生活会

2011 年 5 月 16 日，久事公司总部党员参观嘉兴南湖革命纪念馆

2012 年 4 月 19 日，久事公司组织员工参观张闻天故居

2012 年 10 月 30—31 日，中国共产党上海久事公司第一次代表大会召开，党委书记俞北华向大会作工作报告

2012 年 10 月 30 日下午和 31 日上午，中国共产党上海久事公司第一次代表大会举行分组会议，代表们讨论久事公司两委班子工作报告和酝酿两委班子候选人名单

2012 年 10 月 31 日下午，大会投票差额选举两委班子成员，图为大会监票人员进行投票

2012 年 10 月 31 日下午，经大会选举，新一届中国共产党上海久事公司委员会由七人组成。前排左起张惠民、俞北华、聂建华，后排左起许敏、张建伟、顾利慧、薛东。经选举，俞北华当选党委书记，张惠民、聂建华当选党委副书记

2012 年 10 月 31 日下午，经大会选举，新一届中国共产党上海久事公司纪律检查委员会由五人组成。左起管蔚、顾利慧、聂建华、孙江、叶章毅。经选举，聂建华当选纪委书记，顾利慧当选纪委副书记

2013 年 4 月 9 日，久事公司召开 2013 年度党风廉政建设工作会议

3 年 7 月，久事公司党委副书记、总经理张惠民（中），党委副书记、纪委书记聂建华（右六），工会主席薛东（左六）参加公司举行的第二期中青年部培训班结业仪式

14 年 7 月 11 日，久事公司党委副书记、纪委书记聂建华（中）参加公司第三期中青年干部培训班结业典礼

2015 年 11 月 12 日，久事集团召开巡视工作动员会，市委巡视组将进驻久事集团进行为期三个月的巡视工作

强生出租车驾驶员党员先锋示范岗（摄于 2015 年）

2017 年，强生出租公司举行“擦亮名片重塑新形象　党旗增辉喜迎十九大”党员竞赛活动启动仪式，以实际行动喜迎十九大胜利召开

2002 年 9 月 11 日，久事公司召开第五届工会会员大会，选举产生新一届工会委员会

2004 年 9 月 1 日，上海总工会代表团访问挪威总工会，久事公司工会主席曹旭东（右二）应邀作为代表团成员之一

2007 年 9 月 6 日，久事公司劳模全家福

2019 年 3 月 29 日，久事集团工会主席孙江主持召开一线职工座谈会，广泛听取职工意见和建议

2005 年 9 月 28 日，共青团上海久事公司第一次代表大会召开

2007 年 4 月 3 日，巴士公司获上海市优秀青年突击队

2009 年 6 月 19 日，久事公司团委召开新团员宣誓仪式暨离团纪念座谈会，党委副书记、副总经理、纪委书记傅长禄（右三）出席座谈会

2017 年 4 月 7—9 日，久事集团团员青年参加 F1 中国站志愿服务工作

2008 年 7 月 7 日，久事公司党委副书记、副总经理、纪委书记傅长禄（中）慰问一线职工

2016 年 8 月，久事集团党委副书记、总裁龚德庆（右二）慰问一线职工

2019 年 7 月，久事集团党委副书记、总裁郑元湖（右一）慰问一线职工

2020 年 8 月 11 日上午，久事集团党委书记、董事长过剑飞（右一）来到莘庄停车场，慰问公交修理车间职工和充电桩工作人员

1996 年 7 月 1 日，久事公司办公室员工在“歌唱久事”歌咏大赛中获得第一名

2002 年 12 月 27 日，久事公司举行联欢会，庆祝公司成立十五周年

2007 年 12 月 28 日，久事公司举行“久事与我同发展，我和久事共前进”庆祝久事公司成立二十周年演讲会。图为久事领导与演讲选手合影

2007 年 10 月 13 日，久事公司举办 2007 年“久事杯”乒乓球比赛

2007 年 12 月 3 日，强生五分公司一车队举行员工读书活动交流会

2009 年 7 月 5 日，久事公司举行“青春耀久事，微笑迎世博”主题活动启动仪式

2009 年 9 月 28 日，“编织爱心，情系世博”久事公司工会女职工委员会开展爱心毛衣编织活动

2011 年 11 月 11 日，参观世博展——久事书友会活动

2013 年 2 月 6 日，久事公司举办“凝心聚力　共迎未来”新春联欢会

2013 年 10 月 14 日，久事公司领导参观摄影展

2013 年 12 月 20 日，久事公司副总经理张建伟（前排右一）等人员出席上海久事公司、金山区人民政府、亭林镇人民政府举行的农村综合帮扶签约仪式

2015 年 9 月 9 日，久事公司举行迎国庆歌咏会

2016 年 9 月 20 日，巴士集团举行“增强职工体质　展现巴士活力”职工运动会

久事集团第一届职工运动会于2016年6月3日至9月27日举行，图为广播操比赛

2017年，在久事集团第一届职工艺术节舞操比赛中，体育集团舞操表演队获一等奖

久事公司女职工每年坚持在工余时间开展舞蹈健身活动

2017 年 12 月 28 日，久事集团举办庆祝上海久事成立 30 周年座谈会

2017 年 12 月 28 日，久事新老领导在庆祝上海久事成立 30 周年大会上合影

2016 年 9 月 27 日，久事集团第一届职工运动会闭幕式

上海巴士公交(集团)有限公司
采 树久事形象
团第一届职工运动会
2016.6.3-9.27
置业公司队
久事集团总部队

2017 年久事集团第一届职工艺术节，久事集团领导观看职工书画展

2017 年久事集团第一届职工艺术节“好词好诗大家诵”一等奖获得者王箴为

2017 年久事集团第一届职工艺术节三等奖绘画作品（交投集团顾春妍作）

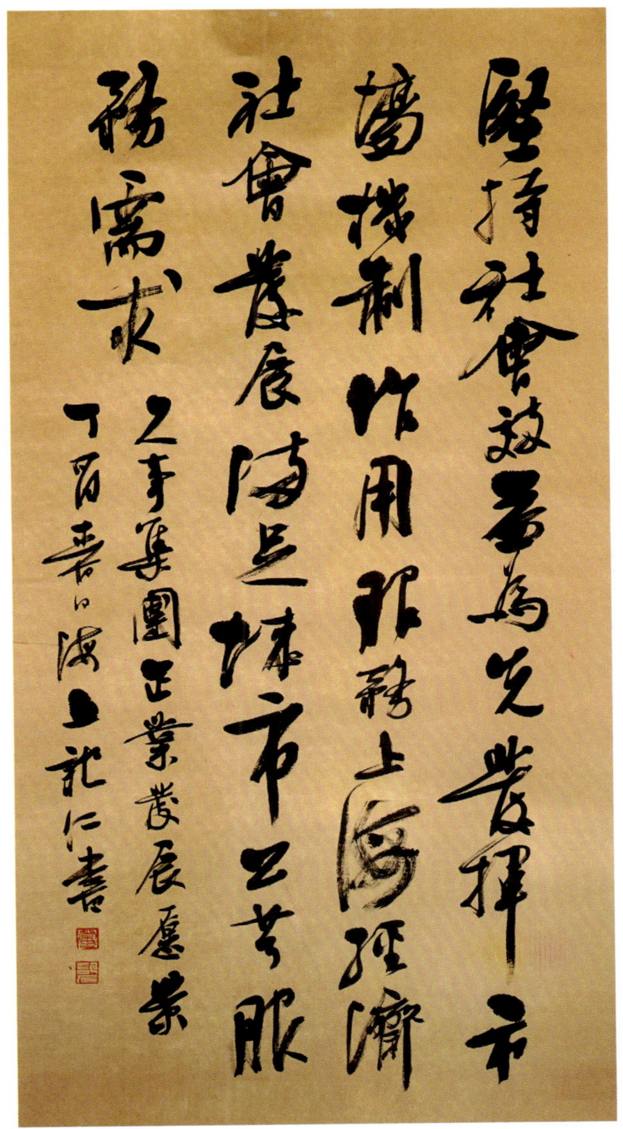

2017 年久事集团第一届职工艺术节一等奖书法作品（强生控股常记仁作）

2017 年久事集团第一届职工艺术节二等奖绘画作品（巴士集团陆蔚作）

2017 年久事集团第一届职工艺术节一等奖绘画作品（强生控股袁安康作）

2017 年久事集团第一届职工艺术节二等奖书法作品（久事集团本部李兆坤作）

2017 年久事集团第一届职工艺术节二等奖绘画作品（强生控股王亿凯作）

2017 年久事集团第一届职工艺术节入围奖绘画作品 （强生控股徐金根作）

2017 年久事集团第一届职工艺术节入围奖绘画作品（交投集团倪建钢作）

2017 年久事集团第一届职工艺术节入围奖绘画作品（久事置业周涛作）

上海市地方志编纂委员会

上海市地方志编纂委员会

（2007 年 8 月—2018 年 6 月）

《上海市级专志·上海久事(集团)有限公司志》编纂委员会

《上海市级专志·上海久事(集团)有限公司志》编纂委员会

（2017 年 1 月—2020 年 10 月）

主 任 委 员 龚德庆(2017 年 1 月—2019 年 10 月)

副主任委员 姜　澜(2017 年 1 月—2018 年 11 月)
薛　东(2017 年 1 月—2018 年 12 月)
张新玫(2017 年 1 月—2020 年 4 月)
黄　强(2017 年 1 月—2020 年 10 月)

委　　　员 （以姓氏笔画为序）
史建伟(2017 年 1 月—2019 年 11 月)
任俊强(2017 年 1 月—2019 年 5 月)
邹国强(2017 年 1 月—2019 年 12 月)
陈　放(2017 年 1 月—2019 年 5 月)
陈　麟(2017 年 1 月—2019 年 1 月)
姚贵章(2017 年 1—12 月)
董守勤(2017 年 1 月—2018 年 7 月)
鲁国锋(2017 年 1 月—2020 年 6 月)
臧晓敏(2017 年 1 月—2020 年 7 月)

办公室主任 王箴为(2017 年 1 月—2020 年 1 月)
谷际庆(2020 年 1—7 月)

办公室副主任 贾　勉(2017 年 1 月—2020 年 3 月)
田　震(2017 年 1 月—2019 年 8 月)
姚信彬(2017 年 1 月—2019 年 5 月)
章华群(2017 年 1 月—2020 年 6 月)

《上海市级专志·上海久事(集团)有限公司志》编纂委员会办公室

责任编辑 徐夏临　郑浩坤　黎宇海　王致欣　冯　琪　张怡清

直属企业提供资料领导、责任人

巴士公交集团公司　陈　麟　牛均亮　贺　昉　金家骐　徐　瑛　尤　优
强生控股公司　程　林　陆立平　邬咏卫　夏顺斌　施　奕　徐士亭　张炽尧
交通投资集团公司　郝俊青　蔡培莉
申铁投资公司　任俊强　陆　琳　王亚林　唐莉莉
公共交通卡公司　鲍菁梅　朱栋梁　石晓莉
久事体育产业集团　鲍　丰　章华群　张鑫鑫　张　岚　施　奕
赛车场有限公司　山　枫　田　震　金　英　翟正国
久事置业　黄　威　鲁　烨　杨丽坤　钱力行　陈　雁
新联谊　孙亦伟　潘登捷
久事投资　陈志敏　唐之风

集团部室提供资料领导、责任人

办公室　王箴为　贾　勉　周靖南　杜　燕　王　璐
党委工作部　江　涛　陈孝琪　朱　凡
人力资源部(组织人事部)　叶章毅　沈　敏　张丽莉　樊玥辰
投资发展部　杨　兵　曹奕剑　陈雯洁　肖丰诚
建设管理部　陈晓龙　王天华
运营协调部(安全管理部)　周耀东　何海昌　吴师为
财务管理部　邹国强　卫　清　叶谌骁
信息管理部　火　炜　费　晔　刘瑛华
纪检监察部　葛　文　彭士森　徐　珉
法律事务部　孙　江　虞慧彬　金梦婷
审计事务部　王淙谷　卢　岭　文　苑
工会　孙　江　王雯洁　陈　珺
团委　贾　勉　张丽莉

《上海市级专志·上海久事(集团)有限公司志》
评议专家

蒋应时　王　健　王志刚　李伟听　李安定　吴家骅　汪国富
茅伯科　姚天文　柴志光　蔡富军

《上海市级专志·上海久事(集团)有限公司志》
审定专家

吴祥明　于文新　史文军　田克新　般洁伟　曹可强　章建伟
蒋永年　潘建龙

《上海市级专志·上海久事(集团)有限公司志》
验收单位和人员

验收单位　上海市地方志办公室
验收人员　洪民荣　姜复生　过文瀚　黄晓明　黄文雷

业务编辑　赵明明　肖春燕

序

在上海市地方志办公室的关心指导下，久事集团各部门、各直属企业同心协力，经过三年半的努力，《上海市级专志·上海久事(集团)有限公司志》终于出版，这是久事集团“两个文明”建设的一件大事，可喜可贺！

久事30年发展史，可谓上海改革开放史的一段缩影。

20世纪80年代，上海面临市政基础设施欠账多、资金少的局面，经济和社会发展遇到了前所未有的困难。党中央、国务院十分关心上海的发展，1984年9月，国务院改造振兴上海调研组专门到上海进行调研。12月初，国务院领导和有关部委负责人来上海调研视察，进一步研究上海经济发展战略以及实现战略转变所必需的政策和条件。

1986年5月16日，上海市政府发文向国务院报送《上海市人民政府关于上海市扩大利用外资的请示》，提出以自借自还的方式，扩大利用外资规模，以加强城市基础设施建设，加快工业改造，发展第三产业和旅游业。

1986年8月，国务院发文批复上海市人民政府，同意上海第一批扩大利用外资32亿美元，其中包括14亿美元投资五大市政基础设施建设改造工程——南浦大桥、地铁一号线、合流污水一期工程、虹桥机场国际候机楼改造和20万门程控电话，13亿美元投资268个工业技改项目，5亿美元投资35个第三产业和旅游项目，统称“九四专项”。

1987年12月，上海久事公司成立(取“九四”谐音“久事”)，作为“九四专项”总账房，承担筹措、安排、审核、管理32亿美元外资的责任。久事是改革开放时期第一家在全国范围内率先利用外资，进行城市大规模建设改造的政府性投资公司，开创了上海投融资平台建设的先河，在全国起到了重要的引领和示范作用。

1992年12月，市委、市政府举行上海扩大利用外资“九四专项”成果汇报会，标志着“九四专项”取得阶段性成果。市政府在会上高度评价久事公司在助力实施“九四专项”方面取得的重要成果。是年，市委、市政府同意久事由事业单位转制为企业，以独立法人身份走向市场。围绕浦东开发开放、产业结构调整和金融中心建设，久事寻找商机，砥砺前行，为改善上海投资环境、促进上海经济发展作出了积极的贡献。

进入21世纪,根据市委、市政府决定,久事又全面担负起上海轨道交通、铁路等投资建设任务,承担外滩经典楼宇的修缮置换,建设并运营上海国际赛车场,有力提升和扩大了上海的城市影响力。2005年,随着巴士集团、强生集团等5家公共交通企业的加入,久事开始进入交通产业投资与经营综合发展的阶段。

2015年11月26日,上海久事(集团)有限公司成立,由传统的全民所有制企业整体改制为国有独资公司,实现了从企业法人向公司法人的转变。2015年12月31日,市体育局将东亚集团等5家所属企业资产监管关系和党组织关系划归久事集团。2016年11月,上海久事体育产业发展(集团)有限公司成立,成为国内规模最大、产业要素最齐备的体育产业经营管理公司。

至2017年年底,久事集团拥有直属企业10家,员工7万余人,总资产4 610亿元,已经从一家政府性投资公司发展成了集城市交通、体育产业、地产置业、资本经营四大产业板块于一体的特大型公共服务类企业,进一步发挥着保障城市有序运行、服务城市建设发展的重要作用。

回首过往,那是硕果累累的三十载,是激荡人心的三十载,更是与这座城市呼吸与共、血脉相连的三十载。在前进的道路上,每一步都铭刻着久事人踏石留印的奋斗足迹,每一步都饱含着久事人开拓进取的拼搏韧劲,每一步都流淌着久事人廉洁创业的辛勤汗水。

盛世修志,志载盛世。从启动修志到志书出版的三年半时间里,志书得到了久事很多老领导、老同志的关心和支持,得到了广大干部职工的积极帮助。特别是上海市地方志办公室的领导和专家,对这本志书的编纂工作给予了十分有益的指导。在此,谨表示衷心感谢。

我们相信,这本志书将以其丰富而宝贵的史料价值,在上海的改革开放史上留下浓墨重彩的一笔,也必将成为激励一代又一代久事人不忘初心、接续奋斗的精神宝藏和动力源泉。

展望未来,我们一定会在市委、市政府的坚强领导下,继续传承久事的改革基因,发扬敢为人先的奋斗精神,用我们的智慧和担当,在人民城市建设新的征程中发挥更加积极的作用,作出更大贡献!

上海久事(集团)有限公司党委书记、董事长 过剑飞

2020年9月2日

凡　例

一、本志以马克思列宁主义、毛泽东思想、邓小平理论、“三个代表”重要思想、科学发展观、习近平新时代中国特色社会主义思想为指导，坚持辩证唯物主义和历史唯物主义，力求全面、客观、准确地记述久事公司历史及现状，反映各个时期主要工作发展及变化。

二、本志上限为 1987 年，下限为 2017 年，为记事完整和人事变动等情况，大事记及部分章节内容和照片作适当追溯或延伸。

三、本志采用述、记、志、传、图、表、录等体裁，横排门类，纵述史实。全志以总述、大事记统领，各篇设概述，并依次为：机构与体制、“九四专项”、投融资、经营、管理、党群工作、企业文化、人物·荣誉，共 8 篇、43 章、177 节、387 目。表随文设，图照取卷首集中与串文分散相结合形式。志末设专记、附录、索引、编后记。

四、本志行文规范依据《〈上海市志(1978—2010)〉编纂行文规范》。

五、本志有些名称出现频率较高，首次出现时用规范全称，以后均用规范简称。1987 年至 2015 年 11 月 5 日，全称“上海久事公司”，简称“久事”或“久事公司”；2015 年 11 月 5 日以后，全称“上海久事(集团)有限公司”，简称“久事集团”；对久事集团所属直属企业、机关部室名称，一般用当时称谓，先用全称，后用规范简称。

六、本志数字用法以《出版物上数字用法》(GB/T 15835—2011)为准，数据均保留两位小数，计量单位运用按 1993 年国家技术监督局公布的《量和单位》国家标准的规定执行。

七、本志资料主要来源于久事集团档案部门馆藏资料和各直属企业档案部门馆藏资料、内部保存资料及内部出版物等。

目　　录

CONTENTS

总述

上海久事(集团)有限公司前身是1987年成立的上海久事公司(以下简称久事)。至2017年,已成立30年。这30年,伴随着改革开放大潮,在中共上海市委(以下简称市委)、上海市人民政府(以下简称市政府)的领导和关怀下,从一个成立之初只有30人(实际到岗23人)的投融资事业单位,发展成为至2017年年底,拥有直属企业10家,员工7万余人,总资产4 610亿元,负债总额1 798亿元,资产负债率39%,全年实现合并营业收入107亿元,经营性利润8亿元的特大型公共服务类企业,为上海城市发展作出了重要贡献,为未来可持续发展打下了坚实基础。

一

1984年9月—1992年12月,是久事在市委、市政府领导下,以"九四专项"为重点,积极利用外资,加快城市基础设施建设的起步阶段。

20世纪80年代,曾经是中国工业基地的上海,面临着城市功能老化、市政基础设施欠账太多、第三产业设施落后、工业设备陈旧、产品结构不合理等诸多困境。历届市委、市政府高度重视,深入调研,探讨上海发展出路,并积极向党中央和国务院建言献策。

1984年9月,国务院改造振兴上海调研组一行32人到沪调研。12月初,国务院主要领导和有关部委负责同志到上海调研视察。改造上海,振兴上海,不仅是上海的事情,党中央、国务院高度重视,全国都很关心。

1985年2月,国务院批准《关于上海经济发展战略的汇报提纲》,强调上海要充分利用对内对外开放的有利条件,发挥优势,引进和采用先进技术,改造传统工业,开拓新兴工业,发展第三产业,逐步改善基础设施和投资环境。

市委、市政府抓紧研究对策,要加快基础设施建设,加强工业设备改造,当务之急是利用外资解决资金缺口问题。1986年5月16日,上海市政府向国务院上报《上海市人民政府关于上海市扩大利用外资的请示》,提出以自借自还的方式,扩大利用外资规模,以加强城市基础设施建设,加快工业改造,增加出口创汇能力,发展第三产业和旅游业。1986年8月5日,国务院批准上海采取"自借自还"方式扩大利用外资规模方案,同意上海为三类项目筹措外资32亿美元的设想,包括五大城市基础设施项目利用外资约14亿美元,工业技术改造项目利用外资约13亿美元,第三产业和旅游业项目利用外资约5亿美元,这一方案被称为"九四专项"。

为了有效还款,要把创汇和不创汇的、赢利和不赢利的、长期见效和短期见效的项目捆在一起,统一核算,综合开发经营,并负责统筹还款。但把这些项目捆在一起是一个十分复杂的过程,现有金融机构难以承担。市计划委员会(以下简称市计委)考虑到,需要有一个专门机构集中力量予以总体协调,统筹32亿美元的使用、调度和归还。

1987年2月,市计委请示市政府,为便于承担"九四专项"任务,集中各方力量,单独成立"上海九四公司",作为"九四专项"总账房。同月,市政府批复同意成立"上海九四公司",后因工商注册不能用数字作为公司名称,则取“九四”谐音“久事”,定名为“上海久事公司”,定级相当于局级单位,隶属于市计委,属事业单位。

筹备成立久事公司,人员由市政府相关部门或企业借调,办公场所与市政府事务管理局协商,未能解决。为尽快落实,只能自己想办法到上海各宾馆、酒店咨询了解。1987 年 5 月,经努力在新城酒店借六间客房开始办公。12 月,由于新城酒店装修,又寻找房源,在四川北路白厦宾馆借一层楼面作为办公场所。

12 月 18 日,久事完成工商登记,注册资金 8.7 亿元。主营利用外资、投资及综合开发经营。12 月 30 日,市委、市政府在展览中心召开上海久事公司成立大会。至此,久事开始艰难的“创业”历程。

久事成立后,根据市委、市政府要求,积极向国际货币基金组织、世界银行、亚洲开发银行等筹措外资,并安排、审核、管理 32 亿美元、308 个“九四专项”项目外资使用计划。

市政基础设施项目:由久事直接筹措 14 亿美元,投资五大市政基础设施项目。其中南浦大桥、虹桥机场国际候机楼改造、20 万门程控电话扩容于 1991 年年底相继完成,合流污水一期工程于 1993 年年底竣工,地铁一号线于 1995 年全线通车。尤其是南浦大桥的建成通车,极大加快了浦东的开发开放步伐。南浦大桥通车的第二年即 1993 年的车流量达到 2.8 万辆/日,超过预测的 1995 年 1.59 万辆/日水平,南浦大桥 1993 年收入 5 000 万元。虹桥机场国际候机楼改建后进出港为 130 万人次,两年后的 1994 年增至 210 万人次。

工业技改项目:筹措 13 亿美元投资的 268 个工业技改项目,其中包括上钢三厂年产 35 万吨 3.3 米中厚板项目、新沪面粉厂日加工能力 1 200 吨的亚洲规模最大面粉生产线、大中华橡胶厂年产 30 万套钢丝子午线轮胎生产线、上海显像管厂年产 110 万套显像管玻壳设备、上海有色金属板带厂年产 4 万吨铜板带设备等。还参资支持创办施乐复印机公司、飞利浦半导体公司、爱梯恩梯通信设备公司、埃恩激光公司、联合光盘公司、诺顿磨料磨具公司等。这些技术项目引进和投产,为上海老工业基地焕发青春,为上海的产品升级换代、扩大出口、提高竞争能力,发挥了重要作用。

三产旅游项目:筹措 5 亿美元投资 35 个三产旅游项目,主要包括华亭宾馆、虹桥宾馆、银河宾馆、龙柏饭店、建国宾馆、新锦江大酒店等 15 家中高级宾馆,新增客房 6 900 余套,为改进上海旅游宾馆设施作出了贡献。

1988 年上海实事公司成立,此事缘于全国财政制度改革,对上海实行“基数包干上缴、一定五年”的机制。前三年每年上缴财政收入固定为 105 亿元,由此上海每年可多分得 14 亿元财政收入,上海市市长朱镕基决定将当年这 14 亿元作为市政府机动财力,向市政建设工程、工业技改和企业流动资金提供类似于信贷的中短期资金支持,并取“14”谐音,成立上海实事公司。

1990 年 1 月,在市计委主导下,久事公司与实事公司合并,工商登记注册资本变更为 22.7 亿元,合并后的新久事除继续履行“九四专项”总账房职能外,新增实事公司职能,代市政府管理财力资金,也为久事每年增加一定的现金流。为贯彻落实党中央、国务院关于清理整顿公司的精神,久事原来组建的 8 个联营贸易公司不再代理久事组织的计划外出口业务,清理解散。

1992 年是久事公司成立五周年,11 月 6 日,中共中央总书记江泽民为上海久事公司成立五周年题词:“积极筹措国内外资金,为振兴上海经济作出更大贡献。”12 月 10 日,国务院副总理朱镕基发来贺信,希望久事“进一步解放思想,努力开拓,把久事公司办得更好,为振兴上海、开发浦东、服务全国作出更大贡献”。1992 年 11 月,中共中央政治局委员、上海市委书记吴邦国题词:“扩大利用外资,加快经济发展。”

1992年12月30日，市委、市政府举行上海扩大利用外资"九四专项"成果汇报会。上海市市长黄菊在会上作重要讲话，对"九四专项"实施取得阶段性成果给予充分肯定。通过改革政府投资体制，建立投融资公司负债机制，探索出一条利用财政信用进行投融资的行之有效的途径，从而为上海城市"一年一个样，三年大变样"找到了解决资金短缺的"新方法"。

久事助力"九四专项"实施，是国内利用外资、加快城市基础设施建设和改造的第一家，闯出了一条新路，开创了上海投融资平台建设的先河，在全国起到积极的引领和示范作用。

久事刚成立时，企业党建、群众工作、制度建设和企业文化建设刚起步。1988年1月，成立党支部，共有10名党员。1988年5月，经市计委工会批复同意，成立工会组织。党群组织建立为久事党群工作开展提供了组织保证。

二

1992—2004年是久事多元化投融资及各方面工作进入稳步大发展的阶段，尤其是浦东开发开放，给久事投融资带来了新机遇。

20世纪90年代初，党中央宣布开发开放浦东。随着上海经济逐步放开搞活，对资金需求进一步增加，浦东、浦西都面临着从未有过的发展新机遇。市政府迫切需要久事和当时另一家主要投资公司——上海市投资信托公司(简称投资信托公司)发挥更大作用，支持上海发展。

1991年8月，久事向投资信托公司转入3亿元资金，持有其20%股权，用参股投资形式把两家公司利益结合在一起。从此，久事持有第一笔金融类资产。

1991年11月，市计委颁发的《关于上海投资信托公司、上海久事公司加强联合的通知》中明确"两个公司性质均为企业"。1992年9月，久事正式转制为企业，开始以真正独立法人身份走向市场。

1992年2月，市房产管理局遵照市政府及市建委关于同意久事公司"结合地铁等市政工程建设，进行房地产综合开发经营"的意见，审核批准久事公司拥有房地产开发资格。

在浦东开发开放过程中，久事发挥投融资作用，充分运用浦东各项优惠政策，通过参股、合资、开发、经营等形式，积极促进浦东新区开发建设。

在功能区投资建设方面，久事直接参与浦东新区三个开发区启动和投资。1993年投资9 120万元，与投资信托公司、外高桥保税区开发控股公司共同组建上海外高桥保税区三联发展有限公司，负责外高桥保税区中心区域3平方公里土地开发和有偿转让、项目引进及综合经营和管理；投资3 000万元于张江高科技园区开发公司，支持高科技园区提前启动；投资1.8亿元，帮助星火工业开发区启动和基础设施建设，这些开发区最终都成为上海招商引资的重要基地。

在金融投融资方面，1992年久事投资参股浦东发展银行，持有其4.21%的股权。4月，又代为发行上海久事公司浦东建设债券(第一期)3亿元，为浦东新区建设筹措资金尽一份责任。

在产业投资方面，与高桥石化合资年产3万吨丙烯酸及酯的高桥石化丙烯酸厂，是当时浦东已建成投资规模最大，也是国内同类企业中技术先进的工业项目之一。1994年10月竣工投产，总投资12.21亿元，久事占股90%。

在第三产业方面，久事直接投入1.2亿元，在陆家嘴金融区内，开发占地面积11.45万平方米的地块。先后投资开办贸易、酒店等5个第三产业项目。其中，1992年5月22日，久事注入资金

5 200 万元，从事经营贸易业务的全资子公司——久事浦东公司成立，开始自主经营、开发与投资。后来由于经营不善，经三年清理，2003 年关闭注销。

1993 年 4 月，久事投资当时上海最大的五星级宾馆——东锦江大酒店，为浦东新区形象建设起到积极作用。

至 1996 年，累计批准“九四专项”项目 308 项，总投资额 297 亿元，利用外资 31.7 亿美元，久事第一轮基础设施投资建设和工业技改项目基本完成。

由于“九四专项”借外债还贷日期临近，当时外债利率发生很大变化，久事还贷压力俱增。1993 年 10 月，国务院副总理朱镕基在上海考察工作时，研究上海财税、金融改革和扩大开放等方面问题，并议定中央 1986 年特批给上海扩大利用外资 32 亿美元规模的政策执行到 2000 年止，久事认真思考，积极探索，开阔思路，用好、用活利用外资的政策。

在“九四专项”投资任务基本完成后，久事着手进行新一轮基础设施投资，并在投资体制机制等管理方面作了一定改革和探索。

理顺产权关系：五大基础设施工程建设完成后，久事本着谁投资谁所有，债权债务一致的原则，向市政府上报《关于理顺久事公司若干投资项目产权关系的请示》，坚持对出资资产的产权所有。地方建设财力经过久事“拨改贷”“贷改投”项目形成国有资产，分别落实债权股权，明晰产权关系。经过努力，理顺了南浦大桥、地铁一号线等项目资产关系，南浦大桥等正式成为久事固定资产。

拓宽融资渠道：除原有银行信贷和发行债券外，在市政府指导下，久事大胆尝试资本运作，有期限转让市政设施部分专营权。1994 年 10 月，与上海城市建设投资开发总公司(简称上海城投公司)一起将“两桥(南浦大桥、杨浦大桥)一隧(打浦路隧道)”45%的经营权有期限作价 3 亿美元，转让给香港中信泰富集团，用所得资金建造徐浦大桥。1996 年 3 月，在徐浦大桥尚未完工之时，久事又将徐浦大桥 45%专营权有期限继续转让给中信泰富，回收 1 亿美元用于其他投资，形成“投入、产出、再投入”的良性循环新格局。

建立项目法人制度：在五大市政工程建设过程中，由于久事特定“账房”功能，偏重于筹资和还债，没有业主意识，也不对项目进行监管。1995 年在徐浦大桥建设过程中，久事开始着手对项目资金使用进行控制。1997 年年初，久事承担投资轨道交通明珠线一期工程(三号线)项目，决定通过市场化手段进行投资，突破原有项目指挥部的做法。久事联合上海申通公司和工程沿线六个区，发起成立作为投资主体的项目公司，由这个项目公司对三号线筹资、建设、还贷乃至运营负全责，从一开始就把工程投资者和项目经营者权利义务捆绑在一起，从根本上解决产权不明晰、资产管理关系不顺等问题，使“谁投资、谁所有、谁得益”的原则基本确立。

实施项目资本金制：放大资金杠杆效应。原有市政投资，在资金上采取的是全额拨款方式，没有发挥资金的放大作用。由于项目法人建立，久事在三号线建设中，变过去 100%投资为 30%项目法人资本金投入，而这 30%资本金中，久事仅投入 51%现金，剩余 49%由上海申通公司与沿线六个区县以实物和动拆迁费用入股，久事仅需拿出整个工程 15%的现金，即可使项目运转，大大发挥了国有资本的放大作用。

20 世纪 90 年代中期，在完成“九四专项”工业投资任务后，久事根据市政府产业导向，通过对高科技产业项目投资，促进上海产业向“高精尖”推进。

在工业投资方面，为建设上海工业新高地，久事转向对高新产业进行投资。1996 年 11 月，久事出资 10 亿元参与当时最大的电子高科技项目——华虹微电子超大规模集成电路芯片建设(简称“909 项目”)，还参与投资永新彩管、旭电子玻壳、朗讯科技、冰箱压缩机等重要高科技产业项目。

在房地产经营方面，久事于1992年获得房地产开发资质，先后开发久事复兴大厦、久事大厦、久事西郊花园、金南新苑、金置大厦等房地产项目，开发面积超过60万平方米，以合资方式组建九海公司等房地产开发经营公司，推动房地产发展。

在金融投资方面，久事先后入股浦发银行、上海银行、招商银行、申银万国证券、海通证券、国泰证券、爱建股份、平安保险等知名金融机构，推动上海金融中心建设，为久事投资金融、证券业积累经验。

在融资方面，除发行3亿元浦东建设债券外，1995年久事委托建设银行在香港发行1.5亿美元七年期债券。1999年11月，委托申银万国证券发行6亿元'98久事建设债券。

1994年5月29日，久事从白厦宾馆搬至延安东路100号联谊大厦三楼。办公场所不固定，引起市政府的关心。久事也对相关地块进行咨询了解，最终选择中山南路。1995年8月28日，在中山南路28号地块举行久事大厦打桩开工仪式。2001年4月2日，久事完成成立以来规模最大的一次搬迁，正式进驻久事大厦办公。

1999年8月1日，根据市政府决定，上海外滩房屋置换公司正式并入久事公司。原外滩房屋置换公司于1994年经市政府批准成立，受权负责本市CBD(中央商务区)北起南苏州路、南至金陵东路沿街两侧范围内批准的房屋置换(含租赁)24幢，面积24.5万平方米，先后有中国工商银行、中国银行、中国农业银行、光大银行、浦东发展银行、招商银行、中国太平洋保险公司、美国花旗银行、新加坡佳通公司、美国友邦等一批中外金融机构和跨国公司进驻外滩大楼。11月，陕西北路186号租赁合同正式签订。外滩房屋置换公司并入久事，为外滩经典楼宇板块形成打下基础。

进入21世纪，久事投融资功能扩大。2000年为加快上海轨道交通建设，经市政府常务会议讨论通过轨道交通“四分开”改革方案，即“投资、建设、营运、监管”四项职能分开，转变原有“一体化”体制。同年4月，根据市政府第56次常务会议有关精神，久事出资156亿元，与城投公司按6∶4的比例出资组建“上海申通集团有限公司”，明确由申通公司作为上海轨道交通投资主体，按市政府城市规划和布局投资建设城市轨道交通，市政府对轨道交通财力和政策支持通过申通公司实施。当年，两家公司又按4∶6的比例出资3亿元组建“上海地铁运营有限公司”，负责地铁线路营运工作。

“四分开”改革实行后，上海地铁建设进入高峰期，地铁线网建设全面展开，计划在“十五”期间建成200公里轨道交通线路，总投资1 000亿元。由此，久事投融资压力增大且投资重点向轨道交通集中。以申通集团为投资主体，在2000至2004年期间先后投资建设磁浮示范运营线、明珠线一期(3号线)北延伸段、明珠线二期(4号线)、共和新路高架(1号线北延伸段)、莘园线(5号线)、浦东线(6号线)、杨浦线一期(8号线)、申松线(9号线)等。特别是磁浮示范运营线建设，是久事公司以其子公司(申通)名义牵头组织宝钢、申能、电气等多家集团投资的国家重大科研项目。进入21世纪，随着国内经济持续快速发展和社会快速进步，已经并将继续产生极大的高速客运交通需求。未来几年迫切需要建设、发展与高速客运交通需求相适应的高速轨道交通体系。建设磁浮示范运营线，在当时具有特殊意义，得到中央领导的重视和关心。

久事在地铁建设中进一步发挥融资平台作用。2001年获得国家开发银行130亿元轨道交通专项贷款，2003年又完成40亿元'03沪轨道债券发行任务，为上海地铁线网形成提供了资金保障。

2004年6月，市政府召开申通公司关系划转工作会议，会上明确申通公司划转至市建设党委和市建委，久事以大局为重，服从市委、市政府安排。对轨道交通职能转变，对其投融资仍积极支持。

久事在轨道交通领域投资的经验丰富，于2002年又承担起投资浦东铁路项目新任务。浦东铁路是上海洋山深水港工程配套项目,根据铁道部与市政府协议,由双方部市共同投资建设。上海方面资金投入由久事与国资经营公司、浦发集团(代表浦东新区)共同实施。经市政府同意,三方按5∶4∶1比例出资5亿元,于2002年12月投资成立上海申铁投资公司。申铁公司成立后,作为上海市出资代表,与铁道部出资代表合资组建上海浦东铁路发展有限公司和上海铁路集装箱中心站发展有限公司,并于2004年投资建设浦东铁路一期(平安—阮巷段)和芦潮港集装箱中心站两大工程,由此开启久事在铁路领域的投资历程。

在铁路投资的同时,结合一号线上海南站改建工程,市政府决定由久事作为主要投资方,投资建设上海南站广场项目。2002年,久事按63%比例出资5.1亿元设立南站广场公司,对工程进行投资建设。2004年,经市发改委协调,久事不再控股上海南站广场投资公司,改由上海地产(集团)公司控股,市财政原注入久事公司投向南站广场公司的5.1亿元资金,由市财政收回。

进入21世纪,一些高端国际体育赛事纷纷看好中国市场,尤其是风靡全球的F1体育赛事,若在上海举办可以有力地提升城市形象,促进上海汽车文化和旅游产业发展,市政府决定引入这项顶级赛事,并以商业化模式运营。

经综合考虑,市政府决定以久事为主,联合国资经营公司和嘉定区共同出资建设上海国际赛车场。三方于2002年2月共出资8亿元,工程于2002年10月开工,于2004年3月仅用一年半时间就完成赛道主体工程,并通过国际汽联验收,当年6月投入试运行,赶在首届F1中国大奖赛前完成建设任务。

久事在承担建设任务的同时还承担赛事承办任务。在赛车场开工建设5天后,赛车场公司又作为赛事承办主体,经与国际汽联多轮商谈,最终签订上海承办F1世界锦标赛2004—2010年中国大奖赛协议,自此F1正式落户上海。2004年9月,在没有办赛经验的情况下,久事成功举办首届F1中国大奖赛,在当年取得轰动效应,成为上海的一张名片。

随着久事投资项目不断增多,基于"有所为,有所不为"的理念,从1995年开始,久事就提出对持有资产进行"盘整、盘实、盘活"的方针,进入21世纪,久事以"三盘"为抓手,有力支撑基础设施建设,有效提高资产运行质量,增强久事的融资能力。

及时变现获利资产:2002年久事作为第二大股东将张江高科(上市公司)9.61%的国有法人股转让给第一大股东张江园区公司,转让价格较投资成本溢价13.6倍,成为当年证券市场的成功投资案例,同年还将投资外高桥三联发展公司股份转让给外高桥集团,并将这些收回投资资金用于地铁建设。

及时清理风险资产:久事于20世纪90年代初投资的高桥石化丙烯酸厂,在市政府协调下划拨给华谊集团;又将益昌薄板的全部股权转让给宝钢股份。久事支持上海"一城九镇"发展,于2001年投资1.05亿元参股浦江镇项目,又于2004年退出,收回投资款。

持续投资高回报项目:金融类股权安全边际和投资回报率均较高,对这些机构的投入使久事获得较好收益,交行股权投资回报率最高时达到52%,申银万国证券达到38%,自1992年开始持有的上国投股权也一直有20%的回报。在此期间,久事除向美国花旗银行出售浦发银行股权外,积极参与申银万国证券、海通证券、太平洋保险等公司的增资扩股,提高资金效率。

合理置换基础设施资产:久事还把资产经营手段应用到基础设施领域,将合流污水项目股权与城投公司投资方地铁一号线资产置换,把原投资于各区县实业资产置换成各区县轨道交通项目公司股权,实现久事投资业务向轨道交通基础设施领域有效积聚。

在这一阶段,久事党建和企业文化建设等各项工作,也在积极有序向前推进。

1992 年 9 月，久事征集“司标”启事于 9 月 6 日刊登于《文汇报》《新民晚报》，向全国征集“司标”样稿。两个月来，征集来稿近 4 000 份。经专家组评审、久事领导审定，无锡市轻工学院冉海泉作品中标。

随着久事人员增加，尤其是青年员工增加，1993 年 8 月，久事成立团支部。久事党委把创建上海市文明单位列入重要议事日程。开展以创“四个一流”（建一流队伍、上一流管理、树一流信誉、创一流效益）为目标的创建文明单位活动。

1997 年 4 月，久事荣获上海市（1995—1996 年）第八届文明单位称号。这是本届 1 000 个市级文明单位中市计委系统和市综合经济系统唯一荣获上海市文明单位的局级单位。此后，久事又连续三届荣获上海市文明单位。

1997 年是久事公司成立十周年。1997 年 2 月 9 日，中共中央总书记江泽民为上海久事公司成立十周年题词：“开拓奋进，再创辉煌。”2 月 18 日，国务院副总理吴邦国题词：“乘势发展。”6 月，中共中央政治局委员、上海市委书记黄菊发来贺信，贺信写道：十年来，上海久事公司在扩大利用外资规模、筹措国内外资金、安排好地方建设财力资金、投资国家和市重大项目等方面取得显著成绩，为上海的经济建设和浦东开发开放作出了积极贡献，也为投资体制的改革进行了有益的探索。领导的题词和贺信是对久事工作的充分肯定和鞭策，更激励久事广大员工为上海振兴发展再建功立业。

三

2005—2014 年，久事从投融资扩展到城市公共交通领域，与大城市的联系更紧密了，久事进入投融资与产业经营综合发展的新阶段。

进入 21 世纪，上海公交企业、出租车企业竞争激烈。为了生存，多种经营产业渗透进公交行业和出租车行业。虽经 1996 年、2001 年公交改革，解决了一些历史包袱问题，但对公交公益性、公交优先发展的大方向还需积极探索。

2005 年 4 月，为贯彻落实市委关于深化城市交通管理体制改革方案，推进市交通局“转变职能，政企分开，管办分离”的部署，市政府拟将交通局所属公交企业对外划转。7 月 1 日，上海市建设交通党委、市国资委党委、市社会工作党委、市交通局党委联合举行市交通局所属企业及交投公司划转交接仪式。上海交通投资（集团）有限公司、上海巴士实业（集团）股份有限公司、上海强生集团有限公司、上海五汽冠忠公共交通有限公司、上海现代交通建设发展有限公司 5 家企业资产及行政关系正式划入久事公司。截至 2005 年年底，这 5 家企业总资产 252.5 亿元、员工 6 万余人，共拥有 427 条公交线路、9 530 辆公交车和 12 707 辆出租车。公共交通板块的划入，预示着久事经营业务开始由投资管理向投资管理与产业经营并重转变。

2006 年，久事投入 11 亿元，更新公交车辆 2 152 辆，其中高等级车辆 1 555 辆。11 月，在充分调研的基础上，起草关于《完善上海巴士公共交通有限公司管理体制及运作机制的行动方案》的报告，提出“两个更加突出、五个强化”的工作思路，即更加突出公交行业公益性特征，更加突出公交企业运作市场化特征；强化公交线网优化调整，强化公交企业内部成本控制竞争，强化营运企业营收管理，强化营运企业财务监控、审计与考核，强化营运企业干部职工激励与约束，推行竞争上岗制度，力争在上海 2010 年世博会前展现上海公交新形象。

2008年8月，为落实公交优先发展战略，市委、市政府对公交行业提出“国有主导、规模经营、有序竞争、提升服务”的要求，由于公交业务主要经营者上海巴士股份(集团)有限公司是一家上市公司，政府许诺的“公益性”与股份公司“股东利益最大化”存在较大矛盾。由此，久事着手实施巴士股份重组退市工作，拉开公交第三轮改革序幕。

2008年12月，市委主要领导在久事上报的《关于完善〈上海巴士公共交通有限公司管理体制及运作机制的行动方案〉的报告》上作出重要批示：“公共交通联系千家万户，公共交通安全、便利、畅通地运行，事关人民群众对党和政府的信任，事关社会和谐与稳定，办好公共交通必须突出产业的公益性和管理的科学性，既要加大财政对公共交通的支持，又要加强内部的经济核算和适当的竞争，不能走‘吃大锅饭’的老路，久事公司高度重视巴士公司的改革，下决心展现上海公交公司的新形象，祝你们取得成功，也相信你们一定能取得成功，使巴士公司走在全国公交系统的前列。”市政府主要领导看了报告后作出重要批示：“‘两个突出’‘五个强化’提得很好，关键是建立机制，关于政府投入的机制也必须创新。”

根据巴士股份退市重组方案和上海新一轮公交改革总体安排，久事将持有的巴士股份股权划转至上汽集团，同时以资产购买方式，将巴士股份除金融资产以外其他公交、出租、团客车资产以24.5亿元价格全部购回。2009年3月，久事另行组建上海巴士公交有限公司，注入退市的公交资产，并通过收购重组，统一经营浦西地区和金山、崇明、奉贤区域的地面公交营运，圆满完成了公交退市任务。3月28日，市政府召开上海市推进公交优先发展工作会议，上海市副市长沈骏为上海巴士公交公司成立揭牌。4月1日起，对大众、强生公交实行托管，并开始实施浦西公交重组。至年底，重组整合后的巴士公交管辖下的12家营运企业，拥有公交员工4.8万余人，线路648条，公交车辆10 200辆，线路和车辆占全市份额的60%。这一年，久事公交资产向巴士公交集中，原所管辖的浦东公交实施转让。

2010年6月，抓住证券市场调整机会，久事启动强生控股重组工作，按照市委关于优质资产上市的要求，将巴士股份退市时转出的出租、团客车、旅游业等资产以及强生集团同类资产注入强生控股，整合优质资产重新上市，增强强生控股的经营能力，原强生集团未上市的资产划给久事置业公司。

五大公交公司划归久事，并经历改制重组后，面临的重大考验是“迎博办博”。在2009年、2010年“迎博办博”过程中，广大干部职工不畏艰难，交出一份满意的答卷。

尤其是巴士公交、强生出租车为世博会提供多种服务。在园区内，巴士承担园区内四条交通线路及世博专用观光车运行，通过抽调业务骨干、组建“蓝之鹰”志愿者队伍等形式，组织一批优秀员工入园工作，经受住24次单日50万以上人次大客流，6月、7月连续阴雨，40天高温等极端天气的考验，办展期间共运送1.39亿人次，承担75%以上的客流。此外，巴士集团还按市政府要求，专项采购新能源车，通过世博期间示范运行，充分展现绿色办世博的理念。

在园区外，公交、出租车辆车容车貌焕然一新，推出1 980辆新型出租汽车，成为世博专属出租车队的主力军和上海一道靓丽的风景线。据统计，强生世博出租车累计进出世博园候车点达50.35万车次。世博园外开设32条世博公交专线，累计运送乘客1 200多万人次，全面增加园区周边日常线路运能，有效减少世博交通与日常交通时间的叠加影响，并借助公交指挥系统和出租汽车电调系统，动态调整运力，出色完成大客流疏散、武警运送等任务。

南浦大桥作为横跨世博园区重要的城市标志，久事在“迎博”600天期间，完成大桥多项整治任务。在世博期间，南浦大桥重展新面貌。

与此同时，久事还重点抓下列资产、基础设施建设和投融资。

铁路建设：2005 年市政府发函明确由申铁公司作为上海地方铁路投资主体。2007 年 11 月，鉴于相当一段时期内上海铁路建设项目较多，市政府又成立了上海铁路建设指挥部，申铁投资公司还承担着指挥部办公室的职能，代表上海参与境内铁路建设投资。

自 2007 年起，上海境内铁路投资规划全面展开，申铁公司先后参股投资建设京沪高速铁路、沪宁城际铁路、沪杭客运专线、金山支线改造等一批铁路建设项目，基本完成上海重大铁路项目建设任务，累计征地 2 万亩、动迁 200 万平方米，形成 257 公里市域铁路基本框架，大大提升上海对长三角地区辐射能力，为上海铁路建设历史性突破作出贡献。

土地储备：2007 年，市政府赋予久事土地储备新职能。久事承担旧区改造等融资功能，为徐汇滨江、虹口北外滩、金沙江路等旧区改造提供资金支撑，收储面积合计约 46.3 万平方米，约 9 600 户动迁居民的居住条件得到改善。

交通基础设施建设：以交投公司为投资建设主体，2005 年至 2010 年，完成公交基础设施投资近 30 亿元，建成 18 个公共客运枢纽站，改扩建 9 个公交停车场，新增公交停车能力 2 600 辆。

轨道交通：久事作为申通集团大股东，继续发挥为轨道交通筹资功能，截至 2013 年年底，累计投入申通集团资本金 660 亿元，筹措 346 亿元，完成还本付息 278.5 亿元，有力地支持了轨道交通建设。

融资任务：2009 年，久事率先在地方政府性投资公司中成功发行 50 亿元中期票据和 20 亿元企业债券。其中，中期票据低于同期贷款利率 2 个百分点，每年节省利息费用 1 亿元左右，进一步开拓了旧改资金筹措新渠道。2013 年成功向平安保险融资 50 亿元。

“十一五”期间，久事筹资规模近 900 亿元。2011—2013 年又筹资 523 亿元，还本付息 112.04 亿元，其中，市财力安排 44.67 亿元，通过久事自身创造经营收入及其他各种方式，用于还本付息 67.37 亿元，久事始终保持 AAA 资信评级。

此外，久事还投资参股申江两岸开发建设投资(集团)有限公司、上海临港经济发展(集团)有限公司、上海申虹投资发展有限公司等功能类公司，间接参与重大市政功能项目投资。

外滩经典楼宇开发稳妥推进。2001 年，久事业务进行战略调整，相继出售部分物业，房产业务逐步萎缩。2005 年起，久事以外滩世纪楼宇保护、开发、利用为契机，全面推进外滩置换公司遗留楼宇置换、修缮工作，相继实现开发利用。吸引上海银行、友邦保险、泰国正信银行等中外金融机构入驻，罗斯福会所、华尔道夫酒店相继开业，为外滩增添新亮点。2007 年、2009 年还先后收购汉口路 110 号大楼和兴力浦大厦(久事商务大厦)。通过构建金融、国际品牌、精品酒店等现代服务体系，外滩风貌得到重现，功能得到丰富，为国际金融中心建设集聚能量。

体育赛事产业整合。2005 年 8 月，为更好推动 F1 赛事经营，久事实施赛事经营与开发建设相分离体制改革，投资成立赛车场经营发展有限公司，专项负责赛车场相关赛事具体承办、推广事宜，实施赛事专业化、产业化经营。在此期间，经营公司成功举办 F1 中国大奖赛、Motot GP(世界摩托车锦标赛)等重要国际赛事。

巴士股份自 1997 年起涉足网球赛事，划转久事后，由其承办的网球大师杯赛一并成为久事赛事项目。在 2005—2008 年期间，久事连续 4 年成功举办 ATP1000 年度网球大师杯赛。由于网球大师杯赛签约期至 2008 年止，为留住这项经典赛事，经与 ATP 组织商谈，2007 年 4 月久事获得 ATP1000 网球大师杯赛永久举办权，自 2009 年起，ATP1000 网球大师杯赛每年定点在上海举办。

2007 年 11 月，久事对所属体育赛事资源进行整合，在赛车场经营发展公司和巴士所属上海新新体育文化有限公司基础上整合优势资源，投资成立上海久事国际赛事管理有限公司，主要负责F1和ATP网球大师杯赛两项赛事的具体承办以及赛车场功能开发经营。2009年，抓住F1续约谈判契机，大幅降低F1办赛成本，并陆续成功引进世界耐力锦标赛、世界房车锦标赛。世界排名前4位的顶级汽车赛事中有3项落户申城，推动上赛场成为亚洲汽车运动中心之一。2014年又成功举办环球马术障碍赛。经过多年奋力拼搏，赛事公司经营业绩不断提升，经营质量和效益不断提高。F1赛事从2008年大额亏损到2010年扭亏并实现赢利增长，再到2012年收益平稳增长。上海ATP1000网球大师杯赛从2009年首届比赛起，在经营上就实现赛事整体赢利，2014年比2009年增加30%，并连续5年被ATP组织评为年度最佳赛事。又如赛场经营实现降本增效目标，2008年赛事公司刚组建时，上赛道几乎成了F1专用赛场，综合利用率低，到2014年全年赛场使用时间314天，负荷率近100%。赛道常年客户从2008年屈指可数的一两家，发展到2014年十多家国际大型汽车厂商，几乎囊括所有顶级汽车品牌。

与此同时，赛事经营公司还走出去，帮助兄弟省市进行赛事经营管理，在市场竞争中积累经验。

2005—2014年，久事党的建设和精神文明建设围绕行政中心工作，稳定、鼓劲、奋力，做了大量卓有成效的工作。

2005年7月1日，5家公交企业党政隶属关系划转久事。随后，久事党委计划集中3天时间对这5家公交企业进行摸底调研，由于正值开展“保持共产党员先进性”教育活动期间，久事党委决定派出督导组进入5家公交企业，参加“保持共产党员先进性”教育活动动员会、中心组学习会、专题民主生活会、党支部学习会，全面了解具体做法和基层党员模范作用发挥等情况。11月中旬，长达4个月的“保持共产党员先进性”教育活动取得积极成效，为改制重组奠定思想基础。

2006年4月，久事党委研究决定在久事范围内组织开展争创“先进集体”“先进个人”活动。2010年12月30日，召开2009—2010年度先进集体和先进个人表彰大会，对两年来在久事改革发展和服务世博、奉献世博中涌现出来的创先争优示范党支部、久事“双先”和建功世博“双十佳”进行命名表彰。

2007—2011年，久事党风廉政建设得到加强。党委要求“一岗双责”(业务负责、党风廉政责任制负责)，将党风廉政建设各项要求细化为5个方面18项考核指标，并于2012年与各直属企业党组织签订党风廉政建设目标责任书，保证党风廉政建设各项要求落到实处。

大力推进“制度加科技”。以规范决策为重点，全面修订久事规章制度，对67项制度进行梳理，制定和完善50多项制度。完善“三重一大”(重大事项决策、重要干部任免、重要项目安排、大额资金使用)事项集体决策和监督检查制度，突出决策环节的民主氛围。

结合久事实际，专项治理不断深入。在完成领导人员投资入股、小金库、收送礼金礼券购物卡、土地管理、领导人员垂直兼职等专项治理检查的基础上，开展特约车、厂房场所租赁等治理活动，并注重从完善制度、解决问题、推进信息化三个方面开展工作，形成久事专项治理特色。

2012年10月30—31日，召开中国共产党上海久事公司第一次代表大会，对久事公司成立以来九个方面工作作了简要回顾，得出“五个必须坚持”的重要经验。同时，再次明确“一三二二”发展战略，即一个重点，确保完成政府性项目投融资任务；三个品牌，精心打造交通客运品牌、经典楼宇品牌和赛事文化品牌；两个优化，优化资产结构，优化管理模式；两个效益，在体现社会效益的同时，实现经济效益最大化。对久事“四种精神”作进一步阐述，要“发扬追求卓越、崇尚一流的进取精神，诚信至上、忠诚履职的负责精神，整体凝聚、通力合作的协作精神，敢于担当、勇挑重担的奉献精神”，并将其作为久事的核心价值理念融入生产、经营、管理全过程，巩固全体员工团结奋斗、开拓创新的思想基础。大会选举产生中国共产党上海久事公司新一届委员会和新一届纪律检查委员会。

四

2015—2017 年是上海久事(集团)有限公司(以下简称久事集团)转型发展的重要时期,是重新确立久事集团发展定位、愿景与战略的重要阶段。

2015 年 3 月,根据市委对国有企业深化改革工作的要求,集团总部启动公司制改制,先后完成章程修订、资产评估、工商登记和社会公告等工作。改制后,上海久事公司名称变更为"上海久事(集团)有限公司",注册资本由 252.7 亿元变更为 600 亿元。11 月 26 日,举行久事集团揭牌仪式。久事由传统的全民所有制企业整体改制为国有独资公司,实现从企业法人向公司法人转变。

2015 年 5 月 20 日,中共中央政治局委员、上海市委书记韩正到久事调研,久事党政领导在工作汇报中指出,面对上海新一轮发展新形势,久事面临三大新挑战。第一,上海新一轮国资国企改革对久事提出新要求、新任务,特别是市委、市政府要求久事公交承担先行先试的改革任务,还要求久事加强履行公共服务型企业的职能,强化市场主体意识,加大改革创新力度。第二,政府性债务管理新政策出台,意味着政府性平台公司过去替政府举债搞建设模式难以为继,必须创新投融资模式,加快功能转型。第三,科技的进步与互联网经济快速发展,深刻改变着传统企业的生存环境,传统优势正在快速消失,促使企业向"互联网+"转型发展。

为积极应对挑战,久事重新调整工作重点,重新确定久事发展定位、愿景与战略:"以服务上海经济社会发展为使命,以满足城市公共服务需求为目标。坚持社会效益为先,发挥市场机制作用。积极实施'四位一体'和'两翼支撑'的发展战略,即以城市交通、体育产业、地产置业和资本经营为主体,以法制化和信息化为支撑。不断提高公共服务能力和水平,把久事打造成优质的公共服务型企业。"

市委书记韩正要求久事处理好公共服务和市场化改革的关系,始终把社会效益放在首位。要围绕公共交通、体育产业等核心业务,把久事公司打造成优质公共服务型企业。

新体制要有新面貌。在治理结构方面,久事集团根据市委、市政府要求,完成董事会的筹建,完善董事会、董事长办公会制度,修改公司章程,完成"党建进章程"要求,理顺党委会、董事会、董事长办公会职责权限和相互关系。重构决策辅助机构,形成"战略与投资、预算管理、审计与风险控制、董监事管理、提名与薪酬考核"五大专业委员会,充分发挥专业委员会辅助决策职能。

在久事集团总部层面,优化集团管理模式,调整总部机构设置。2015 年以来,集团新设运营协调部、安全管理部和信息管理部 3 个职能部门,以加强对服务基层的管控,发挥总部把握全局和综合协调职能。全面梳理修订集团相关制度,把依法治企体现到改革中。久事集团总部着力发挥战略管理、运营协调、资源配置和风险管控等作用,更好地为一线企业服务。

推动久事集团品牌战略。2017 年,明确品牌战略,确定"上海久事"品牌形象,形成品牌定位、品牌架构、品牌管理的品牌战略体系,确定"恒久事业、行稳致远""久久为公、实施为民"的品牌核心价值观,还启动久事集团品牌战略课题研究工作。全面加强战略研发,制定《集团加强研发功能工作方案》和《集团智库建设工作方案》,重点开展"出租车服务与监管平台建设""交通大数据中心建设"等 11 项课题研究。开展行业专项研究,开展一系列品牌宣传活动,为久事集团品牌建设奠定坚实基础。

在直属企业层面，优化直属企业法人治理结构。以“重心下移，权责一致”为原则，除少数企业出于特殊原因外，多数有条件企业实行法人治理结构下移制度，即法定代表人由各直属企业总经理担任，久事集团领导一般不再兼任所属企业法定代表人，以保证权责一致和效率的提高。

加快企业改革重组。2015 年 9 月，根据上海国资国企改革要求，久事集团完成交通卡公司与旅游卡公司重组方案，由交通卡公司协议收购久事所持旅游卡公司 50.01%股权，对“两卡”业务进行整合。2015 年 12 月，市委、市政府根据政企分开的工作要求，将东亚集团等 5 家市体育局所管辖的企业资产监管关系和党组织管理关系正式划至久事集团。久事集团旗下体育资产规模进一步扩大。

在城市交通方面，久事公交作为上海运能最大的公交骨干企业，2017 年拥有公交线路 500 余条，线路总长度 7 223.99 公里，年行驶总里程 4.20 亿公里；运营车辆 7 800 余辆；年运客 10.43 亿人次，占全市地面公交运量的 50.54%；公交员工近 2.9 万名，其中一线驾驶员 1.45 万名。2017 年，久事公交全面完成 2015—2017 年深化改革各项任务。在区域运营公司整合、机务改革、扁平化管理改革等方面取得积极成效，超额完成经营目标，乘客满意度指数继续保持行业领先。

强生控股拥有出租汽车近 1.2 万辆，约占全市总量的 25%，员工近 2 万人，是国内大型出租汽车运营商之一。通过低息贷款、减免场站租金、专项经费支持等举措，推进强生出租深化改革，促进强生出租形象升级。为强生控股转型发展争取时间，在市委、市政府关心下，久事集团全力支持强生控股改革，围绕驾驶员、车辆、牌照(特许经营权)3 项核心资源，探索经营模式、管理体制和数字化三位一体的出租改革模式，力争闯出一条新路。

申铁投资加快城市铁路建设，促进“长三角”一体化。2017 年 7 月，作为上海铁路投资的重要平台，市委、市政府将上海市域铁路投资建设主体任务交给申铁公司，给企业发展带来又一重大的历史机遇。申铁公司全力推进机场联络线及嘉闵线前期准备工作，为长三角一体化可持续发展提供有力的交通保障。

交通卡公司抓住改革契机，大力发展手机交通卡支付应用，手机交通卡用户总量突破 350 万，日交易最高 170 万笔，占交通卡日交易总量 15%以上。积极推广公共交通乘车码，覆盖本市所有公交线路和 17 条轮渡航线，用户数 1 800 万。

体育产业方面，为加强领导，发挥体育资产“1＋1＞2”的体制机制效应，2016 年 11 月，上海久事体育产业发展(集团)有限公司成立，成为国内规模大、产业要素齐备的体育产业经营管理公司之一。2017 年，久事按照“统筹规划、分步实施、深度融合、整体创新”的原则，优化整合集团赛事场馆资源，形成“1 个功能性平台＋N 个专业化公司”模式，推动体育产业改革向纵深发展。同时，开展体育场馆运营管理研究，接收徐家汇体育公园规划与建设，加快浦东足球场建设，托管东方体育中心，做好旗忠网球中心托管筹备，实现体育场馆的资源集中。

久事体育产业集团成立后，圆满完成各项重大赛事举办任务。成功举办 F1 中国大奖赛、ATP1000 网球大师杯赛、环球马术冠军赛、国际汽联世界耐力锦标赛、斯诺克上海大师赛、国际田联钻石联赛等 8 项重大赛事和几十场赛事活动，累计吸引观众近 40 万人次。同时，圆满完成 F1 中国大奖赛、世界斯诺克上海大师赛、国际田联钻石联赛上海站 3 项赛事续约工作。

地产置业方面，加强外滩 16 幢优秀历史建筑保护利用，积极探索外滩楼宇保护利用新思路。积极开发外滩历史建筑社会和文化功能，成功举办外滩文化研讨会和油画展等重要活动。有效传播上海久事品牌，筹划举办外滩建筑群保护利用规划主题论坛，为外滩楼宇制定保护标准，创新利用模式。形成上海久事美术馆群方案，位于中山东一路 27 号 6 层的上海久事美术馆外滩馆向公众免费开放,得到市领导肯定和社会良好反响。

资本经营方面,久事集团坚持政府投资主体定位,积极发挥投融资平台作用,投资政府规划重大项目。继续大力投资建设上海轨道交通、城市公交基础设施、体育场馆等项目,围绕市域铁路、体育场馆、城市更新等重大投资项目,创新投融资模式,做实产业基金,推动以交通、体育产业等为代表的子基金募集设立。

法治化和信息化是久事集团可持续发展的支撑。2015 年,久事集团着手开展梳理修订规章制度工作,把依法治企精神体现到改革中。2016 年,成立规章制度体系建设领导小组和工作小组,制订《制度体系建设工作计划及实施方案》。3 年来,共制定制度 70 项,修改 29 项,废止 41 项,合计调整 140 项,有效保障了久事集团各项改革工作在制度框架内依法合规进行。

进一步把握时代脉搏,为顺应"互联网+"发展趋势,久事集团加快推动"云数据中心"项目,谋划筹建"服务云"应用平台,为城市高效、安全、有序运行提供智能解决方案。通过"大数据""云计算"等技术手段,将业务信息池通过数字化方式,转化为可读取、可运用、可分析的有效信息池,提升各板块间信息交流、数据共享,以开拓创新新产业、新业态,加强企业可持续发展能力。

经过久事集团上下共同努力,2015 年、2016 年、2017 年这三年经营业绩逐年向好,总资产分别为 4 081 亿元、4 350 亿元、4 610 亿元,负债率分别为 51.3%、42.5%、39%。

这一阶段,久事集团党建工作与时俱进,呈现亮点和特色。根据全国国有企业党建工作会议精神,久事集团党委进一步加强党对国有企业的领导,发挥领导核心和政治核心作用。完善企业法人治理结构,设立集团董事会,董事长、党委书记由一人担任,总裁兼任党委副书记,符合条件的党委委员进入董事会,法人治理结构更加突出党委领导作用。完善党组织法定地位,修订公司章程,将党组织职责权限、机构设置、运行机制、基础保障写入公司章程;集团 9 家直属企业全部完成党建进章程工作。完善前置决策内容,修订《党委会议事规则》,2017 年度久事集团召开党委会 28 次,研究内容涵盖集团全部重要事项,不仅讨论党建工作、干部工作,还包括战略规划、财务预决算、规章制度等。

面对新时代党的建设新形式、新要求,久事党委自改制以来,持续对集团党建工作开展全面调研,提出了"把握方向、前置决策、用好干部、严格监督、凝聚职工、推进发展,同时加强企业党组织自身建设"的党建"6+1"工作体系,受到上级党组织充分肯定。

久事集团的发展定位、愿景与战略方向明确后,干部起决定作用。久事集团在注重干部综合素质前提下,经过前几年精心选拔,有针对性地举办数期年轻干部培训班,加大年轻干部培训、培养力度。2015 年以来,久事集团坚持党管干部原则,在实际工作中让年轻人挑重担,先后新提拔中层干部(处级)26 名,平均年龄 43 岁,占调整后中层干部总人数的 36.6%。各直属企业也注重年轻干部培养和使用,使"断层"和年龄老化问题有了改观。

久事走过了不平凡的 30 年,主要是抓住了五大重点。

一是必须始终坚持党对国有企业的绝对领导。把握方向是企业党组织义不容辞的重要责任,也是办好国有企业的重要政治保证,在任何时候、任何情况下都不能动摇。国有企业不是一个简单的经济组织,是中国特色社会主义的重要物质基础和政治基础,是中国共产党治国理政的重要砥柱和依靠力量。党组织要善于创新,创造性地开展工作,在保证监督的工作中,发挥好党委的政治核心作用、党支部的战斗堡垒作用和党员的先锋模范作用,做到让员工满意,让社会满意,让政府满意。

二是必须始终把中共上海市委、市人民政府谋划上海的改革发展战略部署,作为企业发展的立足点和出发点。在这个基础上,与时俱进,积极提出有建设性意见和建议。在接受上级交办的任务中,要积极建议,完善方案,做好工作。有时候,向上级部门提出些不同意见,出发点不是推诿,而是希望上级部门能够优化和完善方案,以便能更好地完成市委、市政府交办的任务。面对外部环境变化和自身转型的需要,始终保持昂扬向上的工作状态和精神状态,坚持用改革的精神、创新的思路,解决工作中遇到的主要矛盾和难题,做到思想上有新解放、观念上有新转变、思路上有新突破、工作上有新举措。

三是必须始终把服务大局、服务民生放在首位。久事初心是为上海经济社会发展大局服务。所以,除了上海这个大局以外,久事不应有"其他"诉求。今后仍需要"不忘初心,牢记使命,顾全大局,勇挑重担"。遇到"利益"不争,遇到"难题"不退。紧紧围绕上海发展,通过推进市委、市政府交给的重大工程项目建设,继续推进与优化城市公共交通、体育产业、地产置业和投融资等方面协调发展,适时将其融合于城市发展中,在体现社会效益的同时,通过自身努力,提升企业经济效益。

四是必须始终把建章立制与依靠科技相结合,走出一条具有久事特色的发展之路。久事由小到大,由单一到综合,靠的是有一支"忠诚、干净、担当"的干部队伍,有一支埋头苦干、乐于奉献的员工队伍。尤其是"以制度管人,以制度管事""制度加科技",发挥着至关重要的作用。今后久事集团运行与管理,更应该依赖于制度规则的贯彻和实施,不能随意地去超越制度,也不能有选择性地去执行制度。如果制度要修改,就必须通过一定程序,不断地充实和完善制度。科技是第一生产力。在互联网、大数据、人工智能、信息化的今天,要高度重视,积极参与,舍得投入,重点放在应用上。久事在今后改革发展的大潮中,向管理要效率,向管理要效益就有了坚实的基础和科技的支撑。

五是必须始终把企业的健康发展和不断满足员工的合理需求有机地结合起来,积极予以谋划和思考。在打造久事集团核心竞争力、拓展"三大品牌"、提升发展质量上,要心往一处想,劲往一处使;坚持发展,要尊重知识,珍惜人才,加大教育培训力度和投入;通过立功竞赛、岗位练兵、技能登高等方面多培养"一岗多能"的复合型员工;多寻找员工的兴奋点,弘扬员工的闪光点,让每位员工都有出彩的机会,在平凡的工作中做出不平凡的业绩。同时,要建立和谐的劳动关系,为员工创造良好的工作环境,不断增强员工在企业的安全感、获得感和归属感。

大事记

1984 年

5 月　中共中央、国务院转发《沿海部分城市座谈会纪要》，决定开放天津、上海、大连等 14 个沿海港口城市。

8 月 12 日　国务院在北戴河主持召开中央财经领导小组会议，着重讨论上海的城市功能问题。在 12 日和 13 日上午的会议上，中共上海市委第一书记陈国栋、市长汪道涵作了《关于上海的经济工作的汇报提纲》的汇报，着重谈了上海经济发展战略、面临的问题和 1990 年以前经济发展的初步设想和希望中央解决的一些问题。

9 月 1 日　根据北戴河会议的决定，由国务院经济技术社会发展研究中心总干事、国务院经济研究中心主任马洪带队的国务院改造振兴上海调研组第一批 32 人到达上海进行调研。

12 月初　国务院主要领导和国务院有关部委负责同志来上海调研视察，进一步研究上海经济发展战略以及实现战略转变所必需的政策和条件。

12 月 7 日　在市政府召开的工作汇报会上，上海市市长汪道涵就上海当前经济工作和有关特殊政策、灵活措施等问题作题为《关于上海经济工作的汇报》的报告，中共上海市委第一书记陈国栋作进一步说明。在听取汇报和座谈后，国务院主要领导基本确定上海市政府和国务院改造振兴上海调研组共同拟定的上海经济发展战略，同意给予上海特殊政策、灵活措施和必要资金，并对上海改造传统工业、扩大新兴工业比重、加强基础设施建设等，作一系列重要指示。

12 月 26 日　由上海市人民政府和国务院改造振兴上海调研组联合起草《关于上海经济发展战略的汇报提纲》，数易其稿，最后正式上报国务院。

1985 年

2 月 8 日　国务院批转《关于上海经济发展战略汇报提纲的通知》，这是改革开放以后上海制定的、经国家批准的第一个经济发展战略，对指导和引领上海经济发展战略顶层设计具有重要意义，标志着上海经济和社会发展进入一个新阶段。

3 月 2 日　上海市人民政府印发《国务院批转关于上海经济发展战略汇报提纲的通知》。该通知指出："国务院这一重要文件确定上海经济发展战略，是中央赋予上海的光荣历史任务，是对上海极大鞭策和鼓舞。"

3 月　国务院批复同意上海报请审批《关于上海进一步开放初步方案的请示》，要求上海加快吸引外资、引进先进技术的步伐。

12 月　市长办公会议讨论为落实国务院批复精神、进一步扩大利用外资问题。会上，上海市市长江泽民和其他同志都提出，要偿付上海历年来拖欠的基础设施的老账，光靠国家拨款和现在的地方财力是远远不能解决问题的，出路在于进一步扩大利用外资。会上决定由上海市计划委员会

(以下简称市计委)拿出初步方案报市政府。

1986 年

5 月 16 日　上海市人民政府发文上报国务院、中央财经领导小组《上海市人民政府关于上海市扩大利用外资的请示》。

8 月 5 日　国务院作出《关于上海市扩大利用外资规模的批复》,原则同意上海市第一批利用外资的总规模为 32 亿美元(包括国内配套的人民币资金),其中大部分可在"七五"计划期间安排。

9 月 20 日　市政府召开上海市扩大利用外资动员会议,市长江泽民作报告,会上,宣布成立"九四专项"办公室,归口市计委。各委、办、局、区、县领导 1 200 余人参加会议。

1987 年

2 月 24 日　为贯彻实施扩大利用外资方案——"九四专项"计划,市政府批复同意成立上海九四公司,公司的任务是筹措调度"九四专项"所需资金;参与"九四专项"有关项目的审查、平衡、汇总各项贷款和还款计划;开展综合开发经营,增强统筹还款能力。

3 月 30 日　中共上海市委机构编制委员会办公室(以下简称市编委办)根据市政府批复精神,发文确定"上海九四公司"编制定为 30 人。公司为事业单位,企业经营;内部设投资部、经营部、资金部、办公室。

4 月 6 日　市政府办公厅根据市计委文件,批复为符合国家工商行政管理局公布的有关规定,同意将"上海九四公司"更名为"上海久事公司"(以下简称久事)。

5 月 20 日　市计委副主任李功豪在新城饭店召开"久事公司"筹备组会议,宣布久事筹备组领导及各部、室负责人名单。

5 月 21 日　上海市副市长黄菊到上钢三厂视察,明确将上钢三厂建设 3.3 米中厚板第二期工程项目列入"九四专项"。

7 月 1 日　市政府批转市财政局、市税务局《关于本市"94 专项"财务税收管理暂行办法》。

7 月 2 日　久事召开第一次党员大会,宣布成立中共上海久事公司党支部,大会推选钱逸民为党支部书记。

8 月 31 日　市计委系统工会批复同意成立上海久事公司工会筹备组,由朱德尧等三位同志组成,朱德尧任筹备组负责人。

10 月 13 日　市外资工作领导小组"九四专项"办公室召开第一次颁发"上海市 94 专项项目证书"大会,会议由陈士鹤同志主持,上海市副市长李肇基出席并讲话。各局、区、县、银行和有关企业负责人 300 余人出席会议。会议共颁发 89 家企业、94 个项目的证书,其中市政建设 2 项,第三产业 12 项,工农业 80 项,项目总投资 10.6 亿美元。

10 月 19 日　市政府发文:李功豪兼任上海久事公司董事长,庄玉麟、明志澄兼任副董事长,赵福生任副董事长兼总经理,陈庭范任副总经理。

11 月 18 日　久事召开首届董事会,董事长李功豪主持会议。出席会议的有 16 名董事。会议有 5 项议程:通过常务董事由李功豪、赵福生、陈庭范、陈士鹤等 8 人组成;陈士鹤向董事会汇报久事公司筹建和工作情况;讨论上海久事公司章程,经讨论修改后一致通过;讨论久事公司成立大会安排意见；王崇基代表市计委党组讲话，要求把“九四”资金用好用活。

12月18日　市工商行政管理局批准上海久事公司营业执照。注册资本8.7亿元，主营利用外资、投资及综合开发经营。

12月30日　在上海展览中心召开上海久事公司成立大会。全国政协副主席刘靖基，市人大常委会主任胡立教，副市长黄菊、李肇基，市委常委赵启正以及各委、办、区、县、局负责人等500余人出席大会，最后由副市长黄菊、李肇基讲话。

是日　香港《大公报》以新华社三十日电，头版头条刊登上海成立专门公司，策划扩大利用外资，参与地铁、黄浦江大桥、机场扩建等工程。主要内容介绍上海久事公司成立的背景、地位及性质和任务。

1988年

1月5日　久事召开办公会议，董事长宣布总经理、副总经理分工情况，资金部负责人在会上汇报交通银行上海分行发放1亿股票，久事认股1 000万元。

1月11日　久事收到市计委通知，根据中共上海市委批复，上海久事公司相当于局级单位，久事领导班子已基本健全，从1988年1月1日起，久事副处级以下(含副处长)干部由久事任免，报市计委备案。

1月26日　市计委批复同意钱逸民等5位同志组成中共上海久事公司支部委员会，钱逸民任书记。

2月13日　上海市市长朱镕基听取久事领导汇报工作，并对如何进一步搞好久事工作，提出四方面要求。

4月4日　久事总经理赵福生、副总经理陈庭范与交通银行上海市分行、香港上海实业有限公司签订融资3 000万美元协议。

4月30日　久事公司全体员工选举工会委员会和工会经费审查委员会并上报上级工会批准。

5月20日　市编委办批复同意增加久事公司编制20名，连同原定30名，共计50名，属事业编制。

5月21日　市计委系统工会批准钱逸民为工会主任，朱德尧为经审委主任。

5月23日　久事领导李功豪、赵福生、陈士鹤到市委参加会议，专题讨论有关冷轧薄板建设项目问题。会议决定上海要搞冷轧薄板，并列入“九四专项”。

6月15日　久事副总经理陈士鹤参加上海菲利浦半导体公司董事会。该公司中方是元件五厂、上无七厂、上无十九厂、久事四方和荷兰菲利浦公司合资的半导体公司，达到年产3U集成电路7 000万块，总投资4 747万美元。注册资本1 600万美元，中方占49%，共784万美元，其中久事30%，为235.2万美元，分成办法按投资比例税前分成。

6月28日　上海菲利浦半导体公司合资公司举行中方四家协议签字仪式。久事副总经理陈士鹤出席签字仪式，并代表久事在协议上签字。

7月18日　在联谊大厦，久事李功豪、陈庭范参加上海万国证券公司开业仪式。该公司由各单位集资1 500万元组成，久事入股100万元，久事副总经理陈庭范任副董事长。

12月26日　由久事组团，董事长李功豪等5人赴香港上海实业公司签订代理进口2 000吨高抗冲聚苯乙烯协议和合作进行期货贸易协议。在香港期间，还与香港交通银行、香港华润纺织品原料公司商谈有关融资与期货贸易等事项。

1989 年

2月4日　上海市市长朱镕基到久事看望、慰问全体员工，希望久事办成很有权威、很有实力的公司，对上海作出更大贡献。

3月21日　为上钢三厂向国际银团借款6 000万美元进行担保，久事总经理赵福生在担保协议上签字。出席担保协议签字仪式的还有久事副总经理陈庭范等。

3月24日　在新虹桥大厦、久事和虹桥联合发展有限公司签约成立久虹公司，合作兴建、经营虹桥小别墅2 250平方米。该公司总投资695万元，久事占50%。

5月29日　在华亭宾馆二楼，久事赵福生、陈士鹤等参加上海爱梯恩梯通信设备公司签字仪式。该项目注册资本640万美元，中方和爱梯恩梯各半，中方由光纤通信工程公司、久事公司、519厂按33∶22∶45入股。久事投资70.4万美元。

7月26日　久事部经理以上负责人接待上海市清理整顿公司赴久事调查组，由总经理赵福生向调查组简要汇报久事两年来工作情况，调查组由来自市审计局等单位的16人组成。

8月29日　在久事办公会议上，总经理赵福生传达上海市副市长庄晓天召开清理整顿公司领导小组会议精神和对市六大公司的初步清理意见：撤销立新、振兴、康华公司；合并久事、实事公司，合并后仍叫久事公司，内部实行独立核算，归口市计委领导；保留上海投资信托公司。

10月10日　市政府发文：免去李功豪上海久事公司董事长职务，免去赵福生上海久事公司总经理职务。

10月18日　上海市副市长庄晓天在市政府会议室召开久事公司、实事公司部经理以上干部会议，宣布市政府关于久事、实事公司合并，并成立合并工作组的通知。合并工作组由陈祥麟任组长，副组长由潘洪萱、陈士鹤担任。

10月23日　接市政府文，任命张嘉宝为上海久事公司副总经理，免去其上海实事公司董事、副总经理职务。

12月5日　由市计委副主任潘洪萱主持召开久事、实事公司全体工作人员会议，传达两家公司合并的具体事宜。

是年　久事在编职工增加到41人，聘用6人。

1990 年

1月26日　市委办公厅批复同意上海久事公司、上海实事公司合并，组成新的上海久事公司。

3月6日　按市政府意见，上海久事公司工会直属上海市直机关工会管辖。

3月8日　市委发文：赵福生为上海久事公司党委书记。

是月　久事制定《办公会议制度》《人民币资金运用管理办法》《外汇管理暂行办法》《车辆管理使用规定》，4月1日起执行。

5月29日　上海市市长朱镕基在高桥石化公司召开现场办公会，研究10万吨/年乙烯项目。市政府相关部委负责人、久事公司负责人等参加现场办公会。朱镕基市长在听取乙烯项目汇报中，多次对久事工作提出看法，强调要改变工作方法，改变性质，变成金融性公司，只管钱，不管项目。

11月17日　市政府发文：陈士鹤为久事副总经理，主持行政日常工作。

11 月 27 日　由久事赵福生、陈士鹤等 8 位同志出席市计委直属机关第一届党代会。

12 月 14 日　市政府发文：免去陈庭范上海久事公司副总经理职务。

12 月 15 日　久事副总经理陈士鹤等相关人员参加地铁公司向美国政府贷款 2 318 万美元，通过中国银行上海市分行转贷，由久事进行担保的签字仪式。

1991 年

1 月 4 日　中共上海市委组织部发文：批复同意陈士鹤、张嘉宝、王雅丽为中共上海久事公司委员会委员。

3 月 2 日　市政府发文：鲍友德为上海市投资信托公司总经理兼上海久事公司总经理。

5 月 1 日　久事公司与中国物资开发投资总公司、上海第一钢铁厂等共同投资上海市 1990 年重大项目：工业一号工程——上海益昌薄板有限公司竣工投产。

6 月 1 日　市政府发文：杨志华为上海久事公司副总经理(保留正局级)。

6 月 6 日　市政府发文：免去张嘉宝上海久事公司副总经理职务。

7 月 21 日　久事副总经理陈士鹤参加中国人民银行组团，于 7 月 21 日至 31 日赴菲律宾马尼拉市，与亚洲开发银行(以下简称亚发银行)洽谈上海南浦大桥联合融资事宜。

8 月 13 日　上海市经济委员会批复同意上海久事公司、上海高桥石化公司关于合资建设上海高桥石化丙烯酸厂请示。批复明确：上海高桥石化丙烯酸厂是上海久事公司与上海高桥石化公司合资建设的地方全民所有制企业，是一家自主生产、经营，独立核算，自负盈亏，具有法人资格的工业企业。

8 月 30 日　久事上报《关于上海久事公司开展综合经营的请示》。9 月 13 日，上海市市长黄菊批复同意上海久事公司开展综合开发经营，以增强本市扩大利用外资自借自还的能力。

9 月　久事出资 3 亿元参股上海国际信托投资公司，占股 20%。

10 月 17 日　久事副总经理陈士鹤赴京参加亚发银行向南浦大桥贷款固定资产投资 7 000 万美元、流动资金贷款 4 800 万美元的签字仪式。

11 月 18 日　市计委与市对外经济贸易委员会联合发出《关于上海市投资信托公司、上海久事公司加强联合的通知》。通知指出：为适应形势发展需要，两公司要联合起来凭借各自的多功能配套和享有特殊优惠政策优势，积极利用外资，运用好地方财力，开展综合经营，努力发挥“第二财政”作用。

11 月 19 日　由邓小平同志亲笔题写桥名、久事公司全额投资 11.5 亿元的南浦大桥建成通车，国务院总理李鹏出席南浦大桥通车典礼并剪彩。久事党委书记赵福生、副总经理陈士鹤应邀出席南浦大桥通车典礼剪彩仪式。

11 月 30 日　久事委托万国证券公司发行久事一期债券，债券为期 3 年，发行总额 2 950 万元人民币。

12 月 10 日　市政府发文：张桂娟为上海久事公司副总经理，次年元月 2 日到任履职。

12 月 13 日　市政府发文：杨志华为上海市外国投资工作委员会常务副主任兼上海市对外经济贸易委员会副主任，免去上海久事公司副总经理职务。

12 月 31 日　市计委批复同意久事公司成立党总支委员会。首届党总支委员会由王雅丽等 5 位同志组成，王雅丽任党总支书记，陈元福任党总支副书记。

是月　久事公司出资1 075万美元建设的虹桥国际机场候机楼工程竣工。

1992年

2月7日　邓小平同志视察南浦大桥。

2月14日　久事召开领导班子民主生活会。赵福生、鲍友德、陈士鹤、张桂娟等4位班子成员出席会议，市计委党组书记兼计委主任徐匡迪、市委组织部、计委机关党委派员参加，久事公司党委委员、党总支书记、办公室主任列席会议。

2月22日　市房产管理局发文《关于上海久事公司房地产开发资格审查的批复》，审核批准久事具有进行房地产开发的资格。

4月1日　受市政府委托，发行久事浦东建设债券，为期3年，总额3亿元人民币，年利率10.8%。

5月22日　市计委发文：批复同意成立上海久事浦东公司，注册资本5 200万元。

5月28日　久事副总经理张桂娟出席中华人民共和国成立后第一家交易所——上海金属交易所开业典礼，久事以首批会员资格加入交易所。

7月18日　市委发文：免去赵福生中共上海久事公司委员会书记。

7月25日　市政府发文：邹金宝为上海久事公司副总经理，免去陈士鹤上海久事公司副总经理职务。

9月5日　上海市市级机关工会发文批复同意成立上海久事公司工会第二届委员会，胡岳义任工会主席。

9月10日　久事出资3 000万元参股上海浦东张江高科技园区开发公司。

9月21日　按上海市计划委员会、上海市对外经济贸易委员会《关于上海市投资信托公司、上海久事公司加强联合的通知》，向上海市劳动局提出执行企业工资标准及申请核定工资基金额度。经上海市劳动局《关于上海久事公司改为执行企业工资标准及核定工资基金额度的批复》，久事正式转制为企业。

10月1日　久事颁布实施《上海久事公司礼仪规范》《浮动工资、奖金分配办法》《关于新进职工奖金分配的暂行办法》《关于职工缺勤扣减奖金、津贴的暂行规定》。

是月　久事出资500万元，参股中国平安保险公司。

是月　久事出资5 000万元，参股上海浦东发展银行。

11月1日　全国最大的三家跨地区证券公司之一的国泰证券公司经国务院批准成立，久事参股1 000万元。

11月21日　久事征集司标启事于9月6日刊登在《文汇报》《新民晚报》，至截止日期，共征集来稿近4 000份。经专家组评审，久事领导审定，无锡市轻工学院冉海泉作品中标，获3 000元奖励。另有杭州齿轮箱厂陈梁等5人获鼓励奖。11月21日在《文汇报》刊登评选结果。

12月1日　久事委托海通证券公司代理发行久事二期债券，为期3年，发行总额1 340万元。

12月7日　中共上海市计委机关委员会发文《关于改变上海久事公司党组织建制及总支委员会人员组成的通知》，中共上海久事公司委员会改设为总支部委员会。原中共上海久事公司委员会、中共上海久事公司机关总支部委员会自行取消。中共上海久事公司总支委员会由张桂娟、刘树森等5人组成，张桂娟任党总支书记，刘树森任党总支副书记。

12 月 30 日　1992 年是久事公司成立五周年。市委、市政府在上海展览中心举行上海扩大利用外资"九四专项"成果汇报会，久事公司作专题汇报。上海市新老领导黄菊、陈国栋、胡立教、汪道涵、徐匡迪等以及各委办负责人、各界人士共 400 余人出席会议。会上宣读了江泽民、朱镕基、吴邦国、黄菊等领导致久事公司成立五周年题词或贺信。市长黄菊在会上作重要讲话。

1993 年

3 月 1 日　久事颁布《住房分配暂行办法》《上海久事公司若干会议制度的规定》《上海久事公司计划财务部资金管理暂行办法》《关于组织人事工作的若干暂行规定》。

3 月 10 日　由久事牵头召开本市投资公司首次工作研讨会。上海国际投资信托公司、工业投资公司、农业投资公司、城市建设开发投资总公司、交通投资公司、科技投资公司、商业投资公司、外经贸投资公司、申能、久事等 10 家投资公司领导出席。

5 月 14—15 日　久事召开职工代表会议，审议通过《上海久事公司劳动人事制度配套改革方案》，在久事内部实行全员劳动合同制和员工岗位聘任制。

5 月 22 日　在海伦宾馆举行南浦大桥固定资产移交签字仪式。市政府副秘书长吴祥明及市国有资产局，市审计局，市工程局局长、黄浦江大桥建设指挥部总指挥朱志豪，久事总经理鲍友德、副总经理张桂娟等各界人士 50 余人出席仪式。久事总经理鲍友德和黄浦江大桥建设指挥部总指挥朱志豪分别代表双方在南浦大桥固定资产移交书上签字。黄浦江大桥建设指挥部正式将南浦大桥 10.56 亿元固定资产移交给上海久事公司。

6 月 11 日　久事副总经理张桂娟当选上海市第十次妇女代表大会代表。

7 月 1 日　久事公司首次举行全员劳动合同和上岗合同签约仪式。

8 月 17 日　党总支批复同意成立上海久事公司团支部，王以军任团支部书记。

8 月 21—22 日　久事举办贯彻中共中央 6 号文件精神学习班。通过学习讨论，确立"以效益为中心，稳健为原则，加强基础管理为重点"的久事经营管理指导思想，还就久事的职能、地位、作用和今后工作重点等达成共识。

10 月 16 日　颁布《上海久事公司员工廉洁自律的规定》。

10 月 20 日　久事颁布实施《违纪职工处罚暂行规定》《待工职工管理暂行规定》《劳动争议调解实施细则》《人员流动各类费用赔偿的暂行规定》《劳动保险制度实施办法》《关于行政管理考核办法》。

10 月 21—27 日　国务院副总理朱镕基在上海考察工作时，同意 1986 年 8 月 5 日国务院批准的上海扩大利用外资 32 亿美元规模的"九四专项"政策执行到 2000 年。

10 月 29 日　上海久事公司投资 16 亿元建设的上海苏州河合流污水治理一期工程举行建成通水庆典。中共中央政治局委员、上海市委书记吴邦国，市委副书记、市长黄菊，全国人大常委会环保委员会副主任林宗棠，建设部副部长李振东，久事副总经理张桂娟、邹金宝等出席通水庆典。这项"生命工程"的建成使上海 250 万人口受益。

10 月 30 日　上海久事置业公司成立。

1994 年

1 月 24 日　久事副总经理张桂娟出席"九四专项"工程银河宾馆竣工验收会。

5月29日　久事各部室又从四川北路1777号白厦宾馆搬迁至延安东路100号联谊大厦三楼办公。

7月30日　久事领导鲍友德、张桂娟等及久事置业公司有关人员出席在瑞金宾馆一号楼举行的“上海久事大厦”项目签字仪式。

8月10日　上海市市长黄菊，副市长徐匡迪、夏克强在久事副总经理张桂娟陪同下会见香港中信泰富有限公司主席荣智健先生等一行，商谈关于“二桥一隧”(南浦大桥、杨浦大桥、打浦路隧道)转让部分专营权事宜。

10月12日　上海久事公司、上海城市建设投资开发总公司和香港中信泰富有限公司就“两桥一隧”部分专营权有期限转让签署合同。

9月24日　上海久事公司、上海国际投资信托公司、锦江集团公司合资在浦东陆家嘴金融区内建设五星级宾馆东锦江大酒店的项目开工，总投资1.2亿美元。

10月14日　市计委副主任曹臻代表计委党组到久事宣布市政府文件：胡岳义任久事公司副总经理，免去邹金宝久事公司副总经理职务。

10月28日　久事公司与高桥石化公司合资建设的上海高桥石化丙烯酸厂竣工投产，该厂总投资12.21亿元，久事占股90%，胡岳义任董事长。

12月3日　久事出资9 000万元参股星火开发区。

12月18日　举办久事大厦设计方案开标仪式，经评审，英国福斯特设计师事务所设计方案中标。

12月29日　上海市副市长徐匡迪视察久事公司，对久事公司的发展作重要指示。

1995年

1月26日　久事召开全体员工大会，举行上岗合同签字仪式。

2月27日　久事副总经理张桂娟、胡岳义和顾问陈士鹤等参加久事投资的中外合资上海北电半导体有限公司开业庆典。

3月2日　团支部换届选举，王雯洁任团支部书记，钱旭东任副书记。

3月9日　久事总经理鲍友德、顾问陈士鹤、副总经济师宋孝鋆等出席南浦大桥、杨浦大桥、打浦路隧道资产管理交接仪式，总经理鲍友德代表久事在交接书上签字。

3月12日　久事党总支、团支部组织90余名员工到久事西郊别墅参加植树活动。

3月20日　久事成立现代企业制度策划领导小组，副总经理张桂娟任组长；同时，成立久事大厦工程项目领导小组，副总经理胡岳义任组长。

3月25日　上海久事置业公司、英国福斯特设计师事务所签订久事大厦委托设计协议。

3月29日　久事副总经理张桂娟应邀担任上海人民广播电台市场经济台1 422千赫节目嘉宾，在《伯乐访谈》栏目中，向广大听众介绍久事关于适应社会主义市场经济发展需要、花力气抓好人才开发等情况。

3月31日　久事决定成立档案管理小组，并同时成立久事档案鉴定小组，王雅丽任组长。

4月10日　中共中央政治局委员、上海市委书记黄菊，上海市委副书记、市长徐匡迪，久事公司总经理鲍友德、副总经理张桂娟等出席在地铁人民广场站举行的“上海地铁一号线全线通车庆典”仪式。至此，由久事公司投资25.43亿元的地铁一号线工程全面竣工并投入运行。

4月22日　久事第一届四次职代会召开。会议审议通过《久事公司1995—1997年精神文明建设规划要点》《久事公司1995年创建文明单位活动计划》《久事公司文明部室评比标准和争当文明员工条件》《久事公司精神文明建设活动领导小组和办公室成员名单》《久事公司内部补充养老保险暂行办法》《关于公司自一九九五年五月一日起执行每周双休日的规定》等相关文件和规定。

是月　经上海市地名办公室批准，海贸大厦已正式更名为久事复兴大厦，成为上海久事在淮海路的标志性建筑。

5月9日　市计委系统工会"合格职工之家验收小组"到久事进行"职工之家"验收，久事副总经理张桂娟、副总经理兼工会主席胡岳义等参加验收汇报会。

5月31日　市计委召开系统工会1994年度先进表彰大会，久事工会荣获首批"合格职工之家"。

6月21日　久事电脑室推出总经理系统，包含久事公司一周安排、人事、文秘、财务、投资、实业、房产管理等内容。

6月27日　久事副总经理张桂娟、胡岳义出席由市委组织部、市妇联和东方广播电台主办，在久事举行现场直播的"在孔繁森精神鼓舞下——孔繁森夫人与上海援藏干部家属座谈会"。

6月28日　市计委机关党委召开上海计委系统庆"七一"表彰大会。久事置业公司党支部、计划财务和实业联合党支部被评为先进党支部，张桂娟、陈士鹤等4人被评为优秀共产党员，刘树森等3人被评为优秀党务工作者。

7月3日　久事召开总经理办公会，讨论贯彻市委、市政府办公厅关于《上海市实施〈关于党政机关县(处)级以上领导干部收入申报的规定〉的办法》以及《收受礼品实行登记制度的规定》。会议决定：久事部门襄理以上干部(含外派干部)均为本公司收入申报和收受礼品实行登记的范围；人事处为收入申报归口管理部门，审计监察室为礼品登记归口管理部门。

7月7日　颁布《上海久事公司领导干部收受礼品实行登记制度的规定》。

7月28日　虹口区人民政府向久事置业公司颁发暂定二级的房地产企业资质证书。

8月3日　上海久事公司成立劳动争议调解委员会。

8月23日　自5月底以来，久事采取各种形式开展"严格党的纪律、维护和坚持民主集中制"主题教育活动。

8月24日　久事西郊别墅在"第二十届中国房产博览会暨研讨会"上入选优秀花园别墅之列。

8月28日　久事大厦举行打桩开工仪式，久事副总经理胡岳义主持仪式，总经理鲍友德按动打桩钻机开关，宣布久事一号工程"久事大厦"正式动工兴建。

9月4日　由市财政局会计处主持的久事公司"账务处理系统"应用验收会在久事召开，验收小组成员还有大华会计师事务所、财税四分局六所、中国会计学会及财大等各方面专家。验收小组一致同意通过验收，并同意从1995年10月份起，正式启用金蜘蛛软件替代手工记账。

9月9日　上海市尊师重教纪念碑在静安公园正式落成。纪念碑由主碑和副碑组成，副碑上镌刻着向教育发展基金会投资超过10万元的企事业单位和超过1万元的个人名单，上海久事公司碑上有名。

10月17日　久事颁布《文明部室管理条例》《开展争当文明员工活动的意见》。

10月25日　久事副总经济师宋孝鋆在香港出席久事委托中国人民建设银行在港发行1.5亿美元7年期债券签约仪式。

是月　久事正式成立专门讨债小组，由副总经济师宋孝鋆任组长，计划财务部经理方光荣任副组长。

11月7日　颁布《上海久事公司规章制度汇编》,即日起在久事电脑管理网络系统正式运行。这次(首次)上网正式运行和施行的规章制度计50个,逐步向"办公无纸化"靠拢。

11月27日　市档案局升级验收评审组来久事进行档案升市二级检查评审。依据上海市档案局机关档案升市二级标准,逐项、逐条考评验收。评审组一致认为,久事公司档案工作符合升市二级标准。

12月18日　上海又一家股份制商业银行——上海城市合作商业银行正式成立。城市合作商业银行股本金20亿元,首次募集资本15.68亿元,其中原城市合作社存量资本9.5亿元、地方财政4.68亿元、12家大企业1.5亿元。久事是12家大企业之一,出资1 545万元,认股1 500万股,占实收资本0.96%。

12月27日　久事副总经理张桂娟出席在市政府举行的沪嘉高速公路出让协议签字仪式暨与(香港)中信泰富有限公司进行的关于出让徐浦大桥有限经营权的谈判。

1996年

1月8日　上海市档案局批准久事为上海市机关档案工作先进单位(二级)。

1月28日　久事副总经理张桂娟及办公室有关同志出席在上海展览中心友谊会堂举行的上海市机关后勤先进集体、先进个人表彰大会。久事办公室被评为先进集体,曹旭东被评为先进个人。

2月1日　久事各部室、子公司员工踊跃向云南地震灾区捐献衣被共501件。

3月8日　中共上海市委发文:《关于张桂娟等同志职务任免的通知》。中共上海市委宣布新建立中共上海久事公司委员会,任命张桂娟为党委书记,牟继祥为党委副书记。

3月21日　沪综经委发文:撤销中共上海久事公司总支部委员会,原中共上海久事公司总支部委员会领导成员的职务自然免除,不再办理免职手续。

4月9日　在市政府大厦召开的"上海市拥军优属基金会百家单位捐赠暨颁证大会"上,党委副书记牟继祥代表久事受领捐赠证书和荣誉证。(1995年年底,久事向上海市拥军优属基金会捐赠60万元。)

4月11日　为使久事大厦工程体现出一流水平,久事决定特聘一批有经验的工程技术专家作为工程技术顾问。下午举行聘任仪式,党委副书记牟继祥、副总经理胡岳义等久事领导会见部分专家,并向他们颁发聘书。

5月2日　久事工会和团支部联合举办"久事公司首届计算机应用能力竞赛"活动。

5月4日　市计委直属机关团委在久事召开"五四"表彰大会暨团工作座谈会。久事公司团支部被评为市计委系统优秀团组织,薛梅被评为市计委系统优秀团员。

5月10日　久事向中国人民银行国际司发《关于提前归还亚行21亿日元贷款的报告》。报告中说,南浦大桥利用亚洲开发银行贷款中的21亿日元贷款,根据中华人民共和国与亚洲开发银行签订的"中国1082号补充贷款协议"中第6.06款中关于贷款提前归还的规定,久事将于1997年1月20日的付息日提前归还亚行21亿日元贷款。

5月23日　久事党委书记、副总经理张桂娟在投资部陈晓龙撰写的《加强公司外债管理的一些想法》文章上批示:"这样的材料写得好,既有情况,又有问题,还有建议。既符合实际,建议又可操作。为改进这项工作,请投资、计划财务部专题研究,真正落实。措施要到位,并落实到人。"

5 月 27 日　久事派员参加亚行官员主持召开的“南浦、杨浦大桥审计报告”审查会。久事向亚行官员汇报南浦大桥的有关情况，亚行官员对两座大桥的审计报告和营运状况表示满意。市审计局、计委、建委大桥建设处、城投公司等单位领导也参加会议。

6 月 6—8 日　由上海亚洲商务投资咨询公司、国家计委投资研究所、建行上海分行联合举办的“‘九五’城市基础设施建设项目国际融资实务研讨会”举行。久事副总经理张桂娟作为特邀代表在会上作《积极利用外资，搞好城市基础设施建设》的演讲。

6 月 13 日　久事下发《上海久事公司员工住院医疗保险暂行办法》。

6 月 17 日　久事召开第三届工会选举大会，大会经无记名差额投票选举产生久事公司工会第三届委员会和经费审查委员会。7 月 1 日，市计委系统工会批复久事工会第三届委员会由王雅丽等 7 人组成，王雅丽任工会主席；经费审查委员会由方光荣等 3 人组成，方光荣任主任委员。

6 月 28 日　久事与松江上海佘山国家旅游度假区联合发展总公司签订融资 1.5 亿元的合作协议。该笔资金主要用于度假区核心区内的配套设施前期开发和环境改造，双方合作期限为 5 年。

7 月 11 日　久事党委向市综合经济党委发文《关于调整久事公司离退休人员管理委员会成员的报告》：经久事党委研究决定，调整后的离退休人员管理委员会由牟继祥等 5 人组成，牟继祥任管委会主任。

7 月 14 日　市政协副主席、上海社会科学院经济研究所所长厉无畏教授率领的专家评审小组前来久事，召开企业形象设计鉴定会。专家组对《上海久事公司形象设计》和《久事公司员工行为规范》进行认真的评估，认为“司标设计在视觉感觉上基本体现作为上海最大投资公司所需具有的‘坚实’和‘稳定’。颜色设定也具有现代感，整个基础设计比较规范，具有可操作性，达到国内企业形象设计较好的水平”。

7 月 22 日　久事总经理鲍友德，副总经理张桂娟、胡岳义等接待来久事参观访问的国家计委原副主任、建设部原副部长干志坚，并汇报久事成立 8 年多来的发展变化，以及为上海经济作出的贡献。据悉，久事公司的“久事”之名乃干志坚同志所取。

7 月 24 日　久事党委办公室主任刘树森等 3 人代表久事前往上海市希望工程办公室，委托他们向西藏江孜县闵行中学捐款 10 万元，开设久事公司奖学基金，为该校学生成才献出一片爱心，市希望工程办公室向久事颁发证书。

7 月 31 日　计划财务部赵亮撰写《对公司上半年实业投资返利情况的分析和建议》，分析久事实业投资收益结构多元化的情况，并提出诸如现金流入量减少、投资分利的时间性与严肃性、出资方式的规范性等几个值得注意的问题。副总经理张桂娟在报告上批示：“此分析写得好，‘三盘’观念到位，思路清晰，有内容，有质量，能提出有价值的需改进的问题。希望人人开动脑筋，自觉参与经济活动分析，为久事献计献策作贡献。”

8 月 9 日　市委决定牟继祥兼任中共上海久事公司纪律检查委员会书记。

8 月 16 日　久事与上海石油化工股份有限公司签订《关于上海金阳腈纶厂产权转让协议》。这是久事通过资产流动、重组、优化资产结构，盘活存量资产、探索新的财力增长点的重要举措。

9 月 12—13 日　上海市市长徐匡迪、副市长夏克强分别批示，同意徐浦大桥实行投资包干做法，按 20.5 亿元资金实施包干，包干合同现已签字生效。20.5 亿元的投资包干，比概算投资降低 1.76亿元。由久事公司、城投公司为业主方与建设方，同大桥建设处共同拟定《徐浦大桥工程投资包干合同》，本着调动各方面的积极性、降低大桥工程造价的指导思想，提出实行投资额总包干的方式。

9月18日　市政府发文:高国富为上海久事公司副总经理。

10月1日　久事大厦工地被评为"文明整洁工地",这是市建筑业管理办公室、市建设工程安装监管站等单位联合举办的"'96迎国庆整洁工地"评选活动的结果。

10月3日　久事党委下发《关于印发〈上海久事公司党委加强党的建设三年(1996—1998)规划〉的通知》。

10月22日　久事党委根据市综合经济党委发文,增补高国富为上海久事公司党委委员。

是日　久事党委根据市综合经济党委的批复,发文《关于设立中共上海久事公司纪律检查委员会的通知》。

10月25日　久事置业公司被上海市物业管理协会正式批准为会员单位,并授予铜质的会员证明证书。

11月27日　国务院总理李鹏,副总理吴邦国,市委书记黄菊,市委副书记、市长徐匡迪等领导在金桥出口加工区为中国电子信息产业集团公司和上海久事公司、上海仪电控股(集团)公司共同投资的上海华虹微电子有限公司超大规模集成电路芯片生产线(909工程)奠基。总投资额达100多亿元的909项目,久事公司投资10亿元。久事公司党委书记、副总经理张桂娟出席该工程的奠基仪式。

是日　市政府副秘书长、市计委主任韩正等计委领导来久事调研。

12月6—7日　上海十大投资公司第七次总经理联席会议召开,久事副总经理张桂娟出席会议并作交流发言。

12月21日　久事与日本樱花银行上海市分行21亿日元双边贷款签字仪式在上海花园饭店举行。此举揭开国内企业直接融资的新篇章,标志着国内首家地方性企业已直接进入国际借贷市场筹资。参加签字仪式的中外来宾有市计委、上海国际信托投资公司、国家外汇管理局上海分局、日本樱花银行等单位的领导。久事总经理鲍友德、日本樱花银行上海分行行长茂田博志分别在协议书上签字。久事党委书记、副总经理张桂娟,副总经理高国富等参加签字仪式。

1997年

1月24日　久事党委书记、副总经理张桂娟,党委副书记、纪委书记牟继祥,副总经理胡岳义出席久事大厦公司与市检察院、南市区检察院创"双优工程"(工程优质、干部优秀)签约仪式。

2月9日　中共中央总书记江泽民为上海久事公司成立十周年题词:"开拓奋进,再创辉煌。"

2月18日　国务院副总理吴邦国为上海久事公司成立十周年题词:"乘势发展。"

3月　中共上海市委副书记、市长徐匡迪为上海久事公司成立十周年题词:"拓展投资空间,争取更大效益。"

4月7日　上海久事公司荣获上海市第八届文明单位称号。

5月　国家计委主任、中国投资协会名誉会长陈锦华,担任过国家计委副主任的中国国际工程咨询公司董事长陈光健,担任过市计委主任的上海汽车工业(集团)公司董事长、总裁陈祥麟分别为久事公司成立十周年题词。陈锦华主任的题词是"推进投资体制改革,服务上海四化建设",陈光健董事长的题词是"久事十年,成绩斐然;再接再厉,广辟财源;深化改革,效益居先",陈祥麟董事长、总裁的题词是"重任在肩,继续努力"。

6月6日　久事颁布《关于下发〈上海久事公司员工门诊、急诊部分项目医疗保险暂行办法〉的通知》。

6 月 19 日　久事发文实施《关于电脑磁卡医疗就诊暂行规定》。

6 月 24 日　上海久事公司与上海市城市建设投资开发总公司共同投资 20.5 亿元建设的徐浦大桥建成通车。市委书记黄菊、市长徐匡迪等领导出席通车典礼。

是月　中共中央政治局委员、上海市委书记黄菊为久事公司成立十周年写来贺信。贺信写道：十年来，上海久事公司在扩大利用外资规模、筹措国内外资金、安排好地方建设财力资金、投资国家和市重大项目等方面取得显著成绩，为上海的经济建设和浦东开发开放作出了积极贡献，也为投资体制的改革进行了有益的探索。老同志陈国栋、胡立教分别为久事成立十周年题词。陈国栋同志的题词是“励精图治，业绩卓著，高瞻远瞩，辉煌前程”，胡立教同志的题词是“创宏伟事业，迎廿一世纪”。

7 月 31 日　上海久事公司与上海铁路局以及上海部分区属有关公司联合出资组建的上海轨道交通明珠线发展有限公司宣告成立。久事注册资本为 27 亿元，占 50.74%。在第一次股东会和董事会上，选举久事党委书记、副总经理张桂娟任董事长，副总经理高国富任总经理。

12 月 4 日　《解放日报》头版刊登上海久事公司为庆祝公司成立十周年而采写的新闻报道《南浦大桥六岁了》。

12 月 17 日　久事公司成立十周年工作汇报会在久事公司多功能厅举行。党委书记、副总经理张桂娟主持汇报会，总经理鲍友德致欢迎辞，市人大常委会原副主任、市计委原副主任王崇基，市政府副秘书长、市计委主任韩正等市计委的新老领导以及久事公司和原实事公司的新老领导共 40 多人参加汇报会，并观看《辉煌的久事》录像片，会后与会者合影留念。

12 月 28 日　《解放日报》在第一版刊登新闻稿《“久事”为市政重大项目供血输氧》。

12 月 30 日　久事大厦结构封顶。

是日　上海久事公司将节省下的 10 万元久事大厦结构封顶庆典费用捐赠给中共一大会址纪念馆扩建工程。

12 月 31 日　《解放日报》在第一版刊登新闻稿《上海久事公司迎来 10 岁生日》。

1998 年

4 月 22 日　上海久事公司参与投资的上海市合流污水治理一期工程通过国家级竣工验收。在竣工验收意见书中，明确 10.62 亿元作为久事对合流污水治理一期工程的全额投资。经国家验收表明，比计划投资额节约 9 000 万元。

7 月 1 日　在由上海市统计局和上海现代统计产业发展中心公布的统计数字中，久事置业公司以 8 888 万元的销售额居 1997 年度上海销售额前 100 家房地产公司的第 57 位，以 24 246 平方米的销售面积居 1997 年度上海销售量(面积)前 100 家房地产公司的第 62 位。久青公司也以其出色的经营业绩列全国房地产五百强和全国房地产领先企业。

8 月 7 日　市委发文：高国富任中共上海久事公司委员会副书记。

8 月 14 日　市政府发文：张桂娟任上海久事公司董事长，免去其上海久事公司副总经理职务，高国富任上海久事公司总经理，免去鲍友德上海久事公司总经理职务。

8 月 30 日　七八月份，长江、嫩江流域发生大范围百年未遇的洪涝灾害。久事文明办先后两次向全公司发出向灾区人民捐款倡议，以实际行动支持抗洪救灾。久事公司和员工个人捐款合计超过50万元。

9月1日　党委书记张桂娟在久事接受上海电视台《我们一起走过二十年》专题片摄制组的电视采访，介绍“九四专项”政策的由来、具体内容及其对上海城市、经济发展和金融改革等方面的重要贡献和积极作用。《我们一起走过二十年》专题片由市委宣传部和上海电视台联合拍摄，旨在纪念十一届三中全会召开和中国改革开放二十周年。

9月2日　久事参与投资的徐浦大桥工程通过国家级竣工验收。

9月25日　市综合经济党委向久事党委发文《关于上海久事公司董事会组成成员的通知》:“经研究，决定：上海久事公司董事会由张桂娟、高国富、胡岳义、熊亦桦、宋孝鋆、王雅丽等6位同志组成。张桂娟任上海久事公司董事长。”

是日　市综合经济党委发文《关于熊亦桦等同志任职的通知》，熊亦桦、宋孝鋆为上海久事公司副总经理。

9月28日　市计委批复同意《上海久事公司章程》。

是日　在久事工会和文明办的倡议和安排下，以演讲比赛的形式，开展以提高思想素质和业务素质为目的的“久事员工应具备怎样素质”的讨论交流活动。

9月29日　市综合经济党委副书记杨定华在久事公司党委会上宣布有关任职通知：张桂娟任党委书记，高国富、牟继祥任党委副书记。久事公司党委会由张桂娟等8人组成。张桂娟任董事长，董事会由张桂娟等6人组成。随后，久事举行新一届董事会第一次会议，通过新修订的《上海久事公司章程》，产生久事公司新的经营班子，高国富任总经理，胡岳义、熊亦桦、宋孝鋆为副总经理，聘任江发根为董事会秘书，通过《上海久事公司董事会会议制度》。

10月9日　久事将虹口区多伦商厦的1.1亿元资产置换成轨道交通明珠线(虹口段)等额股权。

10月13日　'98华东地区投资工作(第九次)研讨会在江苏省苏州市召开。久事董事长张桂娟和来自江苏、浙江、江西、安徽、福建、山东六省的投资公司负责人参加会议。本次研讨会主要议题是新形势下投资公司的经营方向、战略选择和如何改善、搞活投资公司的经营机制。与会公司负责人结合各自实际，热烈探讨。

10月27日　上海市工商行政管理局向上海久事公司核发资本金变更后的企业法人营业执照，注册资本金由22.7亿元增至38亿元。

10月30日　为解决计算机2000年问题，久事建立由副总经理熊亦桦任组长的久事公司计算机2000年问题工作小组。

11月3日　成立新一届退(离)休员工管理委员会，牟继祥任主任，陈士鹤任副主任。颁布《上海久事公司退(离)休员工管理委员会工作制度》。

11月16日　上海市建设委员会(简称市建委)任命上海久事公司副总经理宋孝鋆为上海市轨道交通明珠线工程建设指挥部副指挥。

12月17日　中国投资协会第二次会员代表大会暨第二届理事会在北京召开，选举产生第二届理事、常务理事及领导班子，上海久事公司董事长张桂娟被选为副会长。

12月24日　久事召开党委会，会议同意《上海久事公司业务机构设置调整方案》，即对久事已经形成的长期投资资产板块分别建立“久事基建”“久事实业”“久事置业”三大管理总部，对原来的业务部门实行职能转变和机制转换，将经营责任中心下移，使业务部门从项目管理型转向专业经营型。

12 月 30 日　市政府召开上海市苏州河环境综合整治领导小组会议。上海市市长徐匡迪主持会议。会上，徐匡迪市长代表领导小组重申："苏州河环境综合整治的资金安排由市财政和上海久事公司负责。"此外，会议同意增补上海久事公司作为领导小组成员单位，由久事向苏州河整治建设公司委派财务总监，关注其运作。

1999 年

1 月 13 日　久事总经理高国富会见来访的 JP 摩根证券亚洲有限公司大中华地区业务主管、董事、总经理李晋颐等一行，双方就当前国际金融市场最新情况及久事投资项目的概况等交换意见。

2 月 10 日　市政府召开苏州河治理项目融资、还贷问题专题会议，决定上海市苏州河建设公司注册资本金从 3 000 万元增至 11.3 亿元，其中 11 亿元作为久事拨款投入。

2 月 25 日　上海市市长徐匡迪、副市长韩正视察久事公司参与投资的轨道交通明珠线工程，董事长张桂娟就明珠线工程及项目公司的有关情况作汇报。

3 月 18 日　上海轨道交通明珠线发展有限公司股东大会暨第一届董事会第二次会议召开，同意上海虹口区国有资产经营有限公司将其 1.25 亿元的出资额置换为上海久事公司对多伦商厦的等额债权。

3 月 23 日　久事颁布《上海久事公司下岗待工员工生活费和内部待退休待遇发放标准的暂行规定》。

3 月 30 日　上海久事公司、上海城市建设投资开发总公司共同投资的上海地铁一号线工程通过国家级竣工验收。

4 月 22 日　市计委批准久事发行 6 亿元债券用于上海轨道交通明珠线项目建设。

5 月 11 日　中共上海市委、上海市人民政府印发《关于命名第九届（1997—1998 年度）上海市文明单位的决定》，久事再次荣获上海市文明单位称号。同时，久欣公寓小区荣获 1998 年度上海市文明小区称号。

5 月 13 日　国家开发银行评审二局组成的评审组一行七人用一周时间就久事对苏州河综合治理项目向该行提出 30 亿元贷款的担保对久事进行考察。久事总经理高国富、副总经理宋孝鋆等接待评审组，并具体介绍久事和上海苏州河项目有关情况及今后运作打算。

7 月 26 日　市政府召开第 39 次常务会议，决定总投资 140 亿元的明珠线二期工程和总投资 39.6 亿元的共和新路高架工程的投资主体为上海久事公司。

是日　久事向各部门、子公司下发《关于设立外滩房屋置换总部及人事聘任的通知》："经研究决定，设立上海久事公司外滩房屋置换总部，并对相关人员进行聘任。"

是日　久事向各部门、子公司下发《关于印发〈上海久事公司担保管理办法〉的通知》。

7 月 29 日　久事和上海外滩房屋置换有限公司联合在《解放日报》头版发布经市计委批准的公告，全文如下："根据上海市人民政府决定，自 1999 年 8 月 1 日起上海外滩房屋置换有限公司并入上海久事公司，同时撤销上海外滩房屋置换有限公司。上海外滩房屋置换有限公司一切资产、负债、权益均转为上海久事公司所有，其原进行的一切业务由上海久事公司继续。特此公告。"

8 月 1 日　根据市政府决定精神，上海外滩房屋置换有限公司并入上海久事公司。

8 月 2 日　经久事第二十次总经理办公会议研究同意，久事向上海市社会帮困基金会捐款人民币 10 万元。这是继 5 年前该基金成立伊始久事向其捐款 50 万元之后的第二次捐赠。

8月30日　久事第四届工会委员会召开第一次会议，会议推举牟继祥为久事工会主席。根据上级工会意见，经久事党委研究决定，选举宋天慰为工会兼职副主席。

9月3日　为庆祝中华人民共和国成立50周年，市综合经济系统工会、团委在上海音乐厅举办“祖国颂”歌咏比赛。久事派出由37位歌手组成的合唱团参加比赛并荣获三等奖。

9月28日　上海华虹NEC电子有限公司开业，久事董事长张桂娟、总经理高国富出席。

10月14日　久事颁布《外滩大楼委托租赁管理的暂行规定》。

10月27日　上海久事公司、明珠线发展公司、工商银行上海市分行签署明珠线一期项目15亿元贷款协议。

11月24日　久事发行1998年度建设债券，总额6亿元。

是日　久事将在上海市合流污水治理一期工程中的全部投资等额置换为上海市城市建设投资开发总公司在上海地铁一号线的投资。至此，久事在上海地铁一号线的股权从45%增至65%。

12月1日　久事将所持交通银行股权转让给上海烟草(集团)公司。

12月25日　久事参与投资的苏州河环境综合整治一期工程开工。市委书记黄菊致信，市长徐匡迪在开工仪式上讲话，久事总经理高国富参加开工仪式。

2000年

2月中旬　经多次催讨，上海第一生化药业公司欠债余额170.29万元归还久事，至此，该笔历时近10年的债务已全部了结。

2月18日　久事总经理高国富、副总经理宋孝鋆赴南京出席南京浦镇车辆厂与阿尔斯通公司关于生产上海明珠线车辆合作协议的签字仪式，国家计委、铁道部相关领导出席签字仪式。

3月1日　上海久事公司、法国阿尔斯通公司签订上海城市电车莘闵线车辆合同。

4月1日　根据市政府第56次常务会议原则同意关于建立轨道交通投融资机制的初步方案有关精神，经久事董事会会议讨论，决定出资156亿元与上海市建设投资开发总公司(出资104亿元)合资组建上海申通集团有限公司。

4月5日　上海申通集团有限公司股东会暨第一届董事会第一次会议召开，注册资本260亿元，其中上海久事公司出资156亿元，占60%股份。

4月28日　久事控股60%的上海申通集团有限公司、占股40%的上海地铁运营有限公司揭牌成立。

5月16日　广州发展集团有限公司一行23人来久事考察交流。久事党委副书记牟继祥会见全体来访人员并进行交流。

5月18日　久事总经理高国富主持召开总经理办公会议。会议决定：为鼓励员工积极献血，将献血员工的一次性补贴由800元调整至1 200元。

是日　久事受让上海市财政局持有的中国太平洋保险公司1.91亿股。至此，久事持有中国太平洋保险公司9.5%的股份。

5月27日　久事董事长张桂娟出席在文汇新民报业大厦举行的上海企业经济分析会，并代表发起单位致开幕词，会议以中国经济的战略性调整与上海企业发展为主题。

6月2日　久事董事长张桂娟出席在国际会议中心举行的沪港大都市发展研讨会，上海市市长徐匡迪和香港特区行政长官董建华出席会议并分别致开幕词。

6月8日　久事与上海公积金管理中心就久事在瑞南置业的股权转让事宜达成协议，久事在瑞南的50%股权全部溢价转让给公积金管理中心，转让金为1 200万元。

7月14日　久事董事会以通信形式，表决通过两项决议：同意为上海高桥石化丙烯酸厂逾期的3.92亿日元借款按股东出资比例提供担保，同意将久事在张江开发公司的1 500万元债权转为受让该公司持有的张江高科法人股200万股。

8月10日　在市“巾帼建功”竞赛活动中，久事计划财务部荣获“巾帼建功”先进集体称号。

8月31日　董事长张桂娟和总经理高国富接待来久事考察的中国驻法大使吴建民等一行。

9月25日　久事党委副书记、工会主席牟继祥出席市政府机关事务管理局、市机关事务管理协会召开的首届“上海市后勤部门‘三优一满意’达标活动总结表彰大会”，久事行政管理总部荣获“上海市后勤部门‘三优一满意’达标单位”称号。

11月6日　久事总经理高国富与来访的宝钢股份公司董事长谢企华等就宝钢股份公司向法人配售新股事宜进行洽谈。

中旬　久事被认定为宝钢股份的战略投资者，成功认购宝钢股份5 000万股流通A股，投资总金额2.09亿元。

12月27日　久事董事长张桂娟，总经理高国富，副总经理胡岳义、熊亦桦前往久事大厦，详细察看已基本竣工的大厦工程，并对下一步的内部装修、设备调试、招商引租等提出要求。

12月29日　经久事领导和法律顾问室有关人员的多方努力，松江区和上海重型机床厂终于以各种方式分别还清所欠久事款项。至此，这两笔历时10年之久的债权债务最终得以结清。

2001年

1月6日　久事董事长张桂娟、副总经理胡岳义出席久事投资参股项目——上海化学工业园区开工仪式。

1月11日　久事党委会讨论同意久事组织机构调整方案。法律顾问室更名为法律事务部，置换总部更名为房产部。将实业总部、基建总部、置业总部管理的股权重新划分后分别经营，成立资产管理一部、资产管理二部；成立资金部和发展策划部；成立债权管理部，隶属法律事务部。

2月12日　久事投资参股企业——上海华都国际集装箱有限公司约60名职工在不了解有关事实的情况下来到久事办公场所，要求久事回答和解决华都公司停产后的一系列问题，影响久事正常的办公秩序。实业总部有关人员与对方进行长达8个小时的耐心对话，最终劝退来访的华都职工。

2月17—18日　久事董事长张桂娟出席在北京召开的中国投资协会会员大会，当选为中国投资协会常务理事。

3月上旬　久事被中国投资协会评为2000年度信息工作先进单位。

4月1日　久事被市文明委评为上海市第十届(1999—2000)文明单位，实现争创市文明单位“三连冠”创建目标。

4月2日　在久事领导协调安排下，经过有关部门、子公司的通力合作和全体员工的积极配合，久事顺利完成成立以来规模最大的一次搬迁，正式进驻久事大厦办公。

4月19日　久事副总经理熊亦桦陪同市计委副主任程静萍等赴京就向国家开发银行贷款130亿元事宜拜访国开行领导，并商量有关工作。

5 月 9 日　根据市政府发文：钱云龙为上海久事公司监事会主席。

是月　根据上级文件精神，上海市财政局委派王君蕾任上海久事公司财务总监。

6 月 13 日　久事团支部召开全体团员会议，经全体团员选举并报久事党委批准，产生新一届团支部委员会，王洪刚任团支部书记。

6 月 20 日　久事举行“上海久事公司庆祝中国共产党建党八十周年歌会”，全体员工包括离退休老同志参加庆祝活动。

6 月 28 日　市委组织部副部长周鹤龄、市计委主任李良园来久事宣布中共上海市委决定：孙金富任中共上海久事公司委员会书记，免去张桂娟中共上海久事公司委员会书记，免去高国富中共上海久事公司委员会副书记，免去牟继祥中共上海久事公司委员会副书记、中共上海久事公司纪律检查委员会书记。市政府决定：孙金富任上海久事公司副董事长，免去高国富上海久事公司总经理职务。

7 月 2 日　久事新任党委书记、副董事长孙金富正式到任。

7 月 12 日　久事召开一届二十五次董事会议，董事长张桂娟主持。为支持上海高科技产业的发展，经市计委协调，同意将久事所属中国久信投资有限公司部分股权转让给上海创业投资有限公司。为盘活存量资产，同意将久事所属金汇大厦、陕西北路 186 号大楼、金南新苑及金芝公司股权按现状整体转让。

7 月 16 日　中国国际金融有限公司发来通知书，确认久事申购获配中石化新股 631.87 万股。

8 月 2 日　为投资建设上海市轨道交通网络，久事与国家开发银行签订融资 130 亿元协议。

9 月 5 日　久事将国家开发银行提供的首笔轨道交通项目融资款 51 亿元拨付给上海申通集团有限公司。

是日　久事大厦主楼经市建委组织的专家严格评审，荣获上海市建筑“白玉兰”奖。

10 月 15 日　久事将金置大厦转让给中国石油化工股份有限公司上海石油分公司。

11 月 2 日　国务院总理朱镕基，德国总理施罗德，中共上海市委书记黄菊、市长徐匡迪出席上海磁浮列车示范运营线轨道梁启运仪式，久事董事长张桂娟参加仪式。

11 月中旬—12 月中旬　根据中共上海市委统一安排，久事开展“三讲”教育活动。

12 月 21 日　久事第五届职工健身运动会历时 4 个多月落下帷幕。这期间共有 80 多名职工利用业余时间参加各项目比赛，达到锻炼身体、陶冶情操、丰富职工文化生活的目的。

2002 年

2 月 10 日　久事监事会一届一次会议召开，监事会主席钱云龙主持会议，董事长张桂娟，党委书记孙金富，副总经理胡岳义、熊亦桦到会。会议宣读市计委党委关于建立上海久事公司监事会的通知，本届监事会成员由钱云龙等 4 名同志组成，陈长年兼任监事会秘书。

是日　久事投资控股(占股 40%)的上海国际赛车场有限公司正式挂牌成立，该公司由上海久事公司、上海国有资产经营有限公司和上海嘉安投资发展责任有限公司按照 4∶3∶3 的出资比例共同投资组建，最终注册资本金达 8 亿元，具体负责赛车场建设、招商与运营管理等工作。

2 月 20 日　上海国际赛车场有限公司召开第一届股东会暨第一届董事会第一次会议，久事董事长张桂娟当选该公司董事长。经董事长推荐，董事会决定聘请毛小涵董事兼任该公司总经理。

是日　久事召开全体党员大会。经差额选举，产生 6 名久事出席市计委系统党代表会议代表，他们是孙金富、张新玫、曹旭东、胡岳义、肖兴涛、江发根。

3 月 27 日　上海久事公司与上海申通集团有限公司共同设立的资金管理中心成立。

4 月 9 日　久事控股的上海南站广场投资有限公司揭牌成立。

4 月 19 日　久事参与投资的西郊花园开工。

4 月 19—22 日　久事党委采取学习交流会形式，组织 20 名中层以上干部深入学习江泽民同志“三个代表”重要思想、党的十五届六中全会决定和市委七届十次全会精神。

4 月 29 日　久事与香港卫视上海代表处签订租赁协议，将陕西北路 186 号按现状整体出租。

5 月 10 日　上海久事公司、国家开发银行签订 56 亿元融资协议，该笔贷款是 2001 年 8 月 130 亿元贷款的余额部分。协议签订后 130 亿元贷款资金于年内能够全部到位，用于上海城市轨道交通网络的投资建设。

6 月 20 日　久事董事长张桂娟主持召开专题会议，研究久事代理申通公司发行 40 亿元地铁建设债券有关事宜。

6 月 27 日　根据久事阶段性持股的投资理念及资产经营要求，久事与上海化工区投资实业有限公司签署股权转让协议，将久事拥有的上海先进半导体制造有限公司 8%的股权按账面净资产作价转让。

7 月 25 日　久事控股的上海国际赛车场有限公司注册资本金增资至 8 亿元，久事出资 3.2 亿元，占总投资额的 40%。

7 月 28 日　久事控股的上海铁路南站重要配套项目——地铁一号线上海南站改建工程开工。

是月　久事将持有的上海朗讯科技有限公司 3.25%股份全部转让给朗讯科技(中国)有限公司。

8 月 7 日　久事参与发起设立的天同基金管理有限公司获中国证监会开业批文，注册资本 1 亿元，久事出资 2 000 万元，占总股本的 20%。

8 月 19 日　久事与均瑶实业投资有限公司签订金汇大厦转让意向书。

8 月 29 日　浦东铁路公司筹建小组成立，久事副总经理胡岳义任组长。

是月　久事根据市政府协调意见，将所持上海高桥石化丙烯酸厂 90%的股权无偿划拨给上海华谊(集团)公司，并解除为丙烯酸厂承担约 6.6 亿元人民币贷款担保责任。

9 月 3 日　久事召开董事会，根据久事董事长张桂娟提名，同意聘任毛小涵任久事副总经理。

9 月 5 日　久事党委决定，副总经理毛小涵兼任赛车场公司党总支书记。

9 月 18 日　久事与上海市房地局签订中山东一路 2 号、18 号，江西中路 222 号、406 号，北京东路 255 号，九江路 60 号 6 幢外滩大楼土地出让合同，以办理该 6 幢大楼的产权黄证转绿证手续。

是日　久事参股 10%的上海南光联合房地产有限公司资本金从 1 720 万美元减资至 606 万美元，久事在南光公司的股权也同比例缩减，从原 1 265.2 万元缩减至 590.48 万元。

9 月 20 日　久事决定参股中信证券发起成立的基金管理公司，并与中信证券、国家开发投资集团有限公司(简称国开投)、中海信托股份有限公司(简称中海信托)签订发起人协议，出资 1 000 万元，占股 10%。

是月　久事认购 3 500 万股中国联合通信股份有限公司 A 股，总投资 8 050 万元。

10 月 10 日　上海久事公司与均瑶实业投资有限公司签订转让金汇大厦合同。

10 月 17 日　可容纳 20 万名观众的上海国际赛车场工程正式开工。上海市副市长周慕尧，国际赛车联合会主席莫斯利，久事公司董事长张桂娟，久事公司副董事长、党委书记孙金富，国际赛车场公司总经理毛小涵以及国家体育总局、中国汽联、上海市体育局、嘉定区有关部门领导出席开工仪式。

10月21日　上海F1世界锦标赛2004—2010年中国大奖赛签约仪式在市政府大厦贵宾厅举行。市政府主要领导,国际汽联副主席、F1管理有限公司总裁伯尼-埃克里斯通、国际专业赛道设计大师惕克先生,国家体育总局、中国汽联、市外办、市体育局、市计委、市财政局、嘉定区有关部门领导出席签字仪式。久事公司董事长张桂娟与国际汽联副主席、F1管理有限公司总裁伯尼-埃克里斯通分别代表双方在合同上签字。至此,上海申办F1世界锦标赛2004—2010年中国大奖赛取得成功。

11月1日　为盘活资产,久事董事会经研究,通过《关于转让张江高科等股权的决议》,将久事持有的张江高科法人股、上海外高桥保税区三联发展有限公司股权,分别转让给上海张江高科技园区开发公司、上海外高桥集团有限公司,转让所得款作为久事对上海申通集团的出资。

11月5日　久事对云南、江西灾区扶贫济困送温暖活动结束。据统计,143名员工(包括久事物业员工)捐赠各类衣物共计675件。

11月20日　香港衡意物业有限公司租赁中山东一路18号大楼协议正式签约,这次租赁按大楼现状出租,租期为20年(含24个月的装修免租期),租赁期内租金总收入约为2 602万美元。

11月28日　久事在计算机网络上推出新的办公自动化系统模式。

12月13日　上海市档案局批准久事升上海市档案管理一级先进单位。

12月18日　久事将中山东一路6号楼租赁给佳景海岸实业有限公司。

12月22日　在久事党委书记孙金富带领下,久事公司、国际赛车场公司和南站广场公司36名员工前往宝山区顾村,代表三个公司的全体员工参加上海市"百万市民百万株"植树绿化活动。

12月25日　久事董事会聘任张建伟为久事副总经理。

12月30日　经上海市黄浦区工商行政管理局批准,久事控股的上海申铁投资有限公司正式成立。申铁公司首期注册资金人民币5亿元,由上海久事公司、上海国有资产经营有限公司及上海浦东发展(集团)有限公司按5∶4∶1比例出资,共同投资组建,久事副总经理胡岳义任申铁公司董事长兼总经理。

12月27—31日　久事举办庆祝久事成立十五周年活动。30日、31日,久事领导接待应邀前来参加十五周年"司庆"活动的上海各大金融机构、企业集团领导。

是年　久事大厦出租率由年初的29%上升到63%,已出租面积达到3.07万平方米,一批大公司、知名企业和银行相继签约入驻。

2003年

1月10日　第九届全国政协副主席、民生银行董事长经叔平,民生银行上海分行行长邵平等一行在久事董事长张桂娟、副总经理张建伟等领导陪同下参观久事成立十五周年回顾展。

2月25日　市第二中级人民法院执行庭将上海机床工具集团长期拖欠久事的4 162.95万元贷款中的1 000万元划入久事账户。在法院主持下,久事还与机床工具集团就余款的归还事宜达成和解协议。

2月28日　中山东二路9号大楼租赁给上海市档案局改建为市档案馆新馆正式签约。久事党委书记、副董事长孙金富,市档案局局长刘南山等出席签约仪式,久事副总经理胡岳义和市档案局副局长仓大放分别授权代表双方在租赁合同上签字。

3月6日　久事全体员工在黄浦区57选区参加黄浦区人大代表选举。经本选区4 144名选民投票,久事法律事务中心主任李雪林当选黄浦区第二届人民代表大会代表。

3月7日　市计委召开计委系统表彰先进座谈会。久事财务管理总部经理张新玫获上海市2001—2002年度"三八红旗手",财务管理总部获"三八红旗集体"称号。

3月27日　久事党委书记孙金富率领各党支部书记及有关人员一行12人到宝钢股份公司学习党建和精神文明建设经验。

4月　4月18日晚,市政府召开关于加强非典型肺炎防治工作紧急会议。19日上午,久事随即召开由久事公司和申通公司领导及有关部门负责人参加的会议,传达市政府会议精神,决定成立久事公司预防和控制"非典"领导小组,并研究制定《上海久事公司预防和控制非典型肺炎措施》。21日上午,久事召开预防与控制"非典"工作动员会,会议由党委书记孙金富主持。会议要求把久事防控"非典"工作扎扎实实地做好,确保一方平安。

4月24日　久事浦东公司与上海明申公司、上海钱江公司签订钱江大厦参建权益转让协议,彻底退出钱江大厦项目并收回参建投资款。

5月16日　上海市召开捐赠大会,市领导杨晓渡、周太彤等出席。久事党委书记孙金富代表久事公司向上海市专项捐助抗"非典"资金100万元。

5月20日　中共上海市委组织部发文通知,久事党的关系划转中共上海市国有资产管理办公室委员会。

是月　久事以借新还旧、债务重组的方式提前归还亚行贷款余额5 729万美元,大幅降低久事的债务利息负担。

6月27日　久事党委书记孙金富带领久事各支部书记、优秀党员和新党员共计28人冒雨瞻仰龙华烈士陵园,并举行新党员入党宣誓活动,以此纪念建党82周年。

7月4日　久事召开防控"非典"总结大会,会议由久事"防非典"领导小组副组长、副总经理胡岳义主持,久事党委书记、"防非典"领导小组组长孙金富作总结。各部门、子公司负责人及久事"防非典"工作小组成员等参加大会。

8月1日　久事参与投资的久事西郊花园取得住宅入户许可证。久事西郊花园3.2标工程,共建造84幢别墅,建筑面积22 097平方米,从2002年4月19日开工以来,经过一年多的努力,建造、配套、总体工程已顺利完成。

8月26日　上海市国有资产监督管理委员会(简称市国资委)任命傅长禄为中共上海久事公司委员会副书记、上海久事公司副董事长。

是月　久事被上海市精神文明建设委员会评选为第十一届(2001—2002年度)上海市文明单位。久事已连续八年四届获得上海市文明单位。

9月4日　由久事发行的2003年上海轨道交通建设债券在上海证券交易所正式上市。该债券于2003年2月19日至3月18日面向全国公开发行,发行人为上海久事公司,上市推荐人为中国银河证券有限责任公司,发行规模40亿元,发行期限15年,票面固定利率4.51%,债信评级AAA级,由中国建设银行上海市分行担保。

9月5日　F1世界锦标赛2004年中国(上海)大奖赛筹备委员会成立,并召开第一次工作会议。

9月12日　久事将所持上海宝钢益昌薄板有限公司8.17%的股权转让给宝山钢铁股份有限

公司。

是月　上海龙仓置业有限公司将 2 000 余万元支票交付久事，至此，“香榭丽项目”应收款全部结清。

10 月 23 日　久事召开动员会部署扶贫济困送温暖募捐活动。会后，久事和各控股公司广大员工积极响应号召，纷纷捐款捐物，共收到捐款 26 565 元、冬衣被 931 件。

10 月 30 日　市委副书记殷一璀、副市长杨晓渡等市领导在市体育局局长金国祥陪同下，视察正在建设中的上海国际赛车场工地。市领导听取久事副总经理兼赛车场公司董事长、总经理毛小涵关于工程技术特色和施工情况的介绍。

12 月　久事接市总工会通知，经市总工会与市国资委党委商定，久事、申通、申能等 15 个公司工会组织关系自 2003 年 12 月起隶属于上海市总工会。

2004 年

1 月　久事及下属控股企业——申通公司、磁浮公司、国际赛车场公司、南站广场公司、申铁公司联合举行员工慈善“一日捐”活动，6 家公司 559 名员工共募捐 73 230 元。

是月　久事党委书记孙金富，副书记傅长禄，副总经理胡岳义、张建伟代表董事长张桂娟及党政工团对患病员工、长病假员工及部分体弱多病的离退休员工进行走访慰问。

2 月 12 日　F1 世界锦标赛 2004 年中国大奖赛赛事组委会在上海国际会议中心正式成立。国家体育总局局长袁伟民、上海市市长韩正担任组委会名誉主任。组委会主任、国家体育总局副局长于再清和组委会主任、上海市副市长杨晓渡出席成立大会，并为组委会揭牌。

2 月 27 日　久事召开 2004 年度岗位竞聘工作动员大会。久事董事长张桂娟和党委书记孙金富先后作动员讲话，为全面实现 2004 年确定的各项任务目标，奠定良好的组织和人力资源基础。

3 月 15 日　久事与上海浦江物业有限公司签署上海外滩物业有限公司股权转让协议。

是月　久事档案室在多年工作中，以高度的责任感、事业心和饱满的工作热情，认真做好久事档案工作，被上海市人事局、上海市档案局授予“上海市档案系统先进集体”荣誉称号。

4 月 8 日　上海市重大工程建设办公室在上海国际赛车场工程筹建处向新闻媒体宣布：上海国际赛车场主体工程基本建成。由建工集团施工总承包的上海国际赛车场主体工程，经过 18 个月艰苦拼搏，克服施工中各种技术难题和“非典”影响等困难，如期完成上赛场主体工程结构施工，创造国内体育场馆建设的又一奇迹。

4 月 23 日　在中山东二路 9 号大楼底层大厅举行“上海市档案馆外滩新馆开馆”仪式。久事所属中山东二路 9 号大楼于 2002 年 1 月租赁给市档案局，市档案局将其改建为对外开放展示不同时期档案的场馆。

5 月 24 日　久事召开信息工作会议。副总经理张建伟就今后一段时期信息工作和任务，强调立意要高，系统规划和设计时要着眼整体，提升久事现代化管理水平，要以完善办公自动化 OA 系统、辅助决策系统和久事网站建设为抓手，搭建集团化管理工作平台，为整体提升久事信息化管理水平作出应有贡献。

6 月 3 日　久事投资的上海赛事商务有限公司揭牌成立。

6 月 8 日　久事党委组织召开深入开展“让人民高兴，让党放心”活动动员会。党委书记孙金富作动员讲话，久事领导班子成员和中层干部出席会议。

6月24日　市政府在久事大厦召开申通公司关系划转工作会议，会上明确申通公司划转至市建委党委和市建委。久事董事长张桂娟出席会议。

8月　久事收到上海市财政局来函："为贯彻中共上海市纪律检查委员会、中共上海市委组织部《关于做好本市党政领导干部在企业兼职清理工作的意见》，经研究决定：王君蕾同志不再担任上海久事公司财务总监。"

9月2日　中国澳门汽车会在上海花园饭店举行向上海国际赛车场捐赠赛事用车仪式。澳门汽车会理事长钟国荣代表澳门特区政府文化司和澳门汽车会向上海国际赛车场捐赠3辆ALFA ROMEO汽车，供上海国际赛车场组织汽车运动赛事使用。

9月4日　中央电视台著名节目《同一首歌——走近F1，走进嘉定》大型演唱会在上海国际赛车场副看台区拉开帷幕。嘉定区领导和正在出席2004年嘉定投资环境说明会的中外客商、驻沪领事、外省市驻沪办事处代表和境内外媒体记者应邀观看演出。首次开放的东西副看台上坐满近两万名观众，气氛十分热烈，场面蔚为壮观。

9月8日　久事召开董事会作出决议：根据沪国资委文件《关于转发国务院国资委〈关于在国有重点企业加快推进企业总法律顾问的通知〉的通知》精神，经市国资委审议同意，决定聘任李雪林为久事总法律顾问。

9月9日　市国资委召开2004年上海市企业管理现代化创新成果评审工作会议，久事首次参加此项活动，申报的"以'三个中心'和全面预算管理构筑战略控股型投资公司管理模式"顺利入围一等奖推荐名单，最终获二等奖。

9月16日　久事将其在上海南站广场投资有限公司投入的5.1亿元上海市建设财力资金撤出，由此产生的空余部分由上海地产(集团)有限公司出资并持股。

9月18日　赛事组委会举行F1赛前最后一次仿真组合汇报演练，交通、安保、竞赛、大型活动等各环节的相关工作人员及志愿者全部到岗，模拟赛事当日场景，现场操练交通指挥疏导、赛事发车、开幕式文艺演出、比赛事故处置等各项内容。组委会领导杨晓渡等在上海国际赛车场现场观看、指挥演练进程，并在预演结束后，召集有关人员及时通报总结情况，对演练中发现的薄弱环节提出改进意见，有关各方将在最后的几天时间内，进一步研讨和完善各项预案，确保首次在中国举办的F1大奖赛能圆满、成功和精彩。

9月24—26日　F1中国大奖赛首次比赛在上海国际赛车场隆重举行。

10月　久事全体员工积极响应"行动起来，支持滇川赣灾区群众"的倡议，慷慨解囊，捐款捐物，久事本部共95人捐款1.3万元，91人捐助衣被361件。

11月7日　2004年F1中国大奖赛工作总结表彰会在上海国际赛车场召开，国家体育总局、市政府等领导参加会议。会上对在F1中国大奖赛期间工作出色的70余名工作人员进行表彰。

12月4日　久事召开领导干部会议。中共上海市委常委、市委组织部部长、市国资委党委书记姜斯宪，市委组织部副部长邵正平等领导出席会议。会上，邵正平宣读市委、市政府、市国资委党委有关干部任免文件：张惠民任久事公司董事长，免去张桂娟久事公司董事长职务，胡岳义不再担任久事公司党委委员、副总经理、董事职务，张新玫任上海久事公司总会计师。

12月6日　上海国际赛车场有限公司与多纳体育公司签订《国际摩联世界摩托车锦标赛2005年至2011年中国大奖赛承办协议》。

12月14日　在"恒源祥杯2004年上海知识产权知识竞赛"电视总决赛中，由久事总法律顾问李雪林任领队，法律事务总部刘晓峰、王淙谷、刘红威3名队员组成的久事参赛队获得金奖。

12 月 17 日　中共中央组织部、国家审计署、中国银监会组成的中央金融巡视组到久事调研。

是月　市财政三分局根据《上海市财务会计信用等级管理试行办法》的规定，评定久事为 A 类财务会计信用等级单位。久事是国资委归口单位中投资类出资监管企业第一家被评为 A 类的单位。

2005 年

1 月 14 日　中共上海市委发文：免去孙金富中共上海久事公司委员会书记的职务。

2 月 3 日　久事企业法人营业执照变更登记完成，企业法定代表人为张惠民，注册资金 123.1 亿元。

2 月 6 日　在久事开展保持共产党员先进性教育活动之际，久事党委发起慈善捐款活动，久事领导、机关全体党员和员工踊跃参加。本次慈善捐款共募得 12 500 元，该笔款项将由久事工会转交给市慈善基金会。

2 月 23 日　市国资委党委、市国资委发文：孙金富不再担任上海久事公司副董事长。

2 月 26 日　中共上海市委发文：张惠民任中共上海久事公司委员会书记。

3 月 1 日　久事控股的上海国际赛车场有限公司召开股东会暨第二届董事会第一次会议，选举董事张惠民为公司第二届董事长。

3 月 4 日　市政府发文：张惠民为上海久事公司总经理。

3 月 7 日　副市长杨晓渡主持召开关于上海国际赛车场进一步开发的专题会议。市政府副秘书长薛沛建，市发改委、市建委、市规划局、市房地局、市体育局等领导参加会议。久事总经理张惠民、副总经理毛小涵分别作工作汇报。

3 月 21 日　久事党委书记张惠民、副书记傅长禄出席市国资委党委系统第一批保持共产党员先进性教育活动分析评议阶段部署动员会。

3 月 26 日　中国投资协会召开理事会进行换届选举。协会设有 8 个专业投资委员会，久事为国有投资公司专业委员会会员单位。张桂娟被选举为中国投资协会第二届理事会理事、常务理事和副会长。

4 月 6 日　市国资委党委鉴于上海久事公司不再设立董事会，经讨论，决定傅长禄任久事副总经理，不再担任久事副董事长。

4 月 18 日　根据久事党委对保持共产党员先进性教育活动分析评议阶段的统一部署，组织“参观洋山深水港，学习洋山人艰苦创业精神”的主题教育活动。久事党委书记、总经理张惠民带队，包括离退休老同志在内的全体党员和员工共 105 人前往洋山深水港参观学习。

4 月 28 日　久事召开四届四次职代会，大会审议并以举手表决方式原则通过《上海久事公司绩效考核评价体系方案》《上海久事公司公务用车改革方案》《上海久事公司员工休假实施办法》等 3 个议案。

5 月 10 日　上海国际赛车场工程关键技术研究获 2004 年度上海市科技进步一等奖。

5 月 19 日　久事召开保持共产党员先进性教育活动整改提高阶段工作部署动员会，市国资委党委督导组、久事先教办、全体党员和部分群众代表参加会议。

5 月 25 日　久事控股的上海国际赛车场有限公司被评为“上海市文明单位”。

6 月 7 日　久事召开 2005 年第 14 次党政联席会，研究员工餐厅有关事宜，要求房产经营部和党政办公室按节点完成员工餐厅在建工程转让、产证办理等手续以及餐厅的招商工作。

6月10—12日　首次走出大洋洲的V8国际超级房车赛中国站在上海国际赛车场激情演绎。国家体育总局副局长于再清、上海市副市长杨晓渡、澳大利亚昆士兰州副州长等中外嘉宾出席6月12日的开幕式。通过三天角逐，霍顿车队的托德凯利凭借着出色的驾驶技术，获得首次V8超级房车赛中国站比赛的总冠军。

是月　久事受让上海市国有资产监督管理委员会所持上海市申江两岸开发建设投资(集团)有限公司2.03亿元股权，占该公司注册资本的5%。

7月1日　市交通局所属企业及交投公司划转久事交接仪式在市交通局会议室召开，市建设交通工作党委、市建设交通委、市国资委党委、市社会工作党委、市交通局的领导及有关部门负责人，久事公司、城投公司、申通集团的领导及有关部门负责人，交投集团、巴士集团、强生集团、五汽冠忠、现代交通建设公司、地铁运营公司和大众集团等企业的党政主要领导出席会议，会议由市建设交通工作党委书记甘忠泽主持。市社会工作党委书记许德明、市交通局局长卞百平、久事公司总经理张惠民、城投公司党委副书记童素正、申通集团董事长应名洪在划转交接备忘录上签字。会上，久事党委书记、总经理张惠民代表接收企业讲话，他表示坚决拥护市委、市政府对深化城市交通管理体制改革的决定，对交投、巴士、强生等5家企业加盟久事表示热烈欢迎，并希望大家共同努力，更好地为上海城市的发展作出更大贡献，为市民的出行提供更多便利。市交通局局长卞百平讲话，对市交通局转变政府职能、加强市场管理等提出新要求。

7月19日　久事召开办公会议，久事领导和各部门负责人出席会议。会议研究久事对5家公交企业下一步工作打算。

7月中旬　久事党委书记、总经理张惠民带领久事部门经理以上干部，分别到新加盟的交投公司、巴士集团、强生集团、现代建设公司、五汽冠忠公司进行调研，了解上海公交基本情况。

是月　根据市委、市政府统一安排，久事向日喀则地区捐赠拖拉机30台，价值210万元。久事党委书记、总经理张惠民参加在西藏日喀则举行的捐赠仪式。

8月17日　为落实市委宣传部、市司法局、市法宣办有关本市档案“四五”普法规划要求，配合在全市范围内开展档案普法考核验收和评选，表彰先进活动，办公室组织久事各部门、子公司、控股公司及所属企业办公室主任、专兼职档案员近30人参加“四五”普法教育讲座。

8月18日　红河实业冠名赞助的全国汽车场地锦标赛合作协议签字仪式在上海国际会议中心举行。根据该协议，上海国际赛车场最具挑战性的“上”字第一弯被正式命名为“红河弯”。

是月　久事出资4.5亿元投资上海临港经济发展(集团)有限公司，占股15%。

是月　久事出资22亿元，将上海国际赛车场有限公司注册资本金由8亿元增至30亿元。增资后久事总出资额25.2亿元，占股84%。

9月2—4日　2005年红河杯全国汽车场地锦标赛上海第四分站赛在上海国际赛车场举行。

9月7日　《会计法》颁布实施20周年座谈会暨上海市杰出会计工作者表彰会在上海展览中心召开。久事总会计师张新玫荣获上海市杰出会计工作者称号。

9月13日　中共中央政治局常委、全国政协主席贾庆林到上海国际赛车场调研工作。中共上海市委、上海市政协主要领导陪同视察。久事总经理张惠民、上海国际赛车场经营发展有限公司领导班子全程陪同。

9月28日　共青团上海久事公司第一次代表大会召开，78名正式代表以及有关方面领导共91人出席大会。

是月　久事出资2亿元投资中国上海外经(集团)有限公司,占股34.04%。

10月13日　共青团上海久事公司第一届委员会召开第一次全体(扩大)会议,久事党委副书记傅长禄、团委全体9名委员出席会议,会议选举王洪刚为共青团上海久事公司第一届委员会书记。

10月14日　首届F1全球商业峰会在国际会议中心举行,久事总经理张惠民出席会议并发表题为《F1的效应》大会演讲。

10月14—16日　2005年中国石化F1中国大奖赛在上海国际赛车场举行。

10月28日　共青团上海久事公司委员会召开增强共青团员意识主题教育活动动员大会。整个教育活动分宣传动员、学习教育和总结提高三个阶段进行。

11月　久事员工继10月参加情系灾区奉献爱心募捐衣物活动后,积极响应久事领导提出的爱心捐款活动,92名员工共募集15 450元。

是月　根据市国资委要求,久事与兰生(集团)有限公司签订《资产划转协议书》。兰生集团所持有的上海锦江航运有限公司60%股权划至上海久事公司。

是月　久事将所持上海浦东发展银行股份有限公司16 470万股转让给上海国际集团有限公司。

2006年

1月　久事所属上海巴士电车有限公司团委获"上海市五四红旗团组织"称号。

是月　上海国际赛车场工程以其设计、施工和科研等方面的成就获第五届詹天佑土木工程大奖。

3月15日　久事召开2006年度信访稳定工作会议。久事党委副书记、副总经理傅长禄,各直属单位分管领导,信访部门负责人以及巴士、强生公司下属单位分管领导和负责信访工作的同志参加会议。

4月19—21日　久事工会与市公交行业协会共同举办"久事公交新秀培训班",久事所属9个公交基层单位选送42名员工参加为期三天的培训。

4月26日　团市委召开上海市纪念五四运动87周年暨增强共青团员意识主题教育活动总结表彰大会。久事团委被评为上海市增强共青团员意识主题教育活动先进单位。

4月30日　上海市总工会举行"上海市五一劳动奖状(奖章)颁奖暨百万职工建功立业主题"活动启动仪式,久事公交系统所属基层单位有三位同志获奖:巴士出租汽车公司的包军荣获全国五一劳动奖章,强生出租汽车公司的张美容、巴士电车公司的徐卫琴荣获上海市五一劳动奖章。

5月17—25日　为配合久事系统开展争创"久事先进集体"和"久事先进个人"的活动,久事工会分别邀请上海工会干部管理学院的老师,对久事所属各工会主席、班组长进行内容为"走进2006年的思考""基层工会工作的抓手与创新""工会领导干部的情商""《劳动合同法(草案)》解读""班组长管理的新理念""班组长的情商"等系列培训。

5月30日　久事工会举行久事公司劳模报告团首场报告会暨"当好主力军,建功'十一五'"主题活动启动仪式。久事党政领导和荣获全国、市五一劳动奖状、奖章的集体、个人和劳模代表,各基层单位工会领导和职工代表参加会议。

7月6日　久事被上海市档案局评为上海市"四五"档案普法先进集体。

是月　久事出资15亿元投资申虹投资发展有限公司,占股30%。

8月8日　久事召开干部会议，市国资委领导等出席会议。会议宣读市国资委党委、市国资委《关于洪任初同志任职的批复》，同意洪任初任上海久事公司副总经理。

是月　根据市国资委《关于上海地铁运营有限公司整体股权协议转让的批复》，久事将持有的上海地铁运营有限公司40%股权全部转让给上海申通地铁集团有限公司。

9月18日　根据市政府有关推进市中心城区“十一五”旧区改造要求，久事与普陀区政府签订旧区改造合作框架协议，参与普陀区金沙新村旧区改造。

9月30日—10月1日　2006年中国石化F1中国大奖赛在上海国际赛车场举行。

10月　久事所属巴士集团、赛车场经营公司分别获由市体育局授予的2002—2006年度“上海市重大国际体育赛事贡献奖”。该奖项共有三家单位获得，久事所属企业占了两席。

是月　久事与罗斯福中国零售有限公司签署中山东一路27号租赁协议，租期20年。

10月13日　由市社会工作党委领导带队，市总工会、市国资委党委和市综合工作党委参加的上海市厂务公开工作领导小组到久事公司及久事所属宝山巴士公司进行调研。久事党委副书记、副总经理傅长禄，工会主席曹旭东以及巴士集团工会主席、宝山巴士党政工领导汇报有关工作。

是月　市国资委召开市国资委系统法制宣传教育工作会议。久事被评为上海市“四五”法制宣传教育先进集体，总法律顾问李雪林及法律事务部虞慧彬被评为先进个人。

11月24日　久事召开2006年第33次党政联席会，会议酝酿党的十七大代表候选人推荐、提名，会议推荐张惠民、王丽、潘春燕三位同志为党的十七大代表候选人并上报市国资委党委。

是月　久事与交投公司签订股权划转协议，交投公司持有的巴士集团22.81%股权划转给久事。

是月　在由市科委、市经委和市国资委联合举办的IBM杯2006年度上海市优秀CIO(首席信息官)评选中，办公室高级主管王隆坤荣获“上海市优秀CIO提名奖”。

是月　为灾区送温暖献爱心捐款捐物工作顺利完成，久事系统有9 487位员工共捐款150 878.60元，有7 530位员工捐出242条被、毯以及29 109件衣裤。

12月12日　久事所在黄浦区第51选区第5投票站投票选举黄浦区第三届人民代表大会代表。经广大选民选举，李雪林同志当选为黄浦区人大代表。

2007年

2月6日　久事总经理兼申铁公司董事长张惠民、上海铁路局局长刘涟清代表双方正式签订南浦货场搬迁协议。

是月　久事获“2006年度上海企事业单位治安安全合格单位”称号。

4月13—15日　2007年A1世界杯方程式汽车大奖赛上海站比赛在上海国际赛车场举行。

4月16日　久事总经理张惠民，副总经理毛小涵、洪任初等参加“ATP大师系列赛·上海”签约仪式。国家体育总局、市体育局领导出席仪式。

4月25日　市国资委党委宣布上海久事公司党委副书记傅长禄任中共上海久事公司纪律检查委员会书记。

4月26日　中共上海久事公司党委召开党员代表会议，直接差额选举产生三名出席中国共产党上海市第九次党员代表大会的代表，他们是上海久事公司党委书记、总经理张惠民，上海强生控股股份有限公司总经济师樊建林，上海巴士四汽公共交通有限公司925路售票员潘春燕。

5月4—6日　2007年Moto GP(国际摩托车赛)中国大奖赛在上海国际赛车场举行。

5月10日　久事召开公交行风建设暨“双先”表彰大会。大会表彰王丽等5位上海市劳动模范、2个市劳模集体和全国五一劳动奖章获得者潘春燕,表彰强生控股股份有限公司第一分公司等27个久事公司先进集体和张美容等63名久事先进个人。

是月　久事出资2.23亿元收购锦江集团所持上海新联谊大厦有限公司股权,占股51%。

6月1日　上海文广新闻传媒集团总裁率集团领导班子、总编室、大型活动部、音乐部、体育频道、生活时尚频道和广告中心等主要部门负责人到赛车场考察座谈,共商合作发展事宜。赛车场经营公司董事长毛小涵,副总经理陈长年、高祖荣以及各部门负责人参加座谈会。

6月15日　在229条线路、237个起点站全面取消铃声调度,实行无声发车。用电子显示屏闪光提示或调度员提醒发车,广大市民特别是起点站附近的市民都称赞公交为市民做了一件大好事。

7月　久事设土地储备部。

9月18日　由市经委、市新能源汽车推进办公室主办,巴士集团、上汽集团、交通大学、上柴股份、华谊集团和新奥九环能源公司承办的巴士一汽147路二甲醚城市客车试验运行举行发车仪式。久事副总经理洪任初为发车仪式剪彩。此次共有10辆二甲醚城市客车在147路上试验运行。

9月26日　久事与徐汇区政府举行“兆丰路旧区改造地块”项目合作签约仪式。

10月5—7日　2007年中国石化F1中国大奖赛在上海国际赛车场举行。

11月11—18日　2007年度网球大师杯赛在旗忠森林体育城网球中心举行。

是月　上海久虹土地发展有限公司成立,久事出资1.5亿元,占股75%。

是月　久事成立上海久事国际赛事管理有限公司,注册资金1.2亿元。

12月6日　久事工会第六次代表大会在上海国际赛车场召开。大会选举产生由顾利慧等24位同志组成的久事第六届工会委员会和由卢岭等5位同志组成的久事第六届工会经费审查委员会。7日,久事第六届工会委员会和第六届经费审查委员会分别召开第一次全体会议,选举产生本届工会主席、副主席、常委和经审委主任。

12月28日　久事举办20周年“司庆”演讲会,全体员工、离退休职工参加。

是月　上海久汇地产发展有限公司成立,久事出资8 000万元,占股80%。

2008年

1月9日　市国资委批复同意上海国际集团有限公司将所持上海国际汽车城新安亭联合发展有限公司25.99%股权、上海磁浮交通发展有限公司4.44%股权、上海申铁投资有限公司41.625%股权、上海国际赛车场8%股权、上海复旦复华科技股份有限公司1 550.35万股、上海国际港务(集团)股份有限公司9 284.49万股无偿划归上海久事公司。

2月1日　久事召开公交行风建设2007年工作总结暨2008年工作动员大会。久事党委书记、总经理张惠民主持会议,市城市交通管理局、市政风行风测评小组相关领导出席会议。会上,久事党委副书记、副总经理傅长禄对公交行风建设2007年工作作总结并部署2008年工作。五汽冠忠、强生公交、巴士电车四分公司、巴士四汽九分公司、宝山巴士修理厂等相关领导作交流发言。最后,久事党委书记、总经理张惠民强调各单位一定要按照久事部署,针对存在突出问题和薄弱环节,抓整改落实,努力使2008年的公交行风建设工作取得新成绩。

是月　久事公交信息化课题正式签约启动。

是月　兆丰路地块旧区改造动迁工作启动。

5 月 14 日　久事团委携手黄浦区团委共同倡议发起“千千纸鹤，爱心‘引领’”赈灾募捐活动。

是月　久事系统 52 766 人次共向四川地震灾区捐款 184.93 万元。

6 月 19 日　久事党委召开领导班子“七个不准”专题组织生活会。26 日上午，久事召开贯彻“七个不准”工作交流会。

是月　久事 5 759 名党员交纳特殊党费，共计 103.34 万元。

7 月 1 日　沪宁城际铁路开工，久事所属上海申铁投资有限公司负责上海段铁路的建设。

7 月 15 日　市长韩正、副市长沈骏率市发改委、市建交局、市国资委、市财政局和市交通局的主要领导来久事专题调研公交改革有关情况。

是月　海门路地块旧区改造动迁工作正式启动。

8 月 13 日　外滩 191 项目总包签约仪式在建工锦江大酒店举行。

是月　久事成立奥运安保工作督察小组，全面检查久事所属 6 个公交枢纽和 33 条公交线路安保工作。

9 月 19 日　久事召开迎世博 600 天行动工作会议，会上举行《迎世博 600 天行动责任书》签约仪式。

10 月 6 日　久事党委书记张惠民、副书记傅长禄出席上海市开展深入学习实践科学发展观活动动员大会。

10 月 17—19 日　2008 年中国石化 F1 中国大奖赛在上海国际赛车场举行，累计有 15 万人次中外观众前来观赛。

11 月 9—16 日　2008 年度网球大师杯赛在旗忠森林体育城网球中心举行。

12 月 23 日　上海市安全生产协会成立大会在宝钢技术中心会场举行，选举久事副总经理张建伟为协会副会长。

12 月 31 日　中国证监会审核通过上海巴士实业（集团）股份有限公司的重大资产出售及发行股份购买资产暨关联交易申请。

是月　江月路、场中路、共和新路、沪太路 4 个综合客运交通枢纽站项目开工。

2009 年

1 月 14 日　久事召开创建文明单位工作交流会。巴士、强生和交投集团的党组织分管领导和党群部门负责人、11 个申报上海市第十四届（2007—2008 年）文明单位的党组织负责人参加交流会。久事党委副书记、副总经理傅长禄出席会议并讲话，市国资委应邀到会指导。会上，强生集团、巴士电车公司 20 路等 4 家单位党组织负责人就创建文明单位工作进行交流发言。

2 月 1 日　久事召开 2009 年第 3 次办公会议，会议听取资产经营部《关于巴士重组获批后下一步资产交割相关工作报告》《关于成立上海巴士有限公司筹备组的报告》《关于巴士集团资产摸底调查情况及对公司收购巴士集团资产优化整合实施方案的报告》。

2 月 11 日　为培养和建设一支职业化出租汽车驾驶员队伍，进一步提高出租汽车服务质量。根据久事迎世博 600 天窗口服务行动实施计划中“加强诚信服务建设，建立和健全服务一线人员的诚信服务档案”的要求，强生出租公司于 2008 年 12 月建立上海市出租汽车驾驶员个人诚信档案系统，并下发有关工作要求的通知。强生出租建立驾驶员个人诚信档案，为久事其他服务行业树立榜样。

2月26日　沪杭城际铁路客运专线建设动员大会在金山区枫泾镇举行，上海申铁投资有限公司负责上海段铁路建设。

3月9日　久事发行50亿元全国首例8年期中期票据，票面年利率4.3%。

3月13日　久事召开深入学习实践科学发展观活动动员大会。久事党委书记、学习实践活动领导小组组长张惠民作动员报告。

3月28日　市政府召开上海市推进公交优先发展工作会议。会上，副市长沈骏为久事所属的上海巴士公交公司成立揭牌。

4月17—19日　2009年F1中国大奖赛在上海国际赛车场举行。

4月21日　久事“双先”表彰暨迎世博工作推进大会召开，会议对荣获上海市第十四届文明单位的12个基层单位，荣获2007—2008年度久事先进集体的29个单位和68名先进个人，89个上海市窗口服务行业优质服务示范窗口和93名优质服务示范员进行表彰和奖励。上海市交通运输和港口管理局、市国资委党委相关负责人出席会议。

4月23日　在当天的世界读书日，由久事团委携手小东门社区(街道)党工委、黄浦区团委联合主办的“久事大厦楼宇青年文化流动书吧”正式进驻久事大厦，为楼宇青年送上足不出户的文化大餐。在久事大厦里工作的白领青年只要签署一份诚信公约，并自愿捐出1元现金，就可任选一册图书借阅一个月。活动以书为载体，通过各类公益活动，倡导白领青年从自身做起，以书会友，诚实守信，关爱弱势群体，更好地参与到和谐社会的建设中去。

5月22日　久事召开深入学习实践科学发展观活动领导班子专题民主生活会。

是月　上海久事出资800万元，与上海市旅游咨询服务中心合作成立上海都市旅游卡发展有限公司，久事占股80%。

6月10日　上海都市旅游卡首发暨上海都市旅游卡发展有限公司揭牌仪式在锦江小礼堂举行。上海市副市长赵雯启动上海都市旅游卡的首发装置，市建交委副主任沈晓苏和久事总经理张惠民为旅游卡公司揭牌。

6月11日　久事召开科学发展观分析检查报告群众测评会。久事党委副书记、学习实践活动领导小组副组长傅长禄介绍《公司领导班子贯彻落实科学发展观情况分析检查报告》的形成过程。

7月5日　久事团委在上海南站举行“青春耀久事，微笑迎世博”主题活动启动仪式。团市委副书记陈凯出席仪式并为久事团员青年授予“青春世博行动”旗帜。

7月30—31日　上海久事公司举办信访干部业务培训班，久事系统各单位信访干部40余人参加培训。市国资委信访办负责人分别为信访干部作专题辅导报告。

8月12日　久事召开2010年上海世博会安保反恐维稳工作动员部署大会。党委书记、总经理张惠民代表久事同各直属企业签订《上海久事公司2010年上海世博会安保反恐维稳工作责任书》。

9月1日　市政府同意白文华任上海久事公司监事会主席。

9月28日　久事召开深入学习实践科学发展观活动总结大会，久事党委书记、总经理、学习实践活动领导小组组长张惠民在会上作总结报告。

10月10—18日　2009年上海ATP1000网球大师赛在上海闵行旗忠网球中心举行。

11月12日　市国资委发文：聂建华任中共上海久事公司委员会副书记、中共上海久事公司纪律检查委员会书记，免去傅长禄中共上海久事公司委员会副书记、中共上海久事公司纪律检查委员会书记、上海久事公司副总经理职务。

11 月 20 日　久事党委书记、总经理张惠民应邀做客东方网嘉宾聊天室，就“践行永久事业，造福市民大众”等主题与网友们沟通交流。

11 月 23—28 日　久事总经理、久事国际赛事公司董事长张惠民，久事总法律顾问李雪林，久事国际赛事公司总经理姜澜等赴英国伦敦与一级方程式管理公司（FOM）总裁伯尼·埃克莱斯顿会晤，签署《F1 世界锦标赛中国大奖赛承办人合同修正案》和《电视转播权协议》。

12 月 23 日　市国资委党委同意张建伟、张伟任中共上海久事公司委员会委员，毛小涵、董凤凯不再担任中共上海久事公司委员会委员。

2010 年

1 月 28 日　久事召开迎世博冲刺 100 天动员大会。久事副总经理张建伟传达了 1 月 15 日胡锦涛总书记在视察世博园区时的重要讲话精神，副总经理洪任初作主题动员报告。

3 月 12 日　久事召开信访稳定工作专题会议。党委书记、总经理张惠民与各直属单位签订《上海久事公司与各直属单位 2010 年度信访稳定工作目标责任书》。

4 月 15 日　久事举行服务世博誓师大会暨志愿者启动仪式。党委书记、总经理张惠民作动员讲话。

是日　久事党委书记、总经理张惠民出席上海公交行业世博交通保障誓师动员大会。

4 月 16—18 日　2010 年 F1 中国大奖赛在上海国际赛车场举行，累计有 15.5 万人次的中外观众前来观赛。

4 月 20 日　久事举行迎世博主题实践活动暨文艺汇演。

5 月 4 日　久事副总经理张建伟、总会计师张新玫出席了 2010 年上海世博会上海企业联合馆日活动和开幕仪式。其中，久事出资 200 万元参与上海企业联合馆建设。

7 月 1 日　久事总部党委举行纪念建党 89 周年活动，组织党员和入党积极分子赴陈云故居暨青浦革命历史纪念馆参观学习，新党员进行入党宣誓。

7 月 22 日　久事党委副书记聂建华、副总经理张建伟、工会主席顾利慧等一行前往世博园区，向奋战高温、坚守岗位的广大员工表示亲切慰问。

8 月 5 日　久事党委书记、总经理张惠民出席上海网球赛事发展历程影像资料捐赠仪式，并与上海市档案局局长共同为“上海网事——上海国际网球赛事发展历程图片展”揭幕剪彩。

8 月 18 日　久事与锦江国际集团共同出资筹建的上海外滩华尔道夫酒店试营业。

8 月 20 日　共青团上海久事公司第二次代表大会举行，选举产生 15 名共青团上海久事公司第二届委员会委员。27 日，共青团上海久事公司第二届委员会召开第一次全体会议，会议选举王洪刚为第二届委员会书记、姚信彬为副书记。

10 月 9—17 日　2010 年上海 ATP1000 网球大师赛在上海闵行旗忠网球中心举行。

10 月 25—29 日　久事党委书记、总经理张惠民等一行前往浙江省铁路投资集团有限公司、浙江省农村发展集团有限公司、浙江省能源集团有限公司、宁波中宁建设投资有限公司、宁波交通投资控股有限公司、宁波开发投资集团有限公司、福建省投资开发集团有限责任公司学习调研。

12 月 3 日　久事召开党政负责干部会议，市委常委、组织部部长沈红光等领导到久事，宣布领导班子成员职务任免决定，任命俞北华为中共上海久事公司委员会书记、上海久事公司副总经理。

12 月 15 日　久事党委书记俞北华出席上海市白玉兰荣誉奖授奖仪式，久事国际赛事公司员工

Charles Humphrey Smith(中文名：施成伟)被上海市人民政府授予白玉兰荣誉奖。

12 月 30 日　久事党委书记俞北华出席上海市国资委系统世博总结表彰大会。

2011 年

3 月 16 日　久事召开信访稳定工作会议。久事总经理张惠民、党委书记俞北华与各直属单位签订《上海久事公司与各直属单位 2011 年度信访稳定工作目标责任书》。

3 月 17 日　久事召开 2011 年度安全生产工作会议。久事总经理张惠民与各直属单位签订《上海久事公司 2011 年安全责任书》。

4 月 11 日　在 2011 年上海市精神文明建设工作会议上，久事所属 14 家单位获 2009—2010 年度(第十五届)上海市文明单位，14 家文明单位是上海交运巴士客运(集团)有限公司、上海宝山公共交通有限公司、上海巴士出租汽车有限公司、上海强生集团有限公司、上海四汽公共交通有限公司、上海巴士五汽公共交通有限公司 65 路、上海巴士一汽公共交通有限公司 70 路、上海巴士电车有限公司 20 路、上海巴士新新汽车服务有限公司 926 路、上海巴士四汽公共交通有限公司 925 路、上海巴士六汽公共交通有限公司 933 路、上海巴士三汽公共交通有限公司 67 路、上海巴士二汽公共交通有限公司 49 路车队、上海宝山巴士公共交通有限公司 118 路。

宝山巴士公司宝山 7 路驾驶员陈乐平获得 2010 年度上海市社会主义精神文明十佳好人好事之一的“临终不忘为民尽责”荣誉。

4 月 15—17 日　2011 年 F1 世界锦标赛瑞银中国大奖赛在上海国际赛车场举行，累计有 16.37 万人次的中外观众前来观赛。国家体育总局副局长于再清、上海市副市长赵雯为获奖车手颁奖。

4 月 18 日　久事与锦江国际集团共同出资筹建的上海外滩华尔道夫酒店举行开业仪式。上海市副市长赵雯出席开业仪式，并在仪式开始前会见希尔顿酒店集团全球总裁兼首席执行官克里斯托弗・J.纳塞塔，久事总经理张惠民陪同会见。

4 月 19 日　从这一天起，“强生出租”与“巴士出租”并购重组的新“强生”将逐步实现三项统一，即 1.3 万多辆运营出租车顶灯统一为“强生”，车身颜色统一为“巴士绿”，叫车电话统一为 021 - 62580000。

4 月 25 日　巴士集团与市公安局交警总队联合启动“文明驾驶树形象，规范操作保安全”文明行车共建签约活动，从即日起至年底，巴士集团与市交警总队将共同开展竞赛，年内实现公交驾驶员文明行车知晓率 100%，规范操作合格率和规范停站执行率 99%以上，坚决杜绝重大道路交通安全事故。

4 月 30 日　市委组织部、市国资委召开上海久事公司 2008—2010 年度任期考核评价会议。会议对久事领导班子和领导人员进行综合考核评价。

5 月 27 日晚　强生长海公司一车队驾驶员瞿洪新在运营中面对持刀抢劫歹徒，毫不畏惧，徒手夺刀，歹徒逃跑后，他不顾手部受伤，主动追击，经过 10 多分钟的搏斗，制服歹徒。瞿洪新见义勇为、勇擒歹徒的英勇行为获得社会各界赞誉，在由市委宣传部、市总工会和市公安局联合举办的“光荣与使命”上海市第二届“平安卫士”颁奖仪式上，10 位市民群众和 10 位公安民警荣获“平安卫士”称号。瞿洪新获上海市“平安卫士”称号。

6 月 9 日　巴士集团在本市中心城区同时开通 1201 路等 11 条穿梭巴士线路，浦西城区不少大型居民住宅区翘首期盼的穿梭巴士最终有了着落。新开通的 11 条穿梭巴士运营线路长度在 2 至 5

公里，衔接沿线的轨道交通线路和周边社区，串联起商业网点、大卖场、学校、医院、菜市场和社区服务中心等，初步缓解浦西新村小区居民的“最后一公里”出行难题。

6月16日　久事工会以“唱响主旋律，建功十二五”为主题，举办上海久事公司庆祝建党90周年歌唱比赛，久事工会主席顾利慧为获奖选手颁奖。

6月30日　久事参与投资建设的京沪高速铁路通车运营。

7月6日　久事机关党委第二支部(党群、人事、工会)组织全体党员赴巴士二汽49路车队过组织生活。党员们围绕“服务基层，服务社会”主题以及在新形势下开展支部建设、创先争优等问题和49路车队党支部进行座谈。

7月14日　久青房产公司在上海土地交易中心参加2011年国有建设用地使用权出让第60号公告中朱家角镇地块项目的公开竞价，最终以8.26亿元价格摘得朱家角镇邱家港西侧A4地块。参加该地块竞拍的共有3家单位，竞拍现场按照相关规定程序，经过数轮竞价，久青公司成功摘得该地块。

7月15日　久事召开系统单位厂房场所租赁管理专项整治工作推进会。久事副总经理洪任初在会上强调，要认真贯彻落实市国资委《关于进一步加强厂房场所出租安全管理工作的通知》和久事《专项整治工作通知》的精神，本次推进会布置的各项工作要认真贯彻落实。

9月14日　久事总会计师张新玫当选黄浦区新一届区人大代表。

9月28日　久事党委召开党务公开试点工作总结暨全面推进动员大会。会议对久事系统党务公开试点工作情况进行总结，对在全系统推进党务公开工作进行动员部署。久事党委书记、党务公开工作领导小组组长俞北华出席会议并讲话，久事党委副书记、纪委书记、党务公开工作领导小组副组长聂建华主持会议并作工作部署，各直属企业党委书记、副书记、纪委书记、工会主席、党群部门负责人、党务公开领导小组成员及党务公开试点企业党委书记共40多人参加会议。

是月　久事总经理张惠民、党委书记俞北华、副总经理洪任初、工会主席顾利慧等一行赴巴士公司所属11家公交营运企业开展调研。

10月8—16日　2011年上海ATP1000网球大师赛在上海闵行旗忠网球中心举行，累计有11.3万人次中外观众前来观赛。

12月18日　久事承建的两大上海市“十二五”重大工程项目——芦恒路综合客运交通枢纽和宝杨路码头综合客运交通枢纽工程举行开工仪式。

12月22日　上海都市旅游卡发展有限公司获中国人民银行批准的非金融机构支付业务许可证。

2012年

1月6日　久事决定设纪检监察部，信访办公室与纪检监察部合署办公，审计监察部更名为审计工作部。

2月24日　上海国际赛车场有限公司与保时捷(中国)汽车销售有限公司签署保时捷驾驶体验中心项目合作合同，全球第三家、亚洲第一家保时捷驾驶体验中心落户上海国际赛车场。

3月1日　经证监会批准，强生集团所持有的强生控股(600662)31.91%的股权正式划入久事，久事成为强生控股的直接控股股东。作为久事旗下唯一上市公司，强生控股将成为久事经营性业务的整合平台。

3月21日　久事召开党风廉政大会。党委书记俞北华与各直属企业党委书记签订党风廉政建设工作责任书。

4月11日　久事召开党员代表会议，选举产生久事出席中国共产党上海市第十次代表大会代表。来自久事系统的117名党员代表出席会议。经过无记名投票，会议差额选举产生上海久事公司出席市第十次党代会代表杨红梅、张惠民、俞北华、马卫星、徐卫琴5位同志。

4月13—15日　2012年F1世界锦标赛瑞银中国大奖赛在上海国际赛车场举行，累计有18.5万人次的中外观众前来观赛，较2011年同期增长13%。

5月22日　久事公交系统马卫星同志在中共上海市第十次代表大会上当选出席中共十八大代表。

5月24日　久事召开推荐优秀中青年干部大会，围绕“德、能、勤、绩、廉”五个方面开展优秀青年干部的推荐工作。

5月28日　久事所属交投集团投资建设的上海西区汽车站改建工程正式开工。市交通运输和港口管理局局长孙建平与久事党委书记俞北华等出席开工仪式。

6月5日　久事所属久事赛事公司与中国银联正式签约，共同宣布中国银联成为久事承办的上海劳力士大师赛尊耀赞助商。这是大师赛举办以来，国内知名品牌首次成为赛事高级别赞助商。

6月8日　久事旗下上海都市旅游卡发行三周年庆典在翡翠公主号游船上举行。市旅游局负责人等与久事总经理、旅游卡公司董事长张惠民参加庆典。经过三年发展，都市旅游卡在银行业与住建部双监管的要求下，成功开发并推出新一代“可充值”芯片，逐步成长为久事发展新亮点。

8月9日　久事经研究决定，设立房地产部，负责对久事房地产业务进行专业管理，以推进久事房地产经营的专业化、集约化，提高综合竞争力。

8月31日　久事商务大厦完成产权登记手续，外滩经典楼宇的开发利用品牌得以进一步增强。

9月3—28日　久事在市国资委党校举办第一期青年干部培训班。来自各所属企业共42名学员参加此次为期一个月的培训。培训期间，久事领导张惠民、俞北华、顾利慧等分别为学员授课。这是久事近年来第一次开办的大规模青年干部脱产培训。在结业仪式上，总经理张惠民要求全体学员们学有所得、学有所成，锻造成一支有能力、有战斗力、有素质的高层次干部队伍。

9月28日　久事投资建设的上海首条快速市域铁路——金山铁路正式开通。副市长沈骏出席开通仪式，并在久事党委书记俞北华陪同下试乘坐首发上海南站至金山卫的动车。金山铁路于2009年12月正式启动改造建设，总投资40.84亿元，正线全长56.4公里。沿途共设上海南、莘庄、新桥、金山卫等9个车站，按照国家Ⅰ级铁路干线技术标准设计，最高时速为每小时160公里。

10月14日　久事承办的上海ATP1000网球大师赛在旗忠网球中心圆满落幕。赛事期间进场总人次达14.8万，上座率较2012年增加约四成，成为上海大师赛四年来之最。

10月30—31日　中国共产党上海久事公司第一次代表大会在上海国际赛车场隆重召开。大会审议通过了中共上海久事公司委员会工作报告、中共上海久事公司纪律检查委员会工作报告、久事公司党代会代表任期制实施办法以及党费收缴、使用和管理情况报告；选举产生中共上海久事公司第一届委员会和中共上海久事公司第一届纪律检查委员会，俞北华、张惠民、聂建华、张建伟、顾利慧、薛东、许敏7名同志当选中共上海久事公司委员会委员，聂建华、顾利慧、孙江、管蔚、叶章毅5名同志当选中共上海久事公司纪律检查委员会委员。大会胜利闭幕后，中共上海久事公司第一届委员会第一次全体会议选举俞北华为久事党委书记，张惠民、聂建华为久事党委副书记；中共上海久事公司第一届纪律检查委员会第一次全体会议选举聂建华为久事纪委书记，顾利慧为久事纪委副书记。

11 月 3 日　2012 年世界房车锦标赛中国站在上海国际赛车场举行，这是久事引进的又一国际高端汽车赛事。至此，F1 中国大奖赛、世界耐力锦标赛、世界房车锦标赛等世界排名前四的国际顶级汽车赛事均已全部登陆上海并取得成功。

11 月 21 日　久事党委召开干部大会，学习贯彻党的十八大精神。十八大代表、巴士公交二汽公司 49 路分公司党支部书记马卫星在会上传达党的十八大的主要精神。久事总经理张惠民、党委书记俞北华分别就如何学习贯彻好党的十八大精神提出要求。

11 月 30 日　久事旗下专业承办团体客运业务的上海久通商旅客运有限公司正式成立。市交港局、久事公司领导以及巴士集团和强生控股领导等出席久通商旅公司揭牌仪式。

12 月 3 日　市国资委批复同意久事报送的《上海久事公司章程(拟修改稿)》，久事新章程正式形成。

12 月 18 日　巴士集团所属的上海巴士客车维修有限公司正式挂牌成立，旨在通过整合巴士公交现有车辆维修力量，开启公交机务系统改革，进一步推进公交第三轮改革，努力构建机务系统与营运系统契约化服务新机制。久事总经理张惠民，副总经理、巴士集团董事长洪任初为新公司成立揭牌。

12 月 30 日　2012 年是久事所属申铁公司成立十周年。十年来申铁公司作为久事铁路投资平台，在久事和上海铁路建设指挥部的领导下，注册资本由 5 亿元发展到 170 亿元，为上海境内铁路建设征地近 2 万亩(约合 1 333 万平方米)，拆迁 200 万平方米，已投入 160 亿元，建成 260 公里新里程，并建成浦东铁路、上海铁路集装箱中心站，京沪、沪宁、沪杭、金山铁路等一批项目，为上海社会经济发展作出重要贡献。

2013 年

1 月 15 日　久事被上海市国家税务局、地方税务局评为 2010—2011 年度纳税信用 A 类单位。

1 月 16 日　久事工会第七次代表大会在上海国际赛车场会议大厅隆重召开。久事党政领导和 232 名正式代表、8 名特邀代表出席会议。市总工会副主席周志军到会并致辞。久事党委书记俞北华对工会工作提出要求。市国资委有关部门领导、久事团委到会祝贺。大会听取并批准顾利慧代表久事工会第六届委员会所作的工会报告，批准《上海久事公司工会第六届委员会财务报告》和《上海久事公司工会第六届经审委报告》，选举产生上海久事公司工会第七届委员会委员和经费审查委员会委员。大会闭幕后举行的工会七届一次全会，选举顾利慧为上海久事公司工会第七届委员会主席，王雯洁为工会副主席。

1 月 25 日　上海强生水上旅游公司的“翡翠公主号”游览船正式被授予上海市“四星级游览船”牌匾，这是黄浦江游览行业中的最高荣誉。

1 月 26 日　久事党委书记俞北华、久事赛事公司姜澜、巴士集团马卫星、强生控股公司花茂飞、交通投资公司陈岳川 5 人作为市人大代表出席上海市第十四届人民代表大会第一次会议，强生控股公司梁东作为市政协委员出席政协上海市第十二届委员会第一次会议。

2 月 9—16 日(春节期间)　上海强生控股股份有限公司为百岁老人免费提供用车共 37 次，受新闻媒体表扬。

2 月 19 日　凌晨 4 时 30 分，申城骤降大雪，公交场站通道路面遭到冰雪覆盖，交投集团紧急启动应急预案,全面开展公交场站出入通道、多层车库坡道等重点区域的扫雪除冰工作,有效确保道路的安全畅通,公交营运车辆正常出行。

2月25日　对于申铁公司参与投资的京沪高速铁路工程,国家验收委员会认为工程实现预期的建设目标,一致同意通过国家验收。

是月　上海强生控股股份有限公司在2012年度上海市出租汽车行业乘客满意度指数测评中获行业第一。

3月15日　上海公交首家技师工作室——孙华首席技师工作室在巴士一汽国江路停车场揭牌成立,久事工会主席顾利慧和巴士集团领导出席揭牌仪式。孙华首席技师工作室拥有17名成员,涵盖机械维修、电器设备、技术培训、车身保养等各领域的技术骨干,他们中有工程师、高级技师、技师、高级工。工作室成立之初就立志成为集"学习型"和"技术型"于一体的团队,是巴士一汽车辆修理分公司维修技术体系的团队核心,力争为企业降本增效作出贡献。

3月27日　上海巴士公交(集团)有限公司获2011—2012年度上海市厂务公开民主管理工作十佳单位、上海市五一劳动奖状、全国厂务公开民主管理先进单位、全国厂务公开民主管理示范单位。

3月28日　上海市副市长赵雯到赛事公司开展"促进体旅结合工作"专题调研,久事总经理、赛事公司董事长张惠民汇报以两大赛事为平台、推动体旅结合进展情况以及工作中面临的问题,并提出相应建议。

是日　中共上海市委印发《关于俞北华同志职务任免的通知》,决定俞北华同志任中共上海市发展和改革委员会党组书记,免去其中共上海久事公司委员会书记职务。

4月10日　共青团上海市第十四次代表大会胜利召开,久事团委书记许一鸣和团员青年邢哲辉作为代表出席会议。

4月11日　上海市副市长姜平在市政府副秘书长黄融以及市政府办公厅、发改委、建交委、财政局、交港局等领导同志的陪同下来久事调研。久事领导张惠民、白文华、聂建华、张建伟、洪任初、张新玫、顾利慧等参加调研,总经理张惠民代表久事党政班子作工作汇报。副市长姜平对久事近年的改革发展给予充分肯定并提出三点要求。

4月12—14日　2013年F1世界锦标赛瑞银中国大奖赛在上海奥迪国际赛车场举行。法拉利车手阿隆索后来居上拿到本赛季首个分站赛冠军。副市长赵雯、中国汽车运动联合会主席于再清、国家体育总局汽摩中心负责人分别为冠亚季军选手颁奖。抓住F1中国大奖赛举办十周年契机,赛事公司加大宣传力度,举行系列庆典活动,三天累计吸引观众近19万人次前来观赛。

4月17日　久事第二期中青年干部培训班举行开班仪式。久事党委副书记聂建华、市委党校教育长曾峻出席开班仪式。来自久事系统的30名学员参加了为期三个半月的脱产培训。7月10日,久事第二期中青年干部培训班结业,累计培训99名青年干部、65名中青年干部。

4月18日　巴士集团和中国电信上海公司签订"智慧城市、智慧公交"战略合作协议,着重推进公交信息化建设,将试点公交站点车辆信息预报发布服务,使市民出行更加便捷。

5月13日　上海巴士公交(集团)有限公司发布上海公交"巴士通"智能营运管理系统1.0版本。

5月28日　久事发文组建新的上海久事置业有限公司,上海强生集团有限公司整建制划入久事置业公司,并由其直接管理。新组建的久事置业与久事房地产部采用"一套班子、两块牌子"的组织架构,实行部门专业化管理与久事市场化运作相结合的管理模式。

5月28—30日　上海市工会第十三次代表大会在世博中心召开，久事系统共选举产生10名代表出席本次市工代会。久事工会主席顾利慧当选上海市总工会第十三届委员会委员，并当选中国工会十六大代表。

6月13日　中共上海巴士公交(集团)有限公司第一次党员代表大会召开。

6月17日　久事工会主席顾利慧出席“全国五一巾帼标兵岗”授牌仪式，向巴士集团65路南浦大桥终点站巾帼岗授予中华全国总工会颁发的“全国五一巾帼标兵岗”奖牌。

7月16日　久事召开党政负责干部会议。市国资委党委书记、主任王坚主持会议，市委组织部秘书长冯伟宣布市委决定：龚德庆任中共上海久事公司委员会书记，白文华不再担任上海久事公司监事会主席。

8月26日　久事党委召开党的群众路线教育实践活动动员大会。久事党委书记、教育实践活动领导小组组长龚德庆作动员报告。市国资委党委第四督导组组长张晓明出席会议并讲话。久事领导班子、本部全体员工、直属企业领导班子，久事系统的十八大党代表、市党代表，久事系统的市人大代表、政协委员，久事部分党代表，久事系统的民主党派、劳模先进、离退休老同志代表和久事督导组约130人出席大会。

9月24日　在2013年上海百强企业新闻发布会上，强生控股公司再次荣登上海企业100强、上海服务企业50强排行榜。

10月19日　久事与虹口区联合为北外滩91、92、93号街坊居民举行集体乔迁仪式。

11月12日　久事召开党的群众路线教育实践活动专题民主生活会。久事党委委员、领导班子成员参加会议，围绕班子及个人存在的“四风”问题进行批评与自我批评。

12月18日　久事与普陀区政府正式签署合作协议，联合对金沙新村地块实施旧区改造。久事总经理张惠民、党委书记龚德庆、副总经理张建伟出席签约仪式。此次旧区改造总面积约3.7万平方米，惠及2 000余户居民，久事与普陀区按6∶4比例进行投资。

12月19日　公交真南路停车场改建工程举行开工仪式，久事副总经理洪任初出席仪式。真南路停车场改建工程设计公交车停车能力为490辆，地上面积79 730平方米，地下面积2 195平方米，总投资3.45亿元。

是月　久事经济责任审计第一轮“三年轮审”任务完成，三年内完成11家直属企业经济责任审计，实现审计全覆盖。

2014年

2月18日　久事党委召开党的群众路线教育实践活动总结大会。久事领导、市国资委督导组、各部门负责人、直属企业领导班子成员参加会议。久事党委书记龚德庆全面总结教育实践活动情况和主要成果，对进一步巩固扩大教育实践活动成果作了部署。市国资委督导组组长张晓明对久事教育实践活动取得的成绩给予充分肯定。

3月18日　市政府副秘书长黄融、交港局巡视员周淮专程赴强生出租公司调研打车软件与强生电调平台系统对接后的有关情况。强生出租公司电调平台已率先与“快的打车”“嘀嘀打车”软件完成系统技术对接。

3月26日　久事召开2014年安全生产工作会议，表彰2013年久事安全生产优胜单位和先进个人，与直属企业签订2014年安全生产责任书。

4月18—20日　2014年F1世界锦标赛瑞银中国大奖赛在上海国际赛车场举行，三天累计吸引观众18.5万人次。经过11年努力，F1已经从一个单纯的赛事，逐步发展成为以赛事为核心，推动城市旅游业、服务业以及相关产业共同发展的平台。

5月19—22日　第四届亚信峰会期间，上海新联谊大厦有限公司所属上海外滩华尔道夫酒店接待卡塔尔副首相艾哈迈德及政府代表团。

6月6—8日　久事承办的2014年上海环球马术冠军赛在世博园成功举办，共吸引2.6万人次观众到场观赛，实现马术赛事"上海之跃"。

6月10日　上海都市旅游卡正式发行5周年。5年来，该卡发行总量10亿元，可受理刷卡POS机9万余台，建立服务网点15个。

6月11日　本市以公交乘务员命名的工作室"罗志珍优秀乘务员工作室"在金山巴士正式成立。该工作室成立，旨在培育更多的服务明星，提升公交服务水平。

6月19日　巴士租赁与法巴安诺(Arval Service Lease)举行合作框架协议签约仪式。根据框架协议，强生控股所属巴士汽车租赁公司将控股法巴安诺旗下的法巴安诺融资租赁(中国)有限公司，形成一家中外合资的汽车租赁企业，为双方共同开拓中国市场迈出关键性第一步。

6月24日　在市交通委组织的2014年度无障碍出租车经营权招标会上，强生出租以高分成为唯一中标单位，成为上海首家无障碍出租车运营企业。

6月25日　由上海市城市交通运输管理处主办、巴士二汽承办的公交企业突发事件应急处置演练及巴士公交修理、保障消防安全演练分别在巴士二汽莘庄停车场和七宝修理分公司同时举行。这是巴士集团2014年安全生产月的一项重要宣传教育活动，上海公交行业30多家公交企业和巴士客修公司12家修理分公司组织人员观摩演练活动。

7月21日　巴士集团公交营运一线的2万多名现场管理人员、调度员、司乘人员上岗值勤时全部佩戴"安全员"臂章，巴士集团及各公交企业二级班子、基层管理人员深入重点线路，重点区域、重点站点加强线路巡检和营运过程监控，检查时也全部佩戴臂章，巡视重点放在车辆一程一检、驾驶员离车拔钥匙及车厢内各类安全设施完好等方面。

8月21日　久事副总经理、巴士集团董事长洪任初出席巴士集团和市交警总队联合举行的"文明在心中，礼让在线上——打造平安公交"交通文明共建主题活动签约仪式。市交警总队和巴士集团签署文明共建协议，进一步推进上海公交龙头企业投入行业文明创建工作。

9月15日　久事参与的金沙江路旧改基地集体搬迁仪式举行。金沙新村北块旧改地块的二次征询仅4天签约率即达85%，实现上海市旧改征收签约速度新高。

9月17日　久事党委举行"弘扬企业文化，践行四种精神"主题演讲会。来自9家直属企业的11位同志进行演讲，久事党委书记龚德庆作总结讲话。

9月28日　上海公交史上投资规模最大的项目——逸仙路公交停车场改建工程开工，将建成一幢4层公交多层停车库及一幢19层的交通业务楼等配套设施。项目总投资5.68亿元，建成后可停放公交车辆352辆。

10月4—12日　2014年上海ATP1000网球大师赛在旗忠网球中心举行，本届赛事共吸引观众15.2万人次到场观赛。

10月29日　市交通信息中心、市交通委一行来到漕溪路公交枢纽站，对巴士集团公交信息化推广和公交智能集中调度应用进行现场调研。久事副总经理洪任初、巴士集团和所属10家公交企业负责人参加调研。

11月14日　久事党委书记龚德庆为中青年干部作题为《牢记使命，勇于担当，做一名德才兼备的中青年干部》的报告。他从“我从哪里来，到哪里去”这个基本问题入手，回顾久事由来和历史变革，向全体学员提出“如何挖掘历史积淀，发挥品牌优势，努力成为上海最具影响力的公共服务企业，共同谱写久事改革发展新篇章”的重要课题。接着，他从理想信念、工作作风、个人修养以及正确的权力观、政绩观、名利观等方面入手，就如何当好一名干部提出6点具体要求。

11月20日　巴士集团2014年度岗位练兵比武决赛落幕。通过两个多月10家公交企业和巴士客修公司的层层竞赛选拔，从8 000多名优秀职工中脱颖而出的213名入围选手参加驾驶员、乘务员、调度员、行管员、票务员及修理工六大工种的决赛，久事工会主席顾利慧、巴士集团党政领导出席竞赛活动开幕式和闭幕式。

11月27日　航空劳模李文丽、吴尔愉和地铁劳模熊熊走进49路车厢，实地体验公交服务，为巴士公交服务新秀传授先进服务理念。上海公交首家劳模工作室——“马卫星劳模公交营运工作室”创新活动形式，延伸活动外延，与航空李文丽、吴尔愉劳模团队创新工作室和地铁熊熊3D服务创新工作室首创三方联手互动模式，助力上海巴士公交文明服务水平的提升。

12月16日　久事召开负责干部会议，宣布市国资委党委、市国资委关于久事领导班子调整的决定：经市委备案同意，张新玫任久事副总经理，免去其久事总会计师职务；孙冬琳任久事副总经理；免去张建伟久事副总经理职务。

2015年

1月23日　久事工会召开全委扩大会议，选举薛东为工会主席。

是月　国家体育总局向上海久事国际赛事管理有限公司颁发“2014年度全国体育事业突出贡献奖”。

是月　上海市旅游景区质量等级评定委员会评定上海国际赛车场区域为国家AAAA级景区。

2月1日　由久事副总经理洪任初率领的检查组对置业公司进行安全大检查，置业公司有关领导陪同检查。检查组一行先后来到位于七莘路的强生汽配油品仓库、油气站、沿街租赁商铺，实地查看各个场所的安全生产情况，强调要加强精细化管理，突出“抓过程、抓环节、抓重点”，确保安全生产万无一失。

2月6日　市政府副秘书长、市国资委党委书记、主任徐逸波主持召开久事干部会议。市委组织部宣读市委文件：市委批准龚德庆任上海久事公司总经理，免去张惠民上海久事公司总经理职务。市委组织部和市国资委领导以及久事总部部门及直属企业负责人参加会议。

是月　久事被市安委会评为“2014年度行业（系统）安全生产工作优胜单位”，这是久事连续6年获此奖项。

3月13日　市国资委在久事召开负责干部会议，宣布上海市国有资产监督管理委员会党委决定：龚德庆为中共上海久事公司委员会副书记，黄强任中共上海久事公司纪律检查委员会书记，免去张惠民中共上海久事公司委员会副书记职务，免去聂建华中共上海久事公司委员会副书记、中共上海久事公司纪律检查委员会书记职务。

3月20日　强生出租首批100辆新出租车以鲜艳亮丽的“强生黄”亮相街头。新车身色体现国际大都市出租车较为通行的风格，适应现代社会生活快节奏，更便于广大乘客识别扬招。

3月23日　久事召开党风廉政建设暨信访稳定工作会议。会议分析当前形势，对在2014年度信访稳定工作中做出成绩的先进个人进行表彰。会上,久事总经理龚德庆还与各直属企业党政主要负责人进行党风廉政及信访稳定工作目标责任签约。

4月10—12日　2015年F1世界锦标赛中国大奖赛在上海国际赛车场举行。经过56圈激烈角逐,梅赛德斯车队选手汉密尔顿和队友罗斯伯格分获本次赛事冠亚军。赛事三天累计入场观众12.5万人次。

4月30日　市人大常委会副主任薛潮及部分市人大代表一行到巴士集团,就公共交通安全管理工作开展专题调研,市交通委和有关部门负责人、巴士集团领导及本市部分公交企业负责人参加调研座谈。

5月8—10日　为期三天的上海浪琴环球马术冠军赛圆满落幕。赛事期间,不仅场内人气高涨,同时受到来自全球观众的广泛关注。据统计,全球54个国家逾1.35亿个家庭通过欧洲电视转播收看本次比赛。

5月20日　中共中央政治局委员、上海市委书记韩正等到久事调研,听取关于深化改革的情况汇报。韩正听取久事汇报后强调,久事作为上海公共服务类大型骨干企业,要处理好公共服务和市场化改革关系,始终把社会效益放在首位,坚决进行公司制改革,引入市场机制,按市场规则运行,更好地提高公共服务的质量和效率;要处理好国际化和立足上海的关系,围绕市委、市政府确立的目标,为上海城市经济社会发展和上海百姓的福祉服务;要围绕公共交通、体育产业等核心业务,把久事公司打造成为优质公共服务类企业。

5月26日　久事召开党委会议,研究久事系统开展"三严三实"专题教育工作。

6月10日　上午,中共上海市委副书记应勇等到久事调研。久事总经理、党委副书记龚德庆全面汇报久事的发展历程、定位及愿景,并就干部队伍建设、党组织建设等方面工作分别作汇报。应勇充分肯定久事的各项工作,指出久事公司作为国企,要充分发挥党组织领导核心作用和政治引领作用。希望久事公司在当前国资国企改革的大背景下积极进行探索。公交、出租车等公共交通是城市形象的重要窗口,久事公司作为城市交通重要组织者,要立足服务上海的大局,不断提高服务质量和管理水平。下午,巴士集团召开深化改革推进工作会议暨上海巴士第一公共交通有限公司揭牌仪式。久事总经理龚德庆,市交通委巡视员、巴士公交理事会理事长周淮出席会议,并为巴士一公司揭牌。

7月23日　市委常委、常务副市长屠光绍等前来久事调研市级融资平台公司政府性债务管理工作并召开座谈会。市发改委、市财政局、市建委等市政府有关部门负责同志以及城投公司、申虹公司、土地储备中心、申通公司和临港管委会等单位代表参加会议。市财政局汇报关于加强市级融资平台公司政府性债务管理的相关情况,久事总经理龚德庆汇报久事基本情况、政府性债务情况以及面临的问题和建议,其他单位也作交流发言。副市长屠光绍要求相关单位在工作中要处理好国家政策配套,完善调整与上海市有效应对、加大财政资金支持力度的关系,下一步工作要关注融资平台公司偿债资金来源、负债结构、资金成本等问题,以深化改革为契机,继续探索投融资模式创新,发挥好投融资平台公司积极作用。

是月　经大公评估公司和新世纪评估公司评定,久事作为中票和债券的发行融资主体,继续获得最高的AAA信用级别。

8月18日　久事召开党委会议和党委扩大会议。会议审议久事公司2015年度党建责任制任务分解表,听取久事纪委工作报告,开展"三严三实"专题教育集中学习。

8月25日　召开2015年第26次总经理办公会议,审议通过《上海久事公司公务用车管理办法》《关于进一步规范公司中层以上领导人员履职待遇、业务支出的实施细则》《上海久事公司突发事件信息发布应急预案》。

8月28日　宝山区新辟公交接驳线举行开通仪式。久事总经理龚德庆、宝山区区长方世忠、市交通委正局级巡视员周淮、久事副总经理洪任初参加开通仪式。新辟开通的5条接驳线路有效缓解居住小区居民“最后一公里”出行难的矛盾，惠及罗南新村、友谊家园、友谊苑、海尚明城等多个小区居民。

9月30日　久事召开公共交通卡公司托管都市旅游卡公司工作交接会议。会议明确旅游卡公司正式移交交通卡公司托管，两卡的深化改革工作进一步向纵深推进。

10月9—18日　2015年上海ATP1000网球大师赛在旗忠网球中心圆满落幕。本届赛事有约15.1万人次前来现场观看比赛。

10月12日　久事召开负责干部会议，宣布市国资委党委、市国资委关于久事名称变更及领导班子成员调整的各项决定。经研究：中共上海久事公司委员会更名为中共上海久事(集团)有限公司委员会，中共上海久事公司纪律检查委员会更名为中共上海久事(集团)有限公司纪律检查委员会；原上海久事公司党委书记、总经理、监事会主席、党委副书记、纪委书记的职务名称均按上海久事(集团)有限公司作相应变更；原上海久事公司总经理、副总经理的职务名称变更为上海久事(集团)有限公司总裁、副总裁；决定龚德庆为上海久事(集团)有限公司执行董事，决定姜澜、李仲秋为上海久事(集团)有限公司副总裁，免去洪任初上海久事公司副总经理职务，到龄退休。久事领导班子成员、总部各部门负责人、各直属企业主要负责人出席会议。

10月22日　久事集团所属久通商旅与法巴安诺公司共同投资设立的安诺久通汽车租赁有限公司正式落户上海，并全面启动中国汽车租赁业务。久事集团总裁龚德庆，原副总经理洪任初，副总裁李仲秋，浦东新区、市交通委等领导，以及法方和客户代表约170人参加开业仪式。

是月　上海市国有资产监督管理委员会同意久事公司公司化改制，改名为“上海久事(集团)有限公司”(以下简称久事集团)，注册资本由252.7亿元变更为600亿元。

11月5日　上海久事(集团)有限公司工商登记变更手续办理完毕，取得新营业执照。

11月6日　久事集团召开上海久事(集团)有限公司党员代表会议。经无记名投票，选举张新玫、叶章毅为久事集团党委委员。

11月9日　副市长赵雯、市政府副秘书长肖贵玉、市体育局局长黄永平等前来久事集团调研体育产业改革发展情况。久事集团领导班子成员参加会议，久事集团总裁龚德庆就久事集团公司及旗下体育产业的基本情况、对体育产业发展的认识、体育产业改革的使命和目标、体育产业的发展方向以及发展体育产业希望得到的支持和帮助5个方面内容作具体汇报。赵雯指出，久事集团把体育产业作为核心业务板块之一，市政府对此寄予很大的期望。希望久事集团能承担更多任务，努力打造上海品牌，共同把上海体育产业打造成全国一流、国际一流。

11月12日　久事集团召开巡视工作动员会，市委巡视组进驻久事集团进行为期3个月的巡视工作。

11月17日　久事集团召开2015年第33次总裁办公会议。会议通报市政府关于久事集团监事会主席的任职决定，张国洪任监事会主席。

11月26日　上海久事(集团)有限公司揭牌仪式在久事大厦30楼会议中心举行。市政府副秘书长、市国资委主任徐逸波，市国资委副主任胡宏伟，市发改委副主任曹吉珍等相关委、办、局领导出席仪式并见证揭牌。应久事集团邀请，国家开发银行上海分行副行长朱雪松等相关银行负责人出席仪式。揭牌仪式由久事集团执行董事、总裁龚德庆主持,久事集团领导班子成员、总部各部门主要负责人、专职董监事和各直属企业主要领导出席。揭牌仪式上,市国资委胡宏伟副主任宣读《关于上海久事公司公司制改制的有关问题批复》。全国劳模——巴士集团的马卫星和强生控股的胡国林作为集团劳模代表与行业代表共同为久事集团揭牌。

久事的公司制改制前期准备工作于2015年3月启动,先后完成章程修订和资产评估等工作,并得到市国资委等相关政府职能部门的关心指导和大力支持。11月5日,完成工商变更登记;11月18日,在《解放日报》上进行社会公告。

12月30日　上午,上海久事投资管理有限公司举行揭牌仪式。久事集团党政领导班子成员、专职董监事、总部各部门主要负责人和各直属企业主要领导出席仪式。久事集团总裁龚德庆为久事投资管理公司揭牌,久事集团副总裁张新玫代表久事集团致辞。久事集团领导孙冬琳、黄强、姜澜、李仲秋、薛东等在主席台见证。下午,久事集团党委召开党政领导班子"三严三实"专题民主生活会。

12月31日　上海市国有资产监督管理委员会、上海市体育局召开所属企业政企分开工作会议,决定东亚集团等5家上海市体育局所属企业资产监管关系、党组织管理关系划转至上海久事(集团)有限公司。

2016年

1月15日　久事集团召开2016年工作会议,回顾总结2015年行政和党建工作,对2016年改革发展和党建工作进行部署。久事集团执行董事、总裁龚德庆主持会议并讲话。2016年,集团将围绕学习年、改革年、发展年的工作要求,坚持既定的久事集团发展定位、愿景与战略,全面推开、纵深推进各项深化改革任务。

2月4日　副市长蒋卓庆赴巴士集团调研,听取深化公交改革推进情况的汇报。他强调市委、市政府将2016年定为综合交通管理年,巴士集团要在原有改革成果的基础上,加快行动,在上海整个综合交通公交优先战略中发挥作用力和贡献力。

2月29日　久事集团召开2016年度安全生产工作会议,久事集团总裁、安委会主任龚德庆与直属企业签订《2016年安全生产责任书》。

3月29日　召开2016年第8次总裁办公会议,审议《上海久事(集团)有限公司"十三五"规划》《关于拟设置集团总法律顾问岗位的工作方案》。

4月17日　2016年F1世界锦标赛中国大奖赛正赛圆满落幕。赛事三天累计入场观众约14万人次。正赛日当天,上海国际赛车场座无虚席。

4月28日　久事集团党委召开"两学一做"学习教育工作座谈会,久事集团党委委员、纪委书记黄强主持会议。会议就久事集团系统"两学一做"学习教育工作进行部署。

4月28日—5月1日　2016年上海浪琴环球马术冠军赛圆满落幕。

5月31日　中共中央政治局委员、上海市委书记韩正等调研上海体育场区域环境整治和综合开发工作。久事集团总裁龚德庆作《关于上海体育场区域环境综合整治的情况报告》,市体育局、市规土局和徐汇区分别就各自相关工作作汇报。韩正指出,上海体育场区域要成为既能举办重要、顶级国际赛事,同时在日常又可以服务于广大市民的健身、娱乐、体育的市级体育综合体。

6月1日　召开2016年第15次党委会议,审议通过《上海久事(集团)有限公司领导班子成员联系基层工作规定》《上海久事(集团)有限公司党组织意识形态工作责任制实施办法》。

6月3日　久事集团第一届职工运动会暨健康跑比赛开幕,9月27日闭幕。本届职工运动会在历时三个多月的比赛过程中,完成全部9个大项、28个小项的比赛,参与人数近2000人次,充分展示久事人良好的精神面貌。

6月8日　下午,久事集团党委举行"我身边的共产党员"主题演讲比赛。来自各直属企业13名参赛选手围绕"我身边的共产党员"这个主题,以生动形象的语言和真实感人的事例,讲述了身边一个个共产党员的故事。

6月25日　延安路中运量公交系统工程开工,走向为沪青平公路(申昆路)—延安西路—延安中路—延安东路(中山东一路),自西向东横贯闵行、长宁、静安、黄浦四个区,项目建设单位为上海交通投资(集团)有限公司。

8月29日　久事集团投资的上海国企交易型开放式指数基金(以下简称上海国企ETF)在上海证券交易所成功上市交易。

是月　市人大常委会副主任、市总工会主席洪浩专程来到强生出租,慰问奋战在高温一线的驾驶员,并详细了解驾驶员的日常工作和防暑情况,确保驾驶员在炎热天气下安全运营、文明工作,以优质服务方便市民出行。

10月8—16日　2016年上海ATP1000网球大师赛在上海旗忠网球中心举行。本届赛事累计吸引超过11万人次的观众来到现场观看。

10月28日　共青团上海久事(集团)有限公司第一次代表大会在久事大厦召开。

11月10日　久事集团召开负责干部会议,宣布市国资委党委关于黄强同志的任职决定。经市委备案同意,决定黄强任中共上海久事(集团)有限公司委员会副书记。

11月28日　上海市工商行政管理局核发上海久事体育产业发展(集团)有限公司营业执照。

11月30日　召开2016年第26次总裁办公会议,通过《"澎湃新闻"项目投资建议书》《关于以委托贷款方式平衡上赛场公司资金需求的报告》《上海久事(集团)有限公司退休职工管理委员会专项经费管理办法》。

12月20日　上海公共交通卡股份有限公司管理关系正式移交上海久事(集团)有限公司。

12月22日　中共中央政治局委员、上海市委书记韩正调研徐家汇体育公园建设情况。

12月28日　上海久事投资管理有限公司出资2亿元入股澎湃新闻。

2017年

1月3日　久事集团召开上海久事体育产业发展(集团)有限公司领导班子宣布会议。集团总裁、党委副书记龚德庆出席会议并作重要讲话,集团组织人事部宣读久事集团党委关于久事体育领导班子的任职文件,标志着上海久事体育产业发展(集团)有限公司进入实质性运作阶段。

1月24日　久事集团党委召开2016年度民主生活会。久事集团领导班子成员围绕"两学一做"学习教育要求,重点对照《关于新形势下党内政治生活的若干准则》和《中国共产党党内监督条例》,结合思想和工作实际,进行自我检查、党性分析,开展批评与自我批评,进一步加强集团领导班子建设。

3月1日　"久事志愿服务专项基金"成立暨捐赠仪式在久事大厦举行,上海市志愿服务公益基金会理事长、市志愿者协会副会长陈振民,市志愿者协会秘书长陈麟辉,久事集团党委副书记、总裁龚德庆出席仪式并签署捐赠合同，久事集团党委副书记、纪委书记黄强主持仪式。

4月7—9日　2017年F1喜力中国大奖赛在上海奥迪国际赛车场圆满落幕。入场观众约14.5万人次，赛事所蕴含的活力和吸引力与日俱增。

4月28—30日　2017年上海浪琴环球马术冠军赛圆满落下帷幕。为期3天的赛事共进行6场激烈的角逐，累计超过2万人次观众到场观赛。

5月13日　国际田联田径钻石联赛圆满落幕，16个比赛项目共创下1个钻石联赛纪录、3个赛会纪录和5个年度最好成绩。

5月25日　久事集团召开党政负责干部大会，宣布上海市委、市国资委党委关于久事集团领导干部的任免决定，市委和市国资委党委决定：龚德庆任久事集团党委书记、董事长，郑元湖任久事集团党委副书记、总裁、董事。市委组织部和市国资委相关人员、集团领导班子成员、部门负责人、直属企业党政主要领导出席大会。

6月15日　专程来沪调研的交通运输部副部长刘小明一行，在市交通委副主任杨小溪、久事集团副总裁李仲秋和巴士集团相关领导陪同下，来到申昆路公交枢纽，实地考察中运量71路公交调度和运行情况。

6月28日　久事集团党委召开纪念建党96周年党建工作会议。深入贯彻落实上海国有企业党的建设工作会议精神，落实“两学一做”学习教育常态化制度化要求，并颁布《关于在深化国有企业改革中坚持党的领导加强党的建设的实施细则》《推进“两学一做”学习教育常态化制度化任务清单》《关于进一步加强基层党支部规范化建设的实施意见》《党支部年度工作任务清单》四项制度文件。久事集团党委书记、董事长龚德庆作重要讲话。

7月5日　久事集团安委会组织安全生产专项培训，强化领导干部安全生产意识，推动集团安全生产工作有序展开。久事集团领导班子成员、安委会成员及系统内企业140多位主要领导、分管领导和安全生产管理人员参加此次培训。

8月1日　市委任期考核工作组来久事集团召开2017年久事集团任期综合考核评价动员会。考核组组长孙建平作动员讲话，久事集团党委书记、董事长龚德庆作表态发言。久事集团领导班子、各部门负责人、各直属企业班子成员出席会议。

8月8日　副市长陈群先后赴徐家汇体育公园，实地察看场馆建设、奥林匹克俱乐部和东亚展览馆拆除以及体育场周边环境整治情况；赴中华艺术宫南侧地块和世博文化公园，实地察看马术赛场选址情况。久事集团总裁郑元湖，副总裁孙冬琳、姜澜陪同调研。

9月11日　市委副书记、市长应勇调研徐家汇体育公园建设推进情况，听取市体育局、久事集团以及徐汇区有关建设情况汇报。应勇市长对前期工作进展给予充分的肯定并指出，在新的发展时期，万体馆区域要整体提升改造，建立新的功能定位。要坚持高标准、高质量，打造人民满意的一流精品工程，更好地满足全民健身需求，更好地适应专业赛事要求。

10月7—15日　上海ATP1000网球大师赛在旗忠网球中心举行。9天赛事累计吸引超过12.4万人次观众到现场观看比赛。

10月17日　久事集团召开2017年第8次董事长办公会议，审议《关于组建东方体育中心接管工作小组的建议方案》《关于签订东方篮球股权转让意向书的报告》。

10月27日　第一届久事职工艺术节闭幕式在上海大舞台举行。久事集团领导班子及近3 000名职工观看闭幕式文艺演出。

11月15日　由久事集团和上海市美术家协会等单位主办的“百年交响——上海外滩百年历史

变迁油画作品展”在刘海粟美术馆落下帷幕。画展历时两周，共展出上海艺术界 80 多位画家、103 幅外滩题材的油画作品，每天吸引约 150 人次的观众，取得良好的社会效应。

11 月 18 日　世界斯诺克·上海大师赛在上海体育馆圆满落下帷幕，为期 6 天的赛事共上演 73 场精彩对决，国家体育总局小球运动管理中心主任王立伟、世界职业比利和斯诺克协会主席福泽盛等领导和嘉宾出席颁奖仪式。

12 月 12 日　上海久事(集团)有限公司与上海文化广播影视集团有限公司宣布正式建立战略合作关系。同时，上海久事体育产业发展(集团)有限公司和上海久事投资管理有限公司以增资方式入股五星体育传媒有限公司，成为五星体育的第二大股东。五星体育、久事体育两家国有企业将各自相关资源注入，推进体育事业和产业的快速落地和发展。

12 月 18 日　久事集团召开《上海久事(集团)有限公司志》编纂委员会成立大会。久事集团总裁郑元湖宣读成立《上海久事(集团)有限公司志》编纂委员会的通知，上海市地方志办公室主任、党组书记洪民荣到会指导，久事集团党委书记、董事长龚德庆出席大会并讲话。上海市地方志办公室专志工作处、集团总部各部门及各直属企业党政主要负责人、修志工作责任人员及志书编纂责任编辑等 70 余人参加大会。

12 月 28 日　久事集团召开庆祝上海久事成立 30 周年大会。久事集团党委书记、董事长龚德庆致辞，党委副书记、总裁郑元湖主持会议。久事集团党政领导班子成员、老领导代表、总部各部门负责人、直属企业党政主要领导、基层一线先进代表等 70 余人参加庆祝大会。会上，播放介绍久事集团 30 年发展历程的回顾片，并对获得“久事功臣”荣誉称号的先进个人代表进行颁奖；久事集团党政领导班子成员和老领导代表共同启动象征久事迈向新征程、实现新跨越的鎏金沙仪式。

12 月 29 日　徐家汇体育公园综合改造工程全面开工并举行开工动员大会。市体育局副局长许琦、久事集团副总裁姜澜、久事体育集团以及来自设计、施工、工程监理、财务监理等单位人员参加大会。徐家汇体育公园的开工建设，标志着上海在城市体育文化发展上又迈出坚实一步。

第一篇

机构与体制

概　述

上海久事(集团)有限公司(简称久事集团)主营国内外资金利用,城市交通运营、基础设施投资管理及资源开发利用,土地储备及房产开发、经营,物业管理,体育与旅游经营,股权投资、管理及运作,信息技术服务,汽车租赁等业务。办公地址:上海市黄浦区中山南路28号(久事大厦)。

久事集团前身是1987年成立的正局级事业单位——上海久事公司(简称久事),属上海市计划委员会(简称市计委)管辖,代市政府行使"九四专项"管理职能。1992年,改制为企业。2003年,其党政关系从上海市发展和改革委员会(原市计委)划归新成立的上海市国有资产监督管理委员会(简称市国资委)。2015年,改制为国有独资有限责任公司,并更名为上海久事(集团)有限公司,市政府授权市国资委持有其100%的股权并行使出资人职责。

截至2017年年末,久事集团注册资本600亿元,合并总资产4 610亿元,股东权益2 926.78亿元,资产负债率39%,资信等级AAA级。拥有直属企业10家,三级次以上成员企业65家,员工7万余人。

1987年,久事刚成立时,旗下无直属企业,内部设办公室、投资部、资金部、经营部"四部一室",编制30人。

1992年,久事改制为企业,陆续组建自主经营的相关直属企业。1999年,接收上海外滩房屋置换有限公司资产,为地产置业形成打下基础。随着业务扩展,久事逐步完善公司内部管理、经营业务领域的部门设置,先后成立人力资源、审计监察、实业管理、资产经营等职能部门。

2005年,随着5家公共交通企业划入,久事城市交通板块开始成型,并以上海国际赛车场项目和原由巴士股份运作的上海网球大师杯赛为契机,开始组建专门赛事管理公司,初步形成体育产业板块。此后,久事内部机构逐渐形成党群职能部门、人力资源部、财务管理部、法律事务部、审计监察部、房地产部、资产经营部、投资管理部八大业务管理的内部机构设置模式。

2015年,久事开展集团化改制,重新调整机构设置,增设信息管理部、运营协调部、安全管理部等部门。是年,上海东亚(集团)有限公司划归久事集团。2016年11月,久事集团成立上海久事体育产业发展(集团)有限公司,整合体育产业板块,实施专业化经营管理,最终形成城市交通、体育产业、地产置业和资本经营四大产业板块。

第一章　行 政 体 制

1987 年，久事刚成立时，为企业化经营的正局级事业单位。1992 年，改制为综合性投资经营公司。2015 年，改制为国有独资有限责任公司，并更名为上海久事(集团)有限公司。公司性质的变化，意味着自主权的扩大，利于转换经营机制，也对企业管理提出更高要求。

第一节　“九四专项”办公室

20 世纪 80 年代，传统的计划经济体制逐渐被打破，作为老工业基地和计划经济的大城市上海受到财政统收统支、工业效益滑坡的双重压力，资金不足、原材料缺乏、交通拥挤、住房紧张、环境污染等矛盾日益凸显。

1986 年 8 月 5 日，国务院批复上海扩大利用外资 32 亿美元，用于一批基础设施、工业和第三产业项目。工业、第三产业项目所获收益用于偿还国外贷款。这批项目总名称取自国务院发文字号，统称为“九四专项”。

1986 年 9 月，市政府成立“上海市利用外资工作领导小组”，下设“三室一组”，专门管理利用外资工作。其中，“九四专项”办公室设于市计委。

第二节　上海九四公司

1987 年年初，市计委认为“九四专项”办公室是一个行政办事机构，而非经济实体，不能开展融资借贷。此外，“九四专项”的开展需同时与市计委(项目管理)、市财政局(资金调度)两大部门协调，现有金融机构难以胜任，有必要设立一家实体公司，全权负责开展工作。

1987 年 2 月，按市计委建议，市政府成立上海九四公司(简称九四公司)，行使“九四专项”总账房职能，归市计委管辖。该公司本身是“九四专项”的一部分，其经营收益作为“九四专项”还贷资金。

第三节　上海久事公司

在九四公司工商注册过程中，国家计委副主任干志坚建议：既然“九四专项”的称呼来源于国务院发文编号，不如用“九四”的谐音“久事”来命名这家公司，寓意该公司“长长久久发展、踏踏实实做事”。市计委遂将该意见报给市政府。

1987 年 4 月，市政府取“九四”谐音，将筹建中的上海九四公司更名为上海久事公司，寓意该公司从事“永久的事业”，并明确该公司是正局级事业单位，与“九四专项”办公室是“两块牌子、一套班子”。实际操作中，按各项工作的不同性质，使用相应单位名称。

1987 年 12 月 12 日、18 日，久事公司先后获得上海市工商行政管理局颁发的企业法人营业执照、营业执照，核定注册资本 8.7 亿元。

12月30日,市政府在上海展览中心召开久事公司、申能电力开发公司成立大会。大会由市计委副主任吴祥明主持。市人大常委会主任胡立教、市政协副主席刘靖基为久事公司、申能电力开发公司揭牌。上海市副市长黄菊、李肇基,市委常委赵启正及市政府各委办局、各区县负责人,“九四专项”相关单位负责人等500余人参会。

1989年10月,市政府发布《关于上海久事公司与上海实事公司合并和成立上海久事公司、上海实事公司合并工作组的通知》。

上海实事公司(简称实事公司)是市政府为管理“财政基数包干”后每年多分得的14亿元财政收入,于1988年2月专门批准成立的一家国有投资公司,取“14”的谐音而命名。3月,市委、市政府任命中共上海市委副书记、副市长黄菊为实事公司监事长,上海市政协副主席、上海市工业交通办主任周璧为董事长,上海市计划委员会主任陈祥麟、上海市财政局局长鲍友德为监事,上海市财政局原局长熊瑞祥为总经理,庄玉麟、于祥年、张嘉宝为副总经理。

1990年1月,按市政府要求,久事公司、实事公司正式合并为新的“上海久事公司”,实事公司约14亿元资产由久事经管。新的久事公司除继续履行“九四专项”总账房职能外,新增实事公司“代市政府管理、运筹建设财力资金”的职能。市计委每年通过市财政调拨10多亿元建设资金给久事,久事再按市计委的投资计划拨出。

1991年,市计委、市外经贸委要求久事与市投资信托公司加强联合,并改制为企业。1992年,按市政府要求,久事开始执行企业工资标准,从企业化经营的正局级事业单位转制为独立核算、自负盈亏的综合性投资经营公司,仍归市计委管辖。至此,久事开始搭建企业化的组织框架,逐步组建企业性质的董事会、监事会,实行总经理负责制,集体决策、分工负责。

1993年,久事改革人事和分配制度,逐步开展定期考核、分级管理,并实行全员劳动合同制、员工岗位聘任制。从此,久事员工主要来源手段从党政机关调配转为人才市场招聘,为久事优化员工结构,通过劳动力市场补充新生力量打开通道。20世纪90年代招聘进久事的几批员工,年纪轻,学历高,有不少成长为久事的业务骨干。

1999年上半年,为增强久事筹资还贷能力,市政府采纳市计委意见,将上海外滩房屋置换有限公司(以下简称外滩房屋置换公司)并入久事。7月,外滩房屋置换公司与久事公司签署《关于外滩置换公司并入久事的交接协议》。8月起,外滩房屋置换公司及其旗下14幢全国重点文物保护建筑全部并入久事。

表1-1-1　2005年公交体制改革所涉企业一览情况表

涉及企业	简称	上级单位
上海交通投资(集团)有限公司	交投集团	上海城市建设投资开发总公司
上海巴士实业(集团)股份有限公司	巴士公司	上海市城市交通管理局
上海强生集团有限公司	强生集团	
上海五汽冠忠公共交通有限公司	五汽冠忠	
上海现代交通建设发展有限公司	现代交通	
上海交通建设管理有限公司(与现代交通为“两块牌子、一套班子”)	建设管理公司	

2004 年 4 月，中共上海市委常委会议决定实施市交管局及其所属公共交通企业“政企分开”工作。是月，久事总经理张惠民向市政府提交《关于对城市公共交通资产运作方案的初步方案的初步研究报告》，建议由久事联合相关部门组成工作小组，负责公交国有资产清核、交接，获市政府主要领导批准。

2005 年 7 月，按市政府部署，上海交通投资（集团）有限公司、上海巴士实业（集团）股份有限公司、上海强生集团有限公司、上海五汽冠忠公共交通有限公司、上海现代交通建设发展有限公司的资产、党政关系划归久事。是年，久事组建“交通资产管理部”，与交投集团是“两块牌子、一套班子”，对外称公司，对内为部门。

2007 年，交投集团所持巴士公司股份、强生集团股权划归久事。此后，交投集团作为公交场站投资、建设管理的专业公司，负责对公交场站的投资建设和对场站资源的综合开发经营。同时，久事把五汽冠忠、建设管理公司党政、资产关系划归交投集团，并撤销交通资产管理部。

第四节　上海久事（集团）有限公司

2015 年，按市国资委要求，久事从全民所有制企业改制为国有独资有限责任公司，更名为上海久事（集团）有限公司，并将注册资本增至 600 亿元。11 月 26 日，在久事大厦（上海市黄浦区中山南路 28 号）30 楼会议中心举行揭牌仪式。仪式由久事集团执行董事、总裁龚德庆主持。市政府副秘书长、市国资委主任徐逸波，市国资委副主任胡宏伟，市发改委副主任曹吉珍，市交通委副主任杨小溪，市住建委副主任袁嘉蓉，市体育局副局长孙为民，市旅游局局长杨劲松等有关领导出席。

2015 年 12 月，市国资委把所持上海东亚（集团）有限公司（以下简称东亚集团）100%的股权划归久事。该公司前身是 1993 年市政府用第一届东亚运动会结余款成立的上海东亚发展公司，1994 年改制为上海东亚（集团）有限公司，曾承办多项重要赛事和活动。次年，久事将该公司更名为上海久事体育资产经营有限公司，并无偿划给上海久事体育产业发展（集团）有限公司。

表 1-1-2　1987—2017 年久事注册资本变化情况表

变化时间	注册资本（亿元）	备　　注
1987 年 12 月—1991 年 1 月	8.7	其中人民币 5 亿元，美元 1 亿元
1991 年 1 月—1998 年 10 月	22.7	与实事公司合并
1998 年 10 月—2001 年 9 月	38	地铁三号线建设资金
2001 年 9 月—2002 年 8 月	60.5	财政拨款
2002 年 8 月—2005 年 2 月	78.5	财政拨款
2005 年 2 月—2008 年 6 月	123.1	轨道交通、上海南站财政专项拨款
2008 年 6 月—2015 年 11 月	252.7	资本公积转增注册资本
2015 年 11 月—2017 年 12 月	600	资本公积转增注册资本

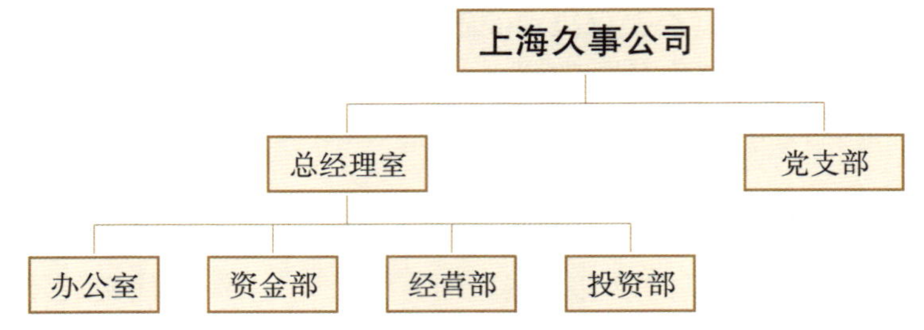

图 1－1－1　1987 年上海久事公司组织结构图

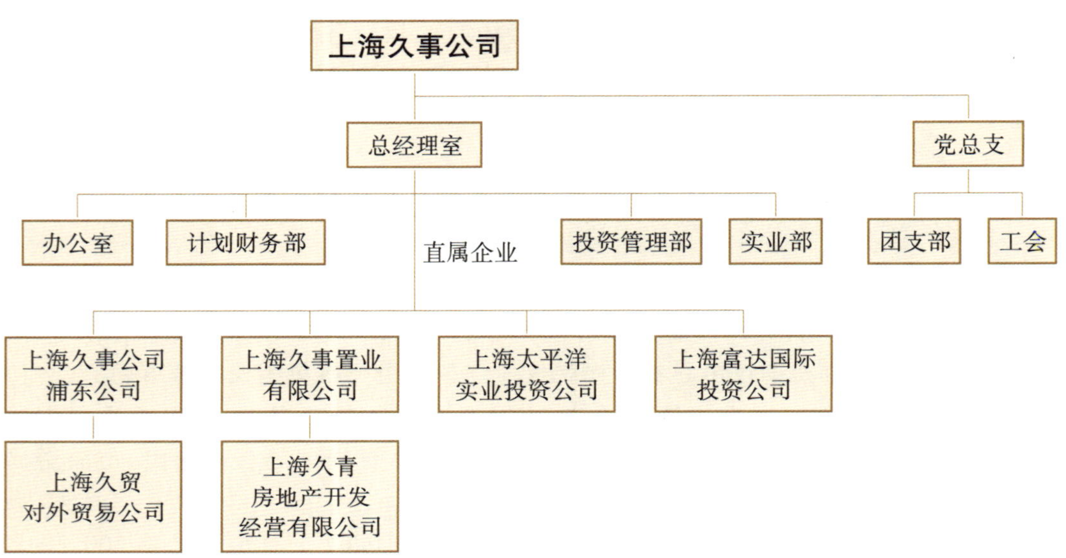

图 1－1－2　1993 年上海久事公司组织结构图

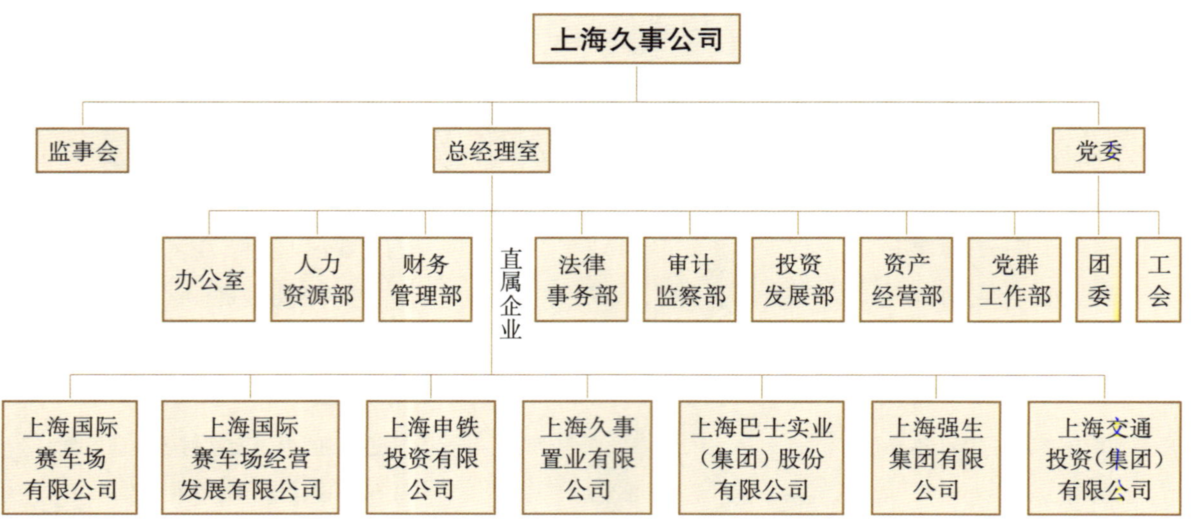

图 1－1－3　2006 年上海久事公司组织结构图

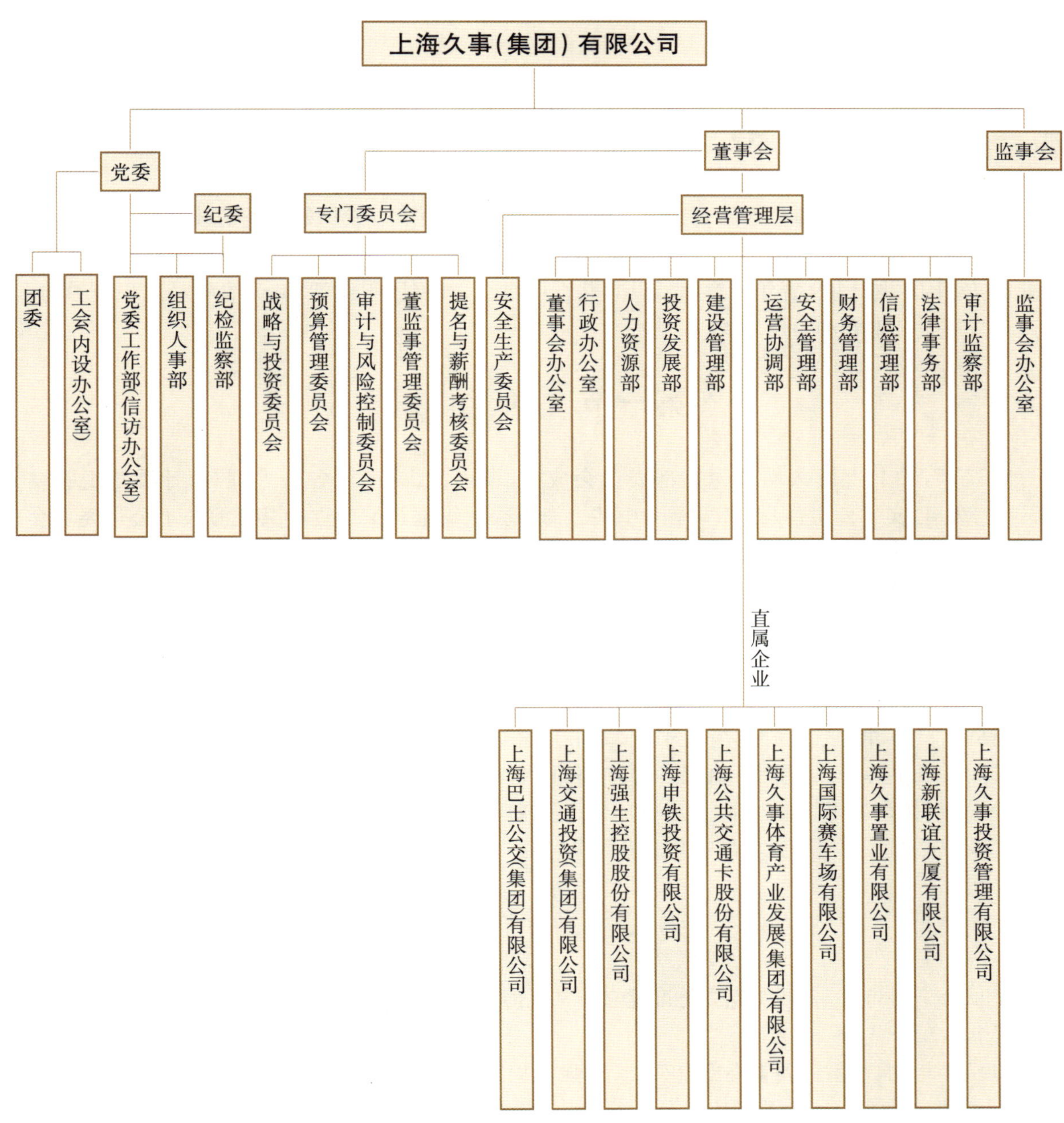

图 1－1－4　2017 年上海久事(集团)有限公司组织结构图

第二章　党群组织

久事党组织围绕企业生产经营开展工作，在保证监督工作中，发挥好党委的政治核心作用。同时，久事按《中华人民共和国工会法》的规定，设立工会组织，旨在调动职工积极性，为久事发展建功立业。按《中国共产主义青年团章程》，设立共青团组织，开展团组织活动，为青年员工积极参与久事改革发展贡献青春和力量。

第一节　党组织

1987 年，中共上海久事公司支部委员会成立，设书记、副书记各一人，归市计委党组管辖。1990 年，久事、实事公司合并。1991 年，中共上海市委组织部批准成立中共上海久事公司委员会。1992 年 12 月，中共上海市计委机关委员会发文《关于改变上海久事公司党组织建制及总支委员会人员组成的通知》，中共上海久事公司委员会改设为总支部委员会。原中共上海久事公司委员会、中共上海久事公司机关总支部委员会自行取消。新成立中共上海久事公司总支委员会，并赋予审批新党员的权限。

1996 年 3 月，中共上海市委发文，建立中共上海久事公司委员会，撤销原中共上海久事公司总支部委员会。公司党委成立后，党委书记、副书记直接参与久事公司重大问题决策，与行政领导共同形成久事领导核心，定期召开会议，研究讨论重大问题决策。

2003 年，按市委组织部安排，久事党组织关系划归市国资委党委。2015 年，公司改制后，中共上海久事公司委员会相应更名为中共上海久事（集团）有限公司委员会。

第二节　纪　委

1996 年 9 月，市综合经济党委批准建立中共上海久事公司纪律检查委员会，设纪委书记一人，委员若干人。

2007 年年初，市国资委党委出台《关于加强纪检监察组织建设的意见》，要求各党委级企业设立纪委，党总支和支部级企业都应有分管纪检工作的委员。4 月，由市国资委党委批准成立“中共上海久事公司纪律检查委员会”，作为久事纪检工作的领导机构。

2015 年，久事改制后，久事公司纪委相应更名为中共上海久事（集团）有限公司纪律检查委员会。主要负责维护党的章程和其他党内法规，检查党的路线、方针、政策和决议的执行情况，协助党的委员会推进全面从严治党、加强党风建设和组织协调反腐败工作。

久事集团纪委定期召开会议，按民主集中制原则，对职责范围内的重大问题进行集中讨论和决定。会议由纪委书记召集，纪委委员参加，纪检监察部门及会议内容相关人员列席。

第三节 群团组织

一、工会组织

1987 年，市计委系统工会批准成立上海久事公司工会筹备组。次年，久事选举产生第一届工会委员会。1990 年年初，久事、实事公司合并为新的久事公司，两家公司的工会随之合并。3 月，按市政府要求，久事公司工会归属市计委直属机关工会管辖。2003 年，久事工会组织关系划归市总工会。2005 年，5 家公共交通企业划归久事，公共交通企业工会也随之划归久事工会，久事工会组织扩大，久事工会决定成立总部机关工会，以区别于其他直属工会。嗣后，各直属企业陆续成立工会组织，皆属久事工会管辖。

2015 年，久事改制后，久事工会相应更名为上海久事(集团)有限公司工会。

1987—2013 年，久事召开 7 次工代会，选举产生 7 届工会委员会。截至 2017 年年末，工会委员会设主席 1 人，副主席 1 人，兼职副主席 1 人。集团工会下辖 10 个直属工会，共有会员 5.8 万余人。

二、共青团组织

1993 年前，久事员工主要来自市党政机关调配，年龄结构偏大，不设团组织。1993 年，久事改革人事和分配制度，从人才市场招聘新生力量后，开始有青年员工。因团员人数较少，仅设一个团支部，团干部均为兼职。

久事团支部成立时，设书记、副书记各一名，组织关系挂靠在市发改委团工委。2003 年，久事党政关系划归市国资委，而国资委暂未设立团组织，久事团组织关系遂直属共青团上海市委员会。

2005 年，市政府将 5 家公共交通企业划归久事，这 5 家企业的团组织关系也一并划归久事团支部。至此，久事 35 岁以下青年数量骤增至 1.3 万余人(其中，团员 2 200 余人)，还增加若干下级团委。在这种情况下，原有的团支部形式已不足以管理下属企业的团组织和青年工作。9 月，久事成立共青团上海久事公司委员会，统辖所属企业团组织。

2015 年，共青团上海久事公司委员会相应更名为共青团上海久事(集团)有限公司委员会。

2005—2017 年，久事共召开 3 次团员代表大会。截至 2017 年年末，团委共有 9 名委员，含书记 1 人、副书记 2 人，分管青年工作、志愿服务工作、组织宣传工作等，下辖 17 个基层团委、7 个团总支、121 个团支部，共有团员 1 038 人。

第三章　董 监 事 会

久事设有董事会，由五至七名董事组成，其中包括职工代表一名。董事由出资人委派，但董事中的职工代表由公司职工代表大会选举产生。董事会对出资人负责，审议决定公司重大事项。此外，还设有监事会，由五名监事组成，负责对公司业务活动进行监督和检查。

第一节　董 事 会

1987 年年初，久事公司召开第一届董事会第一次会议，选举产生第一届董事会。此时，久事还是企业化经营的事业单位，董事成员以市计委、市经委、市外经贸委、市财政局等政府部门领导干部和各大银行上海市分行的办事代表为主。1992 年，久事转制为投资经营公司。1998 年，参照现代企业制度，初步成立企业性质的董事会，设董事长一人，与总经理、副总经理共同商议久事事务，不设董事。2005 年，根据市政府要求，久事撤销董事会，实行总经理负责制。2015 年，久事改制为有限责任公司，重新成立现代企业性质的董事会，设董事五至七人（含董事长一人）。

董事会下设董事会办公室，与久事行政办公室合署办公，负责筹备董事会会议、办理董事会日常事务、与董事沟通信息、为董事工作提供服务等事项。

董事会下设战略与投资委员会、预算管理委员会、审计与风险控制委员会、董监事管理委员会、提名与薪酬考核委员会五个专门委员会作为辅助决策机构。这些机构从各自专业的角度，对相关业务进行可行性研究和分析，提出相应意见和建议，为董事会决策提供依据。

第二节　监 事 会

2001 年年初，经上海市发展计划委员会党委批准，久事成立监事会，主要负责监督企业制度建立及执行情况，监督公司高级管理人员执行职务情况，检查职务消费及薪酬情况等工作。监事会成员不少于五人。主席、副主席、专职监事由市国资委委派，久事职工监事由久事职工代表大会或工会委员会全体委员会议选举产生。

监事会议事方式主要采用定期会议和专题会议形式。定期会议分为年度会议和月度会议。月度会议每月召开一次，年度工作会议每年召开两次。专题会议则在监督过程中就专项监督工作不定期召开。

第三节　决策咨询机构

一、战略与投资委员会

战略与投资委员会成立于 2012 年，是久事董事会下属辅助决策机构，设主任一人，常务副主任一人，副主任一人。

委员会日常工作机构设在投资发展部门，从专业的角度，对战略规划、项目投资及其他重大事项进行可行性研究和分析，为董事会决策提供依据，为董事长办公会议提供辅助决策支持。委员会成员人选包括公司董事、高级管理人员，投资发展部门、建设管理部门、运营协调部门、财务管理部门、法律事务部门及其他相关部门负责人。

2015—2017 年，战略与投资委员会共召开过 28 次会议，主要讨论总部与直属企业投资参股、股权转让、股权受让，上一年投资执行情况总结、历年投资计划、投资项目审议，战略发展行动规划等事宜。

二、预算管理委员会

预算管理委员会是久事集团董事会下的辅助决策机构，其前身是 2006 年设立的预算委员会。2014 年，更名为战略与预算委员会，2015 年更名为预算管理委员会。

委员会设主任一人，常务副主任一人，副主任一人。日常工作机构设在财务管理部门，主要负责对预算编制、调整、分析与评价等相关业务进行可行性研究，为董事会决策提供科学依据，为董事长办公会议提供辅助决策支持。委员会成员人选包括久事董事、高层管理人员与财务管理部门、行政管理部门、建设管理部门、投资发展部门、运营协调部门、人力资源（组织人事）部门、信息管理部门及其他相关部门负责人。

2015—2017 年，预算管理委员会共召开过 14 次会议，主要讨论久事年度预算、中期预算调研和预算执行情况、投资与预算调整方案、年度会计决算报告等事宜。

三、审计与风险控制委员会

审计事务部是审计与风险控制委员会日常工作主管部门。审计与风险控制委员会是久事集团董事会下设的辅助决策机构，前身是 2006 年设立的审计委员会，2015 年改称风险管理委员会，2017 年改称审计与风险控制委员会，设主任一人，常务副主任一人，副主任一人。

委员会负责对风险控制、风险评估、审计监督及其他相关业务进行可行性研究和分析，提出相应意见和建议，为董事会决策提供科学依据，为董事长办公会议提供辅助决策支持。该委员会与经济责任审计联席会议一并议事，成员人选包括久事公司董事、高级管理人员和审计事务部门、法律事务部门、纪检监察部门及其他相关部门负责人。

2015—2017 年，该委员会召开过 10 次会议，主要负责预审风险防控工作体系的规划方案、重大风险的防控方案、内审工作报告、内部控制与风险评估检查报告等。

四、董监事管理委员会

董监事管理委员会成立于 2014 年，是董事会下设的辅助决策机构，有主任一人，常务副主任一人，副主任一人。

委员会日常工作机构设在人力资源（组织人事）部门，负责对直属企业法人治理结构、董监事委派及其他重大事项进行可行性研究，汇集各直属企业和参股企业经营情况，提出相应意见和建议，为董事会决策提供依据，并为董事长办公会议提供辅助决策支持。委员会成员人选包括久事董事、高级管理人员、专职董监事与人力资源(组织人事)部门、投资发展部门和运营协调部门及其他相关部门负责人。

2014—2017 年,董监事管理委员会共召开过 17 次会议,主要负责直属企业董事会(执行董事)报告、监事会报告预审,久事外派董事长、监事长、专职董监事的履职情况报告预审,直属企业法人治理结构运行情况评估等事宜。

五、提名与薪酬考核委员会

提名与薪酬考核委员会是董事会下设的辅助决策机构,其前身是 2006 年设立的薪酬与考核委员会。2017 年改组为提名与薪酬考核委员会,设主任一人,常务副主任一人,副主任一人。

委员会日常工作机构设在人力资源(组织人事)部门,负责对高级管理人员选聘方案、久事薪酬与考核体系方案及其他重大事项进行可行性研究,为董事会决策提供依据,并为董事长办公会议提供辅助决策支持。委员会成员人选包括久事公司董事、高级管理人员和人力资源(组织人事)部门、党委工作部门、投资发展部门、运营协调部门、财务管理部门、审计事务部门及其他相关部门负责人。

2015—2017 年,委员会共召开过 19 次会议,主要讨论总部、直属企业薪酬考核办法,经营者考核指标,党建工作责任制考核指标,各项绩效指标体系优化等工作。

第四章　内 部 机 构

1987 年，久事刚成立时，内部仅设办公室、投资部、资金部、经营部等“四部一室”。1992 年，改制为企业后，久事开始面向社会招聘人才，设立人事处，并陆续成立期货部、房地产部、实业部等业务部门及审计监察室、法律事务部等内控管理部门。

2005 年，市政府将交通局所属 5 家公共交通企业的资产、党政关系划归久事，并以此为契机，新设安全生产管理部门。2015 年，久事改制为国有独资有限责任公司，优化总部机构设置，新设运营协调部、安全管理部、信息管理部、建设管理部 4 个职能部室，进一步完善了公司治理体系。

第一节　职 能 部 门

一、办公室

久事办公室成立于 1987 年，是久事的综合管理部门，主要负责久事领导秘书服务；组织协调久事日常事务，文电信报管理，档案管理和信息披露，对外联络、宣传和紧急信息报送，后勤保障管理，行政预算编制，行政设备设施、办公用品采购及行政固定资产管理，日常党务等工作。

20 世纪 90 年代初，久事开始普及电脑办公，办公室遂新增电脑设施管理、维护职能。1996 年，办公室党务工作职能划归党委办公室。2000 年，其日常行政事务、后勤管理等职能划归行政管理部。2002 年，行政管理部改称后勤服务部。2004 年改称行政保障部。2005 年，该部撤销，其职能回归办公室。

2005 年年初，党委办公室、行政办公室合并为“党政办公室”，同时承担党务、行政综合管理等职能。6 月，党政办公室拆分为办公室、党群工作部。新成立的办公室是专职处理综合行政事务的部门。2010 年，久事系统梳理管理制度，以办公室为牵头部门。此后，办公室新增制度管理职能。

2015 年，办公室的制度管理职能划归法律事务部，信息化管理及服务职能划归信息管理部，安全管理职能划归安全管理部。

截至 2017 年年末，办公室编制 11 人。其中，主任 1 人、副主任 2 人(实际在岗 1 人)，主要分管文秘服务、档案管理、对外联络、公务接待、后勤服务等。

二、党委工作部(信访办公室)

1996 年，久事成立党委办公室，编制 3 人，承担原属办公室的党务工作职能。2005 年年初，为集中管理文件收发、统筹党务与行政工作，久事将党委办公室、行政办公室合并为党政办公室，兼具信访、纪检、维稳职能。6 月，党政办公室拆分成办公室、党群工作部，并将信访职能归入党群工作部。

2012 年，久事成立信访办公室，与纪检监察部合署办公，负责受理来信，接待来访；参与调查、协调处理有关重要信访事项；指导、检查本系统的信访工作；为信访人提供有关法律、政策咨询等工作。

2015年,党群工作部改称党委工作部,与信访办公室合署办公,负责久事集团思想政治建设,党员日常教育管理,推进企业文化体系、社会责任体系建设,督促检查久事集团党委决策落实情况等工作。

截至2017年年末,党委工作部(信访办公室)编制7人。其中,党委工作部主任兼信访办公室主任1人、副主任1人,主要承担久事集团系统党建工作、社会责任体系建设、企业稳定、保密、统战、国家安全人民防线建设等方面的职能。

三、人力资源部(组织人事部)

久事公司人力资源工作原由办公室兼管。1995年,久事设立人事处,负责员工招录和培训、薪酬福利管理、绩效评估考核、职称评聘等工作。1999年,改称人力资源部。2003年,改称人力资源管理总部。2005年,又改称人力资源部。

2015年,久事成立组织人事部,与人力资源部是"两块牌子、一套班子",主要负责干部考察、任用、交流、监督及日常管理,直属企业领导班子建设及久事领导班子民主生活会的组织工作,中青年后备干部的选拔、培养,久事领导的日常服务,老干部工作,出国(境)管理工作等。

截至2017年年末,人力资源部(组织人事部)编制10人。其中,人力资源部总经理兼组织人事部主任1人、组织人事部副主任1人、人力资源部副总经理1人,主要分管薪酬与福利管理、绩效评估和考核、职称评聘等工作。

四、投资发展部

该部前身为1987年成立的投资部。1990年,久事、实事公司合并,投资部被拆分成投资一部、投资二部两个部门。1992年8月,两部又合并为投资部。10月,改称投资管理部,主要负责五大市政工程;同时,另设实业部,管理久事自主经营项目。

2006年年初,久事新设投资发展部,并将综合策划部、资产经营部的职责和人员并入该部。12月,久事把该部对外投资、资产经营股权管理(董事管理、产权管理)、资产经营策划等职能划给重新设立的资产经营部;此外,将投资发展部承担的南浦大桥、徐浦大桥管理业务委托给久事置业,将研究策划、投资决策管理、固定资产投资计划管理、基本建设项目管理等职能划给财务管理部。

2009年4月,该部改称投资计划部,新增公司投资项目前期推进与协调职能。原属该部的久事战略和改革发展中的重大问题的研究与协调、下属企业发展战略指导、提出优化久事管理建议等职责划给新成立的综合发展部。

2011年3月,久事撤销土地储备部,其职能并入投资计划部。次年8月,投资计划部的土地储备职能划归新成立的房地产部。2015年,投资计划部与综合发展部、资产经营部、房地产部合并为投资发展部,负责研究宏观政策、经济环境、久事改革发展方向,编制久事发展战略,推进落实久事发展规划,跟踪分析年度计划执行情况,分析国内外同行业经营管理的信息和动态,策划、研究和分析论证久事投资项目,管理建设项目,推进专项土地储备,管理参股投资企业外派管理人员等工作。2017年8月,投资发展部的建设项目管理职能划归新成立的建设管理部。

截至2017年年末,该部编制13人。其中,总经理1人,副总经理2人,主要分管资产经营管理、企业发展战略研究等。

五、运营协调部

2015 年以前，久事无单独的运营协调部门。2015 年，为发挥对直属企业的综合服务功能，久事专设运营协调部，主要负责协调集团内部各成员企业间的横向事务以及集团内部跨企业综合性事务和任务的具体推进、监督、落实；与政府行业主管部门沟通协调，反映成员企业合理诉求；落实政府产业发展要求等工作。

截至 2017 年年末，该部人员编制 7 人。其中，总经理 1 人，副总经理 1 人，分管与政府部门沟通协调、成员企业间的横向事务协调等。

六、安全管理部

2005 年前，久事的安全管理由办公室兼管。2005 年，公交企业划归久事后，久事安全生产管理工作由新成立的交通资产管理部兼管。2006 年，该部撤销，安全生产管理职责又划归办公室，未单设职能部门。

2015 年，久事专设安全管理部，将办公室的安全管理职能划归该部。该部与运营协调部合署办公，负责集团内安全生产管理，安全服务监督管理，集团总部内保，调查、分析、报告、处置安全生产、安全服务事故等工作。

截至 2017 年年末，该部编制 4 人。其中，总经理 1 人，副总经理 1 人，分管企业安全监督管理、安全事故调查与处置等。

七、财务管理部

1987 年久事公司成立时，即设有资金部，总管久事财务工作。1990 年，久事、实事公司合并，资金部被拆成资金一部（管“九四专项”财务）、资金二部（财政专项资金统筹运作）两个部门。次年，两部又合并为资金部。1992 年 9 月，改称计划财务部。2002 年，改称财务管理部。2004 年，改称财务管理总部，另设资金管理总部，专门负责资金调度工作，与财务管理总部并存，是“两块牌子、一套班子”。

2005 年，财务管理总部、资金管理总部合并为财务管理部，负责实施全面预算管理，筹融资及资金管理，税务筹划和指导，会计核算、费用报销，财务分析，及时发现企业经营管理中存在的财务风险等工作。

截至 2017 年年末，该部编制 20 人。其中，总经理 1 人，副总经理 1 人，分管企业预算管理、筹融资及资金管理、税务筹划与指导等。

八、信息管理部

20 世纪 90 年代初，久事开始普及电脑办公，计算机系统、信息化工作由办公室兼管，一直延续到 2014 年。

2015 年，久事专设信息管理部，承担原属办公室的信息化管理及服务职能，负责制定久事信息化管理规章制度，信息项目建设、试运行、验收，信息数据库日常管理等工作。

截至2017年年末,该部编制7人。其中,总经理1人,副总经理1人,分管信息项目建设、信息化通信网络建设等。

九、纪检监察部

1995年,久事成立审计监察室,负责开展专项审计和审计调查,承担内审监督职能。1999年,久事将审计、监察职能拆分,监察室单列为一个部门,负责党风廉政建设和反腐败工作。

2002年,审计室、监察室又合并为审计监察室。次年,改称审计监察中心。2005年,改称审计监察部。2012年,久事单独成立纪检监察部,与信访办公室合署办公,承担久事党风廉政建设和反腐败任务,负责组织开展监察、纠风专项治理和行风建设,加强纪检监察干部队伍建设等工作。2015年,信访办公室与党委工作部合署办公。

截至2017年年末,该部编制4人。其中,主任1人,副主任1人,分管党风廉政建设、行政监察和行风建设等。

十、法律事务部

1995年以前,久事无专职法务人员,主要依靠外聘律师。1995年,久事成立综合研究室,兼有法律事务管理职能。但在"九四专项"管理过程中,出现资金到期不能收回、不良债权纠纷积压等现象,单靠外聘律师和综合研究室兼管,不能满足久事业务需求。

1996年年初,久事成立法律顾问室,与综合研究室是"两块牌子,一套班子";12月,法律顾问室从综合研究室中分离出来,成为独立部门。2001年年初,改称法律事务部;同年,久事成立债权管理部,隶属法律事务部,负责对外债权催收管理工作。2002年,法律事务部接管债权管理工作,并负责公司经营活动中相关法律事务的专业管理和专业服务。2003年,久事创新集团化管理模式,成立久事法律事务中心。2004年,改称法律事务管理总部。2005年,改称法律事务部,主要负责审核企业合同,参加重大合同的谈判和起草工作;参与企业重大经济活动,处理有关法律事务;提供与生产经营有关的法律咨询;参与企业的诉讼、仲裁等工作。2015年,办公室的制度管理职能划归该部。

截至2017年年末,该部编制7人。其中,总经理1人、副总经理1人,分管久事集团制度建设、重大经济活动的法律事务等工作。

十一、审计事务部

1994年,久事从计划财务部分离出一个内部审计岗位,开展财务收支审计和子公司利润审计。次年,久事成立审计监察室。1999年,久事将审计室从审计监察室拆分出来,并入法律室,改称法律审计室。2000年,久事将审计职能从法律审计室拆分出来,单设审计室。

2002年,审计室、监察室(监事会日常管理机构)合并为审计监察室。2005年,改称审计监察部。2012年,监察职能从该部剥离,该部改称审计工作部。2015年,改称审计事务部,主要负责开展各类审计,发挥内审监督职能;跟踪检查审计意见的整改落实情况,推进审计整改长效机制建设;服务集团监事会工作;分管风险管控委员会日常工作等。

截至2017年年末,该部编制7人。其中,总经理兼监事会秘书1人,副总经理1人,分管各类常规审计、专项审计、审计调查、审计整改长效机制建设等工作。

十二、建设管理部

2017 年年初，市政府要求久事负责徐家汇体育公园、浦东足球场项目建设。8 月，为更好地完成市政府交办的任务，久事组建建设管理部，承担原属投资发展部的建设项目管理职能，负责市级重大工程建设项目指挥部办公室日常管理，工程建设项目投资计划编制、上报、调整及执行情况分析，工程建设项目规划、方案设计等工作。

截至 2017 年年末，该部编制 10 人。其中，总经理 1 人，副总经理 3 人，分管工程建设项目规划、建设项目推进等。

十三、工会办公室

工会办公室正式成立于 2015 年，承担集团工会各项日常工作及久事本部工会具体工作，发挥党联系职工群众的桥梁纽带作用。

截至 2017 年年末，工会办公室编制 3 人。其中，副主席 1 人，干事 2 人，负责久事本部工会工作及集团工会日常工作。

第二节　专项事务机构

一、安全生产委员会

安全生产委员会设立于 2015 年，前身是 2001 年久事设立的安全领导小组，主抓久事日常安全管理工作和安全大检查，定期召开安全生产会议。2017 年转型为安全生产工作领导机构，主要负责指导、协调久事安全生产工作，研究久事安全生产工作的重大方针政策，研究解决安全生产工作的重大问题。其日常工作机构为安全生产委员会办公室，设在安全管理部门。委员会成员由久事高层管理人员、各部门主要负责人以及直属企业主要负责人组成。久事董事长任委员会主任，负责主持工作；久事集团总裁任常务副主任，负责日常工作；久事集团分管安全生产副总裁、工会主席任副主任，协助主任、常务副主任开展相关工作。

2015—2017 年，委员会共召开过 5 次全体会议，主要内容有通报久事集团安全生产形势和重点工作进展情况、交流安全生产工作的主要做法、督查安全生产委员会会议决定的落实情况等。

二、经济责任审计联席会议

经济责任审计联席会议组建于 2016 年，是组织、协调、检查、指导久事集团管理层人员经济责任审计工作的议事机构，与审计与风险控制委员会合署办公。

联席会议下有办公室，设在审计事务部门，负责日常管理工作。会议成员由久事集团主要领导、分管审计领导及组织人事部门、审计事务部门、纪检监察部门负责人组成。

2015—2017 年，联席会议共召开过 7 次会议，主要负责审定久事集团年度经济责任审计工作计划及实施方案、听取有关经济责任审计工作情况汇报等工作。

三、监督联席会议

2017年,按市纪委《关于加强和改进市管国有企业纪检监察组织建设的若干意见》,久事集团创设监督联席会议,主要研究、沟通、协调党风廉政建设突出问题和协商重要监督事项。

该会议的创设,利于构建有效的监督体系,发挥纪检监察、审计、组织人事、工会等部门的协同监督作用,整合监督资源,形成监督合力。监督联席会议召集人为久事集团纪委书记。会议成员是纪检监察部门、审计事务部门、组织人事部门、党委工作部门、本部工会等成员部门的主要负责人。原则上,会议每半年召开一次,主要研究各部门开展监督工作的情况、监督工作中发现的重要情况、关键环节如何预防腐败等问题。

四、退休职工管理委员会

久事的退休职工管理委员会(简称退管会)成立于1992年,是管理和服务久事总部退(离)休职工的机构,由久事办公室、人力资源部门、财务管理部门、工会办公室等落实专人组成,日常工作由久事工会和人力资源部门一起负责开展。

为保障退管会日常运营管理,久事每年从退休经费中划拨专项资金给退管会。年初,专项经费纳入久事行政经费预算,在退休经费中列支;实行独立核算、专款专用。年末,由退管会提出申请,经财务管理部门、人力资源部门、本部工会审核后,报请久事分管领导审批;审批通过后,由财务部管理部门将经费划入退管会账户。

第三节　已撤并部门

一、期货部

1992年,久事成为上海金属交易所、上海粮油商品交易所会员后,金属交易所业务交给全资子公司——上海久事公司浦东公司(简称久事浦东公司)经营。粮油商品交易所业务由久事浦东公司、上海市气象局所属上海市气象科学研究所联合经营。是年,久事成立非独立核算的内部机构——期货部,从事期货交易业务,其盈亏并入久事浦东公司财务报表。

1994年起,国家陆续下发规范性文件,整顿期货市场,禁止非经纪公司从事代理业务。久事公司期货部也在清理范围内。

1995年,在久事期货部基础上,久事浦东公司、上海市气象局所属上海高云实业公司合资组建上海浦江期货经纪有限公司,专门从事期货贸易。1999年,久事浦东公司向深圳市万向投资有限公司转让所持浦江期货公司全部股权。

二、综合研究室

综合研究室成立于1995年,主要从事久事发展战略研究、内部刊物发布、起草久事重要报告和专题材料、编辑年报和大事记、内勤管理等工作。

2000 年，该部撤销，其职能并入办公室。

三、综合策划部

2001 年，久事组建发展策划部，主要从事久事发展战略研究、宏观政策与经济环境研究、搜集行业动态等工作，为久事管理层提供决策依据。2005 年，更名为综合策划部。

2006 年，该部撤销，其职责、人员并入新成立的投资发展部。

四、综合发展部

综合发展部成立于 2009 年，主要负责搜集、整理、分析国内外同行业和所属企业经营管理动态，对所属企业经营管理中存在的问题和发展思路开展调查研究，为久事"三个品牌"建设与企业科学发展提供决策依据。

2015 年，该部撤销，其职能并入投资发展部。

五、交通资产管理部

2005 年，巴士股份、强生集团、交投集团等 5 家公共交通企业划归久事，久事遂成立交通资产管理部，负责公共交通企业国有资产和行政事务管理。该部与交投集团是"两块牌子、一套班子"，对外称公司，对内为部门。

2006 年 5 月，久事撤销该部，将其职能分割到各相关部门：公交基建、固定资产投资管理、公交企业股权管理、营运服务、政策研究、科技管理、统计等职责，划归投资发展部；公交企业安全生产管理职责，划归办公室；公交企业劳动工资、人事管理等职责，划归人力资源部；公交企业审计监察管理职责，划归审计监察部；公交行风建设的管理职责，划归党群工作部。

六、房地产部

1992 年，久事新设房地产部，从事久事总部自主经营的房地产业务。2001 年，加入原外滩房屋置换总部职能。2005 年，改称房产经营部。2006 年，该部撤销，其人员、职能由久事置业承接。

2012 年，久事重新设立房地产部，将原属投资计划部的土地储备职能划归该部。2015 年，该部撤销，其职能划归投资发展部。

七、实业部

该部成立于 1992 年，负责管理久事自主经营的项目。1998 年改组为实业管理总部，负责编制实业发展规划，调整实业投资结构，开展久事自主经营项目管理等工作。

2001 年，该部撤销，其与基建管理总部、置业管理总部下辖资产分别划给新成立的资产管理一部、资产管理二部。

八、资产经营部

1987年,久事成立经营部。1990年,该部撤销,其职能并入资金二部。次年,久事成立经营业务部。1992年,该部撤销,其职能并入实业部。

2001年,久事成立资产管理一部、资产管理二部,管理原属实业管理总部、基建管理总部、置业管理总部的下辖资产。2005年,两部合并为资产经营部。2006年年初,该部撤销,其职责、人员并入新成立的投资发展部。12月,久事重新设立资产经营部,把投资发展部的对外投资、资产经营股权管理(董事管理、产权管理)、资产经营策划以及财务管理部的基金投资等证券业务、国有资产产权登记等职能划给该部。

2015年,该部再次撤销,其职能并入投资发展部。

九、置业管理总部

1999年,久事设立置业管理总部,负责编制、实施房地产板块发展规划,盘活存量,房地产资产管理与增值保值。

2001年,该部撤销,其与实业管理总部、基建管理总部下辖资产划分给新成立的资产管理一部、资产管理二部。

十、基建管理总部

1999年,久事设立基建管理总部,主要负责研究实施久事资产运营管理方案,研究基建板块投资发展战略,制定并实施基建项目投融资、建设方案等工作。

2001年,该部撤销,久事将该部与置业管理总部、实业管理总部下辖资产重新划分后,成立资产管理一部、资产管理二部。

十一、外滩房屋置换总部

1999年,外滩房屋置换公司划入久事新设外滩房屋置换总部,对内为部门,对外称公司,承担久事在建房产项目的建设和销售,外滩房屋的置换、租售和物业管理。2001年,该部人员、职责并入房地产部。

十二、土地储备部

21世纪初,市政府赋予久事专项土地储备的新职能。因下属公司要用久事名义进行土地储备,在操作中出现责任主体只认久事,相关公司无法替代的情况。此外,还存在“兵分几路,对口相同政府部门”的乱象。久事遂于2007年设立土地储备部,负责统筹协调土地储备和前期开发、土地储备业务相关的政策研究、专项土地储备工作前期筹备等工作。

2011年,该部撤销,其职能并入投资计划部。

第五章　直属企业

1987年，久事刚成立时，旗下无直属企业。1992年，改制为政府性投资公司后，为拓展经营业务，陆续出资组建上海久事公司浦东公司、上海久事置业公司、上海久青房地产开发经营有限公司等直属企业。21世纪初，随着投资业务的扩展，久事旗下先后新增上海申通集团有限公司、上海国际赛车场有限公司、上海南站广场投资有限公司、上海申铁投资有限公司等控股公司，客观上形成集团化格局。

2005年，市政府将交通局所属5家公共交通企业的资产、党政关系划归久事。久事业务遂由投资管理向投资管理与产业经营并重转变。同时，以法人治理结构为核心，通过向所属公司委派专职董事、财务负责人，实行资金集团化调度和法律与审计事务集中管理等方式，加大直属企业管控力度，完善集团化管理模式。2015年，久事改制为国有独资有限责任公司，以此为契机，对直属企业加强有效管理，调整直属企业法人治理结构，推进企业法定代表人的权责下移，同步优化考核分配配套机制，以激发直属企业经营者的积极性。

第一节　上海巴士公交(集团)有限公司

上海巴士公交(集团)有限公司(简称巴士集团)是久事的全资子公司，主营市区、郊县公共交通客运，出租汽车客运、省际包车客运，省际旅游客运，省际出租客运，省际高速客运等业务。办公地址：上海市黄浦区建国东路525号，2018年搬迁至闵行区吴中东路555号。

该公司前身为1992年成立的上海巴士实业股份有限公司(简称巴士公司)，1996年A股上市(股票代码600741)。2000年4月，更名为上海巴士实业(集团)股份有限公司(简称巴士股份)。截至2004年年末，该公司注册资本7.26亿元，总股本7.26亿股。

2005年，市政府实施城市交通管理体制改革，将巴士股份党政关系由市交通局划归久事。此时，交投集团是巴士股份最大股东(占股30.96%)，久事又是交投集团全资股东。

2007年，交投集团将所持巴士股份全部股权划给久事。至此，久事成为巴士股份最大股东。次年，为突出公交行业公益性，完善市场化运作机制，市政府启动新一轮公交体制改革。在经营格局上，中心城区组建浦东、浦西两大国有公交集团公司；各郊区县公交实行"一区一骨干"运营管理。

2009年，按市政府部署，巴士股份资产重组，退出上市公司。久事全额出资3亿元，新建上海巴士公交有限公司(简称巴士公交公司)。另以24.54亿元的价格，收购大众交通、强生控股、交投集团所属公交企业及部分社会资本经营的公交资产，再加原巴士股份公司公交资产，一起注入新成立的巴士公交公司。至此，巴士公交公司成为浦西地区的国有公交骨干企业。巴士股份的壳资源卖给上汽集团，更名为华域汽车系统股份有限公司。

2010年，巴士公交公司改组为巴士集团。2011—2015年，该公司多次增资，注册资本增至23.68亿元，仍由久事全额出资。

截至2017年年末，巴士集团下辖公交营运企业5家，运营线路516条，线路总长度7 223.99公里，公交线路车辆7 890辆，拥有公交停保场22个、公交枢纽站38个、汽车站3个，公交线路行驶总里程约4.2亿公里,客运量约10.44亿人次,运营总体规模约占全市公交市场份额的50.54%,是上海最大地面公共交通运输企业。

企业共有员工5万余人,内部设有党委工作部、办公室、营运业务部、技术机务部、财务管理部、人力资源部、信息管理部、场站保障部、审计事务部、资产经营部、纪检监察部、法律事务部、安全管理部、建设管理部等职能部门。

第二节　上海交通投资(集团)有限公司

上海交通投资(集团)有限公司(简称交投集团)是一家国有资产授权经营公司,主营交通基础设施项目筹资、实业投资、国内贸易、投资咨询服务、停车场库经营等业务。

交投集团成立于2001年1月,是上海交通投融资体制改革的产物,由上海交通投资公司(简称交投公司)、上海市公交控股有限公司(简称公交控股公司)改组而来,承担筹措交通建设资金、国有资产保值增值、支持公交行业发展3项基本职能,原隶属市交管局。2004年5月划归市城投公司,在市城投公司交通事业板块中承担建设、管理和服务三大基本任务。2005年7月,该公司整建制划归久事。

2006年,交投集团将所持巴士集团、强生控股的股权无偿划给久事,成为公交场站投资、建设管理和经营的专业公司,其投资的交通基础设施建设项目有内江路、宝杨路、国江路、国和路、天山路等公交停车场,蕴川路、长江西路、吴淞客运码头、人民广场、卢浦大桥、中环线军工路大型交通换乘枢纽站等。

截至2015年年末,交投集团拥有上海市浦西地区23个公交停车场、32个枢纽站、120个公交首末站和29个汽车站。此外,还承担上海全市无轨电车供电运营维护,轨道交通5号、6号、11号线以及新能源公交车的供电维护保障工作。

截至2017年年末,交投集团拥有全资子公司3家,分公司2家,控股子公司5家,合并总资产91.16亿元,总负债51.91亿元,资产负债率57%,内部设有办公室、计划财务部、投资发展部、资产经营部、组织人事部和审计监察室等职能部门。

第三节　上海强生控股股份有限公司

上海强生控股股份有限公司(简称强生控股)是久事旗下的国有控股集团型上市公司(股票简称强生控股,证券代码600662),其前身为1992年成立的上海浦东强生出租汽车股份有限公司(简称浦东强生)。1998年,更名为上海强生出租汽车股份有限公司(简称上海强生)。2001年,更名为上海强生控股股份有限公司。

该公司有出租汽车业、汽车租赁业、汽车服务业、旅游业、房地产等五大产业板块,主营汽车出租、汽车租赁、专线车营运、汽车修理等业务。办公地址:上海市静安区南京西路920号(南泰大厦)。

强生控股初始注册资本1 800万元,计1 800万股。后经多次增资扩股,截至2008年年末,总股本增至8.14亿股,注册资本8.14亿元。

2011年,强生控股资产重组,向久事公司、强生集团定向增发2.39亿股。重组后,强生控股注册资本增至10.53亿元。其中,久事公司出资1.68亿元,占股15.97%;强生集团出资3.36亿元,占股 31.91%。次年，强生集团将所持强生控股全部股份无偿划给久事公司。至此，久事持强生控股 5.04 亿股，占股 47.88%，为最大股东。

2015 年 6 月，久事陆续减持强生控股 752.99 万股。7 月，为稳定强生控股股价，久事增持其 885.45 万股，共持 5.06 亿股，占总股本的 48%。

2017 年 11 月，久事用所持强生控股 3 160 万股（占总股本的 3%）置换上证上海改革发展 ETF 基金后，尚持强生控股 4.74 亿股，占总股本的 45%。

截至 2017 年年末，强生控股总资产 61.96 亿元，净资产 36.25 亿元，总负债 25.71 亿元，资产负债率 41.49%。强生控股共有员工 2.02 万人，内部设有办公室、法务部、资产经营部、计划财务部、纪检监察部、党群工作部、审计部、人力资源部、信息管理部、安全管理部等职能部门，旗下直属企业 31 家，运营车辆 1.2 万余辆，约占上海市出租车保有量的 25%，为全市第一。

第四节　上海申铁投资有限公司

上海申铁投资有限公司（简称申铁公司）是经市政府、市发改委批准设立的铁路建设专业投资公司，主营铁路投资、融资，兼营与铁路建设相关的土地和经营项目开发及投资咨询业务。办公地址：上海市黄浦区北京西路 275 号。

申铁公司曾作为上海方出资代表，参投浦东铁路一期（阮巷至平安段）、金山铁路支线改建、上海铁路集装箱中心站、沪宁城际铁路、沪杭客运专线、京沪高速铁路（含上海动车段）等工程项目。

2002 年年末，按市政府要求，久事公司、上海国有资产经营有限公司（简称市国资经营公司）、上海浦东发展（集团）有限公司合资组建申铁公司，注册资本 5 亿元。其中，久事出资 2.5 亿元，占股 50%。2005 年 2 月，申铁公司注册资本增至 8 亿元。其中，久事出资 4.17 亿元，占股 52.13%。

2007 年年初，为推进铁路项目实施，市政府成立上海铁路建设指挥部，负责上海市境内铁路建设重大问题的决策、协调与推进。指挥部办公室设在申铁公司。

2009 年 4 月，按市国资委要求，市国资经营公司将其所持申铁公司 41.63%的股权无偿划给久事。至此，久事在申铁公司的出资额增至 7.5 亿元，占股 93.75%。此后，申铁公司多次增资，2014 年年末，其注册资本增至 178.89 亿元。其中，久事出资 178.39 亿元，占股 99.72%。

截至 2017 年年末，申铁公司共有员工 41 人，内部设有办公室、总师室、投资管理部、经营发展部、财务部、党群工作部等职能部门，已参与投资建设洋山港配套工程浦东铁路一期、芦潮港铁路集装箱中心站、京沪高速铁路、国家市域铁路示范线金山铁路等重大铁路项目，累计新建铁路里程约 260 公里，完成出资约 180 亿元。

第五节　上海公共交通卡股份有限公司

上海公共交通卡股份有限公司（简称交通卡公司）前身是 1999 年成立的上海东方交通卡股份有限公司（简称东方交通卡公司），2001 年更名为上海公共交通卡股份有限公司。其党政关系原属市城投公司，2004 年划归市建委，2006 年划归久事。

交通卡公司是一家主营上海交通卡、沪通卡、旅游卡系统建设、运营、结算和公共交通信息服务的公共服务类企业。从事交通卡、沪通卡、旅游卡系统建设、运营、结算等业务，并承接上海市停车信息平台、网约车、巡游车监管信息平台建设运维及大数据分析研究等信息服务类项目。办公地址：上海市长宁区宣化路300号。

1998年9月，市政府决定：开展金融IC卡、城市交通IC卡、市民保障IC卡"一卡通"项目，列入1999年度实事工程。次年，市城投公司、巴士公司、交投集团、强生集团等10家单位合资组建上海公共交通"一卡通"工程的项目公司——上海东方交通卡股份有限公司，2001年更名为上海公共交通卡股份有限公司。

交通卡公司注册资本5 000万元，每股面值1元，合计5 000万股。其中，市城投公司出资2 800万元，占股56%；巴士公司出资400万元，占股8%；交投集团(原公交控股)出资350万元，占股7%；强生集团出资50万元，占股1%。其余股东合计占股28%。

2001年、2003年，交通卡公司两次增资，注册资本增至1.5亿元，股权结构亦多次变化。2006年10月，市城投公司将所持交通卡公司全部股权(5 810万股，占股38.73%)转让给久事。

2015年9月，根据上海国资国企改革要求，交通卡公司与旅游卡公司的重组方案为，由交通卡公司协议收购旅游卡公司50.01%的股权，对"两卡"业务进行整合。截至2017年年末，久事直接持有其38.73%的股权，通过全资子公司——巴士集团、交投集团分别持股14.99%、3.27%，通过控股子公司——强生控股持股12.87%。

截至2017年年末，交通卡公司总资产77.60亿元，净资产4.13亿元，总负债73.47亿元，资产负债率94.68%。交通卡公司共有3家直属企业，员工总数366人(含直属企业306人)，本部设有行政人事部(党办、纪检)、计划财务部、清算管理部、销售服务部、运营服务部、ETC客服部、技术开发部、研究发展部8个职能部门。

第六节　上海久事体育产业发展(集团)有限公司

上海久事体育产业发展(集团)有限公司(简称久事体育集团)是久事集团于2016年组建的全资子公司，初始注册资本10亿元。2017年年末增至13亿元。

久事体育集团主营体育赛事策划、承办和运营，场馆设施经营管理，体育器材销售，体育经纪，票务代理，企业管理咨询，房屋建设工程施工，文化艺术活动交流策划、承办和运营，展览展示服务，货物和技术的进出口业务，酒店管理等业务。办公地址：上海市黄浦区中山南路28号(久事大厦)。

2007年，久事为整合旗下体育赛事资源，组建久事赛事公司。2016年年初，为进一步整合旗下体育赛事和场馆资源，组建久事体育集团。

2016—2017年，久事陆续将所持久事赛事公司、上海久事体育资产经营有限公司(原东亚集团)等体育产业公司的股权及其赛事、场馆资源无偿划给久事体育集团。

至此，久事体育集团旗下拥有Formula1喜力中国大奖赛、上海劳力士大师赛、上海浪琴环球马术冠军赛、世界斯诺克上海大师赛、国际田联钻石联赛上海站、世界耐力锦标赛上海4小时赛、中国坐标·上海城市定向户外挑战赛等10余项国内外重大赛事。此外，还运营着上海国际赛车场、徐家汇体育公园(上海体育场、上海体育馆、上海游泳馆)、东方体育中心等多个大型体育场馆和上海富豪环球东亚酒店、上海富豪东亚酒店、新东亚酒店等体育特色酒店资产。

截至2017年年末，久事体育集团合并总资产46亿元，总负债8.13亿元，所有者权益38.41亿元，资产负债率17%。集团下属公司28家，其中，二级企业7家，三级及以下企业19家。

久事体育集团在职员工1 280人(其中，总部员工49人)，内部设有办公室、党委办公室、人力资源部(组织人事部)、投资发展部(战略企划部)、财务管理部、工程项目建设管理部、运营管理部(安全管理部)、信息管理部、纪检监察部、法律事务部、审计事务部、工会办公室等职能部门。

第七节　上海国际赛车场有限公司

上海国际赛车场有限公司(简称上赛场公司)是市政府为承办 F1 世界一级方程式锦标赛而成立的项目公司。办公地址：上海市嘉定区伊宁路 2000 号。

图 1－5－1　2007 年上海国际赛车场全景

2001 年 6 月,上海市市长徐匡迪、副市长蒋以任等市政府主要领导召开专题会议,决定成立上海国际赛车场领导小组办公室(简称上赛场领导小组办公室),并提出尽早组建项目公司,承担上赛场前期开发和功能建设。8 月初,市政府办公厅批准组建上赛场领导小组办公室,负责上赛场项目的相关政策法规研究、落实项目规划、设计初步方案、招商引资及上赛场建设中的重大问题。

2002 年 2 月,久事公司、市国资经营公司、上海嘉安投资发展有限责任公司合资组建上赛场公司,注册资本 1 亿元,其中,久事出资 2 000 万元,占股 20%。上赛场公司主营上赛场区域(5.3 平方公里)资产管理,赛车场后续开发,土地项目前期的招商引资等业务,完成了上赛场建设;引进 2004—2017 年的 F1 世界锦标赛;成功举办 2004—2005 年中国石化 F1 中国大奖赛。后经多次增资和股权调整,2009 年,其注册资本增至 30 亿元。其中,久事出资 27.6 亿元,占股 92%。

截至 2017 年年末,上赛场公司总资产 43.26 亿元,总负债 100.77 亿元,净资产－57.51 亿元。共有员工 38 人,内部设有综合办公室、计划财务部、规划合约部、项目管理部、综合管理部等职能部门。

第八节　上海久事置业有限公司

上海久事置业有限公司(简称久事置业)是久事集团的全资子公司,属于久事集团四大业务板块中的地产置业板块。其前身是1993年成立的上海久事置业公司,2006年改为上海久事置业有限公司。办公地址:上海市黄浦区四川中路213号(久事商务大厦)。

1992年10月,久事公司设立房地产部。1993年,久事公司在房地产部基础上,组建上海久事置业公司(原名上海久事房地产公司,筹建过程中更名),以便用独立法人资质开展经营业务。久事置业注册资本1亿元,承担久事公司下属的开发项目及房产租赁业务。

2006年、2008年、2009年,久事置业三次增资,注册资本增至10亿元。

2009年年初,久事将其拥有产权的部分外滩房地产和南浦大桥、徐浦大桥资产委托给久事置业经营管理。2013年,又将强生集团(未上市部分资产)整体划给久事置业,从而形成新的上海久事置业有限公司,以久事置业房地产资源,完善房地产业务管理体制。新的久事置业下辖房地产项目开发、物业管理、租赁经营及资产管理四类企业,业务涵盖土地储备、房地产开发、楼宇租赁、物业管理和存量资产经营等多个板块,有较完整的地产置业产业链。后经2014年、2016年两次增资,久事置业注册资本增至16.3亿元,仍由久事集团全额出资。

截至2017年年末,久事置业所属单位12家,总资产79.09亿元,净资产37.24亿元,总负债41.85亿元,资产负债率52.91%。久事置业在岗员工241人(含直属企业),其他从业人员(劳务工)577人,内部设有综合办公室、党群工作部、人力资源部、计划财务部、投资发展部、工程管理部、审计监察部、信息管理部、安全管理部及工会等职能部门。

第九节　上海新联谊大厦有限公司

上海新联谊大厦有限公司(简称新联谊)主营酒店管理业务,该公司由上海市锦江(集团)公司(简称锦江集团)、香港(地区)天满企业有限公司(简称香港天满)于1994年合资组建,初始注册资本2 000万美元,双方各出资1 000万美元,各占股50%。办公地址:上海市黄浦区中山东一路2号。

2006年,香港天满将所持新联谊公司全部股权转让给锦江集团及其子公司——上海锦江国际地产有限公司(简称锦江地产)。2007年,锦江集团、锦江地产以2.23亿元的总价,分别将所持新联谊公司41%和10%的股权转让给久事。至此,久事持有新联谊51%的股权。

2007年、2008年,新联谊公司两次增资,注册资本增至6亿元。其中,久事出资3.06亿元,占股51%。截至2017年年末,新联谊总资产13.2亿元,总负债13.66亿元,净资产−4 601.11万元。

新联谊于2008—2011年期间,在外滩191地块建造上海外滩华尔道夫酒店,聘请希尔顿集团对酒店进行管理,有员工约400名。酒店设有计划财务部、人力资源部、商务发展部、餐饮部、工程部、保安部、客房部、前厅部等职能部门。

第十节　上海久事投资管理有限公司

上海久事投资管理有限公司(简称久投)是久事旗下专业从事投资和资本经营业务的全资子公

司，也是久事集团的资本运营、资产处置平台，从事投资和资本经营业务。办公地址：上海市黄浦区中山南路28号(久事大厦)。

2011年年初，为支援久事交通基础建设的投资和经营，申能集团、市城投公司与久事合资组建上海久事基建投资管理有限公司(简称久基公司)，注册资本10亿元。其中，久事出资8 900万元，占股8.9%；市城投公司出资6.17亿元，占股61.7%；申能集团出资2.94亿元，占股29.4%。2011年年末，申能集团、市城投公司将所持久基公司股权(合计出资9.11亿元，占股91.1%)无偿划给久事。至此，久基成为久事的全资子公司。

2012年4月，久基公司更名为上海智晖投资管理有限公司(简称智晖公司)，经营范围从交通基础建设投资和经营变为企业经营、投资、咨询、资产管理(除金融)。10月，智晖公司减资至2亿元，久事占股100%。2015年，智晖公司更名为上海久事投资管理有限公司。

为解决澎湃新闻、五星体育投资资金问题，久投于2016年、2017年两次增资，注册资本增至5亿元。久事占股100%。截至2017年年末，久投总资产5.56亿元，净资产5.5亿元，资产负债率0.99%。久投共有员工25人，下设综合管理部、人力资源部、财务管理部、风险控制部、金融运作部、投资发展部、研究发展部7个职能部门。

久投聚焦久事集团城市交通、体育产业、地产置业三大板块，打造股权投资、市值管理、产业基金三大业务形态，发挥久事集团资产处置平台作用。2016年，久投联合国盛集团等多家企业通过换股方式认购上海国企ETF指数基金，支持和参与上海地方国资国企改革。2015—2017年，陆续参与碧虎车投、澎湃新闻、云链金融、五星体育、久事智慧体育等项目，完成投资4.7亿元。

第六章　原直属久事的企业

因改革发展等客观因素，一些久事参与出资组建的企业，或清算注销，或清理转让，或委托经营，不再直属于久事。这些企业的撤销或剥离，是久事业务调整的结果，也带有时代发展的烙印。

第一节　上海久事公司浦东公司

上海久事公司浦东公司(简称久事浦东公司)是久事在浦东登记成立的全资子公司，主营原油、成品油、钢材、生铁、有色金属、橡胶等商品的投资、批发等业务，是上海金属交易所、上海粮油商品交易所会员单位之一。其办公地址原位于上海市浦东新区源深路158号，后搬迁至浦东新区浦电路370号。

1990年，党中央宣布开发、开放浦东。1992年，为利用浦东的各项优惠政策，参与浦东地区开发建设，久事成立久事浦东公司，注册资本5 200万元。对外，久事浦东公司是独立核算、自主经营的全民所有制企业；对内，相当于久事的经营业务部，享受“九四专项”和浦东新区的优惠政策。

2000年，由于经营不善，久事公司法律事务部接管久事浦东公司，清算其债权、债务。2003年，久事浦东公司清算注销。

第二节　中国久信投资有限公司

中国久信投资有限公司(简称久信公司)是在香港注册的投资企业，其驻上海代表处位于黄浦

图1-6-1　1998年中国久信投资有限公司第一届第四次董事会合影

区延安东路 100 号。

1997 年，为募集建设资金，上海市地铁三号线专题会议决定由久事公司开设一个海外融资窗口。是年，上海市侨务办公室下属企业——上海华侨服务中心用其所持中国旅游投资有限公司（简称中旅投公司）股权作抵押，向久事借款。合作期满，上海华侨服务中心违约，抵押股权转归久事。久事收购其他部分股东股权后（共占股 85%），清割整治该公司原有业务，并将其更名为中国久信投资有限公司。

2001 年，经上海市发展计划委员会协调，久事将所持久信公司 55%的股份转让给上海科技创业投资（集团）有限公司（简称上海创投），久信公司的经营管理转由上海创投负责。

2008 年，因经营问题，久信公司各股东决定不再开展新业务，待历史问题解决后清算注销。久信公司注销的难点是年限较长，涉及政府部门较多，缺乏清算资金划回内地的途径。

截至 2017 年年末，久信公司尚待清算，久事仍持有其 30%的股权。

第三节　上海久青房地产开发经营有限公司

上海久青房地产开发经营有限公司（简称久青公司）主营商品房开发、出售、租赁等业务。办公地址：上海市青浦区徐泾镇谢卫路 228 号。该公司是久事公司为开展久事西郊花园项目而组建的子公司，1997 年转让给久事置业。

1993 年，久事公司、上海徐泾房地产有限公司合资组建久青公司，注册资本 1 000 万元。其中，久事公司出资 900 万元，占股 90%。1997 年，久事公司把所持久青公司全部股权（占股 90%）转让给久事置业。

2006 年，久青公司注册资本增至 3 500 万元。其中，久事置业出资 3 150 万元，占股 90%。截至 2017 年，该持股情况未变。

第四节　上海外滩房屋置换有限公司

上海外滩房屋置换有限公司（简称外滩房屋置换公司）成立于 1994 年年初，注册资本 2 亿元。注册地址：上海市黄浦区四川中路 220 号。

该公司受市国资委委托，接管外滩地区应置换房屋的产权，从事外滩中央商务区大楼的置换、出租、出售，商办楼、商住楼、住宅及配套设施开发，置换开发项目相关咨询服务，投资和综合经营等业务。

1995—1999 年 6 月底，外滩房屋置换公司完成中山东一路以外滩沿线为主的 24 幢大楼（总建筑面积 25.5 万平方米）的置换，安置单位 48 户、居民 3 户，安置费用总额 10.7 亿元，实现收入 18.5 亿元。

1999 年，经市计委上报市政府同意，外滩房屋置换公司并入久事公司，办结工商注销。

第五节　上海久虹土地发展有限公司

2007 年年初，久事公司、上海市虹口区土地发展中心合资组建上海久虹土地发展有限公司（简称久虹公司），注册资本 2 亿元。其中，久事公司出资 1.5 亿元，占股 75%。久虹公司在久事公司、虹口区政府北外滩旧区改造领导小组的领导下，办理虹口区北外滩 15 个重点地块的旧区改造与土地收储相关事宜。办公地址：上海市黄浦区四川中路 213 号（久事商务大厦）。

2014年年末,虹口区土发中心撤资,久虹公司注册资本减至1.5亿元,由久事公司全额出资。2015年,久事公司把久虹公司托管给久事置业。截至2017年年末,久虹公司仍是久事集团的全资子公司,由久事置业负责具体经营管理。

第六节　上海久汇地产发展有限公司

2007年年末,久事公司、上海徐汇土地发展有限公司合资组建上海久汇地产发展有限公司(简称久汇公司),注册资本1亿元。其中,久事出资8 000万元,占股80%。久汇公司在久事集团、徐汇区政府旧区改造领导小组领导下,操办徐汇区兆丰路地块旧区改造和土地收储及南浦货场地块现场维护与垫付现场费用等工作。办公地址:上海市黄浦区四川中路213号(久事商务大厦)。

2015年,久事把久汇公司托管给久事置业。截至2017年年末,久事集团仍持有久汇公司80%的股权,委托久事置业开展具体经营管理。

第七节　上海申通地铁集团有限公司

上海申通地铁集团有限公司(简称申通集团或申通)前身为2000年成立的上海申通集团有限公司,2005年更名为上海申通地铁集团有限公司(简称申通集团)。申通集团是上海轨道交通投资建设和运营的责任主体,主营轨道交通建设管理,综合开发经营,轨道交通设施设备维护、保养等业务。办公地址:上海市闵行区桂林路909号。

2000年4月,久事公司、市城投公司合资组建申通集团,党政关系隶属久事公司(2004年6月划归市建委),注册资本260亿元。其中,久事出资156亿元,占股60%。

表1-6-1　2000年久事组建申通集团资本情况表

来　　源	金额(亿元)
地铁一号线的投资	36
明珠线(地铁三号线)一期资本金	18
对轨道交通新线路的资本投入	102
合　　计	156

至此,上海市形成政府投资、银行贷款相结合的轨道交通投融资模式,即久事公司、市城投公司代表市政府向申通注资,申通按40%资本金、60%银行贷款标准建立项目公司,由项目公司投资建设各条轨道交通线路。

此后,久事多次向申通增资和划拨项目资金。截至2018年年末,申通注册资本2 119.09亿元。其中,久事出资1 411.09亿元,占股66.59%。

第八节　上海南站广场投资有限公司

上海南站广场投资有限公司(简称南站广场公司)是上海铁路南站广场的项目公司,主营南站广场建设资金的筹措、使用和管理,南站广场及其周边相关地块的开发、建设,南站广场资产的经营管理等业务。办公地址:上海市徐汇区石龙路750号。

2001年4月,久事公司、市城投公司、上海中誉企业发展有限公司合资组建南站广场公司,注册资本8.1亿元。其中久事出资5.1亿元(来自市建设财力资金),占股63%。

2004年9月,久事将投入南站广场公司的5.1亿元市建设财力资金全部撤出,改由地产集团出资并持股。地产集团支付股权转让款5.1亿元,由久事返还市财政局建设资金账户。

第九节 上海强生集团有限公司

上海强生集团有限公司(简称强生集团)主营房地产、内外贸易、科技及相关产业的实业投资,资本与资产经营管理,产权经纪,停车库(场)经营等业务。办公地址:上海市黄浦区四川中路213号(久事商务大厦)。

该公司前身为成立于1919年的出租汽车民族企业——上海祥生汽车公司。1954年12月,更名为上海市出租汽车公司。1996年3月,更名为上海强生经济发展(集团)公司。1998年,更名为上海强生集团有限公司。

2005年6月,强生集团党政关系从市交管局划归久事公司。2006年、2008年,按市国资委部署,上海交通投资(集团)有限公司、上海现代建筑设计(集团)有限公司先后将所持强生集团25%、20%的股权无偿划给久事公司。至此,久事持有强生集团45%的股份,为第一大股东。2009年、2010年,久事先后出资7.36亿元、4.21亿元,分别收购强生集团职工持股会、上海房地(集团)公司所持强生集团35%、20%的股权。至此,强生集团变为久事公司全资子公司。

2011年4月,经上海市国资委批准,强生集团下属控股公司——上海强生控股股份有限公司实施重大资产重组。在重组过程中,向强生集团定向发行7 160.02万股,收购强生集团所持13家企业的股权。

2013年12月,久事将所持强生集团全部股权(占股100%)无偿划给久事置业,所涉资产总计25.34亿元。截至2017年年末,该持股情况未变。

第十节 上海都市旅游卡发展有限公司

上海都市旅游卡发展有限公司(简称旅游卡公司)是交通卡公司的控股子公司,成立于2009年。其党政关系原隶属久事公司,2015年划归交通卡公司。

旅游卡公司主营都市旅游卡的制作发行和支付结算业务。其主要产品都市旅游卡是兼具公共交通支付和小额消费支付功能的多用途卡,可用于上海公共交通、便利店、超市、商场、旅游景点等领域。办公地址:上海市长宁区宣化路300号。

2009年年初,为推动上海服务业和都市旅游业的发展,并配合2010年上海世博会的举办,市政府要求久事公司、市旅游局、市建交委等单位筹备发行上海都市旅游卡,为中外旅客提供集吃、住、行、娱、购、游于一体的小额消费支付服务。5月,久事公司、市旅游咨询服务中心合资组建旅游卡公司,注册资本1 000万元,其中久事公司出资800万元,占股80%。

2010年、2011年,旅游卡公司两次增资,股权结构也多次变化,注册资本增至1.001亿元,其中久事公司出资5 006万元,占股50.01%;交通卡公司出资4 004万元,占股40%;市旅游咨询服务中心出资1 000万元,占股9.99%。

为促进交通卡、旅游卡融合发展,自2015年10月起,久事将所持旅游卡公司50.01%的股权委托给交通卡公司管理。次年,久事将所持旅游卡公司全部股权转让给交通卡公司。至此,交通卡公司成为旅游卡公司最大股东,持股90.01%。截至2017年年末,该持股情况未变。

第十一节　上海国际赛车场招商有限公司

上海国际赛车场招商有限公司(简称上赛场招商公司)成立于2001年,主要任务是通过招商引资建设上赛场项目以承办F1中国大奖赛。注册地址:上海市嘉定区墨玉路79号。

2001年9月,久事与上海市嘉定区资产经营有限责任公司(后称上海市嘉定区国有资产经营有限公司,简称嘉定区国资经营公司)合资组建上赛场招商公司,注册资金1 100万元。其中,久事以市财力资金出资1 000万元,占股90.9%。上赛场招商公司主要从事赛场建设的调和部分前期准备工作,未开始实际经营。

2002年2月,上赛场公司成立,上赛场招商公司的人员大部分转入上赛场公司,部分资产也转交上赛场公司。5月,上赛场招商公司歇业。久事公司、嘉定区国资经营公司把所持上赛场招商公司股权转为对上赛场公司的出资。上赛场招商公司债权、债务由上赛场公司处置。2004年,上赛场招商公司清算注销。

第十二节　上海久事国际赛事管理有限公司

上海久事国际赛事管理有限公司(简称久事赛事公司)成立于2007年,主营国际、国内赛事承办和运营,体育休闲娱乐活动承办和运营等业务。办公地址:上海市黄浦区中山南路28号(久事大厦)。

2005—2007年,巴士股份负责运作上海网球大师杯赛,推动网球运动在中国的发展和普及,获世界职业网球协会(ATP)认可。

2007年4月,市体育局与世界职业网球协会签订ATP男子网球大师系列赛亚洲站赛事的框架协议,但因办赛主体不明确,主协议签署时间多次推延。鉴于该项赛事系国际网球组织的最高级别巡回赛事,市政府、市体育局指定久事为办赛主体,与ATP组织签署协议。11月,久事与巴士股份合资组建久事赛事公司,具体操作F1世界一级方程式锦标赛中国大奖赛、网球大师杯赛、MotoGP中国大奖赛、A1世界杯汽车大奖赛等重大赛事的承办、运营。久事赛事公司初始注册资本1.2亿元。其中,久事出资9 600万元,占股80%;巴士股份出资2 400万元,占股20%。

2009年,久事收购巴士股份所持久事赛事公司全部股权,使之变为自己的全资子公司。2017年,久事把所持久事赛事公司100%的股权无偿划给久事体育集团。

第十三节　上海国际赛车场经营发展有限公司

上海国际赛车场经营发展有限公司(简称上赛场经营公司)是久事按市政府关于上赛场"所有权、经营权分离"的指导思想所建的公司,主营体育赛事、文化艺术交流、公关活动策划,纪念品设计、销售等业务。办公地址:上海市嘉定区安亭镇伊宁路2000号。

2005 年 3 月，上海市副市长杨晓渡召开上赛场后续项目开发专题工作会议，决定将赛事、赛车场经营与赛车场配套区(2.8 平方公里)开发建设分离，组建专业的赛事经营公司。9 月，久事公司、上赛场公司合资组建上赛场经营公司，主要负责上赛场及 F1 中国大奖赛的经营业务。上赛场经营公司初始注册资本 3 000 万元。其中，久事出资 1 200 万元，占股 40%；上赛场公司出资 1 800 万元，占股 60%。

2007 年，上赛场经营公司所有人员组织关系转入新成立的久事赛事公司，其具体经营业务由赛事公司负责开展，财务报表合并到上赛场公司。鉴于上赛场经营公司是 F1 等体育赛事涉外合同主体，为合同的连贯性和严肃性，久事保留该公司的名称、账号、营业执照及一系列法人治理结构。

2018 年年末，上赛场经营公司注册资本增至 4.88 亿元。其中，久事出资 1.95 亿元，占股 39.96%；上赛场公司出资 2.93 亿元，占股 60.04%。

第十四节　上海久事体育资产经营有限公司

上海久事体育资产经营有限公司(简称体育资产公司)主营文化体育项目投资及咨询、国内贸易、物资供销、实业投资等业务，注册地址：上海市徐汇区零陵路 800 号。

其前身是 1993 年成立的上海东亚发展公司(简称东亚公司)，1994 年改制为上海东亚(集团)有限公司(简称东亚集团)，2017 年更名为上海久事体育资产经营有限公司。其资产和党政关系原属市计委，1999 年划归市体委，2015 年划归久事。

体育资产公司是市政府用第一届东亚运动会结余的 2.4 亿元成立的综合经济实体，初始注册资本 1.5 亿元，由市计委以现金方式投入。此后，该公司相继承办多项重要赛事活动，在重大赛事、体育产业、市场经营、企业文化等领域都取得一定业绩。2005 年 5 月，第 48 届世界乒乓球锦标赛在体育资产公司所属的上海体育馆举行；2007 年世界夏季特殊奥林匹克运动会开幕式的主场和 2008 年北京奥运会足球比赛上海赛区的主赛场都在体育资产公司下属的上海体育场。

2015 年年末，体育资产公司党政、资产关系从市体育局划归久事。2017 年 9 月，久事将所持体育资产公司全部股权无偿划给久事体育集团。截至 2017 年年末，久事体育集团仍持有该公司 100%的股权。

第二篇

『九四专项』

概　述

20 世纪 80 年代，与国外发达城市相比，上海城市基础设施薄弱，工业生产技术、设备装备水平落后，城市基础设施建设欠账较多，带来环境污染、交通拥堵等一系列问题。大规模城市基建和工业技术改造需巨额资金。鉴于当时国内资金短缺，地方财政收入留成较低，历届市委、市政府高度重视，积极反映。1984 年 9 月，国务院改造振兴上海调研组一行 32 人到沪调研。12 月初，国务院主要领导和有关部委负责同志到上海调研视察，进一步研究上海经济发展战略以及实现战略转变所必需的政策和条件。

1986 年 5 月 16 日，上海市向国务院上报《上海市人民政府关于上海市扩大利用外资的请示》，提出以自借自还的方式，扩大利用外资规模，以加强城市基础设施建设。1986 年 8 月，国务院批准上海采取自借自还方式扩大利用外资规模方案，同意利用外资 32 亿美元，开展一批城市基础设施、工业技术改造、第三产业项目，统称为“九四专项”，享受中央给予的以税还贷、退税返税等优惠政策，由上海统一核算，统筹还款。

1987 年，市政府批准成立以“九四”谐音定名的久事公司，作为“九四专项”总账房，行使资金调配等职能。1992 年，市政府召开上海市扩大利用外资“九四专项”成果汇报会，标志着“九四专项”取得阶段性成果。

截至 2000 年“九四专项”优惠政策终止时，“九四专项”共批准列入 308 个项目，利用外资约 32 亿美元。其中，城市基础设施项目 5 个，利用外资约 14.1 亿美元；工业技术改造项目 268 个，利用外资约 12.8 亿美元；第三产业项目 35 个，利用外资约 5 亿美元。

“九四专项”是改革开放的产物，其直接向境外融资解决城市建设资金问题的模式属全国首例。在此期间，久事履行“总账房”职能，通过拨款前查合同，拨款后查资金流向，聘请财务监理公司、实现共同管理等方式，防止资金多拨、滥用。同时，久事通过与项目建设签订首开先例的投资包干协议，调动建设方积极性，大幅节约投资总额，有效利用好每一笔外资，这标志着业主负责制的运营方式获得成功。

第一章 “九四专项”决策

20 世纪 80 年代，计划经济体制被逐渐打破，上海作为中国老工业基地和计划经济的典型地区，受到财政统收统支和工业效益滑坡的双重压力，资金不足、原材料缺乏、交通拥挤、住房紧张、环境污染等矛盾日益凸显。1985 年，国务院批准上海实行“核定基数、总额分成”体制后，地方财力虽然增加了，但上海基础设施建设资金不足的现象依然存在。为此，经中央与上海的反复磋商，最终制定了直接向境外融资解决城市建设资金问题的方案，即“九四专项”。

第一节 方案提出

1984 年 8 月，国务院和中央财经领导小组召开会议，在听取上海市领导班子的汇报后，决定由国家计划委员会牵头，国务委员宋平、国务院经济研究中心马洪负责的国务院改造振兴上海调研组来上海调查研究，提出改造振兴上海的战略方案。当时，调研组分别听取了市政府各委、办、局的汇报，开展了专题调研，并召开上海经济发展战略研讨会。调研发现，中央与地方财政按固定比例分成，地方财政分成比例约为 15%。在这一次调研后，中央决定要增加上海地方财力。

1984 年 12 月初，国务院领导和国务院有关部委的负责人按计划来上海调研视察，进一步研究上海经济发展战略以及实现战略转变所必需的政策和条件。在沪期间，国务院领导和有关部委召开了上海工业系统座谈会，听取上海工业系统对改造振兴上海的意见。

1984 年 12 月 7 日，上海市市长汪道涵在市政府召开的汇报会上就上海当前经济工作和有关特殊政策、灵活措施等问题作了题为《关于上海经济工作的汇报》的报告，并向中央提出五方面的政策支持。市委第一书记陈国栋作了进一步说明。

在听取汇报和座谈后，国务院领导基本确定上海市政府和国务院改造振兴上海调研组共同拟订的上海经济发展战略，同意给予上海特殊政策、灵活措施和必要资金，并且对上海改造传统工业、扩大新兴工业的比重、加强基础设施建设、改变郊区农业经济结构和贯彻贸工农方针的问题等，作了一系列重要指示。

1984 年 12 月 26 日，由上海市人民政府和国务院改造振兴上海调研组联合起草的《关于上海经济发展战略的汇报提纲》，正式上报国务院。

1985 年 2 月 8 日，国务院批转《关于上海经济发展战略汇报提纲的通知》，实行“核定基数、总额分成”的体制，基本同意上海以 1983 年地方财政支出为基数，再给上海增加 15 亿元的财政支出，使上海市地方财政支出规模从原来每年 20 亿元左右，提高到 35.68 亿元。

1985 年 3 月，国务院批复同意上海报请审批的《关于上海进一步开放初步方案的请示》，要求上海加快吸引外资、引进先进技术的步伐，逐步建成为对国外客商具有巨大吸引力，对先进技术具有强大消化力，对国际市场具有敏捷应变能力的对外经济联系枢纽，成为发展出口、增加创汇的基地。

1985 年 12 月，上海市市长江泽民召开办公会议，讨论落实国务院批复、进一步扩大利用外资问题。江泽民指出：要偿付上海拖欠的基础设施老账，光靠国家拨款和目前地方财力远远不够，要进一步扩大利用外资。会议决定由市计委拿出初步方案。

1986年年初,市计委在市长办公会议上汇报《关于扩大利用外资的初步设想》,认为解决基础设施欠账问题约需325亿元。其中,有94亿元已列入第七个五年计划(1986—1990年),第八个五年计划(1991—1995年)会再安排100亿元。即便如此,也还有120亿元—130亿元的缺口。

1986年5月16日,上海市向国务院上报《上海市人民政府关于上海市扩大利用外资的请示》,提出以自借自还的方式,扩大利用外资规模,以加强城市基础设施建设,加快工业改造,发展第三产业和旅游业,并提出第一批32亿美元扩大利用外资项目。

第二节　中央批复

1986年8月5日,国务院作出《关于上海市扩大利用外资规模的批复》,原则同意上海市第一批利用外资的总规模为32亿美元(包括国内配套的人民币资金)。其中,五大城市基础设施项目(地下铁道、市区合流污水治理、黄浦江大桥、虹桥机场、市内电话扩容)利用外资约14亿美元,工业技术改造利用外资约13亿美元,第三产业和旅游业利用外资约5亿美元。

为便利还款,国务院同意上海市将城市基础设施、工业技术改造、第三产业和旅游业项目"捆"在一起,统一核算,综合开发经营并负责综合还款。还同意上海市城市基础建设其中大部分可在"七五"计划期间安排,并单独实行九条政策和措施,开辟上海扩大利用外资改造传统工业、发展第三产业和加强城市基础建设的新途径。

第三节　政策协商

1986年8月22—23日,按上海市副市长李肇基要求,市计委、市财政局、市外经贸委、中国人民银行上海市分行联合组建代表团,赴北京向中央有关部门请示扩大利用外资的实施细节,收到国家财政部、经贸部、中国人民银行等有关单位若干回复意见。

1986年8月24日,市计委把北京方面的回复意见整理为《关于贯彻国务院〈关于上海市扩大利用外资规模的批复〉的情况汇报》,提交给上海市副市长李肇基。

经各方协商,编制项目计划、用款计划、财政还款计划、出口创汇计划,分别由上海市计委、市财政局、上海市对外经济贸易委员会(简称市外经贸委)负责,计划的综合平衡由市计委负责。3 000万元以下技术改造项目,以主管委办为主,会同市计委、市外经贸委联合审批;3 000万元以上和基础建设项目,以市计委为主,会同主管委办、市外经贸委联合审批;2亿元以上项目的政府贷款、世界银行贷款,由市计委同有关部门审查后,上报国家计委审批。

第四节　工作启动

1986年8月26日,中共上海市委、市政府召开扩大会议。市委书记芮杏文,市委副书记、副市长黄菊,市委副书记吴邦国,副市长倪天增、刘振元、钱学中等有关负责人出席。市委组织部、市委宣传部、市计委、市建委、市外经贸委、市经委、市农委、市教卫委、市科委、市交通办、市财办、市财政局、市旅游局等单位均派代表到场。会上,副市长李肇基宣读《关于贯彻国务院〈关于上海市扩大利用外资规模的批复〉的情况汇报》,取国务院1986年8月发文编号,将利用32亿美元外资的项目称为"九四专项",并提出若干实施意见。

9月20日，市政府召集各区、县、局、委、办干部及“九四专项”各有关单位负责人等1 200多人开动员大会。会议由上海市委副书记、副市长黄菊主持。当月，市政府组建上海市利用外资领导小组，全面领导“九四专项”工作。组长由上海市副市长李肇基担任，下设“三室一组”：吸收外商投资办公室（设在市外经贸委）、引进技术办公室（设在市经委）、“九四专项”办公室（设在市计委）、秘书组。

第二章　项目开展和久事职能

在“九四专项”开展过程中，久事配合市政府有关部门，参与项目审批与管理，并按市政府要求，开展融资性投资，统筹还贷。1996年，五大市政工程基本建成，“九四专项”不再审批新项目。1997年年初，久事接到市政府交办的第一项轨道交通项目（地铁三号线）投融资任务，其“九四专项”总账房职能正式结束，逐渐向政府性投资公司转变。2003年，久事党政关系从市发改委（原市计委）划转至新成立的市国资委，成为一家国有资产授权经营公司。

第一节　项 目 开 展

1987年10月13日，“九四专项”办公室召开首次“九四专项”项目证书颁发大会，向89家申报单位、94个项目小组颁发“九四专项”项目证书。其中，市政建设2项，第三产业12项，工农业建设80项。总投资10.6亿美元。

1992年年初，邓小平同志南方谈话后，中国改革开放进入加速阶段，对外金融业务规模和深度显著提升。是年，久事共筹资34亿元，安排用款34亿元，全年收益2.16亿元，均较往年有较大增长。12月30日，久事成立五周年之际，中共上海市委、市政府在上海展览中心召开上海市扩大利用外资“九四专项”成果汇报会，久事总经理鲍友德在会上作汇报发言，市委副书记、市长黄菊在会上作重要讲话，充分肯定“九四专项”取得阶段性成果。久事基本完成市政府交办的五大市政工程投资任务。截至1996年，“九四专项”共批准列入200多个项目，也曾陆续清理出一些难以为继的项目。这些项目，或因市场环境变化，难以出口；或因技术、原料问题，不能开展；或因经济效益差，没有出路。

从市政项目建设周期看，1996年，“九四专项”五大市政项目陆续竣工投运，久事在这些项目的工程建设指挥部、资金调度中心职能已剥离。从1996年起，“九四专项”也不再新增项目。截至2000年年末，“九四专项”共利用外资约32亿美元，先后批准项目308个（详见附录）。其中，由久事负责投资建设的城市基础设施项目5个，利用外资约14.1亿美元；由各委办局、企业开展的工业技术改造项目268个，利用外资约12.8亿美元；酒店、宾馆等第三产业项目35个，利用外资约5亿美元。

第二节　久 事 职 能

一、项目方面

【参与项目审批】

“九四专项”期间，久事投资部门专设一个岗位，负责审核报批所有申请列入“九四专项”的项目。凡经上级部门批准的项目，都可享受材料、设备进口免征关税等优惠政策。项目产生的税收收入，由财政部门返还久事，作为还贷资金。

1996年起，“九四专项”不再新增项目。截至1996年年末，久事参与审核、批准“九四专项”项目308项，总投资规模297.09亿元；批准利用外资31.69亿美元。

【参与项目管理】

“九四专项”的五大市政工程，从立项、审定、筹资建设到投产运营及资金的“借、用、还”全过程，都有久事参与。

此外，久事还代市计委、市经委制订“九四专项”投资、贷款、还贷的计划，研究资金投向，测算、审定项目效益，研究提高项目经济效益的方法，使这些项目处于科学的宏观管理之下。

二、资金方面

【统筹还贷】

重大市政工程有周期长、见效慢的特点，一时难以产生经济效益来偿还外债。所以，“九四专项”主要靠268个工业技改项目和35个第三产业项目的盈利来统筹还款。这些项目分散于各个系统，见效期有长有短，有先有后。久事通过借新债还旧债、化整为零偿还长期债务等方式，成功度过数次外债偿还的困难期。

此外，久事每年汇总所有“九四专项”项目的资金计划，交由市计委核定、发布，并配合市财政局监督落实，统筹还款。

【资金调度】

所有“九四专项”项目的国内配套资金，由久事向银行申请外汇贷款，通过调剂、经营，换成人民币，再借给银行贷款。

按市政府要求，中国银行上海市分行、交通银行上海市分行、建设银行上海市分行、市投资信托公司等8家金融机构，按其各自优势，参与“九四专项”内外资金的筹措和调度。久事通过这些金融机构，对“九四专项”所需资金进行统一筹措、安排用款和综合还贷。

【融资性投资】

经市政府批准，久事可进行自主融资性投资。按市场供求变化和价值规律，通过多种形式开展经营活动，实现资金增值，提高综合还贷能力。

截至1997年年末，久事通过投资参股、进出口贸易、物资串换调剂、房地产经营等方式，形成城市基建、工业、金融、房地产四大业务板块，投资总额124.2亿元，参股、控股79家企业。其中，市政设施7项、金融保险业10家、工业企业35家、旅游三产企业17家、房地产企业4家、综合性企业6家。

【外汇管理】

久事对“九四专项”进行汇率、利率的风险管理。市政设施国外贷款的资金渠道不同，币种各异，周期长短不一。因此，久事历年都会制订细致的“九四专项”总体资金筹措计划，避免国际金融市场动荡的影响，产生不必要的损失。

此外，久事还利用外汇贷款和地方留成外汇，进口市内紧缺的原材料，支援“九四专项”项目建设。

三、久事职能的变化

20世纪末到21世纪初，久事面临的市场、政策环境发生根本性变化。截至2005年5家公共交通企业划归久事前，久事的职能变化分三个阶段，即从“九四专项”总账房到政府性投资公司，再到国有资产授权经营公司。

1992年10月12—18日，中国共产党召开第十四次全国代表大会，提出“尽快把上海建设成国际经济、金融、贸易中心城市之一，带动长江三角洲和整个长江流域地区经济的新飞跃”“开发、开放上海浦东，以此为龙头，进一步开放长江沿岸城市”的战略思想。上海遂进入以金融保险、商业贸易、交通通信、房地产、信息咨询和旅游业六大支柱产业为核心的战略调整阶段。为此，市政府调整了久事的定位，在“九四专项”外，附加许多新的市政设施投融资任务，使之更大程度地介入上海产业结构调整。正是在这一年，久事由事业单位改制为企业。

1992年前，市政府将久事的定位限定在“九四专项”项目管理和统筹还款上，相当于政府在“九四专项”中的代理人。1992年后，随着浦东开发、开放，上海经济增长步伐加快，久事的作用不再局限于“九四专项”，而是广泛参与上海经济发展和社会建设的各方面，“想政府所想，做政府所做”，发挥政府投资主体的作用。

截至1996年年末，五大市政工程基本建成，“九四专项”不再审批新项目，久事进入“第二次创业阶段”。次年初，久事接到市政府交办的第一项轨道交通项目(地铁三号线)投融资任务，其“九四专项”总账房职能正式结束，逐渐向政府性投资公司转变，业务重心逐步转移到城市轨道交通建设上。

1999年，为增强久事筹资还贷能力，市政府将外滩房屋置换公司并入久事，该公司旗下14幢全国重点文物保护建筑一并划入，为21世纪初久事地产置业板块的形成打下基础。

2002年11月8—14日，中共十六大召开，确定新一轮国有资产监督管理体制改革。2003年，国务院国有资产监督管理委员会成立，全国各地方政府相继设立国资委。就在这一年，久事党政关系从市发改委(原市计委)划归新成立的市国资委，成为诸多国有资产授权经营公司中的一员。

第三章　久事参投项目选介

久事全程参与了“九四专项”五大基础设施项目的投融资工作，这些项目都有很大的社会效益。为筹措还贷资金，也主动参与了很多工业和第三产业项目，产生了一定的经济效益，融入了上海产业结构调整的潮流。

第一节　基础设施项目投资

一、南浦大桥

南浦大桥是上海市区第一座跨黄浦江大桥，全长 8 629 米，中孔跨径 423 米。1987 年年末列为“九四专项”重点工程，1988 年年末开工，1991 年 11 月竣工。总投资 15.5 亿元，借外债 1.47 亿美元。其中，向亚开行贷款 1.18 亿美元（分 7 000 万美元、4 800 万美元两笔）。久事全额投资 15.5 亿元，并承担全部国内配套资金（3.82 亿元）和所有外国贷款本息。

1991 年，中国人民银行、国家财政部把亚开行提供的两笔南浦大桥专项贷款转贷给上海市政府。市政府随即授权久事负责这两笔贷款的提款、还款。2003 年，为降低还款汇率风险和筹资成本，久事提前偿付了全部贷款。

1993 年，黄浦江大桥工程建设指挥部正式将南浦大桥债务及 100%的产权一并移交给久事。2006 年，久事把南浦大桥委托给久事置业公司管理。2014 年，按市建交委要求，久事将南浦大桥管理权移交市路政局，大桥产权仍属于久事。截至 2017 年年末，上述情况未变。

二、合流污水治理一期

20 世纪 80 年代初，鉴于上海苏州河黑臭已对市民生活、农业生产造成严重负面影响，市政府决定开展上海市中心城区合流污水治理工程。其一期工程于 1988 年 8 月开工，1993 年年末主体工程竣工，1997 年 4 月全部竣工。服务面积 70.57 平方公里，惠及人口 255 万。

工程总投资 19.99 亿元（含向世界银行贷款的 1.45 亿美元），久事提供全部国内配套资金（10.6 亿元），并用上海市城市排水有限公司（下称市排水公司）的排水费收入偿还外债本息 2.28 亿美元，加上 4.72 亿元汇兑损失，累计向该工程投入约 17.6 亿元。

1993 年，按市计委、市建委要求，久事将排水费收入、世界银行贷款的债务一并移交市城投公司。1999 年，按市政府要求，久事将投入合流污水一期工程的投资置换成市城投公司在地铁一号线的等额投资。

三、地铁一号线

地铁一号线是上海造的第一条地铁线，路线标识色为红色。该线一期工程全长 16.1 公里，设

13个车站。于1990年年初开工,1995年4月竣工。总投资52.44亿元(含2亿元节余投资)。其中,久事筹资折计35.85亿元,加上外汇串换、直接用汇本息、汇兑损失,合计49.5亿元。

1987年,为筹集地铁一号线建设资金,国家外经贸部向西德复兴银行贷款4.7亿马克,随即转贷给上海市地铁总公司。贷款本息由久事、市城投公司按51.71%、48.29%的比例分别偿还。

图2-3-1 1995年4月,上海地铁一号线全线通车典礼

1999年3月,市地铁工程建设指挥部将地铁一号线资产移交给久事、市城投公司。11月,久事用在合流污水一期工程的全部投资(10.62亿元)置换市城投公司在地铁一号线的等额投资。至此,久事所持地铁一号线资产比例从45%增至65%。2001年,久事把地铁一号线资产(折计35.85亿元)、明珠线一期资本金(18亿元)和118.09亿元现金打包投入申通集团。

四、虹桥机场候机楼扩建

虹桥机场候机楼扩建工程是“九四专项”五大市政工程之一,1984年原定设计面积1.8万平方米。后因改革开放深化,上海客运、货运量增长,原定面积不敷使用。1986年,设计面积增至2.8万平方米,并列入“九四专项”。

工程于1989年年末开工,1991年年末竣工,产权归民航局。总投资1.34亿元。其中,中国民用航空总局向美国进出口银行贷款1 075万美元,久事为该笔贷款提供担保,并偿还所有本息。

五、电话网改扩建

上海电话网改扩建工程(20万门程控电话扩容)是上海市第七个五年计划(1986—1990年)的

重点工程，于 1986 年 9 月列入“九四专项”。

1985 年 11 月，为提高上海市电话通信水平，市计委批准引进 20 万门程控电话交换机，实施电话网改扩建工程。工程于 1987 年 7 月开工，1993 年 7 月竣工。总投资约 2.59 亿元人民币。其中，久事贷款投入 1 500 万美元，本息合计 1.1 亿元人民币。

工程包含两部分内容：先把引进的 20 万门程控电话交换机分别装到上海市 14 个电话局和 6 个电话站（实际安装 18.8 万门），再对上海市区、郊县数字微波中继进行扩容。特别是在郊县各个汇接中心，首次采用程控交换设备，增加国内、国际长途直拨汇接功能。该工程的竣工，加快了上海市区、郊县的通信速度，也为上海市电话号码升位奠定了基础。

第二节　第三产业项目投资

一、东锦江大酒店

东锦江大酒店在浦东陆家嘴金融贸易区内，是为配合浦东先期开发，接待境外投资者而建的五星级酒店。1993 年列入“九四专项”，次年 4 月开工，2001 年 3 月竣工试运营，有 850 间（套）客房、6 间餐厅及室内游泳池、室外网球场、会议室等配套设施。

1993 年，锦江联营公司、上海国际信托投资公司（简称上国投）、久事公司等单位合资成立该酒店的项目公司——上海东锦江大酒店有限公司（简称东锦江公司），注册资本 2 400 万美元，久事出资 534 万美元，占股 22.25%。

图 2－3－2　1994 年，上海东锦江索菲特大酒店开工典礼

1999 年，为解决东锦江大酒店 5 亿元建设资金缺口问题，市政府召开专题会议，决定从市建设财力资金中各拨给久事、上国投 5 500 万元。久事、上国投再各自贷款 5 500 万元，投入东锦江大酒店(第一期增资)。其余资金由锦江集团自行解决。东锦江公司另请各股东用垫款方式再注入4.95亿元。其中,久事需注入5 500万元(第二期增资)。

2000年,久事委托上国投向东锦江公司发放1.1亿元贷款作为第一期和第二期增资。2008年,东锦江公司注册资本增至8.88亿元,久事出资额增至1.78亿元,占股20.05%。

2011年,按市国资委部署,久事以3.01亿元的价格,将所持东锦江公司全部股权卖给锦江集团。

二、新锦江大酒店

上海新锦江大酒店(简称新锦江酒店)原名锦江分馆,又名新锦江饭店。1989年更名为上海新锦江大酒店。该酒店由锦江联营公司筹建,总投资8 940万美元。1987年10月列入“九四专项”。

酒店于1984年开工,1988年11月试营业,1990年10月正式营业。建筑面积6.4万平方米,主体建筑为43层主楼及5层裙房,有各类客房728间,还有商务中心、俱乐部、商场、洗衣服装厂和车辆服务、直升机起降坪等配套设施。

1992年,新锦江酒店A股上市,久事出资416万元,认购其80万股,为第八大股东。此后,久事多次减持该酒店股份,截至1996年年末,尚余35.72万股。1994—1997年度,久事获新锦江酒店分红18.78万元。1998年,为换取流动资金,久事在二级市场抛售所持该酒店全部股份。

三、绅士汽车商城

上海绅士汽车商城位于静安区威海路511号,是20世纪90年代静安区政府部署建设的一幢汽车配件销售商厦。1993年列入“九四专项”。1996年11月主体工程竣工,1997年6月试营业。工程总投资5.4亿元,各股东投资3.04亿元。其中,久事投资4 553.58万元。

1993年,久事、上国投等单位合资组建上海申视实业有限公司(简称申视公司),作为绅士汽车商城、五洲摩托商厦、申视商城三大项目的项目公司,注册资本2 228万元,久事出资312万元,占股14%。

1994年,久事与申视公司、上投投资管理公司合资组建上海绅士汽车商城有限公司(简称汽车商城公司),取代申视公司,成为绅士汽车商城项目的法人主体。该公司注册资本7 500万元,久事出资1 125万元,占股15%。

2001年年末,为履行对上海华都国际集装箱有限公司900万美元贷款的担保责任,久事将所持申视公司、汽车商城公司股权和委托贷款的债权(本息合计4 462.31万元)折价600万美元,转让给上国投。

四、久事复兴大厦

久事复兴大厦位于淮海中路918号,是地铁一号线陕西南路站站口的综合商厦,高116米,地下1层至地面8层是餐饮、娱乐区域,9层至25层是商务用房。大厦14~23层的产权归属久事,其余楼层归上海九海实业有限公司(简称九海公司)所有。大厦原名海贸中心大厦,1992年更名为九洲大厦,1993年更名为海贸中心,1994年更名为海贸大厦。1995年,按久事提议,更名为久事复兴大厦。1996 年，正式竣工。

大厦的项目公司——九海公司前身是 1991 年成立的上海九海实业公司，1999 年更名为上海九海实业有限公司。

1991 年，为把淮海路建成现代化商业文化街，卢湾区政府决定在地铁一号线黄陂南路站、陕西南路站站口各建一家商厦（即九海广场、久事复兴大厦），作为地铁一号线的配套工程，列入“九四专项”。

1991 年，久事、市地铁公司等 3 家公司合资组建九海公司，负责建设、运营这两大项目。初始注册资本 500 万元，久事出资 220 万元，占股 44%。后经多次增资，截至 2017 年年末，其注册资本增至 4 000 万元，久事出资 1 760 万元，仍占股 44%；另两家股东——上海中城企业（集团）有限公司、申通集团分别占股 44%、12%。

1993 年 7 月，因主要贷款方——工商银行上海市分行卢湾区支行贷款发生困难，九海公司资金短缺，向久事求助。8 月，久事出资 864 万美元和 7 650.63 万元（共计 1.6 亿元人民币），购买海贸中心（久事复兴大厦）14～23 层。

2010—2016 年度，久事获该公司分红 1.21 亿元。截至 2017 年年末，久事仍持有九海公司 44% 的股权和该大厦 14～23 层的产权，委托全资子公司——久事置业公司开展具体经营管理，并享有资产占有权、收益权、处置权。

五、新上海国际商城

新上海国际商城发展有限公司（简称商城公司）是新上海国际商城的项目公司，主营房地产开发经营、餐饮服务、企业管理咨询等业务。

1992 年年末，市计委批准徐汇区在钱家塘旧住宅基地（淮海中路以南、陕西南路以西、襄阳南路以东、南昌路以北区域）建设集办公、旅游、商业住宅、餐饮娱乐、购物等功能于一体的综合性建筑群——新上海国际商城。1994 年年初，该项目被列入“九四专项”（1996 年清出）。是年，久事与中华企业公司等 4 家企业合资组建商城公司，注册资本 3 000 万元，久事出资 450 万元，占股 15%。次年，商城公司注册资本增至 1 亿元，久事出资额增至 1 500 万元，占股 15%。

1995 年，中华企业公司以 7 000 万元的价格，将所持商城公司股权（占股 25%）和投入的短期借款分别卖给其他三家股东。其中，久事出资 1 665 万元，受让资本金 1 000 万元，出资额增至 2 500 万元，占股 25%。

1998 年，久事向商城公司提供 6 190 万元短期贷款。2002 年，久事把所持商城公司全部股权、债权（折计 1.41 亿元）置换成上海汇鑫投资经营有限公司对上海轨道交通明珠线发展有限公司的等量出资额。

第三节 工业项目投资

一、高桥石化丙烯酸厂

上海高桥石化丙烯酸厂（简称丙烯酸厂）是上海第八个五年计划（1991—1995 年）重点项目——3 万吨/年丙烯酸及酯项目的成果和载体，于 1991 年列入“九四专项”，总投资 12.21 亿元，其中 11.38 亿元由丙烯酸厂分批向建设银行浦东分行贷款。久事、上海高桥石油化工公司（简称高桥石化)按股权比例提供债务担保。

丙烯酸厂于1992年7月开工,1994年10月建成投产,年产3万吨丙烯酸、3.7万吨丙烯酸酯。其生产装置、专利技术从日本三菱化学公司引进。

图2-3-3　1994年10月,上海高桥石化丙烯酸厂建成投产典礼

1991年,久事出资900万元,与高桥石化合资成立丙烯酸厂,占股90%。该厂建设资金几乎全来自外债,债务极重,财务结构不合理。作为主要控股单位,久事为该厂绝大部分外债和流动资金贷款提供担保,债务和汇率风险大。

1993年起,久事开始策划转让该厂股权,先后与日本三菱化学公司、美国联合碳化物公司、德国赫斯特公司、中国石化上海石油化工股份有限公司(下称上海石化)、华谊集团等单位进行多轮磋商,但都因债务关系复杂、条件谈不拢等无果而终。

2000年,"九四专项"以税还贷、退税优惠政策到期终止,丙烯酸厂还贷压力骤增,严重影响其生存发展,引起市政府重视。次年,市政府批准久事把所持该厂股权划给华谊集团,但久事无法解除对该厂债务的担保关系,股权划转未能落实,而该厂党政关系已划至华谊集团。

截至2002年6月底,建设银行浦东分行转贷给丙烯酸厂的外债余额尚有7 000万美元和11.66亿日元,本金折合约6.6亿元人民币。这两笔外债均主要由久事提供担保。8月,按市政府要求,建设银行浦东分行转贷给该厂的外债担保责任从久事公司转给华谊集团。9月,久事将所持该厂90%的股权(含900万元资本金及其增值部分5 892.61万元)无偿划给华谊集团。

二、上海石化金阳腈纶厂

上海石化金阳腈纶厂是上海石油化工总厂(中国石化上海石油化工股份有限公司)2万吨/年

腈纶生产装置工程的项目单位，该工程于1989年3月列入“九四专项”。

1990年，久事、上海石化总厂合资成立该厂，注册资本1 000万元，全由久事提供。其党政关系挂靠在上海石化总厂，地址位于上海石化总厂的腈纶厂内。1994年，久事将所持金阳腈纶厂的出资份额、贷款担保责任转让给上海石油化工总厂。1996年，久事以3 880万元的价格，将所持该厂全部产权卖给中国石化上海石油化工股份有限公司（原上海石油化工总厂）。

三、益昌薄板

20世纪80年代末，为调整上海钢铁工业产品结构，解决冷轧薄板短缺问题，市政府决定开展冷轧薄板工程，于1993年列入“九四专项”。上海益昌薄板有限公司（简称益昌薄板）即该工程的项目公司，主要生产、销售和开发冷轧薄板（卷）、镀锡原板（卷）和其他钢铁板材产品。

1989年，实事公司、上海第一钢铁厂等4家企业合资组建益昌薄板公司，注册资本3亿元，实事公司投资7 500万元，占股25%。1990年，久事、实事公司合并，实事公司所持益昌薄板股权划归久事。1992年，久事将所持益昌薄板12.5%的股权（价值3 750万元）划给市投资信托公司，尚余12.5%的股权。

1998年，宝钢集团参股益昌薄板，将其更名为上海宝钢益昌薄板有限公司（简称宝钢益昌薄板），并对其进行资产重组。久事出资额降至575.72万元，占股5%。2000年，该公司增资，久事出资额增至7 341.25万元，占股7.36%。

2001年，上海宝钢益昌镀锡板有限公司（简称宝钢益昌镀锡板）吸收合并宝钢益昌薄板，并进行资产重组。久事在新公司中的投资额减至6 911.82万元，占股8.17%。2003年，久事以1.14亿元的价格，将所持宝钢益昌镀锡板（原宝钢益昌薄板）全部股权卖给宝山钢铁股份有限公司。

四、先进半导体

上海先进半导体制造有限公司是飞利浦半导体项目（1988年8月列入“九四专项”）的项目公司，主营大规模集成电路芯片的开发、生产、销售。其前身是1988年成立的中荷合资企业——上海飞利浦半导体有限公司（简称飞利浦半导体公司），1994年更名为上海先进半导体制造有限公司。

1988年，荷兰飞利浦有限公司、上海无线电七厂（简称上无七厂）合资组建飞利浦半导体公司，初始注册资本1 760万美元。中方出资862.4万美元，占股49%。中方各股东委托上无七厂为法人单位，持有四方共同出资的飞利浦半导体公司股份。其中，久事出资258.72万美元，占中方投资额的30%。

1990年，飞利浦半导体公司邀请加拿大北方电讯有限公司（简称加拿大北电公司）入股，以获取其技术与资本支持。1991年4月，飞利浦半导体公司建成投产。截至1993年，该公司注册资本增至4 010万美元。中国合资方出资额增至1 964.9万美元，占股49%。其中，久事出资589.47万美元，占股14.7%。1994年，上无七厂将代表久事所持股权交还给久事。11月，飞利浦半导体公司增资至6 700万美元，久事将该公司6.7%的股权卖给加拿大北电公司。至此，久事出资额降至536万美元，占股8%。

1995年、2002年，该公司两次增资，久事出资额增至870.4万美元（折合人民币6 217.82万元），仍占股8%。截至2002年6月底，久事累计获该公司分红2 489.09万元。2002年年末，久事以 7 209.38 万元的价格，将所持该公司全部股权(占股 8%)卖给上海化学工业区投资实业有限公司。

五、海立股份

上海海立(集团)股份有限公司(简称海立股份)前身是上海市第二轻工业局下属的上海冰箱压缩机厂。1992 年，改制为上海冰箱压缩机股份有限公司(简称冰箱压缩机公司)。2001 年，更名为上海海立(集团)股份有限公司。该公司主营制冷设备及零部件、家用电器研发、生产等业务。

1987 年，上海冰箱压缩机厂开展冰箱用旋转式压缩机第二期工程，新增生产能力 60 万台/年，被市计委列入“九四专项”。1992 年，该厂 A 股上市。久事出资 1 680 万元，购 350 万股，为第二大股东。后经多次分配红股，截至 2010 年年末，久事持有其 2 686.97 万股，占股 4.46%。1993—2016 年度，久事获该公司分红近 2 000 万元，配股 3 000 多万股。2010 年后，久事多次减持该公司股份，截至 2017 年年末，仍持有其 114.98 万股，占股 0.13%。

六、申花滤嘴

上海申花卷烟滤嘴材料股份有限公司(简称申花滤嘴)是“九四专项”年产 5 000 吨烟用聚丙烯丝束项目的项目公司，主营烟用聚丙烯丝束过滤嘴成品、半成品的生产、销售。其前身为 1991 年成立的上海申花卷烟滤嘴材料公司。1992 年改组为股份制公司，并更名为上海申花卷烟滤嘴材料股份有限公司。

1990 年上旬，国家烟草专卖局、中国烟草总公司批准久事公司、厦门经济特区建设发展公司、南海石油珠海实业总公司在上海、厦门、珠海各建一家 5 000 吨/年烟用聚丙烯丝束厂。11 月，该项目被上海列入“九四专项”。

1991 年，久事与中国卷烟滤嘴材料公司等 3 家单位合资组建申花滤嘴公司，初始投资总额 7 784 万元(含直接用汇 676 万美元)，注册资本 1 000 万元。其中，久事出资 300 万元，占股 30%。1992 年，该公司调整股权结构，久事出资额减至 200 万元，占股 20%。后经多次增资扩股，截至 1998 年年末，久事在该公司的投资额增至 740 万元，仍占股 20%。

1999 年，申花滤嘴已资不抵债，难以正常经营。2003 年，久事将所持该公司全部股权(占股 20%)无偿划给上海申花(集团)公司，在该项目上共损失约 3 760 万元。

第三篇 投融资

概　述

久事公司是上海改革开放和政府投融资体制改革创新的产物，也是政府项目市场化运作的载体和平台。在投资战略上，久事坚持政府投资主体地位，以政府政策导向指导投资方向；在具体操作上，坚持市场化运作，不断创新投融资模式，积极开展资产、资本经营。

1987—1992 年，久事代表政府行使“九四专项”管理职能，主要投资于城市基础设施及工业项目等，从管项目、管资金逐渐过渡到只管资金、不管项目。

1993—1999 年，“九四专项”所借外债陆续进入还款高峰期。因汇率变化，许多利用“九四专项”优惠政策开展的工业、第三产业项目效益欠佳，大量还贷压力落在久事身上。

为此，久事采取一系列措施，通过专营权转让（南浦大桥、徐浦大桥）、企业债券发行、股权置换等，盘活存量，筹资还贷。积极参与证券业、房地产业、浦东开发开放，为搞活企业增加筹码。为支持上海的金融中心建设，久事还在这一时期投资参股一批金融企业或机构，探索多渠道筹融资。

2000—2004 年，久事的投资重点转向城市轨道交通项目。同时，也承接其他对上海有重大影响的投资任务（上海国际赛车场、上海南站等）。这一时期，久事总结过去投资者权利、责任、利益分离的经验，全面实施项目法人责任制，组建有独立法人资格的项目公司，用控股形式开展投资。

2005 年，交投集团、巴士股份、强生集团等 5 家公共交通企业加盟，久事资产和员工人数骤增。在中共上海市委、市政府领导下，久事进行资产重组，加强公交行风建设，还为 2010 年上海世博会作出积极贡献。

2015 年，在市国资委领导下，久事调整定位，明确实施“四位一体、两翼支撑”的发展战略，即以城市交通、体育产业、地产置业和资本经营为四大核心业务，以投融资和信息化为支撑，实施对标管理，开展品牌建设，提高社会效益和经济效益，把久事打造成优质的公共服务型企业。

第一章　工业项目投资

20 世纪 80 年代至 90 年代，久事投资了一批工业项目，既有国内合资，也有中外合资。21 世纪初，随着上海经济环境的变化和企业战略方向的调整，久事陆续退出了其中大部分工业项目。

第一节　国内合资项目

一、华虹集团

1995 年，为跟上国际集成电路发展步伐，国务院决定实施“909 工程”，建一条 0.5 微米集成电路芯片生产线（月产 2 万片）、一批芯片设计公司和一个硅加工企业。按国务院副总理朱镕基建议，厂址定在上海浦东地区。

1996 年，按市政府要求，久事公司与仪电集团、中国电子信息产业集团公司合资组建“909 工程”的项目公司——上海华虹微电子有限公司，注册资本 48.7 亿元。其中，久事出资 10 亿元，占股 20.53%。“909 工程”总投资约 100 亿元，是国家第九个五年计划（1996—2000 年）期间半导体领域的重大工程，也是当时电子行业最大的国家重点投资项目。1998 年，上海华虹微电子有限公司更名为上海华虹（集团）有限公司（简称华虹集团）。2009 年，按市政府要求，久事把所持该公司全部股权无偿划给上海联合投资有限公司。

二、申能股份

申能股份有限公司（简称申能股份）主营投资电力、能源、节能、资源综合利用及相关项目，前身为 1987 年成立的申能电力开发公司，1992 年更名为申能股份有限公司。

1993 年，申能股份上市，注册资本增至 24.03 亿元。其中，久事出资 2 111.62 万元，购 754.15 万股。1997 年，久事以 1 187 万元的总价，受让市社保局所持申能股份等 6 家单位的股权。其中包含申能股份 30 万股，受让价 84 万元。至此，久事持有申能股份 784.15 万股。后经多次配股，截至 1999 年年末，久事持有其 894.48 万股，占股 0.55%。

2000 年 4 月、5 月，久事先后出资 644 万元、107.2 万元，收购浙江金华市资源开发总公司、上海裕安纺织经贸公司所持申能股份 230 万股和 36 万股。至此，久事持有申能股份 1 160.48 万股，占股 0.71%。后经多次增资配股，截至 2017 年年末，久事持有申能股份 2 839.55 万股，占股 0.62%。1993—2016 年度，久事获该公司分红超过 6 000 万元。

三、申能发展公司

1992 年，市政府决定与中央有关部委合作，开展东海油气田、浦东炼油厂两大项目。次年，经市计委统筹，久事与申能股份、上国投合资组建上海申能联合发展公司（简称申能发展公司），负责东海天然气开采、浦东炼油项目的投资。该公司注册资本 1.6 亿元,久事出资 3 200 万元,占股 20%。

1994—1997 年度,久事获该公司分红近 300 万元。1998 年,申能股份拟回购久事、上国投在申能发展公司中的出资份额。久事也希望通过转让股权盘活资产,遂以 3 415 万元的价格,把所持申能发展公司 20%的股权转让给了申能股份。

四、海豹集团

上海海豹水泥(集团)有限公司(简称海豹集团)前身为上海宝山水泥总厂(简称宝山水泥总厂),1994 年更名为上海海豹水泥(集团)有限公司。该厂于 1989 年 8 月开工,1990 年 8 月竣工试生产,1991 年 1 月正式生产。

1989 年,因资金不足,宝山水泥厂邀请实事公司、上海良启实业公司参资,改组为宝山水泥总厂,注册资本 2 000 万元。其中,实事公司出资 960 万元,占股 48%。次年,久事、实事公司合并,实事公司在宝山水泥总厂的权益划归久事。

宝山水泥总厂建设期间(1989—1991 年),银行利率调高,贷款本息合计为其注册资本的 4.47 倍,致其无法正常经营,遂邀上海原材料开发基金会(市政府下属投资公司)参资。1992 年,上海原材料开发基金会参资入股,该厂注册资本增至 3 450 万元。其中,久事出资 2 691 万元,占股 78%。为照顾宝山水泥总厂利益,久事按 36%的比例分配利润。1994 年,宝山水泥总厂改制为海豹集团,增资至 6 900 万元。其中,久事出资 2 691 万元,占股 39%。1995—1999 年度,久事获该公司分红 983.15 万元。后经多次增资,截至 2000 年年末,该公司注册资本 9 116 万元。其中,久事出资 3 549 万元,占股 38.93%。

2001 年,久事把所持海豹集团全部股权(折计 3 600 万元)置换成宝山城投公司对上海轨道交通明珠线发展有限公司的等量出资额。

五、石化工程公司

1988 年,实事公司等 20 家企业合资组建上海石油化工工程建设总公司(简称石化工程公司)。该公司为全民所有制企业,初始资本金 240 万元。其中,实事公司投资 15 万元,占股 6.25%。1990 年,久事、实事公司合并,实事公司在石化工程公司权益由久事继承。1994 年,石化公司增资至 257.5 万元。其中,久事出资 16.2 万元,占股 6.29%。

1992—1995 年,久事获该公司分红 9.78 万元。1996 年,石化工程公司下属某房产公司资不抵债,而石化工程公司曾为该房产公司约 9 000 万元贷款提供担保,公司账户、固定资产遂被银行、法院查封,无法开展正常经营,也无法办理歇业、破产、退股或工商变更手续。

2001 年,久事以 15 万元的价格,将所持石化工程公司全部股权卖给北京创业园科技投资有限公司。

第二节　中外(地区)合资项目

一、旭电子

20 世纪 90 年代初,为摆脱对国外彩色玻壳的依赖,市政府开始筹划引进国外资本与技术,组建高质量的国内彩色玻壳生产企业。几经波折后，与日本旭硝子株式会社（简称旭硝子公司）、丸红株式会社（简称丸红公司）达成初步合作意向。

1994 年年末，久事公司与上海真空电子器件股份有限公司、旭硝子公司、丸红公司合资组建上海旭电子玻璃有限公司（简称旭电子公司）。该公司使用旭硝子公司彩色阴极射线管用玻壳技术，生产、销售彩色电视显像管配套彩色阴极射线管用玻壳，初始注册资本 8 069 万美元。其中，久事出资 1 210.35 万美元，占股 15%。该公司于 1996 年正式开业，经 2000—2001 年多次增资，其注册资本增至 1.29 亿美元。其中，久事出资 1 933.35 万美元，占股 14.99%。

图 3－1－1　1996 年 2 月，上海旭电子玻璃有限公司彩管玻锥(CF)池炉点火仪式

2002 年，久事以 1.15 亿元的价格，把所持旭电子公司 6%的股权卖给旭硝子公司，尚余约 9%的股权（出资额 1 160.01 万美元）。1997—2004 年度，久事获该公司分红约 1 亿元。2006 年年末，因旭电子公司连遭亏损，旭硝子公司、丸红公司退出该公司。次年，旭电子公司停产，于 2012 年完成工商注销，久事获清算款 2 289.22 万元。

二、永新彩管

1987 年年末，按市政府部署，上海灯泡厂（1988 年更名为上海真空电子器件股份有限公司，简称真空电子公司）、香港永新技术开发有限公司合资组建上海永新彩色显像管有限公司（简称永新彩管）。该公司主营彩色电视机显像管生产、销售业务，注册资本 1.8 亿元，上海灯泡厂占股 75%。

1991 年，永新彩管拟改造现有的 18 英寸彩管生产线，再建一条年产 70 万只 25 英寸彩管生产线，需较多资金。为减轻举债压力，真空电子公司以 7 600 万元的价格，把所持永新彩管 23%的股

图 3-1-2　上海永新彩色显像管有限公司大门外景(摄于 1993 年)

权卖给久事。1992 年,为续建彩色显像管生产线二期工程,永新彩管注册资本增至 2.16 亿元,其中,久事增资 4 964 万元。1999 年、2001 年,为筹集市政工程资金,久事分别以 1.33 亿元、1.34 亿元的价格,将所持永新彩管 13%、5%的股权先后卖给真空电子公司、上海上菱电器股份有限公司,尚余 5%的股权。

截至 2005 年年末,久事获永新彩管投资回报 4.28 亿元(含现金分红、分红转投资、股权转让溢价)。2005 年起,受国内成品电视销量下滑的冲击,永新彩管连续亏损,于 2007 年停产歇业。截至 2017 年年末,久事仍持有其 5%的股权。

三、富士施乐

1983 年,国家机械工业部把发展复印机产业列为重点项目,要求市计委将复印机项目下达给市轻工局、上海申贝办公机械总公司(简称申贝公司)。

1987 年,按市政府要求,久事向申贝公司投资 47 万元(占股 1%,1997 年收回),再用申贝公司名义,向复印机项目投资 1 110 万元,占股 10%。是年,申贝公司、交通银行上海市分行、美国施乐有限公司合资组建上海施乐复印机有限公司(简称施乐公司),注册资本 3 000 万元,申贝公司出资 1 320 万元(其中久事出资 1 110 万元),占股 44%。1994 年年末,为明晰产权,久事把所持施乐公司的暗股转为明股,成为施乐公司股东,占股 10%。

1996 年,鉴于施乐公司市场占有率下降,久事以 295.92 万美元的价格,将该公司 5.92%的股权卖给日本施乐公司,尚余 4.08%的股权。

2001 年,日本富士施乐株式会社(简称日本施乐公司)收购美方股东(美国施乐有限公司)所持施乐公司股权,并将该公司更名为上海富士施乐复印机有限公司。2004 年,又更名为上海富士施乐有限公司(简称富士施乐)。

1990—2016 年,久事获该公司分红近 9 000 万元。截至 2017 年年末,持股情况未变。

四、朗讯公司

上海朗讯科技通信设备有限公司(简称朗讯公司)前身为 1990 年成立的上海爱梯恩梯通信设备有限公司(简称爱梯恩梯公司)。1996 年,因大股东美国电话电报国际网络系统有限公司(简称美国电话电报公司)更名为美国朗讯科技有限公司,该公司遂更名为上海朗讯科技通信设备有限公司。

图 3-1-3　上海朗讯科技通信设备有限公司外景(摄于 1997 年)

20 世纪 80 年代初,国家计委将上海列为全国重点发展光电通信产业的三个基地之一。1984 年,国家计委、国家外经贸部批准上海开展光纤通信设备合资项目。该项目拟利用英国政府 2 000 万美元贷款,引进英国 STC 公司的设备。因涉及高新技术,英国方面提出的条件较苛刻,谈判进展缓慢。1985 年下半年,中国光电通信产业在通信设备上的最大用户——国家邮电部出台码型为 5B、6B 的光电端机标准,而上海打算引进的英国 STC 公司光电端机码型为 17B、18B。为匹配国家邮电部的标准,上海方面不得不另找合作对象。

1989 年年初,市政府明确:由上海市光纤通信工程公司(简称市光纤公司)、邮电部上海通信设备厂(代表国家邮电部出资)与美国电话电报公司合资,利用该公司技术与荷兰政府赠款、荷兰商业银行贷款,组建项目公司,注册资本 640 万美元,中美双方各出一半。中方投资的 320 万美元中,有 170 万美元原计划从上海市留成外汇中安排,但上海掌握的外汇逐年减少,无力支援该项目,资金问题迫在眉睫。

1989 年,市计委要求久事提供部分项目资金。次年,市光纤公司、上海通信设备厂、美国电话电报公司合资组建项目公司——爱梯恩梯公司,注册资本 640 万美元。久事以参资市光纤公司出资额的方式,投入 70.4 万美元,占股 11%。

1998 年,久事以 315 万美元的价格,把所持该公司 4.5%的股权卖给上海光通信发展股份有限公司,尚余 6.5%的股权。1991—2000 年度,久事获该公司分红 5 620.49 万元。后经多次增资,截至 2003 年年末,该公司注册资本增至 4 200 万美元,久事出资 273 万美元,占股 6.5%。2004 年,该公司清算注销,久事获清算款 2 905.56 万元。

五、朗讯科技

上海朗讯科技有限公司(简称朗讯科技)前身是 1998 年成立的上海朗讯科技国际贸易有限公司(简称朗讯贸易公司)。该公司由上海光通信发展股份有限公司、上海邮电通信设备股份有限公司、久事公司与美国朗讯科技有限公司子公司——美国朗讯科技(中国)有限公司(简称朗讯中国公司)在浦东外高桥保税区合资组建,主营数字复用,光纤传输系统的装配、销售、贸易、安装、维修等业务,注册资本 20 万美元。其中,久事出资 2.2 万美元,占股 11%。

1999 年年初,久事以 1.55 万美元的价格,将所持朗讯贸易公司 7.75%的股权卖给朗讯中国公司,尚余 3.25%的股权。6 月,朗讯贸易公司更名为上海朗讯科技有限公司,增资至 300 万美元。其中,久事出资 9.75 万美元,占股 3.25%。2001 年,久事以 586.89 万元人民币加 32.5 万美元的价格,将所持该公司全部股权(占股 3.25%)卖给朗讯中国公司。

六、上海亚特兰大

1993 年,美国科学亚特兰大中国公司、上海金陵股份有限公司(简称金陵公司)、上海邮电工业公司等单位合资组建上海科学亚特兰大有限公司(简称上海亚特兰大)。该公司主营地面有线电视设备生产、销售,注册资本 500 万元。因中方股东之一的金陵公司也生产有线电视,美方股东在合资协议中对金陵公司设置诸多限制条款。例如禁止金陵公司生产、销售与上海亚特兰大相同的产品,不得参与公司管理等。金陵公司无法接受,退出合作。上海亚特兰大遂邀久事参股。

1994 年,久事出资 50 万美元,收购金陵公司所持上海亚特兰大 10%的股权。1998 年,久事以 75 万美元的价格,把所持该公司全部股权(占股 10%)卖给上海光通信发展股份有限公司。

七、新茂半导体

1994 年,久事与加拿大北电公司等 4 家企业合资组建上海北电半导体有限公司(简称北电半导体),主营集成电路、半导体器件设计、制造、加工等业务。其中,久事出资 40 万美元,占股 8%。

1999 年,台湾新茂科技股份有限公司(简称台湾新茂公司)收购加拿大北电公司所持北电半导体全部股权(占股 70%),该公司遂于次年更名为上海新茂半导体有限公司(简称新茂半导体)。2003 年,久事以 4 万美元的价格,将所持该公司全部股权(占股 8%)卖给台湾新茂公司。

第二章　基础设施项目投资

在市政府的指导下，久事参与了许多基础设施项目的投资，内容涵盖路桥枢纽、轨道交通、铁路场站等各领域。这些项目的建成，改善了上海的投资环境，为上海发展外向型经济，开展国际合作、文化交流提供了便利，为上海建设国际金融、贸易、航运中心创造了条件。

第一节　路桥、枢纽项目

一、徐浦大桥

徐浦大桥是第三座跨黄浦江的斜拉索桥，也是上海外环西南半环的过江点，沪宁、沪杭高速公路过黄浦江的交通枢纽。该桥全长 6 017 米，主桥长 1 074 米，河跨主孔跨径 590 米，一跨过江。由上海市政工程设计院、同济大学桥梁工程设计研究院设计，上海远东国际桥梁建设总公司总承包施工。工程于 1994 年 4 月 1 日开工，1997 年 6 月 24 日竣工通车。大桥总投资 19.62 亿元。久事、市城投公司分别按 48.98%、51.02%的比例承担徐浦大桥项目投资。其中，久事出资 9.61 亿元。

1997 年 7 月，久事、市城投公司、香港中信泰富有限公司（简称中信泰富）全资子公司（Express Link Holdings Ltd.）合资组建上海徐浦大桥发展有限公司（简称徐浦大桥公司）。该公司注册资本

图 3－2－1　1998 年 9 月，上海徐浦大桥工程国家竣工验收大会暨资产交接仪式

37 亿元。其中,久事投入 9.97 亿元(用徐浦大桥 26.95%的专营权折价),占股 26.95%。中信泰富出资 2 亿美元现金,购买徐浦大桥 45%的专营权并投入该公司。

2003 年,按国务院《关于妥善处理现有保证外方投资固定回报项目有关问题的通知》,久事、市城投公司分别结清港方在徐浦大桥公司的固定回报(23 亿元人民币),Express Link Holdings Ltd. 将所持徐浦大桥公司 45%的股权分别转让给久事、市城投公司,久事获 22.04%的股权(对应出资额 8.16 亿元)。至此,久事在徐浦大桥公司的出资额增至 18.13 亿元,占股 48.99%。

2004 年,徐浦大桥公司清算注销,市政府收回徐浦大桥专营权。大桥产权按投资比例分别划给久事、市城投公司。其中,久事持徐浦大桥 49%的产权。截至 2017 年年末,上述情况未变。

二、虹桥枢纽

上海申虹投资发展有限公司(简称申虹公司)是虹桥综合交通枢纽的项目公司,代表市政府投资、建设虹桥综合交通枢纽工程,并负责这一大型交通设施建成后的管理。

虹桥枢纽是为缓解中心城区交通压力,提高 2010 年上海世博会交通保障能力而建设的外部配套工程。2006 年 4 月,鉴于该工程建设时间紧、规模大、覆盖面积广、涉及领域多,上海市发展和改革委员会(简称市发改委)建议:由若干国企组建一家有限责任公司,代表市政府运作虹桥枢纽项目。7 月,按市发改委指示,久事与上海机场(集团)有限公司、上海地产(集团)有限公司合资组建申虹公司,注册资本 50 亿元。其中,久事投入 15 亿元(来自国家开发银行贷款),占股 30%。

2010 年,鉴于虹桥枢纽集中开发建设任务基本完成,为降低财务成本,申虹公司减资至 30 亿元。其中,久事出资额减至 12 亿元,占股 40%。截至 2017 年年末,该持股情况未变。

三、南站广场

上海铁路南站位于沪闵路、柳州南路、石龙路、桂林南路之间的合围区域,是上海对外交通和市内换乘的中心站。南站广场是上海铁路南站的配套工程,包括南北两个广场及广场内的地面道路、进站高架匝道等设施。

该工程由其项目公司——上海南站广场投资有限公司(简称南站广场公司)投资建设,总投资 17.69 亿元。其中,市政府调拨 8.1 亿元财力资金,通过久事、市城投公司等单位注入南站广场公司。其余资金由该公司自行筹措。

2001 年,久事、市城投公司等单位合资组建南站广场公司,注册资本 8.1 亿元。其中久事出资 5.1 亿元(来自市建设财力资金),占股 63%。

2003 年,上海市副市长杨雄要求上海地产(集团)有限公司(简称地产集团)作为市政府土地储备运作载体,介入上海南站的土地开发。2004 年,按市发改委要求,久事撤出在南站广场公司的5.1 亿元市建设财力资金,改由地产集团出资并持股。地产集团支付股权转让款 5.1 亿元,由久事返还市建设财力资金账户。

四、建事公司

1994 年年初,市城投公司、久事公司用“两桥一隧”(南浦大桥、杨浦大桥、打浦路隧道)55%的专营权出资，组建上海建事有限公司（简称建事公司），注册资本55亿元。其中，久事出资22亿元，占股40%。

10月，建事公司、香港仰荣投资有限公司（中信泰富有限公司下属企业）合资成立专营权合营公司——上海浦江隧桥发展有限公司。双方将南浦大桥、杨浦大桥、打浦路隧道全部专营权（有期限）折价55亿元，充作注册资本。其中，港方一次性支付相当于24.75亿元人民币的外汇，为黄浦江上第三座斜拉索桥——徐浦大桥的开工建设提供资金。久事、市城投公司给仰荣公司15%的固定回报率，并分别提供40%、60%的担保。

2011年，鉴于已完成吸引外资的任务，建事公司进入清算程序。2012年，建事公司完成清算注销，久事分得剩余资产276.57万元。

第二节　轨道交通项目

一、地铁三号线

上海地铁三号线（轨道交通明珠线一期）是为解决上海城市道路与铁路交叉的交通互相干扰的矛盾、缓解沿线交通阻塞乃至市中心交通拥挤而建的工程。线路南起闵行，北至宝山，全长约62公里，沿线设19个车站。于1997年7月开工，2000年8月试运营，标志色为黄色。项目总投资约90亿元。其中，久事直接投资约18亿元，并为项目公司的绝大部分贷款（50多亿元）提供担保。

1996年年末，国家发展计划委员会批准上海轨道交通三号线项目立项。1997年年初，市政府安排久事承担地铁三号线的投资任务。1998年6月，工程筹建处更名为上海市轨道交通明珠线工程建设指挥部（简称建设指挥部）。

图3-2-2　1999年3月，上海轨道交通明珠线发展有限公司股东会暨一届二次董事会

1997 年,久事与市铁路局等单位合资组建项目公司——上海轨道交通明珠线发展有限公司(简称明珠线公司),注册资本 27 亿元。其中,久事出资 13.7 亿元,占股 50.74%。2002 年 8 月,久事出资 3.02 亿元,收购虹口区国资经营公司、汇鑫投资公司、宝山城投公司所持明珠线公司股权(共占股 11.18%)。至此,久事持有该公司 61.92%的股权。次月,申通集团出资 16.72 亿元,收购久事所持明珠线公司全部股权(占股 61.92%),并接管地铁三号线全部事宜。

二、地铁四号线

上海地铁四号线(轨道交通明珠线二期)是上海地铁系统中唯一的城市环线,也是联系其他轨道交通线路的纽带,与地铁三号线(明珠线一期)西部线路相接成环。线路总长 24.74 公里,沿线设 18 个车站,标志色为紫色。工程于 2004 年年末试运营,2005 年年末正式交付运营。久事直接或间接(通过申通集团)向该工程投入约 35 亿元,并参与指导申通集团、项目公司的筹资工作。

2000 年,按市政府要求,久事将明珠线二期(四号线)工程事宜全部移交给新成立的申通集团。年末,申通集团与虹口区国资经营公司等 9 家单位合资组建地铁四号线项目公司——上海轨道交通明珠线(二期)发展有限公司,初始注册资本 40 亿元。后经多次增资,截至 2017 年年末,其注册资本增至 127.42 亿元。其中,申通出资 113.8 亿元,占股 89.31%。

三、地铁五号线

上海地铁五号线(轨道交通莘闵线)全长 32.7 公里,共设 19 座车站(4 座地下站、14 座高架站、1 座地面站),标志色为紫红色。线路主要位于闵行区莘庄镇至金平路(东川路)之间,主线路北起闵行区莘庄站,途经闵行区、奉贤区,终于奉贤区奉贤新城站。支线东起闵行区东川路站,西至闵行区闵行开发区站。

工程于 2000 年 8 月开工,2003 年 11 月试运营。总投资约 30 亿元,其中约 10 亿元由申通集团拨付。而申通拨付款中,有相当一部分是久事对其资本金投入和国家开发银行对久事的贷款。

地铁五号线项目公司为上海莘闵轨道交通线发展有限公司(简称莘闵线公司)。久事为该公司原定发起方,2000 年 7 月初,按市政府要求,将相应权利、业务转让给申通,不直接参与项目管理。是月,申通集团、闵行城投公司等单位合资组建莘闵线公司,初始注册资本 2.5 亿元。其中,申通出资 1.25 亿元,占股 50%。后经多次增资,截至 2017 年年末,该公司注册资本增至 28.83 亿元,申通出资 14.92 亿元,占股 51.75%。

四、地铁六号线

上海地铁六号线(轨道交通浦东线)全长 33.521 公里,共设 28 座车站(19 座地下站、9 座高架站),标志色为品红色。工程总投资约 116 亿元,申通提供其中大部分资金,由上海轨道交通浦东线发展有限公司(简称浦东线公司)具体拨付使用。申通拨付款中,有相当一部分是久事对其资本金投入和国家开发银行对久事的贷款。

线路呈东北—西南走向,北起浦东新区港城路站,南至浦东新区东方体育中心站,连接外高桥保税区、金桥出口加工区、陆家嘴金融贸易区、六里现代生活园区、三林居住区等区域。工程于 2002

年年末开工，2007 年 12 月 29 日竣工运营(港城路站至灵岩南路站)。2011 年 4 月 12 日，遗留车站——东方体育中心站开通运营。

2003 年，申通集团、浦发集团合资组建地铁六号线的项目公司——浦东线公司，负责该项目的工程建设与具体运营管理。后经多次增资与股权变化，截至 2017 年年末，浦东线公司注册资本 106.65 亿元，由申通全额出资。

五、地铁七号线

上海地铁七号线全长 44.35 公里，共设 33 座车站(31 座地下站、2 座高架站)，标志色为橙色。线路呈西北—东南走向，线路北起宝山区美兰湖站，途经普陀区、静安区、徐汇区，连接上海大学、大华居住区、静安寺、常熟路、世博南北两岸、六里居住区、北蔡居住区、花木行政中心等区域。

2003 年，申通集团、宝山城投公司等 5 家企业合资组建地铁七号线的项目公司——上海轨道交通七号线发展有限公司(简称七号线公司)，注册资本 62.19 亿元。其中，申通出资 60.44 亿元，占股 97.19%，为最大股东。

工程于 2005 年年末开工，2009 年 12 月 5 日，一期工程开通运营(上海大学站至花木路站)，2010 年 12 月 28 日，北延伸段(美兰湖站至上海大学站)开通运营，并先后启用后滩站、祁华路站、潘广路站、刘行站。工程总投资 70 多亿元，大部分资金由申通提供。申通拨付款中，有相当一部分是久事对其资本金投入和国家开发银行对久事的贷款。

六、地铁八号线

上海地铁八号线(轨道交通杨浦线)全长 37.5 公里，共设 30 座车站(26 座地下站、4 座高架站)，标志色为蓝色。线路呈东北—西南走向，东北起自杨浦区市光路站，途经虹口区、静安区、黄浦区、浦东新区，终于闵行区沈杜公路站。工程总投资约 170 多亿元，全部由申通拨付。资金来源中有相当一部分是久事对其资本金投入和国家开发银行对久事的贷款。2007 年年末，项目一期工程(市光路站至耀华路站)开通运营。2009 年 7 月 5 日，二期工程(耀华路站至沈杜公路站)开通运营。

2001 年，申通集团独资组建地铁八号线的项目公司——上海轨道交通杨浦线发展有限公司(简称杨浦线公司)，负责该项目的工程建设与具体运营管理，注册资本 81.01 亿元，截至 2018 年年末，该公司注册资本增至 171.93 亿元，仍由申通全额出资。

七、地铁九号线

上海地铁九号线(轨道交通申松线)全长 64 公里，共设 35 座车站(31 座地下站、4 座高架站)，标志色为淡蓝色。2007 年 12 月 29 日，项目一期工程(松江新城站—桂林路站)开通运营。此后，先后开通运营一期遗留段、二期工程、二期遗留段、三期南延伸段、三期东延伸段。

线路呈东北—西南走向，西南起自松江区松江南站，途经闵行区、徐汇区、黄浦区、浦东新区，连接松江新城、徐家汇副中心、陆家嘴金融贸易区、世纪大道枢纽、金桥出口加工区、曹路大型居住社区等多个重要区域和客流集散点。工程总投资超过 100 亿元，大部分资金由申通提供。申通拨付款中，有相当一部分是久事对其资本金投入和国家开发银行对久事的贷款。

地铁九号线的项目公司是上海轨道交通申松线发展有限公司(简称申松线公司),由申通集团、市城投公司、闵行城投公司等6家企业于2001年合资组建,初始注册资本98.46亿元,截至2018年年末,增资至227.94亿元。其中,申通出资185.31亿元,占股81.30%。

八、磁浮列车

上海磁浮列车共开通1条线路,线路总长30公里,时速约430公里/小时,设端末2座车站(龙阳路站、浦东国际机场站)。

2000年,申通集团、申能集团等7家单位合资组建上海磁浮列车的项目公司——上海磁浮交通发展有限公司(简称磁浮公司),注册资本20亿元。其中,申通出资7亿元,占股35%。后经多次增资,2006年,磁浮公司注册资本增至45亿元,申通出资33亿元,占股73.35%。

图3-2-3　2001年3月,上海磁悬浮列车示范运营线工程开工仪式

2011年,为理顺运营管理体制,市政府决定重组磁浮公司运行、建设、科研三大业务板块。年末,申能集团、上海国际集团、电气集团等单位把所持磁浮公司股权(合计占股22.21%)统一转让给申通。至此,申通持有磁浮公司95.56%的股权。次年,上海宝钢集团有限公司把所持磁浮公司4.44%的股权无偿划给久事。2013年年初,申通将所持磁浮公司95.56%的股权转让给久事。6月,按市政府要求,久事把所持磁浮公司100%股权转让给申通,完成历时三年的磁浮公司重组调整工作。

第三节　铁路场站项目

一、浦东铁路

浦东铁路是浦东新区开发建设总体规划和铁路“十五”计划确定的建设项目之一。工程原定于1993年10月开工,因故未能实施。2002年,上海市提出浦东铁路纳入沿海铁路通道和把线位向东靠、往南移的建议，获铁道部认可。

2004 年 6 月，申铁公司、上海市铁路局分别作为上海市和铁道部的出资代表，合资组建项目法人——上海浦东铁路发展有限公司，注册资本 25.38 亿元。其中，申铁公司占股 50%。是年 11 月，浦东铁路一期工程(阮巷至四团段)开工。2005 年 12 月通车试运营，2007 年正式运营。

图 3-2-4　浦东铁路施工现场(2005 年 8 月摄)

工程总投资约 19.51 亿元，线路自金山支线阮巷站接轨，向东经金山、奉贤区至平安的线路由金山铁路支线新建阮巷站引出，向东经漕泾、奉贤至四团，其西边与金山沪杭铁路相接，东边至芦潮港铁路集装箱联运中心，设有阮巷站、漕泾站、海湾站、四团站(海港新城平安镇)、芦潮港站，其中海湾站设综合货场。正线全长 42.87 公里，为国家Ⅰ级线路。

二、上海芦潮港铁路集装箱中心站

上海芦潮港铁路集装箱中心站是洋山深水港的重要配套工程，位于上海市临港新城西南的同盛物流园区内。

2004 年 9 月，申铁公司、中铁联合国际集装箱公司分别作为上海市政府和铁道部的代表，出资组建项目法人——上海铁路集装箱中心站发展有限公司，注册资本 13.96 亿元。其中，申铁公司占股 50%。12 月工程开工，次年 12 月试运营。

工程总投资 13.96 亿元，总面积 1 324 亩，其中铁路线路面积 306 亩(约 20.4 万平方米)，场站面积 1 018 亩(约 67.8 万平方米)。该站拥有有效长为 850 米和 1 050 米的各 2 线束 8 条装卸线，具备双层集装箱运输条件和每天 26 对的列车到发能力。正线铺轨 7.61 公里，为国铁Ⅱ级铁路。场站内设有进出站门检区、综合办公区、作业主箱区、辅助箱区(含冷藏箱区、特种箱区、空箱区等)以及装卸机械停车场、集装箱维修清洗场和一个符合环保要求的污水处理场。

三、京沪高铁

京沪高速铁路(简称京沪高铁)是一条连接北京市与上海市的高速铁路。

2008 年年初，项目法人——京沪高速铁路股份有限公司成立，注册资本约 428.21 亿元。其中，申铁公司代表上海市出资 73.33 亿元，持 22.46 亿股。2008 年 4 月工程开工，2010 年 11 月全线铺通，2011 年 6 月通车。

线路自北京南站至上海虹桥，全长约 1 318 公里，总投资 2 209.4 亿元。其中，上海境内长约 32 公里，总投资约 197 亿元。按上海市政府要求，申铁公司作为上海市出资者代表，负责组织和协调上海境内段征地拆迁工作及工程建设。同时，为配合京沪高铁公司 2010 年 8 月底前完成沿线费用清理的要求，申铁公司协调沿线各区开展京沪高铁上海境内段征地拆迁费用清理，拆迁概算 82.26 亿元，实际清理为 77.4 亿元，比概算节省 4.86 亿元。

四、沪宁城际铁路

沪宁城际铁路是一条连接上海市与江苏省南京市的城际铁路。

2008年6月,项目法人——沪宁城际铁路股份有限公司注册成立,初始注册资本40亿元,后经多次增资,截至2017年年末,该公司注册资本618.5亿元,申铁公司占股约27.38%,为第二大股东。

工程于2008年7月开工,2010年7月全线建成通车。线路起自上海,经昆山、苏州、无锡、常州、丹阳、镇江至南京,正线全长300.19公里,其中上海市境内约32公里,江苏省境内约268公里,另修建黄渡至虹桥线16公里。全线共设置27个车站。铁路全线共需征地15 362亩,拆迁建筑物213.87万平方米,上海境内征地约1 414亩,拆迁约43万平方米。申铁公司作为上海市出资代表,负责组织和协调上海市境内段征地拆迁工作及工程建设协调。

工程总投资394.5亿元,项目资本金占总投资的50%,其中铁道部、江苏省各承担42.5%的资本金,上海市承担15%的资本金,资本金以外的50%资金是中国银行贷款。

五、沪杭客运专线

沪杭铁路客运专线是一条连接上海市与浙江省杭州市的高速铁路。

2009年8月工程开工,2010年10月全线通车。线路由上海虹桥站引出,经春申、松江南、枫泾南、嘉善南、嘉兴南、桐乡、余杭南引入杭州东站,正线全长159公里,其中87%为桥梁工程,全线设车站9座。上海境内长约56公里,修建自上海春申站至上海南站连接线11公里,修建笕桥至杭州站联络线3.5公里。

工程总投资292.9亿元,由铁道部、上海市和浙江省出资建设,其中项目资本金为总投资的50%;资本金中铁路建设基金出资50%,上海市、浙江省各出资境内段资本金的50%,由自筹资金安排。资本金以外资金由国内银行贷款获得。申铁公司代表上海市在项目公司——沪杭铁路客运专线股份有限公司持股20.64%,在股东中排名第三位。

六、沪通铁路

沪通铁路是一条连接上海市与江苏省南通市的电气化快速铁路,北起宁启铁路(南京至启东)南通站,途经江苏张家港,至太仓后分为两路,一路引入安亭站,一路引入浦东铁路四团站。

铁路一期工程(南通至安亭段)全长137.28公里,总投资203.82亿元(含沪通长江桥)。其中上海市境内17.74公里,投资24.21亿元。二期工程(太仓至四团段)全长111.8公里,总投资368.2亿元。其中上海境内104.5公里,投资353.9亿元。

沪通铁路项目法人原为沪通铁路有限责任公司。2013年,经中国铁路总公司、江苏省政府、上海市政府协商,沪通铁路项目整体纳入沪宁城际铁路股份有限公司。申铁公司是沪通铁路二期工程(太仓至四团段)项目上海方的出资者代表,同时受托开展上海市境内段征地拆迁工作。截至2017年年末,累计向该工程投资51.4亿元。

2014年3月,沪通铁路一期工程开工,截至2017年年底,依然在建。

七、金山铁路支线

金山铁路支线是一条连接上海中心城区与金山区的市域铁路，建成于1975年，因客流量过低，于2004年停运。

2009年上半年，国家铁道部、上海市政府决定联合重启金山铁路，实施金山铁路支线改建工程，并于12月成立项目公司——上海金山铁路有限责任公司，注册资本2.5亿元。其中，申铁公司作为上海市出资代表，出资约1.23亿元，占股49.2%。按上海市政府要求，申铁公司还负责沿线征地拆迁工作及工程建设协调。项目征地约1 790亩(约合119.34万平方米)，拆迁约10.5万平方米。

2009年12月，工程开工，2012年9月竣工通车。工程总投资48亿元，上海市出资32.04亿元。线路全长56.4公里，沿途共设上海南、莘庄、春申、新桥、车墩、叶榭、亭林、金山园区、金山卫9个车站，为国家Ⅰ级铁路。

八、南浦货场迁建

2004年2月、2005年5月、2006年7月，铁道部、上海市政府召开关于加快上海铁路建设工作系列会议，要求上海市中心铁路货场按城市规划和上海铁路布局调整要求进行搬迁。

2006年2月，市发改委召开南浦货场搬迁专题会议，明确久事公司为实施主体，要求尽快确定货场搬迁方案。久事要求申铁公司进行具体操作。5月，申铁公司开始进行南浦货场迁建至闵行货场的征地拆迁工作。2007年1月，久事公司与上海市铁路局签订《南浦货场搬迁协议》，铁路方负责搬迁南浦货场及变更土地权属手续，并将拆清后的南浦货场置换移交给久事进行土地储备；久事承担闵行新货场建设用地征地拆迁及其费用，并补偿新货场建设费用4.1亿元。久事另按新桥编组站改扩建工程进度，逐步补贴1.82亿元。

2008年12月，闵行货场的征地拆迁工作全部完成。2009年5月，闵行货场的建设用地完成交地工作。6月23日，闵行货场正式开通投产。6月30日，久事与上海市铁路局签订《南浦货场土地交接书》。至此，南浦货场迁建至闵行货场的工作顺利完成。

第三章　新区建设投资

久事投资的新区建设项目，既有外高桥保税区、张江高科技园区、星火开发区等城市功能园区，又有浦江镇、朱家角等区域开发项目。这些项目或是为响应政府开发开放浦东的号召，或为上海郊区建设助一臂之力。

第一节　城市功能园区项目

一、外高桥保税区

1990 年，国务院决定在上海东北角的长江入海口设立外高桥保税区，面积 10 平方公里。1993 年，久事、上国投等单位合资组建上海市外高桥保税区第三联合发展有限公司，负责外高桥保税区中心区域 3 平方公里的开发和综合管理。公司注册资本 3.25 亿元，其中久事投资 7 789.15 万元，占股 23.97%。1996 年，该公司更名为上海市外高桥保税区三联发展有限公司(简称外高桥三联公司)。

1995—1999 年，久事获得该公司分红 1 676.05 万元。2002 年，为筹集对申通公司的投资款，久事以 7 798.15 万元的价格，把所持外高桥三联公司全部股份售予上海外高桥(集团)有限公司，所得资金全部投入申通公司。

二、星火开发区

上海浦东星火开发区联合发展有限公司(简称星联公司)前身为 1985 年成立的上海市星火纺织工业区开发公司。1991 年更名为上海浦东新区星火开发总公司(简称星开公司)。1993 年更名为上海浦东新区星火联合发展总公司。1999 年更名为上海浦东星火开发区联合发展有限公司。

20 世纪 90 年代初，久事向该公司委托贷款 7 836 万元，用于该公司的排污及自来水工程。1994 年年末，久事把这笔贷款(本息合计 9 000 万元)转为对星联公司的投资，占股 18%。2004 年，按市审计局专项审计结果，星联公司冲减实收资本 8 900 万元，注册资本降至 4.11 亿元。其中，久事投资额被冲减 1 602 万元，尚余 7 398 万元，仍占股 18%。1996—2014 年度，久事获该公司分红约 5 000 万元。2014 年，按市政府办公厅《关于星火开发区结构调整工作的协调意见》，久事把所持星联公司 18%的股权转为长期债权。

三、张江高科技园区

1994 年，按市政府要求，久事向张江高科技园区项目公司——上海张江高科技园区开发公司(简称张江园区公司)投资 3 000 万元，用于园区土地资源综合开发和经营。1996 年，久事、张江园区公司合资组建上海张江高科技园区开发股份有限公司(简称张江高科公司)，注册资本 1 亿元，分为 1 亿股。其中，久事用原投入张江园区公司 3 000 万元中的 1 500 万元认购 1 500 万股，占股 15%。2002 年，张江园区公司将剩余 1 500 万元投资款返还给久事。1997—2002 年，张江高科公司多次增资扩股，注册资本增至 9.35 亿元。其中，久事持 8 988.98 万股，占股 9.61%。

图 3-3-1　1996 年上海张江高科技园区开发股份有限公司创立大会暨第一届股东大会

1996—2002 年度，久事获该公司分红 1 192.73 万元，配股 7 488 万股。2002 年，久事以 2.04 亿元的价格，把所持张江高科公司全部股份(8 988.98 万股)卖给张江园区公司。

四、申江公司

2002 年，市国资经营公司、上港集团、市城投公司、上实集团合资组建上海市申江两岸开发建设投资(集团)有限公司(简称申江公司)。该公司是市政府为推进黄浦江两岸开发而设立的政府性投资企业，行使黄浦江两岸综合开发的管理、调控、协调、监督等职能，初始注册资本 3 亿元。次年，增资至 40.5 亿元。

2005 年，按市国资委指示，久事临时受让申江公司 5%的股权(对应出资额 2.03 亿元)。2015 年，久事以 3.83 亿元的价格，把所持申江公司全部股权(占股 5%)卖给地产集团。

五、临港新城

2003 年，市国资委、上海南汇城乡建设开发投资总公司(简称南汇城投公司)、上海工业投资(集团)有限公司等单位合资组建上海临港经济发展(集团)有限公司(简称临港集团)，注册资本 30 亿元。该公司是上海浦东临港产业区的开发建设主体。截至 2005 年 6 月底，南汇城投公司已向临港集团注入 1.5 亿元，无力负担后续约定出资额(4.5 亿元)，遂邀久事入股。7 月，久事出资 4.5 亿元,参股临港集团,占股15%。

2011年、2015年,市国资委两次向临港集团增资,使其注册资本增至68.72亿元,久事持股比例降至6.54%,出资额不变。2011—2016年度,为加快土地储备进度,完善各类基础设施,临港集团支出巨大,无力进行利润分配。2017年度,久事分得临港集团2016年度红利405.92万元,持股情况不变。

六、上海化工区

1997年,华谊集团独资组建上海化学工业区发展有限公司(简称化工区公司),初始注册资本1.13亿元。年末,华谊集团、外滩房屋置换公司合资重组该公司,将其注册资本增至3亿元。其中,外滩房屋置换公司出资3 845万元,占股12.82%。

1999年,上海工业投资(集团)有限公司出资4 000万元,入股化工区公司。外滩房屋置换公司所占股权降至11.3%。8月,外滩房屋置换公司并入久事,其所持化工区公司股权一并划给久事。1999年,久事与上海石化、华谊集团等5家单位重组化工区公司,将其增资至23.72亿元。其中,久事出资3 845万元,占股1.62%(截至2017年年末,持股情况未变)。2010—2016年,久事获该公司分红464.94万元。

七、新安亭汽车城

2001年,上海嘉安投资发展有限责任公司、上海国际集团等单位合资组建上海国际汽车城新安亭联合发展有限公司(简称新安亭公司)。该公司是嘉定区新安亭汽车城的主体开发单位之一,注册资本2.2亿元。后经三次增资,截至2007年年末,该公司注册资本增至3.85亿元。其中,国际集团出资1亿元,占股25.97%。

2008年,按市国资委要求,国际集团将所持新安亭公司全部股权划给久事。次年,新安亭公司注册资本增至4.55亿元,其中,久事出资1.18亿元,占股25.93%(截至2017年年末,持股情况未变)。2008—2016年,久事获该公司分红2 506.65万元。

第二节　区域开发项目

一、浦江镇

2002年,久事公司与闵行城投公司、闵行发展公司合资组建上海浦江镇投资发展有限公司(简称浦江镇投资公司)。该公司是浦江镇中心镇区10.3平方公里土地的一级开发商,注册资本3.5亿元。其中,久事出资1.05亿元,占股30%。

2004年,鉴于土地储备捉襟见肘,土地出让不能保本,久事以1.23亿元的价格,把所持该公司全部股权卖给上海闵行地产经营有限公司,退出该项目。

二、聚航苑

2005年9月,久事公司与上海一方置业发展有限公司(简称一方置业公司)、上海东升置业发展

图 3-3-2　2002 年 1 月，上海市试点城镇——浦江镇建设启动大会

有限公司合资组建上海聚航苑房地产开发有限公司（简称聚航苑公司）。该公司是浦东新区航头镇聚航苑动迁安置配套商品房项目的项目公司，注册资本 1.6 亿元。其中，久事公司占股 51%。

2007 年、2009 年，聚航苑一期、二期工程分别竣工交房，共建 37 幢多层住宅、115 个单元、1 452 户。2009 年，久事公司把所持聚航苑公司 51%的股权无偿划给久事置业。次年，因注册资本超出项目对自有资金的要求，聚航苑公司将注册资本减至 6 000 万元，各股东股权比例不变。

出于历史原因，久事置业虽是最大股东（占股 51%），但该公司却由第二大股东——一方置业公司实际控制。2012 年，久事置业以单方面减资方式，撤出对聚航苑公司的全部投资。

三、朱家角 A4 地块

2011 年，久事置业下属的久青公司出价 8.26 亿元，竞拍得到青浦区朱家角邱家港 A4 地块（建筑用地面积 10.79 万平方米）的国有土地使用权。按政府税务部门关于项目独立核算和属地化的要求，久青公司为该地块成立全资项目公司——上海久青置业有限公司（简称久青置业公司），注册资本 500 万元。

2011—2012 年，随着项目前期工作展开，各类开支逐步增加，资金压力增大。为确保朱家角 A4 地块项目顺利开展，贯彻市国资委“国企改革，收缩管理层次”的要求，2012 年 6 月，久事置业受让久青公司所持久青置业公司全部股权。

2016 年上半年，鉴于该项目与公司战略发展方向不符，久事置业遂决定以整体转让久青置业公司股权的方式退出该项目。8 月，久事置业以 15.34 亿元的价格，将所持久青置业公司全部股权及久事集团、久事置业对久青置业公司的委托贷款债权出售给沈阳金地长青房地产开发有限公司。

第四章　金融项目投资

1992 年改制为企业后，久事陆续参与投资了许多金融项目，范围涵盖银行、证券、信托、保险等领域，其中大部分项目的投资收益颇为可观，为久事的后续发展提供了财力支持。

第一节　银 行 项 目

一、浦发银行

上海浦东发展银行（简称浦发银行）是中国人民银行特批的股份制商业银行，总行设在上海。1992 年春，邓小平南方谈话后，中央决定将上海建成国际经济、金融、贸易中心。借此机会，上海向中央提出筹建地方性银行，获国务院批准。1992 年 4 月，市政府、中国人民银行上海市分行开始筹建浦发银行。

1992 年，按市政府要求，久事与市财政局、申能股份等 18 家单位合资组建浦发银行，初始注册资本 10 亿元。其中，久事出资 5 000 万元，购 500 万股。后经多次增资配股、股权交易，截至 2002 年 11 月底，久事持浦发银行 1.99 亿股，占股 7.5％。

2002 年年末，按市政府要求，久事以 2.22 亿元的价格，把所持浦发银行 7 230 万股卖给花旗银行海外投资公司，尚余 1.57 亿股，占股 4.35％，为第四大股东。

2005 年，久事以 2 625 万元的价格，购入中国五矿石油器材贸易有限公司所持浦发银行 750 万股，共持浦发银行 1.65 亿股，占股 4.57％。年末，久事将所持浦发银行 1.65 亿股转为对上海国际集团 9.88 亿元的增资，占股 9.36％。至此，久事不再持有浦发银行股权。

2015 年，久事用所持上国投 20％的股权置换成浦发银行 2.05 亿股。1993—2016 年度，久事获该行分红约 4 亿元。后经多次增资配股，截至 2017 年年末，久事仍持该行 2.94 亿股，占股约 1％。

二、上海银行

上海银行是一家地方股份制商业银行，前身为 1995 年成立的上海城市合作商业银行，1998 年更名为上海银行。

1995 年，在原上海 98 家城市信用合作社、市联社基础上，上海 2 433 家法人单位（2 407 家中小企业，12 家大企业，14 家市、区财政单位）和 4 万余个个人股东合资组建上海城市合作商业银行，初始注册资本 20 亿元。其中，久事出资 1 500 万元（不含发行手续费 45 万元），购 1 500 万股。1997—2016 年，久事获该行分红 5 000 多万元。后经多次股权交易，截至 2017 年年末，久事仍持该行 3 112.36 万股，占股 0.39％。

三、交通银行

交通银行始建于 1908 年。1986 年重组，次年重新对外营业，是中国第一家全国性的国有股份制商业银行，总行设在上海。

1987 年，久事出资 1 000 万元，认购交通银行上海市分行 10 万股。1993 年 10 月，久事向该行增资 1 000 万元，持 1 500 万股。

1994 年，交通银行统一法人体制，各分行、支行统一成全国一级法人。为配合体制改革，各股东相应换股。换股后，交通银行总股本 95.53 亿股，久事持 2 404.2 万股，占股 0.25%。1987—1998 年，久事获该行分红 3 800.53 万元。1999 年，为筹集市政建设资金，久事以 3 966.93 万元的价格，把所持交通银行全部股份(2 404.2 万股)卖给上海烟草(集团)公司。

四、招商银行

招商银行成立于 1987 年，是中国境内第一家完全由企业法人持股的股份制商业银行。

1992 年，招商银行在上海地区扩股增资 1 亿元，分 50 股，每股 200 万元。其中，久事出资 1 000 万元(750 万元人民币和 45.37 万美元)，购入招商银行上海市分行 5 股。1993—2013 年，该行多次增资配股。截至 2013 年年末，久事持有其 7 282.92 万股，占股 0.29%(截至 2017 年年末，持股情况未变)。1992—2017 年，久事获该行分红人民币 4.18 亿元、港币 209.26 万元、美元 49.56 万元。

第二节　证 券 项 目

一、申万宏源

申万宏源集团股份有限公司(简称申万宏源)前身为 1988 年成立的万国证券公司(简称万国证券)。1996 年，与上海申银证券公司(简称申银证券)合并为申银万国证券股份有限公司(简称申银万国)。2014 年，吸收合并宏源证券股份有限公司(简称宏源证券)，并更名为申万宏源集团股份有限公司。

1988 年，久事、实事公司等 10 家单位合资组建万国证券，总股金 1 000 万元，分 1 000 万股。久事、实事公司各投资 100 万元(各持 1 万股，各占股 10%)。

1990 年，久事、实事公司合并，实事公司所持万国证券股份划归久事。至此，久事持万国证券 2 万股，占股 20%。后经多次增资配股、股权交易，截至 1994 年年末，久事持有其 187 万股，占股 2.97%。

1995 年，因“327 国债事件”，万国证券濒临破产。次年，万国证券、申银证券合并为申银万国证券公司，注册资本 13.2 亿元，总股本 13.2 亿股。其中，久事持 1 892.71 万股，占股 1.43%。后经多次配股，截至 2013 年年末，久事持申银万国 8.98 亿股，占股 13.38%，为第二大股东。

2014 年，申银万国吸收合并宏源证券，改组为申万宏源，总股本增至 148.57 亿股。其中，久事持 8.98 亿股，占股 6.04%。2016 年，久事获股票股利 3.14 亿股，共持 12.13 亿股，占股 16.37%(截至 2017 年年末，持股情况未变)。1991—2016 年度，久事获该公司分红约 9 亿元。

二、宝鼎投资

上海宝鼎投资股份有限公司(简称宝鼎投资公司)是申银万国证券公司各股东用 1998 年利润

分配时提留的专项盈余公积金组建的。

1998年6月,中国证监会下发《清理整顿证券经营机构方案》,要求全国所有证券经营机构在2000年年末前将实业投资和其他非证券业务从证券业务中分离出去。次年5月,申银万国股东大会决定:各股东用1998年利润分配时提留的专项盈余公积金(7 500万元)出资,组建宝鼎投资公司,收购申银万国的非证券类资产。久事是申银万国股东之一(截至1999年5月底,持1 892.71万股,占股1.43%),遂参资组建宝鼎投资公司。

2000年年末,宝鼎投资公司正式成立,注册资本7 244.92万元。其中,久事持107.54万股,占股1.48%。2000—2011年度,久事获该公司分红约200万元。2012年3月,久事以1 192.62万元的价格,把所持宝鼎投资公司107.54万股(占股1.48%)卖给上海越信投资有限公司。

三、海通证券

海通证券股份有限公司(简称海通证券)前身为1988年9月成立的上海海通证券公司,1994年更名为海通证券有限公司,2001年更名为海通证券股份有限公司。

1994年年初,久事出资3 000万元,认购海通证券3 000万股,占股3%。

1996—2002年,久事多次增持该公司股份。截至2002年年末,共持3.5亿股,占股4.01%。

2007年,海通证券借壳上海市都市农商社股份有限公司上市,注册资本从87.34亿元减至33.89亿元。其中,久事持1.22亿股,占股3.59%。11月,该公司增发41.14亿股,久事未认购股份,股权比例降至2.95%。2008年年末,海通证券向全体股东送股,久事所持股份增至2.43亿股,占股2.95%。

2012年,按国务院《减持国有股筹集社会保障资金管理暂行办法》,久事把所持海通证券916.48万股划给全国社会保障基金理事会。年末,又出资996万元,购入其150万股。至此,共持有其2.35亿股,占股2.45%。

2015年5月,海通证券增发H股(在香港地区上市的外资股)19.17亿股,久事股权比例降至2.05%,仍持2.35亿股(截至2017年年末,持股情况未变)。1994—2017年,久事获该公司分红约5亿元。

四、国泰君安

国泰君安证券股份有限公司(简称国泰君安)前身是1992年10月成立的国泰证券有限公司(简称国泰证券)。1997年改制为国泰证券股份有限公司。1998年8月,与君安证券有限责任公司(简称君安证券)合并,更名为国泰君安证券股份有限公司。

1992年10月,久事出资500万元,认购国泰证券500万股,占股0.54%。1998年7月,君安证券高层干部涉嫌经济犯罪,被政府有关部门调查。消息传出,君安证券各营业部遭股民挤提,引起国务院、中国证监会重视。为稳定证券市场,中国证监会决定:把国泰证券、君安证券合并为一家新证券公司。1999年8月,国泰证券、君安证券合并为国泰君安证券公司,注册资本37.27亿元。久事出资额减至383万元,持383万股,占股0.1%。2001年年末,国泰君安减资至37亿元,久事所持股份降至380.21万股,占股0.1%。

1992—2002年,久事获该公司分红271.09万元。2003年9月,久事以496.37万元的价格,把所持国泰君安全部股份(380.21 万股)卖给市国资经营公司。

五、东方证券

东方证券股份有限公司(简称东方证券)是一家大型综合性证券公司,前身是成立于 1998 年的东方证券有限责任公司。2003 年更名为东方证券股份有限公司。该公司主营证券承销、证券自营买卖、证券交易代理、证券投资咨询、公司财务顾问、基金和资产管理等业务。

1995 年 5 月 10 日,第八届全国人民代表大会常务委员会第十三次会议通过《中华人民共和国商业银行法》,规定银行业与证券业分业经营、分业管理,商业银行不得再经营证券业务。

为解决浦发银行、上海城市合作银行(现上海银行)所属证券机构分业问题,中国人民银行批准上海重组一家证券公司。1998 年,按市计委要求,申能集团、外滩房屋置换公司等 12 家单位联合将抚顺证券公司改组为东方证券有限责任公司,注册资本 10 亿元。其中,外滩房屋置换公司持 1 亿股,占股 10%。1999 年,外滩房屋置换公司并入久事,其所持东方证券股权划归久事。

2003—2007 年,东方证券三次增资,总股本增至 32.94 亿股。其中,久事持 2.62 亿股,占股 7.95%;交投集团(久事直属企业)持 3 647.33 万股,占股 1.11%。两家单位合计持有约 2.98 亿股,占股 9.06%。2002—2009 年度,久事获该公司分红约 1.2 亿元。

2008 年 3 月,中国证监会发布《关于证券公司控制关系的认定标准及相关指导意见》,规定:同一单位、个人,或受同一单位、个人实际控制的多家单位、个人,其参股证券公司的数量不得超过两家;其中,控制证券公司的数量不得超过一家,即"一参一控"监管要求。按该规定,久事持有海通证券、申银万国、东方证券 3 家证券公司股权,需出让其中一家。2010 年 9 月,经市国资委协调,久事用所持东方证券全部股份(2.99 亿股,占股 9.07%)置换成申能集团所持申银万国 2 亿股(占股 2.98%)。

六、爱建股份

上海爱建集团股份有限公司(简称爱建股份)前身为 1979 年 9 月成立的上海市工商界爱国建设公司。1992 年改制为上海爱建股份有限公司。2015 年更名为上海爱建集团股份有限公司。该公司主营房地产开发、实业投资、进出口等业务,是上海较大的金融、房地产类上市公司。

1993 年 4 月,该公司 A 股上市。久事出资 1 050 万元,购入 15 万股,占股 0.1%。1993—2016 年,久事获该公司分红约 500 万元。后经多次增资扩股,截至 2017 年年末,久事持有其 348.34 万股,占股约 0.24%。

第三节　信 托 项 目

一、上国投

上海国际信托有限公司主营财产信托、基金投资等业务。其前身为 1981 年成立的上海市投资信托公司(简称市信托公司)。1993 年 1 月,由"上海投资信托投资公司"更名为"上海国际信托投资公司"(简称上国投)。1996 年清理整顿结束,信托公司重新登记为"上海国际信托投资有限公司"。

2000 年在上海国际信托投资有限公司的基础上组建“上海国际集团有限公司”。

1991 年 9 月,久事向市信托公司投资 3 亿元,占股 20%。其中 1.8 亿元以现金投入,其余 1.2 亿元,用所持益昌薄板公司的一半股权(作价 3 750 万元)及贷款给益昌薄板公司的债权(作价 8 250 万元)投入。

1995 年、1998 年,上国投两次增资,资本金增至 20 亿元。其中,久事出资 5 亿元,占股 25%。1991—2014 年,久事获该公司分红近 10 亿元。2015 年 11 月,久事把所持上国投全部股权置换成浦发银行 2.05 亿股。

二、上国投资管

2015 年 3 月,为承接上国投分离出的非信托资产和负债,该公司各股东合资成立上海上国投资产管理有限公司(简称上国投资管),是上海国际集团有限公司唯一的股权多元化控股公司,注册资本 5 000 万元。其中,久事出资 1 000 万元,占股 20%。

2017 年 8 月,该公司注册资本增至 10 亿元。其中,久事出资 2 亿元,仍占股 20%。截至 2017 年年末,持股情况未变。2017 年,久事获该公司 2016 年度分红 4 342 万元。

三、中信基金

中信基金管理有限责任公司(简称中信基金)成立于 2002 年 9 月,主要从事基金设立、管理等业务,由久事、中信证券股份有限公司(简称中信证券)等 4 家公司合资组建,注册资本 1 亿元。其中,久事出资 1 000 万元,占股 10%。2004—2005 年度,久事获该公司分红 400 万元。

2006 年,华夏基金管理有限公司计划吸收合并中信基金。为配合重组,中信证券拟收购中信基金全部股权。下半年,久事以 2 427.49 万元的价格,将所持中信基金全部股权(占股 10%)卖给中信证券。

四、万家基金

万家基金管理有限公司(简称万家基金)主营基金募集、基金销售、资产管理等业务。其前身为 2002 年成立的天同基金管理有限公司(简称天同基金),2006 年更名为万家基金管理有限公司。

2002 年 8 月,久事与天同证券有限责任公司(简称天同证券)等 4 家单位合资组建天同基金公司,注册资本 1 亿元。其中,久事出资 2 000 万元,占股 20%。2002—2011 年度,因连年亏损、资金断流等,该公司未进行利润分配。2012 年 2 月,久事以 1.05 亿元的价格,将所持万家基金(原天同基金)全部股权(占股 20%)卖给新疆国际实业股份有限公司。

第四节 保险项目

一、太平洋保险

中国太平洋保险(集团)股份有限公司(简称太平洋保险)是一家全国性股份制商业保险公司,

前身为1991年成立的中国太平洋保险公司，2001年更名为中国太平洋保险（集团）股份有限公司。

2000年5月，市财政局把所持太平洋保险1.91亿股划给久事。2002年10月，久事出资1.68亿元，认购太平洋保险6 709.88万股，共持2.58亿股，占股6%。2007年年末，太平洋保险A股上市，久事所持股权跌至第七位（持2.51亿股，占股2.77%）。截至2017年年末，持股情况未变。2000—2017年，久事获该公司分红超过14亿元。

二、平安保险

中国平安保险（集团）股份有限公司（简称平安保险）前身为1988年成立的中国平安保险公司。1997年改制为股份有限公司。2003年更名为中国平安保险（集团）股份有限公司。

1993年11月，平安保险成立上海分公司，首期资本5 000万元。其中，久事投资500万元，占股10%。次年，按中国人民银行“资产一体化”要求，平安保险系统下的分公司均转制为平安保险直属分公司。各方投入的资金按3元/股的价格转持股份。其中，久事投入的500万元转持平安保险166.67万股。后经多次增资扩股，截至2008年年末，久事持有平安保险590.18万股，占股0.08%。1994—2008年，久事获该公司分红近1 000万元。2009年10月，久事以50元/股左右的价格，抛售所持平安保险全部股份。

第五章　第三产业项目投资

出于各种原因，久事在第三产业的投资范围较为庞杂，内容涵盖仓储物流、商贸百货、旅游酒店等领域。进入21世纪，随着市场环境的变化和上海产业结构的优化调整，久事日益注重科技产业、创新金融等“四新”（新技术、新材料、新工艺、新方法）经济领域的投资。

第一节　产业延伸及“四新”领域项目

一、智慧体育

2016年11月，久事组建全资子公司——久事体育集团。该公司旗下有多家体育场馆，但尚未实现产业化运营。

2017年上半年，久事集团初步决定与万达股份合资组建一家体育科技公司，研发一套信息化协同系统，实现久事体育集团多场馆一体化运营。11月，久事集团控股子公司——久事体育集团、久事投资公司与万达股份等单位合资组建上海久事智慧体育有限公司（简称智慧体育），注册资本2 000万元。久事体育集团出资1 000万元，占股50%；久事投资公司出资200万元，占股10%。

二、五星体育

五星体育传媒有限公司（简称五星体育）成立于2009年10月，初始注册资本5 000万元。2017年年末，增资至6 666.67万元。

2017年上半年，为开拓资金来源，引入优质赛事IP，五星体育及其股东文广集团邀请久事成为五星体育独家战略投资者。年末，久事投资公司、久事体育集团共同向五星体育投资4亿元。久事体育集团出资3亿元，其中1 250万元计入注册资本，占股18.75%；久事投资公司出资1亿元，其中416.67万元计入注册资本，占股6.25%。

三、云链金融

2015年5月，中车资本控股有限公司、中国铁建投资集团有限公司等6家企业合资组建中企云链（北京）金融信息服务有限公司（简称云链金融）。该公司是云链金融项目的项目公司，注册资本1.6亿元。

2017年4月，该公司增资至3.6亿元。久事投资公司出资1 300万元，其中1 000万元计入注册资本，占股2.78%。截至2017年年末，持股情况未变。

四、澎湃新闻

澎湃新闻网是中国传统媒体向新媒体转型的产物，由上海东方报业有限公司（简称东方报业）

所属的《东方早报》团队创建，其客户端于 2014 年 7 月上线。2017 年 1 月起，《东方早报》休刊，其原有新闻报道、舆论引导功能全部转移到澎湃新闻网。

2015 年年末，市政府公布第十三个五年计划（2016—2020 年），按其中“媒体融合发展规划”要求，澎湃新闻网需向用户规模过亿、日活跃用户过千万的平台级产品发展。但截至次年 6 月底，澎湃新闻网的运营主体——东方报业公司注册资金仅 2.21 亿元，无力支撑澎湃新闻网的进一步发展。

2016 年 7 月，市国资委召开专题会议，研究东方报业公司增资问题。会议决定：由久事集团所属久事投资公司向东方报业注资 2 亿元。年末，久事投资公司向东方报业公司投资 2 亿元，其中 1 575.65 万元计入注册资本，占股 5.8%。截至 2017 年年末，持股情况未变。

五、碧虎车投

上海碧虎网络科技有限公司（简称碧虎公司）成立于 2015 年 4 月。碧虎公司开发的车载智能实时投影终端（简称车投）由车投设备和管理平台构成。初始注册资本 500 万元。2016 年，增资至 1 000 万元。

2015 年起，上海强生控股股份有限公司下属企业上海强生广告有限公司即开始与碧虎公司合作，共同研发将碧虎公司拥有专利的车载智能实时投影及互联网广告管理系统在出租汽车上的应用。2016 年 6 月，久事投资公司、强生控股向碧虎公司投资 2 000 万元。久事投资公司出资 1 200 万元，其中 199.99 万元计入注册资本，占股 15%；强生控股出资 800 万元，其中 133.33 万元计入注册资本，占股 10%。

2017 年，碧虎公司增资至 1 466.67 万元。久事投资公司、强生控股所持股权分别降至 13.64%、9.09%。

第二节　仓储物流项目

一、华都集装箱

1989 年 3 月，实事公司、市航运公司、日本国上海都市开发株式会社合资组建上海华都国际集装箱有限公司（简称华都公司），注册资本 210 万美元。其中，实事公司出资 84 万美元，占股 40%。1990 年，实事公司与久事合并，其所持华都公司股权划归久事。11 月，华都公司增资至 540 万美元。其中，久事出资 216 万美元（折合人民币 1 507.9 万元），占股 40%。

1995 年，久事以 201 万美元的价格，把所持华都公司 25%的股权卖给日方股东（尚持华都公司 15%的股权）。1997 年，日方股东——日本国上海都市开发株式会社解散，退出华都公司。2000 年年末，华都公司停产歇业。2001 年，久事向交运集团无偿转让所持华都公司全部股权（占股 15%，出资额 81 万美元），并一次性支付人民币 200 万元，用于安置华都公司职工。

此外，1992 年 2 月、6 月，华都公司曾分两次从上国投贷款 900 万美元，由久事提供担保。次年，贷款到期，华都公司无力清偿。2001 年年末，为履行担保责任，久事向上国投支付 300 万美元等值人民币现金，另折价 600 万美元，把所持申视公司（占股 14%）、绅士汽车商城公司（占股 15%）全部股权和对绅士汽车商城公司委托贷款本息（本金 3 425 万元）的债权转让给上国投。

至此，久事在该项目直接投资损失 1 437 万元，委贷损失 3 425 万元，造成坏账 2 483.01 万元（300 万美元等值人民币）。

二、赛尔集装箱

1995 年年初,久事与上海国际(大洋洲)集团集装箱有限公司、太平洋集装箱有限公司(澳大利亚悉尼波特尼集装箱仓储公司在香港注册的公司)合资组建赛尔集装箱租赁有限公司(简称赛尔公司)。该公司注册于澳大利亚,注册资本 100 万澳元。中方股东合为一个持有人,占股 50%。久事出资额占中方投资额的 40%,实际投入 5.17 万美元(约合 33.31 万元人民币)。

1998 年,因长期未开展正常经营,赛尔公司解散清盘。久事获清算款 9.74 万元,冲抵长期投资后,实际损失 23.57 万元。

三、锦江航运

上海锦江航运(集团)有限公司(简称锦江航运)前身为 1983 年成立的上海市锦江航运有限公司,2013 年更名为上海锦江航运(集团)有限公司。2006 年年初,上海兰生(集团)有限公司将其所持锦江航运 60%的股权划给久事。此时,该公司注册资本 1 亿元,久事出资 6 000 万元,占股 60%。后经多次增资扩股,至 2014 年年末,其注册资本增至 11 亿元,久事出资 3.43 亿元,占股 31.18%。

2005—2014 年,久事获该公司分红 1 970.58 万元。2015 年 6 月,按市政府国资国企改革部署,久事将所持锦江航运全部股份协议转让给上港集团。

四、上港集团

上海国际港务(集团)股份有限公司(简称上港集团)成立于 1988 年 10 月,是一家上市公司,股票代码 600018。2005 年年末,久事把所持 1.65 亿股浦发银行股权转作对上海国际集团的出资(折合 9.88 亿元),占股 9.36%。2007 年年末,久事把所持上海国际集团 9.36%的股权无偿划给市国资委。2008 年 7 月,作为补偿,市国资经营公司按市国资委要求,将其所持两家非上市公司的股权(申铁公司 41.63%的股权、上赛场公司 8%的股权)及两家上市公司的股份(复旦复华 1 550.35 万股、上港集团 9 284.49 万股)划给久事。

2007—2016 年,久事获该公司分红 1.11 亿元。截至 2017 年年末,久事仍持有上港集团 9 284.49 万股,占股 0.4%。

五、交运股份

上海交运集团股份有限公司(简称交运股份)是上海交运(集团)公司下属的上市公司,股票代码 600676。

2006 年下半年,巴士股份购入交运股份 1 555.54 万股,占股 5.44%(后因交运股份增资扩股,跌至 2.76%)。2009 年 3 月,巴士股份公司资产重组,久事出资 24.54 亿元,收购该公司除民生银行和本部所持兴业银行股权外的所有资产,其中包含其所持交运股份 1 555.54 万股(占股2.76%),收购价 1.05 亿元。5 月,交运股份公司总股本增至 7.31 亿股,久事持 2 022.2 万股。

2011 年 3 月,久事以所持上海交运巴士客运(集团)有限公司 48.5%的股权作价参与交运股份定向增发，置换成该公司 4 157.14 万股。至此，久事持有交运股份 6 179.34 万股，占股 7.17%。2016 年 7 月，为支持上海市国资国企改革，久事用所持交运股份 3 449.49 万股换购上海国企 ETF 指数基金，并授权子公司——久事投资公司管理。至此，久事持有交运股份 2 729.85 万股，占股 3.17%。

2008—2016 年，久事获该公司分红 4 183.33 万元。2017 年，因交运股份股价低于 2016 年换购价，久事将部分上海国企 ETF 指数基金换回交运股份，截至年末，久事持有交运股份 4 295 万股，占股 4.46%，为第三大股东。

六、雅玛多快递

2003 年年末，巴士股份、上海金刚投资有限公司合资组建上海巴士物流有限公司（简称巴士物流），注册资本 7 000 万元。其中，巴士股份出资 3 500 万元，占股 50%。

2009 年 3 月，巴士股份资产重组，以 4 102.36 万元的价格，将所持巴士物流股权（占股 50%）卖给久事。8 月，日本雅玛多控股集团有限公司（简称日本雅玛多集团）出资 2.32 亿元（其中 1.3 亿元计入注册资本），入股巴士物流，将其更名为雅玛多（中国）运输有限公司（简称雅玛多公司）。新公司注册资本 2 亿元，久事出资 3 500 万元，占股 17.5%。

截至 2013 年年末，久事共向雅玛多公司投入 4 107 万元。2014 年，鉴于该公司持续亏损，久事以 4 228 万元的价格，将所持该公司全部股权（占股 17.5%）卖给日本雅玛多集团。

第三节 商贸百货项目

一、久申公司

1988 年 6 月，久事与深圳蛇口华申企业有限公司（市轻工业局在深圳的投资公司，简称华申公司）、深圳市蛇口船业（集团）股份有限公司（简称蛇口船业）合资组建深圳蛇口久申实业有限公司（简称久申公司）。该公司注册于深圳市蛇口区，主营餐厅旅馆、批发代购、代销工业品等业务，注册资本 450 万元。其中，久事投资人民币 157.5 万元和港币 70 万元，占股 35%。然而，蛇口船业未实际出资，其股本金由华申公司、久事垫付。1996 年 11 月，久事受让蛇口船业所持久申公司 11.67% 的股权，出资额增至 210 万元，占股 46.67%。

20 世纪 90 年代，国企重组后大量裁员，引发“下岗潮”。为寻出路，下海经商的人日渐增多，大量与久申公司同类型的外地企业涌入深圳，贸易竞争趋于激烈。另一方面，“下岗潮”导致市场购买力下降，自行车、缝纫机等轻工产品滞销，价格下跌，致使久申公司连年亏损。

1989—1994 年，久事获该公司分红约 90 万元（1995—1997 年未分红）。1997 年，久事开始清理不在上海的小规模投资项目，谋求转让久申公司股权。次年，久事以 180 万元的价格，把所持久申公司全部股权（占股 46.67%）卖给上海轻工实业总公司。

二、江华纸品公司

1987 年下半年，华申公司在深圳参与筹办沪港合资企业——江华纸品有限公司（简称江华纸品公司),出资 540 万港元,占股 40%。

1988 年 4 月,久事参投该项目,向华申公司投资 270 万港元,占华申公司对江华纸品公司出资额的 50%。次年,香港商务发展有限公司毁约,未投入资金,江华纸品项目终止。1990 年,华申公司全额退还久事已投入的 270 万港元。

三、申视公司

上海申视实业股份有限公司(简称申视公司)是静安区上海绅士汽车商城、五洲摩托商厦、申视商务楼三大工程的项目公司。其前身为 1993 年 5 月成立的上海申视实业有限公司,1993 年转制为股份有限公司,并更名为上海申视实业股份有限公司。

1993 年,久事、上国投等 4 家单位合资组建该公司,注册资本 2 228 万元。其中,久事出资 312 万元,持 312 万股,占股 14%。1996 年 2 月,申视公司增资至 4 456 万元。其中,久事出资 624 万元,持 624 万股,占股 14%。

1993—1996 年,久事获该公司分红 95.89 万元(1997—2000 年未分红)。2001 年年末,为履行对华都公司贷款的担保责任,久事把所持申视公司全部股权(占股 14%)划给上国投。

四、华能贸易公司

上海广能贸易有限责任公司(简称广能公司)前身是 1991 年成立的上海华能联合开发贸易公司(简称华能贸易公司)。1998 年改制为有限责任公司,2008 年更名为上海广能贸易有限责任公司。

1991 年 10 月,久事与华能集团等 5 家企业合资组建华能贸易公司,注册资本 2 000 万元。其中,久事出资 400 万元,占股 20%。1992—1994 年度,久事获该公司分红 98.5 万元,此后再无分红。1999 年 10 月起,因连年亏损,债务堆积,华能贸易公司资不抵债,无法开展正常经营。2000 年,开始清理歇业。

2007 年 8 月,公司最大股东——华能集团认为有“华能”字样的企业破产清算会给自己带来负面影响,遂将所持华能贸易公司全部股权(占股 35%)划给下属公司——广安原材料公司,并于次年将华能贸易公司更名为广能公司。2012 年 5 月底,该公司完成工商注销。

五、上海商务中心

上海商务中心股份有限公司(简称商务中心公司)是上海商务中心的项目公司。上海商务中心(原名上海贸易信息中心)位于虹口区曲阳路 800 号,在中山北路外侧(大柏树地区),是一幢工业品批发交易商厦。1988 年,即将开工之际,恰逢国家经济调整,被市政府列为缓建项目。1992 年,邓小平南方谈话后重启。工程由商业展销厅、交易大楼、综合楼(配套设施)三部分组成,于 1992 年 9 月开工,1995 年年末竣工。总投资约 10 亿元。其中,久事出资 3 000 万元。

该项目原由上海市第一商业局、上海市供销合作总社、上海市商建公司、上海新亚(集团)联营公司、上海市集体事业办公室、建设银行上海市分行房产部 6 家局级单位按“产权归公,各自经营,自负盈亏”的方针共同开展。但各单位为各自利益,相互计较干扰,影响工程进度。适逢国家经济调整，1988 年 11 月，该项目被列为缓建项目，但前期准备工作未停。至 1991 年年末，已完成征田、动迁、地质勘探、“七通一平”（通水、通电、通路、通邮、通信、通暖气、通煤气或天然气、平整土地）等工作，原负责筹建的 6 家单位已投入 1 234.61 万元。

1991 年下半年，由市政府财贸办公室主导，在闲置基地上修建 1 万多平方米的过渡性简棚。1991 年 10 月，简棚内的曲阳批发交易市场开业，包含 10 个商场、2 个仓库、1 个停车场。仅 5 个月，营业额就超过 3 亿元。

1992 年 2 月，鉴于重庆、天津的贸易中心已相继落成，上海市副市长庄晓天召集市政府财贸办公室、市计委等有关部门开专题会议，决定重启上海贸易信息中心项目。项目要分期建设，先造展览厅、交易大楼，产生经济效益后，再建旅馆。4 月，项目正式复建，摒弃几家单位各自为政的办法，由市政府财贸办公室直接领导。

1993 年 9 月，久事与市商业投资公司等 14 家单位合资组建商务中心公司，初始注册资本 1 亿元，计 1 亿股。其中，久事出资 1 000 万元，持 1 000 万股，占股 10％。1997 年，商务中心公司增资至 3 亿元，久事出资 3 000 万元，持 3 000 万股，占股 10％。2005 年、2007 年、2012 年，该公司 3 次减资，注册资本降至 2.1 亿元。其中，久事持 2 100 万股，占股 10％（截至 2017 年年末，持股情况未变）。2002—2016 年，久事获该公司分红 600 多万元。

第四节　其他领域项目

一、锦江股份

上海锦江国际酒店发展股份有限公司（简称锦江股份）是上海锦江国际酒店（集团）股份有限公司（简称酒店集团）控股的上市公司。该公司前身是 20 世纪 80 年代成立的上海新亚（集团）联营公司（简称新亚联营公司）。1992 年转制为上海新亚（集团）股份有限公司（简称新亚股份）。2003 年更名为上海锦江国际酒店发展股份有限公司。

1993 年，新亚联营公司转制为股份有限公司（总股本 2.36 亿元，分 2.36 亿股）。久事出资 1 200 万元，认购 800 万股。后经多次增资配股，截至 2002 年年末，其总股本增至 6.03 亿元，分 6.03 亿股。久事持 1 248 万股，占股 2.07％。

2003 年 6 月，锦江国际（集团）有限公司（简称锦江国际集团）揭牌成立。该集团是在锦江（集团）有限公司、新亚股份公司最大股东——上海新亚（集团）有限公司（简称新亚集团）资产重组基础上组建的大型旅游企业，注册资本 20 亿元。同年 8 月，按市国资委要求，新亚集团将所持新亚股份全部股权（2.55 亿股，占股 42.32％）无偿划给锦江国际集团全资子公司——酒店集团。

1993—2005 年，久事获该公司分红约 1 600 万元。2005 年年末，为配合锦江国际集团资产重组，久事以 4 467.84 万元的价格，将所持锦江股份全部股权（1 248 万股，占股 2.07％）卖给酒店集团。

二、国拍行

1995 年，以上海国际商品拍卖中心为母体，外滩房屋置换公司与上海物资（集团）总公司、上海市机电设备总公司合资组建上海国际商品拍卖有限公司（简称国拍行），注册资本 500 万元，实收资金 1 000 万元。其中,外滩房屋置换公司出资 75 万元,占股 7.5%。

1999 年,外滩房屋置换公司并入久事,其所持国拍行出资额也划归久事。2001 年,国拍行注册资本增至 2 100 万元。其中,久事出资 150 万元,占股 7.14%(截至 2017 年年末,持股情况未变)。1999—2016 年,久事获其分红 5 000 多万元。

三、外经集团

中国上海外经(集团)有限公司(简称外经集团)成立于 1992 年 7 月,是由国家对外经济贸易部、上海市政府批准成立的综合涉外国有企业。

2005 年 9 月,在市国资委协调下,外经集团实施重组。久事出资 2 亿元入股。此外,市国资委将其所持外经集团国有净资产(1.56 亿元)分别划给久事公司、上实集团、上海大盛资产有限公司。其中,久事分得 6 613 万元。至此,外经集团注册资本增至 7 亿元。其中,久事出资 2.66 亿元,占股 38%。年末,外经集团执行企业会计制度,冲减净资产 7 505.47 万元,久事的出资额遂降至 2.38 亿元。

2010 年 9 月,按市国资委要求,久事把所持外经集团全部股份无偿划给建工集团。

四、复旦复华

上海复旦复华科技股份有限公司(简称复旦复华)是复旦大学控股的上市公司。该公司前身为 1984 年 11 月创办的复旦大学科技开发公司。1992 年改制为上海复华实业股份有限公司,2001 年更名为上海复旦复华科技股份有限公司。

2007 年,久事把所持上海国际集团 9.36%的股权无偿划给市国资委。2008 年 7 月,作为补偿,市国资委要求上海国际集团下属的市国资经营公司将所持复旦复华 1 550.35 万股划给久事。2008—2013 年,久事获该公司分红 36.92 万元。2009—2014 年,久事多次减持复旦复华股份,并于 2015 年在二级市场上抛售所持复旦复华全部剩余股份(551.05 万股,占股 1.39%)。

五、上海家化

上海家化联合股份有限公司(简称上海家化)是上海家化(集团)有限公司(简称家化集团)旗下的上市公司,其前身为上海家化有限公司。1999 年更名为上海家化联合股份有限公司。

2011 年,为配合上海市国资国企改革,家化集团把所持上海家化 2 072.86 万股(占股 4.9%)无偿划给久事。2013 年 4 月—2014 年 12 月,久事陆续高卖所持上海家化全部股份后,又低价买回原股数(2013 年 5 月,上海家化送股,久事原股权对应股数增至 3 109.29 万股),获价差收益 3.95 亿元。2016 年起,久事把非战略金融资产委托给集团资本经营平台——久事投资公司管理,其中包括上海家化的股份(3 109.29 万股)。2011—2016 年,久事获该公司分红 7 757.22 万元。

2017 年下旬,久事参与家化集团对上海家化进行的要约收购,以 38 元/股的价格,将上海家化 1 135.53 万股卖给家化集团,后又陆续买回部分股份(均价 34.8 元/股)。截至 2017 年年末,久事仍持有上海家化 2 877 万股,占股 4.29%。

六、光明食品集团

2004年，上海市农工商（集团）总公司改制为上海农工商（集团）有限公司（简称农工商集团）。按市国资委要求，久事向该公司投资2亿元，占股8%。

2006年，按市委、市政府要求，农工商集团更名为光明食品（集团）有限公司（简称光明食品集团），再吸纳市国资委所持上海市糖业烟酒（集团）有限公司、上海益民食品一厂（集团）有限公司[原上海光明食品（集团）有限公司]股权，锦江集团所持上海五丰上食食品有限公司、上海五丰上食畜牧有限公司股权等资产，组成新的光明食品（集团）有限公司。至此，久事投资农工商集团的2亿元转为对光明食品集团的出资。8月，重组后的光明食品集团正式揭牌成立，注册资本34.3亿元。其中，久事出资2亿元，占股5.83%。

2011年，按市国资委要求，久事把所持该公司全部股权（占股5.83%）无偿划给市城投公司。至此，久事已不持有光明食品集团股权。2017年，为解决上海国际赛车场资金平衡问题，市国资委将其所持光明食品集团8%的股权无偿划给久事。

七、农房集团

农工商房地产（集团）股份有限公司（简称农房集团）是光明食品集团的子公司，原名上海农工商房地产（集团）有限公司。2008年3月，该公司改制为股份制公司，将注册资本从10亿元增至11.2亿元。新增资本由5家新股东认缴。其中，久事出资9 420万元，认购2 000万股。

为确保公司权益，久事与农房集团、光明食品集团另签署三方补充协议，约定：自增资登记日起36个月内，若农房集团未能上市，久事可出让其股份，或由光明食品集团按增资价收购。同时，农房集团每年给久事投资额的10%作为回报。2011年3月底，农房集团暂停上市。5月，久事以9 420万元的价格，把所持农房集团全部股份（2 000万股，占股1.79%）卖给光明食品集团，收回投资款。

按2008年的三方补充协议，光明食品集团、农房集团还应支付久事红利2 400万元，但此事上报市国资委后被驳回。市国资委认为：此次股权回购不符合国家相关规定，不能按协议转让操作，股权交割因此受阻。为此，久事资产经营部与光明食品集团、市国资委产权处多次沟通，最终明确了通过诉讼，达成调解协议，用法院调解书在交易场所交易的解决方案，于2012年7月完成股权交割。

八、住房担保公司

2000年，地产集团、上海联合投资有限公司（简称联合投资公司）等6家单位合资组建上海市住房置业担保有限公司（简称住房担保公司），初始注册资本5亿元。其中，联合投资公司出资2 500万元，占股5%。

2007年，联合投资公司以3 222.66万元的价格，把所持住房担保公司全部股权（占股5%）卖给久事。2008—2014年，住房担保公司多次增资，注册资本增至10亿元。其中，久事出资5 000万元，占股5%（截至2017年年末，持股情况未变）。2007—2016年，久事获该公司分红4 878.67万元，其中2 500万元转增该公司资本金。

第六章　融　　资

20 世纪 90 年代起，久事通过 BOT 融资、发行债券及中期票据、基金贷款、债权投资计划等不同方式筹集了大量资金，保证了久事现金流的稳定。所获资金，或用于上海市政工程，或投入区域地块开发，为上海国际金融中心建设提供了财力支持。

第一节　BOT 融资

一、两桥一隧 BOT 融资

1994 年 10 月，按市政府要求，久事、市城投公司将所持"两桥一隧"（南浦大桥、杨浦大桥、打浦路隧道）45％的专营权（有期限）出让给香港中信泰富有限公司（简称中信泰富），期限为 20 年（1995 年 1 月 1 日起计算）。11 月，建事公司（久事占股 40％）、香港仰荣投资有限公司（中信泰富子公司）合资成立专营权合营公司——上海浦江隧桥发展有限公司（简称隧桥公司）。

沪港双方用南浦大桥、杨浦大桥、打浦路隧道全部专营权（作价 55 亿元）作为注册资本。其中，建事公司用"两桥一隧"55％的经营权（作价 30.25 亿元）投入。港方一次性支付相当于 24.75 亿元人民币的外汇，为徐浦大桥提供建设资金。2002 年，鉴于资金较宽裕，久事购回了港方所持南浦大桥经营权。

二、徐浦大桥 BOT 融资

1996 年 7 月，久事与市城投公司、Express Link Holdings Ltd.（中信泰富全资子公司）合资组建上海徐浦大桥发展有限公司（简称徐浦大桥公司），注册资本 37 亿元。

久事将徐浦大桥 26.95％的专营权折价 9.97 亿元，投入徐浦大桥公司，占股 26.95％。Express Link Holdings Ltd.出资 2 亿美元（折合人民币 16.65 亿元），购买徐浦大桥 45％的专营权（有期限），并作为对徐浦大桥公司的出资，占股 45％。久事因此获 1 亿美元现金，用于投资轨道交通三号线（明珠线一期）。

第二节　债 券 发 行

一、企业债发行

【1991 年久事第一期企业债发行】

1991 年年末，为筹措南浦大桥国内配套资金，久事委托万国证券公司代理发行 2 950 万元第一期久事企业债券，年利率 10.3％。1992 年，此次债券在上海证券交易所挂牌交易，期限为 3 年，资信等级为 AAA⁻级。1994 年，久事按期足额兑付了此次债券本息。

【1992 年久事第二期企业债发行】

1991 年年末，为加快实施地铁一号线、苏州河合流污水治理工程，市政府安排 1992 年财政用款 9.59 亿元。至 1992 年年初，已落实世界银行、德国政府、中国银行贷款 1.05 亿美元，还需久事安排 5.7 亿元配套人民币资金。

因当年国家安排上海的利用外资指标不足，1992 年年末，久事发行第二期企业债券，总额 2 亿元（实际发行 1.34 亿元），主要还款来源是已建成的工业项目利税和地铁沿线开发等综合经营收益。所筹资金全部用于地铁一号线、苏州河合流污水治理一期工程。

此次债券由海通证券承销，面额 1 000 元，期限为 3 年，年利率 10.5%，资信等级为 AAA⁻级，于 1995 年按期足额兑付本息。

【1992 年浦东建设债券发行】

1992 年年初，为拓宽筹资渠道，支持浦东地区开发，国务院批准上海市发行 5 亿元浦东建设债券。5 月，久事代市城建基金会发行 3 亿元浦东建设债券，所筹资金缴入市城建基金会账户，用于浦东建设。此次债券是受市政府委托发行，各种收费从优。发行债券的评估费、广告、宣传费、手续费由市城建基金会承担。

债券期限为 5 年，年利率 10.8%，资信等级为 AAA⁻级。此次债券以万国证券公司为牵头发行单位，还本付息由市城建基金会承担，兑付工作由久事负责。

1992 年，按市政府要求，原属市城建基金会的浦东建设债券还本付息责任移交给新成立的市城投公司。1997 年，市城投公司按期足额兑付此次债券本息。

【1998 年久事建设债券发行】

1998 年，国家计委下发《关于下达 1998 年第二批企业债券发行计划的通知》。1999 年 4 月，市计委向久事下发《关于下达上海市地方企业债券发行计划的通知》，要求久事发行 6 亿元债券。6 月，久事编制完成 1998 年上海久事建设债券（简称'98 久事债）的初步发行方案，年利率 5.85%。6 月 10 日，中国人民银行下调银行存贷款利率，久事遂于 7 月将此次债券年利率下调至 4%。11 月，久事正式向社会发行 6 亿元'98 久事债，期限为 5 年，年利率 4%。

此次发债由上海建事公司提供担保，主承销商为申银万国证券公司，副主承销商为上国投、上海财政证券公司。发债所筹资金，专项用于地铁三号线（明珠线一期）工程。2004 年，久事按期足额兑付了此次债券本息。

【'03 沪轨道债发行】

按市政府安排，第十个五年计划（2001—2005 年）期间，上海将建设轨道交通 200 公里，总投资上千亿元。2002 年年初，为拓宽建设资金来源，申通集团拟发行企业债券。但此时该公司成立未满三年，不符合发债条件，只能委托其他单位代为发行。7 月，申通请久事代其发行 40 亿元企业债券。

2003 年，久事抓住当时市场利率较低的时机，向社会发行 2003 年上海轨道交通建设债券（简称'03 沪轨道债），发行总额 40 亿元，票面利率 4.51%，期限为 15 年，由建设银行上海市分行提供

图3-6-1 1999年11月,1998年上海久事建设债券承销协议暨承销团协议签约仪式

担保。

此次债券实际用款方是申通集团,所筹资金用于轨道交通明珠线二期(地铁四号线)、莘闵线(地铁五号线)。申通把地铁二号线收益权转让给久事,以换取这40亿元资金。2018年,久事按期足额兑付了此次债券本息。

【'09久事债发行】

2009年年末,为缓解京沪高铁资金压力,久事在银行间交易市场发行2009年上海久事企业债券(简称'09久事债),期限为10年,票面年利率5.08%,由城投集团全额担保。债券发行总额20亿元。其中,16亿元用于京沪高铁项目,4亿元用于项目补充营运资金。主承销商为国泰君安、申银万国两家证券公司。

截至2017年年末,'09久事债共经1次信用评级和6次跟踪评级,信用等级均为AAA级。

二、中期票据发行

2008年年末,为应对国际金融危机,并减轻国家4万亿元投资计划中地方政府配套资金的压力,国务院特批地方政府发行2 000亿元地方债。随后,中国人民银行、中国银监会联合发布指导意见,提出“支持有条件的地方政府组建投融资平台,发行企业债、中期票据等融资工具”。

2009年3月,按市发改委要求,久事向社会发行第一期中期票据(简称'09久事MTN1),期限为8年,利率4.3%,总额50亿元。其中,20亿元用于轨道交通2号线东延伸段工程(设备采购),30亿元用于轨道交通12号线工程(前期启动资金及设备采购)。

2017年,久事按期足额兑付了此次中期票据本息。

三、短期融资券发行

【巴士短融】

21 世纪初，因轨道交通扩容、实施优惠换乘措施、成本持续增加等多重因素，巴士股份公司经营压力较大。

2008 年 3 月，为降低资金成本，巴士股份公司在银行间债券市场发行 6.5 亿元短期融资券（简称'08 沪巴士 CP001），期限为 1 年，不设担保方。8 月，按市国资委要求，巴士股份公司资产重组，该公司除民生银行、兴业证券股权外的所有资产和负债被久事收购，'08 沪巴士 CP001 的债务也被移交给久事。2009 年，久事按期足额兑付了此次短期融资券本息。

【强生短融】

2014 年 10 月，为筹集经营流动资金，强生控股公司发行 2014 年度第一期短期融资券（简称'14 沪强生 CP001），金额 4.25 亿元，利率 4.49%，期限 1 年，由久事提供全额担保。2015 年，强生控股公司按期足额兑付了此次短期融资券本息。

2015 年 5 月，强生控股公司发行 2015 年度第一期短期融资券（简称'15 沪强生 CP001），总额 5 亿元，利率 3.8%，期限为 366 天，由久事提供全额担保。2016 年，强生控股公司按期足额兑付了此次短期融资券本息。

2016 年 6 月，为补充经营流动资金，强生控股公司发行 2016 年度第一期短期融资券（简称'16 沪强生 CP001），总额 4.25 亿元，利率 3.02%，期限 1 年，由久事提供全额担保。2017 年，强生控股公司按期足额兑付了此次短期融资券本息。

第三节　贷款及授信

一、第一次国开行贷款

2001 年年初，国家开发银行上海市分行（简称国开行）分别向久事、市城投公司贷款 130 亿元（共 260 亿元）。给久事的贷款，专项用于上海市轨道交通建设。2001—2010 年，市政府每年再拨给久事 13 亿元，用于归还这 130 亿元贷款。

2001 年 8 月 2 日、2002 年 5 月 10 日，久事与国开行两次签订融资协议，分别贷款 74 亿元、56 亿元（合计 130 亿元）。次年 9 月 5 日，国开行 130 亿元贷款中的首笔融资款（51 亿元）到位。10 月 29 日，久事与申通集团、各项目公司分别签订资金使用协议书，将资金分别拨付给相关项目公司。

此后直至 2002 年 5 月，国开行 130 亿元贷款余额陆续到位，由久事分别拨付给申通和各项目公司。截至 2016 年 9 月，久事已清偿 130 亿元国开行贷款全部本息。

二、第二次国开行贷款

按市政府部署，2005 年 12 月、2006 年 4 月，久事先后从国开行取得 40 亿元、67 亿元的政府信用贷款（合计 107 亿元），专项用于上海轨道交通项目建设，所借资金全部投入申通集团。

图 3-6-2　2006 年,上海久事公司与国开行签订上海市城市轨道交通项目贷款合同

这两笔贷款期限均为 15 年。借款期内,利率在中国人民银行公布的同期、同档次人民币贷款基准利率基础上下调 10%。首次执行的年利率为 5.51%。

三、第三次国开行贷款

2015 年 2 月,为支持虹口区北外滩地区棚户区改造,在市政府督导下,久事与国开行签订两份贷款合同,分别贷款 24.7 亿元、25.14 亿元,年利率均为 4.995%,还款期 5 年。其中,24.7 亿元贷款专项用于北外滩地区 69 街坊棚改项目,25.14 亿元贷款专项用于北外滩地区 67、71 街坊棚改项目。按项目进度与实际需求,24.7 亿元的贷款,实际提款 13.88 亿元;25.14 亿元的贷款,实际提款 10.056 亿元。

2015 年 3 月 1 日,央行宣布降息,国开行遂将上述两笔贷款利率下调至 4.745%,在 4 月与久事分别签订借款合同变更协议。截至 2016 年年末,久事已提前清偿这两笔贷款全部本息。

四、国开行基金贷款

2015 年 7 月,国务院专题会议决定:由国开行、农发行向邮储银行定向发行专项建设债券,中央财政按债券利率的 90%给予贴息。专项建设基金投资重点是“三农”建设、城市基础设施、国家重大基础设施、民生建设工程、制造业转型升级项目五大领域。

2015 年 9 月—2016 年 2 月,国家发改委陆续公布前四批专项建设基金安排建议项目。其中,涉及久事的共 7 项,均为上海市轨道交通项目。同期,久事与国开行陆续签订各轨道交通项目的贷款合同，共贷款 33.701 亿元，年利率均为 1.2%，还款期 20—25 年不等。所贷资金由久事拨付至申通集团，专项用于轨交项目建设。

表 3-6-1　2015—2016 年国开行基金贷款用途情况表

批　次	用　　途	金额(亿元)	期　　　限
第一批	5 号线南延资本金	3.35	2015 年 10 月 23 日—2040 年 10 月 22 日
第一批	14 号线资本金	5.36	2015 年 10 月 23 日—2040 年 10 月 22 日
第二批	15 号线资本金	6.70	2015 年 10 月 23 日—2035 年 10 月 22 日
第二批	18 号线一期资本金	6.70	2015 年 10 月 23 日—2035 年 10 月 22 日
第三批	8 号线三期资本金	1.07	2015 年 12 月 11 日—2035 年 12 月 10 日
第三批	13 号线三期资本金	1.14	2015 年 12 月 11 日—2035 年 12 月 10 日
第四批	18 号线一期资本金	9.38	2016 年 3 月 10 日—2036 年 3 月 9 日

五、平安保险资金债权投资计划

债权投资计划是指委托人委托保险资产管理公司等专业管理机构募集资金，用债权方式投资基础设施项目，向受托人(管理机构)按约支付预期收益并兑付本金的金融工具。

2013 年，久事与虹口区政府联合对北外滩地区 91、92、93 三大地块实施旧区改造，并按市政府要求，采用保险资金债权投资计划方式融资。9 月 25 日，久事与市政府指定对接单位——平安保险下属的平安资产管理有限责任公司(简称平安资管公司)签订旧改债权投资计划投资合同，约定投资资金不超过 50 亿元(实际融资 8 亿元)，利率 6.4%，投资期限为 5 年。

2017 年，久事提前偿还了平安保险资金债权投资计划的所有本息。

第四篇

经营

概　述

上海久事(集团)有限公司前身为久事公司，已走过了30年发展历程。在30年发展历程中，其先后经历扩大利用外资、城市功能多元投资、交通基础设施投资、投资与产业经营综合发展4个阶段，由投资管理向投资管理与产业经营并重转变。

久事的核心产业主要分布在城市交通、体育产业、地产置业和资本经营四大板块。公司四大经营板块在经营发展中逐步形成，具有相对独立性和完整性。

1987年久事成立后，在助力“九四专项”实施过程中，承担着“总账房”的职能，加强对资金使用和把关。20世纪90年代初，久事积极参与浦东开发开放，先后投资外高桥保税区、张江高科技园区、星火开发区三大功能区，还投资上海的金融业、证券业，投资地铁、铁路、房地产等，使久事多元投融资功能得到充分发挥。同时，通过“三盘”(盘实、盘整、盘活)，资金投入注重效率和效益。到了2015年12月，久事根据形势变化，把资本经营板块专门划出，成立投资管理有限公司，主要开展投融资业务和资产经营，进行基金化运作和市值管理、处置资产等。

1992年，久事获得房地产资质后，开始涉足房地产业。1999年，市政府把外滩楼宇划归久事，地产置业板块逐步形成。随后，承担外滩楼宇文化艺术空间的打造、旧区改造、专项土地储备的任务，并从事房产经营开发。

2005年，5家公共交通企业加盟久事，久事承担的责任更大。公共交通企业从股份制改为公益性质，让广大市民得到更多实惠。城市交通板块主要承担公交与出租汽车运营管理、市域铁路与公共交通设施投资建设、公共交通第三方支付服务等。

2002年国际赛车场动工建设，2004年举办首届F1中国大奖赛，2005年以来相继举办网球大师杯赛、ATP1000上海大师赛等网球赛事，2015年市体育局将东亚集团所属5家企业划归久事，2016年上海久事体育产业发展(集团)有限公司成立。体育产业板块主要承担F1中国大奖赛、ATP1000网球大师赛、国际田联钻石联赛、环球马术冠军赛上海站等多项重大国际赛事组织管理和推广运营，负责上海国际赛车场、徐家汇体育公园、东方体育中心、浦东足球场等多处大型体育场馆设施的建设和运营，开展体育装备研发生产、赛场建设及保障服务。

城市交通、体育产业、地产置业板块逐步形成，久事人员数量及资产大幅度增加。久事从只管投融资，发展到投融资与经营并重，开始涉及房地产、公共交通、体育产业等经营业务。

在经营管控上，以投资额、管理幅度大小，明确久事在所投资企业中董事会的席位，以财务、审计、法律等形式参与管控。

2015年，上海久事(集团)有限公司成立，由传统全民所有制企业整体改制为国有独资公司，实现从企业法人向公司法人转变。久事坚持社会效益为先，发挥市场机制作用，实施“四位一体”和“两翼支撑”的发展战略，即以城市交通、体育产业、地产置业和资本经营为主体，以法治化和信息化为支撑，不断提高公共服务能力和水平，把久事打造成优质的公共服务型企业。

久事集团根据职能变化，新设运营协调部、安全管理部和信息管理部3个职能部门，以加强对直属企业管控。全面梳理修订相关制度，把依法治企体现到具体经营中。一方面按照“一司一策”原则优化总部与各类直属企业关系，研究制定做强做实直属企业董事会的实施方案，强化其核心作用;另一方面保障久事集团董事会对重大事项决策权,依托董事会完善对直属企业有效管控。

久事集团总部着力发挥战略管理、运营协调、资源配置和风险管控等作用,以董事会、总裁办公会和五大辅助决策委员会为依托,加强对四大经营板块的宏观管理和协调。一线直属企业重大投资经营、重要改革举措出台,必须经过五大辅助决策委员会审核,并提交久事集团董事会、总裁办公会讨论决策,更好地为一线企业服务,而具体经营则是通过各直属企业实施。

同时,久事集团积极优化直属企业法人治理结构。以"重心下移,权责一致"为原则,除少数企业出于特殊原因外,多数有条件企业实行法人治理结构下移,即法定代表人由各直属企业总经理担任,久事集团领导一般不再兼任下属企业法定代表人,以保证权责一致和效率提高,充分调动四大板块经营者的积极性。

第一章　城市交通

第一节　地面公交

上海地面公交主要指服务上海中心城区城市道路的公共交通。上海公交多年来发展变化巨大，为市民交通出行提供便捷服务，其营运规模、行驶里程和载客人次长期在国内外行业位居前列。

1992年10月28日，由原上海公交总公司等14家单位联合发起设立的上海巴士实业股份有限公司登记注册成立，并于1996年在上海证券交易所上市（巴士股份，A股代码600741）。2000年4月，其更名为上海巴士实业（集团）股份有限公司（简称巴士股份公司）。2005年7月1日，巴士股份公司党政关系由市交通局划归久事公司。2006年11月，上海交通投资集团将所持巴士股份公司22.81%股权划转至久事，久事成为巴士股份公司第一大股东及实际控制人。2008年，市政府启动新一轮公交体制改革，在经营格局上，中心城区组建浦东、浦西两大国有公交集团公司，而各郊区县公交公司实行"一区一骨干"运营管理。2009年3月，巴士股份公司进行资产重组并退市，而后久事全额出资3亿元新建上海巴士公交有限公司（简称巴士公交公司），在原巴士股份公司公交资产基础上，另以24.54亿元收购大众交通、强生控股、交投集团所属公交企业及部分社会资本经营的公交资产，一并注入新成立的公司。至此，巴士公交公司成为浦西地区国有公交骨干企业。

2010年1月14日，上海巴士公交有限公司更名为上海巴士公交（集团）有限公司。随着上海公交改革不断推进，2017年11月起，巴士公交集团与承担公交场站投资、建设、管理和经营的上海交投集团实施联合重组，组建上海久事公共交通集团有限公司（简称久事公交集团），于2018年6月8日揭牌成立。久事公交集团在久事集团旗下城市交通板块中主要承担公交运营、场站建设管理、机务保障、后勤保障、公交信息化等功能。

一、属下五家公交公司

2017年，上海巴士公交（集团）有限公司所属5家公共交通有限公司，即巴士第一公共交通有限公司（简称巴士一公司）、巴士第二公共交通有限公司（简称巴士二公司）、巴士第三公共交通有限公司（简称巴士三公司）、巴士第四公共交通有限公司（简称巴士四公司）、巴士第五公共交通有限公司（简称巴士五公司），承担上海市地面公交运量的50.54%。

【巴士一公司】

巴士一公司由上海巴士一汽公共交通有限公司（简称巴士一汽）和上海巴士电车有限公司（简称巴士电车）在2015年6月整合重组。

巴士一汽　1949年5月27日解放军进驻上海，5月28日上海市军事管制委员会接管公交，军事代表室派驻（公平路）公交第一保养场。1954年11月1日，第一保养场改为上海市公共汽车第一车场。1958年7月25日，改名为上海市公共交通公司汽车一场。经历4次改制重组。至1998年年末，巴士一汽拥有职工8 629人，保管车辆1 195辆，运营线路52条，线路总长529 325公里。

上海巴士电车有限公司　由上海巴士一电公共交通有限公司、上海二电巴士公共交通有限公司、上海三电市南公共交通有限公司(简称三电市南公司)整合重组。

在 1995 年 12 月、1998 年 9 月、1999 年 6 月、2002 年 7 月,经历 4 次改制重组,2004 年,巴士电车进行内部体制改革,下属机构进行"拆三建十"改革,同年 6 月 28 日,建立上海巴士电车一分公司、二分公司、三分公司、四分公司、五分公司、六分公司、七分公司、八分公司、九分公司、十分公司建制,同时撤销巴士电车公司原一分公司、二分公司、三分公司及下属车队建制,改三级管理为两级管理。

2005 年 7 月,巴士实业集团将原三电市南公司整建制划归上海巴士新新汽车服务有限公司(简称巴士新新),巴士电车下辖 10 个运营分公司缩编为 7 个运营分公司。2007 年 6 月,巴士新新将 24 路电车划归巴士电车。

至 2010 年年末,巴士电车拥有职工 5 127 人,营运车辆 1 051 辆,经营线路 36 条,其中电车线路 12 条,汽车线路 24 条(夜宵车 4 条),线路总长 424.43 公里,年客运总量 18 126.23 万人次,行驶总里程 5 104.58 万公里。

合并重组　上海公交新一轮"区域化"兼并重组于 2015 年启动,为简化合并手续,降低重组成本,决定以巴士一汽为壳公司,通过国有资产无偿划转方式,将巴士电车及其股权注入巴士一公司,巴士一汽公司名称、注册资本、注册地址、股东等不作变动,以不增加工商注册变更成本。巴士电车股东由巴士集团变更为巴士一汽,成为巴士一汽全资子公司后歇业注销。2015 年 6 月 8 日,巴士一公司举行重组揭牌仪式。

重组力求平稳过渡,两公司合并后,线路划归以车队为主、线路为辅,整建制划转。新公司内部加快线网调整,对复线 2/3 以上的线路,加大撤销归并力度,通过优化线路、优化班次、优化调度,提高营运效率,以达到精简管理人员、减少用工成本的目的。

重组后的巴士一公司内部设一室六部二中心一工会,即行政办公室、党委工作部、计划财务部、审计监察(纪检)部、人力资源(保卫)部、营运信息部、技术机务部、后勤服务管理中心、票务结算管理中心、工会。2015 年 6 月,合并后拥有营运车辆 1 586 辆,员工约 7 000 人,经营线路 85 条,下辖国江、国和、市光、内江、武宁、云岭东路 6 个停车场。

巴士一公司主要经营市内公共交通汽、电车线路和特约租车客运业务。营运线路集中在市区副中心五角场周边,延伸涵盖杨浦、虹口、宝山、黄浦、静安、普陀、长宁、徐汇和浦东等区域。

2017 年年末,拥有公交线路 95 条(其中电车线路 12 条,夜宵线路 10 条),员工人数 5 969 人,营运车辆 1 628 辆,线路总长度 1 154.62 公里,全年行驶总里程 7 402.39 万公里,运客总人数 20 523.34 万人次。内设 10 个管理部室、13 个基层车队和 1 个修理车间,租用 8 个停车场(即国江场、国和场、市光场、内江场、武宁场、云岭场、曹杨场、闸殷场)。公司路线车日均运客量 55.09 万人次左右,全年行驶总里程 7 402.39 万公里,拥有营运车辆 1 628 辆(空调车占 100%),其中双源双电、纯电、增程、油电混合新能源车 722 辆,是本市拥有公交新能源车最多的企业。

表 4-1-1　2009—2015 年巴士一汽经营数据统计情况表

年　份	线路总长度(公里)	线路数(条)	车辆数(辆)	职工人数(人)
2009	708.16	51	930	4 716
2010	700.73	50	1 017	5 007

〔续表〕

年　份	线路总长度(公里)	线路数(条)	车辆数(辆)	职工人数(人)
2011	684.69	50	938	4 809
2012	693.72	52	937	4 422
2013	678.37	51	864	3 949
2014	683.12	52	809	3 730
2015	671.24	52	827	3 465

表 4-1-2　2009—2015 年巴士电车经营数据统计情况表

年　份	线路总长度(公里)	线路数(条)	车辆数(辆)	职工人数(人)
2009	434.28	37	919	5 221
2010	424.43	36	1 051	5 127
2011	449.78	38	998	5 088
2012	449.43	38	990	4 578
2013	410.22	35	834	4 085
2014	406.94	35	777	3 586
2015	409.86	35	769	3 169

表 4-1-3　2016—2018 年巴士一公司经营数据统计情况表

年　份	线路总长度(公里)	线路数(条)	车辆数(辆)	职工人数(人)
2016	1 158.80	93	1 572	6 249
2017	1 154.62	95	1 628	5 969
2018	1 207.22	97	1 557	5 687

【巴士二公司】

上海巴士第二公共交通有限公司(简称巴士二公司),其前身为上海巴士二汽公共交通有限公司(简称巴士二汽),是上海巴士公共交通集团有限公司全资子公司。1958 年,成立上海市公共交通公司汽车二场,以后历经上海市公共交通公司第一分公司、上海市公共交通总公司第二汽车公司、上海二汽公共交通公司、上海大众二汽公共交通有限公司、上海大众公共交通有限公司、上海巴士二汽公共交通有限公司等。

巴士二汽　1948 年 5 月 21 日,上海市公共交通公司筹备委员会第二保养场、第二营业所竣工投产。1958 年成立上海市公共交通公司筹备组,统一经营全市公交运营。同年 7 月,在原第二保养场基础上成立上海市公共交通公司汽车二场,场部在斜土路 1927 号。

1985 年 7 月、1988 年 11 月、1995 年 12 月、2003 年 2 月、2004 年 4 月,先后经历 5 次资产改制重组。到 2005 年 10 月,为深化公交改革,便利区域公交线网整合,大众交通(集团)股份有限公司决定对大众公交分区域经营,将漕溪、莘庄、金山、奉贤分公司组建为大众公交西南公司,曹杨、真南两家分公司组建为大众公交西北公司。大众西南公司下辖漕溪车队、梅陇车队、龙吴车队、莘庄车队、闵行车队、租赁车队、修理车间及金山分公司、奉贤分公司。

2008 年年底，大众公交西南公司有营运车辆 820 辆，经营线路 49 条，线路总长 828.44 公里，年客运总量 14 484.77 万人次，行驶总里程 4 776.9 万公里。

2009 年 3 月，上海启动“突出公交行业公益特征，完善市场化运作机制”新一轮改革，由上海巴士公共交通有限公司统筹对市区公交企业进行收购、兼并和转制。巴士公交有限公司收购大众交通(集团)股份有限公司所持上海大众公共交通有限公司 68.53%股权，上海申新巴士有限公司 49%股权。同时，上海交通投资(集团)有限公司将持有上海大众公共交通有限公司 31.47%股权，以国有资产划拨方式注入巴士公交有限公司。至此，上海大众公共交通有限公司注销，其壳资源于 2009 年 12 月 8 日完成工商注册登记变更，更名为上海巴士二汽公共交通有限公司。

2010 年 1 月开始，巴士二汽和申新巴士启动企业整合，上海巴士公共交通有限公司以国有资产划拨方式，将申新巴士 49%股权注入巴士二汽。

2015 年，根据市政府《关于深化巴士集团改革的工作方案》，上海巴士公交(集团)有限公司所属企业进行压缩重组，内部管理机构实行扁平化改革，同年 10 月 26 日，上海巴士二汽公共交通有限公司更名为上海巴士第二公共交通有限公司。

自 1958 年成立公交公司汽车二场，60 余年来，巴士二公司经历全民国营、经济责任制承包经营、企业法人化承包、市场化股份制经营、多元化投资经营、按区域统筹属地国有独资等不同历史阶段。

2010 年，上海巴士公共交通有限公司又以国有资产划拨方式，将申新巴士 49%的股权注入巴士二汽，由此形成巴士二汽基本线网营运格局(涵盖申新巴士和大众公交西南公司部分线路)，2010 年，巴士二汽注册资本 24 156.62 万元(即原大众公交注册资本)。

2015 年，根据市政府《关于深化巴士集团改革的工作方案》和巴士集团《关于实施三级管理体系的规定(暂行)》，巴士二汽率先在巴士集团内进行管理体制扁平化改革。同年 5 月 6 日，巴士二汽召开第三次扁平化管理推进会议，在企业内撤销分公司一级机构，实现公司、车队二级管理。5 月 12 日，公司推出扁平化管理“三个到位”，即部室和基层名称变化到位、班子成员到位、全面管理到位。

2017 年，巴士二公司内设机构“二室八部一会”，即行政办公室、纪律检查室、党委工作部、营运业务部、安全管理部、技术机务部、人力资源(保卫)部/组织人事部、计划财务部、审计工作部、综合管理部、工会。下辖南浦、龙华、49 路、梅陇、龙吴、南站、漕宝、平阳、莘庄、闵行、松江等 11 个营运车队和 1 个修理车间。巴士二公司主要承担上海西南地区公交客运任务，营运范围涵盖黄浦、静安、普陀、徐汇、长宁、闵行、嘉定、青浦、松江、金山、浦东新区 11 个区。

2017 年 12 月底，巴士二公司营运线路 83 条，线路长度 1 194.25 公里，营运车辆 1 289 辆，全年行驶总里程 7 208.73 万公里，运客总人次 19 092.47 万人次，日均公交线路运客 51.73 万人次，全年客运总收入 38 555.73 万元，年度员工累计平均人数 4 572 人，总资产 98 948.26 万元，全年营业收入 40 217.59 万元，营业成本 89 872.11 万元，注册资本 49 571.64 万元。

上海申新巴士有限公司 1998 年 2 月 17 日，经上海市外国投资工作委员会批准，上海二汽公共交通公司与新加坡康福德高集团新巴国际控股私人有限公司合资成立上海申新巴士有限公司(简称申新巴士)，李浩良任董事长，翁宏富任总经理。申新巴士投资总额为 1.5 亿元人民币，注册资本为 1 亿元人民币，其中上海二汽公共交通公司以线路等无形资产、车辆、现金共计 5 100 万元人民币出资,占51%;新加坡新巴国际控股私人有限公司(康福德高集团控股)以现汇折合4 900万元人民币出资,占49%。设址上海市斜土路2000号,经营期限为25年。

公司成立初期,设总经理办公室、人事管理部、财务管理部、工程管理部等8个管理部室和41路、43路、49路等9个车队。至1998年年末,申新巴士有职工2 408人(其中驾驶员986人、售票员744人),经营41路、49路等14条公交线路,线路总长度为140.281公里,拥有营运车辆489辆。

申新巴士成立后,积极引入新加坡公交经营管理理念,推出许多服务新举措。如在49路车厢内率先设置"绿色座位"、车辆中途抛锚赔偿乘客0.5元车资等。2003年8月,49路开展创建"文明让座示范路线"活动,向广大乘客郑重作出"两个100%"承诺:招呼动员他人为老、弱、病、残、孕、怀抱婴儿等"六类乘客"让座,确保100%;绿色专座(爱心专座)让座落实率,力争100%。秉持"申新服务,天天进步"服务宗旨,申新巴士先后荣获上海市公用事业管理局1999年、2000年春运工作先进集体,上海市城市交通管理局2004年、2005年、2007年春运工作先进集体,2005年度、2007年度和2008年度上海市道路交通安全管理工作先进单位,以及交通局3A级诚信企业、上海市二星级交通安全资信企业等多项荣誉称号,并在乘客满意度测评、公交企业社会评价行风建设等方面取得好成绩。49路车队更是连续5次被上海市评为模范集体、连续4次被授予上海市文明单位称号,并涌现出全国劳动模范马卫星、上海市劳动模范严质英等一批先进人物。

2009年,根据市政府关于进一步深化公交改革要求,经上海久事公司同意,上海巴士公交(集团)有限公司收购申新巴士49%股权,并划转给上海巴士二汽公共交通有限公司。2010年1月,巴士二汽、申新巴士两公司正式启动整合工作。2010年11月,申新巴士注销工商登记。

表4-1-4 1978—2018年巴士二公司经营数据统计情况表

公司名称	年份	线路数(条)	车辆数(辆)	线路总长度(公里)	行驶总里程(万公里)	运客总量(万人)
汽车二场	1978		464	672.80	3 023.09	33 895
	1979		455	306.06	3 032.64	39 820.80
	1980		442	300.04	2 809.70	36 809
	1981		468	305.23	2 817.40	39 693.20
	1982		492	315.93	3 092	43 622.20
	1983		535	336.29	3 375.16	46 498.50
	1984		568	344.24	3 600.83	50 988.10
公交一分公司	1985		1 425	645.52	9 045.93	168 537.30
	1986		1 511	653.30	9 276.69	171 996
	1987		1 646	673.85	9 840.40	188 251.12
第二汽车公司	1988		674	348.63	4 207.27	
	1989		694	351	4 237.65	65 056.20
	1990		712	359		63 591.30
	1991		751	406	4 314.30	60 441.30
	1992		788	417	4 453	62 739.50

〔续表〕

公司名称	年 份	线路数（条）	车辆数（辆）	线路总长度（公里）	行驶总里程（万公里）	运客总量（万人）
第二汽车公司	1993		854	459	4 336.20	57 360.80
	1994		931	491	4 157.35	53 079
	1995		960	522.24	4 391.75	49 758.18
上海二汽公共交通公司	1996		1 066	575.31	4 574.91	26 402.53
	1997		1 142	645.61	4 727.54	26 326.66
	1998		1 195	811.15	4 805.66	26 889.56
	1999		772	710.30	3 389.67	12 301
	2000		842	744.31	4 010.64	13 703.93
	2001		878	810.39	4 376.92	13 573.30
	2002		917	876.49	4 743.21	13 442.68
大众二汽	2003		930	868.26	4 863.86	13 890.21
	2004		916	830.92	4 985.09	14 747.65
大众西南公司	2005		896	815.84	5 018.48	14 983.38
	2006		884	777.66	4 810.60	14 693.90
	2007		849	823.79	4 758.75	14 229.46
	2008		820	828.44	4 776.90	14 484.77
巴士二汽	2009		794	836.56	5 028.24	14 726.87
	2010	79	1 392	1 131.96	7 697.70	24 560.24
	2011	76	1 196	1 009.04	7 093.25	23 005.27
	2012	77	1 162	998.49	6 669.77	22 512.67
	2013	82	1 301	1 095.38	6 636.91	22 281.99
	2014	82	1 255	1 091.60	7 371.97	24 747.58
巴士二公司	2015	84	1 236	1 071.36	7 027.44	23 304.66
	2016	87	1 241	1 100.60	6 883.18	21 077.46
	2017	83	1 289	1 194.25	7 208.73	19 092.47
	2018	104	1 478	1 386.30	8 606.61	20 894.84

【巴士三公司】

上海巴士第三公共交通有限公司（简称巴士三公司）于 2015 年 10 月 16 日揭牌成立，系由上海巴士三汽公共交通有限公司（简称巴士三汽）和上海巴士四汽公共交通有限公司（简称巴士四汽）整合重组而成。

上海巴士三汽公共交通有限公司（简称巴士三汽），成立于 2010 年 2 月 24 日，由大众公交西北公司通过资产国有化转制完成。

巴士三汽　1958 年 7 月至 1988 年 11 月，为上海市公共交通公司汽车三场。1988 年 11 月至 1995 年 12 月，为上海市公共交通总公司第三汽车公司。1995 年 12 月底，上海公交系统实施“三制”(体制、机制、票制)改革。上海市公共交通总公司第三汽车公司更名为上海三汽公共交通公司(简称三汽公交公司)，并于 1995 年 12 月 21 日完成工商注册登记，办公地址：曹杨路 750 号。

1998 年 8 月至 2004 年 4 月期间，为上海大众三汽公共交通有限公司，注册资本 1 亿元，三汽公交公司占股 49%，大众出租汽车股份有限公司占股 51%。

2004 年 4 月至 2005 年 10 月期间，为上海大众公共交通有限公司所属上海大众公交曹杨分公司(该企业涵盖原大众三汽绝大部分公交线路)。2004 年年末，曹杨分公司拥有职工 4 118 人，其中驾驶员 1 650 人、售票员 549 人，合计拥有各类车辆 948 辆。

2005 年 10 月至 2010 年 1 月期间，为上海大众公交西北公司，下属 6 个车队、1 个租赁分公司、1 个汽修车间，控股飞云公司、飞翔客运公司。

2009 年 3 月，上海启动“突出公交行业公益特征，完善市场化运作机制”新一轮改革，巴士重组方案经国家证监会批准，大众交通集团将大众公交公司所持股份转让给巴士公交公司(后改为巴士公交集团有限公司，简称巴士集团)。

2010 年 2 月，新组建后的巴士三汽成为巴士集团下属企业。至 2010 年年末，巴士三汽拥有职工 4 717 人，其中驾驶员 2 006 人、售票员 522 人，合计车辆 1 016 辆，运营线路 51 条，线路总长 846.76 公里，行驶总里程 5 468.61 万公里，年客运总量 14 820 万人次。

上海巴士四汽公共交通有限公司(简称巴士四汽)成立于 1997 年 5 月 25 日，由四汽公交公司(占股 49%，该股权属上海公交控股有限公司)与巴士实业股份有限公司(占股 51%)投资组建，办公地点：天山路停车场(后改为茅台路 1028 号)。

巴士四汽　1958 年 7 月至 1988 年 11 月，为上海市公共交通公司汽车四场。1988 年 11 月至 1995 年 12 月，为上海公交总公司第四汽车公司。

1995 年 12 月，按照上海市委、市政府公交“三制”改革要求，由上海公交总公司第四汽车公司改制，成立上海四汽公共交通公司(简称四汽公交公司)，实行独立核算，办公地址：中山西路 1011 号。

1997 年 5 月，四汽公交改制为巴士四汽后，企业通过收购、兼并得到壮大发展；1999 年 10 月，并购上海都得利汽车客运有限公司。

2009 年 3 月，上海启动“突出公交行业公益特征，完善市场化运作机制”新一轮改革，巴士重组方案经国家证监会批准，4 月，久事收购巴士实业所持巴士四汽全部股权。8 月，久事公司和交投集团(由公交控股“撤二建一”组建)将所持全部股权，通过国有资产划拨方式，无偿注入巴士公交公司[后改为巴士公交(集团)有限公司]。

2009 年 11 月，巴士四汽接管大众百通汽车有限公司经营的公交线路和郊区线路 10 条，营运车 134 辆；年底，大众百通并入巴士四汽。

至 2010 年年末，巴士四汽下设 11 个营运分公司，拥有公交线路 60 条，线路总长度 1 017.53 公里，公交车 1 163 辆，团客车 224 辆，日均营运里程 18.08 万公里，日均客运 57.46 万人次，在职员工 5 807 人。

整合重组　2015 年，上海公交启动新一轮“区域化”兼并重组改革，优化管理结构，缩减管理层次。9 月 8 日，巴士三汽、巴士四汽召开整合重组动员大会；10 月 15 日，“撤二并一”重新组建新公司——上海巴士第三公共交通有限公司。

因巴士三汽长期投资较多，为减少对外投资股权变动，利用巴士三汽壳资源，通过国有资产无偿划转方式，将巴士四汽及其相关股权注入巴士三汽，形成新经营主体。巴士三汽变更为上海巴士第三公共交通有限公司，注册资本、注册地址、股东等不变。巴士四汽股东由巴士集团变更为巴士三汽，成为巴士三汽全资子公司。整合两家企业资产、负债，巴士三汽沪西职校划归巴士驾校，巴士三汽所持公交驾驶员培训中心10%股权列入清理范围。

两公司合并后，线路划归以车队为主、线路为辅，实行整建制划转，确保线路正常运转，为下一步人员分流创造条件。同时，加快新公司线网调整，对复线2/3以上线路实施撤并，通过优化线路、优化班次、优化调度，提高营运效率，以精简管理人员，减少人工成本支出。

2016年3月21日，撤销原十三车队、十六车队建制，组建新十三车队，公司所辖车队数由19家缩为18家。同年6月27日，撤销原四车队、八车队建制，组建新四车队；撤销原十车队、十五车队建制，组建新十车队；撤销原十一车队、十九车队建制，组建新十一车队；撤销天山修理车间、曹杨修理车间建制，组建巴士三公司修理车间；原十八车队更名为八车队；原十七车队更名为十五车队。公司所辖车队数由18家缩减至15家，修理车间由2家变更为1家。7月28日，公司营运信息部（安全监督部）更名为营运信息（安全）部，人力资源（保卫）部更名为人力资源（组织、保卫）部，审计监察部更名为审计工作部，后勤服务管理中心与票务结算管理中心合并为综合管理部。同日，成立中运量车队，公司所辖车队数由15家变更为16家。

2017年7月3日，经巴士三公司党政联席会议研究决定：公司设立纪检监察部，与党委工作部合署办公。9月1日，巴士三公司所属八车队公交线路（松亭石专线、松江12路、沪松专线、上佘线）的车辆和从业人员划归上海巴士第二公共交通有限公司；公司撤销八车队建制，所辖车队数由16家缩减至15家。12月28日，1250路更名为71路支线1，1251路更名为71路支线2。

截至2017年年底，巴士三公司行政管理部门包括行政办公室、营运业务（安全）部、技术机务部、人力资源（组织、保卫）部、计划财务部、审计工作部和综合管理部，党群部门包括党委工作部、纪检监察部、工会和团委。

巴士三公司下设15个车队和1个修理车间，主要停车场包括天山路停车场、曹杨路停车场、真南路停车场等。拥有营运线路119条，线路长度1 712.64公里，主要分布在市区西部及西北部地区，涉及普陀、长宁、闵行、嘉定等区域。

巴士三公司注册资本16 229.17万元。现有职工7 682余人，营运保管车辆2 063辆，日营运里程29.62万公里，运客总人数28 055.46万人次，全年客运总收入57 276.20万元，营业成本152 041.88万元。

表4-1-5 2007—2015年巴士三汽经营数据统计情况表

年 份	年度营运总里程（万公里）	线路数（条）	车辆数（辆）	职工人数（人）
2007	4 429.43	64	925	4 041
2008	3 519.97	64	925	4 041
2009	6 324.99	77	1 130	5 101
2010	5 468.61	51	1 016	4 717
2011	4 401.79	50	926	4 174

〔续表〕

年　份	年度营运总里程(万公里)	线路数(条)	车辆数(辆)	职工人数(人)
2012	4 457.62	53	1 013	4 066
2013	4 511.00	58	1 174	3 805
2014	5 202.78	55	951	4 011
2015	4 907.04	59	974	3 757

表 4-1-6　2007—2015 年巴士四汽经营数据统计情况表

年　份	年度营运总里程(万公里)	线路数(条)	车辆数(辆)	职工人数(人)
2007	7 814.65	50	1 314	4 770
2008	7 243.14	56	1 209	4 690
2009	6 413.13	59	1 106	5 818
2010	6 598.18	60	1 387	5 807
2011	6 300.43	60	1 062	5 551
2012	5 938.30	59	1 062	5 161
2013	5 759.87	63	1 118	4 780
2014	6 385.59	65	1 126	4 727
2015	6 203.11	67	1 121	4 560

表 4-1-7　2015 年 10—12 月巴士三公司经营数据统计情况表

年　份	年度营运总里程(万公里)	线路数(条)	车辆数(辆)	职工人数(人)
2015(10—12 月)	2 874.87	126	2 095	8 317

注：2015(10—12 月)年度营运总里程，系企业改制前巴士三汽和巴士四汽 2015 年第四季度营运公里里程数合计。

表 4-1-8　2016—2018 年巴士三公司经营数据统计情况表

年　份	年度营运总里程(万公里)	线路数(条)	车辆数(辆)	职工人数(人)
2016	1 902.07	123	2 160	7 975
2017	1 712.64	119	2 063	7 682
2018	1 447.41	100	1 746	6 617

【巴士四公司】

2014 年 7 月 18 日，巴士集团将上海巴士六汽公共交通有限公司(简称巴士六汽)和上海巴士新新汽车服务有限公司(简称巴士新新)“撤二建一”合并重组，根据当时巴士集团市区营运公司排位序列，新公司名称继续沿用上海巴士六汽公共交通有限公司（简称巴士六汽），巴士新新被无偿划转至巴士六汽后办理注销。

2015 年 10 月 26 日，上海巴士六汽公共交通有限公司更名为上海巴士第四公共交通有限公司（简称巴士四公司）。

巴士六汽 前身为上海强生公共汽车有限公司，系由上海强生集团股份有限公司（前身为上海市出租汽车公司）控股的全资子公司，注册资本 4 000 万元。

1995 年 1 月 16 日，上海强生公共汽车有限公司（简称强生公交公司）成立，办公地址为龙华西路 400 号。同年 2 月，强生公交公司中标 85 路、856 路、857 路 3 条城市中巴专线，5 月正式投入运营。

1996 年至 1998 年，强生公交公司先后开辟 731、732、733、734、873（后更名为 933）等线路。1998 年 10 月受权托管申华客运有限公司，共有营运线路 15 条，客运车辆 298 辆，职工 700 余名。

1999 年 4 月，强生公交公司所有营业车辆更改色标，以黄色为基准色调。

2001 年 9 月，强生公交公司 818 路成为全市第一条使用手持式多功能 POS 机线路，从而使公交多级票制只能人工售票、不能刷卡的历史宣告结束。

2005 年，强生公交公司淘汰 7 米中巴公交车，购进 299 辆高等级申沃公交车。12 月，43 条线路全部安装安全行车记录仪（黑匣子），标志公司在安全行车、预防教育上迈入信息化管理轨道。

2009 年 3 月，上海启动“突出公交行业公益特征，完善市场化运作机制”新一轮改革，由上海巴士公共交通有限公司（简称巴士公交公司）统筹对市区公交企业进行收购、兼并和转制。4 月 1 日，强生公交公司整建制划归巴士公交公司（后更名为巴士公交集团），成为其下属企业。强生公交公司更名为上海巴士六汽公共交通有限公司，办公地址为浦东长青路 2455 号。

2010 年 3 月 16 日，巴士六汽公司新辟虹桥枢纽 4 路。至同年年底，巴士六汽公司下设 7 个公交分公司、1 个旅汽公司、2 个汽车修理厂、1 个汽配经营部，有营运线路 47 条，营运车辆 956 辆，职工人数达 4 247 人。

上海巴士新新汽车服务有限公司 由上海新新汽车服务公司、上海巴士新新汽车服务公司沿革发展而来，注册资本 29 313.88 万元。

1993 年 3 月 18 日，上海新新汽车服务公司（简称新新公司）成立，由上海市公交总公司与上海市中国旅行社合资联营。公司实行独立核算、自负盈亏，办公地址为河南中路 189 号。

新新公司主要经营双层客车业务，由公司下设公交、中旅两个车队承担。1993 年 4 月 10 日，新新公司开业，公交车队初期开辟 2 条客运专线，即双层 1 路专线（老西门站至虹桥路站）、2 路专线（新客站北广场站至彭浦新村站）；中旅车队经营市区和省际旅游业务。

1995 年 11 月 18 日，新新公司与上海市园林局、上海野生动物园合资成立上海园林巴士有限公司，经营万野线、广野线、原野线。

1996 年 8 月 30 日，上海市公交总公司与上海市中国旅行社终止联营协议，上海市中国旅行社撤资，新新公司全资隶属公交总公司。

1996 年 8 月 26 日，巴士实业集团[上海巴士实业（集团）股份有限公司]在上海证券交易所挂牌上市，利用上市募股资金收购上海公交总公司的 21 家三产企业全部或控股股权。同年 10 月，上海市公交总公司撤销，新新公司被有偿转入巴士实业集团，更名为上海巴士新新汽车服务公司。

1998 年 7 月 28 日，巴士实业集团与巴士新新公司签署合同，决定自 1998 年 8 月 1 日起，将巴士实业集团所属 512 路公交线及公交运营车辆所有权、经营权有偿转入巴士新新。至同年年底，巴士新新经营公交线路8条,营运车辆242辆。

1999年,巴士新新汽车服务公司改制为股份有限公司,并建立职工持股会。当年6月,巴士新新公司更名为上海巴士新新汽车服务有限公司。

2001年3月2日,上海园林巴士有限公司注销,各投资单位撤资,所有债权债务由巴士新新承继,所属线路万野线、原野线、广野线由巴士新新收购。

2001年10月起,巴士实业集团实施专业化重组相关产业计划。当年11月1日起,巴士欣业客运有限公司所属专线客运业务及经营车辆有偿转入巴士新新汽车服务有限公司。2002年1月1日起,巴士新新所属旅游大客车94辆、公务车3辆有偿转入巴士联谊客运总公司。

2003年1月1日起,上海文风出租汽车服务部所属的520路公交线及客运资产有偿转让给巴士新新,巴士高速客运有限公司所属8条市郊客运线路、126辆营运车辆转入巴士新新。同年7月1日起,巴士联谊旅游客运有限公司经营的1条市郊客运线路及26辆营运车辆有偿置换给巴士新新。至此,巴士新新主营业务改为公交客运,不再经营省际旅游和旅游租赁。

2004年2月28日,巴士新新汽车服务有限公司将公司职工持股会所持股份,转让给上海巴士联谊旅游客运有限公司,巴士新新重新转为国有独资企业。

2005年7月,巴士实业集团将巴士电车公司下属的原三电市南公司所辖线路和资产以及全部人员关系整建制划归巴士新新。

2007年6月,巴士新新将24路电车线路划归巴士电车公司。同年10月1日起,申安公司所属22条线路及团客三部由巴士新新接受,整合管理。

至2010年年底,巴士新新下辖9个运营分公司、3个修理分公司;公司办公地址为重庆南路275号,有重庆南路、漕宝路、南陈路和华夏路4个停车保养场;企业职工人数4 247人(其中驾驶员2 446人,售票员544人),拥有公交线路42条(其中电车线路2条),拥有公交车辆956辆(其中电车68辆)。

企业合并 2014年7月18日,巴士六汽和巴士新新"撤二建一"重组,根据当时巴士集团市区营运公司排位序列,新公司名称继续沿用上海巴士六汽公共交通有限公司。

在"撤二建一"工作中,巴士六汽和巴士新新经历日常经营管理、大局意识和队伍稳定三大考验,两公司全体职工顾全大局讲奉献,队伍稳定讲和谐,平稳推进各项工作有序开展,做到时间过半,任务完成过半,实现巴士集团部署的各项经营管理目标。巴士六汽整合后,力求确保经营绩效、服务质量、管理水平"三个领先",不漏环节、无缝对接,发挥强强联合优势,做到"1+1>2"改革效果。

根据巴士集团《关于实施三级管理体系(暂行)规定》,2015年7月24日,巴士集团召开巴士六汽扁平化管理启动工作会议。作为巴士集团内第二家推行扁平化管理单位,巴士六汽推出扁平化管理改革时间表。8月上旬,巴士六汽制定具体实施细则,完成公司管理由三级向两级过渡,出台部室、车队、车间党政负责人及各基层班子成员名单。

推行扁平化管理后,巴士六汽内设机构"七部一室一会",即党委工作部(纪检)、营运信息(安全)部、技术机务部、人力资源(保卫)部、计划财务部、审计工作部、综合管理部、行政办公室(信访)和工会。

原10家运营分公司缩减为8个运营车队,内部线路进行合理规划调整,突出区域化经营管理模式;原重南、漕宝、川沙3个修理车间,调整为巴士六汽公司修理车间,下设3个修理点。

2015年10月26日,在巴士集团召开全系统深化改革推进工作会议上,宣布各公交运营公司序列和新名称，上海巴士六汽公共交通有限公司更名为上海巴士第四公共交通有限公司。

截至 2017 年年末，巴士四公司下辖 8 个营运车队、1 个修理车间，拥有公交客运车辆 1 150 辆，员工人数 4 415 人，经营公交客运线路 70 条，线路长度 1 179.16 公里，运营范围覆盖本市浦东、黄浦、徐汇、闵行、虹口、宝山、静安、长宁等行政区域。全年行驶总里程 6 494.70 万公里，运客总人数 15 412.04 万人次，办公地点为上海市黄浦区重庆南路 275 号，注册资本 20 438.91 万元。

表 4－1－9　2009—2014 年巴士六汽经营数据统计情况表

年　份	线路总长度(公里)	线路数(条)	车辆数(辆)	职工人数(人)
2009	1 292.23	49	930	4 175
2010	1 156.45	47	956	4 247
2011	1 100.08	46	952	4 078
2012	1 050.93	44	952	3 884
2013	782.61	37	693	3 567
2014	1 174.30	66	1 167	5 504

表 4－1－10　2009—2013 年巴士新新经营数据统计情况表

年　份	线路总长度(公里)	线路数(条)	车辆数(辆)	职工人数(人)
2009	791.91	45	1 025	5 221
2010	699.18	42	956	4 247
2011	700.62	42	1 060	5 012
2012	606.36	38	945	4 238
2013	388.50	28	581	3 636

表 4－1－11　2015—2017 年巴士四公司经营数据统计情况表

年　份	线路总长度(公里)	线路数(条)	车辆数(辆)	职工人数(人)
2015	1 160.79	67	1 157	5 030
2016	1 188.11	70	1 133	4 725
2017	1 179.16	70	1 150	4 415

【巴士五公司】

上海巴士第五公共交通有限公司(简称巴士五公司)，系由上海巴士五汽公共交通有限公司(简称巴士五汽)和上海宝山巴士公共交通有限公司(简称宝山巴士)于 2015 年进行整合重组，并于同年 8 月 16 日挂牌成立。

巴士五汽　由上海市公交公司汽车六场、上海市公共交通第三分公司、上海市公交总公司第五汽车公司、上海五汽公共交通公司、上海五汽冠忠公共交通有限公司、上海五汽公共交通有限公司发展而来。

1979 年 10 月,位于上海市区北部的上海市公共交通公司汽车六场竣工投产。

1985 年 9 月,上海公交实行区域性管理体制改革,上海市公交公司所属电车一场与汽车三场、汽车六场合并为上海市公共交通第三分公司。

1988 年 11 月 19 日,上海市公交公司改称为上海市公交总公司,上海市公共交通第三分公司建制撤销,成立上海市公交总公司第三汽车公司、上海市公交总公司第一电车公司、上海市公交总公司第五汽车公司(原汽车六场区域)。

1995 年 12 月底,上海市公交行业实行"三制"改革,全市公交企业全部实行独立经营核算,公交总公司第五汽车公司改制为上海五汽公共交通公司(简称五汽公交公司),办公地址:共和新路 3034 号。

1996 年 7 月 23 日,五汽公交公司抓住与上海冷气机厂合作改装空调巴士的机遇,对"开利"空调在公交车上改装应用进行研制,上海公交第一辆空调车诞生于其下属 46 路车队。

至 1997 年年末,五汽公交公司拥有运营线路 37 条,其中常规公交线路 27 条、专线 10 条,线路总长度为 532 公里,公交运营车辆 882 辆(铰接式 272 辆、单机 565 辆、中巴 45 辆),职工总数为 5 788 人。

1998 年 6 月 28 日,五汽公交公司改制为上海五汽冠忠公共交通有限公司(简称五汽冠忠公司),企业类型为合资企业,由三方合资组建,其中上海公交控股公司占 47%,香港冠忠(中国)发展有限公司占 47%,上海浦东冠忠公共交通有限公司占 6%。经营范围包括市内公交营运、出租车营运、客车出租,投资总额 1 449 万美元,办公地址为共和新路 3034 号。

至 1998 年年末,五汽冠忠公司拥有公交车辆 961 辆,车辆结构为汽油空调车 13 辆、柴油车 948 辆(柴油空调车 522 辆、柴油单机车 378 辆、中巴车 36 辆、双层车 12 辆);拥有共和新路保养场和沪太保养场;拥有运营线路 43 条,线路总长度 562.516 公里;企业职工 4 015 人(其中女职工 1 281 人)。

2008 年,五汽冠忠公司股权发生变化,当年 12 月 17 日,五汽冠忠公司更名为上海五汽公共交通有限公司,由合资企业转为国有独资,为交投集团直属单位。

2009 年 4 月 1 日,上海五汽公共交通有限公司由巴士公交公司托管。12 月 23 日,上海五汽公共交通有限公司更名为上海巴士五汽公共交通有限公司。

2009 年 12 月,巴士五汽先后收购上海芷新(集团)有限公司 845 路公交线,上海电气汽车服务有限公司 853 路公交线,金龙出租汽车服务有限公司 849 路公交线,不夜城旅游汽车服务有限公司 741 路、850 路、851 路、165 路和彭南线等 8 条公交线路,该 8 条线路运营车辆一并实施过户。

至 2010 年年底,巴士五汽拥有 8 个运营分公司、1 个独立核算客运公司、1 个维修分公司、2 个多种经营单位(牵引公司、站牌公司),拥有营运车辆 955 辆,职工 4 238 人,营运线路 49 条,营运线路总长度 694.96 公里。

宝山巴士 1981 年 10 月,地处宝山的上海市公交公司汽车九场建成投产。1988 年 11 月 19 日,上海市公交公司改制为上海市公交总公司,汽车九场改称为宝山公交公司。

1995 年 12 月底,本市公交行业实施"三制"改革,上海市公交总公司宝山公交公司改制为上海宝山公共交通公司(简称宝山公交公司),企业实行独立核算,办公地址:宝杨路 2000 号。

1999 年 9 月,上海巴士公司抓住公交企业深化改革机遇,企业增资扩股,改称为巴士实业集团。同年 12 月 30 日,宝山公交公司改制为上海宝山巴士公共交通有限公司(简称宝山巴士公司),由巴士实业集团、公交控股公司、强生公交公司共同出资组建,其中巴士实业集团出资比例 46.875%,市公交控股公司(后改制为交通投资集团)出资比例 46.875%,强生公交公司出资比例 6.25%。

宝山巴士公司自1999年年末至2008年年末，延伸、新辟、调整线路60余条，方便宝山地区市民出行。

2009年5月1日，宝山巴士公司收购、整合上海东樑客运有限公司、上海亚通出租汽车有限公司、上海杨浦客运有限公司及其11条客运线路，陆续开出6条社区巴士线路。同年5月，巴士实业集团退市，持有宝山巴士公司股权通过资产重组注入巴士公交有限公司，交投集团持有宝山巴士公司股权通过国资划拨方式注入巴士公交有限公司，并由巴士公交有限公司受让强生公交公司持有宝山巴士公司股权，至此，宝山巴士公司完成股权交割，成为巴士公交公司(后更名为巴士公交集团)全资子公司。

至2010年年底，宝山巴士公司拥有3个停车场，即纪念路停车场、宝杨路停车场、共祥路停车场；有职工4 716人，其中驾驶员2 307人，售票员670人；营运车辆995辆，其中高等级车辆693辆；营运线路67条，线路总长度1 168.95公里，年客运总量16 123万人次，行驶总里程6 688.99万公里。

合并重组 2015年，新一轮上海公交体制"区域化"改革启动，巴士五汽和宝山巴士进行整合重组，"撤二并一"后重新组建新公司——上海巴士第五公共交通有限公司，于同年8月19日揭牌成立。

鉴于宝山区税收优惠大于闸北区，所以新公司采用宝山巴士壳资源，通过国有资产无偿划转方式，将巴士五汽股权注入宝山巴士，形成新实体并更名，注册资本、地址、投资方等均不变。巴士五汽股东由巴士集团变更为宝山巴士，成为宝山巴士全资子公司后，巴士五汽适时注销。

两家企业资产、负债随之进行整合清理，其中对外长期投资项目宝山巴士全资子公司——宝山巴士驾驶员培训公司归口巴士驾校，五汽驾驶员培训公司、公交五汽劳动服务公司等列入清理计划。

两公司合并后线路划归以车队为主、线路为辅，实施整建制划转，确保线路正常运转，为人员分流创造条件。同时加快新公司线网调整，对复线2/3以上线路实施撤并，通过优化线路、优化班次、优化调度，提高营运效率，以使企业达到减少管理层次(由三级管理变为二级管理)、降低人工成本的目标。

2015年8月28日，巴士五公司新辟穿梭巴士1607路、1609路及公交宝山90路、宝山91路、宝山92路，积极推进宝山区公交实事工程。9月8日，公司正式使用统一路救报修电话"56126915"，实现修理资源就近调配、故障车辆就近修理，为一线驾驶员报修故障提供便利。

2017年1月25日，公司举行71路中运量公交志愿者培训暨动员誓师大会。8月21日至25日，公司完成巴士通新版本升级工作。8月31日起，公交537路、554路、726路、817路、823路5条线路整建制陆续划转巴士一公司。

巴士五公司内设机构一室八部一会，即行政办公室、党委工作部、纪检监察部、营运信息(安监)部、技术机务部、人力资源(组织、保卫)部、计划财务部、审计工作部、综合管理部及工会。运营线路涵盖上海北部地区闸北区、宝山区、杨浦区等行政区域。

截至2017年年底，巴士五公司职工人数6 614人，运营车辆1 803辆，拥有营运线路147条，其中市属一级线路86条，区属二级线路61条(其中穿梭巴士15条)。线路营运范围东起崇明岛，南至南浦大桥，西到马陆，北达罗泾。辖有5个停车场(宝杨路、闸殷路、国江路、共和新路、南陈路停车场)。线路总长度1 944.68公里，全年行驶总里程10 769.19万公里，年度运客总人数27 191.55万人次。公司办公地点为上海市宝杨路2000号，注册资本28 385.48万元。

表 4-1-12　2009—2015 年巴士五汽经营数据统计情况表

年　份	线路总长度(公里)	线路数(条)	车辆数(辆)	职工人数(人)
2009	656.10	47	889	3 992
2010	694.96	49	955	4 238
2011	689.53	52	856	4 097
2012	698.35	53	841	3 882
2013	747.10	55	973	3 653
2014	728.27	53	942	3 686
2015	709.02	52	891	3 535

表 4-1-13　2009—2015 年宝山巴士经营数据统计情况表

年　份	线路总长度(公里)	线路数(条)	车辆数(辆)	职工人数(人)
2009	1 306.50	74	935	4 231
2010	1 168.95	67	995	4 716
2011	1 136.19	69	984	4 607
2012	1 132.67	70	984	4 314
2013	1 146.76	72	984	4 031
2014	1 151.04	76	949	3 851
2015	1 262.00	90	994	3 608

表 4-1-14　2016—2018 年巴士五公司经营数据统计情况表

年　份	线路总长度(公里)	线路数(条)	车辆数(辆)	职工人数(人)
2016	1 962.17	145	1 849	6 813
2017	1 944.68	147	1 803	6 614
2018	1 789.10	139	1 669	6 267

二、经营状况

2004 年,巴士股份公司共实现主营业务收入 36.71 亿元,利润总额 2.63 亿元,净利润 1.61 亿元。年末总资产 55.1 亿元,净资产 17.45 亿元,净资产收益率 9.2%。与 2003 年同期相比,主营业务收入增加 16%,利润总额增加 59%,净利润增加 94%,净资产增加 7.9%。

2005 年,巴士股份公司总股本为 72 611.56 万股,净资产 18 亿元,总资产 57 亿元,每股收益 0.22元,净资产收益率 9.2%。2005 年其所属 6 家公交企业营运收入 26.57 亿元,比 2004 年同期上升 5.48%,年度实现净利润 1.32 亿元。巴士拥有各类运营车辆 1.8 万余辆,其中公交车 8 000 余辆、出租汽车 6 000 余辆,经营上海市内公交、埠际客运线路近 600 条以及轨道交通五号线。

巴士股份公司主要从事公交客运、出租车客运、长途客运服务以及物流租赁等业务。其中公交客运业务占巴士 2005 年、2006 年、2007 年主营业务收入比例分别为 73%、55.78%、57.28%。巴士公交客运业务占上海市内公交客运量超过 50%(其中市中心公交客运量超过 70%),埠际交通的客运市场份额超过 35%。

在盈利能力上,巴士公交客运业务主要依赖于政府财政补贴。从经营业务性质看,其公交客运业务具有公益性质,作为公益性事业本身不以营利为目的。受油价上涨、人工成本提高、市轨道交通大幅扩容以及优惠乘车等影响,巴士经营面临较大压力。

巴士出租车客运业务效益下滑,发展空间受限。受市政府启动出租车油价运价联动机制、2007 年职工"四金"标准提高、车船税标准提高以及增加 600 台电调终端设备和电子门检系统等因素影响,巴士出租车业务成本增加,经营效益下滑,出租车业务 2007 年毛利率较 2006 年降低 12%。同时,受上海市限制出租车投放量以及路面交通压力日趋增加的影响,出租车客运业务发展遇到明显瓶颈,出租车客运业务发展空间受到较大限制,制约巴士股份公司进一步发展。

2008 年,巴士股份公司在经营上承受较大压力。由于轨道交通大幅扩容、优惠换乘措施实施、成本持续增加等因素,公交企业面临着前所未有的经营压力。截至 2008 年年底,巴士股份公司总资产 89.49 亿元,比 2007 年年末的 104.38 亿元下降 14.27%;负债总额 53.57 亿元,负债率59.86%,比 2007 年年末负债总额 52.58 亿元所对应的负债率 50.37%上升 9.49 个百分点。2008 年营业收入比 2007 年下降 1.88%;营业利润—4.47 亿元,同比下降 254.31%,主要系投资收益下降所致。由于主业公共交通经营亏损,巴士股份公司合并报表净利润为—3 616.85 万元。

2009 年,巴士公交公司成立,通过收购重组和资产注入等方式,统一经营浦西地区和金山、崇明、奉贤区域内地面公交,巴士公交公司公交线路和车辆规模约占上海市公交市场份额的 60%。巴士公交公司经营效益好于预期。2009 年预算亏损 11.4 亿元,经过各公交企业不懈努力,实际亏损约 9 亿元,较预算减亏 2.4 亿元。

2010 年,巴士公交集团客运量(不含世博专线)16.90 亿人次,日均客运量 479.14 万人次,行驶里程 6.05 亿公里,日均行驶里程 165.72 万公里;营业收入(含老人、换乘补贴)43 亿元,其中公交线路收入 36.65 亿元,日均营收 1 003 万元。2010 年年底,巴士公交集团汇总报表总资产 61 亿元,净资产为 0.6 亿元,资产负债率 99%。巴士公交所属 11 家公交企业亏损 13.8 亿元,占全年预算目标亏损 16 亿元的 86.25%。

2011 年巴士公交集团经营情况:全年日均行驶里程 162.74 万公里,日均客运量 455.18 万人次;总收入 39.64 亿元,预算执行率 100.8%,同比减少 0.55 亿元;总成本 62.02 亿元,预算执行率 99.1%,同比增加 8.64 亿元;亏损 19.5 亿元,预算执行率 87.5%,同比增加 8.57 亿元。2011 年巴士公交集团营运服务方面:2011 年行业乘客满意度测评,巴士公交平均实绩为 85.95 分,高于行业平均满意度 0.37 分,较 2010 年同期上升 1.77 分,名列行业首位。行业前 10 家较大规模企业中,巴士公交占 8 家,并且包揽前 5 名。安全行车方面:创造连续 109 天安全营运 1.8 亿公里无重大行车事故成绩。

2012 年,巴士公交集团坚持以营运服务为中心,一手抓开源节流、降本增效,一手抓提高素质、打造精品。在安全服务方面继续保持行业领先:2012 年全市公交行业乘客满意度测评中,巴士集团公交乘客满意度指数为 86.71 分,高于行业平均水平 0.5 分。在行业前 10 家较大规模企业中,集团所属公交占有 8 家,并位居前 6 名。巴士集团和巴士一汽、巴士二汽、巴士四汽、金山巴士公司被评为 2012 年上海市安全管理先进单位。巴士集团 2012 年实际亏损 19.28 亿元,在 2011 年的基础上减亏 2 000 万元。

2013 年年底,巴士公交集团注册资本 23 亿元,下辖公交营运企业 11 家,营运线路 583 条,线路总长度 10 253 公里,公交线路车辆 9 383 辆,集团全部员工约 4 万名。2013 年,巴士集团公交线路车年行驶里程约 5.32 亿公里(日均约 145.75 万公里),年客运量约 15.35 亿人次(日均约 420.59 万人次),年客运收入约 32 亿元(日均约 876.71 万元)。巴士集团公交运营总体规模约占当年上海市公交市场份额的 57%。

2014 年年底,巴士公交集团注册资本约 23.19 亿元,下辖公交营运企业 10 家,运营线路 588 条,线路总长度 10 093.95 公里,公交线路车辆 8 805 辆,年平均员工约 3.7 万名。巴士集团公交线路车年行驶里程约 5.24 亿公里(日均约 143.56 万公里),年客运量约 15.02 亿人次(日均约 411.51 万人次),年客运收入约 31.9 亿元(日均约 873.97 万元)。巴士集团公交运营总体规模约占上海市公交市场份额的 57.17%。2014 年,巴士公交营业收入 30.7 亿元,亏损 28.9 亿元,剔除预算外因素 6 亿元,实际亏损 22.9 亿元,减亏 4.1 亿元。2014 年年末,公交营运企业资产总额 55.4 亿元,负债总额 51.1 亿元,净资产 4.3 亿元,资产负债率 92%。

2015 年年底,巴士公交集团注册资本 23.68 亿元,下辖公交营运企业 7 家,运营线路 607 条,线路总长度 10 203.18 公里,公交线路车辆 8 809 辆,年平均全部员工约 3.4 万名。2015 年,巴士集团公交线路车年行驶里程约 5.04 亿公里(日均约 138.08 万公里),年客运量约 14.19 亿人次(日均约 388.77 万人次),年客运收入约 30.1 亿元(日均约 824.66 万元)。巴士集团公交运营总体规模约占年度上海市公交市场份额的 56.62%。巴士集团全年收到各项补贴资金 65.30 亿元。在保证职工收入正常增长的前提下,财政补贴的及时到位使 2015 年巴士公交亏损大幅下降,全年亏损 4.30 亿元,与 2014 年亏损 8.29 亿元相比减少 3.99 亿元,扭转多年来亏损不断增加的趋势,公交可持续发展机制基本确立。

2016 年年底,巴士公交集团下辖公交营运企业 7 家,运营线路 618 条,线路总长度 10 295.74 公里,公交线路车辆 8 890 辆,年平均全部员工约 3.4 万名。2016 年,巴士集团公交线路车年行驶里程约 5.04 亿公里(日均约 134.79 万公里),年客运量约 13 亿人次(日均约 356.16 万人次),年客运收入约 27.45 亿元(日均约 752.05 万元)。巴士集团公交运营总体规模约占上海市公交市场份额的 55.29%。巴士集团在公交理事会和市政府有关部门大力支持下,综合补贴资金采用定期预拨、年终清算拨款方式,全年收到各类补贴资金 46.56 亿元。在保证职工收入正常增长前提下,2016 年公交经营性利润为 0.5 亿元,超额完成理事会经营性利润持平的预算奋斗目标。2016 年年末,巴士集团资产总额由年初的 67.8 亿元上升至 76.9 亿元;负债总额因递延收益增加,由年初的 20.4 亿元上升至 34.5 亿元,公交企业年末无银行借款,资产负债率 44.9%。

2017 年年底,巴士公交集团注册资本 23.68 亿元,下辖公交营运企业 7 家,营运线路 625 条,线路总长度 10 129.57 公里,公交线路车辆 9 037 辆,年平均全部员工约 3.4 万名。2017 年,巴士集团公交线路车年行驶里程约 5.08 亿公里(日均约 135.89 万公里),年客运量约 11.69 亿人次(日均约 320.27 万人次),年客运收入约 24.55 亿元(日均约 672.60 万元)。巴士集团公交运营总体规模约占全市公交市场份额的 54.11%。巴士集团年内收到综合补贴资金 28.38 亿元,有效缓解资金压力。在保证职工收入正常增长前提下,剔除车辆折旧、购置补贴和政府指令性任务因素,2017 年公交经营性利润 0.52 亿元,三年累计经营性利润 1.21 亿元,公交亏损情况得到有效控制。巴士公交资产总额 54.7 亿元,负债总额 34.7 亿元,资产负债率为 63.4%,各项财务状况指标维持良好水平。

2018 年 12 月底,久事公交集团注册资本为 23.68 亿元,下辖公交营运企业 5 家,运营线路 516

条，线路总长度7 223.99公里，公交线路车辆7 890辆，拥有公交停保场22个、公交枢纽站38个、汽车站3个。久事公交线路行驶总里程约4.2亿公里，客运量约10.44亿人次，运营总体规模约占全市公交市场份额的50.54%，是上海最大地面公共交通运输企业。

公交集团积极贯彻落实"公交优先"发展战略，牢固确立公共服务类企业市场定位，坚持以乘客需求为导向，通过深化改革增强内在驱动力，通过创新创效提升乘客满意度，为企业可持续发展、为上海创建"公交都市"提供有力支撑。

表4-1-15　2005—2017年巴士公司公交车辆和线路一览情况表

年　份	公交车辆数(辆)	线路总长度(公里)	规模份额占比
2005	7 502	—	—
2006	7 012	—	—
2007	7 230	—	—
2008	6 948	—	—
2009	10 275	12 642.32	—
2010	10 858(含世博专线)	12 001.49	—
2011	9 829	10 535.47	—
2012	9 756	10 297.82	—
2013	9 383	10 253.29	57%
2014	8 805	10 093.95	57.17%
2015	8 809	10 203.18	56.62%
2016	8 890	10 295.74	55.29%
2017	9 037	10 129.57	54.11%

注：巴士公交每年期末保管车辆数，由公交线路车辆、新购车辆、报废车辆、各单位调入及调出车辆情况汇总而成。

三、线网优化

巴士公交集团立足现有公交资源，确定线路分类定位，坚持"一路一骨干"、填补空白、减加结合等思路，持续推进线网优化工作。

巴士股份公司在2004年起实施以主干道线路经营权归并为主要内容的线网优化基础上，于2005年结合市交通局关于上海公交线网优化总体规划，加大线路经营权置换力度，全年6家公交企业共有22条线路实施经营权置换，撤销、归并11条线路，调整、延伸58条线路。通过线网优化措施扩大市场占有率，也为减少亏损线路、提高公交整体效益起到积极作用。

2006年，巴士股份公司在前两年线路归并调整基础上，继续加大线网调整力度，各单位延伸、新辟、调整、合并、撤销线路共68条，使线网布局、线路走向、线路管理更为合理。

2007年，巴士股份公司所属企业完成公交线路延伸、新辟、调整、合并、撤销共108条，其中新辟线路20条，调整、延伸线路78条，合并、撤销线路10条，另有7条线路进行经营权置换。

2009年,公交线网优化工作推进,所属线路共撤销9条,调整走向61条,新辟23条,有效提高营运效率,方便市民出行。巴士股份公司认真落实市交通港口局发布的《上海市公共汽电车客运服务规范》第一阶段目标要求,2009年年底有268条线路达标,占线路总数43.6%,进一步提升公交服务质量。

2011年,巴士公交集团根据市交通港口局批准实施当年公交新辟及调整线路计划,集团所属公交企业共撤销线路11条,归并线路5组,缩线7条,调整线路60条,新辟线路2条(其中11条为穿梭巴士线路)。另外,按照一条主干道线路由一家营运公司经营的内部线路调整思路,完成14条线路经营权归属调整。

2012年,巴士公交集团所属公交企业共撤销和划出线路14条(轨交8号线接驳线、桃浦1路、552路全程、罗南线、堡陈支线、松五专线、沪商专线、沪赵专线、沪塘专线、96路区间、146路区间、756路、北青线、松新专线),归并线路7组(55路与910路归并,撤销910路;706路与743路归并,撤销706路;65路与928路归并,撤销928路;848路与52路归并,撤销848路;沪金线与莘金专线归并,撤销沪金线;41路与128路归并,撤销128路;沪唐专线与822路归并,撤销822路)。调整后与调整前相比,尽管日均客运量减少3.35万人次,日均客运收入减少7.80万元,但百公里收入从573.69元提高到620元,增加46.31元,同时净减269档劳动力、日均公里减少18 545公里,按当时百公里成本982元计算,日均减少成本18.21万元,取得明显经济效益。

2013年,巴士公交集团新开设线路23条,撤销线路14条,归并线路1组,调整线路29条,缩线8条,进一步减少重复线路,提高资源利用率,方便上海市民出行。

2014年度巴士公交集团继续加大线网优化力度,合理布局线网,提高线网服务效率。针对超长线路、曲线系数较高线路、复线系数过高线路编制线网调整计划,同时继续优化主干道公交线路,完善与轨道交通站点衔接配套调整,满足市民出行需求。年度实施优化调整公交线网82条,其中新辟线路12条,撤销线路11条,归并线路4组,延伸线路8条,调整走向29条,缩线18条。年度乘客满意度指数保持行业领先地位;全年客运量15.24亿人次,占全市57.17%;完成600个站点1 092块55寸屏信息预报。

2015年,巴士公交集团借助巴士信息化管理平台,合理安排运能,采取放大站、区间、定班等调度形式,优化调度措施,科学编制行计时刻表,对重点线路实施"一周三表"营运作业计划,对重复线、超长线和低客流线实施关、并、缩线以及开设定班线等多项措施。实施优化调整公交线网共81条,其中撤销线路8条,归并线路1组,新辟线路31条,缩线8条,调整线路18条,延伸线路10条,改定班车4条,改高峰线1条,实施单一无人售票线路4条,提高了运营效率。同时,净增车辆57辆,净减员工2 118人,营运成本费用得到有效控制。

2016年,巴士公交集团编制完成涉及101条线路优化的《2016年线网调整计划》,实施沪太路"一路一骨干"线网优化,推进建设延安路中运量公交系统,加快与轨道交通网络融合,探索微循环线路,实现环环相连区域网络。2016年巴士公交集团实施优化调整公交线网共88条,其中撤销线路11条,新辟线路14条,调整线路31条,缩线7条,延伸线路11条,改定班线13条,归并线路1组。

2017年,巴士公交集团以"一路一骨干"为切入点和突破口,推进线网优化工作,先后完成宝杨路—宝安公路和四平路配套线网调整方案。全年共新辟线路17条,归并线路1组,撤销线路10条,缩线9条,调整线路51条,延伸线路8条,改定班线(高峰线)4条。继续推进定制公交项目,通过网上众筹预约方式,新辟顾村至人民广场线路1条,进一步探索微公交运营模式。

四、车辆车型

巴士公交公司作为上海浦西地区国有公交骨干企业、上海最大地面公共交通运输企业，其公交线路、车辆规模占上海市公交市场份额一半以上。

【沃尔沃、大宇公交客车】

上海公交改革以来，行业面貌发生巨大变化，其中最为引人注目的是公交车档次逐年提高，市民乘车环境、公交驾驶员工作环境都有极大改善，公交改革结出丰硕果实。

图 4-1-1 1996 年 7 月 23 日，上海首辆空调公交车在五汽公司 46 路投入运营

图 4-1-2 2001 年上海 APEC 会议期间，巴士集团首次购置的 145 辆配备车载移动数字电视的 VOLVO 城市客车在中心城区投入运营

1997 年，巴士在国内公交领域率先引入空调公交车，此后每年又以资金投入对其保有公交车型进行全面升级换代。

2002 年，巴士集团与上海申沃客车公司签订三年购置 1 000 辆沃尔沃(VOLVO)12 米高等级城市客车协议。2004 年年初，巴士集团又与韩国大宇、桂林大宇客车公司合作研发 10.5 米大宇高等级客车并首期购置 300 辆。由此，巴士集团车辆更新进入新阶段。大批高等级城市客车相继投入运营，并从市区景观道路向边远小区延伸，乘客和企业反映较好。

2004 年 3 月 11 日，巴士集团和申沃客车公司在淮海路 926 路思南路站点，举行巴士集团第 1 000 辆 VOLVO 城市客车投运仪式。新亮相公交车型是当时国内最先进的 VOLVO SWE612587R 无障碍低入口城市客车，公交行业服务硬件的升级提升了上海城市形象。巴士集团在 926 路新投入运营 30 辆 VOLVO 低入口城市客车，每辆身价都在百万元，是当时上海市区公交线路中最豪华先进的城市客车。这款公交车全长 12 米，选用 VOLVO 低入口、空气悬架底盘和自动变速箱先进技术，满载速度达到每小时 75 公里。车内舒适宽敞，前后客门距地面仅 320 毫米，启动车内特有侧跪装置又可下降至 250 毫米，与上街沿齐平。还在公交行业中首次引入无障碍服务理念，车上选装供残疾人轮椅上下翻板，并设有供残疾人放置残疾车无障碍区域，为老年人、残疾人等上下车和乘坐提供方便。

2004 年 7 月 2 日，韩国大宇客车公司为巴士集团研制开发的一款新型中高档城市公交客车在巴士四汽天山场正式亮相,并在巴士集团公交线路上陆续投入运营。上海公交车更新换代步伐得以大大加快,在此后的三年内,数千辆大宇新型城市客车替换了在上海中心城区和市郊运营的陈旧公交车辆,上海城市面貌和广大市民的乘车出行条件得到较大改善。

2006 年 1 月,巴士集团向申沃客车公司订购了 2 000 辆 VOLVO 高等级客车,创下国内公交行业年度购车的新纪录,并于当年 6 月底前全部投入运营使用。

【超级电容公交电车】

超级电容公交电车系统是上海市科委从 2001 年开始推进的自主创新的一种新型城市公交系统,整个系统以超级电容为储能装置,以剪式双极受电弓为受电装置,在车辆停靠公交站点时,通过候车站的智能充电系统快速补充电能,确保超级电容电车的无线持续运营。此外,快速充电站和公交候车厅艺术化的融合,智能公交电子站牌的配备,使超级电容公交电车成为城市的亮丽风景线。当时超级电容公交电车的成功研制为国内外首创,达到了国际领先水平。

2006 年 8 月 28 日下午,上海科技创新"登山行动计划"重大攻关项目——超级电容公交电车系统在本市首条示范线的巴士新新 11 路正式投入试运行。在 11 路投用的 10 辆超级电容公交电车是新型绿色公交,全部为空调车,沿原 11 路无轨电车营运线路从老西门出发,途经小北门、新开河、尚文路等 10 个站点再回到老西门起点站,全程 5.2 公里,沿途有 10 个智能充电站。超级电容公交电车示范线的开通,掀开了上海新一轮清洁环保公交发展新的一页,该车已逐步成为 21 世纪绿色公交的主力。

图 4-1-3　2006 年 8 月,超级电容公交电车在公交示范线 11 路上投入试运营,标志着本市首条超级电容公交电车示范线正式投入运营

世博会期间,巴士集团拥有超级电容公交电车共 68 辆(含世博会前购置的 7 辆),投放于 11 路和 26 路公交。2011 年 1 月至 11 月,68 辆超级电容公交电车共行驶 137 万公里;总用电量 229 万度，电耗 168 度/百公里；故障总数 814 次，故障频率 6 次/万公里。

【世博会新能源公交车】

为举办高质量世博会，根据上海市政府及世博局有关要求，巴士集团参与世博园区内外新能源车研发、落实工作，于 2009 年 10 月前完成新能源车招标方案，推进落实新能源车生产计划，协调新能源车辆培训事宜。

2010 年 1—11 月，巴士集团共购置各类营运车辆 1 441 辆，其中世博新能源车 256 辆、世博专线公交车 686 辆、世博专线旅游车 166 辆、公交车 323 辆、旅游车 10 辆。

在 2010 年 4—10 月世博会展期间，巴士集团在世博园区内外共投入各类新能源公交车 256 辆，其中混合动力公交车 75 辆、纯电动公交车 120 辆、超级电容公交车 61 辆。

图 4－1－4　世博园区的新能源公交车

世博会期间，120 辆纯电动公交车共行驶 400 万公里，日均行驶里程 181 公里/车，总用电量 589 万度，平均电耗 147.25 度/百公里，故障总次数 2 055 次，故障频率 5.14 次/万公里。61 辆超级电容公交车共行驶 103 万公里，日均行驶里程 118.57 公里/车，总用电量 219 万度，平均电耗 212.62 度/百公里，故障总次数 1 856 次，故障频率 18.02 次/万公里。75 辆混合动力公交车共行驶 206 万公里，平均油耗 42 升/百公里，消耗尿素 2.3 万升，平均尿素消耗 1.12 升/百公里，故障总次数 962 次，故障频率 4.67 次/万公里。

世博会是上海新能源公交车第一次大规模运营，世博会 184 天中，由新能源车组成的园内地面公交运输客流近 1.4 亿人次，日均 76.09 万人次，占园内游客客运总量 75.7%。巴士集团圆满完成世博新能源车示范运营任务，经受运营线路调整、高强度客流、高温天气等特殊情况考验。

2014 年 12 月，巴士集团在世博期间投放的 120 辆纯电动车和 36 辆超级电容车已使用 4 年多，电池、电容、整车控制器等已老化,需进行更新。为此巴士集团向上海市交通委提出改造申请,并获得近 2 000 万元改造资金支持。通过改造,将 120 辆世博纯电动车由换电模式改造为整车充电模式,以适应武宁路、内江路充电方式。另外,将 36 辆超级电容车的超级电容进行升级换代,使该车型带电量得到成倍提升,提高车辆使用效率。

2015 年,巴士集团公司购置 238 辆宇通纯电动公交车(其中 38 辆为 9 米车,200 辆为 12 米车)、15 辆无轨电车。至 2015 年年底,新能源车保管数量已达 1 783 辆,占集团总车辆数约 20%。2015 年全年,新能源车(油电混合动力、纯电动公交车)共行驶 7 000 万余公里。大大减少各类尾气排放物,其中,减排二氧化硫 85.3 吨、氮氧化物 1 339 吨、烟尘 31 981 吨、二氧化碳 65 242 吨。

【延安路中运量公交车辆选型】

2016 年 3 月,巴士集团年度新车采购主要有三项内容:(1) 对车辆招标代理公司公开招投标工作,中世建设咨询有限公司为中标单位,负责巴士集团新能源车辆招投标工作。(2) 2016 年度车辆更新计划,分 6 个车型系列(混合动力,纯电动 7~8 米、9 米、10~11 米、12 米,中运量)共 9 个项目进行公开招投标。(3) 6 月底完成 4 个招标项目(12 米插电式混合动力,10 米级、12 米级纯电动车)共 794 辆车的招标、评标工作。

针对社会关注的延安路中运量车辆选型工作,巴士集团根据上海市交通委《关于延安路中运量公交系统工程项目专题会议纪要》中有关车辆选型工作要求,在交通委科技处直接领导和指导下,于 2016 年 3 月 16 日组织召开延安路中运量公交系统车辆技术方案专家预评审会议,明确左开门、乘客门开度、间距、车辆长宽高尺寸及配套供电技术指标等参数要求。

之后,巴士集团根据 2016 年 5 月 5 日延安路中运量快速公交车辆选型工作交通委专题汇报会

图 4-1-5　2017 年 2 月 3 日,中运量公交 71 路投入正常运行

精神，确定双源无轨电车(在线即充式纯电动车)技术路线，采用车电分离、电池租赁方式。巴士集团与参与投标的4家整车企业深入沟通，初步明确样车车身造型、底盘、动力电池、电机、电动空调、防护等级等主要总成件的品牌和技术要求，还就车辆设计、生产过程中的细节进一步沟通，初步确定样车服务设施安装方案，与巴士集团新VI设计方案对接，协调样车生产进度。同时协调整车企业落实智能巴士改造项目，根据新外观和内饰设计方案，实现样车改造和批量切换。

2016年8月延安路中运量样车试运行和预评审完成，9月完成招投标工作，10月进入生产、监理、维修工培训阶段。巴士发布中标公示，宇通开发的新造型18米和12米双源无轨电车中标延安路中运量纯电动城市客车采购及电池租赁项目，共计68台，其中，18米车型为ZK5180A共40辆，车辆(不含电池租赁费用)单价为208万元左右，12米车型为ZK5120C共28辆，车辆(不含电池租赁费用)单价为109万元左右。2016年11月30日，第一辆样车抵达申昆路停车场；2016年12月进入车辆交付、调试、驾驶员培训阶段；2017年1月，中运量新车试运行。

2017年4月11日，巴士集团组织召开车辆技术咨询委员会会议，与整车厂就车辆技术改进、质量问题进行调研，并通过2017年新车技术路线和主要技术配置要求。4月20日，会同市交通委有关部门、久事集团召开延安路中运量接驳线车辆技术方案专家预评审会议，确定车辆技术路线、主要技术参数及指标要求等。5月底完成第三方招标代理机构的公开招标工作。巴士集团于6月10日组织专家对招标文件进行评审，6月12日经理办公会议上通过2017年新车招标工作方案，6月10日至23日对外发布纯电动、插电式混合动力、9米柴油车以及延安路中运量接驳线10个招标公告。

【进博会新型宇通公交客车(黑金刚)】

2018年7月27日，距首届中国国际进口博览会(简称进博会)还有百天之际，由久事公交集团联合宇通客车专门开发研制的一款新车型(俗称黑金刚)样车亮相，新车型外观科技感十足，采用低

图4-1-6　“黑金刚”新车型在首届进博会上亮相

地板无障碍设计。首届进博会期间,440 辆新车批量投入运行,服务于进博会接驳线路。

“黑金刚”新车型首次在公交车系统中配置 360 度环视摄像头系统、智能驾驶及监控互联功能,有效提高营运车辆安全驾驶性能,让公交出行更安全舒适。新车型主要投放于主干线和支线两条线路,造型外观涂装上以颜色作区分,通过车身色彩设计体现新一代城市路网运营国际化视觉识别。

2018 年 10 月 15 日上午,久事公交集团与宇通客车联合举办“护航进博会　智领新时代”440 辆智能网联公交车交付仪式,全部新车将在 3 条进博会接驳线和核心区域内常规公交线路上率先投用。

投用智能新车型为久事公交集团联合宇通客车共同开发、研制生产的 E10。新车型具有简约灵动的全新外观造型设计,全 LED 灯,低地板;内饰采用温馨舒适的整体设计风格、航空内饰设计元素。车内设智能驾驶舱、全液晶仪表、一体化集成式座椅、双层航空内顶、无障碍设施、多功能全气囊司机椅、电动司机窗等,充分满足驾乘人员不同需求。新车型一次充电续航里程可达 300 公里,满足公交全天运营需求。

五、公交机务维修保障

长期以来,巴士集团机务维修系统都是作为运营单位辅助部门服务主业、保障主业,沿袭的是“营保一体”运营模式,每个运营企业都有自己独立的汽修车间或分公司,各分公司和维修车间又在停车场设置若干个维修点,随时跟踪和保证车队日常运转和维护保养。

2004 年,巴士集团所属巴士汽车维修配套中心有限公司(中心厂)及 5 家基层公司修理部门全部获取上海市质量管理认证证书。2005 年 10 月,又全部通过上海市质量体系审核中心监督审核。企业长期树立维修质量上严谨认真、常抓不懈的作风和意识,确保企业车辆安全运行。这一年,巴士集团深化机务体制改革。同时公交车型相对集中,虽为机务体制改革创造条件,但仍处于分散型管理状态。2006 年起,巴士公交由传统保养、修理逐步过渡到以专业品牌、特约维修为主体的连锁修理新体制,通过市场化运作,提高修理质量,降低修理成本。

2008 年,巴士集团机务工作主要为修理管理系统推广和应用信息化管理。车辆物资采购网在现有仓储管理软件基础上,开发出修理公司生产管理系统,通过该系统能自动采集修理数据,为现有机务管理系统提供可靠数据支撑。另外,通过对此项功能数据修正和完善,实现 ERP 系统中机务管理功能,避免 ERP 系统推进过程中重复工作,提高企业经济效益。

2009 年,为迎接上海世博会,根据市政府要求,巴士集团各成员企业与运管处签订迎世博车容车貌整治合同,下属 15 家成员企业计划在 2009 年完成发动机整治 1 914 台,外车身整治 5 953 辆,内车身整治 2 558 辆,车身广告清理 6 580 辆。至 2009 年 10 月底,发动机整治完成 1 589 台,完成率 83.02%;外车身整治完成 5 685 辆,完成率 95.50%;内车身整治完成 2 507 辆,完成率 98.01%;车身广告清理完成 6 383 辆,完成率 97.01%。

为规范各成员企业各类技术管理规定、工艺标准、工作标准,自 2009 年下半年起,由巴士集团技术机务部牵头,在各成员企业技术系统配合支持下,通过对各类车辆技术管理规定和车辆机械、车身、电气等方面工艺标准收集、整理和修订,建立起一套相对完整的技术标准化体系。至 2010 年一季度完稿时,共有 96 项标准纳入技术标准体系中,其中可分为国家标准 23 项(强制性国家标准 6 项)、行业标准 4 项(强制性行业标准 2 项)、地方标准 3 项、企业标准 66 项。

2010 年世博会期间,巴士集团成立车辆技术保障工作领导小组,下设技术培训、车辆排查、驻站服务、应急抢修、物资供应、联络保障 6 个专业工作小组,在世博会前完成全部车辆高级保养,驾驶员、机务人员培训，零配件、配套件有效储备等工作，并联手客车制造厂和主要配套商成立车辆应急抢修调度中心，分区域设立卢浦大桥、南浦大桥、外滩、斜土路停车场、后滩停车场、白莲泾停车场6个应急抢修点，派驻牵引车、抢修车和技师、修理工，形成集团车辆技术保障网络。在巴士集团各成员企业全力保障下，世博会184天中未发生车辆火警事故、机械事故，车辆技术总体状况也较好。2010年5月至10月，万公里抛锚率0.55次，同比下降21%，各驻点还严格按照规定实施一程一检，共检查车辆18万辆次，车辆完好率为99.91%。

世博会后，巴士集团按照世博会时形成的制度，每月分超级电容车、纯电动车、混合动力车三块召开新能源车例会，听取营运、修理、充电一线反馈问题，积极与整车生产厂、总成供应商沟通解决。

2011年，巴士集团加强车辆维护稽查力度以确保行车安全。稽查大队在对各营运公司所有线路进行六轮质量稽查基础上，还对车辆稽查较差线路和涉及行车安全车辆进行复查，截至12月底，共计稽查约3.1万辆次，复查约1 000辆次。此外，稽查大队还安排4人专职进行早例保和专岗例保检查，同时，对检查结果采用更为合理的评分制，更直观地反映各公司执行专岗例保情况。稽查大队还积极配合集团机务部对13家营运公司车辆进行每季度一次的“质量解剖”。利用“质量解剖”时间，对各公司专岗例保台账和执行反馈情况进行检查。同时，巴士集团推动机务系统实现由传统管理向信息化管理转变，集团技术机务部配合信息部开展机务信息化系统推进工作，采用统一信息化管理软件，集团各企业全部实行信息化统一管理。

2012年，巴士集团启动“营保分离”机务改革，着手将整个机务维修系统与营运系统剥离，单独成立维修公司，由维修公司对各公交企业分散维修资源进行整合再配置，内部车辆维修则通过市场契约关系确立，同时积极拓展外部市场资源。双管齐下，一方面通过实施各种创新激励机制，实现职工收入增长；另一方面，吸收引进年轻知识型维修力量，实现服务质量提高、维修成本降低等“三赢”目标，通过“以外补内”弥补亏损空间。2012年12月18日，上海巴士客车维修公司(简称巴士客修)揭牌成立，成功迈出机务改革重要一步。

2013年上半年，巴士客修整合巴士集团旗下巴士新新、巴士二汽、宝山巴士、巴士五汽等加盟公交企业在市区范围内的17家修理厂资源和资产，首先成立以区域为主、运修分离的4个维修分支机构，即漕宝分公司、南陈分公司、宝山分公司、莘庄分公司，逐步理顺和完善内部财务结算、人力资源管理、生产质量管理、信息化管理、后勤保障等方面工作，建立符合巴士系统车辆维修实际的需求激励机制。

2013年年底，巴士客修净减员工209人，通过内部退养等措施分流40人，另外通过对17种零配件招标采购，扩大零配件定牌直供比例(已达到53%)，品牌数减少103个，中标产品价格平均下降11.8%，按照年消耗量，节约采购成本1 300万元。全年维修材料费总量(含公交、特约、机场、旅游)控制在2.39亿元，比2012年度同期下降1 400多万元，节省了企业维护成本。

2013年，巴士集团还与申沃客车签订混合动力车大包维修合同，明确双方责任和权力，规定车辆完好率不得低于99%，否则，由申沃客车按600元每车日标准赔偿营运公司。从8月起，每月与申沃客车结算维修费用与索赔费用，保障企业利益。

2014年是公交第三轮改革收官之年，巴士集团机务系统围绕深化内部改革，强化内部管理，为确保市政府提出的外环内黄标车6月底前退出营运，巴士集团在时间紧、任务重形势下，克服种种困难，未影响正常服务供应，完成黄标车报废更新任务。全年报废公交车3 391辆，其中，黄标车报废近3 151辆；全年更新车辆2 725辆，其中，新能源车1 243辆。巴士集团推进车辆修理保养专业化管理，积极整合内部资源，优化人员结构，开展车身和总成集中修理。

2014 年，完成车身三保、特修、罩漆共计 1 519 辆，投入车身高保费用 1 855.45 万元。利用公交七宝分公司场地，组建成立总成修理分公司。在世博特约服务站成功运行基础上，推进 ZF 变速箱、转向机和发电机、启动马达、增压器等小总成项目集中维修。同时开展物资中心库建设，通过集中配送，降低物资配件采购及使用成本。

2015 年，巴士集团编制、颁布、实施新能源车技术管理及维修工艺标准。技术机务部克服人手少等困难，利用周末休息时间，组织编制 7 个新能源车管理及工艺标准，具体为《巴士集团新能源车技术介绍》《新能源公交车技术应用管理规范》《新能源公交车例行保养操作规定》《新能源公交车应对特殊气候及突发事件的操作规范》《新能源公交车高压电气维修安全操作规范》《增程式混合动力客车维护和保养工艺标准》《申沃混合动力公交客车维护技术要求》等规范性文件，为用好、管好、修好新能源车打下坚实基础。

2015 年度，巴士集团所属各企业着力推进机务整改，车辆维护各项管理指标明显好转，成效显著，车辆抛锚频率下降，车辆小修频率下降，零配件网上采购率提升，企业能耗下降，安全生产好转，车辆报废更新净减。集团定期召开新能源整车制造厂、主要零部件供应商以及充电公司联席会议，沟通解决新能源车辆在使用中相关维修问题；推进新能源车远程监控，即时掌握车辆维护一手数据；创新新能源车自修模式，填补新能源车领域自修空白。巴士集团制定 2016—2020 年新能源车发展规划，配合政府相关部门做好 2016—2020 年新能源车使用规划；对世博期间投用的 75 辆混合动力车进行技术升级改造；车身专业化维修取得积极效果，总成专业化维修进展顺利。

2016 年，巴士集团机务信息化总体架构经过三轮修改后，对现有维修、物资模块不断完善，通过车辆采购、车籍管理、能耗管理、车况检查、新能源车远程监控等模块，实现车辆全生命周期数据采集，再通过数据分析，找到管理上薄弱环节，促进机务管理水平升级。集团完成对 2015 至 2016 年购置新能源车远程监控。

2017 年一季度，客修公司开展修理车间标准化管理活动，并分别于 3 月 20 日至 27 日开展一季度修理车间标准化管理验收工作，6 月 12 日至 21 日开展二季度修理车间标准化管理评定工作。结合活动，各企业都制定详细的修理车间标准化管理实施细则，各公司修理车间整体面貌大有改观，各项管理工作不断创新和完善，工作效率得到提高。巴士集团还在 3 月和 6 月组织两次车辆安全巡查和“质量解剖”工作，建立巴士客修(宇通客车)特约维修示范站。

六、71 路中运量公交系统

长期以来，上海公共交通以发展地铁为主，运行的地铁日客流普遍已超 1 000 万人次。而地面上的常规公交虽线路数量、线网密度、站点覆盖率逐年增长，但是对乘客的吸引力却没有同步上升，亟须提高服务水平，增加吸引力。

中运量公交系统是介于大运量轨道交通和小运量常规公交之间的运输方式，单向客运能力一般在 5 000～30 000 人次/小时，包括快速公交、有轨电车、无轨电车等。公共交通按运量大小可分为三种：地铁运能每小时在 2 万人次以上，属大运量公共交通系统；地面常规公交客流量仅 1 500 人次/小时，属小运量公共交通系统；介于大运量和小运量之间的中运量公共交通，运能可达每小时 1.5 万人次。

2016 年 6 月 25 日，延安路中运量公交项目破土动工，线路西起沪青平公路申昆路，东到延安东路外滩。中运量公交工程建设历时半年多，车辆采用纯电动双源无轨电车，全线采用专用道运行辅以局部路段混行方案，运行线路集中在上海东西交通干线延安路。2017 年 2 月，上海首条中运量公交线路——公交 71 路宣布正式载客运行，沿线公交线路也作了整体优化调整。

【筹备建设】

延安路原有 60 多条地面公交线路，沿途大多设置有公交专用道，但由于非机动车占道骑行、沿线单位车辆出入、右转车辆借道等干扰，常规公交运行车速仅能维持在 12 公里/小时。同时由于延安路大部分路段都有高架，高架立柱下的隔离带间距有六七米，适合建造中运量工程。

延安路中运量公交系统工程于 2015 年 12 月正式立项。前期方案研究时做了大量现场踏勘、数据采集、分析比较和方案论证等工作，开展公交专用道设置、道路交通组织、信号优先、相关公交线路整体优化调整、乘客过街、车辆选型等多项专题研究，最终形成系统性工程实施方案。

2016 年 3 月 1 日，巴士公交集团成立延安路中运量公交系统工程推进工作领导小组。10 月 10 日，巴士公交集团召开延安路中运量工作推进会，对中运量工作进行动员部署，会上业务部门从线网调整、营运管理、机务系统、人事后勤、信息化建设等方面介绍推进工作开展情况。10 月 12 日，召开延安路中运量工作小组第一次会议。10 月 18 日下午，巴士三公司召开延安路中运量工作推进会，对延安路中运量线路筹建工作进行再动员、再部署。

2016 年 11 月，上海召开交通行业公众意见征询委员会，对延安路沿线公交线网优化方案进行专题意见征询。延安路中运量公交拟沿用 71 路名称，于次年 1 月试运行。11 月 7 日，巴士三公司在天山路停车场教培室举办延安路中运量乘务员培训班。首批参加培训学员共计 52 人，主要来自社会招聘，年龄最小仅 19 岁。11 月 7 日至 9 日，巴士三公司安排厂家为中运量车队 200 余名职工开展识别服量体工作。新识别服设计简约大方，还单独为女乘务员设计时装系列套装，包括圆领套裙装、长短袖衬衫和马甲，兼具美观和实用性，通过统一外在形象，体现中运量线路的规范，提升巴士公交社会认可度。首批量体工作结束后，17 日至 20 日，还对巴士一、四公司支援的 150 余名中运量驾驶员进行集中量体工作，所有服装根据量体数据单独裁剪，以使成衣挺括合身。

2016 年 11 月 30 日下午，延安路中运量公交首辆 18 米车型样车抵达申昆路停车场。18 米巨龙车内设有 35 个乘客座位，投币机、交通卡刷卡机、信息显示屏、监控探头、轮椅车安放区域、安全锤等设施一应俱全；车辆外设车门紧急控制装置，紧急情况可手动开关门。与传统公交车最大不同在于三扇车门全部设置在车辆左侧，车顶处还有“辫子”，运营时可搭在架空线上开行，也可以利用电池开行，两种动能可根据需要进行切换。新车行驶高效且噪声小，车辆进站后，与地铁列车一样，需要完全对准车站屏蔽门后才开启车门上下客。延安路中运量车总共有 68 辆，其中 40 辆 18 米长车、28 辆 12 米长车，2016 年年底进行车辆调试工作。

2016 年 12 月 1 日下午，巴士集团党政领导一行到申昆路停车场调研中运量公交工作进展，在现场试乘中运量 18 米车型样车，并听取巴士三公司关于 4 条线路、中运量公交驾驶员培训及中运量开通后有关工作设想的汇报。12 月 3 日，上海市副市长陈寅、市政府副秘书长黄融一行赴延安路中运量公交系统现场踏勘，并召开工作推进会。12 月 13 日，中运量车队对 130 名驾驶员开展为期 6 天的场地适应性培训，培训由机务培训和适应性实操两部分组成。12 月 19 日，延安路中运量公交驾驶员全面培训工作启动，为期 4 天的应知培训涵盖企业概况、企业文化、交通法规、安全管理规定、服务细则、车辆操作和维护及如何处理司乘纠纷等多方面内容。12 月 23 日开始，中运量车队 162 名驾驶员在申昆路停车场接受实训。

2017 年 1 月 6 日深夜，中运量公交 71 路首次上路试跑延安路段，车辆行驶在中运量公交专用道上,顺利抵达试跑终点。全线 25 个车站装修、装饰接近收尾,于 1 月上旬完成建设。1 月 12 日,巴士公交集团隆重举行延安路中运量公交誓师大会,发出全面圆满完成中运量收官工作最后动员令。1 月 21 日,延安路中运量公交开始实施空载联调联试。1 月 25 日,巴士集团组织开展中运量公交志愿者首次演练活动。

2017 年 2 月 1 日 4 时 30 分,随着 22 号全程头班车从申昆路枢纽站准点发出,延安路中运量公交 71 路正式载客试运营。71 路中运量公交开通后,涉及 26 条线路优化,巴士集团新辟线路 4 条,以应对原 71 路的调整。

【设计运营】

延安路中运量公交运行线路设计中,走向为沪青平公路(申昆路)—延安西路—延安中路—延安东路(中山东一路),自西向东横贯闵行、长宁、静安、黄浦 4 个区,设 25 组车站,线路总长 17.5 公里。设路中式公交专用道,采用双源无轨电车运营,车辆左开门上下客,全线实施公交信号优先,成为全程穿越浦西核心区的城市主干路。

延安路中运量 71 路采用"全程+区间线"日常运营,区间线为黄陂北路—申昆路枢纽站,线路长度 15.5 公里。在车辆配置方面,全程采用 18 米双源无轨电车运营,配置 40 辆。区间线采用 12 米双源无轨电车运营,配置 28 辆。在班次间隔方面,全程发车间隔高峰 4 分钟/班、低谷 8 分钟/班,区间线发车间隔高峰 5 分钟/班、低谷 10 分钟/班。全程、区间线隔班交替运营,可实现线路高峰平均间隔 2 至 3 分钟/班。71 路全线采用先进的全过程营运监控系统,可根据每个时段行车作业计划、站台实时候车数据、专用道实时监控数据、单车载客量、位置和车速等信息,自动平衡发车间隔,辅助调度员决策营运调度方案。

图 4-1-7　2017 年 6 月 15 日,交通运输部副部长刘小明(前排右二)考察延安路中运量 71 路公交调度和运行情况

71路中运量公交采用专用信号灯，投入公交信号优先系统，提升快速公交系统管理水平和运营效率。中运量公交独享路中专用道，时速可达每小时19公里，而一般公交车运营速度为每小时12～15公里。在速度提升近50%之后，乘客乘坐71路全线所需时间可从一般1小时10分钟至1小时15分钟，缩短为50分钟。

中运量公交具有三大特点：享有相对信号优先和独立路权；高峰平均每两三分钟一班车；在换乘组织方面，乘客步行换乘中运量方案主要采用“立体过街＋平面过街”两种方式。

久事集团坚持高标准、严要求，着力推进中运量71路品牌建设，全力打造中运量71路公交新标杆。巴士三公司切实保障营运供应，优化作业计划，强化现场管理，改善运营时间，提供导乘服务，首创公交舒适度预报。71路中运量公交运行以来的日均客运量、平均运送车速双超预期，打造了上海公交服务新标杆，也为上海创建全国“公交都市”示范城市作出了积极贡献。

七、重大活动保障服务

2007年是巴士集团服务质量年，也是公交行风评比关键年。为进一步提高公交服务供应质量，巴士公司建立由社会监督、评估为主的公交服务质量综合评价体系。推行《星级服务管理办法》，实施一年两次由社会中介组织的乘客满意度测评。这一评价体系核心充分体现“以乘客满意为标准”理念，把公交服务质量评价交给社会公众，提高透明度，还把经营者收入和2007年职工增资部分与工作业绩、服务质量挂钩，鼓励广大干部和司售调人员在严格执行基本要求的前提下，自觉增强责任意识、服务意识，提高管理水平，提高操作技能，最大限度地调动公交干部职工积极性。《星级服务管理办法》实施以来，据统计，乘客对公交服务的投诉总量同步下降。在2007年度全市公交行业社会评价排名中，巴士集团所属7家公交企业位列前10名，其中宝山巴士名列榜首。

2008年，为确保奥运期间安全稳定和服务供应，巴士集团坚持抓早、抓紧、抓实，先后三次召开安委会全体会议，专题研究部署安全防范工作，制定措施，明确要求。各企业按照集团部署，广泛宣传，全体动员，并针对各自实际落实有效措施。奥运会期间，巴士集团每天有3 700多名各级干部、管理人员充实营运一线，加强现场指挥和安全督导，为奥运会上海赛事成功举办作出贡献。

2008年，巴士集团成立由党政主要领导挂帅、班子其他成员和各部门经理共同组成的迎世博工作领导小组，下设5个由分管领导牵头的专业工作小组，负责具体推进和落实工作。同时将迎接世博工作细化为八大类共47个项目，分别明确责任部门，配合部门和进度要求，还召开动员大会，与各成员企业签订迎世博600天行动目标责任书，同时组建世博园区公交营运指挥部，统一协调指挥与园区公交营运相关的各项工作。

2009年，巴士集团以迎世博为契机，全面提升公交营运服务质量，进一步提高规范服务水平。研究制订《迎世博，提升巴士公交营运服务质量行动计划》，明确提出在世博会召开之前达到“行车安全有序，司售调操作规范，车容车貌整洁，候车环境良好”目标要求，修订完善司售调操作规范，开展以规范行车秩序为重点的专项整治活动。同时，建立公交企业服务质量月度排行榜制度和考评办法。巴士公司稳步推进世博园区公交营运筹备工作，全力做好新能源车辆研制试验、招标采购、测试运行等配合和准备工作，全面启动世博会驾驶员招聘和培训工作。

【世博会保障服务】

2010年，巴士集团紧紧围绕“世博年、管理年”两大中心任务，以迎世博、服务世博为主线，同步推进企业各项管理工作向深层次迈进，努力打造久事公交品牌，展示上海公交新一轮改革成果。

巴士集团在2009年超额完成迎世博各项整治任务的基础上，于2010年4月底前进一步落实世博交通保障措施，完成园区内驾驶员对新能源车辆适应性操作训练，完成园内公交线和园外世博专线走向勘察，站点、站牌设置检查，车辆标志、标识检查，站点设施协调；完成园区内外各类保障方案、应急预案制订；完成安保人员招聘、培训，安保器材购置，大屏监控指挥中心安装调试，车载DVR、全球眼视频监控系统安装、测试，预案演练等各项工作，为保障世博交通安全有序打下扎实基础。

巴士集团世博交通保障工作安全、平稳、有序进行。世博会期间，巴士集团承担的园内交通和园外32条世博专线总体运行情况良好。据统计，从2010年5月1日到10月31日间，园内越江线、世博大道线、观光线和龙华东路线累计出车6.08万辆次，行驶里程721.63万公里，发运班次190.60万个，运送游客13 942.31万人次。园外世博专线累计出车7.57万辆次，行驶里程1 382.14万公里，发运班次62.71万个，运送乘客1 203.44万人次。32条世博专线承担入园游客7%左右客运量，园内公交承担园内75%以上客流。

世博期间，巴士集团公司还承担武警、志愿者、公安干警、世博工作人员运送任务，至10月31日累计出车44 233辆次。2010年9月27日至10月7日期间，巴士三汽公司按照集团指令，每天安排69辆车从上赛场运送3 600名武警战士到外滩地区执行保卫任务，经过精心挑选和紧急车辆调度，出色完成运兵任务，受到官兵们好评，相关部队为此专门送来三面锦旗表达谢意。

【2011—2017年重大保障服务】

2011年，巴士公交集团完成大型活动交通保障和突发事件应急处置任务。圆满完成第十四届世界游泳锦标赛交通保障任务，共开设10条接送运动员和赛事官员酒店穿梭巴士专线、2条观光班线，接送1 000余人次，同时为运动员在全市各游泳场馆进行适应性训练，为20余所大学志愿者、武警战士、运动员接送机等提供近2 500辆次用车服务，受到普遍好评。为配合世博纪念馆开馆，巴士集团在接到开线任务后集中各方力量，仅用短短3天时间，完成线路勘察、站牌设置、驾驶员培训、头尾腰牌和走字屏的调整，开通96路区间、146路区间和中国馆班车4路等3条线路，得到交通港口局领导称赞。

2011年9月27日下午，轨道交通10号线因事故停运，在接到指令后15分钟内，巴士四汽第一辆支援车辆加入区段营运，后续34辆车陆续到达，支援时间持续4小时，其间巴士集团领导赴现场指导车辆支援工作，27—28日两天时间里，集团所属巴士四汽、巴士五汽、巴士一汽共抽调96辆公交车投入支援任务。另外，为疏散因10号线停运滞留客流，巴士新新公司911路在老西门至万科段增派10辆短驳车，18路在四川北路至西藏南路段增派20辆公交车，巴士一汽在江湾新城至四川北路段增派40辆公交车，大大缓解了轨道交通客流压力。

2012年，巴士公交集团除承担上海市政协十一届五次会议、市人大十三届五次会议、市十次党代会、F1赛事、大师杯网球赛、俄罗斯旅游节闭幕式等大型活动用车之外，积极与交运巴士联手开展春运、清明节、五一国际劳动节、国庆节等节假日团客业务。

2013年，巴士公交集团积极做好节假日与交运巴士全方位客运联动工作，共支援车辆199辆次，班次398个，营业额82.72万元，实现双赢合作目标。同时，年内圆满完成上海两会、F1大奖赛、大师杯网球系列赛、进疆50周年纪念大会等各类大型活动车辆供应保障工作，共计用车406辆，实现营业额154.06万元，也得到活动组织方、社会各界、上级领导一致好评。2013年度共应急支援轨道交通 6 次，其中支援轨交 2 号线 2 次、3 号线 2 次、5 号线 1 次、11 号线 1 次，共计支援车辆 106 辆次，确保轨道交通滞留乘客得到迅速、安全疏运。

2014 年，巴士公交集团圆满完成各类大型活动（上海两会、F1 大奖赛、大师系列网球赛、国展中心等）车辆供应保障工作，共计用车 992 辆次。制订巴士集团系统重大突发事件应急预案，并根据各类突发事件处置预案，准确发布、下达各类应急调度指令。2014 年度共应急支援轨道交通 9 次，共计支援车辆 440 余辆次，确保轨道交通滞留乘客得到疏运。其中，应上级有关部门要求，1 月 31 日—2 月 6 日，巴士集团配合轨道交通 3 号线缩线，实施公交接驳营运工作。据统计，7 天实际出车 105 辆次，共发放班次 1 584 个，运送乘客 46 827 人次，体现了骨干公交企业社会责任。

2015 年，巴士公交集团圆满完成各类大型活动（市人大政协两会、国际 F1 方程式汽车大奖赛、大师系列网球赛、国展中心等）车辆供应保障，上缴各项税费 1.2 亿元。年内应急支援轨道交通，支援车辆 110 余辆次；国庆节公交线路末班车与轨交衔接，涉及线路 68 条，增加班次 144 个；12 月 31 日公交线路末班车与轨交衔接，涉及线路 45 条，增加班次 123 个。完成 273 个固定建筑物站点整治改造。2015 年 6 月 17 日，一场特大暴雨让申城不少路段严重积水，给城市交通运行带来不利影响，巴士集团各公交营运公司及时启动应急预案，采取积极有效保障措施，全力确保城市交通服务供应正常有序。

2016 年，上海两会期间，巴士集团为政协委员开通专线 17 条，为人大代表开通专线 12 条，同时开通衔接轨交 7 号线和 12 号线短驳专线，总计投入服务用车 78 辆，为上海两会代表和委员提供了安全、有序、温馨的用车服务。1 月 23 日凌晨起，寒潮来袭，骤降的气温和冰雪给公交营运造成了不利影响，巴士集团未雨绸缪，早作准备，及时启动特殊气候应急预案，采取切实有效的措施迎战寒潮，将恶劣天气对公交的影响降低到最低程度。巴士集团广大干部职工放弃双休日休息，进入 24 小时待命状态，加强营运现场、安全行车、车辆机械和后勤保障管理，在连续三日低温天气情况下，出场头班车均正常出车，确保城市公交服务供应正常有序。

2017 年，巴士集团圆满完成各类大型活动（上海两会、F1 大奖赛、ATP 网球大师赛、国展中心双创展等）车辆供应保障，上缴各项税费 1 亿元。年内应急支援轨道交通，支援车辆 41 余辆次；国庆节公交线路末班车与轨交衔接，涉及线路 39 条，增加班次 99 个；12 月 31 日公交线路末班车与轨交衔接，涉及线路 24 条，增加班次 65 个。完成 216 个固定建筑物站点整治改造。

【首届进口博览会保障服务】

2018 年，在久事集团领导下，久事公交牢牢抓住首届进口博览会重大历史机遇，深化责任担当，狠抓工作落实。在全体干部职工共同努力下，进口博览会公交保障有力有序完成。

久事公交在 5 月 4 日召开决战进博会动员大会后，围绕“线、车、人、场、站”五要素，按照“路径图”“督战图”，从优、从严、从实推进各项组织筹备和服务保障任务，实现安全零事故、服务零投诉、车辆零抛锚、保障零差错、指挥零失误“五个零”目标，全面打赢进口博览会关键一仗。

进博会服务供应方面安全有序。久事公交集团根据市交通委部署，认真研究制订进博会交通保障方案，并不断修改完善。会展期间，久事公交涉及常规公交保障线 64 条，开通轨交接驳线 2 条、停车场接驳线 1 条、71 路接驳线 1 条、71 路延伸线 1 条，配车 230 辆。根据市交通委指令，仅用短短 10 个小时，就完成新辟一条公交分流线的各项准备工作。6 天展期，共发车 4 084 班次，运送 67 948 人次，接驳公交运营保障有力，分流作用明显。久事公交集团制定规范服务标准，细化服务要求，强化接驳线、应急线、65 条重点线路及面上常规线路的运营服务管理。进博会期间，核心区域实现“零投诉”,其他线路未发生有责服务态度投诉,未发生不满意信息单。

为确保安全工作点上万无一失、面上总体平稳,久事公交集团全面实施“安全管理 50 天提升计划”,严格落实各项管控措施。接驳线和警戒区内常规线路全覆盖配备随车安全员,成立由 100 人组成的安全督导组,以跳车、驻站等方式,对核心区域实施全天候安全监管。建立并落实车队干部重点上岗,车队一般管理人员、行管员、机务员、调度员和稽查人员专业上岗,集团本部和相关企业管理人员志愿上岗有机结合、互为补充的现场管理体系。

为圆满完成保障任务,久事公交集团构建分工明确的三级指挥调度体系,并通过演练对调度指挥系统、视频与通信系统和各类预案进行全方位检验。先后开展模拟推演 4 次,参加市交通委应急支援演练、开展内部应急演练 5 次,组织大型模拟实战综合演练 3 次,参与演练车辆 254 辆次,参与演练人员 432 人次。进博会期间,三级指挥调度体系承担起对“线、车、人、场、站”全过程管控、指挥调度及综合协调责任,重点突出接驳线及核心区域常规线路运力保障。专门为进博会开发调度指挥系统,充分发挥远程监控、远程指挥和远程调度三大功能,有效统筹展馆周边、核心区域和面上线路实时运营信息,对科学决策、应急响应、实现运能效用最大化起到重要作用。4 组移动监控设备运用,为及时掌握现场动态、灵活调整管理策略提供可视化信息。

为展示良好品牌形象,专门制定进博会车辆配置标准,接驳线和核心区域(警戒区、控制区)常规线路全部使用零排放、纯电驱动公交车。与宇通客车联合开发纯电动智能新车型“黑金刚”,成为国家会展中心周边一道流动风景线,而油门误踩防护系统、碰撞缓解制动系统等主动安全技术和智能化辅助驾驶技术运用,不仅减轻驾驶员劳动强度,更为平安出行增加保护屏障。

进博会期间,久事公交集团成立 160 人组成的车辆联合保障团队,为接驳线及周边线路车辆提供强有力的技术管控和服务保障。对核心区域 368 辆车实行“一程一检”和“一清一扫”,并建立车身快速修理通道,车身碰擦修复时间不超过 24 小时。引导区 565 辆车辆实行“一天一检查”,修理车间向每条线路安排 1 名技工,配合驾驶员做好出场前例保工作。面上线路严格执行“三天一覆盖、两周一检查”车辆安全防火检查制度,途经人民广场、外滩等区域的 15 条重点线路,进博会期间同样实行“一天一检查”。

全面到位保障支持进博会。进博会前,久事公交集团完成重点区域 106 个站点及漕溪路、申昆路枢纽站整修工作,完成 88 路福泉路站、911 路老西门站终点站改造试点工作。开展车身广告整治行动,保持城市公交车整洁良好形象。进博会期间,在申昆路停车场等三个接驳点设立车辆清洁点,对接驳线车辆实行“一圈一清洁”,在 65 条重点线路安排驻站保洁工对车辆进行清洗补漏。现代交通公司提供 24 小时不间断供电抢修保障服务,确保各类设备可靠运行。

久事公交积极落实强生控股会务用车停放任务,设立车位 1 000 个,安装高清监控探头 41 个、车辆牌照识别系统 1 套,租用集装箱 22 个、移动厕所 15 个,为办公维修、驾驶员休息提供方便。投入建设管理费用 160 万元,配置管理人员、保安保洁人员 40 余名,确保车辆停放有序、安全检查规范、现场管理到位。

八、驾驶员培训公司

上海巴士公交集团驾驶员培训有限公司(简称巴士驾培),系上海巴士公交(集团)有限公司全资子公司,于 2015 年 10 月 26 日挂牌成立。

上海巴士公交集团驾驶员培训有限公司前身为上海宝山巴士驾驶员培训有限公司(简称宝山

巴士驾培)。宝山巴士驾驶员培训有限公司是在原宝山巴士公司公交司机训练班基础上筹建的，于2003年6月16日注册成立。

上海宝山巴士驾驶员培训有限公司成立时注册地址为宝杨路2000号，成立时注册资本为人民币50万元，由上海宝山巴士公共交通有限公司(后更名为上海巴士第五公共交通有限公司)全额出资。公司经营范围为普通机动车驾驶员培训，从事汽车维修服务、计算机科技领域内技术开发、技术转让、技术咨询、技术服务。

上海宝山巴士驾驶员培训有限公司成立后，共设两个招生点，一处在宝山区宝杨路2000号，另一处在长宁区双流路85号(巴士四汽内)，后在宝山区顾陈路327号也开设招生点。除提供专业场地学车指导外，同时还辅导驾考科目(机动车驾驶证理论考试)和科目四(安全文明驾驶常识考试)笔试课程。

2009年3月，上海启动“突出公交行业公益特征”新一轮改革，久事投资成立上海巴士公交有限公司，后更名为上海巴士公交(集团)有限公司，启动对上海中心城区浦西地区公交企业(含相关服务公交行业的附属企业)的兼并重组。同年5月，宝山巴士驾培随母体单位宝山巴士划归巴士公交有限公司。

2010年上海世博会后，随着城市公交高速发展，智能化环保车型普及，符合标准A照驾驶员需求量猛增。同时，上海公交行业驾驶员队伍也面临老龄化自然减员，以及对年轻就业者吸引力不足等问题，另外，公交驾驶员经济待遇一般，一线驾驶员流失严重。据巴士集团预测，未来三至五年内，所属公交企业驾驶员缺口每年都在1 000名左右。

为解决驾驶员供需缺口问题，2014年12月31日，上海宝山巴士公共交通有限公司将其所持有宝山巴士驾驶员培训有限公司100%股权，以及经审计后对应该企业净资产值，无偿划转给其母公司上海巴士公交(集团)有限公司。

2015年3月，上海上申会计师事务所有限公司出具《上审会〔2015〕106号审计报告》。本次无偿划转事项经标的方股东同意，并得到巴士集团上级单位上海久事集团公司《沪久〔2015〕161号》文件的批复。2015年9月18日，上海宝山巴士驾驶员培训有限公司正式更名注册为上海巴士公交集团驾驶员培训有限公司。

巴士驾培成立，实现巴士集团多年愿望，形成企业可持续发展自我造血机制，统筹规范各直属公交企业驾驶员培训，形成巴士驾校统一训考平台。截至2015年6月30日，巴士驾培总资产195万元、净资产127万元，主要从事企业内部公交驾驶员培训工作，同时承接社会驾驶员教授考证。

2016年1月5日，巴士驾培注册资金变更为500万元人民币。8月10日，注册资金变更为1 000万元人民币。

2016年9月28日，巴士公交集团驾驶员培训基地揭牌仪式在宝山区杨行镇共祥路18号(原月浦停车场)举行。驾培基地成立后，把加快月浦训练场地建设、车辆额度申请、提高办学质量作为公司经营工作的重要内容，坚持“厚基础、重技能”教学方针。

巴士驾驶员培训基地拥有符合国家二级标准的机动车驾驶员训练场地。占地面积93 452.3平方米。其中，训练场地54 606.25平方米(附有实训室、停车场16 500平方米)，可同时承担16个科目的驾培训练，整个训练场地面积宽广，安全性高。训练场地内部设施规范，内有模拟高速公路、隧道、涵洞、湿滑路段、坡道、Z形路段、S形路段、“8”字形路段等各种标准训练道路。

驾培中心同时培训社会驾驶人员，行使社会驾校的功能和职责，严格制定相应教学管理标准。驾培中心奉行“以人为本、亲情服务、诚信至上”经营理念，为充分维护驾校学员合法利益，制定标准服务流程,分为咨询接待、报名、体检、科目一、科目二、科目三、科目四安全文明教育等7道流程。

在教学管理中,驾培中心坚持培训流程规范化,依次为动员及进行场地安全教育;组织交规学习,科目一合格上车;进行场内道路训练,科目二考试;进行场外道路训练,科目三考试;安全文明教育,科目四交规考试。

巴士集团人力资源部对新员工安排入职培训,是驾驶员培训有限公司教育培训中心主要任务之一,其中占课时比例最大的便是安全教育。新员工进入各营运公司,会有入职安全培训考试。同时根据安全需要,新员工有一年实习期,不能独立上营运路线,这段时期会被派往各个辅助岗位轮岗6个月。

巴士集团安排的"初级工学徒制"培训程序是针对驾驶各种车型技术要求,先进行为期一个月的新能源车及电车安全培训,再接受为期一个月的上岗前服务卡培训,再实习跟车带教4个月。随后,相关营运公司业务部门将安排进行技能测试(包括安全行车、检修等),通过测试,新员工才能安全上岗。

2015年以来,巴士驾培以巴士集团需求为导向,以市场需求为标准,坚持"厚基础、重技能"教学方针,每年为公交企业和社会输送2 000余名专职驾驶员和六大技术工种合格人才。

2017年12月底,巴士公交集团驾驶员培训有限公司内部机构设置综合办公室、计划财务部、人力资源部、安全管理部、驾驶员培训中心、教育培训中心、鉴定开发部和党支部、工会。企业员工总数52人。企业注册地址:上海市宝山区牡丹江路1325号401-K。注册资本:人民币1 000万元。

巴士驾培所属驾驶员培训中心(驾驶员培训基地),位于宝山区共祥路18号。三层办公楼内,一楼拥有150平方米接待大厅、40平方米学员休息室兼阅览室、40平方米多媒体教室、40平方米设备陈列室、40平方米安全理论教学室、40平方米模拟驾驶室。二楼拥有2间大型会议室及管理人员办公室、贵宾接待室等。三楼主要为实训器材储藏室。

巴士驾培配有机动车驾驶模拟器11台,配有教学大客车24辆、电车4辆、小客车12辆,所有教练车辆都办理道路运输证,符合二级及以上技术条件,符合营运教练车的要求。

巴士驾培具有完善的理论、模拟、实车培训设施设备,具有一整套优化网络管理系统、计时培训管理系统。配置多媒体理论教室、足量高配置电脑,可供学员进行网络理论学习及理论模拟测试。配有专业教室,设有完备车辆解剖图、交通信号挂图、教学挂图等,配置发动机整体解剖模型、透明整体实物解剖模型和全车制动系统模型、心肺复苏训练模拟人、车辆安全带保护作用体验装置等。

截至2017年年底,驾培中心有在编人员24人,其中管理人员7人,教练员17人(小车教练员2人、大客车教练员15人)。

表4-1-16　2016—2018年巴士驾培培训项目及培训人次统计情况表

年　份	项目及人次		总人次
	大客车培训人次	对外小车培训人次	
2016	218	304	522
2017	406	480	886
2018	654	102	756

九、门诊部

随着社会医保制度改革，巴士公交集团公司领导考虑到公交员工室外工作环境差、工作时间不规律、慢性病发病率高、就诊不方便等因素，决定因地制宜开设医疗门诊服务。

2006年9月1日，巴士集团所属区域性医疗网点正式启动，开始为职工提供价廉、质优、便捷的配药和简易医疗服务。

2009年3月30日，上海巴士集团门诊部在纪念路268号落成启用，该门诊部在原巴士一汽公司门诊部(2005年组建)医疗资源基础上进行扩建。

2015年因企业用地建设搬迁至国和路490号。医疗用房也从最初1 200平方米扩大到3 300平方米，医疗设备也同时进行更新和升级。门诊部现拥有医护人员18人，大专以上学历占86%以上。

巴士门诊部自成立以来坚持常见病、慢性病防治，不收诊疗费、挂号费，各类检查治疗按医保10%收费，药物零差价配售，满足广大员工疾病防治需求。其成立以来已开展门诊服务约108万人次，配售各类药品1 930万元，深受巴士广大员工欢迎。

随着企业员工老龄化，员工慢性病也日益增多，从2005年开始，企业每两年组织一次员工体检。自2010年起，员工体检增加到每年一次。巴士门诊部累计体检37.6万人次，妇科检查8.5万人次；发现各类大病480余例，及时督促员工尽早治疗。2017年，门诊部体检科目基本齐全，各下属公司受检率在95%以上。

第二节　公共交通基础设施

上海交通投资(集团)有限公司(简称交投集团)于2001年1月建立，为国有资产授权经营的企业，是上海交通投融资体制改革产物，由原交通投资公司和公交控股公司“撤二建一”组成，承担筹措交通建设资金、国有资产保值增值、支持公交行业发展等三项基本职能。交投集团党政关系于2004年5月从上海市城市交通管理局划归上海城投总公司，在城投公司交通事业板块从事投资建设、管理和服务三大基本任务。2005年7月1日起，根据市政府批准改革方案，交投整建制从城投公司划归久事公司，从事公交场站投资建设和场站资源综合开发经营。

2017年，交投集团作为上海久事(集团)有限公司直属全资子公司，注册资金25亿元，下属全资子公司6家、分公司2家。交投集团是上海公交基础设施投资建设运营商，专业主营公交基础设施投资建设、公交场站专业化管理与服务、公交供电保障和资产经营管理等业务。

2006年以来，“十一五”和“十二五”期间，交投集团累计投入建设资金约47亿元，用于公交基础设施项目建设，其中包括许多市政府重大建设项目。新建和改建11个公交停车场、23个公交枢纽，提升公共交通场站设施配套水平。

交投集团在“十二五”期间实施推进闸殷路停车场、西区汽车站、芦恒路枢纽、宝杨码头枢纽、真南路停车场、逸仙路停车场等10个建设项目，新增公交停车数约500辆，新增可入驻公交线路19条，新增土地面积约5万平方米，新增建筑面积24.5万平方米，新增可经营面积7.9万平方米。

2010—2015年，根据主管部门关于“十二五”交通换乘枢纽建设规划要求，交投集团新建芦恒路枢纽和宝杨路码头枢纽，改建西区汽车站，增加15条公交线路、929个小型机动车泊位，提升公交设施配套水平,方便居民出行。

2014 年以来,根据市交通委关于加快公交停车场新能源车充电设施建设项目相关要求,交投集团积极推进充电设施项目建设,及时满足巴士公交充电车位需求。先后建成南陈路停车场一期二期、天山路停车场一期二期、漕宝停车场一期、真南路停车场及宝杨路停车场等项目,累计完成 1 540 个充电车位。

2016 年,根据市政府关于“2016 年开工建设延安路中运量公交系统工程”要求,交投集团围绕“2016 年年中开工、2017 年年初正式投运”进度目标,作为工程建设主体,发挥各方积极性,联手推进各项工作,中运量公交系统于 2016 年 6 月 25 日开工建设,于 2017 年 2 月 1 日载客试运行,是一条东西向公共交通客流大动脉。

2016—2017 年,在市交通委支持和协调下,交投集团作为南桥新城—东方体育中心快速公交系统工程建设主体,积极推进工程前期工作,围绕“2017 年 6 月 25 日开工建设,2018 年年初建成投运”工作目标,会同各相关单位,针对项目资金及用地、工程设计方案、前期行政审批、招投标工作、施工图审图等进行专题深化研究,明确工程设计方案和时间节点,按照市交委相关要求有序推进。

交投集团各停车场、公交枢纽站主要分布于下属 4 家企业,分别为上海交投场站企业管理有限公司、上海交投资产管理有限公司和上海交通投资(集团)有限公司漕宝停车场管理分公司和上海交通投资(集团)有限公司场站管理分公司。

上海交投场站企业管理有限公司所辖场站有市光路停车场、闸殷路停车场、国和路停车场、国江路停车场、逸仙路停车场、内江路停车场、宝杨路停车场、月浦停车场,以及长江南路枢纽站(由申通代建)、长江西路枢纽站、新江湾城枢纽站、虹口足球场枢纽站、军工路枢纽站、五角场枢纽站、铁山路枢纽站、富锦路枢纽站(由申通代建)、江杨北路枢纽站(由申通代建)、吴淞码头枢纽站、蕰川路枢纽站、宝杨码头枢纽站、宝杨路枢纽站等。

上海交投资产管理有限公司所辖枢纽站有芦恒路枢纽站。

上海交通投资(集团)有限公司漕宝停车场管理分公司所辖场站有漕宝路停车场、天山路停车场、莘庄停车场、重庆南路停车场、斜土路停车场、闵行停车场、申昆路停车场,以及申昆路枢纽站、虹桥枢纽站、静安寺枢纽站、中山公园枢纽站、十六铺枢纽站、沪军营路枢纽站、宜虹路枢纽站、铁路上海南站公交枢纽、江月路枢纽站等。

上海交通投资(集团)有限公司场站管理分公司所辖场站有南陈路停车场、曹杨路停车场、武宁路停车场、云岭东路停车场、真南路停车场、共和新路停车场、大场高保基地停车保养场,以及沪太路枢纽站、共和新路枢纽站等。

巴士公交公司管理的枢纽站有共和新路枢纽站、漕溪路枢纽站、卢浦大桥枢纽站、武胜路枢纽站、纪王枢纽站、莘庄枢纽站、南浦大桥枢纽站、莘庄地铁枢纽站、普安路枢纽站。

一、停车场

【市光路停车场】

市光路停车场于 1991 年 7 月 13 日开工,至 1992 年 10 月 30 日竣工,1993 年正式投入使用。该场建设旨在为国和路停车场扩建工程扩大停车面积,缓和日趋严重的停车难矛盾。停车场总占地面积 14 139 平方米,总建筑面积 849 平方米,其中生产用房面积为 436.69 平方米,办公用房面积为 404.79 平方米,总资产 215.96 万元。停车场主要建筑单体包括综合楼、修理车间等,总计可停放

60 辆车，工程总投资额为 45.45 万元。

2013 年，市光路停车场移于杨浦区市光路 111 号，占地面积约 7 970 平方米，总建筑面积 2 634 平方米；实施市光路公交停车场综合整治维护工程，主要涉及办公房、车间等 9 个建筑单体以及总体专项类的综合整治维护。

【闸殷路停车场】

闸殷路公交停车保养场是在原闸殷路平面公交停车场基础上改扩建而成，地处闸殷路东侧、军工路南侧，北临清水河，西抵江湾新城开发区。

为合理调整同济大学周边地区用地功能，落实四平路停车场整体搬迁计划，迁建于清水河南、闸殷路东的闸殷路公交停车场，其第一期工程于 2008 年 11 月 23 日开工，2010 年 7 月 27 日竣工。停车保养场总用地面积 18 934.8 平方米，总建筑面积 675 平方米。主要包括收银票务用房、加油站、门卫、自行车棚。总停车规模为 120 辆，总投资 3 755.3 万元。

为完善和提升巴士一汽公司公交车辆保养功能，减少公交车辆空驶里程，缓解杨浦区道路压力，该场进行第二期工程，于 2011 年 7 月开工，2012 年 3 月底竣工。工程批准用地面积 18 935 平方米，在场地中部西侧靠近围墙处新建一幢三层楼车辆维修保养车间（占地约 765 平方米），内设 5 个修车位，设计保养车辆 120 辆，建筑面积 1 846 平方米，投资金额 667.2 万元。工程建设单位为上海交通投资（集团）有限公司，资金由该公司自筹。

2017 年年底，闸殷路停车场设计停车数 90 辆，实际停车数 105 辆，场内设新能源充电桩 30 台，监控系统为数字、模拟混合设备。

【国和路停车场】

国和路公交停车场始建于 20 世纪 80 年代末，位于杨浦区国和路 482 号，由巴士一汽公司长期租赁使用。该场用地区域分南北两块：北块占地面积为 8 400 平方米，主要功能为小修、加油及后勤配套设施；南块占地面积为 1.3 万平方米，主要功能为双层停车库、部分地面小修，其设计停车能力为 120 辆。

停车场工程于 1983 年 6 月上报计划书，投资概算 392 万元，建筑面积为 12 328 平方米，后经批准概算提高至 460 万元，建筑面积为 13 479 平方米。工程用地因规划道路相隔而分为两块，又因动迁安置先开工南面用地，建设双层停车库，后建北面生活、业务和车间设施。国和路双层停车库于 1987 年 1 月 9 日正式开工，由市建二〇五队承建，停车库面积为 8 298 平方米，停车能力 200 辆。工程经过一年多施工于 1988 年年初竣工，决算投资 490 万元。停车库竣工后为尽快发挥其效益，在停车库西面自筹资金搭建简易生活和保养设施 450 平方米，于 1989 年 5 月正式开始使用。停车场业务、生活、车库工间设施于 1988 年 10 月开工，1991 年 2 月竣工，决算投资 316.5 万元，1991 年 10 月全面启用。

国和路停车场作为四平路停车场附属停车场，按照这一功能定位进行设施安置。21 世纪初，公交四平路停车场在被列为同济大学扩展用地后整体搬迁，国和路停车场同步进行整体调整和综合改建。综合改建工程于 2005 年 11 月 18 日开工，利用北块区域空间新建办公楼，区域面积为 8 400 平方米，总建筑面积为 30 158 平方米，主要建设内容为新建综合业务办公楼，包括主楼、辅楼、裙楼、地下室。该工程于 2008 年 3 月 10 日竣工，停车场可停放车辆 200 辆。

2013 年，交投集团对国和路公交停车场进行综合整治维护，主要涉及警卫室、食堂等 6 个建筑单体以及总体专项类综合整治维护。

2017 年年底,国和路停车场实际停车数 196 辆,场内设有数字化监控系统。

【国江路停车场】

国江路停车场位于宝山区高境镇淞行路 377 号,在军工路南侧、淞行路北侧、铁路何支线东侧。原四平路公交停车场因同济大学扩展用地而整体搬迁至何家湾地区,因停车场坐落在国江路西侧,故改名为国江路公交停车场。停车场总占地面积为 10.9 万平方米,总建筑面积为 79 150 平方米,总资产 26 110 万元。主要建筑单体包括综合楼、食堂、车库等,可停车 886 辆,其中车库停车 480 辆、平地停车 406 辆,检修车位 14 个。

工程于 2005 年 6 月开工,2007 年 6 月竣工。工程资金来自申教投资公司四平路公交停车场动迁费,不足部分由交投集团承担。实际竣工面积:四层停车库 68 674 平方米,保修车间 5 408.9 平方米,辅助用房 1 294.6 平方米,工间 562.1 平方米,加油站 708.8 平方米,洗车台 67.2 平方米,辅助工间 922.8 平方米,锅炉、食堂、浴室 937.8 平方米,库房 126.9 平方米,警卫室甲 81 平方米、警卫室乙 47.5 平方米,自行车棚 92.1 平方米,共计建筑面积 78 923.7 平方米。室外地坪面积 66 250 平方米。

【逸仙路停车场】

逸仙路停车场位于杨浦区逸仙路 205 号,曾称纪念路停车场,原为建于 20 世纪 70 年代初的露天公交停保场,占地面积 1.98 万平方米,其中停车地坪 13 640 平方米,房屋建筑 3 330.33 平方米,办公使用面积 2 498.04 平方米。为缓和宝钢、吴淞及宝山地区公交拥挤状况,1984 年以后,纪念路停车场先后进行两次扩建、一次新建。1984 年 7 月进行第一次扩建,在原有辅助车间加层,增加建筑面积 288.07 平方米。1986 年至 1989 年进行第二次扩建,于 1990 年 7 月投入使用,投入资金为 230 万元,经扩建后占地面积为 31 135 平方米。第三次新建工程于 2008 年至 2010 年由宝山公交公司作为建设单位实施,项目建筑占地面积约 587 平方米,建筑面积约 1 174 平方米,工程于 2010 年 7 月投入使用,投入资金为 191 万元,占地面积增加为 31 722 平方米。

2014 年 9 月至 2017 年 9 月,逸仙路公交停车场进行重新改建,于 2018 年 3 月 5 日正式启用,占地面积为 26 536 平方米。改建工程是对逸仙路公交停车场实施总体整改,拆除基地内建筑,新建一幢四层 352 车位公交停车库、一幢十九层交通业务楼,以及加油站、工具房和门卫房等单体附属设施,总建筑面积 9.2 万平方米,其中地上 78 865 平方米,地下 13 135 平方米。工程总投资批复概算核定为 58 591.96 万元,项目施工总承包单位为上海建工七建集团有限公司,工程监理为上海建浩工程顾问有限公司,设计单位为同济大学建筑设计研究院(集团)有限公司,财务监理为上海上咨工程造价咨询有限公司。改建工程先后获评上海"明星工地"、上海市文明示范工地、上海市优质工程(结构工程)奖、上海市建设工程绿色施工工程、2017 年上海市"白玉兰优质工程奖"(观摩级工程)、上海市"申安杯"优质安装工程奖、2018—2019 年度第一批国家优质工程奖。

截至 2018 年 8 月底,逸仙路停车场设计停车(车库)352 辆,实际公交停车 304 辆,实际系统内大巴停放 10 辆,有充电桩一机四充 61 个、一机两充 1 个,充电枪 246 把,充电车位 246 个。停车场作为完善上海东北区域公共交通网络的重要基础设施,缓解了宝山巴士公交公司停车缺口矛盾,有助于提高运营服务质量、提升本市东北片区公交服务能力。

【内江路停车场】

内江路停车场位于杨浦区内江路 365 号(周家嘴路 3815 号),内江路、周家嘴路交叉口,总占地面积 33 385 平方米,于 1987 年建成,为国内第一座无轨电车双层停车场。原规模为停车 320 辆,建筑面积 17 514 平方米,动迁用房 5 000 平方米,总投资调整为 1 698 万元。后为适应北外滩规划建设需要,充分利用现有土地资源,增强停车和保养能力,缓解公交停车难矛盾,2003 年内江路停车场进行扩建。扩建工程主要包括四层停车库一座,新建六层综合楼一座,工程总建筑面积 69 670 平方米,投资概算为 1.83 亿元,于 2003 年 12 月 28 日正式开工,2005 年 9 月底竣工,10 月 28 日正式交付使用,成为巴士电车公司本部所在地。扩建后,内江路停车场建筑面积 77 746 平方米,设计停车 700 辆,实际停车 496 辆。

图 4-1-8　1987 年建成的内江路停车场

2017 年年底,内江路停车场设计停车数 392 辆,实际停车数 376 辆,场内设新能源充电桩 30 台,内有数字化设备监控系统。

【宝杨路停车场】

宝杨路四层立体停车保养场位于宝山区宝杨路 2000 号,是在宝杨路平面公交停车场基础上改扩建而成,宝杨路公交停车场分二期工程建设。

第一期工程于 1977 年 10 月开始筹建,是为配合宝钢总厂建设而新建的停车场,于 1979 年 10 月动工,1981 年 10 月基本竣工。基建时间共四年,基建投资 336 万元,占地面积 25 080 平方米。1983 年至 1985 年进行了第一次扩建,建筑面积 3 123.54 平方米。第二次扩建于 1986 年至 1990 年进行,投资金额为 560 万元,新征土地 41 587 平方米。第三次扩建于 1994 年至 1995 年进行,扩建面积约 2 660 平方米,保养车间 2 500 平方米,增加停车数量和保养车辆数量各 120 辆。

宝杨路停车场于 2003 年 12 月启动部分改建工程，新建一座四层车库，迁建加油站、洗车台等附属设施，于 2007 年 7 月竣工启用。四层车库建筑面积 51 666 平方米，设计停车 384 辆，总建筑面积 52 291 平方米，概算总投资 12 995 万元，建设资金由交投集团自筹。

因遗留的市政排水系统不畅、维修车间老化等问题渐现，存在安全隐患，停车场于 2008 年 9 月启动第二期工程，调整原有老场的功能布局，优化总平面设计，提高土地利用率，提高维修保养服务质量。综合改建工程新建六层生产业务管理用房一座，用于公交车辆保养、配件供应、运营调度等，建筑占地面积约 4 151 平方米，总建筑面积 17 626 平方米。建设地下车库一座，建筑面积约 1 446 平方米。工程于 2008 年 12 月 23 日开工，2011 年 5 月 18 日竣工，由上海交投集团投资，上海交通建设管理有限公司代建，上海光华勘测设计有限公司勘测，上海同济开元建筑设计有限公司设计，上海龙元建设工程有限公司承建，上海建浩工程顾问有限公司监理，宝山区建设工程质量监督站监督。

宝杨路停车场设计停车数 384 辆，2017 年实际停车数 480 辆，场内设新能源充电桩 63 台，现有监控系统为数字、模拟混合设备。

【月浦停车场】

月浦停车场位于宝山区蕰川路杨行镇北万家宅，主要为适应市公交事业发展，满足公交车辆和保养需要，由上海公交控股(集团)有限公司投建。其于 2000 年 1 月经市政府批准取得建设用地批准书，于 2000 年 8 月开工，2003 年 1 月竣工。竣工验收后交付上海宝山巴士公共交通公司使用，为宝山巴士公交车辆提供停车、维修、加油服务。停车场占地总面积 7.3 万平方米，四层办公楼面积 2 605 平方米，生活用房面积 2 155 平方米，生产工间面积 5 386 平方米，设计可停放车辆 200 多辆，工程总投资额为 9 119.4 万元。

月浦停车场竣工交付使用 10 余年来，未进行系统性维护，存在场内建筑物外墙损坏、设备和消防设施老化、场地地坪开裂、管道渗漏、场地交通标志标线磨损缺失等问题，安防系统不符合现行管理要求，影响公交正常安全生产，存在安全隐患。交投集团根据《上海市市级城市维护项目管理暂行办法》有关规定，实施月浦公交停车场综合整治维护，对其业务楼、食堂、宿舍楼、变配电间、锅炉房、浴室、警卫室、例保车间、加油站、洗车台、空压机房、仓库、污水处理站、车库工间、管理用房等作整治维护，项目概算总投资为 1 043.46 万元，建设工期 5 个月，于 2013 年 7 月开始施工，11 月底竣工。恢复停车场的基础设施功能，保障安全运营。

2017 年年底，月浦停车场实际无停车，场地供巴士驾校使用，场内监控系统为数字化设备。

【漕宝路停车场】

漕宝路停车保养场位于虹莘路 3579 号，地处漕宝路六号桥以北、虹莘路以西，占地面积 124 542 平方米，工程项目扩初批准总投资 2.36 亿元(其中一期 1.21 亿元、二期 1.15 亿元)。工程一期于 1995 年正式开工，1998 年正式竣工。主要建设内容为二层停车库、业务综合楼、四层工间、危险品库、加油站、洗车台、食堂等及相应配套设施，总建筑面积约 3 万平方米。工程二期(二层车库加层至五层)总建筑面积 55 285 平方米，停车面积 3.7 万平方米，于 2000 年竣工，2000 年 10 月 26 日通过工程质量检查，2001 年 6 月全面交付投产后由交投集团有限公司漕宝停车场管理分公司实施专业化管理。

2008 年，交投集团在车库底层上坡道旁进行改建，新建二层 375 平方米生产用房，对车库第四

图 4－1－9　2000 年竣工的漕宝路停车场

层喷淋系统、四层工间老化电路进行改造维修。2009 年，对停车场原浴室进行改造，对原有食堂进行扩大改建，对四层工间实施大修理。2010 年，修缮加固车库两部双跑疏散楼梯，对五层车库电路进行大修。2011 年，对停车场地坪、下水道、车库消防水泵系统进行大修，办公楼增设电梯一台及配套井道，改造安防系统，安装门禁抓拍系统。2012 年，实施停车场办公楼一、四层及楼道装修工程，并对大楼瓷砖外立面进行清洗，更新五层车库电梯。2013 年，进行停车场门头及配套更新改造。2014 年，更换改造停车场水泵房报警阀门，整体改造消防报警系统，对工间四楼进行全面整修。2016 年，实施场地地坪整治修复。2017 年，改造车库底层生活管网，将埋地生活管道改成明管敷设并做保温工艺；改造场内消防设施，包含泵房间内控制柜、水泵、相关阀门更换及泵房区域地面环氧地坪铺设等；在停车区域新建机动车停车棚。

至 2017 年年底，漕宝路停车保养场可停车约 1 030 辆，其中车库停车 520 辆，平地停车 510 辆，检修车位 48 个。停车场主要内容包括五层停车库、业务办公楼、四层工间、配电站、加油站、污水处理站、危险品仓库、洗车台、锅炉房、浴室、食堂、消防楼、警卫室、自行车棚等公交配套设施，拥有新能源系统 8 组、充电桩 85 个（一机四充 70 个，一机一充 15 个），智能化摄像头共计 151 个（数字式摄像头 43 个，模块式摄像头 108 个）。

【天山路停车场】

天山路停车场位于长宁区天山路南侧、茅台路北侧、北虹路东侧、双流路西侧，双流路 15 号。1982 年 10 月，为解决天山路地区市政交通拥堵、公交停车场地不足的困难，市建委批复同意在天山路天山污水厂南新建停车场。天山路停车场初建一期工程于 1984 年 11 月开工，至 1985 年 4 月 30 日竣工并投入使用。一期总投资额 387 万元，总建筑面积 5 238 平方米，新建保养车库、煤气增压站、加油站、办公用房、生活宿舍用房等设备用房。建成后可停车约 200 辆。停车场二期工程主要为加建双层车库及喷漆车间等，于 1987 年 4 月 8 日开工，至 1989 年 9 月竣工，项目总投资 833 万元，列入市基本建设计划，增建建筑面积为 17 104 平方米，停车能力增至 450 辆，年修理车辆数可达 300 辆。

图 4-1-10　2006 年 10 月竣工的天山路停车场

为完善天山路停车场设施功能，使其停车、保养、业务、生活等各项设施配套齐全，市公交总公司于 1989 年 12 月 21 日上报《天山路停车场扩建工程计划任务书》，于 1990 年 8 月上报扩建工程项目建议书。停车场扩建项目的 11 项工程均由上海公交建筑设计院设计，于 1994 年 10 月起陆续开工，工程特点是边生产、边建设、边交付使用，综合楼于 1998 年年底竣工交付，加油站于 1999 年 2 月竣工交付，1999 年上半年验收合格。工程实行投资包干，总投资额约 10 336 万元。新建检测车间、五层工间、辅助车间等单体，新增建筑面积 21 220 平方米，停车地坪面积约 3.5 万平方米。该场成为设施功能齐全、具备停车 600 辆并能承担 600 辆车各级机电和车身保养能力的停车保养场。

2004 年 12 月至 2006 年 10 月，天山路停车场改建成三层停车库，总造价为 14 649 万元，新增建筑面积约 5.4 万平方米，公共交通停车数 420 辆，保养车辆数 600 辆；建设六层综合楼 2 座，建筑面积近 3 万平方米。改建工程建设用地面积 4.58 万平方米，总建筑面积 83 227 平方米。核定工程概算总投资 26 646.61 万元，实际投资完成额为 22 802.28 万元，工程资金由上海四汽公共交通公司自筹。

截至 2017 年年底，天山路停车场土地面积 11 万平方米，建筑面积 8.9 万平方米，设计停车数约 870 辆，其中停车库停车数约 730 辆，平地停车数约 140 辆，主要内容包括保养车库、加油站、办公用房、检测车间、五层工间、辅助车间、喷漆车间、二层停车库、三层停车库、六层综合楼等，停车场拥有新能源充电桩 90 个(一机四充 70 个、一机两充 20 个)，智能化摄像头共计 161 个(数字式摄像头 117 个、模块式摄像头 44 个)。

【莘庄停车场】

莘庄公交停车场位于春申路北侧、沪闵路西侧、莘西南路东侧，总占地面积 118 154 平方米。莘庄停保场工程分为两期施工建设，计划任务书于 1985 年 6 月 10 日经市计委批准立项，扩初设计经各方审查后于 1989 年 1 月 3 日由公用事业局报市计委、市建委，市建委交联合工程咨询公司评估，后于 1990 年 9 月 8 日上报调整扩初设计及概算，于 1991 年 8 月 26 日获批准。1992 年 6 月，市计委同意莘庄停车场增加保养能力，达到车身车间三级保养 1 200 辆车水平。

一期工程主要为缓和马路停车的矛盾，于 1992 年 9 月 2 日开工，至 1994 年 10 月 1 日竣工并投入使用，项目施工由市公交总公司委托市第八建筑工程公司负责，前期审批及建设花费时间约 10 年。总建筑面积 24 743 平方米，停车地坪面积 5 万平方米，总投资 4 794.5 万元。建成后停车场可停车约 300 辆，机电高级保养车辆数为 600 辆。一期竣工后，有 11 个车队迁入，共计 19 条路线，夜间停放汽车 500 辆左右，为一线司售职工休息以及后勤设施创造良好硬件基础。车辆检修保养作业：夜间机电一级保养车辆数 18 辆，白天保养车辆数 8 辆，双月修理车辆数为 12 辆。

二期工程为车身车间工程，添建与600辆车保养能力相应的设施，于1995年7月开工，至1997年12月竣工并投入使用，1998年3月24日验收合格。工程总投资2 103万元，建筑面积6 676平方米。工程建成后，具有1 200辆车身三级保养能力，改善提高公交车辆车身状况。工程三保车库、车身车库两个单体项目，被闵行区建筑工程质量监督办评为1996—1997年优良工程，喷漆车间环保工艺项目获得市重点工程项目重点科技奖。

2006年10月，市交通管理局批复同意实施莘庄停车场天然气汽车修理车间改建工程，对原有车身车间部分区域进行改建，以作为天然气汽车修理车间。新车间底层为天然气、柴油车修理车间等，二层为办公、更衣区。工程建筑占地面积1 812平方米，改建建筑面积2 333平方米，项目总投资核定为347.78万元(实际投资完成额为321.65万元)。2007年6月，工程初步设计获批；9月27日，浙江省台州市第一建筑安装有限公司中标；10月份开工，改建工程于2008年3月竣工验收合格并交付使用。

截至2017年年末，莘庄停车场占地面积12万平方米，建筑面积2.9万平方米，停车地坪面积5万平方米，设计停车数约400辆，主要内容包括车队办公用房、综合工间、车库工间、食堂、加油站等。停车场拥有新能源充电桩103个(一机四充)，智能化摄像头共计161个(包括数字式摄像头64个、模块式摄像头10个)。

【重庆南路停车场】

重庆南路停车场在改扩建前，营运车辆为450辆左右，停车、保养能力严重不足，且建筑物陈旧简陋，有将近200辆车停放在马路上，影响市容，也给车辆保养带来了许多不便。随着成都路高架道路建设和拓宽，该停车场占地面积缩小了近五分之一，房屋建筑拆除近一万平方米。原车身车间被定为三废治理重点，必须进行迁移，原停放在重庆南路上的车辆也无法再停。

图4-1-11　1999年5月竣工的重庆南路停车场

1995年,上海市建设委员会批准进行该场整体规划改造,建造一座四层车库工间、三层辅助用房,向空间要面积,以挖潜增容,增加停车能力和与其配套的保养设施。1995年7月18日,浙江省象山第二建筑工程公司中标公交三电新建四层车库四层工间工程;8月2日,市公用事业管理局批复同意该场整体改造过渡方案;11月20日,上海市公交总公司第三电车公司(简称公交三电公司)经过研究论证,决定采用搭棚过渡方案;12月18日,桩基开工,公交三电公司成立改造建设领导小组。1996年3月20日,车库工程开始施工。1997年2月17日,上海公交控股公司就工程扩初设计及概算请示市公用事业局,请求增加城建拨(贷)款;9月25日,上海市建委复函市公用局,同意工程总投资从原批准的7 910万元调整为8 909万元,所增加资金由市城投总公司负责,并补列入年度用款计划。1998年4月,重庆场车库工程和工间工程竣工交付。1998年7月,重庆场辅助工间工程开工,于1999年5月15日竣工。

2016年4月,交投漕宝停车场管理分公司对重庆南路场消防栓系统进行维护整治,列入交投集团年度大修理计划内,费用约20万元。2017年12月,漕宝停车场管理分公司根据消防单位和久事集团安全管理部要求,在停车场车库四周通道及每层车道新增配置应急车道标线标识,概算约14万元。

截至2017年年底,重庆南路停车场建筑面积35 225平方米,设计停车数约144辆,主要内容包括六层工间、四层车库、加油站、食堂、辅助用房等,停车场拥有智能化数字式摄像头共计95个。

【斜土路停车场】

斜土路公交停车场原为市公交公司汽车二场,建于1948年,20世纪50年代随公共交通事业发展而扩建。该场除1976年建造车库、工间外,业务生活用房基本未进行改造和改建,非生产性用房极为紧张;建造于不同时期的各类用房在建筑布局上较混乱,有些已属危房。1983年,市公交公司对汽车二场作分期改造规划:女宿舍翻建和胎工间迁建为第一期改造工程,资金由公交公司自筹安排;第二期工程主要内容为食堂等生活设施改造,将原有食堂等棚屋拆除,新建综合生活楼5 652平方米;第三期改造待东安路拓宽以后再定。斜土路停车场加油站于1983年6月开始新建,10月完工,工程造价共计4.8万元。1984年4月,市公用事业局批转市建委同意该场新建综合楼计划任务书的批复;8月,市公交公司上报综合楼扩初设计及概算,并于9月获批同意,核定工程建筑面积5 846平方米,总投资134万元(1985年年底经调整后的总建筑面积为6 953平方米,总投资239万元)。工程由三航局第一工程处承包施工,于1984年12月20日破土动工,1986年7月26日竣工验收,总工期为19个月,实际竣工面积6 721平方米,总投资243万元。

2013年,由于斜土路停车场年久失修,主通道、加油站附近地坪损坏严重,影响车辆正常行驶,造成安全隐患,经实地踏勘并研究,对停车场地坪进行大修,地坪修理面积360平方米,窨井2个,下水道8米,匡算费用10.8万元。2016年,交投集团对该场加油站进行第三方评估,根据评估结论对其进行安全隐患整改。实施车间用房改造项目,整修场内车间工棚,敲铲原有钢架油漆及新增地沟等;将相关房屋重新分割装修,实施斜土路停车场办公用房改造。2017年,实施该场空调维修棚及洗车台改造项目,新建一间维修工间用作空调维修棚,并清理洗车台车道,配备相关洗车基础设施;还对失修的临时性房屋进行整治,翻新房屋屋面,安装吊顶,铺设地砖,粉刷墙面等。

截至2017年12月,斜土路停车场由上海交通投资(集团)有限公司漕宝停车场管理分公司实施管理。停车场占地面积2.5万平方米,建筑面积8 487平方米,停车地坪面积2万平方米,设计停车数约129辆,主要内容包括综合楼、配电房、维修车间、加油站等,停车场拥有新能源充电桩56个(均为一机两充),智能化摄像头共计56个(数字式摄像头)。

【申昆路停车场】

申昆路停车场位于闵行区七莘路、高虹路交叉口西北侧地块内，为延安路中运量公交系统工程的新建配套停车场，项目占地面积 3.58 万平方米，总建筑面积 4 569.68 平方米。2017 年 7 月 27 日，延安路中运量公交系统竣工验收。随之竣工的申昆路停车场占地面积约 2.98 万平方米，建筑面积约 4 125 平方米，由综合管理用房（建筑面积约 1 200 平方米）、维修工间（建筑面积约 2 020 平方米）、变配电房（建筑面积约 590 平方米）、设备用房及仓库（建筑面积约 105 平方米）和吸尘房（建筑面积约 130 平方米）等地上一层临时建筑组成，设置有 1 条延安路中运量主线和 5 条普通地面公交线路的首末站。

申昆路停车场设计停放 18 米长中运量公交车 40 辆、12 米长公交车 28 辆，共计 68 辆。停车场内实际停放 12 米长公交车 28 辆、18 米长中运量公交车 38 辆，共计 66 辆，基本处于满负荷状态。此外，场地内原设计仅有 10 个小车停车位，经过内部挖潜，增加 50 个小车停放位。停车场拥有新能源充电桩 8 个（一机两充），智能化数字式摄像头共计 52 个。

2017 年，为配合实行专业化管理，申昆路停车场新增标线标识，在停车场内重新规划小车停车区域及行人通道；新增小车止退器、不锈钢护栏及办公用房隔断等相关附属设施；场内新建厕所；对停车场门头、镁精亭及平台进行了改造；新建非机动车棚（约 100 平方米）并安装充电设施。

截至 2017 年 12 月，申昆路停车场占地面积约 6 000 平方米，设 5 条公交线路首末站，建筑面积 240 平方米，设有调度室、设备用房等设施，设有数字式监控探头 13 个。

【南陈路停车场】

南陈路停车场位于宝山区南陈路 98 号，总占地面积 87 381 平方米。20 世纪 80 年代，由公交设计室设计，建工局建设，建成后主要满足公交总公司第五汽车公司停车及机电、车身保养需求。该场于 2004 年 4 月启动改建，由上海巴士公交建筑设计院设计，上海市第二建筑有限公司建设，增

图 4－1－12　2007 年竣工的南陈路停车场

加四层车库、加油站、检测线、保养工间，满足公交停车及保养需求。改建后资产值为1.5亿元。改建工程于2006年5月开工，至2007年12月竣工。停车场总建筑面积61 680平方米，设计停车492辆，实际停车750辆。

2017年年底，南陈路停车场停放巴士三公司、巴士四公司、巴士五公司公交车和久通、顺祥客车，每日停车662辆左右。现有监控系统为数字、模拟混合设备，共有监控摄像机162台。

【曹杨路停车场】

曹杨路公交停车场位于曹杨路750号，建于1957年，总建筑面积57 500.11平方米。曹杨地区城乡接合部动工兴建曹杨路停车场(原称公共汽车三场)，它作为当时的停车保养场建成并投入使用。1984年，新建汽车三场综合楼。曹杨路停车场于1996年10月起扩建改造为四层停车保养车库，设计停车数490辆。改建工程由上海巴士公交建筑设计院设计，上海公欣工程建设监理中心监理，龙元建设集团股份有限公司施工建造，总投资5 616万元，占地面积10 033平方米，建筑面积30 010平方米，停车地坪面积1.4万平方米，于2000年5月5日竣工并投入使用。

图4-1-13　2000年5月竣工的曹杨路停车场

2003年，交投集团拆除曹杨路停车场地块内部分陈旧建筑物(约4 250平方米)，并对原煤气和部分架空线网进行改造。2012年年底至2013年3月，花费400万元对停车场作整治维修。2015年，交投集团对场内加油站顶棚进行整修，粉刷围墙，工程预算约为7万元；实施办公楼钢窗整修工程，包括办公楼钢窗整修、沿街面装饰木条加固；实施车间区域消防管道增压工程；将停车场小车停放点内停车器及减速带更换为铁质材料；更换部分生活水管、消防水管；对停车场加油站作整治。2017年，停车场1、2号楼原配铁窗更换为铝合金窗；改造车间区域自来水管，重新建造该处自来水管道，用明管替换原有旧暗管。

2017年年底，曹杨路停车场停放巴士一公司、巴士三公司、巴士四公司公交车和顺祥客车，每日停车383辆左右。现有监控系统为数字、模拟混合设备，共有监控摄像机101台。

【武宁路停车场】

武宁路公交停车场位于普陀区武宁路251号，靠近凯旋路，于1980年竣工并投入使用。停车场占地面积27 822平方米(产证面积原为28 757平方米，1998年因配合轨道交通3号线高架工程拓路动迁，土地面积减少935平方米)。停车场建有警卫室、自行车棚、车身车间、检测线、厕所、危险品仓库、电瓶间、后服中心、保养车间、保修处、大宇车间、垃圾房、车间仓库、票务间、值班室、办公楼、食堂、培训中心、整流站等公交配套设施。

2010 年，武宁路公交停车场用房建筑面积为 7 890.52 平方米，停车面积为 10 400 平方米（均为地面停车）；设计停车数 320 辆，实际停放 274 辆。

因停车场竣工投入使用后，未进行系统性维护保养，场站内大部分单体建筑及内部设施均存在不同程度损坏或老化、场地地坪破损凹陷等，2015 年 7 月，市交通委批复同意该场安全专项整治维护项目实施方案，项目法人为久事公司所属交投集团，主要为办公楼、培训楼等 10 个建筑单体以及总体专项类的整治维护。所需资金由市公交行业政府专项扶持资金安排 80%，其余由交投集团自筹解决。项目于 2015 年 11 月 18 日开工，2016 年 5 月 5 日竣工验收，合同造价约 264 万元，安全整治维护内容主要涉及停车场内各楼屋面防水卷材更新、雨落水管更新、破损窗玻璃更换、车间内老旧电箱更换、室外场地局部维修等。

2017 年年底，武宁路停车场设计停车 215 辆，巴士一公司实际停车 130 辆，场内设新能源充电桩 3 台，现有监控系统为模拟设备。

【云岭东路停车场】

云岭东路停车场（原上海客车修理厂）位于云岭东路 44 号，1982 年开始选址筹建，1989 年年底交付使用。2002 年 3 月该场大修工程开工，将云岭东路南侧、芦定路西侧、丹巴路东侧的上海客车修理厂改建为云岭东路停车场，占地面积 27 030 平方米，大修后停车数达到 100 辆，工程总投资为 972.5 万元。

2017 年一季度，交投集团对云岭东路停车场的煤气阀及通往食堂的煤气管道进行改造、整修，概算费用控制在 15 万元以内；对停车场与施工地方的围墙进行维修，概算费用控制在 5 万元以内。2017 年年底，云岭东路停车场主要停放久通客车，每日停车 35 辆左右。现有监控系统为数字设备，共有监控摄像机 24 台。

【真南路停车场】

真南路公交停车保养场位于真南路 709 号，地处真南路以南、金昌路以北、里店浦河防汛河道以东、德建宾馆以西，建成于 1989 年，由中国船舶工业公司第九设计院设计，浙江省金华市第一建筑工程公司建造，占地面积 47 326 平方米，建筑面积 9 051.14 平方米，属平地停车场，可停放公交车辆 490 辆。1991 年，公交三汽公司因车身保养车位严重不足，为改善车况车貌，在真南路停车场增建车身保养车间，与喷漆车间配套使用，保养车间建筑面积 1 187 平方米，自筹投资 62 万元。

真南路停车场改建工程于 2013 年 12 月底正式开工，2016 年 2 月竣工，总投资 34 490.9 万元。工程拆除原有建筑面积 4 650 平方米，保留原有建筑面积 4 400 平方米。改建内容包括新建一座四层（局部地上十一层、地下一层）综合停车楼，以及加油站、收箱处和库房等附属用房，总建筑面积 8.2万平方米（其中，地上建筑面积 79 750 平方米、地下建筑面积 2 250 平方米）。综合停车楼设置地下停车库、立体停车库和公交业务用房，其中，地下一层停车库设计停车数 40 辆，建筑面积 2 250 平方米；地上四层公交停车库设计公交车标准停车位 490 辆，维修保养车位 15 个；局部十一层公交业务用房设置公交调度、机务仓库、业务管理和教育培训等生产和管理用房，建筑面积 78 980 平方米。项目施工单位为龙元建设集团股份有限公司，工程监理为上海建科建设监理有限公司，设计单位为上海同济开元建筑设计院有限公司，财务监理为上海沪港建设咨询有限公司。

2017 年,交投实施真南路停车场搭建临时自行车棚项目,总概算费用控制在 15 万元内;实施停车场沿街门面整治项目,对该处 6 间门面进行封门,拆除沿街门面违章建筑及乱拉电线,对外墙进行粉刷。2017 年年底,真南路停车场停放巴士三公司、巴士四公司公交车和久通客车,每日停车 454 辆左右。现有监控系统为数字设备,共有监控摄像机 256 台。

【共和新路停车场】

共和新路停车场位于闸北区共和新路 3034 号,为原公交汽车六场(五汽冠忠)。停车场于 1978 年 8 月正式破土动工,1980 年 3 月竣工,4 月 1 日起全面投产。停车场共有公交路线 13 条,铰接式车 223 辆,单机车 91 辆。1983 年 5 月,停车场扩建二层停车库一座,建筑面积 7 814 平方米,保养工间楼等生产用房 3 576 平方米,投资总额 394.5 万元,停车 202 辆。

2003 年 11 月,为配合中环线工程,共和新路场进行缩减后的改建,新建一座四层办公用房,建筑面积 1 119 平方米;新建一座二层保养车间,并改建小修保养工间等。

2004 年 4 月,为恢复车辆一级小修保养功能和办公设施,该场进行必要的改建,委托上海巴士公交建筑设计院完成《改建工程可行性研究报告》(代扩初),由上海松江第五建筑工程公司建造四层办公用房、二层小修保养工间和配电间各一座,满足车辆小修保养和办公的需要。工程建筑面积 2 063 平方米,其中办公楼建筑面积 1 119 平方米,投资 218.5 万元;小修保养工间建筑面积 864 平方米,投资 145.72 万元;配电间建筑面积 80 平方米,投资 110.66 万元。合计总投资 474.88 万元。

截至 2017 年年底,共和新路停车场停放巴士四公司、巴士五公司公交车和久通客车,每日停车 400 辆左右。现有监控系统为数字设备,共有监控摄像机 64 台。

【大场高保基地停车场】

大场高保基地停车场位于宝山区南陈路 47 号。公交长途客运公司成立后,车辆、路线增加,而该公司一直没有机电高保设施,以致车辆机械故障引起事故相继增多。市公用局在调查和实地踏勘后,于 1991 年 8 月 17 日批准长途客运公司机电保养配套设施计划任务书,机电高保车间建在宝山区大场镇联西村。1996 年 11 月机电保养基地扩初设计及概算获批,工程规模为年保养车辆数 200 辆,保养等级为机电 2～4 级,车身 1～2 级,征地 12 亩,总建筑面积为 2 905 平方米,工程总投资为 870 万元。该场由上海市公交建筑设计院设计,上海广厦(集团)有限公司施工建造,于 1997 年 7 月开工,至 1998 年 4 月竣工投入使用。总资产 1 100.94 万元,总占地面积 7 453.6 平方米,总建筑面积 3 249.24 平方米,其中生产用房面积 2 917.14 平方米,办公用房面积 249 平方米。停车场可停车 40 辆,保养车辆 200 辆。工程总投资额为 1 134.31 万元。

2017 年年底,大场高保基地停放上海交运日红国际物流有限公司货车 40 辆左右,小车 30 辆左右。现有监控模拟摄像机 16 台,模拟硬盘录像机 1 台。

二、枢纽站

【长江西路枢纽】

长江西路站公交枢纽站为地铁 1 号线北延伸段长江西路站配套工程,建于共和新路西侧、纪蕴路东侧、长江西路北侧的用地范围内。项目占地面积 3 137 平方米,总建筑面积 1 427 平方米(主要为站务用房),总投资 1 071.4 万元,规划设置 4 条公交始发线,建设资金由交投集团自筹。枢纽站工程于 2003 年 10 月 15 日开工，2004 年 12 月 27 日竣工。

2017 年年底，长江西路枢纽站设计线路 4 条，实际使用线路 4 条，现有监控系统为模拟设备。

【军工路枢纽】

军工路—翔殷路公交换乘枢纽位于杨浦区东侧，中环线军工路、翔殷路立交东南角，东邻翔殷路越江隧道，占地面积 5 973.6 平方米，车行道面积 3 464.8 平方米，人行道面积 2 121.4 平方米，设有 6 条公交始发线路及 4 个出租车候车泊位。总建筑面积 592.4 平方米，其中公交调度用房 227.4 平方米，候车廊 215 平方米，公厕 110 平方米，自行车停车棚 40 平方米。工程总投资概算为 821.6 万元，建设资金列入城建投资。枢纽工程于 2006 年 4 月 10 日开工，8 月 23 日竣工。

军工路枢纽为配合中环建设、调整优化公交线网所建，建成后利用中环线在该地区的骨架路网作用，便于周边市民进行快速交通换乘，同时也通过翔殷路越江隧道方便浦江两岸市民出行。

2017 年年底，军工路枢纽站设计线路 6 条，实际使用线路 1 条。

【五角场枢纽】

江湾五角场综合客运交通枢纽位于杨浦区淞沪路以东、国济路以西、政通路以北、界泓河以南，西侧紧邻轨交 10 号线江湾体育场站，总占地面积 5 303 平方米，是市重点建设枢纽之一。枢纽定位为 B 类枢纽，为地下两层、地上三层建筑，设置 4 条公交线路始发站，并配备 P＋R 停车设施和非机动车停放设施，有地面公交线路首末站、出租车候客站、非机动车停车点、机动车停车点、地铁公交换乘大厅及公交调度用房、公厕、停车管理用房、候车廊、公交整流站、地区开关站等配套设施。总建筑面积 14 839 平方米，其中地下建筑面积 6 223 平方米，地上建筑面积 8 616 平方米。

2013 年年底，项目作调整：适当增加停车数量并预留停车空间，停车规模按 99 辆控制；结合地下一层减压变等设备用房设置地区开关站；优化建筑围护结构和外立面；增加供电、消防设备；搬迁管线等。调整后总建筑面积为 18 519 平方米，其中，地上建筑面积 10 854 平方米，地下建筑面积 7 665 平方米。工程总投资调整为 14 443.65 万元(不含征地动迁)。

枢纽工程于 2009 年 9 月 4 日开工，2014 年 9 月 26 日竣工。施工单位为上海建工七建集团有限公司，勘察及设计单位为上海隧道工程轨道交通设计研究院，监理单位为上海建通工程建设有限公司。工程造价为 10 642.28 万元。工程内容包括地下二层至五层土建、地下二层至地上三层安装装修。结构为框架结构，地下两层与 10 号线江湾体育场站站厅层及车站环控机房联通，地面一层作为公交站点，上层建筑为社会停车库及部分办公用房。枢纽外立面主要为涂料，屋顶局部为大跨度的网架结构，并有屋面绿化。室内地坪标高为 4.50 米，局部五层标高为 26.60 米。

【吴淞码头枢纽】

吴淞码头枢纽站(吴淞客运中心公交枢纽站)位于宝山区牡丹江路，建筑为一层轻钢结构，占地 3 698 平方米，总建筑面积 827 平方米，共设 6 个公交候车站位。枢纽工程于 2003 年 9 月 16 日开工，2004 年 9 月 18 日竣工。工程概算总投资 809.5 万元，实际总投资 1 199 万元。交投集团作为公交枢纽站投资和建设主体，委托上海交通建设管理公司负责项目代建制管理，委托吴淞口开发有限公司负责组织和实施枢纽站设计和施工。

吴淞客运中心配套公交枢纽站是为配合市重大工程十六铺码头搬迁实施项目之一。2017 年年底，吴淞码头枢纽站设计线路 6 条，实际使用线路 4 条，现有监控系统为数字化设备。

【宝杨码头枢纽】

宝杨路码头综合客运交通枢纽工程位于宝山区宝杨码头站前广场,东邻宝杨路码头客运站,西接滨江大道,南至宝杨路码头待渡道路,北临规划公共绿地,是服务宝杨码头的集公交、出租候客、社会停车功能于一体的水陆交通换乘枢纽,可容纳 9 条公交线路,并配套出租车载客点。

枢纽工程于 2011 年 12 月 18 日正式开工,2013 年 5 月 18 日竣工。工程占地面积 18 543.5 平方米,总建筑面积 9 775 平方米(其中,地上 935 平方米、地下一层 8 840 平方米),工程总投资核定 12 803.14 万元,所需资金由公交行业专项扶持资金安排。工程为地下一层结构,公交车及出租车候车区位于地下室顶板之上,车库设 2 个机动车坡道和 1 个非机动车坡道,地面上设 6 个候车廊、3 个单线调度室、2 个双线调度室、1 个管理用房、1 个出租调度室。建设内容包括 9 条公交线路首末站、30 个公交泊位、地下机动车停车库(152 个泊位)、出租车候车站(23 个泊位)和非机动车停车库(190 个泊位)。项目法人单位为上海交投集团,施工单位为上海建工七建集团有限公司,工程监理单位为上海建浩工程顾问有限公司,设计单位为上海市政工程设计研究院集团有限公司,财务监理单位为上海沪港建设咨询有限公司。

2013 年年底,宝杨码头枢纽全面完工,被评为宝山区"质量、安全、档案"三观摩工地,并获得了上海市建设工程白玉兰奖。2017 年年底,宝杨码头枢纽站设计线路 8 条,实际使用线路 6 条,现有监控系统为模拟设备。

【芦恒路枢纽】

芦恒路综合客运交通枢纽是三林保障房基地配套建设的 C 类综合交通枢纽工程,同时也为浦东三林地区和闵行浦江地区等周边居民提供地面公交、地铁、出租车、P+R 停车换乘和便民配套服务。

芦恒路综合客运交通枢纽位于闵行区浦江镇,东临三林保障房基地,西接轨道交通 8 号线芦恒路车站,南沿芦恒路。项目被列入 2011 年、2012 年、2013 年市重大工程计划,并于 2011 年 12 月 18 日正式开工,2016 年 7 月底投入使用。枢纽 P+R 停车库于 2016 年 6 月 1 日在闵行区车管所备案,是年 9 月正式上线一卡通停车平台并向社会开放。工程由久事公司所属交投集团作为项目法人单位组织实施。项目设计单位为上海现代建筑设计集团建设工程有限公司,施工单位为上海建

图 4-1-14　2016 年竣工的芦恒路枢纽

工二建有限公司，工程监理单位为上海住远建设工程监理有限公司，财务监理为上海联合工程监理造价咨询有限公司。项目资金包括市定额补贴1 000万元，其余由市公交行业专项扶持资金安排。项目用地由闵行区落实并承担费用，无偿划拨给项目使用。枢纽总占地面积27 612平方米，总建筑面积58 420平方米，其中地下建筑面积16 870平方米，为地铁联络通道、公共换乘大厅和地下非机动车库；地上建筑面积41 550平方米，共四层，建设6条线路的公交首末站、P＋R机动车停车库(500个泊位)、配建机动车库(90个泊位)及相应的便民配套服务设施15 512平方米。

枢纽建成以来，自2016年4月起由交投集团委托直属子公司四汽物业公司(后更名为资产物业公司)运营管理。截至2017年年底，日均人流量4万左右，P＋R停车数量周一至周五平均每天300辆左右，周末及节假日平均每天150辆左右。四汽物业公司与浦东上南公交公司签订线路租赁合同，涉及地面公交有955、576、772、1034、浦江4路、1122、闵行39路、浦东37路等8条线路。P＋R停车位含充电桩车位11个，用于EVCARD分时租赁使用。

【虹桥枢纽】

2009年，为落实公交优先，保障虹桥综合交通枢纽地区公交和长途客运系统正常运营、提高服务水平，市发改委批复同意申虹公司报送的虹桥综合交通枢纽公交、长途蓄车场工程。工程是虹桥交通枢纽的重要组成部分，主要内容包括南北两侧公交蓄车场(含10 KV开展站一座)、长途汽车蓄车场、公交上下客站、智能信息化系统、管理用房，以及围墙、供水、供电、照明灯附属工程。其中，南北两侧蓄车场用地面积分别为9 950平方米、7 404平方米，管理用房面积分别按1 000平方米(含开关站)、700平方米控制；长途汽车蓄车场用地面积6 623平方米，管理用房面积按1 300平方米控制；公交上客站管理用房面积按80平方米控制。工程总投资12 055万元，其中包括工程费4 674万元、预备费504万元等。项目法人单位为申虹公司，建成后公交蓄车场(不含开关站)和上下客站无偿移交给久事公司所属交投集团，开关站移交市电力公司管理。

2010年2月，虹桥枢纽东交通广场通过验收；3月，东交通广场0米层公交站点及相关设施移交给交投集团并投入运行。2013年7月，交投漕宝停车场管理分公司落实虹桥西交通夹层枢纽1路、23路、320路3条线路搬迁至西交通中心公交上客点(5路、6路、10路上客点出口处)改造方案并施工；对虹桥枢纽站南侧蓄车场公交调度用房作改造。2014年，实施虹桥枢纽站设施设备整修、站内标志标线更新。

截至2017年12月，虹桥枢纽站使用面积3 445平方米，设有车队用房、调度室、候车廊、办公用房等设施，设计入驻公交线路数16条，有数字式监控探头75个。

【静安寺枢纽】

静安寺交通枢纽位于静安区常德路291号，系受市、区二级政府委托投资承建的公益项目，被列为2009—2010年上海市重大工程和世博会重点配套项目，经过一年多建设，于2010年4月建成。具备公交运营条件后，鉴于项目土地性质，移交方在静安区政府书面指示下无偿移交枢纽使用权给上海交投集团。接收后，站内地面一层公交枢纽区域(含上、下客站点区，调度室，公交车辆专用通道，西侧两层管理用房及相关机电设施设备等附属物；东起常德路通道入口，西至枢纽客乘区域，南至愚园路用地红线边界，北至赵家桥路公交枢纽内墙，总面积4 100平方米)，由交投集团管理使用并对枢纽内各设施、设备负有保全责任。

2010年5月21日，作为项目移交协议的补充协议，静安寺交通枢纽内公交调度管理用房(合计建筑面积 252.77 平方米)在上海交通运输和港口管理局见证下,以产权移交性质移交给交投集团。

2014 年 10 月底,交投集团批复同意漕宝停车场管理分公司实施静安寺枢纽站综合整治工程,在枢纽出入口设置机动车与人行道分离设施,同时对照明设备进行更新,共计费用约 22 万元。

截至 2017 年 12 月,静安寺枢纽站建筑面积 252.77 平方米,占地面积 4 100 平方米,设计入驻线路 4 条,设有调度室、办公用房等设施,有模拟信号式监控探头 18 个。

【中山公园枢纽】

中山公园(凯旋路—长宁路)综合客运交通枢纽是具有地面交通换乘功能的 D 类交通枢纽,位于长宁区中山公园商圈,长宁路以南、凯旋路以西的地块内。项目基地平面呈不规则矩形状,面宽 74.2 米,径深 32 米。2008 年 10 月,中山公园交通枢纽调整为"十一五"期间规划建设的 60 个客运交通枢纽之一,交投集团组织上海城市交通设计院编制完成项目建议书并上报,于年底获市发改委批复同意。主要建设内容为 3 条地面公交线路始末站、候车和调度管理用房及必要的配套工程。工程总投资约 2 200 万元,项目法人为久事下属交投集团,工程建设费由久事负责筹措,前期动拆迁工作和费用由长宁区落实。2009 年 3 月项目工程可行性研究报告上报,6 月市发改委批复同意,8 月报送枢纽工程初步设计方案并于 9 月获批。该工程列入 2009 年市重大工程范围。

枢纽工程于 2009 年 12 月开工,2010 年 7 月竣工验收并交付使用。建设单位为上海交通投资(集团)有限公司,项目管理单位为上海交通建设管理有限公司,设计单位为上海城市交通设计院,施工单位为广东省第二建筑工程公司等。

中山公园枢纽站促进区域公交线网的完善,改善区域公交出行条件,配套服务上海世博会。2014 年,实施枢纽站综合整治,对站点候车棚进行油漆及护栏整修,对外墙进行修补。截至 2017 年 12 月,枢纽站建筑面积 272 平方米,占地面积 2 000.3 平方米,设计入驻线路 3 条,设有调度室、管理用房等设施,有模拟信号式监控探头 12 个。

【十六铺枢纽】

2010 年 6 月 7 日,根据十六铺外滩交通总体规划,上海申江资产经营管理公司将十六铺交通枢纽公交换乘范围内的相关调度室、管理用房、室外停车位、公交车道及附属用房无偿交付交投集团进行管理,管理期限为 2010 年 6 月 15 日至 2020 年 6 月 14 日。

2014 年 10 月,交投集团实施十六铺及沪军营路枢纽站综合整治,对枢纽站局部渗水墙面进行修缮并重新粉刷,对站点设施进行修复,共计费用约 20 万元。

截至 2017 年 12 月,十六铺枢纽站设计入驻线路 5 条,设有调度室、管理用房等设施,设有模拟信号式监控探头 26 个。

【宜虹路枢纽】

宜山路—虹梅路综合交通枢纽是轨道交通 9 号线公交配套换乘枢纽。枢纽公交站位于虹梅路—宜山路交叉口西南侧,总占地面积 4 365 平方米,总建筑面积 2 426 平方米,地坪面积 4 365 平方米,绿化分摊面积 500 平方米,规划配置 3 个公交站台,设 3 至 4 条公交始发线路。2005 年 3 月,上海现代交通建设发展有限公司完成项目立项工作,编制初步设计报告并上报久事公司。为便于统一施工,现代交通建设发展公司在项目前期与上海轨道交通申松线发展有限公司签署《虹梅路公交枢纽合作协议书》，达成投资费用分摊原则。2007 年 3 月，市交通局规划处召开会议，协调枢纽建设费用事宜，明确项目建设主体为交投集团。2007 年 9 月，市交通管理局批复同意枢纽工程公交站初步设计，工程概算总投资 1 196.97 万元，工程资金由久事在城建资金列支。

枢纽工程设计单位为上海城市交通设计院，工程监理单位为上海交建咨询监理有限公司，财务监理单位为上海东方投资监理有限公司，合建制单位为上海轨道交通申松线发展有限公司，主要施工单位为上海第五建筑工程有限公司和上海现代交通建设发展有限公司。项目于 2005 年 12 月 7 日开工，于 2007 年 12 月 10 日竣工并交付使用，实际投资完成额约为 1 027 万元。

截至 2017 年 12 月，宜虹路枢纽站设计入驻线路 3 条，建筑面积 2 426 平方米。其中，控制中心底层分摊建筑面积 1 846 平方米(包括内设公交调度用房、司售人员休息室及相关配套辅助生活设施建筑面积 176 平方米)，控制中心底层局部内设二层公交管理用房建筑面积 95 平方米，雨棚面积 95 平方米，地下室通道及出口部分公交分摊建筑面积 390 平方米。站内设有数字式监控探头 16 个。

【上海南站枢纽】

铁路上海南站公交枢纽站东起柳州路，西至老沪闵路，北靠沪闵路，南抵石龙路。占地面积为 23 104.88 平方米(其中站场道路面积为 17 563.88 平方米，站台面积为 5 541 平方米)，建筑面积(框架式管理用房)757.20 平方米，绿化面积 5 963 平方米。其他设施包括候车栏杆 480 米、候车亭 15 个、雨棚 1 210 平方米。2006 年 6 月，根据市有关安排，交投集团和上海南站广场投资有限公司达成协议：南站南、北广场公交场站资产有偿转让，由交投集团漕宝停车场管理分公司接收上海南站公交枢纽并实施管理。

为规范上海铁路南站出租车运行秩序，2008 年 4 月，交投集团和上海铁路南站广场管委会办公室在徐汇区政府和久事公司支持下，达成协议，交投将上海南站南、北广场出租车候车区域、办公用房(机房)及相关配套设施无偿交付南站广场管委会办公室管理使用。

2009 年 6 月，交投漕宝停车场管理分公司根据迎世博 600 天行动计划，对南站公交枢纽站进行站容整治，包括站内粉刷、门窗整修、窗帘更新、不锈钢栏杆增添等，预算费用 7.7 万元；对枢纽智能化和信息化系统附属设施进行完善整修，预算费用 15.3 万元。

2014 年 1 月，经友好协商，上海南站广场投资有限公司将投资建造的上海铁路南站南、北广场公交场站中的公交管理用房无偿划拨给交投集团。交投集团接收资产后，承担该公交管理用房日常管理、养护维修及大修等职责和费用。

截至 2017 年 12 月，上海南站公交枢纽入驻线路 20 条，用地面积 23 104.88 平方米，建筑面积 556.3 平方米，设有候车廊、管理用房等设施。设有模拟信号式监控探头 7 个、数字信号式监控探头 25 个。

【江月路枢纽】

轨道交通 8 号线浦江镇江月路综合客运交通枢纽是“十一五”期间上海规划建设的 60 个客运交通枢纽之一，是构建市域综合客运交通枢纽系统，也是加强地铁 8 号线与地面公交等换乘衔接，推进城市交通一体化建设，完善区域公交线网，交通配套服务上海世博会，改善浦江镇地区公交出行环境的重要枢纽。

江月路枢纽位于浦星路、江月路东北地块，紧邻轨道交通 8 号线江月路站，是以轨道交通与地面公交换乘为主的B类综合交通枢纽。总用地面积约5 842平方米,设有数字式监控探头16个。枢纽设置6条公交始末站、面积达272平方米的6个候车廊亭、面积达180平方米的一层公交调度用房、面积达530平方米的二层车队管理办公用房,总建筑面积约982平方米。道路及人行道面积为4 263平方米。

项目建设主体为久事公司。根据本市公交枢纽建设资金分担原则,工程建设资金由久事负责承担;征地动拆迁费由闵行区政府负责承担,由市按腾地面积给予适当补贴费约208万元。核定工程概算为2 280.28万元,其中建安工程费484.05万元,征地及其他费1 751.74万元,预备费31.96万元,建设期贷款利息12.53万元。项目征地动拆迁工作由闵行区政府负责并承担征地动拆迁费1 596.6万元,项目其余费用由久事公司负责。建设费用列入城建资金。

工程于2008年12月开工,2009年7月10日竣工,8月11日下午启用移交。枢纽站竣工交付使用后,由于部分围墙未封闭而始终处于半开放状态,在管理上存有一定安全隐患。2013年经专题商讨后对其围墙进行全封闭新建,同时修复部分临时围墙及栏杆。江月路枢纽启用,有利于形成以轨道交通8号线为核心,辐射四周区域的公交线网,改善浦江镇及周边地区公交出行环境,为轨交引入新客流。

【沪太路枢纽】

中环线(汶水路—沪太路)综合交通枢纽位于宝山、闸北两区交界处的沪太路、江场西路交叉口东南角,为"十一五"期间规划建设的60个客运交通枢纽之一。枢纽内设置5条线路公交始末站、三级长途客运站、出租车候客站和中等规模的P+R及社会停车库、加油站等。项目总占地面积约47 220平方米,总建筑面积约76 370平方米,其中地上建筑面积约43 370平方米,地下建筑面积约33 000平方米。设计机动车停车位720个(其中P+R 500个、社会机动车停车位220个),出租车候客站车位20个,长途客运站发车位12个,长途客车地面泊位45个,社会非机动车泊位1 000个。项目建设主体为久事公司下属交投集团,前期动拆迁工作和费用由工程所在地宝山区及闸北区政府负责。

沪太路枢纽站工程于2009年5月28日开工,2011年4月26日竣工。由上海交通投资(集团)有限公司投资,委托上海市第二建筑有限公司总承包施工建造,上海协力岩土工程勘察有限公司勘察,同济大学建筑设计研究院设计,上海协恒工程有限公司工程监理,上海东方投资监理有限公司财务监理。

2017年年底,沪太路枢纽站设计公交始末站5个,实际进驻两条公交线路,分别是巴士第三公交公司909路和巴士第五公交公司151路。地下车库设计停车720辆,分A、B、C、D、E、F、G 7个车库,已全部开放使用。监控系统为模拟设备,共有监控摄像机71台。

【共和新路枢纽】

中环共和新路综合客运交通枢纽站位于上海市闸北区,东邻共和新路,南面汶水路,西倚平陆路,北抵商办综合用地,为"十一五"期间规划建设的60个客运交通枢纽之一。总占地面积约18 840平方米,建筑内容为P+R综合客运交通换乘枢纽,设6条公交始末站,建设调度管理用房、二层社会机动车停车库(停车位约370个)、出租汽车候客站(5个临时停泊车位)、非机动车停车棚(停车位200个)以及轨道交通换乘人行天桥等,总建筑面积约13 790平方米。工程总投资14 929万元,工程建设费由久事公司负责;征地动拆迁工作及费用由闸北区政府负责并承担。

图 4-1-15　2010 年竣工的共和新路枢纽

共和新路枢纽站工程于 2009 年 3 月 17 日开工，2010 年 4 月 20 日竣工。由上海交通投资(集团)有限公司投资，上海城市交通设计院设计，委托上海市第二建筑有限公司总承包施工建造，上海协力岩土工程勘察有限公司勘察，上海城市交通设计院、英泰克工程顾问(上海)有限公司工程监理，上海东方投资监理有限公司财务监理。

2015 年，根据交投集团资产维护维修计划，实施共和新路枢纽安装隔离墩及道闸工程，内容包括在枢纽站现有车道安装约 130 米隔离墩装置；在共和新路进口处设立车道指示牌，拆除进口道闸，费用控制在 9 万元以内。2017 年，实施枢纽车位、导向线加深和场地护栏油漆整修项目，对枢纽 P+R 停车库车位线、指示导向线、枢纽场地护栏进行整修。

2017 年年底，共和新路枢纽站设计公交始末站 6 个，实际进驻 4 条公交线路，分别是巴士五公司 04 路和崇明公交申崇一线、申崇三线、申崇三线区间；机动车停车库设计停车 320 辆，实际每天停车率达到 80%左右。现有监控系统为数字、模拟混合设备，共有监控摄像机 32 台。

三、场站管理与服务

20 世纪 90 年代上海公交实行改革以来，各公交营运单位拥有线网都存在全市分布、区域共存的特点。长期计划经济形成的原一司一场、自行使用、自行管理的场站契约化管理模式阻碍资源共享，造成各家公交公司空驶公里增加、营运成本不断上升以及管理分散的局面。

2001 年 4 月，交投集团在酝酿和调研基础上，选定漕宝停车场作为试点，进行公交停车场管理模式改革，建立"一家管理、多家停车"的"航空港"场站管理模式，改变原来传统契约化管理模式。

2009 年，为更好服务城市公共交通，在尝试"航空港"模式基础上，交投集团开展管理模式全面转型和突破，由原先契约化资产管理模式向资产管理和场站服务一体化管理模式转变，将原先仅以场站资产租赁给公交单位的形式，转变为以公交单位为服务客户提供场站专业服务形式。在此情况下，交投公司场站专业化管理逐步实施。按照 2009 年当时成本测算，形成停车费每辆 17 元/天和房屋租赁费每平方米 1.04 元/天的统一标准(维修费用由交投集团承担，实际为停车费每辆 16 元/天和房屋租赁费每平方米 0.84 元/天)。

2010 年 5 月，曹杨路、真南路公交停车场作为第一批实行专业化管理模式的场站，公交单位将场站服务与人员管理平移至交投集团。经 2010 年以来推广，2015 年交投公司管辖范围内公交停车场和公交枢纽站基本实行专业化管理模式，公交场站主要管理模式特点已由原来契约化成功转型为专业化。

截至2017年6月，交投集团拥有本市浦西地区22个公交停车保养场(专业化管理停车场20个、契约化管理停车场2个)、38个公交枢纽站(专业化管理枢纽站24个、契约化管理枢纽站14个)、4个公交汽车站(专业化管理车站1个、契约化管理车站3个)，可供7 700余辆公交车停车。

交投集团创建场站专业化管理服务品牌，坚持“诚信、服务、安全、高效”的场站专业化管理品牌价值理念，不断提高专业化管理水平，已实现停车场专业化管理全覆盖。

交投集团从推行场站专业化管理模式以来，逐步统一公交场站专业化管理服务标准和操作规范。通过“十二五”期间公交场站综合整治维护工作，相关场站硬件设施明显改善，场站使用功能和安全防范及场容场貌得到恢复和提升。

四、公共交通供电保障

上海电车供电系统由变电整流站、架空线网、轨道和供电调度室等组成。从电力公司馈入的10千伏(上海解放前为6千伏)交流电，经整流站的变压整流，成为600伏的直流电(上海解放前为550至600伏)，送到架空触线网。电车集电器(俗称拖铃头)从架空触线取得电能。有轨电车与无轨电车的供电方式不尽相同：有轨电车从单根架空触线取得电源，再经地面轨道形成电流回路；无轨电车则架设双根架空触线，形成电流回路。调度室对各整流站的供电进行调度，并及时处理事故，保证电车正常运行。上海解放后，为有利于电车事业发展，改由电车供电所统一管理电车供电各类设施。1975年年底，有轨电车轨道全部拆除。至1995年年底，全市整流站从上海解放时的8座增至27座，供电总容量从9 250千瓦增至5.8万千瓦。无轨电车架空触线网总长355公里(单程双线)，比1949年年底增加7.03倍，并首创双层停车场线网和越江隧道特殊线网。此外还为国内外承建电车供电系统。

1995年11月，上海市公交总公司对所属10个营运单位实行独立核算，并依法进行工商登记注册，成为具有法人资格的经济组织。1999年年底，上海公交电车供电有限公司组建成立，注册资金1 700万元，其中上海电车供电公司出资占71.8%，上海巴士实业集团股份有限公司出资占7.05%，上海一电巴士公交有限公司、二电巴士公交有限公司、三电巴士公交有限公司出资各占7.05%。

2002年1月，为贯彻落实市交通管理局深化公交改革精神，理顺公交新老公司管理体制，撤销上海电车供电公司。电车供电公司办理税务清算、公司注销等手续，其债权债务由上海交通投资(集团)有限公司承担，同时其土地、房屋等产权变更到交投集团。2002年11月，交投集团所属上海公交电车供电有限公司企业名称变更为上海交通供电建设发展有限公司。2004年12月，上海交通供电建设发展有限公司更名为上海现代交通建设发展有限公司。2005年7月，现代交通建设发展有限公司党政隶属关系从市交通局划转上海久事公司。2006年5月，久事公司党委决定将其党政隶属关系划归交投集团。

交投集团下属上海现代交通建设发展有限公司负责上海公交无轨电车、中运量公交、新能源公交车整车充电、超级电容车供电系统的工程设计、施工建设以及运行维护，公司具备110 KV及以下送变电线路(含电缆工程)和同电压等级变电站工程的施工维护、上海市安全生产标准化二级企业、上海市电工进网作业交通供电类培训、承装(修、试)电力设施许可证等多项资质和称号，还承接上海轨道交通6号线、11号线供电系统运行管理和养护维修等专业技术服务。

现代交通公司在做好电车供电同时拓展业务，进入轨道交通供电管理领域。2002年9月，通过上海市公开招标程序，现代交通公司中标轨道交通5号线社会化、专业化委托管理项目。2007年年初，现代交通公司再次中标轨道交通6号线委托管理项目。2009年，现代交通公司中标轨道交通11号线北段一期委外专业化管理项目。至2010年，现代交通公司受托管理轨道交通线路达96公里，变电站85座，从业员工600余名。

2010年，上海世博会期间，现代交通公司承担世博园区120辆纯电动车、60余辆超级电容车公交设施供电系统等项目的建设、维护、运行、管理任务。纯电动车充电站主要功能是为纯电动公交车的锂离子动力电池进行充电、更换和维护，兼顾车辆的调度功能。充电站占地6 200平方米，分别布置3台10千瓦和112台30千瓦分箱充电机、112个电池充电架、16台自动更换机械以及充电监控网络。站内设有4条快换车道，可同时为8辆电动汽车实施动力电池分箱组合式快速更换作业。为此，现代交通公司选派200名员工参与充电站运行管理等岗位工作，圆满完成世博供电保障任务。

2017年年底，公司管理南陈场、天山场、漕宝场、真南场、莘庄场、宝杨场、斜土场、逸仙场、申昆场共计9个场站，管理南陈路停车场、天山路停车场、漕宝路停车场、真南路停车场、莘庄停车场、宝杨路停车场共6个新能源充电站，管理充电桩628台(组)，服务1 716辆纯电动公交车的充电，日均充电量达13.7万度，运营公交线路100条。

第三节　出租汽车及服务

强生控股公司主要经营出租汽车、汽车租赁、汽车服务、综合业务四大业务板块。

一、强生出租

出租汽车业是强生传统主业，强生拥有出租汽车1万余辆，约占上海市出租汽车保有量的25%，在上海市场占有率排名第一。强生以“乘客至上，信誉第一”为宗旨，是国内首家通过ISO9002质量体系认证的出租汽车公司。2017年，强生出租作为全国出租行业承担国家级标准化试点项目的出租汽车企业，顺利通过国家级标准化验收考核。

强生出租汽车坚持以乘客需求为导向，以乘客满意为追求，全力推进乘客满意工程建设，据上海市出租汽车行业主管部门发布数据，强生出租公司在2011年至2019年上海市出租汽车行业第三方乘客满意度指数测评中，连续9年获得行业第一的市场评价，体现了强生出租服务质量在本市业内的领先水平。

【车辆、车型、车色】

20世纪70年代末，上海出租汽车无专用车色，至90年代后期开始首次统一使用出租汽车专用车色。当时，上海市建设委员会、上海市公用事业管理局和上海市出租汽车管理处共同商议确定出租汽车色标基色，即车辆下半部分为行业统一的钻石银灰色。随后，由车辆规模在1 000辆以上的大型企业选择企业标志色(车辆的上半部分)。经广泛征求市民意见，市出租汽车管理处汇总色标方案，由大众汽车销售公司喷出样车，送市政府，由市长办公会议讨论确定。经确定强生出租汽车车身上半部颜色为“珍珠黄”,巴士出租车身上半部颜色为“富贵绿”。

此后,强生在购买新车时,车身颜色由汽车销售单位根据上述规定按色标统一喷涂成色。1998年12月28日,喷涂成专用车色的首批350辆出租汽车首次向市民亮相,强生出租汽车开始使用“珍珠黄”色标。

1985年,强生出租在上海出租汽车行业率先投运50辆“普桑”。2002年6月起,桑塔纳2000型陆续投入出租汽车运营。2004年8月,出租汽车专用车型桑塔纳3000型开始试运营。2008年1月,为出租汽车定制的升级产品“畅达”进入出租汽车市场。2010年3月12日,首批世博途安出租汽车在“上海职工文明服务、文明观博、文明出行世博先锋号行动启动仪式”上交付使用,共投放3 650辆途安(排量2.0)出租汽车为上海世博会服务,使用行业统一的灰、白相拼车色。2010年3月,巴士出租公司350辆别克君越油电混合动力出租汽车在世博会投入使用,在出租汽车行业先行先试油电混合动力车,同年11月,此批出租车全部退出营运。

2011年4月,巴士出租资产重组并入强生出租公司,强生共拥有出租车12 689辆,主打车型是畅达,车辆顶灯统一为“强生”,车身喷印叫车电话“62580000”,车色暂定为“珍珠黄”与“富贵绿”两种颜色作为过渡。2016年3月20日,首批全新“吉祥黄”标色的途安(排量1.6)出租车开始投入营运。由于强生处置出售强生舒乐资产等多种因素影响,强生出租营运车辆数量逐渐减少,2017年出租车总量比2011年减少1 786辆,下降14.07%。

2013年,强生中标200辆无障碍出租车额度;是年10月,50辆英伦TX4无障碍出租车投入营运,为残疾特殊人群服务,车身选用金色,区别于其他出租汽车。2016年6月,强生出租又新增投运50辆郑州日产五人座无障碍出租汽车,为服务残障人士增加运能。2017年9月,强生出租再增郑州日产七人座,在运的无障碍出租汽车总量达到200辆规模,无障碍出租车色统一为“吉祥黄”。

图4-1-16　强生出租车

2018 年 10 月，强生弃用所有畅达车，全部改用“吉祥黄”的途安出租车，另保留 60 辆新普桑、200 辆郑州日产以及 10 辆凯美瑞出租车。同时为服务首届中国进口博览会，公司购置 100 辆荣威 EI5－300 型纯电动新能源出租车，车辆标色选用亮丽的豆绿色，一年后由上汽荣威回购而退出营运。2019 年 6 月，公司陆续启用 1 000 辆荣威 EI5－400 型，车色仍为豆绿色。

表 4－1－17　2011—2017 年强生出租公司配车一览情况表　　单位：辆

年　份	车辆总数	途　安	畅　达	英　伦	新　桑	尼　桑	凯美瑞
2011	12 689	1 630	10 686	—	373	—	—
2012	12 707	1 629	11 078	—	—	—	—
2013	11 775	1 450	10 325	—	—	—	—
2014	11 813	1 448	10 285	50	30	—	—
2015	11 605	4 062	7 433	50	60	—	—
2016	10 993	6 332	4 491	50	60	50	10
2017	10 903	7 886	2 797	—	60	150	10

【出租车运营装置设备】

计价器　20 世纪 70 年代末，上海出租汽车依据路码表结算车费。80 年代，市出租汽车公司（强生公司前身）科研室开始试制出租汽车计价器，由于当时没有单片机，只能应用小规模逻辑电路，开发出计时、计程等简单功能。因结构复杂、体积较大、生产加工难度高，故未形成规模化生产。1988 年年底，上海市整顿出租汽车行业，6 700 多辆出租小客车全部装置和使用计价器。

1993 年 8 月 8 日，上海强生科技有限公司研制的 QSJ－D4 计价器通过鉴定，投入批量生产，成为上海大众汽车公司桑塔纳 2000 型出租汽车配套设计的计价器。QSJ－D4 计价器在面板上有 4 个显示窗口，能同时显示出单价、里程、时间、车费金额 4 个与运价密切相关的数据，获上海市 1994 年度市级新产品称号。

1995 年，上海强生科技发展公司研制成功能使用 IC 卡的第四代计价器，具有电子收费、自动打印发票、运营数据采集与综合统计四大功能。计价器前台包括设有 IC 卡读卡器的计价器、发票打印机、IC 司机卡和乘车卡。计价器后台管理包括 IC 司机卡制作、IC 卡结算、营运收入汇总、营运数据采集与统计。IC 卡分两类，一类是用于支付车费的乘车卡。乘客到达目的地后插入计价器，即可结算车费，并在计价器显示屏上反映乘车卡内的余额，同时小型打印机打出本次业务费用结算情况。另一类是司机卡，每位驾驶员人手一卡。司机卡能控制计价器开、关和开机、关机时间，记录出租汽车车号、驾驶员工号、脉冲设置值、当班运营业务详细数据，包括每车次乘客上下车时间、单价、计价里程和空驶里程、计价时间和等候时间、车费金额、IC 乘车卡卡号、原额与余额，以及运营业务的累计数据等内容。每张司机卡存储量为 2 K 字节，企业根据管理需要可设定业务数据的记录笔数（车次）。每班运营结束后，驾驶员将内存在计价器里的各种业务数据传输和记录到司机卡上，关闭计价器，然后持卡到车队，强生将司机卡里的记录输入电脑，随之消去卡上记录，“刷卡”后的司机卡又能开启计价器，参与运营。之后，上海出租汽车行业普遍采用第四代计价器。

1997 年，上海强生科技公司推出 QSJ－G4 型计价器，获 1997 年度上海市科技进步奖三等奖。

2000 年,上海公共交通卡广泛应用于公交、地铁、轮渡和出租汽车。出租汽车计价器因此进行 IC 卡读卡器改造,上海强生科技发展公司又推出 QSJ－G4S 型计价器,它具有可同时使用接触式 IC 卡和非接触式公交一卡通功能。

2009 年,为迎接上海世博会,上海开始研发新一代集计价、数据传输与通信于一体的计价器,专门用于“途安”世博出租汽车。随后,强生科技公司研制成功 QSJ－A4S 型计价器,专供世博途安车安装和使用,贴合途安车内面板结构设计,整体平整美观,产品质量稳定可靠,故障率低,操作简捷方便,发票打印速度快,赢得了出租车行业人员和驾驶员一致好评。

强生科技公司还研发 QSJ－A5S 计价器安装在途安车上。除一般功能外,计价器主机和打印机一体化,打印方式为针打,质量稳定可靠,故障率低;采用白光液晶显示屏,较宽的视角、高清晰度、高亮度使显示效果更佳。

顶灯与空车标志灯 20 世纪 80 年代前期,上海出租汽车没有顶灯,乘客难以识别。1985 年 7 月,上海市公用事业管理局颁发《上海市出租汽车标志、标记牌照及驾驶员管理实施办法》,出租汽车开始装置第一代磁吸式顶灯,晚上空车待租时顶灯及空车标志灯同时发亮,乘客上车后,计价器启动,同时空车灯关闭。顶灯正视面积大于 200 平方厘米,正面字样统一为中文“出租”及英文“TAXI”,中文字体比英文字母大,背面字样统一为经营单位的简称。

1998 年,上海出租汽车行业推行“七统一”,开始安装第二代半桥式顶灯。半桥式顶灯有固定支架,支架一端固定在车门门框上沿,另一端磁吸在车顶,规格大小规范统一。顶灯正面标注经营单位简称,背面为英文“TAXI”。

2009 年 5 月 1 日起,第三代出租汽车顶灯首先在强生出租汽车等公司试用。新型顶灯首次使用 LED 灯和液晶显示屏,通过显示“待运、电调、停运”等中文字样,表明出租汽车运营状态,其中“待运”用绿色显示,“电调、停运”用红色显示;待运、停运状态由 GPS 终端设备控制,“电调”状态由调度中心控制。液晶显示屏内安装加密芯片,与 GPS 终端相连,后台可直接进行监控。出租汽车如发生需要求助情况,驾驶员可通过终端按钮在顶灯液晶显示屏上显示红色“求助”字样,后台监控系统可在第一时间联系到驾驶员。新型顶灯预留检查功能,即在同一时间内,后台监控系统可根据检查需要,在顶灯上随机显示内容,供检查人员第一时间甄别车辆真伪,遏制“克隆车”蔓延趋势。在上海世博会前,大多数运营企业的出租汽车更换成新型顶灯。

无障碍设施 无障碍出租汽车(小客车)在普通出租汽车副驾驶位置设置方便特殊乘客乘坐的可旋转或可移动专用座椅;在行李厢安装可固定轮椅、拐杖以及厢门搭扣等安全装置;在车上安装车载智能系统,纳入电话调度网络;在车辆前门规定部位张贴无障碍出租汽车专用标志。

上海最早的 30 辆无障碍出租汽车由巴士出租公司研制,于 2002 年 4 月在上海举行残运会期间投入运营。这批国内首次出现的无障碍出租汽车先是在张家港市生产的牡丹牌、后是在福州市生产的“东南得利卡”车型的面包车上,加装进口轮椅升降设备改装而成。轮椅升降设备安装在车尾,开启后车门,启动升降机,轮椅即可从后门进出车厢。轮椅升降机载重 360 公斤,停放轮椅的升降机平台采用防滑的镂空铁栅材料,长 1.12 米,配有自动限位保险装置,确保安全、平稳。起降轮椅既可由乘坐者在平台上按手柄顶端的开关自行调控,也可通过驾驶员操作,起落时始终与地面保持水平,速度均匀、平缓。这批无障碍出租汽车可供使用轮椅者乘坐,车身颜色为富贵绿和钻石银镶拼色,与巴士出租汽车颜色相同。

为满足残障人士特殊出行需求,体现上海出租汽车服务形象,市交通管理局于 2007 年 4 月 2 日组织无障碍出租汽车(小客车)新增额度招投标,中标的强生控股获得 30 个无障碍出租汽车新增额度。根据招标文件要求，中标单位按新增额度 1∶2 另行配备 60 辆无障碍出租汽车。

无障碍出租汽车额度试行有期限使用，其中小客车使用期限为 5 年，大中客车为 8 年；大中客车使用期满可改为购置无障碍出租汽车小客车，继续运营。

2014 年市交通局组织无障碍出租汽车（小客车）新增额度招投标，强生出租获得 200 辆无障碍出租汽车（小客车）新增额度。

防劫车装置 1983 年后，社会上出现抢劫出租汽车司机财物和车辆的暴力犯罪。出租汽车预防劫车研究，是在市客运管理处和市公安局技术防范办公室的督促和指导下开展起来的。防劫车装置须具备能有效防止各种器械（棍棒、铁锤、匕首等）的打击、刺击，以及线状物质的套、勒等功能。

1985 年市出租汽车公司经两年努力完成 TW－C 型车辆防劫报警器，获市公安局技术防范办公室认可，允许内部生产使用。该车辆防劫报警器具有功能安全、体积小、安装方便等优点。安装该报警器后，当司机遭到劫车时，可及时启动暗钮，使车辆产生声光报警，同时车辆电源被切断，车辆熄火，使车辆无法继续行驶，以达到震慑歹徒、防止劫车的目的。上海出租车防劫车设施的使用始于 1986 年安装防劫车报警器，但由于司机遭突然袭击往往来不及踏响报警器，劫车事件率仍持续上升，故 1989 年先在友谊汽服公司和振华汽服公司出租汽车驾驶员座位上试装防护板，之后向出租车全行业推广。

TFB 型隔离防暴装置于 1990 年 7 月由市出租汽车公司完成，经市公安局技术防范办公室批准组织生产。考虑司机驾车时能承受背后和侧面一次性打击，并保证车内通风良好和外形美观，采取对司机上部及右侧局部隔离的设计，为不妨碍司机正常操作，侧隔离板采用 120°开度。装置采用三段固定法牢固地固定在司机座位上，可保护司机免遭突然袭击，较有效地预防劫车。

1993 年 5 月，为加强出租汽车的反劫能力，市公安局、公用局联合发出通知，要求上海小客车于 9 月底以前一律安装反劫车报警器和司机座位全封闭的防劫车隔离装置。1994 年发展为 TFC 型全隔离防劫装置，受市客运管理部门和公安部门的认可，成为行业同类产品中的优质产品。

行车记录仪 2003 年，强生科技为公交车研制行车记录仪，借鉴其在公交车的成熟技术，并将该技术运用于出租车，其原理是在车辆行驶异常（发生交通事故）瞬间，保留即时车速数据；可在发生事故时，记录 20 次车辆制动的减速速率。2004 年 10 月，强生科技自主研发的出租汽车行车记录仪（黑匣子），安装于新投入营运的桑塔纳 3000 型强生出租车，保全发生交通事故时的证据。强生出租汽车安装行车记录仪，在当时全国出租汽车行业是一项领先技术，对安全行车管理有着积极的作用，也为交通事故处理提供有力的证据。运用计算机后台调取行车记录仪的事故数据，有利于分析交通事故发生的原因，开展针对性安全预防教育，有效预防事故发生，在交警部门处理行车事故时，强生出租多次提供行车记录仪证据，为事故定责起到关键作用。

车载 DVR 装置 出租汽车服务与消费同步进行，服务过程取证难、服务质量监控难。2016 年年初，强生科技在强生出租途安车上试验 DVR 装置，在车厢安装监控探头，全方位记录服务全过程，监管驾驶员服务行为。同时，在流动分散、单兵作战环境下，DVR 装置保护驾驶员免遭人身侵犯和职业伤害。该装置还在车外前后端各安装一枚探头，对驾驶员行车、倒车等提供辅助判断，有利于行车安全。

车载 DVR 先在“吉祥黄”途安车小批量试点安装，受到社会关注和乘客欢迎。2016 年 6 月，强生出租推出的五人郑州日产无障碍出租车正式安装 DVR 安全技防监控设备。

运营设施“七统一” 1998 年年底，市出租汽车行业全面启动“七统一”工程。“七统一”是指出租汽车车身颜色、防劫车设施、液化气燃料装置（即双燃料车装置）、顶灯、开关门装置、计价器及服务卡安装位置、内装饰等方面实行统一。

首批“七统一”车辆于1998年12月28日在上海体育场举行的“上海出租汽车行业再塑新形象展示会”上亮相。1999年年初,市出租汽车管理处召开全行业动员大会,确定通过车辆更新实现新车“七统一”。1999年2月,市公用事业管理局制定《上海市出租汽车小客车车辆规定》,进一步明确车辆“七统一”内容。至2000年2月,全行业车身颜色、顶灯实现“两统一”的市出租汽车有30 389辆,“七统一”车辆7 873辆。

之后,随着双燃料出租汽车逐渐改为使用汽油以及开关门装置技术问题等因素,对车辆设施的统一要求有所变化,主要强调车身颜色、防劫车设施、顶灯、计价器及服务卡安装位置的统一。至2010年年末,全行业4万多辆出租汽车小客车实现运营设施统一,到2017年情况未变。

【出租车服务方式】

强生出租车主要服务方式包括路边扬招、电话叫车、站点叫车、网约车等。

路边扬招 1985年年初上海出租汽车市场开始多家经营,诸多企业因没有调度中心和营业站点,主要使用空车揽客、路边扬招经营方式。

从2017年8月14日起,上海在中心城区79处港湾式公交站,试点设置出租车扬招点,停靠泊位97个,方便出租车上下客。港湾式公交站出租车扬招点设有专门标识,方便驾驶员识别停靠。

电话叫车 拨打调度室电话预约出租汽车是客户用车方式之一。在20世纪70年代末至80年代后期,上海出租汽车行业主要有市出租汽车公司调度室一家。之后,出租汽车行业呈逐年增长趋势。强生调度中心电话调度量在全市电调总量中占比最高,20世纪90年代其电调量占全行业电调总量2/3以上,之后,因其他出租汽车公司调度中心先后开通运营,其电调量占比有所下降,但在行业内仍名列前茅,至2017年,电调量约占全行业电调量45%。2014年起,随着网约用车的发展,电调量呈逐年下降趋势,据统计2017年电话接听数比2011年减少68%,实际供车数比2011年减少70.58%。

表4-1-18 2011—2017年强生出租汽车电话调度业务量统计情况表

年 份	电话接听数(万车次)	实际供车数(万车次)	供车率(%)
2011	1 080.01	886.48	82.08%
2012	1 275.81	1 012.90	79.39%
2013	1 025.61	778.42	75.90%
2014	616.47	454.17	73.67%
2015	362.70	286.47	78.98%
2016	308.08	252	81.80%
2017	344.83	260.72	75.61%

站点叫车 20世纪70年代末80年代初,上海出租汽车仅市出租汽车公司(强生出租的前身)有面向市民的服务站点,1983年有服务站点64处。之后,上海对外交通枢纽机场、汽车站“两场三站”出租汽车营业站陆续投入使用,强生出租承担起老北站、新客站、虹桥机场、浦东机场等公共站

点调度工作。此外，出租汽车企业与高星级宾馆饭店、高级公寓、展览场馆、公共服务与活动中心等签订协议，设立一大批出租汽车服务站点，派员现场调度与管理，提供出租汽车服务。2011 至 2017 年公司站点服务保持稳定发展。

表 4-1-19　2011—2017 年强生站点统计表

<table>
<tr><th>年 份</th><th>2011</th><th>2012</th><th>2013</th><th>2014</th><th>2015</th><th>2016</th><th>2017</th></tr>
<tr><td>站点数</td><td>22</td><td>20</td><td>23</td><td>22</td><td>16</td><td>18</td><td>16</td></tr>
<tr><td rowspan="8">保留在用站点</td><td colspan="3">上海大酒店、王宝和大酒店</td><td colspan="4">陆家嘴不动产物业经营(上海)有限公司</td></tr>
<tr><td colspan="3">上海新国际博览中心有限公司</td><td colspan="4">上海吉祥房地产有限公司静安香格里拉大酒店</td></tr>
<tr><td colspan="3">上海浦东假日酒店</td><td colspan="4">上海体育场酒店管理有限公司</td></tr>
<tr><td colspan="3">上海不夜城世缘实业有限公司缘南停车场管理分公司</td><td colspan="4">国际旅游度假区</td></tr>
<tr><td colspan="3">上海不夜城世缘实业有限公司缘北停车场管理分公司</td><td colspan="4">浦东国际机场</td></tr>
<tr><td colspan="3">上海吴淞口国际邮轮港发展有限公司</td><td colspan="4">上海帝泰发展有限公司</td></tr>
<tr><td colspan="3">上海港国际客运中心开发有限公司</td><td colspan="4">上海太平洋大饭店</td></tr>
<tr><td colspan="3">上海亨昌实业有限公司金桥红枫万豪酒店</td><td colspan="4">上海空港旅游服务有限公司(嘉里中心)</td></tr>
</table>

强生出租公司在站点建设稳定发展的同时，保障了上海市开展大型活动中的租车和用车需求，在本市出租行业四大骨干企业中发挥了领头羊作用。

网络预约车　2016 年 7 月，交通运输部颁布《网络预约出租汽车经营服务管理暂行办法》，随后上海出台《上海市网络预约出租汽车经营服务管理若干规定》。根据 2015 年《强生出租汽车深化改革方案》中有关推动出租汽车新老业态融合发展要求，强生顺应市场需求，积极进行市场调研，经过反复分析研究，充分发挥自身资源优势，推出强生网约车模式。该模式依托自有平台提供业务，采用 B2C 交易方式，重资产经营方式和驾驶员拆账制分配形式，探索传统出租汽车服务企业转型、新老业态融合，实现新的商业盈利模式的路径，打造具备安全服务保障的强生网约车。

2016 年 11 月 1 日，10 辆强生网络预约出租汽车投入市场试营运。首批网约车配置为广汽丰田生产的凯美瑞，车身两侧饰有醒目的强生网约车标志，具有很高品牌识别度。按照市场调节原则，强生确定该网约车运价为起步费 18 元，里程费为 3.5 元/公里，超 10 公里和夜间加收均为 1.75 元/公里，运价水平与上海市场其他网约车运营平台基本持平。

2017 年，强生出租分别获得政府颁发的上海市网络预约出租汽车经营许可证。强生网约车以诸多唯一性亮相市场。改造后的 62580000 调度平台兼容巡游车、网约车业务调度，强生出行手机 App 端或固定电话双渠道接入乘客业务需求；在市场培育期将优质的巡游车 VIP 客户转为网约车乘客，当网约车供应不足时，根据乘客意愿调放巡游车满足需求；驾驶员通过由强生科技自主开发的计价、调度和监管三合一功能固定式车载终端接受业务调派；实行多样化车费结算方式，乘客除使用移动支付外，还可选择传统现金和交通卡付费方式；实行员工制管理，驾驶员与强生签订劳动合同和上岗合同，营业款上交强生出租公司，司机工资由基本薪酬和营业额提成组成。

【经营模式】

上海出租车行业几大出租车公司长期采取的是“一班制”经营模式,即两人一车制,做一天休息一天,每人从早上开到晚上或凌晨,然后将车停到约定地点,第二天早上由另一位司机来开,又称为“双班车”制度。随着出租车行业吸引力逐渐下降,强生出租公司驾驶员数量下降且招聘难、人力成本上升,单班车占比上升,即一名司机一辆车从早工作至晚,完成一定量营运指标,工作时长适中。

1992 年,强生改革劳动用工制度,实行全员劳动合同制,强生出租车开始采用承包经营模式,具体运作模式为:企业购车,交与驾驶员承包经营;企业在收取承包指标后,主要承担税费、车辆折旧与保险、从业人员保障与福利、管理费、财务费等,驾驶员营业收入在缴纳承包指标后,主要承担车辆清洗、维修、燃料费以及有关费用,余下的全部归己。由于承包指标受到行业管理部门调控,燃料费用超过一定标准后由政府和企业进行补贴,驾驶员多劳多得,运营积极性较高。

2013 年 9 月,根据驾驶员劳动力市场需求,强生出租尝试驾驶员租赁制经营模式,在不改变车辆所有权前提下,由驾驶员以自由职业的身份,向强生出租车公司租赁一定期限出租车经营权,并一次性缴纳经营期内租金,驾驶员不与出租车公司建立劳动关系,签订经济合同,规定双方权利与义务。出租车公司负责提供营运证件齐全、设施设备完整完好的车辆,并根据合同规定,提供有偿或无偿管理与服务。缴纳租金费用大大低于承包金,保证司机利益,吸引驾驶员加盟。驾驶员承诺已通过其他形式缴纳社保金或法律规定不缴纳社保金。驾驶员以契约方式确认安全行车与规范服务等责任,维护企业品牌。2017 年年底,强生出租公司有租赁承揽制合同职工 416 人。

【业务调度中心】

强生调度中心前身为上海市出租汽车公司调度室,在行业内最早实行电话调度。初期曾使用

图 4-1-17　强生业务调度中心大厅

祥生于1931年设立的“40000”叫车电话；1957年改为“240000”；1981年1月11日改为“580000”；1989年上海电话从六位数拨号改为七位数拨号后，从11月12日零点起调度电话改为“2580000”；1995年11月25日零点起升位为8位数的“62580000”。

2006年4月1日起，开通网上订车业务，网址为www.62580000.com。之后，调度中心先后进行6次技术改造，2010年12月第六次改造完成投入运营时，调度中心扩容至240门电话线，在强生研发电话调度系统下，采用千兆网速的网线，将71座席88台计算机联成局域网，接入光纤宽带共22兆，并能接受发送的道路实时车速信息，调度中心进一步成为车辆调度、道路实时车速采集分析发布和位置服务三位一体的出租车信息化服务平台。

2014年9月1日，强生出租电调系统第七次升级改造基本完成。此次电调系统升级，以提高系统运行效率、提升系统各使用方的用户体验为目标，加强对电调业务流程数据监控，力求使电调进电量和驾驶员响应率得以同步提高。新系统还进一步完善强生出租自有的手机叫车、微信叫车等移动互联网叫车方式，并同时准备标准的第三方软件接口，为强生进一步拓展业务领域、开展对外合作提供技术支撑。

升级后，强生电调平台可达到入网车辆5万辆，日均处理来电需求10万次，日调派量8万车次。同时在技术上可兼容不同终端设备，为其他出租公司共享强生电调业务作准备。此外，强生将使用手机订车客户数据纳入IVR自动语音订车平台数据库，已拥有手机客户88万余人，80%上车地址是同一地点，将这部分乘客的叫车信息纳入IVR平台数据库，进一步提升平台调派效率。

强生根据系统运行情况以及调度室、驾驶员、乘客等各个方面反馈意见，对可能出现的软、硬件问题进行修正完善。通过数据分析，使驾驶员获取更有效的业务信息，合理安排路线，减少空驶里程，提高驾驶员完成电调业务积极性。强生电调系统为乘客和驾驶员提供更为周到的人性化服务，为企业转型升级和可持续发展作出贡献。

【出租车驾驶员】

受网约车竞争冲击、老龄驾驶员退休及部分驾驶员流失、司机招聘难等诸多因素影响，2011年以来，强生出租车驾驶员数量呈下降趋势，2017年驾驶员比2011年净减少7 475名，下降幅度达27.57%。

表4-1-20　2011—2017年强生出租公司人员变化一览情况表

年　份	职工总数	管理人员	服务人员	驾驶员	驾驶员增减
2011	28 078	768	198	27 112	—
2012	26 173	721	172	25 280	−1 832
2013	22 737	655	117	21 965	−3 315
2014	22 357	591	90	21 676	−289
2015	22 162	556	93	21 513	−163
2016	21 116	521	100	20 495	−1 018
2017	20 178	462	79	19 637	−858

2015年10月8日上海出租汽车调整运价，开启行业新一轮改革，11月底强生出租宣布推出包括“关爱驾驶员”等在内的20项改革优化措施。其中，实施营运驾驶员月度安全考核奖励办法一项，以激励驾驶员不断提升服务质量和乘客满意度，经测算，通过实施考核奖励，营运驾驶员人均年收入增加约3 000元，年考核奖励费用预计约6 000万元。

2015年，久事集团要求强生出租公司制定增加出租车驾驶员收入深化改革意见，强生出租在充分调研基础上提出5个方面改革建议，经过几年来实践，取得一定效果。

2016年起，强生出租将原先每单的电话调度费中归属强生的部分划给驾驶员，使驾驶员在承接电调业务时，全额收入每单的调度费。另外，推出VIP增值服务、大型集散地保障服务等收入，也用于提高驾驶员待遇收入。强生出租根据企业转型发展、劳动力市场供应、服务品牌建设、安全行车管理等考量，投入资金不断推出各项驾驶员奖励与激励措施，至2017年形成系统激励方案。

通过各种改革举措，出租车企业积极挖掘内部管理潜力，实现降本增效。强生出租启动内部管理体制改革，于2015年年底将原先下属13家运营公司整合为8家，优化资源，提升管理效率。强生出租还进一步规范出租公司经营者收入分配办法，建立管理者与司机收入增长同步联动机制，将出租车运营公司经营者收入与司机收入倍数关系严格控制在税前的4～5倍。

在更换的途安新车中，强生出租植入乘客服务评价体系，由乘客为每单次驾驶员服务打分，而其评价结果也将纳入驾驶员月度奖励考核体系，与驾驶员收入直接关联。

2017年，强生出租公司根据出租汽车营运特点，实施企业组织、政府补贴师徒带教方式，缩短新驾驶员适应岗位时间，提高其安全行车、规范服务能力，增强经营技能，保障新驾驶员获得合理的收入，以培训留住新驾驶员。

强生出租公司斥资推行疗休养活动，来自营运一线的驾驶员得到身心的放松。2017年参加疗休养驾驶员5 356人，进一步把企业对员工的关爱落到实处。

【重大活动服务保障】

作为上海出租汽车行业龙头企业，强生出租充分发挥规模优势和品牌效应，每年均圆满完成春运、中考高考、安康通等市级交通保障任务以及迪士尼、陆家嘴、上海火车站、虹桥枢纽、华交会、工博会、汽车展、F1大奖赛、大师杯等站点的服务保障，是上海主要交通枢纽和大型会展赛事服务保障的主力军。

世博会交通保障运营　作为上海城市交通的骨干企业之一，久事旗下强生公司在世博会期间承担大量水上、陆上交通保障任务和运营服务，用卓越服务完成世博会保障运营任务，获社会各界认可。

在600天迎世博和184天办世博历程中，强生上下2万多名员工在市委、市政府领导和部署下，在久事和行业管理部门指导和帮助下，聚焦服务世博、奉献建功世博，发扬不怕疲劳、不畏艰难的工作精神；精益求精、保质保量地完成各项世博任务；加强问题隐患排查，确保实现平安世博目标；教育从业人员自觉做到优质服务、礼貌待客、安全行车、遵章守纪，打响强生服务品牌；靠前指挥，不断分析新情况，解决新问题。

据统计，在世博期间，强生调度中心日均业务调派达到18 590车次；强生世博车电调服务合计50.35万车次；保屯路半淞园路世博站点共计调派服务24.95万车次，日均达到2 712车次；利用智能终端，为乘客提供“空中翻译”服务2 272次。在车辆维修方面，强生世博专用车辆服务中心共为1 600辆车提供服务，强生各维修点为世博车提供12.6万余次维修保养服务，强生车辆管理公司为执行世博安保任务公安干警提供 3 673 辆次的车辆后勤保障。在服务质量方面，强生服务质量监督热线共接到各类信、访、电 19 737 次，其中受到乘客表扬有 366 件，同比增加 80%。在水上旅游服务保障方面，强生世博一号游船服务 464 班次，运送游客 10.7 万人；世博二号游船服务 524 班次，运送游客 4.6 万人，还接待芬兰总统等重要贵宾。各直属公司也发挥各自优势，全力做好服务世博工作。强生旅游公司共接待 69 个参观世博会旅游团队，合计接待游客 2 548 人；强生租赁公司有 29 辆长租车、484 辆车次的短租车为世博会相关配套单位提供服务；在强生广告公司统筹安排下，强生有 4 000 个出租车电视触摸屏滚动播放世博公益广告，宣传世博盛事；强生本部志愿者 339 人次到世博站点提供志愿服务。

中国国际进口博览会保障服务　2018 年 11 月 5 日至 10 日，首届中国国际进口博览会在国家会展中心(上海)举行，国家主席习近平出席开幕式并举行相关活动。强生进博服务保障任务主要时间为 11 月 4 日至 11 月 12 日，强生实现服务成功、精彩难忘的目标，完成服务到位、乘客满意、政府放心的保障任务。

在 9 天服务保障中，强生始终以饱满精神状态，努力应对各种挑战。确保后勤保障及时响应到位，确保部长级以及市外办、商务委、信访办用车任务万无一失，确保进博出租站点供应平稳，展现出强生所代表的行业最高服务标准，获得各界好评和赞扬。

二、汽车租赁

强生汽车租赁板块，有上海巴士汽车租赁服务有限公司、上海久通商旅客运有限公司、安诺久通汽车租赁有限公司等，以巴士租赁作为主体下辖安诺久通主营小客车、久通商旅主营大客车经营格局，主要向客户提供商务、会务、旅游用车等汽车租赁服务以及校车、班车、包车等团客车业务。公司拥有豪华轿车、中型面包车和大型客车等 6 000 多辆车，是上海综合接待能力强、服务优、车型全的专业经营汽车租赁公司以及提供企业班车、校车、会议展览、商务旅游等贵宾用车接待服务的企业，具备丰富大型外资企业和国企类客户服务经验，中国地区 B2B 业务名列全国(有营运资质)市场份额前三位。

【改革整合】

2004 年 1 月 1 日，上海巴士汽车租赁有限公司自巴士联谊客运总公司分离，独立运作，成为巴士集团下属一级子公司。

2007 年 4 月，上海巴士汽车租赁有限公司更名为上海巴士汽车租赁服务有限公司(简称巴士汽车租赁公司或巴士租赁)。

2010 年 1 月 26 日，巴士汽车租赁公司承接世博 VIP 车队任务，购入第一批大巴车辆。

2011 年 4 月，巴士租赁与强生租赁进行资产重组，巴士租赁开始隶属于上海强生控股股份有限公司。

2012 年 11 月 30 日，巴士租赁与上海巴士公交(集团)有限公司共同出资成立上海久通商旅客运有限公司(简称久通商旅公司或久通商旅)并正式挂牌。

2015 年 10 月 22 日，由巴士租赁与法巴安诺租赁服务股份有限公司合资成立安诺久通汽车租赁有限公司(简称安诺久通)，进行开业、揭牌仪式。

2017 年 1 月 16 日，强生控股租赁板块执行“两块牌子、一套班子”，巴士租赁、久通商旅公司合署办公。

2018年4月,巴士租赁、安诺久通签署股权转让备忘录,同年12月20日签订三方协议,久事投资公司受让安诺久通汽车租赁有限公司25%的股权。

【车型品牌】

随着我国汽车产业的发展,汽车租赁市场的车辆品牌也逐年丰富,下面是2004年至2018年租赁公司各年使用的主要车型品牌。

表4-1-21　2004—2018年汽车租赁板块运营车辆主要车型品牌情况表

年　份	运营车辆主要车型品牌
2004	华晨金杯、通用别克、一汽大众奥迪
2005	德国奔驰、华晨金杯、通用别克、一汽大众奥迪
2006	华晨金杯、上海大众、通用别克、一汽大众奥迪、一汽丰田
2007	通用别克、江铃汽车、厦门金龙、上海大众、一汽大众奥迪、华晨金杯
2008	江铃汽车、金龙、上海大众、通用别克、一汽大众奥迪、华晨金杯
2009	江铃汽车、广州本田、金龙、上海大众、上海汇众、通用别克、一汽大众奥迪、东风日产、华晨金杯
2010	厦门金旅、上海大众、金龙、通用别克、一汽大众奥迪、丰田、广州本田、江铃汽车、安徽江淮、华晨宝马、南京依维柯
2011	江铃汽车、苏州金龙、华晨宝马、华晨金杯、依维柯、上海大众、通用别克、一汽大众奥迪、一汽丰田
2012	上海大众、苏州金龙、通用别克、沃尔沃、一汽大众奥迪、上汽MG、荣威、申沃、上海汇众、丰田、广州本田、华晨金杯
2013	菲亚特、江铃汽车、厦门金旅、上海大众、上汽荣威、苏州金龙、通用别克、郑州宇通、一汽大众奥迪、丰田、沃尔沃
2014	菲亚特、江铃汽车、上海大众、苏州金龙、通用别克、一汽大众奥迪、郑州宇通、上汽大通、荣威、丰田
2015	德国奔驰、菲亚特、江铃汽车、上海大众、上汽大通、荣威、通用别克、郑州日产、郑州宇通、大众奥迪、华晨宝马
2016	菲亚特、上海大众、上汽大通、荣威、通用别克、郑州宇通、一汽大众奥迪、丰田、江铃汽车、华晨宝马、沃尔沃、奔驰
2017	JEEP、比亚迪、上海大众、上汽大通、通用别克、一汽大众奥迪、郑州宇通、沃尔沃、本田
2018	比亚迪、东风日产、上海大众、通用别克、宇通、丰田、上汽大通、一汽大众奥迪

【业务经营】

强生汽车租赁业务以巴士租赁为母公司,安诺久通主营小客车业务,久通商旅主营大客车业务。巴士租赁以轻资、重资加融资"三位一体"总体策略,完善大、中、小齐全,高、中、低配套丰富产品线,提升综合接待能力;大力拓展航空、化工、制造等企业"三班车"业务开发力度,提高车辆利用率;大车业务质量明显提高,小车业务数量增加,管理费用得以精简;主动清理亏损业务,向轻资产、低成本的效益型经营模式转变。

表 4-1-22　2011—2017 年巴士汽车租赁公司经营一览情况表　单位：万元

年　份	运营车辆数(辆)	营　收	净利润	归母净利润	资产总额
2011	3 683	59 095.81	5 028.94	4 936.23	107 755.52
2012	4 700	65 273.39	4 438.12	4 357.18	137 315.41
2013	6 155	79 365.18	4 717.26	5 134.02	152 695.15
2014	5 830	90 903.49	4 001.44	4 367.97	152 286.34
2015	6 482	95 598.47	−747.75	−1 598.78	172 225.38
2016	6 127	96 319.27	−1 520.94	−3 716.06	173 708.61
2017	5 912	89 428.80	−6 312.12	−4 537.52	166 756.47

2017 年，汽车租赁合资公司小客车业务处于成长培育期，合资公司市场份额减少，管理成本上升，赢利水平下降，存在一定经营风险。巴士租赁成立剩余资产清理专项小组，制定相应方案，加快清理步伐，按照轻资产化方向，出售部分不良资产。安诺久通优化合资公司管理机制，逐步推进本土化经营，与久通商旅签订交叉销售和服务支付协议，加强对跨国企业客户招投标项目合作。久通商旅一面开拓业务，中标临港集团等大客车班车业务；一面抓紧理清业务。

在强生控股公司指导支持下，巴士租赁与久通商旅实行“两块牌子、一套班子”组合，适度侧重大客车经营。两家公司资产、业务、人员等得到梳理、整合，行政管理流程统一，两者逐渐统一思想和步调，同时对安诺久通合资基层实施投资管理，在大车和小车剩余资产盘活方面做足工作，力争“瘦身强体，做强做优”。

【活动服务保障】

自 2001 年以来，汽车租赁公司相继出色完成 APEC 会议、女足世界杯、2007 年特殊夏季奥林匹克运动会、历届 F1 上海赛事、网球大师杯、历届上海电影电视节、上海世博会、国际汽车展、国际航空展、第 14 届国际泳联世界游泳锦标赛、历届上海国际马拉松赛等重大活动的高规格接待用车服务。

2018 年，巴士租赁圆满完成首届中国国际进口博览会保障用车任务，荣获上海市五一劳动奖状，展示出国有企业在承担政府重要战略任务中所发挥主力军作用。同年，巴士租赁还顺利完成上海市国际马拉松，中国国际工程机械、建材机械、矿山机械、工程车辆及设备博览会，上海国际汽车零配件、维修检测诊断设备及服务用品展览会等会务用车和交通保障服务。

三、汽车修理及服务

国内汽车产业快速发展，为汽车服务业发展奠定良好产业基础。截至 2017 年年底，中国乘用车年销量达 2 480 万辆，同比增长 1.6%。随着汽车保有量持续增长，汽车服务市场发展空间也日益扩大，国内汽车服务市场竞争存在着专业化程度较低、管理粗放、市场秩序混乱等问题。

强生汽车服务板块由强生汽修、强生科技等多家汽车服务类企业组成，已初步形成较为完整产业链，包括购置、维修、养护、装饰、二手车经营、旧车拍卖等业务，并且在出租汽车科技信息化应用等方面处于行业领先地位。

【强生汽车修理】

上海强生集团汽车修理有限公司位于上海市银都路1258号，注册资金8 000万元，为强生控股的子公司。汽修公司在2001年6月由原上海强生出租汽车股份有限公司修理分公司改制后成立，2011年5月划入巴士修理公司资产。

汽修公司主营业务为汽车维修、汽车销售、配件销售和特种服务4个板块。截至2017年年底，其下属有8家汽车综合修理厂、2家品牌4S店（通用雪佛兰、上海大众）、2家品牌专业维修店（上汽荣威、通用别克）、4家配件销售公司、1家汽车装饰公司、4条车辆综合检测线。员工近1 400人，其中包括管理人员114人、技术人员519人、高级技师8名、技师46名等，每年经营总产值在9亿元以上。汽修公司始终坚持“顾客至上，服务优质，质量为本，管理规范”品牌宗旨，通过ISO 9001：2015质量管理体系认证，是质量信誉（诚信）考核AAA企业，并连续多年保持全国“安康杯”优胜单位称号。公司被评为上海市名牌企业，并获得上海市五一劳动奖状；多次荣获上海市学习型企业称号，并培养出荣获全国汽车维修技能比赛第一名的花茂飞，经上海市人力资源和社会保障局批准，汽修公司成立以“上海工匠”花茂飞命名的技能大师工作室，为企业培养一大批优秀技术骨干。

同时，汽修公司是上海市公务用车定点维修政府采购单位，自2001年起先后成为市政府采购中心、普陀政府采购中心、闸北政府采购中心、上海市公安局直属机关，上海市第二中级人民法院、上海市城市交通行政执法总队、上海“龙头股份”、液化气上海分公司等确认的公务用车定点维修中标合同单位。

汽修公司是专业提供汽车维修服务的一类汽车维修企业，已有40多年车辆维修服务历史。汽修公司不仅承担所有强生出租车维修任务，同时也拥有许多修车大客户，是上海市英伦出租车唯一定点维修单位。汽修公司多年来通过签订《公务车定点维修协议》等模式对委托管理车辆进行定点维护、维修管理，对车辆使用单位提供“管、用、养、修”一条龙服务。

【强生科技】

上海强生科技公司成立于1992年12月7日，注册资本817万元，注册地为徐汇区衡山路706号，办公地址为龙漕路200弄20号。强生控股公司认缴出资600万元，持有强生科技公司73.44%股份，其余为自然人股东。强生科技公司投资2家企业，其中完全控股上海强生信息科技服务有限公司。强生科技公司主要研究开发四大类产品：信息服务（各类出租、公交智能信息调度终端及管理监控平台）、音视频监控及分析（各类出租/公交车载监控，人脸识别、行为分析、流媒体服务）、计量计价（出租车辆计价器、汽车黑匣子、车辆无线数据采集设备）、交易支付（各类型移动、固定扫码POS机、打印机）。

强生科技公司在公交智能设备、出租车DVR设备产品技术上持续研发投入，完成第三代公交智能终端和NVR终端研发，适配包括中运量巴士在内的多种公交系统；配合相关交通企业，开发终端设备与消费场景连接系统，实现公交大数据采集、分析和应用等工作；自主研发车载智能终端应用于上海公交中运量、海博出租、强生出租等多家大型企业和多种车型；凭借长期致力于交通领域信息化建设技术及应用优势，在天津市出租汽车计价器及终端设备招标中获第一名中标资格，产品销往黑龙江、山东等全国10多个省市。在做好研发和销售工作同时，强生科技坚持客户优先，优化售后服务网络，做好服务保障工作。

强生科技公司长期致力于交通领域信息化车载设备技术应用，是上海市高新技术企业和软件企业，获得软件著作权 40 项，实用新型专利 15 项，外观专利 2 项，在申请中的新型专利和发明专利各 1 项。其公交无线智能车载终端系统获评上海市科技委自主创新产业化项目，出租车行业无线采集智能终端系统获评市科技委科研计划项目，基于北斗/GPS 双模定位车载智能终端系统获评市科技委科技型中小企业技术创新资金项目。强生科技公司承担过国Ⅱ公交车油耗数据采集中期试验、北斗导航卫星危化品车辆监控应用研究与示范等重大科研项目；为服务首届进口博览会而研发的出租汽车一体化 Android 智能终端开发（AC6）已在新能源出租车上投入使用；新研制荣威 ei5 新能源出租车嵌入式 Linux 智能终端已形成产品并投入市场。强生科技公司拥有的全知识产权产品包括：计价器，主要应用在出租汽车计程计价；固定与手持 POS 机，主要应用于公交系统的 IC 卡消费支付以及交通卡、便利超市、银行、停车场等场景的充资消费；智能终端，主要应用于公交与出租车定位服务、营运管理、车辆调度功能；音视频流媒体产品，可实现行车记录、现场监管、人脸识别、行为分析及行车主动安全功能。

强生科技公司以“科技引领发展，创新提升品牌”经营战略，围绕强生改革发展创新主线，服务改革、创新发展、树好品牌，多年来不断自主研发创新产品，以百分百研发成功率和成果转换率，为推进城市出租汽车和公交行业科学管理作出贡献，在全国出租和公交行业中独树一帜，突显良好品牌效应。

四、综合业务

强生控股公司综合板块包括房产置业、国内外旅游、广告、人力资源及驾驶员培训等业务。强生置业公司主要进行房地产开发经营、室内装潢、自有房屋租赁业务，其下属君强置业公司开发位于大虹桥区域徐泾“君悦湾”项目。在旅游业务方面，巴士国旅、强生国旅是上海首批 AAAA 级旅行社。巴士国旅着力发展邮轮游、定制旅游、上海本地游、国内短线游四大产品，其中邮轮旅游业务位居华东地区前列，巴士国旅还投资上海新高度旅游有限公司经营的上海一日游双层观光车项目，已开发两条申城观光线路，推出夜景车和景点门票联售两个新项目。强生国旅主营海外精致路线业务，其旅游产品在东方购物频道销售情况良好。强生广告精耕传统媒体及互联网＋，进军社会化会展设计，在出租汽车广告投放、车载投影广告、公交枢纽站等户外广告、会务布展、交通卡制作、设计制作等方面积极拓展业务。强生驾培主营业务为驾照培训和行业培训。强生人力资源公司主要提供人力资源平台业务、劳务派遣业务及培训业务等。

【房产置业】

强生置业有限公司是强生控股旗下一家从事房地产开发经营的企业。强生置业公司成立于 1999 年 11 月，其前身是徐汇区强生花苑房产项目开发公司，由上海强生房地产开发经营公司持股 90％，上海强生装潢工程有限公司持股 10％。2003 年，强生控股公司出资 2 000 万元人民币对公司进行增资，增资后注册资本由 500 万元增至 2 500 万元，强生控股公司占股 80％，强生房地产开发经营公司占股 18％，上海强生装潢工程公司占股 2％。原上海徐强置业有限公司更名为上海强生置业有限公司，于 2005 年 5 月重新组建。2017 年年底，强生置业公司注册资本 5 000 万元，由强生控股公司持股 90％，强生房地产开发经营公司持股 10％。强生置业公司有申公房地产开发公司和君强置业有限公司两家控股子公司，另外上海江桥大酒店有限公司作为强生控股的子公司，由强生置业公司开发管理。

强生置业公司成立以来,先后成功开发城公大厦、蒙自大楼、强生花苑、长寿商业广场、曹安商办楼以及江桥大酒店主体改扩建工程。其中开发规模最大、品质最高为君悦湾项目,已基本售完。强生置业公司成立后累计开发项目共7个,开发总建筑面积逾53万平方米,开发项目涵盖普通商品房、高档花园住宅、商业广场、酒店式公寓等各类房地产。

强生置业公司的资产主要有用于出租的房屋、江桥大酒店与曹安商办楼、青浦徐泾君悦湾项目。

出租的房屋 徐汇区东安路221号天源大酒店七楼办公楼,面积639平方米,用地性质为市政公用配套用地。长宁区中山西路933号3楼,面积900.76平方米,其中约550平方米办公自用,约350平方米外租办公。长宁区中山西路933号1楼101室,面积671.6平方米,外租办公。长宁区中山西路933号1楼102室,面积313.05平方米,外租办公。嘉定区曹安路1928弄6号503室,面积94.43平方米,外租办公。普陀区城公大厦商品房一套,面积91.04平方米,业委会用房外租。徐泾联民路888号商业用房,共有四层,面积3 132平方米,其中地下一、二层共1 187平方米,外租健身;一层471平方米,外租超市;二层547平方米,空置;三层547平方米、四层380平方米,外租办公。另有零星的停车位出租。上述租金收入合计403万元/年,若满租则租金可达500万元/年。

江桥大酒店与曹安商办楼 江桥大酒店位于上海市嘉定区真新街道曹安公路1928号,土地性质为商业,2005年8月在原有酒店基础上开始改扩建,2007年年底改扩建工程基本竣工。酒店总建筑面积13 552.67平方米,客房191间。地下设施面积1 199.13平方米。后根据强生控股对江桥大酒店处置要求,于2016年5月在上海联合产权交易所挂牌出售。在挂牌前做了大量准备工作,最终以1.65亿元价格成功出售。

曹安路曹安商办楼,至2013年年底已经全部售罄,销售面积14 670平方米,合同金额21 616万元。

君悦湾 项目位于青浦区徐泾镇联民路108丘地块(近沪青平公路)。项目用地面积为119 731.4平方米,容积率为1,绿化率为40%。总建筑面积187 209.78平方米,其中地上建筑面积119 731.4平方米,地下建筑面积67 478.38平方米。小区总户数644户,其中小高层3栋、高层3栋,高层区总户数356户;低层区62栋,总户数288户。总停车位数868个,其中高层区地下停车数292个,低层区地下停车数576个。

截至2019年3月31日,项目高层区共356套房,已销售348套(网签348套),建筑面积43 483.29平方米;别墅区共288套房,已销售237套(定金3套、草签3套、网签231套),建筑面积59 390.07平方米。高层区销售率高达98%,别墅区销售率达82.29%。另外,高层区共有地下车位292个,已于2018年5月1日正式启动销售,销售率为73.9%。

【旅游观光】

巴士国旅 上海巴士国际旅游有限公司(简称巴士国旅)于2005年4月注册设立,注册资金2 000万元,系强生控股下属公司。巴士国旅投资有上海强生国际旅行社有限责任公司和上海新高度旅游有限公司。巴士国旅具有开展入境、国内、出境旅游,道路旅客运输(省际包车客运)以及会务和票务代理等经营资质,服务门类多样,具备一定规模,并且依托上级公司的强大实力和品牌优势,通过参股、内部合作等方式实现了服务功能的延伸,能为社会各界提供多元化、多层次的服务。

2010年世博会期间,巴士国旅被选为在园区内提供旅游服务仅有的三家特别旅游服务商之一，并在上海团市委下属机构举办的残疾人“圆梦——接力看世博”活动中获优秀合作伙伴奖。巴士国旅为2010、2011年度全国百强旅行社（由国家旅游局颁布）；2011年，成为上海市首批4A级旅行社；2017年，成为上海市五星级诚信创建企业。

表4-1-23　2011—2017年巴士国旅接待游客及财务统计情况表

年　份	入境人数	国内人数	出境人数	营业收入（万元）	利润（万元）
2011	32 382	85 180	27 471	51 755.02	454.90
2012	27 689	74 534	42 989	59 060.01	310.87
2013	25 121	71 447	49 747	61 110.16	356.74
2014	24 832	79 730	41 377	60 307.54	160.74
2015	19 311	85 079	62 894	56 717.57	466.58
2016	17 476	79 629	121 928	65 726.84	432.66
2017	14 580	80 878	32 462	58 784.23	1 077.92

强生国旅　上海强生国际旅行社有限责任公司（简称强生国旅公司或强生国旅）是4A级资质的国际旅行社，在上海旅游行业中最早经营汽车特色旅游。强生国旅始建于1979年，成立于1998年9月2日，注册资金568.75万元，巴士国旅公司持有其100%股份。强生国旅公司成功开发中短途旅游、商务考察、私人定制旅游等一系列具有鲜明企业特色的产品。客源量、营业额年年递增。作为中国旅行社协会（CATS）和IATA协会成员，强生国旅拥有自主经营3A级旅游车队、营销部、出境中心、签证中心、国内中心、票务中心等各大部门和11家门店，形成国内外服务、网络和门店虚实结合多种经营模式。

截至2015年年底，强生国旅公司有214名职工，正式编制129人。在岗职工中35岁以下96人，具有大专以上学历133人，导游136名、领队37名。全年营业收入3.72亿元，其中主营业务收入3.71亿元，比2014年同期增加309万元，增幅达1.08%。2015年国内旅游接待29 226人次，出境旅游接待17 163人次，入境旅游接待1 238人次，单项服务接待21 894人次，共计69 521人次。与2014年同期相比，国内旅游接待人次减幅22.86%，出境旅游接待人次增幅13.27%，入境旅游接待人次减幅56.97%，单项服务接待人次增幅7.81%。经过多年努力，推出“西南旅游系列”“映像湘西张家界旅游系列”等10条上海名牌产品线路，广受市场好评。

为顺应互联网市场发展需求，强生国旅力推电子商务平台，陆续开通淘宝天猫官方旗舰店、微信平台和强生路路行官方网站暨订购服务平台（www.sqstour.com），进一步深化多元化经营模式，细分市场拓展业务。强生国旅公司先后获得上海市重合同守信誉企业、优秀旅行社、上海名牌、上海著名商标等荣誉称号。

水上旅游　上海强生水上旅游有限公司（简称水上旅游公司或水上旅游）曾是强生控股公司一家从事黄浦江水上旅游的全资子公司，组建于2000年下半年，最多时共有5艘游览船，分别为“水晶公主号”“翡翠公主号”“蓝黛公主号”“玫瑰公主号”“强生号”游船。主要接待来上海乘船游览黄浦江的中外游客，同时也推出水上婚庆、水上PARTY、水上走秀、水上演艺、水上公司年会、水上餐饮、商务接待、新闻发布会、私人派对等水上游船包租业务。水上旅游公司曾经接待过芬兰总统、巴拿马总统、全国人大常委会副委员长成思危、科技部部长万钢、台湾中国国民党副主席江丙坤、台湾海基会会长林中森等嘉宾，助力黄浦江游览成为世界级旅游精品。

2000年水上旅游公司筹建初期，只有一艘“强生号”游船，游船共分上下两层，有118个客位。2005年下半年，新建的“玫瑰公主号”游船投入运营，游船共分上下三层，有350个客位。为响应、配合2010年上海市世博会水上运营接待工作，2009年年底先后建造下水“翡翠公主号”游船(世博一号)、“蓝黛公主号”游船(世博二号)，两艘游船专门接待从水路进出上海世博会的参展游客。“翡翠公主号”游船分上下三层，有450个客位。“蓝黛公主号”游船分上下三层，有300个客位。2013年“翡翠公主号”游船被评为上海市首批四星级游船(当时黄浦江水上游览船只有两艘为四星级游船)。

为适应上海发展旅游大都市需求，水上旅游公司于2016年4月正式启动建造“水晶公主号”游船，分上下四层，有380个客位，并于2018年10月正式投入运营。该船具备水上PARTY、水上走秀、水上演艺、水上婚庆、水上公司年会、商务接待、新闻发布会等功能，投用后正积极申报上海市第一艘五星级游船。

2017年上海市国资国企专业化经营改革中，为加快黄浦江游览资源整合，黄浦江水上旅游行业国有企业逐渐从各自母公司剥离转给上海交运集团。2017年5月9日，强生控股发布公告，根据黄浦江游览改革发展总体方案相关要求，将直接及间接持有的两家黄浦江水上旅游行业企业——上海强生水上旅游有限公司和上海巴士旅游船务有限公司(简称巴士船务)的股权协议转让给上海交运集团。水上旅游系强生控股全资子公司；强生控股公司持有巴士船务50%股权，中远海运(上海)公司占另外50%股权。水上旅游的股东全部权益评估价值为3 681万元；巴士船务的股东全部权益评估价值为7 244万元，强生所持50%股权的相应价值为3 622万元。

【强生广告】

上海强生广告有限公司(简称强生广告公司)是强生控股旗下一家专业化广告传媒公司。自1992年7月成立以来，强生广告利用资源与品牌优势，立足出租车媒体，把车厢变成中外客户展示品牌形象的舞台。强生广告公司在广告创意、广告媒体、广告制作等领域不断开拓，已发展成一家集广告发布、国内外广告代理、平面设计、印刷、展示、影视制作和证卡制作(交通个性卡)等于一体的多元化、专业化广告公司。本公司现有从业人员25人，下设市场营销部、设计制作部、综合办公室三个部门，分别负责管理广告营销、广告创意设计与制作、行政后勤管理三大类工作。办公地点位于上海南京西路934号。

强生广告公司主营媒体为出租车汽车广告、出租车投影广告、公交枢纽站候车亭广告，其中出租车广告依据载体部位的不同分为出租车后窗广告、出租车发票广告、出租车头枕广告、出租车侧窗广告(途安车)，主要客户为国内外各类企业用户。

在市场占有率方面，强生广告公司拥有强生品牌万余辆出租车广告媒体经营权，占据市场份额25%。强生广告公司自2016年起参与投资设立以车载投影技术为基础的映祥传媒公司，创新推出户外高科技车载实时投影媒体，获得客户青睐。

在设计制作方面，强生广告公司拥有经验丰富的布展和平面设计团队，曾先后为华电集团、国盛集团、久事集团、经信委、中国技能大赛上海经济信息化技能赛、光明食品集团等大型企事业单位和大型赛事服务。同时，强生广告公司也是交通卡公司授权交通个性卡制作经营企业，可独立设计开发各类主题纪念卡。

强生广告公司成立之初主要以经营车辆广告媒体为主，譬如出租车后窗条幅广告，这类广告媒体形式是创业初期主打产品。强生广告公司在1993年陆续推出后窗全幅广告、顶灯广告、正副驾驶位广告、仪表板广告等美观、新颖的媒体产品，深受各类客户青睐，也引领沪上车辆媒体发展潮流。1994年，强生广告公司在南京西路南泰大厦4楼安设户外大牌广告并开始向社会招商，成为公司自有经营的第一块户外大牌广告。1999年，出资收购上海露虹公交客运公司所属公交车辆媒体广告经营权，拥有除出租车以外公交车辆媒体阵地。

2005年4月，经中国广告协会评审认证，强生广告公司成为中国一级广告资质企业。2005年12月，公司与上海商娱文化传播有限公司进行合作，在出租车内引入移动电视媒体，该媒体主要安装在正驾驶前排位，通过接收转播东方明珠电视媒体内容，为乘客提供移动视频服务。

2007年，强生广告公司与触动传媒公司开展战略合作，在强生出租车副驾驶头枕上安装触动显示屏媒体，该媒体可以让乘坐在出租车后排的乘客通过近距离触摸显示屏，从而产生互动，建立广告媒体与受众双向联动传播关系。

2011年4月，强生广告公司和上海巴士广告传媒发展有限公司合并重组，重组后的公司在车辆媒体和人员方面进行扩编，管理出租车广告数量达到1.2万余份，成为上海大型出租车广告媒体公司之一。

2014年，强生广告公司积极参与交投集团公交枢纽站灯箱广告招投标项目并成功中标，获得交投集团全市100余块公交枢纽站广告经营权(3年期)。

2016年6月14日，强生广告公司投资600万元与上海碧虎网络科技有限公司及上海大众广告有限公司共同成立上海映祥传媒发展有限公司，合资公司主要以车载投影媒体技术为基础，逐步为上海出租车广告媒体进行互联网媒体技术改造和更新，并逐步实现市场拓展。在服务商业客户同时，也积极利用车投媒体为各类社会公益服务。强生广告公司2017年共利用出租车车投媒体播放公益广告23组，循环播放约1.1亿次。

表4-1-24　2000—2017年强生广告公司财务数据统计情况表　　单位：元

年　份	营业收入	利　　润	资产总额	上缴税收
2000	16 564 623.74	1 399 037.19	5 587 328.66	255 625.72
2001	16 725 731.80	1 605 696.80	5 710 150.00	—
2002	19 503 936.97	2 143 070.64	10 990 571.76	—
2003	17 948 660.51	2 625 218.34	12 294 142.11	98 122.17
2004	16 499 811.21	244 829.34	7 197 105.86	58 192.87
2005	18 520 420.40	4 245 336.17	10 547 182.51	788 486.11
2006	20 568 068.12	5 048 050.14	10 622 457.60	340 756.84
2007	20 209 051.02	5 497 957.71	11 321 014.54	851 307.46
2009	18 188 394.31	5 885 747.28	10 818 056.66	220 364.41
2010	21 169 238.25	6 749 334.48	10 273 754.14	402 966.03
2011	25 975 763.30	7 205 999.97	12 453 958.17	2 993 705.86
2012	27 740 881.37	3 065 950.58	9 235 846.14	1 569 967.95
2013	33 277 222.72	2 050 615.84	9 097 478.65	3 321 522.59

〔续表〕

年　份	营业收入	利　润	资产总额	上缴税收
2014	37 311 248.94	10 086 712.84	15 279 980.58	2 146 105.16
2015	35 842 234.04	1 905 824.55	14 120 439.15	3 184 121.17
2016	26 448 844.65	443 691.57	11 357 067.06	2 610 489.16
2017	30 325 657.20	803 166.54	11 546 329.84	1 361 151.99

【强生人力资源】

上海强生人力资源有限公司是强生控股的全资子公司(简称人力资源公司),成立于2001年9月28日,注册地为徐汇区柳州路476号,经营范围包括人才供求信息搜集、整理、储存、发布和咨询服务,人才推荐,人才招聘,人才培训,人才派遣,劳务派遣。20世纪末,强生控股公司为适应现代服务业发展和公司内部专业化管理需要,在原再就业中心的基础上,组建人力资源公司,并具有上海市人事局核发的从事人才业务资质,拥有执业中介师和中介员等专业技术人员20余人。

人力资源公司在提供优质服务同时,注重有效管理。在业务运作中,针对不同用人单位,制定其所适应的管理机制。人力资源公司成立的目标是更好地全方位地为控股所属单位进行专业化服务和管理;同时,依托控股公司人力资源优势,为上海市各级党政机关、事业单位及中外企业、学校、外国领事馆等提供服务。

成立以来,人力资源公司与多家企事业单位建立劳务合作关系,提高市场影响力,丰富驾驶员外派工作管理经验,吸收更多优秀驾驶员资源。已与100多家单位建立劳务合作关系,有各类劳务派遣人员1 000余人,其中尤以驾驶员劳务输出最为专业。2001年又与上海市人事局建立驾驶员合作项目,被国家人事部作为机关后方人员进行人事制度改革先进经验并进行推广,上海《文汇报》就此还作相关专题报道。

人力资源公司为各级党政机关及企事业单位输送优秀驾驶员,驾驶员在市委办公厅、市委组织部、市委宣传部、市政协、市纪委、市人社局、市统计局等各个市级党政机关提供长期服务。

表4-1-25　2002—2017年强生人力资源公司财务数据统计情况表　　单位:万元

年　份	总资产	营业收入	净利润	上缴税费额
2002	72.77	209.53	0.17	6.03
2003	70.61	409.42	5.23	13.50
2004	182.27	1 722.61	6.21	15.98
2005	333.59	3 333.97	6.22	18.62
2006	352.54	4 607.84	6.25	12.23
2007	412.38	5 291.56	3.58	10.98
2008	579.04	6 758.34	17.83	12.39
2009	670.73	8 396.94	22.18	17.40
2010	802.53	10 405.38	9.06	21.58

〔续表〕

年　份	总资产	营业收入	净利润	上缴税费额
2011	1 795.41	14 409.83	10.27	28.64
2012	2 013.58	27 571.74	10.38	38.48
2013	2 248.64	28 171.54	14.92	36.34
2014	2 281.86	27 811.13	20.16	34.79
2015	2 234.66	28 514.52	20.18	65.66
2016	404.38	12 595.15	20.46	82.42
2017	708.02	4 721.55	35.10	96.99

【强生驾驶员培训中心】

上海强生机动车驾驶员培训中心有限公司系强生控股全资子公司（简称强生驾培中心），成立于1980年1月，前身为上海强生职业技工学校，1998年10月更名为强生集团教育培训中心，2012年7月进行企业重组并更为现名。强生驾培中心经营模式为完全市场化运作，秉承“改革、创新、发展”工作思路，以“严谨、正气、务实”教风著称，以“服务至上”办学作风为宗旨，拥有机动车驾驶员、出租车驾驶员服务卡，客货运上岗证，网约车驾驶员上岗证等资质培训业务。强生驾培中心坐落于杨浦区民府路90号，拥有教练车100余辆，配备一流教学设施，拥有可容纳45至180名学生的配套先进的教室。师资力量雄厚，拥有高级计师1名，二级教练员若干名，二级计师若干名，理论授课讲师、助理工程师若干名，考试中心兼职考试员3名。

强生驾培中心有数十年教育培训经验。1973年以隶属于上海强生出租公司的张华浜（外事车队）站点为基础，成立培训班，以第一批100名退役军人机动车驾驶员培训为起点，开展第一批上海知识青年回沪强生出租公司职工驾驶员培训，20世纪80年代初又参与对强生出租公司（三转四）驾驶员培训。为不断适应市场需求，强生驾培中心加大品牌宣传力度，1998年与强生出租公司教培中心强强联合，成立上海强生集团教育培训中心，投资建设综合教学大楼及业务接待大厅，扩增和更新各类教练车，增加大量先进教学器材，同时大量充实师资力量。2010年7月，出于强生集团向上海强生控股股份有限公司出售资产购买股份暨重大资产重组需要，以及建立现代企业制度、完善公司治理结构、提升企业市场竞争能力目的，将教培中心改制为有限责任公司。2012年7月因国资改革，强生驾培中心与上海巴士驾培中心重组，成立上海强生机动车驾驶员培训中心有限公司。强生驾培中心先后获得国家交通部授予的“文明汽车驾驶学校”、上海城市交通管理局授予的“文明单位”等荣誉称号。

强生驾培中心教练车在20世纪70年代主要为上海130轻型客车，80年代主要为华沙牌、上海牌、牡丹，90年代主要为吉普、奔野、跃进、解放、安源，21世纪以来主要以桑塔纳、斯柯达、丰田为主。

表4-1-26　2009—2018年强生驾培中心经营业务情况表

年　份	驾驶员培训人数	职业培训人数	经营收入（万元）
2009	1 730	4 202	929.44
2010	2 102	4 059	1 011.83

〔续表〕

年　份	驾驶员培训人数	职业培训人数	经营收入(万元)
2011	3 382	4 391	1 034.92
2012	4 334	3 477	1 340.27
2013	3 159	1 602	1 479.60
2014	2 633	1 769	1 323.21
2015	2 408	1 416	1 310.28
2016	2 941	2 036	1 521.30
2017	2 718	6 820	1 149

第四节　公共交通支付服务

上海公共交通卡股份有限公司(简称交通卡公司)成立于1999年5月25日,是主营业务为本市交通卡、沪通卡、旅游卡系统建设、运营、结算和公共交通信息服务的公共服务类股份制企业。上海公共交通卡系统于1999年12月27日开通试运行,在市委、市政府关心下,在市交通委和久事集团指导下,经过多年发展,交通卡公司承担的交通卡、沪通卡、旅游卡支付服务已实现在上海公共交通领域应用全覆盖,并向停车场、汽车加油、汽车租赁、专车、充电桩等交通相关领域以及小额消费领域和公共交通信息服务方面拓展,尤其是上海交通卡深受市民欢迎,交通一卡通已成为具有行业特色、时代特征的城市名片。

交通卡公司秉承"政府引导、市场运作、社会服务、效益优先"的经营理念,始终坚持为市民服务、为运营企业服务、为社会服务的"三为服务"经营方针,以服务城市公共交通领域为主体,电子支付信息技术为手段,配合贯彻落实市政府换乘优惠等政策,以促进上海城市公共交通优先发展战略和建设智慧城市发展为目标,不断加强自身信息服务能力建设,全力做好并落实市政府及市交通委要求的信息服务平台建设及运维工作,牢牢把握自身发展定位,以公共服务为企业核心,努力打造成为上海交通信息服务运营商。

一、卡产品(交通卡、沪通卡、都市旅游卡)

交通卡公司的交通卡、旅游卡、沪通卡"三张卡"系统为上海市民提供一种便捷安全的交通服务结算方式,尤其是交通卡,大大提高了市民生活质量和社会工作效率,成为市民出行必备品。同时,交通卡通过品牌建设和发展,已逐步成为一张代表上海的城市名片卡,也成为国内同行典范。

【交通卡】

1999年12月27日,市委常委、副市长韩正为上海公共交通卡系统试运行暨上海公共交通卡首发仪式剪彩,上海公共交通卡试运行首张卡片正式发行。首批试运行M1普通交通卡在仪式上发行,卡片为绿色,卡面标识为闪电logo,代表城市速度、快速通达,其时上海地铁1号线、11条公交线路和1条轮渡线路开通应用交通卡系统。

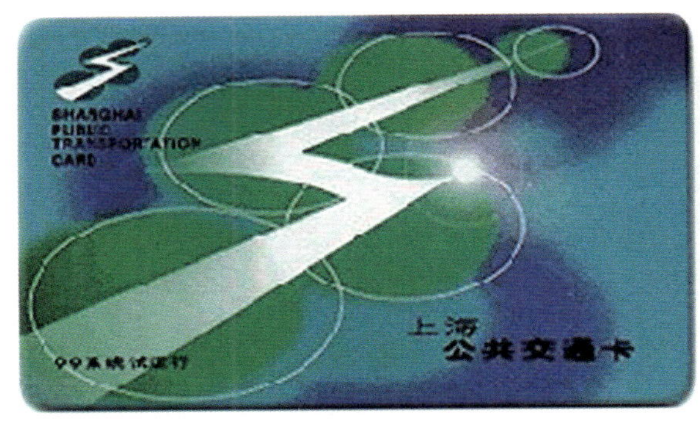

图 4-1-18　1999 年 12 月 27 日上海公共交通卡首发

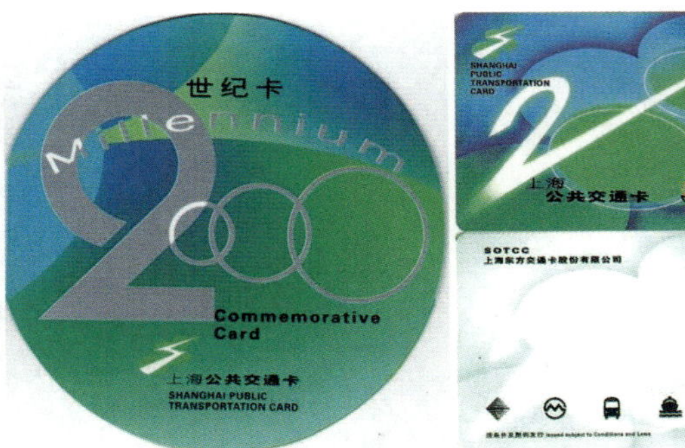

图 4-1-19　"2000 世纪卡"

公共交通使用交通卡支付车费，可节省清点硬币的人力成本，同时可加速车辆通行，缓解交通压力，极大方便持卡人及运营单位。

2000 年 1 月，上海公共交通卡首次对外发行首张"世纪卡"纪念卡，共发行 2 万张。该卡是智能卡，为可充值电子钱包，采用与当时普通卡相类似的蓝绿色调，主图为白色的"2"字形，如闪电和利剑，穿越 3 个圆圈，组成独特的"2000"图形，这个图形与闪电加 5 个圆圈（代表 5 种交通工具）的上海公共交通卡标志也十分相似。这是交通卡公司首次发行纪念卡。

2000 年 12 月，上海公共交通卡发行首张单面广告卡。交通卡公司与富士通公司合作，共同发行第一张印有富士通宣传页面的单面广告卡。这是交通卡公司首次尝试利用发行在外的卡面资源，为企业提供个性化制作，也为交通卡公司开辟新的盈利增长点，获得市场强烈反响，合作客户不断增加。

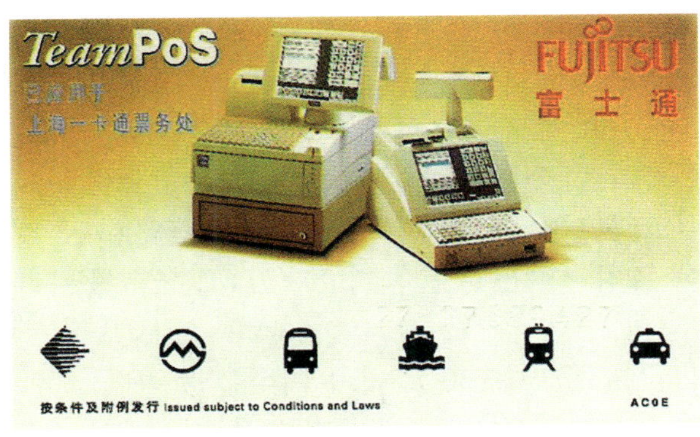

图 4-1-20　富士通广告卡

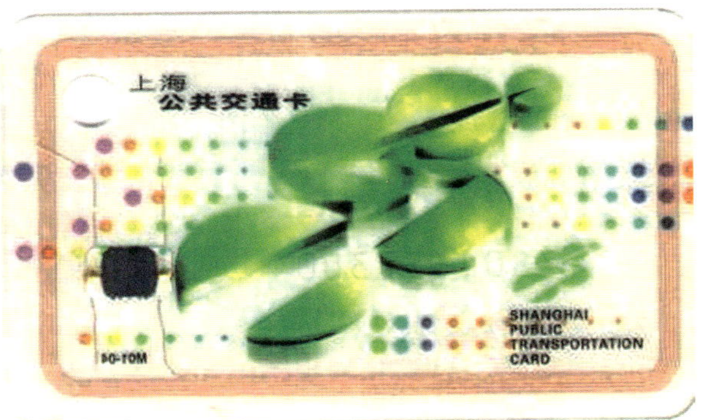

图 4-1-21　交通卡发行首张迷你卡

2004 年 12 月，上海公共交通卡发行首张迷你卡，是交通卡公司首次发行不同于标准尺寸的卡片。该卡片通体透明，线圈芯片清晰可见，大小仅为普通交通卡的 2/3。卡片上有穿孔设计，可以穿绳后挂在胸前或钥匙扣上。该卡设计新颖，使用方便，投放市场后受到市民欢迎。

2008 年 8 月 1 日，交通卡公司与上海市社保卡中心合作发行针对 70 岁以上老人的免费乘车敬老优惠卡，该卡容量相对于普通交通卡扩大 3 倍，为 4 K 字节容量，有效解决交通卡信息与社保卡相关信息共存问题。2008 年 10 月 20 日，上海公共交通卡首张蓝色 CPU 交通卡发行，首批 1 000 张蓝色卡投放市场。从蓝色交通卡开始，交通卡公司发行所有交通卡背面都带 ICDC 标志。ICDC 是国家为整合全国感应卡而颁布的统一感应芯片标准，实行该国家标准的感应交通卡将为交通卡全国联网奠定技术基础。2008 年以前的感应交通卡将逐步被其取代。

图 4-1-22 首张蓝色 CPU 交通卡

2008 年 11 月起，交通卡公司开始试发行兼容逻辑加密卡功能的 CPU 卡，至当年年底，共发行 10 万张，上海成为全国第一个发行带有共享钱包 COS 交通卡的城市。

为从根本上解决共享钱包 CPU 卡在交易速度和交易复杂性方面的缺陷，并进一步释放无关存储资源，2011 年起，交通卡公司开始研制将逻辑加密兼容功能从共享钱包 COS 中分离出来的纯 CPU 卡。

2012 年 3 月，上海公共交通卡新版 CPU 卡 COS 研制成功，并于 2012 年 7 月 1 日发行首批新版纯 CPU 芯片紫色卡面普通公共交通卡。

2013 年 4 月中旬，交通卡公司与复旦微电子公司共同推出 1 000 个基于 NFC 手机及公共交通卡支付产品，进行小范围试用。2014 年 5 月，上海移动手机交通卡正式应用试点；8 月，上海联通手机交通卡业务正式发布。2014 年 12 月，小米手机上海公共交通卡正式上线。2015 年 9 月，交通卡公司与上海卓旗电子科技公司合作，推出首款手环产品——“滴滴”手环交通卡，该产品相当于一个腕间交通卡，具有交通卡所有功能。2016 年 12 月，三星支付手机上海公共交通卡正式上线，华为手机上海公共交通卡正式上线。

2017 年 7 月 27 日，交通卡公司与中国建设银行合作，推出集交通卡、健康运动计量、移动支付于一身的智能产品——龙米交通卡手环，用户只需将龙米交通卡手环靠近消费设备，挥手间就能便捷支付车费。

2018 年 6 月 15 日，上海公共交通乘车码作为国内首个基于交通部标准研发的二维码上线。二维码支付是交通部重点推动的新型公交支付模式，上海也确定“一城一卡一码”“三统一”二维码发展战略。公共交通乘车码项目的成功，为日后长三角乃至全国交通一卡通互联互通迈出关键一步，也推动久事集团与腾讯公司全面战略合作。随后，公共交通乘车码完成支付宝和银联闪付上线工作。截至 2018 年 12 月 9 日，公共交通乘车码应用已经覆盖本市所有公交线路和 13 条轮渡航线。经过不到半年发展，公共交通乘车码实名用户量已迅速达到 603 万，日交易量超过 62 万笔。

2004 年 5 月 20 日，交通卡公司下调纪念卡销售价格，由原来 30 元/张下调至 20 元/张。2005 年 11 月，对普通卡颜色进行调整，首次对外发行黄色卡面普通交通卡。2007 年 9 月 1 日，普通卡人为损坏卡重置费由原来的 30 元/张下调至 15 元/张，普通卡退金手续费由 10%下调为 5%。2007 年 11 月 1 日，普通卡押金由 30 元/张下调至 20 元/张。为区分不同押金卡，交通卡公司对外发行普通卡版面颜色由黄色改成红色。2013 年 5 月 18 日，交通卡公司将公共交通卡普通卡成本变动及近年押金利息使用情况在公司官网进行公告。

【沪通卡】

上海高速公路不停车收费系统专用 IC 卡名为沪通卡，是由上海公共交通卡公司经授权向社会发行的专门用于不停车联网收费系统的非现金支付 IC 卡。沪通卡分为储值卡、A 类记账卡和 B 类记账卡三种。

2008 年 12 月 20 日，上海高速公路不停车收费系统(ETC)开始运营并发行了第一张 ETC 储值卡。储值卡采用先付款、后使用的扣款方式。任何人欲使用储值卡，均可在沪通卡客服网点直接申请与电子标签同时购买，手续方便快捷，当场申请购买即当场开通。2008 年，交通卡公司成立 ETC 不停车收费服务中心，承接 ETC 的发卡、清算、网点建设、售后服务等工作。

图 4-1-23 ETC 储值卡

图 4-1-24 ETC 记账卡

2008 年 12 月 20 日，上海高速公路不停车收费系统发行第一张 ETC 记账卡。A 类记账卡为先用后结算方式卡片，客户需先绑定银行账户，再申请办理沪通卡。B 类记账卡为先付款后使用扣款方式，客户在办理此类记账卡时，需在发行单位建立用户账户并预存一定数额通行款，每次消费后，由系统自动从用户账户中扣除。

ETC 储值卡、记账卡与 OBU 设备成套销售，初期价格为 430 元/套。2012 年 6 月，ETC 设备(含卡)价格调整至 390 元/套。

交通卡公司自 2008 年起按照市政府要求全面负责本市高速公路不停车收费系统沪通卡发行、结算和客户服务，承担与江苏、浙江等长三角相关省级联网收费中心 ETC 互联互通的结算。

2014 年交通部启动全国 ETC 联网收费工程，按交通部统一要求，市路政局在原本市联网收费中心的基础框架下，设立上海市 ETC 结算中心，并与交通部联网收费中心实现联网，将原由交通卡公司 ETC 客户系统与长三角跨省市两两结算，改为由本市联网收费中心分别与部级联网中心和交通卡公司 ETC 客户系统进行 ETC 交易数据交换和沪通卡业务结算。

2016 年 11 月，上海市 ETC 系统用户累计突破 100 万大关。借助交通运输部推进 ETC 全国互联互通的政策大环境，在市交通委和集团的大力支持下，交通卡公司顺应发展趋势，积极促进 ETC 系统的快速发展。截至 2017 年 4 月底，上海全市累计发展 ETC 用户总数已超过 119 万，ETC 用户通行率达 29.43%，高峰时间通行率达到 35%；开设特约安装网点 52 个，充值网点 1 257 个(含人工及自助网点)；与全国 29 个省市实现联通。

2017 年 12 月底，根据上海市交通委要求，为实现本市高速公路非现金交易在 2019 年年底达到 50%以上的目标，2017 年全年共完成发展 ETC 客户 45.2 万户，建设 ETC 专用车道 25 条，取得 ETC 3 年发展目标的开门红。

截至 2018 年年底，交通卡公司在没有外部资金支持情况下已累计投入系统建设资金 2 630 万元，累计发展用户 179.2 万户，已占本市汽车保有量近 50%，累计发展各类 ETC 客服网点 106 个，其中 ETC 特约客服网点 60 个、建设银行专用网点 23 个、邮蓄银行专用网点 23 个，网点数量比 2017 年同期增加 43%，已覆盖上海所有行政区域范围。

【都市旅游卡】

上海都市旅游卡与香港“八达通”卡类似，是一张多用途预付卡，不仅能用于本市公共交通出行，也可在本市商场、超市、景点等支付领域使用。为配合2010年上海世博盛会的举办，久事公司协同上海市旅游局、城乡建设和交通委员会组建上海旅游卡有限公司，筹备发行一种方便、快捷、覆盖面广的上海旅游卡，为在沪客人提供集吃、住、行、娱、购、游等于一体的便捷、优惠的小额消费支付服务。

2009年4月24日，久事研究决定成立上海旅游卡有限公司筹建小组，上海都市旅游卡发展有限公司筹备工作正式启动。4月30日，久事与上海市旅游咨询服务中心签署发起人协议，上海都市旅游卡发展有限公司经上海市工商行政管理局审核通过，于5月11日完成工商登记注册。

2009年5月12日，上海都市旅游卡发行方案和卡面设计确定；5月25日，首批上海都市旅游卡生产，作为不可充值卡，卡内押金10元。

2009年6月10日，上海都市旅游卡首发暨上海都市旅游卡发展有限公司揭牌仪式举行，上海副市长赵雯、市旅游局局长道书明、市建交委副主任沈晓苏、久事总经理张惠民等出席仪式。随着首批上海都市旅游卡发行，同步实现上海都市旅游卡在公共交通领域的应用，基于交通卡技术平台的旅游卡支付业务系统正式上线运行，开始为持卡人及特约商户提供资金结算服务。

2012年6月8日，上海都市旅游卡发行三周年庆典在黄浦江上“翡翠公主号”举行。国家旅游局、上海市旅游局、久事等单位以及社会各界企事业单位领导和嘉宾共计200人到会并参加庆典活动。发行三年来，上海都市旅游卡发行总量达68万张，围绕着吃、住、行、游、购、娱服务功能，已可在公交、非公交领域8 800台POS机上实现刷卡消费，累计消费3 500万笔，累计支付结算总金额达2.5亿元。

2012年8月24日，上海都市旅游卡可充值CPU卡正式发行，该卡采用和蓝色CPU交通卡相同感应芯片标准。可充值卡为可退卡，卡内押金20元，卡面与不可退卡区别是卡号前的字母由“A”改为“U”。新系统上线后，公司与各商业合作伙伴展开跨领域、跨行业合作，不断推出新产品，为持卡用户带来全新的便捷支付体验。

图4-1-25　都市旅游卡可充值CPU卡

2009年7月5日，首张以世博会为主题的上海都市旅游卡纪念卡发行，随后，旅游卡公司共发行生肖系列卡、中国传统节日系列、重大纪念日系列、F1中国大奖赛、上海劳力士大师赛、上海浪琴环球马术冠军赛等各类主题纪念卡。

2014年4月，交通卡公司与浦东旅游局合作发行“桃花节纪念卡”，该卡一套两张，均为挂件卡，是旅游卡发行的首张异型卡。随后，发行马术、上海英伦等圆片卡。2017 年，交通卡公司与国内知名 IP 品牌“阿狸”和“长草颜团子”签约，发行异型软胶挂件卡。

2016 年年初，交通卡公司完成对都市旅游卡公司的股权收购，并从人员、技术、经营、业务等方面全力支持旅游卡公司发展，完成旅游卡支付牌照续展工作，实现旅游卡业务在交通卡现有服务网点的有序整合，拓宽旅游卡业务受理渠道，服务网点初步形成规模。截至 2016 年年底，都市旅游卡发行 290.26 万张，发展本市商户 525 家，设立销售充值网点 237 个，在小额支付领域装载 POS 机 8 637台。

为推进产品和服务多样化，满足用户多种需求，旅游卡公司加大科技创新，积极推出新产品、新业务。2016 年 5 月，通过复旦 TSM 平台开展基于智能可穿戴设备的虚拟卡空中发行及在线充值业务，推出智能可穿戴旅游卡产品。交通卡公司与杉德、亿速码、握奇、携程、拉卡拉等多家公司合作，于 2016 年发行智能可穿戴旅游卡 19.5 万张。

为更好推动旅游卡从单位用户向个人用户及行业应用的转型发展，加快旅游卡和交通卡产品融合、服务融合，扩大旅游卡发卡量，提升用户使用方便度和社会知晓度，2017 年 9 月，上海都市旅游卡普通卡卡面颜色由蓝色更新为紫色，可充值，可退卡，卡内押金 20 元。不可充值卡、过期卡、非人为损坏卡重置费由 10 元调整至免费置换，人为损坏卡重置费由 10 元上调至 15 元。

2017 年 9 月 6 日，《上海都市旅游卡维修业务细则》《上海都市旅游卡退卡业务细则》正式实施，《上海都市旅游卡购买使用须知》正式实施并通过网站对社会公布。12 月 1 日，《上海都市旅游卡章程》向人民银行上海分行备案后正式实施，并通过交通卡公司网站对社会公布。

二、产品销售服务

交通卡公司始终坚持以公共服务为自身发展目标和定位，为交通卡、ETC 沪通卡、都市旅游卡产品提供适宜配套销售和售后服务，包含线下销售服务和线上销售服务，为广大市民用户提供全面用卡服务。

【线下服务】

自营网点 2013 年 9 月，交通卡公司出资组建上海公共交通卡销售服务有限公司（以下简称销售服务公司），负责公共交通卡等产品销售和售后服务工作。2013 年 10 月 8 日，销售服务公司完成工商登记，正式成立。销售服务公司负责公司自营服务网点的建设、运行和维护工作。

表 4－1－27 2007—2017 年交通卡销售服务公司自营网点开设情况表

时 间	自 营 网 点	业 务 内 容
2007 年 3 月 8 日	上海公共交通卡服务中心（九江路）	正式对外营业
2011 年 10 月 26 日	地铁 2 号线虹桥火车站增设公共交通卡服务网点	办理公共交通卡相关业务
2011 年 12 月 13 日	地铁 2 号线虹桥 T2 航站楼中区服务台增设公共交通卡服务网点	办理公共交通卡相关业务
2013 年 8 月	上海公共交通卡服务中心（陆家浜路）	正式对外营业

〔续表〕

时　　间	自　营　网　点	业务内容
2013年11月3日	地铁中山公园、静安寺站开设上海公共交通卡服务站	正式对外营业
2014年1月	地铁2号线陆家嘴站开设上海公共交通卡服务站	正式对外营业
2014年9月	地铁1号线上海火车站开设上海公共交通卡服务站	正式对外营业
2015年5月	地铁2号线龙阳路站开设上海公共交通卡服务站	正式对外营业
2015年7月4日	地铁2号线世纪大道站、4号线大连路站开设上海公共交通卡服务站	正式对外营业
2015年8月12日	地铁2号线广兰路站开设上海公共交通卡服务站	正式对外营业
2015年8月27日	地铁2号线淞虹路站开设上海公共交通卡服务站	正式对外营业
2015年8月28日	地铁3号线曹杨路站开设上海公共交通卡服务站	正式对外营业
2015年11月18日	地铁1号线徐家汇站开设上海公共交通卡服务站	正式对外营业
2015年12月	地铁1号线人民广场站、莘庄站以及2号线娄山关路站开设上海公共交通卡服务站	正式对外营业
2016年6月13日	地铁11号线迪士尼站开设上海公共交通卡服务站	正式对外营业
2017年8月	地铁3号线宜山路站开设上海公共交通卡服务站	正式对外营业
2017年9月	地铁10号线陕西南路站开设上海公共交通卡服务站	正式对外营业
2017年10月	地铁8号线东方体育中心站开设上海公共交通卡服务站	正式对外营业
2017年11月	地铁12号线汉中路站开设上海公共交通卡服务站	正式对外营业
2017年12月	地铁13号线南京西路站开设上海公共交通卡服务站	正式对外营业

都市旅游卡线下自营网点　2012年8月1日，旅游卡公司在久事大厦9楼服务中心窗口正式对外开放，具备退卡、修卡、咨询、投诉等各项售后服务功能。2012年12月12日，位于上海沪太路800号的上海都市旅游卡销售服务中心正式开业，提供售卡、退卡、坏卡维修、过期卡置换、咨询等相关服务。2016年7月6日，地铁中山公园站交通卡自营网点开通旅游卡销售、充值代理业务，随后24个地铁内自营网点陆续开通上述业务。

为实现交通卡、旅游卡资源整合，推进旅游卡实现线下布局、扩大销售渠道和提高市场占有率，2015年3月13日，交通卡销售服务公司陆家浜路、九江路两处服务中心开通旅游卡购卡、退卡、修卡、置换业务。2016年12月1日起，本市所有地铁站点人工服务中心开通旅游卡售卡、充值、维修、CVM设备充值发票兑换业务。地铁301个站点服务中除提供交通卡服务外，均同时提供旅游卡服务，为用户带来便捷服务体验。

代理网点　交通卡公司产品销售线下服务还包括代理网点，其中分为地铁、公交、邮局、便利店和其他代理网点。

交通卡地铁代理网点　1999年12月27日，交通卡公司首先在地铁1号线开办交通卡销售、充值代理业务。2000年9月11日，在地铁2号线开通交通卡销售、充值代理业务。2001年3月28日，在明珠线(后来的地铁3号线)开通交通卡销售、充值代理业务。

交通卡公交代理网点　交通卡公司于1999年12月24日与上海巴士一汽公共交通有限公司

签订合作协议,在巴士一汽公交车站开通交通卡销售、充值及回收代理业务,为乘客提供就近服务便利。12 月 27 日,公司与上海巴士一电公共交通有限公司签订合作协议,在巴士一电公交车站开通交通卡销售、充值及回收代理业务,按照有偿服务原则提供代理服务费用,巴士一电则按照公司的要求,代为办理相关的交通卡业务。12 月 29 日,公司与上海公共交通客运票务结算中心签订合作协议,在其处开通交通卡销售、充值及回收代理业务,为上海火车站公交枢纽中心提供就近服务。

交通卡邮局代理网点 2014 年 4 月,为解决退卡难问题,交通卡公司与上海市邮政公司合作,在首批 30 个指定邮政网点全面代理交通卡业务,提供售卡、退卡、坏卡维修等综合服务。9 月 22 日,为方便服务市民,公司在上海邮政支持下,在原有基础上再增设 70 个服务网点,全市共有 100 家邮政网点为市民提供交通卡综合服务。2015 年上半年,交通卡公司再增 408 个邮局服务网点,本市所有 500 多个邮局网点提供交通卡退卡、售卡、充值、坏卡维修及 ETC 沪通卡充值等综合服务。

交通卡便利店代理网点 从 2011 年 3 月起,交通卡公司陆续在轨道交通站内及附近的全家便利店增设交通卡退卡网点,提供交通卡退卡服务,其中 22 处分布在全市轨道交通内,服务时间与站点运营时间一致,还有 7 处分布在轨道交通站点附近,为 24 小时营业。合作期满后,全家便利店 38 个退卡点和所有充值点停止交通卡业务。2012 年,公司对交通卡退卡网点进行战略调整,将退卡点从以前分散分布调整为重点分布在社区及轨道交通附近,布局偏远地区,从 6 月份起,好德便利旗下 50 家门店提供交通卡退卡服务。2013 年 12 月,公司加强便利店代理网点服务力量,在市内 20 家良友便利店新增交通卡退卡服务网点,主要分布在长宁、普陀、浦东、徐汇等地区,提供 10 元以下交通卡退卡服务。

交通卡其他代理网点 2002 年 2 月 1 日,交通卡公司与上海旅游集散中心合作进行交通卡销售充值业务。双方约定公司对旅游集散中心支付代理服务费用;旅游集散中心按照公司要求,在醒目位置张贴服务标识,并提供交通卡代理服务。2010 年 11 月 18 日,交通卡公司在虹桥交通枢纽内虹桥长途西站新增交通卡代理网点,提供公共交通卡销售、充值、退卡等服务。为方便外地游客出入,在上海主要出入口新增服务窗口。2012 年 2 月 1 日,交通卡公司在金山铁路支线金山卫站新增交通卡故障卡维修点,方便金山市民就近办理交通卡故障卡维修等业务。

都市旅游卡代理网点 2009 年 9 月 1 日,公司新增上海银行 22 个代理销售网点。2010 年 4 月 15 日,新增工商银行上海分行 47 个代理销售网点;7 月 10 日,新增旅游咨询服务中心 9 个退卡网点。2011 年 4 月 2 日,上海旅游集散中心开通退卡网点,完善旅游卡退卡服务体系。2012 年 5 月 18 日,闵行区中心医院自助挂号设备开通上海都市旅游卡相关功能,持卡人可用旅游卡在闵行中心医院挂号就诊。2014 年 10 月 30 日,良友便利共 200 多家便利店开通底卡金消费业务。2016 年 7 月,强生票务开通旅游卡售卡、充值、退卡业务。2017 年 2 月 28 日,快客 200 多家便利店开通底卡金消费业务;9 月 1 日,好德、可的共 1 079 家便利店开通旅游卡售卡、充值、消费业务;12 月,来伊份共 744 家街边门店开通旅游卡售卡、充值、消费业务。

ETC 沪通卡线下服务 2002 年年底,上海高速公路实现联网收费。2008 年 12 月 20 日,上海高速公路电子收费客户服务中心正式对外营业,高速公路电子不停车收费车载系统开始发售。2009 年 1 月,交通卡公司与强生汽修签订代理合作协议,开通 ETC 安装、充值代理业务,为 ETC 首家代理网点。2009 年 7 月 1 日起,工商银行在上海增设 78 个特约代销及充值网点,至此受理 ETC 业务及充值的线下网点达到 108 个。

【线上服务】

公共交通卡线上服务主要包括自助设备、网上充、交通卡 App、官方淘宝商店、其他线上服务等。

自助设备 交通卡公司于2011年5月与光大银行达成合作，将各地铁站点内现有550台“安欣生活”多媒体机进行技术改造，实现银联卡转账充值公共交通卡功能，方便乘客自助充值交通卡。2011年10月8日，交通卡公司自主研发的公共交通卡社区多媒体自助服务终端在四川北路和大宁路两个街道事务受理中心与生活服务中心5个服务点投入使用，为居民提供便捷自助服务。2014年3月，交通卡公司投放262台自助充值服务设备于地铁部分车站，用户可直接在自助设备上实现卡充值、查询、续期等。2015年1月，交通卡公司研发和投放39台已增加售卡、退卡、移资等应用的CVM多功能自助服务设备。2015年5月，CVM自助设备开通对旅游卡充值功能。2015年6月，交通卡公司与支付宝公司合作，在地铁车站自助设备开通支付宝办理交通卡业务，用户在自助设备除可用银行卡支付外，还可以用支付宝钱包办理交通卡售卡、充值和退卡等业务。2016年5月，CVM自助设备开通快钱钱包办理交通卡相关业务。2017年6月，交通卡公司投入使用具备现金充值功能的三代CVM自助设备，全年合计投放150台。2017年11月30日，交通卡公司投放地铁站的600多台自助服务设备在可使用银行卡、支付宝、快钱支付的基础上新增微信钱包支付功能，方便用户办理交通卡业务。2017年12月，具备旅游卡售、退卡功能的第四、五代CVM设备投入使用。

网上充 2011年5月5日起，交通卡公司推出交通卡与沪通卡的网上充值等服务，持卡人购买“网上充”交易终端并与电脑相连，登录上海交通卡公司网站，点击网上业务即可办理充值业务等。

白色
市场销售价：120元

黑色
市场销售价：120元

图4-1-26 交通卡与沪通卡

2013年2月7日，上海都市旅游卡网上充平台正式上线，持卡人可通过网上充对可充值的都市旅游卡进行充值。

2014年11月，交通卡公司依托自身技术和资源优势，持续加大研发投入，推出新一代企业版网上充。新产品在技术上保留针对单位团体用户提供交通费管理和发放的解决方法，增加产品脱机验卡功能，企业交通费发放不用在线即可查询交通卡余额及卡内10条交易记录。此外，新产品改进外观和包装，设计以白、灰为基调，增配超大显示屏，彰显简约风格和以人为本设计理念。

手机App 2014年4月，旅游卡App正式上线，App可通过NFC移动终端为客户提供后台账户充值、资金查询、账户设置、服务网点查询等服务。2014年5月，上海交通卡手机App(安卓版)正式上线运行，只需扫描App二维码，即可下载安装交通卡手机App客户端，享受交通卡余额查询、就近服务网点查询等多项特色服务。

2015年5月，依靠科技创新，交通卡App推出NFC手机对交通卡充值新功能，用户可使用交通卡App通过手机NFC功能实现银联卡向交通卡转账充值。

2016年1月，交通卡App可通过NFC手机直接对ETC沪通卡进行充值。

2017年11月，上海公共交通卡App升级优化版上线，此次改版更加突出移动充值交通卡便民功能，对接移动支付与公交出行场景，接入银联卡、支付宝和微信支付三种方式，能够快速实现手机App对交通卡的充值。12月底，交通卡公司试点公交二维码支付应用，用户可下载上海交通卡App，在本市71路中运量支线(1250路、1251路)使用二维码刷码乘车。

淘宝商店　2013年12月，交通卡公司在淘宝网开设淘宝店铺，开辟企业店铺网上销售新渠道，初步形成公共交通卡线上、线下销售服务格局。2015年2月，交通卡公司开设都市旅游卡、纪念卡官方淘宝商店，后经过对相关业务流程调整，于2017年2月重新开张，2017年全年销售纪念卡2.9万张，实现营业收入99.96万元，销售量稳步增长。

其他线上服务　2011年11月1日，交通卡公司在东方网开通官方微博，微博名称为“上海交通卡”。

2016年12月，交通卡公司联合支付宝开通在支付宝手机客户端充值交通卡服务新模式。用户登录手机支付宝“城市服务”的“交通卡充值”入口，在手机端购买交通卡充值额度后，前往交通卡公司在地铁车站布设的自助设备，对绑定卡进行资金圈存，即可使用。

2017年8月，交通卡公司和万达旗下上海新飞凡电子商务公司试点推出“飞凡”App线上购买交通卡、旅游卡充值额度支付服务，并于2018年4月正式推向市场。合作还实现交通卡公司旗下旅游卡与万达集团旗下万达广场等各业态、飞凡商业联盟旗下各商业广场和购物中心等近200户商户的小额支付合作，拓展了旅游卡发展规模，提高了旅游卡社会知晓度。

2017年，交通卡下属旅游卡公司与中智关爱通、淘略嘉福、众安宜员、睿渠网络等多家福利平台运营方签订合作协议，开通线上充值平台，为接入其平台的部分单位员工提供用积分兑换旅游卡充值额度的服务。

三、产品消费服务

经过多年发展，交通卡公司的交通卡、沪通卡、旅游卡支付产品服务已实现在上海市交通领域消费应用全覆盖，并向停车场、汽车加油、汽车租赁、专车、充电桩、旅游购物、餐饮住宿等交通相关领域以及小额消费领域方面拓展。

【交通卡消费服务】

交通卡在轨交地铁的消费服务　1999年12月27日，交通卡公司推出公共交通卡系统并率先在地铁1号线运行，用户可持交通卡在地铁1号线支付乘车费用，开启上海数字化支付交通费新篇章。2000年9月11日，地铁2号线启用公共交通卡系统，之后新建地铁线路都同步启用交通卡支付功能，缩减乘客进出站时间，减轻售票压力。2001年3月28日，公共交通卡系统正式在轨道交通明珠线(地铁3号线)全面启用。2007年12月29日，轨道交通6号线、8号线、9号线同时通车试运营，同步开通使用公共交通卡付费服务。除地铁闸机可使用交通卡外，为方便乘客购买和充值交通卡，在地铁线路中同步开通交通卡售卡服务网点。

交通卡在公交的消费服务　经过多轮公交消费设备(公交 POS)技术测试,1999 年 12 月 27 日,上海 11 条公交线路开通应用公共交通卡系统,首批交通卡同时发行。2001 年 9 月 24 日,公共交通卡系统首批手持式 POS 机研制成功,并率先在强生公交 818 路线上试用,补齐交通卡在公交领域应用设备移动性的缺口,为交通卡系统在公交全覆盖奠定基础。2008 年 1 月,交通卡公司全面完成公交线路安装公共交通卡系统工作,本市所有公交车均可刷公共交通卡付费。2012 年 12 月 10 日,按时间节点完成"上海市 700 条线路、合计 6 337 辆有人售票公交车配置手持式公共交通读卡器"的市政府实事项目。

交通卡在出租车的消费服务　为实现上海城市交通一卡通行政府实事工程目标,交通卡公司积极开拓出租车市场。2000 年 4 月 15 日,与强生集团签订合作协议,对其 5 700 辆出租车进行改造。公共交通卡系统进入出租车行业并率先在强生出租车上启用。2001 年 11 月 22 日,公共交通卡系统进入货运出租行业,开通强生"货的"支付功能,随后开通大众 880 辆"货的"交通卡支付消费功能。之后交通卡公司陆续与其他货运公司签订合作协议,加大与市内"货的"企业合作力度,探索商业合作模式。2015 年 10 月 8 日起,交通卡公司与各出租运营公司、设备供应商合作,对原有出租车计价器软件中交通卡模块进行升级,新增支持手机交通卡支付功能,提供多样化消费支付服务。

交通卡在汽车租赁和停车场的消费服务　2002 年 3 月 31 日,交通卡公司进一步拓展上海公共交通卡在汽车租赁市场和社会停车场的消费服务。与永达汽车租赁合作,提供其消费设备、相关培训以及系统保障等,支持永达汽车持卡用户在汽车租赁时使用交通卡消费;与上海港汇房地产开发公司合作,免费为港汇停车场提供消费 POS 设备、相关支付软件、培训服务以及清算服务,港汇地下停车场可用交通卡停车消费。2005 年 5 月 20 日,交通卡公司拓展路边道路停车消费支付服务,开通上海市道路停车电子计时收费仪表(咪表),拓展交通卡在停车领域使用范围。2009 年 7 月,轨道交通 1 号线锦江乐园站和 2 号线淞虹路站两个 P+R 停车场开通交通卡付费服务。2010 年 11 月 1 日起,外环共和新路、中环沪太路、闵行航天博物馆站等 3 个 P+R 停车场开通交通卡付费服务。

交通卡在充电桩的消费服务　2015 年 8 月,交通卡公司开通充电桩领域刷卡消费。与政府合作,采用 PPP(政府与社会资本合作)模式,在标志性文化场所、学校、医院等公共机构,推广公共充电桩建设,首批 20 个全兼容公共充电桩在中华艺术宫投入使用,可使用交通卡支付充电消费。

交通卡在其他交通领域的消费服务　2001 年 12 月 31 日,公共交通卡系统进入高速公路行业,率先在沪杭高速公路上海段收费口开通使用。2002 年 2 月 1 日,公共交通卡系统进入旅游大巴行业,上海旅游集散中心 3 个售票点提供公共交通卡付费售票服务。2005 年 5 月 18 日,公共交通卡在长途客运领域开通刷卡付费购票业务。2006 年 3 月 1 日,东海大桥全线贯通,交通卡公司与上海东海大桥管理有限公司合作,为其提供交通卡资金结算服务,同步开通交通卡刷卡付费。2012 年根据市政府和市建委要求,交通卡公司做好金山铁路支线开通前交通卡应用配套工作,并于 9 月 28 日完成公共交通卡系统与金山铁路支线同步开通使用。2012 年 12 月,交通卡公司投资江苏省启东市城市交通卡项目。

交通卡互联互通　交通卡公司积极推进交通卡互联互通方面工作。2002 年 10 月 1 日,上海与无锡实现公共交通卡城际互通,为长三角互联互通打开合作通道。2003 年 10 月 20 日,上海公共交通卡实现在苏州公交车上的刷卡消费。2003 年 11 月 1 日,上海交通卡实现在杭州大众出租车上的刷卡消费。2004 年 8 月 1 日,上海交通卡实现在南宁市 100 余辆农工商出租车上的刷卡消费。2012 年 7 月 1 日,上海与宁波实现公共交通卡 M1 卡城际互通,随后又与绍兴、湖州、常熟等城市相继签订合作协议。2012 年 7 月 27 日，全国城市一卡通互联互通开通仪式在绍兴举行，上海、宁波、绍兴、湖州、台州、常熟等 8 个城市作为全国首批试点城市，在国内率先启动城市一卡通互联互通。2013 年 10 月底，上海与无锡、南通、泰州、长兴、舟山等城市实现 CPU 交通卡互联互通。2014 年 10 月，交通卡互联互通新接入太仓、金华、宜兴 3 个城市。2016 年 9 月，上海交通卡、旅游卡正式与义乌、嘉兴开通城际互通，上海与长三角城际互通城市数达到 25 个。2016 年 10 月，上海交通卡、旅游卡正式与温州实现城际互通。

截至 2017 年年底，上海已实现与无锡、昆山、常熟、阜阳、苏州、杭州、南宁、大丰、舟山、太仓、金华、宜兴、宁波、绍兴、湖州、台州、江阴、淮安、启东、南通、泰州、长兴、嘉兴、义乌、温州等 25 个城市的互通。

交通卡优惠换乘　2005 年 11 月 1 日起，轨道交通 1、2、3 号线正式推行公共交通卡乘车累积优惠。2006 年 8 月 1 日，公共交通卡轮渡优惠连乘方案正式施行。2006 年 11 月 6 日，公交连乘优惠工作顺利实施。2007 年 6 月 21 日，交通卡公司组织完成对内环内共计 396 条空调线路近 6 500 多辆空调车换乘优惠升级改造任务，完成市政府 2007 年换乘优惠实事工程。2008 年 8 月 1 日，上海市敬老服务专用卡优惠乘车系统正式上线运行，100 多万张敬老服务专用卡随之投入使用。2009 年 4 月 1 日，上海公交优惠换乘范围做到“两覆盖一延伸”，由原先进入内环 423 条公交线路上的空调车辆，扩大到全市所有 1 041 条公交线路上的 1.66 万辆公交车。2017 年 3 月，继崇明岛大众公交与市区公交换乘优惠互通后，为方便市民乘坐轮渡也享受到换乘优惠，交通卡公司积极配合实施崇明三岛客轮接入上海市公共交通优惠换乘体系工作，经过多方协调顺利完成对轮渡售票系统及相关设备的改造。

【旅游卡消费服务】

2009 年 7 月 1 日，都市旅游卡在非公交领域商户正式实现刷卡消费。

旅游卡在餐饮方面的消费服务　2013 年 8 月以来，逐步与大食代、丰收日、上赛餐饮、烟波亭餐厅、财大科技园等多家特约商户开展合作。

旅游卡在宾馆住宿方面的消费服务　2009 年 7 月以来，逐步与锦江之星、上海宾馆、锦江饭店、海仑宾馆、华亭宾馆等多家特约商户开展合作。

旅游卡在旅游景点方面的消费服务　2009 年 10 月 22 日，上铁国旅签约成为都市旅游卡特约商户，都市旅游卡逐步与上海青旅、春秋国旅、强生国际旅行社等多家特约商户开展合作。2011 年 4 月 6 日，欢乐谷签约成为都市旅游卡特约商户。都市旅游卡逐步与辰山植物园、东方明珠、上海动物园、世纪公园、环球金融中心、海洋水族馆、东方绿舟等多家特约商户开展合作。

旅游卡在购物方面的消费服务　2009 年 9 月 29 日，新世界商城签约成为旅游卡特约商户；10 月 23 日，第一食品商店签约成为都市旅游卡特约商户。随后都市旅游卡逐步与汇金百货、六百商厦、友谊南方商城、宝大祥等多家特约商户开展合作。

旅游卡在便利店方面的消费服务　2009 年 7 月 13 日，良友便利签约成为都市旅游卡特约商户。都市旅游卡逐步与家得利、好德、可的、快客、农工商、伍缘、捷强、来伊份等便利店特约商户开展合作。

旅游卡在其他方面的消费服务　2010 年 4 月 1 日，联通签约成为都市旅游卡特约商户。随后都市旅游卡逐步与永华电影城、环球港世嘉游乐园/亲子园、时空之旅、大众书局、面包新语、爱森、闵行区中心医院、可充电子商务等多家特约商户开展合作。

【ETC沪通卡消费服务】

2008年12月底,上海和江苏率先实现ETC系统互联互通。

2009年11月,上海与安徽实现ETC系统互联互通。

2010年7月,完成上海、江苏、江西、安徽的ETC联网收费。

2011年12月底,福建加入了长三角ETC联网体系。

2012年8月2日起,浙江省接入长三角高速公路不停车收费系统,由此长三角区域"沪、苏、浙、皖、赣、闽"五省一市实现高速公路ETC系统互联互通。

2014年12月,上海与北京、天津、河北、山西、山东、辽宁、江苏、浙江、安徽、江西、福建、陕西、湖南等14个省(市),按照《交通运输部关于开展全国高速公路电子不停车收费联网工作的通知》要求,率先实现全国联网。

2015年9月,全国除海南、西藏外的29个省市实现ETC全国联网运营。

2015年2月16日,交通卡公司积极拓展ETC系统在大型停车场的应用范围,率先开通浦东机场T2停车场ETC收费系统。

2017年3月6日,交通卡公司在虹桥机场T1航站楼停车场开通运营ETC收费系统,装有OBU设备的汽车通过感应技术即可完成入库、出库和扣款,大大提高停车通行速度。

四、支付运行系统

公共交通卡公司主营业务为本市交通卡、沪通卡、旅游卡系统建设、运营、结算和公共交通信息服务。

【交通卡系统】

上海公共交通一卡通系统是1999年度和2000年度上海市政府实事工程项目之一,于1999年12月27日正式开通试运行。上海成为全国第一个实现公共交通一卡通城市,并在非接触式IC卡应用技术方面达到国际先进水平。

2001年11月,上海公共交通一卡通系统获得第三届国际工业博览会金奖。2002年,上海公共交通卡一卡通系统及其应用研究项目被上海市科学技术奖励委员会评为上海市科学技术进步奖一等奖。

清算系统 2004年9月3日,交通卡公司与北京市政交通一卡通公司、上海华腾软件开发公司签订商务合同,协议共同建设北京市政交通一卡通总中心清算备份系统。2004年12月29日,上海公共交通卡系统异地容灾备份中心成立。2008年,交通卡公司完成中央清算系统改造和数据分析系统开发,实现对敬老卡交易数据查询、统计和监控的功能,并为上级主管部门、市交通港口局、市财政局、市社保中心提供数据信息和财政补贴依据。2012年6月22日23时,交通卡公司启动CPU卡升级切换工作,整个系统切换工作做到有序推进、安全稳定,实现方案预定各项任务目标。

经过多年发展,至2016年年底,上海交通卡系统累计投入超过5亿元,应用覆盖本市公共交通及相关领域,并向停车场、汽车加油、汽车租赁、专车、充电桩等交通相关领域拓展,装载消费终端8万多台,净发卡量6 574万张,日均最高结算笔数1 600万笔。2016年消费结算笔数约37亿笔,消费结算金额约116亿元。交通卡在公交、轨道交通、出租行业的刷卡比例分别约80%、86%和

18.47%；与长三角22个城市实现城际互通，日均互通结算笔数近8万笔。交通卡公司设立交通卡业务相关人工服务网点近2 200个，其中本公司自营服务网点19个，其他为地铁、公交、便利店等代理网点，基本覆盖全市各区域。同时设立退卡网点838个，坏卡受理网点752个，移资服务网点119个。交通卡公司与银行、东方网等合作累计投放自助充值设备2 441台。

【都市旅游卡系统】

上海都市旅游卡支付服务业务系统 2009年6月，随着第一张都市旅游卡正式发行，基于交通卡技术平台的旅游卡支付业务系统正式上线运行，为持卡人及特约商户提供资金结算服务。

旅游卡公司网站及OA系统 2012年1月4日，旅游卡公司新版网站正式上线投入使用，为持卡人提供更全面便捷的用卡信息查询。2016年10月，旅游卡公司新版OA正式上线投入使用，旅游卡公司内部办公流程更为规范高效。

旅游卡商户对账及结算系统 2012年12月，商户对账及结算系统正式上线，为旅游卡特约商户提供交易统计查询标识结算，交易退单、补单等服务。

旅游卡后台账户系统 2013年8月，包含后台批量代发、圈存等功能的上海都市旅游卡后台账户系统正式上线，企业可通过系统为持卡员工发放福利，并由员工自行圈存至卡片后完成消费。

旅游卡灾备系统 2015年6月，支付业务系统独立灾备系统在虹漕路机房搭建完成，正式上线，为系统平稳运行增加保障。

旅游卡备付金系统 2016年12月，备付金系统正式上线，提供业务系统与财务系统的数据勾稽功能。

旅游卡反洗钱系统 2016年12月，反洗钱系统正式上线，对业务数据进行分析监控及筛选，预防洗钱活动，防范洗钱风险。

旅游卡监管信息系统 2016年12月，监管信息系统正式上线，通过系统对接完成人民银行数据上报要求。

旅游卡综合业务平台 2016年12月，综合业务平台正式上线，对现有业务系统及数据进行梳理整合，形成统一平台入口，提升工作效率。

旅游卡物流系统 2017年12月，物流系统正式上线，为都市旅游卡提供更为专业的产销存管理。

【ETC系统】

2008年12月，上海高速公路ETC客服和管理系统上线试运行。

2013年9月，交通卡公司完成ETC主机系统的升级工作，将沪通卡系统日处理能力由原先10万笔提升到190万笔，支持安装网点数也由原先10个提升到55个。

2014年12月，ETC全国联网，首批22个省市接入联网。

2015年1月，交通卡公司与建设银行合作推出联名卡。2015年4月，浦东机场停车场接入ETC系统。2015年8月，交通卡公司与光大银行合作发行签约B类卡。2015年9月，ETC全国联网完成所有省市的接入，交通卡公司完成ETC本地容灾库的建设。2015年12月，交通卡公司与农业银行合作推出联名卡。

2016年5月，交通卡公司与中国银行合作发行签约B类卡。2016年9月，交通卡公司搭建ETC历史库。

2017 年 10 月,ETC 服务网点终端操作系统及硬件全面升级。2017 年 12 月 1 日,ETC 营改增系统上线,并于 2018 年 1 月 1 日开具第一张营改增电子发票。ETC 完成安全加固,更换所有服务器和存储设备,并完成交易平台软件升级,全面提升硬件性能和交易平台处理能力。

【运行系统建设】

2002 年,交通卡公司完成财务系统与物流系统的开发,实现财务结算与物流管理自动化。

2003 年 4 月,交通卡公司分别在公交、地铁结算中心建立冗余系统,进一步提升系统容错性能。2003 年 6 月,系统应用数据处理进行调整和优化,有针对性地进行网络改造和存储系统升级,在重新优化网段规划基础上将局域网升级到 1 000 M,同时将存储系统从传统 RAID 模式升级到 SAN 网络存储系统,大大提升系统存储容量和数据访问速度,在系统容错性、可扩充性和均衡性方面有新的跨越。系统日交易处理能力从 500 万笔翻番至 1 000 万笔。2003 年 8 月 15 日,为应对交易规模日益扩大,交通卡公司完成第一次迁址,从铜仁路 331 号 2 楼搬迁至建国西路 285 号 4 楼,公共交通卡中央清算系统同时完成整体搬迁工作。

2004 年,交通卡公司建立异地卡交易清算系统,实现异地卡数据交换和数据处理,实现交通卡消费积分统计和积分奖励,增加系统监控功能。2004 年 12 月 9 日,为响应政府关于提高信息系统对常规灾难性风险规避能力的要求,公共交通卡中央清算系统异地备份系统顺利建成并在多次灾备演练和偶发故障应对中经受各种考验,在生产主系统瘫痪恶劣情况下,依然可依靠异地备份系统维持正常运转,整个系统的容错性能提升到新水平。

2005 年 11 月,交通卡公司组织对中央清算系统主机进行更新升级,中央清算系统日处理能力提高到 1 300 万笔。

2006 年 6 月 7 日,公交结算中心迁移至中央清算系统。2006 年 8 月,交通卡公司对中央清算系统网络设备进行升级,以进一步提高系统运行效率。2006 年,交通卡公司组织对中央清算系统应用程序进行优化,调整数据库处理流程,中央清算系统日处理能力进一步提高到 1 800 万笔。

2007 年 9 月,交通一卡通中央清算系统定级为系统安全等级保护二级,并完成在市公安局的备案。

2008 年,公交结算系统整合入中央清算系统。2008 年 6 月,中央清算系统首次通过安全测评中心对于等级保护二级的安全测评认证。

2009 年 6 月,交通卡公司又组织对中央清算系统主机进行更新升级,中央清算系统日处理能力提高到 3 000 万笔。2009 年 10 月,为适应系统业务快速发展,交通卡公司完成中央清算系统第二次迁移,从建国西路 285 号 4 楼搬迁至宣化路 300 号 10 楼。

2010 年 7 月,交通卡公司获得市网安办颁发的信息系统安全等级保护优秀单位称号。

2011 年 8 月,交通卡公司对地铁前置系统进行升级,搭建双机集群环境,增加双机热备功能;开发旅游卡系统,实现旅游卡交易数据清算结算功能。

2012 年 6 月 18 日,上海公共交通卡设备运营监控平台试运行,此平台可以对所有充值和消费设备进行统计,对 2 天零交易、7 天零交易和 30 天零交易的设备进行监控,以便及时发现设备在使用过程中的问题。2012 年 7 月,中央清算系统完成基于 CPU 系统互联互通升级改造。

2013 年,交通卡公司完成中央清算系统主机房附属设施改造,增加 2 个 ATS 自投开关和 1 个 EPS 电池组及控制柜,并将现有 UPS 电池组支持时间由 2 小时延长至 4 小时。2013 年年底,完成上海公共交通卡清算系统主机设备升级工作,用 4 台 RX6600 小型机替换 HP RP4440 小型机,处理能力由原先 3 000 万笔提升到 4 000 万笔。

2014 年 11 月，灾备机房由原华腾公司搬迁至久誉公司内部中心机房，11 月 17 日进行灾备演练。

2017 年 11 月，交通卡公司完成中央清算系统主机更新升级工作。2017 年 12 月，对中央清算系统网络设备进行升级，提高系统运行效率。

五、信息服务运营

上海公共交通卡数据反映了上海市民使用公共交通工具的真实情况，运用、分析好这些数据，对于合理配置交通资源，满足市民出行需求具有重要意义，同时可为上海公共交通发展和政府相关决策提供可靠数据支持。建立上海公共交通大数据系统，充分挖掘数据潜力和价值，为政府和社会提供更多的信息支持是交通卡公司发展的重要目标。为此，交通卡公司不断加强自身信息服务能力建设，做好市政府及交通委要求的信息服务平台建设及运维工作，牢牢把握自身发展定位，以公共服务为企业核心，打造成为上海交通信息服务运营商。

【交通信息服务】

2005 年 4 月，交通卡公司建设完成交通卡数据仓库一期系统，实现利用交通卡数据进行交通客流分析功能。2005 年 11 月 29 日，交通卡公司上海公共交通一卡通数据库应用研究被上海市人民政府评为上海市科学技术进步奖三等奖。

2007 年 4 月，交通卡公司与上海市发展改革研究院合作完成地面公交换乘优惠实施效果评估课题项目，向研究院提供 2005 年和 2006 年交通卡客流数据，以便其科学评估优惠政策实施后的效果。

2008 年 2 月开始，交通卡公司每年参与市交港局公交优惠政策实施后评估项目，提供相关持卡客流变化数据，以便研究单位对数据进行跟踪分析，评估政策实施后的社会效益和经济效益。2008 年 12 月，交通卡公司开始开发交通卡数据仓库二期系统，该系统将为相关政府部门提供更详细的交通卡客流情况，为相关交通决策提供依据。

2009 年 8 月开始，交通卡公司每年参与市交通规划研究所一卡通信息调查项目，配合利用公共交通卡数据进行相关交通规划主题分析。2009 年 9 月开始，交通卡公司持续每月定期向市建交委（交通委）提供交通卡各行业相关持卡客流分析报告，并对特定事件引起客流变化进行评估分析，以帮助市建交委掌握交通行业客流总体变化规律和特定事件引起客流变化情况。

2010 年 4 月，交通卡公司参与 2010 年上海市第四次综合交通调查，配合提供各个交通行业相关持卡客流分析数据。2010 年 10 月，数据仓库二期系统完成在世博会期间向交通信息中心每日定时传送世博相关的交通卡客流数据任务，为交通信息中心每日正确预测世博会客流提供数据依据。上海公共交通卡数据仓库一期、二期项目建成，为提供及时、准确的公共交通数据奠定数据基础，以利用大数据支持决策和开展各类数据服务。

2013 年 9 月 22 日，交通卡公司推出交通卡倡议绿色出行抽奖活动，利用数据平台，确保抽奖及兑奖活动顺利进行，并形成长效机制。

2016 年 6 月 13 日，交通卡公司旗下久誉公司参与申通地铁集团牵头的上海市科委“轨道交通大数据服务平台关键技术研究与示范”科研课题项目。交通卡公司充分发挥自身在大数据分析以及信息技术上的优势，在为本市行业主管部门及运营单位提供客流数据分析研究的同时，在市交通委和久事集团指导下，承建完成上海市公共停车收费系统及停车场信息平台、网约巡游出租车信息平台、网约专车监管信息平台三大信息服务项目，在城市交通综合治理和解决难题方面发挥积极作用。

第二章　体育产业

2016年11月，根据市委、市政府对久事体育产业改革发展的总体要求，久事集团按照“统筹规划、分步实施、深度融合、整体创新”的原则，整合久事的国际赛事管理有限公司、东亚（集团）有限公司等公司，全资设立了上海久事体育产业发展（集团）有限公司（简称久事体育集团），以此作为推进久事体育产业化发展的核心主体，以实现体育产业资源整合优化，不断丰富体育产品及体育服务的有效供给。

2016年，久事体育集团注册资本10亿元，截至2017年年底，合并资产总额46亿元，员工1 240人，营业收入85 084.54万元，场馆面积2 880 402平方米。

第一节　上海国际赛车场

一、规划设计

2001年3月，《上海市国民经济和社会发展第十个五年计划（2001—2005年）》提出“把上海建成亚洲一流体育中心城市”的发展目标，拟重点建设包括上海国际汽车城（嘉定区安亭镇地区）在内的四大产业基地。上海国际赛车场（简称上赛场）正是上海国际汽车城项目三大主体工程之一。

2001年6月，国家体育总局批准上海市政府兴建上赛场。9月，市城规局正式将上赛场建设地点定在嘉定区安亭镇东北地块。该地块位于漳浦河以西、松鹤路以东、宝安公路以北、规划郊区环线以南。总占地面积5.3平方公里（主赛场2.5平方公里，综合配套区2.8平方公里），毗邻S5、G15、G2、G1501等高速公路和城际主干道，交通便捷，与安亭汽车城相呼应，利于发挥辐射效应。

图4-2-1　2002年，久事副总经理毛小涵（左二）与国际汽联指定的F1赛车场设计公司德国惕克（Tilke）公司进行设计方案验收

按市政府部署，上赛场实行“统一规划，分步实施，总体平衡”。一期工程主要建设、维护主赛场，场馆建设、赛事承办成本通过配套区土地开发实现资金平衡。

2002年2月，根据市政府要求，久事公司、市国资经营公司、上海嘉安投资发展有限责任公司合资组建上海久事国际赛事管理有限公司（简称上赛场公司）。按国际汽联、一级方程式管理有限公司推荐，上赛场公司委托国际著名F1赛道设计公司——德国惕克公司进行上赛场设计,主设计师为德国人赫曼·惕克(Hermann Tilke)。另有中方设计单位——现代设计集团上海建筑设计研究院、上海市政设计研究院配合设计。9月,国际汽联核准“上”字形赛道设计方案。

二、建设施工

上赛场工程(一期)于2002年10月17日开工,2004年3月30日竣工。2004年6月5日通过国际汽联验收,获一级赛道证书。2004年9月24—26日,成功举办第一届F1中国大奖赛。2005年6月完成竣工验收。

图4-2-2 上海国际赛车场全景俯视

工程难度最大的是F1赛道。施工区域内有近20条河流,面积约23万平方米,需挖除淤泥35万立方米,填方量约71万立方米。赛道、缓冲区、造型区绝对标高以上填筑方量近200万立方米。为此,市政府组织专家专题讨论,最终确定用“打桩预压,变软为硬”的策略,在整个施工区打桩近4万根,加固赛道地基,控制软土地基变形沉降。

2005年,上赛场工程还获得2005年中国建筑工程鲁班奖、上海市建设工程白玉兰奖、上海市建设工程金属结构金钢奖、第五届詹天佑土木工程大奖和8项国家专利。此外,“上海国际赛车场工程关键技术研究”获2004年度上海市科技进步奖一等奖。2006年,中国公路学会又向F1国际赛道专用沥青国产化项目颁发科学技术一等奖。

2012年,工程完成决算审计,建设总投资36.56亿元(土建成本11.34亿元),其中30亿元为上赛场公司资本金,其余资金来自银行和久事公司贷款。

三、场馆设施及开发

上赛场主赛场占地面积 2.5 平方公里，总建筑面积 13.86 万平方米，除赛道、主副看台、维修车间、仓储间外，还有比赛控制塔、行政管理塔、新闻中心、空中餐厅、车队生活区、能源中心、医疗中心等配套设施。

图 4-2-3　上海国际赛车场主看台、发车区、弯道近景

主赛道长 5.45 公里，平均宽度 13～15 米，最大宽度 20 米，面积 376 912 平方米(含缓冲区)。直线赛道长 1 248 米，面积 23 711 平方米，最长直道 1 175 米，有 7 处左转弯道、9 处右转弯道。急救道面积 58 587 平方米。卡丁车赛道长 1 234 米，面积 13 851 平方米。内外环及连接道路面积 214 979 平方米。

看台总规模 11.4 万人，其中，主副看台 4.9 万人。停车场面积 347 775 平方米，绿化面积 745 672 平方米。

【旅游参观】

为使普通民众了解赛车、赛事文化，自 2004 年上赛场落成起，上赛场公司便开始经营上赛场旅游参观线路(2005 年交由上赛场经营公司具体运营)。2015 年，上赛场被批准为国家 4A 级旅游景区后，该参观线路被定位为景区重要经营业务之一。

参观线路共有模型室、主看台、新闻中心、颁奖台、车队别墅区五处景点，由专业导游为游客讲解上赛场及 F1 赛事的相关知识及趣闻轶事。线路的起点、终点都位于赛场内的访客中心。整个访客中心分为服务接待区、纪念品专卖区及 COSTA 咖啡店三部分，可为游客提供休憩、餐饮、纪念品选购等服务。该参观线路开放时间为每日 9:00 至 16:00(每周一及赛事期间闭馆)，年均接待参观游客近万人。

【商业冠名】

2003 年，全国第五次体育场馆统计结果显示，国内公共体育场馆数量达 85 万座。截至 2010 年年底,中国体育场馆数量居世界之首,但各大体育场馆都面临比赛后的场馆利用问题,上赛场也不例外。

利用率低的体育场馆不但不能发挥社会效益,还会给国家财政造成很大负担。2010年以来,品牌冠名成为全国各大体育场馆可持续发展路径的普遍选择,如万事达中心(原北京五棵松体育馆)、上海梅赛德斯-奔驰文化中心(原上海世博文化中心)、宁波雅戈尔体育馆(原宁波体育馆)等场馆,在品牌冠名后都收获较好宣传效果。

2010年,为提高上赛场利用率与知名度,久事开始策划品牌冠名事宜。鉴于一汽大众汽车有限公司(简称一汽大众)旗下的奥迪品牌和上赛场有多年合作,久事拟与一汽大众开展更深层合作,用奥迪品牌冠名上赛场。

2011年年初,久事与一汽大众初步商定冠名合作事宜。6月,上海久事公司、久事赛事公司、一汽大众等单位联合在上赛场举办"上海奥迪国际赛车场冠名发布会暨驾控汇首站启动仪式"。上海久事公司、一汽大众、中汽联等有关领导出席并见证冠名仪式。由此,上赛场正式启用"上海奥迪国际赛车场"名称。这是上赛场首次尝试商业品牌冠名,对其他大型体育场馆探索后续利用发展之路,有一定借鉴意义。

四、土地储备

2004年前,上赛场公司主要任务是上赛场建设。2005年,市政府决定把F1赛事、赛车场经营与赛车场配套区开发、建设分离后,上赛场主要工作转向赛车场配套区整体开发和主赛场区域深度开发。

此时,上赛场公司已取得主赛场区域的土地权证,但赛车场配套区还是农用地,土地转用指标尚未落实,由土地开发主体(上赛场公司)直接获取土地使用权的方式与国家当时土地管理规定有冲突。上赛场公司遂退而求其次,对赛车场配套区进行土地储备开发,待其变熟地后,再由政府通过市场转让;同时,全额返还土地产生的收益(市、区两级土地出让金和70%的前期开发费)。

2006年年初,市政府特许以久事为主体,对赛车场配套区进行专项土地储备,通过土地开发经营,达到上赛场开发建设与社会效益总体平衡。久事随即委托上赛场公司开展具体工作。10月,嘉定区房屋土地管理局向上赛场公司下发赛车场配套区建设用地批准书,土地用途为文体用地。

2008年,久事对综合配套区实施专项土地储备。截至2017年年底,久事已在上赛场区域投入约150亿元。

五、配套区开发

【拓展经营项目】

保时捷体验中心 2011年6月,上赛场公司、保时捷(中国)汽车销售有限公司(简称保时捷中国公司)就开展保时捷驾驶体验中心项目(简称保时捷项目)达成初步意向,初步选址于上赛场主赛场区北部,占地面积150亩(约合10万平方米)。8月,久事公司、保时捷中国公司签订合作协议,约定双方合作建设一块驾驶场地(10万平方米),主体建筑是一幢三层建筑,其中包括保时捷驾驶体验中心和内部培训中心。该项目合作采用“定制租赁”模式，用上赛场公司名义开展，由保时捷中国公司实际出资建设。合同期 20 年。

2012 年，上赛场公司与保时捷中国公司签订项目定制租赁合同，保时捷驾驶体验中心项目正式落户上赛场。

2013 年，保时捷驾驶体验中心开工建设。这是继德国莱比锡、英国银石之后，保时捷在全球开建的第三家、在亚洲开建的第一家驾驶体验中心，于 2017 年年初竣工验收。年底，完成交付验收、规划验收、工程竣工档案验收、竣工备案等收尾工作，交由保时捷中国公司实施内部装修。

卡丁车 上赛场卡丁车场始建于 2004 年，由德国惕克公司设计，按国际汽联卡丁车场地最高标准建造。除一条标准卡丁车赛道外，另有控制塔、计时中心、围场、观众看台、会议室、办公室、俱乐部、会员休息室、更衣室、咖啡吧、赛车用品商店等配套设施。赛道整体呈“上”字形，全长 1.23 公里，宽 8 米至 12 米不等，含 18 个弯道。全程有缓冲带、轮胎墙防护。

车场由上赛场经营公司负责具体经营，承办国内外高级别卡丁车赛事，定制各类娱乐、试车活动(公司聚会、主题派对、户外拓展、发布会等)，还为 12 岁以下儿童开设专业卡丁车培训课程。

【创建 4A 景区】

2013 年，嘉定区旅游局批准上赛场公司启动国家 4A 级旅游景区申报工作。次年 2 月，久事成立上赛场旅游景区创建工作领导小组，由久事公司总经理张惠民任组长，副组长为鲁国峰、史建伟、姜澜、袁浩(安亭镇副镇长)。领导小组下设办公室，由史建伟任主任。5 月，上赛场公司委托景区创建咨询单位编成《上赛场景区旅游规划》。该规划以国家 4A 级景区标准为依据，拟开发“赛车观赏游、竞技体验游、极限时尚游”三大产品，制定近、中、远三个阶段发展战略。

2013 年，上赛场公司还建设景区旅游网站，以小投入制作景区宣传视频，并通过微媒体发布景区活动信息。

2015 年，上赛场正式被批准为国家 4A 级旅游景区。

2017 年，按市旅游局要求，上赛场公司完善景区软硬件配置，通过 4A 景区的复核评审，仍为国家 4A 级景区。

六、上海市民体育公园

【规划建设】

2017 年 3 月，市政府批复同意市发改委对上赛场二期(2.8 平方公里配套区)规划建设方案，明确该地块开发方向与定位，即“近期以市民体育公园为主，远期作为上海未来举办重大综合性国际赛事储备用地”。

2017 年 6 月，市规土局确定 2.8 平方公里控详规划方案(结构性规划)，将整个市民体育公园按运动主题划分为足球公园、户外运动公园、水上运动公园、自行车公园、棒垒球公园和全民健身公园 6 个分项目。

出于历史原因，上赛场配套区储备土地后续基建路径尚不明确。2017 年 8 月上旬，市发改委召开专题会议,明确配套区后续基建采用"一项目,一审批"原则,建设资金由市级土地周转金支持,并纳入土地储备成本,为市民体育公园基建扫清障碍。

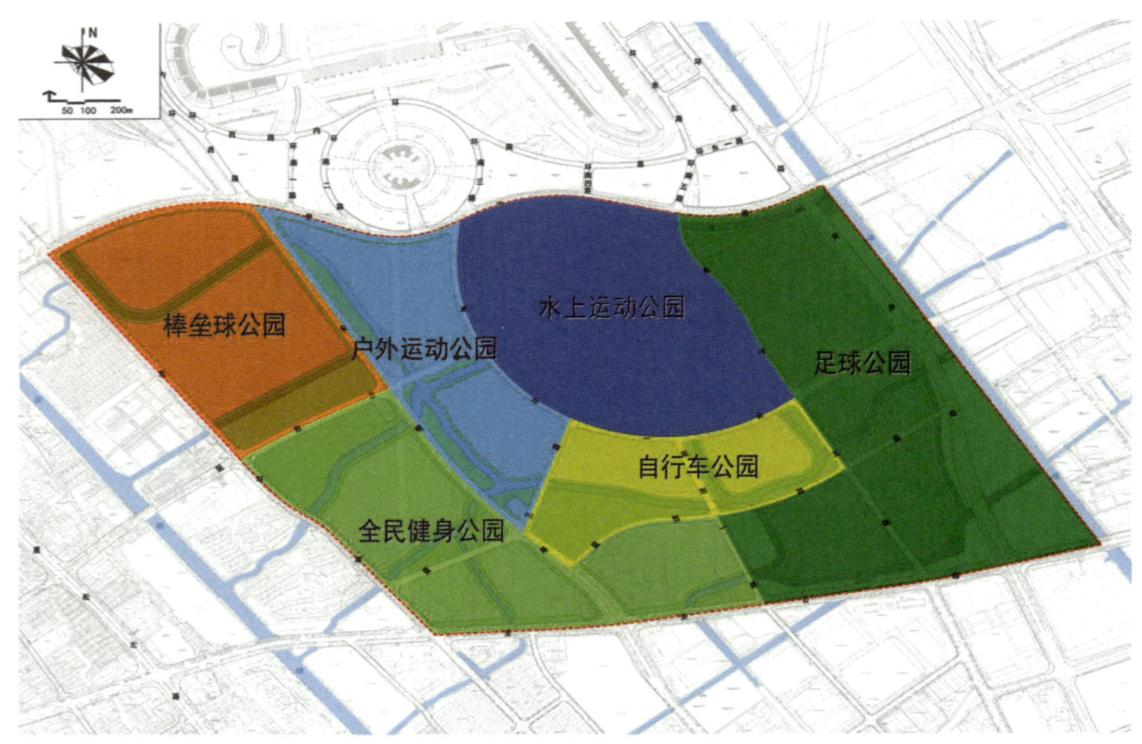

图 4－2－4　2017 年市规土局明确的上赛场配套区控详规划布局图

【一期项目(足球公园)】

2017 年市政府核准市民体育公园一期项目(足球公园)规划,足球公园占地面积 42 万平方米。其中,绿地面积 15.3 万平方米,绿化率超过 30%,配套建筑面积 5 590 平方米。公园内建有 18 个 11 人制足球场、32 个 5 人制足球场和 25 个篮球场,有 800 余个停车位和服务中心、生态跑道、休闲广场等设施。

2017 年 3 月底,足球公园获开工备案证明,绿化和室外总体工程开工建设。6 月,上赛场公司向市发改委提交足球公园项目建议书。市发改委表示:将在控规调整完成后,尽快批复。9 月底,足球公园获施工许可证,进入全面施工阶段。11 月,上赛场公司成立足球公园管理部,由公司副总经理兼任部门经理。

2018 年年底,足球公园完成土方平衡、明暗浜处理、球场基层、高杆灯基础、配套用房基础、景观桥桩基、1 至 4 号地块配套用房等工程。球场区域施工、配套用房建设和绿化种植等工作继续进行。

上海市民体育公园一期项目(足球公园)为沪上全民健身型的足球乐园,由上海建工集团股份有限公司承建,于 2018 年 12 月正式开工奠基,2019 年 9 月 19 日正式建成,于 2020 年 1 月起启用。

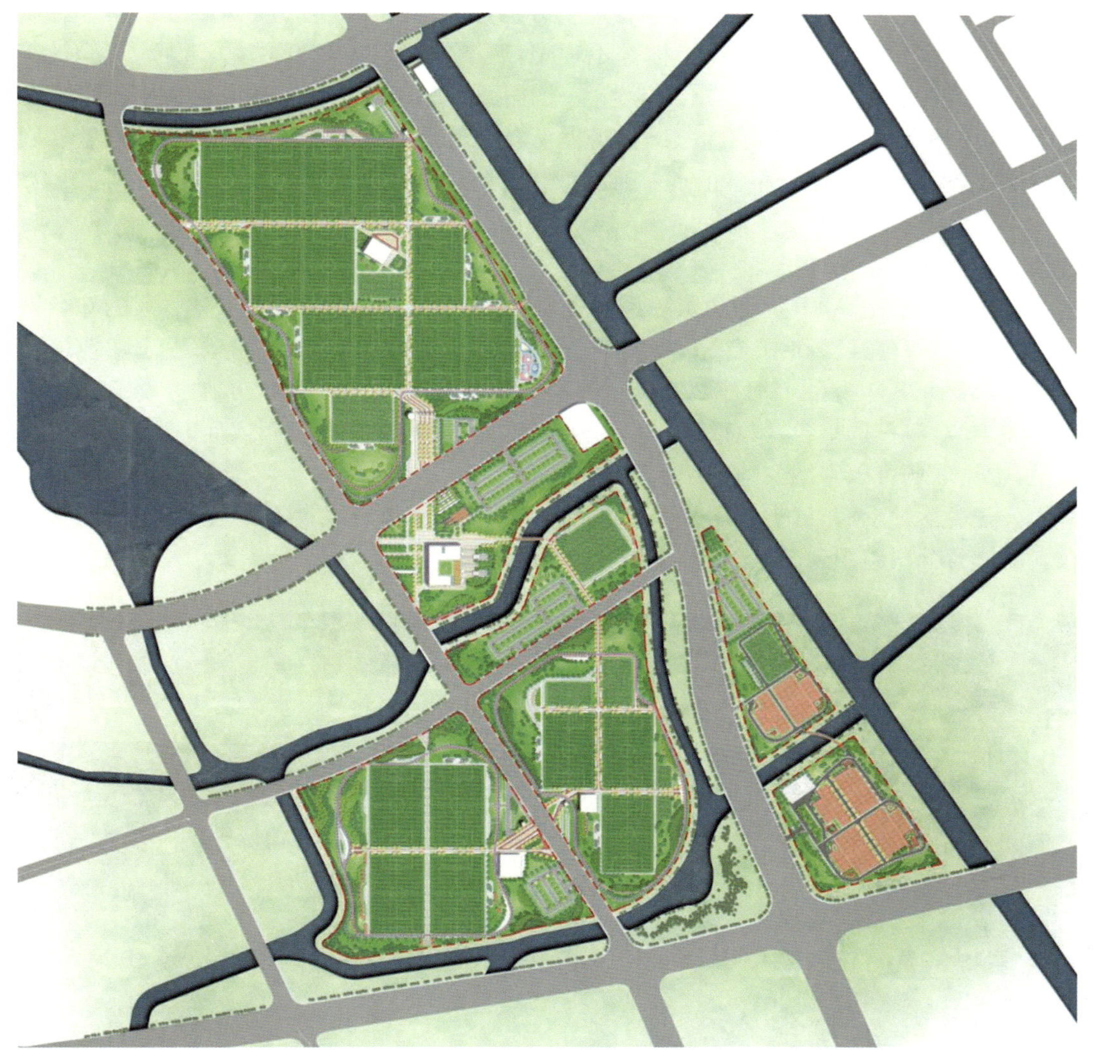

图 4-2-5 2017 年市规土局明确的足球公园规划平面图

第二节 体育赛事

一、网球上海大师赛

网球运动和上海一直有着不解之缘，其历史渊源可以追溯到 19 世纪 70 年代。1876 年，上海以外侨为主的网拍总会就建造了最早的两块草地网球场，当时温布尔敦赛场上也出现过上海年轻球员的身影。到 20 世纪初，当时上海圣约翰大学、沪江大学、震旦大学等教会学校学生已开始进行网球活动。30 年代，上海网球已变得十分活跃，全年可使用网球场已达 200 多片。50 年代，上海网坛不仅有梅福基、朱振华、吴生康等老将，还出现戚凤娣、彭志渊、许梅林等新秀，并成为 60 年代上海网坛的主将，在 1964 年再度恢复举办的全国锦标赛中上海队依然保持 5 个单项的全国冠军。

ESPN 旗下新亚体育通过和上海市体育局合办的形式，在 1996 年、1997 年连续举办两届网球比赛。由于上座率、赞助收入等各项指标都不理想，赛事没能取得较好效益，市场效应不佳，ATP 方面不打算继续在上海举办赛事。“上海这样一个国际大都市，应该拥有国际性大型赛事。”在市政府决策之下，1998 年 6 月 10 日，巴士集团总经理王力群与赛事原拥有者新亚体育代表签署网球公开赛转让协议，ATP 职业巡回赛事正式来到上海。

【上海喜力网球公开赛】

上海喜力公开赛是 ATP 巡回赛国际系列赛事之一，是亚洲规模最大、历史悠久的知名网球品牌赛事之一，与曼谷公开赛和中国公开赛属于同一级别。赛事拥有者为原上海巴士实业(集团)股份有限公司，自 1998 年登陆上海，除 2002 年因举办大师杯而停办一届外，成功办赛 6 届，有 32 位单打选手和 16 对双打选手参赛，总奖金为 38 万美元。比赛地点在上海西郊仙霞网球中心，场地为室外硬地，中央球场可以容纳 3 640 名观众。

喜力公开赛落户上海，巴士集团在 1997 年年底成立新新体育发展有限公司，专门运营此项赛事。在新新体育公司组织运营下，赛事逐步发展、稳步成长。

图 4-2-6　2004 年第六届上海喜力公开赛比赛现场(仙霞网球中心)

1998 年，喜力公开赛初登上海，随着张德培等网坛巨星到来，比赛热遍申城，而张德培也在全场观众助威声中，力挫伊万尼塞维奇获得首届喜力公开赛冠军，赛事也获得 ATP 颁发的“最佳新站奖”。

1999 年，瑞典黑马诺曼接连战胜张德培和里奥斯获得冠军，当年，喜力公开赛获得 ATP 颁发的“最佳媒体宣传奖”。

2000 年，喜力公开赛组委会首次将女子职业赛事和男子职业赛事结合，在一周内同时举行男子和女子比赛。诺曼再次过关斩将，成功卫冕。喜力公开赛获得ATP颁发的“最佳赛事组织奖”。

2001年，赛事举办中有两件大事。组委会邀请到网坛巨星阿加西加盟；组委会斥巨资为主赛场仙霞网球中心加盖移动顶盖，保证比赛不会再因为阴雨而延期。阿加西在第一轮就爆冷出局。赛事受到各界认可，获得ATP颁发的“全球最佳赛事奖”。

在举办四届喜力公开赛之后，上海巴士网球俱乐部正式成立。30多名富有潜力的苗子，在总教练带领下，进行高强度、高效率训练，俱乐部尖子选手在澳大利亚集训，频繁参加当地各类赛事，以赛代练，力争在训练体系方面获得突破，为北京奥运会提供高水准人才。

2003年，暂停一年的喜力公开赛邀请3位2002年大师杯赛选手参赛，其中萨芬和科斯塔两位因伤在最后时刻未能成行。本届赛事阵容强大，为中国观众献上一出网球大戏，澳洲的菲利浦西斯技压群雄夺冠。此外中国双打选手朱本强、曾少眩发挥出色，获得亚军。

2004年10月3日下午的喜力网球公开赛决赛中，阿根廷选手卡纳斯以6比1、6比0轻取对手博格斯穆勒，夺得喜力公开赛在上海6年来的最后一个冠军。

从2005年开始，上海连续举办大师杯网球赛，喜力公开赛于2004年举办后，正式告别上海，移至其他国家城市举行。

喜力公开赛作为上海第一个真正意义上常年举办的国际职业比赛，发挥了上海探索体育产业化之路的开拓作用，成为上海城市名片的重要组成元素。

【上海网球大师杯赛】

网球大师杯赛诞生于1999年12月9日，四大满贯赛委员会(Grand Slam)、国际网球联合会(ITF)和世界男子职业网球协会(ATP)共同宣布ATP年终总决赛和男子大满贯杯赛将不再继续，取而代之的新赛事为男子职业网球巡回赛年终总决赛——网球大师杯赛。

网球大师杯赛是赛季末最高级别的网球赛事，汇集世界排名前八的选手，他们角逐男子职业网坛年终第一的殊荣及高额比赛奖金，为观众呈现网球最高水准的较量。

继悉尼、休斯敦之后，上海成功承办了5届大师杯，承办方为新新体育公司。2002年大师杯于11月12日至17日在新国际博览中心临时搭建的赛场举行，雷顿·休伊特成功卫冕。上海大师杯赛事成功举办，得到ATP及参赛球员一致好评，掀起一阵网球热潮，为网球运动在国内推广奠定良好基础。

2005年，时隔3年后大师杯赛重回上海。11月20日，纳尔班迪安与费德勒上演了一场惊心动魄的冠军争夺之战，纳尔班迪安大逆转战胜费德勒夺得冠军。

2006年3月，上海市体育局与ATP将大师杯续签至2008年。接下来的3年，大师杯赛于上海闵行区马桥镇旗忠网球中心举办。2006年上海大师杯赛于11月12日至19日举行，最终世界排名第一的费德勒在决赛以6比0、6比3和6比4战胜布雷克，获得男单冠军，职业生涯第三次获得大师杯冠军。

2007年网球大师杯赛，费德勒卫冕成功。这一年赛事在赛场布置和现场效果上都有很大改变，变得更加精彩、生动，更好地带动观众热情，比赛成了球员和球迷欢乐的海洋。

2008年网球大师杯赛是在上海举办的最后一年，总奖金为445万美元。11月16日下午男单决赛中，德约科维奇以总比分2比0战胜达维登科，职业生涯首次获得大师杯赛冠军。

由于在亚太举办大师杯赛，欧洲和美洲观众在观看时间上不太适应，且影响到了转播费用，

2009 年起大师杯赛移师伦敦,在离开 7 年之后重返欧洲,名字也改为"ATP 世界巡回总决赛"。

【上海 ATP1000 大师赛】

2007 年 4 月 16 日,ATP 与上海市体育局签署"ATP 大师系列赛·上海"协议,上海放弃从 2009 年起大师赛的优先举办权,而获得永久落沪的 ATP 巡回赛中顶级的 ATP1000 大师赛举办权,成为当时 8 站大师赛中首个非欧美的举办城市。

图 4-2-7　久事总经理张惠民(左二)出席上海 ATP1000 大师赛赛事启动仪式

图 4-2-8　上海 ATP1000 大师赛连续 5 年获得"年度最佳 ATP1000 赛事"

2007 年年底,上海新新体育文化公司和上海国际赛车场经营发展公司合并成立上海久事国际赛事管理公司,统一运营上海 F1 和网球赛事。根据 2007 年 11 月签订的 ATP 大师赛赛事购买协议,久事国际赛事管理公司承办并具体负责大赛经营与授权后有关管理工作。

ATP1000 赛事强制世界排名前 20 男网选手参加,每年约有百位选手参赛,冠军获得者可赢得仅次于四大满贯的 1 000 分世界排名积分及高额奖金。

上海 ATP1000 大师赛属于室外硬地赛事,自 2009 年起于每年 10 月上中旬在旗忠网球中心举行,时间安排在中国网球公开赛(北京)、日本网球公开赛(东京)之后。赛程共 9 天,包括 1 天预选赛、8 天正选赛。分别设立 64 位签表的单打比赛、32 位签表的双打比赛,共 99 场比赛。2010 年,劳力士冠名赞助上海 ATP1000 大师赛,比赛正式更名为"上海劳力士大师赛"。

2009—2013 年上海 ATP1000 大师赛连续 5 年蝉联 ATP 球员票选的年度最佳 ATP1000 赛事,获得 ATP、参赛球员、球迷一致好评。10 年间,夺冠最多的是德约科维奇 4 次,其次为穆雷 3 次。赛事为中外球员提供高水平竞技舞台,也为中国男网运动员搭建了一个与国际顶尖高手同场竞技的成长平台。

表 4-2-1　2009—2018 年 ATP1000 上海大师赛情况表

赛事时间	单打夺冠球员	决赛比分	观众人数
2009 年 10 月 10—18 日	尼古拉·达维登科(俄罗斯)	2∶0(7∶6/6∶3)	12 万人次
2010 年 10 月 9—17 日	安迪·穆雷(英国)	2∶0(6∶3/6∶2)	11 万余人次
2011 年 10 月 8—16 日	安迪·穆雷(英国)	2∶0(7∶5/6∶4)	11.3 万人次
2012 年 10 月 6—14 日	诺瓦克·德约科维奇(塞尔维亚)	2∶1(5∶7/7∶6/6∶3)	14.8 万人次

〔续表〕

赛事时间	单打夺冠球员	决赛比分	观众人数
2013年10月5—13日	诺瓦克·德约科维奇(塞尔维亚)	2∶1(6∶1/3∶6/7∶6)	13.5万人次
2014年10月4—12日	罗杰·费德勒(瑞士)	2∶0(7∶6/7∶6)	15.2万人次
2015年10月10—18日	诺瓦克·德约科维奇(塞尔维亚)	2∶0(6∶2/6∶4)	15.1万人次
2016年10月8—16日	安迪·穆雷(英国)	2∶0(7∶6/6∶1)	11万人次
2017年10月8—15日	罗杰·费德勒(瑞士)	2∶0(6∶4/6∶3)	12.4万人次
2018年10月6—14日	诺瓦克·德约科维奇(塞尔维亚)	2∶0(6∶3/6∶4)	13万人次

从1998年喜力公开赛到2018年上海ATP1000大师赛，职业网球赛事落户上海已有20年，随着赛事举办日趋成熟，网球文化在申城的积淀也愈加深厚。

图4-2-9 2009年10月18日，首届大师赛颁奖典礼上冠军达维登科(左)与亚军纳达尔(右)合影

图4-2-10 2018年10月10日，上海ATP1000大师赛10周年比赛现场

2018年是上海大师赛的第10年，赛事继续保持一流的组织和服务水准，得到社会各界的关注与称赞。久事体育集团围绕10周年主题，策划组织球星卡通形象征集、粉丝互动活动及官方路演等一系列推广活动。大师面对面、大师浦江夜、大师进校园、青少年网球赛及长三角体育集团合作论坛等活动，丰富赛事内涵，让世界感受上海的城市精神与魅力，充分展现网球文化在申城的成长与繁荣。

久事体育旗下赛事公司作为上海ATP1000大师赛赛事运营方，致力于打造符合上海城市气质和文化特色的国际体育赛事。经过10年扎实培育、积蓄发展，积极发挥平台效应，提供精致服务和优质观赛体验。10年来，上海ATP1000大师赛不断成熟，吸引力不断增加，成为申城金秋时节的重要体育赛事。

二、世界一级方程式锦标赛中国大奖赛(F1)

世界一级方程式锦标赛(Formula 1 World Championship，简称F1)，是由国际汽车运动联合会(FIA)举办的最高等级方程式比赛，代表世界最高水平的赛车比赛，与奥运会、足球世界杯并称为“世界三大体育盛事”。方程式赛车，即按照一定限制标准制造的赛车，赛车中等级最高的为一级。

F1 比赛通常有 20 位左右车手上场，赛季自三月中旬开始，至年末结束。F1 中国大奖赛于 2004 年开始在上海国际赛车场连年举办，中国成为继日本和马来西亚之后第三个举办的亚洲国家。赛事举办既展现国家综合实力，也提升上海国际影响力，为促进国际间文化交流，创造经济社会效益，提供平台与载体。

【申办筹备】

2001 年年初，市委、市政府决定在嘉定安亭镇兴建上海国际赛车场，并成立上海国际赛车场领导小组办公室。2001 年 6 月，国家体育总局函复市政府，支持上海兴建国际赛车场。

上海国际赛车场位于安亭东北部，项目规划用地 5.3 平方公里，设赛车场区、商业博览区、文化娱乐区，于 2004 年 4 月 8 日建成。一期工程为赛车场区建设，占地约 2.5 平方公里，主要包括看台设施、赛道、赛车指挥中心、新闻中心、能源中心、急救中心、直升机停机坪、赛车改装中心、空中餐厅、赛车俱乐部和废物收集中心等。看台为坡形，带顶棚，固定看台的设计灵感取自荷花与荷叶。

2002 年 2 月 10 日，上海国际赛车场有限公司成立，负责赛车场建设、赛事申办及赛车场经营管理工作。2002 年 5 月 10 日，市政府正式授权久事公司旗下上海国际赛车场有限公司申办 2004—2010 年 F1 赛事并签署相关协议。

2002 年 6 月 8 日，市政府致函国家体育总局申办 F1 世界锦标赛 2004—2010 年中国大奖赛。8 月 5 日，获体育总局复函同意。2002 年 2 月中旬，上赛场公司与一级方程式管理有限公司(FOM)总裁伯尼(Bernie Ecclestone)第二次会谈后，建立直接联系渠道。之后双方函电往来，并安排过两

图 4－2－11　2002 年 10 月 17 日，可容纳 20 万名观众的上海国际赛车场工程正式开工。上海市副市长周慕尧(左六)、国际赛车联合会主席莫斯利(左五)以及国家体育总局、中国汽联、上海市体育局、嘉定区政府、久事公司等领导出席开工典礼。2004 年 4 月 8 日，上海国际赛车场主体工程基本建成

次直接会面。经过近半年谈判，5月上赛场公司与FOM签订F1赛事2004至2010年中国大奖赛承办协议及2003至2010年F1赛事的中国电视转播协议，上海成功获得承办F1中国大奖赛的资格。10月21日，上海F1世界锦标赛2004年—2010年中国大奖赛签约仪式在市政府贵宾厅举行，市政府及国家体育总局有关领导出席签约仪式，久事公司董事长张桂娟与FOM公司总裁伯尼共同签订协议。

2002年12月9日，上赛场公司与中央电视台体育中心签订合作意向书，共同组建中国F1运动电视工作团队，2003—2010年中央电视台在中国大陆独家进行F1电视现场直播，对F1赛事、直播、集锦、新闻报道和宣传推广作完整计划，充分利用赛事资源，共同开发F1电视转播期间的商业机会（广告收益、商业赞助等）。2003年2月24日，双方在北京举行2003—2010年一级方程式世界锦标赛电视转播合作及赛车运动推广战略合作协议签约仪式。

2003年6月18日，上海市体育局、上赛场公司向市政府请示成立F1世界锦标赛2004年中国大奖赛筹备委员会，成员单位有关领导担任筹委会委员，筹委会拟设八部一室。7月7日，市政府同意成立。9月5日，筹委会正式成立。9月26日，距首届F1中国大奖赛开赛一周年之际，筹委会召开第二次工作会议。10月15日，经中汽联邀请，筹委会新闻宣传部安排国际汽联新闻官Agens Kaiser为国内媒体记者举办F1中国大奖赛记者培训班。

2004年2月16日，F1中国大奖赛组委会正式成立并举行揭牌仪式。组委会设立十部一室，划分部室职责范围，确定相关责任人，加强赛事组织领导，全力做好各项筹备工作。

【2004年F1中国大奖赛】

2004年中国石化F1中国大奖赛于9月24—26日在上海国际赛车场举办，三天赛程分别为练习赛、排位赛和正赛，比赛有56圈，共有18名车手参赛。上海站是该赛季的第16站。

图4-2-12　2004年首届F1中国大奖赛发车现场

首届赛事商业开发和市场运作总体良好,票务销售情况非常好,15万套门票在很短时间内全部售罄,门票收入3亿元。2004年3月起中国石化为电视转播及赛事冠名5年,另有赛期赞助商赞助、电视转播、赛场广告等收入。

三天赛事共有约26万人次到场观赛,其中境外观众超过5万人次。全球共有200多个国家和地区的7万多家电视台直播或转播F1中国大奖赛,4.5亿电视观众观看比赛。大赛成功举办,检验和提升了上海组织重大国际活动的能力和水平,也为上海举办世博会积累了经验,锻炼了队伍。

【2004—2017年14届F1中国大奖赛】

截至2017年4月,F1中国大奖赛已在上海连续举办14届,完成2004—2010年、2011—2017年各7年的办赛合同。经过多年发展,F1中国大奖赛已发展成为中国单项赛事中观众数最多、比赛门票销售额最高的体育赛事之一,培育了具有潜力的中国赛车运动市场及一大批车迷爱好者,推动了中国赛车文化的形成。

表4-2-2 2004—2017年F1中国大奖赛冠军一览情况表

赛事时间	夺冠车队	夺冠车手	成绩	观众人数
2004年9月24—26日	法拉利	鲁本斯・巴里切罗	1:29:12.420	26万人次
2005年10月14—16日	雷诺	费尔南多・阿隆索	1:39:53.618	27万余人次
2006年9月29—10月1日	法拉利	迈克尔・舒马赫	1:37:32.747	24万人次
2007年10月5—7日	法拉利	基米・莱科宁	1:37:58.395	15万人次
2008年10月17—19日	迈凯轮	刘易斯・汉密尔顿	1:31:57.403	13万人次
2009年4月17—19日	红牛	塞巴斯蒂安・维特尔	1:57:43.485	12万人次
2010年4月16—18日	迈凯轮	简森・巴顿	1:44:42.163	15.5万人次
2011年4月15—17日	迈凯轮	刘易斯・汉密尔顿	1:36:58.226	16.4万人次
2012年4月13—15日	梅赛德斯	尼科・罗斯伯格	1:36:26.929	18.5万人次
2013年4月12—14日	法拉利	费尔南多・阿隆索	1:36:26.945	19万人次
2014年4月18—20日	梅赛德斯	刘易斯・汉密尔顿	1:33:28.338	18.5万人次
2015年4月10—12日	梅赛德斯	刘易斯・汉密尔顿	1:39:42.008	12.5万人次
2016年4月15—17日	梅赛德斯	尼科・罗斯伯格	1:38:58.891	14万人次
2017年4月7—9日	梅赛德斯	刘易斯・汉密尔顿	1:37:36.160	14.5万人次

受2008年全球金融危机影响,F1为削减各车队参赛成本,将相近国家赛事编排在相近时间举办。国际汽联调整2009年F1赛历,把中国大奖赛从原先9月或10月调整到4月中旬,成为赛季第三站比赛。

2010年4月16日,在上海国际赛车场汽车公园举行由6位F1中国大奖赛冠军头像和F1管理公司总裁伯尼全身铜像构成的雕塑《观局》落成仪式。

2013年是F1落户中国第十个年头,围绕"F1中国大奖赛十周年"主题,境内外500多家媒体进行全面、深入的报道,就赛事成功举办及对城市经济社会发展所作的贡献给予积极评价。

图 4-2-13　2015 年 4 月 12 日，F1 中国大奖赛揭幕仪式，市公安局警务航空队直升机悬挂国旗飞越赛车场上空

14 届 F1 中国大奖赛中夺冠最多的车队为梅赛德斯，夺冠最多的车手为汉密尔顿，最快成绩由首届比赛巴里切罗创造，观赛人次最多的为初期前两届比赛。

【F1 中国大奖赛合同续签】

2010 赛季，F1 中国大奖赛第一个七年合同到期。面对巨大的申办成本、相对受限的收入以及逐年下降的观众数引来的质疑声，上海市委托第三方进行调研，数据表明 F1 赛事给上海带来可观的直接经济收益及产业拉动效益，经有关部门综合评估与科学论证之后，决定续签 2011—2017 年第二个七年办赛合同。

2017 年 9 月，久事体育与 F1 签订 2018—2020 年三年新约。经过与 FOM 公司的多轮艰苦谈判，从 2018 年中国大奖赛开始，赛事电视转播权与举办权脱钩，F1 官方负责分销赛事转播权，首次给予上海自主招商的权利，久事体育可在本地招募 4 个赞助商。赛事运营成本大为降低，又有可以预见的商业收入，提高了赛事承办方积极性。

相比 F1 在欧美国家的悠久办赛历史，F1 在中国经过十几年的市场培育，赛事活力和吸引力与日俱增，社会各界对于赛事参与度越来越高，赛事承载平台价值不断显现。通过举办具有影响力的 F1 赛事，逐步让世界了解上海城市形象和实力。F1 中国大奖赛收获越来越多的关注、认可和赞誉，在 F1 世界版图中占据越来越大的权重。

【F1 全球第一千站】

2019 年 F1 中国大奖赛是 F1 自 1950 年开赛以来，全球第一千站的比赛，受到社会各界关注，也被各方寄予厚望。此次大奖赛以“F1 一千站在上海”为主题，通过“喜欢 F1 的 1 000 个理由”、一千站倒计时活动等一系列主题活动,利用走进市区商场的创新形式,设计形式多样的路演内容,全力营造“城中盛事”氛围,取得良好宣传效果。F1 一千站落户上海是一个千载难逢的宣传机会,线上举办的“喜欢 F1 的 1 000 个理由”系列活动微博话题讨论量达 2.6 万,阅读量超过 2 400 万。形式多样的路演活动吸引约 7 000 名车迷互动参与,现场客流量超 40 万人次。

“千站赛事”意义重大,赛事门票销售也同样火热,开赛前一个半月即已售罄。赛事三天,现场观众累计近 16 万。开幕式上,通过向全球观众播放上海城市形象宣传片和以“一千站,在上海”为主题的一千站祝福短片,汉密尔顿、莱科宁、维特尔等世界知名车手共同说出“Shanghai, Let's Meet!”的城市推广口号,向全世界展现上海这座国际化大都市的形象和城市影响力。随着环绕中国国旗、上海城市形象标志、F1 一千站和 F1 中国大奖赛四面巨幅旗帜的 1968 年冠军赛车登场,并由 F1 传奇车手达蒙·希尔驾驶巡游赛场,将开幕式推向高潮,以特殊庆祝方式向传奇和经典致敬。

图 4-2-14　2019 年 4 月 14 日,F1 第一千站现场国旗仪式各车队在发车区列队

2019 年 4 月 14 日正赛当天,来自 10 支车队的 20 名车手经过 56 圈激烈角逐,梅赛德斯车队的汉密尔顿和博塔斯分别获得冠亚军,法拉利车队维特尔获第三。国家体育总局副局长李建明、上海市副市长陈群和中国汽车摩托车运动联合会主席詹郭军为冠亚季军车手颁奖。同时,经过与 FOM 公司充分沟通,双方在进一步深化合作、开拓市场等方面开启开放、互通、共享创新运营模式,久事还首次自主引进本土赛事——国际汽联 F4 中国锦标赛作为垫赛,为本土年轻车手逐步晋级高级别赛事提供专业、优质的赛事平台。

2019 年 4 月 13 日中午举行的 F1 车迷嘉年华活动——F1 赛事城市街道表演暨城市推广活动,通过让 F1 赛车首次驶上街道,使上海再次成为全球瞩目的焦点。活动中,上海市市长应勇为纪念赛车上的上海城市推广标志“上海印章”揭幕,并与 F1 管理公司执行总裁切斯·凯里一起为赛车加油,让来自世界各地的 F1 车迷和上海市民一起,近距离感受 F1 运动的速度与激情。本次活动举办地点位于市中心，涉及面广、协调难度大，对安全保障和组织协调等各方面工作都提出很高要求。为确保活动顺利举行，久事体育集团和赛事公司早在春节之前就启动相关筹备工作。在久事集团领导下，在相关政府部门全力支持下，克服重重困难，活动最终得以顺利举办。对此，F1 掌门人切斯·凯里表示："我们很高兴能够在中国庆祝 F1 第一千站大奖赛这个历史性时刻。没有比在上海举办首次赛车街道表演更好的方式来纪念这一里程碑时刻了！F1 第一次驰骋在中国街道之上，这一幕将永远铭刻进 F1 历史。"

三、世界摩托车锦标赛(MotoGP)中国大奖赛

世界摩托车锦标赛(Grand Prix Motorcycle Racing，简称 MotoGP)是摩托车运动顶级的赛事，始于 1949 年，2002 年国际摩托车运动联合会将最高级别的 GP500 及赛事改称为 MotoGP。赛事由国际摩联(FIM)主办，各分站赛主办国负责承办每场具体比赛，具体管理和争端仲裁则由摩托 GP 赛事委员会执行。最初设 6 站比赛，后逐渐增加到 8、10、12、13、15 站，到 1999 年至 2004 年都保持 16 站，从 2005 年起递增到 17 站，赛事版图不断扩大。

参赛车辆采用比赛特制赛车，追求速度，注重观赏性，重 145 公斤以上，最大输出功率 200 马力以上，最高转速可达 1.6 万转/分。赛车车体较窄，参赛车辆多，超车机会多，几乎每圈都发生名次改变。赛事根据发动机排量分为三个级别：Moto3(250cc，原 GP125)、Moto2(600cc，原 GP250)、MotoGP(最高可达 1 000 cc)。每一站有三组赛事，三个级别的参赛队伍并不固定，每一年队伍数量都略有变化。从参赛车队竞争态势看，以本田、雅马哈、铃木为代表的日本厂商提供车辆、技术及资金支持的车队占优。

赛事举办地包括日本、马来西亚、巴西、美国、加拿大、南非、印度、西班牙、意大利、卡塔尔等地，遍布五大洲。中国站赛事于 2005 年至 2008 年每年劳动节前后在上海国际赛车场举办，三天赛事里第一天为练习赛，第二天为排位赛，第三天为正赛。

摩托运动有广泛的群众基础，赛事又有很强观赏性，故拥有大批观众。据统计，2003 年共有 140 万人现场观看比赛，每站平均 8.75 万人。2003 年赛事全球收视达到 51.05 亿人次，全世界 185 个国家的 2.39 亿个家庭收看赛事。

【申办 MotoGP 中国大奖赛】

2003 年 10 月，国际摩联和赛事主办方公司专程派人考察建造中的上海国际赛车场，并向赛车场公司表达在此举办 MotoGP 的意愿。

上海国际赛车场有限公司经多方了解和多批次实地考察，认为 MotoGP 具有广泛国际影响力，对于推进上海国际化、巩固上海赛车文化、丰富赛车场赛事活动具有积极意义。在相关摩托车运动协会支持下，经与赛事方西班牙 Dorna Sports 公司谈判，2004 年 12 月 6 日，双方签约 2005 年至 2011 年(4+3)MotoGP 中国大奖赛承办协议。协议期内上海国际赛车场有限公司拥有 Dorna 公司所有商业权利在中国区域的独家代理权，同时拥有 2005 年至 2007 年电视转播权(不需支付转播费)。

国际摩联世界摩托车锦标赛中国大奖赛(FIM Road Racing World Championship Chinese Grand Prix)的主办方为国际摩联、中国摩托运动协会、上海市体育局，承办方为上海市汽车摩托车运动协会、上海国际赛车场有限公司，赛事组织经费由上海国际赛车场有限公司自筹解决。

中方按照国际摩联提出的修改意见对上赛道做了改建,同时确保赛道既能举办摩托车大奖赛,又符合举办 F1 大奖赛要求。对于赛事所涉及进口车辆、备件和进口专用油料事宜,办赛方与政府相关部门联系、办理所需手续,并做好赛事裁判队伍培训和演练工作。

【2005—2008 年 MotoGP 中国大奖赛】

2005 年国际摩联世界摩托车锦标赛中国大奖赛及辅助赛事于 4 月 29 日—5 月 1 日在上海国际赛车场举办。世界冠军、雅马哈车队的瓦伦蒂诺・罗西凭着出色发挥获得 MotoGP 组冠军。赛车场公司举行多次新闻发布会,播放宣传片 600 余次,并印制和发布户外广告、赛事海报和明信片等宣传品。三天比赛吸引广大摩托车运动爱好者和普通市民前往观看,共有来自 16 个国家的 232 名记者对赛事进行报道,境外媒体报道数量达到 155 篇。

图 4 - 2 - 15　2005 年 MotoGP 中国大奖赛比赛现场

2006 年世界摩托车锦标赛中国大奖赛于 5 月 12—14 日在上海国际赛车场举办。在经过 22 圈激烈较量后,本田车队佩德罗萨和海登将 GP 组前两名揽入怀中。

2007 年 MotoGP 中国大奖赛于 5 月 4—6 日在上海国际赛车场举办。杜卡迪车队澳大利亚车手斯通纳获得冠军。赛票种类包括主看台上下层、B 看台以及草地票的周末三天套票,票价从 180 元至 1 280 元不等。为满足不同层次观众消费需求,主看台被细分为钻石区、白金区和黄金区。

2008 年 MotoGP 中国大奖赛于 5 月 2—4 日在上海国际赛车场举行,是其告别上海的最后一届比赛,决赛日吸引近两万名观众前来观赛,意大利车手瓦伦蒂诺・罗西夺得冠军。

【MotoGP 中国大奖赛停办】

根据赛事承办合同,2008 年比赛之后双方可以新续约 3 年至 2011 年,由于赛事商业开发不如人意，另基于国内摩托车政策、市场环境、办赛经费压力等方面的考量，中方承办商和 Dorna 公司经过沟通协商，双方同意提前终止赛事承办合同而不续新约，决定于 2009 年起停办 MotoGP 中国赛事。

四、世界斯诺克上海大师赛

世界斯诺克上海大师赛是斯诺克职业巡回赛官方排名赛，是全球七大排名积分赛中的一站，也是中国举办的两站顶级排名积分赛之一，冠军积分高达 7 000 分，仅次于世锦赛和英国锦标赛，是代表世界斯诺克最高水平的顶级赛事，也是中国最具影响力的国际体育赛事之一。首届赛事于 2007 年举办。

上海大师赛十几年来保持着高水准参赛阵容，吸引全球顶级台球选手同台竞技。新赛制的推出也为本土球员以及业余斯诺克选手创造一个与国际大师切磋的舞台，助推中国斯诺克运动迈向新的高度。

【2007—2016 年世界斯诺克上海大师赛】

赛事由国家体育总局小球运动管理中心、上海市体育局、上海市徐汇区人民政府主办，上海东方传媒集团、原上海东亚集团承办，由上海东亚体育文化中心有限公司与世界职业台球桌球协会签订两次各五年(2007—2011 年、2012—2016 年)的赛事举办权，比赛举办地为上海体育馆。

2007 年世界斯诺克上海大师赛于 8 月 6—12 日举行，为赛季揭幕之战、亚洲斯诺克第一战。首届赛事，斯诺克界的顶尖选手悉数到场，赛事总奖金额为 25 万英镑，决赛采取 19 局 10 胜制，为当时中国举办总奖金额最高、决赛总局数最多的斯诺克排名赛，中国观众第一次现场观看的最高水平斯诺克赛事。比赛中黑马频现，热门选手发挥欠佳相继提前出局，最终由参赛选手中世界排名末尾的威尔士人多米尼克・戴尔夺得首届上海大师赛冠军。

2008 年赛事于 9 月 29 日—10 月 5 日举行，比赛办赛规格、参赛水平及赛事奖金都有提高，里基・沃顿一路逆转并拿下冠军。中国军团表现平平，丁俊晖、梁文博首轮出局，傅家俊成为 3 名中国选手中唯一进入八强的选手。“80 后”球员逐渐登上斯诺克主要舞台。柯普成为上海大师赛首位 147 满分杆选手，获得 2 万英镑满分杆奖金以及赞助商汽车。赛事同期还举办了为期 4 天的 2008 年中国首届台球博览会及台球文化周等活动。

2009 年上海大师赛于 9 月 7—13 日举行。奥沙利文先后战胜三位中国顶尖选手，在 16 强比赛中淘汰傅家俊晋级 8 强，接着击败丁俊晖进入半决赛，最终在决赛中战胜梁文博获得冠军奖杯。

2010 年上海大师赛于 9 月 6—12 日举行，两位斯诺克重量级人物缺席，卫冕冠军奥沙利文弃赛，希金斯因涉嫌赌球被禁赛。最终卡特在决赛中以 10 比 7 击败伯内特，成为上海大师赛第四位冠军。

2011 年上海大师赛于 9 月 5—11 日举行。决赛在威廉姆斯和塞尔比之间展开，双方战至决胜局方才分出胜负，塞尔比 10 比 9 击败威廉姆斯，夺得上海大师赛第五个冠军，同时也是其个人第二个排名赛冠军。

2012 年上海大师赛于 9 月 17—23 日举行。决赛中，希金斯在 2 比 7 落后的局面下完成对特鲁姆普的逆转，最终 10 比 9 击败对手，首次夺得上海大师赛冠军奖杯，并在决赛中打出 1 杆 147 分，获得 8.7 万英镑奖金及一根价值 6 000 英镑的金条。

2013 年上海大师赛于 9 月 16—22 日举行。丁俊晖首次杀入上海大师赛决赛，以 10 比 6 战胜肖国栋，首度在上海夺冠。该届比赛在 CCTV5 直播时长 35 小时，平均收视率为 0.55%，决赛下半场平均收视率为 0.64%，最高收视值为 1.14%，为当日收视冠军。

2014 年上海大师赛于 9 月 8—14 日举行，比赛阵容强大，但首轮 9 位种子选手意外出局。丁俊晖在半决赛告负，最终宾汉姆 10 比 3 击败艾伦，刷新上海大师赛决赛最悬殊的比分纪录，获赛事第 8 个冠军。

2015 年上海大师赛于 9 月 14—20 日举行，从外卡赛到 1/4 决赛均采用 9 局 5 胜，半决赛采用 11 局 6 胜，决赛采用 19 局 10 胜。世界排名 50 开外的威尔逊，在前五轮比赛中淘汰 3 位种子选手，最终以总比分 10 比 9 绝杀世界排名第七的特鲁姆普，职业生涯中首次闯入大型排名赛决赛并夺冠。

2016 年上海大师赛是该项赛事在沪举办的第 10 年，于 9 月 19—25 日举行。决赛中丁俊晖发挥出色，以 10 比 6 战胜马克·塞尔比，赢得冠军。整场比赛丁俊晖打出 1 个单杆过百和 7 个单杆过 50，同时也成为上海大师赛开办 10 年来唯一获得两次冠军的球员。丁俊晖自 2014 年中国赛之后时隔 29 个月再夺排名赛冠军，收获职业生涯第 12 冠。

【2017 年世界斯诺克上海大师赛】

2017 上海大师赛于 11 月 13—18 日在上海体育馆举行。决赛中奥沙利文以 10 比 3 战胜特鲁姆普问鼎冠军。半决赛和决赛期间，场内座无虚席。

本届赛事情况与往年大为不同，时间从原先 9 月中旬调整至 11 月进行，比赛时长由 7 天缩短为 6 天，赛制也由 32 签位变成 64 签位。本届赛事共有 74 名球员参赛，共计 73 场比赛。

图 4-2-16　2017 年 11 月 18 日，久事体育集团总经理樊建林(左一)为 2017 年斯诺克上海大师赛亚军特鲁姆普颁奖，市体育局副局长罗文桦(右一)出席

随着东亚集团整体划入久事体育集团，赛事运作团队也相应发生变化。承办单位由原东亚集团改为久事体育和五星体育，赛事运营推广方为久事赛事公司，赛事协办方为徐汇区体育局。同时，原东亚中心、经纪、票务公司团队也合作参与赛事组织保障工作。

【2018 年世界斯诺克上海大师赛】

2017 年 11 月 18 日，世界斯诺克有限公司与中国台球协会以及承办方久事体育签订五年新约，上海大师赛在 2018 赛季引入全新赛制。24 名受邀参加赛事的球员，由世界排名前 16 选手以及世界排名最高的 4 名中国选手(若在前 16 排名中则名额顺延)组成，4 名中国选手中的 2 名来自中国台球协会推荐，另 2 名是全国业余大师赛选手。全国业余斯诺克大师赛为这项赛事重要的组成部分，2018 年比赛于 8 月 3 日正式启动，上海、成都、深圳和西安四地作为分站赛，每站产生 4 名选手，参加 9 月 8 日在上海进行的总决赛，冠亚军选手可获得上海大师赛参赛资格。

2018 年上海大师赛于 9 月 10—16 日在上海富豪环球东亚酒店举行。罗尼・奥沙利文以 11 比 9 击败巴里・霍金斯，成为上海大师赛举办 12 年来首位成功卫冕的球员，同时他也以 3 个冠军成为赛事夺冠次数最多的球员。赛事为期一周，场内比赛高潮迭起，场外氛围浓郁，半决赛、决赛更是一票难求，人气火爆。

上海大师赛 12 年来，已逐步打造成中国影响最大、水平最高、覆盖最广的斯诺克赛事，被世界斯诺克协会赞誉为“世界斯诺克有史以来最好的比赛”“榜样中的榜样”。久事体育集团以高专业度运营保障，交出一份满意办赛答卷，世界职业比利和斯诺克协会(WPBSA)主席福泽盛在赛后评价：“优秀团队打造出精品赛事，这也保证斯诺克运动未来的发展。”

五、国际汽联世界耐力锦标赛(WEC)上海 6 小时分站赛

国际汽联世界耐力锦标赛(WEC)6 小时分站赛是全球闻名的勒芒 24 小时耐力赛主办方西方汽车俱乐部(ACO)和国际汽联(FIA)共同推出的顶级汽车赛事，是国际汽联旗下仅次于 F1 和世界拉力锦标赛(WRC)的高级别重要赛事，也是各大汽车厂商展示其形象和实力的最佳舞台。

WEC 的参赛车辆多，组别也更丰富，有原型车组 LMP1、LMP2 和基于量产跑车改装的 GT 耐力赛车组 GTE - PRO 专业组、GTE - AM 业余组 4 个组别，赛车在同一时间同一赛道上同场竞技，分组统计成绩并颁出奖项，其中最具观赏性和关注度的是车速最快的混合动力车型 LMP1 组。WEC 突出绿色环保理念，参赛汽车品牌所推出的纯电动和混合动力技术可直接应用于民用量产车，在中国举办该项赛事具有较好市场基础，中国汽车运动联合会也推动其在上海举办分站赛。

2012 年勒芒系列赛更名为世界耐力锦标赛。其办赛理念在于不仅要厂商制造最快赛车，同时也要求厂商在绝对可靠的前提下尽可能提高性能。为达到测试效果，赛事挑选世界最顶级赛道作为其产品试练场。上海国际赛车场拥有顶级 F1 赛道，成为首届世界耐力锦标赛 8 站举办地之一。

【申办筹备】

为更好地适应世界汽车运动发展趋势，进一步推动中国汽车运动普及和发展，2012 年 8 月 23 日，上海国际赛车场经营发展有限公司向上海市汽车摩托车运动协会请示申办 2012 年国际汽联世界耐力锦标赛上海 6 小时分站赛及其辅助赛事，赛事主办方为国家体育总局汽车摩托车运动管理中心和上海市体育局，赛事承办单位为上海国际赛车场经营发展有限公司和 ACO 下属 6 小时分站

赛推广方勒芒耐力赛管理公司,赛事组织和运营费用由承办方自筹解决。

2012年9月27日,国家体育总局办公厅批复同意汽车摩托车运动管理中心举办2012年世界耐力锦标赛上海站比赛。

【2012年世界耐力锦标赛(WEC)上海6小时分站赛】

2012年10月26—28日,首届世界耐力锦标赛上海分站赛于上海国际赛车场成功举办,这是上海赛车场历史上单场比赛时间最长的汽车赛事。赛事举办期间,包括耐力赛、奥迪LMS杯、兰博基尼杯、壹基金明星赛、奥迪RS新车发布五大汽车活动集中亮相,吸引数万名观众。

2012年10月26日上午,上海站比赛正式揭幕。参赛的20支世界顶尖车队悉数亮相,数十辆赛车在赛道上集体轰鸣。

图4-2-17　2012年10月27日,首届WEC奥迪车队赛车试跑

图4-2-18　2012年10月28日,首届WEC正赛发车现场

2012年10月27日,WEC上海站排位赛、兰博基尼杯、奥迪R8 LMS杯以及壹基金明星慈善赛4场赛事接连上演。10月28日,WEC上海6小时分站赛作为赛事收官战上演,20支车队经过6小时激烈角逐,丰田车队和ADR-DELTA分别拿下原型车组LMP1和LMP2组冠军,GT车组的LMGTE PRO和LMGTE AM的冠军则由Aston Martin Racing和Larbre Competition分别夺得。

【2013年世界耐力锦标赛(WEC)上海6小时分站赛】

WEC 2013赛季全年设8场分站赛,赛程较短,既是为节省运输成本,也是因为每场长达6小时的比赛对于车手体能要求较高。

2013年世界耐力锦标赛第七站上海站于2013年11月8日、9日在上海国际赛车场举行,参赛车辆共计28辆。11月9日上午9时,赛事主办方于上赛场主看台商贸区举办车手见面签名会活动。10点,维修区出口打开,所有组别赛车驶入发车区,与主看台观众见面。经过6小时激烈比拼,1号奥迪车队拿下LMP1组冠军,26号G-DRIVE获得LMP2组冠军,LMGTE PRO和LMGTE AM的冠军由97号的阿斯顿马丁车队和81号的8 Stars Motorsports夺得。

WEC第二次登陆上海国际赛车场,车迷对于赛事熟悉程度和热情有了提升。主办方将赛车与音乐嘉年华活动混搭,打造比赛、音乐、明星、游戏四位一体赛事,新颖呈现方式令观众在赛道和游艺、舞台区域全方位感受赛车魅力。

【2014 年世界耐力锦标赛(WEC)上海 6 小时分站赛】

2014 年 WEC 上海分站赛于 10 月 31 日—11 月 2 日在上海国际赛车场举办,共有 31 辆赛车参赛,其间还举办若干辅助赛事,累计有近 4 万人次到场观赛,观众人数三年内翻了两番。

11 月 2 日上午 9 时,近万名车迷在检票口候场参加有 48 名车手出席的签名会,场面火爆。上午 11 时正赛开始,两辆丰田赛车全程领跑,鏖战 6 小时之后,丰田车队的 8 号和 7 号车组包揽 LMP1 组冠亚军,排位赛获得杆位的保时捷 14 号车组抢得第三。LMP2 组,杆位发车的 G - Drive 车队顺利夺冠。GTE PRO 组的冠军为保时捷 92 号车,AM 组别冠军则由阿斯顿・马丁车队夺得。

赛场商贸区举办首届极速音乐嘉年华,实现音乐与速度交融,各类赞助商展示打造的以耐力赛为主题的周末嘉年华节日氛围浓厚。

【2015 年世界耐力锦标赛(WEC)上海 6 小时分站赛】

2015 年 WEC 上海分站赛于 10 月 30 日—11 月 1 日在上海国际赛车场举办,改由国际汽车联合会、中国汽车运动联合会和上海市体育局主办,承办单位及办赛经费照旧。

11 月 1 日,比赛 4 个组别包括奥迪、保时捷、法拉利、阿斯顿・马丁、丰田等 31 辆顶级赛车,在“上”字形赛道进行激烈角逐,最终保时捷 17 号车组杆位起跑,夺得 LMP1 组别冠军。LMP2 组别冠军为 36 号 Signatech Alpine 车组。LMGTE PRO 和 AM 组别冠军分别是 91 号的 Porsche Team Manthey 车组和 83 号的 Af Corse 车组。

虽然正赛日当天阴雨不断,但仍有近 3 万人次观众到场观赛。场外活动也更丰富多彩,各大厂商主动参与设展,包括杜塞尔多夫房车展、爱驾音乐秀、节目互动、嘉定旅游节安亭赛车季等活动,赛事平台功能日渐成熟,受到社会各界认可。经过几年推广和普及,赛事市场培育已显现成效。

【2016 年世界耐力锦标赛(WEC)上海 6 小时分站赛】

2016 年 WEC 赛事共设 9 站比赛,上海站于 11 月 4—6 日在上海国际赛车场举办,由中国汽车摩托车运动联合会和上海市体育局主办。

2016 年 11 月 6 日,4 个组别共 31 辆顶级赛车参赛。最终,保时捷 1 号车组杆位起跑,夺得 LMP1 组别冠军。LMP2 组别冠军为 26 号的 G - Drive 车组,另外 LMGTE PRO 和 LMGTE AM 组别冠军分别由 67 号的 Ford Chip Ganassi Team UK 车组和 98 号的 Aston Martin Racing 车组夺得。赛事首次迎来一支中国车队,同时也是 WEC 历史上首支中国车队——华信八喜 DC Racing。其因排位赛失利,正赛中在 LMP2 组别末尾发车,最终以该组第八名完赛。车队共建人之一、著名影星成龙到场担任开赛挥旗嘉宾。

赛事周末两天共计约 5.5 万人次观众到现场观赛,创下办赛 5 年的新高。“合作办赛,联合推广”的办赛模式,充分调动了拥有方、举办方、所在地等各方资源。赛事期间,各方围绕赛事、城市文化传播和汽车运动等主题开展丰富的活动。嘉定旅游局连续 3 年和赛事联手打造“安亭赛车季”主题园,推广嘉定赛车旅游文化,并邀请赛车专业人士参与“中国赛车产业的春天”媒体访谈,探讨中国汽车运动的未来发展。

【2017 年世界耐力锦标赛(WEC)上海 6 小时分站赛】

2017 年 WEC 设 9 站比赛,举办地包括英国、比利时、法国、德国、墨西哥、美国、日本、中国和巴林。上海站是赛季第八场比赛,于 11 月 3—5 日在上海国际赛车场举行。

2017 年 11 月 5 日,4 个组别 26 辆赛车在上赛场展开激烈比拼。丰田车队 8 号车组夺得了 LMP1 组别冠军,31 号 Vaillante Rebellion 车组赢得 LMP2 组别冠军。LMGTE PRO 和 LMGTE AM 组别冠军分别由 67 号的 Ford Chip Ganassi Team UK 车组和 98 号的 Aston Martin Racing 车组夺得。赛事两天共计超过 5 万人次来到现场观赛。

自 2012 年起,WEC 上海 6 小时分站赛成为申城下半年备受瞩目的顶级汽车赛事。保时捷、丰田、法拉利、阿斯顿・马丁、福特等各大品牌竞相参与,车手签名会、安亭赛车季等活动相继举办,赛场内外精彩不断。2017 年 6 月中国本土车队耀莱成龙 DC 车队在法国勒芒赢得 LMP2 组别冠军的历史性佳绩,车迷对赛事的关注度得到进一步提升。

举办 6 届的 WEC 上海 6 小时分站赛作为全球汽车运动的标杆,已经成为上海城市精品赛事和外宣舞台。伴随悉心的市场培育和中国车队的稳步崛起,国内外车迷对于赛事的关注、热爱和参与不断提高,赛事影响力大幅提升。

六、上海环球马术冠军赛

环球马术冠军赛(Global Champion Tour,简称 GCT)于 2006 年由荷兰人 Jan Tops 创办,是经国际马术联合会认可的最高级别五星马术障碍赛事,也是全球三大马术赛事之一,其主要参赛马匹和骑手均来自欧洲。2013 年赛季共设 12 站,2017 年赛季设 15 站比赛。

【申办背景】

自 2011 年起,上海市体育局和上海国盛集团承担环球马术冠军赛申办任务,市体育局负责参赛马匹从欧洲进出上海的政策性协调,国盛负责赛事商务谈判、宣传推广和商业运作。国盛接受任务后,即向国际马术联合会提出 2012 年办赛申请,后因故拟将赛事安排在 2013 年 10 月。2013 年 6 月,国家质检总局和欧盟委员会就参赛马匹进出上海达成突破性共识,但国盛公司和外方在商务谈判方面遇到困难,双方未能就签署合同达成一致意见,致使赛事未能如期举办,外方将当年上海站的赛事从赛历中撤除。

随后市委、市政府明确要求于 2014 年举办环球马术冠军赛上海站。市有关部门和环球马术冠军赛公司商议后决定将上海站赛事加入 2014 年赛历,并根据市领导建议将其定性为商业赛事,改由上海久事公司承办,上海久事国际赛事管理有限公司负责赛事商务谈判、宣传推广和商业运作。

2013 年 7 月 1 日,久事赛事公司负责人参加市政府专题会议,接受市领导布置任务,对上海举办环球马术冠军赛筹备情况进行研究评估,并前往市体育局和国盛集团了解情况,同时听取市出入境检验检疫局、市农委、海关等部门以及外方的意见,对存有争议的合同条款进行仔细研究,形成初步意见。

根据市委、市政府指示和有关部门要求,2013 年 8 月 13 日,久事赛事公司向久事公司请示申办 2014 年环球马术冠军赛上海站,提请久事公司向有关部门申办。8 月 20 日,久事公司向市体育局申办 2014 年环球马术冠军赛。

2014 年 3 月 26 日,国家体育总局批复同意上海市举办 2014 年环球马术冠军赛,赛事活动按照中国马术协会要求规范实施。5 月 22 日,上海市体育局正式发函:经报国际马联和中国马协同意,

2014 年上海浪琴环球马术冠军赛由国家体育总局自行车击剑运动管理中心和上海市体育局共同主办，由上海久事国际赛事管理有限公司、上海国际赛车场经营发展有限公司承办。

【2014 年上海环球马术冠军赛】

2014 年 5 月 9 日，2014 年上海环球马术冠军赛组委会成立并召开第一次工作会议，听取组委会各成员单位负责人对赛事筹备情况汇报，部署下阶段工作任务。会后，组委会领导及成员单位代表一起出席赛事启动仪式，组委会主任、上海市副市长赵雯和环球马术冠军赛赛事总监马克·丹尼斯共同为“上海之跃”雕像揭幕，宣布赛事正式启动。

图 4-2-19　2014 年 5 月 9 日，上海市副市长赵雯（左一）与浪琴环球马术冠军赛运营总监马克·丹尼斯（右一）为首届 LGCT 纪念雕塑“上海之跃”揭幕

2014 年 5 月 12 日下午，联邦快递与久事赛事公司签约，正式成为 2014 年上海环球马术冠军赛马匹赞助承运商，负责运送参赛马匹往返中国与比利时。

赛事推广方面，久事赛事公司于 2014 年 5 月 15 日起在淮海路香港广场举办为期一个月的“上海之跃”马术文化推广活动，在南京路中信泰富广场策划举办主题宣传活动。同时，媒体对赛事关注和报道逐步升温，包括新华社、《解放日报》《新闻晨报》《东方早报》《新民晚报》、五星体育、纪实频道在内的主流媒体对第一批赛马抵达浦东机场情况进行全程报道，引发市民关注。票务销售顺利进行，招商工作取得进展，赞助商共计 12 家，包括中国银行、联邦快递、一汽大众奥迪等。赛事运营和服务保障上，制定周详的交通、安保和医疗方案。

马术赛事举办得到社会各界热情支持，中信泰富广场将其 19 匹艺术彩绘马赠予赛事运营方久事赛事公司，表达对马术赛事顺利举办的祝愿。2014 年 5 月 28 日，这 19 匹艺术彩绘马在上海环球马术冠军赛的主赛场进行了展示。

上海站是该项赛事在东亚的唯一一站，首场比赛迎来全球最豪华的骑手、赛马阵容，参赛选手中有一名本土选手。参赛的 80 匹赛马均为来自欧洲、中东和非洲的顶级马匹，平均身价超过 200 万欧元。为保障参赛马匹安全抵沪，久事赛事和马匹承运商制定周密的马匹运输方案。在马夫、兽医全程看护下，赛马分两批于 2014 年 5 月 31 日和 6 月 2 日凌晨在浦东国际机场入境。

2014 年 6 月 6 日，赛场正式向持票观众开放，2014 年上海环球马术冠军赛在中华艺术宫正南的赛场内拉开序幕，5 个组别的竞赛在 3 天内展开激烈争夺。上午 10 时，赛事组委会召开官方赛前新闻发布会，上海市体育局、久事赛事公司、环球马术冠军赛总裁兼创始人、冠名赞助商、中国区骑手代表等嘉宾出席发布会并共同揭晓冠军奖杯。首日进行 1.45 米障碍两段赛和 1.5 米障碍争时赛，瑞士年轻女选手简·理查德·菲利普和比利时选手康斯坦·范·巴森分获冠军。

2014 年 6 月 7 日上午进行一汽大众奥迪精英赛 1.45/1.5 米障碍争时赛，乌克兰选手凯西奥·瑞崴迪拔得头筹。下午是马术障碍高度最高的 1.6 米障碍争时赛，18 位顶尖骑手轮番上阵挑战最高难度，最终比利时骑手彼得·狄维士收获本次赛事金牌。

2014 年 6 月 8 日，沙特阿拉伯的阿卜杜拉·萨巴特利和法国的凯文·斯托特分获 1.45/1.5 米

图 4-2-20　2014 年 6 月 7 日,首届环球马术冠军赛比赛现场

障碍争时赛和 1.5/1.55 米障碍争时赛冠军,为期 3 天的赛事圆满落幕。

3 天累计有超过 2.6 万人次观众现场观赛。全世界目光聚焦上海,上海五星体育、东方卫视对赛事进行直播,近千万国内观众通过电视转播收看比赛,此外,还有 59 个国家超过 1.3 亿观众通过卫星信号观看本次赛事。

久事公司克服各种障碍,从攻克检验、检疫和马匹运输的难题,到赛场布置、设计、比赛、服务都达到最高级别国际大赛要求,成功举办中国大陆有史以来级别最高、国际影响力最大、观赏性最强的马术赛事,受到社会各方广泛关注,上海举办顶级赛事的能力得到国际社会高度肯定。

赛事举办也受到媒体高度关注。从赛事筹备阶段到赛事结束,包括《人民日报》、新华社、《解放日报》在内的全国主流媒体从多个角度进行持续报道,国外媒体也对上海办赛予以关注,《华尔街日报》以《上海,下一个马术运动的中心?》为标题撰文,指出环球马术冠军赛在上海举办掀开了马术运动新的一页。

【2015 年上海环球马术冠军赛】

得益于 2014 年办赛效应,2015 年赛事参赛规模和骑手水平均有大幅度提升,马匹数量远超 2014 年。除欧洲外,美国等其他地区名马也来沪参赛,更多顶尖骑手齐聚上海展开激烈角逐。考虑到上海 5 月份温度适宜、天气宜人,为能使参赛选手和马匹发挥更高竞技水平,提升观赛体验,赛事提前一个月举办。

为扩大赛事受众面,提升赛事国内影响力,2015 年赛事转播平台由电视和互联网共同组成,五星体育进行全程转播,央视五套和赛事频道对部分场次进行转播,新浪体育进行全程互联网转播。这是久事赛事公司第一次尝试覆盖电视和互联网平台的转播,对国际大型赛事转播模式进行有益的探索。

为解决马匹运输问题,久事赛事公司联合相关厂家共同攻关,以国际标准定制专业马匹运输车辆。5 月 2 日和 4 日凌晨,由阿联酋航空承运的赛马包机分两批抵沪,经机场、海关、边检等相关部门两个通宵连续奋战,马匹顺利通过检验检疫,安全抵达赛场。

2015 年 5 月 5 日上午,上海市副市长、赛事组委会主任赵雯赴洪山路比赛场地,检查赛事筹备工作,实地察看赛事竞赛区、隔离检疫区等处,召开现场工作会议,听取赛事筹备工作汇报,久事赛事公司总经理姜澜汇报赛事筹备情况。位于世博区域的比赛场地共占地 8 万余平方米,包括竞赛赛场、观众坐席、功能用房、商业设施等。其中有 1.3 万平方米各类帐篷设施、4 500 人观众席、120 个马厩、近 600 个观赛席位的贵宾观赛区。还按照赛事标准设置了媒体中心、电视转播、应急通信区、检验检疫、海关医疗、工程保障等工作区域。

2015 年 5 月 8 日上午,赛事正式对外开放。赛事开幕战 1.45 米障碍两段赛中,美国骑手肯特·法灵顿夺得冠军。下午 1.50/1.55 米混合障碍争时赛,临近结束时迎来一场大雨,最后出场的选手在雨中相继完成超越,最终德国选手马克尔·库彻奋勇夺冠。

2015 年 5 月 9 日，赛事进入最具含金量的第二日。在上午进行的 1.45/1.5 米比赛中，美国选手肯特・法灵顿摘得冠军。在下午进行的最高级别 1.6 米比赛中，荷兰 34 岁选手哈里・斯莫尔德斯以 33 秒 57 的成绩获得 1.6 米组别冠军。5 月 10 日，来自美国的肯特・法灵顿和来自比利时的格雷戈里・瓦泰莱分获 1.45/1.50 米组别和 1.50/1.55 米组别冠军。

年度赛事的宣传主题为“上海之跃，因跃而悦”，着力突出马术赛事为观众带来的愉悦感和欢乐氛围，吸引观众亲临体验马术运动魅力。根据统计，全球 54 个国家逾 1.35 亿观众通过欧洲体育等媒体、电视转播收看此次比赛。时值中欧建交 40 周年，赛事现场打造成一个充满欧式风情的欧洲小镇，让观众体验中西文化交融气氛，加深对马术文化的了解。此外，比赛期间同步召开的上海国际马博会成为赛事新亮点，助推赛事成为马术界一年一度的盛事，推动马匹交易及马产业的成熟与发展。

【2016 年上海环球马术冠军赛】

2016 年赛事迎来全新团体赛制，以组队参赛的形式，在全年 15 站比赛中给观众带来全新体验。按 GCL 组织方规定，在 150—155 cm 级别团体赛中，12 支参赛队伍最多可以拥有 5 名骑手，且骑手国籍不受限制。

2016 年上海环球马术冠军赛于 4 月 29 日—5 月 1 日举行。首场比赛 1.45 米障碍两段赛中，中国骑手朱美美、赵志文、梁巧羚、郑文杰参赛，最终意大利骑手艾玛诺艾莱・格蒂艾诺拿下第一，在 37 位参赛骑手中郑文杰获得第八，朱美美位列第十二，赵志文排名第二十八，梁巧羚排在第三十四位。随后进行 1.50/1.55 米障碍争时赛（含附加赛），美国人杰克・托维尔夺冠。

2016 年 4 月 30 日，1.45/1.50 米障碍争时赛率先上演，28 位骑手同场竞技，英国女骑手劳伦・伦威克夺得冠军。下午最高级别 1.60 米障碍浪琴大奖赛两回合较量中，来自沙特阿拉伯的阿卜杜拉・沙巴特利获得冠军。

2016 年 5 月 1 日举行的 1.50/1.55 米组别、团体赛分别由法国名将西蒙・德莱斯特和卡斯卡伊斯魅力队摘得桂冠。2016 年赛事包含全新团体赛等 6 场赛事，是国际马术障碍赛最高水平较量。赛事主办方在秉承先进办赛理念、打造世界一流赛事的同时，首次推出中欧马产业交流研讨会。一流赛事、顶级展会、专业研讨会三位一体，并与票务销售工作形成联动，开创中国特色办赛新模式。

【2017 年上海环球马术冠军赛】

根据国际马联规定，举办国际马术赛事前需由主办国马术运动协会提前两年向其申报举办时间。2015 年 9 月 15 日，久事赛事公司向上海市体育局请示申报 2017 年环球马术冠军赛举办时间，请市体育局协调中国马术协会向国际马术协会提出 2017 年举办时间申请，为举办 2017 年赛事作准备。

2016 年 12 月 13 日，久事赛事公司向久事集团请示申办 2017 年上海环球马术冠军赛，提请集团向市体育局提出办赛申请，根据久事与赛事拥有方 GCT 公司签署新一轮合约，2017—2021 年上海将继续举办该赛事。2017 年赛事举办时间为 4 月 28 日至 30 日，地点仍为世博园区中华艺术宫正南洪山路雪野路。

2017 年 2 月 27 日，中国马术协会就申办当年上海环球马术冠军赛复函上海市体育局，正式向国际马术联合会申请注册并将该赛事列入 2017 年赛事日历，赛事为 CSI5 星级，主办单位为中国马术协会和上海市体育局，承办单位为上海国际赛车场经营发展有限公司，赛事运营方为上海久事国际赛事管理有限公司。

2017年4月28日,1.45米障碍两段赛首先开赛,有4位中国骑手出战。最终沙特阿拉伯的拉姆齐·阿杜哈米强势获得冠军。随后进行的GCL团体冠军赛1.50/1.55米障碍争时赛中,爱尔兰骑手达拉赫·肯尼一举夺冠。

2017年4月29日12时30分,BMW团体冠军赛1.55/1.60米障碍争时赛开赛,选手成绩同时会计入所在团队得分,争夺团队名次。最终代表上海天鹅队出战的法国骑手罗杰·伊夫·博斯特获得冠军,肯特·法灵顿以及斯科特·布拉什获第二、第三名。团队总得分方面,经过两场团体冠军赛的得分总计,巴黎黑豹队拿下第一,汉堡钻石队和伦敦骑士队分获第二、第三名。16时15分,赛事重头戏——浪琴大奖赛登场,障碍高度是最高难度的1.60米,意大利骑手洛伦佐·德·卢卡凭借零失误完美发挥夺冠。

2017年4月30日,1.45米组别比赛由沙特阿拉伯的阿卜杜拉·沙巴特利夺冠,1.50/1.55米组别的冠军为德国名将丹尼尔·杜瑟。

赛事3天有超过2万人次现场观赛,观众们盛装出席,满意而归。欧洲小镇展示以捷克为主题的中欧风情。由捷克国家馆带来的数十个捷克传统品牌,成为观众观赛之余关注焦点。此外还有手风琴演出、现场素描、马花制作和与BMW儿童交通安全训练营结合的亲子乐园、骑手签名会等多种活动。赛事同期举办第二届中欧马产业交流研讨会与第三届马博会,集结阵容更加强大的马产业链相关国际制造商、供应商,为马产业相关人士提供沟通、交流的平台,共同致力于促进中国马产业繁荣发展。

良好办赛模式促成良性循环。2017年,浪琴签署未来5年合作协议,宝马作为赛事未来3年官方指定用车签订赞助协议,新增百岁山作为赛事指定用水,Massimo Dutti、Viola啤酒、马刨花、饲料等赛事必需物资赞助完成续约。

市委、市政府集全城之力予以支持,久事公司与有关部门通力合作,经过4年不懈探索和精心运营,上海环球马术冠军赛各方面工作已成熟有序,形成规范,办赛水平和国际吸引力不断提高,在全球马术界地位愈发重要。环球马术冠军赛创始人扬·托普斯表示,在全球赛事版图上,上海环球马术冠军赛已经成为全年最精致、最优雅的旗舰赛事。

七、国际田联钻石联赛上海站

国际田联钻石联赛(IAAF Diamond League)是国际田径联合会(IAAF)于2010年推出的全球顶级田径系列赛事,每年5月至9月前后在全球14个城市举办,包括多哈、上海、尤金、罗马、伯明翰、奥斯陆、斯德哥尔摩、拉巴特、摩纳哥、伦敦、洛桑、巴黎、苏黎世、布鲁塞尔。联赛采用12+2的冠军积分制,前12站为常规性积分赛,各个单项总积分排名前8名(个别项目取前12名)的选手晋级最后两站的总决赛,争夺钻石大奖,具有竞争性和观赏性。

上海站是仅有两站亚洲赛事之一,其前身是2005年开办的上海国际田径黄金大奖赛,通常于每年5月在上海体育场举行,有包括奥运会、世锦赛冠军和世界纪录保持者在内的百多位顶尖运动员参赛。

2016年2月25日,上海市体育局召集久事集团、国盛集团及国际田径管理集团就钻石联赛上海站赛事承办权转移事项召开协调会,各方达成共识,通过签署办赛合同三方协议(久事赛事公司、国盛集团下属黄金大奖赛公司、国际田径管理集团)形式实现赛事承办权平移。久事赛事公司于3

月 18 日向市体育局汇报完成三方协议签署和赛事承办权的完整转移，从 2016 年起拥有赛事所有权利义务。

成为赛事承办方及运营商后，久事赛事公司全力以赴，精心组织部署，成功举办 2016 年及之后赛事，圆满完成市委、市政府交办的任务。

【2016 年国际田联钻石联赛上海站比赛】

2016 年 1 月 20 日，国家体育总局办公厅函复田径运动管理中心举办 2016 年国际田联钻石联赛上海站的比赛请示，同意比赛于 5 月 14 日举办，由中国田径协会和上海市体育局主办。

为营造全民体育运动的氛围，提升市民观赛体验，久事集团与申通地铁达成深度合作，把地铁生态圈打造成为赛事推广和票务销售主要阵地。3 月 17 日，上海站比赛正式开票，有 8 个地铁换乘站点率先开售赛事门票。赛票种类丰富，票价亲民，设计新颖独特，加载地铁通行功能，倡导绿色出行观赛。

2016 年 3 月 31 日，在上海富豪东亚酒店举行启动仪式并公布首批国际参赛选手名单，共 28 位明星选手确认参赛。国际田径联合会在传统 16 个比赛项目基础上特别为上海站增加两个项目，赛事设 18 个项目，其中男子 11 个项目，女子 7 个项目。具体为男子 100 米、800 米、5 000 米、110 米栏、400 米栏、撑竿跳、跳远、跳高、铅球、标枪、4×100 米接力，女子 200 米、400 米、1 500 米、3 000 米障碍、跳高、跳远、铁饼。

为顺利推进赛事准备工作，2016 年 5 月 4 日，久事赛事公司向国际田联钻石联赛上海站组委会发文请示明确其为 2016 年赛事的承办方。5 月 9 日，组委会正式批复同意久事赛事公司为赛事的承办方。

2016 年 5 月 14 日 19—21 时，赛事在上海体育场成功举办。共有 4 万多名观众入场观赛，赛场上星光熠熠点亮激情，呈现壮观的满座盛况。众多跑团在专属看台上各辟阵营，挥舞大旗，观众的欢呼与运动员的激情呐喊响彻体育场。

图 4-2-21　2016 年 5 月 14 日，女子 3 000 米障碍赛现场（左图），接力赛中国选手苏炳添（第三棒）向张培萌（第四棒）传递接力棒（右图）

久事赛事公司首次承办该赛事，克服时间紧、任务重、项目不熟悉等不利条件，在与原办赛团队紧密合作、确保赛事平稳过渡基础上，发挥自身优势，打造赛事新形象，创新宣传推广模式，提升赛事吸引力并扩大影响力，实现赛事运营平稳有序有亮点。赛事得到社会各方广泛好评，现场观赛的国家体育总局、田管中心、上海市政府、上海市体育局等相关领导均给予高度评价。

【2017 年国际田联钻石联赛上海站比赛】

根据与国际田径管理公司签订的合同,上海于 2015—2017 年连续 3 年举办钻石联赛上海站赛事。

2017 年 1 月 5 日,久事赛事公司向上海市体育局请示申办 2017 年钻石联赛上海站赛事。2 月 20 日,国家体育总局田径运动管理中心函复上海市体育局,同意举办该项赛事。3 月 14 日,上海市体育局就办赛事宜函复久事赛事公司。

2017 年 3 月 30 日,举行启动仪式,公布 16 个比赛项目及首批参赛明星阵容,其中包括 9 个男子项目和 7 个女子项目。

久事延续并深化与上海市教委、申通地铁的合作,通过田径明星进校园活动、田径运动进地铁等举措,以地铁网络为主要推广阵地,将上海地铁生态圈打造成为票务销售和普及田径运动的平台,带动市民更多地了解和参与赛事。

2017 年 5 月 13 日 19—21 时,赛事在上海体育场举办,13 位获得里约奥运会冠军的选手和 17 名中国本土优秀运动员领衔上演强强对抗,共创下 1 个钻石联赛纪录、3 个赛会纪录和 5 个年度最好成绩,中国选手苏炳添以 10.09 秒成绩获得男子百米冠军。当天,约 3.5 万名观众到场观赛。

久事体育赛事秉承“更专业,更精彩”的办赛理念,首次推出面向民间跑团和跑步爱好者的四人异程接力赛,吸引 120 支队伍参与,最终有 10 支业余队伍在当天傍晚作为钻石联赛的垫场赛队伍进行比赛。此外,还开展了“世界名将进中学”活动,并于正赛当天举行 2017 年上海市中学生田径钻石赛暨全国中学生运动会选拔赛男子、女子 100 米决赛。

2017 年钻石联赛上海站是上海体育场交由久事集团运营管理后首次在久事体育框架下举办的赛事,也是在徐家汇体育公园建设启动前举办的最后一项国际体育赛事。久事赛事团队在集团各级部门和领导关心支持下,积极应对组织保障的变化,变挑战为机遇,做好赛事各项筹备工作,确保比赛顺利举办。

八、澳式橄榄球超级联赛上海站

澳式橄榄球起源于 1897 年,是澳大利亚第一大运动,在中国普及度极小,只有专业运动员参与,但随着观众数量日渐增多,关注度不断提高,市场基础日趋形成,初步具备办赛条件。

【申办筹备】

2016 年 10 月,澳式橄榄球联盟(AFL)致函上海市体育局,希望把澳式橄榄球超级联赛引入上海,由久事国际赛事管理有限公司承办,在上海江湾体育场举行。2016 年 10 月 18 日,久事赛事公司陪同上海市体育局副局长与澳式橄榄球联盟总经理、阿德莱德港力量队总经理会面,讨论在上海举办澳式橄榄球相关事宜。市体育局对 AFL 首次到沪举办常规赛表示欢迎和支持,并明确久事赛事公司作为赛事管理方。此后,久事赛事公司与澳式橄榄球联盟进行多次交流,对办赛细节进行具体讨论,逐渐就办赛协议达成一致。

2016 年 11 月 28 日,久事赛事公司向上海市体育局提交《关于与 AFL 签约举办 2017 年澳式橄榄球超级联赛的请示》,拟与澳式橄榄球联盟签约举办 2017 年澳式橄榄球超级联赛上海站赛事,比赛时间为 2017 年 5 月 14 日,比赛地点为江湾体育场,参赛球队共 2 支(阿德莱德港力量队和黄金海岸太阳队),球员数量 44 人。2017 年 1 月 17 日,国家体育总局小球运动管理中心下发《关于申请举办2017年澳式橄榄球超级联赛上海站的复函》，批复同意由中国橄榄球协会和上海市体育局共同主办此项赛事，赛事运营资金由澳洲橄榄球联盟承担，外事手续交由地方办理，请赛事承办方认真做好各项准备工作。

2017年2月3日，上海市体育局下发《关于2017年澳式橄榄球超级联赛上海站举办事宜的复函》，同意于5月14日在江湾体育场举办澳式橄榄球超级联赛上海站赛事，由中国橄榄球协会和上海市体育局主办，杨浦区政府和上海久事国际赛事管理有限公司承办，久事赛事公司为赛事运营管理方。

久事赛事公司凭借举办多项国际顶级赛事的成功经验，成为承办的首选。筹备过程中，赛事公司克服场地设施陈旧的困难和巨大的安保压力，充分发挥团队协作精神和专业优势，展现出高水平保障能力，最终为广大观众呈现一场热烈精彩的橄榄球赛事，赛事拥有方AFL对久事赛事公司工作给予高度评价和感谢。

【比赛情况】

2017年5月14日13时15分，澳式橄榄球职业联赛常规赛首场海外赛在江湾体育场举办。比赛期间，国家体育总局局长苟仲文等领导莅临现场观摩，上海市副市长翁铁慧现场观赛并与来沪的南澳洲州长、驻华领事馆官员以及两支球队负责人会面。最终南澳洲的阿德莱德港力量队以110比38击败黄金海岸太阳队，获得比赛胜利。

图4-2-22　2017年5月14日，首届澳式橄榄球上海站开场仪式

比赛两次开票，近万张门票在2小时内就被抢光，现场近万名观众中有超过6 000人专程从海外，尤其是澳大利亚来沪观赛，是当年上海举办单项赛事中海外观众比例最高的赛事。

除现场工作人员以外，久事体育集团、赛事公司部分员工主动以志愿者身份来到现场，协助做好大量外籍观众入场观赛沟通协调工作，成为赛场一道靓丽的风景线。在各单位全力以赴支持保障下，赛事精彩圆满举办，受到澳方、中方、赛事赞助商、现场观众等一致好评称赞，取得良好社会反响。

九、蒸蒸日上迎新跑

始创于2015年的“蒸蒸日上迎新跑”源于“F1围场”赛道跑，依托上汽国际赛车场F1赛道，将赛车文化与路跑文化完美融合，利用独特地标资源和时间元素，缔造全新的、时尚健康的迎新文化，通过融合“健康、欢乐、吉祥、励志”的迎新理念，已日渐成为具有多重积极含义的沪上元旦迎新盛会。

“蒸蒸日上迎新跑”是中国第一个针对公众开放的赛道跑赛事，因独特赛道资源以及富有吉祥寓意的“上”字形完赛轨迹，与迎新理念完美匹配，也寄托每一位参赛人员对新年美好寓意。

【2015—2019年迎新跑报名人数】

迎新跑自创办以来均采用线上报名方式，2015年第一届迎新跑首日报名数即突破6 000人次，用时3天报满全部8 000个名额；2016年报名窗口开放6小时后名额已满；2017年更是在2小时内满员。此后，久事体育将参赛选手由原先8 000人调整为1万人，但抢票火热程度依旧不减。2018年参赛名额在不到一个小时内被全部抢完；2019年21.6公里竞速跑名额更是在开放后28分16秒即已被抢完，所有名额在2小时内被抢完。

【2015—2017年迎新跑】

2015年首次举办就创下上海当天各类迎新登高、路跑活动参与人数的纪录。当天，众多国际马拉松赛事的冠亚季军、亚运会奖牌得主、国家田径队队员等专业路跑明星参加。

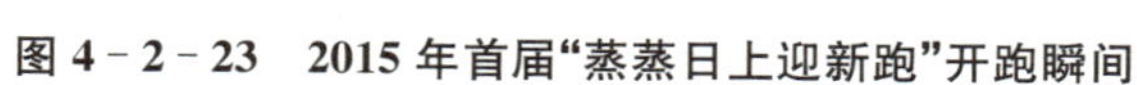

图4-2-23　2015年首届“蒸蒸日上迎新跑”开跑瞬间

图4-2-24　2015年首届“蒸蒸日上迎新跑”开跑后，选手步入首个弯道

2015年首届“蒸蒸日上迎新跑”设置12公里组和5.4公里组，8 000名选手圆满完赛。杨帅和钟文琰以37分6秒和45分33秒的成绩获得12公里组男女冠军。杨帅创下16分28秒最快单圈速度。

2016 年“蒸蒸日上迎新跑”活动进一步提升跑友体验，加强赛事服务保障，实现全面升级和扩容。在保留 5.4 公里“体验跑”的基础上新增了更具挑战性的 21.6 公里“四环跑”，得到了车迷和跑友们更为强烈的追捧。杨帅和钟文琰分别以 1 小时 10 分 9 秒和 1 小时 28 分 25 秒的成绩，摘得男女 21.6 公里组冠军。

2017 年迎新跑按照顶级赛事标准，聘请了最专业的田径裁判团队，采用了与国际马拉松赛事相当的报名系统与芯片计时系统，以提升赛事专业服务，并注入了凸显新年奋进和体育公益的要素。赛事首次引进配速员，帮助选手们一起用脚步去迎接新的一年。孙乐乐和郑芝玲分别以 1 小时 10 分 7 秒和 1 小时 16 分 17 秒成绩获得 21.6 公里男女组冠军，也打破此前男女 21.6 公里组成绩纪录。

当天，11 名视障选手在陪跑志愿者陪同下体验“上赛道”特有速度与激情。组委会还首度携手外滩之窗・上海地标户外媒体花旗 LED 大屏，延伸“蒸蒸日上”迎新氛围，并通过陆家嘴楼体上浮现的“初心定义未来”“蒸蒸日上”“迎新四环跑”等字样，为黄浦江畔的市民游客送上新年的励志祝福。前三年迎新跑活动由上海市体育总会、上海报业集团新闻报社和久事赛事公司联合主办。

【2018 年迎新跑】

2018 年迎新跑恰逢嘉定建县 800 周年，作为嘉定区迎新跑活动主会场，现场嘉定历史文化展位也为赛事增添庆祝氛围，迎新跑也拉开“嘉定建县 800 周年”庆生序幕。活动还首度公开招募全女性配速员团队，并携手嘉友酷跑女子训练营进行专业训练，让“天生爱跑”的姑娘们在新年元旦即实现从业余跑步爱好者到专业跑步赛事配速员的蜕变。李伟和郑芝玲分别以 1 小时 7 分 58 秒和 1 小时 14 分 46 秒的成绩赢得本届赛事 21.6 公里的男女冠军。李伟还凭借单圈 16 分 13 秒的成绩刷新赛道纪录。2018 年迎新跑活动由嘉定区人民政府、上海市体育总会、久事体育集团和上海报业集团新闻报社联合主办。

【2019 年迎新跑】

2019 年迎新跑迎来该项赛事 5 周年，2019 年首次开放的亲子嘉年华大受欢迎，200 组家庭名额在短短 33 分内即被抢空。首次参赛的王红伟用时 1 小时 10 分 3 秒，第一个冲过终点，成为第五届“蒸蒸日上迎新跑”男子组冠军。李芷萱则以 1 小时 12 分 23 秒成绩夺得女子组冠军，并刷新了女子 21.6 公里最好成绩。据统计，已有超过 400 名跑者升级为荣耀“五星跑者”(连续 5 年参赛)。

本届赛事举办之初，赛事公司以项目合作伙伴身份，与蒸蒸日上公司、朗明公关公司展开更深层次的合作，共同打造“RUN THE TRACK”品牌。三方发挥各自优势，在竞赛组织、市场推广、招商服务等方面进一步改善赛事呈现和体验，并联手众多合作伙伴打造一系列新年庆祝活动，让迎新跑真正成为集娱乐健身、合家团圆、吉祥迎新于一体的一站式体育文化盛会。本届迎新跑还特邀 2017/2018 赛季东南亚 F4 锦标赛年度总冠军、17 岁本土车手曹卓驾车为赛事领航，借势拉开 F1 第 1 000 站推广活动帷幕，并在商贸区里特设官方互动展位，为车迷提供提前购票通道，让车迷和跑友提前感受 F1 第 1 000 站浓厚氛围。

十、中国坐标・上海城市定向户外挑战赛

中国坐标・上海城市定向户外挑战赛前身——上海坐标・城市定向户外挑战赛，由上海市登山户外运动协会于 2011 年创意发起，经过 8 年发展，已成为家喻户晓的户外健身品牌之选，是全国

规模最大、参与人数最多、选手自主性最强、覆盖地标最广的全民城市户外嘉年华类项目，还与F1中国大奖赛、上海劳力士大师赛、世界斯诺克上海大师赛等一起，被共同列为上海市体育十二大品牌赛事，也是其中唯一的全民健身项目和拥有自主IP的赛事。

【2011—2016年上海坐标·城市定向户外挑战赛】

2011年，首届定向户外挑战赛规模只有70支队伍、350人、1条线路和7个点标。2012年，第二届规模迅速发展到330支队伍、1 350人参赛。2013年，第三届则在往届的基础上再次实现规模翻倍，有688支队伍、3 440人参赛。2014年，第四届赛事由17条线路、115个坐标点串联而成，共计2 014支队伍、10 070人报名参赛，有近1 000名裁判和工作人员提供赛事服务，真正实现"全民参与、全民办赛"的赛事初衷。

2015年，第五届城市定向户外挑战赛实现内容升级，除主会场上海体育场，还在静安、普陀、闸北和嘉定4个区设置分赛场。赛事共设24条各具特色主题线路，共涉及点标158个。除了传统线路外，还加入了一系列创新线路以及公益线路。2 192支队伍、1.1万个参赛名额，一经推出，2个小时内一抢而光。2015年本项赛事被中国登山协会授予"中国创新城市户外赛事"称号。

2016年4月，第六届城市定向户外挑战赛规模再度升级，静安、普陀、徐汇、嘉定、宝山5个分赛场和主赛场上海体育场形成联动，总计线路达到35条，点标258个，参赛队伍4 000支，参赛人员2万人，线上预报名人数超过10万。由于2016年正逢上海市第二届市民运动会，上海坐标·城市定向户外挑战赛开幕式现场同时成为市民运动会开幕式。

【2017—2018年中国坐标·上海城市定向户外挑战赛】

2017年，中国坐标·上海城市定向户外挑战赛一举摘得上海城市业余联赛项目系列赛A等赛

图4-2-25　2018年各参赛队伍在上海体育场集结准备出发

事桂冠。5 月，2 万名选手分成 37 条线路，从主赛场上海体育场及静安、嘉定、宝山、杨浦、松江 5 个分赛场出发，穿越城市脉络，以组队形式寻访点标、完成任务，更新对这座城市的认知。

2018 年，赛事共吸引 2 万名 8 岁至 60 岁参赛选手，组成 4 000 支队伍，沿着覆盖上海 15 个区的 37 条主题线路，涉足 280 余个点标，完成艰巨和富有意义的各项挑战任务。

第三节　体 育 场 馆

一、徐家汇体育公园

徐家汇体育公园环境整治和综合改造工程是上海城市更新项目和体育改革发展“十三五”规划重点项目，是改革发展、惠及市民的重大民生工程。根据市委、市政府安排，久事集团承担徐家汇体育公园项目实施主体责任。项目将承载城市大型体育赛事和大众体育活动功能，将徐家汇体育公园打造成新的体育文化地标。

2016 年，徐家汇体育公园被列为四大城市更新行动之休闲漫步计划中的三个重要试点项目之一。3 月，由市规土局组织、上海市城市规划设计研究院承担地区现状梳理与评估，总结地区基础情况，分析现状存在问题，探讨规划优化方向。5 月，市领导调研时提出要将其更新改造，不仅要满足休闲需求，而且要大幅提升其承担体育功能，其开放空间更新改造和场馆建筑内部空间改造同样重要。

2016 年 6 月 28 日上午，市规土局组织召开徐家汇体育公园城市设计及建筑概念方案征集项目推进会。2016 年下半年，市规土局、徐汇区政府、市体育局和久事集团四方联合组织开展体育公园

图 4－2－26　徐家汇体育公园整体效果图

前期研究工作,由市城市规划设计院承担,形成了关于更新改造的基本设想,并开展国际方案征集工作,邀请了五家国内外知名设计机构参与,于10月底前完成控详规划国际方案征集。

在前期工作基础上,汲取所征集方案的优点和创意,听取各方意见和建议后,公园更新改造规划方案逐步形成,改造设计目标、理念和原则确立。2016年11月底,项目规划设计概念性国际方案征集工作完成,明确功能定位和大致规划参数。12月底,向市领导作项目方案汇报,其更新改造方向基本确定。12月22日,中共中央政治局委员、上海市委书记韩正调研徐家汇体育公园并强调要尽快完善徐家汇体育公园规划,明确功能定位,加快区域环境综合整治。市政府于28日召集会议提出开展新一轮深化方案设计,争取于2017年3月底前开展规划方案公示。

随后规土局召集会议,对新一轮深化设计提出要求,要求侧重于建筑场馆以外的室外空间方案深化,并继续采用国际方案征集的方式,邀请ARUP、HPP等机构在原先的概念方案基础上继续深化。

2017年3月11日,徐家汇体育公园深化设计最终成果汇报会召开,市体育局、规土局、市编审中心、久事集团等单位相关部门参加会议。经过多轮研究,项目最终选用HPP亨派建筑设计咨询(上海)有限公司的设计方案,华建集团上海建筑设计研究院有限公司作为深化设计单位参与项目改造。

【原有建筑场地概况】

徐家汇体育公园所在场地原名上海东亚体育中心,内有上海体育场、上海体育馆、上海游泳馆、东亚大厦4栋主要建筑,东亚大厦建于2000年,建筑高度约98米,作为餐饮服务、办公和酒店使用。原场地范围内还有东亚展览馆、奥林匹克宾馆、撞球馆、售票亭等建筑。东亚展览馆于2016年下半年拆除,其他建筑于2017年6月底拆除。

原场地位于徐家汇社区南部,四至边界为漕溪北路—零陵路—天钥桥路—中山南二路,街坊总用地面积约35.96万平方米,地上建筑面积25.4万平方米。

表4-2-3 2017年6月徐家汇体育公园原有场馆建筑面积一览情况表

名　　称	建筑面积(平方米)
上海体育馆	31 863
上海体育场	132 548
上海游泳馆	16 390
东亚大厦	26 635
东亚展览馆	5 215
奥林匹克宾馆	16 744
其他建筑	24 817
小　计	254 212

徐家汇体育公园内产权主要属于上海市体育局和久事集团。其中,上海体育场、东亚大厦15～22层和奥林匹克宾馆的产权属于久事集团。上海体育馆、上海游泳馆和东亚大厦1～14层的产权属于市体育局,委托久事集团运营管理。

原有场地由于建造时间较早，在启动更新改造工作以前，建筑和场地的使用功能主要是举办大型赛事或文艺演出、专业运动训练(体育场东北角的足球训练场只提供给专业球队使用，游泳馆承担上海跳水队日常训练)、市民健身和商业办公。体育馆和体育场的裙房、地下空间大部分出租。

上海体育馆 上海体育馆又称“万人体育馆”(万体馆)，位于徐汇区漕溪北路1111号，是上海市规模最大的室内体育馆之一。上海体育馆建成于1975年，是当时中国规模最大、设施最先进、功能最齐全的体育馆。主馆呈圆形，高33米，屋顶网架跨度直径110米，顶盖采用钢管网架结构，用9 000多根无缝钢管和938只钢球拼焊而成，重达660吨。体育馆占地10.6万平方米，建筑面积31 863平方米，其中比赛馆面积为3.1万平方米，拥有上下两层观众看台，大厅有座位1.8万个。

图4-2-27 上海体育馆外景

1998年，体育馆为兼顾文化演艺功能，在体育主体功能不变前提下，进行局部改建，增加长60米、高16米、纵深32米，面积达1 250平方米的舞台。舞台平面呈橄榄形，其中包括300平方米的大型机械升降平台，为各类大型活动营造不同舞台效果提供了基本保证，观众容量可保持在1.2万人左右。2004年为迎接第48届世界乒乓球锦标赛，再度进行更大规模现代化改建，水、电、中央空调、网络、消防、监控等系统以及辅助用房等设施、设备获全面升级。

经过两次改建，上海体育馆焕然一新，可承接各类大型体育比赛、文艺演出、集会、大型展览等。上海体育馆建成40年来曾经承办过大量国际国内重要体育赛事，如1997年第八届全国运动会闭幕式、1998年世界中学生运动会开幕式、2000年全国第五届残疾人运动会开幕式、世界女排大奖赛、篮球明星赛、第48届世乒赛、NBA上海赛、世界斯诺克上海大师赛等，还举办过“上海市庆祝建国50周年文艺晚会”、“金舞银饰”大型服饰舞蹈晚会、中国上海国际艺术节闭幕演出等文化演艺活动。

1988年世界建筑节前夕，上海体育馆被作为全球建筑的成功范例载入英国出版的权威专著《世界建筑史》。1989年又入选1949—1989年上海十佳建筑排行榜。

图 4-2-28 上海体育馆内景

上海游泳馆 上海游泳馆位于上海体育馆东南侧，地址为中山南二路1500号，占地120亩，面积8万平方米，建筑面积16 390平方米，主馆占地面积6 117平方米，馆内设有比赛池、跳水池及训练池各一个，观众座位4 099个。游泳馆由上海市民用建筑设计院设计，上海市第八建筑工程公司、上海市工业设备安装公司承包施工。整个工程时间紧、任务重、技术要求高，在市政府领导下，经过设计、施工单位共同努力，仅用一年半时间，于1983年6月主馆全部建成。其体育设施、规格和技术要求均达到国际比赛标准，可为国内外游泳、跳水、水球及花样游泳等水上项目比赛和训练提供场地服务。

图 4-2-29 上海游泳馆

游泳馆外形尺寸南北轴线90米，东西轴线93米，整个建筑平面呈不等边六角形，墙面为浅蓝色玻璃幕墙，屋面四周挑檐宽5.5米。馆内比赛大厅净高16米，大厅内跳水池与游泳池成“一”字形排列。观众席设有6个净宽2.60米的疏散口，疏散大扶梯在主馆的东西两侧，比赛大厅的观众疏散时间控制在4分钟之内。

上海游泳馆是全国游泳、跳水、水球、花样游泳、蹼泳等竞赛和训练的最大室内温水游泳馆，多年来一直是上海各类水上运动队训练的主要基地，曾为上海游泳队、跳水队的专用训练馆，培养众多世界级冠军及运动健将。建馆以来，先后接待过许多国家运动员来访和比赛，承办过第八届全运会水上项目比赛、第四届世界杯跳水比赛等大赛，还被英国出版的《世界建筑史》收录其中，列为人类历史上杰出建筑及全球建筑典范之作。

图 4-2-30　上海游泳馆内景

图 4-2-31　改造完成后的上海游泳馆及东亚大厦外立面效果图

上海体育场　上海体育场又称“八万人体育场”，位于徐汇区天钥桥路 666 号，是中国规模较大、设施先进的大型室外体育场之一，于 1994 年 9 月动工兴建，1998 年建成，共耗资十亿余元。其外形新颖，占地面积 19 万平方米，建筑面积 13.3 万平方米。体育场内设有符合国际标准的、四季常绿的足球场和塑胶田径比赛场地，还建有宾馆、体育俱乐部、展示厅等辅助设施，与相邻的上海体育馆及游泳馆等融为一体，构成上海市区内一个现代化大型综合体育设施。

上海体育场是 1997 年中国第八届全国运动会主会场，2007 年世界夏季特殊奥林匹克运动会开幕式主场，也是 2008 年北京奥运会足球比赛上海赛区主赛场。

图 4-2-32　上海体育场外景

上海体育场建筑外形采用具有国际先进水平的马鞍形、大悬挑钢管空间层盖结构，覆以赛福龙涂面玻璃纤维成型膜。层盖最长悬挑梁达 73.5 米，为世界之最。上海体育场拥有 500 个座位的主席台、300 个座位的记者席和 100 套豪华包厢，可容纳 5.6 万名观众观看体育比赛以及 4.3 万名观众观看大型文艺演出。体育场配备有108平方米国产巨型彩色显示屏、摄像摄影监控系统及测量显示系统，以及保安监控系统。400余平方米大型新闻中心可通过卫星、网络、电话等传媒向世界各地发布信息。

体育场地下贵宾区总面积有3 000多平方米，分南区和北区，共有9间休息厅，可用于召开会议及各种大型活动新闻发布会等，大小可根据需要进行分隔。贵宾区白玉兰厅以上海市市花命名，有许多国家领导人曾在此会晤、休息过，配备有先进的通信设施、一流的隔音设备。环绕体育场一周共设有103套包厢，环境舒适安静，有专用电梯、走道，并有独立的卫生设施和专用室外看台，可用于观赏比赛、表演，又能用于会友、休闲，也是办公会议、商务洽谈的绝佳场所。

上海体育场举办过的重大赛事及文艺演出有北京奥运会上海赛区足球比赛、特殊奥林匹克运动会、国际田联钻石联赛、上海上港队主场的中超及亚冠赛事、国际足球邀请赛、大型民族舞蹈《金舞银饰》、大型景观剧《卡门》、著名歌剧《阿依达》等。

上海体育场是上海标志性建筑之一，其鲜明特点是大跨度、大空间，外形既充分展示体育运动的力度和气势，又体现简洁流畅的风格，是建筑技术和建筑艺术完美的结合。其于1998年被评为“上海市最佳体育建筑”，1999年又获“新中国50周年上海十大经典建筑金奖”。

【改造目标和功能定位】

根据《上海市公共体育设施布局规划(2012—2020)》，徐家汇体育公园作为四个市综合性体育中心之一，要满足作为国际综合性运动会开幕式和比赛场馆的要求。结合新一轮总体规划编制，将为奥运等重大体育赛事预留空间，并进一步增加公共体育设施。

立足上海实际，项目围绕打造“国际赛事之都”的总体目标，通过推进地区功能升级和环境改造，实现城市有机更新，满足市民健身休闲需求，旨在建设“体育氛围浓厚、赛事举办一流、群众体育活跃、绿化空间宜人”的市级公共体育活动中心暨城市体育公园。

徐家汇体育公园将被打造为“卓越体育赛事中心、活跃大众体育乐园、经典体育文化地标”，面向未来的新地标和世界级的体育综合体。功能上承担专业赛事、市民健身、青少年训练功能，原有体育设施只增不减。遵循“公益性设施、经营化管理”原则，聚焦场馆功能改造和赛事运营，做到赛事一流、运营一流、管理一流。

【布局设计规划】

整体布局上，通过规划改造形成“一轴两翼”的布局。“一轴”即保留现有体育场、体育馆主体功能，形成东西向的“专业赛事轴”。“两翼”即围绕中间的专业赛事轴，将公园分为南北两大主题，北面为可在绿化空间中自由活动的“有氧公园”，南面结合现有的游泳馆建成“运动公园”以及室内体育综合体。

项目总体规划方案设计秉承两个基本原则，一是布局全民健身和专业服务功能，二是能满足顶级赛事及赛事配套空间布局需求。具体来说就是改造升级场馆，保留上海体育场、体育馆、游泳馆和东亚大厦，保留地上建筑面积约21万平方米，不保留其他的地上设施。

上海体育场保留原有结构框架，增加赛事活动配套设施，改造成满足田径和草地运动赛事举办要求的综合性体育场。体育馆改造为满足篮球、排球等赛事和文化演出要求的综合性室内场馆，恢复环形看台，保持原本建筑立面与形象。游泳馆去除专业赛事功能，减少看台座位数，改造为市民水上运动中心和青少年游泳培训基地，满足游乐健身、体育训练、业余比赛等需求。东亚大厦改造为体育公园综合运营管理中心和相关的体育组织办公区域，聚焦建筑外观和绿色节能改造，结合区域景观统筹研究。

公园的设计强调两个原则：强化公园绿地体系，突出多层次立体绿化，统筹绿地和体育活动场地布局；强调公共开放空间开放共享和活力，突出与周边街道和街区融合共享。

增加开放空间的规模，户外体育场地只增不减。保留现状条件比较好的运动场地，并新增标准的篮球场、足球场、排球场等供市民运动使用。构建多层次慢跑系统，串联公园三大主题区，给市民带来大体育空间感。新建两条环形健身跑道：联动城市界面，利用人行道空间形成环绕公园的 2.3 公里外围跑步环道；融入绿地空间，在公园内部的绿化和场馆之间形成 1.8 公里的跑步环道，适于速度慢的跑者。

新建地下体育综合体，满足市民日常运动和锻炼。布局在万体馆以南，占地面积约 3.5 万平方米，建筑面积约 5 万平方米。下沉式体育综合体包括 40 片羽毛球场、30 片乒乓球场、3 片网球场以及壁球、击剑、体操、健身房等设施，提供沐浴更衣及储物空间等配套。其地下二层将设置一定数量的停车位。地下空间连通各主要场馆，已有一条中山南二路过街地道通向漕溪路公交枢纽。结合地下体育综合体，初步考虑新增 4 条地下通道，宽度不小于 8 米。其中，两条分别连接轨道交通 1 号线和 11 号线车站站厅层：一条为过街地道穿越中山南二路，连接上海旅游集散中心；一条连接万体馆，方便运动员从地下体育综合体内的热身场地到达比赛场地。

交通组织上以公共交通为主导，提供有限的停车位。结合交通专项研究，合理确定公园内的停车位数量，停车位不少于 1 000 个，均布局在地下。地面车辆不穿越公园，避免与人行交通形成相互干扰，实现地面的人车分流。

加强人流集散与公共交通站点联系。在地面层，梳理和引导公园内部主要人流路径，建立与轨道交通站点出入口和公交车站的有效联系。在地下层，人群可直接利用地下空间连通系统从轨道交通车站进入主要场馆。

图 4－2－33　2017 年 12 月 29 日，徐家汇体育公园综合改造工程全面开工动员大会，久事集团副总裁、久事体育董事长姜澜（右），久事体育集团总经理樊建林（左）出席

【动工建设】

久事集团扎实推进项目设计单位前期甄选、设计方案公开征询、运营方案综合策划等各项筹备工作，保障项目全面开工。

徐家汇体育公园更新改造工作于 2016 年下半年启动，突出体育功能主体地位，在研究改造方案同时启动商业功能迁出工作，拆除质量一般、形象陈旧建筑，完成区域范围内违法建筑拆除、商业广告清理、对外出租全部商户租赁合同终止及清退工作，腾出后续改造空间。2017 年 12 月 29 日上午，综合改造工作全面开工动员大会举行。徐家汇体育公园作为上海市首个超大型体育场馆集聚区综合改造项目，既是对城市的有机更新，更是面向未来的重塑与升级，项目牵涉面广，改造工作不同常规，具有新时期的新特点。

二、上海浦东足球场

上海浦东足球场项目是市委、市政府重点推进重大体育设施项目，是“十三五”期间体育基础设施建设重要任务之一，被列为市2018年重大建设项目。项目建设有利于提升上海市承办高级别足球赛事的能力，增强区域群众体育服务能力，进一步推动上海体育改革发展和建设全球著名体育城市。按照代建制要求，高标准搞好场馆建设，同步规划实施好交通配套设施，将浦东足球场建设成为世界一流水平的专业足球场馆。

图4-2-34　浦东足球场效果图

【前期工作】

2016年1月，市政府召开专题会议，听取专业足球场规划选址情况汇报，提出有关工作要求。2月，市政府再次召开专题会议，对专业足球场选址、规模、定位等作深化研究。此后，分管市领导多次召开会议研究推进。上海市体育局于2016年8月启动浦东专业足球场的概念方案国际征集工作。

2017年，先后三次召开专题会议研究推进浦东专业足球场项目。7月11日的会议认为，项目方案设计上，现有的德国HPP方案在内场设计上更为专业合理，要在此基础上进一步优化，球场看台采用小方阵格局，规模以3.5万座左右为宜；业务流程设计上，要在借鉴国际顶级足球俱乐部经验基础上，结合上港足球俱乐部特点和需要，引入一流专业团队进行深化设计；市体育局要牵头做好方案设计优化和项目推进沟通协调工作，久事集团承担项目建设主体责任，上港集团作为使用方对项目设计、建设等要提出需求并全程参与；市政府各部门和浦东新区要通力合作、加快推进。

2017年7月24日，久事集团向上海市发改委报送《上海浦东足球场新建工程项目建议书》。市发改委收到项目建议书后，积极协调相关部门，就项目有关问题进行沟通。市体育局会同久事集团、上港集团按照历次市委、市政府专题会议要求，进一步明晰项目功能定位，对项目建设方案作进一步深化优化。

2017 年 8 月 25 日，项目可行性研究方案预报市发改委。9 月 8 日，市发改委就深化开展浦东足球场项目前期工作致函久事集团：为加快项目整体进度，提高项目审批效率，市发改委决定合并审批项目建议书和可行性研究报告。久事集团据此协商规划、土地部门办理项目规划选址、用地预审等手续，同时抓紧深化项目建设方案，编制可行性研究报告暨项目建议书报市发改委审批。

2017 年 9 月 26 日，项目取得选址意见书批复。10 月 17 日，项目获得勘测定界成果报告。10 月 27 日，久事集团向市发改委初步报送 3 个不同规模座位的方案和可研文本及配套的能评、稳评报告，按市发改委意见，待用地预审完成后，正式行文上报。

2017 年 11 月，项目已完成可行性研究报告（暨项目建议书）评估和有关前期手续办理，基本具备审批条件。市发改委建议项目设置观众座位数 3.3 万座，总建筑面积 145 888 平方米。由于该项目总投资超过 5 亿元，根据《本市重大项目报请市政府审议工作规则》，提请市政府常务会议审议。

随后，市政府常务会议听取并同意市发改委关于审批浦东足球场项目可行性研究报告（暨项目建议书）情况的汇报。会议明确，项目设置观众座位数 3.3 万座，项目建设总投资 182 130 万元，土地费用由浦东新区按实核定，计入项目总投资。要抓紧推进项目前期工作，争取 2018 年一季度全面开工。

2017 年 11 月 24 日，市发改委批复同意浦东足球场项目可行性研究报告（暨项目建议书），明确项目法人为上海久事（集团）有限公司；项目选址位于浦东新区金滇路以东、锦绣东路规划绿地以南、金湘路以西、金葵路以北地块；项目主要建设内容包括运动场地、看台、观众用房、运动员用房、竞赛管理用房、媒体用房、场馆运营用房、后勤辅助用房、设备用房、地下车库等；项目总建筑面积为 145 888 平方米。项目总投资为 184 688 万元（不含土地费用），其中，工程费用为 162 660 万元，工程建设其他费用为 13 233 万元，预备费用为 8 795 万元，建设资金由市级建设财力安排。

【造型设计】

浦东足球场在设计时严格遵循“经济实用，适度超前，功能齐全，朴实大方”指导原则，力求运用现代设计理念，展示具有时代风貌的专业足球场形象和海派文化特征。球场整个造型概念源于中国传统瓷器，观众看台背面被白色金属材料包裹，呈现出瓷器般的光滑圆润。看台形成天然角度，更让整个球场像一个精致器皿。

在内场座椅布置上，采用国际足联规定数值进行剖面设计，追求最大化足球比赛观赛体验。同时，通过楼梯、走道合理配置形成具有秩序感的内场形象，在比赛期间达到“阵列在前”的仪式感。

【开工建设】

浦东足球场的建设由上海市体育局牵头，久事集团作为建设主体负责推进实施，上港集团作为使用方对项目设计、建设等提出需求并全程参与，施工单位是上海建工二建集团。足球场区位条件优越，距离市中心约 13 公里，未来交通配套将包括 2 条地铁和多条公交线路。足球场总建筑面积为 139 304 平方米，固定坐席数为 33 765 个，总投资约 18.07 亿元。

项目建设周期为 2018 年 4 月—2021 年 3 月。2018 年度投资计划约 25 033 万元（未包含土地成本约 4 亿元）。2018 年 4 月 28 日，浦东足球场项目开工仪式在张家浜楔形绿地举行，项目正式开工建设,预计于2021年上半年竣工投入使用。

浦东足球场建成后不仅是举办国内大型比赛的足球竞技中心,同时也将成为市民群众健身、休闲、娱乐重要载体。作为国内首座为中超俱乐部量身打造的现代化专业足球场,其定位是举办国际A级比赛球场,将拥有一流足球比赛使用功能、训练设施和足球训练环境,符合国际足联各项比赛标准,未来将作为上港足球俱乐部的主场,承办中超、亚冠等国内外顶级赛事,成为上海展现城市形象和活力的体育新地标,也是公众参与体育活动与体验足球文化的标志建筑。浦东足球场的建设将有力促进上海足球事业发展,提升体育产业能级,增强城市综合竞争力。

三、东方体育中心

东方体育中心(Oriental Sports Center)原名上海水上竞技中心,位于上海黄浦江畔浦东新区耀龙路前滩地块,紧邻世博园区,占地面积为34.75万平方米,建筑面积为18.8万平方米,是市政府投资建造的以水上项目为主的综合性公益性体育场馆,是一个全新的"全民健身、重大赛事、体育训练和体育交流"中心。2008年12月28日开工建设,2010年12月30日正式落成,2011年3月起逐步交付使用。中心主要由"海上皇冠"体育馆、"玉兰桥"游泳馆、"月亮湾"室外跳水池、东方体育大厦4座大型建筑,以及一个标高为11米的大平台和一些辅助设施组成。中心室外部分设有大型广场、停车场、运动场以及高低起伏的绿化和大面积人工湖景观。建筑宏伟大气,造型优美飘逸,整体环境充分体现水的灵性和动感,是上海新十年的标志性建筑之一。

图4-2-35 东方体育中心"海上皇冠"体育馆

图4-2-36 东方体育中心"月亮湾"室外跳水池与东方体育大厦

作为上海重大工程和功能性项目,整个项目建设注重环保节能,设计兼顾硬件设施建设和使用灵活性。项目建设多个环节也体现科技节能减排理念,如人工湖中各种水生植物,人为建立一个水生生态系统,实现水体自净功能;使用水源热泵系统,实现用人工湖水为游泳馆池水加温;两座室内场馆屋顶采用拱形构件排列形式,排列空间采用半透明的膜结构,将室外阳光过滤为舒适均匀的自然光,满足场馆白天采光所需。

作为城市体育功能区,东方体育中心于2011年7月16—31日成功举办"第14届国际泳联世界锦标赛",还成功举办"中国杯世界花样滑冰大奖赛""国际滑联短道速滑世界杯""国际滑联短道速滑世界锦标赛""冰上雅姿盛典"等重大赛事和活动。2011年9月起,东方体育中心开始向市民开放,其项目有游泳、网球、篮球、足球、乒乓、羽毛球、台球、健身房运动等。同时,东方体育中心也涉及游泳、花样游泳、水球、跳水、网球、羽毛球等业余体育训练项目。东方体育中心坚持社会公益性，通过不断举办国内外顶级赛事，最大限度地向市民开放，为提升上海城市国际影响力和市民健康休闲发挥积极作用。

根据市委、市政府关于深化本市国有体育场馆管理体制和运营机制改革相关精神，久事集团开展接收东方体育中心前期研究工作。2017 年 11 月 10 日，久事体育集团围绕接管东方体育中心委托管理协议、运营设想、尽职调查及财务管理等内容进行研究，初步形成书面材料供决策。

根据久事集团关于东方体育中心接收工作具体要求，久事东体工作组于 2018 年 6 月 1 日起进驻，积极展开各项接收筹备工作。7 月 1 日，久事集团正式接管东方体育中心，7 月 6 日召开专题工作会议，7 月 7 日东方体育中心管理权正式移交，市体育局与久事体育集团签订委托管理框架协议，由东体工作组参与主导日常运营工作，原有人员配合完成相关工作。

东方体育中心立足于“政府主导，企业运作，社会参与”，在保障公共服务功能和“以体为主”前提下，以打造世界一流综合性场馆为目标，不断提升全民健身参与度和竞技体育精彩度，提高场馆的综合利用率和品牌知名度，实现场馆经营可持续发展。久事集团以东方体育中心为试点，探索实践“政府建、企业管”可推广复制的全新运营模式，实现体制和机制创新，推动东方体育中心各项工作实现新的开局，为久事集团体育产业板块深化改革发展注入新动能。

四、上海久事国际马术中心

【建设背景】

截至 2018 年年底，上海已连续五年成功举办国际顶级马术赛事——浪琴环球马术冠军赛。环球马术冠军赛已成为展示上海城市魅力的重要窗口，是城市软实力重要体现。为更好地推广和普及马术运动，2017 年 7 月，市委、市政府主要领导批示：要以不断提升赛事品质、改善市民观赛体验为根本出发点和落脚点，因地制宜、远近结合，建议以大歌剧院、卢浦大桥、徐汇滨江等全市标志性

图 4－2－37　马术中心效果图

景观为背景,在世博文化公园区域选址建设永久马术运动赛场。永久马术赛场建设需要站高望远、胸怀全局,进一步对标国际一流标准,以此加快实现上海打造世界一流国际体育赛事之都和全球著名体育城市的目标。

【前期工作】

2016 年 3 月 23 日,久事集团以工作专报形式将《关于建设上海马术运动赛场的报告》报上海市副市长赵雯。2016 年 4 月 15 日,副市长赵雯调研马术赛场选址工作并于 6 月 1 日主持召开专题会议进行研究。

2017 年 7 月 12 日,久事集团以工作专报形式将《关于马术运动赛场选址情况的专报》报中共上海市委主要领导。7 月 28 日,市委主要领导作出重要批示,明确在世博文化公园选址建设永久马术运动赛场。

2018 年 4 月 20 日、5 月 18 日,市政府副秘书长宗明两次召开专题会议推进项目工作。5 月 25 日,市发改委牵头研究马术公园建设机制工作。随后,市体育局会同市规土局、久事集团、地产集团等多次召开专题会议进行具体选址、方案研究。6 月 4 日,市政府副秘书长宗明、黄融专题协调马术公园项目、大歌剧院项目和世博文化公园项目建设协同推进工作。

【规划设计】

上海久事国际马术中心总规划用地面积为 3.32 万平方米,总建筑面积为 8.8 万平方米,其中地上为单层体育场及环绕主场馆的周边三层建筑,建筑面积为 3.8 万平方米;地下建筑为两层,建筑面积为 5 万平方米。地下二层西侧与轨道交通 19 号线后滩站站厅层通过南北两个连通口分别相连。

上海久事国际马术中心将从“追求卓越的全球城市”的发展目标和建设“生态之城、人文之城、创新之城”总体要求出发,以完善中心城绿化生态体系、提高城市风貌和品质、聚焦文化内涵与功能建设为主旨,进一步扩大生态、活动等公众效应,将国际马术中心建设为市民共享公园的一部分,既能满足举办国际赛事的赛场功能设施用地储备,又能打造推广马术产业和体育文化。

【功能定位】

上海久事国际马术中心作为以环球马术冠军赛赛事为核心功能的永久性场馆,将实现成为欧盟和国际马联“马匹非疫区”认证目标,作为与国际接轨、发展马术体育运动、产业、文化、旅游、休闲、培训、教育等复合功能的孵化场所。

赛事中心　承办环球马术冠军赛等高等级赛事以及其他各种规格、级别的国际国内马术赛事,预计可达到每年 10 场。国内马术赛事越来越多,每年在国内举办重要赛事如国际马术联赛、中国马术巡回赛、浪琴马术大师赛等,青少年比赛更是数量颇多。如果上海建成固定赛场,这些赛事也有可能移师上海举办,并培育更多优秀的中国骑手。

马匹检验检疫中心　为上海口岸的马匹进出口服务,由于按照“临时非疫区”管控要求,马术中心必须配备可以隔离的马厩、检验检疫中心和医疗设施。

青少年教育培训中心　马术对青少年成长作用很大,上海青少年习马兴趣浓厚,可以作为普及青少年骑术、礼仪以及文化教育培训基地,引导马术文化传播和发展。

马术文化活动和体验中心　在非赛时可以举办马术文化展览、马术运动体验、新闻发布会以及各种论坛，促进马术运动发展和实践，提高全年场地使用率。

【建设内容及规模】

上海久事国际马术中心主体设置隔离检疫区、场地保障工作区、观赛区、媒体工作区、组委会办公区、空中游廊公共服务区、马术谷公共服务区、地下库房和设备停车区等功能区，赛时借用周边公园用地临时搭建公共服务和展示区。国际马术中心主体包含 90 米×60 米竞赛场地、64 米×30 米热身场地、30 米×40 米训练场，可容纳不少于 120 匹马的马厩，不少于 4 000 名普通观众的看台，不少于 900 名 VIP 观众的看台。

马术中心的建设将按照国际马联以及中国马术协会通用标准要求，赛场设计可适用于国际马联 8 项马术赛事类别中 5 项赛事单项赛的场地要求（障碍赛、盛装舞步、驾驭赛、小型马车赛、马术体操），并能满足中国马术协会现有的场地障碍、盛装舞步、绕桶巡回赛等赛事要求。

五、旗忠网球中心

【场馆概况】

旗忠网球中心坐落于上海市闵行区马桥镇，占地面积 330 558 平方米，于 2003 年 9 月开始建设。主场馆屋顶为可开启式屋顶，其开闭方式创世界先例，设计和施工技术都位于世界领先地位。配套包括中央赛场、2 号馆、3 号馆、网球俱乐部等共 25 片国际标准网球场地，以及品牌天地、美食天地等附属功能空间。

图 4－2－38　旗忠网球中心全景俯视图

图 4－2－39　旗忠网球中心中央球场前万国国旗随风飘扬

2005 年 10 月完成一期工程，建设内容包括 1.5 万席位主场馆一座，建筑面积 37 326 平方米；6 片室内网球场，建筑面积 6 336 平方米；能源中心，建筑面积 1 709 平方米；16 片室外球场以及总体道路、绿化等。一期工程总建筑面积 45 652 平方米，总投资额 129 638 万元。二期工程于 2009 年 8 月完工，建设内容包括 5 000 席位的 2 号馆，建筑面积 9 239 平方米；将 2 片室外网球场改造成 2 000 席位的 3 号馆，建筑面积 901 平方米。二期工程总建筑面积 10 140 平方米，总投资额 10 044 万元。2010 年 9 月完成三期工程，建设内容包括美食天地（三层），建筑面积 8 525 平方米；品牌天地（二层），建设面积 3 763 平方米。三期工程总建筑面积 12 288 平方米，总投资额 4 265 万元。网球中心现总建筑面积68 080平方米，总投资额15.13亿元。

【功能定位】

为深化场馆运营管理改革，发挥企业资源优势，闵行区政府与久事体育启动“区企合作”，2019年9月27日成立上海久事体育产业发展(集团)有限公司旗忠网球分公司，全面负责旗忠网球中心运营管理，正式开启场馆运营新模式。

力争将场馆打造为亚洲网球文化地标。自2005年起，旗忠网球中心连续举办过4届网球大师杯和11届上海ATP1000大师赛，为中国观众们呈现一场又一场世界网坛大师的巅峰对决，让全世界共同感受“这一刻，在上海”的城市魅力。

跨界融合发展，注入多方活力。自久事体育入驻以来，为场馆注入赛事之外的娱乐健身、商业利用、文化服务等元素，激发优质场馆综合活力。已在旗忠网球中心成功举办“京东杯电子竞技大赛S1”“吉利汽车驾驶体验营”“这就是街舞2总决赛”“今日头条——战争艺术大师赛”“2020年上海马桥国际半程马拉松”等一系列跨界合作活动，为场馆运营打开了更多想象空间，让每一位观众、客户享受文娱活动带来的快乐，实现精彩活动，乐在“旗忠”。

【未来发展】

未来，旗忠网球分公司将继续坚持“以网球为主，多种经营”的理念，发挥好上海劳力士大师赛“溢出效应”，不断完善网球生态圈建设；激发大型体育场馆运营潜能，积极尝试各类跨产业融合，积极努力提升场馆综合利用率。

第四节　体育装备

根据久事体育产业改革发展总体要求，久事体育集团通过广泛开展调研、征询意见，酝酿形成专业化公司组建方案。2017年8月16日，久事体育集团向久事集团体育产业改革发展领导小组汇报组建基本方案。在对方案进一步完善后，2017年10月24日，久事集团投资发展部向集团党委会专题汇报久事体育装备公司组建方案。

在结合上海体育实业公司和场地建设开发公司现有业务、团队体系基础上，集团新设组建成立久事体育装备公司，并由久事体育装备公司托管实业公司、场地公司，形成“一套班子、三块牌子”集约化管理模式，实现研发、营销体系和团队人员有效结合。

上海久事体育装备有限公司(简称体育装备公司)于2017年12月12日正式工商注册登记成立，定位为体育健身器材、运动装备研发生产商，专业赛场建设和场地保障服务提供商，是久事体育装备保障专业主体。体育装备公司以大众休闲健身产业为发展引擎，通过加强研发体系、营销体系和团队能力建设，集成研发资源、业务资源、上下游资源等，进一步提升市场竞争优势，打造成国内体育装备领域标杆企业。

一、健身器材与运动装备

20世纪90年代以来，竞技体育的刺激、娱乐体育的趣味、健身体育的益处、服饰体育的品牌等，逐步成为人们生活中的新内容、新追求。随着人均收入和生活水平不断提高，体育消费占家庭总支出的比重也出现上升趋势，出现体育消费能力提高的现象。

1995 年起，健身器材行业开始火爆。在居民体育消费逐年增加的形势下，上海体育实业有限公司于 1995 年成立，是上海体育产业中专门从事科学健身和群众健身器材设施研发制造的专业企业，是原东亚集团最早的子公司之一。体育实业公司从康体器械入手，进入康体产业。

1996 年年初，上海康体休闲市场掀起保龄球热，不少国内外投资者纷纷到上海投资保龄球馆建设。体育实业公司瞄准机遇，根据康体市场需求，在公司设立保龄球设备代理经销业务。为拓宽业务，同香港宾士域有限公司建立经销代理宾士域品牌保龄球球道业务，成为宾士域保龄球设备在上海的总代理。体育实业公司通过市场开拓，先后为上海 20 多个场所代理销售近 200 条保龄球球道，占领当时上海保龄球馆设备的一半市场。同时，体育实业公司注重售后服务，专门建立保龄球球道安装服务工程队，为用户提供保龄球球道安装调试以及维修保养服务。历经几年稳健发展，体育实业公司在康体产业市场站稳了脚跟。

【康体器材设施】

康体器材发展形成几大分支，一类是用于高档会所和高收入家庭各种健身锻炼器材；另一类是主要分布在各体育场馆公共区域以及社区健身苑的健身器材。前者单位价值高，附加值高，利润率也高；后者则主要配套在公共场地，市场利润率较低，其对质量和安全的要求并不低。体育实业公司把企业发展方向定位到群众健身场所器材设施上。

图 4－2－40　康体器材

从 1998 年起，体育实业公司开始探索社区体育健身器材设施的开发。公司会同市体育科研所、华山医院等专家从体能锻炼、休闲健身、康复理疗三个方面着手开发系列社区户外健身器材设施。1998 年年底,开发研制的第一代户外体育健身器材设施应用在临汾、长风、殷行等 21 个社区街道健身苑。尽管第一代初级产品很多方面还不完善,但在 21 个街道社区百姓中引发极大反响和共鸣,也得到市领导好评。由于 1998 年在上海 21 个社区街道建成的健身苑深受群众喜爱,在 1999 年年初的市人代会上,经多名代表提出提案,市政府决定当年在上海街道社区中再建 22 个街道健身苑和 900 个居委会健身点,并立为 1999 年市政府实事工程。2000 年,体育实业公司加大力度,全面提升器材设施的功能、质量、工艺、技术、安全和外形,器材设施实施标准化、系列化、通用化,器材设施整体水平达到和超越国家标准。

【申康牌健身器材设施】

申康户外健身器材是由原上海体育实业公司会同上海体育科学研究所、上海体育学院和上海有关医院康复领域等专家,经过多年研究和开发形成的整套系列户外群众健身产品。申康户外健身器材功能齐全、完整,既有体能锻炼类器材,又有休闲健身和康复体疗类器材。器材使用功能涵盖上肢、下肢、腰、腹、肩、背、颈、手、足等人体各部位。申康户外健身器材注重器材设计功能性、耐用性、安全性和美观性,可广泛适用于广大社区、学校、公园等群众健身场所。

体育实业公司在产业发展基础上,正式注册“申康”商标。申康牌户外健身器材设施摒弃传统健身器材工艺设计,采用上海宝钢 S400 优质高频钢管,管壁厚度达到 3 毫米,器材传动结构全部按照机械制造工艺设计,轴和轴套都经过热处理并经过磨床加工,精度极细,传动结构均采用优质高强度密封防尘轴承,紧固件采用专门开模生产的防松、防盗、防锈紧固件。申康健身器材配套件也全部采用韩国进口塑粉,运用滚塑工艺,质量和环保标准达到国际先进水平,外观、色彩也均达到优秀品质。申康户外健身器材设施先后 3 次通过国家检测,并作为上海 500 项产品之一,2001—2005 年由市技监局实施 5 年质量跟踪。

随着申康器材设施品质不断提升及申康良好售后服务保障,1999 年以后,申康器材在上海市场占有率也逐年提高,最高时约占上海市场的 98%。从 1998 年到 2008 年 10 年间,上海总共建设各类健身苑(点)共计 5 000 多个,投入使用器材约 7 万多件,申康品牌器材约占 95%。体育实业公司根据社区健身苑(点)的日常运作需求,在 2002 年 7 月建立社区器材设施维修配件中心,全力保证全市健身苑(点)的日常开放和运作。

2002 年 1 月,上海体育实业公司应日本福井上屋敷工业株式会社和东京日都产业株式会社的邀请,赴日本洽谈并与这两家企业签订申康户外健身器材设施代理协议。从 2002 年起,体育实业公司还同德国、新加坡、韩国等企业建立产品代理关系,申康户外健身器材分别出口日本、韩国、新加坡、德国等国外市场。2004 年中法文化交流活动,市政府在法国里昂展示独具民族风情的“上海一条街”,来自体育实业公司 20 多件器材安装在里昂街头,得到里昂市市长和市民称赞。申康户外健身器材还多次作为市政府援建体育设施项目落地到国内的西藏、新疆等地区以及古巴、爱尔兰、瑞典等国。申康系列户外健身器材扎根上海区域数十年,深受上海百姓欢迎,同时在马来西亚、日本、韩国、法国、新加坡等国的城市公园和社区也广泛使用。

2019 年 3 月 29 日,上海久事体育装备有限公司旗下的申康品牌系列户外健身器材成功获得由北京国体世纪体育用品质量认证中心(NSCC)颁发的认证。国体认证是对申康产品质量的官方认可,也是申康走向全国的品质证书。装备公司通过国体认证,填补了国内国体认证没有国有独资企业以及上海没有国体认证本地企业的两项空白。

【申康体质测试仪器产品】

2001年年初，上海拟建一批社区市民健康体质测试站。从未接触过体质测试仪器产品的体育实业公司，从各类相关产品调研着手，确立产品开发功能和技术目标，同时又专门引进了相关技术设计开发人员，联合中科院、上海交通大学等单位，专项开发研制申康体质测试仪系列产品。经过一年多的研制，第一套具有自动测试、自动评价、多媒体动画演示和IC卡联网的上海产申康体质测试仪样机于2002年完成。这套体质测试仪不仅功能和性能同国外产品相仿，而且在某些性能和配置方面超越了国外同类产品，但价格仅是韩国产品的25%。体质测试仪样机得到市领导肯定，并被选定为上海建设社区市民健康体质测试站的采购设备。2004年，申康体质测试仪系列产品经过改进，仪器质量和精度全部达标，测试数据达到国内先进水平，并通过国家体育用品技术质量监督检验中心和上海市技术质量监督局计量产品检测中心的检测。

从2004年起，申康体质测试仪系列产品正式投入80个社区市民健康体质测试站使用。为做好社区市民健康体质测试站保障服务工作，体育实业公司成立上海市民体质测试站服务中心，为社区市民体质测试站提供日常运作和维修保养服务。申康体质测试仪产品除在上海80个社区市民健康测试站应用外，还被浙江、广东、北京、山东、沈阳等10多个省市体育部门和健身会所选用。2004年浙江省体育局在杭州组织相关评比，结果申康体质测试系列产品赢得第一名。浙江省体育局因而下达文件，指定选用申康产品作为浙江省体育局建设市民体质监测站推荐配套仪器。申康体质测试仪产品销售遍布全国各地，产品在技术、销售、服务、品牌美誉度等方面都在行业中名列前茅。

2004年，上海科技馆组织“流动科技馆”下企业、学校和社区，指定要求上海体育实业有限公司申康体质测试仪和申康科学营养餐厅产品加入。同年12月，申康体质测试产品和申康科学营养餐厅产品被上海科技馆作为优秀科技产品收入科技馆陈列展示。

【社区市民体育乐园】

随着经济社会和城市建设发展，社区公共健身设施不再局限于一般的市民健身设施，而是向各类运动项目拓展。由此，体育实业公司配合上海新一轮社区公共运动场建设，开发建设既能满足社区各类人群体育健身需求，又与城市发展相匹配的社区市民体育乐园。

笼式足球场　体育实业公司根据上海城市社区特点和青少年喜爱足球场地贫乏的状况，在2005年设计开发笼式足球场产品，开全国普及建设之先例。体育实业公司根据社区场地实际情况，因地制宜，个性化设计，选用32毫米高的笼式足球专用草，四周配以加强型围网，顶部用绳网，由围网四周10米高的拉杆将绳网吊起，形成三人制、五人制笼式小足球场。在笼子里面踢球，可以保证球始终在笼子里运转，不会对外界造成干扰，确保在社区内踢球的安全性。个性化的笼式足球场设计同社区环境匹配，美观漂亮，成为社区内体育健身运动场地，得到主管部门和市民称赞，实现足球场地进社区。

百姓健身步道　上海推进百姓健身步道建设，体育实业公司设计研制集功能、质量、安全和美观于一体的百姓健身步道成套产品。本着为上海群众健身提供优异产品的宗旨，发挥自身产品创意和技术工艺等方面优势，研制申康百姓健身步道专用面层，塑胶面层各项指标均达到国家标准，色泽鲜艳，不起壳、不开裂，使用寿命达到10年以上。申康百姓健身步道还配套功能指示、健身提示等科学行走标牌，配有行走距离等标志，配有晚间行走的太阳能步道灯，形成完善的百姓健身步道系列产品。2011年，市体育局在松江方松街道新建的申康百姓健身步道现场举行市“十二五”百姓健身步道建设工作会议，各体育主管部门领导和专家均给予申康百姓健身步道很高评价。

图 4-2-41 笼式足球场

公共运动场地设施 体育实业公司拥有经验丰富的设计师和场地设施建设专家,有数支技术精良、作风过硬的施工队伍,服务上海市政府工程建设和全国各地学校、企业、社区的体育场地设施建设。体育实业公司还以先进的设计工艺技术和严格的质量管理体系标准控制生产和施工全部工序过程,并在社区运动场地建设中选用国内外优质材料。运动场地的围网,采用工厂化生产,在工厂内制作,通过磷化除锈工艺处理,进行涂塑工艺,再运到现场拼装,使质量寿命和外观品质大幅提高。体育实业公司还同上海灯具研究所合作开发社区运动场专用灯,品质接近同类进口产品质量指数,价格仅是进口产品的 1/3。在开发社区公共运动场地建设中,大力引入新设计、新技术、新工艺,并制定社区公共运动场建设标准。体育实业公司已为上海社区承建 800 多片各种类型篮球场、网球场、门球场、笼式足球场,也为 20 多所学校承建足球场和运动跑道。体育实业公司所承建的各类篮球、足球、网球、门球、羽毛球和百姓健身步道等社区公共运动场,约占全市公共运动场地的 60%,各类运动场地和健身步道的工程质量与品质受到广大社区用户认可和称赞。

拆装组合式游泳池 游泳是广大上海市民喜欢的健身锻炼项目之一。市政府考虑到市民的锻炼健身需求,提出"十二五"期间要建设大批"百姓游泳池"目标。体育实业公司围绕上海"十二五"建设"百姓游泳池"的项目,从上海社区实际情况出发,联手相关游泳设备公司,研发组合、拆装式游泳池,并于 2010 年 9 月在宝山区罗泾镇建成上海第一座拆装组合式游泳池。市体育局专门在罗泾镇举行"百姓游泳池"现场工作会议。该款拆装式游泳池由 2 米一块的模板拼装而成,可建成 50 米×25 米、25 米×15 米标准泳池,也可根据社区场地实际情况,因地制宜,设计拼装成各种非标泳池。泳池组件全部在工厂生产制造,到现场安装,不需要打桩挖基础,适应在社区施工作业。游泳池机动灵活,可随时拆装,夏季过后,可将泳池拆除,场地可变身为篮球场、羽毛球场、门球场等,场地的利用率极大提升。体育实业公司除在宝山罗泾建成第一座拆装式游泳池外,还分别在宝山美兰湖、浦东合庆、青浦华新、青浦徐泾、奉贤体育中心、崇明陈家镇、金山第二中学、横沙岛学校和海洋大学等建成 10 多座拆装式游泳池,为上海"百姓游泳池"建设作出了贡献。

二、体育场地基础设施

上海体育场地建设开发有限公司(简称场地公司)于 1992 年 12 月成立,是由上海市体育局出资,经市政府批准、市工商管理局注册登记,具有独立法人经营资格的国有(独资)公司。2016 年 1 月 1 日起根据市政府部署,场地公司整体划转久事集团,2017 年年底参与组建并隶属于久事体育装备公司。

场地公司注册资金 1 000 万元,主营房地产开发、体育场地设施开发建设和经营、物业管理、房屋租赁,兼营建筑装潢材料、体育建筑、科技咨询及体育器材、服装、五金、电子产品等。场地公司是专门从事以建设开发各种体育场地为主的多种经营综合性开发公司。主要通过开发房地产和其他经营收入,以副养体,自筹资金开发建设各居民住宅小区的体育设施。先后投资建成上海体育宫、上海仙霞网球中心、中原体育场、中原游泳馆、田林体育中心、康东网球馆、上海马术场 7 所体育场馆,投资额近 2 亿元。

场地公司下属主要子公司有上海申奥工程有限公司,并参股上海运动草坪景观工程有限公司等。子公司上海申奥工程有限公司是上海市第一家获得市建委颁发的体育场地施工专业资质证书的单位。原具有体育场地施工专业二级资质,2016 年建设部取消体育场地施工专业资质序列后,场地公司具有建筑装饰装潢二级、机电安装及钢结构工程三级资质。场地公司还为“中国建筑学会体育建筑专业委员会委员”“中国田径协会场地器材委员会委员”“中国网球协会场地器材委员会会员”。

场地公司在实践中,锻炼了一支具有丰富体育场地设计、施工和管理经验的队伍,培养了一批体育场地建设专业人才。曾参与全国八运会以及上海和周边省、市的运动专业竞赛、训练基地的建设;上海各大专院校、中学及其他各类学校的体育场地的建设;全国各地各类单位的体育场地、设施的建设。公司先后承接标准塑胶网球场 400 多片,各类标准塑胶田径场 60 多个,各类篮、排球场 400 多片及标准曲棍球场、棒垒球场、门球场、保龄球馆、壁球房等工程项目。其中,包括可供 ATP 网球公开赛和国际、国内网球比赛使用的网球场,符合国家田径协会、上海市田径协会比赛与训练要求的田径场,以及被上海市质监站评定为优良工程的篮、排球场等诸多体育场地。公司注重企业自身素质培养和提高,已通过 GB/T19001-2000、ISO9001:2000 国家质量管理体系认证,同时被市工商局评审为“重合同、守信用”A 级单位。

2017 年,场地公司往年结转项目收到款项 1 278 万元,年度新签项目合同金额达 2 251 万元,大幅超额完成计划。

三、专业保障服务

上海久事体育装备有限公司从企业发展全局性、长远性、引领性角度出发,坚持改革创新、争创一流,不断做强主业、做精品牌、做强队伍,全面对接久事赛事资源,发展壮大在赛事保障服务领域的业务,全力保障久事赛事的专业化运营和发展。

【上海国际赛车场弱电维护工程】

2008 年起,每年 F1 中国大奖赛期间,体育装备公司所属上海申奥工程公司都参与赛事保障工作,组建专业技术团队对赛事运行弱电系统进行保障。主要工作包括对赛事弱电系统优化,确保系统在赛事期间无故障运行;将数字化视频赛道监控系统与国际汽联系统对接,并将赛道图像实时传给车队、后台工作人员以及欧洲车队总部;新建应用于围场的数字视频监控系统,满足国际赛事安保要求;接入外方数字电视直播信号,同时传输覆盖全场;赛事计时系统应用,与外方接口配合;全场网络信息系统的保障,开通上百条临时宽带线路,满足赛事需求;音响系统保障,同时与外方颁奖音响系统接口连通使用;负责整个建筑的弱电系统保障工作。

【国际泳联世界锦标赛保障服务】

2011年,久事赛事公司中标第14届国际泳联世界锦标赛的核心配套项目,承担世游赛赛场整体包装及公众活动区、商务展示区、赛场休闲区的整体设计与搭建工作。在近三个月时间里,申奥工程公司在正常推进重要赛事经营、保障工作的同时,调集人员确保世游赛配套工程如期完工,多次受到市领导高度赞扬,体现了作为一家专业体育项目经营管理公司的整体实力。世游赛举办期间,保障团队保持做好项目在赛事期间的运营和服务保障工作,为办好世游赛作出贡献。

【上海环球马术冠军赛设备和技术保障服务】

2018年是上海环球马术冠军赛在沪举办的五周年。为比赛正常运行,赛事管理方上海国际赛车场经营发展有限公司委托上海申奥工程有限公司负责提供新闻中心、外场商务区域、外方办公区域、电视转播区域、物资仓库区域内的有线电视点位及系统,场地内的数字视频监控系统、储存回访系统,以及音响系统等设备和技术服务。其中包含设备租赁、运输保险、设备安装、系统构建、调试开通,以及使用过程中的调整工作和赛事结束后的拆除施工。整个工程项目历时一个半月,于2018年4月17日完成。赛事期间,申奥公司还驻派负责系统运行的操作人员,提供技术保障支持。

【国际田联钻石联赛有线数字电视设备工程技术服务】

申奥工程公司负责2018年国际田联钻石联赛整个赛事项目有线数字电视设备工程技术服务。申奥工程公司赛事弱电工程项目经验较为丰富,于5月7日之前将所有设备调试到位,5月8日通过赛事管理方上海久事国际赛事管理有限公司验收。在赛事举办期间,还派驻相应技术人员在活动现场提供技术服务,保证设备正常运行。

【澳式橄榄球超级联赛上海站通信技术服务保障】

申奥工程公司负责2018年澳式橄榄球超级联赛上海站的通信专项技术服务保障。根据赛事管理方的要求,提供比赛期间通信设备运输、安装、调试,网络集成以及赛事期间现场管理和技术保障工作。申奥工程公司安排项目经理与场馆方组织协调现场施工,组织专业技术人员把牢每一道技术关口,确保整个赛事期间网络通信正常运行。

【斯诺克上海大师赛技术保障服务】

为保障2018年斯诺克上海大师赛能在电视和各大网络媒体上正常转播,给观众展现国际最高水平的斯诺克对决,上海申奥工程公司为赛事提供网络及电视等转播设备及赛事服务系统的保障工作。整个赛事服务工程于2018年8月3日起启动,项目包含设备租赁、设备安装、系统调试、运行保障服务等。

【室外体育工艺球场草皮工程】

上海市民体育公园一期项目(足球公园)于 2018 年 12 月正式开工奠基,成为沪上全民健身型足球乐园。公园位于嘉定区上海国际赛车场区域,一期项目绿化率超过 30%,建有标准 11 人制足球场 18 片,5 人制足球场 32 片,篮球场 25 片,停车位 800 余个,以及服务中心、生态跑道、休闲广场等设施,于 2019 年 9 月 19 日正式建设落成。公园由上海建工集团股份有限公司承建,上海申奥工程有限公司承包该项目室外体育工艺球场草皮的工程施工。

【上海体育场主跑道翻新铺设工程】

上海体育场原有的跑道从 2007 年以来已经使用了十多年,尽管一直养护,但因为时间太久,跑道材料的物理性能衰减,需进行改造升级。为迎接一年一度国际田联钻石联赛上海站,2019 年赛前,上海体育场特地对跑道进行整体翻新,上海申奥工程有限公司负责跑道沥青铺设工程,工程于 2019 年 1 月开始进行,3 月 26 日铺设完毕。

第五节　商 业 开 发

一、赛事开发

【特许产品经营】

久事赛事公司于 2008 年 3 月 19 日与上海世博会事务协调局签约,成为 2010 年上海世博会特许产品零售高级赞助商。赛事公司自 2011 年 10 月正式启动特许产品工作,采用自行设计、自行采购、自营的销售模式,以 2011 年上海 ATP1000 大师赛为试点,在中央场馆开设 3 家店,营业额约 25 万元。2012 年特许产品延续 2011 年做法,F1 中国站营业额 70 万元,上海 ATP1000 大师赛营业额 30 万元。

由于赛事公司特许产品工作发展较慢,亟须调整模式,因此于 2013 年通过全公司投票,比选产生集成供应商,由供应商负责设计、生产特许产品,赛事公司进行销售。2013 年特许产品营业收入提升 30%。自 2014 年起,赛事公司继续探索调整经营模式,采用供应商提供设计稿,经赛事公司审批后,由供应商进行生产、销售的模式,赛事公司向供应商收取 10%的授权费和 15%的销售佣金。在此种模式下,特许产品销售的年营业额进一步提升,达到近 500 万元。新的模式也产生新的问题,随着供应商数量不断增加,从最初 3 至 4 家发展到 14 家,且由于供应商简单地追求利益最大化,导致商品品类重复,形成恶性竞争。

2018 年 3 月,赛事公司成立特许产品部,对内部和外部资源进行梳理,提出指标翻倍目标。为进一步提高特许产品品质,集中供应商有限资源,最大限度发挥供应商潜力,同时避免供应商之间的不良竞争,降低销售风险,公司自 2019 年起实行单品集成供应商销售合作模式,共分为六大类——帽子、饰品、服装、毛巾浴巾、箱包、其他,并于 11 月 23 日启动招标工作。2019 年上半年,完成情况较好,实现销售额近 400 万元。

另外,为进一步提高产品品质和形象,赛事公司自 2018 年开始对包装、小配件进行统一采购。在客户服务方面,严格按照国家相关规定,并将无理由退货时间延长至 15 天。公司特许产品覆盖赛事公司负责运营的所有赛事相关纪念品。

2018 年 9 月,赛事公司特许产品官网(www.jussmerchandise.com)正式上线,积累了一定会员人数。网站包含 F1 中国大奖赛、上海 ATP1000 大师赛、国际田联钻石联赛上海站、上海环球马术冠军赛、斯诺克上海大师赛以及澳式橄榄球上海站六大赛事，品类包含家用纺织品、服装、文具、伞具等。特许产品部还对网站进行优化，加入积分、网上商城、微信一键登录等功能，更好地将线上线下销售结合起来。

【体育旅游结合】

2013 年 3 月 28 日，上海市副市长赵雯赴久事赛事公司调研体育旅游结合工作并指出，F1 中国大奖赛、ATP 网球大师赛等品牌国际赛事是上海建设世界著名旅游城市和体育强市的重要资源，推进体旅结合发展、放大赛事综合效应对展示国际大都市形象和发展现代服务业具有重要意义。有关各方要在现有办赛机制基础上，研究建立体旅结合发展工作机制，有效整合各方资源，积极创新赛事旅游产品，完善有关统计和评价体系，进一步放大品牌赛事对城市经济社会发展的综合效应。

F1 是与奥运会、世界杯齐名的三大世界顶级赛事之一，在全球拥有巨大的影响力，具有更广的覆盖面和持续性。从举办赛事的经验来看，F1 的举办成为举办地标志性的旅游项目，吸引大量外地及国际游客到当地观看比赛并游览参观。另外，F1 作为现场观众聚集人数最多的体育赛事之一，本身具有节庆活动属性，经常与大型音乐活动等同步举办。F1 中国大奖赛办赛多年，在赛事和旅游结合方面作了许多探索，取得一定效果。作为市旅游局推广的一项重要活动，每年市旅游局牵头各相关部门出谋划策、认真研究，把对赛事支持从宏观指导转为具体参与。在市旅游局向外进行上海城市旅游推介的活动中，F1 成为上海旅游的一大特色和亮点内容。

通过上海国际汽车文化节扩大地区知名度　自 2011 年开始，F1 中国大奖赛与上海国际汽车文化节正式建立长期合作关系。为与赛事同步，汽车文化节将原本两年一届改为每年一届，开幕活动也选择于 F1 正赛当天在上赛场举行。F1 中国大奖赛为嘉定区展示对外开放形象提供平台。上海汽车文化节开幕式、E 看台“嘉定欢迎你”巨型广告通过赛事转播传达给全球观众，提升了嘉定以及安亭在世界范围内的知名度，达到地名传播效果，也在一定程度上带热嘉定和安亭旅游项目。

带动“汽车嘉定”特色旅游产品开发　上海国际赛车场的建成和 F1 中国大奖赛的举办，为举办地嘉定旅游产业发展注入了活力。2001 年以来，随着上海国际汽车城和国际赛车场相继开工建设，“汽车嘉定”不断完善。2009 年起，汽车旅游成为嘉定旅游品牌特色，带动了全区旅游产业规划布局、节庆活动和线路产品，推动了嘉定旅游产业实现跨越式大发展。嘉定区将 F1 赛事与全年四大节庆的宣传推广有效结合起来，共同整合为“车游嘉定”系列节庆产品，成为贯穿整年的旅游宣传点。

借助旅行社资源优势拓展票务销售渠道　通过旅行社包装赛事产品、助推票务销售也是赛事与旅游结合的重要形式。F1 赛事在这一渠道票务销售主要有两种方式：旅行社以较优惠价格购买票务产品，对其进行二次包装，打造成旅游加观赛产品加以销售；或是作为票务代理方，直接经营票务销售业务，并提供增值服务以吸引客户。

二、演艺票务

【久票网】

久事赛事公司于 2009 年在天猫平台入驻了 F1 官方票务旗舰店及大师赛官方旗舰店两家天猫

店铺，电商化运营模式可大量减少人力、物力和成本，也突破工作时间和空间的限制，减少中间环节，提升用户体验，使消费者的交易变得更直接便捷。因此，赛事公司在 2011 年成立自营销售平台“久票网”。久票网自 2011 年起每年销售额稳步提升。

久票网自 2011 年起历经三个重要版本更新。2011 年最初建设的平台只为满足观众可在平台上进行交易，与银联、支付宝进行对接，解决大部分支付问题，与观众建立初步联系。

2012 年久票网进行 UI、UE 上的升级，产品分类更清晰、购票流程更完善、促销信息更明显。与旧版面相比，新版面让购票者更直观了解久票网所销售的产品和优惠幅度。同时还与本公司会员平台打通，建立 CRM 数据库，增加各项赛事票务所需的定制化功能，如会员商城、学生票认证功能，在观众群体中留下久票网为赛事官方销售平台印象。

2017 年久票网以票务管理系统为目标进行升级。赛事公司为更好满足购票观众体验，同时兼顾电商化发展速度，确保平台能同时处理更大量的交易订单数据，在 2017 年上海 ATP1000 大师赛前开发基于久票网前端的票务管理系统，实现直营、分销一体化管理。用户可在前台实时在线选位，分销商可在后台进行赛票的申购，既保障用户数据真实性，也确保高效率管理，同时结合统一化资源及订单管理，在订单全部完成后，票务系统直接连通赛事门禁系统打印赛票并将门票管理数据发送至门禁系统，在赛事期间做到实时入场观众与订单实名制认证，大大提升票务、安保管理。

久票网于 2019 年进行第三次升级，通过升级将数字营销工具（微信小程序、支付宝服务窗等）、会员服务集于一体，建立统一的 CRM 数据库，在完善用户体验的同时根据大数据分析，以用户为导向定制更多个性化产品。

【东亚票务】

上海东亚票务营销有限公司成立于 2005 年 3 月，为久事体育集团旗下上海东亚体育文化中心有限公司控股子公司，注册资本 544 万元，经营范围为票务代理、酒店预订、商务咨询、会务服务。东亚票务网站：www.eaticket.com。

2010 年，东亚票务围绕“世博年”开展各项工作，全年体育赛事共计 26 场，演出活动 53 场，与 2009 年相比略有减少，但营业收入相比有所提高，获得“上海市体育场馆世博窗口服务优秀集体”荣誉称号。

2011 年，东亚票务作为第 14 届世界游泳锦标赛票务总代理，顺利地完成了历时一年的世界游泳锦标赛票务工作，从业务上积累了大型赛事票务工作经验。年度演出活动、体育赛事的票务销售情况较 2010 年有所回升。东亚票务在日常检查监督检票同时，完成无线检验票设备更新换代，票样由单一条形码升级成二维码，更好地满足了上海体育场和体育馆承办各类体育赛事及文化表演的检票需求，同时也大幅度提升了检票技术水平。

2012 年，东亚票务圆满完成短道速滑世界锦标赛票务工作，开展日常演出活动、体育赛事、会务相关的票务工作。2012 年体育赛事 35 场（含 6 场短道速滑），会务活动演出活动 45 场，赛事公司完成约 80 场活动的出票工作。赛事公司从事票务工作的活动场次与 2011 年相比约减少 13%，同时营业收入与 2011 年同期相比下降近 30%。

2013 年东亚票务顺利开展日常演出活动、体育赛事、各项会务的相关票务工作。2013 年体育赛事 38 场、演出活动包括会务包场 53 场，约 91 场活动，与 2012 年同期相比，营业收入增加约 11.2%。2013 年上海东亚足球队以上海上港队新面貌参加中超足球联赛，上海体育场成为上港队主赛场，东亚票务为上港队量身打造符合中超赛事要求的票务方案，配合赞助商以及球迷会的各种需求，增设多种套票形式推向市场。东亚票务还配合足球俱乐部及时制作票版、制定调整票价、确定售票方式等。

2014年10月底，东亚票务完成出票活动82场，与2013年同期相比，场次虽减少，但营业收入与同期基本持平。赛事公司先后完成中超联赛、斯诺克大师赛、跳水世界杯、短道速滑世界杯等票务营销工作。2014中超赛季，东亚票务为足球俱乐部共出票15万张，总出票数较2013赛季增加14.4%。其中，销售票数增加了19.9%，销售额增加约16.3%。

2015年至11月底，东亚票务完成105场出票活动，体育赛事实现销售额约9 000万元，年度总出票量在近三年中创出新高，先后完成世界花样滑冰锦标赛、中超赛事、意大利超级杯上海赛等欧洲足球夏季比赛、斯诺克上海大师赛以及短道速滑世界杯上海站等体育赛事的票务工作。

2016年1月至10月底，东亚票务共完成95场出票活动，实现销售额近1.9亿元。其中，体育赛事出票45场，演出类活动50场，销售额在近三年中再次创出新高。公司对原有网站及呼叫中心系统进行升级，提升网站功能、购票体验，并在新网站中加入支付宝等在线支付方式，进一步简化购票流程，大幅提升支付成功率，增加经营业绩。东亚票务完成上海超级杯、2016年度中超联赛上港集团俱乐部主场赛事、2016赛季亚洲俱乐部冠军联赛、2016年国际黑池舞蹈节、国际冠军杯(曼联对多特蒙德)商业赛事以及世界斯诺克上海大师赛等多项国内外重大赛事的票务代理工作，实现销售额2 700余万元，约占总销售额的14.6%。

2017年，随着徐家汇体育公园的改建启动以及业态全面调整，上海体育馆进行整修，演出活动大幅缩减，依赖场馆优势的东亚票务经营面临严峻考验。截至10月底，东亚票务共完成出票活动40场，其中体育赛事26场，演出及其他会务活动14场(含6场包场)，销售收入也随之大幅下降。共完成上港主场球赛(亚冠、中超、足协杯)票务工作共计25场，比上年增加4场比赛，实现销售额2 800多万元。2017年平均每场足球比赛累计出票2.8万张(含持卡球迷)。

2017年上半年东亚票务公司逐步对售票网站开发手机web页面及微信购票，拓宽购票渠道。在原有网站功能的基础上升级，大幅提升客户手机购票体验。其中较大的改进为在web页面功能中增加支付宝支付、手机微信购票等便捷的支付方式，使客户可点击手机购票，解决了网上支付成功率不高导致客户多次确认、重复支付、出票延缓等困扰。东亚票务公司通过半年多实际操作，手机移动端购票的占比从20%～30%增长到79%左右。

【演出及会务活动业务】

上海东亚演出有限公司(简称东亚演出公司)是由上海东亚(集团)有限公司和所属上海运筹国际广告有限公司于2001年7月共同出资组建，为上海东亚体育文化中心有限公司下属自主经营、独立核算的子公司。演出公司人员由东亚体育文化中心公司经营部组成。东亚演出公司以上海体育场和上海体育馆的租赁演出场地业务为主，发挥其文化的孵化功能，在引进和推广海内外优秀文艺作品时起桥梁与纽带作用。

东亚演出公司于2002年年初开始项目运作，采用“两块牌子、一套班子”(演出公司与中心公司经营部)的灵活机制，经十余年摸索经营，逐步在业内形成一定的文化品牌。在经营过程中，通过主办、承办、报批、经纪以及参与投资等多种形式，开辟体育文化中心公司演艺经营板块，给中心公司文娱演艺板块营销机制和管理模式带来深刻变化。

2014年，东亚演出公司承接一些大型且有影响的演唱会，市场火爆。

2015年，东亚演出公司先后为多场重要演唱会等演出活动提供票务及场地保障。

2016年东亚演出公司全年共完成48项55场次的演唱会、企业年会、发布会的场地保障工作，与2015年同期比较虽承接项目数量、场次略有下降，但整体收入同比上升约11.29%。

2017年，东亚演出公司扩宽思路、寻求发展“走出去”，承接东方体育中心、旗忠网球中心赛事和会务活动出票工作。

三、酒店

2016年1月，上海东亚(集团)有限公司股权划至上海久事(集团)有限公司，党组织管理关系由市体育局党委调整至上海久事(集团)有限公司党委。东亚集团改组为久事体育集团下属资产经营公司，其原有的上海富豪东亚酒店、上海国际网球中心及富豪环球东亚酒店、新东亚大厦及酒店也一并划入久事集团。

【上海富豪东亚酒店】

1996年10月14日，上海体育场有限公司与香港富豪酒店管理有限公司协商签订酒店管理合同，聘请香港富豪酒店管理有限公司带资1 000万美元对上海富豪东亚酒店有偿管理。1997年，上海体育场竣工。同年5月，上海体育场酒店管理有限公司由6家单位合资成立。上海富豪东亚酒店位于上海体育场内，并归属于上海体育场酒店管理有限公司，由该公司行使酒店业主职责。酒店最初定位是1997年10月在上海召开的全国第八届运动会正式比赛场馆的配套服务设施。

上海富豪东亚酒店隶属于上海久事体育产业集团旗下的资产经营公司(原上海东亚集团)，是由业主投资、委托香港富豪酒店管理有限公司管理的一家商务型酒店。酒店位于徐家汇商区的上海体育场内，地址为上海市徐汇区零陵路800号，占地面积9 214平方米，建筑面积33 062平方米，正式营业前投资3.3亿元。酒店于1997年5月7日开业，2000年4月24日被上海市旅游局评定为四星级酒店，并于2007年、2012年、2014年、2017年4次通过市“星评委”的星级饭店评定性复核。

富豪东亚酒店共有各类客房333间(套)，包括行政套房、豪华套房、家庭套房、行政房、商务房、豪华房和高级房等房型，其中双床间134间，大床间157间，套房42间。酒店有咖啡厅、中餐厅、大堂吧、富豪饼店和日式餐厅等5个就餐区域，其中中餐厅有包厢7间，提供粤菜和部分海派菜肴，餐厅可容纳365个就餐客位。酒店还有1间大型宴会厅，面积660平方米；9间多功能厅，面积从43平方米到624平方米不等。此外，酒店还配有游泳池、健身房等设施。截至2019年2月28日，酒店共有员工289人(含管理公司)。

酒店作为全国第一个体育场植入式酒店，从1998年起，除自身运营外，也实现与体育场互为联动、互为需求、互为运营的有机融合模式。自2005年起，酒店随着体育场运营模式的不断探索，陆续配合完成2005年第48届世界乒乓球锦标赛、2005年以来的国际田联黄金联赛和钻石联赛、2007年至2017年世界斯诺克上海大师赛、2007年世界夏季特殊奥林匹克运动会开幕式、2011年第14届国际泳联世界锦标赛、2011—2018年的上海国际马拉松赛、2013年中俄青少年运动会及第19届国际泳联跳水世界杯、2014年国际滑联短道速滑世界杯、2015年国际滑联世界花样滑冰锦标赛与国际滑联短道速滑世界杯上海站、2016 年国际滑联上海超级杯短道速滑及花样滑冰队列滑大奖赛、2017 年国际剑联花剑世界杯大奖赛及国际冠军杯中国赛等赛事的接待服务工作。在不同级别、类型、项目的赛事服务保障工作中,酒店在发挥专业优势的同时,也逐渐形成体育接待特色。随着 2002 年年初上海东亚演出有限公司成立,酒店也与之达成战略合作协议,承接大部分在体育场及体育馆进行表演的演出团队的服务接待工作。

2016 年,酒店随东亚集团一同划入久事体育集团。2017 年 9 月,徐家汇体育公园改造工程陆续动工,酒店为改造工程的一部分。徐家汇体育公园的改造,给酒店未来的发展也带来了新的机遇。

表 4-2-4　1997—2017 年上海富豪东亚酒店经营数据统计情况表

年份	营业收入(万元)	GOP 营业毛利(万元)	客房收入(万元)	餐饮收入(万元)	平均房价(元)	平均出租率(%)	餐饮消费人次(人)	餐饮客人平均消费(元)
1997	570.96	663.14	348.29	154.16	327.34	33.00	28 084	62.39
1998	5 306.33	885.49	3 291.29	1 484.52	384.78	56.28	182 695	76.83
1999	5 958.32	508.63	3 645.69	1 730.97	406.33	57.36	203 184	76.78
2000	6 242.73	886.95	3 798.81	1 783.39	353.02	73.22	213 597	63.09
2001	6 378.48	972.88	3 895.05	1 833.00	358.03	76.15	201 150	58.05
2002	6 696.39	1 422.57	4 100.18	1 919.16	389.66	73.75	193 720	58.95
2003	5 869.18	1 159.49	3 618.63	1 625.89	454.9	55.25	152 953	63.03
2004	8 706.10	1 921.04	5 298.60	2 421.74	525.69	69.82	212 319	69.34
2005	9 630.59	2 351.14	5 842.63	2 628.00	577.15	70.31	211 166	72.33
2006	10 384.94	1 410.77	6 398.94	2 993.10	606.52	73.30	213 591	86.10
2007	9 731.19	990.00	5 720.81	3 253.21	607.04	65.25	208 366	100.77
2008	8 418.25	1 229.18	5 001.15	2 830.03	663.91	54.56	168 403	112.81
2009	6 805.25	507.71	3 621.45	2 701.64	485.43	51.93	192 294	97.84
2010	9 409.05	2 082.39	5 644.09	3 251.27	531.93	73.80	237 086	95.16
2011	8 429.51	1 269.58	4 634.42	3 262.08	520.16	61.99	206 779	108.51
2012	8 014.13	1 238.37	4 307.58	3 187.66	492.29	61.54	196 216	112.90
2013	7 538.80	547.34	4 062.46	2 977.31	445.93	65.29	190 816	110.75
2014	7 661.21	678.81	4 211.20	2 794.03	438.47	68.49	193 666	101.19
2015	7 619.73	530.82	4 457.27	2 633.54	439.18	72.43	191 692	94.68
2016	7 798.84	935.05	4 577.83	2 745.27	437.77	75.82	204 411	92.96
2017	8 254.30	815.78	4 918.32	2 894.24	428.07	80.87	225 568	92.86

【上海国际网球中心、富豪环球东亚酒店】

为迎接 1997 年在上海举行的第八届全运会(简称八运会),1994 年 4 月 12 日,上海东亚发展公司向市计委呈报上海国际网球中心建设项目建议书，拟建造一座符合重大国际比赛要求的网球场地及综合大楼，为八运会提供高水准的比赛场所。4 月 21 日，市计委批复同意在衡山路、宛平路、吴兴路地块建造网球中心及综合大楼，总投资 2.5 亿元(包括动迁补偿款)，资金自筹。

1995 年 3 月 8 日，网球中心项目正式开工。美国加州 Joseph Wong Design Associates Inc.承担项目的建筑设计和室内设计，上海建筑设计研究院承担项目的结构、水、电、风设计。中国建筑三局第一建筑工程公司为项目总承包商。

1996 年 5 月 18 日，上海国际网球中心主体结构封顶庆典举行；10 月 21 日，东亚集团批复同意组建上海国际网球中心有限公司；12 月 27 日，上海市工商行政管理局正式批准成立上海国际网球中心有限公司，主要经营范围为实业投资、经营管理、体育场开放、物业管理。

1997 年 9 月，网球中心项目竣工。10 月，网球中心试营业，主要接待参加第八届全运会部分省市官员和运动员。全国第八届运动会网球比赛在网球中心俱乐部举行，八运会与九运会交接仪式也在酒店宴会厅举行。

1998 年 1 月，上海国际网球中心被上海市优秀体育建筑评选委员会评为“上海优秀体育建筑”，并获得该委员会颁发的“最佳投资效益奖”。

上海国际网球中心位于衡山路 516 号，总占地面积 2.7 万平方米，总建筑面积 8 万平方米。

网球中心分室内与室外两部分。室内部分主要布置在底层的三层裙房内，包括大厅、钢琴酒吧、办公室、会议室、室内游泳池、保龄球室、乒乓球室、健身康乐中心、室内网球场、贵宾休息室等体育、休闲设施。室外部分包括 7 块标准网球场，1 个有 1 000 座的网球比赛场，及其附属的更衣、休息等设施。酒店及出租办公楼高 22 层(3 层裙房、7 层出租办公房、12 层客房)。客房拥有 252 个客房单元，其中客房型式分 4 套间套房、3 套间套房、2 套间套房、双床标准房及单房标准房等。公共活动设施包括综合大楼、花园餐厅/西餐厅、酒廊、精品店、KTV、中餐厅、日本餐厅、多功能宴会大厅及会议室等。旅客如需健身休闲，可使用网球中心的体育及康乐设备。酒店机电设备的主要机房集中布置在地下室和屋顶。

为使网球中心的社会和经济效益得到发挥，上海国际网球中心与香港富豪酒店管理公司签订富豪环球东亚酒店经营管理合同。同时为更好经营管理酒店，成立上海国际网球中心酒店管理有限公司，主要经营范围为宾馆、俱乐部及宾馆配套附属设施管理、建设、开发，宾馆用品和设备的经营，停车场库经营。

1998 年 4 月 17 日，富豪环球东亚酒店举办正式开业典礼，成为沪上有名的五星级酒店。1999 年 10 月，上海国际网球中心被中华人民共和国成立 50 周年上海经典建筑评选活动组委会评为“新中国 50 年上海优秀建筑”，富豪环球东亚酒店被国家旅游局正式评定为上海市第十家五星级酒店。

2000 年 4 月，上海国际网球中心荣获国家工程建设质量奖审定委员会颁发的银质奖章；7 月，获得上海市建筑业联合会颁发的“白玉兰”奖；10 月，被上海市建设工程质量监督总站评为“上海市优良工程”。

2001 年 10 月，APEC 贸易部长会议在上海召开，酒店作为 APEC 会议指定酒店之一，承担各国领导人和嘉宾的接待任务。2008 年，富豪环球东亚酒店成为奥运会指定酒店。2010 年 5 月，富豪环球东亚酒店成为“中国 2010 年上海世博会参展者接待指定酒店”。

表 4-2-5　1997—2017 年上海国际网球中心经营数据情况表

年份	营业收入总额（万元）	酒店管理营业收入（万元）	网球中心营业收入（万元）	净利润总额（万元）	酒店管理净利润（万元）	网球中心净利润（万元）
1997	1 677.54	—	1 677.54	−1 610.14	—	−1 610.14
1998	10 087.29	—	10 087.29	−3 573.74	—	−3 573.74
1999	11 069.14	5 614.28	5 454.86	−1 245.87	−400.53	−845.34
2000	12 667.77	12 432.95	234.82	−574.97	−906.97	332.00
2001	13 043.66	11 328.42	1 715.24	684.15	−276.54	960.69
2002	14 127.22	12 952.00	1 175.22	−5 242.67	−5 942.48	699.81
2003	13 336.58	12 251.27	1 085.31	−390.77	−70.75	−320.02
2004	16 682.73	15 728.06	954.67	−222.34	−202.34	−20.00
2005	18 157.50	17 027.69	1 129.81	−86.74	−36.30	−50.44
2006	16 891.40	16 122.34	769.06	2 314.29	2 405.47	−91.18
2007	16 103.86	15 478.97	624.89	−1 670.75	733.02	−2 403.77
2008	14 455.10	13 913.55	541.55	−559.65	−442.54	−117.11
2009	10 601.95	10 191.09	410.86	−4 055.44	−3 936.73	−118.71
2010	14 779.95	14 155.08	624.87	−1 921.63	−1 983.18	61.55
2011	15 112.77	13 276.47	1 836.30	158.76	8.60	150.16
2012	16 356.06	12 303.82	4 052.24	−1 049.97	−1 877.25	827.28
2013	16 066.29	11 769.40	4 296.89	−452.37	−1 199.10	746.73
2014	16 678.78	12 200.70	4 478.08	498.08	−191.07	689.15
2015	16 564.99	11 986.90	4 578.09	626.74	39.52	587.22
2016	16 383.62	11 916.53	4 467.09	−208.26	−879.39	671.13
2017	16 030.74	11 754.59	4 276.15	346.97	−27.16	374.13

【新东亚酒店】

上海新东亚酒店前身为上海金轩大酒店，位于徐汇区南丹东路 238 号。2010 年 12 月 14 日，上海亚洲房地产发展有限公司通过司法拍卖拍得金轩大厦产权面积的 46%，并向大厦第二大业主租赁 5 个楼层来开设酒店。房产竞得后，其又于 2011 年 2 月 1 日通过租赁形式交由承租方上海国际网球中心有限公司管理，成立上海国际网球中心有限公司新东亚酒店分公司。

上海新东亚酒店于 2011 年 8 月开业，地处繁华的徐家汇商业中心区，系集宾馆住宿、餐饮娱乐于一体的综合性精品酒店。新东亚酒店客房总数为 180 间，客房总面积为 11 034.63 平方米，地下面积为 2 216.33 平方米。酒店内拥有 3 家餐饮场所。新东亚大厦共有 28 层，以酒店及商办楼租赁为主要业务，大厦 6 层至 14 层共 9 层为酒店客房，15 层至 28 层为商办楼。2018 年 7 月 1 日起，新东亚大厦的商办楼租赁业务采用租管分离模式，将租赁业务划归上海亚洲房地产发展有限公司，物业则继续由新东亚酒店分公司负责。

表 4-2-6 2011—2017 年上海新东亚酒店经营数据情况表

年份	平均房价（元）	平均出租率（%）	客房收入（万元）	租金收入（万元）	营业收入总额（万元）	净利润（万元）
2011	—	—	217.20	555.14	1 290.72	2.98
2012	355.22	66.46	1 534.06	959.36	3 411.09	704.81
2013	374.07	67.20	1 651.55	1 003.63	3 536.28	553.04
2014	377.91	69.88	1 735.04	974.45	3 639.31	447.98
2015	378.78	69.76	1 772.35	1 006.80	3 692.42	264.31
2016	368.74	69.23	1 677.16	1 021.45	3 541.76	237.88
2017	376.15	70.97	1 625.98	954.51	3 404.04	69.58

第三章 地产置业

上海久事置业有限公司是久事集团旗下全资控股公司，在久事集团四大业务板块中承担地产置业板块的功能性开发和市场化业务。置业公司业务管理主要分布在楼宇租赁、地产开发、土地储备、物业管理四个方面，形成较为完整的房地产行业产业链。根据久事集团关于地产置业板块工作要求，置业公司聚焦于重点区域，践行“打造精品楼宇、服务城市更新”发展理念，坚持功能性开发和市场化发展定位，发挥产业链优势和保护利用外滩经典楼宇资源优势，提升服务集团发展和市场化运作能力，促进产业链协同发展，打造置业公司核心竞争力，成为久事集团承担重大地产项目规划建设和运营的主要力量。

第一节 楼宇建筑

一、外滩经典历史建筑

【概况】

上海外滩经典建筑群主要位于黄浦区中山东一路上，自延安东路口至南苏州路，外滩沿线的第一界面24幢历史建筑是上海历史建筑的精华。

1949年以后，外滩沿线大楼内的外资银行纷纷撤离，大楼逐步成为上海政府机构办公用地。1994年，上海市政府为调整产业布局，加快外滩地区中央商务区建设，发布《上海市外滩地区公有房屋置换暂行规定》，按外滩地区规划要求调整该地区内(北起南苏州路，南至金陵东路，东起中山东一路，西至河南中路)不符合规划要求与产业布局的公有房屋使用功能，终止原承租合同，将腾退后的房屋转让、出租给金融机构、证券机构、贸易机构、跨国公司、综合商社以及与此直接相关的中介服务机构或其他服务机构。同时成立上海外滩房屋置换有限公司具体落实此项工作。

1995—1999年，外滩房屋置换公司完成中山东一路4号、6号、12号、16号、19号、23号、24号、26号、29号及汉口路110号房屋转让，中山东一路1号、17号及四川中路261号房屋租赁。

1999年8月1日，为更有效利用资源、增强久事筹资能力，市政府决定将上海外滩房屋置换有限公司并入上海久事公司，外滩房屋置换公司原已接管的外滩房屋资产由久事接受。久事成立外滩房屋置换总部，继续开展外滩房产经营业务，之后外滩房屋置换总部与久事房产部合并，房产部再并入久事置业公司。

久事接收的外滩房产主要位于北起南苏州路、南至金陵东路、东起中山东一路、西至河南南路范围内。久事集团在外滩核心区域拥有16幢文物及优秀历史保护建筑，其中在外滩沿线地区拥有和保护管理7幢经典历史建筑：中山东一路1号、2号、6号、14号、17号、18号、27号。在外滩其他地区拥有和保护管理9幢历史建筑：中山东二路9号，四川中路220号、261号，江西中路222号、406号，北京东路99号、255号，九江路60号，汉口路110号。这些历史建筑是具有历史、艺术、科学价值的优秀近代建筑。

外滩沿线历史建筑中，为全国重点文物保护的有9处：中山东一路1号、2号、12号、13号、19

号、20 号、23 号、27 号、29 号。其余建筑被列入上海市优秀历史建筑。

为打响"上海文化"品牌，2018 年 9 月，久事美术馆在外滩历史保护建筑中山东一路 27 号 6 楼开馆，久事集团运用创新思维积极推进历史建筑的保护、开发和利用，通过文化功能挖掘，为外滩建筑载体注入新的活力与生机。

【部分楼宇简介】

中山东一路 1 号　中山东一路 1 号大楼为 8 层钢筋混凝土框架结构房屋，地处黄浦区中山东一路、延安东路转角处，坐西朝东面临黄浦江，南邻延安东路路口，北邻原上海总会大楼。大楼由英商马海洋行设计，是麦边洋行(Mcbain Company)于 1912 年投资购得原丰裕洋行在外滩 1 号、2 号的房产后拆除重建，1913 年至 1915 年由裕昌泰营造厂施工建造并于 1916 年建成，门牌为 1 号，2 号门牌则废弃。大楼占地面积 1 739 平方米，建筑面积 11 984 平方米，建成时共 7 层，1939 年加建 1 层而至 8 层，自地面至平屋面栏杆顶高度为 33.7 米，局部有半地下室约 200 平方米。大楼属全国重点文物保护单位，历经多次修缮。

图 4－3－1　中山东一路 1 号

整幢建筑带有典型的古典主义风格，底部两层用石材贴面，处理成建筑的基础，立面上部有两层列柱柱廊。大楼外立面用花岗岩和清水砖砌成，东、南两侧的外立面沿东南角呈对称结构。在功能设置上，中央除底部外，中部与顶部均设置内凹阳台。大楼平面呈"回"字形，中有贯通天井，各层外侧为办公室，内侧为走廊。

外滩 1 号大楼于 1915 年年底竣工时是当时外滩地区最高大的一幢建筑，被称为"外滩第一楼"。大楼在 1950 年由华东石油公司接管，1959 年上海市冶金设计院、上海市房地产管理局、上海市丝绸公司迁入办公，1966 年上海市房地产管理局接管大楼(故又称上海房地局办公大楼)。1997 年，外滩房屋置换公司依据置换规定调整该房屋使用功能，将腾退的房屋修缮后出租给中国太平洋保险公司作为总部使用。2006 年 12 月，和谐汇物业管理(上海)有限公司与久事签订大楼租赁合同。后为解决欠租空置等历史遗留问题，久事集团于 2018 年 6 月 29 日收回大楼。

2019 年 10 月 1 日起，久事国际艺术中心及齐白石精品大展在外滩 1 号大楼正式向观众开放，中心先期开放的是位于一层专为展览设置的美术书店和二层的展览空间，之后还计划引入国际著名艺术机构、拍卖行、艺术餐厅等。久事国际艺术中心作为一座崭新的艺术地标，是集艺术品展览展示、交易，艺术书籍和文化衍生品销售于一体的文化艺术商业项目，它与位于外滩 27 号 6 楼的久事美术馆、位于外滩 18 号 2 楼的久事艺术空间、位于北京东路 230 号 1 楼的久事艺术沙龙一起，构成初具规模的"三馆一中心"场馆格局的久事美术馆群落。

中山东一路 2 号　1850 年英国丰裕洋行租下外滩洋泾浜附近土地建造洋行办公楼。1861 年随着旅沪英国侨民逐渐增多，为满足社交及文娱游戏需求，其计划建立固定社交场所，1864 年在洋行捐献的土地上开建英商"上海总会"，也称上海俱乐部，1865 年完工时是一座当时流行的 3 层东

图 4-3-2 中山东一路 2 号

印度式砖木结构楼房。1910 年，英商上海总会新楼在原址上翻建落成，大楼由马海洋行设计，聚兴营造厂施工。楼高共 6 层，地上 5 层，有半地下室 1 层，总建筑面积 11 984 平方米，占地面积 1 811 平方米，地面至屋脊顶高度为 30 米，地面至塔圆球顶面高度为 32.2 米，钢筋混凝土结构，打破了当时外滩建筑都是砖木结构的状况。建筑内部装潢由马海洋行的建筑师下田菊太郎负责设计，共耗资 45 万两银圆。大楼半地下室一层为地滚球场。大厅高 2 层，两侧有 8 对塔司干式双柱贯通，南侧曾有长达 110.7 英尺(约 34 米)的当时远东最大吧台，用意大利大理石制成，橡木护壁高达 5 米。二层为大菜间和宴会厅，可供数百人就餐。三至四层为旅馆，五层为员工宿舍。

中山东一路 2 号大楼原门牌号为 3 号，1996 年外滩房屋置换公司将当时的中山东一路 4 号转让给新加坡佳通公司，佳通公司要求更改门牌号，于是有关部门将中山东一路 3 号改为 2 号，同时把 4 号改为 3 号。外滩沿线建筑均经过数次重建，其中有些建筑由原来数幢房屋拆除后扩建成一幢大楼，于是旧门牌号自然消失，因此外滩历史建筑群虽包含 1～33 号，但实际上却仅有 24 幢房屋。

1941 年太平洋战争爆发后，总会大楼被关闭，曾被占作日军海军武官府。1956 年大楼被接管后转交上海国际海员俱乐部使用。1971 年其部分建筑改建为东风饭店，1989 年上海第一家肯德基快餐店在楼内二楼开张。1989 年 9 月 25 日其被市政府评为上海市文物保护单位、优秀近代建筑，1996 年 11 月 20 日被国务院列为第四批全国重点文物保护单位。2008 年上海久事公司与希尔顿酒店集团合作，将中山东一路 2 号等改建为上海外滩华尔道夫酒店，并在酒店改造过程中尽力恢复曾遭毁坏的长吧台。上海新联谊大厦有限公司向久事公司租赁大楼作为外滩 191 项目的商业、酒店、办公等场地，租赁期限为 2008 年 1 月 1 日至 2027 年 12 月 31 日，共 20 年。

上海外滩华尔道夫酒店 为适应上海举办世博会需要，提升外滩配套服务功能，促进服务业飞速发展，根据市政府专题会议精神，并经市、区有关部门多次研究，上海市发改委相继于 2007 年和 2008 年对外滩 191 地块项目建议书和可行性研究报告进行批复，原则同意该地块内联谊二期的建设。项目对中山东一路 2 号及广东路 51 号大来大楼进行保护利用，并结合 191 街坊内联谊一期北侧现有的商用土地，在四川中路与广东路交汇处建造有文化内涵的顶级酒店及高档商业设施；新老建筑延伸至东侧的外滩，使具有丰厚沉淀的历史建筑成为高档酒店的一部分。中山东一路 2 号大楼在空置多年后，作为项目重要组成部分，得到保护修复和更新利用，成为酒店公共接待部分。

久事旗下控股子公司上海新联谊大厦有限公司(简称新联谊)，2007 年由久事公司和锦江国际(集团)有限公司共同投资并重组，注册资金 8.5 亿元。公司在 2008 年至 2011 年期间修建上海外滩华尔道夫酒店，聘请酒店管理集团希尔顿旗下的顶级品牌——华尔道夫酒店进行管理，下辖华尔道夫酒店管理分公司，作为酒店业主方打造上海酒店业标杆，以稳定经营业绩实现国有资产保值增值目标。

2010 年 8 月 18 日，上海外滩华尔道夫酒店试运营，2011 年 4 月 18 日正式开业。酒店由两幢大楼组成，现代化塔楼连接一幢全套房的历史建筑楼，由 260 间客房和套房组成，配有餐厅、酒吧、宴会厅、水疗中心、健身房、无线网络服务等，其中华尔道夫会所位于上海总会大楼。新建建筑包括 23 层塔楼（主楼）、北面 8 层高的副楼、下沉式广场、商业街上方开放的中央公共广场、与东风饭店相连的连接体以及 5 层地下建筑，总建筑面积 46 689.2 平方米。酒店临四川中路地面门厅上方为客房楼，其底部直通位于街坊中间、衔接新楼与东风饭店的地下室及其地上的广场。地块中间的新增地下室 2 至 5 层为车库、设备用房，地块东端与东风饭店西墙相接。新建塔楼有 240 间客房/套房。

上海外滩华尔道夫酒店自 2013 年起连续 6 年荣获“Trip Advisor 全球旅行者之选”，还获得 2018 年“福布斯旅游指南五星酒店”称号。

中山东一路 6 号 中山东一路 6 号是外滩最早建筑之一，在租界开辟初期原是会德丰洋行，3 层砖木结构。美商中国营业公司买入后继续经营，于 19 世纪 80 年代早期在此建造一幢当时外滩最高的 4 层建筑，专门用于商业出租。90 年代原房屋翻造，当时并未完全拆除原来建筑，而是采用拼接扩建方式，东向建造新楼，两者合二为一。翻建大楼由玛礼逊洋行设计，为砖木混合结构（现内部已改为钢筋混凝土结构），占地面积 1 698 平方米，建筑面积 4 541 平方米，楼高 3 层，加上屋顶层为 4 层，自地面至立面中部尖顶的高度为 21.9 米，装饰上带有欧洲宗教建筑色彩。

1897 年中国通商银行成立后曾租用该楼作办公营业用，6 号大楼因此得名“中国通商银行大楼”。抗日战争爆发后，中国通商银行迁往内地，1945 年迁回原址。1956 年中国通商银行业务划归中国人民银行，大楼由长江航运管理局接管，1956 年后交由长江轮船公司使用。房屋产权归属久事集团后，2002 年曾出租给佳景海岸公司，由承租人对该大楼进行装修改造，置业公司提供技术咨询服务。2005 年年初，大楼内部开始全面改建并于 2006 年 10 月竣工，外形基本保持原样，恢复部分曾被毁坏的原外墙装饰，现作为银行办公、高档餐饮和服装店使用。

图 4-3-3 中山东一路 6 号

中山东一路 14 号 中山东一路 14 号为上海市优秀历史建筑，最先属于颠地洋行，颠地洋行即宝顺洋行，1889 年后售予德国德华银行。1902 年扩建，建筑师倍高（Heinrich Becker）力图保持原有风貌，使用意大利文艺复兴式复古手法设计立面。第一次世界大战后中国北洋政府对德宣战，1917 年 8 月由当时属国家银行的交通银行接管使用。1937 年交通银行计划重建大楼，因抗日战争而直至 1947 年 6 月才动工兴建，由鸿达洋行设计重建，1949 年上海即将解放时竣工，是上海解放前外滩

图 4-3-4 中山东一路 14 号

地区最后建成的一幢楼。大楼为钢筋混凝土框架结构,装饰艺术派风格,主体 6 层,中部 8 层,占地面积 1 908 平方米,建筑面积 10 088 平方米,主楼屋顶栏杆距地面高度为 23.8 米。

上海解放后市劳动局、妇联等单位曾在大楼办公,1966 年上海市总工会迁入办公。大楼曾于 2002 年冬费时约半年进行装修。现大楼房屋产权人为上海久事(集团)有限公司,仍由上海市总工会租用,由市总工会下属的上海盛勤物业管理有限公司进行管理。

中山东一路 17 号 中山东一路 17 号,因原是中国境内第一份西文报纸《字林西报》所在地而得名"字林西报大楼",为上海市优秀历史建筑。1901 年《字林西报》搬到外滩 17 号,随着《字林西报》业务迅速发展,原来楼房不敷使用,1921 年重建新楼,由英商德和洋行设计,美商茂生洋行承建,1923 年 6 月竣工。大楼占地面积 1 104 平方米,建筑面积 9 043 平方米,建筑总高约 40.23 米,自地面至平屋面女儿墙栏杆顶高度为 41.5 米。大楼外观前部为 8 层、后部为 9 层,钢筋混凝土结构,连同顶层下的夹层、顶部塔楼和地下室共 11 层,设有半地下室,是上海最早的 10 层以上建筑。底层和二层用粗糙花岗石大石块贴面,石料从日本东京附近石矿采掘后用专轮运输到沪。室内装饰很有特色,门厅采用白色大理石地坪、黑色大理石墙面、金色马赛克穹窿顶,很有气派。室内过道护壁主要用马赛克和白瓷砖镶铺。大楼为新希腊风格建筑。

图 4-3-5　中山东一路 17 号

图 4-3-6　中山东一路 18 号

1924 年 2 月 16 日,《字林西报》举行大楼落成典礼。新楼启用后,一、五、六层由报社自用,其余部分出租给 1921 年设立的美商友邦保险公司和其他洋文报馆使用。1951 年 3 月 31 日《字林西报》停刊后,大楼由上海市房管局接管,由上海市内河航运局、中国丝绸公司上海分公司等单位长期租用,大楼改名桂林大楼。1997 年上海外滩房屋置换公司将大楼租给美国友邦保险公司,友邦保险上海分公司于 1998 年开始租赁大楼 30 年作办公使用,同年 3 月大楼进行大修和室内装修,修复"文化大革命"初期被损毁的檐部人像雕塑和门额人物浮雕,大楼更名为友邦大楼。

中山东一路 18 号 中山东一路 18 号,原是 1847 年进入上海第一家外商银行——英商新东方银行即丽如银行的行址,最初为英国风格的 3 层砖木结构建筑。丽如银行于 1892 年停业、1893 年倒闭后,其房产由麦加利银行(渣打银行)以1.6万英镑买入。1914年邻屋汇中饭店发生火灾,使建筑受到损坏,当时准备拆除重建,因第一次世界大战爆发而耽搁,至1921年才开始重建。现大楼建成于1923年,为6层钢筋混凝土结构建筑,地面至平屋面女儿墙栏杆顶高度为30.1米,占地1 755平方米,建筑面积10 256平方米,由英商公和洋行(即巴马丹拿建筑及工程事务所)设计,英商德罗·考尔洋行承建。大楼不带齿槽的爱奥尼克柱式柱身及细腻典雅的立面装饰表明新古典主义简洁风格。大楼立面正中的5层顶部有三角形山墙,是外滩唯一带有三角形山墙的建筑。

第二次世界大战期间,麦加利银行在华业务严重受阻,曾一度被日本三井银行接管。1949年后麦加利银行上海分行并入香港分行,在圆明园路185号设立留守办事处。1955年,大楼由上海市房管部门接管,先后由上海家用纺织品进出口公司、上海市机电总公司、中波轮船公司、上海市水产局等办公使用。现大楼产权为久事集团所有。2002年,久事公司将大楼整体出租给上海珩意实业有限公司,由上海珩意房地产经营有限公司租赁20年,珩意公司聘请威尼斯 Kokai Studios 参与修缮设计,于2003年至2004年对大楼进行整修,经过整修其成为集时尚品牌旗舰店、知名餐厅、酒吧及艺术展览于一体的顶级综合性大楼。18号大楼是上海市优秀历史建筑,在对历史建筑修缮保护上成绩突出,获得联合国教科文组织颁发的"2006年亚太文化遗产保护奖"。

中山东一路27号　中山东一路27号,因原是英商怡和洋行(Jardine Matheson)所在地而被称为"怡和大楼"。怡和洋行是最早进入上海的洋行之一,1844年拍得现为北京东路的外滩段土地,取得英租界1号土地证,建造一座2层双开间英国乡村式建筑作为行屋。怡和洋行发展迅速,数次翻造扩建它在上海外滩的办公楼,1861年推倒旧房建造2层外廊式建筑。1920年,怡和洋行对办公楼进行第四次翻造,由英商思九生洋行设计,华商裕昌泰公司施工,于1922年建成。大楼高6层,占地面积2 100平方米,建筑面积1.43万平方米,钢筋混凝土结构,整个建筑立面构图气势宏伟。

图4-3-7　中山东一路27号

1939年大楼加建1层。1955年后,大楼由上海市房地局接管,由外贸局及所属单位使用。曾驻大楼的有上海市医药保健品进出口公司、上海五矿进出口公司等30余家单位。1983年,大楼加建2层。现产权属于上海久事(集团)有限公司,为全国重点文物保护单位。置业公司在清退大楼原用户后对其进行结构加固、外墙整修、门窗修缮,投入8 000多万元用于水电煤改造,于2009年9月整体出租给罗斯福(上海)商业有限公司用作罗斯福公馆,租期20年。

中山东二路9号　中山东二路9号大楼于1937年开始建造,建成于1939年,由中法邮船公司投资,中法实业公司设计,法商营造实业公司承建。楼高11层,坐西朝东,建筑面积9 270平方米,钢筋混凝土结构,建筑外形呈长方形,简洁流畅,是法租界外滩第一座现代化商业建筑。现为上海市第二批优秀历史建筑。

大楼建成后,曾由中法工商银行、百利洋行、利达公司等金融贸易机构租用,荷兰驻沪总领署、瑞典公使馆也曾设于此。1949年后大楼改名为浦江大楼,先后由上海机电设计院、第九设计院、上海船舶公司、上海居住开发公司、上海住宅总公司等单位使用。现房屋产权属于上海久事(集团)有限公司。大楼在使用中经历多次修缮与改建。2002 年 1 月,经上级指示,置业公司以永久租赁形式出租大楼给市档案局作为对外开放展示档案的场馆。2003 年 3 月 18 日开工改建,大楼内增添自动扶梯、多媒体视听室、电子档案和电子图片阅览室、多功能报告厅等现代化设施,于 2004 年 4 月改建为上海市档案馆新馆,成为展现上海城市发展轨迹、对社会提供档案信息和公共服务的窗口。

汉口路 110 号 汉口路 110 号,因原是“北四行”之一的中南银行而得名“中南大楼”。大楼于 1917—1921 年建造,由马海洋行设计,占地面积 1 464 平方米,建筑面积 4 502 平方米,6 层的钢筋混凝土结构,新古典主义风格。1999 年,其被评为上海市第三批优秀历史建筑。

1949 年后,大楼由上海市化学工业局使用。1995 年 7 月,大楼由上海外滩房屋置换公司以 1.28亿元置换价转让给上海爱建信托投资有限责任公司。上海爱建信托投资有限责任公司获得大楼产权后,投资 5 000 万元对大楼进行大规模加固修缮改造,于 1998 年仿原来风格加建 3 层(1 500 多平方米办公面积),同时将其命名为爱建金融大楼。大楼建筑面积达到 6 060 平方米,高度几乎增加一倍,大楼结构、内外装修、设备等与置换以前发生质的变化,原先立面比例效果也因此丧失。

2005 年 4 月,上海爱建信托投资有限责任公司由于资金缺口,将大楼转让给上海奇建企业发展有限公司,转让价 1.83 亿元(约为 3 万元/平方米)。奇建公司获得大楼产权后,原打算通过招商引进高端客户,将其改造成经营性商业大楼(酒店)。2006 年下半年,奇建公司经过市场调研后研究决定将大楼整体转让。2007 年久事置业购回大楼产权,后于 2009 年 7 月 1 日起出租给天津银行上海分行。该行于当年 11 月 15 日正式对外营业,租期 10 年。

四川中路 261 号 四川中路 261 号大楼系著名建筑设计师邬达克的作品,由四行储蓄会投资兴建(四行储蓄会是当时北方四家商业银行——盐业银行、金城银行、中南银行和大陆银行联合发起成立的办理储蓄业务的机构),1926 年由匈牙利籍著名建筑师邬达克设计建造,1928 年落成。大楼建成后作为四行储蓄会的营业地,故得名“四行储蓄会大楼”或“联合大楼”。大楼占地面积 607 平方米,建筑面积 5 441 平方米,地上 9 层,地下 1 层,塔楼高 50 米,钢筋混凝土框架结构。建筑在四川中路汉口路转角采用切角平面,与路口其他三角的设计互相呼应,共同构成良好的城市空间格局。因大楼的成功设计建造,1933 年邬达克再次设计了四行储蓄会投资的国际饭店。

1958 年后,大楼由上海市化工轻工供应公司等单位使用。1997 年上海外滩房屋置换公司将该大楼出租给广东发展银行,1998 年进行全面修葺。2013 年大楼再次修缮,现为上海银行总行营业部。

四川中路 220 号 四川中路 220 号,原为新汇丰大楼(汇丰银行职员宿舍),1928 年竣工,建筑面积 9 636 平方米,共 8 层,钢筋混凝土结构,简约新古典主义风格。1994 年被列为上海市第二批优秀历史建筑。

大楼建成后作为紧邻中山东一路 12 号汇丰大楼的辅助楼,故得名“新汇丰大楼”(也称小汇丰大楼)。后因汇丰大楼成为上海市政府办公场地,其也相应成为政府辅助机构办公楼。1996 年后该楼部分对外出租,现有上海市政府参事室等单位在内办公。1996 年至 1999 年,外滩房屋置换公司(含久事外滩房屋置换总部时期)在大楼二层与三层办公,内有久事退管会场地及老干部活动中心。

二、精品楼宇

久事集团除外滩历史建筑外,还有位于其他地区的历史建筑、历史上购置的房产、强生集团划并后所带来的楼宇。

【陕西北路 186 号(荣宅)】

陕西北路 186 号,上海市优秀历史建筑,静安区文化保护单位,原为荣宗敬故居,又称荣氏老宅。宅子首建于 20 世纪初,现存最早的建造方案为 1910 年,由通和洋行建造与使用。在最初房主于第一次世界大战结束返回德国后,1918 年实业家荣宗敬斥资将其买下,委由著名设计师陈椿江设计改造。整修后的荣宅为钢筋混凝土结构,折中主义风格,独立欧式花园洋房。1926 年 5 月 19 日,荣宅进行改扩建,于 1927 年正式完工。荣宅是上海保存最完好洋房之一,在建筑技术、房屋结构及住宅设备上较多地汲取西式风格,而在平面布置、内外装修、庭院绿化方面侧重保留中国传统习俗及爱好。

图 4-3-8　陕西北路 186 号荣宅

1949 年后荣家曾将宅院租给中国经济研究所使用,研究所建造新楼后搬离。后荣宅长期作为民主党派机关办公用楼。1998 年年底,民主党派筹建新楼时资金上有缺口,请原市计划委员会予以解决,经协商,外滩房屋置换公司于 1999 年以近 3 000 万元置换此宅。2000 年后,久事公司在接收房屋后进行多次修复、装修和改建以保护利用。2002 年,荣宅被鲁珀特·默多克(Rupert Murdoch)看中并由香港卫星电视控股有限公司上海代表处(星空传媒)出面租赁,成为新闻集团旗下各大子公司在上海的办公驻地,租赁期为 10 年,但仅使用至 2008 年。2010 年 12 月意大利普拉达(Prada)时装商业(上海)有限公司向久事公司租借使用荣宅 10 年,Prada 组织邀请意大利、中国专家工匠修复团队用 6 年时间进行大规模的清洁、修缮、保护及复刻工作,模仿前人的手法并以原有的材料和技术,完好复原荣宅的外墙和室内装饰,尤其是修复曾严重损毁的部分,如宴会大厅的巨型彩绘玻璃天窗。修缮后荣宅作为时尚品牌展示馆及多功能文化中心,通过展览、活动、节目及其他文化交流,于 2017 年 10 月起不定期地免费向公众开放参观。

【久事商务大厦】

久事商务大厦坐落于四川中路、汉口路的交叉口,东面临近黄浦江,大厦的中、高区位可以纵览黄浦江、外滩、北外滩和浦东陆家嘴的风景。

久事商务大厦位于上海市四川中路 213 号,原名兴力浦大厦,为商办综合楼,建筑包括主楼、地下停车库、地上立体停车库、辅助用房等。大厦由美国著名建筑师麦克·格雷夫斯设计方案,华东建筑设计研究院有限公司深化设计,工程建造由上海第二建筑有限公司总承包。大厦用地面积 7 865 平方米,总建筑面积 73 806.31 平方米,其中地上总建筑面积为 58 931.28 平方米,地下总建筑面积为 13 736.52 平方米,业主共有建筑面积为 1 138.51 平方米。大厦产权人为上海久事置业有限公司。

大厦建筑高度 82.5 米,由主楼和辅楼两部分组成,西侧主楼 19 层,东侧辅楼 10 层,为智能化办公区域。地下三层可供泊车约 280 辆。大厦两边设计有大型红色圆柱,外立面有别于普通玻璃幕墙写字楼,由米色石材配以大面积欧式"n"形红框窗户,呈现古典风格,与外滩建筑风格十分相似。

外滩楼宇在配套设施上缺少停车位,而兴力浦大厦其配套设施相对完善,又地处外滩经典楼宇群中,收购大厦既能解决停车难问题,又可增加公司在外滩地区的楼宇拥有量。自 2008 年起,久事就十分关注兴力浦大厦的相关事宜,2009 年 6 月在得知兴力浦大厦将通过法院进行拍卖的信息后,久事置业领导立即与上海银行、黄浦区政府等相关部门进行沟通。久事置业对收购兴力浦大厦做了详细财务测算,并将测算结果和收购方案报董事会和久事公司,久事公司为此成立专门工作小组多次进行专题研究。在久事公司正确决策、领导关心指导和法律事务部、财务管理部等部门支持下,久事置业最终在 2009 年 11 月 2 日的拍卖会上以 25.2 亿元成功收购兴力浦大厦,取得一块优质资产,为打造外滩经典楼宇品牌、久事置业做大做强打下坚实基础。

2013 年 3 月起,久事置业委托强生物业对久事商务大厦主辅楼等实施物业管理。物业管理费由强生物业按照建筑面积(含能耗费用)向业主或物业租用客户收取,强生物业受委托按标准向车位使用人收取车位使用费。

2014 年为实现强生物业"创一级管理资质,树一流服务品牌",提升久事商务大厦品质,久事置业同意强生物业以久事商务大厦项目创建上海市物业管理优秀示范大厦。

2018 年年底,大厦的主要入驻客户有上海证券有限责任公司(总部)、上海签证中心(23 国)、华东建筑设计研究院有限公司、立信会计师事务所、中国建设银行、中国平安人寿保险公司、久事置业等。

【南泰大厦】

南泰大厦位于南京西路 920 号,由上海市出租汽车公司和上海市市内电话局(暨强生集团与中国电信股份有限公司上海分公司)共同出资建造,该工程(多层车库及市话通信大楼)是上海市、邮电部"七五"计划的重要建设项目,1989 年、1990 年被列为市重大工程建设项目。大厦由中国船舶工业总公司第九设计院负责设计,上海市第四建筑工程公司第二工程处承包施工,自 1982 年 4 月起历经 4 年的前期筹备,于 1986 年 8 月开工,1991 年 6 月竣工进行预验收,而后施工单位整改工程存在问题并于月底向主管部门申请正式竣工验收,上海市公用事业局和市邮电管理局于 1991 年 7 月 17 日组织竣工验收。

南泰大厦总建筑面积 24 136 平方米,其中强生集团为 13 770 平方米、上海电信公司为 10 366 平方米,总投资 3 400 万元。根据汽车库与市话通信的工艺要求,建筑物东西尺寸为 36 米,南北尺寸为 31.6 米,占地面积 1 160 平方米,东面距大华公寓 4 米,南面距南京西路 15 米,北面距市话泰兴分局用房 11 米,西面距泰兴路 6 米。建筑物总高度为 75.7 米,外墙为小规格瓷砖外墙,共 20 层。具体楼层布局:办公楼为 1、8～20 楼共 14 层,停车库为 2～7 楼共 6 层。其中强生集团为 1～8 楼及 16～20 楼,电信公司为 9～15 楼及 20 楼的半层。功能上,强生集团为办公房及停车库,电信公司为办公房及电话机房。

除大厦主体建筑外,根据生产配套需要,大厦北面配设二层变电站用房,其中底层装置变压器一台,二层装置高压开关、高压量电柜。

2018 年南泰大厦主要入驻租户有上海强生控股股份有限公司、上海强生出租汽车有限公司、上海强生国际旅行社责任有限公司等强生系统公司,以及上海憬泰百货有限公司、上海珍会玩旅行社有限公司、上海约珥传媒股份有限公司等。

【强生大厦】

强生大厦位于上海市浦东新区浦建路 145 号，建成于 1999 年，产权属于上海强生集团有限公司。大厦地处浦东陆家嘴开发区南端，邻近东方路和南浦大桥，与巴黎春天浦建店隔街相望，近地铁 4 号线塘桥站，交通便利，是一幢建筑新颖、设施齐全的现代化高级涉外商务楼。

1983 年上海市出租汽车公司为方便浦东地区市民用车需要，编报计划任务书，并经市计委批准，拟在浦东塘桥新建浦东中心服务站及低保车间，建筑面积 2 470 平方米，投资 81 万元。项目在实施过程中，恰遇浦东地区大规模小区建设，强生集团按照市总体规划需要，建设基地选址曾多次变动。项目于 1992 年 9 月得到市规划局、土地局核准，在塘桥浦建路落实建设用地 6 153 平方米。随着浦东新区开发开放的加快，原计划新建项目的生产规模不能适应形势发展的需要，同时强生控股于 1992 年将办公机构迁址浦东，为浦东新区发展做好出租汽车配套工作。为此在落实建设用地时于 1992 年 1 月向市规划局报告，要求充分利用浦东中心服务站建设基地，在满足原有建设规模前提下合理利用土地空间，建造一座综合大楼作为强生集团公司办公、生产和发展第三产业的基础设施，进行综合大楼配套项目的可行性研究工作。

1993 年 5 月 25 日，上海市计划委员会批复市公用事业管理局《关于市出租汽车公司新建强生大厦项目建议书的请示》，同意利用已征土地建造强生大厦及配套多层停车库，总建筑面积 40 402 平方米，总投资约 9 900 万元。1994 年 2 月 15 日，市计委批复公用事业管理局《关于市出租汽车公司新建强生大厦可行性研究报告的请示》，同意在浦东新区浦建路的浦东中心服务站和配套保养设施基地上，建造集商业、办公、餐饮、文化娱乐、停车库和配套保养设施等于一体的强生综合大厦，基地面积 6 278 平方米，总建筑面积 38 360 平方米，其中地下面积 1 160 平方米。多层车库按 150 辆小客车停车位设计。

大厦按照国际流行的设计思想——3A 级智能型大厦的模式建造，3A 能使大厦在大楼布线系统和计算机系统的控制下，在任何时刻都保持最佳状态。大厦共 27 层，用地面积 5 678 平方米，总建筑面积 43 065.23 平方米。现大厦 1 楼为配套设施，设有兴业银行及便利店。2～6 楼为卓 E+联合办公，7 楼为大厦设备层。8～17 楼原为公寓式办公房，后改为标准办公房。18～27 楼为大开间办公室，两种类型的办公楼面可满足各种不同要求的客户。大楼旁设有 24 小时全天候服务的现代化立体车库，共 4 层、160 多个泊位，有完善的多功能设施，基本上确保每户一车位。

大厦建成以来，因未进行过大规模改造，内部设施设备严重老化，影响房屋租赁市场竞争力。2019 年 4 月，公司对强生大厦中高区 8～27 楼房屋进行整体改造。

第二节　房 地 产 开 发

一、久事西郊花园

久事西郊花园项目位于青浦区徐泾镇民主村，是上海规模最大的内销别墅群之一，占地面积 382 亩，总建筑面积 11.73 万平方米，从 1993 年 3 月至 2006 年 4 月滚动开发经营，共建造商品房 460 套(其中别墅 404 套，复式房 56 套)，另配有会所和公务房各 1 幢。除久事置业留有会所(面积 2 994.6 平方米)的账面资产外，其余别墅已全部出售。

小区配套齐全，有多功能会所(内有餐饮、客房、娱乐、会场、超市等)、游泳池、网球场、儿童游乐场等，绿化面积达 50%。小区住户自住约 60%，出租约 40%。外籍住户约占小区住户 40%。小区物业管理服务由上海久怡物业管理有限公司全面负责，小区久青会所由久事西郊花园业主委员会经营管理。

久事西郊花园项目是上海房地产开发较为成功的典型，先后获得徐泾镇、青浦县、上海市“文明小区”称号，久青公司及项目获青浦重点骨干企业、上海市房产销售百强企业、全国房地产企业五百强企业、徐泾纳税 50 强企业，上海市首批 35 家“重信誉”房产企业楼盘、上房 50 指数内销别墅样板房等荣誉。

久事西郊花园项目共分三期建设。整个项目期为 1993 年 3 月—2006 年 4 月，总经营收入 47 646 万元，总经营成本 26 267 万元，上交税费共 3 424 万元。项目成立之初，久青公司注册资本仅为 1 000 万元，通过分期、滚动开发，项目为股东带来丰厚回报，初始投资回报率达到 1 305%。税后净利中提取二金(法定盈余公积和法定公益金)2 013 万元，分配并上交久事置业 9 936 万元、徐泾房产公司 1 104 万元。

2006 年项目进行竣工清算审核和所得税清算工作，9 月久青公司取得青浦税务局清算报告。整个项目所得税清算工作完成，为久事西郊花园项目画上圆满句号。项目竣工清算和所得税清算经上海上审会计师事务所审核，并出具无保留意见审核报告。

二、久事复兴大厦

久事复兴大厦位于淮海中路 918 号，是上海地铁 1 号线陕西南路站站口上的综合商厦。大厦 1992 年 9 月原名九洲大厦，1993 年 2 月改名海贸中心，1994 年改名海贸大厦，1995 年 5 月按久事公司提议改为久事复兴大厦。大厦于 1996 年 4 月末正式竣工并试运营，5 月开始对外招租。楼高 116 米，总建筑面积约 6 万平方米，地下 1 层至地面 8 层裙房用作商场、餐厅、娱乐场所和银行，9 层至 25 层为商务用房。大厦除 14 至 23 层外的其余楼层归上海九海实业有限公司所有。

图 4-3-9　久事复兴大厦

1991 年，为把淮海路建成现代化商业文化街，上海卢湾区政府拟在地铁 1 号线黄陂南路站、陕西南路站站口各建一家商厦(即九海广场、久事复兴大厦)，作为地铁 1 号线配套工程，列入“九四专项”。随后久事公司、市地铁公司等 3 家单位合资组建九海公司，负责建设、运营这两大商厦项目。

1993 年 7 月，因主要贷款方——工商银行上海分行卢湾区支行贷款发生困难，九海公司资金短缺，向久事公司求助。8 月，久事出资 864 万美元和 7 650.63 万元(共计 1.6 亿元人民币)，购买大厦 14 至 23 层，独用部位建筑面积为 9 600 平方米，当时依此付清全部房款。1995 年 6 月，卢湾区房产登记发证办公室核测 10 个楼层的建筑面积为 11 238.7 平方米，增加的 1 638.7 平方米建筑面积系按规定分摊公用部位面积，此面积连同独用部位面积一并计入产证。

1996 年 6 月起，久事公司委托久事置业代理大厦相关楼层物业管理，并享有资产占有权、收益权、处置权。截至2017年年底，久事集团持有久事复兴大厦14至23层共10个楼面的产权，分摊占地面积1 501平方米、建筑面积11 161.6平方米，房屋性质为商办，并由久事置业开展具体经营管理。

三、久事大厦

久事大厦是国内第一座全通透双层玻璃幕墙艺术性建筑，由英国诺曼·福斯特设计师事务所设计，日本大林组、上海华东建筑设计研究院合作设计，上海建工集团基础公司施工建设。大厦位于上海南外滩的中山南路东门路口，为中山南路28号，建筑高168米，楼高160米，40层，占地面积6 303平方米，总建筑面积68 335万平方米，地上建筑面积4.8万平方米，主楼为写字间，辅楼裙房原设计为商场，后变更为办公场所。久事置业在自1994年8月31日签订土地转让协议后的7个月中，完成项目建议书、可行性研究报告的报批，地块涉及居民和单位动迁，建筑方案国际招标和设计委托等一系列工作。大厦于1995年4月8日下午举行奠基仪式，8月28日顺利打桩并正式开工，1996年完成地下基础土建施工，1997年年底结构封顶。原定于1998年年底竣工，由于玻璃幕墙招投标合同及对象变更影响整个项目计划工期，工程延至2001年。大厦主楼于2001年12月27日通过消防、质监验收并办出主楼产权证，大厦辅楼于2002年3月基本竣工。2001年3月26日，久事公司进行成立以来第三次也是规模最大的一次场所搬迁，于3月30日进驻久事大厦，4月2日正式开始办公。

福斯特是国际建筑界著名建筑设计师，其对久事大厦的设计，构思新颖，线条流畅，不落俗套，其中每隔10层左右有净高3层呈圆弧形的空中花园，灌木、绿地、常青树通过透明的玻璃幕墙向外展示，犹如“都市里的村庄”，使专家们赞叹不已。

久事大厦因其巨大的投资规模、高新的建筑标准、紧凑的工期要求、优越的地理位置和一流的建筑设计，被久事公司列为一号工程。为加强对久事大厦工程的领导，确保工程按计划有步骤进行，经久事公司总经理会议决定，成立久事大厦工程领导小组。组长由久事公司副总经理担任，副组长由久事置业总经理担任，顾问由原久事公司副总经理担任。领导小组下设久事大厦工程指挥部，负责日常筹建工作。

久事大厦总概算12.46亿元，其投资主体和产权归属为上海久事公司。久事责成久事置业，就久事大厦项目工程质量、建设工期、投资总额控制和招商经营（含物业管理前期准备）4个方面进行管理。在招商中发生的销售费用可用作待摊费用列入成本。久事大厦置业有限公司组建于1995年3月，注册资金1 000万元，对外是独立法人，对内是项目公司，具体负责久事大厦建设管理，并按有关规定提取建设管理费。

久事大厦是一座高级智能化办公大厦，它设计新颖、形象挺拔，所处地理位置优越，是上海南外滩地块中起始较早的首期大型项目，它的建造对整个南外滩的改造开发起积极推动作用。2001年9月5日，久事大厦主楼经上海市建委严格评审，荣获上海市建筑“白玉兰”奖。

四、金汇大厦

1999年8月，上海外滩房屋置换有限公司并入久事公司，并入时的资产除外滩楼宇外还有原由其主导开发或参建的房地产项目，这些项目主要有金汇大厦与青松城、金置大厦、金南新苑、金竹公寓（现名香榭丽花园）、南浦大厦、高压油泵厂、申航大厦等。

金汇大厦与青松城项目位于徐汇区肇嘉浜路789号，是外滩房屋置换公司与合作方在肇嘉浜路、东安路基地共同建造的上海市1122工程。置换公司欲新建一座设计中心大楼，用于安置外滩地区的华东、民用、置地、冶金4家设计院，故置换公司出资金、合作方出地而开展合作。金汇大厦土地面积为5 868平方米，金汇大厦与青松城建筑面积分别为68 694平方米与52 993平方米，项目由华东建筑设计研究院设计，承建单位为市建七公司，于1995年5月15日动工兴建，后因故停工。停工时工程的主体结构已施工完成，外墙及内装饰、安装工程等尚未完工。置换公司并入久事公司时，该项目为在建状态。

2001年8月27日，久事置业完成土地权证办理工作，取得金汇大厦上海市房地产权证(黄证)，大厦产证权利人由原1122工程指挥部改为上海久事公司。在对复工及转让等方案进行比选后，久事公司决定将该工程整体转让，筹换资金用于地铁投资建设。久事经过市场招商筛选合适买方，于2002年10月以3亿多元转让金汇大厦给上海均瑶实业投资有限公司。

五、金置大厦

金置大厦位于中山东一路24号，原系市纺织局办公大楼后院所在地，纺织局大楼置换后，外滩置换公司为解决自用办公房，在此建造该楼。大厦占地面积3 101平方米，建筑面积8 981.46平方米，地下车库1 676.96平方米，合计10 658.42平方米，于2000年9月竣工，2001年5月23日久事公司取得上海市房地产权证(黄证)。大厦主要功能为自用办公和出租公寓式办公，有地上10层，规划控制高度为36米。

外滩房屋置换公司并入久事公司时金置大厦为在建状态。金置大厦建造总投资约为4 664万元(未含交易税费)，累计已发生4 464万元。2001年9月11日，中石化上海石油分公司来久事洽谈购买办公楼事宜，实地察看金置大厦现场后表示出购楼意向，当天双方即开始接触。经过多轮谈判，在久事法律室的参与指导下，形成转让意向书。9月19日下午，双方共同签署意向书。在规定期限内，购楼公司支付500万元预付款。之后双方进入转让商谈和草拟转让合同阶段。10月9日上午，久事召开当年第七次党政联席会议，讨论同意将金置大厦整体转让给中石化上海石油分公司。10月15日下午，久事董事长、副总经理出席在上海大厦举行的中国石油化工股份有限公司上海石油分公司购置金置大厦转让协议签约仪式。12月20日，金置大厦办妥房地产权证(绿证)。12月26日，中石化上海石油分公司把购置金置大厦的最后一笔房款支票送至久事置业，标志着金置大厦整体转让所有手续顺利结束。大厦转让交接工作完成，久事置业共获金置大厦转让收入1.14亿元。

六、金南新苑

金南新苑位于上海黄浦区陆家浜路399号，地块面积7 891平方米，建筑面积47 352平方米，原作为安置用房供外滩楼宇置换之用。1997年10月23日，上海外滩房屋置换开发有限公司与上海长峰房地产开发公司签订合作开发协议，约定由双方联合成立项目公司，合作开发建设金南新苑项目。外滩开发公司以土地费、动拆补偿费及其他已付前期费用等作为投入，长峰公司负责其余的所有建设资金并负责建设，双方还约定分房比例。同日，外滩开发公司与长峰公司又签订房屋交换协议，约定外滩开发公司将1994年参建的长峰公司开发的长峰广场3万平方米办公用房与长峰公司在金南新苑项目中可分得房屋及其在肇嘉浜路一地块期房(均尚未建造)进行房屋交换。

1998 年 1 月,上海新地房地产开发公司、长峰公司、外滩房屋置换开发公司合资设立上海金芝置业有限公司,其中新地公司占 50%,长峰公司占 10%,外滩开发公司占 40%,并由金芝公司具体开发建设金南新苑房产项目。金芝公司成立后,外滩开发公司收购其他两家股东股权,但一直未办理相应股东变更工商登记手续。

外滩房屋置换公司并入久事公司后,久事考虑到金南新苑项目建设迟缓等问题,拟转让该项目。在项目转让中,外滩开发公司和久事置业作为出让人将其持有的金芝公司股权分别转让给上海华丽家族房地产开发有限公司和上海南江企业发展有限公司,同时在股权转让协议中向受让人告知原股权转让的工商变更登记与此次转让一并办理。通过一系列协议安排,最终完成涉及金额 1 亿多元的项目转让。

七、久事西郊名墅

久事西郊名墅位于青浦区徐泾镇界内,东临虹桥交通综合枢纽,南与久事西郊花园隔徐泾港相望,西靠诸光路,北与新虹桥生态商务区仅一路之隔。项目占地共 183 亩,先后于 2003 年 10 月 21 日获得其中 146 亩土地产权证,于 2007 年 6 月 11 日取得其中 37 亩土地产权证。

2006 年 3 月,久青公司欲向青浦区规划局地名办申请徐泾港北岸地块项目的地名,经久事公司批准,项目暂定名为“久事西郊国际花园”。待所需相关图纸等资料整理完毕后,2007 年 12 月,久青公司正式向青浦区规划局地名办申请“久事西郊国际花园”地名时,因项目绿化率未达到 50%,不符合花园的地名规范,且申请名和原“久事西郊花园”名称太过接近,故青浦区规划局地名办否决该名称。后经与青浦区规划局地名办沟通,2008 年 5 月徐泾港北岸地块项目名称确定为“久事西郊名墅”。

项目由两块土地组成,久青房产公司于 1998 年 12 月以协议出让形式取得其中 146 亩土地,支付土地费用共计 4 325 万元,土地单价为 29.62 万元/亩,于 2003 年 10 月取得该地块土地产权证。另 37 亩土地于 2006 年 3 月用环境整治、扩大用地名义以协议出让形式取得,支付土地费用共计 2 913 万元,土地单价为 78.73 万元/亩,于 2007 年 6 月取得土地产权证。183 亩土地平均成本单价为 39.55 万元/亩(以上费用均不含外配套费)。久青房产公司取得 146 亩土地后,从 2004 年 3 月起先后受到虹桥铁路枢纽站规划以及“国六条”影响而暂缓开发,直至 2006 年 12 月才获得允许开发批复。

2008 年 5 月,项目正式开工,施工作业 106 亩土地,而剩余 77 亩土地内,40 亩土地上有苗圃、副业基地棚舍需动迁,37 亩土地上有 9 户企业需动迁。77 亩土地原预算动迁安置费用 1 500 万元,实际需 2 156 万元,差额 656 万元,徐泾镇政府于 2008 年 6 月函致久青公司,9 月与久青公司签订增加 656 万元动迁补偿费的补充协议。在增加动迁补偿费的推动下,徐泾镇政府先后解决 12 家被动迁单位签约工作。2009 年 6 月,徐泾镇政府与剩下被动迁单位上海隆发包装材料有限公司、民主村副业基地棚舍方经多次协商,久青公司与动迁公司签订增加动迁补偿费协议。徐泾镇政府原意在项目外配套工程费用中退还 1 060 万元给久青公司,经与镇政府协调后同意按实结算,全额返还项目外配套工程费用。

项目由加拿大 ADS 设计师事务所、中外建工程设计与顾问有限公司设计,总占地面积 12 万平方米,综合容积率为 0.51,根据规划建造 3 种类型共计 117 幢 243 户住宅,其中独幢别墅 69 幢(户),双拼别墅 18 幢 36 户,四联住宅 21 幢 84 户、六联住宅 9 幢 54 户,总建筑面积约为 93 216.47 平方米(包含会所建筑面积约 4 248 平方米,其中地上建筑面积 2 874 平方米、地下人防设施建筑面积 1 374 平方米;物业及配套用房建筑面积约 608 平方米,其中地下建筑面积 171 平方米),其中地上建筑面积约为 61 657.06 平方米,地下建筑面积约为 31 559.41 平方米。独幢别墅为地上两层建筑;双拼别墅,四联、六联住宅均为地上三层建筑,所有住宅都配有一层地下室和室内车库。

项目建筑采用北美风格、法国装饰元素点缀相结合的手法,外立面具有丰富的层次感,外墙采用艺术面砖、天然石材和涂料,门窗套采用天然石材做装点。同时在设计建造过程中除满足规划要求外,只求精不求大。为保证建筑质量,减少建筑沉降,采用桩基基础、框架结构,建筑外墙采用自保温墙体,符合国家规定。独幢别墅地上面积在 285～328 平方米之间,双拼别墅地上面积在 245 平方米左右,四联、六联住宅地上面积在 201～212 平方米之间。

久青公司委托久事置业作为久事西郊名墅项目的营销策划、广告策划和销售总代理,委托期限自 2010 年 1 月 26 日起至该项目销售完毕。西郊名墅项目于 2010 年 1 月 26 日开盘预售,预售合同交房期为 2011 年 12 月 31 日。截至 2017 年 4 月 2 日,项目所有住宅已全部完成出售,尚余西郊名墅会所 1 幢,面积为 5 028.9 平方米。至 2019 年年末,项目累计销售收入共 20.22 亿元,累计净利润 5.3 亿元。

八、强生古北花园

强生古北花园房地产开发项目由上海强生房地产开发经营公司所组建的上海古强房地产开发经营公司开发建设,位于长宁区古北路以东、蓝宝石路以北、银珠路以西、黄金城道以南地块,占地面积为 31 868 平方米。

项目自 2001 年开工,总建筑面积为 129 823.98 平方米,可售总建筑面积为 117 084.61 平方米。其中,可售住宅共 547 套,可售建筑面积为 94 937.48 平方米;商铺可售建筑面积为 10 772.95 平方米;会所可售建筑面积为 914.92 平方米;地下车位 378 个,可售建筑面积为 10 459.26 平方米。

强生古北花园项目自 2006 年开始预售,至 2019 年年底项目共计销售收入 24.24 亿元,累计净利润 6.89 亿元。剩余商铺、会所、地下车位面积共 5 791.04 平方米,尚在出租经营。

九、观邸国际寓所(浙江和创置业开发项目)

2004 年 7 月,通和投资控股有限公司与杭州网讯科技有限公司联合拍得杭政储出〔2004〕50 号地块的土地使用权。2005 年 2 月,浙江和创置业有限公司登记成立。2007 年 1 月,上海强生集团有限公司所属上海强生房地产开发经营公司出资 3 250 万元收购浙江和创置业有限公司原股东股权,成为其控股股东,持有公司 65%股权;杭州通诚投资有限公司出资 1 750 万元,持有公司 35%股权。

浙江和创置业有限公司开发建设的观邸国际寓所项目位于杭州市滨江区,钱塘江南岸,南临新生路,北接闻涛路,与六和塔、五云山隔江相望。项目地价为 5.35 亿元,项目总用地面积 10.01 万平方米,分为 A、B 两个区块。其中 A 地块为住宅用地,核准名称为"观邸国际寓所",用地面积 8.8 万平方米,B 地块为商业服务用地,用地面积 1.2 万平方米。分为二期开发,其中项目一期总建筑面积 155 859 平方米,地上建筑面积 109 087 平方米。一期住宅于 2006 年 1 月开始预售,至 2009 年底全部售罄并全面交付,已销售面积 10.67 万平方米,销售均价 8 800 元/平方米。二期户数 704 户,其中 90 平方米户型 378 套,230 平方米户型 326 套,可售面积约为 11.12 万平方米,已于 2015 年 8 月开始预售，截至 2018 年年底，已销售面积 10.85 万平方米，销售均价约 2 万元/平方米。

项目运营中的最大难题是所配建的酒店及商业服务中心，因当地政策规定自土地复核验收通过之日起 5 年内不得转让（即 2022 年 10 月前），且由于酒店体量大、标的大、限制多，其无法实现当期转让，项目整体经营运作的利润全部积压于此，项目公司因而背负高额的成本利息。2017 年，浙江和创置业有限公司在久事置业支持下，抓住机遇、寻找突破口，在长达一年酒店转让事项洽谈过程中，不断探索可行性方案、反复论证，历经多轮艰辛谈判后，终于获得买方信任。2017 年 9 月 1 日，在华为公司深圳总部基地，浙江和创置业有限公司与华为技术有限公司签订酒店整体转让协议，华为公司购入酒店资产后将打造成全球培训中心。后又通过两家公司共同努力，解决酒店遭限售的瓶颈，保障交易的顺利进行。2018 年 6 月，酒店转让交易款 6.23 亿元到账，圆满完成转让交易。酒店成功转让成为转折点，使整个项目利润得以实现。

截至 2019 年年底，观邸国际寓所项目住宅基本售罄，总计销售收入 34 亿，在酒店转让后，项目累计利润逾 3 亿元。

十、五十九中项目（久岸置业商办项目）

上海市徐汇区大木桥路斜土街道 108－03 地块开发项目位于上海内环市区，为商业及办公综合体。项目总规划建设用地面积 10 319.9 平方米，总建筑面积 52 264.1 平方米，其中地上部分建筑面积 31 891.84 平方米，地下部分建筑面积 20 372.26 平方米。建筑高度 59.85 米，建筑地下一层为商业，地下二层为商业及地铁站厅层，地下三层为地下车库，地上一层至五层为社区用房及商业场所，六层至十三层为办公场所。项目利用地下商业建筑和两条地铁站点衔接的地理优势，创造一个建筑与环境相融合，兼具公共展示性、社会开放性的商业综合体。

2013 年，根据久事公司与徐汇区方面前期确定的原则以及相关置换协议，原五十九中学地块纳入双方联合收储范围。鉴于当时地铁 12 号线涉及本地块，为充分挖掘地下空间潜力，确保该地块地下空间与地铁同步实施，久事置业公司积极开展启动地块开发前期工作，先后与徐汇区土储中心沟通商讨立项开发等合作事宜，委托市调公司就项目相关市场调研及项目定位进行研究，通过招标代理公司进行概念方案设计招标，并邀请地铁方参与。经与申通及区规划局协商，由申通先行代建 30 米控制区范围的建筑，简化前期基础性建设有关程序。

2014 年，久事置业与徐汇区土储中心签订五十九中学地块地下基础性开发立项事宜协议书，完成地块前期基础性开发项目建议书，并取得区发改委立项批复，完成前期基础性开发项目规划设计要求申请报审工作，制订项目前期各流程所需材料和时间节点进度综合计划。

2015 年 10 月 29 日，久事置业和徐汇区西岸集团以 5.64 亿元出让价格联合拍得地块，折合楼板价为 18 217 元/平方米。项目为久事集团储备地块，在市重大办、徐汇区政府和申通地铁支持下，通过先行启动地下空间基础性开发、深化拿地方案等举措，积极探索土地储备与房产二级开发的联动方式。

2016 年上半年，久事与徐汇区西岸集团合资设立项目公司——上海久岸置业有限公司，完成合建段费用支付结算手续，与规土局重新签订新版本出让合同，确认久岸置业有限公司成为项目开发主体。注册资本 1 亿元，股东久事置业持有公司 70％股权，上海西岸开发（集团）有限公司持有公司 30％股权。同时，项目公司对竞拍时的项目方案进行全面优化设计，将项目商业区域定位为社区商业邻里服务中心。

图 4-3-10　2017 年 6 月 28 日，斜土街道 108-03 地块项目奠基仪式举行

2017 年一季度完成前期立项土地所涉及的证照办理，6 月 28 日举行项目奠基仪式并进入试桩阶段，年底前取得项目桩基工程的建设工程规划许可证和工程施工许可证。2019 年 10 月 29 日，久岸置业商办楼新建项目正式工程结构封顶，之后转入项目内部系统施工。

第三节　旧区改造与土地储备

自 20 世纪 90 年代至 2006 年，上海中心城区共拆除旧房屋 6 000 多万平方米，动迁居民 95 万户。为加快中心城区旧区改造，提高市民居住水平，市委、市政府部署推进中心城区“十一五”期间及之后旧区改造工作，积极探索以土地储备为主要方式的旧区改造机制，适当加快中心城区旧区改造速度，改善广大市民居住条件和环境，提高城市国际竞争力，促进城市可持续发展。

旧区改造采取市、区合作实施土地储备方式，其中虹口区北外滩 15 个街坊，占地面积约 41 万平方米，居民 1.3 万户，在“十一五”期间计划改造 13 个街坊，由久事公司和虹口区土地储备机构联合实施；普陀区金沙新村地块，占地面积约 3 万平方米，居民 1 500 户，由久事公司和普陀区土地储备机构联合实施。

2006 年久事公司与虹口区、普陀区政府签订地块旧区改造合作框架协议，与两区合作的旧区改造工作进入实质性操办阶段。旧区改造因为改造成本、市民稳定、房源安置等各项因素，存在极大难度，为确保完成金沙新村地块、北外滩地区旧区改造，久事抓紧成立项目公司，为投融资和动拆迁推进搭建实施平台，同时对地块进行多次实地踏勘，主动与市建委、市房地局等有关部门联系，落实旧区改造的房源。另外全面开展地块情况摸底、成本测算、项目申报等前期准备工作，进而实施地块动拆迁、土地收储、拍卖出让。

按照市委、市政府部署，久事承担旧区改造任务，服务上海城市更新。久事置业受委托具体承担政府土地储备业务和旧区改造任务。久事参与的10个旧改地块分别位于虹口区、徐汇区、普陀区，累计面积43.68万平方米。

2016年，久事集团经多次与市发改委、市财政局沟通，在年末争取到市财力资金下拨到位，用于归还集团所有旧区改造土地储备款项。

一、虹口区北外滩

为贯彻落实《上海市人民政府批转市建设交通委等五部门关于推进本市中心城区"十一五"旧区改造工作意见的通知》等文件精神，加快北外滩地区旧区改造，久事公司与虹口区人民政府根据市政府提出关于实施旧区改造有关精神，于2006年8月28日签订北外滩地区旧区改造合作开发协议，对北外滩区域特定范围内15个街坊实施联合土地储备。

虹口区北外滩西至虹口港，东至海门路，北至东汉阳路唐山路，南至东大名路，占地面积615亩，房屋面积75.72万平方米，其中非住宅面积高达31.6万平方米，占41.73%，居民户数1.5万户。

虹口区政府指定上海市虹口区土地发展中心与上海久事公司共同组建合作开发项目公司，即上海久虹土地发展有限公司，负责北外滩15个街坊土地储备具体实施工作。

上海久虹土地发展有限公司自2007年3月开始筹建，至2007年11月14日正式成立。注册资本金2亿元，其中久事公司出资1.5亿元，占股75%；上海市虹口区土地发展中心出资5 000万元，占股25%。主要业务为接受久事公司和上海市虹口区土地发展中心委托，对北外滩15个街坊联合实施土地储备和前期基础性开发。

2014年，上海市虹口区土地发展中心撤出对上海久虹土地发展有限公司5 000万元投资，久虹公司改制为久事集团的全资子公司，注册资本金为1.5亿元。同时，久虹公司负责普陀区金沙新村地块的土地储备相关工作。

2016年，虹口区政府通过久事集团向国家开发银行融资19.94亿元用于北外滩69街坊和67、71街坊的旧区改造。

表4-3-1 久事在虹口北外滩地区旧区改造及土地储备情况表(截至2017年8月)

区县	地块名称	面积(万平方米)	批准估算(亿元)	居民征收证数	累计投入(亿元)	进展情况
虹口区	海门路55号地块	4.97	29.5	1 396户	24.85	2012年拍卖，已成本认定和清算
	东大名路959号地块	2.54	22.2	558	12.29	2015年拍卖，待报成本认定
	北外滩91街坊地块	2.37	44	1 200	22.7	征收完成
	北外滩92街坊地块	1.96	30.5	792	14.14	2016年拍卖，待报成本认定
	北外滩93街坊地块	2.09	20.7	430	10.12	征收基本完成、已平地
	北外滩78街坊地块	2.6	33.5	867	14.89	2017年拍卖地块已出让
	北外滩69街坊地块	2.85	37.9	完成99.5%	17.99	征收中
	北外滩67、71街坊地块	1.9	41.4	完成99.2%	15.56	征收中

二、普陀区金沙新村

为贯彻落实《上海市人民政府批转市建设交通委等五部门关于推进本市中心城区"十一五"旧区改造工作意见的通知》《关于印发"十二五"期间市、区土地储备机构合作实施旧区改造地块的通知》等文件精神，根据上海市政府对市、区旧区改造地块安排，久事公司与普陀区人民政府于2006年9月18日签订《金沙新村地块旧区改造合作框架协议》，联合对普陀区金沙新村地块进行旧区改造并实施前期开发。

普陀区金沙新村地域范围为宁夏路以南、顺义路以北、白玉苑以西、石湾路以东，占地面积36 940平方米，拟征收居住房屋面积约44 538平方米，其中二级旧里以下房屋面积约33 744平方米，受益居民约1 520户；拟征收非居住房屋面积约6 780平方米，占9.2%，搬迁单位约8家。

金沙新村储备地块采用联合收储模式，土地储备主体为上海久事公司和普陀区土地储备中心。普陀区征收部门组织实施房屋征收与补偿工作。项目通过由双方组建成立金沙新村地块旧区改造指挥部形式进行运作，指挥部为决策层，下设金沙新村地块旧区改造指挥部办公室，作为具体实施管理平台。

图4-3-11　2013年12月18日，上海久事公司与普陀区人民政府就金沙新村地块旧区改造合作举行协议签约仪式

金沙新村地块旧区改造工作原计划于2006年启动，后于2010年被列入"十二五"期间上海市中心城区旧区改造重点推进项目之一，2013年8月正式重启，2013年12月，久事公司与普陀区政府协商后重新签订《普陀区金沙新村地块旧区改造合作协议》。项目总投资估算约为58亿元，市、区投资比例为3∶2，建筑面积约为6.42万平方米，居民约为1 952户。

根据市政府对久事公司有关旧区改造工作要求，2015 年 1 月 26 日，久事委托旗下上海久虹土地发展有限公司具体实施虹口区北外滩地块以及普陀区金沙新村地块旧区改造的土地储备工作。

表 4－3－2　久事在普陀区金沙新村旧区改造及土地储备情况表(截至 2017 年 8 月)

区　县	地块名称	面积（万平方米）	批准估算（亿元）	居民征收证数	累计投入（亿元）	进展情况
普陀区	金沙新村地块	3.7	48.5	1 226	23.44	征收完成

三、徐汇滨江

【南浦货场地块】

为满足上海城市总体规划和铁路发展需要，铁道部、上海市政府于 2004 至 2006 年间多次召开上海铁路建设工作相关会议。按照“以地换地、合作共赢”原则，久事置业依照市政府要求，承担铁路南浦货场土地储备和迁建工程等工作。

久事公司和上海铁路局分别受上海市政府和铁道部委托，负责南浦货场储备、搬迁和闵行新货场建设工作。2007 年 1 月，双方签订南浦货场搬迁协议，明确久事公司负责闵行新货场 860 亩建设用地征地拆迁及费用，并补偿闵行货场建设资金，上海铁路局负责将铁路南浦货场 570 亩土地拆清移交给久事公司。2009 年 6 月 28 日，闵行货场启用。

为确保上海世博会召开，在南浦货场内动迁工作未全部完成、货场内北支线土地尚不具备交地条件的情况下，2009 年 6 月 30 日，久事公司和上海铁路局先行交接并签订南浦货场搬迁项目用地交接书。根据部署，南浦货场地块的部分土地交给徐汇区政府实施世博配套道路建设，部分土地作为世博安保基地。

根据相关收储批复，南浦货场收储面积为 350 347 平方米。收储以后，部分储备地块已用于滨江绿化、道路等建设。为明确储备范围内的土地状况，久事置业委托上海不动产登记事务中心对储备范围进行梳理、测绘，明确储备土地权属关系，签订测绘合同。测绘工作完成后，根据测绘成果委托相关单位实施定位放样工作。2017 年年底，根据南浦货场测绘合同要求，市地籍事务中心完成面积核定报告，对久事集团储备南浦货场地块剩余面积进行梳理。

【兆丰路地块】

为贯彻落实黄浦江两岸综合开发总体战略目标，改善滨江区域整体环境，徐汇区政府提议与久事公司联合对兆丰路地块实施土地储备。考虑到兆丰路地块紧邻久事收储的南浦货场地块，兆丰路地块改造有利于改善南浦货场周边环境，久事与徐汇区人民政府协商，于 2007 年 8 月 27 日签订合作开发协议，按照“统一规划、整体平衡、联合储备、收益共享”原则，对黄浦江南延伸段徐汇区兆丰路地块实施联合土地储备。为加快推进徐汇兆丰路地块旧区改造，解决新一轮旧区改造中出现的遗留问题，进一步改善该地区居民居住条件和世博滨江区域整体环境，久事和上海市徐汇区土地发展中心对该地块进行市、区两级联合储备和前期基础性开发。

根据合作开发协议，由上海徐汇土地发展有限公司代表徐汇区政府与上海久事公司组建合作开发项目公司，即上海久汇地产发展有限公司，具体负责兆丰路地块土地储备实施工作。

上海久汇地产发展有限公司(简称久汇)于 2007 年 8 月开始筹建,2007 年 12 月 12 日正式成立。久汇注册资本金 1 亿元,其中久事出资 8 000 万元,占股 80%,徐汇土地发展公司出资 2 000 万元,占股 20%。久汇主要业务为接受久事公司和徐汇区土地发展中心委托,对徐汇区兆丰路地块实施土地储备和前期基础性开发。

2014 年,徐汇区兆丰路旧区改造地块基本完成动拆迁工作并已腾让土地,相关成本及债权债务开始清算,截至 2017 年年底,尚未清算完毕。根据徐汇土地发展有限公司提供的兆丰路地块资料,地块预估总投资额 48 亿元(原上报投资额为 45 亿元),市、区投资比例 4∶1,久汇拨付徐汇区土地发展有限公司的资金主要用于居民动迁和小企业征收。

表 4-3-3　久事在徐汇滨江地区旧区改造及土地储备情况表(截至 2017 年 8 月)

区　县	地块名称	面积(万平方米)	批准估算(亿元)	居民征收证数	累计投入(亿元)	进展情况
徐汇区	兆丰路地块	18.7	44.6	1 459 户	20.83	征收中

四、黄浦区 186 地块

2007 年建造新联谊大厦使周围居民区日照受影响而产生纠纷,为解决这一问题,久事经与黄浦区政府研究决定,以旧区改造名义进行土地储备,黄浦区土地储备中心为项目主体,征收 186-9、186-10 街坊中的所有居民住宅(约 100 户)和企业办公楼。

2009 年,项目立项批复总价为 3.2 亿元(不含元芳商务楼)。2014 年,经双方确认追加投资到总价 7.2 亿元,其中直接投资成本为 5.7 亿元(含元芳商务楼),其余为财务费利息支出。

截至 2015 年 7 月,久事已拨付新联谊公司 3.55 亿元;新联谊公司除支出利息 7 441 万元外,已拨付黄浦区补偿款约 2.8 亿元,其中购房款 5 600 万元,直接货币补偿款 2.24 亿元,沉淀资金 100 万元。

截至 2017 年年底,地块内还有 3 家单位共 7 户未签约。久事置业在久事集团指导下,与电气集团就元芳商务楼拆迁工作多次协商。

2019 年,在久事置业推动下,黄浦滨江综合办(原黄浦区一体办)对 186 地块内 3 家单位征收工作取得一定进展。其中,房管局印刷厂、纺织集团手帕厂均已签约,动迁资金拨付工作按原操作程序于 9 月份启动。久事置业对 186 地块功能定位和空间设计不断进行优化完善,与电气集团就地块合作开发方式展开多次探讨和研究,并在项目投资和收入测算的基础上,拟订《黄浦区 186-9、186-10 地块项目合作开发初步方案》上报久事集团。

第四节　物 业 管 理

一、外滩物业

上海外滩房屋置换有限公司为对外滩大楼进行统一管理,于 1996 年 4 月申请注册成立上海外滩房屋置换物业有限公司,主要从事办公楼、住宅小区物业管理服务,从业人员有 500 多人。外滩地区历史建筑普遍存在缺少维护保养、设施设备老化落后等问题，外滩物业对大楼的资料进行搜集整理，对水泵房、配电房、电梯及机房设备进行改造与更新，使之能适应大楼使用功能改变后的新要求。

1999 年 8 月，上海外滩房屋置换物业有限公司随外滩房屋置换公司一起并入上海久事公司，后与当时正在筹建中的久事物业公司合并重组，并于 2001 年 5 月 29 日更名为上海外滩物业有限公司（简称外滩物业公司）。物业公司对外是一个独立的法人实体，对内是外滩房屋置换总部下的久事所属全资子公司，对属于久事公司的外滩历史建筑及新建久事大厦等物业进行统一管理。外滩物业公司原注册资金为 2 000 万元，久事公司考虑到物业行业资金需求不大的特征，在 2002 年 6 月将物业公司资本金减资至 500 万元。

21 世纪初，根据市国资委对久事公司定位，外滩物业围绕城市轨道交通建设这个发展核心，制定三年发展规划和行动纲领。外滩物业主体业务是物业管理，所占资产规模小，人员多，管理繁复，效益不高，为此久事决策将其整体转让。

2003 年 12 月 12 日，久事董事会经研究决定转让公司投资的外滩物业全部股权。2004 年 3 月 31 日，久事董事会决定将外滩物业全部股权转让给上海浦江物业有限公司及其法定代表人（作自然人），转让价格参照上海众信资产评估有限公司按收益现值法、重置成本法评估的价值（分别为 740 万元、770 万元人民币），确定为 755 万元人民币，并由上海市产权交易部门按转让各方签订的转让协议办理产权交易手续，按《企业国有产权转让管理暂行办法》完成所有转让程序。为进一步适应市场经济管理体制和经营机制，外滩物业转制为民营企业。

二、强生物业

上海强生物业公司（简称强生物业）成立于 1992 年 12 月，为吸收出租汽车行业离退和强生集团公司等闲置职工，整合当时南泰百货商厦和九江综合经营部，成立强生物业，管理强生集团自有楼盘。

1997 年，强生物业承接第一个市场项目和第一个政府楼盘——4.1 万平方米的检察司法大楼，开启市场化发展。经过多年发展，强生物业成为拥有近千名员工的上海市物业管理行业协会理事单位，建设部一级物业管理资质企业。强生物业先后完成 ISO9000 质量体系、ISO14001 环境管理体系和 OHSAS18001 职业健康安全管理体系贯标，并于 2014 年完成管理体系的合并，确立规范化、标准化运作。公司创建了数个市优项目——久事商务大厦、宝山法院审判大楼、强生花苑住宅小区，年收入由当初的千万余元跃到近亿元。

2004 年，强生物业获评物业管理二级资质，强生花苑项目获评“上海市物业管理优秀示范项目”。

2005 年，强生物业随强生集团划入久事公司，并专注于走市场化道路，承接多个市场项目，有上海超级计算中心、上海宝山法院等。

2012 年，强生物业加入久事地产置业产业链。2013 年年底，强生物业在册正式员工人数为 96 人，从业人员为 764 人，资产总额为 2 313 万元，负债总计为 705 万元，净资产为 1 608 万元，主营业务收入为 6 422 万元，净利润总额为 676 万元。

2014 年，强生物业转为有限责任公司，更名为上海强生物业有限公司，致力于项目创优和资质升级。2014 年，宝山法院和久事商务大厦两个项目分获上海市物业管理优秀示范项目，强生物业于2015年年初升级为物业管理一级资质。

2015年,强生物业为久事集团唯一国资国企混合改革试点,推行具有行业特点的现代企业管理与经营模式,推行制度、管理、机制创新,以队伍建设和企业文化建设为抓手,提升品牌形象。

2016年5月,强生物业完成国企改革,引入民营资本——上海浦江物业有限公司,实现混合所有制改革,开启企业发展新篇章,以党建联建形式完成企业融合。

2017年,强生物业成为久事集团品牌建设经营试点单位,发展目标确立为国资系统内具有知名度的公众物业管理公司。为实现发展目标,强生物业开展"五化"建设——物业服务标准化,日常管理信息化,安保服务专业化,品牌形象规范化,应急响应集约化。

2018年7月,强生物业启动2017—2018年度精神文明创建工作,于2019年4月获得"2017—2018年度(第十九届)上海市文明单位"荣誉称号。

强生物业在管项目31个,管理面积超过百万平方米,主要分为光明板块、政府机关板块、商务楼板块、小区板块、储备场地板块及公交场站板块等。2018年营收过亿元,总资产达5 923万元。机构设置上,强生物业领导班子组成的经理室领导6个职能部室(办公室、人力资源部、市场拓展部、物业管理部、工程技术部和计划财务部),下辖31个项目,同时以"两块牌子、一套班子"模式管理强生物业下属上海强生保安服务有限公司。

【强生花苑物业项目】

强生花苑物业项目位于徐汇区龙华街道龙华西路398弄1～11号,该物业类型属于商品住宅小区,总建筑面积77 053.05平方米,其中住宅64 061.77平方米。自2001年4月1日始,由强生物业管理。

【宝山区人民法院物业管理服务项目】

宝山区人民法院物业管理项目系上海市宝山区人民法院委托强生物业公司实行办公楼物业管理。项目占地面积23 404平方米,建筑面积47 188平方米。委托管理事项包括保安管理服务、保洁管理服务、设备设施维护服务、食堂管理服务。首份物业管理合同期限自2003年4月1日始,10多年来良好合作使强生物业成为宝山法院值得信赖的后勤和管家。2012年,宝山法院乔迁新址,强生物业持续管理。2014年宝山法院获"上海市物业管理行业优秀示范大厦"称号,2016年获市"工人先锋号"称号,食堂班组获2017年度"上海市用户满意服务明星班组"称号,保洁班组获2013年市"巾帼文明岗"称号、2017年上海市三八红旗集体称号。2018年,宝山法院项目通过上海市物业管理行业优秀示范大厦复评。

【久事商务大厦物业管理委托项目】

久事置业委托强生物业对久事商务大厦主辅楼等实施物业管理。久事商务大厦坐落于黄浦区四川中路213号,属于办公、商业用房,大厦总建筑面积为73 806.31平方米,其中地上总建筑面积为58 931.28平方米,地下建筑面积为13 736.52平方米,业主共有建筑面积为1 138.51平方米。物业管理范围包括久事商务大厦主楼、地下停车库、地上立体停车库、辅助用房。自2013年3月以来,强生物业持续管理,久事商务大厦于2014年荣获"上海市物业管理行业优秀示范大厦"称号,2015年被市物协推荐为上海市物业管理行业现场示范交流点,客服班组于2015年荣获市"巾帼文明岗"称号,并荣获2017年度市"工人先锋号"称号。2018年,久事商务大厦项目通过上海市物业管理行业优秀示范大厦复评。

【强生保安服务】

上海强生保安服务有限公司(简称强生保安)成立于2012年6月,注册资金1 000万元,是保安管理协会首批会员单位,也是上海市公安局保安管理协会审批通过的专业保安服务公司。强生保安是强生物业有限公司的全资子公司,隶属久事置业。

强生保安有300多名持证上岗保安工作人员,分布在物业公司20个项目中,主要经营门卫、巡逻、守护、随身护卫、停车场管理、安全检查、秩序维护、安全风险评估等业务。强生保安与上海多家知名企业、地标性建筑及政府事业单位联手达成合作,例如为SOHO中国、宝山法院、监狱系统等提供保安服务,服务项目覆盖城市综合体、交通枢纽、商办楼宇、产业园区、展览馆、行政机关、事业单位等。

强生保安由内部资源起步拓展业务,承揽强生物业外包保安服务项目,如光明乳业、久强大厦、久商大厦等。在上级支持下,强生保安得以充分利用久事集团系统内资源,承接南浦货场和逸仙路公交场站等项目,并将南浦货场作为人才培育基地,为保安服务向保安管理转变奠定基础。强生保安进驻南浦货场、中标交投集团纪念路停车场和综合楼项目,实现在久事系统内的横向延伸。另外,强生物业逐步回收到期的外包保安服务项目,交由强生保安运作。

表4-3-4 2017年上海强生保安服务有限公司部分服务项目情况表

企业名称	项目业态	合作项目	服务评价	项目所在区域
交投逸仙路商务楼	商务写字楼	保安服务	优良	虹口区
久强大厦	商务写字楼	保安服务	优良	长宁区
久事商务大厦	商务写字楼	保安服务	优良	黄浦区
交投逸仙路公交场站	公交场站	保安服务	优良	虹口区
汾阳路3号	商办综合	保安服务	优良	徐汇区
虹口SOHO	商务写字楼	保安服务	优良	虹口区
虹口SOHO3Q	办公即时租赁	保安服务	优良	虹口区
SOHO复兴广场	商务写字楼	保安服务	优良	黄浦区
SOHO复兴广场3Q	办公即时租赁	保安服务	优良	黄浦区
提篮桥监狱	行政机关	保安服务	优良	虹口区
五角场监狱	行政机关	保安服务	优良	杨浦区
北新泾监狱	行政机关	保安服务	优良	长宁区
宝山法院	行政机关	保安服务	优良	宝山区
吴淞街道	行政事业单位	保安服务	优良	宝山区
上海戒毒局	行政机关	保安服务	优良	虹口区
宝山公交枢纽	公交场站	保安服务	优良	虹口区

第四章 资本经营

2005年6月，久事不包括公交资产在内的总资产规模为951亿元，其中轨道交通资产648亿元，占总资产68.14%，其次为货币性资产、参股实业股权、房产地产等。公交资产划入后，截至2006年12月，久事总资产717亿元、净资产286亿元，资产负债率60.1%。

久事庞大的资产规模有不断扩大的发展态势，带来如何合理配置和利用好资产的问题。久事主要是通过资本经营，防止资产僵化、固化和沉淀，使资产流动起来，实现资金到资产、资产到资金滚动形态转换，发挥资产最大价值。资本经营也是一种解决久事资金问题的有效手段，久事在资本经营中，通过资产变现或以存量带动增量投入方式，开辟内延式筹资新渠道。

资本经营是久事主业之一，久事资本经营板块主要为开展各类投融资业务和资产经营。2015年12月，久事集团旗下专业从事投资和资本经营业务的全资子公司——上海久事投资管理有限公司(简称久投)挂牌成立。作为久事资产管理和资本运营平台，久投公司聚焦久事集团城市交通、体育产业、地产置业三大板块，着力打造股权投资、市值管理、产业基金三大业务形态，并发挥资产处置平台作用。

久事集团“十三五”规划明确资本经营板块发展方向：围绕主业和“四新经济”，发挥国有资本导向作用，聚焦久事主业延伸，重点采取产业基金运作方式，吸收各类资本，通过资本纽带为久事集团主业发展布局。

2017年，久事集团经营情况总体平稳，各项指标总体实现年初预算目标，资信等级继续保持最高的AAA级。截至2017年年底，久事集团合并资产总额4 610亿元，负债总额1 798亿元，资产负债率39%。全年实现合并营业收入107亿元，经营性净利润8亿元。

第一节 资本运作

一、基金债券等证券投资

久事利用间隙资金进行基金投资、国债回购和新股申购等短期投资业务，在严格控制投资风险前提下，以一定收益缓解沉重的还本付息压力。

2000年3月，久事实施《上海久事公司证券投资管理暂行办法》，根据总体经营目标，建立基金投资部，以安全性、流动性、赢利性为原则，探索资本市场短期投资，逐步建立新的赢利增长点。投资范围：以证券投资基金为主要投资对象；原有外汇保证金账户资金限额内的B股投资，并管理久事原有B股；新股配售(包括网上认购、持仓证券配售、战略投资者与一般法人配售)；在批准额度内以规范形式进行A股投资；其他经批准的证券品种。2001年、2002年久事分别对《上海久事公司证券投资管理暂行办法》进行修订并形成修订稿版本。

2001年年底，久事对外长期投资124.14亿元，短期投资45.65亿元，主要为国债回购和基金投资。久事总投资合计169.79亿元，占净资产的142.1%。

基金投资部为久事开展证券投资业务的经营部门，相继开展封闭式基金、开放式基金、A股(含战略投资和法人配售）、国债、企业债等证券品种的投资，2002 年投资规模达 34 亿元。久事根据证券市场特点和投资管理要求，设立管理、分析、交易、统计等业务环节，相应设置证券研究员、交易员和统计核算岗位。投资决策方式逐步由部门经理集中决策向各人对管理证券品种在授权范围内决策操作过渡。

2002 年，国内证券市场形势严峻，上证指数年内跌幅达 13.3%，基金指数年内跌幅达 18.3%，机构投资者普遍亏损。在相当不利的情况下，久事基金投资部加强分析研究，根据实际情况调整证券资产配置，积极寻找投资机会，加强存量证券滚动操作，将增量资金主要投于开放式基金这一新型的证券品种，使久事证券资产总体减值率大大低于同期大盘下跌幅度。同时，理性参与一级市场国债、企业债的投资，成功投资三峡和中国移动企业债；通过对存量 A 股基本面的分析和积极滚动操作，持有 A 股市值比年初增加 2 523 万元，全年实现证券收益 3 204 万元。

2003 年，在证券市场持续低迷的不利条件下，久事证券投资部克服人手少、管理资产庞大、系统风险常有、投资渠道狭窄等困难，把握证券市场整体运行态势，加强分析和积极运作，所管理证券资产净值比 2002 年年末增加 3.3 亿元，其中实现收益 1.1 亿元，减亏 2.2 亿元，资产增值率达 13.7%（按实际占用资金规模计），高于同期上证指数的上升幅度。具体操作上，久事抓住年内两个最佳时点赎回全部开放式基金，在消除 2002 年年末 1.33 亿元潜亏基础上，实现收益 8 700 万元；积极开展存量规模内滚动操作，分批分期将存量 A 股全部兑现，基本消除 2002 年年末潜亏；把握债券投资机遇，争取获得一级市场热门品种配售份额，在二级市场上抓住可转债、国债及企业债机会，及时兑现，取得 9.3%收益率；主动优化和调整封闭式基金持仓结构。

2004 年 3 月初，久事完成机构调整工作后，资产经营总部基金部着手实施开放式基金投资计划，并在 3 月中旬起陆续分批建仓。基金投资部按照当年核定 15 亿元开放式基金及历史约 10 亿元封闭式基金以及债券和部分战略投资股票的投资规模，兼顾“稳健性、流动性、赢利性”原则，分批进入证券市场。由于自 4 月上旬起国家出台强有力宏观调控措施，市场大盘一路盘跌，至年底已跌达 5 年来新低，基金业也出现整体快速下滑局面。鉴于对市场系统性风险担忧，年内久事对所投规模进行适度控制，未全部投入资金，同时将 1 亿元网通债券与资金置换成可用于投资开放式基金的资金。通过在市场波动过程中高抛低吸、反复运作，久事持有开放式基金持仓成本下摊降低达 10%以上。2004 年，久事所持开放式基金实际亏损约 1.33 亿元，封闭式基金实际亏损加潜亏约 1.54 亿元，中国联通战略投资者股票赢利约 0.22 亿元，合计亏损约 2.65 亿元；久事资金短期运作收益 2.34 亿元，总投资收益 1.91 亿元。

2006 年 11 月，为加强久事资产经营业务，实现资产专业经营、专项管理和专门考核，久事设立资产经营部，将投资发展部的对外投资、资产经营、股权管理（包括董事管理、产权管理）及资产经营策划等职能分离出来，划入专门的资产经营部。同时按照业务和监管相分离原则，将财务管理部基金投资、新股申购等证券业务和国有资产产权登记工作，按业务归口划归资产经营部。

2006 年，久事调整招商现金增值基金为安本增利基金，增加收益约 500 万元，同时抛售全部封闭式基金，不仅实现当年盈利，还全部弥补历年累计亏损，增加收益 4.87 亿元。久事年度投资收益 10.45 亿元，其中实业投资分红 6 896 万元，资金短期运作收益 7.6 亿元，控股公司权益法收益 5 961 万元，减值准备冲回 1.56 亿元。

2007 年，久事资产经营部全年完成投资收益共计 4.3 亿元，其中投资返利 1.31 亿元，法人股投资收益 4 050 万元，股权溢价收益 2 276 万元，其他收益 2.26 亿元，收回长期投资 1 352 万元。

2008 年，久事实现投资收益 10.32 亿元，其中实业投资分红 3.7 亿元，新股认购收益 2 816 万元,资金运作收益 5.49 亿元,权益法收益 8 464 万元。

【申购新股】

久事新股申购具体操作由资产经营部负责,仅参与投资一级市场,不进入二级市场,所申购新股均在上市当日抛售,及时实现收益;并对后台严格管理,实时进行相关数据统计记录,与财务数据核对一致,做好内控流程。

2002 年,久事以战略投资者身份获配中国联通 A 股 3 500 万股(每股 2.3 元)。2004 年,久事的中国联通战略投资者股票实现盈利约 2 200 万元。

2006 年 6 月新股恢复发行以来,市场上有大量资金专门申购新股,2006 年国内共发行 65 只新股,共募集资金约 1 341.7 亿元。进入 2007 年,随着新股申购资金量创出新高,新股申购中签率大幅下降,新股申购资金年化收益率已经大幅下降至 8%左右。在国内股市出现上升势态,一级市场陆续有新股上市时,认购新股一般收益较高、风险较低、流动性较强。

2006 年,久事申购中国银行、工商银行新股。2007 年 1 月,久事利用间歇资金申购新发行的兴业银行 A 股;2 月,久事以自有资金 10 亿元申购平安保险新股(发行价格 33.8 元),中 6.8 万股;4 月,久事利用资金申购中信银行新股,以 22 亿元资金申购交通银行新股;6 月,久事申购新发行的中国远洋 A 股;10 月,申购新发行的中石油 A 股。

久事在短期资金运作渠道较为狭窄且收益率较低,无法覆盖久事资金财务成本的情况下,为提高资金收益,于 2007 年设立申购新股专项资金,常量保持在 10 亿元资金规模申购新股,并视久事资金宽紧适度调整,如遇超级大盘股发行,另行专报核定申购规模。2008 年,久事申购新股收益 2 816 万元。

二、股权投资经营

久事成立以来,随着投融资体制改革不断深入,在投资管理模式上经历了三个发展阶段:第一个阶段是 20 世纪 80 年代,以项目全额投资为主;第二个阶段是 20 世纪 90 年代,以参股投资为主;第三个阶段是 2000 年以后,以控股投资为主。反映在久事经营管理上,从直接投资项目变成间接对项目公司资本金投入,完成从投资项目到投资公司,从管业务到管公司,从控制投资决策到控制公司经营目标、章程、财务预算集团化管理模式的转化。

久事对全资和控股公司的管理,努力遵循企业管企业、符合现代企业管理制度的运作模式,久事以党建工作为灵魂,主要实行以产权关系为纽带,围绕落实出资人职责、以出资人监管为重点的管理模式,通过对所属企业委派董监事、财务负责人和人事经理审批等方式,以及加强对全面预算、资金调配、法律监督、审计监察和绩效考核等方面的管理,完善和加强控股企业的法人治理结构,建立起科学的决策管理体系、高效的经营监管体系和健全的人才激励体系,适应在市场化运作中的集团化管理,提高集团的经营和社会效益。

投资是久事一项与生俱来的经营活动。作为政府的投融资平台,久事利用自身投融资功能,支持市政基础设施建设,参与上海产业结构优化调整和升级,在此过程中,自然形成对各投资单位的股权。后来随着对股权分类的进一步细化,与一些重大基础设施项目(一般具有社会公益性的特点)相对应,把一些非公益性的、具有盈利的股权归为实业股权,形成实业投资。

久事投资的实业对上海社会经济发展作出重要贡献。金阳腈纶、高桥石化丙烯酸、飞利浦半导体等重大工业投资项目顺利建成投产，提升了上海国际化形象，有力地推动了上海产业结构和产品结构优化。永新彩管、施乐复印、旭电子玻壳、益昌薄板、朗讯、华虹“909”等，采用中外合资合作方式，与引进外资工作相结合，极大地推动了当时改革开放和引进外资工作。久事直接参与外高桥开发区、张江高科技开发区、星火开发区等项目投资，有力地支持了浦东新区的开发开放。此外，久事还投资参股交通银行、浦发银行、招商银行、上海银行、申银万国证券、海通证券、国泰君安证券、东方证券、平安保险和太平洋保险等知名金融机构，用有力投资行为推动上海国际金融中心建设。

久事投资实业在推动上海地方经济发展的同时，也为久事发展作出贡献。自 1992 年到 2005 年，久事所投实业累计为久事贡献利润超过 20 亿元。在运作上，通过阶段性持股理念主要实施和具体实践，积累了良好的实业投资和股权运作声誉。

2000 年，久事将已建成运营的地铁 1 号线和明珠线一期工程作价 54.21 亿元作为资本投入，联合上海城投公司成立申通地铁集团。在此次合作中，久事首次尝试以实物资产作价并成功作为股本投入新项目中，为所持有大规模存量资产找到一条可复制的盘活路径。随后，久事以投资存量资产，如明珠线一期、二期工程分别吸引沿线 6 个区和 8 个区的投资，带动各区政府以沿线土地作价出资参股。

2004 年 3 月，久事以 750 万元转让上海外滩物业有限公司全部股权给上海浦江物业有限公司；12 月，久事以 12 285 万元转让上海浦江镇投资发展有限公司 30％股权给上海闵行地产经营有限公司。

2005 年，久事资产经营部共实现股权经营收益 1.54 亿元，为年度计划的 114％，其中股权转让溢价 6 942 万元、投资分红 8 440 万元，分别比年初计划增加 10.45％和 16.59％。久事还有效开展对南浦大桥、徐浦大桥两桥资产的业主管理，按时足额落实两桥贷款道路建设车辆通行费收入 2.64 亿元，实现两桥综合开发经营收益 155.9 万元。久事开展并完成股权投资 114.91 亿元，其中完成控股公司增资扩股 106 亿元，非控股战略投资 8.91 亿元。久事以阶段性持股为理念，以资本增值为目标，积极开展资产经营性投资活动，投资 2 680 万元收购 750 万股浦发银行社会法人股。

2007 年，久事完成投资收益共计 4.2 亿元，完成全年计划的 281％，其中投资返利 1.3 亿元，法人股投资收益 0.4 亿元，股权溢价收益 2 276 万元，其他收益 2.26 亿元。收回长期投资 0.14 亿元。久事完成制作股权结构图，结构图按级次、盈利状况及行业分布进行分析，汇总各企业基本情况、股权关系及基本财务数据，基本摸清久事股权结构。久事对公交系统资产整合提出框架性方案，梳理久事旗下强生控股与巴士股份股本情况，实现直接持有巴士公司股权。2007 年，久事对东方证券增资 1.1 亿元；完成上海住房置业担保公司 5％股权的谈判和受让；与国家开发银行上海分行就基础设施贷款证券化试点达成初步意向，签订购买权益档信托收益凭证 2 亿元合同，期限为 14 年；将持有 9.36％原国际集团权益（约 9.88 亿元）划转至市国资委用于组建新的国际集团。久事于 2007 年度共发生产权交易 24 笔，累积交易金额 29 131 万元。

2013 年，久事研究跟踪 5 个定向增发项目、1 个可转债项目、2 个信托项目、1 个股权收购项目，研究碳交易政策。资产经营部实际完成投资 1.03 亿元，主要为招商银行配股、对久誉软件及罗斯福基金出资。久事投资分红收益 45 936 万元，完成年初预算的 125.44％；资金中心增值功能加强，资金运作收益 8 亿元；久事金融性资产市值管理实现收益 7.5 亿元；完成固定资产投资和对外投资 96.5 亿元，计划执行率超过九成。久事完成部分郊区场站资产划转和郊区公交股权调整，完成万家基金等公司股权转让，收回申虹公司部分投资，获得超额收益，盘活了存量资产。

2014 年，久事调整优化资产结构，完成星火开发区股权退出和松江郊区场站资产划转，完成雅玛多股权转让。全年实现股权等投资分红 4.79 亿元,比 2013 年实际增加 2 000 万元,完成年初预算的 105.7%。

2015 年,久事集团积极发挥市级投融资平台功能,在全市率先完成国开发展基金融资工作,共完成 3 批次总额 24.3 亿元的融资,保证了轨道交通资本金需求。同时,久事集团创新重大项目融资模式,在全市率先完成旧区改造市级统贷平台融资工作,签约总金额 50 亿元,年内提款总额 24 亿元,支持虹口区北外滩旧区改造工作。

2016 年,久事集团实际执行投资项目 46 个,完成投资 271 亿元。集团总部筹措资金 284 亿元,其中,轨道交通资本金 217 亿元,旧区改造专项土地资金 41 亿元,政府性债务偿债资金 20 亿元,确保了重大项目资金需求。久事集团资金管理中心全年累计调度资金超过 200 亿元,资金运作收入 8 亿元。久事集团落实国资收益支持久事体育产业改革资金 4.5 亿元,完成年度第一批国开发展专项基金 9.38 亿元贷款申请和放款。久投公司参与符合久事集团产业发展方向的投资项目,迈出资本对接产业、服务实体的第一步,完成碧虎车投项目首轮投资,推动项目 B 轮融资;参与久事体育产业整合,投资设立久事智慧体育公司;参与上海东方报业有限公司增资,向澎湃新闻注资 2 亿元。

2017 年,久事集团实际执行投资项目 51 个,完成投资 138 亿元。久事集团总部筹措资金 215 亿元,其中,各类资本金 140 亿元,政府性债务偿债资金 70 亿元,确保了重大项目资金需求,还顺利完成 50 亿元中期票据到期兑付工作。久事集团资金管理中心全年累计调度资金超过 200 亿元,资金运作收入 6 亿元。

久投自 2015 年年底成立以来,截至 2018 年年底,参与碧虎车投、澎湃新闻、云链金融、五星体育、久事智慧体育、安诺久通 6 个项目战略合作及投资,共完成投资约 4.7 亿元,实现资本对接产业、服务实体的功能。

第二节　资产市值管理

久事集团在发展历程中,形成一批对上海城市和经济社会发展具有影响的重大市政项目和金融实业类股权,其中包括很多可上市流通股权。久投作为久事集团资本经营板块的重要运作主体平台,服务于久事集团整体战略和规划,市值管理业务着眼于助力集团服务上海国际金融中心建设,承担着盘活集团金融资产、实现保值增值重要任务。

久投坚持安全为先理念,在保证安全性、流动性、赢利性前提下,对久事集团金融资产进行流动性管理,在创新运用“剪刀差”进行考量的同时,积极探索建立市值管理新模式、新机制,逐步形成以存量品种仓位管理为主,以 ETF 投资为辅,适度开展货币基金、新股申购、国债回购、转融通等低风险创新业务的市值管理新模式。

一、委托资产包管理

为提高久事集团存量金融资产利用效率,探索实践国有企业市值管理创新之路,积极发挥久投资本经营平台作用,按照风险“可预测、可控制、可承受”原则,久事集团将部分金融资产打包委托久投进行专业化、规范化管理。

委托资产管理目标是管理后的资产市值超过不管理情况下同期的资产市值,形成“剪刀差”。“剪刀差”可以较直观地反映管理后资产市值增厚部分的管理成果。市值管理的核心思路是对于大部分存量品种，秉承长期战略持有的原则和价值投资的理念，在市值波动中进行价值管理并辅以不同时期相应投资策略，从而实现资本利得，这也有利于维护资本市场流动性和长期稳定健康发展。

2016年，久事集团把市值21.6亿元左右的金融资产委托久投进行为期3年的管理。久事集团向市国资委发文报备金融资产委托管理事项，同时修订《上海久事(集团)有限公司金融资产管理办法》，完善金融投资领导小组授权，还按照《上市公司国有股权监督管理办法》要求，完善本期委托管理协议。委托授权包括在沪深交易所上市流通的ETF，以及货币基金、转融通、新股申购、国债回购、国债交易等低风险业务。

2016年至2018年，久投完成第一期委托资产业务。截至2018年年末，开展委托管理与进行管理前相比，资产包市值增加1.6亿元，在同期证券市场整体疲软的大环境下，委托管理取得较明显成果，获得较好管理效益。

二、存量上市公司股票管理

2013年，久事全面减持和成功回购上海家化股票，有效规避上海家化经营权归属事件持续发酵所带来风险，实现运作规模、运作效益、运作方式三个突破。久事在关注实时效益同时，进一步加强市值管理基础制度设计，建立市值资产定期动态分析机制，对市值股票实行分类管理、动态跟踪；加强基础性研究和基本面分析，引入上市公司调研制度；组建核心团队，建立指令、操作、统计相分离运作机制。

2016年，久投在市值管理方面开展委托管理资产专项管理计划，启动转融通融券业务，进一步盘活资产。

2018年，久投用减持上海国企ETF腾出的资金，在价值区域回购原先用来换购的上海国企ETF存量股票，降低持仓成本，其中通过对海立股份价值管理运作，实现资本利得6 500万元左右；以所持股参与上海家化和爱建集团要约收购，待价格回落后全数买回，分别实现资本利得3 500万元和265万元。

三、ETF等权益类资产

2016年7月，久投参与中证上海国企ETF基金设立和发行，以海立股份、交运股份换购ETF约6.83亿份，优化所持金融资产组合质量并为盘活资产做好铺垫，支持上海国资国企改革，实现良好的社会效益和经济效益。

2017年，久投根据宏观形势研判减持上海国企ETF至3亿份，腾出资金3.8亿元左右。久投还对ETF进行盘活，抓住资产包中的海立股份、上海家化的低风险市场机会，利用盘活资金开展运作，实现利差1亿元。久投重点布局主力品种，再布局行业ETF，实现国企ETF与存量标的收益互换。

第三节 基金化运作

基金化运作是资本经营板块贯彻落实久事集团“十三五”发展规划的一项重要内容，也是打造资本经营品牌一项重要举措。久投作为久事集团品牌建设试点单位，在基金化运作日益成为投资行业通行方式的情况下，大力推进实施基金化运作成为建立扩大久事投资品牌影响主渠道，同时也成为久事投资做深、做强资本经营板块，服务于久事集团产业发展的有效途径。

2016年正式立项启动以来，久投经过一年半的时间，先后完成久事投资基金化运作专项课题研究、久事投资可持续发展与品牌建设方案撰写、市场调研走访、合作伙伴甄选、合作洽谈等前期工作，在前期学习和调研基础上，聚焦潜在合作伙伴进行沟通、学习、交流。在此期间，久事集团内部相关项目运作需求也渐趋明朗，而从组建基金管理公司到基金备案及发行需要6—12个月时间周期，随着各项条件逐渐成熟，正式启动组建久事控股的基金管理公司。

一、久事金浦股权投资基金管理有限公司

根据久事集团要求，久投通过寻找有影响力的合作方，从“学习取经”到“以我为主”，在条件和时机成熟前提下，发起设立基金管理主体。

2017年9月以来，久投与上海国际集团旗下上海金浦城市发展股权投资基金管理有限公司(简称金浦城发)开展业务交流与接触，双方认为合作设立基金管理公司有利于各自拓展业务发展空间，双方股东背景与文化较为契合，国际集团的资本运作经验与久事集团的产业背景能够形成优势互补。在此基础上，久投联合久事集团上市公司强生控股与金浦城发共同发起设立产业基金管理公司。

2017年12月，久投向久事集团上报《关于联合金浦城发设立久事金浦股权投资基金管理有限公司的建议》，后经领导批示原则同意，按规定程序推进。

2018年5月23日，久事投资公司、强生控股联合金浦城发共同组建的上海久事金浦股权投资基金管理有限公司(简称基金管理公司)正式成立，注册资本1 000万元。基金管理公司以久投为主，久投持股45%、金浦城发持股40%、强生控股持股15%。

基金管理公司主要负责发起、设立和管理服务于久事产业发展的基金。具体发行基金的规模和投向，主要根据久事集团相关产业项目实施进度来安排，初步将设立3只基金，即久事城市更新基金、体育产业发展基金、交通基础设施基金。

城市更新基金投资于久事集团主导下的城市更新、基础设施建设、重大民生工程以及符合国家引导方向的专项工程；体育产业发展基金参与久事集团体育产业板块的整合、改造，增强公共资源为社会服务的能力和水平，积极关注互联网与体育产业的结合；交通基础设施基金主要参与由久事集团主导的城际铁路、市域铁路、交通枢纽等公共交通基础设施建设和服务方面的投资。结合强生控股转型发展，将设立专门服务于上市公司的股权投资基金，为其寻找、培育优质股权投资项目。

基金管理公司在治理与决策机制上，设股东会与董事会，共5名董事，其中久事方提名委派3名董事，金浦城发提名委派2名董事，董事长由久投提名委派，董事会负责对公司下辖基金的设立、发行计划、专户委托、项目融资等重大事项进行决策。对基金管理公司独立运作发行的各只基金，分别成立独立的基金投委会，负责该基金下的项目投资决策。

基金管理公司人员团队由各股东委派及外部市场化招聘的人员组成。在公司设立初期，主要由各方人员兼职参与，即管理公司作为投资项目实施主体进行运作，以大幅减少管理公司日常运作成本及风险。待基金管理公司运作到一定成熟阶段后，以市场化招聘方式吸纳部分关键岗位全职

人员，保证基金管理公司长远发展。

二、久事产业基金

产业投资基金作为一种成熟投资手段，近年来在发展市场经济、深化改革、调整产业结构、完善资本市场投融资功能进程中发挥显著作用。

上海久事金浦股权投资基金管理有限公司成立后，开展了一系列运作所需前期准备工作。2018年以来，随着巡游出租车调度服务平台和市域铁路等重大项目加快推进，正式启动基金化运作条件日趋成熟。为确保实体项目如期推进，久事集团决策启动久事产业基金的设立，于2018年年底报送产业基金工商登记。2019年2月13日，上海久事产业投资基金合伙企业(有限合伙)正式设立并登记获得营业执照。

久事产业基金主要聚焦两大方向开展投资，即战略性项目与子基金，基金规模不少于10亿元。资金实行认缴制，具体根据项目投资进度及管理人的缴款通知分批实缴到位，初期实缴不低于2亿元。基金存续期暂定10年，必要时可视情况延长或终止。

基金由久事金浦基金管理公司具体负责日常管理。战略性投资项目由久事集团进行决策，在母基金投资决策委员会(共5名委员)中，由久事集团提名委派4名投委会委员；子基金运作，按照子基金相关规定执行。

母基金直接投资由久事集团主导决策，形式包括集团内部孵化或外部合作。母基金作为产业子基金的基石出资人，后续可以根据需要引入社会资本，利用市场的力量服务于集团的重大项目和产业发展。

子基金投资主要围绕久事集团承办的市政基建项目、四位一体产业升级和上市公司转型发展，开展优质项目储备，通过对新技术、新模式、新业态的深入挖掘，提升项目投资对久事产业资源整合作用与贡献度。基金运作由专业化团队管理，为出资人创造长期价值。

久事发起设立产业基金进一步完善了集团业务结构，增强了集团资本经营板块功能与实力，促进了投资管理服务于集团产业发展，提升了市场化运作的能力和效率。

第四节 核销资产处置平台

根据《上海久事(集团)有限公司资产减值准备财务核销管理办法》，久事投资公司作为久事集团指定的内部核销资产处置平台，负责平台之外的久事集团其他所属企业移交的核销处置资产，在资产处置结束后及时报告处置情况，并做好处置收益按时收缴工作。久事投资公司成立以来，认真落实久事集团要求，积极发挥资产处置平台作用，根据2017年12月8日通过的《上海久事投资管理有限公司集团核销资产处置平台管理办法》有关规定，核销资产处置完毕，处置平台认真总结，及时进行项目终结的认定工作，编制形成《财务核销资产处置项目结案报告》上报。截至2019年年底，共实现资产处置收益530.63万元，有效防止资产流失，盘活国资收益，优化资产结构。

一、赛车场B区临时看台资产处置

久投指导上海国际赛车场有限公司撰写移交文件，移交文件经处置平台审核确认符合移交条件后，与移交单位上海国际赛车场有限公司于 2017 年 6 月 7 日签署资产处置权移交协议。

处置平台确定委托上海金茂律师事务所作为第三方法律机构，对资产处置进行尽职调查并出具法律意见书。处置平台确定委托上海申威资产评估有限公司作为第三方评估机构，出具处置资产评估报告。处置平台将《上海久事投资管理有限公司拟资产处置涉及的上海国际赛车场有限公司的部分资产评估报告》上报久事集团，久事集团出具国有资产评估项目备案表，并对上述资产评估报告完成备案。处置平台于 2017 年 7 月 6 日上报《关于对上海国际赛车场 B 区临时看台资产处置方案》，并于 7 月 16 日收到久事集团《关于对上海国际赛车场 B 区临时看台资产处置方案的批复》，同意处置方案。

久投委托上海联合产权交易所进行公开挂牌，实施转让 B 区临时看台拆除物的工作，并根据上海联合产权交易所的相关要求，向其提供相关资料。久投确定以第三方资产评估机构评估确认的市场价值 286.16 万元，作为 B 区临时看台拆除物的公开转让底价。挂牌转让交易于 2017 年 8 月 7 日至 8 月 18 日期间于上海联合产权交易所(简称上海联交所)公开挂牌，挂牌期间产生两家及以上意向受让方，并于 8 月 25 日以网络竞价-多次报价方式组织实施竞价，最终确定转让标的受让方。

转让方上海国际赛车场有限公司与受让方盛松(自然人)于 2017 年 9 月 4 日签署上海市产权交易合同(2016 年版)。本次转让交易价款为人民币 344.164 万元。上海联合产权交易所把本次转让交易价款 344.164 万元及利息 175.57 元于 2017 年 9 月 7 日汇入上海久事投资管理有限公司银行专户中。

表 4-4-1　2017 年上海国际赛车场 B 区临时看台资产处置产生费用及收益情况表

费用类别	费　用　明　细	金　额(元)
收　　入	资产在上海联交所挂牌成交利息	175.57
	资产在上海联交所挂牌成交款	3 441 640
	收入小计	3 441 815.57
费　　用	差旅费	1 694
	评估费	16 000
	律师费	50 000
	交易费(最终成交额 5%)	172 082
	费用小计	239 776
收　　益	总　　计	3 202 039.57

资产处置费用及收益由久投公司代收代付。资产处置情况上报久事集团无异议后，久投公司将专户内资金扣除已代付费用后剩余的部分，转还给上海国际赛车场有限公司。

二、赛车场 C、D、G 区临时看台资产处置

久投协调上海国际赛车场有限公司把 C、D、G 区临时看台资产重新整理及堆放，帮助评估公司

对C、D、G区临时看台资产进行评估，帮助上海联合产权交易所聘请的上海市闵行区公证处对现场进行封存，确保临时看台资产在评估、进场挂牌及最终受让方交接时资产的完整性。

久投指导上海国际赛车场有限公司撰写移交文件，在移交文件经处置平台审核确认符合移交条件后，久投与移交单位上海国际赛车场有限公司于2018年7月31日签署资产处置权移交协议。

处置平台确定委托上海金茂律师事务所作为第三方法律机构，对本次资产处置进行尽职调查，并出具法律意见书。处置平台确定委托上海申威资产评估有限公司作为第三方评估机构，出具资产评估报告。处置平台将《上海久事投资管理有限公司拟资产处置涉及的上海国际赛车场有限公司的部分资产评估报告》上报久事集团，久事集团出具国有资产评估项目备案表，并对上述资产评估报告完成备案。处置平台于2018年8月13日上报《关于上海国际赛车场C、D、G区临时看台资产处置方案》，并收到久事集团2018年9月6日《关于上海国际赛车场C、D、G区临时看台资产处置方案的批复》，批复同意处置方案。

久投根据有关规定，委托上海联合产权交易所进行公开挂牌，实施转让C、D、G区临时看台资产的工作。根据上海联合产权交易所的相关要求，向其提供相关资料。久投确定以第三方资产评估机构评估确认的市场价值219.82万元，作为C、D、G看台资产的公开转让底价。挂牌转让交易于2018年10月26日至11月8日期间于上海联合产权交易所公开挂牌，挂牌期间产生两家及以上意向受让方，并于2018年11月19日以网络竞价-多次报价方式组织实施竞价，按照产权交易规则最终确定转让标的受让方。

转让方上海国际赛车场有限公司与受让方上海煌川建设工程有限公司于2018年11月23日签署上海市产权交易合同(2016年版)。本次转让交易价款为人民币222.82万元。同时，上海联合产权交易所就本次转让交易的产权交割手续出具资产交易凭证(C1类挂牌类)，并就本次转让交易发表审核结论。

上海联合产权交易所把资产转让交易价款222.82万元及利息281.62元于2018年12月7日汇入上海久事投资管理有限公司银行专户中。

表4-4-2 2018年上海国际赛车场C、D、G区临时看台资产处置产生费用及收益情况表

费用类别	费用明细	金额(元)
收入	资产在上海联交所挂牌成交利息	281.62
	资产在上海联交所挂牌成交款	2 228 200
	收入小计	2 228 481.62
费用	评估费	19 500
	律师费	49 000
	交易费(最终成交额2.5%)	55 705
	费用小计	124 205
收益	总计	2 104 276.62

资产处置费用及收益由久投代收代付。资产处置发生的评估费、律师费、交易费等共计12.42万元，由国际赛车场公司直接支付。资产处置情况上报久事集团无异议后，久投公司将处置收益资

金从专户中转还给上海国际赛车场公司。

三、巴士集团大鹏证券资产处置

久投指导上海巴士实业集团资产经营有限公司撰写移交文件,移交文件经处置平台审核确认符合移交条件后,与移交单位于2018年9月13日签署资产处置权移交协议。

处置平台确定委托上海锦天城律师事务所作为第三方法律机构,对本次资产处置进行尽职调查,并出具法律意见书。

根据上海锦天城律师事务所法律尽职调查,2005年1月14日,大鹏证券因挪用巨额客户交易结算资金被中国证券监督管理委员会取消证券业务许可并责令关闭。鉴于资产经营公司作为大鹏证券的股东追究大鹏证券董事、监事、高级管理人员责任的诉讼时效已届满,深圳中院已于2011年6月28日终结大鹏证券的破产程序。资产经营公司所持有大鹏证券股权资产已因大鹏证券破产而使股权资产的使用价值和转让价值发生实质性且不可恢复的灭失,已不能给资产经营公司带来未来经济利益流入,可认定已发生事实损失。

因大鹏证券破产程序已终结,资产经营公司所持有的大鹏证券股权资产亦已无处置意义,根据《上海市国资委委管企业资产减值准备财务核销工作办法》的规定,对资产经营公司所持有的大鹏证券股权进行财务核销。2018年10月,久投公司认为大鹏证券核销资产无处置意义,建议予以结案。

四、交通卡公司舒乐快递资产处置

久投指导上海公共交通卡股份有限公司撰写移交文件,移交文件经处置平台审核确认符合移交条件后,与移交单位上海公共交通卡股份有限公司于2018年5月25日签署资产处置权移交协议。

处置平台确定委托北京大成(上海)律师事务所作为第三方法律机构,对本次资产处置进行尽职调查,并出具法律意见书。律师事务所根据其对材料的梳理以及核查情况,提出三点意见:核销金额与上海仲裁委员会作出的裁决结果不符,交通卡公司是否已经穷尽了追偿手段,未取得舒乐快递的清算报告及清算完毕证明。

根据法律分析,交通卡公司无论采取哪种法律途径或方案,从现有材料分析,均可能存在较大的不确定性和现实障碍,所需花费的时间成本、经济成本以及最终可能取得的结果目前均难以准确估量和判断。2018年10月,久投公司认为舒乐快递核销资产无处置意义,建议予以结案。

第五篇 管理

概　述

1987—1992 年，久事公司作为政府筹资窗口，负责对外筹资，再把所筹资金以类似财政拨款的形式划拨给各建设单位。此时的久事公司，是企业化管理的事业单位，代表政府行使“九四专项”项目管理职能，其内部管理没有太多自主权，基本采用政府机关管理模式。其财务管理也采用事业单位会计核算模式。

1992 年，按市政府要求，久事公司由事业单位改制为企业，逐渐向企业化管理模式转变。在 1993 年实施全员劳动合同制的基础上，实施竞聘上岗、双向选择，实现岗位、职位、人员的流动。在分配机制上，实行岗位工资制，员工收入与岗位挂钩，以岗定薪。同时，结合年度考核指标完成情况，确定年终奖励，形成工效挂钩的激励机制。此时的财务管理因为没有现成投资行业会计制度可遵循，便借鉴国有工业企业的财务核算制度。1995 年起，又吸收金融企业财务核算的一些做法。1998 年起，久事的财务管理工作开始突破会计核算领域，向计划和预算领域延伸，逐步实现事前计划、过程控制、事后核算三位一体的管理体系。

1997 年，久事接到市政府交办的地铁三号线轨道交通项目的投融资任务，其“九四专项”总账房职能结束，逐渐向政府性投资公司转变，业务重心转移到城市轨道交通与其他市政府交办的市政项目建设上。至 21 世纪初，随着投资业务的扩展，久事旗下先后新增申通集团、上赛场公司、南站广场公司、申铁公司等控股公司，客观上形成集团化格局。对这些全资子公司和控股公司，久事以产权关系为纽带，围绕落实出资人职责，实行以出资人监管为重点的管理模式。在具体操作上，采取“3＋1”模式，即“三个中心”（资金管理中心、审计监察中心、法律事务中心）加全面预算管理。

2002 年，久事成立资金管理中心，承担集团内部资金统一调度职能。2003 年，在原来审计监察室、法律事务部基础上，吸收控股公司相关职能部室人员，成立审计监察中心、法律事务中心，负责集团审计、法律事务。下属公司不再设相关部室。同时，建立以投资预算为主体，融资预算为重点，利润预算为支撑，成本预算为基础的全面预算管理体系。

久事以三大中心为平台，全面预算管理为纽带，加强对控股公司运营监管，实现集团资源整体优化配置，从而降低所属单位资金成本，规范其资金用途；提高法制观念，降低其经营法律风险；加强内审权威性，促进各项经营管理活动合法合规进行。同时，在业务上形成法律、审计、财务、监察四位一体的业务监管体系，保障久事各项业务有序开展。

2005 年，市政府将交通局所属巴士股份、强生集团、五汽冠忠、建设管理公司、交投集团 5 家公共交通企业的资产、党政关系划归久事。久事业务遂由投资管理向投资管理与产业经营并重转变，并新增交通安全生产管理等工作。此后，久事以法人治理结构为核心，通过向所属公司委派专职董事、财务负责人，实行资金集团化调度和法律与审计事务集中管理等方式，加大直属企业管控力度，完善集团化管理模式。

2015 年，久事从全民所有制企业改制为国有独资有限责任公司，并更名为“上海久事（集团）有限公司”。至此，久事集团调整发展愿景，实施“四位一体、两翼支撑”发展战略，即以城市交通、体育产业、地产置业和资本经营为四大核心业务，以投融资和信息化为支撑，把久事打造成优质的公共服务型企业。

以此为契机，久事集团实施总部的公司制改制，进一步完善现代企业的治理体系。同时，优化总部机构设置，调整五个专业委员会职能，新设运营协调部、安全管理部、信息管理部、建设管理部四个职能部室，使总部作为集团的研究决策中心、协调配置中心和监督管理中心，更好地发挥战略管理、运营协调、资源配置和风险管控作用，对直属企业进行有效管理。此外，还调整直属企业法人治理结构，推进企业法定代表人的权责下移，同步优化考核分配配套机制，以激发直属企业经营者的动力。

第一章 制度管理

第一节 久事公司章程制定

1987年久事筹建初期,制定第一版《上海久事公司章程》,经11月18日久事公司第一次董事会审议通过后实施。章程分为总则、业务、组织、公司与有关部门的关系、附则等5章。

章程总则提到,公司性质为正局级事业单位,行使上海市政府授予的"九四专项"总账房管理职能;属市综合经济领导小组领导,归口上海市计划委员会管理。公司在工商行政管理部门登记注册,独立经营,自负盈亏,具有法人地位。

1991—2006年间,久事根据公司发展需要数次修订《上海久事公司章程》。

1991年,久事公司章程增设财务会计、职工2章。

1996年,久事公司章程调整为总则、公司宗旨和经营范围、注册资本、总经理、工会和职代会、企业组织机构、劳动人事、财务会计与审计、附则等9章。

1998年,久事公司章程增设董事会、监事会、合并分立解散清算3章,减少企业组织机构、劳动人事2章,经上海市计委批准同意,自9月28日起实施。

2004年,根据上海市财政局和上海市国有资产监督管理委员会(简称市国资委)关于增加久事公司资本金的文件精神,久事董事会于12月14日作出决议,将久事的注册资本从78.5亿元增加到123.1亿元,并对《上海久事公司章程》中关于注册资本的条款作相应修改并上报市国资委,市国资委于2005年3月1日批复同意。章程分为总则、经营宗旨和范围、董事会、总经理、监事会、财务会计制度、利润分配和审计、合并分立解散清算、附则等8章。

2005年,久事不再实施董事长负责制而恢复总经理负责制。2006年,为维护久事作为出资人合法权益,促进所出资企业建立规范的法人治理结构,法律事务部依据新修订的《公司法》制定《久事公司有限责任公司章程规范文本指引》,为经办部门、外派董事的工作提供参考。

2011年,久事拟以经理办公会议替代董事会作为内部决策机构,以解决久事章程规定的治理结构与久事现状不一致问题,获得国资委批准后,由法律事务部牵头组织各部门一同修订《上海久事公司章程》,于2012年10月9日上报市国资委,经久事与上海市国资委多次讨论修改,12月3日市国资委正式批复同意修改后的久事章程。修改后的章程增加了关于公司经理办公会议议事规则相关内容,以及"非主业投资项目,报出资人核准""信息披露制度的衔接"等有关条款。

同时,2012年,法律事务部对12家所属企业的章程进行梳理,整理出全资子公司和控股公司2个标准版本;再会同资产部及专职董事进一步讨论细化章程的内容,并以巴士公司和久事赛事公司的章程为蓝本,拟订2套全资子公司的章程范本。

2013年初,市国资委印发2012年版《国有独资公司章程指引》《国有控股公司章程指引》《国有控股上市公司章程国有股东建议条款》,并规定市国资委作为直接出资人的国有企业应遵照执行,各所属企业可参照执行。法律事务部从久事公司、所属上市公司和所属控股公司三个层面,对各公司的章程进行对照梳理,形成《关于市国资委〈章程指引〉相关情况的报告》,并获久事办公会审议通过。

2013 年上半年，法律事务部会同资产部和专职董事完成对交投集团章程修改。下半年，法律事务部配合置业公司重组整合，确定新置业公司章程文本。另外，还拟定了公司参股的久誉软件公司的章程文本。

2015 年，久事进行公司制改制，由“上海久事公司”变更为“上海久事（集团）有限公司”，久事集团设执行董事，兼任总裁，不再设总经理。久事集团的议事决策机构为总裁办公会议。对此，法律事务部根据新集团章程表述对原公司章程进行调整，修订《上海久事（集团）有限公司章程》并上报市国资委。7 月 8 日，经市国资委批准同意，久事集团章程修订工作正式完成。

《上海久事（集团）有限公司章程》分为 13 章：总则，名称、住所和经营期限，宗旨和经营范围，公司的注册资本和出资时间，出资人，公司的机构及其产生办法、职权、议事规则，执行董事、监事、高级管理人员的资格、义务及法律责任，公司的法定代表人，财务制度，解散与清算，劳动人事，社会责任和突发事件处理，其他事项。

2017 年，为贯彻落实中央及市国资委将党建工作总体要求纳入国有企业章程的文件精神，以及上海市委关于公司成立董事会的批复，久事集团重新修订《上海久事（集团）有限公司章程》并上报国资委，章程中增设董事会和党建工作相关内容。8 月 15 日，市国资委批复同意。

第二节　规章制度体系建设

2010 年 11 月 2 日，经久事经理办公会议审议通过，久事向各部门、各直属企业印发《上海久事公司规章制度管理办法》。

2015 年，久事集团改革方案确定法律事务部作为集团规章制度管理的职能部门。法律事务部随即按照《上海久事公司规章制度管理办法》要求，对各部门新制定的 26 项规章制度（全部行政类制度和部分党务类制度）从体例、格式、合法性等角度进行审核把关。截至 2016 年 1 月，已发文 24 项。

2015 年 10 月，久事集团公司制改制工作圆满完成，各部门新制定的规章制度中，部分已经总裁办公会议原则性通过、但未发文的制度，需要结合久事集团名称、章程及其他文件进行调整。法律事务部借助该契机，从集团名称及议事决策机构名称、章程内容、领导班子成员工作分工安排、各部门工作安排等四个方面调整入手，牵头对当时尚未发文的规章制度进行梳理，汇总各部门调整建议，并召开专项座谈会听取各直属企业规章制度管理部门负责人的意见和建议。

随后，法律事务部完成《关于公司 2015 年度部分新制定规章制度微调内容的报告》《附件一：2015 年度规章制度调整对照表》《附件二：2015 年度新拟定规章制度汇总表》等文件，上报总裁办公会议通过。会后，法律事务部逐一协调各部门落实该系列规章制度内容调整、核对及发文程序等。

法律事务部从久事内网规章制度栏目内容、2011 年制度汇编、2013 年规章制度汇编、2008—2015 年久事发文所涉规章制度、2015 年新订规章制度等五种途径将久事历史规章制度全部汇集，对其中过分陈旧、已明显不适用、已出台可替代新版本的制度一一作甄选，最终确定仍适用的规章制度。根据久事部门调整情况，重新分类整理并明确责任部门。

在梳理工作中，发现各种问题，例如部分规章制度未保存最新版本；部分规章制度虽经过修订，但新版本未发文等。法律事务部配合各部门对规章制度版本、内容进行重新审查、核对、梳理、调整、增补，其中还多次调阅办公室存档制度，经过各部门协同工作，最终使各项制度清晰、明确。

为便于员工可在久事网站制度栏目直接查询、下载、使用相关文件,法律事务部重新统一梳理格式,制作 word 版本上传内网,并统一查询、对照、确认规章制度的实施日期,在制度标题下方统一标明。同时,对规章制度重新分类,与信息部共同协作,对久事内网制度栏目类别进行重新设置。

2015 年 12 月底,法律事务部完成全部现行规章制度上网工作,共计 74 项规章制度。其中行政类 60 项,党务类 11 项,纪检类 3 项,为下一步规章制度的建设打下基础。久事集团董事长龚德庆调研法律事务部时提出,要研究建立思想、组织和制度三位一体企业法治体系基本框架,这项工作也成为久事集团 2016 年度重点工作。随后,法律事务部初步构思并草拟规章制度建设分步实施方案。

2016 年 2 月,久事集团副总裁姜澜组织召开专题会议听取意见,在此基础上,法律事务部拟订《上海久事(集团)有限公司规章制度体系建设工作计划及实施方案》。3 月 15 日,经久事集团 2016 年度第 6 次总裁办公会议通过,规章制度体系规划项目正式启动。

2016 年 3 月 22 日,上海久事(集团)有限公司成立规章制度体系建设领导小组及工作小组。规章制度体系建设领导小组负责统一领导久事规章制度体系建设工作,主要履行对规章制度体系建设工作的指导、协调、督促、检查和成果验收等职能。

领导小组下设工作小组,负责推进落实久事集团规章制度体系建设工作,主要开展规章制度体系建设规划方案讨论、明确规章制度编写标准、规章制度草案评审、规章制度宣传、执行效果评估、执行情况检查及规章制度汇编等工作。工作小组的日常工作机构设在公司法律事务部,具体负责规章制度体系建设工作的日常事务。

2016 年 3 月 28 日,工作小组通过比选程序确定上海华彩管理咨询有限公司作为外部咨询机构,协助开展这项工作。

表 5-1-1　2016 年规章制度体系建设领导小组、工作小组成员情况表

规章制度体系建设领导小组	
组　长	龚德庆
副组长	黄强　姜澜
成　员	久事各部门主要负责人及久事本部工会主席
规章制度体系建设工作小组	
组　长	姜澜
副组长	孙江
成　员	姚贵章　沈敏　卢岭　徐珉　虞慧彬　周靖南　李玲　王天华　郭俊杰　李兆坤　何海昌　周瑞云　何明辉　刘红威　刘强　曾田

2016 年 3 月 30 日、4 月 5 日,工作小组召开"2016 年度久事集团法务工作会议暨制度体系建设工作调研会""制度体系建设座谈会(行政条线)""制度体系建设座谈会(党务条线)"等三次调研会议,分别听取久事集团法务条线、总部行政条线和总部党务条线对制度建设的想法建议。

2016 年 3 月 31 日—5 月 6 日,法律事务部依次对久事集团领导班子成员、各部门主要负责人、专职董监事、各直属企业主要负责人及相关领导人员进行个人专访。此外,还召开 20 人以上座谈会3次、内部研讨会多次。4月，外部咨询机构依据其工作经验，采用科学的工具和方法，对久事的现有规章制度进行制度设计合规性测试及制度执行符合性测试，并通过对标研究和分析处理，作出全方位系统诊断报告。5月，通过规章制度设计合规性测试、执行符合性测试、对标研究和分析处理，并经过汇报领导、征求意见和修改完善，三易其稿，于5月18日完成《久事集团规章制度流程现状诊断报告》。6—8月，在诊断报告基础上，法律事务部完成规章制度体系规划项目系列成果，并向分管领导进行汇报。

2017年3—8月，久事集团法律事务部立足于久事管理体制的调整，重新对规章制度规划项目开展讨论、确定思路。在此期间，法律事务部结合规章制度体系规划的思考，完成章程修订和配套制度制定工作。

2017年9—10月，法律事务部完成对一期成果优化完善，于10月18日向分管领导汇报主体成果，并根据领导意见修改完善；于10月23日发送给领导小组、工作小组、各部门及各直属企业征求意见。

规章制度体系规划主要成果有：《上海久事(集团)有限公司规章制度体系现状诊断报告》《上海久事(集团)有限公司规章制度体系规划》《上海久事(集团)有限公司规章制度体系规划实施路线图》。

辅助性成果有：《规章制度管理办法(征求意见稿)》《规章制度规划建议清单(征求意见稿)》《关于所属企业制度体系建设的指导意见(初稿)》。

规章制度体系规划将符合久事集团发展战略与管控需求作为起点，以构建“法治久事”为导向，明确文化引领、国企改革、监管要求、系统规划、体系规范、协同衔接、决策体系、定义清晰等八项原则，力求实现以规章制度体系防范久事发展风险、提升久事运营效率的效果。

久事集团规章制度体系是一个完整系统，包括久事集团和各直属企业规章制度体系，以及两者相互衔接的多种途径。久事集团规章制度体系包括分层分类子体系、组织职责子体系和管理全过程子体系。该体系以“两类三层”作为框架，横向分为“经营管理类”及“党建类”等两类；纵向分为“治理级”“一级”及“二级”，由上至下逐渐由基础性规章制度深化为操作性细则。

集团规章制度管理的组织机构包括决策机构、归口管理部门以及其他职能部门。决策机构主要负责相应规章制度的审批，包括党委会、董事会、董办会、总办会等；法律事务部作为归口管理部门，负责相应规章制度综合管理；其他职能部门在各自职责范围内负责规章制度制定、宣贯、监督运维等工作。通过规范规章制度制定、审核、审批、发布、培训宣贯、执行监督、检查评价(修订/废止)等环节，明确各环节的责任主体及工作内容，形成规章制度全流程管理。

第三节　主 要 制 度

一、法人治理制度

1987年，久事设立董事会，并于11月18日召开第一次董事会。董事长、副董事长、总经理、副总经理由上海市政府任命。董事会由董事长召集，每年召开一次，必要时可临时召开。

董事会的主要任务包括制定和修改公司章程，审定公司经营方针和发展规划，审定公司年度工作计划，审查公司的年度工作报告。

久事实行董事长领导下的总经理负责制。总经理主持公司的全面工作，副总经理协助总经理进行工作。

总经理职责包括全面领导和管理公司业务工作;根据公司章程制定公司规章制度;制定公司年度工作计划;规定下属部室的任务和职责,按照现行的人事管理制度,对公司职工进行任免、奖惩。

【董监事管理委员会】

2017 年,为加强集团化管理,维护久事集团在所投资企业的合法权益,充分发挥派出董事、监事的作用,久事集团董事会根据国家法律法规和公司章程规定,制定《上海久事(集团)有限公司董监事管理委员会工作规则》,自 10 月 25 日起实施。

规则中提到,董监事管理委员会是久事董事会下设的辅助决策机构,对董事会负责。董监事管理委员会应从专业的角度对直属企业法人治理结构、董监事委派及其他重大事项进行可行性研究和分析,汇集各直属企业和参股企业经营情况,提出相应的意见和建议,为董事会决策提供科学依据。

董监事管理委员会的成员人选包括公司董事,高级管理人员,专职董监事,人力资源(组织人事)部门、投资发展部门和运营协调部门及其他相关部门负责人。

委员会根据需要设主任一名,常务副主任一名,副主任一名。委员会组成成员由董事长提出人选建议,经董事会审议通过后生效。

委员会日常工作机构设在人力资源(组织人事)部门,承担委员会相关工作的联络、协调、会议组织和决议落实等事宜。

【提名与薪酬考核委员会】

2017 年,为优化久事集团高级管理人员的选聘标准、程序和方法,提高久事集团高级管理人员、职工及直属企业经营者的薪酬和考核管理工作的科学性和民主性,久事集团董事会根据国家法律法规和章程规定,制定《上海久事(集团)有限公司提名与薪酬考核委员会工作规则》,自 10 月 25 日起实施。

规则中提到,提名与薪酬考核委员会是久事董事会下设的辅助决策机构,对董事会负责。提名与薪酬考核委员会应从专业的角度,对高级管理人员选聘方案、久事薪酬与考核体系方案及其他重大事项进行可行性研究和分析,提出相应的意见和建议,为董事会决策提供科学依据。

提名与薪酬考核委员会的成员人选包括久事董事,高级管理人员,人力资源(组织人事)部门、党委工作部门、投资发展部门、运营协调部门、财务管理部门、审计事务部门及其他相关部门负责人。

委员会根据需要设主任一名,常务副主任一名,副主任一名。委员会组成成员由董事长提出人选建议,经董事会审议通过后生效。

委员会日常工作机构设在人力资源(组织人事)部门,承担委员会相关工作的联络、协调、会议组织和决议落实等事宜。

【审计与风险控制委员会】

2017 年,为充分发挥内部审计工作的重要作用,健全久事集团风险管控机制,久事集团董事会根据国家法律法规和公司章程规定,制定《上海久事(集团)有限公司审计与风险控制委员会工作规则》,自 10 月 25 日起实施。

规则中提到，审计与风险控制委员会是久事集团董事会下设的辅助决策机构，对董事会负责。审计与风险控制委员会应从专业的角度，对风险控制、风险评估、审计监督及其他相关业务进行可行性研究和分析，提出相应的意见和建议，为董事会决策提供科学依据。

审计与风险控制委员会的成员人选包括公司董事，高级管理人员，审计事务部门、法律事务部门、纪检监察部门及其他相关部门负责人。

委员会根据需要设主任一名，常务副主任一名，副主任一名。委员会组成成员由董事长提出人选建议，经董事会审议通过后生效。符合条件的职工董事可以进入审计与风险控制委员会。

委员会日常工作机构设在审计事务部门，承担委员会相关工作的联络、协调、会议组织和决议落实等事宜。

【预算管理委员会】

2017 年，为提升集团预算管理水平，规范预算管理工作程序，建立健全科学、高效、有序的预算管理体系，久事集团董事会根据国家法律法规和集团章程规定，制定《上海久事（集团）有限公司预算管理委员会工作规则》，自 10 月 25 日起实施。

规则中提到，预算管理委员会是久事集团董事会下设的辅助决策机构，对董事会负责。预算管理委员会应从专业的角度，对预算编制、预算调整、预算分析与评价等相关业务进行可行性研究和分析，提出相应的意见和建议，为董事会决策提供科学依据。

预算管理委员会的成员人选包括公司董事，高级管理人员，财务管理部门、行政管理部门、建设管理部门、投资发展部门、运营协调部门、人力资源（组织人事）部门、信息管理部门及其他相关部门负责人。

委员会根据需要设主任一名，常务副主任一名，副主任一名。委员会组成成员由董事长提出人选建议，经董事会审议通过后生效。

委员会日常工作机构设在财务管理部门，承担委员会相关工作的联络、协调、会议组织和决议落实等事宜。

【战略与投资委员会】

2017 年，为适应久事集团发展需要，增强核心竞争力，提升战略规划的研究、制定水平，规范投资决策程序，提高投资决策的科学性和有效性，久事集团董事会根据国家法律法规和公司章程规定，制定《上海久事（集团）有限公司战略与投资委员会工作规则》，自 10 月 25 日起实施。

规则中提到，战略与投资委员会是久事集团董事会下设的辅助决策机构，对董事会负责。战略与投资委员会应从专业的角度，对战略规划、项目投资及其他重大事项进行可行性研究和分析，提出相应的意见和建议，为董事会决策提供科学依据。

战略与投资委员会的成员人选包括公司董事，高级管理人员，投资发展部门、建设管理部门、运营协调部门、财务管理部门、法律事务部门及其他相关部门负责人。

委员会根据需要设主任一名，常务副主任一名，副主任一名。委员会组成成员由董事长提出人选建议，经董事会审议通过后生效。

委员会日常工作机构设在投资发展部，承担委员会相关工作的联络、协调、会议组织和决议落实等事宜。

【董事长办公会议】

2018 年,为促进董事长依法依规履行职权,保证董事长办公会议决策程序的科学化、规范化、制度化,提高久事集团治理效率和水平,久事集团根据国家法律法规和公司章程的规定,制定《上海久事(集团)有限公司董事长办公会议议事规则》,于 8 月 1 日起实施。

规则中提到,董事长办公会议作为董事长行权履职的工作机制,由董事长召集相关成员对公司重要事项进行民主讨论、集体决策。

董事长办公会议出席人员为董事长(党委书记)、总裁、党委副书记、副总裁、纪委书记、财务总监、工会主席、总法律顾问,董事会秘书列席会议。监事会主席、专职监事和其他监事列席董事长办公会议,并对久事集团的经营管理行为进行监督。

董事会闭会期间,董事会办公室作为董事长办公会议的日常工作机构,负责议题收集、会议通知、议程安排、会场布置、材料送传、会议记录整理、会议纪要签发归档等工作,并跟踪会议决定事项的执行情况。董事会各专门委员会按照各相应的工作规则为董事长办公会议提供辅助决策支持。

【总裁办公会议】

2018 年,为贯彻落实董事会及董事长办公会议决议事项,保证总裁办公会议工作程序的科学化、规范化、制度化,提高公司治理效率和水平,久事集团根据国家法律法规和公司章程的规定,制定《上海久事(集团)有限公司总裁办公会议议事规则》,自 8 月 1 日起实施。

规则提到,总裁办公会议实行总裁负责制,由总裁召集相关成员共同研究决策。在参会成员充分表达意见的基础上,按照民主集中制原则,由总裁决定。

总裁办公会议出席人员为总裁、副总裁及其他高级管理人员。监事会主席、专职监事和其他监事列席总裁办公会议,并对久事集团的经营管理行为进行监督。

久事集团行政办公室负责总裁办公会议的会议通知、议程安排、会场布置、材料送传、会议记录整理、会议纪要签发归档等工作,并跟踪会议决定事项的执行情况。

为规范上海久事(集团)有限公司监事会的运作程序,依法履行国有资产监督职能,保证监事会工作效率,切实行使监事会职权,久事根据国家有关法律法规、市国资委履职目录和公司章程规定,制定《上海久事(集团)有限公司监事会议议事规则》,自 11 月 9 日起实施。

2019 年,为全面贯彻落实新时代党的建设总要求,坚持党对国有企业的领导,加强国有企业党的建设,切实把党的领导融入企业治理各环节,把企业党组织内嵌到公司治理结构之中,久事根据《中国共产党章程》、党内有关法规规定,制定《上海久事(集团)有限公司党委会议议事规则》,于 8 月 19 日起实施。

规则中提到,党委实行集体领导和个人分工负责相结合,凡属重大问题应按照集体领导、民主集中、个别酝酿、会议决定的原则,由久事党委会议集体讨论,作出决定。

久事集团党委会议由党委委员参加,监事会主席列席,党委扩大会议出席范围扩大到其他领导班子成员,其他列席人员视议事内容确定。

二、党群工作制度

2009 年以前,党群工作制度也制定过,主要是为完成和落实一项工作而制定相关制度和规定,并在工作中贯彻落实。

2009 年，为从源头上规避、预防、降低、控制和应对可能产生的企业和社会稳定风险，及时预警可能影响企业和社会稳定的情况，落实防范、化解和处置措施，确保重大事项顺利实施，久事根据市委文件精神和市国资委《关于建立重大决策社会稳定风险分析和评估机制意见》的要求，结合久事改革、发展、稳定工作实际，颁布《关于建立上海久事公司重大事项社会稳定风险分析和评估机制的实施意见（试行）》。

2010 年，为全面贯彻落实科学发展观，构建和谐企业，维护人民群众的合法权益，久事根据《中共中央、国务院关于进一步加强新时期信访工作的意见》、国务院《信访条例》以及市委、市政府和市国资两委关于做好信访稳定工作的有关规定，结合久事实际，制定《上海久事公司信访稳定工作若干规定》。

为全面贯彻落实中共中央关于《建立健全教育、制度、监督并重的惩治和预防腐败体系实施纲要》和中共上海市委的有关规定，深入推进党风廉政建设和反腐败工作，久事结合实际，制定《上海久事公司建立健全教育、制度、监督并重的惩治和预防腐败体系的若干规定》。

2010 年，为坚持和完善党代表大会制度，进一步发挥久事党代表大会代表作用，推进党内民主建设，提高党代表履职能力，久事根据《中国共产党章程》、中央关于《中国共产党全国代表大会和地方各级代表大会代表任期制暂行条例》和《中共上海市委关于贯彻〈中国共产党全国代表大会和地方各级代表大会代表任期制暂行条例〉的实施办法（试行）》等有关规定，制定《中国共产党上海久事公司代表大会代表任期制实施办法》。

2014 年，为认真贯彻落实党的十八届三中全会和中共中央印发的《建立健全惩治和预防腐败体系 2013—2017 年工作规划》的指示精神，久事根据市委办公厅印发的《关于落实党委主体责任进一步做实党风廉政建设责任制的意见》及国资委党委印发的《市国资委党委贯彻落实市委〈关于落实党委主体责任进一步做实党风廉政建设责任制的意见〉的实施办法的通知》，制定《上海久事公司党委贯彻〈关于落实党委主体责任进一步做实党风廉政建设责任制的意见〉的实施办法》。

为进一步完善落实分级负责工作制度，有效避免信访矛盾在信访部门内部循环，及时就地化解信访矛盾，2014 年久事根据《信访条例》、市委办公厅和市政府办公厅《关于进一步完善落实分级分责化解信访矛盾解决群众合理合法利益诉求工作制度的意见》以及久事信访工作有关规定，制定《上海久事公司关于进一步完善落实分级分责化解信访矛盾工作制度的实施办法》。

为贯彻落实上级重要部署和要求，及时办理有关领导同志批示和交办事项，确保指令畅通，切实提高管理效能和执行力，久事根据上级有关工作规定，结合实际，制定《上海久事公司督办检查工作制度（试行）》。

2015 年，为落实从严治党、从严管理干部的要求，加强和改进对上海久事（集团）有限公司系统党员领导人员的日常教育和管理，久事根据《中国共产党党内监督条例（试行）》和《关于对党员领导干部进行诫勉谈话和函询的暂行办法》精神，制定《上海久事（集团）有限公司对党员领导人员进行诫勉谈话的实施办法》。

2015 年，为落实从严治党、从严管理干部的要求，加强和改进对上海久事（集团）有限公司系统党员领导人员的日常教育和管理，久事根据《中国共产党党内监督条例（试行）》和《关于对党员领导干部进行诫勉谈话和函询的暂行办法》精神，制定《上海久事（集团）有限公司对党员领导人员回复组织函询的实施办法》。

为加强对久事集团领导人员的关心、教育、管理和监督，久事根据《中国共产党党内监督条例（试行）》《党政领导干部选拔任用工作条例》和上海市《关于建立健全领导干部谈话制度的实施办法》等有关规定，制定《关于建立健全上海久事(集团)有限公司领导人员谈话制度的实施办法》。

同时，为落实从严治党、从严管理干部的要求，促进久事集团领导人员廉洁从业，久事依据《党政领导干部选拔任用工作条例》《国有企业领导人员廉洁从业若干规定》《国有重要骨干企业领导人员任职和公务回避暂行规定》等文件精神，制定《上海久事(集团)有限公司中层以上领导人员任职和公务回避实施办法》。

2016年，为加强领导班子成员落实“一岗双责”的流程管理，进一步明确久事集团系统各级党组织主体责任，推进责任具体化、程序化、制度化，久事党委工作部根据市国资委党委《市国资委系统落实党风廉政建设责任制的责任清单》和集团党委《贯彻〈关于落实党委主体责任进一步做实党风廉政建设责任制的意见〉的实施办法》，结合实际，制定《上海久事(集团)有限公司关于领导人员落实“一岗双责”管理办法》。

为进一步规范上海久事(集团)有限公司对外捐赠行为，加强对外捐赠管理，更好地履行社会责任，参与社会公益事业，久事根据《中华人民共和国公益事业捐赠法》及其他相关规定，制定《上海久事(集团)有限公司对外捐赠管理办法》。

为规范和推动久事集团系统文明单位的建设和管理，不断提高创建工作质量和水平，促进文明单位创建活动常态化、规范化、长效化，久事根据《上海市文明单位创建管理规定》，结合实际，制定《上海久事(集团)有限公司文明单位创建管理办法》。

2017年，为了更好地组织和开展职工疗休养工作，使职工疗休养工作制度化、规范化，形成长效管理机制，推动久事劳动保障工作的发展，久事根据《中华人民共和国劳动法》《中国工会章程》《上海市工会条例》和财政部《关于企业加强职工福利费财务管理的通知》，制定《上海久事(集团)有限公司职工疗休养管理办法》。

2017年，为确保企业深化改革发展持续推进，切实增强基层党组织建设，建设一支政治坚定、业务精通、廉洁自律、作风务实的基层党组织书记队伍，久事集团党委以党的十八大、十八届历次全会和全国特别是上海国有企业党的建设工作会议精神为指导，就进一步加强基层党组织书记队伍建设提出《上海久事(集团)有限公司党委关于进一步加强基层党组织书记队伍建设的实施意见》。

2017年，为加强党的建设，抓实基层支部，建强基层组织，使党支部真正成为教育党员的学校、团结群众的核心、攻坚克难的堡垒，久事制定《久事集团党委关于进一步加强基层党支部规范化建设的实施意见》。

2017年，为贯彻市委办公厅印发的《关于本市在深化国有企业改革中坚持党的领导加强党的建设的实施意见》，久事制定《关于久事集团在深化国有企业改革中坚持党的领导加强党的建设的实施细则》。

为深入贯彻党的十九大以及全国特别是上海国有企业党的建设工作会议精神，落实市国资委《关于本市国有企业更好履行社会责任的若干意见》，推动久事集团各企业积极履行社会责任，实现企业与社会、环境的全面协调可持续发展，2017年，久事以党的十九大精神为指导，深入学习贯彻习近平新时代中国特色社会主义思想，本着创新、协调、绿色、开放、共享的发展理念，制定《久事集团进一步加强社会责任建设的实施意见》。

2018年年初，为认真学习贯彻党的十九大精神和习近平总书记新时代中国特色社会主义思想，进一步推动群团工作改革，上海市总工会制定《关于加强和改进本市国有企业工会工作的指导意见》(以下简称《指导意见》)。久事集团工会为积极贯彻落实《指导意见》精神，制定《关于贯彻落实〈关于加强和改进本市国有企业工会工作的指导意见〉的意见》。

工会为贯彻党的十九大精神，加强企业民主管理建设，保障职工的民主权利，构建和谐稳定劳动关系，保护和调动职工的积极性、创造性，促进职工和企业的共同发展，久事根据《中华人民共和国劳动法》《中华人民共和国工会法》《中华人民共和国劳动合同法》《上海市职工代表大会条例》等法律法规规定，结合公司实际，制定《上海久事（集团）有限公司职工代表大会实施办法》。同时，为坚持和发展职工代表大会制度，加强职工代表民主选举、民主决策、民主管理和民主监督，推动职代会各项职权的规范落实，久事根据上海市总工会《关于进一步加强本市职代会制度建设的指导意见》，结合企业民主管理工作实际，制定《上海久事（集团）有限公司职工代表大会质量评估工作制度》。

为进一步贯彻落实中央、地方以及上级工会的有关规定，加强工会经费使用合法合规，坚持使用的正确方向，以保证工会各项工作的正常开展，2018 年，久事集团工会根据《中华人民共和国工会法》《中国工会章程》《工会会计制度》《工会预算管理办法》《上海基层工会经费收支管理实施办法》等有关要求，制定《上海久事（集团）有限公司工会经费收支管理实施办法》《上海久事（集团）有限公司工会财务管理办法》。这使久事集团各级工会在日常工作中，严格遵守制度，按制度办事。

三、纪检监察制度

2012 年以前，久事纪检监察为配合党政重点工作，在制度制定和执行中做了许多工作，也制定了一些加强党风廉政建设的规定和制度，为久事党风廉政建设发挥了重要作用。

2012 年，为进一步加强和改进久事公司纪委对各直属企业纪检工作的领导，指导督促基层纪检工作，增强与各直属企业纪委的沟通联系，久事根据有关规定并结合实际，制定《上海久事公司纪委书记工作例会制度规定》。

2016 年，为更好地履行中共上海久事（集团）有限公司纪律检查委员会职责，发挥纪委对党的纪律检查工作集体领导作用，久事根据《中国共产党章程》和《中国共产党党内监督条例（试行）》等党内法规，制定《中共上海久事（集团）有限公司纪律检查委员会会议议事规则（试行）》。

为加强久事集团纪检监察信访管理，规范操作程序，不断推进制度化建设，根据《中国共产党章程》《中国共产党纪律检查机关控告申诉工作条例实施细则》《上海市纪委驻市国资委党委纪检组关于加强纪律审查完善办信查案工作机制的意见》等有关规定和要求，结合久事集团实际，于 2016 年制定《中共上海久事（集团）有限公司纪律检查委员会纪检监察信访工作管理办法（试行）》。

2017 年，为贯彻落实市纪委《关于加强和改进市管国有企业纪检监察组织建设的若干意见》文件精神，构建有效的监督体系，充分发挥纪检监察、审计、组织人事、工会等监督作用，加强相关监督部门的沟通协调，实现信息共享，整合监督资源，形成监督合力，久事结合集团实际，制定《上海久事（集团）有限公司监督联席会议实施办法》。

四、财务管理制度

1995 年，为规范久事及所属子公司对投资业务的统计方法，统一计算口径，做好统计工作的归口管理，计划财务部制定《久事公司投资统计方法》。

1997 年，为了在维护久事公司利益前提下履行融资担保的责任，计划财务部制定《上海久事公司融资担保管理暂行规定》，经久事党政领导联席会议讨论通过。

1999年,为稳健经营、规避风险,计划财务部根据《中华人民共和国担保法》有关精神,制定《上海久事公司担保管理办法》。

为加强久事公司行政财产管理,进一步落实财产的归口分级管理,1999年,计划财务部制定《上海久事公司行政财产管理办法》。

2001年,为加强资金运作业务的管理,规范操作程序,财务部依据《证券法》《信托法》等与资产管理相关的法律法规和公司相关规章制度,制定《资金运作业务管理暂行办法》。

2010年6—11月,按照市国资委对出资监管企业资金管理的要求,久事不断完善财务制度和决策执行机制,组织专门工作小组共梳理54项原有的规章制度,有16项被合并,并新形成2项,出于各种原因暂缓处理的有6项,修订后新发布的共有34项制度,其中全面修订会计、审计、资金、预算、担保和行政经费等财务制度,进一步完善财务监管制度体系。

2010年,为了加强久事资金管理工作,保证资金安全,提高资金的使用效率,财务管理部根据《企业国有资产监督管理暂行条例》《企业内部控制规范》《关于加强市国资委出资企业资金管理的意见》等有关法律、法规和规章,制定《上海久事公司资金管理办法》。

为了规范会计行为,保证会计资料的真实、完整,增强财务管理的有效性,2011年,财务管理部根据《中华人民共和国会计法》《企业会计准则》等有关法律、法规和规章,结合久事实际,制定《上海久事公司会计管理办法》。

为了控制久事公司或有负债、规避风险,财务管理部根据《中华人民共和国担保法》等有关法律、法规和规章,于2011年制定《上海久事公司担保管理办法》,原1999年《上海久事公司担保管理办法》同时废止。

2011年,为了加强内部控制,增强成本费用意识,进一步规范久事公司行政经费的预算编制、流程控制、支出控制和会计核算,财务管理部根据《中华人民共和国会计法》和《企业内部控制基本规范》等有关法律、法规和规章,制定《上海久事公司总部行政经费内部控制实施细则》。

2012年,为维护久事公司在资本市场的信誉,保护公司发行的债务融资工具投资者的合法权益,财务管理部依据《中华人民共和国公司法》《中华人民共和国证券法》《银行间债券市场公司债券发行、登记托管、交易流通操作细则》《银行间债券市场非金融企业债务融资工具管理办法》《银行间债券市场非金融企业债务融资工具信息披露规则》等法律、法规和规定,制定《上海久事公司债务融资工具公开信息披露管理办法》。

2012年,为了提高公司财务信息化管理水平,保证数据的高效处理和系统的安全运行,财务管理部根据财政部《会计电算化管理办法》、上海市国资委《关于加强上海市国资国企信息化工作的意见》等有关规定,制定《上海久事公司财务信息系统管理办法》。

2016年,为了加强久事集团对各直属企业的财务管理工作,探索国有资产监督管理的新途径,财务管理部依据有关法律法规及《关于进一步深化上海国资改革促进企业发展的意见》《功能类和公共服务类市管企业财务总监管理办法(试行)》等文件精神,制定《上海久事(集团)有限公司委派直属企业财务负责人管理办法》。

同时,为规范久事集团及各所属企业的资产减值准备财务核销工作,加强国有资产监督管理,规范资产减值准备财务核销行为,建立和完善内部控制制度,防止国有资产流失,财务管理部根据国务院国资委《中央企业资产减值准备财务核销工作规则》《企业会计准则》,上海市国资委《上海市国资委委管企业资产减值准备财务核销工作办法》《上海市国资系统企业资产损失责任追究管理暂行规定》等有关法规、文件精神,制定《上海久事(集团)有限公司资产减值准备财务核销管理办法》。

2016 年，财务管理部在原《上海久事公司预算管理办法》的基础上进行修改，该办法经公司总裁办公会议审议通过。为规范增值税发票使用行为，财务管理部根据《中华人民共和国增值税暂行条例》等相关法规的精神，于 2016 年制定《上海久事（集团）有限公司增值税发票管理办法》。

五、投资经营制度

2018 年，为促进久事集团资本经营的健康发展，保障公司金融资产安全，提高存量金融资产的使用效率，建立权责明确的金融资产管理体系，规范金融业务的运作管理工作，久事根据相关法律法规和《上海久事（集团）有限公司章程》，制定《上海久事（集团）有限公司金融资产管理办法》。

2019 年，为进一步规范公司委托房产管理活动，预防和降低经营风险，提升经济效益，久事根据《中华人民共和国企业国有资产法》《中华人民共和国合同法》等有关法律法规，制定《上海久事（集团）有限公司房产委托管理办法》。

为规范久事集团发展战略规划的决策和实施程序，提升战略规划管理的科学性、有效性和及时性，根据《中华人民共和国公司法》《中华人民共和国企业国有资产法》《上海市国资委委管企业战略规划管理办法》等有关法律法规和《上海久事（集团）有限公司章程》，集团结合实际，制定《上海久事（集团）有限公司战略规划管理办法》。

为进一步加强集团化管理，提升公司和直属企业的投资计划管理水平，规范投资计划编制、审批、执行、分析行为，久事根据《上海市国资委监管企业投资监督管理办法》等有关规章制度，制定《上海久事（集团）有限公司投资计划管理办法》。

为健全国有资产监督管理体系，增强国资管控力，推进各级企业主业发展和专业化经营，规范经营性投资项目决策程序，久事集团根据《中华人民共和国企业国有资产法》《中华人民共和国公司法》《企业国有资产交易监督管理办法》《上海市国有企业投资监督管理办法》等有关法律、法规和规章，结合久事集团实际，制定《上海久事（集团）有限公司经营性投资决策程序和管理办法》。

2019 年，根据《中华人民共和国企业国有资产法》《中华人民共和国资产评估法》、国务院国资委《企业国有资产评估管理暂行办法》等法律法规，以及国有资产评估管理的相关规定，制定《上海久事（集团）有限公司国有资产评估管理办法》。

六、建设管理制度

2010 年，为进一步规范久事建设项目的管理工作，依据《中华人民共和国建筑法》《中华人民共和国招标投标法》等有关法律、法规和规章，制定《上海久事公司建设项目管理办法》。

2019 年，为进一步规范公司工程建设项目的投资计划管理工作，强化投资计划执行效果，久事依据《上海市市级建设财力项目管理办法》《上海市市级城市维护项目管理暂行办法》《上海市重大工程投资计划管理办法》等相关法律法规，制定《上海久事（集团）有限公司工程建设项目投资计划管理办法》《上海久事（集团）有限公司土地集中管理办法》。

为进一步规范久事集团工程建设项目的管理工作，明确管理流程，强化投资控制，久事依据《中华人民共和国建筑法》《国务院关于投资体制改革的决定》《政府核准的投资项目目录》《上海市企业投资项目核准管理办法》《上海市企业投资项目备案管理办法》《上海市市级建设财力项目管理办法》及上海市工程建设项目审批制度改革试点文件等相关法律法规，制定《上海久事（集团）有限公司工程建设项目管理办法》。

同时,依据《中华人民共和国招标投标法》《中华人民共和国招标投标法实施条例》等法律法规,制定《上海久事(集团)有限公司工程建设项目采购管理办法》。

七、审计管理制度

1995年,审计部对1993年7月制定的《内审工作暂行办法》进行修改,经久事办公会议通过,出台新的《上海久事公司内部审计工作暂行规定》。

2000年,为进一步加强久事内部审计工作,保障和改善经营管理,审计室制定《上海久事公司内部审计制度暂行规定》,经久事一届十五次董事会议审议通过,原《内部审计制度规定》即行废止。

2002年,审计室研究制定《上海久事公司控股成员企业内部管理暂行条例》。

2003年,为加强久事内部审计工作,建立健全久事内部审计制度,保障和促进久事有效经营有效管理,审计监察中心根据《中华人民共和国审计法》《审计署关于内部审计工作的规定》,结合久事投资控股集团化管理要求,修订并完善《上海久事公司内部审计工作规定》。

2003年,审计监察中心根据国务院于2000年3月15日颁布的《国有企业监事会条例》和《上海市国有企业监事会管理暂行条例》,制定《上海久事公司监事业务归口管理办法》,推进上海久事公司及所属单位(含控股公司、全资子公司、参股公司)国有企业监事会制度建设,完善国有企业法人治理结构,加强国有资产监督管理,维护出资人权益,确保国有资产及其权益不受侵犯。

2005年9月,为完善现行制度,适应新任务要求,审计监察部重新编定《上海久事公司内部审计工作管理办法》,经上海久事公司党政联席会议批准下发。新管理办法明确上海久事公司的内部审计以制度化、专业化、效益化为目标,按独立监督和评价经济活动的职能定位保障上海久事公司及所属企业(含公司控股企业)的有效经营、管理,确保国有资产保值、增值。

2008年,审计监察部修订《上海久事公司内部审计管理办法》的基本制度,起草三项制度附件:《上海久事公司内部审计工作规范》《上海久事公司经济责任审计办法》《上海久事公司内部控制审计管理办法》。

2010年,审计监察部制定《内部审计管理暂行办法》,草拟《对直属企业年度经济指标完成情况的审计工作指引》《建设项目全过程监控方案》等具体的审计业务和内部监督的实施办法。

2011年上半年,为了积极响应市国资委工作要求,审计监察部结合党风廉政建设要求和久事人事管理情况,制定《上海久事公司内部管理的领导人员任期经济责任审计实施办法》《上海久事公司内部管理的领导人员任期经济责任审计工作方案》,拟定《上海久事公司内部管理领导人员名单》,为做好内管领导人员任期经济责任审计建立长效机制。

2012年,审计部将工作中经常需要涉及的规章制度收集整理成册,形成《上海久事公司内部审计规章制度汇编》。该汇编可归纳为内部审计、内部控制制度建设、经济责任审计、外部审计、不良资产管理、改制审计六个部分,明确了内部审计工作的规则、标准和依据,使内部审计有法可依,依法施行,提高了内部审计工作效率和工作质量。

审计部根据市国资委2012年年初的工作要求,结合久事公司内部审计工作特点,于2012年研究制定《上海久事公司内部审计质量评估工作手册》。

2012年,根据国资委的经济责任审计三年计划要求,按照上海市五部委联合下发的经济责任审计要求和市国资委下发的实施办法,审计部进一步探索开展五家直属企业领导人员经济责任审计工作，制定《上海久事公司经济责任审计工作手册》，规定按审计目的分类、明确、统一相关审计程序，提高审计质量。

2015 年，集团总部结合审计中发现的问题及市政府相关文件精神，颁布实施《进一步加强审计整改工作的实施意见》，以规范审计整改机制，修订《集团内部审计管理办法》，进一步明确内部审计的职能定位和监督职责。

2016 年，审计部修订和完善集团内部管理干部经济责任审计相关制度，颁布《集团经济责任审计工作联系会议工作规则》，明确风险管控委员会与经济责任审计联席会议合署办公的运作模式，规范联席会议的职责、内容和运作方式；修订《公司内部管理干部（人员）任期经济责任审计实施办法》，为经济责任审计提供制度保障。

2017 年，根据《关于贯彻落实党政主要领导干部和国有企业领导人员经济责任审计规定实施细则的意见》等文件精神，审计部对集团《内部管理的领导干部任期经济责任审计实施办法》进行修订，重点完善经济责任审计的对象和审计评价、审计期限、审计整改和结果运用等内容。

八、法务管理制度

2010 年，为规范久事规章制度的管理，保障久事依法经营、稳健发展，久事根据有关法律、法规和规章，制定《上海久事公司规章制度管理办法》。

2010 年，为进一步建立健全企业法律风险防范机制，规范法律事务的管理工作，维护企业的合法权益，久事根据《企业国有资产法》《企业国有资产监督管理暂行条例》《国有企业法律顾问管理办法》等有关法律、法规和规章，结合久事实际，制定《上海久事公司法律事务管理办法》。办法中规定，久事公司总部设立法律部门，承担公司的法律事务管理工作。已设立法律事务机构或法律顾问岗位的直属企业，其法律事务工作由其自行承担；未设立法律事务机构或法律顾问岗位的直属企业，其法律事务工作原则上应委托公司法律部门承担，由久事与直属企业签订法律服务委托合同。

2016 年，为完善企业的风险防控机制，加强对诉讼仲裁案件的管理，久事根据《上海市国资委系统企业重大法律纠纷案件管理实施意见》等规定，制定《上海久事（集团）有限公司诉讼仲裁案件统计报告管理办法》。

2018 年，为规范久事规章制度的管理工作，建立科学、有效、系统的规章制度体系，久事重新修订《上海久事（集团）有限公司规章制度管理办法》，制定《上海久事（集团）有限公司总法律顾问管理办法》。办法中规定，久事集团设总法律顾问，为久事集团高级管理人员，由董事会聘任或解聘，对董事会负责。

为维护久事品牌价值，规范久事商标管理，保护久事商标专用权，久事制定《上海久事（集团）有限公司商标管理办法》。

2019 年，为规范发展久事律师队伍，加强久事律师管理，充分发挥久事律师在推进依法治企中的作用，久事依据中共中央办公厅、国务院办公厅《关于推行法律顾问制度和公职律师公司律师制度的意见》，司法部《公司律师管理办法》，上海市委办公厅、市政府办公厅《关于推行公职律师公司律师制度的意见》等规定，制定《上海久事（集团）有限公司公司律师管理办法》。为进一步规范法律事务管理工作，充分发挥企业法律顾问作用，全面推进“法治久事”建设，久事重新修订《上海久事（集团）有限公司法律事务管理办法》。

为保障久事集团利益，防范经营风险，规范合同管理，久事集团根据《中华人民共和国合同法》等有关法律、法规和规章，制定《上海久事（集团）有限公司合同管理办法》。

九、行政管理制度

1987 年，久事先后制定《聘用干部津贴标准》《奖金发放暂行规定》《考勤试行办法》《经济交往中招待费标准的规定》《公文处理立卷保管试行办法》《安全保密工作暂定规定》《车辆管理和使用规定》《财务报错规定》以及若干会议制度等。

1990 年，久事修订《人民币资金运用管理暂行办法》《久事公司办公会议制度》等 7 项规章制度。

1993 年，久事编制《行政管理考核办法》，以使行政管理工作规范化、制度化。久事编制完成《档案管理办法》《文件归档范围》《文档保管期限表》《文书档案管理实施细则》《声像档案管理实施细则》《会计档案实施细则》《工程项目档案管理办法》《文书工作管理办法》《立卷归档制度》《档案利用、借阅制度》《档案安全、保密制度》等档案管理相关制度。

1994 年，为配合部门档案立卷的实施，久事制定 13 项配套规章制度。

1995 年，在总结公司公关及外事工作基础上，久事制定《外事接待规范》，完善久事公关与外事工作制度。全年完成各项外事接待 60 余次，并强化久事公关力度。

1998 年，久事完善《仓库管理制度》《临聘人员管理制度》《内勤工作会议制度》和公司礼仪规范执行制度。

1999 年，办公室与计划财务部共同制定《公司行政经费使用管理办法》。办公室还重新修定《公司档案管理办法》。

2000 年 6 月，久事在对公司管理层阅文和公司印章使用情况分类统计的基础上，颁布《公司公章和法定代表人印章使用管理暂行办法》，改进办事程序，提高工作效率。

2004 年，久事颁布《公司会议制度管理办法》(修订稿)、《公司规章制度管理办法》(讨论稿)。

2006 年，久事制定《计算机网络管理规定》和 7 项餐厅管理制度，编制久事大厦 30 楼会议中心的有关管理制度。

2010 年，为规范久事公司规章制度的管理，保障久事依法经营、稳健发展，久事根据有关法律、法规和规章，制定《上海久事公司规章制度管理办法》。为使久事及各所属企业的公文处理工作规范化、制度化、科学化，久事根据《上海市国家行政机关公文处理实施细则》等有关法律、法规和规章，制定《上海久事公司公文处理规定》。

为加强久事档案管理，久事根据《中华人民共和国档案法》和《上海市档案条例》等有关法律、法规和规章，制定《上海久事公司档案管理办法》。

为规范企业员工的因公出国(境)活动，2010 年，久事根据中共中央办公厅、国务院办公厅《关于进一步加强因公出国(境)管理的若干规定》等有关文件精神，制定《上海久事公司因公出国(境)管理办法》。

为确保久事公司数据信息的安全和网络系统的正常运行，加强久事公司网络信息系统和计算机类设备的管理，久事根据有关法律、法规和规章，结合实际，制定《上海久事公司总部信息系统、网络和设备管理规定》。

为规范后勤保障管理行为，提高办事效率，久事于 2010 年制定《上海久事公司总部后勤保障管理工作规定》《上海久事公司总部行政财产管理工作规定》。

2013 年，为进一步加强领导人员管理的规范化、制度化建设，久事根据有关管理办法的精神，制定《上海久事公司领导人员因私出国(境)管理规定》。

2014年，久事落实行政工作的督办职能，编制《督办检查工作制度(试行)》，进一步细化督办流程。同时，根据公务用车管理的有关文件精神，久事制定并完成《上海久事公司公务用车管理规定》，开展系统企业领导人员公务用车专项调研，并在调研基础上，初步形成《公司车改指导意见》总体方案。

2014年，为深入贯彻落实中央"八项规定"，进一步从严公车使用管理，久事根据中央公务用车制度改革工作的精神和上级主管部门相关要求，制定《上海久事公司公车使用管理规定》。

2015年，为认真贯彻落实市委、市政府办公厅印发的《关于合理确定并严格规范本市市管国有企业领导人员履职待遇、业务支出的管理办法》，久事制定《上海久事公司关于合理确定并严格规范领导人员履职待遇和业务支出管理的实施细则》。

2016年，为进一步规范久事集团业务招待管理工作，坚持厉行节约，反对浪费，从严控制费用支出，久事集团按照《上海久事公司关于合理确定并严格规范领导人员履职待遇和业务支出管理的实施细则》，制定《上海久事(集团)有限公司业务招待管理办法》。

十、组织人事制度

1991年，久事进一步健全若干规章制度，主要包括《工作人员考勤暂行管理办法》《兼任参股合资企业的若干暂行规定》《人事档案管理若干规定》，以及文件资料借阅的管理办法等。

1993年，久事全面推进企业化改革，先后制定完成《劳动争议调解暂行规定》《待岗待工职工管理暂行办法》《违纪职工处罚暂行规定》《职工赔偿规定》《新进人员待遇暂行规定》《劳动保险制度实施办法》等6项改革配套规章制度。

1994年，久事办公室先后制定完成《实施劳动保险制度暂行办法》《劳动争议调解实施细则》《人员自行流动各类费用赔偿的暂行规定》《下岗、待工管理暂行办法》《违纪职工处罚暂行规定》等5项人事制度。至此，久事劳动人事制度改革的有关文件已基本配套齐全。

1995年，久事修订历年来16项有关人事管理的制度。

1999年，为完善久事劳动人事政策和制度，久事修订下发《上海久事公司人员流动住房基金赔偿暂行办法》《上海久事公司下岗待工员工管理暂行办法》《上海久事公司内部补充养老保险暂行办法》《上海久事公司专业技术人员评聘管理规定》《上海久事公司工资管理办法》《上海久事公司员工考勤请假规定》《上海久事公司业务培训管理办法》《上海久事公司员工上下班交通费补贴和取消班车办法》。

2013年，久事印发施行《上海久事公司领导干部外出管理规定》和《上海久事公司领导干部因私出国(境)管理规定》两项制度。

2015年，为指导员工日常工作行为，增强员工自律意识，明确员工的权利与义务，久事集团修订《上海久事(集团)有限公司(总部)员工手册》。

为贯彻落实上海国资国企改革精神，进一步规范上海久事(集团)有限公司直属企业监事会建设，久事公司决定在直属企业中设立监事会，并按照相关程序委派监事，推荐监事长。同时，根据《中华人民共和国公司法》《中华人民共和国企业国有资产法》《企业国有资产监督管理暂行条例》等有关法律、法规和规章，2015年，久事制定《关于进一步加强直属企业监事会建设的实施意见》。

为贯彻落实上海国资国企改革精神，进一步规范久事对外投资行为，维护久事在投资企业的合法权益，久事根据《中华人民共和国公司法》《中华人民共和国企业国有资产法》《企业国有资产监督管理暂行条例》等有关法律、法规和规章，以及关于加强集团化管理改革方案精神，结合实际，于

2015年制定《关于加强直属企业执行董事管理的实施意见》。

2015年,为贯彻落实《上海久事(集团)有限公司关于加强集团化管理的改革方案》精神,久事按照把公司打造成为优质的公共服务型企业的要求,科学合理评估各部门、中层管理人员和员工的工作业绩,建立有效的激励和约束机制,制定《上海久事(集团)有限公司总部考核管理办法》和《上海久事(集团)有限公司直属企业考核管理办法》。

2015年,久事先后制定《上海久事(集团)有限公司领导人员选拔任用暂行办法》《上海久事(集团)有限公司中层及以上领导人员任职和公务回避实施办法》《关于建立健全上海久事(集团)谈话制度的实施办法》《关于加强公司总部向基层企业借用人员管理的通知》等规范性文件,协助制定《关于合理确定并严格规范领导人员履职待遇和业务支出管理的实施细则》。

2016年,为便于各级掌握干部管理工作主要政策法规,久事集团编印《组织人事工作文件和资料汇编》,收录中央、市委等机构颁布的干部管理工作法规及操作办法,分为综合、干部选任、干部管理、干部监督、出国(境)管理、其他、久事集团领导干部管理制度等七个部分;制定《上海久事(集团)有限公司领导人员选拔任用管理办法》的具体工作流程,拟推广到全集团。

同时,久事聚焦综合信息汇总,探索监事会模块化运作,制定《直属企业监事会议事规则》《直属企业监事会监督检查报告编报暂行办法》《上海久事(集团)有限公司直属企业监事会工作指引》等规范性文件。

2016年,为加强人才队伍建设,久事集团设置管理型和专业技术型职业发展双通道,进一步完善久事集团薪酬体系和激励机制,并制定《上海久事(集团)有限公司总部员工职业发展双通道管理办法》。为维护正常的收入分配秩序,保护久事集团及所属企业职工的合法权益,规范久事集团的福利费发放,久事集团根据国家有关规定,并按照本市薪酬主管部门的要求,结合久事集团实际情况,制定《上海久事(集团)有限公司福利费发放管理暂行办法》。

十一、安全生产制度

2002年,久事制定《久事公司安全管理暂行办法》《久事公司安全管理措施》。

2007年,久事制定《奥运安保督查工作方案》等8项规定、方案及措施。

2010年,为规范企业内部治安保卫工作,保护员工的人身和公共财产安全,久事根据《中华人民共和国企事业单位内部治安保卫条例》和市政府办公厅《关于进一步加强本市企业事业单位内部治安保卫工作的意见》等有关法律、法规和规章制度,制定《上海久事公司企业内部治安保卫办法》。

2012年,为建立久事安全生产投入的长效机制,加强企业安全生产费用管理,久事根据《中华人民共和国安全生产法》及《财政部、安全监管总局关于印发〈企业安全生产费用提取和使用管理办法〉的通知》的规定,结合实际情况,制定《上海久事公司安全生产费用提取、使用(暂行)管理办法》。

2014年,久事制定《上海久事公司安全检查办法》,对安全检查工作建章立制。同时,为规范和指导久事安全检查工作,久事根据《中华人民共和国安全生产法》《上海市安全生产条例》《上海市安全生产事故隐患排查治理办法》的规定,制定《上海久事公司安全检查办法》。

十二、信息管理制度

2010年,为确保久事公司数据信息的安全和网络系统的正常运行,加强网络信息系统和计算机类设备的管理，办公室根据有关法律、法规和规章制度，制定《上海久事公司总部信息系统、网络和设备管理规定》。同时，为确保久事公司公务网涉密信息系统的安全，办公室根据《上海市公务网涉密信息系统的安全保密管理要求》和《上海市涉密计算机信息系统保密管理暂行规定》等有关规定，制定《上海久事公司总部公务网涉密信息系统安全保密管理细则》。

2015 年，信息管理部根据久事公共服务类企业的分类和“四位一体、两翼支撑”的发展战略，撰写《上海久事公司企业信息化发展指导意见》。

2016 年，为发挥信息化对企业战略发展的支撑作用，实现信息化促进企业发展的目标，集团信息管理部依据《上海久事公司企业信息化发展指导意见》和政府有关规定，制定《上海久事(集团)有限公司信息化管理办法》。

2018 年，为规范久事集团信息化项目管理，解决信息化项目采购与建设管理的制度缺失问题，信息管理部制定《上海久事(集团)有限公司信息化项目管理办法》《网络与信息安全应急预案管理办法》《网络与信息安全管理办法》。

同时，为规范集团公司信息系统应用与维护管理，解决信息系统应用与维护管理的制度短板，信息管理部制定《上海久事(集团)有限公司信息系统应用与维护管理办法》和《数据资源管理办法》。

随着久事集团章程修订、法人治理结构变更和管理要求提升等变化，需在 2016 年基础上，再次修订《上海久事(集团)有限公司信息化管理办法》。同时为加强机房管理，保障计算机系统可靠运行，信息管理部制定《上海久事(集团)有限公司机房运行管理办法》，以确保机房安全运行。

第二章　规划与投资管理

第一节　规 划 管 理

久事公司成立于1987年12月，主要统筹负责市政府赋予的上海扩大利用外资规模项目（简称“九四专项”）的审核管理。

1990年8月，久事编制《上海久事公司“八五”发展规划》。规划原则列举如下：确保市政基础设施和市重大投资项目所需资金；积极安排政府贷款和世界银行、亚发银行贷款的使用，尽量少借商业贷款；用财政专项资金统一安排市政工程的配套人民币，久事公司基本不再借入商业贷款来串换人民币；积极争取外商直接投资，对于投资较大的工业项目，尽可能争取外商合资。

按照规划，市政基础设施项目中，虹桥机场扩建工程计划于1991年上半年完成，南浦大桥于1991年年底完成，合流污水工程于1993年完成，地铁于1995年完成。“八五”期间需要继续投资30亿元，其中：需要外汇3.32亿美元，由世界银行、亚发银行贷款和法国政府、美国政府的混合贷款解决；配套人民币16.87亿元，拟用财政专项资金予以安排。逐年需要情况为：1991年7.17亿元，1992年4.8亿元，1993年3.1亿元，1994年1亿元，1995年0.8亿元。

表5-2-1　“九四专项”五大市政工程及“八五”期间所需资金情况表

项目	总投资	1990年年底累计完成	“八五”期间需要数	其中		人民币分年安排情况				
				外汇（万美元）	人民币（亿元）	1991年	1992年	1993年	1994年	1995年
南浦大桥	8.2	6.47	1.73	810	1.43	1.43	—	—	—	—
地　　铁	25.43	7.32	18.08	21 982	9.5	3.55	2.7	1.45	1	0.8
污　　水	16	6.24	9.74	10 451	5.85	2.1	2.1	1.65	—	—
机　　场	1.2	0.74	0.46	—	0.09	0.09	—	—	—	—
电　　话	1.85	1.85	—	—	—	—	—	—	—	—
合　　计	52.68	22.62	30.01	33 243	16.87	7.17	4.8	3.1	1	0.8

工业项目中，在借外资总规模32亿美元不变的情况下，原计划工业项目从13亿美元增加到23亿美元，以减少风险，增强统筹还款能力。按照少借商业贷款、老项目老办法、新项目新办法、多搞合资的精神，对已批准立项但未开工的63个项目，根据情况区别对待，其中：26个项目，投资9.8亿元，因市场情况变化，还贷能力减弱，拟加以清理，停缓建设；22个项目，投资24.2亿元，继续用老办法安排，争取在2—3年内建成投产；投资比较大的15个项目，投资23.9亿元，争取用中外合资办法解决。

1987—1995年，久事在市委、市政府领导下，先后审核城市基础设施、工业技术改造、第三产业和旅游业项目308个，批准利用外资规模31.7亿美元。至1995年年底，已建成、投产、运营的共计273项，累计还贷10.07亿美元。

1996—2000 年，是国家改革开放和社会主义现代化建设事业承前启后的重要时期，处在历史机遇面前的久事公司，面临着严峻挑战。对此，久事在 1996 年编制《上海久事公司“九五”发展计划》，该计划于 1997 年 1 月 31 日在久事二届二次职代会通过。该计划力争将久事公司建成国内同业中具有一流规模和水平的大型综合性投资公司，具体目标为：深化体制改革，基本建立现代企业制度；用好“九四专项”政策，争取基本还清旧债，加强风险管理，控制或有债务；按现有负债率积极筹措好资金，为市政府多挑担子，多作贡献；资产保值增值，与 1995 年同口径相比，资产总额、净资产、经营利润五年均翻一番；精神文明建设有明显成效，努力成为综合经济系统和上海市的“文明单位”。

2001 年，久事结合上海“十五”计划纲要，围绕提高“城市综合竞争力”发展战略，收集上海“十五”期间政府固定资产投资信息资料，形成久事“十五”期间发展内外环境和战略定位的分析报告。久事作为国有独资的投资公司和政府投资主体之一，其投资行为要体现政府投资意图和导向，通过投资上海重大城市基础设施建设，不断提升和壮大久事的综合竞争实力，努力实现政府投资主体与贴近市场机制运作的有机统一。据此，在三季度完成 5 800 字的《上海久事公司“十五”发展计划纲要》。

2006—2010 年，久事继续发挥政府投资主体职能，完成政府性重大项目的投融资，做强做实交通主业，基本形成经营品牌，显著提升资产规模和质量，在探索和实践中建立集团化经营管理体制，发展成为上海最具综合竞争力的国有投资控股公司。

久事于 2006 年 8 月编制《上海久事公司“十一五”规划》，基本确定久事未来发展方向、原则和目标任务。久事“十一五”规划总体目标是：确保一个重点，体现两个效益，打造三个品牌，落实四个配套。即重点确保政府规划项目的投融资任务完成；在体现社会效益的同时，体现经济效益最大化；精心打造公交行业龙头品牌、外滩世纪经典楼宇保护开发利用品牌和赛事文化品牌；落实资金保障、管理科学、文化建设、外部支持等配套措施。

根据“十一五”规划，交通运输基础设施项目成为久事 2006—2010 年投资的重中之重，预计完成 10 项重大项目的投资任务，投资总额合计约 1 442 亿元。继续推进城市轨道交通的投资建设，计划于 2010 年形成 400 公里的城市轨道交通网络，预计新增投资额约 1 000 亿元，久事将直接追加申通集团资本金投入 176 亿元。推动长三角区域轨道交通网的逐步形成，计划于 2008 年建成沪宁城际轨道，适时启动沪杭城际轨道的投资建设，预计两个项目上海段投资额分别为 74 亿元和 100 亿元。计划于 2008 年建成沪乍铁路、浦东铁路二期和虹桥联络线，完成金山支线改造，适时开工建设沪通铁路，预计 5 个项目上海段投资额分别约为 10 亿元、60 亿元、20 亿元、20 亿元和 23 亿元。启动多功能虹桥现代化综合交通枢纽建设，使其成为铁路客运专线、城际铁路与城市轨道交通、航空港、公共汽车紧密衔接的立体化、现代化客运中心，仅土地储备预计投资量约为 105 亿元。进一步推动公交枢纽与场站建设，预计 2006—2010 年增资额约为 30 亿元。

2010 年 3 月，久事起草印发《关于启动上海久事公司“十二五”发展规划编制工作的通知》，在广泛征集久事各部门和直属企业的意见后，于 8 月编制《上海久事公司“十二五”规划》，报送国资委备案。久事“十二五”发展目标是“确保一个重点、打造三个品牌、推进两个优化、实现两个效益”，其精髓是责任、品牌和效益。“一个重点”就是要完成好上海市委市政府重大项目的投融资任务，这也是久事的一项重要使命；“三个品牌”即公交出租龙头品牌、外滩世纪经典楼宇保护开发利用品牌和赛事文化品牌，在其他相关领域，也要做好新品牌的培育，实现精品战略的延伸；“两个优化”即优化资产结构和管理模式；“两个效益”即注重提高企业的经济效益和社会效益，经济效益是企业发展的基础，社会效益是久事公共服务型企业的特点所决定的。“十二五”期间，预计公交基础设施建设投资规模约 27.28 亿元，其中工程总投资约 25.78 亿元，贷款利息等财务成本约 1.5 亿元。

2016年3月,经过广泛征求意见,久事集团编制《上海久事(集团)有限公司"十三五"规划》,确立新的定位、愿景和战略:以服务上海经济社会发展为使命,以满足城市公共服务需求为目标。坚持社会效益为先,发挥市场机制作用。积极实施四位一体和两翼支撑的发展战略,即以城市交通、体育产业、地产置业和资本经营为主体,以投融资和信息化为支撑。不断提高公共服务能力和水平,把公司打造成为优质的公共服务型企业。

久事集团"十三五"发展目标为进行供给侧结构性改革,打造成为优质的公共服务型企业,即富有动力、活力和能力,提供专业化、精细化和个性化的公共产品服务,使社会满意、员工满意和政府满意。力争到"十三五"末,集团竞争实力全面加强,行业地位稳固,具有可持续发展空间;有效供给显著增加,服务规模、质量和效益等各项指标迈上新台阶。

表5-2-2 "十三五"期间主要专项指标情况表

<table>
<tr><td rowspan="6">服务水平</td><td>完成政府重大项目投资任务</td><td>1. 重点落实政府部署,积极推进国铁和市域铁路、轨道交通和枢纽场站的投资建设
2. 落实政府部署,按照市区分工原则和市政府工作目标,完成相关地块的旧区改造</td></tr>
<tr><td>城市交通</td><td>1. 城市交通的公共服务质量和效率进一步提高,车容车貌和服务水准得到有效提升,公交、出租车乘客满意度指数处于行业领先水平
2. 巴士公交、强生出租车改革取得重要进展
3. 交通卡、旅游卡功能和支付渠道进一步拓展</td></tr>
<tr><td>体育产业</td><td>1. 成功举办F1中国大奖赛、ATP1000网球大师赛、环球马术冠军赛、国际汽联世界耐力锦标赛、斯诺克上海大师赛、国际滑联"上海超级杯"短道速滑及花样滑冰队列滑大奖赛、国际田联钻石联赛等顶级赛事
2. 体育产业链初具规模,打造以功能性平台为核心的体育产业集团
3. 体育场馆经营管理水平进一步提高
4. 推动市级体育中心、体育功能集聚区建设</td></tr>
<tr><td>地产置业</td><td>1. 外滩经典楼宇的商业、文化价值进一步体现
2. 地产经营能力和市场竞争力进一步增强
3. 上赛场总体区域综合平衡方案落地,2.5平方公里功能再造与城市更新有新突破
4. 物业公司混合所有制改革取得重要突破</td></tr>
<tr><td>资本经营</td><td>1. 集团资本结构和质量效益进一步完善
2. 发挥上市公司资本平台功能,集团资产证券化率进一步提高</td></tr>
<tr><td>信息化建设</td><td>成为集团战略管控的重要支撑平台</td></tr>
<tr><td rowspan="2">成本控制</td><td>主要成本控制</td><td>1. 公交主要成本指标达到行业成本规制标准
2. 探索建立公交、出租车运营成本公开机制,使公交企业成本控制达到国内先进水平</td></tr>
<tr><td>重大项目投资控制</td><td>重大项目投资规模原则上不超概算</td></tr>
<tr><td rowspan="3">持续能力</td><td>政府项目融资与资金平衡</td><td>1. 做好政府项目融资工作,努力降低融资成本,提高资金使用效率
2. 建立集团经营性收益反哺公益性项目之间的资金平衡机制</td></tr>
<tr><td>优化资本结构,降低财务风险</td><td>资产负债率保持合理水平</td></tr>
<tr><td>完成政府下达任务</td><td>完成市政府下达的任务</td></tr>
</table>

第二节　国有资产产权与评估备案管理

一、产权管理

2008 年，久事对下属企业国有资产登记证漏登记、未登记的企业进行补办、更新。上报约 80 家，完成登记 20 多家，许多企业尤其是强生、巴士的下属公司，由于成立多年而一直未办理过产权登记，许多资料缺失，加之巴士、强生重组，存在诸多不确定性，相关工作陷入瓶颈。

2016 年，久事集团办理 30 项国有产权登记、变更和注销登记工作和 9 项产权交易事务工作，包括无偿划入“强生”和“强生＋图形”商标、强生物业改革、久青置业股权转让、金山巴士股权转让等；备案评估项目 23 个，其中专家评审项目 11 个，占 48%。2016 年还接受国资委对评估工作的检查，受到国资委的肯定。集团有 6 人参加国资委组织的评估管理师培训。

2017 年，久事集团支持申通地铁股份重大资产重组，完成郊区巴士股权及场站无偿划转，推进强生旅游板块重组、奥宾股权无偿划转、城北汽修增资、久信公司注销、外高桥粮库债转股等事宜。

二、资产评估

2007 年，久事从制度和业务流程上把握审查尺度，建立上报单位法人代表及审查人员承诺制度，评估报告审阅与签字评估师谈话制度，评估报告备案转报呈批流程等。根据评估报告的评估对象、评估目的、评估方法及评估结论进行实质审核，严格把关，对显失公允的不予通过，在审核报备的 18 个评估项目中，其中有 1 项由于资产产权存在严重缺陷，经过实地考察调查和与送审单位及评估人员沟通，予以驳回重评。

2008 年，久事从制度和业务流程上把握审查尺度，建立相关制度与流程管理，从制度上保证责任风险控制水平。根据评估报告的评估对象、评估目的、评估方法及评估结论进行实质审核，把好国有资产产权交易的评估关。

2015 年，久事集团共备案、转报评估项目 22 个，项目涉及总资产 2 094.41 亿元，净资产 1 217.37 亿元，评估总值 1 127.68 亿元。久事备案项目中以专家评审会方式进行审核的项目有 14 个，占 70%。

2017 年，久事集团加强对下属企业资产评估备案、评估机构选聘的管理与指导，共审核 9 项资产评估。

第三节　对外投资管理

一、投资计划编制

“九四专项”期间，久事代市计委、市经委制订“九四专项”投资、贷款、还贷的计划；研究资金投向；测算、审定项目效益；研究提高项目经济效益的方法，使这些项目处于科学的宏观管理下。同时，久事每年汇总所有“九四专项”项目的资金计划，交由市计委核定、发布，并配合市财政局监督落实，统筹还款。

1997年，久事“九四专项”总账房职能结束，逐渐向“政府性投资公司”转变。此后，久事每年都会根据政府部门在时间和数据口径方面各项要求，完成规定计划编制、汇总、上报及调整工作，并通过月报、年报和季度计划工作会议的形式推进工作，做好投资计划执行和管理。

2006年，久事根据国资委布置年度投资计划管理要求，编报久事投资计划草案和久事2005年度投资计划执行情况，并对久事系统内的高风险金融投资与金融股权投资进行梳理与汇总。

2007年2月上旬，久事按照市发改委文件要求，分别向市发改委、市建交委报送《上海久事公司2006年固定资产投资计划完成情况和2007年固定资产投资计划预安排(草案)》。3月，向市国资委报送《2007年上海久事公司投资计划(草案)》和《上海久事公司2006年国有资产投资情况分析报告》。8月中旬，按照市发改委文件要求，编报久事2007年第二批固定资产投资计划和2008年投资计划预安排。9月，结合年度预算调整，向市国资委报送《关于上海久事公司2007年上半年投资计划执行与调整情况的报告》。11月上旬，按照市建交委文件要求，编报久事2007年固定资产投资调整计划和2008年投资计划预安排。

2012年，久事上报投资计划152.44亿元，其中固定资产投资计划63.87亿元，对外投资计划88.57亿元。全年计划安排投资项目53个(含固定资产类投资项目39个，对外投资类项目14个)，其中续建项目24个，新项目29个。

2012年年中，久事根据计划执行情况，对年初上报的计划进行调整，调整后的久事投资计划为133.01亿元。截至11月底，久事完成投资计划96.91亿元(其中固定资产投资计划完成17.21亿元，对外投资计划完成79.7亿元)，计划执行率72.86%(其中固定资产投资计划执行率38.32%，对外投资计划执行率90.48%)。

2013年，久事上报投资计划105.43亿元(其中固定资产投资计划49.69亿元，对外投资计划55.74亿元)；全年计划安排投资项目39个(含固定资产类投资项目30个，对外投资类项目9个)，其中续建项目19个，新项目20个，资金主要来自市财力、市专项资金、自有资金和贷款。

截至2013年11月底，久事完成投资计划96.35亿元(其中固定资产投资计划完成56.09亿元，对外投资计划完成40.26亿元)。计划执行率91.38%，为历年计划执行率最好的一年，这主要得益于对投资计划的执行和把控能力的重视和提高。

2014年，久事上报投资计划209.47亿元(其中固定资产投资计划161.65亿元，对外投资计划47.82亿元)；全年计划安排投资项目50个(含固定资产类投资项目45个，对外投资类项目5个)，其中续建项目22个，新建项目28个，资金主要来自市财力、市专项资金、自有资金和贷款。

截至2014年11月底，久事完成投资计划179.71亿元(其中固定资产投资计划完成63.67亿元，对外投资计划完成116.04亿元)，计划执行率75.85%(其中固定资产投资计划执行率39.39%，对外投资计划执行率242.66%)。

2015年，久事集团计划安排投资项目40个，年度计划投资177.07亿元，年度安排资金176.39亿元，资金主要来自市财力、专项资金、自有资金和贷款。

截至2015年10月底，实际执行投资项目34个，完成投资209.61亿元，完成率118.38%。其中，执行固定资产投资项目32个，完成投资71.55亿元，完成率71.48%；执行对外投资项目2个，完成投资138.06亿元，完成率179.37%。

2016年久事集团计划投资136.95亿元，经年中调整后计划投资304.54亿元。1—9月实际完成投资256.66亿元，完成率84.28%。其中，完成固定资产投资24.55亿元，完成率41.97%；完成对外投资 232.11 亿元,完成率 94.34%。

2017 年,久事集团计划安排投资项目 74 个,计划投资 212.62 亿元,安排资金 215.78 亿元。截至 9 月底,实际执行投资项目 42 个,完成投资 112.76 亿元,完成率 53.03%。

二、分级授权

2011 年,久事颁布《上海久事公司经营性投资项目决策程序暂行办法》,规定久事专职董事、其他外派董事在履行直属企业股东(会)或董事会项目投资决策程序、发表意见、行使表决权前,应履行久事内部审议程序。

投资项目金额未超过 500 万元的,由久事资产经营部会同专职董事、其他外派董事和相关职能部门审议形成初步意见,报久事领导批准。项目金额超过 500 万元的,由久事资产经营部会同专职董事、其他外派董事及相关职能部门审议形成初步意见,并提交久事战略与投资委员会论证、评审,经战略与投资委员会论证、评审后,报久事经理办公会议审议、批准。

同时,鉴于金融产品的投资具有专业性和时效性强的特点,久事经理办公会议授权久事金融产品投资决策小组行使金融产品的投资决策权,并规定未经久事批准,各直属企业及其所属控股企业不进行金融产品的投资。统一由久事资产经营部向久事金融产品投资决策小组提交书面投资方案,内容包括项目概况、拟合作方情况(如有)、项目可行性分析、效益预测、投资建议等。经久事金融产品投资决策小组审议批准后,资产经营部应严格按照经批准的投资方案执行,并做好投资管理和风险防范工作。

2015 年,久事集团颁布《关于调整和扩大直属企业管理权限的若干意见》,授权直属企业执行董事决定 2 000 万元以下的单一经营性项目,事后报久事投资发展部门备案。对投资规模超过 2 000 万元的单一经营性投资项目,直属企业执行董事应当及时提交项目可行性分析报告,经久事集团战略与投资委员会讨论,报久事集团总裁办公会议审定后实施。同时,规定直属企业的对外经营性投资必须符合主业发展战略要求,投资规模必须控制在经久事批准的年度投资计划总量之内。

2016 年,鉴于金融投资项目有保密要求高、交易时效性强等特点,久事集团颁布《上海久事(集团)有限公司金融资产管理暂行办法》,规定此类项目由总裁办公会议授权金融投资领导小组决定。

该领导小组是在久事集团总裁领导下的金融资产决策机构,主要成员有董事长、分管副总裁、投资部门、财务部门负责人等。金融投资领导小组审议后认为需提交总裁办公会议决定的事项,报总裁办公会议决定。

此外,久事集团控股的上市公司的金融资产运作业务,由上市公司根据相关法律法规和上市公司章程,由上市公司股东大会或董事会决策。所属企业由专业部门或在某部门设立的专门小组、指定人员负责金融资产运作、上报、备案、统计等工作。久事资本运作平台以自有资金进行金融资产运作业务,由久事授权,在授权范围内开展。

三、非主业整合

2002 年,久事通过资产重组、股权经营、项目置换、清理不良企业、新增投资等多种手段,合理调整投资结构,新增投资 17.16 亿元。其中,农工商增资 2 亿元,海通证券增资 3.1 亿元,太保增资 1.68 亿元,申万证券增资 2.2 亿元,东方证券增资 0.5 亿元,久创投资 0.18 亿元,天同基金投资 0.2

亿元,南站广场投资 1.8 亿元,赛车场投资 3 亿元,申铁公司投资 2.5 亿元。

同时,久事为盘活资产存量,退出 8 家企业投资。其中,朗讯科技转让给朗讯中国科技,先进半导体股权转让给上海化工区,通联房产转让给职工持股会和三航局,益昌镀锡板被益昌薄板吸收合并,三联发展转让给外高桥集团公司,丙烯酸厂经市政府协调无偿划给华谊集团,国泰君安、张江高科的股权转让也分别签署转让协议。

2003 年,久事通过转让股权减少长期投资 2.600 4 亿元,其中宝钢益昌 1.134 9 亿元、浦发 5 797 万元、国泰君安 500 万元、申花 1 200 万元、广电 7 126 万元、新茂 32 万元。

2003 年,久事对已歇业、资不抵债、扭亏无望以及待破产企业加大清理力度,力争取得进展,如华都集装箱、埃恩、浦江隧桥、申花等企业。同时,清理不良股权,上报核销申花滤材、申视实业、绅士汽车、华都集装箱等企业(资产)。

2008 年,久事新增拟上市投资项目——农房集团。同时,完成东锦江项目债转股工作,收回贷款本金 5 500 余万元,并处置久信、旭电子、永新彩管等老项目减资、清算事宜。

2014 年,久事完成星火开发区的股权退出和松江郊区场站资产的划转和雅玛多快递的股权转让。

2015 年,久事集团参与上海市国资国企改革平台调整工作,盘活公司存量资产,优化资产结构,完成锦江航运、申江两岸股权转让工作。

2016 年,久事集团把非战略金融资产委托给集团资本经营平台——上海久事投资管理有限公司管理。同时,参与上海国资国企改革 ETF 基金发行,实现法人股退出递延收益 3.85 亿元。

四、改革重组管理

2009 年,按市政府部署,巴士股份公司资产重组,退出上市公司。久事全额出资 3 亿元,新建"上海巴士公交有限公司"(简称巴士公交公司)。另以 24.54 亿元的价格,收购大众交通、强生控股、交投集团所属公交企业及部分社会资本经营的公交资产,再加上原巴士股份公司公交资产,一起注入新成立的巴士公交公司。2010 年,久事将巴士公交公司改组为巴士集团。

2011 年,强生控股资产重组,向久事公司、强生集团定向增发 2.39 亿股。重组后,强生控股注册资本增至 10.53 亿元。其中,久事公司出资 1.68 亿元,占股 15.97%;强生集团出资 3.36 亿元,占股 31.91%。2012 年,强生集团将所持强生控股全部股份无偿划给久事。至此,久事持强生控股 5.04亿股,占股 47.88%,为最大股东。

2013 年,为整合久事房地产资源,完善房地产业务管理体制,久事将强生集团整体划给上海久事置业有限公司,成立新的上海久事置业有限公司。新的公司下辖房地产项目开发、物业管理、租赁经营及资产管理等四类企业,业务涵盖土地储备、房地产开发、楼宇租赁、物业管理和存量资产经营等多个板块,有较完整的地产置业产业链。

2017 年,久事集团拟订公交重组改革方案、市域铁路建设管理公司组建方案、上海出租车行业服务与监管平台建设方案、久事旅游资源整合建议等;协调推进浦江游览企业整合,完成相应股权交易等,国资收益 1.76 亿元申请到位;完成智慧体育员工持股试点申报并获批;协调完成奥林匹克俱乐部联营权益调整;制订东亚集团更名方案并实施;协调久事集团在黄浦区注册企业税收支持事宜。

第四节 股权资产管理

一、土地集中管理

久事土地集中管理基本原则是“三个集中”，即土地权证管理集中、土地重大事项管理集中、土地收益管理集中。通过“三个集中”，落实久事对国有土地集中监管的责任。

2012年，久事颁布《上海久事公司土地集中管理暂行办法》，规定久事及各直属企业自行保管名下的房地产权证，建立权证保管、领用相关流程并遵照执行。各直属企业负责统一保管其所属控股企业名下所有的房地产权证，以实现房地产权证的集中统一管理。久事旗下上市公司(上海强生控股股份有限公司)视实际情况决定其所属控股企业权证管理的方式。

出于历史遗留问题等原因，对相关土地、地上建筑物拥有的权证存在瑕疵的，均积极予以解决。对相关土地、地上建筑物无房地产权证，但对相关土地、地上建筑物拥有相应权益的，加强对此类权益的管理。可补办权证的，及时补办相关权证等手续。

久事对土地及其地上建筑物的处置(含动拆迁)，由经理办公会议决策。各直属企业及其所属控股企业对土地及地上建筑物的处置(含动拆迁)，经各直属企业董事会审议后报公司批准。

土地及地上建筑物的收益(主要包括土地、地上建筑物的租金、转让金、动迁补偿金等)纳入全面预算管理，由权属企业逐级上报。涉及土地及地上建筑物的转让金和动迁补偿金的收支情况，在预算中专项说明。

2014年，久事利用国资委划拨土地政策，帮助交投集团办理32幅土地的主体无偿变更手续。

2016年，久事集团按照市重大工程的计划要求推进沪通铁路(南通至安亭)和沪杭客专三、四线及声屏障工程，并配合建成项目抓紧完成土地权证办理工作。同时，对上海国际赛车场5.3平方公里的功能定位进行研究，完成主赛场2.5平方公里深度开发的功能策划，确定2.8平方公里配套区项目操作路径，形成工作方案，并按节点推进。

二、参股企业管理

2003年，久事参与各参股企业董事会、监事会、股东大会42次。

2006年，久事审议表决议题348项，其中9家控股企业审议议题58项，平均每家6.44项，32家参股企业审议议题290项，平均每家9.06项。

2006年，久事通过董事表决议题流程管理，促使董事进一步了解投资企业情况信息，掌握投资企业的动态信息，从而提高对外表决的质量。同时，推出专职董事制度，强化董事的工作压力和履行职责的动力，促进投资企业法人治理结构建设工作的推进。

在实际运作中，董事在很多工作上获得新的突破：如对申通集团有关银团贷款、地铁运营公司股权处理、赛车场2.8平方公里相关事项、久事旗下体育赛事整合、农工商集团定期跟踪、申铁公司光电子项目股权处理、久信公司法人治理健全、天同基金公司引进外资、星联公司股权转让等，都较有成效。

2007年，久事参加各类董事会股东会和业务协调会达316次，审议表决议题426项，各类呈批件263份，占久事呈批件总数的46%。

2008 年，久事在日常股权管理过程中，配合董事对控、参股企业决策事项进行细致梳理，形成较为系统的信息资料，为久事对投资企业事项决策提供依据。全年共审议各类表决议题 446 项，其中 14 家控股企业审议议题 160 项，平均每家 22.8 项；33 家参股企业审议议题 286 项。

三、投资收益

2003 年，久事投资收益 2.331 4 亿元，其中投资返利收入 7 314 万元，股权溢价收入 1.6 亿元。在抵扣 2001 年度投资减值 0.9 亿元、当年投资减值 0.08 亿元和当年投资处理费用及损失后，实现净收益 1.24 亿元，资产回报率 3%。

2005 年，久事实现股权经营收益 1.538 亿元，为年度计划的 114%；按时足额落实两桥贷款道路建设车辆通行费收入 2.64 亿元，实现两桥综合开发经营收益 155.9 万元；开展并完成股权投资 114.91 亿元，其中非控股的战略投资 8.91 亿元。

2006 年，久事实业投资收益 9.58 亿元，为年初目标的 106.4% 和 9 月份调整预算后目标的 104.6%。主要收益来源为浦发银行股权转让溢价收益 8.35 亿元，地铁运营公司转让溢价 0.45 亿元，投资分红 0.78 亿元。此外，两桥贷款道路建设车辆通行费收入 2.64 亿元也全额实现。

2007 年，久事完成投资收益共计 4.2 亿元，完成全年计划的 281%，其中投资返利 1.306 亿元，法人股投资收益 4 050 万元，股权溢价收益 2 276 万元，其他收益 2.26 亿元，收回长期投资 1 352 万元。

2008 年，久事完成投资收益 5.65 亿元，其中投资企业现金分红 5.11 亿元，申购新股收益 0.28 亿元，开行信托凭证收益 0.26 亿元，超额完成全年计划。以上投资企业现金分红中，主要收益来源是金融企业投资分红，外加强生集团分红 1.33 亿元。

2013 年，久事投资分红完成年初预算的 125.44%，比 2012 年增加 0.92 亿元。投资分红好于预期，主要是申万、上国投、招行、太保、海通等金融类企业的实际分红与预算相比有一定增加，共计增加 8 000 万元左右，但住房担保公司、新安亭公司等企业分红低于预期和 2012 年实际，主要为房地产及相关企业。

表 5-2-3　2013 年度投资企业分红收益汇总情况表

单位：万元

企业性质及数量	实施分红企业数量	预算金额	实际金额	增长额	增长率
控股企业(15 家)	3 家	5 540	5 778	238	4.29%
参股企业(19 家)	10 家	15 220	21 350	6 130	40.27%
上市法人股(11 家)	9 家	15 857	18 808	2 951	18.61%
合　　计	22 家	36 617	45 936	9 319	25.44%

2014 年，久事实现投资分红 4.79 亿元，比 2013 年增加 2 000 万元，与预算同口径比较，完成年度预算的 105.7%。

2015 年，久事集团实现投资分红约 4.2 亿元，完成预算的 118.54%。参控股企业方面，控股企业分红较稳定，参股企业分红高于预算。上市公司方面，分红低于预算和 2014 年水平。

表 5-2-4 2015 年度投资企业分红收益汇总情况表 单位：万元

企业性质及数量	实施分红企业数量	预算金额	实际金额	增长额	增长率
控股企业*	2 家	540	542	2	0
参股企业(17 家)	9 家	3 495	13 099	9 604	275%
上市法人股(11 家)	8 家	31 273	28 213	−3 060	−10%
合 计	19 家	35 308	41 854	6 546	18.54%

* 分红收益预算中未包括强生控股，强生控股 2015 年分红 4 968 万元。

2016 年，久事集团实现投资分红 7.5 亿元，为历史新高，完成预算的 201%，较 2015 年增长 79%，主要原因是久事集团持有的部分金融类上市公司法人股的分红收益大幅增加。

2017 年久事集团收到投资红利 6 亿元，超过 4.48 亿元的预算。

四、市值管理

2013 年，久事在每股 49 元以上的高位对上海家化股票实施减持。2014 年，久事通过波段操作，持续对上海家化进行跟踪，寻找有利时机逢低买回，面对上证指数大幅上涨而家化一直在 36 元附近盘整的机会，果断进行买回，每股锁定利润 13 元，在不动用久事增量资金情况下，2 年内为久事成功获利约 4 亿元。

2015 年 6 月 17、18 日，久事集团减持强生控股 752.995 0 万股，减持均价约为 20.2 元。7 月初，资本市场发生整体大幅波动。7 月 20 日，久事集团应对局势，响应政府号召，通过资产管理计划增持 885.45 万股，增持均价约为 11.3 元。在持股数量增加约 132 万股的情况下，增加利润 1.3 亿元，为公交和出租车的改革提供支持，其中 4 900 万元用于巴士公交增资，专项用于久通商旅发展团客车业务。

第三章 财务管理

第一节 预算管理

1998 年，计划财务部确定专职的计划统计岗位，制定岗位职责，设计具体的经营计划措施和表式体系。

1999 年，计划财务部按照稳中有进、重在有质的指导思想，逐步将久事经营计划打造成利润计划、资产盘整计划、现金流量计划三条主线。

1999 年，计划财务部本着加强管理、节支增效、合理使用资金的原则，对行政经费预算中的经常性项目采用基数法，对专题性项目采用零基预算法，最终形成人员经费、行政经费、专项经费三个内容。

2002 年，久事相继成立子公司的董事会，对此财务管理部着手加强预算编制和审核工作，特别是对物业公司的预算细化，为推行久事预算管理打下基础。

2004 年，在国资委牵头下，财务管理部积极对接，研究国有投资公司的国资预算专项课题，逐步形成集团全面预算管理体系。主要内容是：预算内容“全面化”——以投资为主体，以融资为重点，以资金平衡为核心，以成本费用为基础，以收入收益为支撑；预算范围“集团化”——形成包含集团内各直属企业、各部门的全部预算责任主体，一司一策，构建“鸟笼经济”的约束框架；管理流程“全程化”——强调预算管理要贯彻指标的编制、下达、监控、定期分析、调整、考核与评价等所有流程的管理；管理理念“系统化”——从组织、人员、制度、理念、工具、方法上不断优化，借助信息化管理手段，并与投资决策、资金管理、财务负责人委派、薪酬考核、审计监察、法律事务、资产管理、专职董事等管理手段相互配合。

2005 年，财务管理部按时完成久事当年度全面预算、集团合并预算，完成国资经营预算（母公司及合并）、国资财务预算（母公司及合并）等的编制工作，并按时完成 2004 年预算执行情况的分析报告。

2011 年，财务管理部根据市国资委《关于推进市国资委管理企业全面预算管理工作的意见》的通知精神，组织编制上报久事全面预算管理三年行动规划，主要特点是：预算管理组织架构更加完善，下属企业普遍建立总经理负责制、预算领导小组和工作小组；预算管理要素不断完善，预算内容从投资预算、业务预算到财务预算，预算范围从久事公司到二级企业，从二级企业到所有层级企业，企业、部门、全员参与预算，体现全面预算特点；预算执行分析得到加强，久事本部每季度进行一次预算执行情况报告分析，很多下属企业每月都有预算执行情况分析。

2012 年，久事预算委员会人员构成不断优化，从过去由财务专业人员组成，调整为由久事综合部、资产部、投资部、办公室、人事部、专职董事等组成，各业务和职能部门将各自分管工作要求，细化到预算编制和审核过程中。

2013 年，久事预算委员会从制度、组织体系、流程、信息系统和管控协同等五个方面，进行系统总结和自我评价，初步达成预算管理水平的共识：在市国资委列出的准备级、初始级、提升级、管控级和发展创新级等五个管理水平中，整体上处于第三级的“提升级”，部分要素向第四级“管控级”推进,个别要素尚处于第二级的"初始级"。根据自我评价书,制订下一步改进方案,主要是面对管理中的短板问题,逐步提升信息化、优化与战略和考核的衔接、完善和规范业务预算等,顺利实现从"提升"到"管控"的晋级。

2014 年 7 月,财务管理部组织相关人员参加中国投资协会全面预算管理专题会议,会上对久事全面预算管理工作开展情况进行系统总结,并对照市国资委评价标准,与各地投资公司探讨如何推进管理成效,提升管理模式,开拓管理创新。

2016 年,作为预算管理委员会日常工作机构,财务管理部牵头定期召开预算委员会会议和预算工作调研,起草会议预审报告,做到每季度有预算执行情况分析,每半年有预算阶段工作推进。1—10 月,预算委员会共召开 5 次专题会议,开展两轮直属企业全覆盖预算调研,不断完善预算管理机制和管理流程,预算控制水平进一步提高。

2017 年,财务管理部积极配合久事集团领导班子 2014—2016 年任期考核工作,围绕重大项目投资、企业成本控制、融资与资金使用效率、资产结构优化与还本付息等主要任期内定量目标,结合三年任期目标完成情况,总结预算完成情况。同时,配合人事部、投资部做好 2017—2019 年新三年任期目标制定工作,将 2017 年预算工作与任期考核工作计划相结合,做好大中小、远中近的设计与安排,科学合理制定财务定量目标。

2017 年,久事集团董事会设立后,预算工作体现为严格执行一项决策流程,即党委前置汇报、董事会作出决策,是年开展两轮直属企业全覆盖预算调研,实施三上三下预算审查平衡机制,编报 4 次预算执行分析报告,召开 5 次预算委员会专题会议,预算管理工作流程得到进一步规范,为预算编制、执行、分析、控制、调整、考评等环节确立科学决策方法和基础工作制度。

第二节　资 金 管 理

一、重大项目资金保障

1995 年,根据公司布置,计划财务部积极对接市财政局,1—9 月拨入 16 亿元,提前到位 2.5 亿元,其中上半年 1 亿元,三季度 1.5 亿元,至 11 月底计划的财力资金全部到位,有力地支持久事的资金平衡,充足久事资金的存量。委托四家银行和金融机构向外资银行筹资,完成 1.6 亿美元外债指标,成功延长久事债务期,缓解债务集中还款矛盾。拓宽融资渠道,向银行借入短期资金 18 笔共 6.33 亿元,同时还探索借用外币,在汇率相对稳定、外币利息比较低的情况下,落实 1 600 万美元的期限暂为一年转期的三年长期借款。支付外债本息折人民币为 7.68 亿元,实际支付外债利息 4 600 万美元,支付外债本金 5 000 万美元,折人民币 7.98 亿元,全面完成全年计划。承担收回逾期账款 1 亿元任务,截至三季度末收回 5 878.12 万元。

2004 年,久事本部筹资 73.82 亿元,完成年度 44 亿元筹资计划,其中:国家开发银行提款44.82 亿元,130 亿元融资全部到位;政府各项资金 27 亿元,包括财政 13 亿元资本金、4 亿元贴息资金和市国资委 10 亿元资本金;中国银行短期贷款 2 亿元。申请到中国银行 7 亿元短期授信,4 月份实际提款 2 亿元,7 月初归还,此外还申请到汇丰银行授信 2 000 万美元、工行授信 30 亿元人民币、交行授信 5 亿元人民币。偿还 19.94 亿元债务本息,其中:偿付外债本金 3.44 亿元(美元 4 161 万元),利息 0.56 亿元(美元 675 万元);偿还 98 建设债券本金 6 亿元,利息 0.24 亿元;偿还 03 轨道债券利息 1.804 亿元;偿还国家开发银行贷款利息 5.88 亿元;偿还中国银行短期贷款本息 2.02 亿元。

2005年,根据年度工作安排,财务管理部上半年筹措13亿元轨道交通资本金,下半年申请4亿元贴息资金。完成申通公司增资84亿元,其中申请财政资本金32亿元,向国家开发银行新增软贷款40亿元,久事资金12亿元。债务还本付息32.6亿元,其中本金23.2亿元,利息9.4亿元。提前归还中国银行美元贷款本息2.67亿元,并按时完成03轨道债券的年报信息披露工作和98建设债券兑付收尾工作。加大短期委托贷款力度,委托贷款合计签约103.08亿元,年内到期收回大盛公司10亿元,锦江集团2.5亿元。

2006年,久事申请政府资本金、贴息等资金53.6亿元。向国家开发银行申请软贷款67亿元和15亿元,完成申通公司和申虹公司增资。债务还本付息31亿元,其中本金17亿元,利息14亿元,按时完成03轨道债券年报信息披露工作和利息支付工作,完成债券跟踪评级工作。完成总额76亿元的新增银行授信评估工作,为久事"十一五"投资项目奠定资金基础,包括工商银行30亿元、建设银行20亿元、中国银行6亿元、招商银行10亿元、民生银行10亿元。

2011年,财务管理部积极挖掘项目,争取进一步获取政府资金支持,争取到的资金有:交投公司"十一五"项目资金3亿元,交投公司新建项目芦恒路、宝杨路枢纽项目财政直付资金2亿多元,浦东铁路、集装箱中心站("十五"项目)资本金7.06亿元,兆丰路土地储备项目新增周转资金4亿元,轨交偿债资金17.67亿元,磁浮列车资金33亿元和巴士公交车辆资本金5.2亿元等。

2013年,久事争取政府各类资金100亿元,其中偿债资金20亿元、磁浮专项资金37亿元,轨交资本金15.58亿元,铁路资本金5亿元,偿债资金19.96亿元等。做好土地储备融资工作,争取周转金5亿元,并按照上海市统一部署,上报债权投资计划50亿元,期限5年,利率6.4%,已获银监会批准,于2014年上半年发行。做好各项债务的还本付息工作,按时还本付息39亿元,其中本金24亿元,利息15亿元,及时做好信息披露,继续维护久事良好的市场信誉。

2014年1—11月,久事向政府争取各类财政资金155.61亿元,其中,铁路资本金2.09亿元,轨道交通资本金100.52亿元,轨道交通偿债资金20亿元,土地出让金33亿元等,为各重大项目顺利推进提供资金保障。根据市政府旧改工作部署,久事新启动虹口区北外滩78街坊地块、普陀区金沙新村地块两个市区联合旧改项目。财务管理部与国家开发银行积极沟通洽谈,确定在由久事提供担保情况下,国开行将上述两个项目纳入国务院对棚户区改造项目予以资金支持政策范围,按照人民银行确定优惠政策利率4.99%向久虹公司提供期限5年、总额25.96亿元贷款,以帮助解决上述两个旧改项目资金需求。根据2013年与平安保险达成的50亿元保险资金债权投资计划,财务管理部提取首期资金5亿元用于虹口区北外滩91、92、93街坊旧改项目。根据上海市财政局《关于请推荐政府市场合作(PPP)项目的函》进行专题研究,探索举债融资新机制,最终向市财政局上报三个项目申请方案:金山铁路支线改建工程,上海市市郊铁路网建设规划,"十三五"上海中心城(浦西)公交停车场、保养场建设规划,为公司PPP项目推进做好前期准备工作。为重大项目融资按时还本付息36.6亿元,其中本金24亿元,利息12.6亿元,并按照中国银行间市场交易商协会要求做好年报、季报、付息公告等信息披露工作,维持久事良好市场信誉。

2015年1—10月,久事向政府争取各类财政资金近180亿元,其中,轨道交通资本金135亿元,政府性偿债资金20亿元,土地周转金23.5亿元等,为各重大项目顺利推进提供资金保障。根据政府新一轮旧改方案,久事集团作为市级统贷平台,率先完成与国家开发银行专项贷款签约工作。按照市发改委牵头协调的轨道交通融资方案及确定投资项目,与国开发展基金完成是年三批项目借款合同签订及项目放款。按照监管部门要求,完成企业债券、中期票据年报、半年报、季报信息披露工作,完成年度跟踪评级工作并继续保持最高的AAA信用等级,维持久事良好市场信誉。

2016年，久事集团争取政府资金约258亿元，包括轨道交通资本金216亿元，旧区改造专项土地资金14.7亿元，政府性债务偿债资金20亿元，两桥专项补贴2亿元等。此外，久事集团按照市发改委统一安排，完成2016年第一批国开发展专项基金9.38亿元贷款申请和放款。

2017年，久事集团争取各类政府性资金约215亿元，包括轨道交通资本金87.84亿元，铁路资本金13亿元，财政资本金（解决上赛场问题）40亿元，各类偿债资金70.4亿元，两桥专项资金1.77亿元，国资经营收益2.85亿元等，为重大项目和任务的推进提供资金保障。同时，完成还本付息77亿元，并按照规定履行信息披露义务，其中，一季度及时协调落实偿债资金，确保50亿元中期票据到期顺利兑付，完成中期票据作为融资创新为经济社会发展服务、推进轨道交通重大项目建设的重要使命。

二、资金收益

1987年，久事将闲置资金尽可能地增值，采取购买短期大面额存单、委托银行贷款、购买融资券等方式，使利息收入增加，9个月中净增19.2万元利息收入，同时，久事积极配合兄弟公司开展工作，先后为久联、久家、久丰、申贝、旅游服务公司等联营企业提供约1 413万元资本金，还配合投资部回收工业项目创汇的693万美元额度。

1995年，财务管理部充分运用好资金，融资收入1.22亿元，年计划为6 500万元，完成率达187%。

1997年，久事融资收益超过3亿元，比1996年增加1倍，是计划数的4倍。

1998年，久事融资收益近3亿元，完成计划指标。

2004年，资金管理总部实现收入6.04亿元，其中存款利息0.33亿元，央行票据0.22亿元，货币市场基金0.06亿元，债券利息收入0.1亿元，国债回购1.99亿元，中心调度收入3.34亿元。

2005年，久事资金运作收益6.7亿元，完成预算的160%，其中资金中心收益2.9亿元，委贷利息收入1.7亿元，其他收益2.1亿元。

2006年，久事资金运作收益13.4亿元，为年度预算的273%，其中资金中心调度收益3.3亿元，委贷利息收入3.2亿元，基金运作收益5.4亿元，其他收益1.5亿元。

2006年，财务管理部把握市场机会，调整招商现金增值基金为安本增利基金，增加收益约500万元，并赎回全部封闭式基金，不仅实现当年赢利，还将历年累计亏损全部弥补，增加收益5.4亿元。

2011年，财务管理部紧抓本部经营资金收入，经营资金收入17亿元，其中租赁收入2.4亿元，股权投资收益5.5亿元，资金运作收入9.1亿元。

2013年，资金管理中心成员单位由年初的25户增加为30户，支付资金利息0.97亿元。

2014年，财务管理部在1—11月累计实现资金运作收益6.41亿元，其中资金管理中心收益3.34亿元，其他业务收益3.07亿元，发挥资金集中优势。同时，累计向成员单位支付资金利息1.96亿元，内部结算收益率5.895%，在确保资金安全前提下，为直属企业创造资金收益。

2015年，财务管理部在1—10月实现资金运作收益5.7亿元。同时，向直属企业支付资金利息1.88亿元。

2016年，财务管理部实现资金运作收益8亿元，包括资金管理中心收益3.8亿元、委托贷款收益2亿元、存款收益1.6亿元等，通过盘活经营性资产、调度内部资金余缺等方式，既控制风险，又实现资金增值收益。

2017 年，久事集团总部发挥资金集中优势，实现运作收益 6 亿元，包括委贷收益 4 亿元、存款收益 1.5 亿元、国债回购收益 0.5 亿元等。巴士、交投、申铁等直属企业通过间隙资金参与资金管理中心集中运作，取得收益 1.5 亿元，有效提升公益性企业的稳增长和可持续发展。

三、资金调度支持

2002 年，根据久事要求，财务管理部积极探索资金管理中心机制，形成《资金管理中心实施方案》，明确工作定位、组织机构、工作职责及工作流程。3 月 27 日，资金管理中心成立，投入运营。

2002 年 1—11 月，资金管理中心累计调度安排资金 95 亿元，其中安排银行贷款 45.65 亿元，安排申通资本金 27 亿元，调度内部项目久事资金 22.29 亿元。

2005 年，资金管理中心完成财力资金拨付 42 亿元，国债转贷还本 0.54 亿元，支付利息 0.28 亿元。内部调入资金 58.42 亿元，调出资金 52.85 亿元，办理成员企业利息结算 3.71 亿元。由于人民银行加息，国开行贷款全部到位等因素，资金占用费率从年初的 4.6%逐步增加到 4.7%，上存资金收益率 4.59%。

2005 年，资金管理中心调度范围新增三家下属企业，调度资金 20 亿元，办理利息结算 3.01 亿元，资金占用费率从 4.7%调整到 4.81%，平均资金收益水平达到 4.61%。

2006 年，资金管理中心调度范围新增三家下属企业。资金中心利率尝试分类管理，根据项目性质，分别执行市场化利率和优惠利率，全年调度资金 12 亿元，办理利息结算 3.2 亿元。

2011 年，财务管理部通过实施资金管理制度，加强所属单位资金余额管理，促进所属企业将大于存款限额以上的资金上存久事资金中心；截至 11 月底，直属企业上存资金余额为 22 亿元，比年初增加 9.5 亿元。

2011 年，财务管理部积极给予直属企业资金支持，对巴士公交增资 3 亿元、借款 17.2 亿元，对集装箱中心站增资 4.46 亿元，委贷 0.8 亿元支持浦东铁路的资金需求，支持置业公司拍地保证金和地块开发储备委贷 5.65 亿元，支持强生集团临时资金需求 2.5 亿元等。

2011 年，根据市国资委《关于加强市国资委出资企业资金管理的意见》，财务管理部全力推进《上海久事公司资金管理办法》的制度落实，主要工作包括：再一次登记上报直属企业银行开户状况，实施新开银行账户上级公司审核制，对不再使用的银行账户及时清理销户，并实行上报备案；扩大资金中心成员范围，吸收巴士公交、强生集团为资金中心成员单位，达到资金中心成员企业在直属企业全覆盖的目标；实施直属企业月末资金余额控制，对存款余额大于规定的，实施企业申请审批；实施资金集中管理，对大于限额的，均要求资金上存久事资金中心，资金集中度达 87%；开展银企直联，监督资金运行情况，银企直联银行由 4 家增加到 6 家，账户监控数率达 70%，资金流通量率达 85%；开展加强资金集中管理，进行久事财务公司专题研究，经过多次调研、分析，形成专题报告，并与市国资委、银监局沟通，提出设立财务公司设想。

2012 年 7 月 31 日，久事召开办公会议决定，成立由张惠民为组长，俞北华、张新玫为副组长，财务管理部、综合发展部、资产经营部和法律事务部共同组成的财务公司筹备工作小组，启动开展此项工作。

2013 年，按照对外应对宏观调控、对内积极降本增效"两结合"和安全性、流动性及收益性"三统一"原则，财务管理部及时进行资金调度，平衡成员企业资金余缺，1—11 月累计调度 257 亿元，支持各成员单位有效发挥资金调度功能。

2014年，财务管理部根据直属企业资金需求进行统筹平衡，1—11月调度资金296.86亿元，其中通过委托贷款调度52.36亿元，通过资金管理中心调度239.5亿元，利用平安保险资金调度5亿元等。

2014年，久事为强生控股发行4.25亿元短期融资券提供担保，使强生控股信用等级从AA+级提升至AAA级，并降低其0.3%的融资成本；此外，久事为上赛场9.5亿元贷款提供担保，为交投公司向交通卡公司委托贷款融资2亿元提供担保，充分体现集团效益最大化。

2015年1—10月，资金管理中心调度资金超过177亿元，全力保障成员单位资金需求，实现久事集团资金总体平衡。财务管理部为强生控股发行5亿元短期融资券提供担保，为交投公司7亿元委托贷款提供担保。

2016年，资金管理中心全年累计调度资金超过200亿元，全力保障直属企业资金需求，确保久事集团资金总体平衡，也为集团各产业板块深化改革提供有力支持。

2016年，财务管理部统筹协调各直属企业开展外部筹融资工作，对强生控股发行短期融资券提供担保，为强生出租改革提供10亿元低成本资金支持，为交投公司向交通卡公司7亿元委托贷款提供担保，协助上赛场公司研究新一轮中长期融资方案，持续跟踪旧区改造相关政策。

2017年，为保障各产业板块深化改革工作，久事集团总部通过统筹平衡集团内部融资、直属企业外部融资方式，向强生出租提供10亿元低息委贷，向体育集团东亚商户清退和奥宾员工安置提供1.5亿元低息资金，向新联谊公司186地块项目提供7.2亿元委贷支持，为交投公司向交通卡公司7亿元委贷提供担保，协助置业公司制订旧区改造土地资金申请计划，跟踪交通卡公司沉淀资金管理办法修订等。

第三节　税务管理

久事公司自成立至2017年，经历过3个不同的主管税务机关，分别是上海市税务局四分局、上海市税务局三分局和上海市黄浦区税务局，从2011年4月1日起由黄浦区税务局负责税收征管。其中，流转税税种在“九四专项”期间为免税，“九四专项”后至2016年4月30日对房产租赁收入征收营业税(5%)，2016年5月1日后征收增值税(对房产租赁收入按5%的税率简易征收)。

按照财政部、国家税务总局《关于全面推开营业税改征增值税试点的通知》的精神，自2016年5月1日始，久事集团总部纳入“营改增”范围。根据《关于全面推开营业税改征增值税试点的通知》规定征收范围，集团总部涉及“营改增”主要业务是房产租赁、委托贷款和股票市值管理。

第四节　会计核算

1995年，按照久事对现有资产进行“盘整、盘活、盘实”要求，计划财务部结合收回借出款开展大量账务和资料核实工作，完成5家破产企业欠款和58户结算账户会计账务处理工作。

1995年，计划财务部积极指导帮助各子公司财会工作，多次召开多种形式财会人员会议和工作交流活动，两个子公司电算化工作正式启动。

1996年，计划财务部围绕会计处理的准确性、规范化，会计信息的有效性、及时性等方面广泛开展讨论，找出会计账册不全、会计业务处理不清晰、会计工作规范性不够等差距与不足，提出合理化建议20多条。同时在上海财经大学协助下，设计计划财务部工作流程和岗位规范，明确工作内容、工作秩序、内控要求,使工作有章可循,管理更为规范。

1996年,计划财务部在全久事开展会计基础工作检查,发现置业公司成本核算制度缺乏、利息处理不妥,久事大厦需要建立项目成本核算制度等问题,使财会管理改进有努力方向。另外,计划财务部积极帮助下属公司处理自身难以解决的问题,帮助久事大厦制定切合实际又反映基本建设特点的工程项目成本核算制度。

1997年,计划财务部根据工业企业会计制度和久事特点,制定一、二、三级科目作为久事会计核算基本依据,取消一些不规范或长期有争议的会计科目,进一步完善会计制度。同时,采用"用友"会计软件取代不合格的"金蜘蛛"软件,增强核算能力。

2002年,财政部颁布新企业会计制度,久事借着企业债券上市机会,进行会计制度彻底接轨工作。新企业会计制度主要突破有:在久事范围内实施合并会计报表,为久事集团化管理打下基础;权益法核算代替成本法;实施规范政策性核算;完善证券、房产等经营业务核算;理清各类资产,做好核销工作。是年久事两次进行全面资产清理工作,上半年对应收债权部分作核销工作,经过事务所审核、市财税局审批,获准核销3 400万元,解决长期留在久事账面上不实资产的问题。

2005年,根据《投资企业会计核算办法》有关规定,财务管理部从久事、国资管理、控股公司管理三个层次深入研究该办法对久事财务状况、控股公司管理和国资管理的影响,拟订实施方案,并在上半年度调整会计科目、报表。

2010年,市审计局对久事开展经济责任审计,对久事及下属企业一些会计处理业务提出整改建议,财务管理部以此为契机,加强会计核算管理,积极整改处理提出的相关问题。其次,推进成本规制,在交港局推行公交成本规制基础上,帮助指导各下属企业规范会计核算,如出租企业成本规制、公交场站成本规制等。

2012年,财务管理部积极支持业务部门的强生资产重组、宝隆股权划转、磁浮重组等重大事项,及时与业务部门和会计师事务所沟通,确定合适的会计处理原则,完成年度决算平衡工作,并有效开展指导下属公司财务工作。

2012年,财务管理部按照市交港局有关规定,对使用市级财力和公交资金建设、维护项目,开展财务监理选聘工作,评聘交投公司和置业公司所属约24个项目,并对有关项目及时申请财政资金,累计申请资金6.9亿元。

2012年,财务管理部按照经济责任审计整改要求,加强资产损失核销管理,对久事资产损失核销制度建设、申报范围、审批流程和实际执行等有关情况进行梳理,集中审核巴士公交、旅游卡公司等4家公司1 024.91万元损失核销申报。

第五节　委派管理

2002年,财务管理部在原有财务集中管理基础上,进一步理顺财务管理流程,实施对两个子公司财务主管委派。同时,建立财务主管委派办法,制定财务主管工作职责,明确子公司财务管理权限,并尝试推行财务主管与子公司总经理联签制。

2006年,财务管理部向控股公司委派两名财务负责人,配合人力资源部研究完善财务负责人委派的薪酬、考核等方案。财务管理部以委派财务负责人为抓手,逐步推进集团化财务管理,依托委派财务负责人对申铁公司所属的浦东铁路、集装箱中心站两个项目建成后的经济效益进行初步测算;针对公交场站项目投资,积极申请建设交通委政策资金,研究拟定公交城建资金的制度,规范城建资金的管理；协助置业公司完成空军预备役项目财务制度设计、资金控制和会计处理。

2007 年，财务管理部进一步完善财务负责人工作例会机制和重大事项上报制度，例会参加范围从已委派财务负责人企业扩大到全部二级企业（不含锦江航运公司）。通过这种工作机制，定期交流汇报控股公司财务管理情况，学习《企业财务通则》《企业所得税法》等新的财务、税收法规。此外，新增委派土地储备项目公司财务负责人一名。

2010 年，财务管理部完成对强生公司财务负责人委派，实现直属企业的全覆盖。

2012 年，按照久事“财务负责人在同一控股公司的任期原则上最长不超过三年”的规定，结合工作需要和具体情况，久事委派财务负责人岗位调整交流人员 3 名。为满足久事有关业务板块整合、组建财务公司等需要，打造一支专业素质高、年龄结构合理的财务管理人员队伍，久事从下属企业引进财务人员 4 名，探索建立高层次财务人员内部选拔与外部引进相结合的用人机制，财务岗位分工和内部控制得以全面落实，为久事财务管理向精细化转型奠定坚实基础。

2017 年，财务管理部继续强化委派财务负责人一岗双责制，通过联签制度确保资金安全，防范经营风险。通过财务例会的问题自查、内控审计专项检查、监事会的财务督查，认真开展财务管理工作查漏补缺，按照一级对一级层层监督的原则，重点检查是否存在库存现金与保险箱管理不善、私设小金库、违规投放闲置资金等基础性内控问题，开展年度履职待遇和四项敏感费用自查自纠工作，并针对管理薄弱环节，及时完善管控机制。同时，要求通过财务委派实施一级管一级定期重大事项报告制度，及时反映下级企业经营问题，有效控制财务风险。

经统计，截至 2017 年三季度末，久事集团范围（不含申通）财务人员 532 人，男女比例约为 1∶2，其中：从政治面貌分析，党员 182 人，约占 35%；从年龄结构分析，以 40 岁为分界线，前后约各占 50%，2 年内将退休 28 人，约占 5%；从职业能力分析，拥有会计师以上职称有 130 人，约占 25%。按照久事集团加强干部和人才队伍建设总体意见，通过多措并举加快人才队伍建设：通过社会招聘为总部引进 2 名财务专业年轻员工，并协助直属企业开展财务人员招聘，完成新老交替，为队伍补充新鲜血液；通过岗位交流，培养复合型人员，为久事改革发展输送人才；结合财务人员结构现状分析，配合人事部研究以岗位价值评估促进员工职业发展方案及实施计划。

第六节　资 信 等 级

2002 年，久事委托大公国际资信评估公司，对久事及债券作全面评估。其中，财务管理部提供并解释轨道交通情况、久事经营状况以及历史的财务资料，重点对收购收益权技术问题作专项探讨。最后，协助大公国际资信评估公司完成资信评估报告，该次评估评定久事为 AAA 级。

2005—2006 年，久事连续被评为 A 类财务会计信用等级、A 类纳税信用等级、AAA－贷款信用等级。

2007 年，久事保持 AAA－公司信用评级、A 类财务会计信用等级、A 级纳税信用等级。

2010—2017 年，久事资信、债券和中票信用评级始终保持最高 AAA 级，财务会计信用始终保持最高 A 类，纳税信用始终保持最高 A 级。

第七节　财 务 信 息 化

1995 年，计划财务部在上半年试运行“金蜘蛛”软件，8 月，申报会计电算化项目，通过市财政局评审验收。

1997年,计划财务部采用“用友”会计软件取代不合格的“金蜘蛛”软件,增强核算能力,辅以新设置的会计科目,为按业务性质分类开展辅助核算和分析工作打下基础。

1999年,计划财务部试点运用电子收付款完成部分资金拨付工作。

2007年,财务管理部以财务信息平台设计为指导,结合久事新OA系统建设,做好所属企业主要财务指标、资金收支周报、费用开支、对外担保等重大财务信息汇总集中,为下一步建设统一信息平台打下良好基础。

根据集团化财务管理需要和“制度加科技”提高管理信息化水平要求,久事财务信息化项目于2007年提出,2008年启动,2009年NC会计核算系统上线运行,2010年上线企业会计信息上输、预算管理、银企直联等。

2011年,久事构建统一的财务管理信息系统,运用BQ商务智能工具,按报表分析、资金管理、预算管理、财务预警四大板块进行分析,为久事管理决策提供信息支持。

2012年8月,久事财务管理信息系统分析报告模块上线,这标志着财务系统总体框架成功搭建完毕,初步实现第一阶段系统建设目标,即会计核算模块、资金管理模块、预算管理模块、财务分析模块。根据集团下属公司的现状,对业务单一、层级简单的公司,采用财务信息系统集中式,即所有信息集中到集团系统平台;截至2013年年底,有75%的公司实现集中式。对业务复杂、层级较多的集团式管理的公司,采用财务信息系统分部式,即二级公司的信息集中,其他按股权关系分级管理,截至2013年年底,有25%的公司实现分部式。

2015年,久事集团协助下属巴士集团等直属企业开发各自分布式财务系统。

2016年,财务管理部配合信息管理部实施久事集团协同平台项目,进行系统服务器硬件更新及财务数据迁移。该次升级不但考虑现有财务信息系统稳定运行参数配置要求,也兼顾未来久事统一信息化平台中财务信息系统进一步升级所需硬件条件,为充分发挥信息化对集团化管理的支撑作用提供有力支持。

第四章　审 计 管 理

第一节　经济责任审计

1995 年，审计监察室扩大审计种类，增加离任经济责任审计，完成离任审计 2 次。

1998 年，审计监察室完成 1 次离任经济责任审计。

2000 年，审计室完成对外滩房屋置换公司、久信公司经营者的离任经济责任审计。

2003 年，审计监察室组织实施并完成申通集团杨浦线、莘闵线、宝山线、明珠线一期经营者离任经济责任审计。

2006 年，审计监察部用内审、外审相结合形式，利用会计事务所资源参与对 5 家公交企业的绩效考核，完成控股成员企业经济责任审计，向上海久事公司考核小组提交绩效考核审计报告。

2008 年，审计监察部完成经济责任审计 7 项。

2009 年，审计监察部学习贯彻《上海市单位内部管理的领导干部（人员）任期经济责任审计实施办法》，开展经济责任审计 9 项，推动企业干部评价科学化，起到预防腐败的作用。同时，以经济责任审计为突破，推进内审转型，强化审计在绩效考评中的基础功能。

2010 年，久事各级内部审计部门共完成经济责任审计、绩效考核审计 47 项。

2011 年，审计监察部完成内管领导人员经济责任审计和指标考核审计 99 项，占 2011 年审计项目的 36%，并对 3 家企业内管领导人员进行经济责任审计，关注任期内企业所取得各项经营业绩，并从重大经营方针、法规政策、风险防范、内部控制、流程管理等多方面审查执行过程情况，加强合规性审核、合理性监督，促进企业可持续发展。

2012 年，根据市国资委经济责任审计三年计划要求，按照上海市五部委联合下发的经济责任审计要求和市国资委下发的实施办法，审计工作部开展 5 家直属企业领导人员经济责任审计工作，制定《上海久事公司经济责任审计工作手册》，规定按审计目的分类，明确、统一相关审计程序，提高审计质量。另外，从四个方面创新工作方法：通过邀标评选方式选择会计师事务所与内审人员进行联合审计；针对被审计企业风险控制点，有重点地制订审计计划，审计关注重点根据企业实际情况适当延伸，例如对申铁公司经济责任审计时关注企业资金运作效益及安全情况，对巴士出租公司审计时关注出租行业性政策对企业经营影响等，注重针对被审计单位实际情况提出相应审计建议；运用“两个一”有效方法，由一名主审对口一家审计事务所，执行、沟通、协调审计工作，促进高效完成审计工作；通过“三个一”沟通方式，即一周一次例会、一份审计小结，实时沟通进度和问题，引入审计软件并组织审计软件应用业务培训，提高审计工作效率。

2013 年，审计工作部完成第一轮“三年轮审”工作。同时，开展经济责任审计培训，提高审计服务水平。

2014 年，审计工作部启动新一轮经济责任审计全覆盖“三年轮审”。

2015 年，在总结第一轮经济责任审计工作经验基础上，审计事务部开展第二轮直属企业领导干部任期经济责任审计，久事集团年内共完成 23 项经济责任审计；在风险管控委员会指导下，久事集团编制 2015—2017 年集团经济责任审计三年规划，统筹规划后两年经济责任审计项目，为规范经济责任审计及干部管理提供依据。

2016年，在经济责任审计联席会议指导下，审计事务部开展内管干部经济责任审计，在久事集团范围内共完成30项内管干部经济责任审计。

2017年，按照干部管理权限，结合企业实际情况，久事集团范围内完成39项经济责任审计，加强对集团内部领导人员管理和监督。

第二节 专项审计

1995年，审计监察室完成4项财务收支审计，分别对久青房地产开发经营公司、久事置业公司、久茂对外贸易公司、久事浦东公司等四家公司财务状况进行审计，加强对子公司审计监督，揭示经营与财务管理中的问题，促使其改进。

1996年，审计监察室开展财务收支审计2项，对久事置业公司和久青房地产开发经营公司1995年度财务收支状况以及财务管理制度执行情况进行审计。

1998年2月中旬至3月中旬，审计监察室对久事大厦工程合同及工程成本列支情况进行审计，对加强经济合同管理、节约开支、减少大厦建设资金起到推动作用。3月中旬至4月中旬，对计划财务部1996年开展短期融资业务情况进行审计，对久事1996年度开展短期融资情况真实性、合法性进行了解，对改善财务管理，提高员工合法经营意识，规避金融风险，搞好廉政建设起到促进作用。10月下旬至11月中旬，对久事置业公司和久青房地产开发经营公司1997年度和1998年度1月至8月财务状况和资产质量进行审计。11月下旬至12月中旬，对久事浦东公司和久茂公司1997年下半年和1998年1月至10月利润构成、资产质量进行审计。1998年，对置业公司(含久青)和浦东公司(含久茂)1997年下半年和1998年上半年业务招待费使用情况进行审计。

2001年，审计室对16家单位开展10项专题审计，其中主要包括外滩置换开发公司经营者离任审计、久事计划财务部资金运作情况审计、基金部证券投资效益等审计、浦东公司(含原久茂公司和销售中心)资产清理情况后续审计。

2002年，审计室开展7项专项审计，具体项目如下：2001年度资金运作效益审计，浦东公司资产清理情况跟踪审计，物业公司及置友物业2001年度预算执行及财务收支审计，置业公司、置换开发公司及久青公司、久怡物业公司2001年财务预算执行情况及资产状况审计，久事财务会计基础工作情况审计调查，2002年度地铁运营成本费用计划审计分析，2001年度资金运作情况审计调查。

2003年，审计监察室组织开展4项专项审计：对久事本部、申通集团(项目公司)、申铁公司南站广场、赛车场有限公司等5个单位12个项目的2002年度预算执行及完成情况、2003年度上半年预算执行情况和全面预算管理情况进行审计调查，对久事证券投资部2002年度证券投资收益和2003年上半年证券投资收益进行审计，对地铁营运公司股东进行审计，对久事2001—2002年度国有产权转让及股东出资到位情况进行检查和监督。

2004年，审计监察部主要开展预算管理和执行情况审计、投资资金审计这2项专项审计。在预算管理和执行情况审计工作中，审计监察部完成久事本部和子公司(置业公司、久事大厦公司、久青公司)、申通集团及项目公司(2号线西延伸、1号线北延伸、3号线及北延伸、4号线、5号线、7号线、8号线、9号线和磁悬浮公司等12个项目公司)、国际赛车场、南站广场、申铁公司等26个预算单位的2003年预算管理与执行情况审计和2004年上半年预算执行情况跟踪。审计结果表明久事本部和各部门、各控股公司2003年预算执行情况良好，全面预算管理基础工作有所提高。

2007年，审计监察部对上海巴士实业（集团）股份有限公司、上海公共交通卡股份有限公司开展财务收支审计。为摸清上海巴士实业（集团）股份有限公司情况，为集团化管理提供支撑，审计监察部审计巴士集团本部在内的5家单位，延伸审计15家企业，历时5个月，出具1份主题审计报告、3份专题审计报告、7份内部工作报告，从六方面指出33个问题，提出审计建议23条。

2010年，审计监察部完成专题审计48项。其中，审计监察部对上海强生集团开展自其加盟以来首次大范围内部审计，以2005年7月到2009年年底上海强生集团投融资、资产经营等九方面情况为审计重点，覆盖上海强生集团所属客运、房产、汽车服务、综合贸易等四大业务板块的71家企业。该次上海强生集团财务收支审计形成64份内部审计小结，提交7份内部审计报告，提出审计意见24条，涉及资产收购处置、风险管理、制度建设、税务处理等各方面，全面梳理上海强生集团2005年7月到2009年年底的主要经营状况。

2016年，久事集团审计部门完成各类专项审计54项，其中集团总部完成12项，出具专项报告12项。尽职调查是2016年内审工作转型发展一次重要尝试，它采用审计方式现场访谈、查阅资料和整理分析等手段，着重摸清家底，揭示现状和问题，实现以“问题导向”推进企业改革，体现内审价值和作用。上半年，审计监察部对东亚（集团）及所属东亚体育文化中心等3家企业、市体育局委托管理2家事业单位开展尽职调查，重点对企业和事业单位“领导人员薪酬”“治理管控”“投资经营”“合同管理”及“制度建设”等五方面进行梳理，完成专项报告2份，揭示问题24项。下半年，对上海奥林匹克俱乐部、上海上体实业发展有限公司、上海体育场地建设开发有限公司和上海体育实业有限公司等4家企业开展尽职调查，完成专项报告1份，揭示问题21项。

10月中旬，根据久事集团工作部署，推进服务类采购项目制度化建设，审计事务部开展项目招标比选专项调查，分别对下属二级企业巴士集团、交投集团、久事置业、上赛场公司、久事赛事、东亚集团2015年度、2016年1—9月项目招标比选情况进行专项调查。

2016年，根据久事集团颁布的《关于深化推进公务用车改革和管理的实施意见》和《关于合理确定并严格规范领导人员履职待遇和业务支出管理的实施细则》，结合集团党委加强党风廉政建设要求，审计事务部及时开展11家直属企业“1＋2”专项检查。

2017年3月，根据上海国资委审计监督处年初下发的《审计工作要点》相关工作要求，审计事务部制订土地集中管理审计工作方案，4—7月组织各直属企业开展自查，8月份开展重点检查。根据市国资委审计监督处年初下发的《审计工作要点》要求，2017年审计事务部根据久事集团公共服务类企业特点，选取集团风险管控清单中“铁路建设使用政府财政资金”和“久事置业公司楼宇租赁业务”两个流程，开展内控测试专项审计。

第三节　审　计　调　查

1995年，审计监察室开展审计调查1项，出具《关于1995年5月份市审计局审计意见我司整改情况的审计调查报告》。

2003年，审计监察室开展审计调查4项，深入久事及成员企业，对申通集团有关项目公司、南站广场等企业开展审计调研，初步了解成员企业经营运转、企业各项制度建设、投融资及财务状况等，为具体落实集团化审计监督办法打下基础。

2004年，审计监察部主要完成轨道交通工程审价情况审计调查，对基础设施、实业投资、房产投资经营专项审计调查和轨道交通五条线路（1、2、3、5号线及磁浮线路）运营收支开展审计调查。

2009 年,审计监察部开展审计调查 9 项,主要包括:公交场站财务收支管理、公交运营企业成本规制、F1 大奖赛赛事经营、ATP 网球大师杯赛赛事经营、2010 年上海世博会特许商品经营、楼宇租金收入、新联谊大厦建设、外滩 1 号和 27 号楼宇修缮改造。针对公交场站财务收支管理调查,审计监察部对交投集团 2006—2008 年度财务收支情况进行审计,对对外投资、场站建设、场站管理、信息科技等四大业务板块经营管理情况进行调查,审计延伸至下属场站管理公司、现代交通、交通建设、信息科技等 7 家企业。

2010 年,根据市国资委要求,审计监察部对久事国有土地存量、位置、性质、土地上的建筑物情况开展专项调查。下属各单位基本做到全面覆盖、全程跟进监督检查。

2011 年,审计监察部完成专项审计调研 83 项,占 2011 年审计项目的 30%。

同时,开展资金集中管理专项调研,梳理资金集中管理开展和推进情况。调研发现,各直属企业制定 46 项公司资金管理相关制度,公司系统开设银行账户 802 户,其中基本户 138 户、一般户 410 户、专户 106 户、贷款户 148 户,无临时户,已销户 151 户。符合上存要求的成员企业最高资金归集率超过 90%。

此外,审计监察部结合市纪委、市国资委"制度+科技"文件精神,从久事经营特点出发,配合监事会对上海巴士物资采购管理有限公司以及上海强生集团汽车修理有限公司物资采购业务开展情况进行审计调研。

11 月 10 日起,审计监察部开展世博专项审计调研。调研范围是久事及直属企业为世博实施的各类项目,久事及直属企业中共有 8 家公司涉及世博项目,主要集中在巴士、交投、置业,执行世博相关项目 67 项,主要为更新车辆、基础设施项目更新改造、世博特许商品销售等,投入资金约 46 亿元。审计报告认为久事及直属企业能够充分发挥主观能动性,认真落实、较好地完成相关世博项目。世博期间久事系统共更新世博车辆 3 097 辆,运送公交乘客 1.51 亿人次;出售世博特许商品 6 000 余种,近 400 万件;执行基础设施建设及改造项目约 27 项。在相关资金筹措使用、项目投资控制以及进展上,能够较好地按照前期计划实施。

2012 年,根据公交行业"成本规制"要求,巴士集团内审机构开展对公里数、油耗、特约车等使用情况专项调查,出具 26 份专项调查报告。

第四节 建设项目审计

2002 年,根据年度审计计划,审计室对久事大厦项目投资、建设、管理情况进行审计,对相关问题作出客观评价,包括实际投资成本结构变动较大,工期延长增加投资成本,建设期管理制度不够完善,内控和监管不够严格,没有充分发挥资本金和法人治理作用等,并对做好大厦建设收尾、办好验收移交工作、继续控制投资、监理审计分开等提出建议。

2003 年,为加强项目投资控制,推进项目投资管理,审计监察室按计划对共和新路高架和明珠线二期工程进行项目审计。

2006 年,审计监察部深入下属企业和项目现场,积极探索新情况下工程项目建设事中审计和审计快报新思路新方法。审计部对九江路 60 号装修和赛车场综合开发区进行事中审计,对全锦赛和摩托 GP 以出具审计快报形式,及时披露信息。

2004 年 4 月,上海国际赛车场投入使用,上海国际赛车场有限公司项目建设管理较混乱,建设资料间缺乏逻辑对应关系,影响项目决算开展。2007 年 10 月 23 日,审计监察部开展上海国际赛车场项目综合审计。虽然该项目于2004年4月开始投入使用，已进行4次F1赛事，但赛车场项目决算工作实际并没有展开，项目不具备可以决算审计的条件。对此，审计监察部主动用审计促进项目决算开展，使项目决算为审计创造条件，在审计建议下，上海国际赛车场公司在2007年11月17日成立项目决算工作小组，正式开始项目决算工作。其次，根据赛车场公司项目管理实际情况，审计监察部主动对项目决算在专业上给予指导和帮助，提出决算工作从“还原过程，建立项目和资产清单”“根据清单实施资料归集”“实施资产盘点”“编制决算报告”“编制决算说明和决算分析”五个方面循序展开。再次，根据赛车场公司决算中的资料整理和完善情况，审计监察部主动承担起质量的把关者这一角色，及时发现、提出问题并给予具体指导建议。在决算过程中，审计监察部持续跟踪并进行必要的审计检查，包括逻辑检查分析、项目抽查和重点项目造价复审。2009年，赛车场项目竣工决算审计工作完成。

2009年，审计监察部紧紧围绕久事“一三二二”战略目标，展开各项工作，按照年度审计工作计划确定的指导思想与具体任务，不断加强审计监督力度，提高审计监督深度和广度，实施审计项目15项，包括经济责任审计5项、专题审计调查10项。完成审计项目14项，出具审计报告14篇，提出各类审计整改建议38条。

2009年，审计监察部还开展对交投集团“十一五”公交场站建设、申铁公司京沪高铁和沪宁城际铁路等项目投融资情况审计调查，通过调查反映实际情况，揭示投融资管理中存在的各种控制弱点和管理风险。

第五节　接受上级审计

1997年5月29日—8月25日，上海市审计局对久事1995年度、1996年度财务收支和经营情况进行审计，该次审计范围是久事本部和久事置业公司、久事浦东公司、久事大厦有限公司3家全资子公司以及有关投资单位，审计内容是资产负债和损益的真实性、资产质量情况、企业经营和财务管理以及内部控制制度执行情况。

2005年，上海市审计局对久事及其延伸企业（上海国际赛车场有限公司、上海申铁投资有限公司、久事置业公司）实施国有企业领导人员经济责任审计。

2011年，上海市审计局对久事公司开展经济责任审计。久事于4月18日顺利通过市审计局、市国资委组织的审计整改验收工作，在11月顺利完成市国资委审计整改“回头看”的抽查调研工作，到12月底全面完成审计整改工作。

2015年，上海市审计局对久事集团原总经理开展经济责任审计。

第六节　指标考核审计

2009年，审计监察部对久事赛事公司、赛车场公司、置业公司进行年度指标考核审计，委托事务所对交投、巴士、强生3家企业进行指标考核审计，审计部派员跟踪。同时，审计监察部也提议将审计整改建议落实情况作为直属企业年度指标考核审计评分指标。

2010年，审计监察部对久事赛事公司2009年度经营者绩效考核指标中经营效益指标的完成情况进行审计。

2011年2月下旬起，审计监察部对上海国际赛车场有限公司本部在2010年度经营者绩效考核指标中有关经济指标的完成情况进行审计。

2013 年,审计工作部对 9 家直属企业 2012 年度经营者绩效考核指标中经济指标的完成情况进行审计。

2014 年,审计工作部对 9 家直属企业外加原强生集团 2013 年度经营者绩效考核指标中经济指标完成情况进行审计。

2015 年,久事集团范围内共实施 54 家企业绩效考核审计,其中审计事务部对 9 家直属企业 2014 年度经营者绩效考核经济指标完成情况进行审计,并提出管理建议,下属交投集团、强生控股和置业公司共实施 45 家企业绩效考核审计,做到审计范围基本全覆盖。

2016 年,根据下达的 2015 年度经营者责任考核书上的经济指标,久事集团完成各类企业经济指标考核审计报告 50 个。

2017 年,根据久事集团《2017 年度审计计划》及《久事集团直属企业 2016 年度考核工作的通知》等相关要求,审计事务部对久事赛事、强生控股、申铁投资、公交卡、新联谊等 6 家直属企业 2016 年度部分经营指标完成情况进行审计。

第七节　审计日常管理

从 1995 年开始,审计监察室每年都会制订内部审计实施工作计划。

1995 年,制定上海久事公司内部审计工作岗位规范。

1996 年,审计监察室根据《中华人民共和国审计法》和《上海市企业内部审计制度规定》,结合久事下达的责任考核书,制定审计监察室工作职责。

1997 年,审计监察室根据市政府关于国有企业实行内部审计的规定,对久事原有内部审计工作暂行规定进行修订。同时,根据中央《关于进一步加强和改进国有企业的党的建设工作的通知》《中国共产党党员领导干部廉洁从政若干准则(试行)》等规定,将久事关于领导干部廉洁自律各项规定系列化,修订成一套规定。

2000 年,审计部理顺并明确内部审计工作指导思想,创新提出"两个转变"与"四个坚持"。"两个转变"即把以事后审计为主转向事前、事中、事后全过程审计,把以查账为主转向为久事经营决策服务;"四个坚持"即以久事各业务部门(子公司)财务预算审计为主线,以提高久事经济效益为审计核心,以防范风险、加强内部控制制度审计为重点,以加强经营活动监督和改善提高服务为宗旨。

2002 年,审计室完成 13 个审计项目,研究制定《上海久事公司控股成员企业内部管理暂行条例》,并 4 次组织控股成员企业财务、审计人员开展交流活动。

2003 年,久事组建审计监察中心,整合审计资源,实行集中办公、专业化管理,明确员工岗位职责,确立每周一次专题学习和工作例会制度,加强对久事控股成员企业监督服务。审计监察中心制定内部审计制度 2 项,完成专项审计工作报告 21 份、审计调查 4 项,发布审计动态、参考建议 38 篇。审计监察中心采用外部参加社会培训和内部集中培训相结合的方式,有针对性地学习《国际内部审计实务标准》《中国内部审计准则》《企业会计准则》等内容,不断提高审计人员业务素质和审计工作质量。

2004 年,审计监察部审计久事本部、直属企业(置业公司、大厦公司、久青公司)、上海申通集团有限公司及项目公司(2 号线西延伸、1 号线北延伸、3 号线及北延伸、4 号线、5 号线、7 号线、8 号线、9 号线、磁浮公司等 12 家项目公司)、南站广场、上海国际赛车场有限公司、申铁公司等 26 家单位 2003 年预算管理和执行情况、2004 年上半年预算执行情况。审计监察部在信息部支持下建立审计专栏网，试行审计公示，刊登 23 条审计信息、8 条审计公示、17 篇审计报告，公布久事及控股企业经营管理、项目建设动态，保障员工对审计知情权，有利于督促被审计单位及时整改。

2004 年 3 月上旬，审计监察部下发《上海久事公司及其控股公司聘请社会中介机构审计的有关规定》，明确久事审计监察部统一协调久事及其控股公司政府审计、社会审计工作。

2005 年，审计监察部完成 16 个审计项目，审计 14 家单位，涉及审计总额 419 亿元(注册资金)，发现问题并提出整改建议 27 条，落实整改 26 条。

2006 年，审计监察部完成 16 个审计项目，查阅账册 996 卷，出具审计报告 16 份，提出审计建议 40 条，查出违规金额 2 亿元，账外资金 1.03 亿元。

2007 年，久事及其直属企业、控股成员企业审计部门合计完成审计项目 238 项，含财务审计 88 项、经济责任审计 119 项、专项审计 8 项、其他审计 3 项，提出审计整改建议 251 条。其中，久事本部审计监察部完成审计项目 10 项，含经济责任审计 6 项、财务收支审计 2 项、专项审计 2 项，出具审计报告 10 篇、专题审计调查报告 3 篇，提出审计整改建议 52 条。

2008 年，审计监察部完成 14 项审计项目，含 7 项经济责任审计、7 项专题调查和专项审计，出具 10 份审计报告、13 份专题审计调查报告，提出审计整改建议 70 条。

2010 年，审计监察部围绕久事“一三二二”战略目标开展工作，以加强内部控制和风险管理为主线，完成 180 个审计项目，提出审计建议 200 条。审计监察部撰写《风险管理一百问》，促进内部审计向加强内部控制、风险管理转型。

2010 年，在久事内开展“审计质量月”活动，进行内审质量评估，完善审计计划、审计底稿等审计实务培训，提高实务水平。

2012 年度，久事及所属企业审计机构共实施审计项目 225 个，其中，经济责任审计 109 项，内控审计 1 项，财务收支审计 15 项，专项审计 93 项，基建审计 7 项，为企业节约成本 340 万元，共提出审计建议 284 条。

审计工作部在形成《上海久事公司内部审计工作手册(初稿)》的基础上，从重点工作出发，完成《上海久事公司经济责任审计工作手册(定稿)》。根据市国资委年初工作要求，结合久事内部审计工作特点，研究制定《上海久事公司内部审计质量评估工作手册》。

2013 年，久事系统内部审计共开展 195 个项目，其中本部 15 个，包括委派中介机构执行项目 5 个，提出并被采纳的审计建议达 315 条，其中本部 50 条，这有助于强化公司内部控制和风险管理，为久事的可持续发展保驾护航。其中，巴士集团审计部一共完成 93 个审计项目，提出 199 条建议，发现共性问题主要在固定资产管理、特约车管理、场站租赁管理和行车事故管理四方面。强生控股审计部一共完成 53 个审计项目，提出 50 条建议并被采纳，发现共性问题主要在出租板块和修理板块。2013 年，交投审计部一共完成 28 个审计项目，提出 9 条建议并被采纳，发现共性问题主要在企业经营发展、内部管理、资产质量三方面。置业公司审计部一共完成 6 个审计项目，提出 7 条建议，发现主要问题涉及项目管理、内部管理、对外投资三方面。

2014 年，久事总部全年实施审计项目 15 个，提出 66 条审计建议并被采纳，切实发挥保障企业健康运行重要防线作用。

2015 年，久事集团累计完成审计项目 184 个，其中自行实施 147 个、委托 36 个、联合审计 1 个，发现问题 102 个，提出建议 152 条。为贯彻落实国有企业深化改革意见相关精神，审计事务部研究撰写久事集团风险管控中长期规划(2015—2020 年)，计划用 3—5 年时间逐步构建久事集团风险管控体系。

2015年,审计事务部还研究确定总裁办公会下的风险管控委员会工作规则,在风险管控委员会指导下,下半年由审计部门负责组织会议3次,审议和讨论议题11项。

2016年,久事集团完成各类审计项目157个,提出162条建议并被采纳,其中久事集团总部实施审计项目25个,包括经济责任审计项目3个,绩效考核审计项目10个,专项审计12项,审计监督覆盖全部直属企业。

2017年,久事集团设13个内审机构,内审人员40人,其中专职人员占85%。至11月底,久事集团累计完成各类审计项目185个,其中经济责任审计44个,内部控制评审13个,基本建设审计30个,其他专项审计98个,提出采纳建议486条。

审计事务部在2017年上半年完成对下属4家重点直属企业内部控制测评,下半年启动对集团本部以及3家直属企业强生控股、交通卡、体育集团内控测评,梳理问题,提出完善内控体系改进建议和措施。在开展内控测评基础上,研究制订久事内控体系建设5年工作方案,加强顶层设计,梳理形成久事重要领域和关键环节风险管控清单。

第五章　法律事务管理

第一节　重大决策法律保障

对企业重大决策提供法律保障和法律咨询服务是法律事务部的重要工作之一。总法律顾问和法律顾问通过参加决策会议、会签文件以及出具法律意见书等多种形式对重大决策进行法律审核。

1997 年，法律顾问室配合久事的经营管理、债务催讨等工作，加强研究投资参股企业涉及的和“九四专项”遗留下来的债务问题，提交关于丙烯酸厂资本金与总投资比例失调所引发的担保可能产生的法律后果等五份合理化建议。

1998 年，参与明珠线项目融资担保、久事大厦玻璃幕墙工程等项目的谈判工作，为久事重大投资项目的决策提供法律依据。为久事融资事宜、投资企业股权转让和地铁一号线延伸段的产权转让等问题提供法律支持。

1999 年，注意将政策、法律与久事公司规章制度相结合，先后提出健全和完善决策、经营、管理制约机制，保持决策—执行—反馈良性循环运行等建议。

2000 年，对久事及各业务部发生的经济活动主动提前参与，全面了解过程，提供有针对性的法律服务。

2001 年，法律事务部将所接管的 66 家欠款单位累计金额 32 682.07 万元，进行全面认真的梳理，对债权进行分类分析，找出呆滞账产生的原因，并提出具体的对策和建议，供领导决策时参考。

2003 年，法律事务中心依法完成浦东公司的清理和注销工作，共计回收资金 6 562.50 万元。积极配合久事战略性结构调整，参加退出久茂公司、退出钱江大厦项目。全年撰写投资建设领域相关要讯、动态、建议参考等 50 余篇。

2004 年，经久事党政联席会议讨论，决定推行久事公司企业总法律顾问制度并设立总法律顾问，履行参与久事重大经营决策，保证决策的合法性。根据市国资委关于加强企业法制建设的要求，法律事务管理总部在重要的经营活动中通过出具法律意见书，分析法律关系，揭示法律风险，为久事决策提供法律依据。

2005 年，法律事务集团化管理范围辐射到下属大部分控股公司及其所属项目公司。法务参与各类拟投资项目的前期调研、论证工作，提供过程跟踪服务，并出具法律意见书。全年立足为久事的经营活动服务，以评析最新法律法规等方式编辑《新法规》三期，得到市国资委的肯定。就与经营活动中相关的热点问题以建议参考的形式出具调研材料六份。

2006 年，参与久事重大经营决策作为总法律顾问的职能之一，在久事公司章程中予以明确，为总法律顾问行权履职提供制度保障。法律事务部增强工作主动性，推进股东监管和专业延伸服务，参与对股东会、董事会议案的流程管理。参加东风饭店、虹桥枢纽站、资产证券化等项目的谈判、论证，提供相应法律意见。对《公司法》《证券法》等法律实施后对久事公司的影响、政府项目代建制的管理模式、完善企业治理机制、国有股权无偿划转的方式等进行专题研究、法律评析。

2007 年，法律事务部对公交立法导向、房地产领域“限外”政策、参与证券交易、设立房产租赁收益权财产信托进行融资等专题进行分析研究，为久事公司的经营管理活动提供法律、政策上的参考。

2010年,编印《国有企业非主业调整法规指引》,专项研究"一参一控"政策下证券公司股东的变更问题,为久事经营活动的开展提供法律支持。

2011年,梳理汇总强生控股股权划转与对重组承诺事项,出具专项报告;参与兆丰路地块土地储备等公司及所出资企业重大经营管理活动。

2012年,参与海门路地块地下空间开发项目等所属企业重要项目,为谈判工作保驾护航。就"强生出租"商标许可、工商局格式条款清查、交通卡退资、申强公司持股会解散等事宜向所属公司提供法律意见14份。法律事务部开始通过季刊《久事法务动态》,对新发布的重要法律法规,撰写解读文章,供参与经营活动时参考。

2013年,按照久事公司要求协助处理兆安酒店清算、参与雅玛多公司非主业股权清理、为保险资金参与旧区改造50亿债权投资计划项目、设立久誉软件公司、出售不动产房屋使用权交换等事项提供法律意见13份。

2014年,加强对直属企业的法律支持,配合旅游卡公司处理存管银行的变更事宜,就市二中院司法建议书事宜进行指导,共提供7份法律意见。

2015年,根据久事公司要求出具两份有关改制的分析报告,并提供《久事员工延迟退休的法律政策分析》《国有控股股东对上市公司提供支持的法律分析》《公司制企业与全民所有制企业的区别》等法律分析14份。同时,为推进落实完成有关"强生"出租车商标、新新体育解散清算两项历史遗留问题做好基础工作。

2016年,按照久事集团领导要求,发挥智库作用,及时为久事集团工作提供法律分析,提供《市体育局委托管理事业单位所涉法律问题》《体育资产划转工作相关问题》《久事集团协同项目管理平台所涉及信息化工作适用招投标法律法规问题》等15份法律意见书,供领导决策参考。

这一年,为解决上海新新体育文化有限公司破产清算历史遗留问题,法律事务部牵头组织召开3次专题推进会,督促配合赛事公司、巴士公司梳理重点难点问题,逐一攻克。

2017年,法律事务部积极协调推进外滩1号案件审理;跟踪指导外滩27号仲裁案件,建议变更仲裁机构,为取得理想裁决结果提供有利条件,也为节约纠纷解决成本提供新思路。

2017年,按照市委领导批示,久事集团承担收购上海东方篮球俱乐部有限公司股权的专项工作。法律事务部全程参与收购工作方案研究,组织力量对协议文本专题攻关并梳理重点内容,派员与市政府法制办共同研判论证,组织专家研讨、走访市高院,开展法律论证,剖析协议性质,明晰依法收购操作路径,为收购谈判提供策略准备和法律支撑。

2017年,针对久事集团下属东亚体育文化中心一起未履行清算义务而对参股企业债务承担连带责任案例,法律事务部积极参与案件研判,并及时拟订《关于梳理股东清算义务履行情况的专项工作方案》,防控此类风险。

法律事务部坚持以法律意见书形式为久事集团领导、总部各部门及各直属企业提供书面法律意见,供领导决策和经营管理参考。法律意见书是法务人员履行工作职责重要方式。对于一些交易金额较大、对久事经营管理影响重大的项目,及时出具法律意见书,梳理阐述关键法律关系,充分揭示蕴含的风险,为经办部门提出合规实施路径,并及时总结经验教训。从2004年开始,法律事务部年均出具法律意见书10余份,起到较好效果。法律意见书的使用已在强生控股、巴士集团等直属企业得到广泛推广。

第二节　合同审核

1996年，根据总经理室的要求，法律顾问室和审计监察室对久事的投资参股（实业投资）企业42户、购法人股进行投资的企业12户的有关合同，置业公司房屋预售全部合同，浦东公司合作经营的全部合同，进行合法性、合规性和风险性审查，形成专项报告。就档案管理等普遍问题，提出加强合同管理的内部控制、投资参股企业的信息管理、合同履行的监督管理、担保的风险意识等建议。

1997年，法律顾问室修订《经济合同管理办法》，全年共审核久事公司各类重大经济合同53件，严格审核久事大厦玻璃幕墙工程承包合同等重大合同。在参与对浦东公司、置业公司、大厦公司项目合同的审查中尤其关注供应商资质问题，对合同的签约、履行进行事先审核、事后监督。

1998年，加强对合同签约的法律监督，关口前移，预防为主，共审查各类经济合同82份，合同总金额近70亿元。对子公司近年来的合同签订、履行情况进行检查并出具书面审查意见，对其依法规范经营管理提出法律建议。同年，拟定通过《上海久事公司合同监管规定》，进一步加强合同管理。

1999年，法律审计室参与修改、制作、审核各类经济合同共计77件，总金额约110亿元，涉及金融、证券、房产、建筑、合资合作、资产转让、兼并等法律政策领域，做到久事公司经济利益增长和国家法律政策贯彻实施的双兼顾。

2000年，法律顾问室共审核各类经济合同120多份，合同金额84.5亿元。为提升合同管理水平，在全公司范围内进行了一次合同大检查，检查的数量达到3 800份，抽查478份，发现问题的合同71份，对11件案例进行了剖析。在此基础上，制定出《合同管理办法》，使合同管理进一步规范化、制度化、科学化。

2001年，法律事务部共审核经济合同242份，涉及金额214.25亿元。在合同审核过程中，严格并推广执行与久事经营管理活动和部门工作最直接、最密切的《久事公司经济合同管理办法》《经济合同管理办法若干问题的解释》和本部门制定的《公司法律顾问执业守则》。

2002年，法律事务部在历年工作基础上继续完善合同管理，健全合同登记、统计制度，补充和完善了《上海久事公司合同管理办法》，全年共审核经济合同265份，涉及金额147.10亿元，并定期出具合同动态管理报告。

2003年3月，久事组建法律事务中心，初步形成久事内统一法律事务管理体系，与申通集团下属6个项目公司签订《法律事务委托服务协议》，基本实现久事、申通、项目公司三层次法律事务管理链对接，合同审核数量也大幅上升。

是年，法律事务中心参与谈判、草拟、审核各类经济合同487份，总金额172.17亿元、1.1亿欧元。制定颁布《标准化合同条款及其指导意见》，建立公司标准化合同文本库，包括工程类、金融类、设备类、代理类、房产类等共7大类24种合同文本。开展了一次对申通集团投资建设和合同管理情况的大检查，领导专门召开总结大会，要求严格按照规范程序加强合同管理。针对合同检查中发现的问题，法律事务中心开展了经济合同专题培训。

2004年，法律事务总部先后与新成立的申铁公司、浦铁公司、集装箱中心站公司建立法律事务的委托服务关系。参与经营项目的论证、谈判和运作，提供全程法律服务，包括完成BT项目框架协议、9号线项目工程监理与咨询服务合同等重要协议的谈判和合同审核工作。

2005年，法律事务部通过合同履行情况反馈表的形式，加大对项目操作过程的跟踪和服务，保证合同履行。对F1赛事承办和电视转播权等重大合同进行分析,并撰写书面报告。在对上赛场公司进行合同检查的基础上,出具总结报告,提出加强合同整体策划工作、强化合同管理意识、建章立制、审前参与、加强合同全过程管理和合同管理知识培训等建议。

2006年,提供法律服务的范围新增置业公司、交投集团,共审核合同1 478份,合同审核量较以往有大幅度上升。参与了MotoGP赛事的合同分析,承担了置业公司相关重点项目的合同起草工作。结合赛事管理需求,为上赛场经营公司有针对性地举办一场合同管理专题讲座。

2007年,提供法律服务的范围延伸到集团内的大部分控股子公司,连接久事及所属企业的日常经营、管理活动,包括京沪高速铁路章程发起人协议的协商、巴士公司股份划转等重大经营活动。

2008年,全年审核各类合同1 524份,涉及合同金额579亿元。完成2008年久事债券发行中的法律文件商谈、修改及审核,沪宁城际铁路股份公司成立的法律文件、《征地动拆迁协议》的修改等工作。编写了《项目合作方资信调查指引》,供久事各业务部门及所属各控股公司在具体业务活动中参考。参加久事公司组织的对所属企业的内控制度建设和执行情况的调研工作,撰写了《合同管理情况调研报告》。

2010年,结合法律事务管理工作的实际需要,对《上海久事公司合同管理办法》进行重新修订,进一步建立健全久事合同管理制度。法律事务部会同置业公司与普拉达公司就陕西北路186号租赁项目进行为期半年的多轮谈判,反复磋商,起草拟定合同文本,最终完成签约工作。

2011年,积极参与并配合久事公司融资业务开展、房产经营业务与土地储备工作、交通基础设施建设、资产重组优化、旅游卡公司和交通卡公司的业务拓展等专项工作,全年共审核合同805份,出具法律意见书12份。根据厂房租赁安全会议的要求,结合各公司实际租赁业务,法律事务部拟定了商用、居住、办公楼、厂房等四种类型的租赁示范合同及其安全管理协议,下发各企业。

自2005年开始,法律事务部接受申通集团委托,通过有偿服务形式向申通集团提供法律服务,事务涵盖其各部门、13条线路项目公司、一至四运营分公司及8个管理中心,法律顾问审核成为所有合同会签必经程序,合同审核数量明显增加。至2011年5月底,法律事务委托服务平稳顺利结束。2012年开始,法律事务部不再为申通集团提供法律服务,合同审核总量有较为明显下降。

2013年,继续做好久事公司对下属企业的贷款及担保,公交城维项目财务监理招标,办公信息系统、资产管理信息系统和投资管理信息系统招标,土地储备和旧区改造等项目的合同审核。在对直属企业的合同审核中,通过及时发现抵押风险,避免损失近千万元。

2014年,配合审核久事本部集体合同。赴巴士集团调研新能源汽车采购合同的有关情况,对采购合同的订立流程及相关条款的设计提出意见。

2012—2017年,久事法律事务管理逐渐升级转型,与经营管理融合度不断提高,为实现市国资委对出资企业经济合同法律审核把关率100%要求,法律事务部为总部各部门和所属企业审核合同数量整体呈上升趋势。

2016年起,直属企业法治化建设开始纳入考核指标,2017年,久事集团范围法务人员审核各类经济合同近1 300份,其中久事集团总部法律事务部审核合同421份,占比约32%,较往年有所下降。

表 5－5－1　1997—2017 年法律事务部合同类文件审核数据统计情况表

<table>
<tr><th>类型
年度</th><th>久事各部门</th><th>所属企业／项目公司</th><th>其他类型呈批件／法律意见书</th></tr>
<tr><td>2017</td><td>272</td><td>149</td><td>75</td></tr>
<tr><td>2016</td><td>182</td><td>645</td><td>53</td></tr>
<tr><td>2015</td><td>119</td><td>429</td><td>56</td></tr>
<tr><td>2014</td><td>51</td><td>325</td><td>36</td></tr>
<tr><td>2013</td><td>79</td><td>356</td><td>40</td></tr>
<tr><td>2012</td><td>56</td><td>435</td><td>54</td></tr>
<tr><td>2011</td><td colspan="2">805</td><td>49</td></tr>
<tr><td>2010</td><td colspan="2">1 495</td><td>26</td></tr>
<tr><td>2008</td><td colspan="2">1 524</td><td>25</td></tr>
<tr><td>2007</td><td colspan="2">1 468</td><td></td></tr>
<tr><td>2006</td><td colspan="2">1 478</td><td>34</td></tr>
<tr><td>2005</td><td>164</td><td>996</td><td>—</td></tr>
<tr><td>2004</td><td colspan="2">550</td><td></td></tr>
<tr><td>2003</td><td colspan="2">487</td><td></td></tr>
<tr><td>2002</td><td colspan="2">265</td><td></td></tr>
<tr><td>2001</td><td colspan="2">242</td><td></td></tr>
<tr><td>2000</td><td colspan="2">120</td><td></td></tr>
<tr><td>1999</td><td colspan="2">77</td><td></td></tr>
<tr><td>1998</td><td colspan="2">82</td><td></td></tr>
<tr><td>1997</td><td colspan="2">53</td><td></td></tr>
</table>

第三节　诉 讼 仲 裁

法律事务部代表久事参加企业诉讼、仲裁、行政复议和听证等活动；监督指导直属企业法律事务工作，积极为直属企业提供法律服务。

1997—2002 年，久事法律事务管理处于起步阶段，催讨债务、代理诉讼、清理资产（窗口公司、房地产等）是这一阶段主要工作，诉讼案件较多且涉及标的额较大。

1996 年 10 月—1997 年 11 月，久事通过诉讼、执行实现债权 345 万元。其中，在长江通信设备工程联合公司为上无二厂提供 100 万元贷款担保、久事与青浦申港橡塑有限公司的债务纠纷等案件中，法律顾问室穷尽各类救济方式，极力挽救频临消亡的债权共计 259 万元.

1998 年，法律顾问室代理诉讼、仲裁案件 16 起，其中新发生诉讼、仲裁案件 6 起，标的金额达 1.1 亿元，为久事节省律师费 110 万余元。当年执行到位 13 188 万余元，并通过诉讼解决因担保责任所产生的1 700万元债务。

1999年,接受委托代理诉讼案件11起,诉讼金额1.6亿元,执行案件6起。通过诉讼及申请强制执行回笼资金870万元,解除担保责任1 050万美元(折合人民币8 700万元)。法律审计室在债权追讨工作中,通过查阅资料、核对账目,汇总情况、健全档案,突出重点、分类催讨,接上时效、走访企业,因人而异、对症下药等有效工作方式,对每一欠款单位逐一落实追讨计划,全年进账资金共计4 826万元。

2000年,代理诉讼、执行案件23起,金额6 500万元。加强催讨力度,全年回笼资金3 928万元,超额完成率达261%。其中,促进重型机床厂应8年分期归还的欠款一次清偿完毕,加快处理久事历史债权的进度。处理浦东、久茂公司结构调整事宜,回笼资金1 200万元。

2001年,法律事务部代理久事及子公司诉讼18起,涉及金额2.33亿元,并继续代理原未结案或正在执行的案件15件。在上无七厂310万美元担保案中,法律事务部认真挖掘证据,从法律上全部解脱了久事的担保责任。在光大信托欠款纠纷案中,法律事务部及时提起诉讼并冻结光大信托500万元股权,最终3 700万元本金及法定利息均得到支持,500万元股权及红利90万元已执行到位。全年完成债权收回指标3 769.63万元,超额完成81.6%。其中,通过诉讼及执行到位的债权金额为2 297.8万元,占全年完成催讨总额的61%。

2002年,代理久事及子公司审执案件37起,其中通过审理结案12起,涉及金额2.04亿元(含对吴淞化工厂2 028万美元的担保诉讼终止案);代理执行完毕案件9起,到账资金1 207.92万元。全年催讨债权回笼资金6 518.49万元(含香榭丽项目资金4 200万元),年内结清6家欠款单位债务,欠款单位由年初23家下降到17家。

2003—2011年是久事法律事务管理的发展阶段,得益于前一阶段合同管理和风险防范工作,诉讼案件数量有所减少。法律事务部在这一阶段代理多起重大诉讼案件,均取得较好诉讼结果。债务催讨力度进一步加大,穷尽各种方式挽回了一系列不良债权。

2003年,法律事务中心代理诉讼6起,已审结4起,涉及金额1.74亿元。全年代理执行案件18起,总金额9 650万元;已执行完毕11起,金额4 463万元。

2004年,法律事务总部共代理新增诉讼案件4件,类型趋于新颖化,包括商标侵权纠纷案涉及地名权与商标权的冲突问题、企业债券的利息税负担问题等。法律事务总部在代理过程中均有重点地进行学习、研究,并根据案件的具体情况与法院进行沟通,提出相应的抗辩,取得很好的诉讼效果。同年,法律事务管理总部对部门成立近十年的工作进行总结,撰写了第一辑《久事案例选编》,共收录38篇精选案例及投资项目的操作经验,以案释法,内容翔实。

持续运用多种有效手段催讨不良债权,如机床集团公司的款项来自其获得的退税款,上海经纬产业用布厂的债权是通过向法院申请支付令的方式实现的。全年共回收债权4 155万元,债务人数量从年初的8家减至5家。同时,进一步清理原久事下属浦东公司及中国久信投资公司的未了事宜。将浦东公司所持有的广电信息法人股过户至公司名下,同时就日用杂品鞭炮公司对久信投资公司的欠款向法院申请恢复执行,债务人已按计划逐步归还欠款。通过法院冻结白厦宾馆部分房屋出租的收益,将其作为实现债权的基础。

2005年,法律事务部共回收债权1 350万元,机床公司和金南房地产公司债权清偿完毕,在实现的债权中,久事对近500万元相应债权作核销处理。

2006年,共回收债权534.95万元,其中珠海金钟实业公司债权在法院主持下达成和解协议,获清偿250万元。白厦宾馆债权通过查找其财产线索、查封房产、扣划租金等方式全额回收了借款本金。

经过 2005 年、2006 年最后收尾工作，承担的债权催讨及原久事公司浦东公司的债权清理工作全部结束。自 1999 年以来，法律事务部回收债权总计 3.4 亿元。

2007 年，经把关、认可的法律事务无新增纠纷出现。

2008 年，代理诉讼、仲裁与执行案件 125 起，起草并下发《建立诉讼、仲裁案件统计报告制度的指导意见》，加强对案件的基础管理工作。

2004—2009 年，久事经营的内外部环境发生较大变化，法律事务部也参与了许多新的项目，并处理一批历史遗留纠纷。2009 年，法律事务部从参与处理的项目中选取了具有代表性的一部分，撰写了第二辑《久事案例选编》，内容涉及建设项目投融资、公交运营、外滩经典楼宇开发、国际赛事文化品牌建设等公司经营的各方面，《久事案例选编》成为久事员工在从事经营管理工作中的法律教材。

2010 年，代理由最高院提审的东信联合公司诉久事担保合同纠纷案等诉讼案件 10 起，其中久事本部与下属公司各 5 起，6 起为新增案件。

2011 年，代理各类诉讼、仲裁与执行案件 10 起，涉案金额 1.76 亿元，其中久事本部 5 起、下属公司 5 起，诉讼案件 6 起、仲裁案件 2 起、执行案件 2 起，3 起为上年结转案件、7 起为新增案件，已结案 7 起。2011 年 11 月 21 日，最高人民法院作出终审判决，驳回东信公司诉久事关于吴淞化工厂贷款担保案的再审请求。至此，系争事项始于 1990 年的该案，历时 21 年，经过长达四年的一审、二审与再审过程，终以久事的胜诉圆满画上句号。

2012 年，代理诉讼案件 5 起，均为上年度结存案件，除广能贸易公司破产程序案件外，4 件均以胜诉结案。在兴力浦大厦工程纠纷案中，克服种种不利因素，获得终审胜诉，并且基本保证了原告方的总计金额超 1 200 万元的同类待诉案件不再有机会胜诉。指导强生集团处理多起房屋租赁纠纷，对承租人合同到期拒不搬迁的有关事宜提供了法律指导，就后续处理策略及具体方案提出建议。

2013 年，代理诉讼、仲裁案件 2 起，其中 1 起已结案，1 起对方当事人撤诉。指导办理多起所属企业自行聘请外聘律师的诉讼案件，并推动所属企业对外聘律师的办案全过程进行监督。倡导所属企业专业法务人员自己办理一般的民商事诉讼案件，并在案件的诉讼前准备、诉讼中策略和诉讼后执行等阶段给予全面的指导和辅助。

2014 年，受托代理诉讼、仲裁案件 1 起，指导所属企业通过外聘律师办理诉讼、仲裁(含执行)案件 4 起。其中，通过协调法院、公安、社区等多部门，强制执行收回被他人无权占有多年的直属企业某出租房产。

2015 年，受托代理诉讼、仲裁案件 8 起。同时，配合直属企业研究处理房屋欠租事宜，就欠租情况的现状及发展情况的有关法律问题、不同应对措施进行简要分析，并通过出具法律意见书形式，在开展维权方式专题讨论过程中就诉讼目的、途径、周期、风险等方面提出意见。

2016 年，受托以诉讼方式清退浦东新区下南路一批共 6 家存在安全管理隐患的租户，全部调解结案并完成后续房屋腾退工作，无遗留问题。就房屋租赁合同纠纷案件中反映出的权属瑕疵问题，帮助补齐公有非居住用房租赁合同。指导和配合上赛场公司通过法院强制执行，顺利收回配套区 C-116 地块。

2017 年，随着历史遗留问题逐步解决，经营管理规范化和直属企业法务力量的加强，法律事务部直接代理或指导的未结案件和新增案件均显著减少。其中，积极协调推进外滩 1 号案件审理，外滩大楼欠租问题解决取得进展。经过一年多的材料准备、程序完备和多方沟通，6 月中旬，新新体育公司破产申请被上海铁路运输法院正式受理。本案的成功处理将为久事集团内类似遗留问题的解决提供可复制、可借鉴的模式。

第四节　法治宣传教育

1997 年，法律顾问室与综合研究室合编 11 期信息摘编，其中涉及法律信息 6 期，主要内容为国企增资减债办法、外资企业对外担保办法、新刑法、金融犯罪新动向、专业担保公司、合同纠纷诉讼中的问题及对策、民事诉讼中的调解与和解，针对久事由经营业务所引起诉讼案件向员工进行以案论法、以案学法教育。

1998 年，上海市法制宣传教育简报第 28 期刊登法律顾问室撰写的《建章立制、依法治企——久事公司经营管理工作纳入法治轨道》文章。

2004 年，法律事务部组队参加市委组织部、市经委、市国资委等九家单位主办的“恒源祥杯 2004 年上海知识产权知识竞赛”，荣获团体金奖。

2006 年，久事被评为上海市“四五”档案法制宣传教育先进集体。根据市国资委要求，法律事务部与党群工作部一起拟定《久事公司开展法制宣传教育的第五个五年规划》，进一步增强久事广大干部员工法律意识，提高久事依法决策、经营管理的能力和水平，建立、健全法律风险防范机制。

2007 年，法律事务部与党群工作部一起组织以“依法推进公交行风建设，提高公交服务管理水平”为重点的公交法制宣传工作，主要形式包括小型的涉及公交运营的案例展和编写行风建设的法律宣传手册。

2011 年，久事根据市国资委要求，结合实际制定《上海久事公司关于开展法制宣传教育的第六个五年规划(2011 年—2015 年)》。

是年，法律事务部积极开展政策研究，撰写一系列工程建设、安全生产管理、房屋租赁方面的法规解读，为久事经营管理活动提供法律参考。

2012 年，为贯彻落实市国资委“六五”普法规划要求，久事经研究决定成立“六五”普法工作领导小组及办公室。

2012 年，着手编写《久事法务动态》作为法制宣传定期刊物，内容包括久事及下属企业法务工作动态，新颁布或实施法规整理与解读，对典型案件、重大诉讼、项目谈判的案例分析，与企业经营管理相关热点问题分析等。

2015 年，根据《关于开展国家宪法日和上海市第二十七届宪法宣传周活动的通知》要求，久事集团及各直属企业围绕“学习宪法、尊法守法”活动主题，组织开展一系列法治宣传活动，活动形式包括采购法律书籍、张贴宣传海报、组织观看宣传视频、下发集团刊物《久事法务动态》。

2016 年，法律事务部立足于久事集团各类宣传阵地，因地制宜开展宪法宣传。主要活动有：在久事大厦各层楼面显示屏播放法治宣传视频，在久事官网首页和法治宣传栏张贴宣传板报、分享法治宣传文章、播放宣传视频，通过党委“久事党建”、团委“青春久事”等久事所属微信公众号等新媒体开展法律知识普及与宣传。在 12 月 4 日国家宪法日当天，组织一次久事集团范围内微信宪法知识竞赛，参加人数超过 5 000 人。直属企业久事投资、强生控股通过碧虎车投项目投放法治宣传广告，投放车辆超过 1 500 辆，总投放次数近 85 万次。

这一年，久事集团法律事务部获上海市“六五”普法先进集体称号。

2017年是上海市“七五”普法规划全面实施之年，根据关于深入推进“法治文化进公交”规划要求，久事集团及直属企业巴士集团积极推动“宪法进公交”主题活动，成功在上海数条公交中心线路上打造10辆宪法宣传全彩公交车，100个刊登宪法公益广告的公交车站，并于12月4日上海市第29届宪法宣传周主题活动当天正式投入使用。久事集团组建队伍参加上海市首届法务技能大赛，并获得“首届上海市企业法务技能大赛组织奖”。

2017年，为加强法治宣传教育效果，进一步提高久事集团领导、员工对法治国企建设重要性认识，久事集团总法律顾问孙江先后在久事集团总部及体育集团、巴士集团、公交卡公司等3家直属企业主讲4场企业法治化专题讲座。

自1996年部门成立起，法律事务部定期对部门工作进行总结，分三次汇编三辑《久事案例选编》。采用以案释法的方式，分别收录38、28、35篇精选案例，涉及交通运营、赛事运营、房产经营、知识产权等与集团经营相关的方方面面，采用“案情（项目）简介、法律评析、经验启示、相关法律法规”的版块化编写模式，对久事集团及直属企业经营活动中产生的典型法律纠纷进行分析点评，评析法律要点，提出法律意见和对集团经营管理的启示。

图5-5-1　自1996年至2018年，法律事务部汇编了三辑《久事案例选编》

第六章 信息化管理

第一节 信息规划管理

2010 年 9 月，久事编制公司 2011—2013 年信息化工作专项规划。

规划总体目标为逐步实现在久事系统范围内办公自动化、公文流转网络化、决策支持高效化、内网外网一体化，即在久事现有信息系统的基础上，进一步优化和完善系统结构和功能，着力建设公文流转，财务、人力资源、资产（含房产）、信访、安全生产等综合业务平台和实时通信平台等信息系统，实现控股公司成员间的网络互联、信息互通、数据共享。规划主要任务如下：

久事总部：完成财务数据中心和财务综合平台、公文流转和文档一体化平台、资产（含房产）经营管理平台、人力资源管理平台、信访维稳平台、安全生产与管理平台、门户网站等七大平台建设。

直属企业：巴士集团完成公交综合信息管理平台、公交运营监控中心、公交综合数据中心三大平台建设。

强生集团完成信息化智能调度升级和车载智能终端扩容和升级改造。

交投集团完成管理信息平台和枢纽站配套智能化系统建设。

赛事公司推进“两个中心、六项应用”目标和任务的实现。“两个中心”即 CRM 系统平台和 EIPC 系统平台，“六项应用”围绕 CRM 系统平台和 EIPC 系统平台展开。其中，CRM 系统包含的应用为体育赛事赞助商及企业客户管理系统、体育赛事服务呼叫中心系统、体育赛事票务核心管理系统、体育赛事网络会员管理系统。EIPC 系统包含的应用为体育赛事信息处理中心系统和公众赛事信息访问终端。

置业公司完成租售公共信息发布平台和内部信息平台建设。置业公司关于商务楼宇租售及项目开发的有关重要信息直接接入久事公司总部的“资产经营管理平台”。

2016 年 2 月，根据党中央、国务院《关于深化国有企业改革的指导意见》《关于进一步深化上海国资改革促进企业发展的意见》，久事集团信息管理部以信息化支撑久事集团建设公共服务型企业为目标，基于对集团发展战略、业务特点、信息化建设等方面新趋势的理解，结合国内外 IT 发展趋势及大型企业信息化建设最佳实践，编制集团 2016—2020 年信息化建设发展规划。集团信息化发展需遵循“统一规划”“统一方案”“统一标准”“统一建设”“统一平台”等五个“统一”原则。发展目标为：总结分析集团信息化建设现有成果和业务发展形式，主动顺应“互联网＋”发展趋势，围绕集团“四位一体和两翼支撑”发展战略，加快实施信息化支撑体系建设。争取到 2020 年，基本建成以“支撑战略管控的能力有效提升、经营管理信息化广泛渗透、基础设施集约可靠、公共服务模式融合创新、信息产业初具规模”为特征的信息化应用和服务体系。

第二节 硬件与网络管理

1987 年，久事购置长城 286 计算机、四通 2401 电子打字机、施乐 1025 复印机三大件，为办公自动化创造条件。

1994 年上半年，久事办公室进行计算机配置方案调研，拟订实施方案。年末全部配置到位，全公司计算机配置 30 台，基本做到联网。1996 年，久事按工作需要，为有关部室添置计算机设备，计算机配置量 54 台。

1999 年，为解决 Y2K 问题，久事对现有 76 台计算机进行全面测试，对有问题的 35 台计算机采取调整时钟及配置修正卡方式予以解决。对“用友”财务软件和文档系统软件 Y2K 问题，采用提升版本及编制配套程序的办法予以解决。

2001 年，久事办公场所搬入久事大厦，为更新计算机梯次，久事搬运调试计算机工作站、打印机 200 多台。

2005 年，久事对公司 10 台计算机工作站、30 台手提计算机进行配置和梯次更新，累计调整计算机 200 余台，并逐台进行系统配置、邮箱重置、文件和数据转移、各类软件的安装、权限设置、打印机共享以及为各部门外来软件提供技术支持等工作。

2015 年，为贯彻、落实久事集团“四位一体和两翼支撑”发展战略及企业信息化发展指导意见，推进、完善久事信息化建设的顶层设计，实现久事集团成员企业间门户、标准、接口三统和网络互通、平台互联、数据共享目标，久事集团对久事网络系统架构、视频会议、无线接入、综合布线和机房综合改造等本部网络环境系统进行升级。

第三节　信息系统开发与应用

1993 年，办公室与有关部门共同开发计划财务、实业管理、劳动工资、房地产管理等新的项目，完成计划财务部终端安装工作，为推动和扩大计算机应用打下基础。

1995 年，久事根据经营与管理需要，先后开发 12 个方面、150 多条程序文件、1 万多条程序代码，完成财务“金蜘蛛”系统与久事计算机室并网。同时，编制开通总经理信息系统，包含久事人事、经营、财务、投资等各方面综合信息，帮助总经理室随时全面掌握和了解久事经营运作情况。

1996 年，办公室配合投资部开发市财力资金运行软件，帮助久事置业公司建立计算机网络系统，并实现与久事本部联网。

1998 年，办公室帮助计划财务部开发有关融资业务应用软件，协助档案室启动运行文档一体化软件，消除各业务部门重复登记文件的情况。

1999 年，久事完成计算机网络平台由 Novell3.12 向 NT 升级开发工作，实现久事数百个文件重新整理，移植上网；还编制完成久事股票交易统计管理系统软件。

2002 年 11 月底，久事应用一套全新的办公自动化系统。新系统与以前系统相比，无论在软硬件系统平台上，还是在系统内容、系统功能及与久事业务工作联系紧密程度上，均有实质提高和改善。

此外，久事还实现“用友”财务软件平台升级和数据转换，文档管理系统完成从 DOS 平台向 NT 平台及单用户向多用户的升级，办公自动化 OA 系统完成项目总体方案和总体设计，完成网改造总体方案设计，完成 30 多台套工作站梯次更新。

2005 年 7 月，办公室、策划部联合完成久事 OA 系统改版和升级，在原有系统基础上，增加部门每日安排、档案目录、员工论坛等内容的网上查询功能，提升办公自动化程度。办公室还落实网站系统数据采集、录入责任人，明确相应职责和要求，以保证网络信息及时更新，并正式启动久事公务网和国资委视频会议系统。

2006 年，久事对原 OA 信息软件系统作第三次改版，开发公文网上流转子系统，试运行 QQ 实时通信系统，提高办公效率。

2007 年，久事着手研究建立久事会计信息化系统方案；2009 年，NC 网络会计核算平台上线运行。截至 2010 年年底，实现久事总部与 9 家控股子公司在该平台上进行会计核算、固定资产管理核算及久事合并报表编制。

2008 年起，为加快公交信息化建设，久事开展"上海市公交智能调度系统综合集成示范应用研究"课题研究工作，投入 1 920 余万元。2009 年 9 月，该课题通过上海市科委验收，形成一系列课题成果，并付诸实际应用。

2010 年，久事关于"基于 GIS 平台的地面公共交通网络优化决策支持系统"应用研究课题获市科委立项批准。

2013 年，久事完成综合办公平台二期开发，完善个人门户网站，开发人事系统劳动合同、培训和绩效考核等管理新模块，推出行政固定资产管理、办公用品库存管理、公务车辆管理、法律事务与审计监察信息发布等新功能。

2014 年，久事拓展办公平台新用途、新功能，开发移动办公平台，手机即可上网办公，新增党员政治生日祝贺、员工生日祝福等功能，扩展办公平台功能。

在"十二五"期间，久事集团总部按照久事发展需要和企业管理需要，逐步开发一些信息化管理系统，如下：

综合办公系统：综合办公系统主要解决久事集团本部日常办公需要，建立八项功能模块，即信息发布、车辆管理、员工管理、固定资产管理、数字档案、个人门户、统一通信、党建平台等。

其他专业类信息系统：财务信息管理系统采用"集中式为主、分布式为辅"的架构，建立基础数据和综合分析两个平台，建立财务会计、资金管理、预算管理和风险预警四大模块。

资产信息管理系统主要由资产管理部门使用，初步实现股权、不动产、市值等管理，以及综合信息、知识库、营运车船管理等功能。

建设项目管理系统主要由项目管理部门使用，实现项目库、投资计划、建设资金、项目过程、项目审计、中介机构、政策法规等管理功能。

厂房场所管理系统主要是对可供租赁的厂房场所进行管理，包括其地理位置、面积、合同、安全检查等。

外网门户网站是久事对外宣传窗口，主要有信息披露、新闻中心、年度报告、党建工作、公示公告、企业文化等功能。

与此同时，各直属企业也相继建设一些办公系统、档案系统以及与自身业务相关的专业管理和运营系统，主要集中在巴士公交(集团)有限公司、强生控股股份有限公司、交通投资(集团)有限公司、公共交通卡股份有限公司、申铁投资有限公司、久事赛事有限公司、久事置业有限公司等 7 家公司。

2016 年，根据久事集团信息化规划，以及"四位一体和两翼支撑"发展战略要求，久事集团开始建立集团协同管理平台，通过加强企业信息化项目建设，实现久事集团信息化建设发展规划目标，落实信息化对企业发展支持和支撑作用。

久事集团以该平台为信息化建设主要载体，建立统一的系统标准和数据规范，来接入和容纳久事和所属企业各类信息管理系统和应用管理系统；再以数据抽取、汇集等方式，建立数据仓库，挖掘和分析数据，为企业提供决策依据。这种信息化方式帮助久事达到信息化战略管控的支撑的目标，并实现三个协同——信息的协同、业务的协同和数据资源的协同；以及四个统一——统一门户管理，统一协同办公管理，统一系统集成标准，统一数据规范标准。主要建设内容如下：

（1）统一门户：将集团范围内现有的对外门户网站、对外服务平台、行政办公系统、专业管理系统和业务运营系统（包含总部及下属企业）整合到统一门户概念范围内，实现统一的身份认证和单点登入。

（2）协同平台：实现久事集团行政办公业务系统自上而下的统一协同管理（包含下属企业）。

（3）系统集成：集成久事集团所有信息系统的接入，为门户数据展现提供支撑，为集团数据仓库提供数据来源。

（4）数据仓库：对久事集团大量的基础数据和业务数据进行优化梳理，形成统一规范的数据标准。

整个项目建设采用“整体规划、集中部署、分步实施、串并结合”的推进策略，项目整体分三期规划：2016 年 6 月，启动第一期项目；2017 年 6 月，启动第二期项目；2018 年 2 月，启动第三期项目。整体项目于 2018 年 12 月全部完成。

第四节　计算机安全管理

1994 年，久事为本部所有计算机设置用户名、口令、权限，在保证数据共享基础上，做到保密安全。

2002 年，久事完成网络系统维护、运行及防毒和数据备份。

2005 年，久事对网络操作系统、电子邮件系统、防病毒系统以及财务“用友”系统等软件进行升级，确保系统安全和正常运转。

2006 年，久事采用一些先进科技手段来加强计算机库房安全，设置多重防范关卡，如进入重要部位要用密码；有人进入，摄像探头会自动把情况传送到监控中心；遭遇非法闯入，报警系统自动报警等。

2007 年，久事采取多种措施防范病毒，经常利用休息日杀毒及清理数据库，保证久事网络正常运行。

2013 年，久事针对网络安全管理的薄弱环节，理顺工作机制，落实专人负责，确保久事内网和外网系统安全与运行通畅。同时，完成久事财务数据、综合办公平台数据的异地灾备和备份，保证久事经营核心数据的安全。

2014 年，久事对财务平台及办公平台软硬件进行正版升级和安全升级，提高性能和数据安全等级，保障资金和信息安全。

第五节　信息化创新研究

一、智慧交通课题研究

2017 年，上海交通行业已有相应各领域交通信息业务系统，积累了相应的数据资源。其中，久事集团下属的上海公共交通卡公司积累了大量的公共交通卡数据，包括公交、轨道和出租车的全样本刷卡数据，下属的上海巴士公交集团积累了公共交通运营、公交车辆位置、新能源车辆监控等数据。这些业务系统的数据为上海智慧交通大数据云服务平台建设提供了良好的数据资源条件。

上海交通行业存在的问题：各单位业务系统存在着数据资源分布分散和信息孤岛现象；上海公共交通运营调度是短板，需要综合大数据平台支撑；公众出行信息服务缺少全过程、多方式、时刻表化的公共交通信息服务；多种交通方式数据资源整合还不够，迫切需要多种出行方式数据资源整合，实现交通多方式协同管理和应用。

鉴于此，信息管理部于 2017 年 7 月开展“上海智慧交通大数据云服务平台建设方案研究”课题的研究工作，旨在构建面向公众、企业和政府的智慧交通云平台，以大数据云服务平台架构，整合、汇集、交换、共享公共交通、道路交通、对外交通相关行业的信息资源，构建交通大数据中心和服务平台，为交通企业、社会公众、政府管理部门等用户，提供交通企业运营管理、出行综合信息服务、交通决策支持服务等。

研究内容：(1) 久事集团交通业务现状及数据资源，分析集团下属上海公共交通卡股份有限公司、上海巴士公交(集团)有限公司、上海强生控股股份有限公司、上海交通投资(集团)有限公司等交通业务现状及现有数据资源分布情况。

(2) 智慧交通大数据云服务数据资源和应用分析，提出智慧交通大数据的总体结构、数据资源分类、数据采集和汇集、处理方案、数据标准和规范等。

(3) 智慧交通大数据云服务平台总体方案，提出平台业务逻辑架构、计算机网络基础设施建设、数据资源建设、应用服务平台等技术方案。

(4) 智慧交通云平台的建设内容，包括数据资源建设内容、应用服务建设内容、建设步骤和分期、大数据平台建设等。

二、智慧体育项目研究

2015 年 8 月，久事赛事公司数据管理部开始进行体育场馆智能化课题研究，经过几轮遴选，对 6 家合作商进行多方考量和比较。在系统研究综合公司实力、企业背景、社会责任意识等因素后，选择万达信息股份有限公司作为智慧场馆项目的合作方。

2016 年 8 月 9 日，久事赛事公司召开专题会议，讨论合作项目。会议认为，智慧体育项目是赛事公司“十三五规划”一项重要内容，智慧体育也是久事体育产业集团的一个重要组成部分。智慧体育改变现有模式，运用更加先进的信息化手段，系统地解决场馆和赛事管理中通用、共性的问题，通过大体量规模化运营能力，提高运营效率，降低运营成本，用科技化手段降低管理成本。数据管理部前期与集团投资部进行过探讨，认为项目启动条件已经基本成熟。

作为体育产业链重要一环，智慧体育项目是场馆智能化和赛事智能化重要支撑，也是本公司规模化运营的前提，是未来经营增长点。根据久事集团化发展的考虑和思路，智慧体育项目的切入点和抓手是场馆管理，未来的目标是在提高场馆管理水平和效率同时，参与场馆运营，用管理提升带动运营提升。

会议批准项目立项并启动合作意向谈判，要求办公室、法务部和数据管理部共同列出任务清单，在合作程序上要依法合规。现有赛场、赛事的管理模式要借此机会进行改造、变革，改变过去市场化程度不高的模式，进行管理变革、行为变革，为智慧体育项目的启动落实打好基础，避免成为智慧体育的障碍。

第六节　直属企业重点项目

一、巴士通智能营运管理系统

上海巴士公交信息化建设始于2003年，经历2010年上海世博会考验，再由2012年统一规划，到2013年初步完成信息化应用框架的搭建。实施统一信息化建设核心部分，即巴士通智能营运管理系统（以下简称“巴士通”），以及机务、物资、人事、票务、财务等子系统。

“巴士通”采用顶层设计、自上而下建设的方式，计划实现集团的管理目标：实现集团营运监控指挥中心信息化建设，在运营公司、分公司或交通枢纽层面实现公交智能调度；实现车辆利用的最大化，进一步完善“巴士通”应用，实现营运线路车辆的智能化调度，并建立智能调度的管理流程和实施流程；为公交信息发布提供准确、完整、可靠的车辆位置，调度指令信息，支撑公交信息服务中的准确的信息发布功能，并建立划分到具体线路的运营实况评估系统。

2012—2014年，完成“巴士通”研发及整个集团的实施部署工作。同时，还完成与行业监管平台数据对接，实现公交线路实时路况展示。“巴士通”是上海巴士集团信息化建设核心主体的总称及系统品牌，由上海巴士集团和上海博协软件有限公司共同建设，是拥有自主知识产权的公交智能营运管理系统。2015年，“巴士通”实现智能调度、电子路单、到站预报覆盖巴士集团的所有线路。2017年，“巴士通”升级2.5版本，新能源车远程监控子系统、全过程监控子系统上线。

“巴士通”成功应用于上海巴士公交集团有限公司下属各营运公司600余条线路、近1万辆公交车，自动采集各项运营数据。全面实现智能调度（单线调度、集中调度）、一体化的智能车载终端、电子路单（班次公里）、到站预报、营运资源（人、车、线）、计划排班、综合营运数据分析（油耗、营收）、综合监控、信息化设备报修、手机App应用等功能。

二、强生出行平台

随着智能手机的普及，针对智能手机操作系统客户端成为出租汽车智能服务重要平台这一情况，2013年1月，强生控股公司在年度工作计划中提出，在强生业务调度电话叫车平台的基础上，由控股公司信息中心（上海强生智能导航技术有限公司）进行移动叫车、一键叫车平台的设计。3月22日，调度中心召开新闻发布会，强生手机叫车App（IOS、安卓系统）上线服务。强生手机叫车App是专为智能手机操作系统设计的一款实用行车多功能助手软件。该软件包含三个主要模块，分别为强生叫车、上海路况查询和行车记录仪，基于服务器端信息服务平台与无线通信网络（如GPRS、3G、LTE等），向手机用户提供位置信息获取、租车需求发送、响应需求出租汽车即时位置显示以及信息查询、路况信息查看等功能。4月，控股公司在与第三方合作开通微信定位叫车服务方式的同时，开始开发和推广公司自有微信平台“强生出行”，结合手机App、自助叫车终端等多种方式，打造全方位移动叫车平台。5月，控股公司自有微信平台“强生出行”上线。8月，“一键通”自助叫车终端上线使用。

2016年5月，“强生手机叫车”App更名为“强生出行”。

2017年1月，强生控股公司自有微信平台“强生出行”更新为企业微信“强生出行公众号”，在原有叫车服务和路况查询基础上，增加面向驾驶员的信息查询功能。驾驶员公共查询平台是向出租汽车驾驶员提供的综合性信息服务平台,驾驶员可在公众号内准确、便捷地查询个人信息、营运数据、交通卡结算、奖励与处罚、服务指南等信息。7月,“强生出行公众号”驾驶员公共查询平台中增加违章记录、事故记录、维修记录等信息查询功能。

三、网约车监管平台

2016年,为贯彻交通运输部等七部委《网络预约出租汽车经营服务管理暂行办法》精神,落实关于“出租汽车行政主管部门应当建设和完善政府监管平台”的要求,上海市交通委员会委托上海公共交通卡股份有限公司出资建设上海市网络预约出租汽车监管系统。

平台建设主要目标是通过信息化手段实现对在上海市域范围内经营的网约车运营服务的事前、事中及事后全过程监管。事前是指通过对接市运管处“道路运输管理系统”、部级平台及网约车公司平台,将网约车平台注册信息与“三证”审核结果信息进行比对,验证注册信息合法性,并将验证结果反馈至市运管处;事中是指对网约车运营服务过程进行全过程监管;事后是指通过用户评分及投诉处理等环节对网约车平台公司的运营服务质量进行综合考核评价。

该平台系统于10月建成,11月1日起投入运营。11月24日,上海市交通委员会科技信息中心与上海公共交通卡股份有限公司签订上海网络预约出租汽车监管系统回购合同。上海市城市交通运输管理处和上海市交通委员会执法总队经过两个月试用,出具用户使用报告,认为该平台系统运行稳定,基本达到预期目标。2017年9月19日,该平台系统通过上海市软件测评中心有限公司的软件成果鉴定测试。

四、上海公共停车管理平台

根据上海市交通委“智慧交通‘十三五’规划”目标要求,为满足道路停车管理部门的信息化需求,实现对城市停车场的智能化、网络化和信息化管理,同时对上海城市公共停车场(库)数据信息进行统一管理,建立一套公共停车场(库)停车信息汇总系统,为城市信息智能化管理提供一个方便快捷、使用高效的城市停车信息平台系统;上海公共交通卡股份有限公司在2014年下半年通过试点方式承接由市交通委委托的“上海公共停车信息平台”建设和运营业务,并于1月15日与久誉软件系统有限公司签订开发合同。上海公共停车信息系统于8月底前建设完成,并于9月起投入运营服务,年底开通“上海停车”App。停车平台不仅采集市内所有道路停车、社会停车场库的静态信息,同时也实时采集各个停车场库(泊位)的泊车状况,并通过App实时展现给驾车者。驾车者可通过App实时了解附近位置的停车场库的基本情况、收费标准,也可以通过实时导航系统进行道路引导。2016年1月5日,上海市信息安全测评认证中心出具测试报告,认为该平台系统符合软件质量的相关要求。

五、智慧场站管理系统

根据久事集团2018年度信息化工作计划要求,巴士集团拟在宝杨、天山停车场信息化示范工程基础上,推进真南、内江、莘庄、漕宝和斜土等停车场智能化系统建设,以提高场站精细化、信息化运行和管理水平,形成公交运营场内、场外闭环管理,支撑集团全天候、全方位、全过程管理要求。

主要建设内容为：基础信息管理、车辆进出场管理、车辆泊位管理、一车一检管理、设备设施管理、视频监控全数字化和联网、信息发布、可视化管理。建设计划为：第一阶段，按照宝杨路停车场的模式，优先在内江、真南两个停车场实施公交车辆进出场管理和车辆泊位管理系统建设，在8月初实施完成；第二阶段，选择漕宝、莘庄等一至两个停车场，在宝杨场模式基础上，应用新的技术手段，实现对车辆、人员、场地、设备、能耗、安防等方面综合管控，实施一个功能较为完善的智能场站管理示范系统，在2018年年内完成；第三阶段，以示范场站为范本，在全集团所有停车场全面推广实施，在2020年完成。

第七章　运营协调管理

第一节　直属企业管控

一、直属企业运营报告

运营分析研究是运营协调部的一大职能。2016 年，随着部门业务不断开展，集团运营协调部首次探索公司主业运营季度报告编制工作，突出主业运营重点，关注年度主要指标完成情况，跟踪重要专项工作进展，反映公司主业的运营动态。经汇总，前两期季报提出 14 条建议。此外，还围绕重点工作，推出专项工作季报工作。截至 10 月底，先后形成一、二季度定期报告，开展专项研究，完成新能源公交相关政策解读报告。

2017 年，为更好地反映久事集团各板块主业运营状况，运营协调部调整优化主业运营报告内容：聚焦企业年度重点工作推进情况；突出主业指标季度进展情况；按照历史遗留问题、品牌建设专项工作要求，重点关注措施和进度。截至年底，完成 3 期主业运营报告，并在版面和内容上尝试做到求新、求实和求变。

二、联络员制度

2016 年，为贯彻久事集团发展战略，发挥久事集团总部协调配置中心功能，运营协调部制定《上海久事(集团)有限公司联络员管理办法》，于 3 月 31 日起实施。管理办法中规定，联络员主要承担久事集团总部与直属企业之间信息沟通桥梁职能，负责搜集企业运营信息，动态跟踪企业经营情况；负责开展企业运营分析与协调，定期参加企业办公会议和专题会议，掌握重大决策事宜并及时反馈。

为发挥久事集团总部“反馈、协调、配置”功能，根据《上海久事(集团)有限公司联络员管理办法》，从 2016 年开始，运营协调部选取巴士集团、交投集团、强生控股、置业公司、赛事公司、久事投资等单位作为试点企业，委派 2 名联络员列席经理办公会等重要会议，搜集主业运营信息，并定期编制报送《集团直属企业动态简讯》，反映直属企业日常经营管理动态信息。截至 10 月底，2 名联络员参加相关直属企业重要会议 58 次，定期编制《集团直属企业动态简讯》22 期，报送集团领导和各部门，使其成为集团总部了解直属企业动态的一个窗口、一个平台。

2017 年，运营协调部先后安排 4 名联络员对口 10 家直属企业，列席经理办公会议合计 131 次，基本做到全覆盖。其中，列席巴士集团经理办公会议 31 次、交投集团 20 次、申铁投资 9 次、体育产业集团 14 次、置业公司 39 次、久事投资 12 次，强生控股因涉及上市公司信息披露等因素，列席党政会议 6 次。巴士集团、交投集团、置业公司三家企业基本形成每周定时召开经理办公会议制度，其余企业均为不定时召开形式。

2017 年，运营协调部编制报送《集团直属企业动态简讯》21 期，基本形成每两周一次报送机制。21 期动态简讯中包括经理办公会议议题 774 项，其中巴士集团议题 268 项、交投集团议题 124 项、强生控股议题 28 项、申铁投资议题 59 项、体育产业集团议题 77 项、置业公司议题 181 项、久事投资议题 37 项。各直属企业经理办公会议议题中主营业务事项占 41%，品牌建设、内控等事项占 15%，考核、培训、人事事项占 12%，占据前三位。

第二节　梳理遗留问题

2015 年，根据久事集团经理办公会议要求，运营协调部于 7 月上旬启动久事历史遗留问题梳理工作。经过广泛征求直属企业和久事部门意见，整理形成《关于公司历史遗留问题梳理与解决的报告》。经汇总，各直属企业历次报送的历史遗留问题达 127 项。经过补充、归并、调整、确认，久事系统企业历史遗留问题为 103 项。其中，按第一责任主体口径统计，置业公司 28 项、巴士集团 26 项、交投 26 项、赛车场公司 12 项、强生控股 4 项、赛事公司 3 项、交通卡公司 3 项、申铁公司 1 项。

11 月 17—19 日，久事集团分管领导分别召集各直属企业主要领导召开专题会议。确定坚持“谁投资谁负责、谁经营谁负责、谁管理谁负责”原则，逐家、逐项确定各项历史遗留问题的责任主体、整改要求。涉及公司重大事项、多家直属企业之间的历史问题，以及关系到直属企业发展且久事关注的重大事项，由久事集团协调督办解决。涉及单个直属企业其他事项，根据事项性质、进展现状、解决前景等情况，分为限期整改、定期报告或暂不处理等三小类，由直属企业自主解决。按此分类统计，久事协调督办事项 21 项，各直属企业限期整改事项 40 项，各直属企业定期报告事项 35 项，各直属企业暂不处理事项 7 项。

2016 年 1 月 19 日，久事集团第 2 次总裁办公会议审议运营协调部《关于公司历史遗留问题梳理与推进解决方案的报告》，久事集团副总裁李仲秋作补充汇报。集团领导、各部门主要负责人、监事会成员听取报告并发表意见。

2016 年 9 月 2 日，久事集团总裁龚德庆、副总裁李仲秋召集推进直属企业历史遗留问题专题会议，集团运营协调部、法律事务部、财务管理部参加会议。运营协调部汇报《关于直属企业历史遗留问题事项推进情况的报告》，与会部门进行讨论发言，副总裁李仲秋对具体推进作部署，总裁龚德庆对下一步工作提出明确要求。

2016 年，经过梳理和推进，久事历史遗留问题由 103 项调整为 100 项，其中整改 65 项（久事协调督办 21 项、直属企业限期整改 44 项），定期报告 26 项，暂不处理 9 项。通过纳入年度考核、限期整改、定期报告等方式，截至 2016 年年底，解决整改类事项 43 项，占任务总数的 66%，其中久事督办事项 10 项，直属企业限期整改 33 项，包括巴士集团 13 项、赛车场公司 5 项、置业公司 4 项、交投集团 4 项、交通卡公司 3 项、赛车场公司 3 项、申铁公司 1 项。盘活存量资产回收资金 16.7 亿元，追回应收账款等权益 0.85 亿元，规范财务处理 8.3 亿元。

在 2016 年完成 43 项的基础上，运营协调部于 2017 年年初对剩余 57 项事项进行重新归类整理，形成 2017 年久事直属企业历史遗留问题推进计划，共计 54 项事项。其中，督办类事项 13 项，关注类事项 41 项（限期整改 13 项、定期报告 28 项），另有撤销类事项 3 项。

2017 年 8 月 7 日，久事集团董事长龚德庆，总裁郑元湖，副总裁张新玫、李仲秋召集推进直属企业历史遗留问题专题会议，集团运营协调部、投资发展部、法律事务部、财务管理部以及各直属企业成员参加会议。会上，运营协调部作《直属企业历史遗留问题事项情况报告》，与会直属企业对本企业涉及的历史遗留问题推进情况进行详细汇报。会议决定要按照抓大放小的原则，加强定期报告事项中“大、中、小”和“急、难、稳”事项的再分析和再分类。

截至2017年年底,完成各类事项14项,“外滩三幢历史建筑欠租”问题基本解决,“赛车场土地归属”“新新体育破产处理”等问题取得实质性进展,顺利完成年底工作目标。

第三节 与政府职能部门协调

2015年4月,久事与上海市交通委建立定期沟通的工作机制,确定“24+8”项具体对接工作,其中24项为久事希望市交通委协调解决事项,8项为市交通委希望久事支持落实事项。6月,起草《关于久事公司城市交通业务改革发展的情况报告》专报给上海市副市长蒋卓庆。截至年底,久事集团希望交通委协调推进的24项项目中已完成和有明显进展的达13项。其中巴士提交9项,已完成和有明显进展的为6项;交投提交4项,有明显进展的为1项;申铁提交2项,有明显进展的为2项;交通卡提交3项,已完成和有明显进展的为3项。交通委要求久事协调推进项目已完成和有明显进展的为7项,取消的为1项。

2016年3月8日,久事集团与市交通委召开专题会,分别以《联合落实事项备忘录》和《共同推进事项清单》的形式,确认2016年“联合落实事项”6项、“联合推进事项”10大类30项。截至12月31日,6项“联合落实事项”全面完成,落实完成率达100%。“联合推进事项”10大类30项中9项取得最终成果,占30%;14项有明显进展,占46.67%;7项因条件不成熟暂时无法推进,占23.33%。取得成果和有明显进展的项目合计占76.67%。

2016年,在“联合落实事项”中,公交移动调度亭更新项目完成项目立项和招标程序,进入安装;宝杨路码头枢纽、芦恒路枢纽收尾工作完成并投入使用;五角场综合交通微枢纽建设项目于5月初开工;公交月浦场驾驶员培训基地完成改建并开展驾驶员培训工作;电车供电线网维护费和整流费收费标准调整工作完成成本审计;西藏路信号优先项目通过预验收。

在“联合推进事项”中,联合上报《上海市综合交通“十三五”规划》;完成沪通二期铁路项目补充可行性研究报告和市域铁路总体规划的编制;南桥—东方体育中心BRT建设项目得到选址意见书批复,开展土地预审和环评工作;沪太路、沪太公路公交专用道方案于6月30日实施;崇明和金山巴士股权划转工作方面,巴士集团和相关区政府完成协议签署及场站资产划转工作的接收准备;新一轮新能源公交车辆补贴政策出台,拟订补贴具体操作办法;设计单位已经形成中心城区公交停保场规划的基本方案;出租车与网约车新政出台;强生出租投入5 855.46万元用于提高驾驶员收入,并向职工公开企业成本;“上海智慧交通发展战略和交通云平台建设和运营”课题研究计划完成;巴士车身广告规模减少到50%,强生与壁虎科技合作开创出租车广告新模式;巴士集团车辆采购全国比选完成4个招标项目。

2017年3月28日,上海市交通委与久事集团召开2017年联合落实工作对接会议,同意双方2017年联合落实推进“6+12”事项清单。截至年底,“联合落实事项”6项全面完成。“联合推进事项”5大类12项中完成8项,占67%;另有2项有明显进展;2项因条件不成熟暂时无法推进,占17%。

在“联合落实事项”中,编制完成新一轮公交改革方案和新一轮公交基础设施维护三年行动计划,推进公交行业改革和场站面貌改观。落实纯电动车新老充电桩标准不兼容、物理接口不统一整改,完成3辆雷博车电池改造,改造方案申请立项;238辆宇通车完成充电接口升级工作,漕宝路132辆、南陈路98辆宇通车完成改造。协调推进奉贤BRT项目开工,理顺财政资金拨付流程。落实强生网约车平台资质,按照市领导批示,做好交通卡充值服务布局规划,研究完善相关法规。

2017 年，在“联合推进事项”中，完成真南场二期工程项建书编制及斜土场、重庆场概念性方案编制，“十三五”公交停保场专项规划研究课题取得阶段性成果。推进重点道路公交专用道建设，完成实施四平路方案。研究完善出租汽车运价动态调整机制工作，相关方案提交行业主管部门。形成市域铁路建设运营管理模式方案，嘉闵线、机场联络线两条线路专项规划和可行性研究有明显进展。加大 ETC 用户发展力度，完成 145 万户任务目标和全市停车场(库)信息接入工作，共接入 2 413 个社会停车场(库)和 789 条道路停车静态信息数据，同步推进网约车监管平台、公共停车服务平台项目建设和运维工作。完成“新能源三年行动计划”“电动出租车发展规划”等课题研究，稳妥处置公用技校历史遗留问题。

第八章　安 全 管 理

第一节　安全管理体系建设

2013 年，久事超额完成全年安全生产标准化创建达标任务。6 家二级企业、6 家三级企业完成达标考评，1 家企业完成小企业达标考评，2 家企业通过市交港局"城市客运企业"二级达标考评。除久事置业（改革）、新联谊（执行锦江标准）外，久事主抓的安全生产标准化达标工作基本完成。二级、三级及以下企业都有示范，更有与最高标准仅差 1 分的示范，形成比较完善的示范体系。

2014 年，久事继续开展安全管理基础全标准化创建和复查工作，除新联谊外，完成全部工贸企业、巴士公交运营企业标准化创建工作，拟订出租汽车和汽车修理企业标准化创建方案。

2015 年，久事集团实施安全管理改革与创新，重视加强对安全工作的管理，成立安全管理部，充实集团安全管理力量，并调整久事集团安全生产委员会成员。开展安全责任签约工作，落实企业责任主体。

2016 年年初，久事集团召开年度安全生产工作会议，与 10 家直属企业签订《安全生产工作责任书》，并指导督促直属企业与其所属企业签订《安全生产工作责任书》，签约率达 100%。

2017 年 3 月 9 日，久事集团召开年度安全生产工作会议，签订《2017 年安全生产责任书》，签约率达 100%。同时，指导和督促直属企业与其所属企业逐级签订年度《安全生产责任书》，建立责任细化分解机制。

2017 年，久事集团安全管理部开展安全生产规章制度排摸梳理，修定完善《安全生产管理办法》《安委会工作规则》等规章制度。

第二节　安全专项活动

2008 年 8 月，久事成立奥运安保督查小组，久事各部门都派人参加，历时一个月，督查足迹遍及 50 多条线路、5 个场站、8 个公交枢纽，全程全天候监管，没有发生责任事故。

2013 年，久事完成厂房场所三年专项整治。2010—2013 年，久事安全检查 8 883 次，消除安全隐患 125 次。

2014 年，久事开展专项整治，对天然气违法使用，出租厂房场所"三合一"违法生产经营及违章搭建，建筑施工层层转包、违法分包，驾驶员超速、疲劳驾驶等专项内容，进行对照大检查并督促整改。

2015 年，久事集团按照《上海市安全生产条例》和久事行业领域相关要求，组织涉及易燃易爆品、公交停车场、运营车辆、建筑施工、车辆修理、办公楼宇、人员密集场所等单位开展安全生产应急预案演练工作。久事集团有 3 200 余人次参与不同层级、各种形式的应急演练，专项投入资金 10 万余元。

2015 年 6 月 26 日下午，久事集团在所属沪军营路枢纽站举行一次枢纽站突发事件处置演练活动，久事集团领导、直属企业分管安全领导和有关部门负责人及部分职工代表约 120 人参加演练。

图 5-8-1 2015 年 10 月 23 日久事集团消防演习

8 月至 9 月，集团对直属企业及三级企业的党政工领导、安全分管领导、职能部门负责人、安全生产管理人员共计 520 余人，分五批次开展安全持证上岗培训，并组织参加统一考试，合格率为 100%。

2015 年，按照市安委办、市安监局、市国资委统一部署，久事集团继续围绕“城市・责任在肩”“城市・不能忘记”“城市・美丽家园”三个主题活动要求，扎实开展“安全生产月”活动。集团安全管理部组织“安全生产月”专题会议、知识竞赛、征文和职工安全生产谈心等活动，从各个层面宣传安全防范意识。在该次活动中，久事共张贴横幅 50 余幅、宣传画 30 余张。

为将“安全生产月”活动落到实处，久事集团安委会分五组，各组由领导带队组织开展“安全生产月”综合大检查，共检查 10 家单位，查出一般隐患 9 条，较大隐患 1 条，隐患整改率达 100%。

久事集团所属单位也开展多种主题活动。其中，巴士集团以集中学习、专题辅导、印发简报等多种方式，增强红线意识和底线思维；对运营车辆、公交首末站、公交停车场、枢纽站、厂房场所、修理车间、内部加油站等检查 309 次，参加检查人数达 420 人次；对驾驶员交通违法及违规操作情况检查线路 200 余条、车辆 3 641 辆次，查到各类违章行为 174 项。强生控股出黑板报 60 余期、标语横幅 20 余条、张贴各类宣传物 500 余张，开展安全事故警示教育活动 300 次并有万余人次参加，下发新《安全生产法》知识问卷 400 余份。

此外，久事集团安委会还邀请市安监局领导来到久事，就新《安全生产法》展开专题培训，久事及所属企业党政领导、分管安全领导及安全部门负责人 160 多人参加培训。2015 年久事集团安委会组织 320 人，参加国家安监总局《安全生产法》答题活动，并获三等奖。

2016 年，久事集团以主题活动为主线，丰富、细化“安全生产月”“消防安全周”“道路交通安全日”“安康杯竞赛”等安全专题教育培训活动。继续推进安全持证上岗培训，是年所属各企业负责人参加安全岗前培训人数达 62 人次，安全干部参加专题培训人数达 253 人次，职工参加各类安全培训人数达 3.2 万余人次。

久事集团所属企业将应急预案演练工作制度化、常态化、实战化。交投集团会同巴士集团于6月开展新能源充电桩和新能源车突发事故应急处置演练活动。巴士集团于8月与市运管处联合开展公交行业突发事件安全应急处置演练活动。赛事公司在F1中国大奖赛等重大赛事举办之前开展反恐、消防应急预案综合演练活动。交通卡公司开展卡系统异地灾备、ETC核心系统本地灾备的应急演练活动。

2016年7月20—29日,久事集团主要领导龚德庆、张新玫、孙冬琳、黄强、姜澜、李仲秋、薛东等分别到重庆南路停车场、强生大厦、强生集团修理厂、强生常宁修理厂、赛场管理中心、国江路停车场、漕溪路公交枢纽站等地,开展"送清凉"活动,慰问工作在高温一线的职工,并送上集团工会准备的防暑降温用品,同时进行了安全检查。

2017年,根据《市安委办关于开展2017年上海市"安全生产月"活动的通知》的精神,久事集团安委会于6月1日至30日,在集团范围内组织开展以"全面落实企业安全生产主体责任"为主题的"安全生产月"活动。活动期间,集团安委办在集团总部范围内开展广泛的宣传教育、安全知识竞赛、安全专项培训、综合应急演练等活动。各所属单位根据集团安委会文件精神,通过宣传栏张贴安全月海报、组织会议宣讲安全生产知识、集中培训及问卷考试、观看安全事故警示教育片等形式开展形式多样的安全活动,使广大干部职工安全意识显著提高。

此外,久事集团各直属单位组织开展应急预案演练活动。6月15日,巴士集团、交投集团在申昆路停车场首次开展中运量(新能源)公交车、停车场突发事件处置实战演练活动;强生控股组织开展"2017年消防疏散安全应急预案演练"活动,对消防栓和灭火器的使用进行详细讲解和实际操作示范。

为落实"安全生产月"活动,集团各直属企业对各生产环节及重点场所、重要设施进行安全、消防、卫生等方面专项检查。交投公司针对季节特点,进行防汛防台专项检查6次,发现安全隐患4处;强生控股公司由分管领导带队进行4次安全检查,以"查找隐患、杜绝违章、防范事故"为主题,全面排查安全隐患,重点落实整改措施,对出租厂房、消防设施、电线拉接等存在安全隐患的薄弱环节加强排查力度。

久事集团安委会还结合"安全生产月"活动开展安全生产专项培训,集团领导、安委会成员及系统内企业140多位主要领导、分管领导和安全生产管理人员参加此次培训,涉及直属企业和所属企业80余家。

2017年,久事集团安委会成员、所属各企业主要负责人及安全生产管理人员参加安全岗前培训人数达175人次,确保持证上岗率达到100%。安全生产管理人员参加各类专题培训人数达1 224人次,从业人员参加各类安全培训人数达3万余人次。

久事集团工会于2017年下发《关于进一步做好久事集团防暑降温工作的通知》,分别下拨给巴士、强生、交投、置业和体育集团工会共计16万元"送清凉"专项慰问金,为汽车修理工、户外保安、保洁、养护工等添置喷雾风扇、空调、冰箱等物件,落实防暑降温措施。下属各级工会也迅速完成降温电器的购置和发放。"送清凉"专项慰问金分别购买喷雾若干及普通电扇178台、冰箱10台、空调5台、冷风机8台及躺椅73把等,分发到28家基层单位,供职工使用。

第三节 日常安全管理

1987年久事刚成立,日常安全管理工作由办公室负责。到2015年,久事安全管理部成立后,安全管理职能由办公室转交至安全管理部。

1995年办公室"小车班"恢复集体安全学习制度，全年组织学习35次，检查车容车貌16次，出车6 900多次，安全行车15万公里。"小车班"还参加了市"讲文明、守法规、比技术、创安全"竞赛活动，较好完成交通法规、行车技能等项目的安全考核。

1997年办公室抓好"小车班"管理工作，多次组织驾驶员参加安全行车应知应会测试，保持良好的车容车貌，全年安全出车6 000多次，安全行车12万余公里，实现连续10年安全行车无事故目标。

1998年3月30日，久事对1995年11月7日《上海久事公司消防安全保卫工作规定》进行了修订。规定共六条，其中第三条"消防安全"特别强调：禁止携带易燃、易爆等危险物品进入久事公司；未经久事或大厦管理处同意，不得随意动用明火；不准损坏或任意搬移灭火机等消防设施，不准在安全通道、煤气间、电闸下堆放物品。

2000年7月，入夏以来，久事计算机机房温度大大超出温度控制要求，计算机设备使用故障增加，久事领导了解情况后非常重视，到现场分析情况，协调解决方案。大厦公司、物业公司积极配合，迅速组织有关人员进行管线定位和现场施工，于短时间内完成机房独立空调的安装、调试，确保机房设备在高温季节的安全运转。

2001年2月，久事办公室驾驶班被上海市安全行车委员会授予"二〇〇〇年度上海市安全行车先进集体"，这是继1987年以来久事连续第14年安全行车无事故、1991年以来连续第十次被授予该项称号。2001年力争做到五无(无碰擦、无违章、无事故、无抄报、无交通违章记分)，力争再创"市属单位安全行车先进集体"荣誉。

2001年7月17日，久事董事长张桂娟主持召开专题会议，传达市安全会议精神，部署久事安全工作，有关部门负责人参加会议。为把安全工作落到实处，会议明确：第一，实行安全工作责任制，久事总责任人为董事长张桂娟，具体责任人为副总经理胡岳义；会议还确定相关区域和部门安全责任人。久事各部门、子公司对各自的办公区城及其所使用和管理的资产和物品，要指定专人，明确职责，措施到位，落实责任。第二，制定和完善规章制度，物业公司、大厦公司、房产部分别制定和完善安全工作规章制度，防患于未然。第三，加强施工现场管理，对久事大厦辅楼等施工现场，各相关部门要切实加强管理，严格规范操作，确保安全施工。第四，要加强检查落实。

2001年7月26日上午，久事董事长张桂娟、党委书记孙金富、副总经理胡岳义检查久事安全工作。久事办公室、房产部、物业公司、大厦公司、行政部有关人员参加。检查中，领导强调久事所属外滩大楼是上海的标志，决不能发生任何事故，要确保万无一失；在一些有安全隐患的地方要有明确标识，要从细微处着手，杜绝事故苗子；对检查中发现的问题，要及时整改，将各项安全防范措施落到实处。

2002年，久事加强了安全检查，在重大节假日前检查外滩大楼、丙烯酸厂、档案室、电脑室等重要部位，发现问题，限期改正。

2003年1月，久事安全管理领导小组先后召开两次会议，总结久事2002年度安全管理工作，听取有关部门、子公司、控股公司安全工作汇报，部署2003年度安全管理工作计划。2002年安全工作总体受控，全体人员对安全管理工作的认识有了很大提高。申通、赛车场、南广场公司在项目投资建设中，重视把安全工作与工程质量一起抓；公司房产部、物业公司在外滩沿线大楼的管理上，把安全工作放在首位，较好地保证了安全；丙烯酸厂在生产中处处讲安全，被评为上海市安全先进单位。久事还建立健全安全工作的组织体系。同时，安全管理领导小组制定了《久事公司安全管理暂行办法》和《久事公司安全管理措施》,各部门(子公司)和控股公司也分别制定安全措施,明确各自的责任,形成安全工作网络,使安全工作有制度保证。

2003年1月下旬,房产部组织全体员工认真学习《上海久事公司2003年度安全工作计划》。春节前,房产部及时组织人员对所辖大楼进行了安全普查,尤其加强了对外滩大楼的检查力度。通过检查,外滩大楼的安全状况亦喜亦忧。外滩大楼毕竟历史悠久,特别是几幢空置或未置换出来的老楼,只能基本维持原状,仅进行少量应急抢修工作,楼内结构、设施普遍存在不同程度的缺陷和安全隐患,尚未得到根本改观。消除外滩老楼存在的不安全因素,根本的出路在于加快招商。房产部一方面要会同物业平时密切跟踪,加强现场巡查,对未建立物业管理或关系不顺的老楼落实责任;另一方面要根据保证安全、保证结构良好的优先原则,分轻重缓急,抓好计划中的重点配套维修工程。同时,建议动迁置换北京东路25号大楼内的16户居民,尽早消除形成该大楼安全隐患的不稳定因素。

2003年4月23日,后勤服务部组织全体专职驾驶人员的安全专题学习会,决定在"五一"节前加强对驾驶人员的教育,对车辆开展全面检查,对车辆隐患落实整改,并希望公司所有持证驾驶人员,要认真学习通知精神,严格遵守交通法规,严禁超速行车、酒后驾车,为争做"遵纪守法的模范、文明行车的模范、安全行车的模范"作出表率。

2003年4月29日,久事召开安全管理领导小组第二次会议。会议由久事安全管理领导小组副组长、副总经理张建伟主持,领导小组组长、副总经理胡岳义以及领导小组和下属办公室全体人员参加。会议先听取了物业公司、置业公司、赛车场公司、后勤部、办公室汇报有关安全工作和"五一"期间安全工作打算。最后,副总经理胡岳义就"五一"长假期间的安全和下阶段工作提出五点要求。

6月26日,久事召开安全管理领导小组2003年第三次会议。副总经理张建伟主持会议,他首先通报了当前全国安全生产形势并传达了黄菊同志对开展"全国安全月"活动的重要批示精神。物业公司、申通公司、赛车场公司和南站广场公司分别汇报了防台、防汛和夏季安全管理工作打算。最后,副总经理胡岳义对久事上半年安全工作作总结,对下一阶段安全工作提出三点要求。他强调安全管理一定要见微知著,防患于未然;切实抓好重点并有效落实,确保一方平安。

2003年7月初,物业公司召开了防汛防台专题工作会议,对防汛防台工作作出8个方面工作布置;并要求近期以外滩大楼为主,组织一次防汛防台应急预案的演练活动。

久事所属的外滩地区大楼是安全管理工作的重点。2003年,外滩沿线出租大楼中有3幢相继进入改造装修期,施工安全责任重大,为确保已出租整幢大楼租赁内和改造装修间的安全,7月9日,房产部在久事领导关心和法律中心等部门大力支持下,根据"谁使用,谁负责"原则,先后与中山东二路9号大楼,中山东一路6号、18号大楼,陕西北路186号楼的承租户签订了大楼安全协议,明确从租赁合同生效之日起,大楼的一切安全责任由承租户负责。房产部将落实人员和职责,加强大楼的安全检查和督促,把安全工作做实、做细、做好。

9月26日,久事召开安全管理领导小组2003年第四次会议。领导小组组长、副总经理胡岳义总结7月份久事安全管理检查情况并部署了"十一"长假期间的安全工作,有关部门、子公司、控股公司人员参加了会议。关于"十一"长假期间的安全工作,副总经理胡岳义提出三点要求:节前组织检查——各单位要按照各自的管理职责,认真组织安全检查;加强节日值班——有情况及时处理并按照程序上报;加强节日期间行车安全——国庆期间专职驾驶员和非专职驾驶员都要严格遵守久事的安全规定和交通法规,严禁酒后驾车、疲劳驾车、违章行驶、违章停车,如违反久事规定和交通法规,发生交通事故,责任自负,公司还要给予相应处分。

12 月 26 日，久事召开 2003 年安全管理领导小组第五次会议。会上，副总经理张建伟传达了市国资委《关于做好“两会”和“两节”期间帮困和稳定工作的通知》和市安全生产监督管理局《关于切实加强本市安全生产工作的通知》精神，副总经理胡岳义分别从房产车辆、重大项目安全几个方面进行了部署，强调了久事“两会”和“两节”期间的安全管理工作，并要求各相关单位加强“两会”和“两节”期间的值班工作；结合各自实际，认真安排和落实好元旦和春节期间的安全稳定工作，确保一方平安。

2004 年 1 月 20 日，久事副总经理胡岳义、张建伟以及办公室、房产部、后勤部、物业公司负责人等对部分外滩楼宇和久事大厦进行安全检查，在检查过程中对外滩楼宇和久事大厦的安全提出要求：加快外楼宇的租售进度，严格落实安全责任；督促已签约的租户加紧改建和装修，改善目前楼宇的安全状况；加强春节期间值班和巡逻，防止附近居民燃放烟花爆竹引起火情，确保一方平安。

3 月 29 日，行政部组织驾驶班全体员工，进行有关行车安全的学习。行政部准备从 4 月份起，在久事信息公告网页开辟“驾驶员安全学习园地”（暂定每月 1 期），在学习园地中将登载摘自《人与车》《交通安全周刊》等杂志交通安全宣传资料的信息，以供全体驾驶员参考学习。

2004 年 4 月 29 日，久事召开 2004 年第一次安全管理领导小组会议，久事党委书记孙金富、副总经理胡岳义及各有关部门负责人出席会议。会议传达市国资委下发的《关于加强季节交替时期的安全工作，确保城市及居民工作生活正常的通知》和转发的市安全生产领导小组办公室《关于加强“五一”节期间安全生产工作的通知》精神。会上，副总经理胡岳义对“五一”期间的安全作了部署。最后，孙书记强调：安全管理工作除了要做好久事各项安全工作外，还要向外延伸扩展到各控股公司和各个家庭，要做到“宁可失之于严，不可失之于宽”，一丝不苟，万无一失。

4 月 13 日和 4 月 27 日，久事资产经营总部所属基础设施部对南浦大桥和徐浦大桥进行检查。大桥分公司与班组签订《安全责任书》，大桥分公司对 2004 年应急预案进行完善，各预案已放置在交通监控室现场备用。对南浦、徐浦管辖范围内的防汛墙进行了检查并提出修复要求，以确保防汛墙安全和通道畅通。徐浦大桥分公司对场地租赁单位进行安全责任签约并实施安全押金收取制度；对检查中发现的南浦大桥分公司临时工工棚安全问题，提出了立即拆除、消除隐患的要求。

7 月 9 日，久事召开 2004 年第二次安全管理领导小组会议，久事安全管理领导小组成员、各控股公司有关人员、外滩物业公司负责人参加了会议。资产经营总部通报南浦大桥“防汛防台、清障排堵”综合演习情况，南站广场公司、赛车场公司等控股公司通报了近期安全管理情况。会上，副总经理张建伟指出：对安全工作要以“如履薄冰、战战兢兢”的工作态度，扎扎实实地推进各项安全管理工作，真正做到纵向到底、横向到边、不留死角，确保安全。会后，副总经理张建伟带领安全管理领导小组有关同志检查了外滩 2 号、6 号、60 号大楼及久事大厦的安全情况。

2004 年 12 月 30 日，久事党委书记孙金富、副总经理张建伟带队先后检查了久事大厦、外滩部分楼宇的安全情况。孙金富等首先来到久事大厦中控，详细查看、了解电子监控、消防配备系统情况，并要求物业公司模拟跟踪电梯、楼梯进出的可疑人员，随后孙书记检查了锅炉、油料、电力、空调、备用发电机等设备的安全生产管理情况，还对正在装修的员工餐厅工程进行了检查。副总经理张建伟对中山东路 1 号、2 号、6 号，九江路 60 号外滩楼宇以及久事员工餐厅进行检查，现场查看有关楼层、房间、安全通道、电梯以及安全设施配备情况，询问安全管理方法和应急预案的情况。他强调安全工作只有起点，没有终点，要长抓不懈、警钟长鸣，把各项措施落到实处。

2005 年 4 月 26 日，久事党政办公室参加市机管局车管处召开的“市级机关车辆管理工作例会”,会上车管处领导通报了市属系统两起重大交通事故以及一季度交通违法情况。4 月 28 日,党政办公室专门组织专职驾驶员进行学习,传达市机管局车管处安全工作例会精神,并针对“五一”长假特点,对久事全体专兼职驾驶人员提出六点要求,强调遵章守法,确保节日行车安全。

6 月 23 日,久事召开 2005 年第二次安全工作会议,久事及控股子公司安全管理人员参加会议,久事副总经理、久事安全领导小组组长张建伟传达市国资委《关于认真做好 2005 年防台防汛工作的通知》精神,强调要认真负责、一丝不苟,扎扎实实把防台防汛工作落到实处。会后,副总经理张建伟带队检查外滩 60 号、6 号及久事大厦地下室重要场所和设施情况,对大厦 B3 层的“积水坑”排水系统进行专项检查并给予肯定,要求继续保持高度重视,不要有丝毫松懈。

8 月 18 日,久事召开 2005 年第三次安全工作会议,总结防台防汛、抗击“麦莎”台风的经验教训,布置下阶段工作重点。台风“麦莎”刮断久事大厦 40 楼顶楼捆扎机械设备的绳索,砸坏 1.2 厘米厚的玻璃,若不及时固定,机械很可能飞落至交通要道上。久事及时采取措施,化解了一次可能的重大事故。久事副总经理张建伟出席会议并对公交公司司售、抢险干部职工及久事值班人员和物业公司工程、安保人员在抗击“麦莎”台风中的表现给予高度评价。会后,副总经理张建伟召集有关人员专门讨论了防台防汛中的隐患,并逐项拟订整改措施,举一反三、防微杜渐,安全度过汛期。

2006 年,公交企业划入后的第一年,久事按时召开安全会议,组织检查。每次检查都有台账,便于整改落实。整理有关安全保卫和稳定工作的台账 16 大类、66 小类。久事全年无安全保卫责任事故。

2007 年,久事修订《公司突发事件应急预案》,完善安全管理工作台账,组织安全工作会议、现场会、安全检查、安全讲座、工作交流等活动 16 次,安排节假日、防台防汛、“全国两会”期间值班等 6 次,撰写安全工作情况报告 20 余篇,发出整改通知 6 份。会议、检查、讲座等活动在干部、员工之中起到一定的宣传教育作用,久事也被评为上海市治安先进单位。

同时,久事还有针对性地抓安全生产工作,芦潮港集装箱中心站发生生产死亡事故,上赛场发生看台倒塌事件及场内交通死亡事故,久事都及时到现场召开会议,分析原因,加强防范,协助做好善后工作。

2008 年,久事督促完成同所属各单位的《安全责任书》的签约,层层分解、落实安全责任,履约率达 100%。召集安全生产工作会议 20 次,组织检查 15 次,发现隐患 177 项。截至 11 月底,治理完成 168 项,整改率达 94.9%,信息报送 20 多次,还编写印发及转发安全相关文件 40 多份。

2013 年,久事组织 56 个工作小组、1 304 人次检查 135 个场所,纠正违章 59 次,整改隐患 3 处。

2015 年,久事集团组织各类安全检查 49 次,重点检查营运车辆、新能源充电桩、公交停车场、内部加油站、汽车修理厂(车间)、易燃品仓库、厂房场所租赁、娱乐场所等重点领域、关键环节,其中,久事集团领导干部带队检查 16 次。查出一般隐患 59 项、较大隐患 9 项,整改率达 100%。集团所属单位安全生产投入 3.35 亿元,用于城维建设、车辆保险、设施设备更新等。

安全生产督办机制是 2015 年安全生产管理的创新。久事集团结合各直属企业安全生产的薄弱环节,确定安全督办工作 21 项,涉及 8 家单位。经过各方努力,完成的整改事项 14 项,基本完成的整改事项 1 项,结转到 2016 年的整改事项 6 项。

为贯彻落实《中共中央办公厅、国务院办公厅关于做好 2016 年元旦春节期间有关工作的通知》精神,久事集团于 1 月 27 日至 2 月 1 日开展节前安全大检查和慰问活动。

2016 年,久事集团总部开展各种形式的安全检查和隐患排查 78 次,发现各类安全隐患 48 处。久事集团所属各单位开展各类安全检查和隐患排查 7 700 余次,对检查发现的安全隐患均及时落实

图 5-8-2　2011 年 3 月 17 日，久事召开 2011 年度安全生产工作会议，久事总经理张惠民与各直属企业签订《上海久事公司 2011 年安全责任书》

整改措施。其中，置业公司落实 12 月全国安全生产电视电话会议精神，先后出动检查人员 20 批、86 人次，对 73 处厂房场所实施“地毯式”安全大检查，发现各类隐患 57 处。设立安全防范项目 54 项，投入资金预算 3.8 亿元。巴士公交充分利用先进技术实施车辆超速预警管理，在 24 条线路 400 多辆车上开通 DVR 实时监控。是年，集团召开安全生产委员会工作会议 4 次。

2 月 29 日，久事集团召开 2016 年度安全生产工作会议，会议议程主要包括观看 2015 年上海市安全生产警示片，传达和学习市安全生产工作会议精神，总结 2015 年安全生产工作，部署 2016 年安全生产工作，表彰优胜单位与优胜个人，与直属单位签订《2016 年安全生产责任书》等。

11 月 29 日，久事集团总裁龚德庆、副总裁李仲秋等一行 6 人到上海久通商旅客运有限公司，听取久通商旅公司近期安全生产及经营情况工作汇报。2016 年，久事集团所属交通企业充分利用车载 DVR 等实时监控信息化手段，加大对驾驶员超载、超速、疲劳、违章驾驶等行为查处力度。巴士公交印发整治知晓卡 2.5 万张、警示贴 8 000 余张，累计查车 3.61 万辆次，查处违法违章行为 5 600 余次。强生出租建立安全行车节约费用由驾驶员分享机制。经统计，久事集团所属交通企业全年违法率低于行业平均水平。

久事集团所属赛事企业会同政府相关部门，制订切实有效的安全保障方案，全年投入安保人员 9 000 余人次，确保重大赛事活动安全平稳举办。其中，在短短 2 个月时间里，全面完成 F1 中国大奖赛、环球马术冠军赛、国际田联钻石联赛等三大国际赛事安全保障任务，出动保障人员 5 880 人次，涉及搭建点 34 个、搭建面积 2.7 万平方米，完成临时活动保障事项 12 项。

此外，根据市政府要求，久事集团围绕为徐家汇体育公园改造项目开工创造条件，会同徐汇区政府共同建立政企联手工作机制，拆除违法建筑 30 余处、8 600 余平方米，关闭 11 处停车场；及时拆除 5 400 平方米的东亚展览馆，清退现有商户 16 家，面积达 2.3 万余平方米。全年久事集团系统内厂房场所安全形势始终处于受控状态。

2017年1月16—23日，久事集团总裁龚德庆及领导班子成员兵分几路，对中运量、人民广场枢纽站、芦潮港集装箱中心站、外滩楼宇等基层单位进行安全检查和节前慰问。

2月13日，久事集团召开年度安全生产委员会专题会议，会议审议通过集团公司2016年安全生产工作总结和2017年工作计划、2017年安全生产督办工作、2016年度安全生产优胜集体和先进个人名单等议案。

2017年下半年，久事集团安委会开展特种设备专项隐患排查整治。排查主要内容为集团范围内的电梯、压力容器等463台特种设备运行状况和年检情况。根据自查情况，设备运行基本正常。

7月21日，久事集团召开2017年上半年安全生产工作会议，副总裁、安委会副主任李仲秋，副总裁孙冬琳出席会议。

8月3日，久事集团工会主席带领办公室、安全管理部、工会相关人员，对久事集团下属现代交通公司和巴士三公司职工食堂进行一次食品安全突击检查。

8月11日—9月10日，久事集团安全管理部对集团范围内宾馆及娱乐性经营场所进行重点梳理排查，此次排查治理采用所属企业自查自改、久事集团抽查的方式，经统计：久事集团系统内宾馆及娱乐性场所共计64家，分别为巴士集团25家、交投32家、久事置业6家、体育集团1家。根据对上述64家宾馆及娱乐性场所安全生产及治安现状等方面的分析，提出“即时清退”“到期清退”“整改后加强管理”三种分类整改措施，其中“即时清退”41家，“到期清退”4家，“整改后加强管理”19家。

8—10月，久事集团安全管理部对集团范围内各直属企业安全生产标准化达标、复评情况以及各所属企业安全生产管理制度进行全面梳理排查。根据系统内10家直属企业上报数据，安全标准化达标企业4家(新联谊、置业、申铁、交投尚未复评)，达标申报中企业2家(交通卡、上赛场)，剩余4家直属企业未达标(巴士、强生、久投、体育)。梳理排查各直属企业安全生产管理制度135个，其中58个制度未及时修订。安全管理部还对各直属企业主要负责人及安全生产管理人员的持证情况进行梳理排查。根据上报数据，主要负责人13人，1人无证(新联谊)；安全生产管理人员29人，7人无证(巴士2人、置业1人、交通卡2人、申铁1人)；安委会(含安全生产领导小组)成员135人，58人无证。

在党的十九大召开前夕和会议期间，久事集团领导带队开展安全生产大检查及督查工作20余次，集团安委会组成检查小组深入基层参与检查人数达43人次，查出各类安全隐患45处，并采取针对性的管控措施。

2017年，久事集团坚持“人防、物防、技防”三位一体，设立安全防范项目112项，投入资金预算1.8亿元。按照“全覆盖、零容忍、严管理、重实效”总体要求，重点对公共场所、厂房租赁等重点行业、重点领域、重点部位全面开展安全隐患排查和整治。集团安委会组织开展安全生产大检查、出租厂房场所安全隐患专项排查整治等各类安全检查134次，发现消防通道堵塞、消防设施缺损等各类安全隐患125余处(件)，现场立即整改11处(件)，发出安全隐患整改通知书38份，限期整改114处(件)，整改率达到100%。各直属企业在安全生产大检查期间，排查发现各类安全隐患569处，通过全面整改，遏制风险隐患。

同时，开展安全生产标准化创建和年度复评工作。10家直属企业中，有4家直属企业完成安全生产标准化达标或复审，4家直属企业完成初评申报，剩余2家直属企业也全面启动各项初评申报准备工作，力争2018年做到达标全覆盖。

第四节　安全事故处理

在 2005 年前，由于久事管理业务主要是投融资，不涉及公共交通业务，相对来说发生事故的概率小，久事主要抓办公室“小车班”交通安全管理，加强对驾驶员安全行车教育，提高驾驶员安全行车意识。这时期无重大交通事故发生。2005 年以后，随着 5 家公共交通企业划归久事，安全事故管理交由刚成立的交通资产管理部负责。2006 年 5 月，交通资产管理部撤销，安全管理职能又划归办公室。由于久事当时还没有专设安全管理职能部门，按照“谁主管，谁负责”原则，发生的交通安全事故仍由五大公共交通企业负责处理，并上报久事办公室备案。

2015 年，久事组建安全管理部，各直属企业发生事故，都必须上报久事集团安全管理部，由安全管理部协同各直属企业安全部门调查处理并上报久事集团安全生产管理委员会及上级安全部门。

2016 年，久事集团各直属企业未发生较大和有严重社会影响的生产安全事故。交通事故总量继续保持下降态势，比 2015 年下降 29%；发生非道路交通事故 2 起。久事集团及所属企业全年移交公安机关追究刑事责任并解除劳动合同 3 人，给予绩效考核处罚 3 185 人次。

2017 年，交通运输企业发生的道路交通死亡事故，均控制在上级下达的控制指标内，全年安全生产形势总体受控，但与 2016 年同期对比，道路交通死亡事故增加 3 起，死亡人数增加 1 人。久事集团及所属企业全年移交公安机关追究刑事责任 5 人，解除劳动合同 4 人，给予绩效考核处理 89 人次。

第九章　行政事务管理

第一节　久事办公场所

按 1987 年年初市计委上报市政府的文件安排，久事办公场所由市机关事务管理局负责。但久事几次与市机关事务管理局沟通，均无结果，遂自行租房过渡。联系了联谊大厦、东风饭店、海鸥饭店、和平饭店、锦江饭店、南京饭店等处，都因客房紧张，没能谈成。最终在新城饭店二楼租借了 6 间客房，从 1987 年 5 月 2 日起，搬入办公。

半年后，由于新城饭店需要改造等原因，久事迁移到四川北路白厦宾馆三楼，开始有相对固定且比较宽敞的办公场所。

1994 年 5 月 29 日，久事又从白厦宾馆搬至延安东路 100 号联谊大厦三楼办公。办公场所的不固定引起了市政府的重视和关心。久事也对相关地块进行咨询了解，最终选择中山南路。1995 年 8 月 28 日，在中山南路 28 号地块举行“久事大厦”打桩开工仪式。2001 年 4 月 2 日，久事完成成立以来规模最大的一次搬迁，进驻久事大厦办公。

2013 年，久事完成办公区域 6 个楼层的空调改造，加强绿化养护，以改善办公区域空气质量。同时，建立饮用水定期检测、更新机制，改善办公区域饮用水质量，使水质保持优良，让员工放心饮用。此外，还强化对总台、驾驶员等后勤人员的管理，优化布局，明确岗位职责与工作内容，取得了初步成效。

2014 年，久事办公室会同房产部完成 35 楼至 40 楼的通风管道改造。在 36、30 楼会议室加装空调，方便双休日加班员工办公。同时，完成建楼以来的直饮水改造，定期开展水质检测，确保饮用水质量，加强绿化管理，优化绿化资源配备。

2015 年，在办公室、置业公司和施工单位的共同努力下，办公区域装修第一阶段进展比较顺利，不但改善空调新风和灯光照明，员工办公面积也有扩大，整个办公环境的舒适度明显提高。

2016 年，久事集团总部办公区域全面铺开装修工程，各种报批手续复杂，施工各个环节涉及面广，管理难度大。久事集团坚持安全、节俭、环保的原则，组织做好装修和搬迁等阶段的工作，实现了改善办公环境的目标。整个装修工程于 10 月底基本完成，零星收尾工作于 11 月底全部完成。

同时，久事集团按项目管理原则做好办公区域绿化工作，无论是绿化的品种、摆放的位置，还是更新的频率，都对供应商提出新要求，从品种、价格、养护等环节进行市场比较，建立优胜劣汰机制，在美化环境的同时，降低绿化成本。

第二节　公 文 管 理

一、文件收发管理

1987 年 12 月久事公司成立，开始涉及文件收发管理。1993 年，久事制定较规范的文秘工作制度，做到领导活动、电话记录、收发文件、电传件均按规范分门别类登记签收。

1995 年，久事重点改进对外业务发文工作，由办公室牵头，协助各部室审核、修改每一份外发文稿。是年向各级政府部门及有关单位发文 154 篇。以此为契机，办公室也从间接服务公司经营转变为直接服务。

1998 年，久事收发各类文件约 5 500 件，并编写《外事月报》。

2005 年，久事发文 130 件、收文 782 件、发内刊 91 件。完成久事各类呈批件 388 份的审核、报送。同时，办公室做好报刊资料的征订、发放工作，是年订阅报纸杂志 111 种 223 份。

2006 年，5 家公共交通企业划入久事后的第一年，文件印发数是公交企业加盟前的 7 倍多。文件多，给文件管理带来难度。久事严格执行程序，收文、分类、登记、传阅、签收、归档等环环紧扣，公司密切跟踪，掌握文件流向，全年文件无丢失，全部收回。

2007 年，久事收文 1 500 件、发文 400 件，继续做好一年四次保密废纸处理工作，没有发生泄密、失密等事故。

2008 年，久事收文 1 611 件，发文 388 件。

2014 年，久事进一步加强办文、办事效率，继续优化办文操作流程，做到接收、处理、反馈、归档工作系统化、程序化，急件急办，缓件快办，密件密办，确保文件流转畅通和效率提高。

2016 年，久事集团改进和完善对外发文的复核制度，一个文件在完成制作前必须经过三道审核关，做到"精益求精、精耕细作"，保证办文质量，未发生重大文字差错事故。同时，参照国家有关标准，制定久事发文制文格式标准，于 3 月开始施行，于 8 月加以完善，进一步规范久事对外发文工作，使文件质量有实质性提升。

此外，久事集团加强对直属企业的指导，及时指出 4 家相关企业在发文、信息报送等工作中存在的不规范现象，提出改进要求，严把发文质量关。

2017 年，收文 1 061 件，发文 392 件，其中行政发文 232 件。

二、文秘工作

1993 年，办公室制定文秘工作规范，加快文件周转，配合完成管理层下达的各项文件起草、改定、会签，做好对外接待工作，认真安排领导日程，及时完成领导交办的各项任务。办公室还整理久事五周年纪念大会相关文稿，编制 1992 年度久事公司年报。

1994 年，久事规范电话记录、活动安排等文秘基础管理工作的流程。按时完成久事 1993 年度年报编写，并开展 1994 年度年报资料搜集和框架编排工作。

2000 年，久事办公室起草各类材料 20 多份，完成久事 1999 年年报的编制、印发和久事大事记的编制、上网。撰写材料文字数万字，核稿 50 多份。是年接待内外宾客 286 批 350 人，审理报转呈批件 530 份。

2001 年，久事打印各类文字材料 1 000 多份，约 120 万字。

2004 年，办公室审核办理久事各类公文 1 086 件，各类业务文件、合同呈批件 439 份，审核用印 400 多次，送阅文件 1 000 多份。

2007 年，久事流转公文 600 件，在许可情况下，秘书尽可能将文件送达各有关部门，改变以前一个电话叫人上来取的状况。办公室还拍摄各种重要会议及接待等活动照片或录像，为做好久事大事记积累资料。

2008 年，据市国资委统计，截至 10 月底，久事发送的信息采用率由 2007 年的第 35 位跃至第

25位。文秘管理工作有条不紊。文秘在电话多、文件多、来访客人多、会议调整多的"四多"情况下,耐心细致,合理安排,不错不乱,工作运行稳定。

2013年,办公室主要起草综合类(久事年度总结计划、季度例会工作报告、市领导到久事调研汇报等)、专项类(党的群众路线教育实践活动系列重要文稿、市委巡视组反馈意见整改落实情况报告等)、专报类(上赛场5.3平方公里综合平衡方案、正大广场出租汽车整治等)、纪要类(16次经理办公会纪要)四类文稿。

2017年,办公室负责安排董事会会议1次,董事长办公会议9次,总裁办公会议9次,久事集团领导召集的各类专题工作会议437次,久事集团领导参加上海市委市政府会议148次。久事集团内部流转呈批件63件,久事集团内部简报15份,向上海市委市政府呈送专报16期。

第三节　会务管理

1987年,按边筹备边开展工作的原则,12月30日久事公司成立大会在上海展览中心宴会厅举行,各项准备工作均由办公室承担,包括落实会场,印发请帖、资料,制作纪念小礼品及会中组织工作等。

1995年,久事重点提高会务服务质量。是年,久事召开研讨会3次,各类董事会、业务会约10次,均按领导要求制订会务方案,做好会前准备、会中服务、会后总结纪要。

2000年,久事完成会务工作24次,筹备会议材料24份。主要包括总经理会议、久事计划工作会议、季度工作会议、经营管理座谈会、新《会计法》执行检查工作总结会、经营管理工作专题会议等。

2001年,办公室完成全年400多次的会务后勤保障任务。

2002年,办公室筹办党政联席会议29次,及时做好会议纪要。此外,筹办部门负责人、安全工作、保密工作、信息工作、档案工作、电脑工作、内勤工作等会议17次。会前准备会议材料,布置会场,安排人员,保证会议质量。

2004年,办公室筹办各类会议50多次,包括党政联席会议、专题研讨会、安全工作会议、保密工作会议、中层干部会议、全体员工大会等。会前都预备材料,安排会务,会后形成会议纪要和相关信息,保证久事经营管理正常运行。

2005年,办公室安排各类会务100多次,包括会标制作及各类会务用品的供应等。

下半年,办公室与工会一起接管原由物业公司管理的30楼会议中心,在操作中严格规范程序。接管第一个月,就实现收入2.74万元,赢利1万多元,实现扭亏为盈。

2006年,在久事大厦30楼会议中心的管理中,办公室同工会一起实行部分人员轮岗制,严禁未经同意擅自安排会务。会议中心年度经营收入35万元,持续保持赢利。

2007年,办公室加强对久事大厦30楼会议中心的管理,全年安排会议310次,会议人数1万多人次,营业收入40多万元。大厦36楼也安排会议700多次,会议人数也超过1 000人次。

2008年,久事办公室配合工会继续做好久事大厦30楼会议中心的经营管理,通过完善制度、调整人员、谈心沟通等方式,提高工作效率,安排会议278次,会议人数8 750人次,为工会实现营业收入38.3万元。

2016年,在久事大厦30楼会议中心改建装修后,办公室调整南北两个角的会议室功能,使用率提高。同时,恢复事先申请做法,会议室的使用更加规范。针对30楼大会议厅先天条件不足的实际情况，久事集团及时更新音响设备，并提出改进音响效果的具体措施，做好各类设备维护保养，确保话筒等设备正常使用。

2017 年，久事大厦 30 楼会议中心使用率创下新高，截至 10 月底，会场使用达到 195 次，其中，本部 151 次，直属企业 26 次，80 人以上的大型会议 34 次，对外租场 18 次，创收近 10 万元。

第四节　重 大 接 待

1996 年，久事接待 45 批外宾和 500 多名内宾。

1998 年，久事公关接待频率与往年相比有大幅增长，接待中外来宾 619 批 1 272 人次。

2002 年，久事接待全国各地投资公司 24 批 107 人次。

2004 年，久事先后接待财政部、中国投资协会、上海申能公司等政府部门与兄弟单位来访客人 18 批 92 人次。

2005 年，久事接待内外来宾 52 批 230 多人次，其中外省市客人 11 批 73 人次；最多一次接待 31 人，平均每批客人在沪时间 2 天多。

2015 年，久事先后接待韩正、应勇、屠光绍、赵雯、徐逸波等中共上海市委、市政府以及市国资委等领导前来调研。

2016 年，久事集团接待兄弟省市客人数量增长，先后接待北京、山东、广西、青岛等投资公司 5 批 39 人次。久事集团设计和启用公务接待审批表，建立接待流程，规范接待规格和标准。还尝试与东亚集团合作，利用集团自有资源做好接待工作，做到总部和直属企业双赢。

第五节　后 勤 保 障

1993 年，办公室完成仓库清理及久事固定资产、部分低值易耗品清点、检查工作。

1994 年 5 月，久事办公地点又要搬迁。办公室印发《久事搬迁至联谊大厦办公有关问题的通知》。规定上班时间为 8:30 至 17:00(其中 12:00—13:00 为午饭休息时间)。班车站点和时间方面，经调查，开辟三条线路接送职工上下班。东线从玉田路密云路口，途经 7 个停靠站点至联谊大厦；西线从淮海西路新华路口，途经 5 个停靠站点至联谊大厦；中线从茂名路南昌路口起点站，途经 3 个停靠站点至联谊大厦。中午统一由久事供应盒饭，收费标准按个人负担一点、久事补贴一点的原则执行。

由于考虑到联谊大厦主要为外商办公楼，通知还要求久事员工一定要搞好司容司貌，严格遵守久事礼仪规范。

1996 年，办公室先后组织维修空调新风机 5 次，为各部室配备净化饮用水设备。这一年在联谊大厦办公，办公室行政科处处精打细算、勤俭节约。全年共节约费用 22.07 万元。具体有：经同联谊大厦多次协商，免收大楼维修费 10 万元；联谊大厦要求久事付 2.5 万元煤气费，结核对，多抄煤气数，实际付 1.4 万元，避免损失 1 万余元。励致家具公司要求久事支付办公家具款 36.96 万元，收货后，办公室经反复清点，金额为 32.11 万元，防止多付 4.85 万元。免费借用冷热饮水机 16 台，节省开支 3.2 万元；其他项目节约 1.22 万元，其中：电话维修费 4 500 元，地毯清洁费 2 700 元，车辆免税 5 000 元。

1998 年，办公室行政管理人员为采购各类行政用品、联系各类设备维修、协助办理工商税务登记年检等,对外联络 200 多次。

同时,为贯彻久事领导提出的“增收节支”要求,通过谈判、细致对账等各种灵活措施,与 1997 年同口径相比,节省行政支出 77.3 万元。其中,停车费节省 7 万元,修理费节省 4 万元,房租节省 58 万元。办公室加强进货管理后,与 2007 年同期相比,节省行政用品经费 3 000 元(包括查出不应支付账款 590 元)。此外,还节省绿化费 1.5 万元,出售旧福特车 14 万元,与市场价格相比,增收 6.5 万元。

2004 年,办公室对久事机构改革后的办公区域、办公设备、通信设备进行调整。会同财务管理部,全面清点久事固定资产,包括久事本部、原外滩房屋置换公司、威尼斯花园、金鑫大厦、物业公司等处。

经与申通集团、磁悬浮公司协商,对历年借用的资产和闲置资产实行有偿转让,收回转让资金 10 多万元。

2005 年,久事局部调整办公区域 12 次,电脑、电话、办公桌柜、名片等配套工作同步跟进。此外,初步完成集员工工作证、用餐卡及安保门禁系统为一体的“智能一卡通”身份识别系统。这一年由办公室协调、落实员工餐厅卫生防疫证、消防安全等工作,按计划启用员工餐厅。

2006 年,办公室同工会合作,加大对员工餐厅的管理力度,做到日常检查和组织检查相结合,专人检查和专业人员检查相结合。久事安排专人监督餐厅,组织职工代表等有关人员检查 50 次,请食品卫生防疫所突击抽查 4 次,处理有关事宜 4 次。其中一次,发现菜肴变质的严重质量问题,久事提出整改意见,并责成餐厅调换值班经理。

2007 年,鉴于原来窗口取菜方式难以满足员工要求,办公室多次到兄弟单位学习,实行员工自助午餐,受到大多数员工的欢迎。

2008 年,办公室自查餐厅卫生 200 多次,请食监局专业检查、化验食品 5 次,全部达标。

2013 年,办公室及时了解员工需求,改善食堂用餐质量,完成久事大厦食堂经营方更换工作,确保交接平稳,并通过签订新合同,提高员工餐饮服务质量。员工反映较好。

2014 年,办公室推进食堂标准化建设,完成食堂内部装修和经营者变更,实现平稳交接,按照“米有质、菜有新、汤有料”的要求,提高员工餐饮服务质量,并对午餐进行食品卫生的跟踪、监督和管理,获得员工的肯定。

2017 年,鉴于久事食堂的设施设备使用已久,有的严重老化、常年失修,存在安全隐患,办公室遂对四楼厨房进行翻修改造,更新一批设施设备,添加洗碗机,加强食品卫生管理,解决重大安全隐患。

第六节　公务用车管理

1993 年,久事进一步加强车队管理,保障全年安全行车无事故,并积极安排好业务用车,保证各项业务顺利开展。

1994 年,久事实现安全行车 30 万公里,获上级嘉奖。

1998 年,久事全年业务出车 1 014 次,班车 2 500 次,行驶里程 17.8 万公里,行车安全无事故,连续 11 年保持无责任事故的成绩。

1999 年,久事全年出车 8 000 多次,行车 20 多万公里。

2001 年,办公室为业务部门安排用车 1 200 余次,行驶约 20 万公里,无一起安全责任事故。

2005 年,办公室每月组织专职驾驶人员进行安全学习。8—9 月,还针对事故苗子,组织久事专兼职驾驶人员安全交流。实现久事专兼职驾驶人员全年没有行车安全责任事故的目标。

五大公共交通企业加盟久事后，办公室发现超标购车用车情况严重，公交职工也反映强烈。2008 年，办公室会同审计部、财务部一起制定《上海久事公司公务车辆购置暂行规定》，对公务车辆购置定性、定量、定范围，既符合市政府有关规定，又具有可操作性。

2014 年，办公室加强对驾驶员、车辆调度的管理，优化布局、调整人员，明确岗位职责与工作内容，取得初步成效。

2015 年，办公室会同组织人事部、纪检部和审计部开展公务用车整改和车辆日常管理的自查工作。

2016 年，根据久事集团党委工作部署，办公室会同审计部、纪检部，对巴士集团等 10 家直属企业公务用车和生产经营用车改革与管理进行专项督查，对东亚集团等 4 家企业进行情况摸底，对强生控股等所属三级企业进行抽查，使久事系统公务用车和生产经营用车从落实整改、进行改革转向常态化管理。

第七节 档 案 管 理

一、档案整理

久事、实事公司合并后，积累大量档案。1990 年年底，久事基本完成 1989 年以前两家公司的文书档案立卷工作。

1991 年，办公室基本完成两公司档案整理工作，为档案工作经常化、规范化打下了基础。

1993 年，办公室试行部门预立卷，完成 1992 年度久事文书档案立卷工作，共立卷 70 卷。

1994 年，久事档案共立卷 130 卷，其中永久卷 36 卷、长期卷 28 卷、短期卷 61 卷，并按分年、分类立卷要求，对久事历年人事档案进行整顿，完成立卷 54 卷。同时，开始推行部门档案立卷，编制各部室立卷的类目。

1996 年，办公室加强对各部室、直属企业档案管理，召开各部室、直属企业文档工作会议，推动久事系统档案工作深入开展。还帮直属企业建立起档案规章制度、管理网络，清理历年各类档案，抓好 1995 年度档案预立卷、归档审核工作，收集入库档案 648 卷(张、册)。此外，协助综合研究室、法律顾问室等新设部门制定文书档案预立卷归档类目，协助计划财务部整理历年遗留财务会计档案，共归档 90 卷。

1998 年，办公室整理完成各类档案 532 卷(张、册)。

1999 年，办公室完成 1998 年度文书档案 566 卷(册)的立卷，审核新项目档案 9 个。

2001 年，久事办公场所搬入久事大厦，档案室也搬入新库房。办公室及时做好各部室与直属企业档案集中和归档工作，重新编排各类档案的入库，共上架各类案卷 8 456 卷，近 3 000 盒。

2005 年，办公室完成各部门 2004 年度各类载体档案 530 卷的移交、接收、审核、整理、组卷、计算机输入等工作，完成 80 卷历年实业投资项目档案的拆卷、整理、组卷、装订、装盒工作。

同时，完成 142 卷磁带音像资料的翻录抢救工作。这些磁带音像资料储存时间较长，有的已出现磁粉脱落现象，导致久事当时设备无法使用。办公室将其翻录到 109 张光盘上，避免了一次档案资料的重大损失。

2007 年，办公室完成案卷归档 900 卷(册)，整理历年市政项目档案 27 卷，装订历年合同档案

136卷,并将“九四专项”档案151卷输入电脑。是年提供档案调阅600卷、380人次,为久事20周年年报和光盘制作提供较为完整的资料。

2008年,办公室立卷归档691卷。

2013年,办公室完成久事历史档案电子入库,并扫描最近5年的历史档案。

2014年,办公室继续推进历史档案电子入库,完成第二年度的档案数字化扫描工作和档案系统数据的备份。

2015年,办公室把基础较好的档案工作作为试点,经过十多次的优化完善,到10月份,形成档案工作“三化”(规范化、标准化、流程化)推进表。

2016年,久事集团组织召开集团年度档案工作会议,将专业知识培训与布置集团年度档案专项工作有机结合,通过开展工作点评,提出集团档案工作年度目标任务和工作要求。

二、服务与利用

1998年,办公室向各部室、直属企业借阅档案220人次、747卷(张、册);完成对富士施乐、华都集装箱等10个老投资项目档案缺损材料的审核和补充,查找账册56本、凭证280册,复印凭据438张。

2001年,有241人次调阅881卷档案资料。

2004年,针对直属企业档案室成立时间短、档案管理基础薄弱的情况,办公室先后到各直属企业对档案管理情况进行考察,在考察过程中加强指导和上门服务,协助直属企业提升档案管理水平。

2005年,办公室为各部门提供800多卷档案的调阅、利用工作。

2008年,有350人次调阅900多卷档案资料。

2017年,各部门到办公室借阅和查阅档案的次数也急剧上升,有207人次、1 836卷案卷。

三、档案验收检查

1995年,办公室完成1987—1994年末全部档案的再整理,立卷761卷(包括永久卷118卷、长期卷404卷、短期卷237卷)。其中会计档案149卷(凭证550册)、科技档案6卷、荣誉档案17卷(张)、声像档案55卷(盒)、照片125张、项目档案616卷。

1995年,久事顺利通过档案管理升上海市二级验收,成为上海市计委系统内第一家档案升级的单位。此次档案升级意义重大,有力地促进了久事档案管理水平和案卷质量的提高。

2002年11月,经市档案局评审,久事通过档案管理升上海市一级验收。

为实现这一工作目标,办公室对历年档案进行清理,并对122卷档案作重新归类和库房调整;认真修订完善档案管理规章制度和做好各类台账;完成计算机文档一体化系统设计和施工,并将1 465条案卷级条目和1.29万条文件级条目输入计算机储存;加强档案编研开发利用;邀请市档案局老师前来公司教授《档案法》,并在久事内刊上多次刊文,加大督导和宣传力度。档案室克服人手少、案卷多等困难,利用大量休息时间,认真做好档案升级工作,终于使久事档案管理成功升到上海市一级。

第八节 信息简报

1993年，办公室及时为上海市计委《信息交流》提供稿件，较好地完成上级交办的信息报道工作。同时，恢复《久事动态》《久事公司大事记》的编写，创办《久事信息》。是年，久事先后在上海电视台、东方广播电台、《文汇报》、《解放日报》、《新闻报》发表6篇报道，宣传久事品牌。

1994年，办公室将《久事动态》《久事信息》合并为《久事简报》，并按《久事动态》的版块设置，进行鲜明的标题分类。同时，召开各部室信息员会议，发挥信息员作用，使《久事简报》起到下情上报、上情下达的作用。

1996年，办公室继续做好信息收集汇总工作，外发信息近40条，在《每日动态》等上级机关刊物上转载9条。

1998年，办公室对《久事动态》进行改版，由双周刊改为周刊，全年共编辑41期。为让管理层及时掌握久事经营管理动态，新增管理层专阅的《综合信息》，全年共编辑8期，其中3期经久事主要领导签发传阅。是年，久事共在各类报刊、电台、电视台、简报登载信息31条，编辑《久事简报》24期。

2000年，办公室撰写《久事动态》58期、《久事要讯》66期、《久事简报》20期，上报上海市委、市政府、市计委和中国投资协会内刊的久事信息，被录用18条。

此外，为给员工增加提出合理化建议的通道，并摘编更多有参考价值的外部信息，《久事动态》在上半年新辟《信息参考》栏目的基础上，于第三季度创刊《建议与参考》。到年底，已发行11期。

2002年，办公室编辑、发行《久事动态》《久事简报》《久事要讯》《建议与参考》《久事网络信息》166期，平均每周3期，发布各类信息486条。其中，办公室直接撰写信息168条。此外，还将久事工作信息上报给中共上海市委、市政府、市计委32条。

2004年，办公室调整《久事动态》字体和纸张大小，由原来6页增加到8页，确保每月不少于1期。是年发行《久事动态》《久事要讯》《久事简报》《建议与参考》等内部刊物189期，每周编发3—4期内刊；发布各类信息500多条(篇)。

2005年，办公室编发久事内刊149期，其中《久事简报》8期，《信息与动态》56期，《久事要讯》31期，《建议与参考》228期，《久事专报》《网络经济信息》等26期。在版面编排上，增加照片资料，做到图文并茂。同时，编制久事中层正职干部竞聘演讲汇编本，收集演讲材料16篇。

2014年，办公室编写《久事简报》20期，其中43篇报道被市国资委录用。同时，参照上市公司要求，完成重要信息披露工作，梳理汇总久事基本信息，完成企业社会责任报告编写。此外，还完成年报的制作，力求介绍全面、设计精美，全方位展现是年取得的成就，提升久事对外形象。年报文字量从2013年的8 000字增加到1.2万字。

2016年，办公室加强简报信息稿的约稿力度，保证编发数量。对刊发的信息稿实行双核稿制度，努力提高编撰质量，编发集团公司简报26期。

第十章 员工管理

第一节 员工队伍

一、员工招录

1987 年 12 月，久事公司成立，人员由相关局、委、办调配。编制 30 人，实际到岗 23 人。

1995 年，久事本部 4 次向社会公开招聘紧缺人才，近 400 人应聘，录用 28 人，其中高级职称 4 人。同时，建立人才信息库。

1999 年，久事对员工的通信录进行采编，办理 5 名新进员工录用手续、1 名员工辞职手续和 2 名员工试用期满考核转正手续。同时，办理 1 名员工会计上岗证、7 名员工职称考试手续、6 名员工高级经济师和高级国际商务师职称材料整理及申报手续、2 名外派岗位员工选派手续。

1999 年，市政府决定将外滩房屋置换公司划归久事。2005 年，市政府又将 5 家公共交通企业划归久事，职工人数大幅度增加。

从 2005 年至 2015 年，久事本部在一般情况下，不再向社会招录员工，而是采取内部调剂，个别情况需招录员工，须经久事主要领导批准实施。而对各直属企业向外招录员工，先由久事系统和各直属企业内部调剂，再向社会招聘员工，具体事宜由久事本部与各直属企业自行负责。

2015 年，根据久事集团“公司制改革”要求，人力资源部完成久事集团总部“三定”工作，运用员工自我推荐和部门择优选择相结合方法，实现总部员工全部重新上岗。同时，通过外部招聘和内部选调方式，招聘引进 13 名新员工，年末总部员工人数 93 人。

2016 年，久事集团总部继续通过外部招聘和内部选调方式，招聘 11 名员工，人手紧张矛盾得到缓解；围绕久事体育筹建、铁路业务拓展，与直属企业一起实施对外招聘方案。

2017 年，久事集团加强总部人员招聘和岗位管理，招录 30 人。同时，与强生控股、公交卡等公司开展联合招聘，并制订完成《以岗位价值评估促进员工职业发展方案及实施计划》，以岗位价值评估为基础，对部门职责和岗位编制进行优化调整，并作为引导久事人员发展、人才流动、薪酬支付的依据。

2015 年至 2017 年末，久事集团本部由其他企业转入 38 人、社会招聘 47 人，直属企业等关系转出 28 人、退休 15 人，2017 年末集团总部职工人数为 113 人。

表 5-10-1 2017 年年底久事集团本部员工结构情况表

单位：人

合计			学历					年龄					
	女	中共党员	研究生	大学本科	大学专科	中专	高中及以下	35 岁及以下	36 岁至 40 岁	41 岁至 45 岁	46 岁至 50 岁	51 岁至 54 岁	55 岁及以上
113	35	88	32	65	9	3	4	37	16	22	17	6	15

截至 2017 年末，全久事集团范围内从业人数为 61 218 人，其中在岗职工 49 726 人，劳务派遣人员 7 533 人，其他从业人员 3 959 人。

二、岗位竞聘

1999年，久事本部先后4次（年初3次，下半年1次）在全久事范围内组织员工竞争聘任上岗。公布岗位142个，有139名员工参加竞聘。经双向选择，有136名员工被聘任到119个岗位，有2名员工因不续订劳动合同办理离司手续，有1名员工因考核不称职下岗待工，根据本人意愿办理久事内部退休手续。通过竞争上岗，有31名员工跨部门轮换工作岗位，占员工总数的22%，使人力资源的配置更趋优化。通过双向选择和竞争上岗，促进实现人员轮岗交流，进一步优化配置，使公司现有人力资源与经济管理任务的匹配更加合理。

2005年以来，在组织结构调整后，久事机关对主管以上中层干部实行竞聘上岗。根据职位公开、标准公开和程序公开的原则，提高中层干部选拔任用的群众参与度和工作透明度。通过公布竞聘部室主管以上中层干部岗位数、个人自荐、群众举荐和资格审查等步骤，确定主管以上中层干部竞聘人选名单，并根据竞聘人选演讲答辩、群众民主测评、党政领导班子审定等程序，聘任部室经理（主任）9名、高级主管11名、主管11名，一批优秀年轻干部走上部门领导岗位，中层干部的结构进一步优化。

三、员工离退休管理

久事员工离退休管理，按二级管理模式实施。各直属企业离退休员工管理由各直属企业自行负责。久事机关总部的离退休人员由人力资源部等部门管理。

1995年，久事机关落实专人负责离退休老同志工作，定期向老同志通报久事工作，做好节日慰问及病中探望，及时安排体检。

1999年，久事退管会组织2次外出参观旅游。6月，组织全体离退休员工参观金茂大厦和浦东国际机场。

2005年，久事制定《上海久事公司退休人员医疗保险综合减负暂行办法》，得到退休人员普遍赞同。

2013年，久事对全体离退休干部进行上门走访，落实“老干部看上海”活动，重阳节期间安排离退休人员参观游览水博园、七宝古镇，让老干部在活动中感受上海城市建设新面貌。同时，与交投集团落实中共上海市委老干部局关于异地安置人员在医疗费用方面诸项新政策，探望异地安置离退休人员，并同当地老干部局进行工作接洽沟通。

根据中共上海市委老干部局对离退休人员管理实行条块结合要求，久事人力资源部克服离退休人员“人多点散”困难（96名离退休人员分布在全市12个区县），及时完成离退休人员2013年度社区高龄养老工作经费缴纳及相关接洽工作，使单位管理和社区管理相结合，离退休人员所在社区统一进行属地化针对性服务。

2014年，久事完成离退休人员2013年度社区高龄养老经费缴纳工作、离退休干部护理费调整工作及离退休干部补贴费标准调整补发工作。

2016年，久事集团根据上级文件精神，完成对相关退休人员工资核定，提交社保发放工资，稳定企业退休职工队伍。

2017年，久事集团继续认真做好老干部服务和规范管理工作，贯彻落实国家相关部门《关于进一步加强和改进离退休干部工作的意见》精神，加强离退休干部的思想政治工作，加强离退休党支部建设，做好离退休干部服务和管理工作。把为老干部办实事落到实处，改善离退休干部活动场所，积极落实政治和生活待遇。

截至2017年年底，久事集团总部离退休人员76人(其中离休干部1人，退休局级干部12人)。离退休支部有18人，离退休干部党建纳入集团党建统一管理，而各直属企业离退休人员由各企业自行管理。

第二节 薪酬管理

一、工资与奖金

1987年12月30日，久事公司成立，编制30人，属事业单位。薪酬每年由市财政局根据编制人数确定工资(含津贴)总额发放。1989年4月，市财政局核定久事奖励基金4.5万元，福利基金1.5万元，经理基金4万元，用于对员工完成任务且工作表现好予以奖励。

1988年，在年终考评基础上，依据久事制定的六条标准，最终决定对6名员工予以记功奖励，每人嘉奖60元。

1990年，久事公司与实事公司合并，成立新久事公司。原久事、实事两家公司聘用干部津贴待遇不一样，实事公司略高于久事公司。经双方领导商量，要增强过紧日子意识，最后拟建议用原久事津贴待遇，确定于2月份执行。同年，办公室设立“小车班”驾驶员安全奖、节油奖，经久事领导同意。驾驶员安全奖以季度为考核时间，做到安全行车无事故，每人每月发给行车安全奖5元。为鼓励驾驶员节油，根据下达指标和实际使用情况，每人每月发节油奖5元，调动驾驶员工作积极性。

1992年9月，久事从事业单位转制为企业单位，获投资决策权、用工分配权、中层干部任免权等，财务核算实行自负盈亏，套改并运用企业工资标准。

1999年4月6日，人力资源部提出“开展收入分配制度改革工作意见”。原因是久事1993年以来实施的套改企业工资，对推进久事从事业单位向企业单位转制起到推动作用。但随着市场经济发展，暴露出一些问题，如工资固定成分比例偏大、科目繁多且结构不合理、正常晋级机制不健全等，都不同程度地制约和影响其激励作用的发挥。由此提出薪酬制度改革原则：贯彻按劳分配原则，体现“效率优先、兼顾公平、奖优罚劣”基本要求。做到以经营管理业绩大小为标准，合理分配，适当向业绩突出业务部门和业务骨干倾斜，形成增加收入凭贡献的激励机制。具体目标如下：第一，确定固定部分，包括岗位薪级工资、年功总奖励(类似于年终绩效奖)、物贴、企业津贴(伙食补贴、交通补贴、洗理费、书报费等)。第二，确定活的部分，主要是奖金，包括季度奖、年终奖；取消技术职务津贴，适当提高岗位薪级工资。适当减少固定部分，加大活的部分总体比例。

1999年4月14日，总经理办公会讨论由人力资源部提交的薪酬制度改革意见。办公会认为：通过分配制度改革，要进一步体现按劳分配原则，真正做到以经营、管理业绩大小为标准，合理分配，适当向业绩突出业务部门和业务骨干倾斜，形成增加收入凭贡献激励机制。要完善原来岗位职务序列，建立合理工资晋级制度，做到在久事总体效益增长和个人业绩考核基础上能够适当增加收入。

因大量协调和测算工作，该制度于1999年9月正式实施，从员工反映的情况看，基本符合久事实际，促使久事收入分配激励机制更趋完善。

1999 年 11 月，根据久事二届七次职代会通过的《上海久事公司收入分配制度改革方案》，久事又编制印发《上海久事公司工资管理办法》。该文规定：久事工资、奖金分配贯彻按劳分配原则，以岗位责任确定岗位工资标准，以经营、管理业绩确定奖金标准。工资、奖金分配由久事总经理决定，人力资源部为工资管理职能部门。员工岗位工资确定由人力资源部提出拟订意见，报久事总经理审批，并从批准当月起执行。

2002 年度，久事年终考核按照计划认真落实，中层干部写述职、述学报告，员工写工作总结。根据各部门(子公司)总结，经考核，领导小组研究建议 11 人为优秀员工，按规定给予奖励。

2003 年 6 月 5 日，市国资办到久事调研，在听取久事两位党政领导情况汇报后，谈了四点想法，其中第四点关于人才和分配问题，强调要敢于打破陈旧观念。久事是一流企业，需要有一流人才，高质量公司要有高质量人才来支撑。分配办法和薪酬水平是企业激励机制问题，也是人才机制问题。最好的人才、最好的机制、最好的装备都在国有企业，把分配激励机制搞活了，充分调动大家积极性，为国家创造更多财富，这样的机制就顺了，国有企业竞争力可以大大提高。

2003 年 12 月 8 日，久事发给上海市劳动和社会保障局、上海市财政局第四分局《关于确定公司 2003 年工资增长水平的请示》，近年来，久事已为政府项目筹措大量资金，为此承担巨额财务费用，对久事经营业绩带来影响。因此，对久事仍实行以工效挂钩办法来确定工资增长，已不符合久事实际，也不能真实反映久事对上海经济和社会发展所作贡献。久事要求从 2003 年起不再实行工资与利润(税)挂钩工资增长办法，而以上年清算后允许列支人均工资为基数(含久事控股企业)，在确保政府性项目资金落实、投资行为顺利开展和久事经营不出现亏损前提下，按一定增长率水平来确定久事(含久事控股企业)当年人均工资。12 月 27 日，上海市财政局批复同意久事 2003 年在确保利润不亏损前提下，工资增长 14%。

2004 年，为探索符合久事发展的薪酬激励机制，在调查研究和听取部室意见基础上，拟定久事专业技术岗位序列设置，为实施多元化薪酬体系作初步探索。

2005 年 1 月 26 日，人力资源部在经理办公会上，汇报 2004 年年终考评情况，拟对超额完成年度工作任务的实业部和房产部进行嘉奖。对提升久事形象、为久事获得“上海市财务信用 A 级单位”称号的财务管理总部，“上海市知识产权”第一名的法律事务部和荣获上海市后勤服务“三优一满意”优胜单位称号的行政保障部分别给予奖励。会议认为：建立分配和人才激励体系是久事下一步要开展的重要工作之一，今后将加大绩效奖励比重，将员工个人所做努力同绩效奖励相衔接。

2005 年，久事拟建立收入与贡献挂钩、科学合理薪酬体系和权力与责任一致的制度。薪酬一般包括岗位薪、绩效薪、福利计划和特别奖励。岗位薪与员工收入相联系，保证基本收入；绩效薪与业务挂钩，上不封顶、下不保底，在年度考核后支付。在完成 2005 年经营指标和确保岗位薪前提下，岗位薪与绩效薪比例由 2004 年的 75∶25，调整为 60∶40。

2005 年 4 月 19 日，人力资源部在经理办公会上汇报久事绩效考核与激励约束机制基本思路。会议确立四个基本原则：坚持国有资产保值增值原则，坚持激励机制与约束机制相结合原则，坚持责、权、利相统一原则，坚持当前利益和远期利益相结合原则。考核内容分两部分：经营部门，包括经营业绩、相互配合和协调、工作效率、接受批评与改进工作、团队精神、党建工作六个维度，其权重设置分别为 60%、10%、10%、5%、5%和 10%。职能部门，包括工作业绩、相互配合和协调、工作效率、接受批评与改进工作、团队精神、党建工作六个维度，其权重设置分别为 60%、10%、10%、5%、5%和 10%。

对于年度考核等次为良好以上,同时年度工作中对久事产生重大影响、业绩特别突出的部室,给予年度突出贡献奖,颁发一次性奖金。

会议认为:要确保久事全年工作目标有效实施,关键在于充分激励和调动员工积极性,鞭策员工为实现久事目标而努力。为此,建立科学、合理绩效考核机制尤为重要。鉴于久事实际情况,考核还是以简捷、可操作性为宜,且应将员工贡献大小与个人收入相匹配,从而形成久事、员工互动良性循环。

2005 年 12 月,久事考核工作小组对公交企业 2005 年完成目标情况进行考核。在经营与效益方面,久事公交企业能努力克服油价上涨、轨道交通发展影响公交客流等不利因素,基本完成各项主要经济指标;在安全管理方面,2005 年未发生特大交通和火灾事故;在行风建设方面,能保持 2004 年实绩,个别企业成绩突出;在服务质量方面,总体水平有所上升;在企业精神文明建设方面,能以党员先进性教育为抓手,贴近企业中心工作,建立长效机制。五汽冠忠公司在巩固和提高公交行风测评指标方面,于 2005 年在北区 10 个行业排列中名列第三,比 2004 年上升 1 位,建议嘉奖;巴士集团公司共有 9 项安全稳定控制指标,实际完成 8 项,予以考核。

2005 年 12 月 31 日,上海市国有资产监督管理委员会、上海市劳动和社会保障局、上海市财政局批复同意上海强生集团有限公司于 2005 年度实行工资总量调控办法。在挂钩基数核定方面,挂钩浮动比例为 1∶1,即人均实现利润比核定基数每增长(或下降)1%,人均工资总额比核定基数增长(或下降)1%,但扣减人均工资总额最多不超过核定人均工资总额基数的 20%。人均工资基数高于 2004 年全市职工平均工资的,实行分档计提办法。实行本办法范围为上海强生集团有限公司、上海强生物业公司、上海强生旅游公司、上海强生广告有限公司等 19 家企业。

2006 年 2 月,久事制定《关于久事公交企业经营者考核管理的暂行办法》共 10 条。通过规范考核制度,切实保障国有资产投资人权益和职工根本利益,充分调动经营者积极性,进一步推进企业改革和发展。

2007 年 1 月 24 日,人力资源部在党政联席会议上汇报 2006 年考评情况:按时完成久事七部门部门经理和员工年度考核工作。审计监察部、财务管理部、投资发展部、党群工作部在工作数量和工作质量上较为突出,拟作单项奖励。员工中有一名同志工作表现突出,绩效奖拟上浮 10%,并晋升工资一级。三名员工工作表现突出或经营上有重大贡献,拟作单项奖励,绩效奖上浮 10%。一名员工绩效考核为基本称职,绩效奖拟下浮 10%;一名员工绩效考核为不称职,拟取消绩效奖。员工绩效奖列入部门绩效考核总量范畴,由部门经理按下属员工工作数量和工作质量统筹分配,原则上不与本人月工资数挂钩。

2008 年 7 月 15 日,市政府主要领导到久事听取公交第三轮改革发展具体情况,在提出五条工作建议时,强调坚持公交职工收入合理增长机制不动摇。要通过干部职工收入合理增长机制来保证公交职工收入稳步增长。公交公益性决定并不是完全以利润为考核目标的。公交职工和干部收入应与其市场化运作、服务质量、服务水平及安全情况等指标挂钩,这是企业管理基本要求。

2008 年 11 月 28 日,久事上报国资委《关于上海久事公司所属单位 2008 年度工资总额管理的报告》,即久事本部及下属政府性投资公司工资水平的增长控制在 7%以内;下属公交类企业因劳动强度高、工资水平低、员工流动性大等特点,其工资幅度提高拟按略高于市社保局下达指导线控制,使公交员工增资后收入水平与本市职工收入水平基本持平,确保公交员工队伍相对稳定。2008 年,公交职工收入稳步增长,比 2007 年增长 17.47%。

图 5－10－1　2010 年 5 月 12 日，久事召开年度综合考核评价会议

2010 年 4 月 27 日，人力资源部在经理办公会议上汇报对交投集团、巴士集团、强生集团、赛车场公司、赛事公司、申铁公司、置业公司和旅游卡公司等 8 家直属企业 2009 年经营者绩效考核结果。其中，交投集团、巴士集团、赛事公司和申铁公司工作表现突出，给予特别嘉奖。

2011 年 11 月 14 日，人力资源部在经理办公会上汇报总部员工 2011 年度薪酬情况。2011 年 7 月，市社保局、国资委、人事局联合发文，考虑到物价上涨、久事工资基数较低以及三年考评优秀等因素，允许久事总部员工工资增幅为 13%；同时市委主要领导也同意本市 6 家投资公司 2012 年工资可按投资公司标准执行。

会议认为，企业员工收入原则上应与效益相结合，因此，总部员工本次新增工资主要纳入绩效工资，部分纳入工资基数。各直属企业工资的新增部分全部按绩效工资办理，不纳入工资基数，其中赢利企业可按 13%上限操作，亏损企业按 10%下限执行。

2013 年，人力资源部按规范操作，进一步加强薪酬管理。建立职工工资正常增长机制，将其列入直属企业经营者考核目标。年初，根据国务院四部委发文，上海市人社局、财政局、税务局、国资委联合开展“国有企业 2009—2012 年工资内外收入”监督检查。久事认真组织、动员、部署，要求各单位严格根据历年工资总额结算表结算额，对照检查薪酬发放情况，对存在问题进行分析报告。久事于 4 月底，做好各直属企业及三、四级企业共计 92 家的自查报表及汇总自查报告，按时完成上报工作，久事下属两家企业（交投、巴士集团各一家）被抽中审计，整体上，工资内外收入管理较为规范，对存在问题于 12 月底前进行整改并提交报告。

2013 年 11 月，在党的群众路线教育实践活动中，巴士集团为切实解决员工收入偏低问题，研究增资方案，拟通过 2013—2014 年两年努力，争取巴士全员人均年收入达到当年市社会平均工资水平。

2015年，久事改进薪酬考核管理。按市委、市政府《关于深化市管国有企业领导人员薪酬制度改革的意见》精神，制订久事领导班子、久事总部中层干部、直属企业领导班子三个薪酬改革方案，通过确立公共服务类直属企业领导人员与职工之间合理工资收入分配关系，合理调节不同行业企业领导人员之间薪酬差距。

2015年7月7日，人力资源部向经理办公会汇报《关于公司所属企业荣获第十七届(2013—2014年度)上海市文明单位奖励的意见》(以下简称《意见》)。久事有19家所属企业获"2013—2014年度上海市文明单位"称号。由于各企业经济效益、人员规模差异较大，历年来获奖单位均结合自身实际，采取精神奖励为主、物质奖励为辅的方法实施。《意见》建议，获"2013—2014年度上海市文明单位"称号的奖励人员范围、奖金标准、来源、列支按《上海市文明单位创建管理规定》执行：具体奖励标准由各单位制定，原则上以精神奖励为主、物质奖励为辅；各直属企业汇总奖金奖励总额，报久事人力资源部和财务部备案后执行。

会议同意人力资源部《意见》并要求做到两点：以精神奖励为主，适当进行物质奖励；在企业工资总额内，以不高于人均200元的标准执行。

久事努力提高经营管理效率，挖掘对驾驶员让利潜力。驾驶员队伍稳定直接关系到企业竞争力。2006年以来，强生出租汽车驾驶员承包指标已经4次下调；强生出租公司积极挖掘汽车出租企业潜能，努力开源节流，拓展让利空间，提高驾驶员收入。

2015年，久事集团要求强生出租公司尽快拿出增加出租车驾驶员收入深化改革意见，强生出租在充分调研基础上，提出四个方面的改革建议，经过几年实践，取得一定效果。

向全体员工公开成本，让企业在阳光下运营。自2015年年底以来，强生出租公司通过职代会形式向职工公开企业经营成本，公开各级管理人员收入与司机收入之间的倍数关系，赋予职工知情权和职工代表决策权，该项内容已被纳入出租公司职代会规定程序。

提高出租车驾驶员收入，每年拿出近7 000万元用于安全服务等精准奖励。2016年强生出租公司挤出6 500万元，用于营运驾驶员安全服务考核奖励，对提高服务水平、降低事故发生率、稳定司机队伍发挥积极作用。2016年通过久事集团大力支持和强生内部努力，基本实现驾驶员年平均收入增长7 000元目标。2017年，强生出租公司继续拿出7 000万元，改福利式奖励为精准激励，使司机收入增加，职工队伍稳定，服务水平提升。

整合内外资源，积极营造关爱驾驶员小环境。强生出租公司开通62581234员工热线，24小时受理驾驶员投诉咨询；还同步推出"驾驶员公共查询平台"，构筑起司企信息直通渠道。虽然亏损，但公司依然拿出400多万元，实行出租汽车驾驶员三年滚动疗休养、培训计划以及驾驶员看病不出门"微医"计划，并为一线驾驶员子女中、高考提供免费用车服务。

确保市场供应，强生电调平台投入奖励千万元，高峰供车率达82%。当第三方平台在为"高峰叫车难"加价收费时，强生62580000电调平台却在贴钱。强生控股持续推出驾驶员高峰时段电调奖励，每年投入1 600余万元，确保高峰供车率达到82%，每天服务超过8 000车次，占上海电调服务供应总量的70%。

另外，由于公交驾驶员劳动强度大，驾驶员老龄化问题严重，导致公交驾驶员资源供需不平衡，驾驶员岗位对年轻人缺乏吸引力。根据2016年数据，公交员工年均收入与同为公共交通行业的地铁在岗员工年均收入相比差距较大。久事集团领导高度重视，想方设法采取措施，提高驾驶员收入，稳定驾驶员职工队伍，提高行业吸引力，增加公交队伍年轻新鲜血液，优化公交驾驶员年龄结构，努力使驾驶员收入接近地铁在岗员工收入水平，使上海公交行业成为受人尊敬的行业。

2016 年，久事集团规范收入列支，编制福利费发放管理暂行办法，并覆盖到系统企业。按照市国资委“收入分配数据的真实性核查”部署，结合市国资委收入分配新系统，全力解决人事与财务数据不一致难点，全年排查 112 家企业，对有问题的 14 家单位进行情况说明，相对于 2015 年有 59 家单位存在问题，数据真实性、一致性得到较大提高。

2017 年 1 月 17 日，组织人事部在总裁办公会上汇报《关于上海(久事)集团有限公司 2016 年度总部考核情况的建议方案》《关于上海(久事)集团有限公司直属企业 2016 年度考核初评的建议方案》《关于从严年度考核的建议方案》。2016 年度总部各部门较好地完成久事集团下达的年度考核指标及工作任务，相关专项工作取得新突破、新进步。集团拟评 10 名优秀员工给予特别奖励。

会议经过讨论认为，本次考核角度比较全面，久事集团领导带头用高标准严于律己，许多优秀员工都是刚进久事的新员工，这些都有利于今后工作更好开展。针对久事集团系统各企业间业务跨度较大、工作难易程度不一的实际，要深入研究和改进考核方法，使之更为科学合理，更加客观公正。

二、社会保险

1990 年前后，久事公司按照国家和上海市有关职工福利的规定，执行职工医疗待遇(公费医疗、劳保)、福利分房、生育待遇、死亡抚恤以及假期制度(法定节假日、病假、探亲假、公休假、婚丧假、带薪休假)等一系列福利待遇。20 世纪 90 年代初开始，根据上海市有关规定，实行职工养老保险、医疗保险、住房公积金等，除此之外久事还结合实际，建立补充养老保险(企业年金)和补充住房公积金等。

1992 年起，上海开始实行住房公积金制度，员工和单位按相同比例缴纳，缴纳费用计入员工个人账户，可用于购房、还贷或房屋大修等。21 世纪初，公积金的缴费比例为个人及单位各 7%。

1993 年起，上海市实施城镇职工养老保险金制度改革，按《上海市城镇职工养老保险制度改革实施方案》规定，国营单位按工资总额的 25.5%缴纳养老保险，个人缴纳本人上年月平均工资的 3%，每两年提高一个百分点，直至 8%(2003 年度缴费调整为 8%)，职工退休后按个人账户储存额及有关规定计算养老金。

1997 年起，根据上海市社会保险管理局、财政局印发的《上海市企业补充养老保险试行意见》，久事实行补充养老保险。根据上海市公积金管理中心印发的《上海市补充住房公积金暂行办法》，实行补充住房公积金制度。

1999 年，上海市开始实行失业保险制度，印发《上海市失业保险实施细则》，缴费比率为 3%，其中单位 2%(其中 1%从养老保险基金中划转)，另外 1%由职工自己缴纳。

2001 年 1 月起，上海市针对在职职工、退休人员实行医疗保险制度改革，缴费比率为单位 12%(其中 2%从养老保险缴费中划转)，在职员工个人缴费为上年月平均工资的 2%。

截至 2003 年年底，久事按时足额缴纳“四险一金”，即公积金、养老保险、医疗保险、失业保险、生育保险。

2004 年 7 月 1 日起，政府增加工伤保险，由企业缴纳相应比例，个人不缴纳。2005 年 7 月，5 家公共交通企业划归久事，按当时各企业效益情况，都按时足额缴纳“五险一金”。

2013 年，市公积金中心在调整公积金基数的同时，进行执法检查，久事被抽查后，及时按要求准备相关材料,通过检查。

截至2017年,久事集团及各直属企业根据本企业效益情况均按时足额缴纳"五险一金"。

第三节　员工技能培训

1993年,久事有近50%的员工参加各类业务培训。输送人员赴美参加高级人才市场经济培训班,同时对中层管理干部分期进行境外培训。至年末,久事74%的人员获有经济、财会、工程类专业技术职务任职资格,其中拥有高级专业技术职务任职资格9人、中级专业技术职务任职资格40人、初级专业技术职务任职资格14人。

1998年4月10日,久事党委书记、副总经理张桂娟召集久事本部和各子公司所有财务人员在多功能厅进行集训。集训目的是适应形势发展,不断提高久事财务人员政策观念、业务素质和管理能力,加强久事财务监控,有效地规范各项经营活动。

1999年,久事组织17名财会人员参加中共市委组织部、市财政局举办的财务管理、财务监督培训班和大华业余会计进修学校举办的会计准则讲座。

2003年7月15日,久事人事部、办公室组织各部门专兼职档案员10多人参加由申通公司组织的档案管理工作专题讲座。通过一天档案业务学习,久事、子公司、控股公司专兼职档案员的档案应知应会业务能力得到提升。

2003年8月21—22日,久事举办2003年度合同管理培训班,久事、申通各业务部门及项目公司、赛车场公司、南站广场公司、申铁公司共90多名人员参加培训。4月19—21日,久事工会与市公交行业协会共同举办"久事公司公交新秀培训班",久事所属9个公交基层单位选送42名员工参加为期三天的培训。8月16—18日,久事举办新会计准则培训班,久事总部及下属公司50多名相关人员参加培训。

2006年12月1—2日,久事在上赛场举办"固定资产投资管理培训班",组织久事所属交投集团、巴士集团、强生集团、申铁公司、置业公司、赛车场公司和赛车场经营公司等单位项目管理部门负责人和经办人员进行培训。

2010年4月22日,久事举办突发事件新闻应对及应急值班专题培训,总部全体员工参加。

2013年,久事人力资源部门积极配合财务部、法务部等有关部门,做好财务、法务人员等专业技术人员后续教育和培训工作,为员工提高专业知识和岗位技能搭建平台。

2016年2月,久事集团组织工资年报培训。3月,组织东亚集团人工成本专项培训。4月,组织单列津补贴培训。6月,组织企业福利管理专题培训。8月,组织福利费暂行办法培训。10月,组织收入分配系统培训。5月4—6日,久事集团召开久事系统外宣干部培训班,久事集团副总裁孙冬琳出席开班仪式并作培训动员。

第十一章　干部管理

第一节　干部任免

1987—2005 年，久事根据职责范围和工作需要，注重德才兼备和事先考察，对久事本部中层干部进行任免，确保日常工作正常进行。

2005 年以来，5 家公共交通企业划归久事，中层干部数量大幅度增加，久事党政领导班子仍坚持德才兼备原则，注重调研、考察、聘任相结合，使公共交通企业加盟后，做到工作不断，推进改制重组工作有序进行。

2013 年，为使实施三大品牌建设和推进公交改革在组织落实上得到保证，久事利用系统内现有干部资源优势，做好直属企业领导班子调整和充实工作。调整巴士集团、交投集团和申铁公司领导班子和领导人员，进一步充实力量，为久事打造大交通板块打下基础。配合久事房地产部完成对久事置业和强生集团的整合工作。组建新的置业公司，搭建新置业公司领导班子，为进一步整合房地产资源、形成久事房地产板块合力提供组织保证。充实赛事公司领导班子，调整新联谊公司领导职务，为精品赛事品牌和精品楼宇建设提供支持。

同时，久事从直属企业选调 2 名干部充实总部干部力量，既发挥这些干部知识和管理业务能力优势，又使其在基层工作积累的经验发挥作用，使其在不同管理岗位得到锻炼，增长才干。

此外，久事总部启用年轻干部，充实管理力量，提拔 1 名年轻干部到中层正职岗位，同时提拔 1 名干部任安委会办公室专职副主任，进一步充实集团安全管理力量。

2012 年 8 月—2013 年 9 月底，久事从 64 名中青年干部中提任 10 人，占 15.62%；交流调动 7 人，占 10.93%。102 名青年干部中，提任 26 人，占 25.49%；交流调动 4 人，占 3.92%。

2014 年，根据久事党委总体部署，久事从年初开始综合分析各企业领导班子现状，认真酝酿，研究方案，多方访谈，全面考察，对需要补缺和强化的直属企业领导班子做好充实调整工作。通过上下双向交流、横向交叉配置等方式，先后调整巴士公司、强生控股公司、交投公司、申铁公司和旅游卡公司领导班子和领导人员，使上述企业领导班子年龄结构趋于合理，能力素质实现互补，整体力量得到强化。2014 年，提任干部 11 人，交流调动（包括任免及退休）12 人。

2015 年，久事集团对巴士集团、交投集团、强生控股、久事赛事、久事置业、久虹、久汇、旅游卡、久事投资等 10 家企业领导班子进行调整充实，提拔 8 人，交流调动 7 人，为推动直属企业改革发展提供保障。

2016 年，久事集团重点选优配强直属企业领导班子。加强班子整体性研究，选配强生控股、置业公司主要领导，充实巴士集团、强生控股、交投集团、赛车场班子力量，完成强生控股和新联谊的党组织换届以及久事投资和赛车场支部委员增补，调整董事监事的配备，优化上述企业班子结构，增强整体功能，推进民主决策。截至 11 月中旬，提拔 4 人，交流调动 8 人，调离 1 人，1 人辞职，2 人退休。

同时，充实集团总部管理力量。围绕法治企业建设，设置并选配总法律顾问。财务部职业发展双通道试点取得初步成效,不仅选拔1名副总经理级高级会计师,而且通过公开择优方式,让更多干部为大家认识和接受。加强总部与直属企业干部交流,总部向基层输送3人,基层向总部输送3人。继续关心总部资深员工,提拔高级主管2人,提拔主管1人。

2017年,久事集团聚焦功能性配备,加大中层干部选拔交流力度。以直属企业领导班子功能性分析为基础,调整充实强生控股、久事体育、交通投资、申铁投资和久事投资等公司的领导班子,进一步优化班子结构。总部部门负责人调整力度比以往增强,调整充实集团财务、投资、运营、审计、信息、党委办等部门管理力量。截至2017年10月底,久事集团提拔干部5人,交流调动干部15人,降职1人,免职1人。

第二节 干部培养

一、后备干部队伍

2012年以前,由于久事业务繁忙,对后备年轻干部管理未形成规范化、系统化管理要求,长期战略储备管理还需加强。

2014年,久事在全系统开展专题调研和推荐选拔,推荐产生67名优秀中青年干部。其中有37人与2012年名单重复,实际新增30人,加上2012年的65人,共计95人。考虑到年龄(以不超过50周岁为标准)、调离久事以及已提拔任用为正职等情况,12人被剔除,最终确定为83人,组成久事最新的中青年干部队伍。截至11月底,83人的平均年龄为40.9岁,与2012年的65人平均年龄相比较,下降近2岁。干部队伍储备有效果。

2015年,建立83名后备干部库后,又先后从库中提拔使用34人,并对后备干部库进行调整补充,达到90人规模。

2016年,久事集团加快中青年干部培养,完成"三个一批"干部信息更新和集团中层后备干部上报工作。推进四方面探索,搭平台、增历练。在集团总部和部分直属企业提供8个总经理助理锻炼平台,补短板、压担子。2名干部放到工作一线摸爬滚打、锻炼成长,4名干部转任重要岗位,促交流、推选调。立足于缓解体育集团人手紧张现象,启动系统后备干部选调工作,举久事集团之力,为久事体育筹建提供干部人才支持,拓视野、展才华。选派1名干部到市国资委党校培训,3名干部参加中共上海市委组织部和市交通委组织的国外培训。协助党委举办4场头脑风暴,搭建后备干部展示才华的平台。

2017年,久事集团聚焦精细化管理,加快中青年干部培养锻炼步伐。完成新一轮后备干部推荐工作,集团中层后备干部库更新充实到128人。制订中层正副职后备干部精细化培养方案,推动落实后备干部一人一表培养方案。举办党组织书记培训班、高级经营管理人员培训班,召开3次后备干部及青年干部座谈会。坚持必要台阶、渐进培养和一线锻炼,在总部部门和直属企业新增3个总经理(主任)助理锻炼岗位;支持体育集团组建,从体育板块外调配输送中青年干部18人;总部分四批提拔主管、高级主管25人;与团委共同在中青年干部中开展微调研活动。

2017年,久事立足集团战略规划、业务特点和发展需求,在开展课题研究基础上,编制完成集团人力资源发展专项规划。同时,根据人力资源规划有关重点任务要求,通过改善人才配备和人才发展环境,适应集团事业加快发展需要,为实现集团战略目标提供人才保障。

二、后备干部培训

1999 年，久事组织 18 名中层以上管理人员和业务骨干，参加中欧国际工商学院短期课程培训。

2012 年 9 月 3—28 日，久事在市国资委党校举办第一期青年干部培训班，来自各所属企业的 42 名学员参加了为期一个月的培训。培训期间，久事领导张惠民、俞北华、顾利慧等分别为学员授课。这是久事成立来第一次开办的大规模青年干部脱产培训。

2013 年，在 2012 年举办后备干部队伍两期培训班基础上，继续开办两期培训班。其中，第二期干部班（30 人）于 4 月 15 日开班，7 月 10 日结业；第二期青干班（57 人）于 5 月 6 日开班，5 月 31 日结业。至此，2012 年组建的两支干部队伍在持续近一年的时间内分四期全部培训完毕，共计培训中青年干部 65 人、青年干部 99 人。

与 2012 年相比，2013 年干部培训工作在师资配备、课程安排和调研组织方面都更加强调有针对性和实效性，各级各层企业和领导人员重视度和参与度都有不同程度提高。此外，久事还完善对后备干部管理的信息化手段，完成优秀中青年干部队伍 65 人和优秀青年干部 102 人的人事信息导入和维护工作，并根据领导要求进一步优化管理模块，完善数据库。

图 5 - 11 - 1　2013 年 7 月 10 日，久事第二期中青年干部培训班结业仪式

此外，久事还积极选送优秀干部参加市一级培训，鲁国锋参加上海市第四期企业经营管理者高级研修班，刘晓峰、孙冬琳分别参加上海市第四十五期、第四十六期中青年干部培训班。

2014 年，久事组织二季度推荐工作选拔的 67 名优秀中青年干部中未参加过培训的 28 人，加上往年已参加培训的 11 人，共 39 人组建久事第三期中青年干部培训班，在江西井冈山进行以理想信念和革命传统教育为主要内容的为期三个星期的脱产培训。9 月，久事又与上海大学上海经济管理中心配合，组织2012年以来所有不超过50周岁的中青年干部队伍成员参加以能力提升为主要内容的培训班。

图5-11-2　2014年7月23日，久事公司举行第三期中青年干部培训班座谈会

2015年，久事集团依托上海大学举办新一期中青年干部培训班。积极向中共上海市委党校、市发改委、市国资委、市交通委等争取理论学习、国外培训、挂职锻炼的机会，受到中青年干部欢迎。

2016年，久事集团组织3次组工干部队伍培训，学习中共上海市委组织部关于结合市委巡视对相关单位选人用人工作开展专项检查情况的4次通报。同时，委托上海交通大学开展干部周末选学课程11次。委托上海大学经济管理中心提供党建、纪检、信访、安全、法制等业务培训。

2017年，久事集团与中共上海市委党校合作开展“久事集团培训体系课题”研究，加强对集团培训体系的设计。继续委托上海交通大学安泰学院，开展干部月度选学班，拓展干部视野。探索尝试定制化培训、精细化培养，突出专题化培训思路，开设集团党组织书记培训班、高级经营管理人员培训班、总部部门负责人培训班。根据市委组织部要求，开办集团党员干部理论学习班，开展党的十八届六中全会精神培训。配合开展法律、纪检、安全、财会等业务培训，支持各业务条线发展需要。在各类培训活动基础上，探索积累多样化培训方式和经验做法，为下一步形成体系化培训打下基础。

第三节　因公出国、出境(地区)管理

因公出国、出境(地区)，主要是根据工作需要，以学习调研、洽谈业务、采购物资设备、技术合作、商务活动、业务培训等为主要形式。久事对出国、出境(地区)人员的管理，制定了严格的管理规定，旨在加强遵章守纪教育，确保安全，努力完成出访任务。

1988 年 11 月 5 日，久事投资部副经理与市纺织品进出口公司副经理、纺织品原料公司副经理等 4 人前往美国联系进口 2 万吨棉花问题。

1988 年 12 月 2—20 日，久事经营部副经理与木材公司经理等 4 人赴巴西考察木材的材种、生产、运输、港口等情况。

1988 年 12 月 23 日—1989 年 1 月 16 日，久事资金部经理带队和上海外贸总公司、化工站等 3 人赴泰国、中国香港地区、中国澳门地区采购化工原料等事宜。

1988 年 12 月 26 日，由董事长李功豪等 5 人组成的久事公司代表团，赴香港上海实业公司签订代理进口 2 000 吨高抗冲聚苯乙烯的协议和合作进行期货贸易的协议；和香港交通银行商谈融资，和香港华润纺织品原料公司、澳门南光公司领导商谈期货贸易等事宜。

1989 年 2 月 12 日—3 月 3 日，久事投资部副经理与建委副主任和大桥建设指挥部总指挥等 10 人前往加拿大、美国考察斜拉桥技术等事宜。

1989 年 3 月 29 日—4 月 20 日，久事投资部与有色金属公司等 7 人前往法国考察有关有色板带的二手设备情况。

1991 年 7 月 21 日，久事副总经理陈士鹤参加中国人民银行总行代表团，于 7 月 21—31 日赴菲律宾马尼拉市，与亚洲开发银行洽谈上海南浦大桥联合融资等事宜。

1991 年，久事因公出访 8 批 11 人次，出访前，久事领导要求出访人员做好准备工作。做到任务明、计划细、纪律清；认真考察了解，努力完成出访任务。久事组团到美国、德国考察 CD 唱片生产线，为上海联合光盘有限公司早日投产创造条件。

1999 年，久事因公出国(境)人数为 29 人(34 人次)，其中局级干部为 5 人(10 人次)、初次出国政审人数 10 人。久事因公派出国团组 5 批，共 13 人次。全年没有因私执行公务事件发生，4 人持有“往来港澳通行证”，没有发生违纪、出走事件。

2003 年，为做好出国、出境管理工作，制定久事出国(境)管理工作制度，随着各控股公司的相继成立，久事对外交往活动日益频繁，必须使制度建设科学化、规范化。同时要求各控股公司建立相应的规章制度，对各控股公司在出国程序、政治审批、纪律教育、安全防范等方面严格把关，为各项业务开展提供高效、优质的管理与服务。同时，做好久事内因私出国(境)报备和管理工作，及时调整特定身份人员因私出国申领护照备案工作。

2003 年，完成久事人员因公出国团组 3 批 4 人次；同时，完成上海国际赛车场有限公司出国团组 6 批，上海南站广场有限公司出国团组 1 批。

2004 年，上海国际赛车场有限公司采取团组与分散相结合的方式，参团 3 次，人数达 28 人次，均按要求办好出国(境)手续。

2005 年，根据久事实际情况，修订出国(境)管理工作制度。根据久事业务发展的需要确定不同主题，积极出国调研、培训，年内组织两批团组分别学习战略控股型公司管理模式和资产经营、资本经营实务。

2006 年，久事根据公共交通企业加盟久事后出国(境)管理工作出现的新情况，修订出国(境)管理工作制度，开展对直属企业领导人员因公、因私护照及往来港澳特别行政区通行证的清查和集中统一管理工作。

2008 年，为适应出国(境)管理的新情况，严把出国(境)管理关口，为直属企业对外正常业务交往提供服务，根据公交企业加盟久事后出国(境)管理工作中出现的新情况、新问题，在 2007 年加强对直属企业在出国程序、政治审批、纪律教育、安全防范方面严格把关的基础上，2008 年建立出国计划上报审批制度,根据批准后的出国计划,落实安排相关费用预算。在实际管理工作中,对重复考察、人员与考察内容不相符合、不符合出国条件的团组或人员,不予受理出国审批。同时,对确因商务洽谈、考察等正常业务需要的团组出访,在不违反外事规定的前提下,特事特办,急事急办,为正常业务开展提供优质服务。全年共办理审批出国团组出访申请20个,为63人次办理相关手续。

2009年,久事领导人员出国(境)学习、调研、业务洽谈等由市国资委审批,6人次均成功办理相关手续。

2011年,久事共有106人次出国(境)进行学习考察、技术合作、商务活动、洽谈业务等,均按规定办理手续,未发生违章违规事例。

2012年,久事共有91人次出国(境)进行业务培训、商务活动、参加董事会、洽谈业务等,均按规定办理相关手续。

2013年,久事继续做好出国(境)管理工作。一方面对直属企业在出国计划、出国程序、政治审批、纪律教育、安全防范等方面加强管理、严格把关;另一方面,也为直属企业商务洽谈、参加会议等业务开展提供优质、高效的服务。完成久事团组18个,参团5个,落实因私出入境报备审批等工作。

2014年,完成久事团组23个,参团2个,共计116人次。

2015年,久事集团实现集团322名领导干部(含退休)和关键岗位人员因私护照的集中保管。

2016年,久事集团从严开展出国(境)管理,组团21个,参团2个,与2015年同口径相比有所减少;汇编出国(境)规章制度,人力资源部还与纪检部门协同落实出访前纪律教育。

2017年,久事集团全面加强因私护照管理,建立因私出入境核查机制,完善护照领用制度,未发现违规情况。

第十二章　考 核 管 理

第一节　直属企业经营考核

2005 年 7 月—2015 年，5 家公共交通企业加盟久事，开始经营考核，主要以年终考评为主。考核内容主要有全年安全无事故、全年经营指标完成情况以及党风廉政建设情况等。根据考评情况奖优罚劣。

2016 年，根据久事集团部署，运营协调部牵头负责对直属企业运营指标进行优化调整设计。针对 2015 年度考核中出现的考核目标不够清晰、评分指标难以量化等问题，对如何优化直属企业经济运行类考核指标设计进行研究，力求增强考核评价的客观性、科学性，切实发挥考核引领导向作用。重点围绕集团“四位一体、两翼支撑”的发展战略，聚焦市国资委下达给久事的任期目标责任书和久事 2016 年度工作要点，在维持现有考核体系框架前提下，突出核心指标，强化指标量化，提升可考核性，体现鼓励进步的导向。经过与各相关部门和直属企业的反复沟通，历经五次较大修改并三次向薪酬委员会汇报，最终形成直属企业“2016 年经营者考核指标”。

2016 年年底，根据《久事集团直属企业 2016 年度考核工作的通知》要求，运营协调部、党委工作部、审计事务部牵头对直属企业 2016 年度党建工作责任制、经营者责任考核指标以及审计整改完成情况进行考核。考核工作分为调研检查、初步评分、平衡修正、最终结果四个阶段。所有考核指标均明确评分方法，制定详细评分规则，实现可量化打分的目标，未出现无法评分的项目，充分体现考评工作的客观性、精细化。在考核标准方面，对于客观性指标，在设置规则时年度目标均按满分打九折的基准分评分，超额完成部分才按照规则予以加分。对于具有主观评价因素的指标，如需要主观评价优秀、良好、一般、较差档次的指标，完成的只给予良好，仅个别成绩突出、有工作亮点的工作才给予优秀。

2017 年年初，根据集团薪酬与考核委员会工作安排，运营协调部组织开展 2017 年集团直属企业经营者考核指标制定工作，通过汇总梳理各职能部门提出的考核指标意见，基本形成考核指标初步框架：集团年度工作要点和下达各企业的年度预算和投资目标、集团领导重点关注的工作内容、各职能部门按照管理职责提出的工作要求、历年确定的企业经营核心指标。3 月 10 日至 3 月 22 日期间，运营协调部针对相关指标内容、评分规则等与直属企业进行沟通，对部分指标内容进行调整，最终形成十家直属企业“2017 年经营者考核表”。

按照企业功能划分，公共服务类企业（巴士集团、交通卡公司），重点考核服务水平、成本控制和持续能力三类指标，其考核分值占比保持在 4∶2∶4 左右。功能类企业（交投集团、申铁公司、体育产业集团、久事投资和赛车场公司），其主要考核指标分成功能作用和持续能力两类，其考核分值占比保持在 5∶5 左右。

根据久事集团的决定，久事体育产业集团将久事赛事公司、东亚集团、奥林匹克俱乐部、体育实业、体育场地建设公司纳入管理关系，上述公司重点指标纳入体育产业集团一并考核，考虑到 2017 年是新组建体育产业集团运作的第一个完整年，结合企业的起步、整合阶段，在考核中侧重于“夯实基础、推进改革”两个方面，因此“推进集团实质性运营”和“组建专业化运营公司”指标考核权重增至18%。竞争类企业(强生控股、置业公司和新联谊公司)考核指标分成股东价值、主业发展和持续能力三个类别,其考核分值占比分别为1/3左右。除以上指标分类外,所有直属企业还设置4项约束指标,主要涉及信访稳定、安全生产等一票否决事项。

2017年9月,根据《上海久事(集团)有限公司直属企业考核管理办法》,久事集团所属7家直属企业上报15项考核指标调整申请,其中巴士集团1项、强生控股3项、交投集团2项、体育集团4项、置业公司3项、申铁公司1项、久事投资1项。经集团运营协调部、财务管理部、投资发展部和信息管理部审议,同意调整10项,另5项不作调整。

2017年年底,根据《久事集团直属企业2017年度考核工作的通知》的要求和分工安排,由集团运营协调部牵头,会同各相关职能部门组成考核小组,对直属企业经营者业绩开展考核工作,考核范围为集团系统10家直属企业,其中,体育集团为成立后首次被纳入考核。考核内容以《直属企业2017年度经营者考核指标》为主要内容,其中包括5家企业增收项目加分项指标。

根据集团薪酬考核委员会统一部署,直属企业经营考核初评工作分为企业自评、考核调研、初评汇总三个阶段。汇总形成初步评分结果如下:

2017年,各直属企业的考核评分情况总体好于2016年(剔除加分项):从平均分来看,2017年平均95.2分高于2016年平均93.5分;从区间段来看,2017年最高98.12分、最低93.92分,均高于2016年最高96.9分、最低88.6分。评分客观反映出2017年各直属企业经营情况和重点任务完成情况较好。

2017年考核指标体系中,信息化和法治化首次作为二级指标进行考核,分别占有10%和5%左右的比重,充分体现出久事集团"两翼支撑"发展战略。在初评结果中,两项指标评分也较高,体现出各家企业重视程度。在信息化建设方面,巴士、强生、体育、置业、交投、交通卡等企业总体评分均达到优秀或良好以上;在法治化建设方面,巴士、强生、体育、置业、久投、上赛场等企业获满分。

直属企业历史遗留问题完成情况较好,总体超过年度目标,仅有交投等企业个别项目未达到预期进度。品牌与智库建设进展顺利,巴士、强生、体育、交投、申铁、交通卡、久投、上赛场等企业在该项指标上均获满分。在人力资源规划和后备干部培养方案等方面,巴士、强生、交投、交通卡、体育、置业等企业均获优秀评分。

2017年,久事对5家企业开展增收项目加分项试点工作,提高企业降本增效积极性。巴士集团新辟2条微公交线路,每条线路每年得到杨浦建交委补贴50万元;强生控股通过强生拍卖行出售租赁汽车旧车68辆,实现收益153万元;交通卡公司修订招标制度,ETC核心系统硬件采购金额下降45.8%;体育集团澳式橄榄球项目成功落地上海,实现利润253.08万元;置业公司完成南泰大厦转盘改造,新增年租金收入471万元。

第二节 干部考核

2006年,根据直属企业经营方针和发展目标,按照"一司一策"原则,久事拟定经营者绩效考核办法和薪酬管理制度,实行契约化管理,从而强化直属企业经营者收入与责任、风险、经营业绩直接挂钩的激励约束机制,把国有资产经营责任落实到人,把企业和职工利益与个人利益适度联系起来。

2013年,久事根据企业发展战略、目标任务,坚持定量考核与定性评价相结合,运用多维度测评方法,突出经营业绩,对直属企业领导班子和领导人员的政治素质、业务能力、工作实绩、勤勉尽职和廉洁自律等情况进行综合考核评价。任期综合考核评价周期为 3 年，将年度经营业绩考核结果纳入任期综合考核评价体系，使其成为任期综合考核评价的重要组成部分；并将任期综合考核评价结果作为企业领导班子调整、换届和领导人员培养、使用、奖惩重要依据。年内，顺利实施巴士集团和交投集团 3 年任期综合考评，年底启动对赛事公司的考评。

2013 年，久事继续推进久事总部年度绩效考核工作，主要有配合市国资委完成 2012 年度市管企业领导人员综合考核评价工作、2012 年度久事业绩考核指标报告和 2013 年度久事业绩考核指标制定工作、2012 年度总部中层干部考核和对直属企业领导班子业绩考核工作等。

2014 年，久事完成 2013 年度总部中层干部考核工作和直属企业领导班子业绩考核工作，编制完成 2014—2016 年度久事任期考核目标。

2017 年，久事集团编印 2017 年版《组织人事工作文件和资料汇编》，收录最新颁布的干部管理规范性文件，并按照党内规章体系结构排序。制定可视化的干部选任流程，为信息模块开发提供条件。干部考察访谈超过 600 人次，干部谈话超过 300 人次。坚持逢提必核的原则，强化干部档案管理，到北京、内蒙古等地外调，核实干部有关信息，完成久事集团中层干部以及大部分总部职工人事档案审核工作，体现对干部负责的态度。结合协同办公平台开发，以干部任免表和民主测评表为抓手，推进基础数据录入与测评信息机读，提高工作效率，夯实后续数据共享基础。出台董监事工作“三项指引”制度。

此外，根据市委组织部和市国资委的要求，久事集团配合考核工作组完成久事领导班子 2014—2016 年任期经营业绩考核和综合评价工作。根据市国资委下达的考核结果，认真做好领导人员薪酬清算工作，并申请提交久事集团总部中层及员工的一次性奖励方案。

第三节　董监事管理

2005 年，为了逐步建立专职董监事队伍，在加强专职董事人才储备、董事执业资格培训和考核的同时，久事对原有董监事队伍进行充实调整：对控股企业的董事委派，初步建立起专职董事队伍；对少数股权的参股企业，其董事的委派主要从股权管理和股权经营有效性方面考虑，原则上董事由资产经营部相关人员担任（也可称其为专职董事）；对确需由久事领导担任的董事（董事长、副董事长），结合久事领导分工、被投资企业性质、其他股东委派的原理、工作连续性、对久事的重要度及法规和对董事资格要求等综合因素进行选派。

2006 年，久事组建专职董事队伍，完善控股公司治理结构，对于体现和贯彻股东意志、参与企业决策，加强对企业日常经营的监督管理有积极意义。

2013 年，久事按照国有企业改革要求，继续推进和完善董监事队伍建设，全年结合有关单位实际，调整久事控股和参股企业董监事 35 人次。为完善企业治理结构、优化管理提供支持。同时，切实做好专职董监事管理、服务和培训工作，全年完成董监事后续培训 10 人次。

2014 年，久事调整久事控股参股企业董事 30 人次，监事 6 人次。

2015 年，久事集团加强和改进董监事管理工作。重构制度体系：与法律事务部、投资发展部共同制定《投资企业董事监事委派管理办法》《关于加强直属企业执行董事管理的实施意见》《关于进一步加强直属企业监事会建设的实施意见》。建立履职机制：协助业务部门，完成久事对直属企业授权、董监事委派等事项梳理，在与相关投资方充分沟通基础上，对 12 家控股企业法人治理机构、86 人次董监事人选进行调整，除新联谊、久汇公司外（因对方因素），其他企业于 12 月完成相关变更程序。投资发展部、法律事务部还就法人变更与董监事如何履职召开专题会议,明确要求、落实责任,初步建立执行董事、董事长、监事长履职机制。完善管理关系:理顺与投资发展部关于董监事管理委员会和专职董监事的管理关系,用好组织上将专职董监事关系放在组织人事部的体制优势,树立“一家人”的思想,注重发挥好专职董监事在干部监督管理、薪酬考核激励、组织队伍“传帮带”等方面作用。逐家宣布专职董监事任命,并向久事办公室争取同一楼面办公用房,以方便更好履职。

第六篇

党群工作

概　述

1987 年 12 月，久事公司成立，有党员 10 人。1988 年 1 月，市计委批复组建中国共产党上海久事公司支部委员会。1990 年 3 月，实事公司与久事公司合并成立新久事公司，中共上海市委任命赵福生为上海久事公司党委书记。1992 年 7 月至 1996 年 2 月，久事党组织建制有所变化，但党的建设和组织创建上海市文明单位活动未受影响。1996 年 3 月，中共上海市委发文《关于张桂娟等同志职务任免的通知》，宣布新建立中共上海久事公司委员会，任命张桂娟为党委书记，牟继祥为党委副书记。1997 年 4 月，久事荣获上海市（1995—1996 年）第八届文明单位称号。

历年来，党中央高度重视党的建设和党员教育，党内主题教育活动逐年增多，久事党委根据上级党委部署，结合实际，先后在党内开展“三讲”教育、保持共产党员先进性教育、“讲党性、重品行、作表率”主题教育、深入学习实践科学发展观教育、党的群众路线教育实践、“三严三实”专题教育、“两学一做”教育和创先争优等活动，使每个党员不忘初心，牢记使命，接续奋斗。

2012 年 10 月 30 日，久事召开中国共产党上海久事公司第一次代表大会，回顾总结久事成立以来，特别是 2005 年 5 家公共交通公司划归久事后，企业“两个文明”建设取得成绩，表达了对今后工作的展望。大会选举产生新一届中国共产党上海久事公司委员会和新一届中国共产党上海久事公司纪律检查委员会。

2015 年，久事体制发生重大变化，对全面加强党的建设提出新要求。党委在广泛听取意见和充分调研基础上，提出“把握方向、前置决策、用好干部、严格监督、凝聚职工、推进发展，同时加强企业党组织自身建设”党建“6＋1”工作体系。统筹推进党的建设各项工作，受到上级党组织充分肯定。

到 2017 年年底，久事集团系统有党组织 268 个，其中党委 31 个，党总支 8 个，党支部 229 个，共有党员 4 942 人。

1988 年 5 月和 1995 年 3 月，久事工会和共青团组织相继建立，工会和共青团组织在党委领导下，依据各自章程和规定，配合行政，做了大量卓有成效的工作。

工会一方面积极推行厂务公开，切实维护员工合法权益；另一方面积极参与重大活动，广泛开展群众性技能竞赛、劳动竞赛、合理化建议、文化艺术节、体育运动会以及献爱心、帮困救助、社会公益募捐等活动，发挥员工重要作用。

久事工会从 1988 年 5 月成立到 2018 年 6 月先后召开八届工代会，选举产生第一届工会至第八届工会领导班子。久事集团工会下辖 10 个直属工会，共有会员 5.8 万余人。

在 2005 年前，团组织由于人数少，开展活动影响有限。2005 年后，5 家公交企业划归久事，35 岁以下青年增至 1.3 万余人，其中团员 2 200 多人。从 2005 年以来，团委先后开展“学党史、知党情、跟党走”主题教育活动。广泛开展志愿者活动、“争当新长征突击手”、青年文明岗、“青年文明号”等创建活动，为久事“两个文明”建设增添新活力。

从 2005—2016 年先后召开三届团代会，选举产生三届团委班子。至 2017 年，久事集团团委管辖 17 个基层团委、7 个团总支、121 个团支部，团员青年 1 038 人。

第一章 公司党组织

第一节 概 况

一、党组织结构

1987 年 7 月 2 日，上海久事公司召开第一次党员大会，成立中国共产党上海久事公司党支部，共 10 名党员。

1988 年 1 月 26 日，上海市计划委员会批复同意组建中国共产党上海久事公司支部委员会，6 名同志负责开展工作。久事党支部分为 4 个党小组：办公室党小组、投资一部党小组、投资二部党小组、资金一部及资金二部合为一个党小组。

1989 年，久事党支部有 3 个党小组；1990 年 3 月起，党支部有 4 个党小组。

1992 年，中国共产党上海久事公司总支部委员会成立。为便于加强党员监督管理，久事党总支把原来 4 个党支部调整为 1 个总支部，下设第一、第二、第三、第四支部。

1996 年 3 月，上级撤销久事党总支，新成立中国共产党上海久事公司委员会并任命委员会书记、副书记。久事党委下有 10 个党支部：综合支部、计划财务投资支部、实业支部、办公室支部、置业支部、浦东支部、盛达支部、期货支部、久康公司支部、华都公司支部。

1997 年，久事党委下设 9 个党支部：综合支部、计划财务投资支部、实业支部、办公室支部、置业支部、浦东支部、大厦公司支部、久康支部、盛达公司支部。

1999 年，久事党委下设 11 个党支部：办公室支部、人力资源部支部、综合研究室支部、法律审计室支部、联合支部、基建总部支部、实业总部支部、置业总部支部、置换总部支部、离退休支部、中凡公司支部。

2000 年，久事党委下设 10 个党支部：第一联合支部、第二联合支部、行政管理支部、人力资源支部、实业总部支部、置业总部支部、置换总部支部、离退休支部、中凡公司支部、申通支部。

2002 年，久事党委下设 13 个党支部，分别为第一至第十二支部、中凡支部。

2005 年，久事党委下设第一至第八支部、申铁支部、F1 党总支、中凡公司支部、离退休支部、交投党委、强生党委、现代党委、五汽党委、巴士党委等。

2010 年，久事党委以完善法人治理结构为目标，坚持有效发挥党组织作用，按照“参与决策、带头执行、有效监督”要求，明晰党委会、监事会、经理层权责，按各自分工原则抓好重点，支持法人和经营班子工作。同时，久事落实“三重一大”集体决策制度，明确企业党委会、监事会和经理层各自事项范围和决策基本程序，并加强对制度执行情况监督检查。

2013 年久事系统有党委 35 个，党总支 5 个，党支部 271 个，党员 6 601 名。

2015 年 10 月，上海久事公司进行改制更名为“上海久事(集团)有限公司”。中国共产党上海久事公司委员会改为“中国共产党上海久事(集团)有限公司委员会”。

2017 年，久事集团有党组织 268 个，其中党委 31 个，党总支 8 个，党支部 229 个。

表6-1-1 1996—2017年久事(久事集团)党组织结构数量汇总情况表

年 份	党组织总数	党 委	党总支	支 部
1996	11	1	0	10
1997	10	1	0	9
1998	10	1	0	9
1999	12	1	0	11
2000	11	1	0	10
2001	12	1	0	11
2002	14	1	0	13
2003	19	1	1	17
2004	17	1	2	14
2005	285	24	15	246
2006	309	25	17	267
2007	308	25	16	267
2008	307	28	12	267
2009	355	35	9	311
2010	344	33	11	300
2011	354	33	12	309
2012	327	33	8	286
2013	311	35	5	271
2014	303	35	5	263
2015	282	33	4	245
2016	267	30	5	232
2017	268	31	8	229

二、党员队伍

【党员人数】

1987年,久事党支部成立时仅有10人,后增至15人。1988年,久事党员人数为23人。1989年,久事有党员27人,分设4个党小组。1996年,久事有党员94人。2005年,公交行业的交投公司、巴士公司、强生公司、五汽冠忠公司、现代交通公司5家企业划转入久事后,久事党员数从133人增至6 258人。2017年,久事集团党员总数为4 942人。

【党员发展】

久事按照《中国共产党发展党员工作细则》中关于“控制总量、优化结构、提高质量、发挥作用”

的总要求，规范党员发展程序，坚持标准，把好发展质量关。

1993 年，久事成立党总支后第一年，对 6 名入党积极分子进行培养、教育。在坚持党员标准前提下，发展 1 名新党员。有 1 名预备党员按期转为正式党员。

1995 年，久事发展 3 名新党员，完成发展计划。另有 20 人递交入党申请报告，8 名入党积极分子在培养、考察中。为做好积极分子培养工作，办公室党支部对培养采取两条措施：建立党章学习小组，建立党员与积极分子一对一联系制度。

1999 年，久事党委做好入党积极分子培养和发展工作，组织久事部分新党员和积极分子参观改扩建完毕的"一大"会址，接受党的传统教育。针对入党申请人数较多情况，党委逐一与各支部联系，分析入党积极分子情况，要求有重点地对积极分子进行培养，最后将 4 位业务骨干作为党员发展对象。

2001 年，党支部改选后，公司开展了对入党积极分子教育培养的衔接工作，确定了联系人，落实了教育培养责任。在党支部教育培养的基础上，公司党委审查接收了 2 名预备党员，并让其参加系统组织的入党宣誓仪式。

2002 年，久事各党支部以"坚持标准、保证质量、改善结构、慎重发展"方针，加强对入党积极分子、发展对象和预备党员教育、培养和考察工作。久事党委审查批准 4 名预备党员转为正式党员，另有 4 名积极分子被接收为预备党员。

2003 年，久事各党支部共选送 8 名入党积极分子参加培训，经过考察培养，报送久事党委审批接收，壮大党员队伍。

2010 年，久事组织入党积极分子培训，分 5 批送 25 名入党积极分子参加党校培训。同时，建立入党积极分子和支部书记培训制度，将入党积极分子送市国资委党校培训，并督促各党支部指定 2 名联系人与 1 名入党积极分子结对。

2011 年，久事继续抓好党员发展工作，制订培养发展计划，选送积极分子进党校培训，全年发展党员 265 名。

2013 年，久事党委指导基层党组织重视发展一线岗位优秀员工。久事系统全年发展党员 226 名，其中一线员工 148 名。

2017 年，久事集团共发展 158 名党员。

表 6－1－2　1996—2017 年久事(久事集团)党员发展数量汇总情况表

年份	党员总数	党员发展情况				
		发展总数	生产一线	35 岁及以下	女	大专及以上
1996	94	1	1	1	1	0
1997	99	1	1	0	0	0
1998	107	2	0	1	1	2
1999	120	3	0	2	0	3
2000	123	1	0	1	1	1
2001	99	2	0	1	0	2
2002	117	5	0	4	2	5
2003	136	2	0	2	1	2

〔续表〕

年份	党员总数	党员发展情况				
		发展总数	生产一线	35 岁及以下	女	大专及以上
2004	133	2	0	2	2	2
2005	6 258	5	0	2	1	5
2006	6 221	172	140	57	55	54
2007	6 194	74	0	37	30	27
2008	6 221	208	103	115	83	46
2009	7 592	232	147	135	70	64
2010	7 468	216	122	114	58	64
2011	7 406	265	204	126	69	95
2012	6 966	320	232	156	101	104
2013	6 601	226	171	115	72	82
2014	6 063	194	148	88	60	83
2015	5 724	167	111	71	49	80
2016	5 236	165	128	56	39	104
2017	4 942	158	116	63	38	97

【党费情况】

表 6－1－3　1989—1992 年上海久事公司党员交纳党费情况表

年　份	年度党员人数	上缴党费(元)
1989	23～27	409.69
1990	27～46	875.92
1991	43～44	973.72
1992	43～49	1 242.69
四年合计	136～166	3 502.02

久事党员党费 1995 年结余 1 962 元。鉴于 1995 年久事员工增加工资这一情况，久事党总支根据中共中央组织部《关于共产党员交纳党费办法的规定》，决定从 1996 年 1 月起，党员交纳党费金额作相应调整。结合当时久事实行薪级工资的实际情况，党员按对应工资级别交纳党费。1996 年，久事党组织合计收缴党费 15 441 元；其中上缴 9 588.2 元，自留 5 852.8 元；年党费结余 8 378.69元。

1997 年，久事党组织收缴党费合计 15 794.2 元；其中上缴 7 897.1 元，自留 7 897.1 元；年党费结余 17 023.59 元。

1999 年，久事按上级党委要求于二季度开设党费专户，对党费管理做到单立账户、专人管理。久事党员上缴党费，按照规定 50%上缴市委组织部，50%留久事管理使用；留用党费主要用于基层党支部开展党组织活动和表彰优秀党员；党费在使用前，向久事党委报送使用计划，经党委书记审批后开支；设置党费收缴、支出专门账户，并有专人负责管理。年收缴党费 23 681.5 元；上缴党费 11 840.75 元，支部活动费支出 10 600 元；结余 12 043 元。

2000 年，久事党组织收缴党费合计 23 795 元；党费支出合计 23 422.5 元，其中上缴党费 11 897.5 元，支部活动费 11 400 元，购书刊 125 元；年底结余 12 537.55 元。

2001 年，久事党组织党费收入合计 20 820.05 元，其中党员交纳 20 712 元，党费利息 108.05 元；党费支出合计 20 116.5 元，其中上缴党费 10 356 元，活动下拨经费 9 600 元，其他使用 160.5 元；年底累计结存党费 13 241.1 元。

2002 年，久事党组织党费年度收入合计 19 680.43 元，其中党员交纳 19 583 元，利息收入 97.43 元；年度支出合计 21 222 元，其中上缴党费 9 791.5 元，活动经费 11 400 元，用于购买贷记凭证 30.5 元；年底累计结存党费 11 699.53 元。

2003 年，久事党组织党费收入合计 27 269.68 元，其中党员交纳 27 174 元，党费利息 95.68 元；党费支出合计 17 712 元，其中上缴党费 13 587 元，经费使用 4 125 元；党费结余 9 557.68 元；年底累计结存党费 21 257.21 元。

2005 年，久事党委在市国资委党委指导下，按照《中国共产党章程》和中组部《关于党费收缴管理工作的通知》有关规定，采取措施，加强党费收缴和使用管理工作，做到收缴及时、账目清楚、使用开支符合规定，工作管理逐步规范化和制度化。党费年度收入 321 370.44 元，其中久事本部上缴党费 30 856 元，下级基层党委按比例上缴 289 959.14 元，利息收入 555.3 元；年度支出 295 192.46 元；年度余额 26 177.98 元。5 家公交企业划入久事，久事基层党委认真贯彻执行规定，积极落实党费收缴、使用和管理各项工作，按比例交足党费，留用党费使用合理，主要用于订阅党报党刊、补助困难党员、购买电化教育设备等方面。

2006 年，久事党费年度收入 700 979 元，其中下级基层党委按比例上缴 596 923.66 元，上级党组织下拨 102 800 元，利息收入 1 255.34 元；年度支出 665 927.41 元，其中年度使用 166 050.9 元，上缴党费 499 876.51 元；年度余额 35 051.59 元。

2016 年度，久事集团党费收入总额为 2 964 592.99 元，党费支出总额为 2 774 728.48 元，市国资委党委拨给久事集团党委 23 万元，集团全额下拨给各直属单位，用于走访慰问困难党员、老党员以及党员教育经费补助。

2017 年度，久事集团党费收入总额 3 428 834.4 元，其中，市国资委党委下拨 18 万元，下级党组织按比例上缴党费 3 242 380.88 元，存款利息收入 3 793.52 元，征订党报、党刊代收款 2 660 元。久事集团党费支出总额 2 458 282.24 元。

三、党的代表大会

2012 年 10 月 30—31 日，中国共产党上海久事公司第一次代表大会在上海国际赛车场召开，这是久事进入改革发展关键时期举行的一次重要会议。

久事党委把推荐党委、纪委委员候选人和党代表候选人作为推动党内民主建设的抓手，严格按照党章规定，充分发扬党内民主，经过严格民主程序，推荐久事党委、纪委委员和党代表候选人，并进行差额选举。

参加大会正式代表有 150 名。代表是根据《中国共产党章程》《中国共产党基层组织选举工作暂行条例》等有关规定和《久事党委关于做好久事第一次党代会代表选举和"两委"委员酝酿推荐工作通知》,由各直属企业、久事总部等11个选举单位,在充分发扬民主精神原则下,经过"两上两下"民主程序,最后以无记名投票方式差额选举产生的。代表构成既有党员领导干部,又有管理及生产(工作)一线党员,其中一线工人代表18名、劳务工代表1名、劳模先进10名、专业技术人员63名,还有离退休干部等,充分体现代表结构的广泛性和先进性。同时,还邀请久事部分老领导以及久事系统老同志列席会议。

中共上海市委、市人民政府有关领导等出席大会第一次全体会议,并作重要讲话。

大会审议通过中共上海久事公司委员会工作报告,审议通过中共上海久事公司纪律检查委员会工作报告、久事党代会代表任期制实施办法与党费收缴、使用和管理情况报告。选举产生新一届中共上海久事公司委员会和新一届中共上海久事公司纪律检查委员会,新一届党委、纪委班子形成久事领导核心。

大会全面总结久事成立25年以来特别是2005年以来所取得的成就,使广大党员和干部职工了解久事改革创新发展历程和为上海城市建设发展所作出的重大贡献,增添自豪感,增强责任感和使命感,起到催人奋进、凝聚人心的作用。大会明确之后四年工作主要目标和任务,描绘久事未来发展蓝图,形成久事科学发展、持续发展共识,进一步坚定广大党员和干部职工对企业发展的信心。久事第一次党代表大会召开,形成久事可持续发展强劲合力,在久事发展历程中具有重要意义。

四、"6+1"党建工作体系

2017年,围绕学习贯彻国企党建工作会议精神,久事集团党委经过探索和实践,提出"把握方向、前置决策、用好干部、严格监督、凝聚职工、推进发展",同时提出"全面加强企业党组织自身建设"党建工作体系,并将它作为久事系统党建工作顶层设计,把各项党建工作整合到"6+1"党建工作体系中,推进集团党建工作系统化、整体化、规范化,为打造优质公共服务企业凝聚共识、智慧和力量。

在全市国有企业党建工作会议上,集团党委分享"6+1"党建工作体系经验做法并进行书面交流。《解放日报》、上视新闻等对久事"6+1"党建工作体系进行专题报道。"6+1"党建工作案例还得到国务院国资委关注,被收录到国务院国有企业改革领导小组办公室编写的《地方国企改革100例》中。

【"6+1"党建工作体系主要内容】

把握方向 立足公共服务类国有企业定位,把贯彻落实中央、市委决策部署和服务全市经济社会发展大局,作为久事集团党委把握的政治方向。久事集团各级党组织和全体党员认真学习贯彻习近平新时代中国特色社会主义思想,坚定执行党的政治路线,严格遵守政治纪律和政治规矩,在政治立场、政治方向、政治原则、政治道路上同党中央保持高度一致。久事集团发展坚持社会效益为先,党政共同确立"以服务上海经济社会发展为使命,以满足城市公共服务需求为目标,坚持社会效益为先,发挥市场机制作用"的愿景,发挥久事作为公共服务类国资国企的重要平台作用,追求社会满意、员工满意和政府满意。

前置决策 久事集团以直属企业修订公司章程为契机,在上海国资系统内较早启动党建进章程工作,将党组织嵌入公司治理结构,明确党组织法定地位。久事集团公司章程中,党建工作单列一章，全文有关党建工作的内容共 12 条，占章程总条数 9%。在章程确定治理框架下，修订《党委会议事规则》，明确凡是重大事项，由久事集团党委会先行研究、提出意见建议后再提交经营层决策机构，推动企业科学决策、依法决策、民主决策。党委会对久事集团“十三五”规划、年度预决算、对外重大投资、机构设置调整、干部任免、年度绩效考核分配等重大事项都进行审议和研究。久事集团党委会审核重大事项，主要从是否符合党的路线、方针、政策和市委市政府决策部署，是否符合久事发展定位和公共服务类企业特性等方面进行审核把关。

用好干部　坚持党管干部原则和“德才兼备、以德为先”要求，久事集团按照“对党忠诚、勇于创新、治企有方、兴企有为、清正廉洁”标准，打造一支坚强有力的干部队伍。建立系统内干部交流培养机制，通过鼓励干部在总部与直属企业之间、党务与行政岗位之间不断交流，帮助干部快速成长成熟。建立中青年后备干部培养机制，多渠道、多领域发现、举荐优秀中青年干部，加强个性化定制培训，将优秀青年干部放到重大项目上进行锻炼。落实“1＋4”干部人才队伍建设机制，采取有针对性措施，着力培养一支党政复合型一把手干部队伍与经营管理人才、专业技术人才、劳模工匠人才和党群工作者四支人才队伍。

严格监督　把严格制度和加强监督全面融入久事决策运营各个环节，贯穿各业务领域、工作岗位，确保规范运营、监督有效。把建设“法治久事”上升到久事集团战略加以推进，2016 年全面启动久事集团制度体系建设，努力探索建立规范高效管理运行新机制，坚持用制度管权、管事、管人；制定久事集团《规章制度管理办法》，建立规章制度规划清单和年度废改立计划。认真落实党委主体责任、纪委监督责任、党委书记第一责任人职责、领导班子“一岗双责”，督促各级领导干部率先垂范，带头遵守党纪党规，带动集团全体员工共同遵纪守法、遵规守矩、依法经营、依法管理。制定集团《监督联席会议实施办法》，完善由党务、纪检、审计、组织人事、法务、工会等部门共同建立的合力监督机制。开展巡察监督，先行选取一批二、三层次企业进行试点，推动全面从严治党向基层延伸拓展。

凝聚职工　充分发挥基层党组织引领服务群众、反映职工诉求、化解社会矛盾作用，使职工共同为实现久事战略目标贡献力量。用优秀企业文化凝聚职工，围绕久事集团各板块改革，广泛深入宣传久事集团战略、使命、愿景等，引导职工发挥主人翁作用，群策群力完成企业各项工作。用促进成长成才凝聚职工，实施岗位价值评估，完善岗位晋升通道，多举措促进职工职业发展，同时搭建教育培训平台、竞赛展示平台、创先争优平台，探索建立职工技能晋级成才机制。用关心关爱凝聚职工，关注职工需求，保障和改善职工民生，扎实推进职工疗休养、健康体检等实事项目，积极化解矛盾，维护职工合法权益。

推进发展　把加强党建工作作为深化企业改革发展内在要求，围绕企业中心工作抓党建，以抓好党建促进企业发展。围绕纪念改革开放 40 周年主题，党委牵头研究制定《关于深化改革发展的实施意见》，党政携手、上下协同，推进久事集团制度管理、科技管理、品牌管理、规划管理、安全管理、干部管理等改革，实现集团高质量发展。在经营管理活动中积极履行社会责任，实现企业社会责任与企业经营管理有机融合，坚持诚信经营，加强资源节约和环境保护，积极参与公益事业，切实提高企业服务水平。推进精神文明建设，把社会主义核心价值观融入企业发展实践，树立鲜明正确价值导向，充分发挥先进集体和先进个人示范带动作用，激发全体干部职工进步动力。

全面加强企业党组织自身建设　落实党建工作责任制，构建科学、规范、全面的党建工作责任体系，建立党建工作任务清单，细化、量化党建工作任务。科学制定考核评价指标，开展党建工作责任制检查，强化责任刚性落实。抓好基层党组织书记和党务人员队伍建设，从加强党务机构和党务人员建设入手,集团所属党委级企业全部设立党务部门,总支和支部级企业配备专职党务干部。加强在中青年干部中选拔基层党支部书记力度。夯实基层支部工作基础,搭建党建管理监督平台,抓好"三会一课"等党内基本制度规范执行,加强党建信息化建设,用互联网手段进行监督管理。搭建党建创新实践平台,开展党建课题研究,形成党建工作长效机制。搭建党建宣传交流平台,通过"久事党建"微信公众号、党建简报等形式,加大党建宣传力度。

久事集团以"6+1"党建工作体系为顶层设计和整体规划,党建工作呈现横向纵向"一盘棋"格局,党建和业务融合更加紧密,充分发挥基层党组织引领方向、推动发展、凝聚人心作用。

在推进"6+1"党建工作体系建设实践中,久事集团党委坚持问题导向,积极推动党建工作由碎片化向系统化转变;加强力量整合,横向涵盖久事集团所有部门,纵向覆盖久事集团所有基层企业,尤其注重党务、纪检、组织人事、工会等部门力量整合,形成党建工作合力;形成责任体系,构建党建工作责任制体系,党委书记、副书记、领导班子成员分别担负起各自责任,自上而下层层推进落实,保障"6+1"党建工作体系落到实处。

第二节　思想政治建设

一、理论学习

1993年,久事重点抓中层以上党员干部政治理论学习,基本方法是参加短期轮训,在2月抽调14名中层以上党员干部参加由市计委举办的领导骨干学习班,贯彻党的十四大和市第六次党代会精神。下半年,配合行政领导班子组织部门党员干部和党支部书记参加久事举办的两次学习班,学习中央文件关于加强宏观调控指示精神、《邓小平文选》三卷和党的十四届三中全会有关文件。

1995年,结合久事改革和经营管理实际,党组织把学习中国特色社会主义理论和党的路线方针政策作为理论学习重点,布置学习篇目,促进干部自学;通过中心组活动,组织中层以上干部集体学习;组织干部参加市委和计委组织的干部培训,系统深入学习。年内先后举办四期中层干部学习班,输送1名干部到市委党校青年班学习,5名干部到市计委中层干部培训班学习。在党的十四届五中全会召开后,久事以邓小平理论为指导,抓住"两个根本性转变",组织中层以上干部认真学习,统一思想,在提高认识基础上,探讨久事建立现代企业制度工作思路,制定久事第二轮创业发展规划。理论学习使干部理论政策水平和分析问题、解决问题能力进一步提高。

2001年,久事党委布置中层以上管理人员自学《江泽民论"三个代表"》和《"四个如何认识"学习读本》,并组织领导班子成员学习中央经济工作会议、党的十五届五中和六中全会、市委七届八次全会精神,提高思想认识和理论水平,进一步增强贯彻执行党的基本理论、基本纲领和基本路线的坚定性和自觉性。

2001年,久事先后组织党员和员工学习中央经济工作会议、党的十五届五中和六中全会、市委七届八次全会精神,重点学习江泽民"七一"重要讲话和党的十五届六中全会决定。通过学习,结合研究部署2001年工作任务,久事明确年度工作指导思想,即坚持以邓小平理论和"三个代表"重要思想为指导,进一步发挥政府投资主体作用,加强市场化运作机制,实行有效经营管理,加大资产盘整力度,进一步改善、调整盈利和投资结构,增强盈利能力,为提高上海城市综合竞争力作出应有贡献。

2002年,久事布置中层以上干部学习《江泽民论"三个代表"》《江泽民论有中国特色社会主义

（专题摘编）》《中共中央关于加强和改进党的作风建设的决定》等学习资料和书籍。通过学习，广大党员干部进一步提高思想认识，并紧密结合个人实际，查找思想理论水平、工作作风、开拓创新意识和精神状态方面差距，增强做好本职工作、完成年度任务指标、不断推进久事改革发展的信心和责任感。特别是从贯彻落实"三个代表"要求高度和上海新一轮发展大局高度，认识到全力完成投资市政府项目建设任务及各项工作，为提高上海城市综合竞争力和实现把上海建成现代化国际大都市奋斗目标，作出久事应有新贡献，就是落实"三个代表"要求的体现。

2003 年，先后组织久事主要领导参加中央党校、市委党校轮训，并组织部分中层以上干部多次参加市委组织部、宣传部和市国资委举办的专题理论辅导报告会；采取党委中心组集体学、每季度党委中心组（扩大）学习会和党员专题学习会形式，组织多层面学习交流，不断引导大家在真学、真懂、真信、真用上下功夫，在提高思想理论水平、转变观念和指导工作实践上见成效。

2010 年，久事党委组织 12 次集体学习，其中组织 4 次大型专题学习报告会。在久事党委带领下，各直属单位党组织也认真执行党委中心组学习制度，做到每月集体学习不少于 1 次。久事组织党组织书记培训，落实市国资委党委"万名书记进党校"培训计划，安排 10 批 274 名党组织书记参加市国资委党校培训。

2011 年，久事以创建学习型党组织为抓手，坚持党委中心组学习制度，加强领导班子成员政治理论和经营管理学习。久事党委中心组全年组织 14 次集体学习，其中大型专题学习报告会 5 次。通过认真学习胡锦涛"七一"重要讲话、党的十七届五中和六中全会以及市委九届十五、十六次全会精神，领导干部进一步提高思想认识，坚定打造久事品牌信心。各级领导干部精心组织形式多样的学习活动。

2012 年，抓好党组织中心组学习，全年组织 15 次党委中心组集体学习，其中 6 次以党委中心组扩大学习会形式扩大至直属企业领导班子和三级企业党政主要领导，3 次召开两级中心组学习交

图 6-1-1　2013 年 6 月 27 日，久事总部举行纪念建党 92 周年、学习党的十八大精神知识竞赛

流会。各级企业党组织坚持落实中心组学习制度。在学习内容安排上,重点学习党的十八大精神,贯彻落实市第十次党代会精神,安排提高各级领导干部能力建设和反腐倡廉等专题学习。组织久事50名中层干部参加为期两天的深入学习贯彻科学发展观培训。选送一批中层领导干部分别参加市委党校和市国资委党校培训。

2014年,久事党委以两级领导班子中心组学习为抓手,运用专题研讨、辅导报告等形式,重点学习党的十八届三中、四中全会,习近平总书记系列讲话,以及国资国企改革会议精神等,全年先后组织12次集中学习。久事系统中层以上领导人员还分别参加市委党校和市国资委党校组织的主题学习培训班。通过学习,努力将学习成果与编制久事深化改革方案相结合,与思考新一轮三年规划相结合,与推进久事年度各项任务相结合,做到进入思想,融入工作。

2017年,久事集团党委全年组织12次中心组学习,组建党员干部《新形势下党内政治生活的若干准则》学习班,进一步增强党员干部政治意识、大局意识、核心意识、看齐意识。久事集团党委书记带头上党课,宣讲市第十一次党代会精神,明确久事集团未来五年使命和实现途径。严肃党内政治生活,认真召开领导班子民主生活会,坦诚交流思想,开展批评和自我批评。严格执行双重组织生活制度,各级党员领导干部坚持以普通党员身份参加所在支部组织生活。

二、党内主题教育活动

【"讲学习、讲政治、讲正气"三讲教育活动】

根据市委统一安排,久事于2001年11月中旬至12月中旬开展"三讲"(讲学习、讲政治、讲正气)教育活动,11月12日上午召开"三讲"教育动员会,12月17日上午召开"三讲"学习教育活动总结会。

"三讲"教育活动以邓小平理论和江泽民"三个代表"重要思想为指导,认真贯彻文件精神,将"三讲"教育与学习贯彻江泽民"七一"重要讲话相结合,与贯彻落实党的十五届四、五、六中全会精神相结合,与推动久事改革、发展、稳定工作相结合,与加强久事领导班子建设相结合,坚持以自我教育为主,着眼于领导班子成员整体素质特别是思想政治素质提高,促进久事可持续发展。

参加"三讲"教育对象是久事领导班子成员,参与"三讲"教育人员范围是部门正副职和子公司负责人。为加强组织领导,市委派出指导检查组,久事成立以党委书记为组长的"三讲"教育领导小组,下设"三讲"办公室。"三讲"教育分学习理论、提高认识,找准问题、开好民主生活会,制订整改方案、落实整改措施三个阶段。

在上级的指导和久事中层干部及部分离退休老干部参与下,通过"三讲"教育活动,久事领导班子找到存在问题,强化创新意识,提高加快久事改革发展信心和责任感,增强班子合力和自身建设自觉性,促进领导班子作风建设,明确整改方向,制定具体整改措施,达到预期目的。

【"学党章、争先进、作贡献"主题活动】

2003年4月,久事党委部署年度工作,各支部紧密结合本单位实际,认真组织广大党员(含入党积极分子)开展"学党章、争先进、作贡献"主题活动。

活动主题是深入学习贯彻党的十六大精神和新党章,结合完成本单位"两个文明"建设任务实际,引导广大党员增强党员意识、先进意识和责任意识,增强在实践中坚持党的宗旨、遵守党的纪律、做好本职工作自觉性,努力做到在各自岗位上争当改革创新先锋、勇挑重担标兵、团结群众模范,为久事改革发展作出积极贡献,以实际行动贯彻落实“三个代表”重要思想和“两个务必”要求,促进党员先锋模范作用的充分发挥。

活动要求包括加强领导,有序推进;认真学习,提高认识,各支部组织党员认真学习十六大报告、新党章和胡锦涛在考察西柏坡时重要讲话,参加久事在4月下旬统一组织的十六大知识百题竞赛,加深对十六大精神理解,明确党员权利、责任和义务,把思想认识统一到十六大精神上来;宣传典型、弘扬先进,各支部在活动开展中,注意发现、总结和宣传本支部先进典型,在党员队伍中形成一个学先进、争先进热潮。

【保持共产党员先进性教育活动】

2005年1月,按照党中央部署和市委要求,市国资委党委决定将久事本部党组织列入市第一批开展保持共产党员先进性教育活动单位。结合久事实际,久事党委制定先进性教育实施办法,成立久事党委保持共产党员先进性教育活动领导小组。

久事本部9个党支部共计75名党员,从2005年1月中旬到6月开展第一批先进性教育活动。久事党委贯彻中央、市委关于做好第一批先进性教育工作一系列要求,扎实有序地完成学习动员、分析评议和整改提高三个阶段任务,较好实现市委和市国资委党委提出的教育工作目标,取得预期成效。

2005年7月,根据党中央、市委和市国资委党委统一部署,久事党委认真研究制定在所属单位开展第二批先进性教育活动实施意见,并于7月12日召开动员大会,正式启动第二批先进性教育活动。8月底各参教单位基本完成第一阶段教育活动各项工作任务。至11月底,久事第二批先进性教育活动三个阶段集中学习教育基本结束。久事共有7家直属单位参加第二批先进性教育活动,其中党委23个、党总支10个、党支部239个,党员总数6 070名。

久事各级党组织从实际出发,认真组织开展学习动员、分析评议、整改提高三个阶段工作,在“提高党员素质、加强基层组织、服务人民群众、促进各项工作”和“真正成为群众满意工程”上取得较好成效,经群众满意度测评,满意率达88.73%,基本满意率达11.27%。

【深入学习实践科学发展观活动】

按照党中央、市委、市国资委党委总体部署,从2009年3月开始,用半年时间在久事系统全体党员中开展深入学习实践科学发展观活动,努力实现“党员干部受教育、科学发展上水平、人民群众得实惠”总体要求和“提高思想认识、解决突出问题、创新体制机制、促进科学发展”目标,并成立学习实践科学发展观活动领导小组,下设办公室,负责对各单位工作指导检查,还制订学习实践活动实施方案。

活动分三个阶段:第一阶段为学习调研,从3月上旬至4月下旬;第二阶段为分析检查,从5月上旬至6月中旬;第三阶段为整改落实,从6月下旬至8月中旬。

久事系统开展的学习实践科学发展观活动结合实际并初见成效,各级领导班子和各部门、各单位统一认识,解放思想,认真安排好学习实践活动一系列日程,并规定每周五上午优先安排学习实践活动。久事系统参加学习实践活动有党委32个,党总支8个,党支部312个,党员7 589名。久事领导班子深入基层开展调研,形成7项调研报告,并推动一批项目建设,积极开拓久事新的发展增长点。久事领导先后召开16次座谈会,充分听取基层党员、干部和群众意见,结合专题民主生活会,梳理提出5方面14个问题,制定6项56条整改措施,并逐一抓紧落实。活动期间,久事系统共组织专题报告会160次,组织上党课近170次。活动的群众满意度测评结果显示:满意占87.06%;比较满意占12.94%。

【创先争优活动】

根据市委、市国资委党委部署和要求,2010年,久事党委围绕久事中心工作,在久事系统党组织中开展以世博先锋行动为主要内容的创先争优活动,围绕推动服务世博工作、推动企业发展和推动基层党建上水平,取得一定成效。

活动具体做法是:广泛宣传发动,做到人人知晓;培育树立典型,做好以点带面;持续宣传鼓动,提高活动质量;深入基层调研,注重分类指导。

2010年在久事系统党组织中开展创先争优活动,各级基层党组织和广大党员积极参与活动,充分发挥党组织政治核心作用、基层党支部战斗堡垒作用和共产党员先锋模范作用,引领广大职工群众为服务世博、奉献世博,全面完成久事"十一五"各项工作任务而不懈努力。久事系统各级党委还培育一批基层党支部典型,经久事党委会讨论决定,确定15个基层党支部为久事创先争优示范党支部。

2011年,久事党委继续开展以"打造久事品牌,服务社会、服务群众"为主题的创先争优活动,树典型、立标兵。久事各级党组织和广大共产党员积极投入创先争优活动,大力弘扬世博精神,围绕企业中心工作,贴近企业实际,活动取得较为明显成效,推动久事各项工作任务完成。

2012年,久事党委继续深入开展创先争优活动,以基层组织建设为抓手,建立健全党建工作责任制,不断扩大党内民主,夯实基层组织基础。坚持围绕中心,突出主题,久事各级党组织结合企业实际和党员岗位特点,设计特色鲜明的活动主题,围绕推动发展、服务社会和群众、加强基层组织建设开展创先争优活动。

2013年,久事党委着手建立创先争优长效机制。根据创先争优活动"确保每个支部至少有一项务实、管用、长效机制"要求,各党支部认真梳理、总结和提炼创先争优活动中好经验、好做法,结合各自实际,将其上升到制度层面,分别建立定期开展基层调研、党员集中学习、党支部党务公开、加强学习型党组织建设等多项制度,并将制度上墙公示,严格组织实施,主动接受群众监督和检验,巩固创先争优活动取得的成果。

久事党委深化"打造久事品牌,服务社会、服务群众"主题活动,巩固创先争优活动成果。指导各企业党组织重点在"干部带头、岗位行动、窗口服务、联系群众"四个方面认真总结创先争优活动取得成果,将成功经验和做法及时上升为规范化、常态化的制度,推广强生控股"党建工作责任化、规范化和基础台账电子化"党建机制。

【党的群众路线教育实践活动】

2013年,按照党中央和市委部署,久事党委在系统内开展党的群众路线教育实践活动,并作为下半年重点工作。久事党委于8月26日召开党的群众路线教育实践活动动员大会,进行部署和动员。久事总部和9个直属企业认真开展第一批党的群众路线教育实践活动。组织集中学习教育活动,既按规定要求组织学习,又注重学习形式多样性,增强学习效果;通过组织走访基层、个别访谈和召开座谈会等方式,听取基层党员、干部和职工群众意见,共听取意见301人次,收集意见165条;梳理和汇总"四风"方面存在问题及具体表现;起草教育实践活动相关文件;及时传达活动开展新精神、新要求,对各直属企业开展活动进行指导;组织广大党员进行专题学习教育。

图 6-1-2 2013 年 8 月 26 日，久事党委召开党的群众路线教育实践活动动员大会

久事党委高度重视教育实践活动，将其作为一项重要政治任务，加强领导，精心组织，周密安排。久事总部和各直属企业按照党委统一部署，认真开展三个环节各项工作。活动组织有序，严肃认真，取得良好效果。通过教育实践活动，久事系统广大党员特别是中层以上领导干部接受一次党的理想信念和群众路线深刻教育，经受一次党性锻炼，进一步提高思想认识，查摆“四风”方面突出问题，制定整改措施，为践行党的宗旨、遵守党的纪律、不断改进工作作风打下思想基础。

【“三严三实”专题教育】

2015 年，根据市委统一部署，久事集团党委以集团中层以上领导人员为重点，组织开展“三严三实”专题教育。

精心组织实施。成立专题教育工作小组，制订工作方案，明确阶段要求，落实推进措施；通过听取中层领导人员、直属企业主要负责人和职工代表意见，认真查找领导干部“不严不实”方面存在的问题；久事集团和直属企业主要领导纷纷上党课，专题教育在系统内全面启动。在为期 6 个月的三个专题教育过程中，坚持做到一份工作计划、一次专题讲座、一项工作提示、一次专题组织生活、一次专题研讨、一份阶段工作总结的“六个一”，安排好每个专题教育内容，实现三个阶段有效衔接，并通过开展工作督查确保学习成效。

边学、边查、边改。把提高认识、查找问题和落实整改有机结合，把开展专题教育与改进日常工作有机融合，把“三严三实”要求具体落实到领导班子和班子成员整改上，使边学、边查、边改贯穿始终并相互促进。2015 年 7 月，久事集团党政领导在初步查找问题基础上，带头深入学习、听取意见、自我剖析、落实整改，集团党委专门制订边学、边查、边改工作计划，逐项列出在执行党风廉政建设、遵守中央八项规定、严明党的政治纪律、执行民主集中制和选拔任用干部等方面的问题清单，并明确领导分工、责任部门和完成时限，抓好整改落实工作。2015 年年底，集团领导班子通过召开座谈会、上门个别访谈、网上公开征求意见等形式,广泛听取久事集团总部和基层意见,开展谈心谈话活动30多次,进一步查找"不严不实"方面存在的问题;召开专题民主生活会,班子成员之间充分开展批评与自我批评,使修身做人、用权律己、干事创业意识得到提高,并明确整改清单,落实改进措施。

与促进工作相结合。从"三个结合"入手,改进作风、完善制度、推进工作。与群众路线教育实践活动深入整改相结合,聚焦2015年年初"回头看"中存在的问题,推进未整改项目落实,全部完成整改项目,做到取信于民。与改进领导人员作风建设相结合,制定《进一步加强久事领导班子成员联系基层工作实施意见》,按照职责分工,明确联系基层工作项目清单,推动领导班子成员联系群众、协调解决难题。与久事规章制度体系建设相结合,按照依法治企、规范经营要求,对久事规章制度进行梳理,先后完成27项规章制度的制定和修订工作。

【"两学一做"学习教育】

2016年,久事集团党委把开展"两学一做"学习教育作为重大政治任务,履行主体责任,周密安排部署、精心组织推动,做到持续用力、深化推进,确保取得实际成效。

突出工作实际,精心部署安排。集团党委紧密结合实际,成立学习教育工作小组,制订学习教育实施方案和工作推进表,明确重点内容、关键环节、时间安排和工作要求;每月组织召开学习教育专题例会,着力细化、落实各阶段具体要求;注重分类指导,通过每月工作提示等方法,按时间节点要求开展和推进具体工作,确保学习教育不断不乱,有序推进,取得实效;创新活动载体,通过组织参观、开展专题学习讨论、创新方式讲党课等系列活动,提高学习质量;注重宣传引导,在久事内外网开辟"两学一做"学习专栏,编印发布《专题简报》25期,营造浓厚学习氛围。

突出边学边改,确保取得实效。将"两学一做"学习教育同加强基础管理工作相结合,有针对性地解决目前党建基础管理中存在的问题,确保学习教育取得实效。聚焦群众路线教育实践活动、"三严三实"专题教育活动以及巡视发现的问题,把学习教育与纠正"四风"问题、整改不严不实问题、整改巡视发现问题结合起来,使解决问题前后呼应,持续推进。聚焦久事集团在基层党建方面的问题,针对久事集团基层党建制度不全、职责不清、定位不准、队伍不齐、党费收缴不规范等问题,通过健全组织、配好班子、完善制度、规范执行等办法,激活基层党组织,提高基层组织战斗力。聚焦集团各级党员在作风上的问题,通过开展"两学一做"学习教育,帮助党员正视问题、解决问题,追求实现自身理想和价值,体现党员先进性。

突出学用结合,发挥示范作用。"两学一做"学习教育,基础在学,关键在做。以"两学一做"为契机,发挥基层党组织战斗堡垒作用和党员先锋模范作用。强生控股公司党委结合全市交通违法行为大整治,在全体党员中开展"文明驾驶每公里、规范服务全过程"立功竞赛活动,充分发挥党员在文明出行、文明服务方面示范引领作用。巴士集团党委以基层服务型党组织建设为载体,围绕职工需求,解决实际困难;围绕乘客出行,提供服务便利。久事赛事公司党委不断推进党员岗位行动和志愿行动,为重大国际赛事提供保障等。

三、宣传工作

2010年,久事为发扬广大干部党员世博精神,及时组织宣传报道,有40余篇文章被中国党建网、市基层党建网、《支部生活》等党内媒体录用,在市国资委各大企业中名列前茅,宣传工作多次受到市国资委党委表扬。

2011 年，久事系统编写 220 余期《深入开展创先争优活动简报》，及时推广先进事迹和经验，被中国共产党新闻网、市基层党建网和《支部生活》等党内媒体录用文章 50 余篇，做到内聚人心，外树形象。

2012 年，久事注重宣传及发挥舆论引导作用，党委编写《深入开展创先争优活动简报》64 期，运用久事党建工作网络平台累计发布党建工作信息 200 余条，其中被中国共产党新闻网、市基层党建网和《支部生活》等市级以上党内媒体录用文章 39 篇。编撰下发《公司系统深入开展创先争优活动实践与成果》《创先争优先进典型事迹材料》。

2013 年，久事党委以《久事党建》为宣传载体，进一步加强对各企业学习贯彻党的十八大精神和开展基层党建工作宣传报道。通过加强基层信息员队伍建设，及时把基层好的做法反映出来，全年共编写 53 期《久事党建》和 13 期《教育实践活动简报》，其中被基层党建网、《支部生活》等媒体录用文章 33 篇，进一步扩大久事品牌影响力。

2015 年，久事以新一届市级文明单位创建为契机，持续加强所属企业精神文明建设，久事系统 19 家企业被评为上海第 17 届文明单位，调整申报主体后共 18 家单位参评第 18 届市级文明单位。建立职工思想动态（舆情）搜集反馈长效机制，定期编发企业舆情动态，提高宣传和思想政治工作针对性和有效性。注重树立和弘扬先进典型，“五一”前召开劳模表彰会，大力宣传劳动模范先进事迹和突出贡献。加强党建信息宣传报道工作，久事集团党委编发《党建简报》32 期，其中 20 期被上海基层党建网等录用报道；巴士六汽、强生汽修、久事置业等 5 件党建工作典型事例，被《上海组织人事报》《劳动报》等媒体报道；交投集团漕宝分公司党支部的《以党员“三员”责任区活动为载体，提高场站服务管理水平》，获评上海基层党建网发起的“受网友点赞优秀国企党建故事奖”。

2016 年，久事集团党委加强宣传工作，年内共编写《党建简报》44 期，被上海基层党建网等媒体录用文章 19 篇；开通“久事党建”微信公众号，定期推送中央、市委和集团重要党建信息，进一步扩大久事集团党建工作影响力。

2017 年，久事集团加强对外宣传，“上海久事”微信公众号“30 天、30 年”专题策划引发热烈反响，《解放日报》、上观新闻等主流媒体集中报道，帮助树立和提升久事良好社会形象。在党建宣传工作方面，“久事党建”微信公众号发布信息 78 期，《党建简报》编发 70 期，其中 37 篇文章被上海基层党建网录用，录用篇数位居国资系统前列。

四、意识形态工作

2016 年，久事集团党委制定《意识形态工作责任制实施办法》，把意识形态工作作为党的建设的重要内容，明确久事集团各级党组织意识形态工作责任，列入年度工作要点，纳入党建工作责任制，牢牢掌握意识形态工作领导权、主动权。还指导各直属企业党组织开展专题学习，进一步增强广大党员干部政治意识、大局意识、核心意识、看齐意识，不断以思想自觉引领行动自觉，始终坚定不移地在思想上、政治上、行动上与党中央保持高度一致。

2017 年 8 月，集团党委重新修订《关于落实意识形态责任制的责任清单》，进一步确立意识形态工作顶层设计，并同步制定《落实意识形态责任制问题清单》，梳理存在薄弱环节和下一步改进措施。还下发《关于做好久事系统职工思想动态（舆情）搜集处理工作的通知》，全年编写 12 期职工思想动态简报，分析研判意识形态领域思想情况，对职工思想中倾向性、苗头性问题及时加以引导，严防社会上错误思潮在职工中传播。

第三节 组织建设

一、党员教育管理

1987—1989年,久事党支部采取学习文件、专题讨论、听辅导报告、参加短期轮训班等形式,先后组织党员学习邓小平《坚持四项基本原则,反对资产阶级自由化》和《建设有中国特色的社会主义》等重要文章,提高广大党员觉悟。为提高党员理论知识水平,党支部安排入党时间不长的新党员参加计委机关党委举办的党章学习班,还组织全体党员观看七个模范共产党员光辉形象纪录片和电影《焦裕禄》,在组织生活会上进行讨论。

1991年上半年,围绕纪念建党七十周年,久事党组织进行形式多样的宣传教育活动,包括瞻仰烈士陵园、参观南浦大桥工程、观看电影《开天辟地》、组织党史和党的基础知识竞赛、召开党内外座谈会、听党课等,使每一位党员接受思想教育,坚定信念。

1993年,久事党组织通过读书、脱产轮训、听党课、参观访问等形式,组织党员学习党的基本理论和基本路线。第一季度,学习贯彻党的十四大和市第六次党代会精神;第二季度,学习江泽民在党的十四届二中全会上的讲话和八届全国人大一次会议文件;第三季度,学习中央关于加强宏观调控和开展反腐败斗争精神;第四季度,学习《邓小平文选》第三卷和十四届三中全会有关文件精神。

1995年,久事党组织为提高全体党员民主集中制意识,增强党员全局观念,组织全体党员参加"严格党的纪律,维护和坚持民主集中制"主题教育活动,请市计委领导给党员上党课。同时,对党员进行社会主义思想教育,引导党员确立正确理想和信念。"五一"前夕,组织"红五月"歌咏比赛,进行革命传统教育;"七一"前夕,组织到南湖参观中共一大会址和展览馆;"八一"建军节,为纪念抗日战争和世界反法西斯战争胜利五十周年,召开复退转业军人座谈会;国庆前夕,请专家做国际形势报告,激发全体党员和群众热爱祖国、热爱社会主义热情。

1999年,为学习贯彻四中全会精神,久事党委领导班子、中层管理人员、党员、一般员工,各有侧重地组织学习《中共中央关于国有企业改革和发展若干问题的决定》,各部室、各支部都积极组织学习,制订详细学习计划。同时,党委先后购买《"三讲"教育读本》《企业共产党员简明读本》《党支部建设纲要》等有关书籍资料,发放给各支部组织学习。

2001年,久事党委组织全体党员开展党的知识800题答题活动,组织举办纪念建党80周年歌会,开展评选、表彰优秀党员活动,召开纪念建党80周年座谈会,组织50名党员和员工代表参加系统表彰会并观看电影《走出西柏坡》,各党支部组织专题组织生活会等活动。

2002年,通过党委中心组每月集中学、每季度一次中心组(扩大)学习会和组织生活会等形式,久事党委组织中层以上干部和广大党员、员工深入学习江泽民"七一""五三一"重要讲话、在中纪委七次全会上重要讲话和党的十五届六中全会精神,传达学习贯彻党的十六大和市第八次党代会精神。

2003年,久事党委把学习贯彻党的十六大精神和"三个代表"重要思想作为首要政治任务,分两个阶段作部署和推进。年初按照围绕主题、把握灵魂、狠抓落实总体要求,结合久事实际,从坚持学习制度、落实学习内容和着力提高思想理论水平、增强指导创新能力出发,部署对十六大精神学习贯彻要求。年中按照市委八届三次全会精神,对在久事范围内兴起的学习贯彻"三个代表"重要思想新高潮又作出部署。为使学习贯彻工作取得成效,久事党委和各党支部在广泛动员基础上,采取自学形式，认真组织广大党员通读十六大报告、《江泽民论“三个代表”》《胡锦涛“七一”重要讲话》《“三个代表”重要思想学习纲要》等重要文献，组织学习党的十六届三中全会和市委八届三、四次全会精神，并组织开展十六大文件知识竞赛活动。

2004年，久事党委工作重点是深入推进学习贯彻“三个代表”重要思想新高潮，引导广大党员和员工在武装头脑、指导实践上取得新成效。久事党组织把深入学习贯彻“三个代表”重要思想作为重大政治任务，分批组织久事领导班子成员、中层干部和控股公司领导成员参加市国资委党委举办的轮训班。各党支部组织党员自学《“三个代表”重要思想学习纲要》、胡锦涛重要讲话和十六届三中全会决定、《企业国有资产监督管理暂行条例》等，进一步系统领会“三个代表”重要思想时代背景、实践基础、科学内涵、精神实质和历史地位，把“三个代表”重要思想作为指导和统领久事各项工作根本指针，与树立正确世界观、人生观、价值观、政绩观相结合，与树立全面、协调、可持续科学发展观相结合，在真学、真懂、真信、真用上下功夫，在提高思想政治理论水平上取得新成效。

2007年，组织学习贯彻党的十七大和市九次党代会精神，根据市委、市国资委党委和公司党委要求，起草下发《关于认真学习贯彻党的十七大精神的通知》《关于组织传达学习贯彻市第九次党代会精神的通知》，并具体布置和组织学习贯彻工作。在久事层面，通过召开党委扩大会形式，传达学习市第九次党代会精神，通过召开专题座谈会和邀请市委党校教授作辅导报告等形式，传达学习党的十七大精神。各直属单位党组织也按照久事党委要求，普遍通过党委中心组专题讨论会、党员专题组织生活会和班组学习会等形式，组织各级领导干部和广大党员、职工群众，认真进行两次会议精神传达学习贯彻工作。通过学习，进一步提高思想认识，并用于指导工作实践，结合实际谋划改革发展思路，提出措施，推进党的十七大和市第九次党代会精神在久事贯彻落实。

2008年，久事党委把深入学习贯彻党的十七大精神作为全年各级领导人员政治理论学习主要内容，以中心组学习扩大会议、党委书记例会等形式，组织久事领导班子成员、各部门负责人和直属单位领导班子成员学习贯彻胡锦涛在十七届二中全会和中纪委十七届二中全会上讲话精神，学习贯彻市委九届三次、四次全会精神，学习市政府全面贯彻落实中央进一步扩大内需、促进经济平稳较快发展的工作会议精神，学习中央经济工作会议精神等内容。在两级党委中心组开展学习和专题辅导的基础上，认真做好参加市国资委组织的“学习贯彻党的十七大精神培训班”工作，各直属单位领导班子成员和久事部室负责人等50人参加学习。

2010年，为加强思想政治建设，增强党员主体意识，久事党委主要开展六个方面学习教育：服务世博专题，学习胡锦涛视察世博园区时重要讲话精神，对“六个确保”要求，联系久事实际，提出明确目标、任务和措施；学习全国“两会”精神专题，请全国人大代表来公司作专题辅导报告，解读“两会”精神，帮助大家进一步理解党和国家方针政策；学习党的基础知识专题，学习《中国共产党章程》《中国共产党纪律处分条例》《国有企业领导人员廉洁从业若干规定》，使广大党员明确权利和义务，提高遵守党纪党规自觉性；重视革命传统教育专题，组织党员和积极分子参观陈云同志纪念馆，并组织新党员入党宣誓活动，广大党员对党的优良传统有进一步认识；重视党风廉政教育专题，请市纪委审理处领导来久事作“当前党员干部违法违纪问题现状、原因和对策”专题报告，广大党员受到党性、党风、党纪教育；深入基层调研专题，各支部结合实际到基层调研，广大党员纷纷反映自己体会深、收获大，到基层调研形式好。通过一系列学习教育活动，广大党员思想政治素质不断提高，增强党员主体意识，提升党员先进性。

2011年，久事党委以纪念建党90周年为契机，开展以纪念建党90周年为主题的爱党、爱国、爱企教育。通过党史知识竞赛、图片展示、主题报告会、红色之旅以及唱红歌比赛、大型文艺汇演、“党

图 6-1-3　2010 年 5 月 28 日，久事党委中心组举行扩大学习会议，增强对上海举办世博会重要意义的认识

的光辉照我心”摄影展和庆祝大会等群众性纪念系列活动，大力宣传党的光辉历程，歌颂党的丰功伟绩，弘扬党的优良传统，激发广大党员群众爱党、爱祖国、爱社会主义和爱企业热情。久事各所属企业也组织各具特色、丰富多彩的纪念活动。交运巴士党委认真组织党员参加市委组织部在市基层党建网上的知识竞赛，成绩名列前茅，受到市国资委表扬；久事置业公司党总支与浦江桥隧大桥公司党总支党建联建，共同开展庆祝活动和党内教育活动，加强资源共享和优势互补，提高党建工作活力。

2012 年，久事党委把学习、宣传、贯彻党的十八大精神作为首要政治任务，组织久事系统党员收看党的十八大第一次全体会议实况，请十八大代表马卫星传达十八大精神，及时下发《关于认真学习宣传贯彻党的十八大精神的通知》，部署各级党组织中心组组织学习党的十八大报告和党章、习近平系列重要讲话精神。各党支部召开专题组织生活会，组织广大党员学习。久事党委通过市宣讲团专家辅导报告，帮助各级党员领导干部全面准确学习领会党的十八大精神，分别召开了久事领导与各部门负责人、各直属企业领导班子成员专题学习交流会，交流学习体会，结合久事实际，共谋深化改革、转型发展和加强企业党建新思路和新举措，增强久事系统各级领导干部学习、贯彻、落实党的十八大精神的自觉性。

2013 年，久事党委坚持把学习教育作为贯彻全年的重要工作，以宣传贯彻党的十八大，十八届二中、三中全会精神为重点，认真计划安排，开展一系列形式多样的学习教育活动。如组织总部干部职工参加久事党委举办的十八大精神宣讲、全国“两会”精神解读、经济形势辅导报告、党风廉政报告和党委书记上党课等集中学习活动；到临港新城保税区参观学习；组织总部中层管理人员参加市国资委党校学习贯彻十八大精神专题学习班；举办学习党的十八大精神知识竞赛；组织全体党员到外高桥保税区参观学习，参观中国共产党反腐倡廉历程展和观看影片《周恩来的四个昼夜》等。

各党支部围绕加强学习型党组织建设，通过“三会一课”等形式，组织好支部党员理论学习，增强党员群众把思想和行动凝聚到企业发展战略上来的自觉性和坚定性。同时，将久事领导和中层管理人员分为 4 组，以分组或联组形式组织 13 次专题集体学习，系统研读党章、3 个规定读本和习近平总书记一系列重要讲话精神；开展“久事本部 80 人如何服务好基层 8 万人”专题讨论；通过一线干部请上来授课、本部干部沉下去调研、复查历年信访等方式找不足。各党支部分别召开专题组织生活会，认真组织支部党员学习有关文件和材料，联系本部门和自身实际展开学习讨论。

2015 年，久事集团党委以集体学习、专家辅导、专题研讨等形式先后组织 12 次党委中心组学习，重点学习党的十八届三中、四中全会精神，习近平总书记系列重要讲话精神和韩正同志到久事调研讲话精神；围绕集团化改制，对发展愿景和战略定位进行深入研究，注重改革顶层设计，不断丰富和完善“四位一体、两翼支撑”战略目标，明确公共服务类企业发展定位，努力营造改革氛围，凝聚改革共识，推动企业改革发展。

2016 年，久事集团党委中心组全体成员坚持从自身做起，带头学习，推动党员干部形成注重学习良好风气。采取集中学习、专家辅导、专题研讨等方式，先后组织 12 次中心组学习，重点学习供给侧结构性改革、习近平总书记在纪念建党 95 周年大会上讲话精神、习近平总书记在全国国有企业党建工作会议上重要讲话精神、十八届六中全会精神、《中国共产党问责条例》《关于新形势下党内政治生活的若干准则》《中国共产党党内监督条例》等，同时加强制度规定针对性学习，着力在学深悟透、真学真用上下功夫，把学习成果转化为深化改革思路、谋划发展举措。

2017 年，久事集团党委认真组织、学习、宣传党的十九大精神。层层推动学习宣传工作。把学习、宣传、贯彻党的十九大精神作为当前和今后一段时期首要政治任务和头等大事，通过下发工作提示、指导直属企业制订学习方案等方式，一级抓一级、层层抓落实，在久事系统掀起学习党的十九大精神热潮。久事集团党委书记认真履行第一责任人责任，亲自部署、亲自动员、亲自督促，带头宣讲党的十九大精神。突出全覆盖学习宣传。通过观看十九大开幕会现场直播、党委中心组学习研讨、领导班子成员党校学习、中层干部专题培训班、党支部专题组织生活会等学习活动，组织全体党员、干部原原本本学习党的十九大报告和《中国共产党章程》，准确领会把握党的十九大精神思想精髓和核心要义。丰富学习宣传手段。开展“不忘初心、牢记使命，贯彻落实党的十九大精神”学习实践活动，通过组织参观一大会址、重温入党誓词、观看影视作品等方式，始终牢记共产党人的初心和使命。在“久事党建”微信平台上开辟学习党的十九大精神专栏，宣传党的十九大精神，介绍各直属企业党建主题活动成果。

【民主评议】

1989 年第一季度末，在结合年终评比和党员干部述职小结基础上，久事党支部开展第一次党员民主评议。要求每位党员学习党章和民主评议文件，以党员标准对照自己，找出差距，开展批评与自我批评。

至 1991 年 4 月，共进行三次民主评议，没有不合格的党员。7 月，在年度党员民主评议和“创先争优”活动中，党支部有两人获评计委系统优秀党员称号。

1994 年，党总支开展“新时期共产党员标准讨论活动”，做好民主评议党员工作，联系实际进行专题讨论。8 月，民主评议党员着眼于加强久事党员队伍思想、组织、作风建设，评出干劲和新的精神面貌，使党员能够在改革开放和现代化建设中更好地发挥先锋模范作用。

1995 年，久事党总支严格党内生活制度。各支部坚持“三会一课”制度，实行民主评议党员制度和党员领导干部双重组织生活会制度。基本做到每月召开支委会,组织生活会或党员大会,并根据实际需要进行党课教育。

1998年,久事党委在党建工作中,着力引导各党支部围绕久事经营中心工作,发挥党支部战斗堡垒作用,努力推进“两个文明”建设,组织开展党员素质讨论,年底各支部组织党员开展民主评议活动。

2001年,久事党委召开“三讲”民主评议动员会,领导班子总结“三讲”教育活动情况。会后,久事中层干部和与会离退休老同志对久事领导班子和个人进行认真的民主评议。

2013年,久事党委继续坚持党内生活基本制度,注重执行“三会一课”等党内基本制度,夯实工作基础,提高工作水平,增强党支部战斗力。各党支部定期开展各类学习活动,扎实抓好党员队伍思想政治建设;久事领导以普通党员身份积极参加支部活动,带头参加学习讨论,带头开展批评与自我批评,主动做好表率;党支部书记定期向全体党员通报支部工作开展情况,充分尊重党员民主权利,认真听取党员意见建议;坚持开展民主评议党员制度,帮助党员立足岗位发扬成绩、改进不足,进一步激发干事创业激情与活力。

二、党管干部

为贯彻落实党管干部原则,2002年,久事重点学习贯彻《党政领导干部选拔任用工作条例》,做好中层以上干部聘任和青年干部选拔培养工作,加强久事中层以上干部队伍建设。通过述职述学形式,加强对中层以上干部考核,按照岗位职责要求和干部德才条件,经过“双向选择、竞争上岗”,完成对13名中层干部聘任;按照市委组织部要求,进行久事后备干部推荐工作;选调3名优秀年轻干部到控股公司担任中层职务,加强控股公司之间干部交流,合理调整和优化配置人力资源;举办“董监事课程班”和“非财务经理财务课程培训班”等,加强对中层以上干部业务培训。同时,认真组织学习《党政领导干部选拔任用工作条例》,包括中心组集中学习,党委领导和人事部门负责人参加市委培训,组织80名党员参加市统一开展的《党政领导干部选拔任用工作条例》知识竞赛活动等。

2004年,久事党委加强对控股公司领导班子和中层干部考核,坚持日常考核和阶段性考核相结合,加大考核工作力度,及时、全面、准确掌握干部情况,为选用和聘任干部提供依据和服务。

2008年,久事党委以提高执行能力和经营管理能力为重点,大力加强各级领导干部班子建设。首先,以实施品牌建设和推进公交改革为重点,认真做好直属企业领导班子调整工作。充分利用久事系统内现有干部资源优势,调整充实巴士集团、强生集团和交投集团领导班子,为推进公交改革、全力打造久事公交品牌提供组织保证和人才保证。同时,以优化集团化管理为契机,积极推进干部交流。久事选派两名中层干部到下属企业任职交流,4名企业领导在系统内交流,既发挥这些干部的知识、管理和业务能力优势,又使其在基层工作和不同管理岗位锻炼中增长才干。此外,久事以可持续发展为支撑,积极做好后备干部培养锻炼工作,在2007年形成后备干部队伍基础上,通过交流、挂职锻炼等多种形式,为后备干部培养搭建平台和提供实习机会。

2010年,久事党委通过抓领导班子思想政治建设、作风建设和有效发挥党组织作用,进一步提高各级领导理论素养、经济工作能力、做职工群众工作能力和解决实际问题能力。以建立学习型党组织为目标,落实党委中心组学习制度,抓好两级党委中心组学习,做到有制度、有计划、有记录、有考勤。同时,以集团化管理为目标,加强干部队伍建设,充实调整久事中层以上管理人员;选举、推荐、任用部分直属企业领导班子成员;调整控股、参股企业董监事20人次,推荐久事职工监事。加强后备干部培养，巴士公交集团党委输送100余名青年管理人员进世博园区锻炼；交投集团党委加快干部交流，推进干部竞聘上岗。

2011年，久事党委围绕改革发展需要，着力抓好各直属企业领导班子能力建设。在强生资产重组、公交降本增效、投资建设京沪高铁和公交枢纽、上赛场配套区开发、华尔道夫酒店营业、F1中国大奖赛和网球大师赛等久事重点工作和重大项目推进实践中，提高领导干部驾驭全局和开拓创新能力。久事党委及时调整充实领导班子，选配好干部，加强领导力量。全年调整充实巴士公交、强生控股、强生集团、旅游卡公司等领导班子，调整任用直属企业领导班子成员10名、久事总部中层管理人员6名，选派4名中青年管理人员到直属企业任职交流。久事系统重视后备干部推荐工作。巴士公交党委研究制定后备干部见习实施办法，搭建培养平台，通过多个岗位轮岗实践锻炼，加快人才成长；交投集团党委探索公开竞聘选人用人模式；强生集团党委制定后备干部管理条例，为青年干部培养提供制度保证；上赛场公司党支部党员干部和业务骨干与青年员工结为师徒，实现“传、帮、带”。

2012年，久事党委着力在工作实践中培养提高干部领导能力，注重在改革发展中提升领导干部引领发展能力。巴士公交面对客流下降，千方百计降本增效和提升服务质量，实现减亏目标，乘客满意度提升；强生控股积极打造出租汽车服务品牌，努力拓展汽车维修、汽车租赁和水上旅游等潜在品牌；久事赛事、华尔道夫酒店、都市旅游卡等企业市场竞争意识不断增强，市场占有率和企业知名度不断提高。久事党委还在处理突出矛盾中提升领导干部解决问题能力，通过解决群体性历史遗留矛盾和个体性疑难矛盾，提升做群众工作和驾驭复杂局面能力。久事加大领导干部上下交流、横向交流力度，充实直属企业领导班子力量，增强部门干部基层工作经验，注重通过领导干部交流来锻炼提升。

2014年，久事党委以优化结构为重点，加强领导人员合理配置，配齐配强各直属企业领导班子，调整充实巴士集团、强生控股、交投集团、申铁公司和旅游卡公司领导班子，加大领导人员交流力度，对21名久事中层领导人员进行提拔和交流使用，增强队伍活力。同时严格贯彻落实上级要求，全面开展退休领导人员返聘梳理工作。

2015年，依托上海交通大学办学力量，久事党委举办干部领导力选学班，加强干部队伍领导能力建设。同时，久事集团党委对巴士、交投、强生、赛事、置业、久事投资等8家直属企业领导班子进行调整充实，提拔8人、交流7人，为推动直属企业改革发展提供组织保障。结合久事改制，久事集团总部调整职务序列及名称，久事集团总部领导人员由17人增加到29人，其中提拔18人、交流8人。久事集团总部完成“三定”工作，运用员工自我推荐和部门择优选择相结合方法，实现总部员工重新上岗，其中28名员工经推荐和考察被任命为高级主管和主管；通过外部招聘和内部选调等方式，招聘13名工作人员，总部人手紧张局面得到初步缓解；启动校园招聘工作，积极研究“百人储备计划”及相关配套政策。

2016年，久事集团在总部和部分直属企业提供8个总经理助理岗位，为青年干部搭平台、增历练；将2名青年干部放到工作一线锻炼成长；启动系统后备干部选调，举全集团之力为久事体育产业集团筹建提供干部人才支持；持续推进人才储备计划，通过外部招聘和内部选调方式，总部年招聘11名员工，补充部门管理力量，人手紧张矛盾得到缓解；依托上海交通大学和上海大学教学力量，为干部职工提供培训，完善干部知识结构；通过“头脑风暴”活动，搭建系统内优秀中青年后备干部沟通交流平台，展示工作才能，为集团发展献计献策。

2017年，久事集团党委以直属企业领导班子功能性分析为基础，结合集团事业发展需要，调整充实强生控股、久事体育等公司领导班子,进一步优化班子结构。加大总部部门负责人调整力度,充实集团财务、投资、运营等部门管理力量。推进企业规范治理,充实调整控股及参股企业董监事队伍。久事集团全年累计提拔干部10人,交流干部15人,调整董监事33人。同时,聚焦精细化管理,加快中青年干部培养锻炼,完成新一轮后备干部推荐工作,久事集团中层后备干部库更新充实到128人,后备干部和现任中层干部比例超过1.5∶1,形成较合理的干部人才梯队。制订集团《中层正副职后备干部精细化培养工作方案》,对后备干部实施"一人一表",精细培养。坚持必要台阶、渐进培养和一线锻炼,在总部部门和直属企业增设5个总经理(主任)助理锻炼岗位,助力干部成长。此外,大力培养党政复合型干部,推动干部在总部与直属企业之间、党务与行政之间交流,推进党政职务一肩挑,使干部既懂业务,也懂党务。完成集团人力资源发展规划,为今后三年集团干部人才发展提供路径图和时间表。与市委党校合作开展"久事集团培训体系"课题研究,加强集团培训体系设计,组织党组织书记培训班、高级经营管理人员培训班等多种形式培训。在各类培训活动基础上,探索积累多样化培训方式和经验做法,形成体系化培训工作。

三、干部作风

2001年,根据市委统一部署,久事党委认真组织领导班子成员集中一个多月时间,开展"三讲"教育活动。通过"三讲"教育,促进领导班子成员提高思想认识,找出存在的突出问题,明确整改方向,促进领导班子自身建设。

2002年,久事党委在"三讲"集中教育后,结合回查工作,重点抓整改方案落实,推进领导班子建设。为落实整改方案,领导班子建立责任制,按照业务分工明确责任和时间节点要求。久事领导班子成员坚持走群众路线,深入实际调查研究,分别召开多次专题研讨会,深入探索整改思路,为落实整改方案奠定基础。同时,根据要求,贯彻边学边改、即知即改精神,领导班子通过加强学习和民主集中制建设,精神面貌有新变化,领导久事改革发展信心和责任感进一步增强,坚持从大局出发,加强团结,积极配合,有计划、有步骤地抓久事各项工作部署、协调和推进,整体合力有明显增强。

2010年,久事以深入基层调研为载体,切实推进干部工作作风转变。久事领导深入20多个基层单位和世博园区,了解基层党组织开展党建和稳定工作情况;党委针对存在的薄弱环节和问题,研究和指导解决对策,帮助基层领导提高思想认识和工作能力。在久事领导带动下,各级干部深入改革建设一线、运营服务一线和稳定工作一线,得到职工群众好评。

2011年,久事党委把干部作风建设放在突出位置,深入开展"讲党性、重品行、作表率"主题活动,推动和引导各级领导干部转变作风。针对深化公交改革、强生资产重组、久事未来发展和党的建设如何保障和推动企业发展等课题,久事领导班子成员率领久事各部门负责人30多次深入基层一线调研,了解情况,及时指导和帮助解决企业改革发展中遇到的困难和问题。各级领导班子也狠抓干部作风转变,巴士公交(集团)实行各级班子成员定期到运营现场巡视制度;强生出租公司提出"多在车边,少在桌边",实行基层干部上早岗制度等,主动为基层和职工排忧解难,得到职工群众认可;强生集团针对重组后遗留问题,领导班子深入基层调研20多次,使一些问题得到解决。

2012年,久事把作风建设作为干部队伍建设重点,把工作重点放在为基层经营管理提供服务,帮助基层企业破解改革发展难题,解决职工群众反映强烈的突出问题上。各级党组织坚持并不断深化干部定期下基层、现场巡视等制度,推动党员干部特别是领导干部发挥表率作用,深入实际,深入基层,深入群众,加强调查研究,提高解决问题针对性和实效性。强生控股开展"走基层、听心声、转作风”主题活动，树立各级领导干部服务基层、联系基层良好形象。

2013年，久事坚持带头示范，确保活动环节到位，扎实开展久事系统教育实践活动。在学习教育、听取意见环节，带头深入学习，党员干部认真撰写个人体会材料并在久事局域网上公示，主动接受群众监督。久事领导带队中层管理人员，分为7个组深入基层，通过召开座谈会、个别访谈等形式，广泛听取意见与建议，先后召开专题座谈会11场、落实基层联络点9个，访谈约301人次，征集到各类意见和建议165条。在查找问题、开展批评环节，认真查摆“四风”方面存在的突出问题，久事领导带头自我剖析，坦诚开展谈心活动，并在此基础上召开一次较高质量专题民主生活会。各党支部围绕“为民务实清廉”主题分别召开组织生活会，通过相互间诚恳批评与自我批评，使全体党员接受一次普遍群众路线教育，达到增进团结、共同提高目的。在整改落实、建章立制环节，根据查摆突出问题和群众意见，久事领导带头深入研究分析，明确整改目标；久事总部3个组结合部室职能和工作实际展开讨论，提出具体措施。在此基础上，制订形成久事总体整改方案、专项整治方案和制度建设计划。

2014年，久事严格落实和执行领导人员外出制度、因私出国（境）制度和薪酬规定，认真做好领导人员个人有关事项报告，强化各项绩效考核，全面落实党建工作责任制。

2015年，为加强干部管理制度建设，久事集团先后制定《领导人员选拔任用暂行办法》《中层及以上领导任用任职和公务回避实施办法》《关于建立健全谈话制度的实施办法》《关于加强公司总部向基层企业借用人员的通知》等规范性文件。同时，为加强干部制度有效执行和监督，久事集团党委开展谈话超过60人次，严格执行领导人员外出制度和薪酬规定，开展企业领导人员履职待遇、业务支出自查工作，认真做好拟提拔领导人员个人有关事项报告工作；切实加强企业领导人员因私出入境管理，重新确定备案人员范围，建立完善日常工作台账。

2016年，久事集团加大制度执行力度，从严从实落实干部管理，汇编《干部选拔任用与监督工作政策法规选编》，并把制度执行纳入落实党委、纪委“两个责任”重要内容。完善干部谈话制度，全年重要岗位干部任职谈话21人次。以完善领导人员选人用人机制为重点，开展选人用人方面问题专项整治，不断加强干部管理制度建设，对规避、变通、违反制度等行为，严厉追究责任。

四、基层党组织建设

1995年，久事党组织重点加强和改进党的基层组织建设，初步建立健全党的基层支部，做到组织落实。为加强对党员教育、管理和监督，保证业务工作顺利开展，根据工作需要和党员人数，对久事所属党支部设立作合理调整，凡能单独建立支部的，建独立支部；党员人数少的，建联合支部。同时，配好党支部书记，充实支部委员会。

1999年，久事所属各党支部任期相继届满，根据党章规定，久事党委对各党支部作适当调整并进行换届选举工作。经调整后，久事共设9个党支部。为加强支部工作，在党员人数达10人以上支部设支委会。

2000年12月，为进一步加强久事党支部建设，发挥在“两个文明”建设中的战斗堡垒作用，根据《上海市党支部建设纲要》并结合久事实际，久事党委制定下发《上海久事公司贯彻〈上海市党支部建设纲要〉实施细则》，各党支部贯彻落实。

2001年，久事党委根据久事机构和人员变动情况，认真组织党支部调整、设置换届选举工作，建立健全8个党支部，为基层党建工作开展提供组织保证。及时召开党支部书记会议，研究布置年度党建和精神文明建设工作任务，提出抓好落实要求的工作目标。

2002年，久事党委结合久事组织结构调整和竞争上岗后党员分布变化情况，本着利于经营、管理、开展党的建设原则，认真研究和调整设置12个党支部，并组织换届改选。下半年，根据市计委党委指示精神，组建赛车场公司党总支和南站广场公司临时党支部，健全两个控股公司领导体制，理顺党的组织领导关系，为正常开展党建和"两个文明"建设提供组织保证。

2003年，久事党委通过召开支部书记、党员座谈会，听取党员意见。研究制定开展"凝聚力工程"建设实施意见，确立凝聚党员、凝聚员工、凝聚人才工作目标；确立与久事发展、与密切党群关系、与发挥党员模范作用、与推进民主管理、与个人事业发展、与维护员工利益相结合工作内容；确立围绕经营管理抓党建、抓好党建促发展，不断增强渗透力和影响力，着力提高针对性和有效性工作思路。同时，久事各支部坚持把每月一次党日活动，作为对党员教育主渠道，认真贯彻市委部署，加强对党员教育。鉴于部分党支部成员欠缺、组织不健全情况，久事党委及时布置补选工作，有4个党支部通过民主选举增补支部领导成员，健全党支部组织。为加强党支部建设，上半年久事党委还组织支部书记前往宝钢学习，借鉴紧密结合生产经营实际经验；重视机制建设，坚持"三高一流"标准，对党员进行教育管理经验介绍，为探索久事基层党建工作新思路提供帮助。

2004年，久事党委积极推进"凝聚力工程"建设，督促各党支部落实公司关于进一步推进"凝聚力工程"建设实施意见，紧密结合推进经营管理工作任务落实，着眼于充分调动各方面积极性，坚持以凝聚党员、凝聚员工、凝聚人才为目标，探索具有本单位特点的思路、措施和方法，推进"凝聚力工程"建设，不断增强党组织创造力、凝聚力和战斗力。

2007年，久事党委结合推进长效机制建设，加强对基层党建工作检查、指导和服务。组织各基层党组织开展、贯彻、落实中央四个加强长效机制建设文件情况自查，并接受市国资委党群处座谈调查，组织6个基层党支部作汇报交流；组织部门同志深入8个工作基础较好的基层党支部进行检查，查看工作制度、活动台账，进行座谈交流；对基层党组织按期换届改选情况进行督促检查和统计调查，基层党组织按期换届改选完成率达97%，完成确定目标；指导基层党组织推进开展"三服务""三测评"活动，择优向市国资委推荐3个基层党组织经验做法；组织开展推荐基层"党支部建设示范点"工作，有2个党支部被市国资委党委确定为"党支部建设示范点"；分6批组织31名基层支部书记参加培训(连同2006年的190名，共计221名)，组织基层11名入党积极分子参加培训；报请久事党委同意，下拨党费8.2万元，专项补助基层160多名生活困难党员；用留用党费96 693元，为基层党组织订阅党报党刊，减轻了基层经济负担；加强对基层流动党员管理，完成年度党内年报统计、统战工作统计和党外知识分子统计；办理两个直属单位党组织调整和委员增补工作、久事本部三个党支部调整和委员增补工作。

2008年，久事推进基层党建，加强基层党组织和党员队伍建设，落实党建长效机制，督促各级党组织严格按照党章规定，做好换届改选。同时，总结推广一批基层党组织开展党建工作经验，召开纪念建党87周年暨基层党建工作交流会，加强基层党支部建设。同时，经推荐，强生控股一分公司党委和巴士四汽公司八分公司、强生控股业务调度中心2个党支部分别被市国资委党委命名为"基层党建示范基地"和"基层党建示范点"。

2010年，久事党委用制度建设推动党建经常性工作落实。重点抓六个方面的工作：充实总部党委领导班子，保证党委政治核心作用的发挥；建立总部党委会季度例会制度，定期研究总部党建工作，指导各支部开展工作；健全每月一次党员组织生活制度，做到有计划，有布置，有检查，有落实；健全每年一次党员民主生活会制度，党员在民主生活会上畅所欲言，从思想、学习、工作等方面既总结成绩，也主动寻找自身不足；建立党支部书记向党员报告工作制度，各党支部书记都向所在支部党员报告2010年工作，同时听取党员意见和建议；通过与基层经验丰富党支部书记座谈，交流支部工作经验，提高各支部书记工作能力。总部党委通过加强党内制度建设，使各党支部战斗力、凝聚力明显提高，党员先锋模范作用得到发挥。此外，还落实各级党组织向党员报告工作和评议制度，并抓好各级党组织换届改选工作。2010年计划换届94个党组织（含党委、党总支、党支部），完成换届90个，完成上级规定95%要求。各级党组织也落实党代表常任制，发挥党员监督行政工作作用。

2011年，久事党委做好党组织组建工作。新联谊大厦公司转入运营后，及时成立党总支，使许多原来在外企工作的党员有归属感，凝聚人心。强生出租与巴士出租重组后，强生控股党委针对基层点多面广特点，及时建立健全基层党组织，做到党组织全覆盖。同时，久事党委还抓好各级党组织换届改选工作，对3个党委、4个总支、170个支部共177个党组织进行换届改选。同时，通过15个示范党支部引领，进一步规范基层党组织基础管理工作。认真落实“三会一课”制度，久事系统各级党组织书记上党课1 313人次。加强对基层党支部书记培训，巴士公交和强生控股党委对党支部书记进行集中培训，收到较好效果。

2012年，久事党委结合实际开展基层组织建设年活动。加强组织建设，根据部室设置、人员调整情况，及时对部分党员隶属支部进行相应调整；加强基础建设，在总结创先争优活动好经验好做法基础上，探索建立创先争优长效机制，并注重抓好公开承诺、定期点评、深入基层等制度的贯彻落实，提高党建工作制度执行力。各级党组织按时换届改选，实现基层党支部全部公推直选，全年按时换届党组织114个，完成率达到95%。在选举产生十八大代表、市党代表和久事第一次党代会代表过程中，注重民主程序规范，落实党员权利；定期召开民主生活会，建立党代会代表任期制。

2013年，久事党委在第一季度对到期的全部党支部进行换届，换届率为100%。换届选举工作采用公推直选方式进行，进一步深化党内民主。同时，结合党支部到期换届工作，久事总部党委还根据部室设置、人员调整现状与情况，优化原党支部组织设置将其调整为8个党支部。换届工作完成后，及时安排新任党支部书记参加党校培训，帮助提高履职能力和业务素质。

2014年，久事党委进一步强化各直属企业党建工作责任制考核，提升考核针对性和有效性。申铁公司根据责任制内容加以细化，制定工作责任分解表。广泛开展党内生活现状调查，加强党内组织生活管理，强化党员教育，严格党员发展标准，全年发展党员194名，进一步做好劳务派遣员工中党员发展和管理工作，党员在生产班组覆盖率达到98%，对无党员班组也建立联系人制度。进一步发扬党内民主，深化党务公开，召开久事一届二次党代会，坚持党组织向党员代表报告制度。抓好各级党组织按时换届工作，全年按期改选党组织95个，完成率达到97%。

2015年，久事集团党委健全党代会代表常任制度，于年初顺利召开一届三次党代会，审议通过久事集团党委和纪委年度工作报告；2015年11月召开党员代表会议，依据民主程序完成久事集团党委委员增补工作。基层党组织抓好按期换届选举工作，申铁公司、旅游卡公司按期完成换届改选，久事投资公司党支部顺利完成筹建工作。完成167名党员发展工作，加强劳务工党员管理。加强社会责任体系建设工作，完成2014年社会责任报告并上网公布，制定2015年度履行社会责任清单，推动基层企业完善社会责任工作体系。

2016年，久事集团召开建党95周年大会，开展久事系统优秀共产党员、优秀党务工作者和先进基层党组织评选表彰，强生控股杨红梅荣获“上海市优秀共产党员”称号，久事集团所属11个集体和个人荣获国资委系统“两优一先”先进集体和先进个人称号；组织开展集团建党95周年系列活动,顺利举办集团"我身边的共产党员"演讲比赛和"基层服务型党组织建设视频案例"评选会;积极参与市国资委系统"两优一先"评选表彰,组织生活微视频展示评比、党建论文及案例征集、书法比赛等纪念建党95周年系列活动。总部党委通过公推直选方式完成所属7个支部换届,强生控股、新联谊和"上赛场"完成党组织换届工作;东亚集团等3家体育企业党组织以及273名党员组织关系整建制划转至久事集团党委,交通卡公司党组织关系也从2017年起整建制转入久事系统;举行直属企业党组织书记抓基层党建工作和党风廉政建设述职报告评议会,抓好党组织书记述职评议工作;积极落实"万名书记进党校"工作。

2017年,久事集团党委深化基层党建工作。推进"两学一做"学习教育常态化制度化工作。制定任务清单,做到"一月一提示、一月一简报,半年一检查",确保"两学一做"学习教育工作扎实有效开展;积极参与国资系统"红旗党组织"、党支部建设示范点推荐评选工作。巴士集团党委荣获"红旗党组织"荣誉称号,巴士集团49路车队党支部、久事置业公司强生物业党支部、强生汽车修理八厂党支部荣获"党支部建设示范点"荣誉称号;加强党内民主建设。完成党的十九大代表推荐和市第十一次党代会代表推荐选举工作,久事系统共有4名代表参加市第十一次党代会。按计划完成巴士集团、久事投资等直属企业党组织换届选举工作。加强党建共建工作,认真履行黄浦区区域化党建联席会议轮值主席职责,积极参与"文化思南"品牌项目,会同黄浦区有关部门率先开通滨江公交微循环线路,为市民出行提供方便。梳理集团荣誉体系,成立集团综合类最高荣誉评审工作委员会,在全系统开展"久事优秀员工""久事优秀管理者""久事先进集体"和"久事优秀党员""久事先进基层党组织"评选表彰活动。

此外,2017年久事集团党委还推动"两个工程"建设。加强基层党组织书记队伍建设。制定《进一步加强基层党组织书记队伍建设的实施意见》,对党务机构设置、党务人员配备、书记队伍建设进行明确,着力打造一支素质高、能力强、作风正、业务硬的党组织书记队伍。积极推进"万名书记进党校"培训学习工作,提升基层党组织书记的实际工作能力;加强党支部规范化建设。集团在2016年强化党务机构设置和党务人员配备基础上,在系统内全面推行《基层党支部工作手册》,制定《关于进一步加强基层党支部规范化建设的实施意见》和《党支部年度工作任务清单》,对基层党支部工作进行全面规范。

【党建主题活动】

2014年,久事党委聚焦重点,深化党建主题活动,把握"推动发展、服务群众"重点,围绕打造窗口服务品牌形象、巩固完善长效工作制度、发挥党员模范带头作用,进一步加大主题活动实施力度,明确工作要求,挖掘先进典型,宣传总结经验,不断提升党建工作凝聚力和影响力。巴士集团以"创建服务型党组织,做好联系工作和服务职工最后一公里"为主题,加强基层服务型党组织建设,推进基层党建工作规范化、制度化和长效化。强生控股以"深化改革谋发展、服务职工促和谐"为活动目标,在找准党建主题活动立足点、结合点和共同点上下功夫,通过多种形式,丰富活动载体,使党建主题活动成为企业改革发展"助推器"、队伍素质提升"加油站"。赛事公司围绕创新和突破要求,在赛事多线作战考验面前,充分发挥党员作用,确保顶级赛事成功举办。新联谊公司以主题活动为抓手,积极探索外资管理下党建工作新途径和新方式。上赛场公司将主题活动与打造国家4A级旅游景区相结合,在景区软硬件建设、宣传推广以及申报评定上都取得突破。

2015年,久事集团党委围绕服务核心,深化党建主题活动,制定《深化党建主题活动、加强基层服务型党组织建设的实施意见》,结合实际提出具体目标和工作措施。各直属企业把服务型党组织建设与改革发展、创新管理、品牌建设有机结合，不断赋予党建主题活动新内涵。巴士集团落实党员“五送”，解决职工“五难”，把服务型党组织要求落到为职工办实事上；强生控股以品牌建设为抓手，开展服务型党组织创建工作；交投集团开展案例征集评选活动，充分调动党员立足岗位干事创业激情；久事赛事与进出口检验检疫局开展党建结对，解决困扰赛场的大型赛事货物报关难题；申铁公司通过参加市重大工程和铁路综合赛区立功竞赛，引领广大党员岗位建功；上赛场公司将主题活动与宣传推广国家4A级旅游景区和嘉定区域化党建相结合，不断扩大上海赛车场景区影响力。

2017年，为加强服务型党组织建设，久事集团党委开展“打造品牌立新功，提升服务创佳绩”党建主题活动，久事集团系统窗口行业建立党员示范岗2 903个、党员先锋岗360个、党员责任区372个。

【党务公开】

2011年，久事党委全面推进党务公开工作。按照市委、市国资委党委统一部署，开展党务公开试点工作，巴士二汽、强生修理、强生一分、四汽公交、申铁公司等5家基层党组织在先行先试中，研究制定党务公开目录、形式、程序和监督制度等，成效明显，受到党员群众欢迎，为久事系统党组织全面实施党务公开打下良好基础。在试点基础上制定《上海久事公司基层党组织全面实施党务公开的意见》和《上海久事公司党务公开指导性目录(试行)》。各级党组织借鉴试点经验，全面推进落实，年底前在久事系统全部基层党组织实施党务公开。

2012年，久事党委继续深化党务公开工作，组织开展党务公开“回头看”活动，对各级党组织贯彻落实久事党务公开实施意见情况进行督促检查，推动建立党务公开监督机制。积极推进各级党组织按时换届改选工作，实现基层党支部全部公推直选，全年按时换届党组织114个，完成率达到95%。民主程序规范选举产生十八大代表、市党代表和久事第一次党代会代表；定期召开民主生活会，建立党代会代表任期制。

2013年，久事各党支部认真梳理、总结和提炼创先争优活动经验做法，结合各自实际，分别建立定期开展基层调研、党员集中学习、党支部党务公开、加强学习型党组织建设等多项制度，并将制度上墙公示，严格组织实施，主动接受群众监督和检验。

2014年，久事党组织进一步发扬党内民主，深化党务公开，召开了久事一届二次党代会，坚持党组织向党员代表报告制度。积极落实和保障党员的知情权、参与权和监督权，组织党代表开展巡视活动。

2015年，久事党委高度重视，全面部署，认真组织开展党务公开总结梳理和自查工作，通过查找问题并及时整改提高，不断提高党务公开工作质量和水平，有力地促进党的基层组织建设和企业党建科学化水平的提高。2015年4月末，久事系统内共有党员5 860名，有基层党委35个，党总支5个，基层党支部265个，久事各级党的265个基层组织党务公开做到全覆盖、全落实。

五、党建工作责任制

2012年，久事党委制定《2012年度党建工作责任制考核实施细则》。根据各直属企业实际情况，细化分类指标，量化考核标准，分别下达党建工作年度考核目标，形成党建工作与经济工作同部署、同落实、同检查、同考核综合考评体系。各直属企业落实一级抓一级、层层抓落实党建工作责任制，有力保障党建工作各项目标任务落实。

2014 年，久事党委进一步强化各直属企业党建工作责任制考核，提升考核针对性和有效性。申铁公司根据责任制内容加以细化，制定工作责任分解表。久事党委制定《各直属企业党建工作考核细则》，注意抓好平时推进、督促和资料积累，做好年终考核工作，将 2012 年考核结果反馈给各直属企业，还进一步健全党建考核体系，对 2013 年考核细则进行完善，结合实际调整分解指标，根据企业规模区别分值，体现分类指导，同时坚持经济责任考核结果占党建工作考核 50%比重，体现党建工作围绕企业中心推动发展作用。

2016 年，久事集团党委以党建责任制为抓手，推动党建工作落地落实。制定党建工作任务清单，加强对直属企业工作指导，推进集团系统党建工作。按照分类原则，优化考核办法，制定考核细则，对各直属企业党建责任制落实情况开展年中检查和年末考核。

2017 年，久事集团党委继续落实党建责任制。强化责任落实。按照"工作项目化、项目清单化、清单责任化"要求，编制集团《2017 年度党建工作任务分解表》，把党建责任具体化、程序化和清单化，推进党建工作落实到位。贯彻落实全国和上海国有企业党的建设工作会议精神，制定《久事集团在深化国有企业改革中坚持党的领导加强党的建设的实施细则》，分层分类确保目标任务落地落实。启动集团党建工作改革，制订改革方案，明确党建工作目标方向，不断深化党建工作。完善考核机制。按照分类原则，不断优化考核办法，制定《直属企业党建责任制考核细则》，通过每月督办、年中检查、年末考核，加强对直属企业工作督促指导。召开直属企业党组织书记抓基层党建工作和党风廉政建设述职报告评议会，对各直属企业党建工作考核结果形成问题清单，加强督促整改。

第四节　纪 检 监 察

一、廉政教育

1987—1990 年，久事采取多种形式，对党员干部进行廉政教育，组织参观"反贪污、反受贿"展览会，观看有关录像片，并对久事尤其是从事有关经营业务员工提出"不搞回扣、不收现金、不索要礼品、不向党政机关送礼"的"四不"要求。

1990 年，久事、实事公司合并后，着重贯彻市委、市政府廉政规定，除组织学习外，还协助行政部门制定、修改关于礼品处理、用车、业务宴请标准等制度。其中 1989 年 5 月—1991 年年底，共有 61 人次上交礼品。

1991 年 10 月，久事举办党纪条规学习班，组织全体党员集中学习中纪委颁发的八个条规和市委、市政府颁发的两个廉政规定。在学习基础上，进行一次党风情况调查问卷。从问卷情况分析，久事党风和廉政好的有 6 人，较好的有 29 人，占大多数。

1993 年，久事根据市委办公厅有关文件精神，教育党员、干部在公务活动中要严以律己，不得收受礼券、礼金，严禁公款出国(境)旅游。久事党员领导干部自觉带头执行有关规定，共有 4 人 8 次上交礼券 3 100 元。同时，把反腐败工作列入久事经理办公会议和党总支、支部书记会议议事日程，在多种场合强调反腐败工作的重要性，听取各方面情况反映，分析久事内部廉洁自律情况，对自查出来的问题及时整改。

1995 年，久事把廉政建设列入干部上岗考核内容，针对改革开放和经管活动中出现新情况、新问题，在 1993 年制定《上海久事公司员工廉洁自律的十条规定》基础上，新制定《上海久事公司领导干部廉政准则》《上海久事公司领导干部收入申报制度》《上海久事公司收受礼品实行登记制度》。

2001年年初，久事召开党员大会和党员专题组织生活会，组织传达学习中纪委十五届五次全会和市加强党风廉政建设干部大会精神。年中，进行党风党纪知识答题测试。通过学习，加深对加大从源头上预防和治理腐败力度认识，增强开展反腐败斗争信心和自觉性。

2002年，为贯彻落实中纪委十五届七次全会和上海市党风廉政建设干部大会精神，久事党委结合实际，加强党风廉政建设，始终坚持把教育防范放在首位。通过支部书记会、党员组织生活会，传达中纪委七次全会和市党风廉政建设干部大会精神；邀请市纪委领导做专题报告，对中层以上干部进行权力观教育；结合日常工作，常提醒，敲警钟，防止“工程上去了、干部倒下来”现象发生，提高广大员工对加强党风廉政建设和反腐败斗争长期性、复杂性和艰巨性认识，增强廉洁自律意识，为抵御各种诱惑和经受各种考验奠定思想基础。

2003年，久事各级党政组织和责任人履行对所属人员的教育职责，在领导班子、中层干部和广大党员中开展党风廉政教育，努力构筑思想防线，采用中心组学习会、支部书记会和组织生活会形式，传达学习中纪委十六届二次全会和市党风廉政建设干部大会精神，并组织久事领导、中层干部和控股公司领导参加中纪委统一组织的党员领导干部廉洁从政知识测试，取得平均分95分以上的好成绩。此外，通过会议、谈话和部署工作，对下属进行经常性教育提醒，做到警钟长鸣。

2004年，久事党委组织召开党风廉政建设工作交流会。同时组织中层以上干部和广大党员学习中纪委十六届三次全会精神，通读中央颁布实施的《中国共产党党内监督条例(试行)》和《中国共产党纪律处分条例》，明确和自觉执行四大纪律八项要求，牢记立党为公、执政为民本质要求，坚定政治信念，陶冶道德情操，严格行为规范，筑牢抵御腐朽思想侵蚀思想道德防线的“防火墙”。为增强学习效果，第三季度，久事纪委还在全体党员中进行《中国共产党党内监督条例(试行)》和《中国共产党纪律处分条例》知识测试活动。

2007年，结合年度工作会议，传达学习中纪委十六届七次全会、市党风廉政建设干部大会精神，并指示各基层单位通过专题生活会形式对广大党员和经营管理人员进行正面教育。各单位对照久事典型案例开展警示教育，通过分析原因、举一反三、吸取教训，增强警觉防范意识，提高严格执行制度和对经营管理活动过程实施有效监督的自觉性。

2008年，久事党委全面贯彻落实中央《建立健全教育、制度、监督并重的惩治和预防腐败体系实施纲要》和市委召开党风廉政建设大会精神，深入推进党风廉政建设和反腐败工作，增强各级领导干部廉洁自律自觉性。组织、传达、学习中纪委十七届二次全会、市纪委九届二次全会精神。同年，久事领导和部门工作人员共11人次主动上交有价证券40件，价值人民币1.7万元。

2010年，久事学习贯彻落实中纪委十七届五次全会、市纪委九届五次全会精神和《国有企业领导人员廉洁从业若干规定》，开展党风廉政教育。学习中央及市委相关文件及会议精神，通过开展“讲党性、重品行、作表率”主题活动、观看录像片、举行专题报告会、组织参观等形式，在广大干部思想上构筑起反腐倡廉防线。做好国有企业党风建设和反腐倡廉工作情况问卷调查，使统计样本(750份问卷)真实反映久事系统情况。

2011年年初，久事党委在久事系统党风廉政建设大会上分析并明确指出当前久事系统仍然面临的问题，各级党组织在开展党风廉政教育时应更有针对性，加强党风廉政责任意识。是年，久事受理举报共计33件，针对举报所反映问题，久事纪委按管理权限落实，根据不同情况采取相应处理方式。久事系统立案6起，涉及12人，其中已结案两起，受到处分和处理7人。

图 6-1-4　2010 年 9 月 29 日,久事召开党风廉政教育专题报告会

2012 年,推动久事党委开展反腐倡廉教育,做到“三个结合”:集中教育与经常性教育相结合,3 月和 9 月分别组织开展党风廉政集中教育活动,各直属企业还结合各自实际开展经常性教育;示范教育与警示教育相结合,既有重点地选择革命历史题材电影《忠诚与背叛》——当代党员干部楷模李林森事迹作为正面学习教材,又结合实际剖析久事系统出现的违法违纪案例,使教育生动形象;廉政教育与普法教育相结合,请专家辅导讲解新《刑事诉讼法》。

2013 年,坚持结合党的群众路线教育活动开展教育。把学习教育贯穿于教育实践活动全过程,坚持正面教育与开展批评和自我批评相结合,加强宗旨观、群众观、权力观教育。编写《久事公司廉洁从业教育手册》,新提任领导人员人手一册,组织任前廉政谈话,强调中央八项规定和党风廉政最新要求。

2014 年,推动久事党委结合经济责任审计整改,认真组织“制度加科技”三年规划执行情况“回头看”工作。开展、贯彻、落实《关于加强国有企业领导人员垂直兼职监管的规定》专项检查。举办廉洁从业专题辅导讲座,建立新提任领导人员任前廉政教育谈话长效机制。

2015 年,推动久事党委开展党风廉政建设宣传月活动,通过开设廉政讲座、参观廉政展览、举行廉政知识测试等教育活动,警钟长鸣,筑牢思想防线;对拟提任领导人员进行廉政审核,开展新提任领导人员岗初教育,严把廉洁关。围绕新颁布的《廉洁自律准则》《纪律处分条例》,制订“十个一”学习宣传教育方案,切实增强全体党员遵守党章、党规、党纪意识。对系统内“制度加科技”风险防控机制建设情况进行检查,查找存在问题和薄弱环节,明确和落实重点领域改进措施。制定《关于合理确定并严格规范领导人员履职待遇和业务支出管理的实施细则》,对久事集团总部和各直属企业领导人员公务用车情况开展专项治理。

2016 年,推动久事党委把强化纪律教育、提高干部职工廉洁自律意识作为做好党风廉政建设工作基础,编印《2016 年党风廉政建设责任制》手册;通过召开党风廉政大会、干部大会、领导人员岗初教育会议，开展党风廉政警示教育，不断提高干部职工廉洁意识，增强拒腐防变能力；编印《镜鉴》案例手册，以案明纪，做到久事集团在岗党员学习全覆盖；精心组织"学准则、明条例"廉政知识竞赛，强化党员纪律和底线意识；抓好日常警示提醒，利用微信、短信平台，坚持节假日廉政提醒和案例通报；组织编写"预防职务犯罪防范国有资产流失"专题报告，做到警钟长鸣；针对中央"八项规定"问题，对久事集团领导班子成员、总部中层干部和二级企业领导班子成员进行专题培训，把握政策要求，严格制度执行，树立底线意识；运用监督执纪"四种形态"，注重用好"第一种形态"，筑牢第一道防线，全年共开展各类廉政谈话 27 人次。

2017 年，久事集团继续严格开展廉政教育。开展专题教育活动。以学习贯彻党章、党规、党纪为重点，开展党风廉政宣传月活动，通过廉政教育纪律手册、典型案例教育会、廉政专题报告会、警示教育基地参观、廉政知识测试等方式，增强党员干部遵守党章、严守纪律的思想自觉和行动自觉。加强日常教育。坚持做好新提任党员领导人员岗初教育，加强出国(境)行前纪律教育，抓好经常性教育谈话，不断强化领导人员纪律意识。充分发挥纪检微信平台、久事党建微信公众号作用，发送廉政提醒信息，强调廉政纪律。在元旦、春节等节日，印发加强廉洁自律和厉行节约提醒通知。

二、监督检查

1991 年，久事贯彻执行市级机关纪工委关于清房工作意见，完成 11 名现职处级以上干部住房情况自查任务并于 4 月底向市计委纪检组提交书面报告。此次检查未发现违纪用公款、公物装修住房，弄虚作假多占住房，动用外汇购买高标准商品房等情况。

1993 年，久事制定《上海久事公司员工廉洁自律的规定》，以强化监督制约机制。同时，久事领导班子以廉洁自律为主题，进行对照检查。久事也加强对管钱、管物、管人部门的教育、督促、检查，加强久事审计监督。

1995 年年初，久事对干部选拔任用工作情况进行自查。6 月，就党风廉政、贯彻民主集中制、执行政治纪律情况进行自查，均未发现违纪行为。

2001 年 3 月，久事组织对 21 名中层以上管理人员个人重大事项自查工作。5 月，对参与经营管理工作的 125 名中层以下员工执行廉洁自律制度情况进行检查，对 22 名员工持有 29 份因公因私出国(境)护照和通行证保管情况进行检查。7 月，又按文件要求，对接受上交现金、有价证券和因私出国(境)护照、往来港澳通行证、外国居留证等情况进行自查，并及时向上级报告。检查未发现违反规定情况。同时，贯彻市清理"小金库"工作会议精神，开展对久事和所属各子公司清理工作，查出某子公司违规设立"小金库"1 个，并按政策规定作出处理，对当事人提出严肃批评教育，责成其做出书面检查，以增强严格执行廉政规定和财务制度自觉性，并向市纪委报告情况。2001 年全年共有 45 人次上交礼品 19 件、各种消费卡 105 张，价值约 4 万元。

2002 年，久事回顾和检查自 2000 年来贯彻落实党风廉政建设责任制工作情况，并向市计委纪委提交专题报告。同时，按时召开久事领导班子民主生活会，对照党风廉政规定进行检查和明示。中层以上干部向党组织报告个人重大事项，对贯彻党风廉政规定情况进行自查。广大员工结合年终考核，也对贯彻党风廉政规定情况进行总结自查和相互评价。久事通过多层面和不同形式督促检查，推进党风廉政建设工作深入和落实，使久事党风廉政建设继续保持良好势头。年内，久事干部和广大员工共上交礼品 12 件、IC 卡 17 张、有价证券 120 张，价值约 1.63 万元。

2003年,久事党委在抓好廉政教育同时,坚持通过落实各项监督制度,加强督促检查。召开党政领导班子民主生活会,组织中层以上干部向党组织报告个人重大事项,对贯彻廉洁规定情况进行明示和自我检查;召开职代会,报告业务招待费使用等情况,接受职工代表监督;结合年终考核,组织中层干部述职述廉,听取员工意见,接受员工群众评议和监督。久事广大员工特别是中层以上干部,自觉遵守党的政治纪律、组织纪律、财经纪律,没有发生违纪行为。先后有24人次主动上交在公务活动中拒收不了的礼品6件、有价证券209张,价值约2.45万元。

2004年4月,久事党委组织广大党员干部签订党风廉政建设责任书,落实一级抓一级的责任要求。第三季度,组织召开两级领导班子民主生活会并组织中层以上干部报告个人重大事项,强化组织监督。年终,组织中层干部述职、述学、述廉,检查各级贯彻廉洁自律规定情况,加强自我监督,认真坚持司务公开制度,及时召开职代会,接受员工群众监督。通过以上方面监督制约,促进各项廉洁制度落实,防范违法违纪行为发生。同时,加强经营管理过程中的监管,促进源头治理,发挥审计监察、资金、法律和财务等部门职能作用,结合贯彻久事预算、投资、担保、资金运作、采购、招标等规章制度,有效地实施监督,预防在重大经营活动中不规范行为。

2008年,推动久事党委制定下发《关于集中开展贯彻落实中纪委"七个不准"专项工作的实施意见》;召开下属企业党组织负责人会议,作专题部署;还召开专题民主生活会。经对照检查,久事系统各级领导人员中未发现有关违反"七个不准"行为。通过开展"七个不准"专项教育,企业领导人员接受一次廉洁自律教育,各下属企业还通过内控制度梳理,完善党风廉政建设有关制度。

2010年,久事纪委、审计监察部和审计监督委员会等久事内部监督力量整合起来,建立由纪委书记统一组织协调的企业内部有关监督机构工作机制;推动各级纪委书记依照相关程序进入监事会,推进反腐倡廉融入企业改革发展全过程,推进纪检监察工作融入企业生产、经营、管理之中,做到源头参与、过程跟踪。

2011年,久事纪委从两方面加强监督检查,形成监督合力。组织上整合,以"两个融入"为主线,整合久事各项监督资源,进一步拓展久事审计监督委员会功能,以打造久事综合监督平台为目标,整合纪检、审计、监察、法律、工会、人力资源和专职董事等资源。方法上整合,通过久事监督工作会议制度,推动纪检监督、群众监督、组织人事以及企业绩效考核之间融合,提升监督工作效能。同时,在深入调研纪检监察工作基础上,修订完善《上海久事公司党风廉政建设责任制实施办法》,制定《关于进一步加强纪检监察组织建设的意见》和《关于进一步加强"制度加科技"风险防控机制建设的若干意见》。

2012年,久事实施《关于进一步加强"制度加科技"风险防控机制建设的若干意见》,制订久事运用"制度加科技"加强风险防控机制建设三年工作方案,明确工作进度和目标。在深化厂房场所、财务信息平台等既有项目"制度加科技"应用效果基础上,重点推进资金及预算管理、土地集中管理、直属企业"X"子系统三项工作。制定《财务信息系统管理办法》《土地集中管理暂行办法》,实现财务管理系统制度和信息化建设集团化、高效化目标。加强集团范围内土地权证、土地重大事项和土地收益管理。直属企业结合各自特点,认真抓好"X"子系统建设。

2013年,集团纪委把贯彻落实中央八项规定作为重点工作,督促严控"三公经费"、会议简报、公款旅游和公款送礼等,全面加强贯彻落实情况的监督检查。为使党的群众路线教育实践活动取得实效,加强对分析评议、整改整治等环节督导,全程参与群众访谈、民生生活会、民主评议等工作,督促各级企业领导人员认真查摆问题,逐项落实整改措施,推动建立完善作风建设长效机制。

2014 年，久事纪委认真开展群众路线教育实践活动整改督查，严格按照“三严三实”要求，结合落实中央八项规定精神，重点督查作风转变和制度落实。协助党委制订《领导班子成员联系基层工作规定》，进一步完善请假制度、督办制度、用车制度。协助党委做好中青年后备领导人员选拔工作，加强廉政考察，把好廉政审核关。加强党风廉政建设课题研究，深化“运用制度加科技，加强对权力运行的制约监督”课题调研并加强成果运用。

2015 年，协助党委召开党风廉政建设大会，制定《党风廉政建设责任制目标分解表》，督促领导班子成员结合各自职责制订“一岗双责”工作方案、重点责任项目书并签订承诺书，在内网公开，接受职工群众监督。认真研究并细化制定久事“党委主体责任”“党委书记第一责任”“领导班子成员一岗双责”项目表，探索落实主体责任工作清单化管理方式，做到“工作项目化、项目清单化、清单责任化”。建立动态跟踪机制，加强过程监督，对各直属企业“两个责任”落实情况开展专项监督检查，针对所发现共性问题加以分类指导和督促落实。

2016 年，久事纪委从讲政治、讲大局、讲担当高度，全力配合市委巡视，对巡视整改落实情况开展全过程监督检查。推动集团党委认真制定整改方案，将巡视提出 4 个方面 12 条反馈意见，分解为 81 项具体整改措施，严格按照整改清单，逐一对照、逐项销号。经过近一年努力完成 79 项，2 项工作纳入常态化管理。针对巡视反馈纪委相关问题，即知即改，研究制定《纪检监察信访工作管理办法》《纪委委员会会议议事规则》《领导人员上交礼品登记管理暂行办法》等。

2017 年，强化监督责任落实。落实党委主体责任，召开年度党风廉政建设工作会议，制定落实党委主体责任项目清单，层层推动各级企业廉政责任制落实。强化纪委监督责任，制定纪委监督责任项目清单，结合办信查案、专项审计、风险管控等，开展突出问题分析研判，加大监督检查力度，将工作重心向基层延伸，向纵深发展。构建监督合力机制，制定久事集团《监督联席会议实施办法》，协调纪检、审计、组织人事、法务、信访、工会等部门，加强信息共享和综合研判，探索形成合力预警和监督问责机制。

三、执纪问责

2001 年，久事党委重视和坚持用制度规范党风廉政建设。针对久事机构和人员变动情况，修订《公司党风廉政建设责任制实施办法》，对各级党风廉政建设责任范围作出具体规定，使责任要求落实到人。同时，修订《公司领导干部在对外公务活动中接受礼品实行登记制度的规定》，对适用范围和上交、处理、管理程序作出新的规定。两项制度修订，对推进久事党风廉政建设有序有效开展起到良好作用。

2002 年，本着重制度建设、建立长效机制的思路，推动久事党委研究修订《公司党委中心组理论学习制度》《公司会议制度暂行规定》《公司投资经营决策程序暂行规定》《公司领导班子成员定期与职工代表座谈交流暂行办法》《公司深入推进司务公开的实施意见》等。同时，为进一步完善和落实党风廉政建设责任制，修订《党风廉政建设责任制实施办法》，明确久事各级负责人抓好党风廉政建设责任，逐级签订责任书。结合完善内部审计、合同管理、财务流程、投资决策程序等管理制度和制定《公司深入推进司务公开实施意见》，把党风廉政责任要求融入经营管理工作，从源头加强治理。

2010 年，久事重点开展廉政专项治理工作。开展国资产权转让、国资收回专项检查。久事共涉及 44 个项目，仅一个项目未收回转让股权款 67.03 万元。根据专项检查中存在问题，要求各直属企业建立并完善相关制度;进一步深化并完成企业领导人员在下属企业、关联企业投资入股专项清理工作;进行土地监管情况专项检查,对久事系统内国有土地存量、位置、性质以及土地上建筑物情况开展调查;对国有土地权证管理、转让审批、出租及抵押等情况在各单位自查基础上进行抽查复核,及时发现和纠正问题,完善国有土地运作和内控监管,防止国资流失;开展小金库专项治理。通过自查自纠,对发现的"小金库"问题进行及时整改,建立防治"小金库"长效机制。下属企业先后出台《保险箱管理规定》《特约车、定班车(观光车)管理规定》《仓储管理制度汇编》《汽车修理公司下属单位废品回收处理管理办法》《废旧物品处理台账》等 10 项规章制度;组织各级党风廉政责任制自查工作,久事纪委写成自查报告上报市国资委纪委。

2011 年,在开展违规收受礼金、礼券、购物卡和开设"小金库"专项治理"回头看"工作和廉政准则专项检查和教育的同时,结合久事系统在管理中暴露的问题,重点开展经济责任内审专项整改工作,对问题及时进行整改,推动历史遗留问题解决,推动建章立制,强化管理。

2012 年,久事继续落实党风廉政责任制,召开年度党风廉政建设大会,与各直属企业党组织签订党风廉政建设目标责任书,推动党风廉政建设与企业发展工作同部署、同落实、同检查、同考核。按照建立"一岗双责"要求,进一步完善党风廉政责任制领导体制和工作机制,将党风廉政建设各项要求细化为 5 方面 18 项考核指标,有力保障党风廉政建设各项要求落到实处。

2013 年,集团纪委加大查信办案工作力度,严肃查处违纪违法案件。整合办案资源,建立审计向纪检部门案件移送制度,抽调纪检部、审计部等骨干力量全员办案,通过实践锤炼队伍。全年受理举报信 41 件,对 9 名党员进行了党纪处分,其中:违反中央八项规定案 1 件、"小金库"案 1 件。

2014 年,进一步强化纪委监督职责,完善查信办案机制,建立重要信访件由纪委书记"签字背书"制度。全年共受理信访举报 30 件,初步核实反映问题 28 个,初核率达 93.3%,给予党纪处分 4 人。同时,对中央巡视组交办的 7 件信访件进行重点核查。集中力量查办一起直属企业党政主要领导严重违纪案,对当事人进行严肃处理,及时通报情况,举一反三,起到以案警示、以案教育作用。

2015 年,久事集团进一步加大纪律审查工作力度。制定"回复组织函询""诫勉谈话"等实施办法,加强纪律审查工作制度建设;围绕"六大纪律""四个着力",建立信访举报线索集体研判机制,重点对违反中央"八项规定"的信访件按照"快办快结"严格督办。全年共受理信访举报 45 件(含重复件 5 件),办结率达 95%;来信主要反映廉洁自律、组织纪律以及其他检控等方面问题。

2016 年,集团纪委坚持挺纪在前,探索运用"四种形态"。对反映问题集中的直属企业领导班子开展集体约谈 13 次,对相关个人约谈 27 人次。严格依纪依规开展执纪审查,按时完成巡视移交重要问题线索调查。全年共受理信访举报 56 件,初核率达 93%,给予党纪处分 1 人。组织开展对集团处级以上领导人员问题线索处置情况专项检查工作。把好信访研判处置关,提高执纪审查质量。

2017 年,久事集团加大执纪力度。紧盯重点领域风险防控。针对集团系统服务项目招投标突出问题,组织开展服务类采购问题专项治理。针对工程建设项目等关键领域,研究并制定《工程建设领域风险防控和廉洁工作建议》,同步推进和落实重大工程项目建设与廉洁风险防控。注重抓早抓小。建立谈话提醒常态化制度,对苗头性、倾向性问题及时开展提醒谈话,对领导人员存在问题早发现、早提醒、早纠正。严肃执纪问责。聚焦久事集团中层以上领导人员和直属企业领导班子成员等"关键少数",紧盯奢靡享乐和隐形变异的不正之风,及时查处违纪违规行为,纠正"四风",深化巩固巡视整改成果。全年受理信访举报 30 件,给予党纪处分 4 人,其中党纪重处分 3 人,党纪轻处分 1 人。

第五节　信访与保密

一、信访维稳

2005年前，久事信访数量少。2005年后，由于5家公共交通企业加盟久事，随着公共交通企业改制重组，信访数量增加。2007年，久事共收到各类信访事项444件。其中，来信186件、来访175次（集访5批70人次）、来电30件、电子邮件53件。另外，还有反映组织关心以及出租车司机助人为乐表扬信4件。年信访总量与2006年同期比较上升8.8%。针对信访事件，久事党委在认真对信访人诉求加强了解的同时，通过上下协调，做了大量矛盾化解和维护稳定工作。是年，直接化解群体性矛盾1起、个体性矛盾2起；参与化解群体性矛盾1起、个体性矛盾10多起。

2008年，久事处理来信、来访、来电、来邮529件，比2007年同期上升11.13%。其中，劳动争议类有238件，占44.99%；经营管理类99件，占18.71%；投诉建议类43件，占8.13%；纠纷求决类38件，占7.18%；干部作风类35件，占6.62%；生活困难类27件，占5.10%；历史遗留类14件，占2.65%；其他类35件，占6.62%。同时，久事做好奥运期间信访稳定工作，使奥运期间信访稳定得到有效控制，并推动一批历史老案得到解决。此外，久事开展重信重访专项治理工作，收到重信重访件共13件，办结1件、化解11件，办结率和化解率达到84.62%。

2010年，久事受理办理信访举报39件（其中20件为重复信访，实际为19件），完成市纪委要求专项调查报告两份。久事纪委通过信访、内审、巡察、专项工作等，拓展案件线索，通过诫勉谈话、正面教育等，对久事及下属集团提出加强监管要求和建议。同时，在解决初信初访和历史遗留矛盾上狠下功夫，一些改革发展中产生矛盾和历史遗留矛盾得到很好化解，久事信访稳定形势逐步好转，各种矛盾始终处于受控状态，久事共受理信访221批（次），与上年同期493批（次）相比，下降55.17%。

此外，久事还建立信访领导责任制。层层签约，落实“一把手”负总责、分管领导负直接责任、其他领导“一岗双责”领导责任制，系统内千人以上单位实行分管领导A、B角制度；充实信访稳定干部队伍，配备专兼职信访干部，进行业务培训；落实相关设施，设立专门信访接待室并配备监控设备等；落实稳定工作经费。

2010年，久事制定《上海久事公司信访稳定工作若干规定》，建立企业重大决策、重大事项社会稳定风险评估机制、初信初访办理机制、重信重访化解机制、滚动排查分析机制和群体性突发事件应急处置机制。建立化解重大突发矛盾联动快速反应机制，遇到群体性集访，久事及相关责任单位负责人第一时间赶赴现场进行处置。建立每月一次信访稳定工作例会制度；每月排摸分析久事系统突出矛盾，至年底累计排摸出群体性突出矛盾10件，化解7件，个体性突出矛盾18件，化解10件，其余做到稳控；编写久事信访稳定工作简报10期，及时通报久事信访稳定工作进展情况；完善突发事件信息预报制度，采取措施，及时应对；严格按照信访条例规定，规范信访程序。

2011年，久事围绕“四个坚决防止发生”和“四个确保”目标，抓责任落实、制度落实，抓矛盾化解，使久事系统信访矛盾总体处于受控状态，全年信访稳定工作呈现“三个明显下降”良好局面：信访总人次下降31%，反映公交、出租服务质量问题的投诉类信访下降53%，2010市政府集访数下降21%。

2012年，久事共受理信访193批233人次，取得三个明显下降成效：与2011年信访批次总量相比下降17%，人次总量下降39%，连续三年实现下降；涉及历史遗留问题信访下降，2011年为26

批次,2012 年为 4 批次,下降 84%;集访数下降,2011 年共受理 5 人以上集体上访 19 批 210 人次,2012 年共 3 批 20 人次,批次下降 89%,人次下降 86%。其中,2011 年到市政府集体上访为 11 批次,2012 年并无此类情况发生。

2012 年,久事着重抓因改革而涉及职工切身利益等相关事项风险评估。各级党组织都及时进行稳定风险评估,找出风险点,明确工作责任与措施,较好实现把矛盾控制在源头要求。久事党委及早动员部署,以高度政治责任感,切实加强领导,抓好重要节点稳控工作。各级党组织根据要求认真制定措施预案,全力加强稳控,使久事系统实现稳控工作目标。同时,坚持领导干部包案、接访、研究解决方案,一批疑难历史遗留矛盾化解终结工作取得突破。针对持续多年的申强持股会群体性矛盾问题,强生集团和强生控股成立专项化解领导小组和工作小组,经十多次研究和四个月的精心准备,在一个月时间内顺利化解该起群访矛盾。此外,初信初访规范办理工作也取得新进展。久事高度重视第一次信号出现、第一次接待、第一次处理,高度重视初信初访一次性解决率。做到 100%按期转送交办、100%受理告知、100%按期办理答复。通过采取规范网络答复、推进事要解决等措施,网络信访处理完成率达到 100%,公开答复率达到 90%以上,超过国资委下达的 50%要求。

2014 年,久事通过建立分级负责化解信访矛盾工作制度、引导信访人逐级走访制度以及信访会商制度,不断压实信访稳定工作责任。聚焦重点难点,下大力气解决历史遗留矛盾,历史存量重点信访件由 6 件下降为 2 件。采取措施,切实抓好初信初访工作,全力做好重要节点稳控工作。经过努力,实现年初确定的“五个不发生”工作目标,各项突出矛盾基本受控。全年共受理信访件 113 批 180 人次,与 2013 年相比,批次和人次总量分别下降 24%和 5%。

2015 年,久事集团通过推进分级负责化解信访矛盾工作制度、引导信访人逐级走访制度,持续推动突出信访矛盾化解稳控工作。从程序规范化入手,切实抓好初信初访工作,提高初信初访一次性化解成功率;围绕巴士公交深化运营体制改革、强生出租深化改革等重点工作,强化矛盾排查和风险评估,进一步做好一线驾驶员稳定工作;久事全年共受理信访 99 批 158 人次(包括上级下转),信访总量与 2014 年相比下降 12%,人次总量下降 5%。

2016 年,久事集团坚持矛盾滚动排查,在源头发现矛盾,在萌芽状态解决矛盾。坚决落实重大节点稳控工作,确保久事系统一方平安。围绕久事改革发展,坚持和完善社会稳定风险评估机制,有序推进存量信访矛盾化解工作,取得较好成效。用法治思维做好依法治信工作,在积极化解矛盾的同时规范信访基础工作,实现程序规范和“事要解决”的统一,有力地维护职工群众合法权益。久事全年受理信访 55 批 73 人次,分别比 2015 年同期减少 44%和 54%。

2017 年,久事集团加强信访稳定工作。抓住重要时间节点。进一步落实值班和信息报送制度,做好市十一次党代会、“金砖会议”、党的十九大等节点稳定工作,确保信访维稳责任落实到位、应对措施到位。抓住重大群体事件。聚焦重点领域信访稳定工作,确保徐家汇体育公园建设过程中安全稳定,做好奥林匹克俱乐部 194 名员工安置分流工作,完成巴士集团和交投集团联合重组风险评估。抓住日常矛盾排查。坚持每月信访工作例会机制,滚动排查各类信访矛盾,确保排查工作全覆盖、不间断,推动信访矛盾及时就地化解。

二、保密工作

【档案保密】

上海久事(集团)有限公司前身是久事公司,至 2017 年已成立 30 年,30 年来,一直重视档案保密工作。久事按照国家保密法规进行档案管理，禁止擅自向外提供档案或档案内容。对档案失窃、泄密行为者，视情节轻重给予相应处理；对故意泄密、盗窃或出卖档案者，依法追究责任。同时，按国家有关保密法规要求处理保密档案管理和利用、密级的变更和解密事宜。所有案卷根据国家有关规定，划分相应密级，密级为绝密、机密、秘密。

档案部门对会计档案进行科学管理，做到存放有序、查找方便。同时，严格执行安全和保密制度，禁止随意堆放，严防毁损、散失和泄密。

久事在按规定销毁会计档案时，由档案部门同财务部门共同派人送保密厂监销。监销人员在销毁会计档案以前，进行清点核对。销毁后，在销毁清册上签名或盖章。

【机要文件保密】

机要文件分发范围，由久事集团党委工作部、行政办公室两位负责人审核批准，久事集团行政办公室机要收发人员按审核批准后的分发范围进行分发。

各直属企业交通员每周四上午来久事集团行政办公室签收机要文件，其中3家无机要交通员取件，行政办公室则会在每周四上午通过机要形式寄送文件，对方收到机要文件后，签收单以PDF文件反馈至行政办公室（若遇急件，急办）。严禁通过普通邮政邮寄传递机要文件。机要文件收文登记工作在不连互联网的电脑上完成。所有签收与清退都有记录。

久事集团领导层传阅，由秘书负责。久事集团中层领导传阅，采取阅文室集中阅文方式（急件除外）。

机要文件不用时，锁入机要室双锁具文件柜中进行保管。严禁私自将机要文件带出办公场所。严禁在手机、已连接互联网的电脑等非涉密设备上存储、处理机要文件涉密信息。

行政办公室每年分两次进行机要文件清退工作（每年3月、8月发通知至各直属企业进行清退工作）。每年6月底前，行政办公室按时向市委办公厅机要交通处报送清退文件表。每年8—9月期间，由行政办公室派专车、专人将机要文件送往市保密局指定地点进行集中销毁。

久事集团总部及各直属企业机要收发人员均列为涉密人员。涉密人员涉及上岗、离岗离职等岗位调整时，都分别签署《在岗保密承诺书》和《离岗离职保密承诺书》。上岗前，都接受单位组织的保密审查和保密教育；离岗离职时，都按要求完成涉密文件等载体清退工作，接受单位脱密期管理。

【保密工作及宣传教育】

1987年9月，鉴于在“九四专项”总账房职能过程中，涉及较多机密信息，久事颁布《上海久事公司安全保密工作暂行规定》，把涉及上海市全局性经济情况、久事年度和长远计划等不宜公开事项全部列入保密范围，分为绝密、机密、秘密三个等级，制定相应保密标准。同时，成立安全保密小组，成员共五人，由各部室各推荐一人组成。该小组负责久事安全保密教育，制订安全保密工作计划，督促员工做好安全保密工作，组织开展安全保密大检查等。

1992年，安全保密小组改称保卫保密小组。1994年，改称保密委员会。

1994年，久事开展多种形式保密宣传教育，多次召开久事保密小组成员会议，学习文件保密，交流工作情况，提高工作责任心。对文件清理、清退、销毁的保密教育工作，专门召开办公会议进行布置，以防办公场地搬迁过程中出现问题；同时办公室主任两次召开各部门内勤工作会议，传达市保密委关于1994年保密工作会议和市计委文档工作会议精神，结合久事搬迁进行保密工作教育，搬迁过程中没有发生泄密情况。

1995年6月，久事根据国家有关保密规定和指示，结合久事实际，制定《上海久事公司保密工作试行规定》。明确久事保密工作机构和职责，设立保密委员会，在总经理领导下该委员会负责主管久事保密工作。保密委员会下设保密工作小组，具体实施和操作久事保密工作；明确凡涉及党和国家安全与利益，涉及久事确定的“内部”事项，不准公开或尚未公开的，均属保密范围；规定久事保密守则、保密措施。召开久事保密机构全体成员会议，传达有关文件和市会议精神。组织一次保密法讲座及保密法知识考试，久事所有涉密人员、中层领导干部近40人参加。

1996年，久事定密工作在市综合经济党委办和市国家保密局关心指导下，历时两个月，按照“组织落实、文件学习、实施操作、总结提高”等四个阶段开展，在8月完成。久事保密委员会经过研究、审核，最终形成《上海久事公司国家秘密一览表》，确定属于国家密级的机密类2项、秘密类8项、内部事项32项；还汇总整理久事秘级项目清单，提交保密委员会审核后上报审批备案，并在久事一定范围内予以公布。落实“三五”普法教育，做好保密考核验收工作，组织干部进行保密情况自查。

1997年，久事成立国家安全联系小组，充实调整保密小组成员。年初，召开保密工作会议，向保密委委员、保密小组成员传达学习有关保密工作文件，进行保密教育。6月下旬，保密委组织全体委员、保密小组成员参观防泄露、反窃密展览；还请国家安全局有关领导来久事讲形势、谈任务、谈措施，组织全体员工观看保密工作录像片，加强对员工安全保密宣传教育。健全措施，加强节假日前的保密检查防范工作。

1998年，久事制定并重申《上海久事公司保密工作规定》。

2001年，经久事党政联席会议讨论决定，调整保密委员会及保密工作办公室成员总结形成《久事公司计算机网络安全保密措施》。

2003年4月，久事召开2003年保密工作会议，强调认真做好新形势下保密工作。6月，久事第12次党政联席会议审议通过《上海久事公司信息工作暂行规定》，要求加强信息保密工作，规定久事发布纸质和网络信息均属久事内部事项，有的属于商业机密，要严格遵守保密规定，不得复印、拷贝、外传。9月，久事利用下班后时间进行保密工作检查，后召开保密教育会议，播放了保密教育VCD片，组织相关员工观看久事保密检查录像。

2004年5月24日，久事召开2004年保密工作会议，宣布保密委员会成员调整名单，传达市委保密委员会、市国资委党委保密委员会年度保密工作要点等精神。会后，久事保密委员会对各部门和控股公司进行保密检查。

2006年，久事保密工作按照市委、国资委“积极防范、突出重点，既确保国家秘密又便利各项工作”保密工作总体要求，紧紧围绕久事改革发展大局，把各项保密工作落到实处。用制度规范保密工作，抓好涉密信息系统保密管理工作，并将其作为保密工作一件大事。加强监管力度，严谨工作态度。10月根据国资委要求，对久事1—6月收文进行清理，其中机密件、秘密件均有严格登记。久事在保密工作上给予大力支持，在保密硬件上投入资金和力量，定制专门文件柜、专门文件交换箱，重点涉密场所和重点部位配备安装屏障，加装监控报警电子门禁系统，提高保密工作科技含量。

2007年，久事完善保密机构，保密委员会也相继做调整并明确保密工作机构任务，完善工作机制。有针对地开展系列保密宣传教育，为涉密岗位员工订阅保密杂志、计算机网络杂志、秘书杂志等。久事保密委投入资金用于保密基础设施建设，如在各部门配置碎纸机，根据需要配置保险柜，各楼层安装门禁系统，增加摄像头等。同年，市委保密委办公室、市国家保密局评选表彰市先进保密工作集体、先进保密工作者和市“四五”保密法制宣传教育先进集体、先进工作者，久事相关人员被评为上海市先进保密工作者。

2010年，久事颁布《上海久事公司保密工作实施办法》，对久事秘密密级和知悉范围、保密期限、保密要求、涉密人员管理作明确规定。此外，还颁布《上海久事公司总部公务网涉密信息系统安全保密管理细则》，规定久事公务网涉密信息系统实行责任制度，专人专岗、责任到人。配备互不兼职系统管理员、安全保密管理员和安全审计员三类安全保密管理人员，分别负责系统运行、安全保密和安全审计工作。久事对所有在公务网涉密信息系统工作的人员，均与其签订保密协议，工作人员承诺对系统尽安全保密义务，保证在岗工作期间和离岗后一定时期内能予以履行。久事对涉密主管领导、涉密人员定期进行安全保密知识岗位培训教育，培养他们的安全保密意识，增强管理能力，提高业务水平。对于在涉密信息系统工作中遵守保密规定，在完成工作任务中表现突出或成绩优异人员，久事予以表彰奖励；对于违反保密规定人员，进行批评教育；情节严重的，将给予行政处分；构成犯罪的，依法追究刑事责任。

2015年，久事集团颁布《上海久事（集团）有限公司涉密人员保密管理办法》，规定由组织人事部门会同保密工作机构，根据干部（人事）管理权限，按照“以岗定人”原则，将涉密岗位工作人员（含借调、挂职人员）确定为涉密人员。同时，按照“先审后用、严格把关”原则，对拟任（聘）用到涉密岗位人员按规定进行审查，组织涉密人员签订保密承诺书，明确上岗、在岗和离岗离职保密管理要求以及违规违约责任。组织人事部门和涉密人员所在部门定期进行保密提醒谈话，掌握其现实表现和思想状况，并将涉密人员履行保密职责、遵守保密承诺情况纳入年度考核和干部考察重要内容。

同时，颁布《上海久事（集团）有限公司保密工作责任制实施办法》。保密工作责任制，指各级领导班子、领导人员任职期间履行中央保密工作方针、政策和党的保密纪律、保密法律法规所要求和规定的保密工作领导责任，以及对履行职责情况进行监督、考核和责任追究的制度。制度规定：各级领导班子主要负责人是保密工作第一责任人，对本单位保密工作负总责；各级分管保密工作领导对保密工作负具体领导责任；各级分管业务工作领导在职责范围内对保密工作负直接领导责任。各级领导人员落实保密工作责任制的情况纳入领导人员年度考核内容。考核部门组织年度考核时，也应听取保密工作机构意见。

第六节　统一战线及老干部工作

一、统一战线工作

久事党委在政治上、思想上、行动上同党中央保持一致，认真贯彻中央、市有关统战工作文件精神，全面落实各项统一战线工作政策。

2005年9月，根据《关于做好中央统战部五个政策文件落实工作的通知》要求，久事党委向7家直属企业作传达布置，经统计，久事系统共有14位民主党派成员，其中民建7人、农工6人、九三学社1人。各单位党组织按照久事党委要求，认真学习文件精神，进一步认清国企改革过程中统战工作重要性和必要性，进一步明确统战工作重点，认真分析工作中存在的薄弱环节，提出相应改进措施。

2009年，久事系统有在职民主党派成员16名，其中民盟1人、民建3人、民进1人、农工9人、九三学社2人；党外市政协委员1名，党外相当处级领导2名，在职归侨5名，归国留学人员3名，少数民族职工93名,在职台胞台属8名,两航起义人员2名。

2012年,统战对象方面,久事系统有民主党派成员25名,其中民革1人、民盟1人、民建7人、民进2人、农工7人、致工1人、九三学社6人;党外市政协委员2名,党外区人大代表和区政协委员各2名,党外相当处级领导2名,少数民族职工251名。

久事党委始终认真贯彻中央和市委有关统战文件精神,认真学习《关于进一步加强和改进国有企业统战工作的意见》和《关于在国有企业开展"爱企业、献良策、作贡献"主题活动的意见》文件精神,加强国有企业统战工作,提高对统战工作重要性认识。久事党委及时宣传中央、市委、久事有关统战文件精神和有关统一战线理论政策,最大限度地团结和调动全体统战对象积极性,让他们投入到企业建设中来。

充分发挥党外知识分子作用。久事党组织认真贯彻尊重劳动、尊重知识、尊重人才、尊重创造的方针,在培养人才、用好人才、吸引人才方面下功夫,从政治上、组织上关心统战对象,把他们作为企业发展的基本力量。从知识分子中选拔优秀干部,推荐年轻有为、具有发展潜力的党外人士参加久事组织的培训。党组织对党外知识分子政治上一视同仁,工作上放手使用,加强对党外知识分子教育引导,把党外知识分子紧密团结在党组织周围。

久事认真贯彻落实党的民族工作方针政策,团结少数民族职工,积极做好本职工作,维护稳定。工作上,对于各项少数民族职工补贴落实到位,关心帮助少数民族职工;生活上,想方设法为他们解决各种困难,使他们感受到党和政府民族平等的政策。

二、老干部工作

2002年,久事研究制定《老干部工作管理暂行办法》。

2003年,久事认真贯彻市委有关老干部工作规定,积极做好老干部工作,年初和年中两次向老干部汇报工作,及时向他们传达十六大、市委全会重要文件精神以及国资管理体制改革和久事改革发展情况。高温期间,对老同志进行慰问,送去消暑用品;开展丰富多彩活动,在秋季组织两次郊游活动,还组织旅游;对生病老同志及时探望,送上组织的关心。久事从思想上、政治上关心老同志,落实好老同志政治待遇,重视离休干部党支部建设,加强老干部组织管理工作。

2004年,久事根据中央和市委组织部关于老干部工作要点,结合久事特点,制订和实施久事年度老干部工作计划,召开老干部工作会议,向老干部通报久事改革与发展基本情况,切实做到对老干部在政治上关心,在生活上照顾。

2006年5月,久事有离退休老同志44名,其中70岁以上20名。久事党委从政治上关心老干部,定期组织老干部进行政治理论学习,按时做好为老干部免费订阅学习期刊和报纸工作,坚持通报情况制度,积极组织久事老干部参加市委老干部局组织的报告会。从生活上照顾老干部,认真落实老干部生活待遇,减少老同志后顾之忧,提高他们的生活质量,与老干部共享改革成果;根据《公司老干部工作管理办法》有关精神,在年度预算内适当提高他们的补贴。组织市内一日游活动。积极利用社会养老资源,为老干部高龄养老创造更好条件。

2012年,久事人力资源部于7月24日召集巴士、强生、交投老干部工作者进行为期一天的业务培训。培训从落实"两个待遇"、加强"两项建设"等方面总结老干部工作基本经验,并结合实际,从政策和具体操作层面,分别对老干部工作者进行业务指导。

2012年,久事系统有离休干部103名(久事总部2名、巴士集团65名、强生集团13名、交投集团 23 名)，平均年龄达 85 岁，其中 20%以上患重大疾病、阿尔茨海默病或卧病在床。久事要求对于“生活不能自理”离休人员，各责任单位要落实社保待遇和家庭病床服务；对于行动困难、无法参加离退休党支部组织生活的，各单位要上门传达文件精神，落实政治待遇。

2014 年，久事分别完成离休人员 2013 年度社区高龄养老工作经费缴纳工作、离休干部护理费调整工作及离休干部补贴费标准调整补发工作。

第二章　工　　会

久事公司成立后，就着手建立工会组织。30年来，工会始终在党的领导下，依据《工会法》和有关规定，积极开展工作，团结带领每一位员工，为久事改革发展贡献聪明才智。

第一节　工会会员代表大会

1987年8月31日，市计委系统工会批复同意成立上海久事公司工会筹备组。从1987年12月30日久事公司成立至2018年6月，先后召开八届久事工会会员代表大会（以下简称工代会）。

第一届工代会：1988年4月30日，久事公司全体职工选举工会委员会和工会经费审查委员会，将选举结果上报，计委系统工会于5月21日批准钱逸民为第一届工代会工会主任，刘大友为工会副主任，朱德尧为经审委主任委员。

第二届工代会：1992年8月14日，久事工会举行换届选举，胡岳义、严厚群、夏建民、姚德华、张逢昌等5人当选为委员，陈德惠当选为工会财经监事。17日，举行第二届工会第一次委员会会议，会上一致推选胡岳义为工会主席，张逢昌为工会副主席。9月5日，上海市市级机关工会批复同意成立上海久事公司工会第二届委员会，胡岳义任工会主席、张逢昌任工会副主席兼宣传委员，严厚群任组织、财务委员，夏建民任生活委员，姚德华任女工委员。

第三届工代会：1996年6月18日，久事工会召开全体工会会员代表大会，选举产生第三届工会委员会和经费审查委员会。大会经无记名差额投票选举产生久事工会第三届委员会和经费审查委员会。6月21日，久事召开久事工会第三届委员会第一次会议，选举王雅丽为工会主席，张逢昌为工会副主席。6月24日，召开久事工会第三届经费审查委员会第一次会议，选举方光荣为经费审查委员会主任委员。25日，久事向市计委系统工会发文《关于成立上海久事公司工会第三届委员会的请示》。7月1日，市计委系统工会批复同意久事公司工会第三届委员会由王雅丽等7人组成；王雅丽任工会主席，经费审查委员会由方光荣等3人组成，方光荣任主任委员。

第四届工代会：1999年8月26日，久事召开全体工会会员代表大会。工会第三届委员会汇报三年来的主要工作。大会经差额选举产生久事工会第四届委员会委员，包括牟继祥、王雯洁、宋天慰等7位同志；选举产生久事工会第四届经费审查委员会委员，包括李歆等3位同志。最后，公司党委书记张桂娟对工会工作提出要求。30日下午，久事工会第四届委员会召开第一次会议，会议选举牟继祥为工会主席，根据上级工会意见，经久事党委研究决定，选举宋天慰为工会兼职副主席。9月1日，久事工会向市综合经济直属工会上报，并抄报久事党委《关于成立上海久事公司工会第四届委员会的请示》。9月9日，上海市综合经济系统直属工会批复同意牟继祥任工会主席，宋天慰为工会兼职副主席，李歆为经费审查委员会主任。

第五届工代会：2002年9月11日，久事公司第五届工会会员代表大会召开。大会由工会换届选举筹备组负责人曹旭东主持，公司党委书记孙金富、董事长张桂娟、副总经理胡岳义出席会议并讲话。大会采用差额投票选举办法选举曹旭东、王雯洁等5位同志当选久事公司工会第五届委员会委员，傅佳蓉等3位同志当选久事公司工会第五届经费审查委员会委员。9月12日，久事工会第五届委员会举行第一次会议，选举曹旭东为工会主席，并对工会委员作了分工。工会第五届经费审查委员会举行第一次会议，选举傅佳蓉为经费审查委员会主任。13 日，久事工会主席曹旭东主持召开工会委员会议。根据各工会小组提名，会议讨论确定第五届工会女工委员名单，通过第五届工会组长名单。

图 6-2-1　2007 年 10 月 25 日，久事公司工会召开工会全委（扩大）会议，研究筹备召开久事工会第六届代表大会等事宜

第六届工代会：2007 年 12 月 6 日，上海久事公司工会召开第六届代表大会。上海市总工会副主席徐季平、公司党委书记、总经理张惠民应邀出席会议并在会上作重要讲话。大会审议通过《上海久事公司工会第五届委员会工作报告》《上海久事公司工会第五届委员会财务工作报告》《上海久事公司工会第五届经费审查委员会工作报告》。大会选举产生由顾利慧等 24 位同志组成的上海久事公司工会第六届委员会和由卢岭等 5 位同志组成的上海久事公司工会第六届经费审查委员会。这次换届选举会是 5 家公共交通企业划归久事后的一次重要会议，员工人数的增加将为工会参与久事“两个文明”建设提供更广阔的舞台。7 日，久事公司工会第六届委员会和第六届经费审查委员会分别召开第一次全体会议，分别选举顾利慧为工会第六届委员会主席，夏家隆、王雯洁为副主席；选举卢岭为第六届经费审查委员会主任。

第七届工代会：2013 年 1 月 16 日，久事召开第七届工会会员代表大会，232 名正式代表、8 名特邀代表出席。上海市总工会副主席周志军到会并致辞，久事党委书记俞北华对工会工作提出要求。市国资委有关部门领导、公司团委到会祝贺。大会听取并批准顾利慧同志代表公司工会第六届委员会所作的工会报告，批准《上海久事公司工会第六届委员会财务报告》和《上海久事公司工会第六届经费审查委员会报告》，选举产生久事工会第七届委员会和经费审查委员会。大会闭幕后举行的工会七届一次全会，选举顾利慧为久事工会第七届委员会主席，王雯洁为副主席。

第七届工代会第三次全体(扩大)会议：2015 年 1 月 23 日，久事工会召开第七届工代会第三次全体(扩大)会议，按照民主程序，增补薛东为久事工会第七届委员会主席、常务委员、委员。审议通过顾利慧同志(到龄退休)不再担任上海久事公司工会第七届委员会主席、常务委员、委员事宜。于 1 月 26 日将选举结果请示上报上海市总工会。2 月 3 日，上海市总工会批复久事公司工会，同意请示事宜。2 月 5 日，中共上海久事公司委员会向公司各部门、各直属企业发文《关于薛东等同志任免职的通知》。

第八届工代会：2018 年 6 月 20 日，久事集团工会召开第一届职工代表大会暨第八届工会会员代表大会。市总工会党组副书记、副主席姜海涛到会祝贺；久事集团党委书记、董事长龚德庆代表集团党委，向大会的成功召开表示热烈祝贺。薛东代表集团工会第七届委员会作《立足新起点、勇当排头兵、开创新局面，为推动集团持续发展谱写新时代工会工作新篇章》工会工作报告；久事集团总裁郑元湖代表集团经营班子作《深化改革创新，服务城市发展，为打造优质的公共服务型企业而不懈努力》行政工作报告。大会审议并通过工会财务工作报告，经费审查委员会工作报告，集团职工董事、职工监事选举情况报告。表决通过上海久事(集团)有限公司集体合同、工资集体合同和女职工特殊权益保护集体合同，选举产生久事集团第一届民主管理专门小组、工会第八届委员会和经费审查委员会。在集团工会第八届委员会第一次全体会议上，选举产生第八届工会委员会常委；并选举孙江为工会主席，王雯洁为副主席，马卫星为兼职副主席。提名王雯洁为工会女职工委员会主任。在集团工会第八届经费审查委员会第一次全体会议上，徐珉当选为经费审查委员会主任。

第二节 劳动竞赛

2005 年 7 月 1 日，5 家公共交通企业加盟久事后，为久事工会开展劳动竞赛提供平台。2006 年 9 月，为进一步加强技能人才队伍建设，提升公交行业汽车维修队伍整体水平，深入开展久事建功立业主题活动；久事根据上海市劳动和社会保障局、市总工会、市团委、市教委、市信访办等单位《关于开展“2006 年上海市职业技能竞赛活动”的通知》要求，举办 2006 年汽车维修技能竞赛。活动中，巴士、强生等基层公司共选派 31 名职工参赛。经过赛前培训练兵，所有参赛员工全部通过由上海市职业鉴定中心命题的应知应会考试，1 名同志破格晋升为技师，其余原中级工均可晋升为高级工，选拔其中前 6 名组成久事巴士、久事强生代表队参加上海市汽车维修技能决赛。巴士出租叶继铭获一等奖，巴士出租谈群俊、强生汽修方杰获二等奖，强生汽修张鸣、巴士出租洪玉江、宝山巴士刘晓宇获三等奖，强生汽车修理公司、巴士公用技校获优秀组织奖，章晓峰、邹智勇获优秀组织者奖。这次活动，久事尝试“培训、练兵、比武、晋级”四位一体工作机制，发动各公交企业积极参加上海市重大工程立功竞赛活动，为排堵保畅、改善城市交通及市政重大工程实施、加强行风建设，作出公交人的努力。此外，久事下属控股企业也结合实际开展竞赛活动，如：交投集团工会围绕行风测评开展“战高温、保供应、迎测评、作贡献”主题竞赛活动，强生集团工会召开三次主题活动推进会，多家单位开展以节约为主题的合理化建议活动、科技创新活动、技术能手登高等活动。全系统共组织技术比武 73 场，共 19 647 人次参加，有 2 710 名职工共提出合理化建议 1 346 条。广泛参与和主题聚焦，使这次活动为促进企业发展凝聚更多、更强大的力量。

2008 年第四季度，为实施迎“2010 年上海世界博览会”(以下简称世博)600 天行动计划，深入开展窗口服务行业立功竞赛活动，提升久事公交企业汽车维修工、驾驶员队伍整体水平，久事举办公交驾驶员维修工技能竞赛，巴士、强生集团近百名员工参赛。本次竞赛有 62 名学员晋升为高级工，其中汽车维修工 28 名，汽车驾驶员 34 名。为进一步深化职工素质工程，深入开展职工技能登高活动，久事工会对在本次竞赛活动中取得优异成绩的 10 位个人给予表彰和奖励。此外，巴士、强生、交投等工会还组织“迎世博，做可爱的上海人”“上海市用户满意服务明星竞赛”等竞赛活动。

2009 年，久事工会为落实市总工会要求，开展“迎世博 600 天上海女职工在行动”建功立业活动，同时开展第三届“五一巾帼奖”评选工作。同年，为进一步落实上海职工迎世博 600 天行动计划，久事以“当好主力军，建功世博会，展示新风采”为主题，继续组织开展窗口服务行业立功竞赛。久事各直属企业工会以公交、出租窗口服务行业为重点，以上海市总工会“三五”集中行动为载体，开展以世博知识、市民文明行为礼仪、学双语和行业岗位规范为主要内容的全员大培训、岗位大练兵、技能大比武、风采大展示等活动。其中久事工会举办“迎世博、学礼仪”专题讲座；巴士工会开展“三五”行动宣传，组织“窗口服务日”优质服务示范交流和“啄木鸟”行动；强生工会开展“世博学双语”“世博学礼仪”“迎世博职工知识竞赛”等主题实践活动。

2009 年 11 月，为进一步提升公交调度员、乘务员服务技能与综合素质，以良好精神面貌和优质服务迎接世博会召开，巴士公交根据《上海巴士公交迎世博，提升公交营运服务质量行动计划》安排，全面开展以“迎世博、学技能、练本领、展新貌”为主题的调度员、乘务员岗位练兵比武活动。活动在巴士四汽公司天山路停车场举行，巴士公交公司所属 15 家公交单位推举出 90 名岗位能手走进赛场，大展身手。通过积极倡导优质服务理念，创新服务举措，调度员进一步熟悉沿线情况，掌握客流变化规律，做到合理调度、均衡车距，不断提高调度技能；乘务员做到规范操作、礼貌待客，掌握不同类型乘客特点，做好优质服务工作，有力提高乘客满意度指数。

2009 年，久事还开展“同舟共济保增长，建功立业促发展——百万职工先锋号行动”主题实践活动，开展以“五个百万”为主要内容的立功竞赛和劳动竞赛。为扩大“工人先锋号”在久事系统的影响力，久事工会注重将“工人先锋号”活动与“迎世博 600 天”行动等主题实践活动有机结合，上半年，久事系统涌现并命名多个“工人先锋号”集体。

2010 年，久事深化建功世博活动。在世博会倒计时 100 天之际，为让职工更了解世博，营造人人关心世博的良好氛围，久事工会组织开展世博知识竞赛，在各直属单位通过初赛层层选拔基础上，久事工会举行总决赛，使广大职工走近世博，增强服务世博自觉性和使命感。为配合交通运输窗口行业服务世博立功竞赛活动，久事工会制订并实施《上海久事公司工会服务世博、奉献世博立功竞赛方案》，组织开展“迎世博学双语”宣传教育、读书演讲、奉献世博承诺签约行动、服务世博誓师动员等活动，进一步激发职工建功世博的强烈愿望。久事系统内有 3 个集体获得“当好主力军、建功世博会、展示新风采”主题实践活动工会优秀组织奖，9 名员工获得工会优秀组织者奖。

在世博会期间，久事各级工会围绕服务世博工作，结合企业自身特点，开展主题竞赛活动。为实现“竞赛进程可控、申报方法有序、奖励办法清晰”，进一步调动员工工作激情，确保世博交通保障任务圆满完成，巴士集团开展服务世博立功竞赛活动。强生控股开展“我为世博作贡献、我为强生创品牌”活动，评选“世博之星”“优秀世博践行者”等，发动职工服务世博、奉献世博。交投、申铁工会围绕重大铁路建设项目和枢纽站建设重大任务，利用重大工程实事立功竞赛平台和载体，抓住安全施工、文明施工两个关键环节，共同促进高铁建设和枢纽站工程按时保质实施。

2011 年，围绕久事“实施品牌战略，打造精品久事”目标，以争创“一企一品”为有效载体，久事开展“永久的事业、求精的品牌”主题竞赛，激发职工群众创造激情和劳动热情。各直属企业工会根据创建“一企一品”总体要求，结合本企业实际，开展各类主题竞赛活动。巴士集团工会开展“深化岗位行动，争创三个一流”竞赛，举办驾驶员、售票员、调度员、票务员、修理工和管理人员等六大工种的岗位技术练兵比武活动，培育安全标兵、服务明星、创收状元、节能高手、修理能手和管理模范。强生控股工会以“打造久事精品，再创强生辉煌”为目标，开展“我为强生创品牌，立足岗位作贡献”立功竞赛，引导职工在热爱本职、钻研技术、创新管理、提高效益等方面创先争优。交投集团工会组织开展以“四优一确保”为主题的场站窗口服务品牌创建竞赛，提升场站服务水平。强生工会开展“保安全促和谐，创品牌作贡献”立功竞赛，提高职工安全意识和服务意识。申铁公司工会结合京沪高铁等项目开展重大工程立功竞赛，确保重大项目工程按时完成。

通过开展“永久的事业、求精的品牌”主题竞赛活动，久事系统内涌现出一批先进集体和个人，集体荣誉主要有全国“五一”巾帼标兵岗 2 个，上海市“工人先锋号”2 个，上海市团队创先特色班组 2 个，上海市“三八”红旗集体 3 个；个人荣誉主要有全国“五一”劳动奖章 2 名，全国“五一”标兵 1 名，全国城市客车节能明星 2 名，上海市“五一”劳动奖章 1 名，上海市“三八”红旗手 2 名，上海市公交行业安全节能明星 5 名、节能先进个人 4 名。

除了久事系统技能比武竞赛，2011 年 10 月 26 日，在上海市交通港口局召开的 2011 年“申沃杯”公交客车安全节能减排技能大赛和“上柴杯”公交汽车维修工技能大赛总结大会上，巴士集团参赛选手凭借大赛中优异成绩，包揽多项大奖。巴士三汽郑志刚、刘斌、王玲，巴士五汽杨峻、毛文富被授予“上海公交行业节油明星”荣誉称号，巴士二汽杨伟庆、巴士五汽陈文军等被授予“上海公交行业节油先进”荣誉称号。巴士二汽赵琨，巴士五汽周国华、陈毅铭，巴士六汽宋天军，崇明巴士陈一中被评为“上海交通港航行业技术能手”。巴士三汽公司荣获“申沃杯”公交客车安全节能减排技能大赛特别贡献奖，巴士三汽、巴士五汽荣获“申沃杯”公交客车安全节能减排技能大赛团体奖，巴士五汽、巴士六汽、金山巴士荣获“上柴杯”公交汽车维修工技能大赛优秀组织奖。同年，巴士集团还在国资委系统汽车维修工、驾驶员高级工技能竞赛中包揽多个项目团体、个人竞赛前三名。

2012 年，为进一步激发职工争创一流积极性和创造性，久事各级工会围绕“一企一品”要求和“永久的事业、求精的品牌”主题竞赛活动，根据本行业和本企业特点，开展岗位练兵、技能比武、节能降耗和增收增效等专项劳动竞赛。巴士集团结合职工实现自我发展愿望和企业发掘优秀人才需求，以“练兵强技能、比武展风采”为主题，开展驾驶、售票、维修等六大工种岗位练兵比武竞赛。强生控股继续围绕“打造久事精品，再创百年强生辉煌”主题活动，开展“我为强生创品牌，立足岗位作贡献”立功竞赛。交投集团倡导“诚信、服务、安全、高效”场站专业化管理品牌理念，动员广大职工立足本职岗位、强化品牌意识，践行规范服务和规范管理“从我做起、从小事做起”理念。强生坚持以“优质的品牌、优秀的服务”为主题，开展职工建功立业活动，以培育职工队伍职业化为基础，增强企业和职工的市场竞争力。

2012 年，久事广大员工在各自岗位建功立业的事迹也通过新闻媒体进入大众视野。在 2012 年 10 月上海市职工岗位练兵技能比武活动月中，久事工会对近年来久事系统职工练兵比武活动进行系统回顾总结，并在《劳动报》上专版刊登宣传，以提高久事练兵比武活动社会影响力。此外，在上海市总工会和东方卫视联合推出的《劳动最光荣》栏目展示中，巴士公交和强生出租选送的驾驶员也展示出良好岗位技能和职业素养，为企业增光添彩。

另外，2012 年度国资委职业技能竞赛历时半年结束，久事公司、交运集团、仪电集团等十多家企业选派近 300 位选手参加汽车驾驶员、汽车维修工、维修电工 3 项技能竞赛。巴士集团选手参加汽车维修工、汽车驾驶员高级工技能竞赛，取得出色成绩。巴士电车获得汽车驾驶员团体第一名，巴士五汽获得汽车维修工团体第一名，孙琳、袁华高、邢姿超、薛平、陈岚、刘伟东、蒋惠明获得“上海市国资委系统技术能手”荣誉称号。久事在上海市国资委职业技能竞赛总结表彰大会上荣获“2012

年度市国资委职业技能竞赛突出贡献单位”称号，久事副总经理洪任初代表久事领取“优秀组织奖”，巴士集团也获此殊荣。

2013 年，为营造节能减排、争先创优良好氛围，深化“我为节能减排作贡献”活动影响力，久事围绕“立足岗位、低碳行动、节能减排、创效增收”主题，开展节能减排“格言警句”“先进操作法”“典型案例”征集活动，广大职工踊跃参加，总结提炼在岗位实践中获得的节能减排先进经验。通过各级工会层层筛选，久事工会共计征集节能减排格言警句 215 条、先进操作法 12 件、典型案例 3 件，工会将其汇总并向上海市总工会申报推荐。在上海市总工会、上海市发改委、上海市国资委、上海市经信委联合表彰职工节能减排优秀成果发布会上，久事荣获“上海职工节能减排十佳格言警句”“上海职工节能减排十佳先进操作法”“上海职工节能减排十佳典型案例”荣誉。同时，久事工会被授予“2013 年上海职工节能减排成果征集活动优秀组织奖”，全市共计 15 家单位获此殊荣。

图 6－2－2　2014 年 11 月，公交、航空、轨道劳模三方联动提升巴士服务水平

2016 年，为进一步提高职工技能，推动职工素质工程，久事集团工会发动直属工会完善岗位建功行动，开展劳动竞赛、技术比武、岗位练兵和示范交流活动，鼓励基层搭建技能展示平台，加大职工成才激励，提升久事职工队伍整体素质和服务水平，并按照上海市总工会相关规定，对本系统获得上海市职业技能等级并晋升到技师、高级技师的共 27 位职工给予奖励。支持巴士集团、交投集团和新联谊公司等工会结合企业队伍特点及职工岗位需求，组织开展练兵比武和劳动竞赛活动，把练兵比武作为提升职工职业技能有效途径和促进企业可持续发展有效保障，激励职工立足各自岗位，提升技能水平，促进职业发展。

2017 年，根据久事集团工会要求，巴士集团开展驾驶员、票务员、行管员、乘务员、调度员、机务员和修理工等七大工种技能竞赛；强生控股开展“庆久事三十周年、创强生品牌服务窗口”岗位立功竞赛活动；置业公司以强生物业为重点，开展厨师厨艺技能竞赛；交投集团为提升场站服务，加强场站安全管理，开展场站安全竞赛活动；新联谊公司和东亚酒店等开展客房、餐厅、厨房业务技能大比武活动。这一年，为发挥工会"大学校"作用，探索提升职工技能素质新途径、新方式，为职工成长成才、创业创新搭建舞台，久事集团工会鼓励职工在技术岗位上不断创优，支持职工提升技能素质，提高技能等级，有8人成功晋升为技师，3人晋升为高级技师，先后有60人签订师徒带教协议，其中有3人获得技能晋升。强生控股公司修理工花茂飞荣获2017年"上海工匠"称号，成为久事系统第一位获此项殊荣的个人。

第三节　女工工作

女工工作是工会工作的一部分。按照"工会组建到哪里，女职工组织就组建到哪里"的目标，1992年，久事工会委员会中就有女工委员一职。到2005年，随着5家公共交通企业加盟，女职工人数增加。2008年以来，久事系统共有51家基层工会，女职工组织组建率达到100%。如2008年2月3日，由直属单位工会委员会提名，在充分协商基础上经过民主推选，并经久事工会同意，久事组建第六届女职工委员会，由工会副主席王雯洁任女职工委员会主任。随着工会换届，相应女职工委员会也进行换届，以充分维护女职工合法权益。

一、女职工合法权益保护

2007年，久事系统已有20家单位签订女职工专项集体合同，其余企业均在集体合同中有专门章节，并在2007年、2008年逐步单独签订合同，达到上海市总工会的要求。2008年，符合签订女职工专项集体合同要求的45家企业中，已签订42家，签订率达93%。同时，久事女工委员会邀请此项工作走在上海市前列的上海柴油机厂工会给久事工会介绍经验做法，并对签约单位履行合同情况作一次检查评比活动。

2008年，以市总女工部转发的关于开展保障女工权益专项检查通知为契机，久事工会对直属企业进行调查，特别是以公交企业女职工"四期"保护落实情况及聘用女职工同工、同酬、同福利制度落实情况等为调查重点，检查下来，各单位基本能贯彻落实相关制度，没有发现违规现象。2008年，久事工会分别选择5家不同工作性质单位劳动人事部门完成对女职工退休年龄情况及其他情况问卷调研，为工会及女职工委员会有针对性开展工作指明方向。

2010年，在维护女工合法权益方面，久事工会女工委转发市总工会文件，要求各所属单位会同人力资源部，对本单位涉及女职工权益有关劳动合同、工资支付、工时制度、缴纳社保等情况进行专项检查。总体看各直属企业基本能按《劳动法》《上海市女职工劳动保护办法》等有关法律、法规和文件规定执行。

二、女职工体检与疗休养

1993年，久事女员工人数有所增加，为关心女员工身体健康，久事工会组织女员工到专科医院做妇科检查，并制定女员工例假制度。在此之后，除例行员工体检外，工会女工委员会专门为女员工安排一年一度妇科检查，做到定期检查、及时治疗。2008年，久事工会对女职工生理"五期"给予特殊保护，定期补贴或发放女职工劳防用品，有条件的单位为女职工购买各品种保险。巴士工会通过对巴士门诊部原有医疗资源整合，并注入资金添置医疗设备，开设医保专线，聘请医疗专家，全面启动女职工体检和保健咨询服务，并且在“三八”节开通一条女性健康热线；强生汽修调漆女工不归有毒有害工种，但企业让她们享受每年体检、营养费、劳防用品等待遇。2017 年，久事集团工会为困难企业 539 名女职工争取到免费参加“两病”筛查名额。

久事还为女职工安排疗休养，使女职工在工作之余能放松心情，调节身体健康，1993 年“三八”妇女节，久事工会组织全体女员工到苏州市西山镇休养 2 天；1994 年，组织女员工到无锡唐城、欧洲城游览；1995 年组织近 30 名女员工到太仓开展钓鱼活动。此外，工会还邀请医护人员为女职工讲解女性健康保健知识；1998 年上半年，久事请上海市国际妇婴保健院医生为女员工讲解怎样防治妇科病；2002 年 11 月 6 日，久事工会组织 18 名女员工及国际赛车场和南站广场部分女员工，参加上海市计委系统工会组织的《女性健康和更年期保健》讲座，上海人口和计划生育宣教中心陆曙民教授以易懂事例，分析女性生理特征，介绍更年期自我保健知识，使大家获益匪浅。

此外，久事女职工还享有孕期哺乳期特殊权益。随着二孩政策落实，哺乳期女性增多，为能让准妈妈们安然度过女性特殊生理阶段，给孕期女职工提供人性化温馨服务，实现母乳喂养心愿，久事集团工会搭建“爱心妈咪小屋”，供大楼内直属单位有需求女职工使用，使哺乳期女职工感受到企业关爱。2017 年，久事集团工会建立 7 家“爱心妈咪小屋”，为哺乳期女职工母乳喂养创造条件。

为营造呵护宝贝、爱护母亲温暖氛围，2015 年，上海市总工会女职工委员会开展向孕期女职工馈赠“爱心妈咪大礼包”活动。2015 年，置业公司工会为 36 位孕期女职工申领“爱心妈咪大礼包”。2016 年，强生物业为 138 位孕期女职工申领“爱心妈咪大礼包”。

三、提升女工文明素养

1994 年年初，按上级工会要求，久事工会选派 8 名女职工参加上海市计划委员会系统工会组织的家政礼仪培训班，接受“现代家庭人际关系”和“子女教育心理学”培训。1996 年，利用午休时间邀请女员工参加插花艺术讲座。1997 年，请电视台林华作反映女职工自立自强的报告。2000 年，工会举办“三八”妇女节讲座，请上海妇女干部学校讲师为久事女职工作《女性风采——女性形象塑造》报告，并在“六一”儿童节开展“为职工子女送上一份礼物”活动。

2008 年，久事系统各单位利用女工周末时间开展各类有益于女职工身心健康、形式多样的活动。久事工会举办一场“迎奥运”女子健身操比赛，共有来自久事系统的 9 支代表队参赛。女职工委员会还开展系统单位女职工健康知识讲座；巴士工会邀请资深作家开展都市女性魅力、修养辅导讲座；强生、交投等女职委组织礼仪、电脑、插花等讲座，提升女职工素质。

2013 年，以纪念上海市女职工权益特别保护规定出台一周年为契机，工会开展女职工劳动保护规定讲座和知识竞赛，普及女职工权益保护知识。

2015 年，久事集团工会利用“三八”妇女节，开展由部分女职工劳模先进和女工干部参加的礼仪讲座。另外，组织女职工参加上海市总工会“幸福 · 在编做边享”——“蝴蝶杯”上海职业女性布艺交流赛，取得良好成绩。2016 年，久事集团工会开展由部分女职工、女劳模先进和女工干部参加的礼仪讲座及上海市内参观活动。2017 年“三八”妇女节前夕，组织部分女职工先进、直属企业女工干部参加丝巾扎染活动，工会选送 14 件女职工布艺作品参加市总布艺大赛，有 6 件作品在 2017 年 CISMA 中国国际缝制设备展览会现场被展出，2 件获得优秀作品奖，久事集团工会获得优秀组织奖称号。

四、激励巾帼建功活动

1996 年,工会举行"三八"妇女节报告会,开展推荐优秀女职工标兵和优秀女职工工作者等活动。

1998 年,根据上海市总工会女工委通知及上海市综合经济直属工会女职工委员会有关要求,久事发文号召女员工参加上海市女员工"迈向新世纪双文明立功竞赛"活动,3 月至 4 月,联系实际开展"我为公司改革献一计"主题活动,近一半女职工响应,提出建议近 20 条,工会从中选出若干名献计献策质量较好的女职工报系统工会,作为推荐上海市总工会上海市女职工"迈向新世纪双文明立功竞赛"个人立功奖候选人。同年,久事派代表参加关于"上海市先进工作者岗位成才"和"下岗女工自强自立作贡献"报告会,教育久事员工要珍惜自己的岗位。

2008 年适逢上海公交成立 100 年,网上评选出 10 位上海公交杰出人物,其中属于久事系统女性杰出人物有 2 位,10 位入围奖人选中,久事系统女劳模占 3 位。这一年,工会完成女职工建功立业工作团队登记,有巴士出租"市西巾帼组"、强生 62580000 热线、现代调度中心巾帼文明岗、五汽公交"巾帼车";推荐宝山巴士 133 路参加"五一巾帼节能奖"(集体)的申报以及 2007—2008 年度"三八"红旗手(集体)评比申报。

2010 年上半年,久事工会女工委带领系统女职工围绕世博主题,组织开展各类活动,调动广大女职工的积极性、主动性和创造性。世博开幕前夕久事工会女工委举办"迎世博主题实践活动暨文艺汇演",相关承担世博营运任务的单位作以"服务世博,准备好了"为主题的交流发言,为广大女职工全力建功世博作战前总动员。

2010 年,为发挥女职工独特优势和作用,久事工会女工委组织女工投身"精彩世博、文明先行"主题实践活动,并组织女职工参加以"文明服务、文明观博、文明出行"为主要内容的"世博礼仪"专题讲座,举办以陶冶情操为目标的插花艺术培训,进一步提高女职工服务世博水平。

为展示上海女职工建功世博风采,体现女职工在参与世博、服务世博、奉献世博中成长、成才的成果,上海市总工会女职工委员会在世博会期间举办"'斯美杯'精彩世博、美丽人生"女职工征文比赛,久事工会组织女职工参与并取得良好成绩。上海崇明巴士公共交通有限公司彭丹的《小车厢与大世博》获二等奖,巴士四汽七分公司王恒珍的《巾帼车赞》、巴士集团工会沈芹的《巾帼展风采,红艳照千秋》获优秀奖,久事工会女职工委员会获优秀组织奖。

2011 年,围绕建党 90 周年,久事女工委组织开展"创建学习型组织,争做知识型女工"主题竞赛,展示女工巾帼风采。

第四节 职 工 之 家

1994 年,久事工会按上级工会要求,开展"职工之家"建设工作,逐渐健全各项规章制度,加强工会自身建设,听取员工呼声,发挥中国共产党联系群众的纽带和桥梁作用。

1995 年,超过 70%的员工参与久事信任度投票活动,其中 98%的员工对久事投信任票,在 5 月份上海市计划委员会系统工会"合格职工之家"验收活动中,久事工会获得"合格之家"荣誉称号。这一称号在 1996 年得以继续保持。

2007 年,根据上海市总工会制定的《企业工会工作达标考核办法》,久事选择 10 家单位开展试点，在试点基础上，有序推进基层工会达标工作。久事工会召开久事系统贯彻《企业工会工作条例》工作推进会，10 家试点企业分别就贯彻《企业工会工作条例》试点情况作汇报交流，通过推进会交流贯标工作，久事工会还对基层工会贯标工作作具体要求，提出“企业工会三年达标两年完成”工作目标。在贯彻《企业工会工作条例》同时，“建家”活动不断深入，久事系统 6 家单位工会被授予 2007 年度“上海市模范职工之家”，6 个基层(班组)工会被授予“上海市模范职工小家”。

2011 年，在深化职工服务保障工作过程中，宝山巴士公司工会被评为 2011 年“全国模范职工之家”，巴士集团工会等 8 家久事所属工会被评为 2011 年“上海市模范职工之家”，6 家基层工会被评为 2011 年“上海市模范职工小家”。同时，在上海市总工会庆祝建党 90 周年座谈会上，久事总经理张惠民受邀作《落实科学发展要求，构建和谐劳动关系》交流发言，久事在构建和谐劳动关系方面的工作得到上海市总工会肯定。

2016 年 11 月，为进一步激发基层工会活力、发挥基层工会作用，久事集团决定评选表彰一批久事集团模范职工之家、模范职工小家、优秀工会工作者、优秀工会积极分子，并对评选申报条件作出详细规定。经各直属工会推荐，久事集团工会审核决定，授予上海巴士第一公共交通有限公司工会等 10 家工会“上海久事(集团)有限公司模范职工之家”荣誉称号，授予上海巴士第四公共交通有限公司八车队工会等 9 家集体“上海久事(集团)有限公司模范职工小家”荣誉称号，授予王仕峰等 30 名同志“上海久事(集团)有限公司优秀工会工作者”荣誉称号，授予陶建平等 20 名同志“上海久事(集团)有限公司优秀工会积极分子”荣誉称号。具体名单如下：

表 6-2-1 2016 年度上海久事(集团)有限公司模范职工之家、模范职工小家、优秀工会工作者、优秀工会积极分子表彰情况表

模范职工之家(10 家)
上海巴士第一公共交通有限公司工会
上海巴士第二公共交通有限公司工会
上海巴士第三公共交通有限公司工会
上海强生出租汽车有限公司工会
上海强生集团汽车修理有限公司工会
上海东亚(集团)有限公司工会
上海四汽物业工会联合会
上海强生物业有限公司工会
上海现代交通建设发展有限公司工会
上海久事国际赛事管理有限公司工会
模范职工小家(9 家)
上海巴士第四公共交通有限公司八车队工会
上海巴士第五公共交通有限公司五车队工会
上海巴士客车维修有限公司机电车间工会
上海巴士汽车租赁服务有限公司久通六分公司工会

〔续表〕

模范职工小家(9家)	
上海强生交运营运有限公司工会	
上海巴士国际旅游有限公司工会出境旅游中心小组	
宝山法院管理中心保洁班组	
上海交通投资(集团)有限公司漕宝停车场管理分公司管理班组	
上海申铁投资有限公司财务部	
优秀工会工作者(30名)	
王仕峰	上海巴士公交(集团)有限公司
陶政来	上海巴士公交(集团)有限公司
钱　宇	上海巴士第一公共交通有限公司
戎建虹	上海巴士第二公共交通有限公司
刘　敏	上海巴士第三公共交通有限公司
顾秋奋	上海巴士第四公共交通有限公司
冯正亮	上海巴士第五公共交通有限公司
胡　晔	上海公共交通广告有限公司
冯剑辉	上海强生集团汽车修理有限公司
任　荣	上海强生控股股份有限公司
郭占慧	上海巴士汽车租赁服务有限公司
唐攻上	上海强生出租汽车有限公司业务调度分公司
袁新华	上海强生市东出租汽车有限公司
胡基良	上海强生普陀汽车服务有限公司
张　红	上海强生科技有限公司
程剑萍	上海强生广告有限公司
顾春妍	上海交通投资信息科技有限公司
邵晓蕾	上海交通投资(集团)有限公司漕宝停车场管理分公司
诸　琳	上海交投物业管理有限公司
王亚林	上海申铁投资有限公司
汤　倩	上海强生集团服务保障中心
何德明	上海申强投资有限公司
何鲁伊	上海久事置业有限公司
冯东莼	上海东亚体育文化中心有限公司
朱肖安	上海国际网球中心酒店管理有限公司富豪环球东亚酒店
杨逸俊	上海久事国际赛事管理有限公司

〔续表〕

优秀工会工作者(30名)	
胡　斌	上海新联谊大厦有限公司酒店管理分公司
张　颖	上海国际赛车场有限公司
郭俊杰	上海久事(集团)有限公司
董良良	上海久事(集团)有限公司
优秀工会积极分子(20名)	
陶建平	上海巴士第一公共交通有限公司
邹　俊	上海巴士第二公共交通有限公司
任建平	上海巴士第三公共交通有限公司
冯　毅	上海巴士第四公共交通有限公司
龚幼瑞	上海巴士第五公共交通有限公司
曹青楠	上海公惠实业有限公司
刘　静	上海强生出租汽车有限公司
刘　冰	上海巴士汽车租赁服务有限公司
侯爱国	上海强生集团汽车修理有限公司
朱　晨	上海强生集团汽车修理有限公司
顾元新	上海强生控股股份有限公司
周苏芳	上海现代交通建设发展有限公司
蔡培莉	上海交通投资(集团)有限公司
陆袁骏	上海强生物业有限公司
丁平平	上海久事国际赛事管理有限公司
张　毅	上海久事国际赛事管理有限公司
汤胜建	上海富豪东亚酒店
杨琦慰	上海新联谊大厦有限公司酒店管理分公司
黄　静	上海久事投资管理有限公司
李　玲	上海久事(集团)有限公司

第三章　职工代表大会

职工代表大会是职工参政、议政的好方法，是对行政工作的有效支持和监督。上海久事公司从1993年转制为企业以来，高度重视职代会工作，凡是重大改革方案、涉及职工切身利益的重大举措出台，都必须经职代会讨论通过后方能实施，若职工提出意见和建议，则相关方案、举措需经修改、补充完善后实施，以充分保障职工参政、议政的民主权利。

第一节　久事职工代表大会

1993年是久事公司由事业单位转制为企业的第一年。这一年，久事推行"全员劳动合同制、上岗聘用制"两项劳动人事制度改革。5月14日至15日，久事召开职工代表会议，统一全体员工思想认识，讨论、修改、审定通过《上海久事公司劳动人事制度配套改革方案》，并一致通过相应的决议。

1994年年初开始，在久事党总支直接领导下，久事工会拟定职代会代表名单，并通过差额选举选出由党、政、工和各方面人员组成的20名首届职工代表。

1994年7月20日，上海久事公司首届第一次职工代表大会在上海市计划委员会干部培训中心举行，当选20名代表全部出席会议。会议选举产生由胡岳义、朱德尧、严厚群、张桂娟、夏建民、刘大友、陈士鹤7人组成的职工代表大会主席团。通过《关于1994年公司内部分配的原则意见》《关于调整公司员工劳动合同、上岗合同期满续签时限的意见》《关于解决公司职工住房的初步办法》《关于实行公司内部补充养老保险的暂行办法》等4项议案。会议授权大会主席团根据大会讨论意见对4项议题进行修改，并提交行政执行。

久事第一届第二次职工代表大会于1994年12月7日召开，会议通过《关于1995年上岗聘任工作的实施报告》以及久事副总经理张桂娟《关于劳动人事制度和分配制度改革情况的总结》报告。

久事第一届第三次职工代表大会于1995年1月21日在公司多功能厅举行，会议审议通过久事副总经理张桂娟的《1994年工作总结和1995年工作安排》《上海久事公司全员劳动合同制暂行办法》(1995年1月修改稿)，批准张逢昌、许如庆、孙庆生、刘志成等7名员工组成上海久事公司劳动争议调解委员会，张逢昌任主任委员。

1995年4月22日，公司召开第一届第四次职工代表大会，会上审议通过《上海久事公司1995—1997年精神文明建设规划要点》《上海久事公司1995年创建文明单位活动计划》《上海久事公司文明部室评比标准和争当文明员工评比条件》《上海久事公司精神文明建设活动领导小组和办公室成员名单》《上海久事公司内部补充养老保险暂行办法》《关于公司自1995年5月1日起执行每周(周六、周日)双休日的规定》。

第一届第五次职工代表大会于1995年8月4日召开，审议通过《上海久事公司员工住房分配暂行办法》。久事制订《上海久事公司职工代表大会工作规范》(草案)，用以指导职工代表大会的具体工作。

1996年1月31日，久事召开第一届第六次职工代表大会，会议审议通过《上海久事公司1995年工作总结和1996年工作计划》《上海久事公司实施劳动保险制度暂行办法》有关条款的修改意见、《上海久事公司全员劳动合同》有关修改意见、《上海久事公司职工代表大会暂行工作条例》等内容;同时,通过《上海久事公司职工代表大会章程》并参照执行。

1996 年 7 月,久事举行职工代表大会换届选举,产生第二届职工代表大会的 28 位职工代表,并从中选出 5 位职工代表为大会主席团成员。8 月 29 日,久事召开第二届第一次职工代表大会,大会审议通过新修订的《上海久事公司全员劳动合同制实施办法》《上海久事公司下岗待工员工管理暂行办法》,大会认为上述两项办法是深化公司劳动人事改革的体现;另外审议通过《上海久事公司住房分配制度改革暂行办法》和《上海久事公司和子公司业务招待费用使用情况的报告》等四项内容。

1997 年 1 月和 7 月,久事分别召开第二届职工代表大会第二次、第三次会议,审议通过《上海久事公司 1996 年工作总结和 1997 年工作要点》《上海久事公司"九五"发展计划》,听取《上海久事公司业务招待费使用情况的报告》《上海久事公司住房分配制度改革暂行办法》实施情况的通报等与员工有切身利益的重大事项汇报。同年 11 月,久事工会组织全体职工代表大会代表参加久事领导班子民主评议工作,听取久事领导述职报告,参加无记名测评和座谈会。同时,为提高职工代表知识水平和参政、议政能力,工会还邀请上海市总工会有关同志对全体代表作以"如何当好职工代表"为主题的培训报告。

1998 年 1 月 25 日,久事召开第二届第四次职工代表大会,会议审议通过《上海久事公司 1997 年工作总结和 1998 年工作计划》《关于 1997 年度业务招待费使用情况的报告》《上海久事公司住房基金分配制度改革暂行办法》。

1998 年 12 月 25 日、1999 年 2 月 13 日、1999 年 7 月 21 日,久事分别召开第二届职工代表大会第五次、第六次和第七次会议,审议通过《上海久事公司 1998 年住房基金分配意见》《上海久事公司 1998 年工作回顾和 1999 年工作计划》《上海久事公司收入分配制度改革方案》等文件。

2000 年 6 月份,久事根据《上海市职工(代表)大会工作规范》有关规定并结合久事实际情况,对第二届职工代表大会进行换届改选,成立第三届职工代表大会。各工会小组根据职工代表条件,采用直接选举办法,产生第三届职代会代表,共计 30 名。

2001 年 1 月 12 日下午,久事召开第三届第一次职工代表大会,会上选举产生 7 名职工代表组成第三届职代会主席团,审议并通过久事公司总经理高国富的《上海久事公司 2000 年度工作总结》、行政管理部张伟的《上海久事公司 2000 年度业务招待费使用情况》和人力资源部曹旭东的《上海久事公司 2000 年度"四金"交缴情况》。是年,为贯彻落实上海市"厂务公开"工作会议精神,久事工会起草《久事公司"司务公开"实施意见》,经久事党政领导原则通过后,提交 12 月 25 日三届二次职代会审议通过并试行。

2003 年 1 月 29 日,久事召开第四届第一次职工代表大会,29 名新当选职工代表和 5 名列席代表出席会议。在预备会议上首先选举产生由 7 名职工代表组成的第四届职代会主席团,久事董事长张桂娟,党委书记孙金富,副总经理胡岳义、张建伟作为职工代表出席会议并讲话。大会听取久事副总经理胡岳义所作《上海久事公司 2002 年工作总结》、副总经理张建伟所作《上海久事公司 2003 年工作计划》、财务部经理张新玫所作《上海久事公司 2002 年业务招待费使用情况报告》和人力资源部刘志成所作《上海久事公司 2002 年"四金"及补充医疗保险、补充公积金缴纳情况报告》,并通报调整上海久事公司劳动争议调解委员会成员情况。

2004 年 2 月 26 至 27 日,久事召开第四届第二次职工代表大会,根据上海市厂务公开工作要求,此次职代会听取并通过《上海久事公司 2003 年工作总结》《上海久事公司 2004 年工作计划》《上海久事公司 2003 年业务招待费使用情况报告》《上海久事公司 2003 年"四金"缴纳及经营者收入情况报告》《上海久事公司2004年机构设置方案的报告》《关于外滩物业公司整体转让情况的报告》,并以举手表决方式原则通过《关于实行公司员工内部退养的有关规定》。会议对久事在组织机构调整的同时为年老体弱的员工有序退出现岗位开辟一条通道感到满意,同时授权大会主席团对条款的修改作最后审定。

久事第四届第三次职工代表大会于2005年3月17至18日召开,大会审议并通过《上海久事公司2004年工作总结和2005年工作计划》《上海久事公司2004年度业务招待费使用情况的报告》《上海久事公司2004年度"四金"缴纳及经营者收入情况的报告》《上海久事公司2004年度教育培训经费提取、使用情况》《2004—2006年上海久事公司员工培训规划的报告》《上海久事公司工会工作的报告》。

2005年4月28日下午,久事召开第四届第四次职工代表大会,审议通过《上海久事公司绩效考核评价体系方案》《上海久事公司公务用车改革方案》《上海久事公司员工休假实施办法》三个议案。这三个议案是久事近年来在建立有效分配与人才激励体系和涉及员工福利方面的重要改革,是久事员工较为关注的热点问题,体现久事领导对员工利益的关心和重视,也是实现全年经营目标的重要举措。

2006年1月12日,久事召开第四届第五次职工代表大会,会议听取并通过《上海久事公司2005年度工作总结和2006年度工作计划及"十一五"规划》《上海久事公司2005年度业务招待费使用情况报告》《关于上海久事公司2005年度"四金"缴纳情况的报告》《关于上海久事公司2005年度经营者收入情况的报告》《关于上海久事公司2005年度教育培训经费提取、使用情况的报告》《上海久事公司工会工作报告》等规划或报告。

2006年,按照基层工会主席年度考核目标,申铁公司、上海赛车场经营公司建立职工大会制度,至此,久事系统所有企业全部按照《工会法》建立职代会制度,实现民主管理基本形式全覆盖。

2007年2月8日,久事召开第四届第六次职工代表大会,听取并通过《上海久事公司2006年度工作总结和2007年度工作计划的报告》《关于上海久事公司2006年度业务招待费使用情况的报告》《关于上海久事公司2006年度"四金"缴纳情况的报告》《关于上海久事公司2006年度教育培训经费提取、使用情况的报告》《关于上海久事公司2006年度绩效考核情况的报告》《关于上海久事公司2006年度经营者收入情况的报告》《上海久事公司工会工作报告》。

2007年11月15日,久事公司召开第四届第七次职工代表大会,选举产生第五次工会会员大会代表。

2008年和2009年,久事分别召开第六次工会会员大会暨第五届第一次职工代表大会和第五届第二次职工代表大会,听取《久事公司党委深入开展学习实践科学发展观活动情况的报告》,审议通过有关"企业年金实施办法"等议案。

2011年3月31日,久事召开第六届第一次职工代表大会,会议审议通过上海久事公司关于2010年度教育培训经费提取使用、"社会保险费"缴纳、经营者收入、业务招待费使用等情况的报告,《上海久事公司(本部)员工带薪年休假实施办法》。是年5月1日起,《上海市职工代表大会条例》(以下简称《条例》)正式施行,久事工会及时组织由直属企业党政领导和各级工会工作者参加的《条例》专题辅导报告。各所属工会积极学习宣传《条例》,通过工会干部、职工代表和班组骨干等各类培训,大力普及《条例》知识,并发动1万余名职工积极参加上海市工会系统《条例》知识竞赛,参赛人次和竞赛成绩在全市产业工会中名列第一,久事工会荣获《条例》知识竞赛优秀组织单位奖。

2015年7月3日,久事召开本部第七届第三次职工大会,大会审议通过《上海久事公司本部

2014 年业务招待费使用情况报告》《上海久事公司本部 2014 年职工教育经费提取使用情况报告》《上海久事公司本部 2014 年社会保险金缴纳情况报告》《上海久事公司本部 2014 年经营者收入情况报告》，还审议通过《上海久事公司员工手册》及《上海久事公司（本部）职工疗休养管理办法》。同时，通报久事公司制改制情况说明。

第七届第四次职工大会于 2016 年 3 月 11 日召开，大会审议通过《上海久事（集团）有限公司本部 2015 年度业务招待费使用情况报告》《上海久事（集团）有限公司本部 2015 年度职工教育经费提取使用情况报告》《上海久事（集团）有限公司本部 2015 年度社会保险缴纳情况报告》《上海久事（集团）有限公司本部 2015 年度经营者收入情况报告》《上海久事（集团）有限公司本部 2015 年度职工疗休养执行情况》，同时还审议通过《上海久事（集团）有限公司本部企业年金方案》。这是推进落实工资集体协商工作、完善厂务公开民主管理的重要举措，对于构建和谐劳动关系、切实维护职工合法权益具有积极的作用。

2016 年，为进一步贯彻执行《上海市职工代表大会条例》，全面落实《上海市职工代表大会工作规范》，切实推进久事系统职工代表大会制度建设，不断提升职工代表大会的运行质量，久事集团工会拟自 2016 年起牵头开展职工代表大会制度运行情况质量评估，并拟定《久事集团职代会质量评估制度》，经工会全委会讨论通过后下发，评估内容涵盖“职代会职权的落实”“职代会制度的运作”“职代会决议、决定的执行情况”“职代会闭会期间的工作落实”“职工代表的产生和管理”等五大方面。2016 年年中，结合上海市总工会关于完善民主管理相关工作要求，久事集团工会对职代会质量评估制度执行情况开展摸底调查，在掌握基层情况同时，深入开展现状研判，提高数据利用价值。为进一步探索久事集团三级职代会制度不断完善，在上海市总工会支持下，久事集团工会结合久事业态分布和职工队伍状况，探索适应久事集团职代会实现形式和内容，带队至上海市级先进单位学习取经，同时深入久事集团内部到基层开展交流，推进久事集团系统厂务公开民主管理，落实职代会质量评估，推动开展集体协商，从源头上维护职工群众的合法权益。

2017 年，按照《上海市职工代表大会条例》规定，久事集团工会加强对内部多级职代会建设指导，不断提升职代会权威性和有效性，推动各直属企业民管小组建立。依法健全和规范职工董事、职工监事制度，保障职工民主决策、民主管理、民主监督的权利。

第二节　民　主　管　理

一、厂务公开

深入推行厂务公开是贯彻落实党的十五大和十五届四中、五中、六中全会精神，加强社会主义民主法制建设，推进基层民主政治建设的需要。2002 年 1 月，久事制定《上海久事公司深入推行司务公开的实施意见》，经职代会表决通过后试行。该意见对司务公开内容、途径、责任部门和监督考核进行明确规定，涵盖年度总结与计划、重大工程招投标、大宗物资采购和大额房产租售情况、业务招待费使用情况、“四金”缴存情况、领导干部廉洁自律情况、职代会民主评议公司领导干部情况、职工工资奖金分配原则等多个方面。

2007 年，久事贯彻上海市厂务公开民主管理领导小组意见，围绕构筑和谐企业，继续探索和深化厂务公开民主管理工作运行机制、制度体系和工作落实情况。向各基层工会传达上海市厂务公开领导小组会议精神，并把这一项工作纳入久事一项重要工作，统一部署、统一安排，在久事“十一五”规划、久事年度工作计划、各直属单位工会主席年度目标责任书和“双先”活动中都明确提出具体要求和指导意见。在坚持和完善职代会三项制度基础上，推进职工董、监事制度落实。推进领导干部收入公开制度，经过平等协商，建立集体合同制度，提出公交一线职工收入与领导干部收入同向增长、共享企业发展成果的措施。继续推进厂务公开民主管理从集团公司向分公司、车队、科室、车间延伸，进一步加强基层职工民主参与。在第三季度，根据上海市第五次厂务公开民主管理工作调研检查有关要求，完成这次调研工作自查互查和调研材料。宝山巴士公交公司、强生公交公司被上海市厂务公开民主管理工作领导小组评为“2005—2006年度上海市厂务公开先进单位”。坚持倾听一线职工呼声和建议，实现企业与职工双向交流。通过定期召开职工座谈会、职工代表共商会等多种形式，围绕企业改革发展和职工所关心热点问题，与职工进行零距离双向交流，认真倾听职工心声，并使职工所提建议和反映问题在最短时间里得到处理和答复，个别公司开通工会热线和E-Mail信箱接受职工来信、来访、来电，了解职工诉求，虚心接受职工合理建议。

2008年，久事继续落实推进厂务公开民主管理工作，有些下属企业根据需要探索在新形势下职工民主参与新方法和新途径，如及时将劳务工、农民工等选入职工代表，职代会实行非职工代表旁听以及职代会闭幕期间组织职工代表巡视等。是年，95%以上的企业都建立起厂务公开民主管理领导小组和工作机制，形成合力推进工作格局。

2009年，巴士工会参与新加盟企业调研，为开展民主管理工作掌握第一手资料；强生工会协调企业党政“维稳”工作，开展“职工心声”调研，落实职工带薪休假制度，完善劳动关系恳谈会，并紧扣规范劳动关系及开展集体协商等热点问题推进企业建立和谐稳定劳动关系。

2011年久事工会在党委领导和支持下，拟定《上海久事公司关于贯彻〈上海市职工代表大会条例〉深化厂务公开民主管理工作的意见》，完善“党委领导、行政负责、纪委牵头、工会落实、有关方面齐抓共管、职工群众广泛参与”的领导体制和工作格局，并结合阶段性工作特点，拟定2011年久事厂务公开民主管理工作要点，就加强和规范基层职代会工作提出明确要求。是年，上海交运巴士客运(集团)有限公司、上海巴士电车有限公司被评为“2009—2010年度上海市厂务公开民主管理工作先进单位”。

2011年下半年，久事工会结合上海市第九次厂务公开民主管理工作调研检查要求，总结交流厂务公开民主管理工作先进经验和典型做法，交投集团等工会分别就完善职代会制度、开展企业民主管理及激发职工主人翁意识、全身心投入企业发展等专题作交流介绍，相互学习借鉴。同时，各级工会查找新形势下推进厂务公开民主管理工作面临的主要问题，为下一步工作深化创新发展提出对策和建议。通过自查和考评，久事系统内获得上海市“劳动关系和谐、职工满意企业”两家、“职工信赖的经营者”两名。

2012年年初，久事工会对久事范围内各级企业职代会建制和厂务公开建制情况进行排摸，梳理确定久事赛事和申铁投资作为年内推进建制工作规范化重点单位，并根据基层情况，进行跟踪服务指导，推进所属企业职代会和厂务公开规范建制工作。对已实现建制单位，久事工会部署开展职代会条例实施情况专项检查，确定以规范职代会运作、落实职代会职权情况，厂务公开工作制度建设、日常运作情况及职工董事职工监事建制、运作情况，开展集体协商、订立履行集体合同及专项集体合同(协议)工作情况，企业在改革改制中规范履行民主程序情况等四个方面为重点内容，各所属企业全面开展自查，在此基础上，久事工会及各直属企业工会组织力量进行检查和抽查。同时，久事工会明确此次专项检查注重将选树先进典型和查找问题难点相结合，掌握系统基层单位职代会、厂务公开建制基本情况，系统内巴士集团和强生汽修两家单位参加“2012年上海市厂务公开民主管理工作先进单位”评选。同时，指导巴士集团通过“上海市十佳厂务公开民主管理工作先进单位”考察，巴士集团被推荐申报“全国厂务公开民主管理先进单位”“全国厂务公开民主管理示范单位”。

2013 年是贯彻落实《上海市职工代表大会条例》第三年，久事工会以深入贯彻实施《上海市职工代表大会条例》为契机，建立完善工作机构和工作机制，分阶段确立工作目标和工作重点，重过程、抓落实，厂务公开工作不断取得新进展，涌现出巴士集团、强生汽修等一批厂务公开民主管理工作先进典型。巴士集团被授予“全国厂务公开民主管理工作先进单位”和“2011—2012 年度上海市十佳厂务公开民主管理工作先进单位”荣誉，并获得“上海市五一劳动奖状”荣誉称号。强生汽修公司被授予“2011—2012 年度上海市厂务公开民主管理工作先进单位”荣誉。久事工会结合第十一次厂务公开民主管理工作大调查，调查分析厂务公开民主管理工作中热点难点及瓶颈问题，帮助指导基层在职代会内容程序规范化、集体协商工作规范化、职工董监事工作机制规范化、劳动争议调处工作规范化和劳务派遣工入会服务管理规范化等五个方面取得新进展。

2014 年，根据上海市厂务公开民主管理工作要点，结合企业实际，久事工会着力在职代会规范建制上下功夫，推进一家直属企业和两家三层次企业组织建立职代会制度，并对已实现建制的单位部署开展职代会条例实施情况专项检查。2014 年久事系统内申报 2013—2014 年厂务公开民主管理工作先进单位一家。

2015 年，根据国资委党委要求，久事工会对所属企业开展厂务公开民主管理工作情况进行督促检查。久事重视厂务公开民主管理工作的领导体制和机制建设，成立由久事主要负责同志为领导小组组长、分管领导和工会主席任副组长的厂务公开民主管理工作领导小组。下设厂务公开民主管理工作办公室，由工会主席任主任，日常工作由久事工会开展。同时，久事各级企业均相应成立领导机构和办公机构，并建立厂务公开民主管理工作联络制度，指定专人负责厂务公开民主管理的日常联系、沟通、反馈工作。久事各级党组织充分发挥政治优势，切实履行职责，把支持厂务公开和民主管理纳入党的建设工作范围，将其作为加强党建工作的一项重要内容，真正做到同研究、同部署、同检查、同落实，把厂务公开和民主管理工作要求落到实处。各级党委把推进厂务公开和民主管理工作成效作为年度考核企业领导班子及其成员工作实绩的重要内容，提高民主意识和民主作风；直属企业党委书记推动本公司行政与工会举行集体协商，对协商过程和协商内容，既充分发扬协商民主，又从政治上严格把关。为确保厂务公开民主管理工作落到实处，厂务公开民主管理工作领导小组定期召开会议，研究厂务公开民主管理工作中新情况新问题，确定年度厂务公开民主管理工作要点，统一协调厂务公开民主管理工作中相关重大问题。相关部门分工负责，齐抓共管，形成行政负责、纪委牵头、工会落实、有关部门密切协作、职工群众积极参与的工作运行机制，并将民主管理工作作为一项重要内容纳入各级企业工会目标责任书中进行考核，保证厂务公开向制度化、规范化、法制化方向发展。各级经营管理者在实际工作中，把厂务公开工作列入重要议事日程。

2016 年，久事集团工会根据上海市厂务公开工作领导小组下发《关于组织开展第十四次市厂务公开民主管理调研检查工作的通知》要求，结合《2016 年上海市厂务公开民主管理工作要点》，配合集团党委落实文件精神，起草拟订《久事集团厂务公开民主管理自查方案》，同时结合集团实际情况，根据党委要求对厂务公开领导小组和工作小组进行充实完善，在加强组织领导的同时，明确工作职责及计划要求，配合党委开展基层工作检查座谈并按时完成总结上报，推动集团系统厂务公开民主管理工作不断深化。

2017 年，久事集团工会以职代会制度建设为抓手，推进基层民主建设工作，加强职工董监事制度建设，规范职工董监事任职资格、产生程序、履职要求及向职代会述职等工作制度，使民主管理更好地融入久事法人治理结构中。2017 年 6 月,久事集团工会与组织人事部联合开展由 70 余名董监事参加的培训,明确职工董监事工作职责,从而更有效提高他们的工作能力,为进一步发挥职工董监事在企业参政议政中的作用奠定基础。

二、集体协商

2005 年,随着 5 家公共交通企业并入久事,职工人数大幅增加,职工责权利如何保障是一项新课题,工会与行政就如何维护员工合法权益、解决职工合理诉求,在实际工作中,边学边探索。

2011 年,久事各级工会推进集体协商机制建设,将集体协商工作重心下移,根据企业发展实际,探索扩大集体合同内涵,逐步将职工福利、带薪休假和加班费标准等列入协商内容。同时,久事工会继续深入开展相关企业职工收入统计调查和集体合同、工资专项协议及女职工权益保护专项合同执行情况检查,保障职工合法权益。

2012 年,按照上海市总工会关于“2012 年年底本市企业基本全面实行集体合同制度”要求,久事工会推进集体协商和集体合同工作,根据企业实际,帮助指导具备条件企业探索建立集体协商机制,沟通协调集体协商工作推进过程中遇到的难点和瓶颈问题,调动各方积极因素,共同推进集体协商工作。同时,久事各级工会进一步提高集体合同、工资协议、女职工专项合同等集体协商工作针对性和实效性,以实现“三个同步”,即企业效益增长与职工工资增长同步,企业发展机会与职工自我提升机会同步,企业品牌提升和职工素质提升同步。

2014 年,根据中共上海市委办公厅、上海市人民政府办公厅转发市人力资源和社会保障局、市总工会、市企业联合会(市企业家协会)《关于本市全面推进集体协商机制建设意见的通知》精神,久事继续推进工资集体协商工作。将进一步参与推进集体协商,扩大集体协商特别是工资集体协商工作覆盖面作为久事工会年度重点工作,纳入工会年度工作目标。在久事开展群众路线教育实践活动过程中,将工资集体协商列入教育实践活动整改项目,久事各级工会组织和人事部门相互协调,合力推进工资集体协商工作。在充分调研摸底和操作性分析基础上,久事专题召开集体协商工作推进会议,统一思想。久事工会探索在人数规模较小、经营管理为主的企业开展集体协商,指导直属企业工会按照集体协商基本原则和要求,结合各自企业和职工队伍实际情况,有针对性地开展集体协商工作。截至 2014 年年底,久事所属 69 家建会企业中,除 3 家由于管理体制等特殊情况外,其余 66 家企业于 2014 年内完成或启动集体协商工作,工资集体协商工作企业覆盖率达到 95.7%,职工覆盖率达到 99.2%,久事集体协商工作取得重大进展。

三、职工座谈会

1998 年 4 月,久事以“传达贯彻 1998 年公司第二期党委中心组学习班有关精神,增强员工忧患意识和竞争意识,为全面完成久事工作目标提供思想保证”为话题,召开职工代表座谈会。与会代表提出“设专人寻找久事新财力增长点”“严格管理”“重视人才培养”“关于久事大厦建设”等宝贵意见。1998 年下半年,久事召开职工代表谈心会,将员工提出的关于久事发展方向、人才培养和使用、营造活跃工作环境和员工福利等问题报送久事管理层,为久事领导作出决策提供参考。

2001 年,久事起草《上海久事公司领导班子成员与职工代表定期举行座谈会的实施意见》并于 2002 年 1 月 1 日开始实行,规定座谈会一年举行两次,在久事召开职代会之前举行;座谈会上,久事领导通报重要情况并听取职工代表意见;职工代表就"司务公开"有关内容与领导班子成员双向沟通;职工代表就广大职工关心热点问题向领导班子反映并提出建议。2002年7月下旬,久事党委书记主持召开职工代表座谈会,就改革、发展听取职工意见,这次座谈会也是实施"司务公开"的一项具体内容。参加座谈会发言的12位职工分别代表各部门、子公司、外派干部和团员青年,就广大职工关心问题畅所欲言,同久事领导进行面对面交流。

2007年,久事继续建立完善由工会牵头、各职能部门共同参与的定期与一线职工座谈对话制度,现场答复处理职工所提问题和建议,同时推出公开干部个人通信联络方式举措,一些运营分公司、部门等基层组织党政工干部手机号全部向职工公开。强生集团工会在定期召开座谈会、征求职工合理化建议的同时,还尝试建立民主管理热线、劳动权益求助热线、法律咨询信箱等信息沟通双向交流网络,用以及时了解职工心声和诉求,依法维护职工权益,构筑和谐稳定劳动关系。

2010年,久事工会继续畅通多层次联络沟通渠道,围绕职工重大关切和热点难点问题,深入基层召开一线员工座谈会,倾听职工呼声和建议,分析职工思想动态,力争把矛盾化解在基层。巴士、交投、强生、置业等工会也深入一线召开职工座谈会。

2011年,久事各级工会注重职工利益诉求沟通表达机制建设,定期召开基层一线职工座谈会,完善座谈会召集、职工意见建议征询反馈和问题整改落实等一整套制度建设,化解矛盾纠纷于萌芽状态,促进和谐企业建设。

2013年,久事各级工会深入基层召开一线职工座谈会,收集职工各类意见建议,涉及运营管理、奖励考核、竞赛方案、补贴分配、工作休息环境等多方面,各级工会将职工意见建议归纳整理后反馈至党政领导和相关基层单位,使问题得到及时整改,确保职工民主参与的实效性。

2015年,久事工会邀请专家学者针对民管工作开展培训辅导,推动民管工作实现制度化、规范化;为切实改进服务职工"最后一公里"问题,进一步倾听职工呼声建议,邀请工会干部、劳模先进及一线职工进行工作座谈,了解职工诉求和基层需求,使工会工作更接地气,更好地服务大局、服务基层、服务职工;围绕集团打造优质公共服务型企业的目标,发挥各级工会组织和广大工会干部的力量,开展优秀工作案例征集发布活动,鼓励各级工会相互学习,取长补短。

2016年,根据年度工作计划要求,久事集团工会每季度深入基层召开座谈会,2016年全年共在巴士一公司、强生出租公司、现代交通公司、赛事公司召开座谈会。通过与一线职工交流调研、开展专项工作研讨等方式,帮助基层解决实际困难。如在强生出租基层工会座谈中了解到,出租车驾驶员在交通大整治中面临停车难、如厕难、上下客难等问题,影响驾驶员正常营运,久事集团工会及时将有关情况向上海市总工会进行专题汇报,并由上海市总工会出面与有关部门进行沟通,同时还与巴士集团开展沟通协调,将相关公交站点的厕所逐步开放给强生出租车驾驶员,缓解出租车司机的实际困难。在现代交通公司调研中,久事集团工会了解到基层一线职工收入低,企业对新进职工缺乏吸引力,留不住人,因此对直属企业进行一线职工收入调查,并交人力资源部门参考。

2017年,久事集团工会制定坚持联系职工、联系基层工作机制,每季度召开一线职工座谈会。先后前往强生物业、申铁投资、交通卡公司和集团本部听取职工意见与建议,汇总职工心声意愿,向集团党政领导反映,督促企业行政进行落实,真正做到"察民情、知民意、解民忧、促发展"。在强生物业座谈会中了解到,物业公司劳务工、农民工人数较多,他们希望能参加工会开展的各项活动,但由于关系在劳务公司,物业公司工会经费又有限,无法让他们参与其中。针对这一情况,久事集团工会重点开展关心劳务工和农民工工作,下拨活动经费,使他们参与相关活动有保障。

第四章　共 青 团

久事共青团组织紧紧围绕久事党政中心工作，根据青年人自身特点和优势，广泛开展适合青年特点的有益活动。在争当新长征突击手、组织青年志愿者、深入开展青年“号、手、队、岗”等活动中，发挥聪明才智，为久事“两个文明”建设增添生机和活力。

第一节　团员代表大会

一、第一届团代会

久事自1993年起设立团组织，因团员人数较少，仅设1个团支部。

2005年，5家公共交通企业加盟久事，久事35岁以下青年增至1.3万余人，其中团员2 200多人。在此情况下，用团支部形式管理下属企业团组织和青年工作已不合时宜。

2005年9月28日，久事召开第一届团代会，成立“共青团上海久事公司委员会”。王洪刚、吴俊、朱毅磊、刘剑颖、江艳、时俊诩、钟华、夏屹、黄威等9人当选为第一届团委委员。在随后召开的第一届团委委员会议上，王洪刚当选为团委书记，吴俊当选为副书记。

二、第二届团代会

2010年，久事第一届团委任期已满5年。8月，久事召开第二届团代会，选举产生共青团上海久事公司第二届委员会。

王洪刚、许一鸣、姚信彬、王仕峰、曹蓓蕾、孙怡、时俊翊、王佳蕾、汤铭艳、凌军、武佳敏、朱栋梁、徐钦、曲怡、邵锋等15人当选为第二届委员会委员。在随后召开的第二届团委委员会议上，王洪刚当选为团委书记。

2012年4月，经久事党委研究决定，免去王洪刚团委书记职务（另有任用），由许一鸣任团委副书记并主持工作。10月，久事党委正式任命许一鸣为团委书记。

三、集团公司第一届团代会

2015年，久事从全民所有制企业改制为国有独资有限责任公司，并改名“上海久事（集团）有限公司”。

2016年10月28日，久事集团召开“共青团上海久事（集团）有限公司第一次代表大会”（也称久事第三届团代会）。共青团上海市委副书记刘伟，集团党委委员、纪委书记黄强，市国资委团工委书记赵雷，集团党委工作部主任江涛、组织人事部副主任沈敏，工会副主席王雯洁等领导出席。

大会选举产生共青团上海久事（集团）有限公司第一届委员会。贾勉、王天华、王仕峰、丁平平、杨丽坤、徐钦、黄泓清、谢一言、瞿蕾等9人当选为团委委员。在随后召开的久事集团第一届团委委员会议上，贾勉当选为团委书记，王天华、王仕峰当选为副书记。

图 6－4－1　2016 年 10 月 28 日，久事集团召开“共青团上海久事（集团）有限公司第一次代表大会”

第二节　团内工作

一、思想引领

1995 年，抗日战争胜利 50 周年之际，为提高团员青年历史责任感，强化爱国主义教育，团支部在 4 月组织团员去南京开展“纪念反法西斯战争暨抗日战争胜利 50 周年，缅怀革命先烈”活动，瞻仰雨花台革命烈士陵园，举行“继承革命先烈遗志，为中国改革开放贡献青春”宣誓活动。9 月，又组织团员去美术馆观看抗日战争胜利 50 周年图片展。团员们还以书面答题形式参加《解放日报》“不可忘却的历史”宣传教育及知识竞赛活动。8 月、12 月，久事团支部分别邀请市计委、市委办公厅老干部为团员上党课，传授党的基础知识，交流入党动机等。在此基础上，又组织团员进行党章学习。久事团支部还组织团员学习《邓小平同志建设有中国特色社会主义理论学习纲要》，领会十四届五中全会精神，提高团员青年参与久事“两个文明”建设自觉性。

1996 年，久事团支部组织团员青年开展党史、党章学习，同时，结合本职工作，学习市场经济理论知识。

1997 年 2 月，久事团支部组织团员开展“邓小平同志追思座谈会”。7 月，香港回归之际，团支部组织全体团员青年开展“迎回归”知识竞赛，赛后反响热烈。9 月，党的十五大召开，团支部组织以“学习贯彻十五大报告、争当文明员工”为主题的知识竞赛，寓教于乐，帮助青年体会党的十五大报告精髓，认识十五大召开的重要性。

1998 年 3 月，久事团支部组织团员青年前往上海美术馆，参观市委宣传部、市文化局共同主办的“人民的好总理——纪念周恩来同志诞辰 100 周年”摄影展。

1999 年,为贯彻党的十五届四中全会精神,久事团支部召开学习《中共中央关于国有企业改革和发展若干重大问题的决定》座谈会,号召团员青年在久事体制、机制上找差距、促改革。

2000 年,久事团支部推荐部分团员青年参加综合经济党委入党积极分子培训班。

2003 年,中共中央总书记、国家主席胡锦涛在中南海同团中央新一届领导班子和共青团十五大部分代表座谈,并发表重要讲话,号召全国广大青年勤于学习、善于创造、甘于奉献。久事团支部组织团员青年专题学习此次会议有关文件,传达会议精神。

2006 年,久事团委组建后的第一年,久事团委组织围绕重大纪念日推出一系列教育活动。5 月,开展"主题教育月"活动,以五四纪念活动为中心,举办纪念大会和团史、团课学习会。10 月,开展"爱国教育月"活动,以纪念红军长征胜利 70 周年为中心,在上海周边组织参观革命纪念地、举办革命传统教育讲座等活动,在团员青年中弘扬爱国主义精神。同时,久事团委及时向团员青年传达团市委十二届八中全会等会议精神,要求各单位团组织学习,增强团员青年责任感、使命感。此外,久事团委还按团市委统一安排,邀请市社联党组书记到久事为团员青年授课,专题讲解十六届六中全会精神。

2010 年,久事团委服务世博大局,向系统内团员青年发出"弘扬久事青春风采,增添上海城市光彩"倡议。4 月,青海玉树地震后,久事团委组织团员以多交一个月团费形式,向地震灾区捐款。在全市"百万青少年迎世博"文明行动中,久事团委又组织 4 700 名团员青年立足岗位,开展服务保障工作。

2011 年,久事团委抓住建党 90 周年及辛亥革命 100 周年契机,以理想信念为核心,利用网络、微博等新媒体手段,开展"学党史、知党情、跟党走"系列活动,如党史知识竞赛、讴歌建党 90 周年诗朗诵、"党史上的今天"党课学习、"今天我们怎样成长"座谈讨论等主题活动,引导团员青年深刻认识中华人民共和国成立特别是改革开放以来取得的辉煌成就,唱响"永远跟党走"时代主旋律。

2012 年,党的十八大和上海市第十次党代会后,久事团委在党委和团市委部署下,组织团员青年学习贯彻十八大和市党代会精神,继续开展"学党史、知党情、跟党走"主题教育活动,加强对团员青年思想引领。并以文件形式下发《上海久事公司团委关于开展学习贯彻党的十八大精神活动的通知》,组织团员青年学习党的十八大精神,组织"宣讲在进行""组织在学习""个人在行动"三大教育实践活动,引导团员青年加深对党的认识和感情。

同时,邀请党的十八大代表马卫星开展专题讲座,从一个党代表履职经历还原大会场景,带领团员青年近距离感受十八大,高举团旗,跟党走中国特色社会主义道路。

2013 年,久事团委以党的十八大、十八届三中全会、团的十七大精神为主线,凝聚青年思想,制定党的十八大精神学习目录,制作、发放宣传视频光碟,引导各级团组织开展微宣讲、群发学习短信,扩大学习范围、丰富学习形式,开展系统性学习,坚定团员青年对道路自信、理论自信和制度自信的信念。

久事团委部署和开展党的十八届三中全会精神相关学习,推荐基层团组织对《〈中共中央关于全面深化改革若干重大问题的决定〉辅导读本》进行深阅读;针对党的十八届三中全会开展投融资专题辅导讲座,对金融方面深化改革进行系统理解和延伸引导。此外,还选购 50 册《共青团十七大报告辅导读本》作为学习资料,发给各级团组织,并联合 12 家国资系统单位举行"青春汇聚彩虹星,同心共筑中国梦"——团的十七大精神主题报告会,邀请团十七大委员、团市委副书记徐彬宣讲新形势下共青团工作面临的挑战和机遇。

2014 年,久事团委以"改革路上、我们成长""奋斗的青春最美丽"两大主题,举办多层面表彰会、座谈会和青年论坛，分享青年奋斗历程，展现青年成就风采。久事党委书记龚德庆在青年座谈会上围绕企业挑战和机遇与青年开展交流对话，鼓励青年正确把握个人、企业、社会三个维度关系。

2015年，久事团委着重扩大思想引领覆盖面，组织直属企业团委书记围绕《习近平谈治国理政》开展专题学习，学原著、知大局、讲体会。针对新团干部，以“牢记使命、勇于担当，做一名德才兼备的中青年干部”为主题，开展新上岗团干部业务系列学习培训。此外，通过线上学习模式，向所属企业团员青年推送“不忘心中的共青团梦”、“一张图系列”之久事改革和十三五规划、“韩书记驾到”等网络课程，为改革发展凝聚共识。

2016年，久事集团团委利用建党95周年契机，组织团员青年开展党史知识竞赛、征文演讲、诗歌朗诵等多种活动，引导大家在活动竞赛中进行理论学习，坚定“高举团旗跟党走”理想信念。直属企业团组织书记通过党委中心组学习、书记例会专题学习、书籍阅读和文件精神交流等方式，开展十八届六中全会、中央和上海群团改革精神的学习。

2017年，久事集团团委围绕学习贯彻党的十九大精神，开展系列培训和宣讲活动，同时，举办十九大精神宣讲培训班，为团员代表宣讲十九大精神和久事“6＋1”党建工作体系，邀请团校老师为学员上团课，下发十九大文件汇编，召开学习座谈会，组织青年学习《习近平谈治国理政》《习近平关于青少年和共青团工作论述摘编》等内容。

此外，各级团组织书记带头，参加纪念反法西斯战争胜利72周年“国旗下成长”升旗仪式，对接黄浦区团委，多次参与升旗仪式筹办活动，引导青年树立“高举团旗跟党走”的信念。

二、团建工作

1995年，重阳节前夕，久事团支部组织团员探望久事老领导，并请老领导讲述久事创业历程。12月，团支部又组织团员参观久事投资外高桥保税区项目，从浦东巨变中，看到久事在浦东开发中所起的作用。

1996年，久事团支部组织团员于植树节到市民绿地公园种植象征久事青年茁壮成长的小树，还组织到绍兴参观禹陵、周恩来故居、鲁迅纪念馆、秋瑾纪念碑等历史人文景观。

1997年，计划财务部一位同事母亲患病，团支部组织团员向他捐款献爱心，增强同事情谊。

1998年，久事团支部组织两次青年员工座谈会，邀请久事领导参加。会上，团员青年踊跃发言，就久事定位、发展战略、具体工作细节等发表看法，提出不少好的建议。

1999年，为庆祝中华人民共和国成立50周年，久事团支部利用双休日，举办“了解中华、爱我中华”——宁波、溪口考察活动，邀请合并不久的外滩房屋置换公司团员一同参加，增进友谊，也使青年接受一次爱国主义教育。此外，支部还组织团员青年参观上海博物馆古埃及艺术珍品展，丰富大家历史知识。

2000年，久事团支部组织团员青年参观游览南汇“桃花节”和野生动物园。

2003年，久事团支部开展“久事青年论坛”活动，召开专题理论学习座谈会，邀请久事党委书记为全体团员青年作专题辅导报告，围绕久事改革发展大局，与团员青年畅谈，鼓励他们脚踏实地、扎扎实实作贡献。

2006年，久事团委组建后的第一年，久事团委对各基层团组织，尤其是公交企业团委进行调研，加深了解，摸清情况，在总结以往工作经验基础上，抓好基层《团组织工作手册》的使用和修订，突出过程监督和规范管理。同时，团委也注重团干部、团员青年素质培养，对基层团干部开设专门培训班,通过团务知识培训、专题讲座及团干部工作心得交流会等方式,对基层团干部进行综合业务培训,提高团干部综合素质。

2008年奥运会期间,久事团委开展团员青年“岗位建功行动”。其中,交投集团所属现代建设团委开展“迎奥运,保供电、保安全、保稳定”竞赛活动。有的团支部组织“火眼金睛查隐患”活动,从团员青年岗位出发,寻找身边的安全隐患,有200余名团员填写调查问卷,许多团员用笔或者摄像机记录所见所想,提交团组织,基层团委再整理出比较有价值的信息向党政领导提出建议,得到党政领导的重视和肯定。有的团支部组织“共青团号车”,在徐家汇等重要现场待命,坚持每天巡视,确保奥运期间电车架空线路安全运行。

同时,团委响应久事“迎世博600天行动计划”,发挥团员青年生力军作用。如在人民路、大名路工程中参与“架空线网落地项目”,发挥青年员工创造力,为市容环境改善作出贡献;再如轨道交通5、6号线供电工作中,组织青年技术比武,锻炼青年员工技能,为提高服务质量作出贡献。此外,团委以“青年文明号”品牌活动创建为载体,带领团员青年投身于服务创新、管理创新实践活动,提升“青年文明号”实践效果与作用。

2010年,久事团委指导申铁公司、上赛场公司团组织换届选举,加强基层组织调研,为离团青年举行告别团组织座谈纪念活动,邀请久事老团员、团干部交流发言,发挥团组织联系青年桥梁和纽带作用。久事各级团组织和所在地团组织开展“条块联动”团建活动,并逐渐形成长效机制,构建“双赢”“多赢”团建格局。例如,与光明集团团委联合组队参加团干部运动会;利用久事大厦楼宇资源,和黄浦区团委建立“久事书吧”,吸引辖区内青年参加读书活动;参加黄浦区团委组织的羽毛球赛等,发挥凝聚青年、引领青年和服务青年作用,建设有凝聚力的共青团组织。

2011年,久事团委加大团干部教育培训力度,推进青年人文经典读书工程,提升团员人文修养,推进学习型团组织建设,帮助久事青年广泛参与实践教育活动。同时,拓展团组织基层网络,指导新联谊公司、旅游卡公司筹建团支部、团总支;配合强生资产重组,指导强生控股、强生集团团委换届改选。此外,还加强与相关区团委、建设交通系统团委、国资系统兄弟团组织沟通联系,例如与黄浦区团委联合开展“久事书吧书友会”每月主题沙龙、派代表参加中国银行团委举办的青年联谊会等,创新网格化团建管理方式。

2012年,久事团委依托久事“党建带团建”大会契机,激发基层团组织工作动力,形成“人人讲贡献,处处有团结”氛围。夯实团委班子建设,设立专职团委书记,补充团委人员,逐步形成定期会议制度、书记例会制度和基层调研制度,明确团委分工。推进团干部队伍建设,贯彻落实团市委《关于进一步加强团组织、团干部协管工作的通知》精神,加强与各单位党政领导沟通协调,关心团干部工作环境,创造更为有利的工作氛围。深入开展“走千访万·听研评荐”活动,锤炼团干部工作作风,培养一支让党放心、青年满意的基层团干部队伍。密织网格化网络,主动搭建平台,吸引久事大厦多家“两新”团组织参与网格化团建,在“五四”期间,开展主题团日活动,举办久事登高赛。通过打造重大赛事志愿者服务链、“放飞青春·超越梦想”等活动,将巴士团委、强生团委、赛事公司团总支团工作有机结合,形成内部团建网络载体。

2013年,在久事团委层面,建立团建资源平台,共享微博宣传、车辆广告、赛事体验、旅游咨询、场站阵地等多方面资源。在支部层面,力推“一团一品”建设,鼓励基层团支部突出重点、形成特色,打造属于自己的品牌。

2014年,久事团委依托“党建带团建”工作载体,借助工、团合作,对接劳模工作室和首席技术工作室,让劳模走进团员青年,与团员青年实现共建。同时,举办为期6天的“上海久事公司共青团专题工作培训班”，组织各级团干部 51 人，围绕政治理论、团建实务、能力素质进行系统学习。此外，还开展“谁是久事通”企业文化主题活动，邀请久事领导、中层干部以授课形式对团干部进行轮训，宣讲久事文化核心价值，再通过竞赛形式强化团员青年对企业文化的认同感。

2015 年，久事团委书记下基层走访 10 个一线团支部，把高温慰问、送荣誉上门、远郊走访相结合，了解基层团支部实情，聆听一线青年意见和建议。

2016 年，久事集团团委继续开展“一团十品牌、个个是精品”主题活动，用品牌项目带动团支部建设，推动团支部品牌建设制度化、项目化和规模化，形成可横向比较的基层团组织创建网络。

2017 年，久事集团团委首次实现集团团建活动直属企业全覆盖，指导久事体育集团召开首届团代会，完成体育集团团组织组建工作；推动久投公司建立团支部；接收交通卡公司团总支。新联谊公司虽未建立团组织，但团工作已正常覆盖，并积极参与久事团委志愿者等活动。

三、岗位成才

1995 年，为加大对在岗员工培训力度，久事先后开办计算初级应用讲座和英语初级、中级听力讲座。团支部请团员青年担任讲座任课辅导老师，帮助他们在教学辅导中磨炼自己。

1997 年，为增强团员青年科技意识，久事团支部组织团员青年参观恒丰路上的青年文化活动中心，游览天文馆、地震馆等科技场馆，丰富团员青年科技知识。

1998 年，久事团支部组织团员青年参观地铁公司车辆厂，通过参观学习，了解地铁运转、维修情况，认识到科技进步是经济发展决定性因素。此外，针对经济活动中法律知识日趋重要情况，久事团支部还与黄浦区人民法院联系，组织团员旁听一场反不正当竞争诉讼案，强化青年法制意识。

2000 年，上海制定“十五规划”第一年，久事团支部组织团员青年参加综合经济系统直属团委组织的“十五规划”报告会，请市规划局领导介绍未来上海城市建设规划，特别是轨道交通建设规划，帮助大家了解久事未来工作方向。

2006 年，久事团委组建后第一年，久事团委即要求各单位团组织对本单位团员青年进行教育培训，并将此项工作发展为长效工作机制。各单位团组织以岗位要求、企业需求为切入点，通过参观活动、理论学习、辅导报告和座谈交流等形式，对团员青年进行培训，使他们技能和自身素质得到提高。此外，团委还组织“技能大练兵”主题系列活动，各单位团组织纷纷开展“双语培训”“共青团员示范岗”“党团结对共建”“服务技巧探讨”等，进一步提高团员青年整体素质。

2008 年，久事团委开展创新创效主题实践活动，为青年搭建成长、成才平台，推进技能大练兵工作。各直属企业团组织纷纷开展“双语培训”“共青团员示范岗”“党团结对共建”“服务技巧探讨”等活动，提高团员青年整体素质。

此外，久事团委开展青年员工技能登高活动，输送数十名青年参加各等级技能培训，为青年提高技能等级搭建舞台。如交投集团“星光闪烁”成长计划，引领青年与企业共同成长，推出“学习星”“智慧星”“成长星”评比；借助团委网络论坛，加载各专业技术知识自我学习和自我测试板块，满足团员青年互联网培训需求。在团组织鼓励下，2008 年，有 27 名青年取得大学毕业证书，37 名青年提升自己本职岗位职业技能等级，7 名青年干部被提拔任用，一大批优秀技术青年骨干走上重要岗位。

2010 年，久事团委开展“青年文明号（共青团号）”“青年岗位能手”“青年突击队”“青年立功竞赛”等评比活动，制定久事系统“青年文明号（共青团号）”评选制度和评选机制，并组织青年技师技能比武。久事所属公交企业组织团员青年参加“迎世博双语培训”,还开展“共青团示范岗评选”“青年技能登高”“职业生涯导航”等系列活动,立足岗位,培养“四个能手”(服务能手、业务能手、管理能手、操作能手),搭建青年成长平台。

2011年,久事团委开展以“创建五四红旗团组织、争当优秀共青团员”为主要内容的创先争优活动,表彰一批优秀基层团组织、团员青年和团干部,继续打造有久事特点的青年活动品牌。同时,按团市委“走千访万、听研评荐”活动统一部署,久事各级团干部深入各企业团组织调研,询问基层团员青年对团委工作意见和建议,促进团干部作风转变,解决青年实际问题,配合久事工会和人力资源部,为久事长远发展发掘后备力量。

2012年,久事团委开展“青春无悔久事路,铸就精品创辉煌”主题活动,实现“五个九十”:动员90个党团支部结对发展,设立90个青年示范岗,组建90支志愿服务队,寻访90位久事系统不同时期老团干部,走访90个基层团支部,丰富团支部活动载体,调动基层团干部工作积极性。同时,响应团市委“上海职业青年建功行动”号召,动员青年开展“岗位创佳绩、青春炫风采”活动,组织33个青年文明号、14个技能登高队、21支青年突击队,共计1 801名久事青年投身活动。久事团委还以公交品牌为切入点,围绕智慧公交,组织团员青年了解新能源车型,感受前沿科技魅力,体验未来公交发展方向。

2013年,久事团委开展“青春铸辉煌·建功十二五”活动,在112个青年示范岗中择优选取10名优秀青年与所在单位技术骨干结对,安排理论学习、培训计划和经验交流等内容,进行重点培养。同时,积极争取“振兴杯”全国青年职业技能大赛参赛资格和高技术青年人才培训班名额,为更多青年员工提供培训机会与展示舞台。

2014年,久事团委开展“关注团干部成长成才计划”,跟踪政工岗位、业务岗位、基层一线岗位团干部成长经历,重点针对直属企业团干部学历教育、工作经历、职称技能、企业培训等方面开展梳理,对标青年干部培养标准,督促团干部加强自身学习要求和学习强度,通过一定经济补贴和教学资源共享,提升团干部综合能力。

2015年,配合出租车深化改革,久事团委推动强生出租团委聚焦“安全行车、优质服务、完成指定班次”等内容,定期考评、正向激励,通过劳动竞赛、技能培训、技术比武等方式增加一线青年驾驶员收入,引导团员青年提升服务品质,增加营运收入。

2016年,久事集团团委依托工会技能培训、劳动竞赛、技术比武,推荐青年参与,助力青年提高技术水平。其中,巴士集团成绩突出,有20名团员青年在比武竞赛活动中获得优胜个人,7名团员青年入围前三名。

2017年,久事集团团委以“号、手、队、岗”传统项目创建,带动青年在具体工作岗位成长,通过争创荣誉,增强青年干事创业积极性。经努力,巴士925路青年班组获“全国青年文明号”(全市仅有27家),1支青年突击队获“市重点工程立功竞赛优秀团队”称号,20个团队获得“上海市青年文明号”称号。同时,还有2名青年、1个集体获“上海五四奖章”荣誉,2名青年获得“上海市青年岗位能手”称号。

此外,久事集团团委还通过加强青年培训,提高青年自身素质,遴选3名团员、团干部参加市国资团工委“青春国企成长好伙伴计划”,对接国资系统优秀导师,加强学习、互动;选送一线青年参加国资委两期岗位青年培训班,与青年劳模面对面学习取经。

2017年,久事集团团委还开展青年员工“微课题、微创新”活动,共完成42个课题研究,发挥团组织平台作用。

第七篇

企业文化

概　述

久事30年发展变化，为企业文化发展提供了广阔舞台。久事企业文化发展经历了三个阶段。

第一阶段，1987—1999年，是久事企业文化起步阶段。伴随着"九四专项"的实施，由于对外联系协调事务性工作较多，员工行为举止不是一件小事。1992年，久事提出"公司礼仪规范"，从人际交往、言谈举止、着装修饰、会风会纪等方面，对员工提出具体要求。1992年9月，久事向社会广泛征集"司标"活动，两个月来，征集稿件近4 000份。形成全社会积极关心久事形象的良好氛围。

从1992年以来，久事善于总结投融资日常工作中的经营理念。提出"想政府所想，做政府想做""还旧债、树信誉、举新债、再贡献"经营方针，实践证明，这是久事积极完成"九四专项"任务的切入点和成功点。久事在经营活动中还经常"回头看"，开展"盘实、盘活、盘整"活动，踏石留印，谨慎前行。在争创上海市文明单位过程中，提出争创"四个一流"工作目标，连续四届获上海市文明单位称号。

第二阶段，2000—2012年，是久事企业文化发展阶段。进入21世纪，久事企业文化建设更上一层楼。1999年外滩楼宇划归久事，2005年5家公共交通(出租)企业加盟久事，体育赛事进入21世纪后如火如荼展开，久事与时俱进提出打造三大品牌文化战略，即打造公交出租为主的运营服务品牌文化、外滩经典楼宇为主的房地产品牌文化、F1和大师赛等为主的赛事品牌文化。在日常工作中，久事员工参与的公益募捐蔚然成风，文化体育活动丰富多彩，尤其在迎世博600天和办世博184天过程中，久事靠前指挥，全方位打造三大品牌文化，组建志愿者队伍，为上海大都市增光添彩。

2012年，在久事第一届党代会上，久事对发展方针和企业精神进行重新归纳。提出要大力弘扬"追求卓越、崇尚一流的进取精神，诚信至上、忠诚履职的负责精神，整体凝聚、通力合作的协作精神，敢于担当、勇挑重担的奉献精神"；再次明确"一三二二"发展战略，在体现社会效益的同时，实现经济效益的最大化。提出新的经营方针"抓重点、抓营收、降成本、拓市场"，力争在市场竞争中闯出一片新天地。

第三阶段，2015—2017年，是久事企业文化完善阶段。2015年以来，久事体制发生重大变化，由传统的全民所有制企业整体改制为国有独资公司。久事集团承担的责任更大，与上海联系更紧密。久事集团再次明确品牌战略，确定"上海久事"品牌形象，形成品牌定位、品牌架构、品牌管理的品牌战略体系，确定"恒久事业、行稳致远""久久为公、实施为民"的品牌核心价值观，在调研和听取员工意见基础上，重新确定久事集团的发展定位、愿景与战略："以服务上海经济社会发展为使命，以满足城市公共服务需求为目标。坚持社会效益为先，发挥市场机制作用。积极实施四位一体和两翼支撑的发展战略，即以城市交通、体育产业、地产置业和资本经营为主体，以法制化和信息化为支撑。不断提高公共服务能力和水平，把久事集团打造成优质的公共服务型企业。"

久事集团在今后改革发展中，将更加注重员工素质全面发展和提高，勇于承担更繁重的任务，为创造久事更美好的明天而继续奋斗。

第一章　发展理念

久事在经营管理和改革发展过程中，注重经营理念的创新和企业文化的积淀，逐步形成以人为本、实事求是、和谐创新的企业文化理念体系，体现出久事品牌核心价值观。

第一节　久事公司发展理念

上海久事公司于1987年成立之初即确立“建一流队伍、上一流管理、创一流效益、树一流信誉”的“四个一流”奋斗目标，致力于改善上海城市基础设施，振兴上海经济。1992年12月6日，在久事成立5周年之际，中共中央总书记江泽民为久事题词“积极筹措国内外资金，为振兴上海经济作出更大贡献”，点明久事自成立以来的发展主旨。

1993年8月21—22日，久事举办贯彻中共中央6号文件精神学习班。通过学习讨论，久事在统一思想的基础上，确立“以效益为中心，稳健为原则，加强基础管理为重点”的经营管理指导思想，并就久事的职能、地位、作用和今后工作重点等达成共识。1995年，久事提出，国家“八五”计划为久事创业和发展提供机遇，坚持“以市场为导向，以效益为中心，以稳健为前提，以管理为基础”的经营方针，以“深化改革、开拓发展、加强管理、提高效益”为工作指导思想，坚持“‘两个文明’建设一起抓，‘两个文明’成果一起要”，各项工作取得新进展。

1997年，久事继续坚持原有经营方针，不断提高经营质量。12月5—6日，久事党委举行第二期中心组(扩大)学习班，围绕《上海久事公司发展战略纲要》，回顾10年所走过的道路，研讨久事新10年尤其是20世纪最后3年发展定位和投资原则，提出用“有所为，有所不为”的工作思路，盘活存量资产、调整投资结构：“有所为”，就是更好地发挥政府投资主体和市场竞争主体作用，努力实现投资效益最大化，对一些投资收益比较理想、具有产业导向作用的项目给予重点关注，增加投入，以保证其可持续发展；“有所不为”，就是对一些不符合久事发展重点或不适应市场竞争、产业前景黯淡的项目，创造条件逐步退出，使资产质量不断提高。12月31日，久事发展战略课题研究基本完成，《上海久事公司发展战略课题研究报告集》编印成册，该报告集由1份总报告和6份专题报告组成，总计5万余字。久事提出，贯彻“稳中有进、重在有质、重在求实”的方针，强化竞争、风险、忧患意识，继续扩大筹融资渠道，继续拓展投资空间。同时，以党的十五大精神为指导方针，以“四个一流”，即“建一流队伍、上一流管理、创一流效益、树一流信誉”，作为企业文化建设的主要内容，不断提高企业文化建设的层次，塑造符合时代特点的企业文化。

1998年，久事经营业绩稳定增长，久事面向市场，捕捉机遇，坚持“盘整、盘实、盘活”资产的“三盘”经营方针。在年度工作会议中，提出要追求创新和发展：讲创新，就是要始终保持一种开拓精神；讲发展，就是要在驾驭风险的基础上，做到“年年有进步”。

2000年，根据市政府关于轨道交通建设体制的投资、建设、运营、监管“四分开”改革构想，久事对轨道交通投资管理模式进行相应的调整。以实物资产和现金出资，全力筹备组建以投资轨道交通为主要职能的上海申通集团有限公司(占股60%)和参与组建以运营为主的上海地铁运营有限公司(占股40%)。“四分开”体制的建立，标志着上海轨道交通事业开始形成新格局，迈入一个新的发展阶段。

2002年,党的十六大胜利召开后,国资和国企改革向纵深推进。2003年5月20日,久事的党组织关系划转至中共上海市国资办委员会,久事召开党支部书记会议和党员专题民主生活会,统一思想,提高认识,保障归口关系划转后各项工作平稳有序推进,大力推进久事体制机制的深层次变革。是年,久事继续深化投融资体制改革,进一步拓展筹融资渠道,保证轨道交通等重大项目资金投入,确保工程建设有序推进。资产经营工作坚持"有进有退"和"阶段性持股"的指导思想,加大资产经营和资本运作力度,优化资产结构,盘活存量,以"安全性、流动性、收益性"为指针开展间歇资金运作,实现流动资产的有效增值。房产经营主要围绕"招商、改建和置换"开展业务。久事的物业管理业务以"抓管理、保安全、促服务、树品牌"为工作目标,建立和完善物业安全管理体系。

2004年,久事对正在探索实践的集团化管理做法进行全面总结,提炼出资金、审计、法律三个中心及全面预算管理的"3+1"管理模式,该模式获上海市企业管理现代化创新成果奖二等奖。

2005年,久事提出努力实现"一三二二"发展战略的目标任务,即"确保一个重点,打造三个品牌,实现两个优化,体现两个效益",具体体现为重点确保政府规划项目的投融资任务完成;精心打造公交行业龙头品牌、外滩世纪经典楼宇保护开发利用品牌和赛事文化品牌;努力实现资产结构、管理模式优化;在体现社会效益的同时,体现经济效益最大化,使久事发展成为国内一流和上海颇具综合竞争实力的国有投资经营控股公司之一。

2010年,久事继续把握"一三二二"发展战略,深化改革,强化经营,推动三大经营品牌建设。其中,在公交改革和运营管理方面建立新机制,重点以突出公交行业的公益性和企业运作的市场化为指导,逐步建立起"三个体系"(信息化、标准化和诚信体系)、"三个中心"(运营调度监控、车辆物资采购和资金结算管理中心),开展"三项竞争"(服务质量、成本控制、生产效率竞争),着力打造企业的高效运营机制。赛事经营不断开拓市场,"经营有所突破,管理有所提高,成本有所下降"的目标逐步实现,赛事文化品牌逐步形成。

2012年,围绕"一三二二"发展战略,久事全面落实"抓重点、抓营收、降成本、拓市场"的"十二字"经营方针,充分发挥久事投融资功能,加快推进枢纽型、功能性、网络化基础设施体系建设;以品牌建设带动产业升级延伸,深化企业经营管理,取得预期的经济效益和社会效益;奋力推动改革不动摇,房产板块、公交机务等重点领域改革取得新突破;全力推进企业党的建设、企业文化建设、企业软实力建设。这一年,久事根据自身特点,创建久事的企业文化,提出四种精神:追求卓越、崇尚一流的进取精神,诚信至上、忠诚履职的负责精神,整体凝聚、通力合作的协作精神,敢于担当、勇挑重担的奉献精神。将这四种精神作为久事企业文化的核心价值理念写进党代会报告,上升为全公司的价值共识和行动准则,强调各级领导、部门和每一岗位都要在工作中贯彻体现"四种精神",并融入经营管理的全过程。

2013年,提出2014年工作的四项原则,即"把握稳中求进、推进改革发展、实施分类管理、体现活动成果",以改革统揽全局,用改革创新的办法持续推动久事"一三二二"的发展战略。

2014年,提出要积极实施"四位一体"和"两翼支撑"的发展战略,即以城市交通、体育产业、地产置业和资本经营为主体,以投融资和信息化为支撑。2015年3月,久事拟订改革方案,围绕上海改革发展大局,立足当前,面向未来,确立久事的发展定位、经营宗旨、愿景与战略:以服务上海经济社会发展为使命,以满足城市公共服务需求为目标。坚持社会效益优先,发挥市场机制作用。不断提高公共服务能力和水平,把公司打造成为优质的公共服务型企业。

2017年,上海久事集团开展品牌战略研究项目,聘请德勤咨询共同开展集团品牌战略研究。

最终，久事集团将“上海久事，基业长青”作为自己的品牌建设目标，将“恒久事业，行稳致远”作为自己的品牌核心价值观。在久事集团未来的发展过程中，将“行稳”“致远”作为品牌定位的关键所在。主要体现在如下四个方面：(1) 服务公众——作为城市公共服务行业的中坚力量，致力于为全社会提供满足城市生活所必需的、普遍的、稳定的服务；(2) 坚守本心——坚守社会责任、平衡经济效益，在以企业形态和市场化手段经营公共资源时，既要充分发挥资源效率，也要防止过度商业化；(3) 稳中求进——坚持供给侧改革，以创新驱动发展，从保障社会普遍需求到提供个性需求，从满足客户既有需求到发现潜在需求，为大多数人提供符合时代水平的产品和服务；(4) 开放发展——始终站在产业的中坚，以合作共创、共建、共享、共赢的理念，建设良好的产业生态，推动产业的整体进步。

第二节　直属企业(部分)发展理念

一、上海巴士公交(集团)有限公司

企业核心文化：尊重人的价值，勇于承担责任。

2005 年 1 月，作为以市民为服务对象的公交企业，巴士集团确立“尊重人的价值，勇于承担责任”的企业核心文化和“善待职工，就是善待乘客”“绿色巴士，服务到家”的服务理念。大力弘扬“追求卓越、崇尚一流的进取精神，诚信至上、忠诚履职的负责精神，整体凝聚、通力合作的协作精神，敢于担当、勇挑重担的奉献精神”，并将“四种精神”进场站、进站点、进工间，使其融入每个职工的工作岗位和行为规范。

二、上海强生控股股份有限公司

企业宗旨：服务创造价值。

强生精神：敢为人先的进取精神、知难而上的拼搏精神、坚韧不拔的敬业精神、勇攀高峰的创业精神、乘客至上的奉献精神。

企业战略发展目标：行业领先、国内一流、国际认同。

2011 年 12 月，强生控股结合“新强生”企业文化建设实际，起草并发布《上海强生控股股份有限公司企业文化建设发展纲要》，着力加强对重组企业不同理念的研究、培植，逐步构建企业共同的价值体系，使之包括企业宗旨、企业精神、企业战略发展目标等方面的内容，大力推进强生企业文化建设。

强生控股以“服务创造价值”作为企业宗旨。作为久事所属企业内唯一的上市公司，也是久事做大做强经营性业务发展平台之一，强生控股既是试验田、示范地，也是管理改革与创新的先锋。强生的一切来自社会，不仅要讲经济效益，更要讲社会效益。强生对社会的回报，应以“一流的业绩”为衡量标准，这个最好的回报不仅是产品、利润等物质的东西，也是服务、责任等精神的东西。

强生早在 20 世纪 90 年代中期就总结出“强生人的五种精神”。在二十多年的发展中，强生精神不断被赋予新内涵，可以概括为艰苦奋斗、自强不息的创业精神，崇尚科学、脚踏实地的求实精神，团结拼搏、勇于开拓的进取精神，服务创造价值的奉献精神。所蕴含的价值观念包括艰苦奋斗

的创业观、崇尚科学的发展观、求真务实的实践观、团结一致的团队观、锐意进取的竞争观、争创一流的事业观。

强生中长期企业战略发展目标是“行业领先、国内一流、国际认同”。以企业所处的地位和拥有的实力为依据,把上海强生建设成为久事精品企业和具有行业、社会、全国重要影响力的企业。

三、上海申铁投资有限公司

企业文化理念:致力铁路、科学发展、注重效益、务实创新。

2007年,为营造申铁公司文化氛围,对办公环境作以铁路投资为主题的布置,形成“十六字”企业文化理念,申铁公司按照上海铁路建设出资者代表和上海市域铁路实施主体的战略定位,以实现政府性项目规划和企业可持续发展为目标,弘扬改革创新精神,在努力完成政府交办国铁任务的同时,认真贯彻久事“以服务上海经济社会发展为使命,以满足城市公共服务需求为目标”的战略定位。根据上海新一轮轨道交通“一张网、多模式、广覆盖、高集约”的总体规划,精心谋划市域铁路网络发展蓝图,勇担市域铁路建设重任,全力推进国铁项目建设和市域铁路建设相关工作,努力开创申铁公司改革发展新局面。

四、上海公共交通卡股份有限公司

经营理念:政府引导、市场运作、社会服务、效益优先。

经营方针:为市民服务,为运营企业服务,为社会服务。

交通卡公司坚持以服务城市公共交通为主体,以电子支付信息技术为手段,以促进城市公交优先发展战略和智慧城市建设为目标,努力成为优质高效的上海交通支付结算和信息服务运营商。

五、上海久事体育产业发展(集团)有限公司

品牌定位:立足上海、引领全国、放眼全球,努力建设综合型优质体育产业生态平台。

功能定位:具有产业规划、赛事研发、品牌管理、公共服务、资本运营和信息服务等功能。依托政府支持,整合久事体育产业现有资源,联合社会资本和专业力量,努力承担起上海重大体育赛事的运营主体、体育资源优化配置的执行主体和产业融合发展的承载主体的责任。

目标使命:瞄准建设全球著名体育城市的目标,立足“政府引导、市场化运作”,统筹兼顾社会公益和产业化发展责任,坚持“传承创新、转型跨越”,围绕从单一赛事、单一项目运营向产业链布局转变,打造比较完整的基础性骨干产业链,培育发展体育产业功能平台和专业化市场主体,不断丰富体育产品及体育服务的有效供给,努力成为具有明显创新活力和竞争力、能带动引领体育产业整体发展的重要主体。

品牌核心价值:人文、人和、人创。

“人文”指向品质生活的营造者,“人和”指向活力城市的构建者,“人创”指向产业发展的引领者。

品牌基因:兼容并蓄、创新示范、运动惠民、激情进取、追求卓越。

六、上海久事置业有限公司

企业精神：打造精品楼宇，服务城市更新。

2017年年初，上海久事置业有限公司确定“打造精品楼宇，服务城市更新”为企业精神，确定未来发展方向。

七、上海久事投资管理有限公司

企业精神：守正而立，创新而达。

久事投资作为久事集团旗下专业从事投资和资本经营的全资子公司，承载久事投融资的历史，传承着久事投融资的基因。久事投资以“资本经营服务久事产业发展”为使命，以“打造成为久事产业链整合的推动者、行业前瞻革新的探索者”为愿景，守正创新，奋力谱写久事资本经营新篇章，服务久事产业新发展。

企业使命：对接上海转型升级的发展方向和久事集团发展需求，通过发挥国有资本投融资的示范性、导向性和放大性，参与促进集团资本结构完善和质量效益提高，为推动久事集团成为优质的公共服务型企业作出积极贡献。

企业愿景：通过资本经营，为集团成为优质公共服务类企业发挥应有作用；作为集团“四位一体”之一，带动资本经营板块做强、做实、做活，把资本经营业务发展成为集团核心品牌之一；形成久投公司自己品牌优势和业务优势，确立在行业中的地位。

第三节　企业司标

一、久事公司司标

1992年9月6日，久事向社会公开招聘人才并征集司标，招聘及征集启事分别刊登于《文汇报》《新民晚报》，收到近4 000份稿件。经专家组评审，久事领导鲍友德、张桂娟、陈士鹤等审定，无锡市轻工学院冉海泉作品中标，获奖金3 000元。1992年11月21日，《文汇报》刊登评选揭晓结果。

1996年7月14日，上海市政协副主席、上海社会科学院部门经济研究所所长厉无畏教授率领的专家评审小组到久事，召开企业形象设计鉴定会。专家组对《上海久事公司形象设计》和《久事公司员工行为规范》进行评估，认为“司标设计在视觉感觉上基本体现了作为上海最大投资公司所需具有的‘坚实’和‘稳定’。颜色设定也具有现代感，整个基础设计比较规范，具有可操作性，达到国内企业形象设计较好的水平”。专家组还对形象设计中需进一步完善的方面提出意见和建议。

表7-1-1　1996年上海久事公司企业形象设计鉴定会专家组情况表

厉无畏	上海市政协副主席 上海社会科学院部门经济研究所所长
邵敏华	上海社会科学院副院长

〔续表〕

刘晓刚	中国纺织大学服装学院副院长
黄建平	上海大学美术学院美术设计会副主任 上海 CI 设计研究会常务副会长
吕　弘	上海复氏达市场咨询服务有限公司美术总监
王贻志	上海社会科学院部门经济研究所副所长

久事企业标志是将“久事”的“久”字设计成稳定的大三角形，象征久事的事业基点在于其稳固、包容、伸展。三角形坚固且体现阳刚之意，“久事”的“久”字有悠久、绵长之意，阴阳相合、刚柔并济，象征久事雄厚的实力、坚实的地位不断发展，恒久悠远。

整个“久”字大三角形细分成三部分。右下角的小三角形象征久事初始的稳固创业，中间最大块象征久事旺盛的发展，顶部的板块尖部向上，象征久事昂扬向上、自强不息，预示着久事永恒的辉煌。

其次，颜色采用红、白两色，这可以从中国传统山水画中找到渊源。其中，红色屹立者为山，白色流淌者为水。所谓“仁者乐山，智者乐水”，在新标志中则山水兼具。山代表久事的外在条件，水则代表久事的文化内涵，两者相辅相成、协调发展。这一切均与久事“自然和谐”的企业追求不谋而合。同时，红、白两色组合又蕴含山水画中落款印章的神髓，使整个标志看来如同“久”字的印章一般，给人一种诚信、守诺的感觉。

图 7－1－1　1996 年上海久事公司企业标识

图 7－1－2　2016 年上海久事(集团)有限公司企业标识

2015 年，上海久事公司改制成为上海久事(集团)有限公司，公司名称的变更，会对企业对外宣传等各项工作带来一系列新的变化，为树立良好企业形象，久事集团对公司视觉识别(VI)系统重新进行设计。

这项工作于 2015 年年中启动，历经一年半，取得积极成果。本着传承与发展相统一的原则，著名书法家周慧珺时隔 20 年再次为久事集团题写司名，久事集团的司标保留代表激情和活力的红色，在外形上则更加丰满、圆润，体现公共服务型企业和谐、包容、守正、笃实的精神特质。

标志整体外形调整为圆角的三角形，它指代中国传统文化中的三足鼎，是稳定、稳重的象征，也寓意久事集团“踏实稳健”的企业风格。而整个三角形又由“久”字的笔画变形组合而成，其各笔画形态多样、细节丰富，意味着久事集团在城市交通、体育产业、地产置业和资本经营等多领域、多业态的发展，也与久事集团公共服务型企业和谐包容的性质相契合。

在细节上采用许多圆角与弧形的设计，替换原标志中给人“尖锐”与“直接”印象的尖角与直线，使新标志展现出一种更为和谐交融的精神气度。新标志白色的中心圆源于中国古代哲学中太极的图形，并取其“大道自然、万物包容”的含义，寓意久事集团开放包容的企业精神。中心圆与白色线条的构图，也呈现出一种山水交融、水到渠成的自然意境。

新标志并不是对原标志的颠覆，而是在原型的基础上进行优化和改良。从原标志渐变而来的新标志既蕴含传承，也喻示发展，展现的是一种在继承基础上的求新、求变、求发展。新标志保留原有标志红白颜色及三角外形，只是在红白色笔画排列及尖角圆角、直线弧线等细节上进行调整，也使得受众（特别是了解、熟悉久事集团的受众）在面对新标志时不会产生完全不同的陌生感。新标志不论从图形、颜色，还是细节上，均被赋予了新的含义。

二、直属企业司标

【上海巴士公交（集团）有限公司】

巴士集团公司从1996年起邀请专业公司引进CI（企业形象识别系统）设计，对巴士企业形象进行设计、包装、策划。1998年2月，在专业设计公司的共同配合下，巴士商标形成并得到职工代表大会的确认，巴士集团的商标同时也是其企业司标。

该标识设计风格简洁明了，寓意深刻。采用绿色作为主色，象征着生命和希望，表达巴士集团的勃勃生机和美好未来，同时具有较强烈的环保意识，契合“绿色巴士，服务到家”的商标理念。“B”“S”则是“巴士”汉语拼音的缩写，图案本身也有其特定的含义，可以看成上海的浦东和浦西，中间是一条上海的母亲河——黄浦江，寓意巴士集团已经形成覆盖全市的公共交通网络，标志着上海公交行业龙头企业的诞生。

图7-1-3
上海巴士公交（集团）有限公司企业标识

1998年2月14日，巴士公司商标正式注册，为此专门建立商标管理办法和实施细则；2000年1月，随着巴士公司更名为巴士集团公司，商标注册人相应变更为上海巴士实业（集团）股份有限公司；2008年3月，经国家商标局核准，该商标续展注册；2009年3月28日，久事出资3亿元设立国有独资上海巴士公交有限公司，并收购原巴士股份所属浦西地区5家公交企业和原大众集团、强生集团、交通投资集团所属8家公交企业，统一经营浦西地区及金山、崇明、奉贤区域公交，巴士商标同时无偿受让；2009年12月，又经国家商标局核准，商标由原上海巴士实业（集团）股份有限公司无偿转让给上海巴士公交有限公司；2010年上海巴士公交有限公司更名为上海巴士公交（集团）有限公司。

为提高商标知名度，加快发展商标无形资产，巴士集团除在所有对外交往场合对商标进行推广外，还通过举办2002年和2005—2008年网球大师杯赛、承接2001年上海APEC会议用车以及上海市重大活动重要比赛用车、购置3 000多辆豪华VOLVO城市客车、改善市民乘车环境等形式，向全社会展示巴士品牌形象。

【上海强生控股股份有限公司】

强生集团标志设计以集团汉语拼音“上海强生”的开头四个字母S、H、Q、S为设计元素，logo主体为橘黄色。2009年，“强生”与“巴士”重组后，沿用“强生”品牌，因此logo的设计也在原来的基

图 7-1-4
上海强生控股股份有限公司企业标识

础上延伸,既有新意,又让人一看就知道是"强生"品牌,这样可节省大笔的推广费用,使原来投入的品牌推广效果得以保留和新生。

新 logo 保留原标识的排列结构和主体造型,主标识由企业名称"强生"拼音的第一个字母"Q"和"S"组成。由于重组后的强生公司出租汽车车身为绿色,因此将 logo 的主色调定为绿色,象征春天和希望,给人以欣欣向荣、蓬勃向上的感受。同时绿色也可以体现强生环保、低碳的理念。

【上海交通投资(集团)有限公司】

上海交通投资(集团)有限公司的司标于 2001 年 5 月由上海东方名流传播有限公司设计完成。

该司标源自公司名称的缩写,字母"J"与"T"分别代表"交通"和"投资",两者相辅相成,如纽带般紧密相连。"J"与"T"的交叉延伸,象征上海城市交通纵横交错、无处不达,喻示公司的发展潜力及光明前途。整体呈椭圆形构图,丰润完美中富于动感,充分展现时代精神,契合都市脉搏与企业形象。

司标的颜色以绿色和蓝色为主。绿色意味着如初生植物般生机勃勃、健康向上的生命力,象征充沛的精力与过人的活力;蓝色则沉淀上海城市交通的悠久历史,沉稳踏实,是公司发展壮大的深厚根基。

图 7-1-5 上海交通投资(集团)有限公司企业标识

图 7-1-6 上海公共交通卡股份有限公司企业标识

【上海公共交通卡股份有限公司】

上海公共交通卡 CI 标识由香港著名设计师韩秉华设计,由一系列绿色圆圈和一道白色闪电组合而成。圆圈代表公交、地铁、轻轨、轮渡、出租等各类绿色出行方式,贯穿其中的闪电象征各类应用场景的路路畅达和便捷迅速的支付体验,整个标识的观感呼应着它的设计理念"潇洒一挥,轻松支付"。

【上海久事体育产业发展(集团)有限公司】

体育集团的司标图形设计与上海久事集团的司标保持一致,并且在久事集团的品牌战略中,也将该三角形标识视为体育集团的司标。

两个体育集团下属企业"上海久事体育赛事运营管理有限公司"和"上海久事体育装备有限公司"的企业标识介绍如下:

上海久事体育赛事运营管理有限公司"大狮"商标 为更好地推广上海国际网球大师赛,赛事公司根据“大师赛”的谐音联想出一只健康向上、充满朝气的雄狮形象，以雄狮作为主体模板，创作设计出卡通人物形象——“大狮”。

“大狮”形象的特征、寓意紧紧围绕着大师赛的主题。“大狮”的上身衣服是男性网球运动员的标准参赛服装——运动 Polo 衫，上肢手掌设计成狮爪的肉垫形态，这样既能展现动物可爱的一面，也可以做出握拍等憨厚灵巧的动作。下身着运动短裤，裤子为蓝色，与上海网球大师赛 logo 上的蓝色保持一致。裤子背面长有一条狮尾，可以随狮身摆动。“大狮”脚穿运动鞋，鞋底部带有两个网球的图形。从静态来看，“大狮”以长翘的褐色鬃毛、土黄色的皮肤为主要特色，头部的构造和毛发、皮肤颜色遵循自然界中公狮的特征，一对弯弯的月牙眉下有一双炯炯有神且不乏俏皮的大眼，再配上上翘的鼻头与微张的红唇，体现出“大狮”健康幽默、诙谐有趣、灵动可爱的神态。从动态来看，“大狮”的动作参考顶级运动员打网球的优美姿态，让“大狮”拟人化，更好地参与到与观众的互动交流中。

图 7－1－7
上海久事体育赛事运营管理有限公司“大狮”商标

从形象推广效果看，“大狮”突出赛事的特色，活跃赛事线上线下的气氛，确立“大狮”形象在上海网球大师赛中的独特魅力，促进市场对赛事的关注度，提高赛事的知名度和影响力，使体育赛事变得更有情致。

上海久事体育装备有限公司“申康”商标　上海久事体育装备有限公司的“申康”商标创建于 20 世纪 90 年代末，由上海体育实业有限公司的总经理胡仁永提出设计方案，会同广告公司设计师共同设计。

顾名思义，“申康”品牌创立于上海，宗旨是满足人民群众日益增长的身体健康需求。

图 7－1－8　上海久事体育装备有限公司“申康”商标

整个 logo 图案部分为“申康”拼音首字母“S”和“K”的变形，由两个三角形及一个平行四边形组成的 logo 外形与一个梯形相近，该 logo 运用多种较为“硬朗”的几何图形，“可靠”“品质”与品牌价值相得益彰，表现出公司的专业水准及对待产品的态度。

logo 采用蓝色作为点缀色，这个蓝色饱和度并不是特别高，这样的蓝色象征威望、保守、专业、中规中矩与务实，十分符合公司想传达给用户和客户的价值观和态度。

【上海国际赛车场有限公司】

上海国际赛车场有限公司的企业标志以“致力于赛车文化建设”的品牌理念为出发点，结合赛车运动特征和上海城市生活特点而设计。将德国赛道专业设计公司 Tilke 公司为上海国际赛车场设计的“上”字赛道形状图案化，“上”取自“上海”地名；主色用红色，代表激情和庄严。该商标突出“乘上海之势，奋发向上”的品牌理念，隐喻“与上海共飞驰”的企业精神。

图 7－1－9　上海国际赛车场有限公司企业标识

【上海久事置业有限公司】

上海久事置业有限公司于2016年聘请专业公司设计司标。司标的正方形象征着久事置业“进取、诚信、协作、奉献”四种企业精神，久事置业围绕着这四种精神不断发展、开拓；分割的方块犹如地产行业的土地规划，四块拼图彼此毫不相同，代表着针对不同土地的特点，会因地制宜，制定不同的规划方式。

整个司标在创作上遵循大气简约的设计理念，将“久”字的中文写法进行现代化的变形演绎，巧妙融合企业文化，视觉效果大气沉稳，不仅传递企业精神，同时也彰显企业与时代共进的态度，具有国际化的风格。

图7-1-10　上海久事置业有限公司企业标识

【上海久事投资管理有限公司】

2015年，上海久事投资管理有限公司聘请上海威文建筑设计咨询有限公司设计企业标志。整个标志力求简洁，表达上海久事投资管理有限公司追求“大道至简”的经营理念，其圆形结构表示和谐、圆满，预示合作共赢。

企业标识的核心由字母J、T构成，为“久”“投”拼音首字母。J、T组合起来形似圆周率π，寓意无穷尽、不重复与不断创新。企业标志的辅助字母C代表Capital(资本)，表示上海久事投资管理有限公司从事资本经营业务。C与J构成字母G，蕴含Grow(生长、成长)之意，寓意公司发展朝气蓬勃。

图7-1-11　上海久事投资管理有限公司企业标识

第四节　员工行为规范

一、久事员工行为规范

为培养久事精神，塑造礼仪形象，形成自我约束的文明标准，1992年10月1日，《上海久事公司礼仪规范》颁发执行。该规范从人际交往、言谈举止、着装修饰、会风会纪和环境卫生等五大方面对员工的形象及礼仪进行规定。要求职工在兄弟部室之间要互通信息、互相支持、互相谅解；与外单位交往要恪守“改革、开放、高效、求实”精神，提供优质服务；发扬互助友爱精神，积极参与公差、公益活动；使用礼貌用语，衣着整洁大方；做好会议安排，遵守会议纪律；保持工作环境的干净、整洁、美观与安静。

1993年10月16日，久事召开全体员工大会，颁布执行《上海久事公司员工廉洁自律的规定》。1995年12月29日，久事召开员工大会，上海师范大学商学院田军副教授在会上向全体员工作现代企业行为规范报告，全体员工观看行为规范录像《久事人的一天》，观看完毕后，久事领导向各部室发放员工行为规范手册。1996年7月14日，上海市政协副主席、上海社会科学院部门经济研究所所长厉无畏教授率领的专家评审小组到久事，召开企业形象设计鉴定会，对《久事公司员工行为规范》进行评估。

1998年7月，围绕久事1997—1998年度上海市级文明单位创建活动，久事党委办公室、工会和团支部联合开展员工素质大讨论活动。活动以各部室、子公司为单位，有员工结合党的组织生活、业务学习、工作实际进行讨论，也有员工进行专题讨论，内容主要围绕三个问题："久事人应具备怎样的思想道德素质和业务素质？久事员工存在的思想道德素质和业务素质在哪些方面存在差距？如何提高这两项素质？"各部室、子公司根据各自讨论的结果形成讨论材料，并最终形成演讲稿，于是年 9 月 28 日下午进行演讲。

2015 年，《上海久事（集团）有限公司（总部）员工手册》经员工大会通过，公示后执行。该手册指导员工日常工作行为，增强员工自律意识，明确员工的权利与义务，对员工的录用、离职、培训和发展、工作时间、假期、薪酬福利、奖惩和沟通协调等各方面给予规范。

二、直属企业员工行为规范

【上海巴士公交（集团）有限公司】

服务规范　巴士集团尊重劳动者，从 1999 年开始就持续开展"三行动"活动，即整洁行动从车辆整洁、管理人员衣冠整洁做起，礼貌行动从接听电话使用规范用语做起，激励行动从表彰每一个（每一件）对企业有贡献的人和事做起。

公交驾驶员识别服　2008 年"五一"期间，巴士集团的公交司机与售票人员统一换上新定制的夏装，为公交员工量身设计的两套春秋装，也在不久后发放到两万多名公交员工手中。

夏装为白色的确良长短衬衫和深藏青色夏裤，春秋套装为黑灰色西便服，配藏青镶边羊毛混纺背心。不同于以往公交识别服装由行业和企业说了算的做法，这次巴士集团邀请专业服装机构对公交识别服装进行设计，突出新颖、美观、舒适和实用，选择七家服装设计单位的百余件样衣，在集团公司下属的七家成员公交企业进行巡回展示评选，将"服装选择权"交给一线公交员工，让职工参与评选喜欢的制服，并根据员工们的建议进行修改。

该次统一换装旨在提升城市窗口形象，提高公交企业服务质量，进一步展示巴士品牌形象。包括驾驶员、售票员、调度员、营管员和线长在内的两万多名公交职工都穿上统一的服装，为市民出行提供优质服务。

【上海强生控股股份有限公司】

员工行为规范　2011 年 12 月，强生控股在《上海强生控股股份有限公司企业文化建设发展纲要》中提出六项员工行为规范要求，包括文明礼貌、勤奋高效、胸怀大志、开拓创新、争创一流和社会公德。其中，"文明礼貌"要求每个员工都应该通过自己的言行和举止，显示出高度的文明和文化素养。"勤奋高效"要求每个员工都应努力学习，不断提高自身素质。"胸怀大志"要求每个员工都要有近期目标和长期目标，每个干部都要有立大业、干大事的雄心壮志。"开拓创新"要求每个员工都应显示出优秀的团队精神，敢想、敢干、敢为天下先。"争创一流"要求每个员工自觉培养良好的性格特征，树立良好的个人形象，自觉接受最高标准，努力追求，不断进取，争创一流业绩。"社会公德"要求每个员工都应遵守国家法律和法规，员工的一切行为必须符合中华人民共和国法律之规定。

服务规范　2000 年 11 月，强生集团发布《强生员工手册》，对员工提出"文明礼貌、勤奋高效、胸怀大志、开拓创新、争创一流、社会公德"六大行为指导，要求员工定下近期目标和长期目标，在所在岗位上不断创新，树立良好的个人形象，争创一流业绩。除此以外还在文明用语上有具体规定，要求在不同情境下都有合适得体的应对。

为加强和规范强生出租汽车运营服务工作，体现“绿色让您更满意”的企业核心价值观和“强生出租”个性化服务的特色，强生集团依据《出租汽车运营服务规范》GB/T22485－2013、《出租汽车经营服务管理规定》交通运输部2014年第16号令和《上海市出租汽车管理条例》等文件以及公司在服务中形成的规范服务行为准则，编订《强生出租驾驶员规范服务操作手册》。手册从基本要求、出车前要求、待租运营要求、上客运营要求、车价结算要求、多功能(无障碍)出租车要求、特殊乘客要求、运营安全要求、运营驾驶员礼貌服务语言标准、运营服务六项承诺、奖励标准以及考核标准等12个方面对驾驶员的行为进行规范。小到仪表仪容、车容车貌、礼貌用语，大到服务设施、职业操守、运营安全，对驾驶员为乘客提供优质服务提出细致的要求，同时充分考虑老、弱、病、残、孕的需求，关注孩童的安全，还有为赶考的考生提供贴心的服务。

出租驾驶员识别服 2017年6月29日上午，强生出租举行“擦亮名片重塑新形象、党旗增辉喜迎十九大”党员竞赛活动启动仪式。强生控股公司副总经理程林、工会主席陆立平、出租公司常务副总经理郑永庆、党委书记秦伟君出席仪式。现场，强生出租车司机换上全新的标有强生logo的“吉祥黄”统一服饰。

【上海申铁投资有限公司】

申铁公司以“公正、包容、责任、诚信”价值取向为指导，引导员工积极参与上海市铁路项目的投资与管理。

公正 通过修订和完善《上海申铁投资有限公司规章制度汇编》等一系列规章制度，不断加强制度建设。在全公司上下形成遵纪守法、按章行事的工作作风，引导员工崇尚正义、弘扬正气、平等待人、正派行事、劝善惩恶。

包容 在全体职工内部形成相互尊重、和睦友善、保障权益的机制，使每位员工在单位都能愉悦、舒畅地工作。

责任 申铁公司坚持上海地方铁路建设投资主体定位，努力探索创新发展模式，坚持构建现代企业管理理念。申铁党总支在公司内部树立强烈的使命感，党员干部率先垂范、创先争优，充分发挥先锋模范作用。领导班子每年签约《安全生产责任书》，职工每年签约《安全生产承诺书》，遇到困难有担当、有作为。

诚信 诚信是维护申铁公司运营秩序和职工关系的基本纽带，应将其当成全体员工首要遵循的基本价值准则。

【上海久事投资管理有限公司】

2015年12月3日，上海久事投资管理有限公司职工大会审议通过《上海久事投资管理有限公司员工手册》，对员工提出“诚实可信、热忱敬业、主动担当、团队协作”四方面总体要求。要求员工忠于久投事业、忠于职守，廉洁从业，维护久投利益；对自己的目标和工作有主人翁意识和承担责任、克服困难、不畏挑战的决心；员工之间积极分享、以达共赢；倡导跨部门无边界协作，实现有效沟通、快速行动。

诚实可信 尊重久投赋予职权，捍卫个人道德底线，严禁利用职务之便做出任何有损公司的行为，严禁利用职务之便为自己和他人谋取利益，避免可能影响职权履行的各种利益冲突。

热忱敬业 员工在战略上能自觉与久投保持一致，与久投同心同德，维护久投利益和形象。

主动担当　久投员工在相关会议上应积极提出有分析性的建议和观点，支持久投做出更好的决定。

团队协作　久投员工之间彼此尊重人格，互相信任、虚心倾听，接受别人的建议并积极改正。

第二章　精神文明建设

随着久事业务的拓展升级，久事的企业文化内涵愈加丰富，通过加强精神文明创建、开展一系列丰富的文化培育活动，引导广大职工把久事企业精神融入工作岗位，是体现久事核心竞争力、促进经营管理水平提升的有力举措。

第一节　精神文明创建

一、思想动员

1995 年 4 月 11 日，按上海市精神文明建设大会的要求，久事下发《关于成立上海久事公司精神文明建设领导小组的通知》。4 月 22 日，召开第一届第四次职代会，会议审议通过《上海久事公司 1995—1997 年精神文明建设规划要点》和《上海久事公司精神文明建设活动领导小组和办公室成员名单》等文件，提出以"创建文明部室、争当文明员工"为抓手，使久事精神文明建设有方向、有内容、有措施。是年，久事所有部室、子公司全部报名参与"创建文明部室、争当文明员工"活动，建立精神文明建设工作小组，制订工作计划，建立工作和活动台账。有的子公司结合业务开展服务窗口竞赛、专项业务竞赛，有的开展送温暖、献爱心活动，有的相互合作支持兄弟部室进行业务突击。

1996 年，久事工会、精神文明建设指导委员会办公室开展"讲政治、讲学习、讲正气""向徐虎同志学习"系列活动，开展学文化、学科学、学业务的"三学"活动。1997 年，工会向全体工会会员发起"比学习、比干劲、比贡献、比风格"的"四比"倡议书活动，调动员工工作积极性。

随着中国共产党第十五次全国代表大会在北京召开，1997 年 10 月，久事工会举办全体工会委员、工会小组长、工会积极分子学习班，学习领会中共中央总书记江泽民在党的十五大上的重要讲话精神，使大家认识到社会主义初级阶段我国经济建设的工作重点和任务，统一所有员工对于在新时期如何开展工会工作的看法。1998 年 4 月 3—4 日，久事党委举办 1998 年第二期中心组（扩大）学习班。学习班的主题是以邓小平理论和党的十五大精神为指导，学习领会 3 月召开的全国"两会"精神，进一步提高认识、解放思想，结合久事一季度经营和管理工作，找思想和工作上的差距，大胆开拓、勇于创新，确保是年交出"两个文明"的满意答卷。

1999 年 10 月 10 日下午，久事召开全体中层干部会议，会上党委副书记牟继祥作"加强精神文明建设"的发言。会议强调久事各支部要认真组织对《中共中央关于国有企业改革和发展若干重大问题的决定》的学习，联系实际，促进久事改革与发展，并认真组织开展"比优秀业绩、比优良作风、比优美环境"等精神文明建设活动，确保"两个文明"双丰收。2001 年 10 月 24 日，团支部召开"久事青年论坛"活动座谈会，约请久事党政领导与青年员工进行座谈，围绕久事再创辉煌这一共同目标交流探讨。

2002 年，为迎接党的十六大，引导职工群众关心时事政治，在党的十六大召开当天，久事组织全体员工收看电视实况转播，聆听中共中央总书记江泽民的报告，而后又组织全体员工学习党的十六大文件，深入理解大会精神实质，认真实践"三个代表"重要思想，要求部门中的党员发挥先锋模范作用，促进各项工作有效开展；在党的十六届一中全会闭幕时，久事又组织员工收看新一届中央领导同志与中外记者见面的实况转播。

2004年4月28日，久事党委召开新提升干部和青年员工座谈会。会上久事党委书记孙金富对提高年轻干部素质的必要性和迫切性及青年干部应该具备的基本素质提出要求。是月，党委召开中心组(扩大)学习会，久事党政领导和中层干部28人参加学习会。会上紧密结合当前国资国企改革发展的新形势、新任务以及由此带来的公司职责、任务的新变化，要求久事员工认真学习领会，大力弘扬求真务实精神，大兴求真务实之风，牢固树立落实科学发展观，解放思想、统一认识，振奋精神、开拓创新，厘清思路、与时俱进，为全面实现各项工作任务目标奠定思想基础。

2006年是"十一五"规划的开局之年，久事工会组织广大工会干部、职工群众学习党的十六届五中、六中全会，上海市委八届八次会议精神，学习领会全国总工会《关于坚持走中国特色社会主义工会发展道路的决议》、上海市总工会全会精神和久事"十一五"规划。

2008年，久事组织开展面向职工群众的《党的十七大精神班组学习读本》学习宣传和教育活动，通过报告会、辅导讲座、班组学习等多种形式开展宣传教育活动，交流学习经验。是年，久事工会参加上海市总工会组织开展的"劳动模范、工会主席、文明班组学习党的十七大精神征文活动"，久事工会获优秀组织奖，强生控股四分公司104队获(文明班组)征文奖。在各基层工会组织职工学习、交流、竞赛的基础上，组织巴士、强生两队参加上海市总工会"学习十七大精神班组知识竞赛"，取得良好的竞赛成绩。

2009年4月28日，久事召开深入学习实践科学发展观活动——解放思想讨论会。是月，久事领导分别到所属各单位开展深入学习实践科学发展观活动基层调研，并在6月11日召开科学发展观分析检查报告群众测评会，久事党委副书记、学习实践活动领导小组副组长傅长禄在会上报告《公司领导班子贯彻落实科学发展观情况分析检查报告》的形成过程。是年8月28日，久事召开深入学习实践科学发展观活动总结大会，久事党委书记、总经理、学习实践活动领导小组组长张惠民在会上作总结报告。

2010年4月2日，久事举办解读全国"两会"精神辅导讲座。2013年2月5日，党委举行中心组学习扩大会议，党委书记俞北华传达2013年上海"两会"精神。8月14日，久事召开党委会议，传达上海市国资委党委召开的深入开展党的群众路线教育实践活动动员大会精神，审议党委开展的党的群众路线教育实践活动实施方案和动员报告，并审议久事系统领导班子和领导干部存在"四风"问题的情况报告。

2014年9月17日，久事党委进一步扩大企业核心价值理念的影响力，组织举办"弘扬企业文化、践行四种精神"主题演讲比赛，9家直属企业11人进行演讲，促进久事文化和各企业文化的交流和交融。

二、主题教育

【爱国主义教育】

为了加强爱国主义教育，久事工会和党组织一起开展一系列参观、纪念活动。1994年7月1日，举行庆祝中国共产党建党73周年"迎七一"大型座谈会，与会员工回顾党的光荣历史，坚定改革开放的信念。1995年4月14日，开展学习孔繁森模范事迹活动，参观孔繁森摄影展。6月24日，组织100余名共产党员、共青团员到浙江省嘉兴南湖参观中国共产党第一次全国代表大会展览馆和纪念船。6月27日,中共上海市委组织部、上海市妇女联合会、东方广播电台在久事举办“在孔繁森精神鼓舞下——孔繁森夫人与上海援藏干部家属座谈会”现场直播。会后,孔繁森夫人王庆芝在久事副总经理张桂娟陪同下参观久事,并与员工见面。是年建军节前,为庆祝中国人民解放军建军68周年,纪念抗日战争和世界反法西斯战争胜利50周年,久事召开复退转业军人座谈会,邀请15位曾经参军的员工讲述自己的军旅生涯。

2003年6月27日,久事党委书记孙金富带领各支部书记、优秀党员和新党员28人冒雨瞻仰龙华烈士陵园,并举行新党员入党宣誓活动,以此纪念建党82周年。2006年6月23日,久事党委召开纪念中国共产党成立85周年暨先进党组织、优秀共产党员和优秀党务工作者表彰大会,对25个“先进党组织”、34名“优秀共产党员”和13名“优秀党务工作者”予以表彰。2010年7月1日,久事总部党委举行纪念建党89周年活动,组织党员和入党积极分子赴陈云故居暨青浦革命历史纪念馆参观学习,并举行新党员入党宣誓仪式。2016年6月8日,久事集团党委举行“我身边的共产党员”主题演讲比赛,来自各直属企业的13名参赛选手围绕主题,以生动形象的语言和真实感人的事例讲述一个个身边共产党员的故事。6月29日,召开庆祝中国共产党成立95周年大会,会上展播基层服务型党组织建设优秀视频案例获奖作品,表彰基层服务型党组织建设视频案例获奖单位、“两优一先”获奖集体和个人。

除此以外,还举行观影、文艺活动来传播爱国主义精神。1995年5月29日,久事开展“红五月”歌咏比赛,唱革命歌曲,进行革命传统教育。1997年,在开展庆祝香港回归活动时,久事工会举办关于香港回归的图片展,并组织观看《鸦片战争》等电影,使全体员工懂得落后挨打和搞好当前经济建设的重要性;并在久事召开庆“七一”、迎“回归”全体员工大会,久事副总经理高国富作题为《喜迎香港回归,共创美好未来》的专题发言。2015年9月23日下午,举行纪念抗日战争胜利70周年暨迎接中华人民共和国成立66周年诗歌朗诵会。

【爱岗敬业教育】

2005年4月18日,根据久事党委对保持共产党员先进性教育活动分析评议阶段的统一部署,组织“参观洋山深水港,学习洋山人艰苦创业精神”的主题教育活动。党委书记、总经理张惠民带队,包括离退休老同志在内的全体党员和员工105人前往洋山深水港参观学习。是年,围绕改革开放和经济建设发展的要求,久事开展以“明形势政策,学劳模精神,扬光荣传统”为主题的职工思想教育活动,利用网络在久事工会园地栏目和久事动态内刊上进行宣传教育,转载和报道上海市总工会成立80周年纪念大会的材料、关于李斌事迹的材料等。2009年,在庆祝中华人民共和国成立60周年纪念活动中,久事参与上海市总工会组织的“与祖国共命运,与世博共奋进,与企业同发展”主题教育活动,组织广大职工观看具有中华人民共和国工人阶级楷模形象的电影《铁人》。

2012—2014年,为深化职工素质工程,加强职工文化阵地建设,久事发动职工积极践行企业核心价值观。围绕“负责、进取、协作、奉献”的久事精神和“公正、包容、责任、诚信”的上海城市价值取向,久事工会面向广大职工开展“责任在我心、诚信伴我行”主题教育活动,组织广大职工开展职业道德和价值取向大讨论,动员广大职工参与提炼并积极践行具有企业自身特点、体现企业精神内涵、符合时代要求、得到职工广泛认同的企业核心价值观。同时,还面向全体职工征集岗位服务格言、安全操作格言,用职工自己的心得体会来教育和带动周围职工,投身企业生产经营全过程,展示久事职工的良好风采。其中在2013年,久事全面推开“学习十八大,岗位建新功”主题宣传教育实践活动,发挥工会“大学校”作用,倡导“勤奋劳动、诚实劳动、创新劳动”,切实增强久事职工主人翁意识，切实把广大职工的思想和行动统一到中央、市委的决策部署上去，切实把智慧和力量凝聚到立足岗位建功立业的各项工作之中，为加速推进久事“一三二二”战略再创佳绩、再立新功。同时，久事各级工会通过举办劳模巡讲、学习班、报告会、研讨会、班组学习讨论会和知识竞赛等各种途径宣讲党的十八大精神，有针对性地答职工所问、解职工所惑、释职工所疑，运用鲜活事例启迪职工，增强宣讲活动吸引力、感染力和说服力，确保党的十八大精神进单位、进班组、进职工头脑。

【反腐倡廉教育】

1999 年 10 月 27 日，久事举行反腐倡廉报告会，会议由久事党委副书记兼纪委书记牟继祥主持，会上，上海市反贪局副局长谢北艰用大量形象生动的案例向久事全体员工作报告。2000 年 7 月，久事工会协同党办组织全体员工观看上海电影制片厂最新摄制的电影《生死抉择》，影片揭露一些领导干部经不起物欲的诱惑、走上犯罪道路的可耻行径。影片塑造的艺术形象具有典型意义和教育意义，是配合当时全党开展的“三讲”教育和党风廉政建设的生动教材，有效地对广大职工进行反腐倡廉教育。2002 年 8 月 20 日下午，为深入学习贯彻中共中央总书记江泽民在中纪委七次全会上的重要讲话精神，引导广大党员干部树立正确的权力观、地位观、利益观，久事举办中层以上领导干部权力观教育报告会，邀请上海市纪委宣教室陈生作专题报告。

2009 年 8 月 21 日，久事举办《国有企业领导人员廉洁从业若干规定》辅导讲座，加强久事反腐倡廉建设，促进久事科学发展，保障职工群众合法权益。2015 年 7 月 14 日，久事召开党委会议和党委扩大会议，围绕“国有企业领导人员如何做到严以修身”主题开展专题讨论。9 月 28 日，久事党委扩大会议开展“三严三实”专题教育集中学习，再次围绕“国有企业领导人员如何做到严以律己”开展专题研讨，规范国有企业领导人员从业行为，促进领导人员自身素养的提高。

【法制宣传教育】

截至 2016 年年底，久事制定关于开展法治宣传教育的“七五”规划，其间分别成立“七五”普法工作领导小组，开展过 28 届宪法宣传周活动。除此以外，2012 年 3 月 6 日，普陀区人民法院与上海巴士三汽公共交通有限公司签订加强法制教育、共建精神文明协议，构建法治文化教育基地。这是司法机关与企业单位联手深入贯彻“六五”普法规划、推进社会管理创新、促进社会和谐的有益尝试。通过深入扎实的法制宣传教育和法治实践，增强群众法治意识和法律素质，促进社会主义法治文化建设。此举的目的是进一步深化法律进企业活动，立足建立现代企业制度，提高企业核心竞争力和依法防范风险的能力。通过开展丰富多彩的法治文化活动，使法制宣传教育与群众文化生活相结合，丰富法治文化活动载体和形式，在司法机关帮助指导下，把巴士三汽公司建设成法治文化教育基地。2017 年 6 月 6 日，久事集团召开企业法治化建设集体学习会，集团总法律顾问、法律事务部总经理孙江作专题辅导报告。

【反邪教宣传教育】

1999 年 7 月 21 日，久事党委召开全体党员大会，党委副书记牟继祥传达《中共中央关于共产党员不准修炼“法轮大法”的通知》等文件精神。大会要求全体党员认真贯彻落实中央精神，同党中央在政治上、思想上保持高度一致，严守党的纪律，坚决与“法轮大法”和封建迷信活动划清界限。

2002 年 9 月，为做好反邪教的宣传教育工作，久事分两批组织全体员工在久事大厦会议中心观看故事片《走出死亡陷阱》，使广大员工进一步加深对法轮功邪教本质的认识。

【专题学习教育】

1996 年 1 月,《中华人民共和国劳动法》实施一周年之际,久事工会召开员工专题座谈会,畅谈劳动者权益保障问题。

2010 年,为切实提高广大工会干部适应新形势、探寻新思路、处理新问题的水平和能力,久事各级工会根据各阶段重要文件和会议精神的学习宣教活动要求,并结合企业实际和社会热点,有针对性地开展专题辅导。年内,久事工会组织举办新时期工会维权和维稳的“双维”工作专题辅导,并结合“五五”普法教育活动,举办劳动合同法与工会工作专题培训,以进一步提高工会干部和基层班组生产骨干促进企业和谐稳定的意识和依法维权的能力。

2016 年 4 月 28 日,久事集团党委召开“两学一做”学习教育工作座谈会,集团党委委员、纪委书记黄强主持会议。会上对久事系统“两学一做”学习教育工作进行部署,标志着久事系统“两学一做”学习教育正式启动。

三、劳模选树培育机制

2006 年 1 月 10 日下午,久事召开 2006 年劳动模范迎春茶话会,久事所属各单位 40 名在职劳模和所在单位的党政工领导、久事全体党政领导、部门经理出席茶话会,会上对劳模集体表达崇高的敬意和节日的问候,号召劳模引领带动广大劳动者学习新知识、掌握新技能、增长新本领,在劳动中体现价值、展现风采,享受劳动的快乐,使劳模精神和工匠精神得以传扬。5 月 30 日下午,久事举行劳模报告团首场报告会暨“当好主力军,建功‘十一五’”主题活动启动仪式。久事党政领导和获全国、上海市五一劳动奖状、奖章的集体、个人、劳模代表参加会议。首场报告会后,巴士集团工会开展“三个一”弘扬劳模系列活动,即举办一轮劳模事迹巡回演讲、开设一个“劳模风采”网页和制作、发放一张介绍身边劳模的光碟;强生集团利用电化教育、报告会、学习会宣传和弘扬劳模精神;其他下属企业也以多种形式开展“双先”活动。当年,久事系统组织劳模报告会 141 场,观看、聆听人数达 19 078 人。

2007 年 5 月 10 日,久事召开公交行风建设暨“双先”表彰大会。大会表彰王丽等 5 位上海市劳动模范、2 个市劳模集体和全国五一劳动奖章获得者潘春燕,同时,表彰强生控股股份有限公司第一分公司等 27 个久事先进集体和张美容等 63 名久事先进个人。是年,为弘扬劳模精神,推进公交行风建设,打造久事公交品牌,久事与上海电视台共同制作专题宣传片,反映久事系统广大公交员工以“为世博会提供优质高效服务”为目标、认真落实久事“确保一个重点,打造三个品牌,实现两个优化,体现两个效益”任务的精神面貌。

2008 年,久事工会通过组织劳模座谈交流树立典型。对在年初抗雨雪冰冻灾害中所涌现出的英勇事迹向上海市总工会作情况汇报和事迹上报,经全国总工会和上海市总工会评审,“交运巴士公司沪宁线一班”获上海市五一劳动奖状,在 4 月 15 日召开的久事工会代表会议上,“沪宁线一班”作抗灾救险事迹演讲。久事工会还应邀参加上海市总工会和上海电视台共同举办的以“劳动最光荣”为主题的大型演艺节目,推出程德旺的劳模事迹专辑。是年,为发挥劳模的服务优势、培育基层班组先进群体,巴士集团工会组织由劳模参加的服务新秀和品牌线路督查及评选交流活动。

2010—2011 年,为进一步发挥劳模先进示范引领作用,培育服务明星新秀,久事各级工会搭建劳模沙龙、劳模“啄木鸟”服务检查大队等工作平台,以劳模联谊、师徒帮教结对、劳模巡查交流、先进事迹巡讲等形式弘扬劳模先进,发挥先进榜样示范作用,带动形成一大批先进品牌线路、优质车组和服务新秀，以明星带群星，整体形成创先争优良好氛围。

2012 年，以全国劳模马卫星命名的“马卫星公交营运服务创新工作室”将劳模讲堂从室内延伸到营运一线，开展优质服务示范活动，培育并涌现一批服务新秀、节油高手和安全标兵。“胡国林出租营运服务创新工作室”提升强生出租服务质量，推广典型服务经验，合力编撰印发《乘客至上、服务为本——强生出租首届服务标兵服务经验汇编》，使广大出租驾驶员学有榜样、赶有目标。“花茂飞首席技师工作室”成为强生汽修公司提高职工技能水平、开展修理难题攻关、推进职工素质工程的大舞台，“学习花茂飞、出成果、出人才”在强生汽修职工特别是青年职工中蔚然成风。

2013 年，根据公交机务改革形势和任务要求，久事成立以公交客车维修为主的“孙华首席技师工作室”。至此，在公交运营服务、出租车运营服务及轿车、大客车维修服务等领域均建立由劳模和首席技师命名的工作室，向进一步发挥先进示范引领作用、打造久事服务品牌的目标迈出新的一步。同时，开展劳模创新工作室的检查调研，对照“有劳模领衔、有创新团队、有攻关项目、有场地经费、有创新成果”等“五个有”的基本要求，进一步规范劳模创新工作室的创建和管理。年底，劳模和首席技师工作室分别进行工作回顾和展望，总结典型经验，查找差距不足，深入探究如何进一步增强和扩大劳模和首席技师工作室在广大职工中的影响力和工作辐射面，使劳模和首席技师工作室真正成为相关工种岗位的先进标杆，成为优质服务操作法的总结、交流、推广平台。

2014 年，以上海市五一劳动奖章获得者优秀乘务员罗志珍命名的“罗志珍公交乘务员服务工作室”在乘务员中掀起优质、规范、温馨服务的热潮。同时，在出租各营运分公司，以本公司服务明星命名的工作室工作也开展起来，形成“一个中心、多点运营”的互动格局。

2015 年，久事集团大力营造“劳动最光荣、劳动最崇高、劳动最伟大、劳动最美丽”的良好氛围，在系统内选树辛勤劳动、诚实劳动、创造性劳动的榜样，选树广大职工学习的榜样。首次在体育产业、地产置业等业务板块推荐产生劳模榜样。同时创建黄昕劳模工作室，从而使久事系统内由上海市统一命名的劳模创新工作室增加至 3 家（全市 100 家）。通过弘扬劳模先进，起到以点带面的模范带头作用，各基层企业纷纷成立以劳动模范、服务明星和行业标兵等命名的服务创新工作室，形成比学赶超、争先创优的良好氛围。

2017 年，久事集团针对各类先进的“过程化培育”召开各直属企业工会主席参加的先进培养研讨会，要求他们根据自身实际，制订先进培育计划，为劳模梯队建设做好人才储备，为培育久事集团及行业的领军人物奠定基础。是年，为关爱劳模身心健康，集团工会组织在职劳模参加疗休养，同时做好劳模三金的申报工作，申请特殊困难帮扶金 21 人次，低收入补助金 11 人次，为两名过世劳模办理抚恤金，向生活困难的劳模提供帮助。建立久事集团劳模微信群，提供劳模学习交流、分享工作经验的平台，拉近劳模之间的距离。在集团工会的牵头下，“花茂飞首席技师工作室”与“胡国林出租营运服务创新工作室”签约共建、强强联手，为强生出租车的修理质量再上一个新台阶迈出坚实的步伐。

四、文明单位创建

【创建活动】

1995 年 4 月，按照上海市 1995—1997 年社会主义精神文明建设规划要求，久事制订 1995 年创建文明单位活动计划，发布《上海久事公司文明部室评比标准和争当文明员工条件》，部署“全体员工认真学习邓小平理论，广泛开展爱国主义教育”“抓效益，努力完成公司各项经营、管理指标”“提高员工知识水平，积极开展学习新知识、新科学、新技术活动”等九大主要工作，把创建文明单位(部室)作为久事各项工作的主线和创“四个一流”的重要组成部分。10月17日，久事下发《关于印发〈公司文明部室管理条例〉〈开展争当文明员工活动的意见〉的通知》。1996年3月15日，久事发文《关于印发创建文明单位(部室)活动的补充规定的通知》。

1997年，为使久事投资经营持续、稳定、健康地发展，在投资、筹资、资产经营和资产管理等方面能有新的突破，久事工会与文明办围绕久事1997年创建文明单位工作计划，开展“四比四看”竞赛活动，即“比学习”，看谁政治、业务学习收效大、成绩显著；“比干劲”，看谁自强不息、知难而进、乐于奉献；“比贡献”，看谁本职工作完成得好，争当创业先锋；“比风格”，看谁热心公益、助人为乐、风格高尚。通过“四比四看”激发广大员工敬业、爱岗、多作贡献的积极性，并通过记录台账，评出先进，树立榜样。1998年4月27日，久事工会向全体员工发出“创文明”倡议书，鼓励员工“严于律己，人人成为文明员工”“争做主人，个个为久事发展提合理化建议”“积极参与，全员投入‘四比’竞赛活动”。2002年12月22日上午，久事工会和文明办组织动员全体员工参加上海市“百万市民种百万树——为上海增添一绿”义务植树活动，久事全体员工出资5 070元认购、种养169株树苗。之后，久事、国际赛车场公司和南站广场公司36名员工代表3个公司全体员工前往宝山区顾村参加种植活动。该次绿化活动是当时上海市为建设现代化园林城市而组织的参与规模最大、参与范围最广、时间跨度最长的一次全市性的绿化活动，员工们以实际行动投入久事的精神文明建设和“为把上海建设成国家园林卫生城市作贡献”的活动中去。

2003年6月24日上午，久事召开2003年第13次党政联席会议，会议经审议原则同意《上海久事公司文明单位建设暂行规定》(讨论稿)。会议指出，加强“两个文明”建设，可以有力地带动和促进公司各项工作的开展，久事长期以来坚持争创“市级文明单位”，对于久事的经营管理、廉政建设、精神文明建设起到推动作用。

2011年11月20日中午，以公交车、大型工程车和私家车为重点对象的“文明过路口、安全保通畅”文明出行主题活动在漕溪路公交枢纽站举行。该活动旨在通过宣传，让驾车者和行路人共同形成“文明过路口”的习惯和理念，提高公民的交通自觉意识、法制意识和生命意识。这一天，上海市劳模宝山巴士118路青年驾驶员徐永青向公交行业全体驾驶员发出“文明驾驶树形象，规范操作保安全”的倡议。巴士集团领导陈茂华、石红和劳模代表马卫星、徐永青共同为现场两辆49路公交车系上“文明过路口、安全保通畅”的标志物——文明绿丝带，巴士集团首批3 000辆公交车同步系上这根象征文明与平安的绿丝带。

2014年8月21日，久事副总经理、巴士集团董事长洪任初出席巴士集团和上海市交警总队联合举行的“文明在心中，礼让在线上——打造平安公交”交通文明共建主题活动签约仪式。上海市交警总队和巴士集团签署文明共建协议，进一步推进上海公交龙头企业投入行业文明创建工作。

2016年11月1日，久事集团召开2016年第25次党委会议，审议并通过集团党委《上海久事(集团)有限公司文明单位创建管理办法》。《上海久事(集团)有限公司文明单位创建管理办法》提出要加强组织领导、加强党建工作、加强思想道德建设、推进企业文化建设、健全规范管理制度、提高业务水平和开展文明创建活动等7条创建措施，对久事系统文明单位的创建工作作出明确、细致的指导。

【创建成果】

1997年，久事首次获上海市第八届文明单位称号。这是该届1 000个市级文明单位中上海市计委系统、市综合经济系统唯一获上海市文明单位的局级单位。

1999 年，再次获上海市文明单位称号。

2001 年，再次被评为 1999—2000 年度上海市文明单位。这是久事第三次被评为市级文明单位。

2003 年，久事连续 8 年 4 次被评为上海市文明单位。

2005 年，久事开始以下属企业分别参评的形式参评 2003—2004 年度上海市文明单位，有 11 家获文明单位称号：上海强生集团有限公司、上海现代交通建设发展有限公司、上海国际赛车场有限公司、上海五汽冠忠公共交通有限公司 65 路、上海巴士一汽公共交通有限公司 70 路、上海巴士四汽公共交通有限公司 925 路、上海宝山巴士公共交通有限公司 118 路、上海巴士电车有限公司 20 路、上海巴士电车有限公司 25 路、上海巴士电车有限公司 26 路、上海巴士市北出租汽车有限公司。

2007 年，上海强生集团有限公司、上海五汽冠忠公共交通有限公司 65 路、上海巴士一汽公共交通有限公司 70 路、上海巴士四汽公共交通有限公司 925 路、上海宝山巴士公共交通有限公司 118 路、上海巴士电车有限公司 20 路、上海巴士新新汽车服务有限公司 926 路、上海四汽公共交通公司、上海巴士出租汽车有限公司等 9 家基层单位被评为 2005—2006 年度（第十三届）上海市文明单位。

2009 年，久事系统有 12 个基层单位获 2007—2008 年度（第十四届）上海市文明单位称号。

2011 年，交运巴士公司、巴士三汽所属 67 路等下属企业被评为 2009—2010 年度（第十五届）上海市文明单位。

2013 年，久事系统 16 个基层单位获 2011—2012 年度（第十六届）上海市文明单位称号。

2015 年，上海强生控股股份有限公司、上海久事置业有限公司、上海久事国际赛事管理有限公司、上海申铁投资有限公司、上海公共交通卡股份有限公司、上海交通投资（集团）有限公司 3 家基层单位、上海巴士集团 11 家基层单位共 19 家基层单位获 2013—2014 年度（第十七届）上海市文明单位称号。

2017 年，久事系统有 19 个基层单位获 2015—2016 年度（第十八届）上海市文明单位称号，分别是：上海东亚体育文化中心有限公司、上海巴士第二公共交通有限公司、上海交通投资（集团）有限公司、上海四汽公共交通公司、上海巴士第五公共交通有限公司、上海久事国际赛事管理有限公司、上海强生控股股份有限公司、上海申铁投资有限公司、上海交投场站企业管理有限公司、上海崇明巴士公共交通有限公司南东专线、上海巴士第三公共交通有限公司 925 路、上海金山巴士公共交通有限公司二分公司、上海巴士第四公共交通有限公司八车队、上海巴士第一公共交通有限公司 70 路、上海巴士第一公共交通有限公司 20 路、上海久事置业有限公司、上海巴士第五公共交通有限公司 118 路、上海巴士第四公共交通有限公司二车队 933 路和上海巴士第三公共交通有限公司 67 路。

第二节　建设学习型企业

一、报告讲座

1993 年 8 月 25 日，上海市中级人民法院经济审判庭负责人应邀到久事讲授经济法规，久事各部的经理及有关人员参加听讲。1995 年 5 月 19 日，久事举行部门襄理（助理）以上干部“现代企业制度学习研讨班”。副总经理张桂娟作动员讲话,学习班围绕“公司的性质和功能”“公司的组织体系”“产权的清晰与界定”“公司的管理制度”等四个议题展开讨论,推动公司健康长足发展。

2000年7月10日,久事副总经理胡岳义、熊亦桦,各部室负责人和部分员工参加由上海财经大学孙诤教授主讲的新《会计法》讲座。2003年7月17日,久事召开“上海久事控股企业财务会计核算工作研讨会”,邀请上海市财政局会计处和财务会计管理中心的负责人以及安永大华会计师事务所、新世纪评估公司等单位的专家到会指导。2007年,久事干部职工参加由上海市人事局组织、专家学者开讲的社会热点问题讲座。8月14日,久事举办《劳动合同法》专题讲座,久事领导、各部门负责人,各直属单位和基层企业党政工领导等近300人参加讲座。

2010年5月28日,久事召开党委中心组扩大学习会议,邀请上海社会科学院经济研究所副研究员作题为《世博会对社会经济发展的影响》的辅导报告。2012年8月2日,久事召开党委中心组扩大学习会议,中共上海市国资委党校、上海市经济管理干部学院副教授吴志洁作题为《新时期领导干部的能力建设》的专题讲座。2013年2月5日,上海社会科学院经济研究所副所长权衡作题为《2013年全球与中国和上海经济形势与中长期战略选择》的辅导报告。

2015年4月2日上午,久事召开党委中心组扩大学习会议,市政府副秘书长、市国资委主任徐逸波应邀到久事作“上海市国资国企改革的探索与实践”专题报告。是年,久事与上海交通大学安泰经济与管理学院合作,紧扣“领导力创新”主题举办系列讲座,从7月24日—11月27日,安排12次课程,涵盖“城市品牌与可持续发展”“从历史地理解读上海”“复杂环境下的东方智慧”“中国新一轮开放战略研究”“创新与全球科技创新中心建设”等多个研究维度。11月13日,还邀请中欧国际工商学院管理学教授朱晓明讲授《把控科技创新机遇》一课,抓住“科技创新”的时代主题,提高科技创新意识,推动久事长远发展。

二、学习竞赛

【论坛研讨】

2005年12月6日,久事党委副书记、副总经理傅长禄出席在上海国际新闻中心召开的上海国资企业文化高峰论坛,论坛分为两个专题:企业文化与自主创新能力、国资文化与国资国企改革发展。上海市国资委党委负责人出席并作主题演讲,上汽、建工、上航、现代设计等集团领导先后作讲演。会议指出,品牌是企业的重要无形资产,企业形象是企业软实力的重要组成部分,企业党建离不开企业文化建设。在推进国资国企改革中,要始终坚持把企业党建工作放在重要位置,将企业文化建设作为企业党建的重要内容,党建工作和经济工作协调推进。

2006年3月24—26日,久事党委书记、总经理张惠民参加中共上海市委举办的党政主要领导干部“加强自主创新,深入推进科教兴市主战略,切实增强城市国际竞争力”专题研讨班。中共上海市委副书记、市长韩正在结业讲话中反复强调“突破”二字,要求抓住主体、抓手、载体、环境四个关键,进一步完善政策体系,着力突破制约上海自主创新的瓶颈。

2015年2月16日,久事总经理龚德庆参加中共上海市委常委学习会。国务院应急管理专家组组长、国家减灾委专家委员会负责人在会上作“提高应对危机与风险的能力”的专题辅导报告。28日,久事总经理龚德庆参加“中共上海市委领导干部学习贯彻十八届四中全会精神、全面推进依法治国”专题研讨班。

【合作共建】

2013 年 5 月，巴士一汽与同济大学等 5 家单位共同完成的“混合柴油燃料车用关键技术及应用”获 2012 年上海市科技进步奖一等奖，该成果以混合柴油燃料车用关键技术为切入点，从混合柴油燃料组分及理化指标、发动机匹配技术两方面进行混合柴油燃料车用关键技术研究，提出规模化应用的混合比例并进行应用示范。其中由巴士一汽与同济大学、纽孚尔能源技术有限公司以 9∶1 的柴油掺水配比制成的乳化柴油混合燃料是其中的成果之一，针对乳化柴油的储存稳定性问题，团队研发出新一代低成本高性能乳化剂及高稳定性乳化柴油生产工艺，9 条公交线路的 110 余辆公交车使用乳化柴油累计行驶 2 376 万余公里，消耗乳化柴油 829 万余升，约 7 027 吨，节省柴油 702.7 吨。该成果引领乳化柴油燃料技术的应用及发展，实现公交车的节能减排工作，为 PM2.5 的减少作出应有贡献，这在上海公交行业尚属首家。

2015 年 7 月，巴士四汽九分公司和华东政法大学附属中学联合召开共建活动研讨会，双方达成三点共识：依托公交，构建青少年校外教育大课堂；充分利用公交公司的各种资源，建立青少年社会实践德育基地，开展一系列校外道德实践主题活动；支持公交，协同建设市民学校等活动阵地。学校支持公交建立特色市民学校，力所能及向公交职工提供图书馆、琴房、美术室、舞蹈室和数字化教育设施。在节假日、寒暑假向公交职工开放田径运动场、室内运动馆等体育设施，丰富公交职工的文化生活。服务公交，积极开展各类志愿活动。组织动员教师、学生组成志愿者队伍，经常进公交开展义务驻站、义务劳动、义务宣传等活动，支持公交动员社会各方力量倡导社会新风，共建文明公交。

【获得奖项】

1993 年 3 月 19 日，投资部周祖诚撰写《“94 专项”参与中外合资的利弊得失谈》一文，经上海市计委学术委员会办公室评审，获上海市计委科学技术进步奖三等奖。

1996 年 5 月 2 日，为促进计算机在久事的普及，激发员工学电脑、用电脑的兴趣，久事工会和团支部联合举办“久事公司首届计算机应用能力竞赛”活动，置业公司获团体总分第一名，计划财务部、人事处分列第二、第三名。

1997 年，为普及计算机的应用，提高现代化办公水平，久事选拔 3 名员工参加上海市综合经济系统直属工会举办的计算机操作比赛，获团体第七名的成绩。

2004 年 9 月 9 日，市国资委召开 2004 年上海市企业管理现代化创新成果评审工作会议，久事首次参加此项活动，申报的《以“三个中心”和全面预算管理构筑战略控股型投资公司管理模式》成果入围一等奖推荐名单，最终获二等奖。12 月 14 日，在“‘恒源祥杯’2004 年上海知识产权知识竞赛”电视总决赛中，由久事总法律顾问李雪林任领队，法律事务总部刘晓峰、王淙谷、刘红威 3 名队员组成的久事参赛队获金奖。

2005 年 5 月 10 日，市委、市政府在上海展览中心召开上海市科学技术奖励大会，“上海国际赛车场工程关键技术研究”获 2004 年度上海市科技进步奖一等奖。2006 年 1 月，上海国际赛车场工程以其设计、施工和科研等方面的成就获第五届詹天佑土木工程大奖。

2005 年 9 月 7 日，《会计法》颁布实施 20 周年座谈会暨上海市杰出会计工作者表彰会在上海展览中心召开。久事总会计师张新玫获“上海市杰出会计工作者”称号。

2006 年 9 月，久事所属巴士集团、赛车场经营公司分别获由上海市体育局授予的 2002—2006 年度“上海市重大国际体育赛事贡献奖”，该奖项有 3 家单位获得，久事所属企业占两席。

2006 年 11 月,在由上海市科委、市经委和市国资委联合举办的"IBM 杯"2006 年度上海市优秀 CIO(首席信息官)评选中,办公室高级主管王隆坤获"上海市优秀 CIO 提名奖"。

2010 年 12 月 15 日,久事党委书记俞北华出席上海市"白玉兰荣誉奖"授奖仪式,久事国际赛事公司员工 Charles Humphrey Smith(中文名:施成伟)被上海市政府授予白玉兰荣誉奖。

2009 年、2010 年和 2012 年,久事承办的 ATP1000 网球大师赛 3 次被国际男子职业网球协会(ATP)评为"最佳 ATP1000 大师赛"。

2014 年 11 月,上海久誉软件系统有限公司代表久事参加上海市"中认杯"信息安全管理竞赛,获上海市信息安全技能竞赛三等奖。

三、员工读书

【读书活动】

1994 年 5 月,久事从白厦宾馆搬入联谊大厦时,因大部分图书寄放在外,出现大量遗失或排序混乱等情况。6 月,久事工会用两个月时间重新登记图书造册,同时新增数百本专业、业务相关的和大家喜爱的书籍,把阅览室办成为员工提供学习业务、开阔视野和增加信息的场所。1997 年,为支持员工"三学"活动,为全体员工办理上海图书馆新馆的借书卡,同时清理整顿公司图书室,新增各类业务书籍 500 余册、VCD 碟片 100 盘。1998 年 4 月,久事开展"每人精读一本书"活动,邀请每位员工结合本职工作,选一本自己工作相关的专业书籍,撰写心得体会,交流学习,其中置业公司还将理论联系实际的文章以"小论文"的形式给予发表。同时,久事工会给全体员工调换和办理上海图书馆新的借书证,为大家更新知识提供方便;还组织员工参观上海大剧院并观看德国柏林广播交响乐团演出,提升员工文化素养和艺术欣赏能力。2003 年,久事配备一定数量的 VCD 影像资料供员工借阅。

2006 年,在创建职工之家、推进职工素质工程过程中,久事工会全系统组织 586 次读书活动,参加人数达 7 784 人次,强生静安公司受到上海市读书办的充分肯定,获上海市读书活动先进集体,该公司工会主席被推荐为"新华杯"第三届上海市十大读书明星之一。2007 年,久事工会组织员工参与上海市十大读书明星评选等活动。8 月,工会在久事系统内举行读书活动推进会,宣传推广强生五分公司为一线员工搭建"读书、发展、成才"平台的经验。2007 年是上海市读书活动开展的第 25 周年,久事系统读书活动的持久开展也取得多项荣誉,强生静安等 3 家单位获上海市读书活动先进单位;另外,获优秀读书小组 2 个、优秀组织者 1 人、读书成才奖 3 人。

2009 年,强生工会在开展"建、创、做"活动中,下拨专项资金,结合做好农民工工作,以强生修理公司建立"职工书屋"为示范点,通过"职工书屋"等形式开展读书活动。

2014 年 11 月 25 日—2015 年 1 月 15 日,为大力推进学习型组织建设,倡导广大员工多读书、读好书、善说话、勤思考,养成良好的阅读习惯,久事工会开展"推荐一本好书"活动,号召职工根据个人爱好,推荐一本自己阅读过的书籍,撰写推荐理由或学习心得。2017 年第一季度,为提升久事员工素质和人文素养,落实久事关于开展"读书季"活动的工作部署,久事置业开展以"立足本职岗位,提高专业能力"为主题的读书季活动。从领导为员工选一本好书到在本部员工休息室设立图书角,各单位和各部门纷纷开展学习交流和读后感征文活动,许多员工撰写读后感。

【久事书吧】

久事书吧于 2009 年 4 月 23 日世界图书日落成,是继黄浦区科技京城书吧之后,全黄浦区乃至全上海市第二家楼宇青年文化流动书吧。书吧由小东门街道党工委、黄浦团区委、久事团委联合发起,旨在为楼宇青年建设一个足不出户的开放式袖珍图书馆,同时,还融入"诚信公约""爱心一元基金""多背一公斤"等公益理念,以引领阅读风尚,打造楼宇文化。书吧于每月第三个周四中午定期开放,凡在久事大厦工作的青年,只需填妥爱书公约、自愿捐献一元现金,即可借阅主办方精心选购的畅销书籍,下月活动日再行归还。

为进一步吸引青年、扩大影响,久事书吧积极寻找增长点,陆续推出会员招募、积分换礼、书友交流、开心网部落等新项目,丰富活动内涵和形式。此外,书吧还与区内其他楼宇青年文化流动书吧建立长期合作关系,定期交流图书、开展联谊活动,形成遥相呼应的发展格局。

久事书吧自落成之后举办过形式多样的活动,以此衍生的久事书友会成为青年交流和社会公益活动的一大平台,举办过如中医专家保健常识讲座、爱车养护专题讲座、义卖捐赠等活动。

2010 年 4 月 22 日,在世博会开幕之际,久事团委联合小东门街道团工委、浦江物业有限公司团委等单位,围绕"城市,让生活更美好;读书,让生活更充实""静心读书,热迎世博"等理念,借书吧成立一周年契机,举办"悦读久事,奉献世博"庆典活动;同时,响应小东门社区世博青年服务队启动,力求以书吧为平台、以图书为载体,宣传推广世博知识、世博礼仪,并呼吁楼宇白领青年踊跃投身世博志愿服务。

2012 年 4 月 12 日,久事书友会带领在久事大厦工作的 120 余名白领青年,携手都市绿农一起开展"打包盒换菜苗"环保行动。都市绿农以菜会友,久事书友会以书会友,两者将健康、低碳、环保的生活理念和诚信、公益、时尚的生活观念相结合,播种文明、创造爱心。5 月 3 日下午,在五四青年节来临前夕,由上海久事书吧书友会发起,共青团黄浦区委员会、小东门社区(街道)党工委主办的黄浦楼宇青年文化之旅启动仪式暨"外滩投资杯"久事登高赛在久事大厦举行。90 位来自久事大厦及周边楼宇的青年分别参加男女个人和团体接力赛,最终都到达久事大厦 30 层。该次登高赛同时还举行"为书而赢、与爱同行"爱心劝募活动,参与登高的青年纷纷发动同事朋友以捐赠儿童读物和爱心公益金的方式支持自己完成比赛,最终取得接力赛冠军的外企德科一队当场捐出 500 元奖金,捐赠的儿童读物和钱款整理后通过微笑图书室捐献给贫困山区的学校。青年纷纷表示,以这种方式庆祝五四青年节、纪念建团 90 周年很有意义,而且坐惯了电梯,走走楼梯,既低碳又健康。

作为黄浦区团委 2012 年楼宇文化建设的重点项目,黄浦楼宇青年文化之旅以黄浦区域内商务楼宇、创意园区为关注点,通过整合资源,丰富内容、创新形式,为广大青年提供涵盖读书、文化讲座、运动健身、环保公益、时尚潮流等多种内容的文化服务,着力打造楼宇文化日、楼宇运动日、楼宇公益日和楼宇风尚日四大板块内容。

四、职工合理化建议

1994 年,久事工会响应上海市总工会的号召,开展"我为加快上海发展献一计"合理化建议活动,在一个月内久事有 34 名员工(占在职员工的 40%)提出合理化建议 36 条。其中对久事本身的建议及时转给有关部门,其中不少建议被采纳;对市政府工作的建议通过上海市计划委员会系统工会报给上海市总工会。上级工会授予久事工会"组织奖"称号。1995 年 9 月,为了加快久事改革和发展步伐,推动"两个文明"建设,久事工会与党总支共同开展"我为加快久事发展献一计"合理化建议活动,在一个多月中,有 95 名员工(占在职员工的 90%)提出 144 条建议。经久事评审小组评审后,有26条建议被采纳。

为推进合理化建议活动经常化、制度化,1996年10月14日,久事制定《上海久事公司合理化建议管理办法》,并下发久事各部门参照执行,规定每年年末由久事合理化建议评审小组评出优质建议,并给予表彰。同时,久事在员工阅览室内设置合理化建议箱,随时收集员工的合理化建议,使意见征集活动经常化。截至1996年12月31日,久事收到本部和两家直属企业的员工合理化建议100多条。年终,久事将其中较有价值的合理化建议请久事合理化建议评审小组评定,并对其中好的合理化建议给予表彰。

1997年12月2日至1998年3月17日,在久事成立十周年之际,开展"庆祝久事公司成立十周年,为久事改革发展献一计"合理化建议活动,收到90多位员工所提的116条建议。后经组织专家评审,有22位员工获奖。对一些好建议除及时采纳外,还在久事有关刊物上给予登载。1998年8月17日,久事以"兴事业,聚人心"为主题内容,开展踊跃为久事的"两个文明"建设提合理化建议活动,共收到合理化建议106条。内容涉及资产经营与项目决策管理、金融与财会、员工培训与考核、企业文化与企业精神、房产营销与管理、外贸与内贸、审计与监察等七大方面。通过久事合理化建议评审小组的评审,依据"观点新,分析透彻;内容实,有使用价值"等评比标准,评出《关于设立投资评审小组秘书一职的建议》和《关于完善久事物业管理公司的设想》等两项合理化建议为二等奖,《加强项目投资风险管理的建议》等5项合理化建议为三等奖,鼓励奖15个。

2001—2003年,工会为配合久事新一轮发展,发起多次开展合理化建议活动,许多会员积极参与,合理化建议的内容涉及久事改革、业务发展、基础管理、企业文化、员工福利以及人才培训、人才使用、民主管理等多个方面,大部分的建议围绕久事经营业务和发展方面。工会将这些建议分类提交有关部门,对有价值的建议进行奖励。

为使久事走上可持续发展之路,力促经营管理工作有新思路、新举措、新突破、新局面,达到在三至五年内将久事的获利年均提高一个百分点的目标,最大限度地发挥员工的聪明才智与创造性,形成人人关心久事公司发展和自觉参与管理的良好风气,久事在2005年3月18日四届三次职代会上提出《行动起来,为公司发展献计献策倡议书》,并把该项工作纳入工会常年工作之一。合理化建议的重点范围和内容包括:有利于久事提高经营、管理、执行、服务四个能力和"三个文明"建设,关于久事现有各项工作的意见和整改措施,探讨本岗位对久事的改革、发展、经营、管理以及开源节流方面的建议。员工可以通过久事局域网,将建议发送到工会信箱,也可以以书面形式投入设在36楼的合理化建议信箱。截至4月底,工会收到37位员工的52项合理化建议。按照处理程序,在相关受理部门的配合下,工会分别对这些建议提出处理意见,按照处理意见,工会牵头会同有关部门开始逐步落实。截至2005年年底,其中28项提案得到落实,占总提案数的55%,21项提案正在实施解决中或者需要逐步落实,还有两项一时难以采纳。对被采纳执行的合理化建议,久事在《久事动态》上及时予以报道。年末,久事评出优秀合理化建议并对建议人给予奖励。

2009年,久事本部工会组织"科学发展观知识竞答暨我为公司发展献一计"活动,同时,整个系统深入开展"我为世博作贡献""五小""金点子"等多种形式的合理化建议活动。巴士工会举办"迎世博大讨论"活动;强生工会开展迎世博合理化建议大征集活动,并评出"十佳金点子奖"等,凝聚广大职工的智慧,调动广大职工的积极性、创造性。

2016年是"十三五"规划开局之年,也是久事集团深化改革关键之年,为进一步提升员工的责任感和使命感,大力营造"讲贡献、干事业"的良好氛围,集团本部工会举办"我想对工会说……"的主题征文活动。该次征文比赛活动为期 2 个月，本部员工撰写征文 63 篇，既有工作经历中的感悟，也有爱岗敬业之情和对企业的感恩之心，还有对加强久事集团内部管理、提升企业文化建设等方面的合理化建议。本部工会从中精选 30 篇呈久事集团领导审阅，以分享大家参与服务企业、服务职工的所见、所闻、所感。

2017 年，久事集团工会将合理化建议征集活动作为长效机制纳入党建考核，有 8 家直属企业开展合理化建议征集活动，收到各类合理化建议 500 余条，采纳 300 余条。

第三节　企业安全文化建设

一、企业安全生产

【制度建设与管理】

1992 年 11 月 12 日，久事颁发实施《关于维护工作环境安全文明的通知》。2007 年，修订《公司突发事件应急预案》。

2008 年，久事根据市国资委、上海市安监局和公司领导要求，调整、成立久事公司安全管理领导小组、安全生产隐患排查治理领导小组、安全生产百日督查小组、抗震救灾应急领导小组、奥运安保反恐领导小组等 5 个组织机构。同时，制定《奥运安保督查工作方案》等 8 个规定、方案及措施。

2014 年，制定《上海久事公司安全检查办法》，对安全检查工作进行建章立制。

【宣传教育活动】

2005 年 9 月 1 日，根据上海市机管局车管处关于“对全体挂靠在车管处的专、兼职驾驶人员加强交通安全教育”的要求和久事领导对行车安全工作指示精神，办公室于 8 月 26 日组织召开安全行车学习交流会。久事专、兼职驾驶员与会并踊跃发言。通过学习交流，专、兼职驾驶员愈发认识到学好、牢记、遵守交通法规对于行车安全的重要性。之后，办公室还以各种形式开展安全行车的宣传教育，做好安全行车工作。

2007 年，久事完善安全管理工作台账，做到“雁过留声，人过留名”，找得到责任人。组织安全工作会议、现场会、安全检查、安全讲座、工作交流等活动 16 次，安排节假日、防台防汛、全国“两会”期间值班等 6 次，撰写安全工作情况 20 余篇，发出整改通知 6 份。通过大面积、广泛的会议、检查讲座等活动，有针对性地抓安全生产工作，同时在干部、员工之中起到一定的宣传教育作用。是年，公司被评为上海市治安先进单位。

2008 年是奥运年，久事督促完成所属各单位的安全责任书的签约，层层分解、落实安全责任，履约率达 100%。组织久事层面有关安全工作的讲座 5 次，主讲的有上海市安监局、市公安局的有关领导，听众 300 多人次；组织或参与组织消防、反恐安全演练 3 次。所属久事组织宣讲会议或活动等 130 多次，受众包括干部、员工、外来务工人员 3 万多人次。

2010 年，在世博会进入高温和暑期客流高峰阶段时，久事工会为做好保运行、保安全、保稳定工作，开展“走进世博会，安全伴我行”主题活动。以“保障世博安全”为核心，结合系统内各企业的生产特点和重点部位的安全防范目标，切实落实世博会期间各项安全保障措施，预防和化解运行中的各类矛盾，处置影响运行安全的各种因素。久事集团评选出“走进世博会，安全伴我行”主题竞赛优胜企业 10 家、十佳“安全卫士”10 名、优秀组织者 10 个。

二、优质服务示范

【服务世博】

2010年,久事以世博宣传为契机,以"服务世博,铸就久事品牌"为宗旨,以树立久事品牌形象为目标,通过印制宣传卡片、张贴公交站点公益广告等形式,开展"上海职工文明服务、文明观博、文明出行十要十不要"宣传,取得良好的宣传教育效果,得到上海市总工会充分肯定,久事工会获"迎世博优质服务贡献奖"。

2010年,为落实党工联建,久事工会发挥自身特色和优势,开展创先争优活动,系统内各级工会以"五比五赛"、"三五"集中行动和"服务世博,铸就久事品牌"等活动为载体,促进服务品牌质量的提升和服务管理水平的提高。在"服务世博,奉献世博"优秀个人和优秀集体评比中,久事工会共推荐并获评世博工作优秀个人56名、优秀集体7个,"上海世博交通保畅先锋"先进个人36名、先进集体10个,上海市"工人先锋号"10个;上海世博园区服务保障先进个人1名,世博工作优秀个人1名。同时工会结合世博总结表彰活动,开展久事系统建功立业"十佳好事"和建功世博"十佳标兵""十佳团队"的评选,培育具有家庭美德、职业道德和社会公德的高素质职工队伍。

【巴士"等级线路激励机制"】

2011年9月29日下午,巴士集团在上海浦东干部学院报告厅召开"创建乘客满意线路,打造久事公交精品——巴士集团首批乘客满意线路授牌暨线路激励机制推进动员大会"。上海公交品牌线路评定打破终身制,各条公交线路掀起"比、学、赶、帮、超"高潮,不断提高综合服务能力,让乘客享受到更为高效、便捷、优质的公交服务。

会上命名首批27条"乘客满意线路"和51条"创乘客满意线路"名单,久事和巴士集团领导分别为这些线路授牌。从10月开始,巴士集团在下属580条公交线路中开展等级线路评定,在全国公交行业首推等级线路激励机制,将线路等级奖励直接与公交一线服务人员工作业绩挂钩,通过激励模式全面提升公交营运服务质量和管理水平。

巴士集团公交等级线路评定设三个等级,分别是一等级线路、二等级线路和三等级线路,各等级线路设置统一的评定标准,主要包括仪容仪表、车况车貌、遵章守纪、规范服务、站容站貌及乘客投诉等方面。

巴士公交等级线路评定不搞终身制,有升级也有降级,公交等级线路的评定强调团队作用,需要个体与团队共同努力,一个职工个体的过失行为将影响到整个线路团队的等级评定。线路评定每半年为一个检查考评命名周期,对下属公交营运线路采取全覆盖方式进行检查,涵盖行业检查、领导巡视、乘客评议、公交劳模"啄木鸟"跳车抽查、社会监理员明察暗访、专业稽查等多项综合评定方式,凡被评定为一、二等级的线路,分别授予"乘客满意线路"和"创乘客满意线路"称号,奖牌在各公交线路终点站悬挂。

【巴士公交"你赶我等,你行我让"服务】

2012年9月1日起,巴士集团在一、二等级线路全面推广"你赶我等,你行我让"服务举措,要求驾驶员不得超速通过路口,不得用车头逼停行人,不得用喇叭催促行人,不得与行人争道抢先;车辆在站点停靠后即将关门前,车辆前方和后方15米距离内有乘客挥手或奔来,司机须停车等乘客上车。为便于市民监督，巴士集团设立服务热线 63115711，欢迎市民乘客监督举报。

该服务举措最先由巴士公交 49 路在上海公交行业推出，取得良好社会效益，后被巴士集团推广。为进一步强化营运安全管理工作，巴士集团强调以下具体要求：一、引入科技手段做好行车安全预防工作，巴士集团公司和各公交企业营运监控指挥中心每天通过 GPS 定位系统，对营运车辆超速情况进行抽查分析，并通过短信提示和调度员现场提醒等方式对超速驾驶员进行安全教育。各营运公司相应配置电子测速枪、酒精测试仪、摄像摄影器材等，加强现场监控，提高教育预防效果。二、针对季节特点、重大节日和重大活动的行车安全要求，适时开展宣传辅导，切实提高驾驶员的安全意识和技能。三、积极开展各类行车安全竞赛活动，不断提高驾驶员的法制意识和操作水平。四、建立驾驶员违章、违操登记处理和复训制度，将多次违章的驾驶员列为重点对象，经过轮训学习考评合格后才能重新上岗。五、巴士集团和各营运公司定期组织开展以交通法规、车辆驾驶技能和安全防范措施等为内容的行车安全主题活动。六、各营运公司通过定岗、定人、定时、定任务，及时了解线路安全行车和当班驾驶员状况，督促驾驶员规范操作，消除安全隐患。七、一旦发生事故，坚持做好“事故原因未查清不放过，肇事者和职工未经教育不放过，没有防范措施不放过，责任人未得到追究不放过”等“四不放过”教育活动。

【巴士公交劳模优质服务示范】

2012 年，为进一步弘扬劳模精神，充分发挥劳模先进的示范引领作用，拓展“马卫星公交营运服务工作室”活动内涵，带动巴士公交营运服务质量的全面提升，自 5 月起，巴士集团开展“追求优质服务、提升巴士形象”公交劳模示范活动，每月上旬安排劳模在一线岗位进行传帮带教。首期示范者为上海市劳动模范、宝山巴士 118 路驾驶员徐永青，后有上海市劳动模范、巴士四汽 925 路 B 线乘务员徐美玲现场展示车厢服务技艺，上海市劳模、870 路巾帼公交线的李俊讲述在服务中以亲切温柔营造车厢温馨氛围，以细致周到创造文明服务环境的先进经验等。

【巴士电车“934 路巾帼文明线”】

2006 年 3 月 8 日起，全部由女职工组成的巴士电车公司 934 路售票员队伍用一年左右的时间创建巾帼文明线，以此献礼三八国际妇女劳动节。为实现巾帼文明线的创建目标，做到“环境整洁态度好、乘客至上服务优”，934 路向社会承诺：售票员做到用话筒提醒到站乘客下车；在车辆转弯、进站及复杂路段行驶中扬小红旗，配合驾驶员用好安全车；坚持“请、谢谢、对不起”礼貌服务用语；在普安路终点站乘客上车时站立迎客。对连续两个月未兑现承诺的售票员坚决予以调离。与此同时，针对乘客反映比较集中的几个问题，934 路开出一系列治理“药方”，如：针对驾驶员在国顺东路至岑宇东路开慢车拉客的情况，从职责分配上采取分段准时考核办法制约；针对普安路终点站夜间排队秩序混乱情况，增设两名职工维持“站风”。

与以往不同的是，这次参加创建巾帼文明线的售票员都是年龄超过 40 岁的女职工，该路线又是杨浦区通往市中心的一条主要公交线路，因而创建难度较大。经过培训，女售票员与车队签订服务承诺书，表现出良好的精神面貌，坚持车辆一圈一扫，一天两拖，始终保持车辆整洁。

【49 路“模范之星”承诺】

随着上海机动车保有量不断上升，各类交通违法行为层出不穷，城市交通日益拥堵，地面公交高峰时段平均营运时速低于 12 公里，加上轨道交通网络不断发展，地面公交渐失公共交通老大的地位。2016年3月29日,沪上知名公交品牌线路49路向社会推出“模范之星”服务,作出“五个100%”的承诺,以期通过不断提升服务质量,弥补在出行速度等方面的短板,提升地面公交的吸引力。这是该线路继实行“三语”报站服务、“你赶我等,你行我让”之后推出的又一项服务新举措,同时也是对上海开展的交通违法大整治行动的积极响应。

3月29日上午9时,49路推出第一辆“模范之星”示范车,以漕溪路公交枢纽站为始发站,49路“模范之星”服务示范周活动举行。在这辆“模范之星”示范车的车厢前、后部分别张贴着“欢迎您乘坐49路‘模范之星’示范车”的标语和“特色服务用语100%、你赶我等做到100%、特殊乘客搀扶100%、照顾动员让座100%、规范操作执行100%”的服务承诺,此外车辆外车身还张贴有“引领服务,播撒文明,传递真情”的公益广告。与此同时,49路还在车厢内挂置方便袋,提供便民服务用品,并将车厢服务延伸至车外,为乘客提供始发站车边迎客、导乘指路、起点站坐着等车等特色服务。

该批司乘人员是经过前期选拔、培训和考核,从劳模集体中挑选出的一批技术过硬、服务规范、行车安全、乘客满意的优秀服务人员,被授予49路“模范之星”称号,佩戴“模范之星”徽章上岗,除了践行“五个100%”的服务承诺外,还积极倡导文明驾驶、安全行车,杜绝交通违法行为。

三、“安康杯”竞赛活动

2005年,“安康杯”全国职工安全卫生消防知识竞赛总决赛于11月26日至12月1日在北京举行。巴士公司下属上海宝山巴士公交公司工会作为“安康杯”全国优胜单位五连冠获得者,受大赛组委会邀请,成为上海唯一的参赛企业队。上海宝山巴士公交公司(工会)获2005年度“安康杯”活动优胜组织奖,宝山巴士企业队获“安康杯”总决赛全国组团体比赛三等奖,周明、何婷、金磊芳三名队员分别获“安康杯”总决赛全国组个人比赛三等奖。

2006年,久事深入开展“安康杯”竞赛活动,各参赛单位在竞赛中紧紧围绕“全面树立以人为本思想,切实加强安全生产教育”的竞赛主题,在责任落实、制度保障、检查整改、完善机制等方面做大量工作,活动具有不少亮点,这一年,久事工会被推荐为“安康杯”上海赛区优秀组织单位。2007年,交投集团所属单位全部参加竞赛活动,从而实现久事系统巴士、强生、交投三大公交集团“安康杯”竞赛的全覆盖。

2008年,久事按照“提高安全健康整体素质,实现安全健康科学发展”的竞赛主题,开展“安康杯”竞赛活动。在上海市“安康杯”竞赛办公室指导下,公司工会组织开展“一封安全家书”活动。广大职工及家属以家书的形式,对亲人的安全寄予关怀,参赛作品有父母的嘱托,有爱人的叮咛、倾诉,还有孩子的期盼。职工通过写信方式,再次接受安全教育,感悟安全的重要。“一封安全家书”活动成为2008年“安康杯”竞赛活动的重要内容之一。在该次活动中,久事工会收到巴士、强生、交投工会报送的50余篇参赛作品。经过评选,通过上海市总工会直接选送宝山巴士一封安全家书“张意彪《女儿的心愿》”参加全国总工会竞赛,该作品获上海市“安康杯”竞赛办组织的竞赛二等奖;选送巴士、强生、交投推荐的各一封安全家书参加上海市“安康杯”竞赛办组织的竞赛;评选久事系统“一封安全家书”的优胜奖12名(包括参加全国、上海市竞赛的作品),久事对这些作品均予以表彰、奖励。

2009年,在全国“安康杯”竞赛活动中,久事围绕“科学发展抓预防,预防为主重教育”的竞赛主题,加强劳动保护,继续扩大覆盖面,强生工会组织广大职工参加“全国职工安全健康知识答题竞赛”活动，交投、强生等工会组织“安全伴我行”演讲比赛，久事工会在此基础上，协调、组织三大集团工会合力参加上海市总工会举办的比赛并进入复赛。2010 年，久事系统“安康杯”竞赛活动紧紧围绕“加强班组安全建设、强化一线教育管理”的竞赛主题，加强中途检查和中途推进，巴士、强生、交投、置业工会结合企业实际和“安全月”活动，不断拓展竞赛活动的内涵和外延。

2011 年年初，久事进一步完善“安康杯”竞赛活动的组织领导，发动企业职工参加“安康杯”竞赛活动。所属企业有 24 家企业参加“安康杯”竞赛上海市赛区的报名，38 家企业参加久事赛区的竞赛，参赛职工近 5.3 万人，职工覆盖率近 65%，参赛单位数和覆盖职工数较历年大大提高。同时，久事工会设立巴士集团、强生集团、强生控股、交投集团和久事置业等五大分赛区，进一步指导推进所属基层企业的“安康杯”竞赛工作。2012 年，久事“安康杯”员工参赛率达 95%，其中车辆营运企业实现竞赛全覆盖。在竞赛过程中，久事工会以“弘扬企业安全文化，加强班组安全管理”为主题，组织开展班组安全建设与成果征集展示活动，进一步发挥班组在企业安全文化建设中的基础作用。是年，久事向上海市“安康杯”竞赛办公室推荐申报全国“安康杯”竞赛优胜单位 2 家、优胜班组 1 个、先进个人 1 名，各类先进申报规模和名额均创历年之最。

2013 年，为进一步促进企业安全生产运营、加强职工劳动保护，久事工会继续坚持安全发展理念，坚持“安全第一、预防为主、综合治理”的方针，深入开展安全生产劳动保护行动，创建“安全生产 1000 班组”活动。结合“安康杯”竞赛中途检查工作，重点查隐患、查漏洞、查盲点，梳理安全基础管理中的薄弱环节，为久事加强安全基础制度建设和安全文化建设，发挥职工广泛参与的优势和作用。2014 年，久事系统“安康杯”单位参赛率达 96%。2015—2017 年，参赛单位达 65 家以上，覆盖职工逾 6 万人，推动久事安全竞赛向更高目标发展。

第四节　班 组 风 采

一、上海巴士公交(集团)有限公司

【上海巴士第三公共交通有限公司 925 路明星班组】

925 路是一条始于上海市中心人民广场(武胜路)、止于航华新村的公交线路。总长 17.2 公里，途径黄浦、静安、长宁和闵行四个行政区域，日均客运量 1.5 万多人次。根据营运需要，925 路从 2013 年 9 月起实行无人售票。截至 2016 年年底，该明星班组有成员 8 人，其中 35 岁以下青年 6 人，占全部成员的 75%。

925 路明星班组从 1995 年开始一直将“上海市级青年文明号”的荣誉保持并加以深化。在 2015—2016 年度创建“全国青年文明号”过程中，明星班组在“号长”方进带领下，保持稳定、优质的服务。面对线路营运的变化，明星班组注重服务方式和服务管理的不断创新，形成车厢服务特色，青年们以饱满的热情、真诚的微笑、周到的服务迎接来自四面八方的乘客。车边微笑迎客、照顾赶到乘客、“三语”规范报站、坚持车厢消毒、劳模引领创新、履行社会承诺等六大服务特色，得到社会和广大乘客的首肯。

与此同时，“文明号”成员积极参与社会公益活动，为儿童福利院的孤残儿童们举行爱心募捐活动、与孤残儿童结对组成“临时家庭”、义务服务老年乘客等，树立起 925 路良好的品牌服务形象。

这支年轻的队伍连续多年获上海市青年文明号，2015 年获久事文明班组、先进班组，获 2015—2016 年度全国青年文明号，“号长”方进获 2013 年度上海市总工会“五一”劳动奖章、2015 年上海好

司机称号、全国交通运输行业劳动模范荣誉称号、2015 年度全国用户满意服务之星称号等。

【上海巴士第五公共交通有限公司 118 路青年班组】

118 路青年文明号为原宝山巴士公司 118 路青年文明号,2011 年改组为青年班组后,由巴士五公司十二车队团支部组建,成员为 20 名团员青年,且全部是一线驾驶员。其中 35 岁以下青年人占 70%,8 人获驾驶员中级工、3 人获高级工,是一支思想追求上进、业务功底扎实、充满活力朝气的队伍。

在上海市劳动模范徐永青的带领下,118 路继承上海百年公交的传统,也在传统的基础上创造属于自己的特色,如便民示意图、指路式服务法、"四心"操作法、"小蜜蜂"沪语报站等。青年们积极开动脑筋,先后创出青年党员于飞的"敬老服务操作法",即遇见老人上车等一等、老人上车鼓励让座、起步时提醒老人拉好扶手、老人下车时提醒安全慢行。青年党员许炯懿的"三稳"操作法,即起步稳一点、行驶中途稳一点、进站开门稳一点。沈烨的观察法,即起步前观察后边反光镜,能照顾到后赶到的乘客;过路口时观察行人和非机动车,做到礼让先行;进站时观察非机动车后再开门,防止乘客下车被碰伤等。

秉承着"只要有投诉,就是我们的工作不到位"的服务口号,118 路青年班组先后获 2011—2012 年度、2015—2016 年度全国青年文明号,2013—2014 年度、2015—2016 年度上海市青年文明号。

二、上海强生控股股份有限公司

【上海强生控股长海出租汽车公司二车队"王新生班组"】

"王新生班组"组建于 2000 年 12 月,原为强生虹桥机场短途车队。班组建立之后,始终牢记"乘客至上,信誉第一"的服务宗旨,先后推出过"五心""四主动""三真"服务操作法,以乘客满意为努力方向,坚持为广大中外乘客提供一流的服务,受到乘客的广泛好评。2010 年,在服务世博的工作中,"王新生班组"强化完善班组驾驶员的文明素养,对待乘客突出微笑服务,凡事"请"字当头,从温馨的服务用语、整洁的车况车貌等方面开展培训和技术练兵,真正做到以实际行动参与各项立功竞赛活动,以优质服务迎接广大中外宾客,为强生、为上海赢得良好的社会声誉,被誉为"上海第一窗口"。

自成立起,"王新生班组"获上海市交通行业品牌服务窗口、上海市红旗班组、上海市劳动模范集体等称号,班组长王新生被评为 2006 年度上海市劳动模范。2006 年 10 月,"王新生班组"在被上海市总工会、团市委、市质量协会评为上海用户满意服务明星班组的基础上,又被推荐为全国用户满意服务明星班组,成为该次被评选命名的 120 个全国用户满意服务明星班组中唯一的出租汽车营运班组。

【上海强生控股 62580000 业务调度中心】

业务调度中心是强生对外服务的品牌窗口,"62580000"是深受上海市民欢迎的租车热线,主要从事各类车辆的订车和调派、营运站点、会务车辆调度工作。自 1988 年创建之后,业务调度中心坚持"乘客发火我耐心,乘客急躁我冷静,乘客粗暴我礼貌,乘客埋怨我热情"的服务格言,不断自勉,先后推出四大特色服务,即百问不厌的咨询服务、适应市场的超值服务、外宾信服的双语服务和构筑平安的报警服务。

业务调度中心以最大限量满足客户需求为己任，从内部挖潜、外部扩展入手，积极拓展业务，提高强生"62580000"的社会知名度，实现在一些高档宾馆、住宅区、商务楼都有强生的业务，形成高、中、低客源，大、中、小车型较为齐全的业务服务网络。先后向社会推出一系列友情服务的举措，从电话叫车5分钟到达到免费道路咨询，从高考租车热线的开通到提醒服务的试行，以及代客接送、指定用车服务等，"62580000"租车热线已逐渐发展成为集"租车、咨询、订票、报警"等多种服务功能于一体的综合热线。平台可调度车辆11 000余辆，连续多年以60%以上的市场占有率保持上海出租汽车行业电调服务的领先地位，且提供人工接听、IVR语音自助订车、网上订车、一键通、"强生出行"App、强生微信公众号等多渠道叫车方式。平台肩负政府公共客运辅助服务的空中指挥作用，实现机场、火车站、国际邮轮客运码头等客运集散点"水陆空"交通大联通，无缝接轨调度车辆、疏散客流。在中国国际进口博览会、中国华东进出口商品交易会、中国国际工业博览会等大型会务期间，为乘客出行提供保障，深受乘客和市民欢迎和信赖。

"62580000"业务调度中心先后获上海市劳模集体、上海市百佳文明窗口、上海市红旗班组、上海市三八红旗集体、上海市职工道德建设先进单位、全国青年文明号、全国巾帼文明岗和全国女职工先进集体等诸多荣誉称号。

第五节　文 化 载 体

一、企业网站和出版物

【久事集团公司】

官方网站"上海久事"　网址为 http://www.jiushi.com.cn，于2003年3月建立，用以宣传上海久事的企业定位、产业品牌、企业文化等，是上海国资系统内首批建立的互联网官方网站。后于2011年进行首次改版，改版后网站主要向公众展示久事的发展战略和企业文化，介绍久事"公共交通、赛事文化、经典楼宇"三大品牌。

2017年，进行第二次改版，网站改版后充分体现"久久为公，事事为民"的企业宗旨，网站首页上部以"集团简介、信息披露、产业布局、新闻中心、党建工作"为栏目，中间以"城市交通、体育产业、地产置业、资本经营"的经典画面为进入各板块的信息入口，体现久事集团"四位一体，两翼支撑"的发展战略，整体页面风格简洁明了，同时突出久事集团的大气磅礴和深厚底蕴。

官方微信公众号"久事党建"　2016年11月，久事集团党委依托"互联网+"手段，探索完善互联网形势下党建宣传的新模式，开通"久事党建"微信公众号，并于2017年2月注册。定期向上推送集团重要党建信息至党中央、中共上海市委、市国资委，进一步扩大久事集团党建工作影响力。截至2017年，"久事党建"微信公众号发布信息78期179篇文章，单篇最高点击量2万余次。2017年第四季度，集团党委工作部策划并开展"打造品牌立新功，提升服务创佳绩"的党建主题活动成果线上展示活动，推动新媒体融合环境下党建主题活动创新发展，有效扩大久事基层党建工作的辐射力、影响力。

《久事动态》　1994年，为减少内部刊物种类，久事将原有两份刊物《久事动态》和《久事信息》合并，办一份新的《久事动态》作为久事的"司刊"，刊头和期数继续沿用原有的《久事动态》。该刊物主要反映久事内部领导与职工之间、部门与部门之间、员工与员工之间、久事与外界之间的信息、工作的交流与交往。所刊登的内容具有动态性、广泛性、可看性，反映久事"两个文明"建设的实际，所设的栏目有领导活动、业务动态、往来交流、信息之窗、文明新风、政策法令等,视情况随时增减。《久事动态》由办公室编发,面向全体员工,供久事内部阅读;不定期、不定版,但争取每周至半月出版一期。

《久事简报》 为了系统地、全面地向上级领导部门反映、汇报久事的工作全貌,使上级领导更多、更深了解久事的工作和业务状况,1994 年,久事以办公室名义编发《久事简报》。《久事简报》是一份内部刊物,所登内容以久事的大事为主,如重要活动、总结汇报、工作计划、课题研究、生产经营状况以及各个时期对上级、对国家有关政策、法令、重要会议的反映等。《久事简报》以上送为主,同时发久事领导和部室领导,控制印数,根据所涉内容可赠予有关单位。所登内容一般较重要,由公司分管领导签发后方能刊出,刊载的稿件有一定的随机性,故不定期。

《久事党建》 2013 年 1 月,久事党委工作部编发《久事党建》简报,反映基层党建工作情况,交流基层党建工作经验。2013 年全年编发 53 期,其中被基层党建网、《支部生活》和《组织人事报》等党内媒体录用 33 篇。2014 年编发 47 期,2015 年编发 32 期,2016 年编发 44 期,2017 年编发 70 期,其中 37 篇文章被上海基层党建网录用,录用篇数位居国资系统前列。

【上海巴士公交(集团)有限公司】

官方网站"久事公交" 网址为 http://www.84000.com.cn,于 2003 年 7 月建立,用以加强市民、职工与企业的沟通,是全国城市公共交通行业内第一个沟通社会的快速网络平台。网站首页呈现"公告""新闻中心""运营动态"三大板块,左侧罗列所有下属企业的链接,右边则是系统登录入口。

为提高服务质量、管理水平和管理效率,巴士集团通过建立网上"巴士论坛""员工之声"栏目接受市民、职工对企业发展、服务质量等方面的投诉、咨询、建议,对职工来信、来电、来访或通过 E-mail 反映的问题,由专人负责收集、整理、处理和反馈,做到件件有回复,而且反映情况和处理结果都通过《巴士信息》和《巴士之窗》月刊定期公布。

巴士集团尤为重视对线路服务质量的投诉处理。365 天 24 小时不间断的沟通渠道,3 个工作日内必答复,100%的回复率,投诉涉及的公交企业必须在 3 个工作日内进行回复,通过这些服务不断改进工作,让广大乘客切身感受到"绿色巴士,服务到家"理念的深刻内涵。

官方微博和官方微信公众号"巴士发布" 2012 年 5 月,巴士集团在新浪、腾讯、东方网和新民网四网联动开通政务微博"巴士发布"。推送内容从单纯的信息发布发展到业务咨询、乘客投诉诉求的处理、主题活动的开展等。在特殊时间节点,提供特别的微博服务,如在双休日和小长假等法定假日推出"乘公交白相大上海"等微博服务栏目,为海内外游客和市民游览上海提供公交出游指南。

为进一步提升巴士公众形象,"巴士发布"微信公众号于 2017 年投入营运。有"党群视窗""服务大厅""巴士资讯"3 个栏目,其中,"服务大厅"内设主席信箱、公交查询、线网调整三类服务,"巴士资讯"内设精彩回顾、巴士矩阵、正能量合集三种链接。截至 2017 年年底,推送图文 425 篇,阅读总量达 47.8 万余次,累计关注数达 40 792 人。

"上海公交"手机 App "上海公交"手机 App 是提供公共交通营运信息、为乘客提供出行信息的服务系统,有线路查询(提供线路上下行的走向、设站和首末班车时间等基础信息)、换乘查询(提供由出发地到目的地多条出行线路,为乘客规划出行方案提供选择)、周边公交查询(提供查询定位地点周边一定范围内的公交线路和站点信息)和实时公交查询(提供距离查询站点最近的 3 辆车车牌，以及预计到站的站距、行驶时间等信息）四大基本功能。到2017年4月可以为1 134余条公交线路、1.6万辆车提供到站预报服务的动态信息，每10秒钟调整刷新一次，可精确到分钟，中心城区内的车辆到站实时信息预报准确率超过96%。随着公交智能化工程的推进，到2017年年底，车辆实时到站信息服务基本做到公交线路全覆盖。

《巴士之窗》　为进一步加强企业"绿色巴士，服务到家"服务理念的宣传、加强企业文化宣传平台载体建设，巴士集团编发企业内部月刊《巴士之窗》，2000年9月试刊，2001年1月正式创刊。《巴士之窗》定位于企业文化传达、内部桥梁沟通及企业信息传播，内容紧扣企业管理及品牌形象提升。

截至2017年年底，《巴士之窗》出版193期，设置有巴士要闻、巴士动态、巴士聚焦、企业家园、业界速递等栏目，由本部职能部门和直属企业通讯员供稿。随着企业规模的发展，内容从最早每月一期16页扩展到2005年每月一期36页。该刊始终围绕增强企业凝聚力的办刊理念，树立典型、弘扬正气，致力于企业的可持续、高质量发展。

【上海强生控股股份有限公司】

官方网站"强生控股"　网址为www.62580000.com.cn，创建于2006年4月5日，是强生集团信息发布的主阵地，网站设置"首页""关于我们""新闻中心""企业文化""投资者关系""人才招聘""联系我们"等栏目。后由于强生重组，公司于2012年5月18日上线新的门户网站"强生控股"，是强生控股树立品牌形象的重要对外窗口，也是公司对外经营的一个电子销售平台。

强生网站首页有反映公司日常动态的"公司新闻"，既有文字，又有图片：有介绍公司出租汽车业、汽车租赁业、汽车服务业等五大板块经营管理状况的"板块巡礼"，有展示强生悠久历史的图片集"百年强生"，还有弘扬强生劳模精神的"群英风采"等10余个栏目。

电子商务平台作为首次引入官网的线上销售渠道，将公司大部分业务（包括网上订车、网上租车、网上新车展示、网上汽车配件销售、网上国内外旅游、网上机票和各类消费卡销售、网上个性卡制作、网上出租汽车智能终端等配套设施销售、网上驾驶员培训报名等）全部收入网中，并且还根据公司发展的需要，适时增加更多的服务。

该网站为驾车出行的广大市民免费提供"实时路况"查询，加大便民利民的服务力度。"实时路况"每15秒刷新一次，确保及时准确地反映道路现状，让驾车出行的市民在出门前就能够选择合理的路线，减少堵车，为城市节能减排作出贡献。

试运行期间，公司门户网站基本实现既是"公司服务和产品展示形象的广告阵地"，又是"通过网络开展服务和产品销售的电子商务平台"的目标。仅仅在试运营的一个多月中，网上订车就达300余车次，网上租车有900多车次，网上旅游（包括强生和巴士两家）有600多人次，其他业务也都有所开展。

【上海申铁投资有限公司】

官方网站"上海申铁投资有限公司"　网址为http：//www.shsttz.com，于2009年8月建立，内容主要包括"走进申铁""投资项目""铁路规划""公司图片""诚聘英才""公示公告"等六项，并有内控系统登录入口。该网站主要用于企业形象宣传、投资铁路项目介绍、铁路主要规划展示等。截至2019年8月，官网的总访客量达30万次，日均页面浏览量达300次左右。

【上海公共交通卡股份有限公司】

官方网站"上海公共交通卡股份有限公司" 网址为 http://www.sptcc.com,2008 年,交通卡公司委托上海幻岩文化传播有限公司,负责上海公共交通卡股份有限公司官网的前台页面设计制作、后台维护程序开发和发布内容重新梳理等工作,同时,实现网站对外上线。该网站后由交通卡公司负责运营,上海久誉软件系统有限公司提供相关技术支持,分为"交通卡""沪通卡""旅游卡"三大业务板块,主要提供企业品牌宣传、新闻公告、服务资讯、业务查询等功能。随着交通卡公司业务规模不断扩充,业务类型不断丰富,广大用户对官网的关注度越来越大,截至 2017 年年底,官网日均访客量达 5 700 次,日均页面浏览量达 19 000 次。

《一卡通信息》 《一卡通信息》为交通卡公司的内部宣传资料,从 2004 年 3 月 31 日开始发行,2 至 3 周发行一期,每年发行 15 至 16 期,每年内容整理汇编成一本。截至 2017 年年底共发行 13 年,主要内容是公司本部和下属企业的重要信息或发生的较大事件。

【上海久事置业有限公司】

官方网站"上海久事置业有限公司" 网址为 http://www.jiushizy.com.cn,置业公司第一版官方网站于 2014 年 9 月开始制作,并于 11 月上线。第一版网站以静态页面为主,通过大量的文字与图片,对置业公司的相关情况进行介绍。网站服务器采用虚拟服务器租用空间的方式,将网站存放在网站制作商处,便于其管理与运维。网站主要分为五大模块:"公司介绍""组织结构""公司业务""党建工作""联系我们"。"公司业务"中有四个小栏目:"房产开发""楼宇租赁""物业管理""创新业务"。"房产开发"栏目分别对久事西郊名墅、杭州观邸国际、古北强生花园三个项目进行介绍。

2017 年年初,随着置业公司业务的拓展和对外宣传需求的提升,为更好展示置业公司形象,置业公司将外网从静态页面改版到可以发布动态信息的版本。第二版于 2017 年 3 月上线。第二版的网站服务器采用购买阿里云的虚拟服务器的方式,同样委托制作方进行管理与运维。在第二版网站改版中,首页增加视频,对网站基调色进行调整,使得整个网站生动明亮不少。同时,支持后台数据实时发布,充实网站的内容,让社会大众能更好地了解置业公司的情况。

官方微信公众号"久事置业" "久事置业"微信公众号创建于 2017 年 4 月,是久事置业对外信息发布的主要阵地。公众号设有"今日置业""党工团建""互动置业"三个板块。"今日置业"包括"走进置业""新闻动态""置业风貌"三个栏目,主要介绍置业公司概况、新闻信息、部分置业所属经典楼宇。"党工团建"包括"党建园地""工团之窗""精神文明"三个栏目,主要介绍公司党工团活动开展和建设发展情况。"互动置业"包括"官方网站""联系我们"两个栏目,主要用于与公司取得联系。

"久事置业"公众号发布信息以置业党委、行政信息为主,涵盖置业本部各部门和所属各企业的各类重要新闻信息。自 2017 年 4 月底开通至年底,发布图文信息 41 篇,内容既包括公司要闻,又包含时事热点,对党的十九大精神宣传贯彻落实、公司中心工作都进行充分报道,获公司内外广泛好评。

二、车厢文化

【与媒体互动】

2012 年,巴士集团公交智能管理系统正式列入上海市"感知上海"66 个新闻采访推介点,代表上海的城市智能交通建设产业，接受国内外媒体的参观与采访。

“感知上海”系列新闻采访推介点是根据国务院第537号令的精神，在上海市委外宣办的组织推动下所建立的一系列体现上海特色、代表上海对外展示的示范单位，主要面向常驻上海的107家境外媒体、入境媒体以及各省市的新闻单位。

“感知上海”采访线工程资源覆盖广泛，涵盖上海经济、社会、社区发展新貌、科技发展成就、城市文化传承、城市创新能力等多项内容，以服务和引导中外记者，特别是境外记者准确、客观地报道上海社会、经济、文化发展等方面的情况。巴士集团成为“感知上海”新闻采访推介点，有助于进一步扩大其品牌的国内外影响力。

【车厢装饰】

公交彩车　早在20世纪七八十年代，每逢五一、十一等重大节日，沪上公交企业有设计装饰彩车上街营运的传统，公交彩车成为点缀节日街景的一道亮丽风景线。一些乘客更是追星般地以乘上公交彩车游览节日街市为荣。20世纪90年代后，公交彩车逐步淡出市民的视线。

为了继承发扬上海公交的优良传统，增添服务新亮点，巴士集团于2013年五一节前重新推出公交彩车，投放在南京路、浦东陆家嘴等繁华路段的巴士电车20路、23路和939路三条市区线路。与过去传统的公交彩车相比较，现在设计制作的公交彩车图案由原先的人工手绘改为电脑制作设计，车身粘贴广告纸，同时采用先进的LED冷光源技术，不仅用电量少，而且在夜间的发光效果更佳。不少老上海人觉得很有亲切感，仿佛回到小时候过节的场景。

之后每年元旦、春节、五一、十一等重大法定节日，巴士集团都保持公交彩车的传统，为节日的都市街头增添亮色。

【车厢宣传活动】

城市宣传　全国红旗线路49路是上海公交的著名品牌线路，沿线途经不少知名景观。为了让乘客感受到上海发展的精彩变化，公交49路车队自发创作，用一个多月时间采集文字和图片资料，并多次实地踩点，制作成视频《上海城市新印象》。这段视频从2012年7月18日开始在49路移动电视上滚动播放，分为四段分别反映衡山路、铜仁路（上海展览中心）、人民广场和外滩等上海地标性景点的新貌。每当49路行驶到沿线的相应站点，车载移动电视就会自动播放其中对应的一段，播放时间约1分钟。

法制宣传　2017年12月4日，上海举办第四个国家宪法日暨上海市第29届宪法宣传周主题活动。为配合活动开展，市司法局与久事集团、巴士集团联合启动“宪法进公交”项目，利用10辆全车身喷绘宪法宣传内容的公交车，以及100个投放宪法公益广告的公交车站，开展宪法宣传活动，为期3个月，为上海添上一抹流动而亮丽的“宪法红”。

强生后窗投影广告　为提升出租车窗广告利用率、丰富出租车窗广告的表现形式，2016年9月，强生出租携手壁虎科技公司，利用互联网技术研发全新车窗移动广告。强生出租和壁虎科技公司利用互联网后台，遥控出租车内的微型投影仪，通过出租车后窗平面投影反射来显示广告内容，广告内容可根据需要按规定时刻和划定地区选择性播放。此举解决了原来车后窗广告存在的更新烦琐、时效性差、成本偏高、形式呆板等问题，可通过互联网技术加以控制、传输和展现各类广告信息，实现广告生动、快捷、高效的传播目的。只要夜幕降临，出租车后窗上各类市政信息、公益广告、旅游购物指南等内容就会滚动播放，为市民和游客带来方便。

三、赛事文化

【F1 中国大奖赛】

F1(世界一级方程式锦标赛)与奥运会、世界杯并称世界三大体育赛事,有近 70 年历史,每年在世界各地举办 16～18 站,参赛车队 10～11 支,每站赛事吸引 180 多个国家转播,拥有 6 亿电视观众。F1 中国大奖赛由国际汽车联盟、国家体育总局、上海市人民政府主办,由久事集团下属久事体育集团及其子公司久事体育赛事公司承办。自 2004 年起落户上海国际赛车场,至 2017 年已连续举办 14 年,是国内规模最大的国际常设赛事,并保持着中国有史以来单场赛事现场观众人数最多的纪录。全球近 60 亿观众通过电视转播认识和了解上海,并有数 10 万外国观众赴上海观赛,通过 F1 中国大奖赛这一窗口,上海向全世界展示出改革开放以来的巨大成就和举办大型国际赛事的综合能力,城市形象和国际影响力大幅提升。同时,赛事还拉动上海旅游、接待、会展等服务行业的综合发展,成为上海乃至中国重要的外宣窗口,充分发挥国际大型赛事的城市客厅功能、旅游功能、桥梁功能和外宣功能。同时,F1 赛事也成为嘉定“借赛引商”、优化营商环境的最佳载体和实践平台,为区域经济和产业良性发展奠定坚实基础。

图 7-2-1　F1 中国大奖赛品牌标识

【上海 ATP1000 网球大师赛】

上海 ATP1000 网球大师赛是国际男子职业网球协会(ATP)世界巡回赛中级别最高的赛事,规模和总奖金仅次于四大满贯赛事。ATP1000 网球大师赛被称为亚洲男子网坛旗舰赛事,在全球 9 个城市举办,上海是亚洲唯一一站。上海自 2009 年开始在旗忠森林体育城网球中心举办这项比赛,并永久拥有这项赛事的举办权。上海 ATP1000 网球大师赛由国家体育总局和上海市人民政府主办,由久事集团下属久事体育集团及其子公司久事体育赛事公司承办。比赛于每年金秋十月举行,属于室外硬地赛事,世界排名前 20 位的男子选手强制参赛、前 45 位的选手自动进入参赛名单,总计有超过 100 名选手亮相上海,在为期 9 天的赛事中为球迷奉上精彩的对决,争夺 1 000 个冠军积分。该项赛事曾连续 5 年获全球年度最佳赛事荣誉,在 ATP 办赛历史上绝无仅有。上海 ATP1000 网球大师赛在世界网坛的影响力不断提升,市场基础越来越扎实,已经逐渐成为社会各界共享、共融、共创的平台。作为上海常年举办的大型国际赛事之一,上海 ATP1000 网球大师赛以及围绕该赛事举办的一系列节庆活动,是上海重要的城市文化旅游资源,借助国际顶级赛事极高的关注度和良好的平台效应,以及赛事期间进行的各种文化推广活动,上海的国际影响力得以不断提升。

图 7-2-2
上海 ATP1000 网球大师赛品牌标识

【环球马术冠军赛】

环球马术冠军赛是国际马术联合会最高级别国际马术障碍赛事(五星级),也是全球三大马术赛事之一,主要特点是参赛马匹和骑手均来自欧洲,且骑手水平最高、赛事奖金最高。2014 年,在与政府各部门的紧密合作下，赛事突破横亘在中国和欧洲之间的生物安全屏障，用“临时非疫区”的创新管控模式，解决动物检验检疫及马匹空中和陆地运输的难题，首届赛事在中华艺术宫南侧赛场成功举办，为欧美顶级赛马来中国参赛开辟先河，成就“上海之跃”的历史一刻。上海环球马术冠军赛由中国马术协会和上海市体育总会主办，由久事集团下属久事体育集团及其子公司久事体育赛事公司承办。每年的 3 天赛事平均可以吸引 2 万多人次观众到场观赛，同时有近千万国内观众以及近 60 个国家超过 1.3 亿的国外观众通过电视转播观看比赛。此项赛事国际影响力大、观赏性强、关注度高，是中国内地举办的最高级别马术赛事，不仅促进中国马术运动的发展，也进一步巩固和提升上海的城市形象，并推动中国与欧盟马匹贸易及相关产业发展，同时也为上海建设全球著名体育城市起到积极的推动作用。

图 7－2－3　环球马术冠军赛品牌标识

【国际田联钻石联赛上海站】

国际田联钻石联赛上海站前身是上海国际田径黄金大奖赛。2005 年，上海国际田径黄金大奖赛首次登陆上海，是当时国际田径联合会旗下最高规格的田径职业联赛，填补了中国顶级田径职业赛事的空白。2010 年，国际田联推出覆盖全球的顶级田径系列赛——钻石联赛。钻石联赛的举办地为全球 14 个城市，分布在亚洲、北美洲和欧洲。上海站被邀请进入该系列赛，与多哈站组成亚洲仅有的两站。赛事主办单位为中国田径协会和上海市体育局，2016 年起，赛事承办主体由上海国际田径黄金大奖赛公司变更为久事集团下属的久事体育集团及其子公司久事体育赛事公司。作为全球顶级的田径赛事，包括奥运会冠军、世锦赛冠军和世界纪录保持者在内的 100 多位顶尖运动员都会参与其中。同时，钻石联赛上海站赛事每年还会邀请各比赛项目的中国国家队运动员参赛，提供与世界顶级运动员同场竞技的绝佳机会。每年 5 月，钻石联赛上海站赛事不仅为申城市民以及全国田径爱好者带来世界一流的顶级体育盛宴，更通过“体教结合”等形式，不断深耕群众体育基础，努力在高端体育赛事和群众体育发展之间搭建沟通交流的桥梁，通过丰富多彩的群众体育活动带动社会各阶层参与体育运动的热情，赛事基础不断巩固，赛事的社会效益越来越显著。

图 7－2－4　国际田联钻石联赛上海站品牌标识

【国际汽联世界耐力锦标赛上海 6 小时分站赛】

国际汽联世界耐力锦标赛起源于拥有 96 年历史的法国勒芒耐力赛，是国际汽车联盟旗下仅次于 F1 和世界拉力锦标赛的重要高级别赛事。2012 年，上海国际赛车场与比利时斯帕、英国银石、巴西圣保罗、日本富士等著名的 F1 赛道一同，成为首届世界耐力锦标赛的八条赛道之一，吸引 14 至 16 支车队参赛。赛事由中国汽车摩托车运动联合会、上海市体育局共同主办，由久事集团下属久事体育集团及其子公司久事体育赛事公司承办。赛事开创性地采用“合作办赛、联合推广”的举办模式，充分调动拥有方、举办方、所在地等各方资源，共同培育这项国际顶级赛事。自举办以来，赛事知名度和影响力迅速提升，观众群体初具规

图 7－2－5　国际汽联世界耐力锦标赛上海 6 小时分站赛品牌标识

模,观赛人数实现井喷式增长,盛大观赛场面堪比“下一个 F1”,已逐步发展成为一个以赛事为核心,推动嘉定乃至上海旅游、休闲娱乐以及各类相关产业发展的大舞台,更通过为中国车队提供竞技平台进一步助力中国汽车运动的发展和成长。通过赛事激烈的角逐、赛场节日般的氛围、悉心的市场培育和中国车队的稳步崛起,国内外车迷对于赛事的关注、热爱和参与度不断提高,赛事的影响力得到很好的提升,成为上海又一精品赛事和城市的外宣舞台。该赛事通过更深入地挖掘赛事价值,发挥平台效应,促进中国汽车运动的发展和成长,助力上海打造全球著名体育城市和国际体育赛事之都。

【世界斯诺克上海大师赛】

世界斯诺克上海大师赛是世界斯诺克职业巡回赛的官方排名赛,也是代表世界斯诺克最高水平的顶级赛事。它是中国最具影响力的国际体育赛事之一,更是上海系列品牌国际赛事之一。作为亚洲顶级的斯诺克赛事,世界斯诺克上海大师赛自 2007 年起至 2017 年,在上海连续成功举办 11 年。赛事由世界职业斯诺克协会、中国台球协会、上海市体育总会和上海市徐汇区人民政府主办,自 2017 年起,由久事集团旗下久事体育集团及其子公司久事体育赛事公司承办。2018 年,经过多轮谈判磋商,创造性地引入全新赛制,上海大师赛由排名赛升级为奖金更加丰厚的邀请赛。世界排名前 16 位的选手以及另外 8 名中国选手,同场竞技,争夺荣誉和奖金。同时,为进一步提高赛事社会影响力和群众参与程度,赛前 3 个月会在全国 8 个城市举办业余斯诺克大师赛,产生的本土冠亚军选手直接获得参赛资格,在国际舞台上亮相。升级后的斯诺克上海大师赛全新亮相,赛事观赏性和观众参与度大幅提高,获得社会各界一致好评,为这项具有悠久历史和群众积淀的项目充实新鲜的血液。

图 7-2-6　世界斯诺克上海大师赛品牌标识

图 7-2-7　上海国际赛车场旅游景区品牌标识

【上海国际赛车场旅游景区】

上海国际赛车场旅游景区由久事集团旗下上海国际赛车场公司运营管理,位于嘉定区安亭镇,是以上海国际赛车场为核心景点的创新型开放式景区,包括上海国际赛车场、卡丁车场、城市乐道等独立景点与配套,可开发范围约 5.3 平方公里,为国家 4A 级旅游景区。上海国际赛车场是中国唯一的 F1 中国大奖赛举办地,从 2004 年开始至 2017 年,已连续举办 14 届,每年吸引观众近 40 万人,被国际汽联誉为世界赛车运动的中心舞台,已成为上海的赛车名片,在国内外具有广泛的品牌影响力。随着国家对体育及旅游产业支持力度的提升,相关产业蓬勃发展,上赛场区域将根据整体发展战略,适时启动 5A 级旅游景区和五星级旅游休闲基地的创建,通过标准化建设、运营和管理,努力将本区域打造为长三角体育休闲标志性景区和世界级体育城市及旅游城市的闪亮新名片。根据规划,上赛场 5.3 平方公里区域内的上赛场配套区将建设上海市民体育公园,其中一期项目足球公园已经启动建设,主要包括 11 人制足球场 18 片、5 人制足球场 32 片、篮球场 25 片以及配套用房、生态跑道、休闲广场、停车场等设施,建成后是市民群众运动健身、休闲娱乐、观光旅游的好去处。

四、楼宇文化

上海的外滩汇集了 20 多幢不同时期、不同风格的建筑,这些建筑凝聚了各国设计的精华,承载着各国沿袭的文化，被誉为万国建筑博览群，具有历史与文化的双重价值。对于久事来说，外滩的建筑既是百年留存的建筑、需要去看管保护的文物，又是弘扬建筑文化的平台，久事肩负着如何开发与应用的责任与担当。

【《中国上海·外滩》精装画册】

在久事实施“一三二二”发展战略和努力打造“外滩经典楼宇”品牌的背景之下，置业公司受托经营管理久事拥有的外滩经典楼宇。为了丰富“外滩”这张城市名片的内涵，2014 年，久事委托置业公司具体操办，请上海市摄影家协会副主席、著名摄影家陈海汶及其团队创作一本《中国上海·外滩》精装摄影画册。

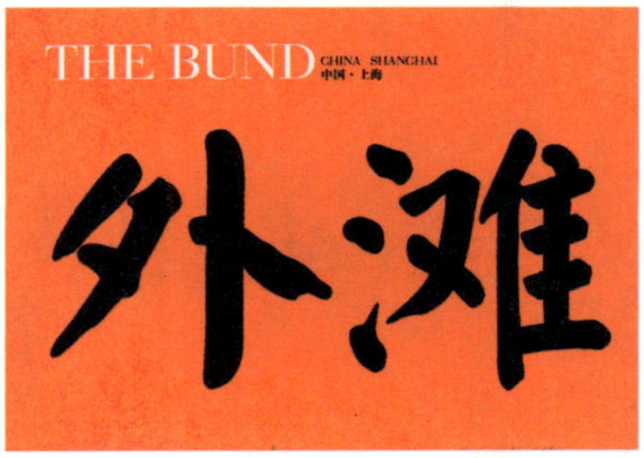

该画册图片主要由摄影家陈海汶创作拍摄，采用抓拍、模特摆拍、场景设定拍摄等多种形式创作，融合独特设计版面创意与编辑，是一本明练大气、注重人文形式的艺术画册，重点表现外滩独特的文史、建筑、内涵和久事 10 多年来努力打造“外滩经典楼宇”品牌所做的工作。相应的摄影展、摄影活动颁奖仪式、画册首发仪式于 2014 年 12 月举行。

图 7-2-8 《中国上海·外滩》精装画册封面

【百年交响——上海外滩百年历史变迁油画作品展】

为讲好外滩故事，借外滩弘扬海派艺术，久事开展与外滩建筑相关的考察调研、素材收集、公益讲座、公共展示等一系列活动。其中最为重要的一项活动就是举办“百年交响——上海外滩百年历史变迁油画作品展”，把外滩近百年的发展变迁通过油画的形式表现出来，传达一种文化，传承海派的艺术，从而使外滩以全新的视觉形象去吸引公众的视线，重获关注。

图 7-2-9 “百年交响——上海外滩百年历史变迁油画作品展”宣传画

为办好这样一个具有深远意义的画展，久事举办外滩经典建筑文化研讨会，邀请沪上多位文化界的知名专家、学者，为画展的创作活动出谋划策，还多次组织油画家去外滩的前街后衢搜集素材，实地写生。同时，又为画家们举办各种建筑形态、建筑历史的报告会，在思想和理论上作准备。所有这一切，都夯实了百年外滩油画创作的基础。最后，80 余位上海画家以外滩地区的建筑风貌为主题，创作不同的油画作品。创作者横跨从“40 后”的画坛“大咖”到“90 后”新人画家的各个年龄段，不仅有上海艺术界前辈夏葆元、魏景山、方世聪，也有丁设、朱刚、黄阿忠、姜建忠等中坚力量，更有应海海、孙化一、陈伟中、黄世坚、林海萍等成熟的中青年画家，共 80 多位画家的百余幅精品油画在画展展出。创作对象既有人们耳熟能详的外滩建筑群、外白渡桥，也有隐没于外滩风景线背后的普通楼宇和市井风情。绘画风格也涵盖现实、表现、印象等各个流派和手法。

2017 年 10 月 31 日，以“百年交响”为主题的上海外滩百年历史变迁油画作品展在刘海粟美术馆展出。随后，《百年交响——上海外滩百年历史变迁油画作品集》也得以出版。

第三章　久事公司庆典及职工文体活动

从周年庆祝活动到日常休闲娱乐，从丰富多彩的员工才艺到全员参与的集团盛会，久事为员工打造的业余生活环境无不体现着以人为本、和谐共进的理念，为员工营造轻松、有趣、活泼、人性化的氛围。

第一节　久事“周年庆”系列活动

一、五周年庆祝活动

1992年是久事成立五周年。中共中央总书记江泽民给久事题词：“积极筹措国内外资金，为振兴上海经济作出更大贡献。”国务院副总理朱镕基，中共上海市委书记吴邦国、市长黄菊，原上海市市长汪道涵等领导也分别为久事公司题词或书写贺信。

12月30日，上海展览中心举行上海市扩大利用外资“九四专项”成果汇报会。上海市新老领导黄菊、陈国栋、胡立教、汪道涵、徐匡迪等和各委、办负责人及上海各界人士400余人出席会议。市长黄菊在会上对久事五年间在扩大利用外资、加快上海的改革开放、发展上海经济建设所作出的贡献给予充分的肯定，并对久事以后的发展提出新的要求，指出方向。

二、十周年庆祝活动

1997年12月17日，久事举行成立十周年工作汇报会。市人大常委会原副主任、上海市计委原副主任王崇基，市政府副秘书长、市计委主任韩正等市计委新老领导以及久事和原实事公司的新老领导40余人参加汇报会，与会者观看录像片《辉煌的久事》，并于会后合影留念。12月26日，久事退管会召开庆祝公司成立十周年大会。久事全体党政领导向辛勤创业的老前辈致以崇高的敬意，并表示为久事的未来开拓奋进，再创辉煌。12月28日上午，在久事大厦工地举行久事向中共一大会址纪念馆捐助及久事大厦结构封顶仪式以庆祝久事公司成立十周年，久事将节省下的10万元庆典费用捐助给该纪念馆扩建工程，久事总经理鲍友德启动大厦封顶的混凝土搅拌车并讲话。久事编辑《上海久事公司成立十周年纪念册》。

久事成立十周年之际，中共中央、中共上海市委及各方新老领导纷纷为久事题词或书写贺信。1997年2月9日，中共中央总书记江泽民为久事成立十周年题词：“开拓奋进、再创辉煌。”2月18日，国务院副总理吴邦国为久事成立十周年题词：“乘势发展。”4月，上海市市长徐匡迪、中国投资协会会长王文泽分别为久事成立十周年题词，徐匡迪市长的题词是：“拓展投资空间，争取更大效益。”王文泽会长的题词是：“江天无垠，海东有路。”5月，国家计委主任、中国投资协会名誉会长陈锦华为公司成立十周年题词“推进投资体制改革，服务上海四化建设”；国家计委原副主任、中国国际工程咨询公司董事长陈光健题词“久事十年，成绩斐然；再接再厉，广辟财源；深化改革，效益居先”；上海市计委原主任，上海汽车工业（集团）公司董事长、总裁陈祥麟题词“重任在肩，继续努力”。6月，中共中央政治局委员、中共上海市委书记黄菊为久事成立十周年写贺信：“十年来，上海久事公司在扩大利用外资规模、筹措国内外资金、安排好地方建设财力资金、投资国家和市重大项目等方面取得了显著的成绩，为上海的经济建设和浦东开发开放作出了积极的贡献，也为投资体制的改革进行了有益的探索。”中共上海市委、市人大老领导陈国栋、胡立教分别为久事成立十周年题词。陈国栋的题词是“励精图治，业绩卓著，高瞻远瞩，辉煌前程”，胡立教的题词是“创宏伟事业，迎廿一世纪”。

10 月 20 日，总经理鲍友德，党委书记、副总经理张桂娟，党委副书记牟继祥接待、陪同电子工业部部长胡启立、副部长张文义视察久事，还陪同参观建设中的久事大厦工地。胡启立为久事成立十周年题词：“创新。”1998 年 1 月 2 日，上海市原副市长、中央财经领导小组办公室副主任华建敏在上海市综合经济党委副书记、市计委副主任杨定华陪同下视察久事，久事党政领导集体参加接待并汇报久事的有关工作。华建敏为久事十周年题词：“久事志远。”

在十周年活动前后，多家媒体也刊登相关报道庆祝久事十岁生日。1997 年 12 月 4 日，《解放日报》头版刊登新闻报道《南浦大桥六岁了》，后又于 12 月 28 日、31 日分别在头版刊登《“久事”为市政重大项目供血输氧》《上海久事公司迎来 10 岁生日》两篇文章；《新民晚报》于 12 月 30 日刊登题为《辉煌十年路，挥就大手笔》的文章。上海电视台、上海人民广播电台和上海东方广播电台也分别于 12 月 30 日晚间和 31 日上午在新闻节目中作相关报道庆祝久事成立十周年。

三、十五周年庆祝活动

2002 年，久事成立十五周年。久事于 2002 年 10 月 28 日收到中共上海市委书记黄菊祝贺久事成立十五周年的贺信。信中向全体员工表示热烈的祝贺，充分肯定久事在发挥政府投资主体的职能作用、积极筹措国内外资金、提高上海城市综合竞争力等方面的贡献。2002 年 12 月—2003 年 1 月，久事领导接待应邀参加十五周年司庆活动的上海各大金融机构、企业集团的领导。久事离退休老干部也应邀到久事大厦参加十五周年司庆活动，并与在职久事领导进行座谈。

久事于 2002 年 9 月成立“十五周年司庆筹备工作领导小组”和“领导小组办公室”，总体指导、协调司庆筹办工作，开展司庆系列活动。12 月 27 日上午，“上海久事公司成立十五周年回顾展”正式开幕，出席仪式的有市政府副秘书长杨雄、市计委副主任程静萍等领导和久事董事长张桂娟，党委书记、副董事长孙金富，监事会主席钱云龙，副总经理熊亦桦、毛小涵、张建伟以及申通集团、赛车场公司、南站广场公司各级领导等。开幕式结束后领导参观回顾展，并对久事成立 15 年所取得的业绩表示充分肯定。随后，久事全体员工及控股公司员工通过分批参观回顾展，回顾历史、展望未来。该展览进一步激发了全体员工的积极性和创造性，增强了久事凝聚力。下午，在久事大厦 30 楼会议中心，久事和申通、国际赛车场、南站广场、申铁投资公司的领导及员工举行庆祝久事成立十五周年联欢会，部分员工及家属表演丰富多彩的文艺节目。

四、三十周年庆祝活动

2017 年 12 月 30 日是久事集团成立 30 周年纪念日，集团于 28 日召开集团成立 30 周年庆祝大会，党政领导班子成员、老领导代表、总部各部门负责人、直属企业党政主要领导、基层一线先进代表等 70 余人参加庆祝大会。会上播放介绍久事集团 30 年发展历程的回顾片，并对获得“久事功臣”荣誉称号的先进个人代表进行颁奖；最后，集团党政领导班子成员和老领导代表共同启动象征久事集团迈向新征程、实现新跨越的鎏金沙仪式。12 月 29 日，离退休老同志大型座谈会在久事大厦 30 楼会议中心召开，老同志先分批参观集团 40 楼展厅，后观看集团成立 30 周年回顾片，老同志代表在座谈会上交流发言。

整个司庆活动期间，“上海久事”官方微信公众号“30 天，30 年”专题策划引发热烈反响。除此以外，集团与《解放日报》、《文汇报》、《新民晚报》、上海广播电视台和澎湃新闻等上海主流媒体合作，从 2017 年第四季度开始在媒体上进行重点宣传报道，为纪念大会进行预热，在 12 月 28 日、29 日达到宣传高峰。12 月 28 日，上海主流媒体主要版面对集团庆祝大会进行新闻报道，电视和广播新闻频道在重要时段播出相关专题节目；12 月 29 日，《解放日报》整版刊登过去 30 年内关于久事集团的重要新闻报道，《新民晚报》整版刊登面向社会征集的久事集团老照片的优秀作品。

图 7－3－1　2017 年 12 月 28 日，久事新老领导在庆祝上海久事成立 30 周年大会上合影

另外，集团还制作有关企业形象的宣传纪念品，包括一套宣传册和一套公交卡。宣传册制作以过去 30 周年媒体对久事重大事件、项目的新闻报道为素材，公交卡制作则以外滩建筑油画展部分优秀作品为素材。

第二节　职工文体活动

一、文艺展示

【文艺汇演】

1993 年春节前、1994 年元旦前，久事工会与党总支、行政、团委等系统各部门联合举办全体员工迎春联欢活动，每个部室都至少表演一个文艺节目。此外，全体员工共同进行益智类游戏，并穿插一些摇奖活动。此后，迎新春年会作为一项久事传统被保留下来，有时久事还会和直属企业一起举办。

2002年年初，久事和上海申通公司的全体员工携同家属参加2002年新春联谊会，两家公司的员工和上海市残联艺术团表演节目。2005年2月4日，久事与上海国际赛车场有限公司在上海国际赛车场联合举办2005年春节联欢会，节目涵盖演唱、朗诵、健身操等多种形式，并以舞会的方式结束。

除了每年的久事年会，久事还会组织一些特殊的庆典活动。1999年，久事工会筹备国庆五十周年联欢会，2002年，久事举行十五周年联欢会等，这些庆典活动中有职业装展示、乐器演奏、演唱、上海说唱、智力竞赛、舞蹈和游戏等多种形式的节目。2010年4月20日，久事举行迎世博主题实践活动暨文艺汇演，喜迎2010年上海世界博览会。

【歌咏】

为庆祝祖国华诞以及建党建军，久事举办过很多以爱党爱国为主题的歌咏比赛。1994年，为庆祝中华人民共和国成立45周年，久事以部门为单位组织全体员工参与“歌唱祖国，歌唱老一辈革命家”歌咏比赛。1995年5月29日，久事开展“红五月”歌咏比赛，歌唱革命歌曲。1996年，久事先后举办两次歌咏庆典活动，一次是7月1日举行的建党75周年歌会，另一次是“爱祖国、爱公司、爱集体”歌咏比赛。1997年国庆节前夕，举办“庆国庆，迎八运”卡拉OK比赛。

2000年，久事为筹备公司歌会成立三支合唱队，为使员工们学习声乐方面的基础知识，同时丰富员工的娱乐生活，久事于9至10月邀请专业辅导老师进行排练，共计12次。2001年6月20日下午，久事在海鸥饭店国际会议中心举办“上海久事公司庆祝中国共产党建党八十周年歌会”，全体在职员工、离退休老员工参加活动。6月22日下午，上海市计委系统在静安区青少年活动中心举办庆祝建党80周年歌咏比赛，久事合唱队参加比赛并获三等奖。

2011年6月，为庆祝中国共产党90周年华诞，进一步推进久事企业文化建设，动员广大久事员工全身心投入“十二五”改革发展征程，久事工会、团委开展以“唱响主旋律、建功十二五”为主题的久事员工共祝中国共产党90周年华诞卡拉OK大赛。2015年，适逢抗日战争胜利70周年和中华人民共和国成立66周年，为教育引导久事职工铭记历史、珍爱和平，久事集团工会联合团委以诗歌朗诵比赛的形式，组织举办“铭记历史、咏颂红旗”主题活动，得到各级工会和广大诗歌爱好者的响应，产生《走向纪念碑》《不朽》《那一年、这一年》等多个优秀节目。

除了久事本部组织的覆盖整个久事系统的歌咏比赛，各直属企业也举办过一些歌唱比赛。2006年，交投集团工会举办“歌颂祖国、纪念长征”十月歌会。2009年，巴士工会开展“歌颂祖国、共铸辉煌”职工大合唱比赛等。

另外，久事还多次参加上海市举办的歌咏比赛。1999年9月3日下午，为庆祝中华人民共和国成立50周年，上海市综合经济系统工会、团委在上海音乐厅举办“祖国颂”歌咏比赛，久事派出由37位歌手组成的合唱团参加，获三等奖。2001年，久事参加上海市计委系统庆“七一”歌咏比赛，取得团体三等奖和两个个人演唱奖。2008年，为纪念改革开放30周年，在巴士工会、巴士汽车学院的支持与承办下，久事工会组织参加国资委系统的大合唱比赛。

【书画摄影】

作为深受久事员工喜爱的艺术实践，书画摄影一直是久事十分重视的文娱活动，已成为企业文化的一个亮点。

1995年，久事成立摄影协会，摄影协会请上海市摄影家协会专家开办摄影技术讲座，传授员工摄影技巧。1996年，在1995年摄影技术讲座的基础上，再次邀请上海市摄影家协会的专家为公司摄影爱好者进行摄影实践现场指导，并于12月筹办久事员工摄影展，评选优秀作品。1997年，久事再次举办员工摄影展，约有40%的员工参与，并在此基础上，推荐10多幅获奖作品参加上级工会组织的“综合杯”摄影巡回展，最终有8幅作品被选中。1998年，久事组织部分摄影爱好者加入具有影响力的中国民俗摄影协会，并利用双休日外出开展摄影活动、组织摄影展。

2003年8月，为了丰富职工业余生活，陶冶艺术情操，久事把员工中的摄影爱好者组织起来，正式成立“久事公司摄影爱好者兴趣小组”。在兴趣小组成立会议上，大家讨论通过《上海久事公司摄影爱好者兴趣小组规则》，并对以后的活动提出初步打算。是年，摄影爱好者兴趣小组参加上海市计委系统第三届摄影巡回展活动。

2004年1月，为进一步丰富久事广大员工的文化生活，展示员工文化素养及艺术品位，久事工会联合各控股公司工会一起举办“心灵憩息的港湾”员工书画、摄影、收藏作品展。展品征集种类囊括员工的字、画、摄影作品、各类自制工艺品、各类收藏等，种类非常丰富。2005年9月14日，在久事大厦36楼举办“锁住精彩，陶冶人生”员工摄影展，展出23位员工的81幅作品，这些作品既有自然景观，又有域外风情，并由员工投票选出“你最喜爱的作品”。2007年，久事工会开展摄影采风活动，举办外滩经典楼宇、F1大奖赛和大师杯赛摄影图片展。2007年12月21日—2008年1月20日，为动员所有员工为久事做一次20年历史见证和企业文化记录，在久事大厦底层大厅举办“我看久事二十年”久事员工摄影作品展览，这次大型摄影展主要围绕“我眼中的久事人”“我为久事喝彩”“久事员工的闲情逸致”等3个主题，反映久事的创业历程和久事人的精神风貌。2009年9月下旬至10月上旬，久事开展“颂扬祖国、奉献世博”的久事系统职工书画摄影展，展示由久事系统员工创作的书法、篆刻、国画及摄影作品。2011年6月28日—7月8日，为庆祝中国共产党建党90周年，久事举办“党的光辉照我心”久事员工庆祝建党90周年摄影作品展。摄影作品主题围绕建党90周年光辉历程和上海2010年世博会的“成功、精彩、难忘”，展示久事及其广大员工为上海经济社会发展作出的积极贡献和取得的辉煌成就等。2013年，为积极践行久事“进取、负责、协作、奉献”四种精神，加速推进久事“一三二二”战略再创佳绩，久事举办“精品久事、精彩人生”久事职工迎国庆主题摄影作品展。从近600幅应征作品中遴选出230余件职工摄影作品，展示久事改革发展取得的辉煌成就和广大职工昂扬向上的精神风貌。此次参展的优秀作品还被汇编成册，供学习欣赏及交流。2014年，上海市国资委在全系统开展“中国梦・国企行”——上海市国资委系统职工书法摄影艺术作品展活动。久事选送的作品中，有8幅书法作品和13幅摄影作品获奖，同时，中共上海久事公司委员会被评为优秀组织奖。

2015年是五四运动96周年，为进一步丰富团员青年的业余生活，久事团委在久事系统开展“传承五四薪火，展现美好未来”久事萌宝摄影主题活动，通过摄影比赛展示团员青年家庭真实而丰富多彩的生活。活动自5月4日启动之后得到广大团员青年的响应，收到参赛作品370余幅，经过多次筛选，最终选取参赛作品中的部分精品在久事大堂展出。5月25日上午，久事团委在久事大厦大堂举行久事2015年度五四先进表彰暨“传承五四薪火，展现美好未来”久事萌宝摄影主题活动揭幕仪式，在对获奖集体和个人进行表彰之后，在场所有人员一起玩起“自拍”，把开幕式现场气氛推向高潮。

2016年，结合职工需求和愿望，由久事集团出资，在巴士、交投和赛事公司工会的支持下，集团调整摄影兴趣小组成员。

【棋牌等其他才艺活动】

1993年，久事工会购买扑克牌、象棋、乒乓球供员工午休时娱乐，并组建桥牌协会，到其他单位参加比赛。1994年，为庆祝中华人民共和国成立45周年和上海解放45周年，久事工会分别派代表参加上海市总工会举办的“工业经济杯”中国象棋赛和上海市计划委员会系统工会举办的桥牌、中国象棋比赛的小型运动会以及演讲比赛活动，久事在桥牌比赛中获团体第二名，在演讲比赛中获“演讲奖”。4 月下旬，久事与浦东公司联合举办桥牌友谊赛。1995 年 9 月 10 日，久事桥牌协会举办“久事盛达杯桥牌邀请赛”，邀请上海市政府部分领导、投资参股企业负责人等各界爱好者与员工 200 余人参加。2007 年 7 月 21 日，为推进《全民健身计划纲要》的实施，丰富员工文化娱乐生活，调动久事系统广大员工的工作积极性，久事工会举办首届“久事杯”“大怪路子”和“80 分”比赛。此后，“久事杯”牌类比赛每年开展一届，到 2010 年已开展 4 届。

除了棋牌比赛，久事还结合企业实际和职工需求，多次开展羽毛球、垂钓、插花比赛等职工文化体育活动，2016 年还在巴士、交投和赛事公司工会的支持下，结合广大员工愿望成立烹饪兴趣小组，为他们创造施展才华的平台。此外，巴士、强生、交投、置业等直属企业也因地制宜举办各类职工文体活动，丰富员工业余生活，放松身心，缓解疲劳，增强企业的和谐氛围。

【集团第一届职工艺术节】

2017 年是久事集团成立 30 周年，为搞好庆祝活动，加强企业文化建设，丰富职工精神生活，激励职工立足岗位建功立业，久事集团工会于 2017 年 5 月至 10 月开展第一届职工艺术节暨久事集团公司成立 30 周年庆祝活动。

该次艺术节的主题是“思源奋进、再创辉煌”，共设“好人好景大家拍”久事职工手机、相机摄影大赛、作品展，“好书好画大家绘”久事职工书画大赛、作品展，“好诗好词大家颂”久事职工诗词诵读比赛，“好歌好曲大家唱”久事职工歌唱比赛，“好舞好操大家秀”久事职工舞操比赛五大活动项目。艺术节以“突出主题，节俭办节”为原则，集团和基层企业上下联动，传统和新媒体相互结合，各项活动力求主题鲜明，格调高雅，贴近职工需求，反映广大职工在企业改革中所作出的突出贡献，增强久事集团职工对久事大家庭、久事品牌的认同感，助推企业改革发展。

图 7－3－2　2017 年 5 月 25 日，久事集团领导参观摄影作品展，共同点亮久事 30 周年纪念活动灯箱

摄影大赛项目于 2017 年 3 月启动,作品征集等相关筹备工作同步推进,5 月 25 日举办摄影展,并以此作为第一届职工艺术节开幕式。6 月至 10 月平均每月启动一个分项目比赛,10 月举办久事集团第一届职工艺术节闭幕式。整个艺术节历时 5 个多月,收到各类作品 1 291 件,先后有近万人次参加、观摩艺术节的各项活动。

“好人好景大家拍”久事职工手机、相机摄影大赛、作品展 摄影大赛举办时间为 2017 年 3—5 月,由久事集团工会主办,置业公司工会和投资公司工会承办。比赛围绕“思源奋进、再创辉煌”的主旋律营造积极向上的司庆氛围,鼓励广大职工紧扣“久事”主题,利用相机和智能手机从多个角度和维度呈现广大职工在工作和生活中与久事有关的感动瞬间和精彩故事。作品涵盖久事人文、久事团队、城市交通、体育赛事、经典楼宇等题材,体现久事集团在上海城市更新和服务能级提升中作出的突出贡献,激发广大员工热爱久事、关心久事、融入久事的主人翁精神。

作品征集阶段共征集 600 余幅作品,经专家评审组初审精选出 167 幅作品进行展出,这些优秀作品在久事集团微信公众号上进行线上展示,同时也在久事大厦 27 楼的主题展览现场板墙和多媒体瀑布流进行线下展示。

5 月 25 日上午,上海久事第一届职工艺术节开幕式暨职工摄影作品展在久事大厦 27 楼举行。久事集团总裁龚德庆到场并宣布艺术节开幕,党委副书记、纪委书记黄强致开幕辞。集团领导参观摄影展,并共同点亮象征久事 30 周年纪念活动的灯箱,标志着上海久事第一届职工艺术节正式举行。

“好书好画大家绘”久事职工书画大赛、作品展 职工艺术节之书画大赛、作品展举办时间为 2017 年 4—6 月,由久事集团工会主办,强生控股工会和赛车场公司工会承办。展览的主题为“情贵于久,功成于事”,通过职工中书画爱好者的笔触,展示身边员工风采和企业发展的丰硕成果,反映久事人文精神,弘扬社会主义核心价值观。

图 7-3-3 2017 年 6 月 26 日,集团第一届职工艺术节之久事职工书画作品展在久事大厦 27 楼举行

作品类型有书法类和绘画类。专家评审组从收到的数百幅参赛作品中精选出 94 幅进行展出，并由广大职工通过现场和久事党建微信公众号两种方式进行投票。

6 月 26 日上午，上海久事集团第一届职工艺术节之职工书画作品展在久事大厦 27 楼举行。这次书画作品展既是职工文化艺术创作水平的一次集中检阅，也是职工精神风貌、公司企业文化建设成就的一次充分展示。

“好诗好词大家颂”久事职工诗词诵读比赛　职工艺术节之诗词诵读比赛于 2017 年 6—8 月举办，主办单位为久事集团工会，承办单位为交投集团工会和申铁公司工会。比赛主要以久事党建、久事人文为题材，讴歌企业发展的成就和历史时刻，通过弘扬主旋律，歌颂美好生活，增强爱国、爱企业信念。参赛作品以原创为主，体裁包括自由诗、古体诗、散文及文章、书信等。

8 月 29 日，上海久事集团举办第一届职工艺术节之“好诗好词大家颂”久事职工诗词诵读比赛。比赛收到朗读、朗诵作品 76 篇，其中原创作品 27 篇。来自基层的 66 名诵读爱好者分上午和下午两场进行朗读和朗诵比赛，比赛现场气氛热烈，参赛选手们精神饱满、热情高涨。

图 7-3-4　2017 年 8 月 29 日，集团举办第一届职工艺术节之久事职工诗词诵读比赛

“好歌好曲大家唱”久事职工歌唱比赛　为丰富职工精神文化生活，提升职工艺术品位，职工艺术节歌唱比赛项目于 2017 年 5—9 月举行，由久事集团工会主办，巴士集团工会和交通卡公司工会承办。比赛搭建线上线下展示职工艺术才华的舞台，让普通职工的艺术梦想成为现实。

歌唱比赛的参与方式有网络组和传统组两种。网络组分为网络海选及线下展示两个阶段：参与选手在海选期间通过“唱吧”手机 App 平台注册、上传自己的音乐作品，不通过网络形式参加的选手由各单位工会初选后推荐参与传统组决赛。

9 月 27 日，上海久事集团第一届职工艺术节之“好歌好曲大家唱”久事职工歌唱比赛举行。比赛通过层层选拔，有 53 名职工从众多报名选手中脱颖而出，并分为上午网络组和下午传统组两场

图 7-3-5　2017 年 9 月 27 日,集团第一届职工艺术节之久事职工歌唱比赛举行

进行比拼。比赛现场气氛热烈,奏响喜迎党的十九大的主旋律。

“好舞好操大家秀”久事职工舞操比赛　上海久事第一届职工艺术节之“好舞好操大家秀”职工舞操比赛于 10 月 17 日举办,比赛由久事集团工会主办,体育集团工会和新联谊工会承办。舞操展

图 7-3-6　2017 年 10 月 17 日,集团举办第一届职工艺术节之久事职工舞操比赛

示把舞台真正交给参赛职工，挖掘出一批富有时尚动感、易于推广、易于普及的优秀舞蹈、拳操作品。

比赛分舞蹈和拳操两大类。经过层层筛选，有21个节目156名职工参加现场比赛。舞操作品的表演形式丰富多彩，有华尔兹、芭蕾舞、街舞踢踏、民族舞、拳操等。参赛选手通过激情表演，进一步鼓舞广大职工群众以饱满的热情和昂扬的斗志投身到久事改革发展中的决心。

表7-3-1　2017年久事集团第一届职工艺术节获奖单位及个人统计情况表

项　目	奖 项	获奖单位及个人	获　奖　作　品
“好人好景大家拍”久事职工手机、相机摄影大赛作品展			
相机组	第一名	体育集团　沈晓明	《2016年上海国际马拉松在外滩起跑》
	第二名	久事本部　吴耀萌	《浦江流淌》
		巴士集团　诸葛炎	《等待有缘人》
	第三名	久事置业　陈启华	《外滩外滩》
		交投集团　刘心昀	《夜未眠》
		强生控股　沈基雄	《魅力上海滩》
手机组	第一名	交投集团　陈晓栋	《和谐号》
	第二名	巴士集团　张　莉	《聚焦中运量》
		久事本部　王天华	《身影》
	第三名	久事置业　何鲁伊	《外滩掠影》
		巴士集团　乔文婧	《检修》
		申铁公司　罗安吉	《飞驰》
“好书好画大家绘”久事职工书画大赛、作品展			
书法比赛	第一名	强生出租　常记仁	
	第二名	强生汽修　王　飞	
		久事本部　李兆坤	
	第三名	巴士二公司　赵　嵘	
		强生出租　蔡显发	
		久事置业　顾　辉	
绘画比赛	第一名	强生出租　袁安康	
	第二名	强生控股　王亿凯	
		巴士五公司　陆　蔚	
	第三名	体育集团　应闻纬	
		久事本部　严寅坤	
		交投信科　顾春妍	

〔续表〕

项　目	奖 项	获奖单位及个人	获　奖　作　品
"好诗好词大家颂"久事职工诗词诵读比赛			
朗诵比赛	第一名	交投集团　周翔、刘心昀、周贤龙、许盈、方琼、邹妍超	《梦想照亮中国》
	第二名	交投集团　刘心昀、方琼	《我愿是激流》
		强生控股　施静慧、何斌	《这是我们的家》
	第三名	强生控股　施静慧、何斌、唐静、伍天玮	《出租车驾驶员》
		体育集团　张轶诚、冷震华、高瑜艳、陶融	《感恩久事》
		久事置业　黄琳、阚晓、周和昀	《庆祝久事公司成立三十周年》
朗读比赛	第一名	久事本部　王箴为	《祖国啊,我亲爱的祖国》
	第二名	交投集团　刘心昀	《船》
		巴士集团　朱　杰	《毛衣》
	第三名	巴士集团　宗小慰	《七月的畅想》
		交投集团　孟　滢	《百合花开》
		交通卡　石晓莉	《我与久事三十年》
"好歌好曲大家唱"久事职工歌唱比赛			
传统组	第一名	巴士集团　毛佳鸣	《祖国慈祥的母亲》
	第二名	强生控股　赵煊敏	《特别的爱给特别的你》
		巴士集团　钱　晨	《我和我的祖国》
	第三名	强生控股　姜　超	《为共和国默默行军》
		交投集团　徐严卿、卓文婕、冯娅巍	《小白杨》
		巴士集团　徐震海	《我像雪花天上来》
网络组	第一名	巴士集团　陈　杰	《当我想你的时候》
	第二名	交通卡　金仕杰	《离人》
		新联谊　陈　珺	《火》
	第三名	交投集团　李臣鑫	《离人》
		巴士集团　支震良	《伤痕》
		强生控股　施德俊	《迟来的春天》
"好舞好操大家秀"久事职工舞操比赛			
舞蹈比赛	第一名	久事本部	《芦花》
	第二名	巴士集团	形体舞
	第三名	新联谊	街舞

〔续表〕

项　目	奖 项	获奖单位及个人	获　奖　作　品
拳操比赛	第一名	体育集团	瑜伽
	第二名	体育集团	太极拳
	第三名	交投集团	军体拳

图 7-3-7　2017 年 10 月 27 日，在上海大舞台举办上海久事第一届职工艺术节闭幕式

2017 年 10 月 27 日下午 2 时，上海久事集团在上海大舞台举办上海久事第一届职工艺术节闭幕式。久事集团总部各部门负责人，各直属企业党政领导班子成员，集团劳模，各类先进、一线职工代表以及现场演职人员 3 000 余人参加闭幕式。

闭幕式上，集团领导分别为艺术节各分项目的 54 名获奖选手进行颁奖。公司党委书记龚德庆为久事团委志愿者品牌“上海久事志愿服务总队”揭牌并授旗，公司总裁郑元湖宣读 2016 年度久事优秀员工、久事优秀管理者、久事先进个人的表彰决定。集团党政领导为获得 2016 年度久事优秀员工、优秀管理者及先进个人代表颁发奖杯、奖牌并共同合影留念。

为了对艺术节更好地进行总结，久事集团工会将各比赛项目参赛作品及获奖选手的照片整理汇编，制作成《上海久事第一届职工艺术节风采录》，从而加强对企业文化的宣传。艺术节也成为受久事职工欢迎的节日，职工在久事党建微信公众号内纷纷留言，为做久事人感到骄傲，祝愿久事蒸蒸日上。

二、运动健身

【工间操】

1994—1997 年，久事鼓励员工开展运动健身活动。在 1994 年第二季度，派代表参加上海市计划委员会系统工会举办的健身操培训班。1996 年起,组织工间操锻炼,让员工调节身体,舒展筋骨。

2001 年,久事工会按照全民健身的要求,组织员工开展工间操的锻炼。同时,工会添置部分运动器材,为员工提供健身场所。2003 年上半年,久事建立“员工活动室”,设有乒乓球台、桌球台、棋牌和做广播操的设备和场地。2004 年开始,久事发挥青松城活动点的作用,不定期组织员工进行健身活动,创造条件开展摄影、羽毛球、桌球等活动,丰富职工业余生活。

【健身团队】

2007 年 7 月 18 日,上海巴士乒乓球俱乐部成立,俱乐部由巴士运动员组建,并吸纳上海市多名乒坛宿将加盟,训练基地设在浦东游泳馆乒乓球馆,并于当年在上海市乒乓球协会及中国乒乓球协会注册,取得参加市内外重大比赛和活动的资质。7 月 28—31 日,俱乐部代表上海市乒协俱乐部参加中国乒协在历史名城山西省大同市举办的“雁北宾馆杯”2007 年中国乒协会员联赛,新近挂牌成立的上海巴士乒乓球俱乐部出师大捷,连折桂冠,在全国乒乓体坛打响上海巴士品牌。10 月 3 日,为推进《全民健身计划纲要》的实施,丰富职工业余生活,久事在浦东巴士乒乓球俱乐部举办 2007 年“久事杯”乒乓球比赛。

2012 年,久事整合企业职工文化体育优势资源,探索推进职工文化阵地建设,以“久事强生”命名的乒乓球俱乐部实现迁址挂牌,俱乐部以服务职工、面向社会、增进交流为宗旨,逐步发展为久事职工文化品牌的重要组成部分。8 月 18 日,为增进企业相互交流,提高职工群众身体素质,上海久事强生乒乓球俱乐部举办 2012 年久事“强生杯”乒乓球比赛。是年,为响应上海市第一届市民运动会“全民参与、全民运动、全民健康”的号召,久事组团参加上海市第一届市民运动会,在历时近半年

图 7-3-8　2015 年 10 月 29 日,久事在张德英乒乓中心举行 2015 年职工乒乓球比赛

的运动会期间，久事系统内1.4万余人次参与27个项目的比赛健身活动，在乒乓球、篮球、足球、垂钓、健美、广播操等多个项目上取得优异成绩，久事被授予上海市第一届市民运动会集体最高荣誉——“民生奖金杯”。

2013年，上海久事强生乒乓球俱乐部在实现新增场地的基础上，申报上海职工体育活动示范基地和上海市职工文化体育协会专业委员会会员单位。俱乐部服务职工、面向社会、增进交流的工作取得新进展，继市民运动会夺得男女混合团体冠军之后，在中国乒协俱乐部年度总决赛中再摘桂冠。

【体育竞赛】

1996年4—9月，久事选拔员工参与上海市计划委员会系统工会开办的小型健身运动会，参加乒乓球、拔河、广播操、桥牌4项比赛。1997年6月，久事成立男子足球队，参加上海市综合经济系统直属工会举办的“回归杯”足球赛，获团体第6名的成绩。8月初，久事和上海市计划委员会共同举办乒乓球友谊赛。

为了提高员工健身意识，增强员工身体素质，使员工能以更饱满的精力投入工作和学习，1997年4月27日，久事在上海第二医科大学体育馆举办以“庆五一，迎八运”为主题的久事首届健身运动会。1998年3月17日至4月25日，举办第二届健身运动会，开展乒乓球、篮球、保龄球、棋牌4个比赛项目，久事90%以上的员工都参加至少一项比赛活动。此后，久事几乎每年举办一届健身运动会。

2016年，久事集团选派队伍参与上海市市级各类体育活动，取得不俗成绩。6月，集团承办上海市交通行业职工游泳比赛，在9个大项中获得4个冠军、3个亚军、5个季军的成绩；9月选派奥宾龙舟队代表久事集团参加“交通建设杯”龙舟赛，一举夺得预赛、决赛和总分三项第一的成绩；10月末，派出久事强生乒乓球俱乐部队员参与“华夏杯”上海—釜山市民乒乓球友谊赛获B组冠军，获全国乒乓球联赛总决赛女子30岁组团体和个人冠军、女子40岁组个人冠军、男子50岁组团体亚军等。

2016年5月5日，为大力弘扬五四精神、锤炼青年优良作风，久事集团围绕“学习年”“改革年”“发展年”的发展目标，在上海八万人体育场开展上海久事集团青年职工定向赛主题活动，活动主题为“传承五四薪火，勇挑改革重任”。比赛设有城市交通、体育产业、地产置业、资本经营4条线路，极大地发扬广大职工团结协作、奋斗向前的精神，成为久事集团激发员工凝聚力、彰显企业蓬勃朝气的重要活动之一。

【集团第一届职工运动会】

2016年6月3日，上海久事集团第一届职工运动会以千名职工参加健康跑的形式在东方体育中心举行。9月27日在上海体育馆以部分项目汇报表演和现场比赛的形式接受集团领导和各成员单位职工的检阅，顺利闭幕。

该届运动会设健康跑、游泳、篮球、拔河、羽毛球、棋牌、保龄球、乒乓球、广播操等9个大项28个小项的比赛。各成员单位根据集团比赛项目的设置，先自行举办职工运动会或开展相关比赛，选拔参加集团运动会的选手。最终，从4 800余人次的参赛职工中推选出近2 400人次的职工参与到集团运动会中。经过各轮次的比赛，产生66名获奖个人、48个获奖集体，在丰富职工文体运动的同时，极大地增强职工的健康意识，提高企业的凝聚力和向心力。

图 7－3－9　2016 年 6 月 3 日，久事集团第一届职工运动会开幕式，总裁龚德庆发令宣布健康跑开始

健康跑　6 月 3 日上午 9 时 30 分，上海久事集团所属单位在职职工在上海东方体育中心举行 5 公里健康跑比赛，比赛时间为 1 个小时。沿赛道设有医疗救助点，及时处理紧急医疗情况并备急救用车应对突发状况。另外，赛道边设置 6 项趣味活动，完成比赛的选手及现场观摩职工可根据喜

图 7－3－10　2016 年 6 月 3 日，久事集团第一届职工运动会健康跑第一名选手

好及特长参与活动项目挑战。

游泳比赛　2016 年 6 月 17 日上午 8 时 30 分至 11 时 30 分，久事集团第一届职工运动会游泳比赛在上海游泳馆举行，比赛由集团工会主办，上海东亚集团有限公司工会协办。比赛项目有男子 100 米蛙泳、男子 50 米自由泳、女子 100 米蛙泳、女子 50 米自由泳和男女混合接力 4×50 米，接力赛每组为 2 男 2 女参赛。

图 7-3-11　2016 年 6 月 17 日，久事集团第一届职工运动会游泳比赛

篮球比赛　2016 年 6 月 21 日上午 8 时 30 分，三人制篮球比赛在上海体育馆篮球公园南区举行，主题为“挑战地心引力，引爆篮球魅力”。比赛由集团工会主办，上海申铁投资有限公司工会协办。

拔河比赛　2016 年 6 月 25 日上午 9 时，拔河比赛在天山路停车场进行。是日完成小组赛和半决赛，冠亚军决赛安排在集团职工运动会闭幕式进行。

羽毛球比赛　2016 年 7 月 8 日，羽毛球比赛在上海卢湾体育馆进行，比赛由集团工会主办，上海交通投资(集团)有限公司工会协办，设有男子单打、女子单打、男子双打、女子双打和混合双打等比赛形式。为确保赛程公正及规范，比赛聘请专业裁判团队予以裁定。

棋牌比赛　2016 年 7 月 23 日上午 8 时 30 分，久事集团第一届职工运动会棋牌比赛开展，比赛由集团工会主办，上海久事置业有限公司工会协办。棋牌比赛分棋类赛和牌类赛两类。棋类赛有中国象棋和“四国大战”，牌类赛有“大怪路子”和“80 分”。

保龄球比赛　2016 年 8 月 19 日下午 1 时，保龄球比赛在上海国际网球中心保龄球馆举行。比赛分团体和个人两个项目。每支队伍由 4 人(3 男 1 女)组成团体，巴士集团、强生控股、交投集团、久事置业各 2 支队伍，集团总部及其余下属公司各 1 支队伍。

图 7-3-12　2016 年 7 月 8 日，久事集团第一届职工运动会羽毛球比赛

乒乓球比赛　2016 年 8 月 26 日，久事集团第一届职工运动会乒乓球比赛在杨浦区体育中心举行，比赛由集团工会主办，上海强生控股股份有限公司工会和上海久事强生乒乓球俱乐部协办，设有男女混合团体赛、男子单打比赛、女子单打比赛和领导干部(单打)比赛。

图 7-3-13　2016 年 8 月 26 日，久事集团第一届职工运动会乒乓球比赛在杨浦区体育中心举行

广播操比赛　9月27日，久事集团第一届职工运动会第九套广播体操比赛在上海体育馆举行，比赛由集团工会主办。每队参赛人数8男8女，加1名领操员共17人。

图7-3-14　2016年9月27日，久事集团第一届职工运动会闭幕式在上海体育馆举行

表7-3-2　2016年久事集团第一届职工运动会获奖单位及个人统计情况表

项　目		奖　项	获奖单位及个人
健康跑		第一名	强生修理　冯晓未
健康跑		第二名	强生修理　廖　俊
健康跑		第三名	巴士物资　尹民爵
健康跑		第四名	巴士四公司　闵卫锋
健康跑		第五名	巴士三公司　吕润跃
健康跑		第六名	久事投资　郭柳青
健康跑		第七名	现代交通　栾　凯
健康跑		第八名	金山巴士　朱玉荣
健康跑		第九名	东亚集团　刘赛迪
健康跑		第十名(并列)	交通投资　刘非梦 巴士五公司　徐椿玮
棋牌比赛	大怪路子	第一名	东亚集团
棋牌比赛	大怪路子	第二名	久事置业
棋牌比赛	大怪路子	第三名(并列)	巴士二公司 强生市北

〔续表〕

项目		奖项	获奖单位及个人
棋牌比赛	80分	第一名	置业公司一队
		第二名	强生广告
		第三名(并列)	巴士一公司 置业公司二队
	四国大战	第一名	东亚集团
		第二名	强生一分
		第三名(并列)	申铁公司 巴士一公司
	中国象棋	第一名	强生控股　唐志国
		第二名	崇明巴士　周红斌
		第三名(并列)	巴士一公司　王弈 东亚集团　王景象
游泳比赛	男子青年组50米自由泳	第一名	东亚集团　韩　琦
		第二名	赛事公司　赵　彦
		第三名	交投集团　周贤龙
	男子中年组50米自由泳	第一名	强生控股　陈　斌
		第二名	奥宾　周　濂
		第三名	强生控股　张胜荣
	女子青年组50米自由泳	第一名	东亚集团　包舜宇
		第二名	强生控股　冯雅君
		第三名	交投集团　卓文婕
	女子中年组50米自由泳	第一名	新联谊公司　赵伟威
		第二名	奥宾　王育蓓
		第三名	申铁　翁晖岚
	男子青年组100米蛙泳	第一名	东亚集团　张永吉
		第二名	东亚集团　顾剑斐
		第三名	巴士集团　李耘均
	男子中年组100米蛙泳	第一名	东亚集团　吴荣禄
		第二名	奥宾　程　斌
		第三名	交投集团　凌建鸣
	女子青年组100米蛙泳	第一名	东亚集团　朱　琳
		第二名	强生控股　潘芸霏
		第三名	交投集团　王悦礼
	男女混合接力4×50米	第一名	东亚集团
		第二名	强生控股
		第三名	交投集团

〔续表〕

项　目		奖　项	获奖单位及个人
广播操比赛		第一名	巴士集团二队
		第二名	奥宾
		第三名	交通卡公司
		第四名	巴士集团三队
		第五名	强生控股一队
		第六名	赛事公司
三人制篮球比赛		第一名	交投二队
		第二名	巴士一队
		第三名	新联谊公司
		第四名	东亚富豪
拔河比赛		第一名	巴士集团二队
		第二名	巴士集团三队
		第三名	巴士集团一队
乒乓球比赛	男子青年组单打	第一名	强生控股　曹　非
		第二名	强生控股　周　涛
		第三名	巴士集团　翁伟强
		第四名	强生控股　李宝刚
		第五名	巴士集团　钱鹤俊
		第六名	强生控股　毕　青
	男子中年组单打	第一名	强生控股　蒋振明
		第二名	巴士集团　王濑民
		第三名	交投集团　胡志明
		第四名	强生控股　黄冠军
		第五名	巴士集团　吴培良
		第六名	置业公司　刘兆虎
	女子单打	第一名	强生控股　祁　蓉
		第二名	巴士集团　陈卫莉
		第三名	巴士集团　郭生萍
		第四名	置业公司　邱　勤
	团体	第一名	强生控股一队
		第二名	巴士集团一队
		第三名	巴士集团三队
		第四名	强生控股三队
		第五名	巴士集团二队
		第六名	强生控股二队

〔续表〕

项　目		奖　项	获奖单位及个人
羽毛球比赛	男子单打	第一名	巴士集团　罗晓辉
		第二名	巴士集团　褚辉军
		第三名	交投集团　徐祎澍
		第四名	强生控股　朱建荣
	女子单打	第一名	巴士集团　翟海燕
		第二名	强生控股　周　莉
		第三名	久事置业　郑昆昱
		第四名	新联谊公司　叶　骅
	男子双打	第一名	巴士集团　周　磊、胡慧毅
		第二名	强生控股　腾建超、金建昌
		第三名	东亚集团　张　渊、邬斌华
		第四名	交投集团　金思恩、朱栋梁
	女子双打	第一名	强生控股　唐华蓉、陈海琦
		第二名	久事置业　王佳文、倪丽君
		第三名	东亚集团　左秀芳、房彦华
		第四名	交投集团　赵洁琼、孙蓓明
	混合双打	第一名	巴士集团　刘日庆、顾文婕
		第二名	强生控股　李　晟、唐　玫
		第三名	东亚集团　杨克勤、潘　吉
保龄球比赛	团体	第一名	东亚集团
		第二名	久事本部一队
		第三名	新联谊公司
	男子个人	第一名	新联谊公司　胡斌
		第二名	东亚集团　陈开俊
		第三名	久事本部　陈铭亮
	女子个人	第一名	东亚集团　刘海英
		第二名	巴士集团　竺丽洁
		第三名	强生控股　夏建梅

第三节　组团活动

一、观影观摩

1993年起，久事工会为丰富员工业余生活，一般每个月组织员工观看一次电影。1993年下半年，因久事业务繁忙，看电影次数有所减少。2003 年开始，久事实行“金额确定、影院分散、时间跨度大”的做法，组织员工自行选择、安排观摩电影。2017 年，久事安排每两周的周三午休时间开展中外电影赏析活动，电影类型涵盖热门大片、怀旧经典、艺术人文等。

1998 年，久事组织青年团员参观澳大利亚访沪军舰。2003 年，安排员工及家属到久事观看金茂大厦国际跳伞表演，还组织观摩意大利巴洛克大型光雕艺术展。2007 年，节假日期间组织职工观看音乐会、演唱会和电影。

2004 年夏天开始，久事利用公司综合优势，在 F1 赛事期间组织员工参观 F1 赛车场，并先后三次组织观看 F1 赛车比赛和在外滩黄浦江上举行的 F1 摩托艇比赛。2005 年，组织久事员工和控股公司员工观摩上海赛车场的房车赛和当年的 F1 中国站大奖赛。2006 年，在 F1 中国站赛季，久事系统员工观摩 2006 年 F1 中国站大奖赛人数达 6 000 多人，该活动获广大员工一致好评。2016 年久事组织 1.2 万余名职工及家属观摩浪琴马术赛和钻石联赛，既宣传久事品牌又丰富职工生活。2017 年，为使广大职工共享久事赛事资源，提升职工对久事集团的归属感，集团工会与体育集团建立久事职工观赛长效机制。据统计，2017 年工会共组织 1.69 万人次职工及家属观摩上海马术赛、钻石联赛和网球大师赛三场比赛。

除了体育资源，久事集团还注重对职工的文化熏陶，2017 年，集团组织近千名职工参观“百年交响——上海外滩百年历史变迁油画作品展”。

二、郊游出行

1994 年开始，久事利用节假日分期、分批组织员工进行郊游出行活动，是年组织参观东方明珠电视塔，观望上海的风貌。5 月中旬，久事以上海植物园为终点组织自行车郊游活动，60 人参加活动，占员工总数的 2/3。1995 年 3 月 12 日植树节，久事党总支、团支部组织 90 余名员工到久事西郊别墅参加植树活动。是年，组织员工游览苏州市昆山市周庄古镇。下半年，又组织员工赴上海市长兴岛，领略改革开放后的农村丰收景象。

1996 至 2006 年，久事先后安排 90 多名员工参观上海市南汇桃花节、野生动物园；为庆国庆、迎中秋，组织全体员工赴上海市南翔环球乐园游玩；去威尼斯花园别墅度双休日，并将威尼斯花园别墅作为员工双休日游玩基地；参观世界四大游轮之一的英国皇家豪华游轮“奥丽安娜号”和浦东孙桥现代农业开发区；在青松城进行周末员工集体活动；利用双休日、节假日游崇明、杭州等地。2004 年秋天，久事首次使用工会补贴的一部分经费，利用休假时间组织外出旅游休闲。

第四章　社会责任

作为一家公共服务型企业，久事的社会责任意识贯穿于久事成长发展的全过程。无论是面向员工的互助互济机制，还是定点的结对帮扶，抑或是自发的救灾募捐和公益捐赠、为市民提供人性化服务、组织志愿服务活动，久事始终秉承着肩负起社会责任的坚定信念，每年发布企业社会责任报告，积极履行企业公民责任，为上海增添人文的亮色。

第一节　企业社会责任报告

一、久事公司社会责任报告

久事高度重视加强社会责任管理工作，从 2014 年起每年发布企业履行社会责任报告并在网上披露，内容涵盖久事内设部门及直属企业，及时回应相关利益者的意见建议，主动接受各方监督，下属企业也纷纷结合文明单位创建活动发布履行社会责任报告。

2014 年 6 月 28 日，久事印发《2013 年度履行社会责任报告》，从“坚持依法诚信经营”“切实提高产品质量和服务水平”“不断提高持续经营能力”“加强资源节约和环境保护”“推进自主创新和技术进步”“全力保障生产安全”“维护职工合法权益”“参与社会公益事业”8 个方面呈现公司 2013 年度社会责任相关工作情况。《2014 年度履行社会责任报告》于 2015 年 6 月 28 日印发。

2015 年 5 月 11 日，久事首次印发《2015 年度上海久事公司履行社会责任项目清单》，继续从上 8 个方面列出责任清单，并逐个阐释每类责任的工作项目、具体内容、实施部门和时间节点。《2015 年度履行社会责任报告》于 2016 年 7 月 1 日印发。

2016 年，集团把企业社会责任管理作为党委和行政联合推进的重点工作，并继续以制定项目清单的形式，进一步明确目标、落实责任、完善措施，形成集团上下全面推进社会责任工作的新局面。是年 2 月 26 日，久事集团印发《2016 年度上海久事（集团）有限公司履行社会责任项目清单》。

2016 年 11 月 18 日，上海市国有资产监督管理委员会印发《关于本市国有企业更好履行社会责任的若干意见》，要求到 2020 年，市管国有企业及所属重要核心企业定期发布社会责任报告、形成企业履行社会责任考核评价的制度化安排，建设“责任国企”“创新国企”“诚信国企”“绿色国企”“和谐国企”“平安国企”。2017 年 6 月 5 日，久事集团遵循上海市国资委《关于本市国有企业更好履行社会责任的若干意见》等相关要求编制并发布《2016 年度履行社会责任报告》，从“责任”“创新”“诚信”“服务”“绿色”“和谐”“平安”7 个方面阐述久事集团在履行社会责任上的实践和成效。

2017 年 5 月 17 日，久事集团印发《2017 年度上海久事（集团）有限公司履行社会责任项目清单》，按照“责任久事”“创新久事”“诚信久事”“绿色久事”“和谐久事”“平安久事”列出 45 项具体工作内容。12 月 25 日，久事集团印发《关于久事集团进一步加强社会责任建设的实施意见》，积极推动社会责任落实。规定每年召开企业社会责任推进工作会议，确定社会责任年度工作计划，加强对直属企业履行社会责任工作的指导督促。每半年对履行社会责任情况进行分析评估，查找企业履行社会责任中的薄弱环节，及时采取措施完善社会责任工作。建立健全社会责任报告年度发布制度，每年编制发布社会责任报告，不断改进和提高报告质量。进一步扩大编制发布范围，逐步覆盖三层次党委级企业。

二、直属企业社会责任报告

【上海巴士公交(集团)有限公司】

2014 年首次发布《2013 年度企业社会责任报告》，阐述公司在优质服务、安全责任、节能减排、推进改革、队伍建设、员工保障与激励、社会参与等方面履行社会责任的情况。2015 年发布的《2014 年度企业社会责任报告》对报告框架进行微调，分为主体责任、精品公交、数字公交、安全责任、环保公交、员工建设、依法经营和爱心公益 8 个章节。《2015 年度企业社会责任报告》至《2017 年度企业社会责任报告》则更加明确“智慧公交”和“绿色公交”两大发展方向。

【上海强生控股股份有限公司】

首次于 2012 年年底发布《2012 年度上海强生控股股份有限公司文明单位社会责任报告》，涵盖员工管理、利润与经济效益、产品与服务质量、守法经营、社会诚信形象、社会公益和环境管理等多个方面内容。《2016 年度上海强生控股股份有限公司文明单位社会责任报告》框架结构调整为经营管理、和谐关系、战略发展、诚信建设、廉政建设、安全生产、党的建设、节能环保、志愿奉献等方面，2017 年度则突出阐释“责任强生”“诚信强生”“创新强生”“绿色强生”“和谐强生”“平安强生”6 个方面内容。

【上海久事体育产业发展(集团)有限公司】

首次于 2018 年 8 月 9 日发布《2017 年度履行社会责任报告》，内容主要从“责任”“创新”“诚信”“服务”“绿色”“和谐”“平安”7 个方面披露体育集团在诚信经营、持续赢利、提升服务、保护环境、技术创新、安全生产、维护权益、参与公益等方面履行社会责任的情况。

【上海国际赛车场有限公司】

2016 年 2 月 29 日，首次发布《2015 年度社会责任报告》，从依法诚信经营、提高持续赢利能力、提高景区运营管理、加强资源节约和环境保护、落实安全治理措施、维护员工合法权益和参与社会公益事业等 7 个方面呈现赛车场公司在履行社会责任方面的角色和功能。《2016 年度社会责任报告》和《2017 年度社会责任报告》分别于 2017 年 2 月 10 日和 2018 年 3 月 18 日发布。

【上海久事置业有限公司】

2014 年首次发布《2013 年度社会责任报告》，从经济与服务责任、诚信责任、社会责任等方面反映公司在社会责任方面所做的工作。2017 年发布的《2016 年度社会责任报告》则通过介绍公司业绩和社会公益反映公司在履行社会责任方面的实践。

【上海久事投资管理有限公司】

2017 年首次发布《2016 年度履行社会责任报告》，主要阐述在依法诚信经营、提高经营能力、加强环境保护、落实安全生产、维护职工权益、参与社会公益等方面履行社会责任的情况。《2017 年度履行社会责任报告》于 2018 年发布,阐述公司在建设"诚信久投""创新久投""绿色久投""安全久投""和谐久投""责任久投"等方面履行社会责任的情况。

第二节　公益捐赠和救灾募捐

一、管理办法

2016 年 7 月 26 日,久事集团召开 2016 年第 17 次总裁办公会议,会议审议通过《上海久事(集团)有限公司对外捐赠管理办法》。该办法分 7 章 25 条,包括对外捐赠的原则、类型、范围、决策程序和规则、监督等内容。明确对外捐赠的资产和受益人范围,规范对外捐赠预算管理,细化对外捐赠的内部审批程序,落实对外捐赠管理责任,确保对外捐赠行为规范操作。

11 月 1 日下午,久事集团召开 2016 年第 24 次总裁办公会议。会议审议《关于捐赠上海市体育发展基金会的工作方案》。

二、青少年援助

1995 年 7 月 22 日,久事共青团支部组织全体团员自愿捐助 2 名失学儿童并于上海市希望工程办公室登记,其中一名儿童为西藏自治区日喀则地区定日县甲措希望小学的次旦同学。10 月 28 日,久事计划财务部组织该部门全体员工到上海残疾儿童福利院捐献儿童图书、玩具、学习用品、食品。10 月 31 日,又一次组织该部门全体员工参加上海市邮政局、上海市希望工程办公室举办的希望工程捐助储蓄活动,向贫困地区失学儿童捐赠 5 200 元。

1996 年 7 月 1 日,为了给西藏江孜县建设希望工程小学筹措资金,久事举行由全体员工参加的希望工程捐助仪式。久事党政领导和各部门、子公司的负责人分别上台捐款,共计 3.44 万元。7 月 24 日,久事委托上海市希望工程办公室向西藏自治区江孜县闵行中学捐款 10 万元,其中含员工捐款 3.6 万元,并开设上海久事公司奖学基金,为该校学生成才献出一片爱心。上海市希望工程办公室向久事颁发证书。

2001 年,由久事工会等 10 家单位联合组建的济华发展公司已于 2000 年 6 月解体,当时久事分得 121 双儿童旅游鞋等抵债物品,全部捐赠给上海市儿童福利院,为残疾儿童福利事业献一份爱心。

2007 年 4 月初,强生公司向万余名职工发出定向捐助云南两个县、建立"上海强生希望图书馆"的号召,强生公司所属各单位上到公司领导,下至普通员工有书捐书,有钱出钱,无不慷慨解囊,捐助现金 5.5 万元,书籍 3 万余本。上海市劳模集体长海公司"王新生小队"还将价值 3 000 多元的新书亲手交到云南代表的手中。是年 7 月 10 日下午,由强生集团有限公司、上海马拉松 · 革新电气有限公司等 12 家单位发起的,上海希望书库工作委员会、云南省人民政府驻沪办事处、上海市文明办主办的"庆七一强生万名员工捐助希望书库、建和谐马拉松爱心送书情系云南师生"——上海各界援助"云南万村书库工程"启动暨爱心送书发车仪式在龙华广场举行。

2012 年 4 月 10 日,久事召开 2012 年第 6 次经理办公会议,会议审议办公室《关于向上海市慈善基金会倪天增教育基金募捐的情况汇报》,久事向上海市慈善基金会倪天增教育基金募捐 10 万元，既缅怀倪天增，也为困难学生送去温暖、为上海慈善事业添砖加瓦。

图 7-4-1　2012 年，久事向上海市慈善基金会倪天增教育基金募捐 10 万元

三、其他公益捐赠

1994 年，上海市民政局下属精神病医院有 70%以上病员无经济来源，久事工会动员员工捐赠衣物，一周内就捐出 560 余件质量较好的衣物给需要帮助的病员，被捐助单位深表感激并给久事送来感谢信、纪念镜框。

1995 年 8 月 18 日，久事捐款 10 万元用以资助上海市教育发展基金会发起的"百万市民寻师、敬师活动"。9 月 9 日，上海市尊师重教纪念碑在上海静安公园正式落成，纪念碑由主碑和副碑组成，副碑上镌刻着向上海市教育发展基金会投资超过 10 万元的企事业单位和超过 1 万元的个人名单，久事碑上有名。是年年底，久事向上海市拥军优属基金会捐赠 60 万元。1996 年 4 月 9 日，在市政府召开的"上海市拥军优属基金会百家单位捐赠暨颁证大会"上，久事党委副书记牟继祥代表久事公司受领捐赠证书和荣誉证。1999 年 8 月 2 日，久事向上海市社会帮困基金会捐款 10 万元，为社会帮困事业再作贡献。这是继 5 年前该基金成立伊始久事向其捐款 50 万元之后的第二次捐赠。2002 年 2 月 8 日，久事 2002 年第 3 次党政联席会议同意向上海市老年基金会捐款 2 万元，用于上海金惠康复医院扩建工程。

2003 年 5 月 16 日下午，上海市召开捐赠大会，久事党委书记孙金富代表久事向上海市专项捐助抗"非典"资金 100 万元。2004 年年初，久事及下属控股企业——申通公司、磁悬浮公司、国际赛车场公司、南站广场公司、申铁公司联合举行员工慈善"一日捐"活动，6 家公司的 559 名员工踊跃参与，募捐款项达 7.32 万元。1 月 16 日下午，久事举行简朴的募捐仪式，上海慈善基金会副会长袁采到会接收捐赠，并对久事及下属企业全体员工助贫帮困的善举表示感谢。2005 年 2 月 6 日下午，在久事开展保持共产党员先进性教育活动之际，久事党委向全体党员、员工发起慈善募捐，募得 1.25 万元，由久事工会转交上海市慈善基金会。

2010 年 8 月 5 日，久事党委书记、总经理张惠民出席上海网球赛事发展历程影像资料捐赠仪式，并与上海市档案局馆长吴辰一同为"上海网事——上海国际网球赛事发展历程图片展"揭幕剪彩。

四、救灾募捐

1994 年 9 月，久事员工募集 700 多件衣物支援云南、贵州边远地区人民，为残疾人和受灾地区的人民献上爱心。1996 年，久事工会两次动员员工向云南、湖南贫困灾区捐赠衣物、被褥，总计 1 100 件。1997 年 11 月，为响应市政府号召，久事工会组织 95%以上的员工向云南、湖南贫困灾区捐献衣物、被褥。1998 年 7、8 月，长江、嫩江流域发生百年未遇的大范围洪涝灾害。久事公司文明办先后两次向全公司发出向灾区人民捐款以支持抗洪救灾斗争的号召。截至 8 月底，久事公司和员工个人捐款合计约 50 万元,其中,员工个人捐款 2.08 万元,捐赠党费 5 160 元,工会捐款 5 万元,浦东、置业、久青公司各捐款 5 万元,久事捐赠 27.4 万元。1999 年,云南省发生干旱、风雹、病虫、洪涝、泥石流、滑坡等自然灾害,灾情非常严重,10 月下旬,久事捐赠衣物支援云南灾区。在捐赠工作中,置业管理总部、置换管理总部和浦东公司的捐赠工作从动员、收集到统计、打包、发运均独立操作,改变以往全部集中久事的做法,提高工作效率。至 11 月 3 日,久事支持云南省灾区的捐赠活动全部结束,久事 178 人捐赠各类衣物 856 件。

2000 年 10 月,久事工会组织全体职工向灾区捐赠衣物,有 129 人捐赠衣物 695 件。2001 年,组织久事员工 115 人募集衣被 610 件支援云南灾区。2002 年,久事响应市政府的号召,先后两次组织全体员工分别捐款、捐衣物支援云南、江西灾区人民,上半年捐款 1.8 万元,下半年 143 名员工(包括久事物业员工)捐赠衣被 1 285 件。2003 年,云南、江西、安徽三省发生严重灾情,久事召开以“冬衣暖人心”为主题的扶贫济困送温暖捐助活动动员大会,与各控股公司一起组织员工向灾区人民献爱心,捐款 2.66 万元、冬衣被 931 件。同时将这项活动辐射到进驻久事大厦的其他单位,在大厅里设置大屏幕电视机,播放三省的灾情录像,短短的几天,共捐款 4 670 元、捐赠衣被 543 件。

2004 年,国内部分地区发生洪涝、干旱、地震、雪灾、山体滑坡和泥石流等自然灾害,云南和四川、江西部分灾区损失特别严重。是年 10 月 22 日,久事党政工团发出《行动起来,支持滇川赣灾区群众的通知》,久事本部有 95 人捐助 1.3 万元,91 人捐助衣被 361 件。此外,申铁公司有 18 人捐款 1 350 元,久事大厦(外滩物业公司员工及大厦客户)75 人捐助衣被 371 件,56 人捐款 3 780 元。所捐衣物、钱款均送黄浦区“社会捐助工作站”。

2005 年 10 月 27 日,久事召开“情系灾区,奉献爱心”扶贫帮困捐助活动动员会。久事所有部门积极响应,捐助的品种涵盖棉被、棉衣裤、毛衣裤、单衣裤、羽线服和皮衣等。据统计,参加捐助的有 74 人,捐助衣被 405 件。总部办公室经过分类、整理、打包及运送,将全部捐助衣物共 12 大包送到民政局的捐助点。11 月,继“情系灾区,奉献爱心”的募捐衣物活动后,广大员工响应久事党政提出的爱心捐款活动,92 名员工共募集 1.55 万元。2006 年,久事再次参加“情系灾区,奉献爱心”的社会集中捐助活动,至 11 月,为灾区送温暖献爱心捐款捐物工作顺利完成,公司系统有 9 487 位员工捐款 15.1 万元,有 7 530 位员工捐出 242 条被毯以及 2.91 万余件衣裤。

2008 年 5 月 12 日,四川汶川发生 8.0 级特大地震。5 月 14 日,久事团委、黄浦区团委发起“千千纸鹤,爱心引领”赈灾募捐活动,久事本部、直属企业 5.28 万人次向四川地震灾区捐款 184.93 万元和 20 美元。

第三节 帮 困 扶 贫

一、结对帮扶项目

2007 年 7 月 10 日,久事召开 2007 年第 18 次办公会,会议研究久事与远郊经济薄弱村结对帮扶事宜。2008 年 12 月 2 日,久事召开 2008 年第 16 次办公会,听取党群工作部《关于 2009 年对崇明县贫困村结对帮扶项目所需资金的情况汇报》。2010 年 6 月 22 日,党群工作部在 2017 年第 8 次经理办公会议上汇报关于新一轮对崇明县城桥镇湾南等 4 个村结对帮扶项目的情况。2012 年 4 月 19 日,久事公司与崇明县城桥镇经济薄弱村就结对帮扶第二轮三年帮扶项目进行签约。

2013 年 12 月 3 日上午,久事召开第 15 次经理办公会议,审议资产经营部《关于公司开展农村综合帮扶工作情况的报告》。根据“经营集中到镇、资产量化到村、受益分配到户”的帮扶要求，由久事落实对口帮扶金山区亭林镇工作。为积极、稳妥、有序地推进金山区农村综合帮扶工作，2013 年 11 月下旬，久事公司与金山区亭林镇共同签订农村综合帮扶协议书，明确五年农村综合帮扶（2013 至 2017 年）的目标、重点帮扶内容及资金使用、工作机制等框架性内容。总体思路是围绕对口镇的帮扶造血项目，积极运用帮扶机制和政策，发挥久事优势，帮助实施帮扶项目的规划、管理和运作，久事成立农村综合帮扶工作小组，建立工作机制和强化资金监管，帮助落实好造血机制类项目，有序衔接金山区城乡党组织结对帮扶工作，久事 5 年内拨付帮扶资金 2 500 万元。

二、关爱员工

【上海久事公司互助互济基金】

1995 年 9 月 26 日，为了发扬工人阶级团结友爱、互助互济的光荣传统，为员工排忧解难，久事设立员工互助互济基金。互助互济基金是通过献爱心活动，由广大员工捐赠和有关方面支持而构成的。该基金主要是员工在享受国家规定待遇后仍有特殊困难的情况下，实行的一种互助救济补充措施，是发挥集体力量解决员工困难的手段和途径之一，由互助互济基金设立专门账册，专款专用。

久事动员员工为互助互济基金捐款，经统计，久事在编员工全部自觉捐资，共募集 3.1 万元，由久事工会负责管好用好这笔资金。凡久事员工发生意外灾难或因特殊情况而造成经济上的困难，均可申请帮困。对社会上较有影响的困难对象，经工会和久事文明办商定，也可捐献一定的资金。1996 年，久事工会动员 20 名新员工为久事互助互济基金捐款 7 000 元，并从中抽取资金，补贴长病假员工和家属动大手术的员工。后来，这笔基金不再依靠员工捐款进行集资，而是通过基金产生的利息为员工提供帮助。

【帮困送温暖长效机制建设】

从 1993 年开始，久事就一直坚持开展上门送温暖活动，对生病、住院、献血的员工及时组织探望，对直系亲属亡故的员工进行慰问，对有特殊困难的员工发放补助，探访补助的人次逐年上升。2002 年上半年，为帮助患重病员工袁根林，久事全体员工还开展献爱心捐款活动，122 名员工捐款 2.86 万元，解决袁根林急需医疗救治的困难。

2006 年，久事建立帮困工作领导小组和帮困工作的运行机制，公交企业建立困难职工的管理档案，使帮困工作逐步走上制度化、规范化。久事工会通过工会经费的下拨帮助下属工会解决帮困资金来源，在总部工会牵线下，国际赛车场有限公司工会与宝山巴士和巴士电车工会结对，定期资助 3 户困难学生家庭。同时，做好日常定向帮困工作，重点做好大病定向帮困、助学帮困和三大节日帮困工作。年末，按照上海市总工会要求，及时做好对退休劳模帮困的落实工作。据统计，2006 年，久事系统帮困总金额达 1 848.37 万元，受益人数达 71 042 人次。

2007 年，久事工会建立健全专项帮困基金制度，巴士、强生和交投等集团工会都建立起企业帮困基金，久事也建立起帮困救助基金并立即投入运作。同时，制定《上海久事公司帮困基金管理暂行办法》，使患特种重病、遭遇突发性灾难或有其他特殊困难情况的员工得到帮困救助。2008 年，久事推进帮困送温暖长效机制建设，在建立久事帮困送温暖工作领导小组和“三级”帮困工作运行机制的同时，指导所属各级工会组织开展帮困活动：(1) 建立、健全专项帮困基金制度并投入运作，扩大生活帮困、医疗帮困、助学帮困的受益面,加大特殊救助的力度。(2)建立职工疗休养激励制度,许多单位建立完善劳模先进、一线职工、有毒有害工种职工等不同层面的疗休养运作机制。(3)加强职工互助保障参与机制。(4)建立职工定期体检制度。(5)根据中华全国总工会办公厅《关于启用工会帮扶工作管理系统软件的通知》和上海市国资委帮困救助信息管理软件的通知要求,久事进行辅导培训,使各级工会掌握动态数据。据统计,2008 年久事系统帮困总金额达 1 542.64万元,受益人数达 43 250 人次。同时通过上海市总工会互助保障会理赔人数为 1 689 人,理赔金额为 182.64 万元。

2010 年,久事各级工会系统初步形成多层次职工困难保障体系,年内帮困慰问 43 823 人次,慰问金额达 2 827.65 万元。2011 年久事各级工会帮困助学助医 47 986 人次,金额达 2 049.28 万元。同时,按照劳务派遣机构和用工单位工会对劳务工的“双覆盖”要求,各级工会做好劳务工、农民工关心工作,加大劳务工入会工作力度,进一步拓展劳务工参与企业民主管理的平台和途径,探索劳务工代表参加职代会的有效方式,为实现同工同酬奠定良好的基础。2014 年,久事工会根据基层企业经营情况和职工队伍状况,在对内完善帮困措施的同时,争取上级组织帮困资源,拓宽帮困救助资金来源渠道,为困难企业申请上海市总工会定向帮困金资助,全年获益企业 5 家,职工 140 人。据统计,2014 年久事各级工会帮困送温暖近 2.5 万人次,金额达 1 200 余万元。

2015 年,久事集团工会为 64 054 位员工注册会员服务卡,并且由久事集团工会支付会员专项基本保障费 75.75 万元,获大病理赔 174 人次。同时,进一步深化“元旦春节送温暖”,五一、十一节日慰问帮困,大病单亲,“金秋助学”等富有工会特色的传统帮扶品牌项目,及时调整帮扶对象,维护帮困数据库资料,并为 205 人次困难职工争取上级帮困补助。2016 年,久事集团工会努力实现工会帮扶工作和社会救助政策的有效衔接,帮助符合条件的困难职工落实并享受到上海市的各类社会救助和帮扶政策。健全久事系统的困难职工档案信息管理系统,真正实现“依档帮扶”,充分依托工会会员服务卡,规范帮扶资金发放。东亚等 5 家单位从体育局划至久事集团后,也及时为他们办理会员服务卡。2016 年全年为 63 710 位员工注册会员服务卡,发生各类理赔 236 人次,其中大病 200 人次,意外身亡 5 人次,疾病身亡 31 人次(11 人于当年患大病后身亡),163 人次获理赔款,总计 209 万元。同时及时调整帮扶对象,维护帮困数据库资料,并为困难职工(320 人次)争取上级帮困补助。2017 年,集团工会建立健全困难职工动态化帮扶机制,及时、准确地排摸梳理动态变化情况,为做好日常帮扶、帮助职工缓解生活压力、提高脱贫解困率作好准备。

【世纪巴士基金】

为了给员工排忧解难、增强企业凝聚力,巴士集团于 2002 年 7 月试行《上海巴士实业(集团)股份有限公司员工互助补充保障(暂行)办法》。2005 年 9 月,巴士集团工会根据三年以来该办法的实施情况,对基金管理使用办法进行修订完善。为便于广大员工了解掌握巴士集团助学帮困等保障措施,修订后的《上海巴士实业(集团)股份有限公司工会“世纪巴士基金”管理使用(暂行)办法》规定上海巴士公交(集团)有限公司设立“世纪巴士基金”,各成员单位设立相应的“助学帮困基金”;同时,就基金使用范围、重病救助、重病界定、承担方式,帮困助学的对象,困难家庭如单亲、丧偶、残疾的级别、精神病等情况进行明确界定;对因保护国家财产、见义勇为等受伤、影响本人正常工作生活的员工进行奖励和救助。另外,对基金使用管理也进行有效规范,如各成员单位工会建立员工帮困助学台账,进行电脑信息化管理,并接受集团工会的审查和监督;各成员单位工会帮困、助学基金和集团工会“世纪巴士基金”使用情况每年向各自职工代表大会报告等。

2007年9月，巴士集团工会对“世纪巴士基金”管理使用办法新增补充规定，即自2007年10月1日起，凡员工配偶被确诊患上海市总工会医疗保障计划规定的特种重病，每月可享受100元定期补助。2017年1月16日，巴士工会全委会会议讨论并修订《上海巴士实业（集团）股份有限公司工会“世纪巴士基金”管理使用（暂行）办法》，新通过的管理使用办法对保障对象、资金来源、基金使用范围、基金使用管理都进行细致的规定，帮困范围涵盖重病救助、帮困助学、大学助学、高中生和“三校生”助学、特殊救助及奖励以及其他助学帮困和慰问补贴等多个方面。

三、其他帮困扶贫活动

2002年，久事参与上海市黄浦区外滩街道“世纪之爱外滩情”扶贫帮困活动，捐款5 000元。2003年10月23日下午，久事召开扶贫济困送温暖募捐动员会，捐款2.67万元，捐赠冬衣、棉被931件。2005年7月，根据“重点向下，构建和谐社会”的援助计划，经上海市委市政府统一安排，久事讨论后出资210万元购买30台拖拉机捐赠西藏日喀则地区，久事党委书记、总经理张惠民作为上海市代表团成员，参加于西藏日喀则举行的捐赠仪式。

2007年4月，根据巴士集团尚有部分员工存在生活困难的情况，巴士集团工会在各成员企业工会创立“爱心超市”，将职工志愿捐献的生活用品及子女学习用品开列出捐赠目录或陈列展示，供困难职工选用。此举不仅使职工因搬迁或更新换代等调整的家具、电器或子女学习用具等物品又有了“用武之地”，也为职工搭建起奉献爱心、互惠互助的平台。同时，为了方便大件物品的运送，巴士工会会同巴士物流提供“爱心超市”一条龙配送服务。不仅如此，巴士工会协同团委推出“爱心助学”活动，在集团应征大学生中，挑选具备一定素养、具有一定能力的青年，成立大学生志愿辅导员队伍，力所能及地对困难职工子女给予学习上的辅导，帮助他们早日成才。

第四节　爱心服务与好人好事

一、上海巴士公交(集团)有限公司

【巴士“敬老爱老线路”】

224路公交车途经医院多、购物商场多、景点公园多，宜川新村终点站旁的宜川街道居住着很多老年居民，他们经常乘坐224路去公园健身、去商场购物或去医院就诊，针对这一情况，2008年，巴士集团将224路打造成上海市首条开通敬老班车的公交线路。分公司推出老年班车举措，为老年乘客安全出行提供方便，并在站点设立免费供应茶水站为老人服务。驾驶员在行车时坚持起步稳、开车慢、转弯平衡，让老人们感觉安全、舒适。据统计，截至2014年年底，开通的224路敬老班车未发生一起老年乘客车厢客伤事故，执勤敬老班车的驾驶员为老年乘客做好事100多起，收到感谢表扬信50多封。

2017年，在重阳节到来前夕，巴士二公司南站车队763路全力打造“敬老爱老”线路，针对线路老年乘客较多的特点，全体职工发扬尊老、爱老、助老的优良传统，以热情周到的服务获沿线市民的赞誉和认可。值勤过程中，在解答问询、车厢售票、终点站上车时优先服务老年乘客；营运过程中，司售人员对老年乘客使用敬语，以表达公交职工对老年人的尊重和关爱，做到服务周到、态度热情；在车上有老人的情况下，常规口头报站报两遍，做到声音响亮、内容清晰；在动员年轻乘客给老年乘

客让座后,老人表达感谢时要回答"这是我应该做的",让老年乘客在车厢里感受到公交温馨服务和文明和谐的社会氛围。

【巴士"爱心接力站"】

2016年年初至2017年,上海市交通工会联合巴士集团、浦东公交公司,陆续在公交行业创建400多个关爱环卫工人的"爱心接力站",给沪上环卫工人提供歇脚、续水、热饭和躲雨的港湾,实实在在帮助部分环卫工人解决避风遮雨、喝水热饭的难题。

为进一步推动活动深入开展,2017年7月25日上午,上海地面公交行业"优秀爱心接力站"授牌仪式在卢浦大桥公交枢纽站举行。该次命名的20个"优秀爱心接力站",用无微不至的服务与关怀,让环卫工人在严寒中有一个温暖的"歇脚点",在酷暑中有一个清凉的"栖身处",展示公交人的社会责任,传播正能量,让更多的环卫工人感受到家的温暖和公交人的温度。这不仅是公交行业整个爱心接力活动中涌现出的典范,更成为全社会关爱环卫工人的一个缩影。

【巴士公交"雷锋服务台"】

2017年,巴士四公司在漕溪路公交枢纽站有5条线路,设立3个雷锋服务台。雷锋服务台内容包括:宣传文明出行,维护站点秩序,营造文明乘车氛围;引导乘客积极践行文明行车、文明排队、文明出行;解答乘客问题、提供指路服务、设立评议箱、听取乘客建议等;高峰时段,司乘人员车边迎客;每日站点安排管理员早晚高峰上岗执勤;提供茶水、常用药品、方便袋、导乘图等便民服务。

5条线路中,926路作为雷锋号线路,每月2次开展便民服务活动,其余线路每季度开展一次活动。此外,结合五一、国庆等重大节日开展优质服务示范活动。

【巴士学生考试专车】

2012年中高考期间,为方便考生乘坐公交车赶考,巴士六汽824路在确保安全行车的前提下,开设学生考试专车,在车头前放置"学生考试专车"字样的专属标牌,让考生及家长能够一目了然。车上还配备清凉油等防暑物品,并向考生无偿发放。为应对天气变化,车上配置雨具供考生取用。在824路终点站特别放置友情提示牌,提示考生勿忘携带准考证、身份证和考试用具,并祝考生考试顺利。

【救死扶伤】

公交车行驶途中,时常会有乘客或行人发生一些突发状况,2013年6月29日18点左右,巴士三汽224路驾驶员包晓华驾驶公交车从冠生园路桂林路终点站发出,车辆停靠在甘泉新村站,一位中年男子晕倒在地,却无人上前相助。包晓华赶紧下车将病人背上车,并驶向附近的同济医院,赢得宝贵的抢救时间。该男子患有糖尿病,是同济医院的住院病人,刚和家人在附近吃晚饭,不料在回院的路上突然晕倒。虽然耽误一些营运时间,包晓华救死扶伤的义举仍赢得乘客的广泛赞扬。

【拾金不昧】

公交乘客中不乏"马大哈",作为精神文明窗口的崇明巴士,一直坚守乐于为市民做好事的优良传统。譬如2013年,有200多名职工做240件拾金不昧的好事,失物中有现金30多万元、7 000美元、12 000英镑、笔记本电脑7台、手机68部、数码相机5台,另有银行卡50多张、金银饰品30多克、交通卡、有价证券、购物卡和身份证等。绝大部分失物都在最短的时间里交还到失主手中，有的职工还根据失物中找到的地址，主动上门送还失主，使失主惊喜万分。据粗略估算，2013 年崇明巴士职工拾得乘客遗失物总价值 100 多万元，通过各种渠道在最短时间内交还失主，多起拾金不昧事迹受到市级媒体报道。

二、上海强生控股股份有限公司

【百岁老人免费用车服务】

强生出租公司从 1997 年起便与上海市老龄委员会合作，推出“爱心献给百岁老人”活动，制作百岁老人专用乘车证，每年发放给百岁老人，至 2007 年已发卡 1 800 张，10 年间，强生集团共为百岁老人提供免费用车 3 100 余次，免费金额超过 8 万元。后来，随着上海城市建设发生巨大变化，为了更好地服务百岁老人，强生将百岁老人每天用车次数提高到外环线以内 2 次，单程免费用车金额为 50 元内。

2003 年，久事与上海市政府实事工程“安康通”服务热线紧密合作，为“安康通”注册老人提供电话叫车服务，承诺为他们优先派车，提供优质服务，老人只要打通强生 62580000 叫车电话，报出卡号，强生出租车就会准时出现在老人家门前，提供温馨亲情的服务。2017 年，调派 60 652 车次。

【爱心送考服务】

强生出租自 1999 年推出“高考热线”至 2017 年，近 20 年期间已为高考学生提供近 5 万车次的用车服务。为尽可能满足高考学生的用车需求，强生出租召开专题会议，形成组织领导，前置谋划推动爱心送考筹备工作；成立送考专项工作小组，对特殊天气和道路拥堵情况进行预评估，制定送考服务应急预案；调度中心设立接待专席提供用车服务引导，仔细核对上车地址和送考学校，对有疑问的地址提前赶往考生家中踏勘最便捷的路线；严格落实应急机制，对高考用车实施全过程监控，确保及时应对特殊情况，准时准确地接送每一位考生。

另外，强生出租还针对特殊群体提供专项送考服务，例如为 SARS 一线医务工作人员的 43 位子女免费送考，服务供车 305 车次，解决其后顾之忧；为劳模子女和残疾考生免费送考；2017 年，还以强生出租雷锋车队志愿者为班底，新增 200 车次免费送考“雷锋车服务”。

【残障人士运送服务】

2014 年，强生出租公司投运 50 辆多功能无障碍英伦 TX4 出租车，为特定群体提供出行服务。该车型在功能设计上充分体现无障碍的特点：供乘客进出的后门可 90 度开启，车内可伸缩斜坡式（坡度 20 度）上下车辅助设施可以方便轮椅推进或推出车厢，轮椅固定装置能够保障轮椅乘坐者在车辆行驶中的平稳和安全，同时具备旋转功能的辅助座椅、轮椅安全带，便于年老体弱、行动不便者入坐及轮椅、童车的安全固定，可满足 3.1 万名在上海市残联注册的下肢重度残疾人士的用车需求。为此，强生出租每年投入 150 万元用于补贴英伦车驾驶员等。为确保英伦出租服务质量，强生出租公司专门选派一支经过专项培训的优秀驾驶员队伍，要求驾驶员选择适宜的上下车地点，主动下车为乘客开、关门，主动协助搀扶有需要的乘客上下车，主动帮助提拿、放置行李，主动为乘坐轮椅的乘客放置、固定轮椅。据统计，英伦 TX4 出租车自 2014 年 10 月投入营运，到 2017 年 12 月 1 日退出出租车营运市场计划，3 年间为残障人士和“安康通”百岁老人等特殊人群提供特殊服务约 13 万车次。

2017年,强生出租陆续引进200辆郑州日产多功能无障碍出租车替代英伦TX4车,为残障人士和特殊人群提供更便捷、更周到细致的服务。

【军民联手搭建“生命绿色通道”】

2016年年初,强生出租公司业调分公司与上海长征医院输血科签订精神文明共建合作协议,由强生调度室为其急救取血提供车辆调派优先服务,连接挽救生命的通道。仅半年多时间,强生出租公司已协助医院运送2 460单位红细胞血液、41单位血浆、39单位血小板和20单位冷沉淀,紧急往返131车次用于长征医院到血库取血送血。还曾在2016年春节前夕、上海遭到寒潮袭击期间,平稳、安全、快速往返长征医院和上海血液中心,使一名多发性骨髓瘤患者在第一时间输入特殊血液,缓解贫血症状,挽回宝贵生命。

2016年,为缓解医院医疗资源紧张的现状,长征医院和强生出租公司还就有关“强生应急医疗救助车”的相关事宜进行合作,强生出租公司首批选派20名优秀班组长,赴长征医院进行医疗应急救助知识的专业学习,考核合格的强生出租车驾驶员会持长征医院颁发的应急急救证书,为医院提供应急急救服务。

【救死扶伤】

2011年3月21日22点,强生市东出租公司吴忠伟将一名突发心肌梗死的外籍乘客飞速送往长征医院,由于送救及时,在电击6次、抢救40分钟后,该外籍乘客脱离生命危险,后证实这名乘客是专程来中国进行国防军事交流访问的埃及上将哈力德。4月3日,埃及大使馆和北京中航技进出口有限责任公司派专人到强生市东出租公司,感谢驾驶员吴忠伟全力以赴争取时间,为医生后续的成功营救赢得极其宝贵的时间。

类似的事情还发生过不少,如2017年10月10日,上海一小学生上学途中被高空坠落的大玻璃砸中头部,伤势危重,强生交运公司的姐高要弟恰巧行驶在武威东路近真南路口,为了抢救伤患,她变身救护人,开启双跳灯,摇下车窗不停高喊对方车让行,同时又与110联系报出行车路线,希望警察协助,一路飞驰,将孩子送到新村路同济医院,为命悬一线的孩子争取到宝贵的抢救时间。高要弟于1994年成为出租汽车驾驶员,在强生出租一干就是20多年,其间多次见义勇为、助人为乐而受到乘客来信、来电表扬,曾获出租汽车行业“四好”驾驶员,市交通局红旗文明岗、先进生产者、“三八”红旗手,上海市“五一”巾帼奖等荣誉,她的格言十分朴实:在出租汽车驾驶员服务岗位,讲的是真诚,用的是真心,助人才能快乐。

【见义勇为】

见义勇为一直是强生出租车驾驶员的优良品质,出现过多位“全国见义勇为英雄司机”。2011年2月7日,时值大年初五,凌晨时分,一位强生常宁出租公司驾驶员遭遇歹徒抢劫受伤,同公司的俞定良闻讯后立即驾车赶赴同事遇袭的现场,在完成送医、报警、笔录后,还凭借个人多年出租车营运的经验迅速抓获歹徒并押往附近派出所。俞定良是黑龙江回沪知青,多年边疆农场生活练就他刚正不阿、与人为善的良好品质和吃苦耐劳的工作精神,他敬老爱幼的服务特色在公司十分出名。12月6日,在第八届“昆仑奖”全国十大见义勇为英雄司机表彰大会上,强生司机俞定良被授予“全国见义勇为英雄司机”称号。

2014年1月27日凌晨1时许,上海强生交运营运有限公司驾驶员王传明协助上海公安局的民警抓捕多次在高档小区入室盗窃的犯罪嫌疑人，王传明也因此在第十一届“昆仑奖”全国见义勇为英雄司机表彰大会上被评为“全国见义勇为英雄司机”，体现出强生人见义勇为的社会责任感。

除了这些受到全国表彰奖励的司机，强生还有更多值得称颂的英雄司机。2013 年 5 月 21 日深夜 12 点半左右，强生市北出租公司营运一部的驾驶员莫霞强途径顾北东路潘泾河桥时，突遇一位女青年绝望跳河，年近 48 岁的莫霞强毫不犹豫，一路飞奔，抛下手中的衣服，纵身跳入深 5 米多、宽 50 米的河中，几经周折，费力地把女青年救上岸，挽救一条生命。事后顾村大家园居委会的居民们送来盖着居委会党支部印章的表扬信及一面写着“落水救人，永记恩人”锦旗，表达对莫霞强的感激之情。7 月 3 日凌晨，强生宝隆公司驾驶员施庆海驾车至芷江西路附近时，撞见两名年轻男子正对一女子实施抢劫。施庆海与歹徒巧妙周旋，最后协助巡逻民警将两名歹徒当场擒获，并将赃物物归原主。他的事迹被上海市公安局官方微博“警务资讯”报道，该微博迅速被网友转发 1 000 多次，仅仅过了几个小时，施庆海便成了“上海的哥是模子”“有腔调”的网络红人，引来无数网友一片赞扬声。随后，上海新闻综合频道、《解放日报》、《新民晚报》、《新闻晨报》、《新闻晚报》、《青年报》、《时代报》等新闻媒体都相继对施庆海的事迹作报道和转载。施庆海后被授予上海市第三届“平安卫士”称号，这是继原强生长海三星驾驶员瞿洪新获第二届市“平安卫士”后，强生员工再次拿下该殊荣。2015 年 8 月 30 日，强生出租一分公司三车队驾驶员马智炎向警方提供有效线索，帮助警方一举破获流窜于上海市的偷窃团伙，避免其继续危害社会。

【助人为乐】

强生驾驶员一贯坚持助人为乐的良好品质，曾有多年无偿服务残疾人、打造“爱心车”免费接送重症病人等事迹，还挽救过一些需要帮助的家庭。

2016 年 7 月 27 日，强生普陀公司三车队驾驶员朱东明为一家来上海求医的外地家庭挽回被骗的 1 万多元救命钱。10 月，一名上海小男孩离家出走，失联 64 小时，上海强生出租车公司在得知情况后，利用最新的互联网科技出租车后车窗投影广告，将孩子的照片以及“子壬，妈妈想你！”的醒目大字和联系方式呈现在流动的出租车后车窗，3 000 辆出租车进行全城搜索，照亮孩子的回家路。2017 年 10 月 8 日凌晨 1 点左右，申强公司一车队 FN3886 车驾驶员房维良路过华夏路长清路时，将一名 20 岁左右、离家出走的女孩送至就近的三林镇派出所，经过民警的核查和寻找，女孩与家人取得联系，一个家庭得以挽救。

【拾金不昧】

强生涌现过无数“救命钱物归原主”“火速送回失物不收费”的好人好事。2012 年 9 月 25 日，强生普陀公司一车队驾驶员秦金龙几经周折将 27 万元还给外地的失主，后得知这是失主患白血病丈夫的救命钱。2014 年 8 月，强生驾驶员成本贵也将 91 500 元救急巨款完璧归赵。另外还有强生一分公司驾驶员凌志根 12 年间归还价值近 50 万元失物、强生驾驶员孙庆杰拾获 5 万元现金和房产证后在原地等失主的事迹。

“隔空还失物”的事迹也时有发生。2017 年 9 月 15 日，强生申强公司驾驶员张伟通过电调系统找到失主的订车电话，并于当天晚上联系上已抵达深圳的失主熊先生，后通过快递的方式，隔空将行李箱送还给熊先生。失而复得的熊先生盛赞张伟拾金不昧的精神，由衷赞赏强生出租车驾驶员的高尚品质。

第五节 志愿者服务

一、久事"1+3"志愿服务品牌体系

2011年,久事团委总结世博志愿行动和重大体育赛事志愿服务的经验,组织以F1中国大奖赛、ATP1000网球大师赛和第14届世界游泳锦标赛等重大赛事为重点的志愿者活动,展示久事青年志愿者的良好风貌,打造久事青年志愿者品牌。

2013年,久事团委运用久事公司网络志愿者管理平台,强化立体化志愿服务品牌建设,形成久事本部"久事心"志愿者服务品牌和巴士公交"蓝之鹰"志愿服务品牌、强生控股"强生·心动力"志愿服务品牌、交投集团"向日葵"志愿服务品牌,构成"1+3"志愿服务品牌体系,在"继续探索、逐步扩大、整合资源、形成声势"的志愿者工作理念下,通过多品牌的志愿项目,营造团员青年服务企业、服务社会的新风尚。

"久事心"志愿者服务品牌获邀成为中国青年志愿者协会会员、上海青年志愿者协会第四届会员单位和上海青年家园理事单位;参与团市委志愿者工作,与团市委长期合作,参与"希望心"先心病儿童救助活动,选派长期志愿者参与亚信峰会的新闻联络和应急处理工作,组织公交、出租企业青年保障亚信峰会期间交通安全营运,全面开展"三·五学雷锋"志愿服务活动。在直属企业,推动巴士"蓝之鹰"志愿活动的日常化,"强生·心动力"志愿者活动全市化,交投"向日葵"志愿活动区域化。逐步实行志愿者队伍的注册制度,增强区域联动,扩大和增强志愿品牌的覆盖面和影响力,逐步推动企业的精神文明建设。

二、久事志愿服务专项基金

2016年,久事集团制定履行社会责任工作项目清单,将支持和开展志愿服务活动作为履行社会责任的一个重要手段。7月26日,召开2016年第17次总裁办公会议,会上审议通过《关于捐赠"上海市志愿服务公益基金"加强久事集团志愿服务的工作方案》,久事集团向上海市志愿者服务公益基金会进行一定数额的捐赠,用于加强志愿服务工作。

2017年3月1日,"久事志愿服务专项基金"成立暨捐赠仪式在久事大厦举行,久事志愿服务专项基金管理委员会召开第一次会议,审议通过《上海市志愿服务公益基金会久事志愿服务专项基金管理办法》《久事志愿服务专项基金使用办法》《久事志愿服务专项基金管理委员会2017年度使用计划》。

久事志愿服务专项基金管理委员会具体负责审议基金运作中的重大事项,审批使用计划。委员会设委员7人,久事集团委派6人,上海市志愿者服务公益基金会委派1人。久事集团领导担任委员会主任,党委工作部、办公室、财务管理部、投资发展部、法律事务部各委派委员1名。委员会日常事务由党委工作部负责。专项基金首先可以用于招募志愿者服务久事集团所属企业,如赛事活动志愿者、公共交通服务志愿者等;其次用于招募志愿者服务久事集团所属企业职工,如招募交警、消防、空乘等专业志愿者为集团所属企业职工提供职业技能培训,招募医疗专业志愿者为集团所属企业职工提供体检、心理咨询等;还可以用于支持组建久事系统志愿者服务团队,以专业培训提升志愿者团队的管理能力和活动策划水平,提升久事系统志愿服务水平,提高志愿者公益实践

能力。

2017—2019年，久事集团向上海市志愿服务公益基金会捐赠300万元。资金分非限定性和限定性两个部分。其中，非限定性部分由上海市志愿服务公益基金会来统筹对上海市志愿服务项目进行资助。限定性捐赠就是对“久事志愿服务专项基金”的投入，资金按久事集团的意愿用于指定志愿服务项目资助。按具体安排，2017年捐赠120万元（非限定性捐赠20万元，限定性捐赠100万元），2018年捐赠90万元（非限定性捐赠20万元，限定性捐赠70万元），2019年捐赠90万元（非限定性捐赠20万元，限定性捐赠70万元）。

三、世博志愿者

2009年7月5日，久事团委在上海南站举行“青春耀久事、微笑迎世博”主题活动启动仪式。团市委副书记陈凯出席仪式并为久事职业青年授予“青春世博行动”旗帜。

2010年久事推进世博志愿活动。为全力支援世博一线服务工作，久事发动后方力量，组建久事世博志愿服务队。4月15日，久事举行服务世博誓师大会暨志愿者启动仪式，以本部青年员工为主力，并吸收交投公司等非公交客运企业的部分员工，共64名世博志愿者，分别深入人民广场和南浦大桥枢纽站开展维持站点秩序、解答乘客问题、配合安保检查、宣传文明出行等活动。

面对高温期间世博园区高客流量和地面交通保障面临的挑战，久事又抽调部分总部机关志愿者增援世博园区交通保障工作，在世博大道线塘子泾路站开展志愿服务。在久事工会带领和发动下，系统内各类志愿队伍共计55支，志愿者人数达7 500余名，志愿者队伍成为服务世博大军中一支重要的后援保障力量，赢得良好的社会效应。久事系统有2支志愿者队伍获“世博文明优秀志愿者服务队”，2人获“世博文明优秀志愿者”称号，5人获“上海世博会优秀志愿者”称号，1人获“世博志愿者工作先进个人”称号。

四、强生雷锋车队

2016年10月中旬，在上海市志愿者协会的协调组织下，上海强生、大众、海博3家大型国有出租车公司的雷锋车队走到一起，成立由200名出租车驾驶员组成的“上海雷锋车队志愿者服务队”。与此同时，“强生雷锋车队”也正式挂牌成立，以更好的服务意识和服务质量，着眼于特别需要得到帮助的人群，树立起强生独特的服务品牌。

“强生雷锋车队”成立的背景是传统服务行业遭遇移动互联网大潮的强力冲击，上海出租车行业出现服务水准滑坡、一线驾驶员流失、年轻人不愿开出租车等一系列问题的出现。强生作为一家百年企业，果断地承担起自己应尽的社会责任，致力于让助人为乐的雷锋精神常驻更多的驾驶员心中，这不仅有利于提升出租车窗口行业的文明素质，也有助于整个社会良好风气的形成。

“强生雷锋车队”有一线正式队员35名，预备队员12名。对内，他们为强生缺电出租车辆提供24小时泵电服务；对外，他们带头加入上海交通文明大整治活动、强生控股公司交通文明建设三年行动计划，积极参与重阳敬老游上海、爱在沪西等一系列公益活动，得到社会各方的一致肯定和赞扬。为了让“强生雷锋车队”安心开展各类服务活动，强生在相关考核政策上进行适当倾斜，并给予相关志愿活动经费支持。2017年，“强生雷锋车队”成为上海市交通行业唯一入选上海市志愿服务公益资助项目的组织，获2万元资助款。6月，“强生雷锋车队”还与蒲公英渐冻人罕见病关爱中心合作,为渐冻人提供服务。

五、其他志愿活动

2013 年 4 月 2 日是第六个"世界自闭症日",巴士集团团委组织 1 000 余名团员青年参与"蓝丝带——爱的传递"活动,在近万辆公交车上系上蓝丝带,累计工作 72 小时,把"蓝色关爱"传递到申城大街小巷。崇明巴士团委也开展"公交车辆齐挂蓝丝带,共同关爱自闭症患者"活动,团员青年们到县培林学校探望"星星的孩子",并和孩子们一起系上蓝丝带,一起玩玩具,通过近距离接触,让这些孩子感受到社会带去的祝福与关爱。巴士一汽团员青年积极开展"免费午餐"公益活动,为自闭症儿童送去一顿爱心午餐。巴士五汽团委还要求驾驶员"候车时多等一秒,上车时多照顾一下,下车时多提醒一声",让人们对自闭症患者多一些包容、多一分理解,让他们能够走出自我、走出黑暗。除了巴士集团,强生出租公司团委也发起"蓝丝带行动",每一辆强生车的左侧反光镜都系上亮眼的蓝丝带,共同传递对孤独症儿童的蓝色关爱;强生所属各单位团组织以及青年文明号、青年突击队也纷纷加入志愿行动,为上海爱好儿童康复中心提供活动用车。此后至 2017 年,"蓝丝带志愿行动"每年都会在巴士、强生坚持开展。

2013 年 5 月 12 日母亲节,为响应共青团上海市委员会携手上海市慈善基金会发起的"感恩母亲・圆梦未来——我们的年轻范・为了孩子・雅安加油"全城劝募行动,巴士集团团委组织 300 余名团员青年,通过爱心义卖、流动劝募、微博互动等形式,历时 3 小时筹集资金 3 万余元,一部分捐赠给"为了孩子"专项基金,意在帮助申城困难家庭的孩子圆儿童节的"七彩梦";另一部分用于雅安地震灾区的受伤儿童在沪进行康复治疗。

2014 年年初四到初九春运期间,每天早上 8 时到 10 时、下午 4 时到 6 时,巴士集团近百名"蓝之鹰"志愿者分批交接,在铁路上海站和上海南站公交枢纽为返程旅客提供志愿服务,主要是维护站点秩序,解答市民问询,积极指路引导;为无人陪伴的老人、儿童或有困难的乘客提供援助;当遇到列车晚点、大雪或其他突发事件造成旅客滞留时,主动配合铁路公交开展志愿工作。在服务现场,"蓝之鹰"志愿者还在公交线路终点站加强对易燃、易爆、易腐蚀危险物品的排查,及时劝阻携带危险品的乘客上车,为春运期间公交正常安全运营提供保障。巴士集团"蓝之鹰"志愿者服务队成立于 2010 年上海世博会期间,拥有百余名队员,成员多是公交企业的青年管理干部和一线司乘调人员,在世博公交线站点上,他们解答问题、疏导客流、驻站保站,成为世博园区一道亮丽风景线。

"三・五学雷锋月"往往能掀起志愿活动的高潮。2014 年 3 月 5 日,巴士集团的团员青年们以共青团上海市委开展的"我志愿・iVolunteer"活动为载体,开展雷锋精神大讨论活动、参观"两弹一星"教育基地、向社区居民进行道路交通安全宣传、开展公共卫生环境整治活动、清洁车厢、提供问询服务以及看望孤寡老人等,尽显巴士青年风采。2015 年 3 月 4 日上午,强生出租公司参加由上海市总工会、上海市精神文明建设委员会办公室、上海市交通委员会主办的上海市劳模先进志愿者服务队成立暨"三・五"学雷锋志愿者活动。是日,上海市劳模先进志愿者服务总队宣布正式成立,80 余名劳模先进以及职工志愿者向基地内的 300 余名出租车司机提供量血压、配眼镜、中医问诊、金融理财咨询等 20 余项服务,上海市总工会向强生、海博、大众、锦江等四大品牌出租车公司的 300 名驾驶员代表赠送便民小应急箱,鼓励广大驾驶员能由此起步,向乘客提供更优质、更全面、更主动的服务。2016 年 3 月 4 日,由强生控股团委牵头的"强生・心动力"志愿者服务队,与久事集团兄弟单位申铁公司团总支一起到湖南路街道阳光之家,牵手阳光心园的特殊学员们开展丰富多样的益智活动。学雷锋不仅限于每年的3月，“强生·心动力”团队几乎每个季度都会前往湖南路街道阳光之家报到，该公益项目已成为上海志愿者协会的一个品牌活动，团队也因此获上海市志愿服务公益基金会志愿服务公益项目资助。

2016年11月3日，巴士集团开展“守望阳光”关爱特殊儿童社会实践公益活动，这是董李凤美康健学校、巴士三公司团委及四汽物业联合团支部针对特殊儿童群体害怕车辆、不会出行、活动范围狭窄等情况开展的一次特殊儿童交通出行帮扶活动。孩子们在学校老师、部分家长代表及志愿者的陪同下亲身体验如何正确搭乘公交车，并通过志愿者在车厢内模拟“老弱病残孕”乘车情景，切身体验“文明乘车、礼让他人”，加强对文明乘车的理解，加深社会实践的经验积累。活动过后，三方共同签订共建协议，约定每年开展类似社会实践公益活动，关爱身边弱势群体，进一步增强广大团员青年的社会责任感和使命感。

2017年，久事集团志愿服务工作在“点”和“面”上实现新突破。在“点”上，成立“久事志愿服务总队”，举行成立仪式，颁布章程和管理办法，统一久事志愿服务标识和形象，深化久事志愿服务品牌效应，志愿服务向系统化、制度化迈进。在“面”上，志愿服务在重大国际赛事上进一步延伸，2017年起，除原先F1、ATP两大赛事外，又拓展马术冠军赛及斯诺克志愿服务，基本实现重大赛事志愿服务全覆盖。

第五章　创建模范人物新平台

模范人物工作室是汇聚榜样力量、放大模范效应的重要平台。久事通过建立一个个创新工作室，由先进人物带领，培育良好典型、开展工作研讨、提炼服务经验，有效发挥出劳模先进的传帮带作用，其创新的工作思路、新颖的传授模式对提升服务水平、展示企业风采具有重要意义。

第一节　巴士集团模范人物新平台

一、马卫星公交营运服务创新工作室

马卫星公交营运服务创新工作室成立于2009年5月，成员23人，由全国劳模、巴士二公司49路车队党支部书记马卫星领衔。2011年4月29日下午，全国劳模马卫星工作室作为上海公交首家劳模工作室正式创立挂牌。

图7-5-1　马卫星公交营运服务创新工作室

工作室由获公交行业最高荣誉的劳模马卫星担任室长，巴士集团下属公交企业劳模作为工作室成员，着力打造服务传授、成果展示和评先树优的三大平台。

工作室主要开设以劳模先进为领头羊的"劳模讲堂"，双月开讲一次，围绕服务技艺、语言艺术、礼仪常识等内容，传授劳模先进的服务经验，发挥劳模传帮带作用。此外，还通过"啄木鸟检查队"

“服务研讨会”“劳模示范日”等载体，规范服务流程，提炼服务经验，展示服务特色，宣传先进典型，发挥劳模先进在服务创先、创新、创效、创优上的引领示范作用。

与此同时，工作室开展结对带教活动，先后培养出交通部劳模、上海市劳模和公交行业服务明星等一批先进群体和服务新秀。更有以劳模先进冠名的成果展示活动，通过座谈交流、现场演示、成果发布等形式，进一步扩大巴士劳模先进的群体效应，激励带动全体公交职工参与服务创新和提升整体服务质量，为巴士公交培养造就更多的安全标兵、服务明星、创收状元、节能高手、修理能手和管理模范。

该工作室集合巴士集团劳模资源，编撰《巴士公交营运服务指导手册》，摄制《一线明星风采片》《驾驶员规范操作示范片》，为巴士集团不断提升整体服务质量发挥积极作用。巴士集团通过这样的服务创新平台，为公交劳模和广大职工提供服务公关、技术练兵、技艺创新的大舞台，在公交新人中培养出更多更好的知识型、技术型服务人才，全力打造上海公交精品，实现“服务供应水平一流、投入产出效率一流、管理运行机制一流”三个一流目标。

二、黄昕节能明星工作室

2012 年 3 月，为进一步推动公交节能减排，扩大先进示范辐射效应，巴士三汽公司利用驾驶员队伍中的先进资源成立节能明星工作室，并以交通部劳动模范、全国“五一”劳动奖章获得者黄昕的名字命名。这是上海市首家以节能为主题的工作室，由一线驾驶员及管理员 20 人组成。2015 年，黄昕节能明星工作室被上海市总工会授予“上海市劳模创新工作室”称号，成为上海市唯一以节能为主题的市级劳模创新工作室，队伍扩充到 30 余人。

图 7-5-2　黄昕节能明星工作室

工作室在上海公交行业内全面宣传推广公交驾驶员安全节能操作方法辅导活动，以“绿色驾驶、节能减排”为主旨，增强驾驶员节油意识，促进企业节能降耗、降本增效，积极培养驾驶安全节能操作新理念。通过定计划、定课题、定制度的“三定”措施，定期组织开展攻关研讨、培训示范活动。同时将多年岗位实践积累的经验提炼成公交车安全节能操作标准，在驾驶员队伍中加以宣传推广，为实现驾驶员节能操作和企业降本增效作出贡献。

在具体工作中，节能有三个环节：管理节能、技术节能、操作节能。工作室每月组织节能明星深入油耗不达标的线路，对驾驶员节能操作情况进行全覆盖的跳车检查，反馈汇总资料到车队，隔月复查驾驶员节能操作情况。另外，通过现场交流会的形式，辅导驾驶员及时掌握正确的节能操作方法，并向驾驶员赠送《节能操作指导手册》，帮助其提升操作水平。工作室每季度组织现场节能实际操作演练，由各车队选派新驾驶员和驾车耗油超标的驾驶员进行集中培训，节能明星采取亲自示范、手把手教、一对一辅导的方式，让参加演练的驾驶员掌握安全节能操作方法。同时工作室还通过QQ、微信群等信息化手段，普及安全节能理念，及时解决驾驶员操作中的疑难杂症，发挥好工作室的辐射效应。

通过培训，驾驶员驾车操作的油耗降幅非常明显，驾驶员、线路安全节能水平得到双提高。截至2015年年底，工作室坚持深入21条线路开展安全节能辅导，指导驾驶员安全节能操作343人次，开展实操活动12次，受训人数达177人次，培训后取得明显进步的驾驶员占总人数的67%，人均月节油87升，其中94路、112路和826路3条线路成效显著。工作室的18位驾驶员在各自的线路上都是节能高手，月平均节油157升，至2015年3年内实现累计节油102万升，减少企业燃油成本357万元，减少政府燃油补贴255万元。

自巴士集团大批引进新能源公交车后，工作室及时编撰《S2S新能源车安全节能操作法》，并且从零开始，经过30次路试、多次论证，在2个月的时间内，研究出一套实用有效的节电操作方法。通过实测，车辆平均百公里耗电量为50度(全国平均水平为100度/百公里左右)，在小范围推广后，测得车辆平均百公里耗电量为73度，受到专家和领导的一致好评。

三、马富良技师工作室

巴士三公司修理车间马富良技师工作室成立于2013年5月，截至2016年年底，共有11位成员，其中包括高级技师1名、技师3名、高级技工7名。这是一支由高级技师马富良组建的技术团队，依托三公司现有技师以上人员为班底，为三公司提供技术改进、技术创新、技术交流和技术支持。工作室于2016年被上海市总工会授予“上海市技师创新工作室”称号。

图7-5-3　马富良技师工作室

工作室围绕修好车这个中心工作，发挥技师工作室作为高技能团队的技术创新和技术引领作用。通过技术革新、技术攻关、技术交流、带教培训等方式，对车间多项实际生产过程中存在的重点、难点、关键点问题进行讨论研究，提出整改方案，最终对整改的结果和经验及时汇总、分享，为三公司降本增效、提升车辆维修服务水平及职工整体技能水平作出积极贡献，产生以点带线、以线带面的能动效应。

2016 年，上海市开展交通违法行为大整治，为解决公交车辆随意鸣号这一顽症，工作室与上海市普陀交警共同开发喇叭限制装置，研制喇叭禁鸣器，从技术上抑制乱鸣号、恶意鸣号的现象，“阻断”个别驾驶员随意鸣号的恶习。之后，巴士集团为集团行驶在外环线内的全部车辆加装喇叭禁鸣器，还外环内的市民一个安静的生活环境。上视新闻综合频道、《解放日报》和《劳动报》相继对这一技术贡献作专题报道，取得良好的社会效益。

不仅如此，工作室为培养车间技能人才搭建平台，不断提高技术人员和技术骨干的学习力、创造力和战斗力。马富良技师工作室成立以来涌现出一批技术能手，在 2014 年、2016 年上海市汽修行业比武中，获 2 个团体第一，1 个个人第一、2 个个人第二、2 个个人第三的好成绩，并有 4 人晋升技师，工作室成员辛立刚取得 2014 年上海市修车行业能手和公交行业修车能手称号。

四、徐美玲服务创新工作室

徐美玲服务创新工作室由 2014 年 10 月成立的徐美玲服务热线发展而来，以诚信服务为宗旨。2017 年，工作室被上海市总工会授予“上海市劳模创新工作室”称号，由上海市劳动模范徐美玲领衔，22 名来自基层一线的劳模先进组成，致力于开发完善网络平台，提升公交企业的服务质量。

图 7－5－4　徐美玲服务创新工作室

徐美玲自从转岗到服务热线后，在自己编制《925 路服务手册》的基础上和工作室成员一起走遍巴士三公司下属的近百条公交线路，成为名副其实的活地图，方便问询的乘客。此外，她多次利用业余时间熟悉上海的道路交通情况，并利用监控中心的有利条件实时掌握路况，遇到车距大等投诉时，主动告知乘客目前路况及可能等候时间，并为乘客提供其他出行方式供乘客参考，大大降低投诉率。

工作室成立后研发形成的一套综合信息管理系统，在巴士集团内部被推广使用。该系统采用图形化构建平台，可以直接在浏览器上运行，只要计算机系统有浏览器，能够连接互联网，公交职工就可以随时登陆公交内网进行办公。不仅如此，综合信息管理系统可以根据不同的业务需要，随时对业务操作流程进行调整，以应对公交企业在运作过程中的变化。

综合信息管理系统覆盖企业内部的管理，并将 IC 卡系统、GPS 智能调度管理系统、网络系统、财务系统和客服系统紧密联系，实现数据交换、数据共享、统计作业、维修保养、车辆待维提醒、车辆台账等集约化管理。对各个系统数据加工处理输出核算型报表和分析型报表进行辅助分析决策，最终实现单车核算。该系统功能全面、使用灵活，实现集团与公司、车队之间通知、公文、报告的电子传递及网上审批，实现公交公司无纸化办公，节省大量的人力与物力，提高公司的办公效率。

对于服务工作中获得的经验教训，工作室成员定期开展交流，邀请平时投诉较多的职工和乘客代表一起参与,并以小品、案例等多种形式进行展示,让职工们更清楚地看到不足,提升自己的业务水平。

五、李昳技师工作室

李昳,高级技师,2011 年度巴士集团公司优秀党员,2012 年在巴士集团“深化岗位行动”争创“三个一流”竞赛活动中获修理能手称号,获 2012 年巴士集团练兵比武一等奖、2012 年岗位练兵比武优胜奖、2013 年岗位练兵比武三等奖,被评为 2014—2015 年度巴士集团党员示范岗。

图 7-5-5　李昳技师工作室

2017 年 12 月,李昳领衔的技师工作室被上海市职工技术协会授予“上海市职工(技师、巾帼)创新工作室”称号,工作室由高级技师、技师 10 人组成,其中高级技师 2 人,技师 8 人。服务方针是技术攻关、技术创新、技术交流、人才培养。

李昳技师工作室的任务是介绍传授汽车修理技术,解决汽车修理疑难杂症,传递新知识、新技术,发挥技师工作室作为高技能团队的技术引领作用。在具体的工作中,工作室结合生产实际对青年职工和新进职工开展职业技术培训;针对维修中碰到的技术难题和疑难杂症,进行“技术会诊”,集中力量集体攻关,找出解决办法,开出车辆维修“处方”;结合节能减排、降本增效等工作,针对高损耗、高能耗问题进行信息采集和立案攻关工作;加强各班组间维修技艺的交流,并对一些好的做法和技改措施进行总结、分享、推广,整体提高车辆维修效率和质量。主要技术成果有编制沃尔沃牌 SWB6128V8LF 车型常见变速器跳挡诊断与排查故障方法,以及编制巴士二公司修理车间混合动力绝缘检测工艺及要求。

李昳技师工作室自创立以来,始终坚持“安全、服务、质量”的原则,不断培养新的技术人才。以名师带徒、拜师学艺等方式,结合单位实际,有计划、有目标地培育青年技术人才;建立服务热线,公开工作室成员电话,修理工遇到技术难题,可直接向有关技术人员咨询。通过技术革新、技术交流等方式,工作室帮助职工在服务路线、车辆维修保养上有新的提高和新的突破,为开展技术创新搭建良好的平台。

六、罗志珍优秀乘务员工作室

为培育更多服务明星,提升公交服务水平,上海市首家以公交乘务员名字命名的工作室——罗志珍优秀乘务员工作室于 2014 年 6 月 11 日在金山巴士正式成立,工作室人数为 16 人。

自成立起,工作室以罗志珍的“微笑服务、情满车厢”特色服务开展工作,坚持用微笑去迎候乘客,用热情去招呼乘客,用真诚去服务乘客,用真心去关爱乘客。她的用心服务先后获上海公交行业服务明星、第五届上海市五一巾帼奖先进个人、上海市五一劳动奖章等多项荣誉。

罗志珍所在的金山巴士虹桥枢纽7路，全长64公里，老人和携带大包小包的外来乘客居多。在公交车厢中，她始终坚持用心服务，把乘客当作自己的亲人，认真做好车厢和谐氛围的调节，并根据不同的路段及时提醒驾驶员和行人注意安全，准确播报站点，提醒乘客按时下车。一路周到的温馨服务，让乘客感到满意。

为提高年轻人的服务水平和工作技能，工作室充分发挥先进人物的业务技能优势，运用“传、帮、带”的方法组织观摩学习、开展服务示范，加强同行的沟通与联络，传授服务技能、服务技巧和业务知识。另外，总结推广公交服务先进工作方法、优质服务经验，定期开展研讨交流和咨询服务活动，促进公交服务素质整体提升。

不仅如此，工作室成员还积极参加社会志愿者活动，走进社区为老年人服务，走进辅导学校为残疾人服务等。通过活动开展，拓宽工作视野，丰富工作内容，树立良好的巴士公交形象。

通过工作室活动的开展，职工服务乘客更加细心，解答问题更加耐心，对待特殊乘客更加用心。乘客满意度得到提高，为企业可持续发展、努力打造巴士服务品牌取得积极效果；同时，激发公交年轻一代的责任感、使命感，为进一步提升公交行业整体服务质量作出积极贡献。

七、郜士明客修新能源车技术工作室

为适应上海新能源公交车快速应用发展趋势，提升新能源公交车整体维修技能水平，巴士集团为维修技工搭建平台，2016年4月26日下午，郜士明客修新能源车技术工作室正式挂牌成立。

图7-5-6　郜士明客修新能源车技术工作室

巴士客修新能源车技术工作室由上海市农民工先进个人、技师郜士明领衔，带领10名来自生产一线、具有较高技能水平和丰富实践经验的维修骨干，专攻新能源公交车技术改造、技术攻关、技术交流和带教培训。

截至2016年年底，巴士集团拥有纯电动公交车、混合动力公交车、超级电容车、双源无轨电车、雷博双电池公交车等型号新能源公交车1 700余辆，占营运车辆总数的20%。巴士集团为减少车辆尾气排放，减少空气污染，不断采购新能源车辆，仅2016年就采购新能源公交车1 000余辆，但是在新能源车使用、维护保养方面，存在维修技术人员短缺、新技术掌握水平较低的情况。针对这一情况，工作室着力解决新能源公交车日常使用和维修中遇到的难题和顽症，为日常维修和以后的车辆采购配置夯实基础。同时，为延安路中运量公交系统采用的18米新能源公交车提供技术维修保障。

工作室对内通过案例分析、技能推广、技术培训和实操指导，培养出更多的实用人才，成为新能源公交车专业修理人才的孵化田；对外通过维修实践，分析原因，进一步立项攻关、解决问题，提升巴士集团新能源车辆整体的维修能力和水平，在巴士客修、公交营运公司和公交客车厂家之间搭建起一座沟通、学习、反馈的桥梁。

八、李文清新能源车辆技术攻关工作室

针对新能源公交车维护保养人才短缺、车辆使用和新技术掌握等方面存在短板等状况，2016年5月18日，巴士第四公共交通有限公司新能源车辆技术攻关工作室正式挂牌成立，致力于推进新能源车的维护与运行。

型号多样的新能源公交车对修理维护技能提出更高的要求，李文清新能源车辆技术攻关工作室以党员技术骨干和入党积极分子为班底，由上海市“五一”劳动奖章获得者李文清带领工作室技术团队，发挥党员技术骨干的先锋引领表率作用。

新能源车辆技术攻关工作室及时了解和掌握营运一线新能源车辆的动态，为新能源车辆提供优质的车容车况检测维修服务，定期开展服务和满意度征询活动，及时分析发现问题，提出整改方案，提升维修效率。

图 7-5-7　李文清新能源车辆技术攻关工作室

九、孙华首席技师工作室

孙华首席技师工作室于2010年开始筹备，由巴士第一公共交通有限公司汽车维修高级技师孙华领衔，筹备之初拥有成员8人，2013年3月工作室正式挂牌运作，至2017年，工作室成员数发展为17人。

工作室致力于为车间车辆维修提供技术支持，协助修理车间解决生产一线车辆维修技术问题。利用工作室人员技术优势，对现有车辆设计缺陷进行技术弥补，解决车辆疑难杂症，扩大自修项目范围，为企业降本增效作出贡献。

图 7-5-8　孙华首席技师工作室

2011—2016年，孙华首席技师工作室共有申沃、欧Ⅲ和欧Ⅳ车型故障识别卡，新车型驾驶员安全操作手册，申沃 D7E 发动机校验台架，机油散热器总成校验台架，大电流空气断路校验台架，S2T 车型故障维修案例分析，S2S 车型电池散热改进，S2T 车型飞轮罩壳通风改进，EBS 制动阀故障修复，申沃高级公交车仪表盘故障修复，S2M 尿素泵故障修复和研制乳化柴油，生物柴油及控制尾气排放装置等14项科技成果。

工作室先后获公交客车综合维修管理优胜单位、巴士集团2011年度优胜车间、2015年巴士岗位练兵比武团体及个人第一名等荣誉。工作室坚持从生产实际出发，寻找问题、解决问题，紧紧围绕“服务一线、提高工效、技术攻关、降本增效、科研创新”这五大方面开展各类攻关项目，至2015年

年底，已为企业节约车辆维修成本上千万元。

第二节　强生模范人物新平台

一、胡国林出租营运服务创新工作室

根据强生控股公司开展“一企一品”品牌建设与创新工作的要求，出租汽车公司于2011年成立胡国林出租营运服务创新工作室，由全国劳动模范获得者胡国林领衔，13名来自基层一线的劳模先进组成。2012年，工作室被上海市总工会授予“上海市劳模服务创新工作室”称号，2015年又获得“上海市模范集体”称号。

图7－5－9　胡国林出租营运服务创新工作室

成立后，工作室秉承“弘扬企业文化，传承劳模精神”的理念，立足营运服务一线，为广大出租车驾驶员服务，致力于将工作室发展为一个技术交流的平台，形成一整套高于行业要求的先进驾驶群体服务规范。工作室活动的主要内容有：设立劳模讲坛、开设微博平台、开展课题研究、定期沟通交流、组织公益活动。

在具体工作中，工作室成员到车队、班组为驾驶员传授服务理念、服务技巧，通过媒体以普通一员的身份与驾驶员进行交流。邀请窗口行业的知名劳模到工作室传授先进的服务方法、语言艺术、礼仪常识。不仅如此，工作室将出租汽车公司优秀驾驶员的事迹材料汇编成册，编写《乘客至上、服务为本》《班组建设、创优集锦》等经验集，下发到出租汽车公司近600个班组，作为班组学习的教科书供广大驾驶员学习借鉴。在2016年上海开展交通大整治后，又分别对轮胎修补点、驾驶员如厕及用餐点进行排摸，并制作易拉宝、宣传单等宣传材料，在各营运公司进行推送和发放，为广大出租

车驾驶员提供便捷。依托微博平台与驾驶员进行交流互动，解答服务、安全、车辆维修等方面的问题。同时，为了保障乘客的安全出行，工作室还汇编《打车宝典》，向乘客传授乘车时的安全注意事项。

针对驾驶员队伍不稳定，驾驶员反映思想压力、工作压力大等问题，工作室开展调研活动，探索如何对驾驶员进行心理疏导、如何加强驾驶员的凝聚力等问题。

工作室成员还积极投身公益活动，每逢学雷锋纪念日、重阳节等重大节日，在上海主要集散点、养老院等进行一系列公益性拓展服务，例如到湖南街道阳光之家关爱智障儿童，帮助“玻璃女孩”邢怡重拾生活信念，让浦东爱心养老院的老人们感受到社会的温暖。

为了体现工作室辐射效应，截至2017年年底，强生出租先后在各营运公司内成立8个分支机构，做到工作室全覆盖，成员数达100余人。

表7-5-1　2013—2017年胡国林出租营运服务创新工作室所属8个分支工作室建立情况表

创立年月	工作室名称
2013年5月	申强劳模工作室
2013年8月	宝隆明星工作室
2013年9月	市东劳模工作室
2013年10月	交运劳模工作室
2014年9月	一分明星工作室
2014年12月	五分星火工作室
2015年4月	普陀劳模工作室
2017年12月	市北明星工作室

二、花茂飞首席技能大师工作室

花茂飞，就职于上海强生集团汽车修理有限公司，是一名汽车维修高级技师。曾获全国技术能手、全国交通技术能手、上海市五一劳动奖章、上海市优秀农民工等称号，2017年又被评为上海工匠，成为上海久事集团获此项殊荣的第一人。

图7-5-10　花茂飞首席技能大师工作室

2011年，为了给更多想学、要学、肯学的一线青年员工搭建交流学习、提高技艺的平台，上海强生集团汽车修理有限公司组建以农民工花茂飞名字命名的花茂飞首席技能大师工作室，围绕汽车维修中普遍反映的难点问题，着手研究攻关方法，提高汽车维修质量，为企业节约成本。2013年，经上海市人力资源社会保障局及相关部门专家评定考核，工作室被正式授予“花茂飞首席技能大师工作室”的称号。2017 年，花茂飞首席技能大师工作室被上海市总工会和上海市职工技术协会共同评为“上海市职工（技师）创新工作室”，工作室由 12 人组成，其中汽车维修高级技师 5 名、汽车维修技师 5 名、汽车维修高级工 2 名、整个队伍中有中共党员 10 名，成员分布于各修理厂。

工作室的中心工作主要包括五大专题，即“新知识讲座”“名医会诊”“难点咨询”“绝技交流”“名师带徒”。“新知识讲座”主要介绍新型小客车在构造、原理、性能等方面的最新情况，让职工率先了解和掌握新知识，提高职工的应变能力。“名医会诊”是由汽车技术高级技师和具有实践经验的技师及高级工“坐堂”，针对基层班组收集反映的疑难杂症进行“技术会诊”，集中力量集体攻关。“难点咨询”就是修理工们将汽车修理中的难题带到工作室进行咨询、探讨、切磋，使修理工有一个“问病找药”的诊所，少走弯路。“绝技交流”这个专题主要由能工巧匠介绍他们的修车绝招，使少数人的工作经验为多数人所掌握，使广大职工修车技术迅速提高。最后，“名师带徒”由工作室技师及高级工们结合单位班组实际，以签约的形式建立“名师带高徒”的工作机制，有计划、有目标、不间断地培育企业高素质后备人才队伍。

花茂飞工作室作为强生集团汽车修理有限公司技术科下属的修理公司技术团队之一，是汽修公司修车技术核心。工作室开发的出租车密码读取仪，总结车辆电脑板维修方法，将维修时间从最少 3 小时缩短到 20 分钟，许多电脑板维修成本从 2 000 多元，降到几元钱。通过不断地对车辆控制模块进行大量的维修再利用，不但缩短实际维修过程的时间，而且节约人力和物力，每年能为企业节约 100 多万元费用。此外，开发汽车空调诊断仪，并于 2016 年获国家实用新型专利，大大减少维修空调导致制冷剂排放到空气中对环境造成的污染。同时通过诊断仪指导性维修，让修理人员准确判断故障，提高工作效率，每年为企业节约几十万元费用。除此以外，还有自主研发的“火花塞”检测试验台、零配件维修专用工具等。

不仅如此，工作室也是汽修公司开展技术探讨、解决车辆疑难杂症、带徒、培训等技术活动交流的基地。工作室开发设计的汽车空调二维模拟电路、设计制作的途安车身电路实训台架，有效提升学习效果，为汽车电路学习“看不见、摸不着”这一学习瓶颈提供新的学习思路。截至 2017 年年底，通过该项技术累计培训维修技术人员 1 000 多人次，为企业培训一批又一批技术能手。2016 年，花茂飞首席技能大师工作室成为上海市曹杨职校校外实训基地和上海市工程管理学校实训基地。

第三节　久事置业模范人物新平台

为弘扬劳模精神、工匠精神，深化企业混合制改革成果和品牌建设，置业公司于 2015 年策划成立马良精细服务创新工作室。由上海市劳动模范马良领衔组建精干的企业服务团队，以物业服务为核心，深入企业各层面工作，为早日实现久事系统知名公众物业管理企业的品牌建设目标献计献策。领军人物马良在工作室中承担服务创新、教育培训等工作。

依据物业管理服务的行业特点，劳模工作室坚持“精细服务”的创新理念，将各条线和项目的精英会集，结合工作实际和成员专业特长，设立五大创新团队：项目经理团队，主要负责根据服务项目的特点梳理不同业主需求内容，探索在项目服务中的管理创新、方法创新、服务创新等研究工作；设备技能团队，主要负责公司所属项目设备管理的技术支持、流程优化、业务拓展以及标准模块等工作；保安服务团队，负责保安公司保安队伍行为规范、服务标准、流程优化、应急事件处理等方面的工作；保洁服务团队，负责保洁服务人员的行为规范、操作标准、流程优化、疑难清洗等工作；优质

图 7-5-11　马良精细服务创新工作室

形象团队,负责会务、前台岗位人员的仪容仪态、行为规范、接待流程、客户关系管理以及应急事件处理等工作。

工作室自 2015 年创建后致力于精细服务创新和管理创新。成立安全生产专家小组应援各级服务所需,保安公司提供特保服务,通过特色服务吸引业主,创建六型食堂班组,实现精细服务创新;小区管理模式由包干制向共同治理转化,同居委会、业委会联建共建,三驾马车齐头并进,创建全国文明小区,实现管理创新。

此外,工作室还开展劳模先进示范日活动,举办岗位意识培训讲座,主要涉及怎样正确看待自己的岗位;传授一些为人处事、工作业务的技巧知识,帮助员工正确认识自己的职责,并通过交流互动环节对平时的一些疑难问题进行答疑解惑。开展"巧解疑"业务咨询、攻坚活动,由工作室团队现场操作示范帮助员工解决操作难题,并由工作室团队对员工的一些日常操作进行指导,传授经验技巧。另外,还建立"学习园地"丰富员工知识,定期举办职工实操技能比赛、主办经验技术学习交流会等。

在 2017 年,多位物业项目经理被评为久事置业优秀员工、久事集团优秀党员;设备技术团队通过培训、竞赛等多人能级提升活动,19 名职工新获职业上岗证;16 名技术工人提升能级,其中出现高级技师 1 名。多个保安、保洁、设备等班组被评为久事置业文明班组。

第八篇

人物·荣誉

概　述

本篇主要为对上海久事(集团)有限公司和前身上海久事公司作出突出贡献的已故人物三人书写传记,为全国劳动模范和全国五一劳动奖章荣誉获得者个人作人物简介,为久事集团历任领导干部和获得各类先进集体、先进个人荣誉的集体和个人列名录;同时记载 1987 年以来当选的中国共产党全国代表大会代表、中国工会全国代表大会代表、中华全国青年联合会委员、中国共产党上海市代表大会代表、上海市人民代表大会代表、上海市政协委员、上海市工会代表大会代表、上海市妇女代表大会代表、上海市共青团代表大会代表列代表委员名录。

本篇以现代企业制度为基本框架,按企业组织机构起止和人员任职先后顺序,系统记载久事集团(久事公司)各部门、各直属企业主要负责人名录,并对曾撤并部门、曾直属企业的主要负责人名录进行记载。

第一章 人物传略

陈士鹤(1930.11.17—2010.1.2),汉族,1948年10月加入中国共产党。上海久事公司负责人、副总经理、顾问。

1948年8月至1950年12月,任上海钮炳记运输行会计,并在上海中国职业补习学校负责校务工作;任上海抗联会、生产救灾委员会南区队队长。1950年12月至1976年12月,历任上海市委私营工业调查委员会科长,上海市政府轻工业办公室科长,上海市计划委员会技术处科长,上海市委工业生产委员会、市生产技术局办公室副主任,上海市革命委员会工业生产交通组、生产组计划物资小组负责人。1977年1月至1987年5月,任上海市计划委员会工业处处长。1987年5月至1996年6月,历任上海久事公司行政负责人、副总经理、顾问。1996年7月光荣离休。

担任上海久事公司领导职务后,为上海"九四专项"作出许多开创性工作,于1991年获上海市重大工程立功竞赛委员会"市级个人记功"荣誉。在担任久事公司顾问期间,由于罹患糖尿病和白内障,视力降至0.3,但他克服种种困难,参与投资参股企业重大谈判,为久事公司作出很大贡献。离休后,任离休支部书记,他克服病痛,保持良好的精神状态,组织开展支部的各项活动。

为人谦和、淡泊名利、廉洁勤政,是久事公司员工公认的好领导。他在职时为上海的轻工业、城市经济发展作出贡献;退居二线时,依然时刻想到群众,关心爱护员工,受到员工的敬重。

鲍友德(1931.8.26—2017.1.4),汉族,浙江宁波人,1981年6月加入中国共产党。高级会计师,上海久事公司总经理,中国共产党第十三次全国代表大会代表,第九届、第十届上海市人民代表大会代表。

1950年4月参加工作,由中央税务学校华东分校保送入上海市税务局所属嵩山区分局工作,先后任嵩山区分局、卢湾区第二分局专管员、副组长、副所长、所长职务,其间在上海财经学院夜校部会计专业学习。1965年5月,进入上海市财政局工作,先后任市财政局二分局二所副所长,市财政局二分局副科长、科长、副分局长,市财政局企业财务一处副处长,市财政局副局长等职。1985年8月至1991年3月,任上海市财政局、上海市税务局局长、党组书记。工作期间,认真贯彻执行党的路线、方针、政策和市委市政府决定,在当时各方面资金都比较紧张的情况下,殚精竭虑、统筹规划,为上海市经济建设和发展作出重要贡献,工作业绩得到上海市前后4任市长肯定。

1991年3月,任上海市投资信托公司党组书记、副董事长、总经理,兼任上海久事公司总经理,后又兼任申能公司主要领导。在工作中,以保证国有资产保值增值的高度责任感,始终坚持"以效益为中心、以市场为导向、以稳健为原则、以管理为重点",一手抓盘实、盘活资产存量,巩固、提高传统业务;一手抓积极创新,开拓新的业务领域,培育新的经济增长点,开办投资银行业务和基金业务,积极为上海的经济建设和重大市政建设项目筹措资金。兼任主要负责人的三家公司业务较快发展,效益得到新的提高,并一直保持持续、健康发展的良好势头。

先后被评为上海市精神文明建设活动优秀组织者、市级机关系统优秀党员、"我最佩服的共产党员"等。1993年至1995年期间被世界银行所属国际金融公司聘为代表中国唯一的顾问委员会成员。

赵福生(1932.1.3—2018.6.20),汉族,上海人,中共党员。上海久事公司总经理、党委书记,教授级高级工程师。

1955 年毕业于上海交通大学船舶制造专业,分配进上海江南造船厂工作,先后在检查科、技术科、设计科担任技术员、工程师、产品负责人、股长等职。1980 年 9 月至 1988 年 1 月,先后担任上海江南造船厂设计研究所副所长,上海江南造船厂副厂长、厂长、技术顾问。在江南造船厂任职期间,长期从事各种类型军用、民用船舶的设计、制造工作,其中主持设计的 4 500 方耙吸式挖泥船,是国内自主设计制造的第一艘万吨级挖泥船,获 1978 年度国家科技大会奖;主持设计的 2.7 万吨散货船、1.6 万吨煤矿船,先后获国家金质奖、国家科技进步奖一等奖、上海市优质产品奖。

1988 年 1 月至 1992 年 12 月,担任上海久事公司总经理、党委书记。在这期间,根据《国务院关于上海市扩大利用外资规模的批复》,在市委市政府的领导下,筹措调度"九四专项"所需的资金,参与"九四专项"有关项目审查;开展综合开发经营,增强统筹还款能力,为上海扩大利用外资规模、加强城市基础设施建设、加快工业技术改造、发展第三产业和旅游业等作出重要贡献。

工作一贯认真负责,勇挑重担。作为一名专业技术人员,精通船舶设计和工艺技术,是江南造船厂优秀的船体设计师和带头人;在企业领导岗位上,认真贯彻党的路线方针政策,廉洁自律、谦虚谨慎。作为久事公司的领头人,他发扬改革、开拓、高效、求实的企业精神,深化久事公司改革,按照建一流队伍、上一流管理、树一流信誉、创一流效益的要求,为久事公司圆满完成第一轮创业奠定基础,作出重要贡献。

第二章　人物简介

第一节　全国劳动模范简介

吴培华，1954 年生，女，汉族，籍贯辽宁沈阳，在职中专学历，1990 年 5 月加入中国共产党。上海市公交总公司第一电车公司 23 路车队售票员。1989 年 4 月当选上海市静安区第十届人大代表。1990 年当选建设部劳动模范，1991 年、1993 年、1995 年三次当选上海市劳动模范，1995 年当选全国劳动模范。

1987 年 9 月起，担任公交第一电车公司 23 路车队售票员，在工作上对自己精益求精，积极参与企业各项改革，逐步形成“招呼、解说、宣传、关心、体贴、勤兜”的“十二字验票法”，创下验看月票 10 万余张无纠纷的高纪录。总结出“四体贴、四做到”的服务法，即体贴乘客心情，做到方便乘客上车；体贴老弱乘客，做到搀扶、让座；体贴外地乘客，做到有问必答；体贴乘客需要，做到悉送方便。用细心留意的操作法铸成打开乘客心灵的一把“金钥匙”，被乘客誉为“老人的女儿、儿童的阿姨、病人的护士、残疾人的知音、盲人的眼睛、外地人的向导”。作为班组长，注重言传身教，经常利用业余时间走访职工家庭，仅 1990 年至 1991 年期间就达 86 次。同时，关心班组实绩，利用业余时间上车辅导督促，带头参加车队各类义务活动，创办先进进修班，组织吴培华师徒联谊会，起到“传、帮、带”作用。

在从事售票员工作期间，获得公交行业“最佳售票员”“精神文明十佳”“先进生产者”称号以及公共事业局授予的“三八红旗手”称号。1990—1991 年连续两年被命名为“上海市重点工程建设功臣”。

马卫星，1975 年生，女，汉族，籍贯安徽，出生于上海，在职研究生学历，1996 年 6 月加入中国共产党。上海巴士第二公共交通有限公司党委副书记、纪委书记、工会主席。中国共产党第十六次、第十八次全国代表大会代表，第十三届、第十四届、第十五届上海市人民代表大会代表，上海市第八次、第十一次党代会代表，上海市工会第十二次代表大会代表；全国劳动模范、上海市劳动模范。

图 8－2－1
全国劳动模范马卫星

1991 年 12 月起，先后在上海申新巴士有限公司和上海巴士二汽公共交通有限公司 49 路担任售票员。从事售票员工作时，总结提炼出帮助乘客落实座位的五种操作法，即留座法、领座法、代抱法、夸张法和致谢法。为了摸清 49 路沿线情况，骑着自行车走街串巷进行摸底调查，经过整理汇编而成的《49 路服务指南》成为售票员天天和乘客打交道的“指路人”。2006 年 1 月转岗为车队管理者，提出“感受高度、体验速度、发挥亮度”的支部工作新思路。具体工作中，注重班子建设，积极发挥党员作用；牵头成立“马卫星服务研讨小组”，2009 年成立“马卫星公交营运服务创新工作室”，针对公交营运服务中的难点和乘客投诉热点，开展专题研讨，修订完成服务指南；主持“劳模沙龙”活动，组织各路先进切磋技艺，开展职业道德、职业技能培训等活动;在 49 路全体售票员中严格执行车厢服务"五个起来",即站起来(起立服务)、笑起来(微笑服务)、响起来(话筒服务)、扬起来(招呼安全)、动起来(主动服务)。2014年担任公司班子领导,抓紧、抓实、抓好党风廉政建设和反腐倡廉工作,切实团结凝聚职工。在十多年的车厢服务中,她对上海公交行业的现状作认真调研,开展历时一个多月的百人大家访活动,倾听市民和职工的呼声,促进上海公交行业科学发展。

在马卫星的带领和车队班子的关心下,通过全体职工的共同努力,49 路保持着上海公交最具代表性品牌路线的荣誉,不仅获得"文明单位"和"全国文明路线"等荣誉称号,还是上海市"劳模集体"六连冠。她本人也先后获得上海市青年岗位能手、上海市先进女职工标兵、上海市十大杰出青年、上海市优秀共产党员、上海市(十年间)最有影响的 20 位女性人物、上海公交百年杰出人物等荣誉。

胡国林,1962 年生,汉族,籍贯江苏,大专学历,2008 年 9 月加入中国共产党。1995 年进入强生公司,从事出租汽车营运,2019 年任强生控股四分公司党群工作部副主任。

图 8-2-2
全国劳动模范胡国林

在从事出租汽车营运的 14 年中,以"岗位上尽心尽责,服务上便民利民"为宗旨,坚持"乘客至上、服务为本"理念,为乘客提供特色服务、优质服务,各类营运考核指标在行业都名列前茅。累计安全行车达 88 万公里,服务量达 26 万人次,服务优良率达 98%,车辆完好率达 100%。在营运服务过程中,胡国林十分注重细节,总结出贯穿出租汽车服务全过程的"三主动、六个一"特色服务法。其特色服务得到社会各界的广泛赞誉,先后受到中央电视台、上海电视台、《解放日报》、《新民晚报》等新闻媒体表扬 10 余次。

2011 年 8 月,强生出租成立以他名字命名的上海市出租行业首家劳模服务创新工作室,即"胡国林劳模服务创新工作室"。积极利用自己的服务特长和业务知识,开展"传、帮、带"活动,带领工作室成员职工开展文明班组创建活动,取得明显成效。在他的带领下,工作室培育出全国见义勇为先进 1 人、上海市劳动模范 1 人、上海市五一劳动奖章 1 人、行业先进 5 人、中高星级驾驶员 7 人。

先后获上海市第六届的士明星、上海市五一劳动奖章、上海市微笑服务大使、上海市劳动模范、全国五一劳动奖章、全国劳动模范等荣誉。

第二节　全国五一劳动奖章获得者简介

王成武,1953 年生,汉族,中共党员,在职大专学历。1974 年 12 月进上海市出租汽车总公司申江场,从事出租客运服务工作,于 2013 年 11 月在强生申强出租公司退休。在多年的出租汽车营运中,始终以"老黄牛"般勤勤恳恳的精神认真做好每一单业务,得到广大乘客的来信来电表扬。在营运中还能够助人为乐,救人于危难,曾将受伤的农民工送医并垫付医药费。于 1993 年被评为上海市劳动模范,1995 年获得全国五一劳动奖章、被评为上海市劳动模范。之后,公司提拔他走上车队管理岗位,成为车队工会主席,继续发扬劳模精神。

徐　忠，1960 年生，汉族，籍贯江苏，大专学历，1996 年 12 月加入中国共产党，巴士一公司稽查员。1993 年进入公交系统，曾先后担任巴士一公司 70 路、960 路乘务员工作。在长期的乘务员岗位上，创立“车厢社会学、乘客心理学及售票语言学”的三学工作法。在岗位调整为一公司安全管理部稽查员后，摸索提炼出“一二三”工作法（一全二维三心），即全心全意为民服务，维护乘客合法权益、维护企业对外形象，对乘客的投诉耐心倾听、诚心回复、热心解决。同时，作为一公司徐永刚规范服务创新工作室骨干，主要负责对外与乘客沟通，针对 12345、12319 服务热线乘客反映的集中问题，研究分析服务热线工作人员回复技巧。通过针对性培训推广工作经验，使得一公司自 2017 年 11 月起，实现服务投诉不满意信息单为零，切实降低服务投诉率，弥补在服务投诉工作方面的短板，对提升服务质量和促进营运生产，为搭建乘客满意、公司满意、行车人员满意的和谐关系作出不懈努力。2000 年获全国五一劳动奖章，2001 年被评为上海市劳动模范。

张建中，1958 年生，汉族，上海人，1979 年 10 月加入中国共产党。1976 年进入出租车行业，上海强生交运营运有限公司车队机务员。在 20 多年的服务工作中，安全行车 70 多万公里，接送乘客 10 多万车次，免费为特殊困难乘客提供服务 400 余次，折成营业额近万元。坚持以“诚心、热心、爱心”善待每一位乘客，并确立“乘客满意是服务唯一标准”的服务理念，形成“五主动、三热情”的服务特色，即对老弱病残乘客主动搀扶、对外地乘客主动关心、对有重物乘客主动搬运、对困难乘客主动帮助、对下车乘客主动提醒，以及乘客上车接待热情、送客途中服务热情、乘客下车送客热情。曾先后获得全国五一劳动奖章、全国建设系统优秀驾驶员、上海市红旗文明岗、建设部劳动模范等荣誉，所带领的班组被评为上海市劳模集体。

包　军，1972 年生，汉族，上海人，2002 年 7 月加入中国共产党。曾获得过 2003 年建设部劳动模范和 2005 年全国五一劳动奖章等荣誉。2000 年被评为全国文明驾驶员，2005 年获得全国质量金奖（个人）。1995 年进入出租车行业，在上海广慈出租汽车有限公司担任驾驶员，2006 年 11 月成为上海巴士出租汽车有限公司管理人员，2011 年开始先后担任上海强生市西出租汽车有限公司管理人员、上海强生市北出租汽车有限公司管理人员和上海强生常宁出租汽车有限公司管理人员。在多年的一线服务工作中，他坚持“服务只有起点，满意没有终点”的服务理念，总结出“四字”和“六心”的服务心得。“四字”即服务思想上树立一个“牢”字，牢固树立为乘客服务的思想；服务方法上突出一个“实”字，针对不同服务对象，提供实实在在服务；操作上体现一个“情”字，用心体察乘客，用情感动乘客；服务工作恪守一个“德”字，崇尚职业道德规范。“六心”即工作用心、服务细心、坚持恒心、过程耐心、待客热心，还有做人凭良心。

潘春燕，1975 年生，女，汉族，上海人，大专学历，1999 年 10 月加入中国共产党。上海巴士三公司十车队的党支部书记兼工会负责人。从售票员到工会主席到党支部书记，以十年如一日的坚持和真情的服务得到广大乘客的好评。连续两次获得上海市劳动模范称号，2007 年获得全国五一劳动奖章。2011 年转入管理岗位担任工会主席之后，始终坚持“职工无小事”的工作理念，对车队的重大决策和涉及职工切身利益的重大事情，坚持做到交职工代表审议，积极维护职工的合法权益。作为基层的支部书记，她不是坐在办公室里发号施令，而是经常深入运营一线，及时了解职工的思想动态，全面掌握职工的情况，始终把自己当成普通一员，将自己这滴水融入群众这条“河流”之中。

黄　昕,1965 年生,汉族,江苏泰兴人,大专学历,2005 年 12 月加入中国共产党。1994 年进入公交行业,先后在 136 路、112 路担任驾驶员。同时,利用业余时间开展自学,从驾驶初级工升到驾驶高级工,从汽车修理初级工升到汽车修理高级工,并完成大专学业。2008 年转岗从事基层管理岗位,从机务工作做起,不厌其烦、有求必应,为驾驶员解决车辆故障,积极探索总结车辆安全节油操作方法,进行宣传推广,使驾驶员的节油操作水平不断提高。于 2005 年获全国交通系统劳模称号,2009 年荣获全国五一劳动奖章。2012 年年初,以他名字命名的黄昕节能明星工作室挂牌成立,服务社会、服务企业、服务职工成为工作室立业的宗旨。工作室定期组织开展攻关研讨、培训示范、实操辅导等活动,积极探索总结各车型安全节能操作方法。2015 年黄昕节能明星工作室被上海市总工会命名为市级劳模创新工作室。

邓剑林,1954 年生,汉族,江苏宜兴人,高中学历,2005 年 6 月加入中国共产党。先后在上海电车三场 26 路担任售票员、驾驶员,1993 年成为上海巴士新新一分公司 911 路驾驶员,2006 年担任巴士新新二分公司 926 路驾驶员。926 路公交车是淮海路上的一条公交品牌线路,为了能为南来北往的乘客提供优质的公共交通服务,对沿线主要商业街站点作详细了解,结合淮海路商业街的特点,主动为南来北往的乘客提供淮海路商业街购物和沿线景点的指路服务,并且详细告知相关线路的走向、沿线站点,极大地方便外埠乘客和不熟悉淮海路的上海市民。他的笑容也是他的招牌,如见有老年乘客或是孕妇等需要帮助的乘客上车,会主动招呼其他乘客帮忙落实座位,面对这些的感谢,总会微微一笑说:“这是应该的!”久而久之,他的微笑也成为 926 路上一条亮丽的风景线。2003 年,被评为上海市交通局先进个人、巴士集团十佳标兵;2004 年 3 月,获国家交通部劳动模范称号;2007 年获市劳动模范称号;2011 年获全国五一劳动奖章荣誉。

徐卫琴,1966 年生,女,汉族,籍贯江苏,大专学历,2001 年 11 月加入中国共产党。上海交投场站企业管理有限公司工会主席、办公室副主任。曾获得过上海世博会先进个人、上海市三八红旗手、上海市五一劳动奖章、上海市劳动模范等荣誉,2011 年获得全国五一劳动奖章。开出第一辆“党员先锋号车”,以百问不厌的服务态度和安全行车的过硬技术,在乘客中树起“一个党员一面旗”的形象。徐卫琴结合品牌服务要求积极探索和完善无人售票、有情服务方法,推出“微笑服务——有问必答,热心服务——有难必帮,礼貌服务——动员让座”特色服务;从了解车型特点到熟悉道路状况,从了解行人动态和乘客心理到掌握天气变化规律,总结出“以防应变、三让三不”的安全驾驶操作法,做到安全行车 60 万公里无事故,被乘客誉为乘客的“安全卫士”。

胡国林(详见本章第一节)。

徐永青,1974 年生,汉族,江苏射阳人,大专学历,1996 年 6 月 18 日加入中国共产党。巴士五公司十二车队 118 路驾驶员,后任巴士五公司九车队党群干事。曾获 2003 年交通局先进生产者,2004 年被评为上海市劳动模范,2008 年被评为上海市安全行车标兵,2009 年被评为上海城市交通行业首届十佳杰出青年,2013 年获得全国五一劳动奖章,2015 年获得上海十佳好司机称号,并多次被评为上海久事集团先进个人和公交安全标兵。工作上身先士卒,在车队缺人的时候主动提出做“升工”,平均每月增加班次 10 个,为线路增收贡献自己的一份力量。在各线劳动力相对欠缺的时期,徐永青以“我是党员我带头、义务奉献增班次”的党支部服务示范活动为契机,号召 118 路的党员们围绕企业中心工作，积极投入营运生产，为市民出行提供便捷。

方　进，1982年生，汉族，江苏南京人，大学本科学历，2004年6月加入中国共产党。巴士第三公共交通有限公司925路驾驶员。公交行业第五届服务明星、久事集团优秀青年岗位能手、公司“三个一流”竞赛先进个人、优秀共产党员。2013年获得上海市五一劳动奖章，2015年分别被交通运输部评为劳动模范和上海好司机，2017年获得全国五一劳动奖章。在日常工作中，始终把“车站有起点、车厢服务无终点”作为自己的座右铭，总结出“三多四心”服务方法。三多即“多等一等”“多帮一帮”“多说一说”，“四心”即车辆例保要“细心”，对待乘客要“贴心”，遇到问题要“耐心”。同时他每天坚持做到“三个一”，即车辆一圈一扫、车厢一圈一拖、垃圾一圈一倒。在营运结束进场时做到“三个清”，即垃圾桶清、地板清、玻璃清。作为一名共产党员，创先争优是方进不懈的奋斗目标，文明行车、安全节能更是他坚守的职责。

第三章　人物表

第一节　久事公司（集团）领导人员

表 8-3-1　1987—2019 年久事公司（集团）党政工班子成员任职情况表

职　务	姓　名	任　职　时　间
党委书记	赵福生	1990 年 3 月—1992 年 7 月
	张桂娟	1996 年 2 月—2001 年 6 月
	孙金富	2001 年 6 月—2005 年 1 月
	张惠民	2005 年 2 月—2010 年 10 月
	俞北华	2010 年 10 月—2013 年 2 月
	龚德庆	2013 年 7 月—2015 年 2 月（久事公司）
		2017 年 5 月—2019 年 10 月（久事集团）
	过剑飞	2019 年 10 月—　（久事集团）
董事长	李功豪	1987 年 11 月—1989 年 10 月
	张桂娟	1998 年 8 月—2004 年 12 月
	张惠民	2004 年 12 月—2005 年 2 月
	龚德庆	2017 年 5 月—2019 年 10 月（久事集团）
	过剑飞	2019 年 10 月—　（久事集团）
执行董事	龚德庆	2015 年 9 月—2017 年 5 月（久事集团）
总　裁	龚德庆	2015 年 9 月—2017 年 5 月（久事集团）
	郑元湖	2017 年 5 月—　（久事集团）
总经理	赵福生（兼）	1987 年 11 月—1989 年 10 月
	鲍友德（兼）	1991 年 3 月—1998 年 8 月
	高国富	1998 年 8 月—2001 年 6 月
	张惠民	2005 年 3 月—2015 年 2 月
	龚德庆	2015 年 2 月—2015 年 9 月
纪委书记	牟继祥（兼）	1996 年 10 月—2001 年 6 月
	傅长禄	2007 年 4 月—2009 年 10 月
	聂建华	2009 年 10 月—2015 年 2 月
	黄　强	2015 年 2 月—2015 年 9 月（久事公司）
		2015 年 9 月—　（久事集团）

〔续表〕

职　务	姓　名	任　职　时　间
党委副书记	牟继祥	1996年2月—2001年6月
	高国富	1998年8月—2001年6月
	傅长禄	2003年8月—2009年10月
	张惠民	2004年12月—2005年2月
	聂建华	2009年10月—2015年2月
	张惠民	2010年11月—2015年2月
	龚德庆	2015年2月—2015年9月(久事公司)
		2015年9月—2017年5月(久事集团)
	黄　强	2016年10月—　(久事集团)
	郑元湖	2017年5月—　(久事集团)
副董事长	庄玉麟(兼)	1987年11月—1991年1月
	明志澄(兼)	1987年11月—1989年8月
	赵福生	1987年11月—1992年11月
	孙金富	2001年6月—2005年2月
	傅长禄	2003年8月—2005年4月
副总裁	张新玫	2015年9月—　(久事集团)
	孙冬琳	2015年9月—　(久事集团)
	姜　澜	2015年9月—　(久事集团)
	李仲秋	2015年9月—　(久事集团)
副总经理	陈庭范	1987年11月—1990年12月
	张嘉宝	1989年10月—1991年6月
	陈士鹤	1990年11月—1992年7月
	杨志华	1991年6月—1991年12月
	张桂娟	1991年12月—1998年8月
	邹金宝	1992年7月—1994年9月
	胡岳义	1992年7月—2004年11月
	高国富	1996年9月—1998年8月
	熊亦桦	1998年9月—2002年12月
	宋孝鋆	1998年9月—2000年4月
	毛小涵	2002年8月—2011年4月
	张建伟	2002年12月—2014年12月
	傅长禄	2005年4月—2009年10月

〔续表〕

职 务	姓 名	任 职 时 间
副总经理	洪任初	2006 年 7 月—2015 年 9 月
	俞北华	2010 年 11 月—2013 年 4 月
	张新玫	2014 年 12 月—2015 年 9 月
	孙冬琳	2014 年 12 月—2015 年 9 月
监事会主席	钱云龙	2001 年 4 月—2004 年 7 月
	白文华	2009 年 8 月—2013 年 7 月
	张国洪	2015 年 11 月— (久事集团)
监事会副主席	黄 强	2015 年 11 月—2017 年 9 月(久事集团)
总会计师	张新玫	2004 年 11 月—2014 年 12 月(久事公司)
总法律顾问	李雪林	2004 年 9 月—2010 年 3 月
	孙 江	2016 年 7 月—
工会主席	钱逸民	1988 年 5 月 21 日—1992 年 8 月 14 日
	胡岳义	1992 年 8 月 14 日—1996 年 6 月 18 日
	王雅丽	1996 年 6 月 18 日—1999 年 8 月 26 日
	牟继祥	1999 年 8 月 26 日—2002 年 9 月 11 日
	曹旭东	2002 年 9 月 11 日—2007 年 12 月 6 日
	顾利慧	2007 年 12 月 6 日—2013 年 1 月 16 日
	顾利慧	2013 年 1 月 16 日—2015 年 1 月 23 日
	薛 东	2015 年 1 月 23 日—2018 年 6 月 20 日(久事集团)
	孙 江	2018 年 6 月 20 日— (久事集团)

第二节 各类先进集体、先进个人

一、全国先进集体

表 8-3-2 2006—2015 年久事所属企业获“全国五一劳动奖状”情况表

年 份	获 奖 单 位	荣誉称号	授奖单位
2006	宝山巴士公共交通有限公司	全国五一劳动奖状	中华全国总工会
2008	东亚体育文化中心有限公司		
	强生出租汽车有限公司业务调度分公司		
2015	上海强生出租汽车有限公司		

表 8-3-3　2006—2016 年久事所属企业获"全国工人先锋号"情况表

年　份	获　奖　单　位	荣誉称号	授奖单位
2007	巴士电车有限公司电车隆昌大宇服务站	全国工人先锋号	中华全国总工会
2008	巴士电车有限公司 20 路车队		
	强生出租汽车有限公司业务调度分公司		
2009	现代交通建设发展有限公司线网分公司		
	强生控股股份有限公司第四分公司		
2010	巴士二汽公共交通有限公司 49 路		
	巴士四汽公共交通有限公司 925 路		
2013	申强出租汽车有限公司 305 班组		
	强生交运有限公司营运六部 607 班组		
2014	强生市东出租汽车有限公司七部四班		
2016	巴士第五公共交通有限公司 118 路		

表 8-3-4　2012—2013 年久事所属企业获"全国五一巾帼标兵岗"情况表

年　份	获　奖　单　位	荣誉称号	授奖单位
2012	巴士一汽公共交通有限公司信息部(现为巴士一公司营运业务部)	全国五一巾帼标兵岗	中华全国总工会
2013	巴士五汽公共交通有限公司 65 路南浦大桥终点站		

表 8-3-5　2008 年久事所属企业获全国"三八"红旗集体情况表

年　份	获　奖　单　位	荣誉称号	授奖单位
2008	强生出租汽车有限公司业务调度分公司	全国"三八"红旗集体	中华全国妇女联合会

表 8-3-6　2007 年久事所属企业获"全国巾帼文明岗"情况表

年　份	获　奖　单　位	荣誉称号	授奖单位
2007	强生出租汽车有限公司业务调度分公司	全国巾帼文明岗	中华全国妇女联合会
	巴士集团公司 AP8601 车组		

表 8-3-7　2008—2017 年久事及所属企业获全国"安康杯"竞赛荣誉情况表

年　份	获　奖　单　位	荣誉称号	授奖单位
2008	久事公司	组织工作优秀单位	中华全国总工会、应急管理部
2010	现代交通建设发展有限公司	示范企业	
2000	宝山巴士公共交通有限公司	优胜企业	

〔续表〕

年 份	获 奖 单 位	荣誉称号	授奖单位
2001	宝山巴士公共交通有限公司	优胜企业	中华全国总工会、应急管理部
2002	宝山巴士公共交通有限公司		
2003	宝山巴士公共交通有限公司		
	交通供电建设发展有限公司		
2004	宝山巴士公共交通有限公司		
	交通供电建设发展有限公司		
2005	宝山巴士公共交通有限公司		
	现代交通建设发展有限公司		
2006	宝山巴士公共交通有限公司		
	现代交通建设发展有限公司		
2007	宝山巴士公共交通有限公司		
	现代交通建设发展有限公司		
2008	现代交通建设发展有限公司		
2009	现代交通建设发展有限公司		
	强生集团汽车修理有限公司		
2010	现代交通建设发展有限公司		
	强生集团汽车修理有限公司		
2011	强生集团汽车修理有限公司		
2012	强生物业公司		
	强生集团汽车修理有限公司		
2013	强生集团汽车修理有限公司		
	现代交通建设发展有限公司		
2014	现代交通建设发展有限公司		
	强生集团汽车修理有限公司		
2015	强生集团汽车修理有限公司		
	现代交通建设发展有限公司		
2017	强生集团汽车修理有限公司		
	现代交通建设发展有限公司		

表 8-3-8 2008—2015 年久事所属企业班组获全国“安康杯”竞赛荣誉情况表

年 份	获 奖 单 位	荣誉称号	授奖单位
2008	巴士电车有限公司 24 路汽车乙班组	优胜班组	中华全国总工会、应急管理部
2011	巴士电车有限公司 24 路汽车乙班组		

〔续表〕

年　份	获　奖　单　位	荣誉称号	授奖单位
2012	宝山巴士公共交通有限公司保养修理厂大宇班组	优胜班组	中华全国总工会、应急管理部
2013	巴士三汽公共交通有限公司224路早班班组		
2015	巴士国际旅游有限公司安服管理组		

二、全国先进个人

表8-3-9　1995—2015年久事所属企业员工获"全国劳动模范"情况表

年　份	姓　名	单　位	荣誉称号	授奖单位
1995	吴培华	公交总公司第一电车公司	全国劳动模范	中共中央国务院
2005	马卫星	巴士二汽公共交通有限公司		
2010	马卫星	巴士二汽公共交通有限公司		
2015	胡国林	申强出租汽车有限公司		

表8-3-10　1995—2017年久事所属企业员工获"全国五一劳动奖章"情况表

年　份	姓　名	单　位	荣誉称号	授奖单位
1995	王成武	申强出租汽车有限公司	全国五一劳动奖章	中华全国总工会
2000	徐　忠	巴士一汽公共交通有限公司		
2002	张建中	强生控股公司第三分公司		
2005	包　军	巴士出租汽车有限公司		
2007	潘春燕	巴士四汽公共交通有限公司		
2009	黄　昕	巴士三汽公共交通有限公司		
2011	邓剑林	巴士新新汽车服务有限公司二分公司		
	徐卫琴	巴士电车有限公司		
2012	胡国林	申强出租汽车有限公司		
2013	徐永青	宝山巴士公共交通有限公司		
2017	方　进	巴士第三公共交通有限公司		

表8-3-11　2015年久事所属企业员工获"全国五一巾帼标兵"情况表

年　份	姓　名	单　位	荣誉称号	授奖单位
2015	郭士芳	巴士二汽公共交通有限公司	全国五一巾帼标兵	中华全国总工会

表8-3-12　2006年久事所属企业员工获全国“三八”红旗手情况表

年　份	姓　名	单　　位	荣誉称号	授奖单位
2006	马卫星	上海申新巴士有限公司	全国“三八”红旗手	中华全国妇女联合会

表8-3-13　2014年久事所属企业员工获“全国青年岗位能手”情况表

年　份	姓　名	单　　位	荣誉称号	授奖单位
2014	刘　超	巴士二汽公共交通有限公司	全国青年岗位能手	共青团中央、人力资源和社会保障部

表8-3-14　2012—2013年久事所属企业员工获全国“安康杯”竞赛组织工作优秀个人情况表

年　份	姓　名	单　　位	荣誉称号	授奖单位
2012	杨志龙	强生集团汽车修理有限公司	全国“安康杯”竞赛组织工作优秀个人	中华全国总工会、应急管理部
2013	陈保平	强生集团汽车修理有限公司		

三、市(部)级(含委办局颁发)先进集体

表8-3-15　2010—2011年久事所属企业获全国交通建设系统“工人先锋号”情况表

年　份	获　奖　单　位	荣誉称号	授奖单位
2010	公共交通卡股份有限公司技术开发部	全国交通建设系统“工人先锋号”	交通运输部
2011	公共交通卡股份有限公司市场营销部		

表8-3-16　2014—2015年久事所属企业获全国交通运输系统“先进集体”情况表

年　份	获　奖　单　位	荣誉称号	授奖单位
2014	现代交通建设发展有限公司线网分公司	全国交通运输系统“先进集体”	交通运输部
2015	宝山巴士公共交通有限公司118路		
	公共交通卡股份有限公司		

表8-3-17　1998—2014年久事所属企业获上海市“模范集体”情况表

年　份	获　奖　单　位	荣誉称号	授奖单位
1998—2000	现代交通建设发展有限公司供电调度中心	上海市“模范集体”	上海市人民政府
2001—2003	现代交通建设发展有限公司供电调度中心		
	强生控股股份有限公司62580000调度服务中心		
	巴士高速客运有限公司上海站总站服务一班		

〔续表〕

年　份	获　奖　单　位	荣誉称号	授奖单位
2001—2003	巴士新新汽车服务有限公司 911 路甲班	上海市“模范集体”	上海市人民政府
	巴士电车有限公司二分公司 25 路		
	申新巴士有限公司 49 路车队		
2004—2006	申新巴士有限公司 49 路车队		
	巴士长运高速客运有限公司沪太站运管理部服务一班		
	强生集团长海出租汽车有限公司王新生班组		
2007—2009	上海巴士二汽公共交通有限公司 49 路		
	强生集团汽车修理有限公司一厂		
2010—2014	巴士二汽公共交通有限公司 49 路		
	强生出租汽车有限公司胡国林出租营运服务创新工作室		
	交通投资(集团)有限公司场站管理分公司第一停车场管理团队南陈路停车场管理团队		

表 8-3-18　2006—2017 年久事所属企业获上海市“五一劳动奖状”情况表

年　份	获　奖　单　位	荣誉称号	授奖单位
2006	宝山巴士公共交通有限公司	上海市“五一劳动奖状”	上海市总工会
2008	巴士四汽公共交通有限公司 925 路车队		
	交运巴士客运集团有限公司沪宁线一班		
2009	现代交通建设发展有限公司		
2010	现代交通建设发展有限公司新能源供电分公司		
2013	巴士集团有限公司		
2016	巴士第二公共交通有限公司		
	强生集团汽车修理有限公司		
2017	强生科技有限公司		
	巴士第四公共交通有限公司		

表 8-3-19　2002—2017 年久事所属企业、班组获上海市“工人先锋号”情况表

年　份	获　奖　单　位	荣誉称号	授奖单位
2002	巴士三汽公共交通有限公司 112 路	上海市“工人先锋号”	上海市总工会
2005	巴士三汽公共交通有限公司 117 路		
2006	巴士五汽公共交通有限公司 65 路		
2007	巴士电车有限公司 20 路		

〔续表〕

年份	获奖单位	荣誉称号	授奖单位
2008	巴士四汽公共交通有限公司925路	上海市“工人先锋号”	上海市总工会
	松江公交公司陆安高速		
	巴士新新汽车服务有限公司926路		
	强生出租汽车有限公司业务调度分公司		
	东亚体育文化中心有限公司上海体育场		
	巴士电车有限公司25路		
	现代交通建设发展有限公司线网分公司		
2009	东亚体育文化中心有限公司锅炉房班组		
	巴士二汽公共交通有限公司49路		
	大众西南公司189路		
	大众西南公司56路		
	宝山巴士公共交通有限公司第四分公司118路		
	交通投资集团有限公司漕宝停车场管理分公司门卫夜一班		
	巴士一汽公共交通有限公司72路二班		
	巴士新新汽车服务有限公司第二分公司926路班组		
	巴士五汽公共交通有限公司65路班组		
	强生普陀汽车服务股份有限公司宛平分公司		
	强生汽车修理有限公司汽车修理三厂		
	强生集团汽车修理有限公司一厂机工组		
	强生控股股份有限公司强生热线		
	巴士出租汽车公司乘客投诉受理窗口		
	强生集团申强出租汽车公司六分公司		
2010	公共交通卡股份有限公司市场营销部		
	强生控股股份有限公司一分公司108小队		
	公交控股物业有限公司工程部水电班组		
	申新巴士龙华车队104路线组		
	巴士一汽公共交通有限公司55路		
	申新巴士公司43路		
	巴士二汽公共交通有限公司720路		
	宝山巴士公共交通有限公司116路		
	现代交通建设发展有限公司		

〔续表〕

年　份	获　奖　单　位	荣誉称号	授奖单位
2010	现代交通建设发展有限公司新能源供电分公司	上海市"工人先锋号"	上海市总工会
	现代交通建设发展有限公司新能源供电分公司浦明线		
2011	巴士三汽公共交通有限公司 67 路		
	巴士电车有限公司中国馆 2 线		
	巴士电车有限公司中国馆 3 线		
2012	巴士电车有限公司中国馆 2 线		
	巴士电车有限公司中国馆 3 线		
	巴士电车新能源分公司		
	交通投资(集团)有限公司场站管理分公司南陈路停车场值班室		
2013	宝山巴士公共交通有限公司 952B 线		
	宝山公共交通公司国江路管理班组		
2014	强生物业有限公司强生大厦设备组		
2016	交通投资(集团)有限公司漕宝停车场管理分公司第二停车场管理班组		
	强生物业有限公司宝山法院管理中心		
2017	巴士第一公共交通有限公司 123 路班组		
	交通投资(集团)有限公司漕宝停车场管理分公司		
	强生物业有限公司久事商务大厦客服班组		

表 8-3-20　2006—2012 年久事所属企业班组获上海市"五一巾帼奖"情况表

年　份	获　奖　单　位	荣誉称号	授奖单位
2006	上海强生控股股份有限公司第四分公司 212 女子小队	上海市"五一巾帼奖"	上海市总工会
2008	上海宝山巴士公共交通有限公司 133 路		
2012	上海强生控股股份有限公司 62580000 调度中心		

表 8-3-21　2006—2009 年久事所属企业班组获上海市"五一巾帼示范岗"情况表

年　份	获　奖　单　位	荣誉称号	授奖单位
2006	强生控股股份有限公司第四分公司 212 女子小队	上海市"五一巾帼示范岗"	上海市总工会
2009	强生控股股份有限公司 62580000 调度中心		
	宝山巴士公共交通有限公司四分公司 118 路车队 133 路		
	交运巴士客运(集团)有限公司沪太客站管理公司服务一班		

〔续表〕

年　份	获　奖　单　位	荣誉称号	授奖单位
2009	巴士五汽公共交通有限公司65路南浦大桥终点站	上海市“五一巾帼示范岗”	上海市总工会
	强生控股股份有限公司第四分公司212女子小队		
	巴士出租汽车有限公司信息中心调度室		

表8-3-22　1988—2016年久事所属企业班组获上海市“三八红旗集体”情况表

年　份	获　奖　单　位	荣誉称号	授奖单位
1988	电车三场26路13小队	上海市“三八红旗集体”	上海市妇女联合会
	上海市出租汽车公司四场603小队		
1990	上海市出租汽车公司四场603小队		
1993—1994	上海市公交总公司第二电车公司22路6班		
	上海市出租汽车公司申强企业发展公司204小队		
1997—1998	巴士四汽公共交通有限公司57路9班		
1999—2000	强生出租汽车股份有限公司62580000调度室		
2001—2002	久事公司财务管理总部		
	宝山巴士公共交通有限公司工会女职工委员会		
	大众三汽公共交通有限公司工会女职工委员会		
2003—2004	巴士一汽公共交通有限公司七分公司749路巾帼线		
	强生控股股份有限公司第四分公司212女子小队		
2005—2006	现代轨道交通股份有限公司轨道交通5号线“服务热线”		
2007—2008	巴士出租汽车有限公司市西出租公司巾帼班组		
	公共交通卡股份有限公司市场营销部		
2009—2010	巴士五汽公共交通有限公司65路南浦大桥终点站		
2011—2012	巴士五汽公共交通有限公司65路南浦大桥终点站		
2013—2014	巴士一汽公共交通有限公司55路南浦大桥调度岗		
2015—2016	强生物业有限公司宝山法院保洁班组		

表8-3-23　2005—2017年久事所属企业班组获上海市“巾帼文明岗”情况表

年　份	获　奖　单　位	荣誉称号	授奖单位
2005	强生控股股份有限公司第四分公司212女子小队	上海市“巾帼文明岗”	上海市妇女联合会
2007	强生出租汽车有限公司业务调度分公司		
2009	强生控股股份有限公司62580000调度中心		
	宝山巴士公共交通有限公司四分公司118路车队133路		

〔续表〕

年　份	获　奖　单　位	荣誉称号	授奖单位
2009	交运巴士客运(集团)有限公司沪太客站管理公司服务一班	上海市“巾帼文明岗”	上海市妇女联合会
	巴士五汽公共交通有限公司 65 路南浦大桥终点站		
	强生控股股份有限公司第四分公司 212 女子小队		
	巴士出租汽车有限公司信息中心调度室		
2011	交运巴士客运(集团)有限公司女子服务组		
	巴士五汽公共交通有限公司 65 路南浦大桥终点站		
	宝山巴士公共交通有限公司四分公司 118 路车队 133 路		
	强生出租汽车有限公司第四分公司		
	巴士三汽公共交通有限公司 67 路中山公园地铁调度组		
	巴士二汽公共交通有限公司 50 路朱梅路调度室		
	强生市西出租汽车有限公司		
2013	强生物业有限公司宝山法院保洁组		
	强生物业有限公司提篮桥监狱保洁组		
	公共交通卡股份有限公司计划财务部		
	巴士新新公司 42 路万体馆终点站调度室		
	强生出租汽车有限公司业务调度分公司调度班组		
	巴士一汽公共交通有限公司 55 路		
2015	强生物业有限公司久事商务大厦管理处客服班组		
	巴士三汽公共交通有限公司 941 路调度班组		
	巴士第二公共交通有限公司 720 路万体站调度岗		
	巴士三汽公共交通有限公司 67 路调度班组		
2017	现代交通建设发展有限公司新能源供电分公司充电监控班组		
	久事置业有限公司强生物业光明乳业华东中心工厂保洁班组		

表 8-3-24　2012—2016 年久事所属企业班组获上海市“青年五四奖章(集体)”情况表

年　份	获　奖　单　位	荣誉称号	授奖单位
2012	强生出租汽车有限公司业务调度分公司青年频道班组	上海市“青年五四奖章(集体)”	共青团上海市委、市人力资源保障局
2013	巴士客车维修有限公司七宝分公司 volvo 小组绚蓝青年突击队		
2014	巴士电车有限公司 25 路青年班组		
2015	久事国际赛事管理有限公司赛事营销青年突击队		
	强生集团汽车修理有限公司浦东厂汽车医生青年突击队		
	强生控股股份有限公司团委“强生·心动力”志愿者服务队		
2016	巴士第三公共交通有限公司 67 路青年文明班组		

表 8-3-25 2006—2017 年久事所属企业、班组获全国“安康杯”竞赛(上海赛区)荣誉情况表

年份	获奖单位	荣誉称号	授奖单位
2006	久事公司工会	优秀组织单位	上海市总工会、上海市安全生产监管局
2007	强生集团有限公司		
2008	强生集团有限公司		
2009	巴士出租汽车有限公司		
2010	申强出租汽车有限公司		
2011	巴士电车有限公司		
	申强出租汽车有限公司		
2014	强生物资有限公司		
1999	宝山公共交通有限公司	优胜企业	上海市总工会、上海市安全生产监管局
2000	巴士一电公共交通有限公司		
2001	强生集团有限公司		
	公交长途客运有限公司		
2002	巴士四汽公共交通有限公司		
	交通供电建设发展有限公司		
	巴士高速客运有限公司		
	强生物业公司		
2003	巴士四汽公共交通有限公司		
	强生集团汽车修理有限公司		
	巴士高速客运有限公司		
2004	巴士四汽公共交通有限公司		
	巴士长运高速客运有限公司		
	强生集团汽车修理有限公司		
	申强出租汽车有限公司		
2005	巴士四汽公共交通有限公司		
	巴士长运高速客运有限公司		
	巴士出租汽车有限公司		
	强生集团汽车修理有限公司		
	申强出租汽车有限公司		
	强生控股股份有限公司第四分公司		
	申新巴士有限公司		
2006	巴士长运高速客运有限公司		
	申强出租汽车有限公司		
	强生控股股份有限公司第四分公司		
	强生集团汽车修理有限公司		

〔续表〕

年　份	获　奖　单　位	荣誉称号	授奖单位
2007	强生集团汽车修理有限公司	优胜企业	上海市总工会、上海市安全生产监管局
	申强出租汽车有限公司		
	强生物业公司		
	强生公共汽车有限公司		
	公交隆昌汽车修理有限公司		
	巴士出租汽车有限公司		
2008	强生集团汽车修理有限公司		
	巴士四汽公共交通有限公司		
	强生物业公司		
	强生控股股份有限公司第四分公司		
	公交隆昌汽车修理有限公司		
2009	巴士四汽公共交通有限公司		
	公交隆昌汽车修理有限公司		
	强生物业公司		
2010	强生物业公司		
	巴士电车有限公司隆昌修理公司		
	强生科技有限公司		
	宝山巴士公共交通有限公司		
	巴士四汽公共交通有限公司		
	巴士出租汽车有限公司		
2011	强生物业公司		
	巴士四汽公共交通有限公司		
	宝山巴士公共交通有限公司		
	强生科技有限公司		
	强生出租汽车有限公司		
	强生水上旅游有限公司		
2012	巴士四汽公共交通有限公司		
	宝山巴士公共交通有限公司		
	强生科技有限公司		
	强生出租汽车有限公司		
	强生水上旅游有限公司		
	现代交通建设发展有限公司		
	巴士电车有限公司		

〔续表〕

年份	获奖单位	荣誉称号	授奖单位
2013	强生物业公司	优胜企业	上海市总工会、上海市安全生产监管局
	巴士四汽公共交通有限公司		
	宝山巴士公共交通有限公司		
	强生科技有限公司		
	强生水上旅游有限公司		
	巴士电车有限公司		
	强生出租汽车有限公司		
2014	强生物业公司		
	巴士四汽公共交通有限公司		
	宝山巴士公共交通有限公司		
	强生科技有限公司		
	强生水上旅游有限公司		
	巴士电车有限公司		
	巴士二汽公共交通有限公司		
	强生出租汽车有限公司		
2015	强生物业有限公司		
	巴士四汽公共交通有限公司		
	宝山巴士公共交通有限公司		
	强生出租汽车有限公司		
	强生科技有限公司		
	强生水上旅游有限公司		
	交通投资(集团)有限公司漕宝停车场管理分公司		
	巴士二汽公共交通有限公司		
2016—2017	强生物业有限公司		
	强生科技有限公司		
	交投资产管理有限公司		
	交投场站企业管理有限公司		
	强生出租汽车有限公司		
	强生水上旅游有限公司		
	巴士第二公共交通有限公司		
	久事置业有限公司		

〔续表〕

年 份	获 奖 单 位	荣誉称号	授奖单位
2004	巴士四汽公共交通有限公司安全教育辅导站	优秀班组	上海市总工会、上海市安全生产监管局
	巴士四汽公共交通有限公司北虹公司发动机组		
	巴士市西出租汽车有限公司巾帼班		
	强生物业公司检察司法大楼管理部设备组		
	交通供电建设发展公司市东维修中心		
	申新巴士公司龙华车队104路八班		
	申新巴士有限公司49路车队236路班		
2005	巴士四汽公共交通有限公司消防班组		
	宝山巴士公共交通有限公司四分公司132路一班		
	宝山巴士公共交通有限公司修理公司发动机大修班		
	巴士市西出租汽车有限公司巾帼班组		
	巴士市东出租汽车有限公司一部二班		
	巴士电车有限公司一分公司20路空调车班组		
	强生集团汽车修理有限公司武宁修理厂机修大组		
	强生物业公司光明乳业管理处设备班组		
	现代交通建设发展有限公司线网分公司大修组		
	强生控股股份有限公司第四分公司603女子小队		
	申强出租汽车有限公司211班组		
	巴士一汽公共交通有限公司220路车队空调车班组一班		
	申新巴士有限公司浦东车队隧道二线早班班组		
2006	宝山巴士公共交通有限公司汽车修理厂发动机修理班组		
	巴士电车有限公司20路空调车班组		
	强生集团汽车修理有限公司修理五厂汽修大组		
	强生物业公司光明乳业管理处设备班		
	强生公共汽车有限公司824路班组		
	申强出租汽车有限公司211班组		
2007	宝山巴士公共交通有限公司保养修理厂发动机修理班组		
	巴士电车有限公司20路空调班组		
	强生集团汽车修理有限公司修理五厂机修组		
	申强出租汽车有限公司211班组		
	五汽冠忠公共交通有限公司维修车间小总成班组		
	四汽公共交通公司南桥客运汽车站		
	现代交通建设发展有限公司线网分公司线网大修组		
	强生物业公司光明乳业管理处设备班组		

〔续表〕

年份	获奖单位	荣誉称号	授奖单位
2008	强生公共汽车有限公司818路班组	优秀班组	上海市总工会、上海市安全生产监管局
	强生控股股份有限公司第三分公司一车队102班组		
	宝山公共交通公司蕰川路公交枢纽站管理班组		
2009	交通投资(集团)有限公司漕宝停车场管理分公司加油站班组		
	巴士电车有限公司24路乙班		
	申强出租汽车有限公司307班组		
	强生控股股份有限公司第四分公司一车队110小队		
	交通投资信息科技有限公司市场部		
2010	强生普陀汽车服务股份有限公司110班组		
	交通投资(集团)有限公司新能源供电分公司充电站		
	巴士电车有限公司24路乙班		
2011	久事置业有限公司久事西郊名墅工程项目部		
	强生汽车租赁有限公司友邻租车分公司机动班组		
2012	久事置业有限公司久事西郊名墅工程项目部		
	强生汽车租赁有限公司友邻租车分公司机动班组		
	申强投资有限公司商务中心班组		
	交通投资(集团)有限公司场站管理分公司南陈路停车场值班室		
2013	申强投资有限公司申强商务中心班组		
2014	巴士国际旅游有限公司安服管理组		
	新联谊大厦有限公司酒店管理分公司保安部		
2016—2017	交通投资(集团)有限公司漕宝停车场管理分公司第二停车场管理班组		

四、市(部)级(含委办局颁发)先进个人

表8-3-26　1985—2015年久事所属企业个人获国家部委"劳动模范"情况表

年份	姓名	所在单位	荣誉称号	授奖单位
1985	孙淳雄	公交一分公司	国家部委"劳动模范"	建设部
1989	蔡燕星	申强出租汽车有限公司		
1990	吴培华	公交总公司第一电车公司		
	承建云	市出租汽车公司		
1999	张建中	强生控股公司第三分公司		

〔续表〕

年　份	姓　名	所　在　单　位	荣誉称号	授奖单位
2004	董惟贤	交通供电建设发展有限公司	国家部委“劳动模范”	建设部
	包　军	长宁巴士出租汽车有限公司		
	丁伟国	强生集团有限公司		
	李兰珍	强生集团有限公司		
2005	邓剑林	巴士新新汽车服务有限公司		交通运输部
	闵进明	巴士市南出租汽车有限公司		
	黄　昕	市大众公共交通有限公司曹杨分公司		
	王　丽	五汽冠忠公共交通有限公司		
	袁才发	强生公共汽车有限公司		建设部
2007	陶文华	巴士三汽公共交通有限公司		
2009	唐　伟	巴士四汽公共交通有限公司		交通运输部
	金光伟	强生控股公司第三分公司		
	谢志刚	公共交通卡股份有限公司		
2015	金华杰	强生宝隆出租汽车有限公司		
	方　进	巴士四汽公共交通有限公司		

表 8-3-27　1977—2014 年久事所属企业个人获上海市“劳动模范”情况表

年　份	姓　名	所　在　单　位	荣誉称号	授奖单位
1977—1979	王诚辉	强生集团有限公司	上海市“劳动模范”	上海市总工会
1981、1983	武明根	市出租汽车公司		
1983	陈民刚	公交汽车六场		
1984—1985	孙淳雄	公交一分公司		
1985、1987	傅俊伟	市出租汽车公司		
1987	保桂娣	公交一分公司		
1989、1991、1993	沈扣宝	公交汽车六场		
1991、1993、1995	吴培华	市公交总公司第一电车公司		
1993	张金发	公交汽车九场		
1993、1995、1998	熊国珠	公交汽车六场		
1993、1995	王成武	申强出租汽车有限公司		
1995、1997	诸　琳	巴士四汽公共交通有限公司		
	高鸿萍	巴士一汽公共交通有限公司		
	徐美丽	巴士二汽公共交通有限公司		

〔续表〕

年 份	姓 名	所 在 单 位	荣誉称号	授奖单位
1997	李 民	强生出租汽车公司第一分公司	上海市“劳动模范”	上海市总工会
	许良荣	强生出租汽车公司第二分公司		
2000	徐红英	大众三汽公共交通有限公司		
	刘立群	公交电车供电有限公司		
	潘春燕	巴士四汽公共交通有限公司		
	陈 维	强生控股股份有限公司第三分公司		
	董 燕	强生控股股份有限公司第四分公司		
	马卫星	申新巴士有限公司		
2001—2003	徐 忠	巴士一汽公共交通有限公司		
	潘春燕	巴士四汽公共交通有限公司		
	秦 蓉	宝山巴士第五公共交通有限公司		
	邵爱珍	巴士一电公共交通有限公司		
	许公仪	巴士新新汽车服务有限公司		
	王海根	强生集团汽车修理有限公司		
	王新生	长海出租汽车有限公司		
	马卫星	申新巴士有限公司		
	徐红英	大众三汽公共交通有限公司		
	郭奇章	巴士新新汽车服务有限公司		
	闻洪涛	现代交通建设发展有限公司		
2004—2006	张美容	强生普陀汽车服务股份有限公司		
	徐永青	宝山巴士公共交通有限公司		
	邓剑林	巴士新新汽车服务有限公司		
	王玉梅	强生公共汽车有限公司		
	王 丽	巴士五汽公共交通有限公司		
	吴 钦	舒乐巴士汽车服务股份有限公司		
	徐 雁	大众巴士公司		
2007—2009	杨红梅	市东出租汽车有限公司		
	李 俊	巴士一汽公共交通有限公司		
	徐美玲	巴士四汽公共交通有限公司		
	徐卫琴	巴士电车有限公司		
	胡国林	申强出租汽车有限公司		
	王守华	现代交通建设发展有限公司		
	王 丽	五汽冠忠公共交通有限公司		

〔续表〕

年　份	姓　名	所　在　单　位	荣誉称号	授奖单位
2010—2014	姜　澜	久事国际赛事管理有限公司	上海市“劳动模范”	上海市总工会
	马　良	强生物业有限公司		
	胡云飞	现代交通建设发展有限公司		
	张士胤	强生集团汽车修理有限公司		
	陈　清	强生交运营运有限公司		
	李　平	巴士汽车租赁服务有限公司		
	徐永刚	巴士一汽公共交通有限公司		
	顾崔滇	巴士五汽公共交通有限公司		
	罗志珍	金山巴士公共交通有限公司		

表 8－3－28　2003—2017 年久事所属企业个人获上海市“五一劳动奖章”情况表

年　份	姓　名	所　在　单　位	荣誉称号	授奖单位
2003	董惟贤	现代交通建设发展有限公司	上海市“五一劳动奖章”	上海市总工会
2005	张美容	强生普陀汽车服务股份有限公司		
2006	徐卫琴	巴士电车公司		
	邓剑林	巴士新新汽车服务有限公司		
2008	李　明	交运巴士公司		
2009	胡国林	申强出租汽车有限公司		
2011	王燕娜	强生普陀汽车服务股份有限公司		
2012	花茂飞	强生集团汽车修理有限公司		
2013	方　进	巴士四汽公共交通有限公司		
	马　良	强生物业有限公司		
2014	胡云飞	现代交通建设发展有限公司		
2016	李传科	强生科技有限公司		
	王　幸	巴士第一公共交通有限公司		
	周庆彪	现代交通建设发展有限公司		
	周宇峰	巴士第三公共交通有限公司		
	张孝岗	交通建设管理有限公司		
	李文清	巴士第四公共交通有限公司		
	崔桂芬	公华实业开发有限公司		
	姚　冷	久事国际赛事管理有限公司		

〔续表〕

年 份	姓 名	所 在 单 位	荣誉称号	授奖单位
2017	王国林	强生集团汽车修理有限公司	上海市“五一劳动奖章”	上海市总工会
	张 听	申强出租汽车有限公司		
	郤士明	巴士客车维修有限公司		
	张必伟	巴士公交(集团)有限公司		
	王继东	交通投资(集团)有限公司		
	陆袁骏	强生物业有限公司		
	杨逸俊	久事国际赛事管理有限公司		

表 8-3-29　2006—2013 年久事所属企业个人获上海市“五一巾帼奖”情况表

年 份	姓 名	所 在 单 位	荣誉称号	授奖单位
2006	张美容	强生普陀汽车服务股份有限公司	上海市“五一巾帼奖”	上海市总工会
2008	高要弟	强生控股股份有限公司		
2011	王 静	巴士新新汽车服务有限公司		
2013	郭红芳	巴士四汽公共交通有限公司		

表 8-3-30　2017 年久事所属企业个人获“上海工匠”情况表

年 份	姓 名	所 在 单 位	荣誉称号	授奖单位
2017	花茂飞	强生集团汽车修理有限公司	上海工匠	上海市总工会

表 8-3-31　1990—2004 年久事所属企业个人获上海市“三八红旗手标兵”情况表

年 份	姓 名	所 在 单 位	荣誉称号	授奖单位
1990	李 燕	巴士四汽公共交通有限公司	上海市“三八红旗手标兵”	上海市妇女联合会、上海市人力资源和社会保障局
2003—2004	马卫星	申新巴士有限公司		

表 8-3-32　1978—2016 年久事所属企业个人获上海市“三八红旗手”情况表

年 份	姓 名	所 在 单 位	荣誉称号	授奖单位
1978	胡孝玉	市公交总公司第二汽车服务公司南市车队	上海市“三八红旗手”	上海市妇女联合会
1988	陈小云	市出租汽车公司四场		
	沈耀莲	宝山汽车公司		
	方慧依	市公交总公司第四汽车公司		
	谈秀琴	浦东汽车公司		
	史迪华	市公交总公司第一电车公司		

〔续表〕

年　份	姓　名	所　在　单　位	荣誉称号	授奖单位
1988	陈娥峰	市公交总公司第三汽车公司	上海市“三八红旗手”	上海市妇女联合会
	傅秋萍	市公交总公司第二电车公司		
1990	傅秋萍	市公交总公司第二电车公司		
	童行非	市公交总公司第二汽车公司		
	陈小云	市出租汽车公司四场		
1992	傅秋萍	市公交总公司第二电车公司		
	胡孝玉	市出租汽车公司三场		
	吴　军	市公交总公司第三汽车公司		
	方慧依	市公交总公司第四汽车公司		
1993—1994	傅秋萍	市公交总公司第二电车公司		
	尹倩贤	市公交总公司		
	吴唯青	市公交总公司第四汽车公司		
	吴培华	市公交总公司第一电车公司		
	高成芳	市出租汽车公司三场		
	韩礼妹	市出租汽车公司业调中心		
1995—1996	董　燕	强生经济发展(集团)公司第四分公司		
	朱　净	市公交总公司第三汽车公司		
	柯莉萍	市公交总公司第二电车公司		
	高鸿萍	巴士一汽公共交通有限公司		
1997—1998	杨　玲	巴士一汽公共交通有限公司		
	金桂萍	市公交总公司第三电车公司		
	郑美华	市公交总公司第二电车公司		
1999—2000	冯　玮	巴士四汽公共交通有限公司		
	周蓓苓	宝山巴士公共交通有限公司		
	邵爱珍	巴士一电公共交通有限公司		
	马扣定	申新巴士南浦车队		
	乔正宝	二电巴士公共交通有限公司		
2001—2002	张新玫	久事公司		
	马卫星	申新巴士有限公司		
	潘春燕	巴士四汽公共交通有限公司二分公司		
	贾秋芳	五汽冠忠公共交通有限公司		
	洪亚平	巴士实业(集团)股份有限公司		
	杨　玲	巴士一汽公共交通有限公司		
	李兰珍	强生静安出租汽车有限公司		

〔续表〕

年 份	姓 名	所 在 单 位	荣誉称号	授奖单位
2003—2004	徐卫琴	巴士电车有限公司	上海市“三八红旗手”	上海市妇女联合会
	李雅萍	巴士一汽公共交通有限公司		
	周蓓苓	宝山巴士公共交通有限公司		
2005—2006	郑 愉	现代交通建设发展有限公司输变电分公司		
	王通玉	强生公共交通有限公司		
2007—2008	顾 黎	巴士新新汽车服务有限公司一分公司		
	潘铃玉	强生控股股份有限公司第四分公司		
	郑 愉	现代交通建设发展有限公司		
2009—2010	蔡夏英	巴士公交(集团)有限公司		
	沈 英	巴士新新汽车服务有限公司		
	王燕娜	强生普陀汽车股份有限公司		
	马晓枫	公共交通卡股份有限公司		
2011—2012	魏 琴	巴士电车有限公司		
	石 红	巴士公交(集团)有限公司		
	邹 群	强生汽车租赁有限公司		
2013—2014	郭占慧	强生汽车租赁有限公司		
	陈忆宁	现代交通建设发展有限公司		
	郭士芳	巴士二汽公共交通有限公司		
2015—2016	曹淑芳	强生控股股份有限公司		
	王 蕾	久事国际赛事管理有限公司		

表 8-3-33 2005—2017 年久事所属企业个人获上海市“巾帼建功标兵”情况表

年 份	姓 名	所 在 单 位	荣誉称号	授奖单位
2005	张美容	强生普陀汽车服务股份有限公司	上海市“巾帼建功标兵”	上海市妇女联合会
2013	汤 倩	强生物业有限公司		
2015	曹淑芳	强生控股股份有限公司		
2017	金 英	久事国际赛事管理有限公司		

表 8-3-34 2010—2017 年久事所属企业个人获上海市“青年五四奖章(个人)”情况表

年 份	姓 名	所 在 单 位	荣誉称号	授奖单位
2010	沈暑明	巴士电车有限公司世博越江部世博大道线	上海市“青年五四奖章(个人)”	共青团上海市委、上海市人力资源保障局
2011	江冬明	巴士一汽八分公司		

〔续表〕

年　份	姓　名	所　在　单　位	荣誉称号	授奖单位
2012	王天华	久事公司	上海市“青年五四奖章(个人)”	共青团上海市委、上海市人力资源保障局
2013	许一鸣	久事公司		
2014	王晓燕	巴士二汽公共交通有限公司闵行分公司松闵线		
2015	薛　聪	巴士第一公共交通有限公司九车队24路		
2016	宋　磊	强生集团汽车修理有限公司		
	丁平平	久事国际赛事管理有限公司		
2017	凌松云	巴士第一公共交通有限公司		

表8-3-35　2006—2017年久事所属企业个人获全国“安康杯”竞赛(上海赛区)先进个人情况表

年　份	姓　名	所　在　单　位	荣誉称号	授奖单位
2006	王更华	申强出租汽车有限公司	全国“安康杯”竞赛(上海赛区)先进个人	上海市总工会、上海市安全生产监管局
2008	王更华	申强出租汽车有限公司		
2009	熊　蓉	强生物业公司		
	郑　磊	宝山公共交通公司		
2010	杨志龙	强生集团汽车修理有限公司		
2011	王绍平	交通投资(集团)有限公司漕宝停车场管理分公司		
	徐　烁	强生水上旅游有限公司		
	李传科	强生科技有限公司		
	杨志龙	强生集团汽车修理有限公司		
2012	吴耀萌	久事置业有限公司		
	王更华	申强出租汽车有限公司		
2013	徐济雄	上海巴士电车有限公司		
2014	马云祥	巴士二汽公共交通有限公司		
	严子萍	强生集团汽车修理有限公司		
2015	马云祥	巴士二汽公共交通有限公司		
2016—2017	高宇隆	申强投资有限公司		

第三节　其他荣誉

一、先进集体

表8-3-36　1999—2018年久事所属企业、班组获相关荣誉情况表

年　份	获奖单位(建筑)	荣誉称号	授奖单位
1999	久事公司	上海市对口支援先进集体	上海市人民政府
2001	久事大厦主楼	上海市建筑"白玉兰"奖	上海市建委
2003	巴士新新团客二部英特尔定班车驾驶员	上海市"红旗文明岗"	上海市总工会、上海市精神文明建设委员会办公室
	巴士四汽公共交通有限公司113、506路新客站调度室		
	现代轨道维修保障中心自动售检票组		
	巴士电车28路党员先锋岗		
	强生普陀公司沪DV7691号车		
	强生公交公司933路3488号车组		
2004	巴士出租五分公司董林祥班组	2003—2004年度上海市文明班组	
	巴士四汽公共交通有限公司71路调度巾帼班		
	巴士一汽公共交通有限公司910路三班		
	巴士长运高速上海站总站行李托运班组		
	巴士电车26路七班		
	宝山巴士952路青年班组		
	申新巴士南浦车队43路空调一班		
	强生控股第四分公司212女子小队		
	强生申强出租汽车有限公司606小队		
	强生普陀公司五车队501班组		
	强生长海出租公司一车队103班组		
	五汽冠忠46路空调车早三班		
	现代交通建设京昌酒店管理有限公司		
	上海国际赛车场公司	上海市"重点工程实事立功竞赛优秀公司"	上海市重点工程实事立功竞赛领导小组
	上海久事公司档案室	上海市"档案系统先进集体"	上海市人事局、上海市档案局

〔续表〕

年　份	获奖单位(建筑)	荣誉称号	授奖单位
2005	巴士出租有限公司	上海市质量金奖	上海市质量技术监督局
	巴士电车有限公司	上海市"重点工程实事立功竞赛优秀公司"	上海市重点工程实事立功竞赛领导小组
	宝山巴士公共交通有限公司		
	现代交通建设发展有限公司		
	巴士一汽公共交通有限公司910车队		
	巴士四汽公共交通有限公司第六分公司		
	巴士长运高速客运有限公司上海站		
	巴士新新汽车有限公司综合业务部		
	巴士出租汽车有限公司朱玲娣车队		
	巴士实业(集团)股份公司客运业务部		
	现代交通建设发展有限公司线网分公司		
	现代交通建设发展有限公司线网工程部		
	现代交通建设发展有限公司项目三部		
	五汽冠忠公共交通有限公司206路车队		
2006	巴士集团有限公司	上海市重大国际体育赛事贡献奖	上海市体育局
	上海国际赛车场经营公司		
	巴士四汽公共交通有限公司	全国城市公交文明企业	建设部
	巴士电车有限公司团委	上海市五四红旗团组织	共青团上海市委
	巴士一汽公共交通有限公司巾帼线749路	全国女职工建功立业先进标兵岗	全国总工会
2007	久事公司团委	上海青年工作先进团组织	共青团上海市委
2008	久事公司档案室	上海市档案系统先进	上海市人事、档案局
	现代交通建设发展有限公司	上海市"重点工程实事立功竞赛优秀公司"	上海市重点工程实事立功竞赛领导小组
	巴士长途高速客运有限公司		
	现代交通建设有限公司项目工程三部	上海市"重点工程实事立功竞赛优秀集体"	
	现代交通建设发展公司输变电分公司		
	强生公共汽车有限公司机务部		
	巴士长运高速客运公司营运保障部接听中心		
	巴士新新汽车服务有限公司业务部		
	宝山巴士公共交通有限公司	上海市平安单位	上海市社会治安综合治理委员会
	巴士一汽公共交通有限公司		

〔续表〕

年　份	获奖单位(建筑)	荣誉称号	授奖单位
2008	巴士四汽公共交通有限公司	上海市平安单位	上海市社会治安综合治理委员会
	强生控股股份有限公司		
	强生控股股份有限公司第三分公司		
	强生控股股份有限公司第四分公司		
	强生控股股份有限公司第五分公司		
	强生控股股份有限公司调度中心		
	申强出租汽车有限公司		
	强生公共汽车有限公司		
	强生集团汽车修理有限公司		
	申强投资有限公司		
	强生物业公司		
2009	久事公司工会	上海市工会组建工作优秀单位	上海市总工会
	申铁投资有限公司	上海市“重点工程实事立功竞赛优秀公司”	上海市重点工程实事立功竞赛领导小组
2010	久事公司工会	全国总工会市级工会财务工作先进单位	上海市总工会
	申铁投资有限公司	上海市“重点工程实事立功竞赛优秀公司”	上海市重点工程实事立功竞赛领导小组
2011	久事公司工会	全国总工会市级工会财务工作先进单位	上海市总工会
	久事公司工会	上海市职工素质工程先进单位	全国总工会
	巴士公交(集团)有限公司	世博科技先进集体	国家科技部、上海市人民政府
	申铁投资有限公司	上海市“重点工程实事立功竞赛优秀公司”	上海市重点工程实事立功竞赛领导小组
2012	申铁投资有限公司	上海市“重点工程实事立功竞赛优秀公司”	
2013	巴士公交(集团)有限公司团委	上海市五四红旗团委	共青团上海市委
	公司品牌项目“翡翠公主号”游览船	上海市“四星级游览船”牌匾	上海市旅游局、上海市交通港口局
	巴士公交(集团)有限公司	上海市厂务公开民主管理工作十佳单位	上海市总工会

〔续表〕

年　份	获奖单位(建筑)	荣誉称号	授奖单位
2013	巴士公交(集团)有限公司	全国厂务公开民主管理先进单位	全国厂务公开协调小组
		全国厂务公开民主管理示范单位	
	申铁投资有限公司	上海市“重点工程实事立功竞赛优秀公司”	上海市重点工程实事立功竞赛领导小组
	金山巴士青年突击队	上海市“重点工程实事立功竞赛优秀集体”	
	宝山巴士公共交通有限公司六分公司青年突击队	上海市优秀青年突击队	共青团上海市委
2014	强生控股股份有限公司团委	上海市五四红旗团委	共青团上海市委
	申铁投资有限公司	上海市“重点工程实事立功竞赛优秀公司”	上海市重点工程实事立功竞赛领导小组
	久事国际赛事管理有限公司	全国体育事业突出贡献奖	国家体育总局
2015	申铁投资有限公司	上海市“重点工程实事立功竞赛优秀公司”	上海市重点工程实事立功竞赛领导小组
	申铁投资有限公司投资发展部	上海市“重点工程实事立功竞赛优秀集体”	
	申铁投资有限公司	中国海员建设工会先进单位	中国海员建设工会
	申铁投资有限公司投资发展部	中国海员建设工会优秀班组	
2016	强生物业有限公司	上海市职工职业道德建设先进单位	上海市总工会
	申铁投资有限公司	上海市“重点工程实事立功竞赛优秀公司”	上海市重点工程实事立功竞赛领导小组
2017	申铁投资有限公司投资发展部	上海市“重点工程实事立功竞赛优秀团队”	
	申铁投资有限公司财务部	上海市模范职工小家	上海市总工会
2018	巴士公交(集团)有限公司延安路中运量公交系统工程	上海市政工程金奖	上海市市政工程行业协会

二、先进个人

表 8-3-37　2003—2017 年久事所属企业个人获相关荣誉情况表

年　份	姓　名	所在单位	荣誉称号	授奖单位
2003	何丽娟	久事公司	上海市保密工作先进工作者	上海市保密委办室、上海市国家保密局

〔续表〕

年份	姓名	所在单位	荣誉称号	授奖单位
2002—2003	董凤凯	久事公司	上海市精神文明建设优秀组织者	上海市精神文明建设委员会
2005	张新玫	久事公司	上海市杰出会计工作者	上海市财政局
	董惟贤	现代交通建设发展公司	上海市"重点工程实事立功竞赛建设功臣"	上海市重点工程实事立功竞赛领导小组
	何敬忠	巴士实业集团股份有限公司		
	徐济雄	巴士集团有限公司		
	周蓓苓	巴士集团有限公司	上海市"重点工程实事立功竞赛优秀组织者"	
	吴求荣	现代交通建设发展有限公司		
2007	徐明伟	现代交通建设发展有限公司	上海市"重点工程实事立功竞赛建设功臣"	
	李 明	巴士长运高速客运有限公司	上海市"重点工程实事立功竞赛优秀组织者"	
	朱阿龙	现代交通建设发展有限公司		
2009	朱 勇	申铁投资有限公司	上海市"重点工程实事立功竞赛建设功臣"	
	张红宝	申铁投资有限公司	上海市"重点工程实事立功竞赛优秀组织者"	
2010	朱 勇	申铁投资有限公司	上海市"重点工程实事立功竞赛建设功臣"	
	张红宝	申铁投资有限公司	上海市"重点工程实事立功竞赛优秀组织者"	
2011	袁瑞民	申铁投资有限公司	火车头奖章	中华全国铁路总工会
	洪任初	巴士公交(集团)有限公司	世博科技先进个人	国家科技部、上海市人民政府
	蔡夏英	巴士公交(集团)有限公司		
	秦秋江	巴士新新公司		
	马卫星	巴士二汽公共交通有限公司49路分公司	上海市优秀共产党员	中共上海市委
	朱 勇	申铁投资有限公司	上海市"重点工程实事立功竞赛建设功臣"	上海市重点工程实事立功竞赛领导小组
	张红宝	申铁投资有限公司	上海市"重点工程实事立功竞赛优秀建设者"	
	陆 琳	申铁投资有限公司	上海市"重点工程实事立功竞赛建设功臣"	
2012	朱 勇	申铁投资有限公司	上海市"重点工程实事立功竞赛建设功臣"	

〔续表〕

年　份	姓　名	所在单位	荣誉称号	授奖单位
2012	张红宝 陆　琳	申铁投资有限公司	上海市“重点工程实事立功竞赛优秀建设者”	上海市重点工程实事立功竞赛领导小组
	袁瑞民	申铁投资有限公司	上海市“重点工程实事立功竞赛优秀组织者”	
	任俊强	申铁投资有限公司	火车头奖章	全国铁路总工会
	袁瑞民	申铁投资有限公司		
2013	刘　超	巴士二汽公共交通有限公司171路	上海市杰出青年岗位能手	共青团上海市委、上海市人力资源保障局
	朱　勇	申铁投资有限公司	上海市“重点工程实事立功竞赛建设功臣”	上海市重点工程实事立功竞赛领导小组
	颜振华 陆　琳	申铁投资有限公司	上海市“重点工程实事立功竞赛优秀建设者”	
	袁瑞民	申铁投资有限公司	上海市“重点工程实事立功竞赛优秀组织者”	
2014	朱　勇	申铁投资有限公司	中国海员建设工会先进个人	中国海员建设工会
	邵　锋	申铁投资有限公司	上海市“重点工程实事立功竞赛建设功臣”	上海市重点工程实事立功竞赛领导小组
	袁瑞民	申铁投资有限公司	上海市“重点工程实事立功竞赛优秀组织者”	
2015	赵亚鑫	申铁投资有限公司	上海市“重点工程实事立功竞赛建设功臣”	
	邵　锋	申铁投资有限公司	上海市“重点工程实事立功竞赛优秀建设者”	
2016	邵　锋	申铁投资有限公司	上海市“重点工程实事立功竞赛建设功臣”	
	赵亚鑫 顾湘锋	申铁投资有限公司	上海市“重点工程实事立功竞赛优秀建设者”	
	陈新春	巴士第四公共交通有限公司	上海市职工职业道德建设先进个人	上海市总工会
	王继东	交通建设管理有限公司		
	杨红梅	强生控股股份有限公司	上海市优秀共产党员	中共上海市委
2017	陆　琳	申铁投资有限公司	上海市“重点工程实事立功竞赛优秀建设者”	上海市重点工程实事立功竞赛领导小组

三、久事集团员工获 2017 年“久事功臣”

表 8－3－38　2017 年久事所属企业员工获“久事功臣”荣誉称号情况表

姓　名	所在单位及职务
	上海巴士公交(集团)有限公司
徐永刚	巴士第一公共交通有限公司一车队 55 路驾驶员
徐　忠	巴士第一公共交通有限公司营运业务部稽查大队稽查员
马卫星	巴士第二公共交通有限公司党委副书记、纪委书记、工会主席
潘春燕	巴士第三公共交通有限公司纪检监察部主任、党委工作部副主任、部门第一党支部书记
唐　伟	巴士第三公共交通有限公司中运量车队行管员
陶文华	巴士第三公共交通有限公司中运量车队管理员
黄　昕	巴士第三公共交通有限公司人力资源部副经理、离休党支部书记
方　进	巴士第三公共交通有限公司十三车队 21 路驾驶员
徐美玲	巴士第三公共交通有限公司营运信息部服务接线员
王玉梅	巴士第四公共交通有限公司四车队党支部书记、工会负责人
徐永青	巴士第五公共交通有限公司第九车队党群干事
顾崔滇	巴士第五公共交通有限公司第三车队 68 路驾驶员
保桂娣	巴士公交(集团)有限公司行政办公室副主任、信访办主任
李　俊	上海巴士第一公共交通有限公司七车队 870 路原驾驶员
徐　雁	上海巴士第三公共交通有限公司行政办公室原科员
邓剑林	上海巴士第四公共交通有限公司八车队 926 路原驾驶员
王　丽	上海巴士五汽公共交通有限公司三分公司原党支部书记
	上海强生控股股份有限公司
吴　钦	强生普陀汽车服务股份有限公司二车队党支部书记、工会主席
陈　清	强生交运营运有限公司一车队驾驶员
张建中	强生交运营运有限公司五车队机务员
金光伟	强生交运营运有限公司六车队驾驶员
胡国林	申强出租汽车有限公司三车队党支部书记、工会主席
闵进明	强生市东出租汽车有限公司一车队驾驶员
杨红梅	强生市东出租汽车有限公司七车队党支部书记
包　军	强生常宁出租汽车有限公司三车队车管员
黄建国	强生宝隆出租汽车有限公司一车队驾驶员
金华杰	强生宝隆出租汽车有限公司安服管理科科员
张士胤	强生集团汽车修理有限公司六厂技术主管

〔续表〕

姓 名	所在单位及职务
花茂飞	强生集团汽车修理有限公司八厂技术主管
王海根	强生集团汽车零部件有限公司经理
李 平	协源轿车修理有限公司技术总监
上海交通投资(集团)有限公司	
徐卫琴	交投场站企业管理有限公司工会主席、办公室副主任
胡云飞	现代交通建设发展有限公司线网运管部科员
周庆彪	现代交通建设发展有限公司输变电分公司应急组组长
诸 琳	交投物业管理有限公司工会主席、办公室副主任
王守华	上海交通建设管理有限公司项目部原管理员
上海久事体育产业发展(集团)有限公司	
姜 澜	久事(集团)有限公司副总裁,上海久事体育产业发展(集团)有限公司党委书记、董事长
上海久事置业有限公司	
马 良	强生物业有限公司党支部副书记、工会负责人
张美容	强生普陀汽车服务股份有限公司驾驶员

第四节 各类代表、委员

一、中国共产党全国代表大会代表

表 8-3-39 久事集团出席党的十三大、十六大、十八大代表情况表

届 次	姓 名	单位、职务
第十三届	鲍友德	久事公司总经理
第十六届	马卫星	申新巴士有限公司 49 路车队售票员
第十八届	马卫星	巴士二汽公共交通有限公司 49 路分公司党支部书记

二、中国工会全国代表大会代表

表 8-3-40 久事集团出席中国工会第十六次全国代表大会代表情况表

届 次	姓 名	单位、职务
第十六次	顾利慧	久事公司工会主席

三、中华全国青年联合会委员会委员

表 8-3-41　久事集团出席中华全国青年联合会第九届委员会委员情况表

届　次	姓　名	单位、职务
第九届	高国富	久事公司总经理、党委副书记

四、中国共产党上海市代表大会代表

表 8-3-42　久事集团出席中共上海市第九、第十、第十一次代表大会代表情况表

届　次	姓　名	单位、职务
第九次	张惠民	久事公司总经理、党委书记
	樊建林	强生控股股份有限公司总经济师
	潘春燕	巴士四汽公共交通有限公司二分公司乘务员
第十次	俞北华	久事公司党委书记、副总经理
	张惠民	久事公司总经理
	马卫星	巴士二汽公共交通有限公司 49 路分公司党支部书记
	徐卫琴	交投场站企业管理有限公司工会主席、办公室副主任
	杨红梅	强生市东出租汽车有限公司出租汽车驾驶员
第十一次	龚德庆	久事(集团)有限公司执行董事、总裁、党委副书记
	马卫星	巴士第二公共交通有限公司党委副书记、纪委书记、工会主席
	陈　清	强生交运营运有限公司一车队驾驶员
	马　良	强生物业有限公司党支部副书记、工会负责人

五、上海市人民代表大会代表

表 8-3-43　久事集团出席上海市第九、第十、第十三、第十四届人民代表大会代表情况表

届　次	姓　名	单位、职务
第九届	鲍友德	久事公司总经理
第十届	鲍友德	久事公司总经理
第十三届	洪任初	久事公司副总经理、巴士实业(集团)股份有限公司党委书记
	马卫星	申新巴士有限公司 49 路车队副经理
第十四届	龚德庆	久事(集团)有限公司董事长、党委书记
	俞北华	久事公司党委书记、副总经理

〔续表〕

届　次	姓　名	单位、职务
第十四届	姜　澜	久事国际赛事管理有限公司总经理
	马卫星	巴士第二公共交通有限公司工会主席
	花茂飞	强生集团汽车修理有限公司修理工
	陈岳川	交通投资信息科技有限公司总工程师

六、上海市政协委员

表 8－3－44　久事集团出席上海市政协第九、第十一、第十二届委员会委员情况表

届　次	姓　名	单位、职务
第九届	张桂娟	久事公司董事长、党委书记
第十一届	张惠民	久事公司总经理、党委书记
第十二届	梁　东	强生控股股份有限公司副总经理

七、上海市工会代表大会代表

表 8－3－45　久事集团出席上海市工会第十二、第十三次代表大会代表情况表

届　次	姓　名	单位、职务
第十二次	王雯洁	久事公司工会副主席
	孙继元	强生集团有限公司工会主席
	张美容	强生普陀汽车服务股份有限公司驾驶员
	罗雪云	强生置业有限公司办公室主任、工会主席
	顾利慧	久事公司工会主席
	徐济雄	巴士电车有限公司工会主席
	夏家隆	巴士实业(集团)股份有限公司工会主席
	高鸿萍	巴士一汽公共交通有限公司女职工委员会主任
	马卫星	巴士第二公共交通有限公司党委副书记、纪委书记、工会主席
	鲁国锋	交通投资(集团)有限公司党委书记、总经理
	臧晓敏	交通投资(集团)有限公司工会主席
第十三次	顾利慧	久事公司党委委员、纪委副书记、工会主席
	王雯洁	久事公司工会副主席

〔续表〕

届　次	姓　名	单位、职务
第十三次	孙冬琳	久事公司房产部经理，强生集团有限公司党委书记、总经理，久事置业有限公司党总支书记、总经理
	谢　刚	久事公司工会干事
	石　红	巴士公交(集团)有限公司工会主席
	陈　雷	巴士一汽公共交通有限公司 47 路调度员
	徐美玲	巴士四汽公共交通有限公司 925 路乘务员
	高　培	强生控股股份有限公司党委副书记、纪委书记、工会主席
	胡国林	强生出租汽车有限公司申强公司营运一部工会负责人
	杨红梅	强生市东出租汽车有限公司出租汽车驾驶员
	臧晓敏	交通投资(集团)有限公司工会主席

八、上海市妇女代表大会代表

表 8-3-46　久事集团出席上海市妇女第十、第十二、第十三、第十四次代表大会代表情况表

届　次	姓　名	单位、职务
第十次	张桂娟	久事公司副总经理
第十二次	张新玫	久事公司财务管理部总经理
第十三次	王雯洁	久事公司工会副主席
	秦　蓉	宝山巴士公司一分公司管理员
	丁云萍	强生业务调度中心调度员
第十四次	王雯洁	久事公司工会副主席
	金　莹	巴士二汽 49 路售票员

九、上海市共青团代表大会代表

表 8-3-47　久事集团出席上海市共青团第十三、第十四次代表大会代表情况表

届　次	姓　名	单位、职务
第十三次	吴　俊	久事公司团委副书记、党群工作部主管
	徐美玲	巴士四汽公共交通有限公司虹桥公司团支部书记、925 路售票员
第十四次	许一鸣	久事公司团委书记
	邢哲辉	崇明巴士公共交通有限公司一分公司乘务员

第五节　久事各部门、各直属企业负责人

一、久事各部门负责人

表 8－3－48　1987—2015 年久事集团行政办公室主任任职情况表

职　务	姓　名	性　别	任 职 时 间
主　任	钱逸民	男	1987—1990
	周序昌	男	1990—1993
	曹旭东	男	1993—1995
	肖兴涛	男	1995—2000
	杨申鲁	男	2000—2004
副主任(主持工作)	孙　江	男	2004—2005
主　任	张　伟	男	2005—2009
	薛　东	男	2009—2013
	叶章毅	男	2013—2015
	王箴为	男	2015—

表 8－3－49　1996—2014 年久事集团党委工作部(信访办公室)主任任职情况表

职　务	姓　名	性　别	任 职 时 间
主　任	刘树森	男	1996—1998
	肖兴涛(兼任)	男	1998—2000
	董凤凯	男	2000—2008
副主任(主持工作)	许　敏	女	2009—2011
主　任	许　敏	女	2011—2014
	江　涛	男	2014—

表 8－3－50　1995—2015 年久事集团人力资源部(组织人事部)经理任职情况表

职　务	姓　名	性　别	任 职 时 间
经　理	曹旭东(兼任)	男	1995—1996
	王雅丽(兼任)	女	1996—2000
	曹旭东	男	2000—2002
	顾利慧	男	2003—2009
	张　伟	男	2009—2012
	薛　东	男	2012—2015
	叶章毅	男	2015—

表8-3-51　2015—2018年久事集团投资发展部总经理任职情况表

职　务	姓　名	性　别	任 职 时 间
总经理	樊建林	男	2015—2017
	杨　兵	男	2017—2018

表8-3-52　2015—2017年久事集团运营协调部总经理任职情况表

职　务	姓　名	性　别	任 职 时 间
总经理	杨　兵	男	2015—2017
	周耀东	男	2017—

表8-3-53　2015—2017年久事集团安全管理部总经理任职情况表

职　务	姓　名	性　别	任 职 时 间
总经理	杨　兵	男	2015—2017
	周耀东	男	2017—

表8-3-54　1987—2016年久事集团财务管理部经理(总经理)任职情况表

职　务	姓　名	性　别	任 职 时 间
经　理	张葵珠	女	1987—1990
	张嘉宝(兼任)	男	1990—1991
副经理(主持工作)	陈乾昌	男	1991—1992
经　理	宋孝鋆	男	1992—1994
	方光荣	男	1994—1995
	熊亦桦	男	1995—1998
	张新玫	女	1998—2004
	管　蔚	女	2005—2009
	姚贵章	男	2009—2011
总经理	王洪刚	男	2011—2016
	邹国强	男	2016—

表8-3-55　2015—2018年久事集团信息管理部总经理任职情况表

职　务	姓　名	性　别	任 职 时 间
总经理	姚贵章	男	2015—2017
	火　炜	男	2018—

表 8-3-56　2012—2014 年久事集团纪检监察部主任任职情况表

职　务	姓　名	性　别	任职时间
主　任	顾利慧(兼任)	男	2012—2014
	葛　文	女	2014—

表 8-3-57　1996—2018 年久事集团法律事务部经理(总经理)任职情况表

职　务	姓　名	性　别	任职时间
经　理	江发根(兼任)	男	1996—1996
	李雪林	女	1997—2005
	刘晓峰	男	2005—2011
代经理	孙　江	男	2008—2009
经　理	李雪林(兼任)	女	2009—2010
	孙　江	男	2011—2018
总经理	虞慧彬	男	2018—

表 8-3-58　1995—2017 年久事集团审计事务部主任、经理(总经理)任职情况表

职　务	姓　名	性　别	任职时间
主　任	刘树森	男	1995—1998
	李雪林	女	1999
经　理	陈长年	男	2000—2006
	李雪林	女	2006—2008
	姚贵章	男	2008—2009
	管　蔚	女	2009—2014
总经理	周耀东	男	2015—2017
	王淙谷	男	2017—

表 8-3-59　2017 年久事集团建设管理部总经理任职情况表

职　务	姓　名	性　别	任职时间
总经理	陈晓龙	男	2017—

表 8-3-60　1988—2018 年久事(集团)工会副主席任职情况表

职　务	姓　名	性　别	任职时间
久事(集团)工会副主席	刘大友	男	1988—1992
	张逢昌	男	1992—1999

〔续表〕

职　务	姓　名	性　别	任 职 时 间
久事(集团)工会副主席	宋天慰	男	1999—2002
	臧晓敏	男	2005—2007
	王雯洁	女	2007—2013
	夏家隆	男	2007—2013
	王雯洁	女	2013—2018
	石　红	女	2015—2016
	王雯洁	女	2018—
	马卫星(兼任)	女	2018—

二、已撤并部门负责人

表 8-3-61　1995—2000 年久事公司综合研究室主任任职情况表

职　务	姓　名	性　别	任 职 时 间
副主任(主持工作)	陈雅玉	女	1995
主　任	江发根	男	1996—2000

表 8-3-62　2001—2006 年久事公司综合策划部经理任职情况表

职　务	姓　名	性　别	任 职 时 间
经　理	江发根	男	2001
	许如庆	男	2001
	张建伟(兼任)	男	2002—2003
副经理(主持工作)	鲁国锋	男	2003—2004
经　理	鲁国锋	男	2004—2005
	江发根	男	2005—2006

表 8-3-63　2009—2015 年久事公司综合发展部经理任职情况表

职　务	姓　名	性　别	任 职 时 间
经　理	江发根	男	2009—2011
	陈晓龙	男	2011—2012
	鲁国锋	男	2012—2015

表 8-3-64　1992—2006 年久事公司房产经营部经理任职情况表表

职　务	姓　名	性　别	任 职 时 间
经　理	陆朴鸰	男	1992—2001
	江发根	男	2001—2004
	李仲秋	男	2004—2006

表 8-3-65　2012—2015 年久事公司房地产部经理任职情况表

职　务	姓　名	性　别	任 职 时 间
经　理	孙冬琳	男	2012—2015

表 8-3-66　1992—2001 年久事公司实业部总经理任职情况表

职　务	姓　名	性　别	任 职 时 间
总经理	王雅丽	女	1992—1995
	钱振华	男	1995—1997
	张建伟	男	1997—2001

表 8-3-67　1987—1992 年久事公司经营部经理任职情况表

职　务	姓　名	性　别	任 职 时 间
经　理	郑善山	男	1987—1990
	夏国忠	男	1991—1992

表 8-3-68　2001—2015 年久事公司资产部经理任职情况表

职　务	姓　名	性　别	任 职 时 间
经　理	张建伟(兼任)	男	2001—2003
	江发根	男	2004—2005
	鲁国锋	男	2005—2006
	张建伟(兼任)	男	2006—2007
	孙冬琳	男	2007—2008
	陈晓龙	男	2009—2011
	刘晓峰	男	2011—2012
	鲁国锋	男	2012—2015

表 8-3-69　1999—2001 年久事公司置业管理总部总经理任职情况表

职　务	姓　名	性　别	任职时间
总经理	陆朴鸰	男	1999—2001

表 8-3-70　1999—2001 年久事公司基建管理总部总经理任职情况表

职　务	姓　名	性　别	任职时间
总经理	宋孝鋆(兼任)	男	1999—2000
	钱振华	男	2000—2001

表 8-3-71　1999—2001 年置换管理总部总经理任职情况表

职　务	姓　名	性　别	任职时间
总经理	孔庆伟	男	1999—2001

表 8-3-72　2005—2006 年交通资产管理部经理任职情况表

职　务	姓　名	性　别	任职时间
经　理	洪任初	男	2005—2006

表 8-3-73　1987—1999 年、2006—2014 年投资部经理任职情况表

职　务	姓　名	性　别	任职时间
经　理	韩秀如	女	1987—1990
	罗鹤翔	男	1990—1992
	胡岳义	男	1992—1994
	宋孝鋆	男	1994—1996
	方光荣	男	1996—1999
经　理	鲁国锋	男	2006—2007
	江发根	男	2007—2011
副经理(主持工作)	刘建业	男	2009—2011
经　理	刘建业	男	2011—2014

表 8-3-74　2007—2011 年土地储备部经理任职情况表

职　务	姓　名	性　别	任职时间
经　理	薛　东	男	2007—2009
	史建伟	男	2009—2011

三、直属企业负责人

表 8-3-75　2005—2015 年久事集团所属巴士公交(集团)有限公司负责人任职情况表

职　务	姓　名	性　别	任 职 时 间
党委书记	王国军	男	2005—2008
	洪任初	男	2008—2010
	张必伟	男	2011—2014
	刘晓峰	男	2014—2015
	张必伟	男	2015—
董事长	洪任初	男	2003—2015
执行董事	张必伟	男	2015—
总经理	王力群	男	1996—2006
	洪任初	男	2007—2008
	金德强	男	2008—2009
	洪任初	男	2009
	许　杰	男	2011—2014
	张必伟	男	2014—

表 8-3-76　2011—2018 年久事集团所属强生控股股份有限公司负责人任职情况表

职　务	姓　名	性　别	任 职 时 间
党委书记	金德强	男	2011—2014
	李仲秋	男	2014—2016
	陈　放	男	2016—
董事长	洪任初	男	2011—2015
	李仲秋	男	2015—2018
	叶章毅	男	2018—
总经理	金德强	男	2011—2014
	李仲秋	男	2014—2016
	陈　放	男	2016—

表 8-3-77　2005—2017 年久事集团所属交通投资(集团)有限公司负责人任职情况表

职　务	姓　名	性　别	任 职 时 间
党委书记	洪任初	男	2005—2007
	鲁国锋	男	2007—2012

〔续表〕

职　务	姓　名	性　别	任 职 时 间
党委书记	李仲秋	男	2012—2014
	陈晓龙	男	2014—2017
董事长	洪任初	男	2006—2007
	毛小涵	男	2007—2008
	张建伟	男	2008—2011
	俞北华	男	2011—2013
	洪任初	男	2013—2015
执行董事	陈晓龙	男	2015—2017
总经理	洪任初	男	2000—2007
	鲁国锋	男	2007—2012
	李仲秋	男	2012—2014
	陈晓龙	男	2014—2017

表 8-3-78　2002—2017 年上海申铁投资有限公司负责人任职情况表

职　务	姓　名	性　别	任 职 时 间
党总支书记	袁瑞民	男	2005—2013
	李仲秋	男	2013—2014
	谢胜伟	男	2014—2017
	王洪刚	男	2017—
董事长	胡岳义	男	2002—2005
	张惠民	男	2005—2011
	俞北华	男	2011—2013
	洪任初	男	2013—2015
	李仲秋	男	2015—
总经理	胡岳义	男	2002—2004
	傅钦华	男	2004—2005
	袁瑞民	男	2005—2013
	李仲秋	男	2013—2014
	陈茂华	男	2014—2017
	王洪刚	男	2017—

表 8-3-79　1999—2018 年上海公共交通卡股份有限公司负责人任职情况表

职　务	姓　名	性　别	任 职 时 间
党总支书记	王立帆	男	2004—2011
	董守勤	男	2011—2018
	杨　兵	男	2018—
董事长	何大伟	男	1999—2001
	高国富	男	2001—2006
	张惠民	男	2006—2015
	张新玫	女	2015—2018
	杨　兵	男	2018—
总经理	丁伟国	男	1999—2005
	董守勤	男	2005—2018
	张　弛	男	2018—

表 8-3-80　2016—2018 年久事体育产业发展(集团)有限公司负责人任职情况表

职　务	姓　名	性　别	任 职 时 间
党委书记	姜　澜	男	2016—2018
	樊建林	男	2018—
董事长	姜　澜	男	2016—2018
	樊建林	男	2018—
总经理	樊建林	男	2016—2018
	姚　冷	男	2018—

表 8-3-81　2002—2018 年上海国际赛车场有限公司负责人任职情况表

职　务	姓　名	性　别	任 职 时 间
党总支书记	毛小涵	男	2002—2007
党支部书记	史建伟	男	2007—2015
董事长	张桂娟	女	2002—2003
	毛小涵	男	2003—2005
	张惠民	男	2005—2015
	史建伟	男	2015—2019
总经理	毛小涵	男	2002—2008
副总经理(主持工作)	史建伟	男	2008—2009
总经理	史建伟	男	2010—2018

表 8－3－82　1993—2016 年上海久事置业有限公司负责人任职情况表

职　务	姓　名	性　别	任 职 时 间
党支部书记	陆朴鸰	男	1993—2002
党总支书记	李仲秋	男	2006—2012
党委书记	孙冬琳	男	2013—2015
	刘晓峰	男	2015—2016
	臧晓敏	男	2016—
董事长	孙金富	男	2002—2006
	张建伟	男	2006—2015
执行董事	刘晓峰	男	2015—2016
	臧晓敏	男	2016—
总经理	陆朴鸰	男	1993—2002
副总经理(主持工作)	宋天慰	男	2002—2003
总经理	江发根	男	2003—2004
副总经理(主持工作)	黄有根	男	2004—2005
总经理	李仲秋	男	2006—2012
	孙冬琳	男	2013—2015
	刘晓峰	男	2015—2016
	臧晓敏	男	2016—

表 8－3－83　2007—2015 年上海新联谊大厦有限公司负责人任职情况表

职　务	姓　名	性　别	任 职 时 间
党总支书记	卢谦蔚	女	2007—
董事长	张建伟	男	2007—2015
	孙冬琳	男	2015—
总经理	俞昌明	男	2007—2013
	王　铮	男	2013—

表 8－3－84　2015 年上海久事投资管理有限公司负责人任职情况表

职　务	姓　名	性　别	任 职 时 间
党总支书记	鲁国锋	男	2015—
执行董事	鲁国锋	男	2015—
总经理	鲁国锋	男	2015—

四、已撤并(部分)直属企业负责人

表 8-3-85 1997—2013 年上海强生集团有限公司负责人任职情况表

职务	姓名	性别	任职时间
党委书记	张同恩	男	1997—2009
	金德强	男	2009—2011
	孙冬琳	男	2011—2013
董事长	张同恩	男	1997—2009
	洪任初	男	2009—2011
	张建伟	男	2011—2013
总经理	金德强	男	1998—2008
	张同恩	男	2008—2009
	金德强	男	2009—2011
	孙冬琳	男	2011—2013

表 8-3-86 2007—2015 年上海久事国际赛事管理有限公司负责人任职情况表

职务	姓名	性别	任职时间
党委书记	姜 澜	男	2007—2015
董事长	毛小涵	男	2007—2008
	张惠民	男	2008—2015
总经理	姜 澜	男	2007—2015

表 8-3-87 2005—2007 年上海国际赛车场经营发展有限公司负责人任职情况表

职务	姓名	性别	任职时间
党总支书记	郁知非	男	2005—2006
	毛小涵(兼任)	男	2006—2007
董事长	张惠民	男	2005—2007
总经理	郁知非	男	2005—2006
	毛小涵(兼任)	男	2006—2007

表 8-3-88　2009—2015 年上海都市旅游卡发展有限公司负责人任职情况表

职　务	姓　名	性　别	任职时间
党支部书记	冯俏梅	女	2009—2014
	管　蔚	女	2014—2015
董事长	张惠民	男	2009—2015
总经理	冯俏梅	女	2009—2014
	管　蔚	女	2014—2015

专记

上海市扩大利用外资“九四专项”五年成果汇报

鲍 友 德

（一九九二年十二月三十日）

各位领导、各位来宾：

首先我代表上海久事公司，向光临今天大会的各位领导和各界朋友，表示最热烈的欢迎和衷心的感谢。

刚才宣读的江泽民总书记、朱镕基副总理及吴邦国、黄菊等中央、市委、市政府、市人大领导的题词和贺信，是对我们工作的最大勉励和鞭策，我们将以此为方向，加倍努力，争取作出更大的贡献，不辜负各位领导和朋友对久事公司的期望。

5 年前的今天，在市委、市政府及在座各位的关心和支持下，上海久事公司在这里召开了成立大会，今天我们又在这里召开成果汇报会，向领导和大家汇报“九四专项”实施 5 年来取得的成果。

20 世纪 80 年代初，作为全国最大经济城市的上海，面临着城市老化、基础设施落后、环境污染严重、居民住房困难、工业设备陈旧、产品结构不合理的状况。为了振兴上海的经济，巩固和发挥上海市在亚太地区的地位和作用，加快上海的改革开放步伐，1986 年 8 月 5 日国务院以国函〔1986〕94 号文，批准上海采取自借自还的方式，扩大利用外资，以加强城市基础设施建设，加快工业技术改造，增强出口创汇能力，发展第三产业和旅游业，批准第一批扩大利用外资 32 亿美元，其中用于城市基础设施建设 14 亿美元、工业技术改造 13 亿美元、第三产业 5 亿美元，这三方面的项目，无论是创汇和不创汇的、赢利和不赢利的、短期见效和长期见效的，都由上海市“捆”在一起，统一核算，综合开发经营和统筹还款，并给予一系列优惠政策，上海市政府为了贯彻实施方案，也制定了实施办法和优惠政策，把列入这批扩大利用外资方案的项目定名为“九四专项”。

1987 年 12 月经市政府批准，上海久事公司正式成立，作为“九四专项”总账房，负责筹措资金、项目管理、综合开发经营和统筹还款。

1988 年国务院对上海实行财政定额上缴体制，每年增加地方财力 14 亿元，市政府为了用好这项资金，又批准成立了上海实事公司。

1989 年年底，市政府决定实事公司与久事公司合并，组成了新的久事公司。

久事公司成立 5 年来，市委、市政府的领导同志对“九四专项”的实施和我们的工作寄予了深切的厚望，给予了亲切的关怀，江泽民、朱镕基在上海担任领导期间，都曾亲自过问和关心公司的工作，给我们指出了前进方向，我们的工作也得到了道涵同志和现任市委书记吴邦国同志、市长黄菊同志的具体指导。黄市长在久事公司成立大会上就向我们提出要做到“新的姿态、新的体制、新的作风、新的效率，希望搞大的事业”。正是由于领导的关怀和全市各有关部门的大力支持，在久事公司全体职工的共同努力下，“九四专项”及久事公司的工作才取得了明显的成绩。

5 年来，“九四专项”共批准项目 285 项，利用外资 25.15 亿美元，总投资为 170.4 亿元。其中，城市基础设施 5 项、71.6 亿元，工业技改 256 项、76 亿元，第三产业 24 项、22.8 亿元。

根据市政府赋予的职责,5年来公司会同有关部门,根据全市的统一规划和产业政策,选择经济效益好又符合发展方向的项目进行立项和可行性研究,编制"九四专项"年度执行计划,帮助项目单位筹措、调度、落实所需国内外资金,检查项目实施进度,帮助解决实施中的问题,检查落实项目还款计划措施,建立项目电脑数据库,对项目资金实行借、用、还全过程管理。

在各项目单位和有关部门的共同努力下,"九四专项"的进展是很快的,到今年年底,已完成总投资150亿元以上,累计竣工投产项目250项。

竣工投产后的"九四"项目,已开始陆续归还贷款,到今年年底已归还外汇贷款4亿美元,人民币贷款近3亿元。

为了保证"九四专项"的用款,久事公司在政府各部门和各金融机构、项目单位的支持下,积极筹措调度资金,至今年年底,"九四专项"已向国外累计借款签约73笔,共23.56亿美元(已提款19.24亿美元),公司还筹措人民币50多亿元,保证了项目用款和建设进度。

一、实施"九四专项"市政建设

5年来,在市政建设方面,共筹措6.2亿美元和121亿元人民币,投资建设了南浦大桥、地铁1号线、虹桥机场候机楼扩建、合流污水治理工程以及市内电话扩容20万门程控电话等五大市政基础设施。

其中,由久事公司全额投资10.5亿元(其中筹措外资1.18亿美元)建成的南浦大桥,是世界第三大斜拉索桥,已成为上海新的骄傲,通车一年来,已有500多万辆次车辆过桥,成为目前沟通浦江两岸的主要交通干道,为加快浦东开发发挥了重要作用。

虹桥国际机场扩建工程由久事公司出资1 040万美元,于1991年完成,新增建筑面积2.8万平方米,各类设施达到20世纪80年代国际水平。客流量比扩建前增加了一倍,每年可以承负710万人次进出关。

20万门程控电话工程由久事公司出资5 000万美元,于1990年完成,使上海的电话通话能力提高了三分之一,大大改善了上海的通信状况,为上海电话号码由6位数改为7位数奠定了基础。

目前在建的从锦江乐园到新客站、日运客流量达4万人次的地铁1号线是目前上海投资最大的工程,总投资将达60亿元。久事公司为筹集地铁建设资金尽了最大努力,地铁建设以来,累计已投入资金21亿元(其中外汇1.2亿美元、人民币14亿元),确保了地铁工程的进度和资金的使用。

明年可建成的合流污水工程,已投入资金13亿元,工程竣工后,受益面积70平方公里,服务人口255万,可解决上海三分之一的污水排放问题,被污染的苏州河水清有日。

以上五大重点市政基础设施是上海多年来渴望建设的项目,因为没有资金,长期没有能够得到安排,由于市委、市政府的正确决策,实施了"九四专项",长期的夙愿得以实现,这是我们感到非常高兴,也是值得全市人民骄傲的大事。这五大市政项目的建成,对改善上海的投资环境,缓和市区交通矛盾,提高城市生活环境质量,促进上海的开发、开放,都已经或将起着重要的作用。

二、发展"九四专项"第三产业

第三产业的发展,标志着一个城市现代化的水准。为加快上海向外向型经济发展和改善投资环境,5年来,"九四专项"已批准第三产业立项22个,筹措外资3.1亿美元,截至1992年年底,已建成20项,总投资16.9亿元,其中有新锦江大酒店、华亭宾馆、虹桥宾馆、银河宾馆、建国宾馆等15家中高级宾馆，共新增客房 6 900 余套，占上海同期新建客房总数的 50%。这些设施现代化、服务一流宾馆的建成大大改善了上海的旅游服务设施，为中外宾客，为上海开放，提供了较完美的服务条件。目前这些上海涉外宾馆正逐渐占据重要地位，客房租用率逐年递增，正在建的"东方明珠"广播电视塔和淮海中路国际购物中心 2 个项目，也将在"八五"期内建成。这些项目的建成，有力地支持了上海旅游业等第三产业的发展。

三、加快"九四专项"引进国外先进技术，大规模进行工业技术改造

在工业技术改造方面，"九四专项"已经安排了 200 多个企业、256 项利用外资项目，投资规模 76 亿元，其中利用外资 11.44 亿美元，截至今年年底，已建成投产 227 项，占 88.8%。"九四专项"引进的先进技术设备占全市同期技术引进签约额的四分之三，其中一批重点骨干项目，无论技术、规模都堪称国内第一。其中有上钢三厂年产 35 万吨 3.3 米中厚板工程，有新沪面粉厂日加工能力 1 200 吨的亚洲规模最大面粉生产线，有大中华橡胶厂年产 30 万套钢丝子午线轮胎生产线，有上海显像管厂年产 110 万套显像管玻壳设备，有上海有色金属板带厂年产 4 万吨铜板带设备等。

在工业技术改造方面，我们十分重视和支持高新技术产业的发展。我们参资支持创办了施乐复印机公司、飞利浦半导体公司、爱梯恩梯通信设备公司、埃恩激光公司、联合光盘公司、诺顿磨料磨具公司等。

这批技术引进项目的投产，为焕发上海老工业基地的青春，为上海的产品升级换代，扩大出口创汇，提高竞争能力，增加经济效益，提供了重要的物质技术基础。

四、开展综合经营，增强经济实力

久事公司成立后，在抓好项目计划实施的同时，十分重视开展综合开发经营。1988 年 2 月，市政府以 14 号文批复，同意久事公司综合开发经营，收入享受各项优惠政策，给了我们极大的支持。5 年来，我们运用借入外汇和出口创汇，帮助本市物资部门和生产企业从国外进口市场紧缺的各类原材料和机电配套件，共安排了 7.8 亿美元，有力地支持了生产、建设事业的发展。同时，会同外贸部门，组织计划外产品出口，累计创汇 3 亿多美元。在内贸方面，几年来累计营业额 7 亿多元，对活跃市场、扩大流通起了一定作用。在发展房地产方面，我们结合地铁、南浦大桥等工程的建设，综合开发建设各类商品房，已立项 60 多万平方米，已建成的有：与虹桥开发区合资建设的虹桥小别墅、与锦江集团房产公司合资建设的宗家巷 5 万平方米商品房、与中企公司合资建设的园南商品房等。

从 1988 年开始到 1992 年，市财政地方建设专项资金共拨入 69.7 亿元。我们根据市政府的计划，管理用好资金；同时，利用资金收支的时间差，组织间隙资金的增值保值，4 年共计实现增值 3.2 亿元。

经过 5 年经营、5 年发展，久事公司目前已拥有资产总值 67 亿元，5 年经营收益合计 14.2 亿元，为市政三大工程支付利息 9.2 亿元(1.6 亿美元)，对借入的外债，做到了按时还本付息，在国际、国内金融界保持了良好的资信。

五、总结经验，不断前进

回顾 5 年来扩大利用外资的工作，我们体会到：在探索如何利用外资、加强城市基础设施建

设、加快工业技术改造、发展第三产业方面,久事已经迈出了重要的一步,探索出了利用外资搞建设的新路子。

利用外资搞建设,特别是搞市政基础设施建设,有很大的风险,既有汇率风险,又有市场风险和经营管理风险。市委、市政府以宏伟的气魄下了决心,中央、国务院给了很多优惠政策,我们在建立偿债机制上作了大量的探索,在外债方面,就是把创汇的和不创汇的、有效益的和主要是社会效益的、短期见效的和长期见效的项目捆在一起,在建设财政等各方面的支持下,建立了还贷机制。在运筹财力上,我们坚持有偿使用、滚动增值,努力增加地方建设的财源。在改革投资管理体制上,也作出了重要的探索,开展了全方位的综合开发经营,努力寻找和建立还贷资金的新的生长点。

江总书记在党的十四大报告中指出:以上海浦东开发开放为龙头,进一步开放长江沿岸城市,尽快把上海建成国际经济、金融、贸易中心之一。最近召开的市第六次党代会,发出了"解放思想,把握时机,为把上海建成为社会主义现代国际城市而奋斗"的号召。久事公司作为地方建设财力的"总账房",我们的任务是十分光荣而艰巨的。

5 年来,我们做了一定的工作,取得了一些成绩,但摆在我们面前的任务更艰巨,更繁重,在党的十四大和市第六次党代会精神的鼓舞下,在改革开放新形势中,我们的工作要有新起点。

我们要以强烈的责任感和使命感,按照中央和市领导对我们的要求,进一步解放思想、勇于开拓,进一步转变机制、拓宽路子,在深化改革的实践中探索、总结、发展、提高,发挥好地方投资总公司的作用。

在筹措资金支持城市基础设施方面,要继续为地铁和合流污水工程积极筹措资金,保证工程建设需要,保证污水工程明年完工。在开发开放浦东时,要有新举措,我们已经参股浦东发展银行,为浦东开发筹措资金,发行了浦东建设债券,与锦江集团上投公司合作,兴建东锦江大酒店,与华能集团公司和陆家嘴开发区共同建造华能大厦,大力开发南浦大桥附近地段,参与张江高科技园区开发;同时,在浦东建立久事公司浦东公司,开展贸易等综合经营,提高经济效益,增强还贷能力,为发展浦东的第三产业作出贡献。上海久事公司浦东公司已正式批准注册,借今天的汇报会,为久事浦东公司揭牌开业。

在充分利用"九四专项"政策,支持工业技术改造和高新技术发展方面,要有新动作。充分利用筹措外资规模,为工业技改和高新技术引进新技术、新设备。

在改造浦西、发展上海经济时,要有新参与。我们将积极投入地铁沿线开发,与卢湾区、地铁公司合资开发陕西路、黄陂路车站;建设两座现代化商厦,与上投公司、徐汇区等一起组建新上海国际商城有限公司;联合开发改造陕西南路、淮海中路、钱家塘地区,约 20 万平方米,投资 4 亿元;与静安区合作进行旧房改造。

我们的经营业务范围也要有新扩展,我们将与市信息中心一起建造信息大楼和久事大厦,发展信息咨询等第三产业,还准备与上投公司、申能公司组织共同基金,到海外筹措资金。

为了增强公司经济实力,我们将在财税等部门支持下,进一步强化"九四专项"还贷机制,同时更好地运筹地方建设财力,探索、完善、深化投资管理体制改革,争取为上海经济发展作出新的贡献。

为了做好以上工作,公司要转换新机制,进一步加强内部建设和改革,不断提高全体人员素质,以适应新的形势和新的任务需要。

久事的事业是全市人民的事业,受市委、市政府的重托,我们深感责任的重大、任务的光荣和艰巨，我们衷心感谢市委、市政府对我们的信任与关怀，衷心感谢各部门、各界对我们关心和支持。我们一定要兢兢业业、艰苦奋斗，为实现市第六次党代会提出的宏伟目标，为上海的灿烂明天作出新的贡献。

（材料来源：上海久事[集团]有限公司档案室）

“九四专项”项目明细表

（1987—1996 年）

“九四专项”市政基建项目明细表(5 项)

序号	建设单位	项目内容	批准额度		实际使用	
			总投资（万元）	其中用汇（万美元）	人民币（万元）	外资（万美元）
1	上海大桥建设公司	黄浦江大桥(南浦大桥)	83 336	3 716	69 383	15 800
2	上海市地铁公司	新龙华至新客站地铁(1 号线)	397 400	35 398	265 720	59 598
3	上海合流污水建设公司	苏州河污水治理一期工程	160 000	14 500	106 060	30 817
4	虹桥机场	扩建候机楼 2.8 万平方米	12 000	1 075	8 000	1 075
5	上海市邮电局	上海市电话扩容 20 万门	18 500	5 000	0	5 000
合　计			671 236	59 689	449 163	112 290

“九四专项”第三产业项目明细表(35 项)

序号	建设单位	项目内容	批准额度		实际使用	
			总投资（万元）	其中用汇（万美元）	人民币（万元）	外资（万美元）
1	虹桥宾馆	客房 713 间	14 895	1 850	9 259	4 550
2	银河宾馆	客房 844 间	18 956	2 517	9 643	3 695
3	新苑宾馆	别墅 10 幢、客房 83 间	1 408	139	844	194
4	金沙江大酒店	客房 330 间	3 845	450	2 585	530
5	宝隆宾馆	客房 266 间	4 406	380	3 000	580
6	蓝天宾馆	客房 220 间	2 472	243	1 141	576
7	上海旅游服务公司	免税品涉外商场改造	983	33	861	133
8	国际饭店	内部装修改造	1 966	400	486	480
9	白玉兰宾馆	客房 234 间	3 943	290	2 957	488
10	上海国际购物中心	商场及附属设施	19 910	1 228	15 366	1 228
11	龙门宾馆	客房 364 间	6 595	302	5 532	839
12	华亭宾馆	客房 1 234 间	27 986	5 000	10 108	5 000
13	建国饭店	客房 500 间	10 300	1 200	5 860	2 100
14	龙柏饭店	樱柏村扩建及餐厅	3 730	720	1 036	1 008

〔续表〕

序号	建设单位	项目内容	批准额度		实际使用	
			总投资（万元）	其中用汇（万美元）	人民币（万元）	外资（万美元）
15	新锦江大酒店	客房727间	33 078	6 500	7 781	7 738
16	东方明珠电视塔	450米电视塔旋转餐厅	83 000	3 760	52 900	3 760
17	物资贸易中心	展销厅办公用房	12 441	380	11 035	380
18	奥林匹克俱乐部	客房200间	4 850	600	2 685	900
19	虹桥开发区	10套小别墅	998	70	739	70
20	侨汇公寓	外汇商品住宅区	2 400	13	2 353	0
21	上海宾馆	600间客房等技术改造	2 325	480	549	625
22	上海旅游汽车公司	更新250辆旅游客车	4 132	457	2 432	457
23	久事复兴大厦	地铁站口开发	31 533	1 280	24 203	140
24	九海广场	地铁口综合商场	39 908	1 400	31 928	1 400
25	新亚长城大酒店	客房286间	11 743	496	8 505	496
26	新亚广场大酒店	客房262间	10 459	380	8 278	380
27	新亚广场美食街	餐厅面积4 201平方米	6 337	0	6 337	0
28	绅士汽车商城	汽配交易厅	17 367	360	15 315	380
29	虹桥机场(虹港大酒店)	候机楼客房250间	3 050	100	2 180	100
30	久事置业广场	办公综合楼、住宅楼	45 400	500	41 000	500
31	新上海国际商城	办公商业宾馆综合楼	279 100	7 000	237 100	7 000
32	东锦江大酒店	525间客房及配套设施	34 720	4 200	10 360	4 200
33	久事静安大厦	办公商住楼	14 924	100	14 074	100
34	久事大厦	办公商住楼	35 100	0	35 100	0
35	上海青年文化活动中心	办公及娱乐场所	33 000	0	33 000	0
合　计			372 508	30 292	235 613	38 479

“九四专项”工业项目明细表(268项)

序号	建设单位	项目内容	项数	批准额度		实际使用	
				总投资（万元）	其中用汇（万美元）	人民币（万元）	外资（万美元）
冶金局							
1 2	上海益昌薄板有限公司	镀锡车间	2	38 166	2 461	16 756	2 461
3	上钢一厂	2 500立方米高炉	1	236 500	9 500	153 850	19 500
4	上钢三厂	中厚板轧机35万吨	1	22 271	1 974	14 929	6 000

〔续表〕

序号	建设单位	项目内容	项数	批准额度		实际使用	
				总投资(万元)	其中用汇(万美元)	人民币(万元)	外资(万美元)
5 6	上钢五厂	大电炉	2	43 972	1 784	33 607	1 784
小计			6	340 909	15 719	219 142	29 745
有色公司							
7	上海铜管厂	1 620 吨铜合金挤压机	1	1 360	278	324	314
8	上海铜带厂	锡磷青铜带生产线	1	3 274	635	903	635
9	上海有色金属公司	铜板带生产工艺设备	1	27 288	3 026	16 090	4 018
小计			3	31 922	3 939	17 317	4 967
化工局							
10	金山助剂厂	1 万吨非离子表面活性剂	1	4 970	362	3 619	806
11	上海助剂厂	荧光增白剂技改	1	398	0	396	75
12 13	上海氯碱总厂	20000Tpvc 糊状树脂	2	16 191	2 153	8 273	3 605
14	吴淞化工厂	T.D.I. 1 万吨	1	33 819	2 535	18 386	6 521
15	天原化工厂	5 000 吨/年漂粉精	1	4 400	640	2 032	996
16	天山塑料厂	多色电玉粉生产线	1	1 183	213	110	236
17	天华橡胶厂	加压式捏和机	1	107	24	17	27
18	上海钢丝厂	2 500 吨钢丝帘线	1	7 998	402	6 499	1 473
19	染化七厂	蒽醌生产技术设备	1	350	44	187	141
20	染化八厂	活性染料出口专车间	1	5 399	191	4 495	591
21	上海农药厂	96%精制乐果农药	1	121	10	84	33
22	橡胶制品四厂	针型拉幅硫化设备	1	2 271	363	925	400
23 24	上海焦化总厂	70 万立方米/日城市煤气	2	83 179	3 098	61 183	3 098
25	上海吴泾化工总厂	10 万吨/年醋酸	1	108 202	8 974	45 000	8 974
26	上海吴泾化工总厂	1.2 万吨/年三聚氢胺	1	17 300	2 200	4 800	2 200
27～36	橡胶轮胎集团公司	30 万套二期(大中华载重胎)	10	144 161	11 427	84 790	11 427
小计			27	430 049	32 636	240 796	40 603
医药局							
37 38	中华制药厂	清凉油扩产	2	4 972	59	4 753	796

〔续表〕

序号	建设单位	项目内容	项数	批准额度		实际使用	
				总投资（万元）	其中用汇（万美元）	人民币（万元）	外资（万美元）
39	上海第十七制药厂	硝苯啶生产技术改造	1	294	2	286	80
40	上海注射针厂	一次性注射针	1	1 998	300	888	420
41	上海医用仪表厂	三角体温计技术改造	1	829	0	829	145
42	上海第二制药厂	驱虫药生产技术	1	1 200	20	1 073	220
43	上海第十六制药厂	可可碱技改	1	135	6	133	6
44	五洲制药厂	强力霉素技术改造	1	1 899	93	1 555	394
45	上海中药一厂	口服液生产设备	1	547	125	84	125
46	上海卫生材料厂	医用涂布设备	1	472	106	80	119
47	延安制药厂	空心硬胶囊充填设备	1	100	20	26	25
48 49	上海第三制药厂	新霉素改造和扩产	2	1 338	28	1 196	251
50 51	上海第三制药厂	四环素生产关键设备	2	40 436	881	37 161	4 604
52	中药二厂	中药口服剂改造	1	333	35	80	35
53	生化制药厂	生化制剂关键设备	1	555	150	0	150
	小　计		17	55 108	1 825	48 144	7 370
		机电局					
54	上海量具刃具厂	铣刀强力磨削设备	1	1 102	180	430	169
55	跃进电机厂	扩大电机出口	1	881	130	400	200
56	上海起重运输机械厂	扩大起重机械出口	1	550	15	494	65
57	上海变压器厂	引进变压器技术设备	1	1 475	367	112	387
58	上海第七阀门厂	引进双密封球阀技术	1	71	15	0	15
59	上海刃具厂	设备引进扩大出口	1	1 332	310	184	316
60	上海标准件十厂	自攻螺钉产品出口	1	485	79	193	79
61	上海电线线材厂	电线、插头线生产设备	1	143	39	0	39
62	上海电缆厂	电线、电缆专用设备	1	4 229	350	2 927	350
63	上海电线三厂	引进电话软线设备	1	875	225	45	225
64	上海柴油机厂	二铸工	1	4 738	242	3 838	1 021
65	上海工业锅炉厂	燃煤锅炉自控设备	1	1 203	306	60	306
66	上海电压调整器厂	柱式接触自动调压器	1	420	60	198	98
67	南洋电线电缆厂	三层挤出盐浴硫化设备	1	649	165	35	171

〔续表〕

序号	建设单位	项目内容	项数	批准额度		实际使用	
				总投资(万元)	其中用汇(万美元)	人民币(万元)	外资(万美元)
68	上海工具厂	引进技术及设备	1	666	90	333	173
69 70	第一石油机械厂	扩大石油钻头出口	2	1 699	197	968	411
71	上海塑胶线厂	引进电源延续线	1	642	162	40	173
72	上海绝缘材料厂	复铜箔板技术设备	1	1 144	284	95	284
73	上海螺帽一厂	进口尼龙锁螺帽	1	353	95	0	95
74	上海电线五厂	引进电源插头线	1	148	40	0	40
75	上海电焊条厂	电焊条生产线	1	356	83	50	83
76	上海重型机床厂	合作生产 w490w722 车床	1	1 175	0	1 175	0
77	建设机器厂	反击式移动式破碎机	1	333	2	326	90
78	良工阀门厂	来图加工止回阀自动调节阀	1	152	3	141	32
79	红星轴承厂	引进压力机	1	560	34	434	110
小计			26	25 381	3 473	12 478	4 932
拖汽公司							
80	汽车齿轮总厂	利用外资扩大出口	1	555	150	0	150
81	汽车电器厂	轿车起动机制造技术	1	372	100	0	100
82	汽车齿轮厂	5 万台桑车变速器	1	18 115	1 600	4 895	0
83	汽车齿轮厂	壳体加工热处理设备	1	19 980	781	15 918	0
84	汽车齿轮厂	齿轮轴类设备	1	19 800	1 480	12 104	0
85	汽车铸件总厂	气缸体铸造设备	1	19 811	1 973	19 811	0
86	汽车密封件有限公司	桑车配套密封件	1	30 448	2 004	13 013	0
小计			7	109 081	8 088	65 741	250
电气公司							
87	上海锅炉厂	引进数控剪板机	1	223	60	0	60
88	上海电机厂	数控镗铣床等设备	1	2 380	416	400	416
89	上海汽轮机厂	数控龙门铣床	1	740	200	0	200
小计			3	3 343	676	400	676
仪表局							
90	光学仪器厂	扩大出口测试仪器	1	1 425	252	485	266
91	中国电工厂	引进漆包线生产技术	1	2 455	494	624	494
92	永建录音器材厂	盒式立体声磁头出口	1	274	45	40	56

〔续表〕

序号	建设单位	项目内容	项数	批准额度		实际使用	
				总投资（万元）	其中用汇（万美元）	人民币（万元）	外资（万美元）
93	上海无线电三厂	1/2彩色录像机技术	1	543	69	0	69
94	双吉导电元件厂	导电橡皮	1	234	53	37	53
95	中亚无线电厂	双面金属交流薄膜电容技术	1	1 376	298	225	359
96	上海无线电十二厂	线绕电位器设备	1	270	66	26	66
97	天和电容器厂	中高压铝电解电容器	1	2 150	320	960	340
98	亚明灯泡厂	高强度气体电等技术	1	1 257	300	141	300
99	无线电专用机械厂	进口制造加工关键设备	1	96	0	95	67
100	飞利浦半导体公司	大规模集成电路	1	9 465	2 558	1 906	2 558
101	电真空电子公司	扩大玻壳生产	1	6 320	1 180	8 839	1 507
102	上海无线电二十厂	高密度印刷及设备	1	1 231	92	374	97
	小计		13	27 096	5 727	13 752	6 232
	农机局						
103	奉贤工具一厂	扩产扳手出口	1	56	15	0	15
104	新艺手套厂	万能背筋机	1	60	8	30	16
105	青云胶鞋二厂	中高档胶鞋	1	575	45	408	155
	小计		3	691	68	438	186
	轻工业局						
106	上海眼镜二厂	引进凹面镜散光片加工设备	1	222	40	74	40
107	上海眼镜二厂	引进全电熔炉窑连熔生产线	1	883	190	180	190
108	合成洗涤剂厂	3万吨非离子表面活性剂	1	11 242	440	9 165	1 872
109	上海钟表配件厂	石英钟面	1	136	35	5	35
110	永生金笔厂	引进记号笔设备	1	1 327	154	757	281
111	儿童食品厂	巧克力生产线	1	710	162	111	162
112	钻石手表厂	石英电子表生产线	1	744	175	96	175
113	上海啤酒厂	小瓶啤酒生产线	1	429	108	29	110
114	华光啤酒厂	啤酒糖化罐装	1	925	250	0	250
115	上海自行车二厂	购买二手设备	1	1 070	186	381	257
116	上海烫金材料厂	电化铝烫印箔生产线	1	925	224	96	224
117	协昌缝纫机厂	家用多功能缝纫机技术设备	1	1 406	380	0	380
118	益丰搪瓷厂	搪瓷烧锅生产设备	1	851	198	118	198
119	冠生园食品厂	枕式包装机	1	96	26	0	26

〔续表〕

序号	建设单位	项目内容	项数	批准额度		实际使用	
				总投资(万元)	其中用汇(万美元)	人民币(万元)	外资(万美元)
120 121	汇明电池厂	引进 LR 电池生产线	2	1 720	424	151	424
122	自行车链条厂	引进多速链条等设备	1	800	0	800	147
123	上海感光胶片厂	彩色感光材料生产线	1	12 549	907	9 193	1 029
124	上海玻璃器皿一厂	引进铅宝石磨削设备	1	133	33	11	35
125	保久灯泡厂	引进电源指示泡生产线	1	96	21	18	21
126	上海制皂厂	脂肪酸蒸馏设备	1	837	110	430	110
127	上海制皂厂	香皂成型生产线	1	707	170	78	170
128	自行车飞轮二厂	多工位压力机	1	728	57	514	195
129	上海益民食品一厂	引进午餐肉生产设备	1	185	50	0	50
130	上海益民食品一厂	麦丽素巧克力生产线	1	448	108	48	116
131	家用化学品厂	全塑管成型及填充包装线	1	300	60	78	60
132	中国钟厂	木壳石英钟机芯设备	1	888	240	0	240
133	上海玻璃器皿三厂	引进钢化杯生产线	1	596	151	41	161
134	上海手表三厂	引进日历附加件设备	1	666	180	0	131
135	自行车三厂	出口自行车生产线	1	1 432	387	0	387
136	上海华丰搪瓷厂	扩大搪瓷制品出口	1	1 300	85	985	250
137	上海手表二厂	石英电子表生产线	1	722	195	0	195
138	上海明胶厂	引进明胶技术设备	1	733	190	30	198
139	上海益民食品四厂	饼干生产线	1	1 263	290	190	290
140	上海制笔零件三厂	引进多色塑料橡皮设备	1	89	22	8	22
141	上海益民食品六厂	高级夹心硬糖	1	939	190	236	190
142	泰康食品厂	引进冰激凌设备	1	555	70	296	130
143	凹凸彩印厂	引进彩印设备	1	2 098	226	1 262	226
		小　计	38	50 750	6 734	25 381	8 977
		第二轻工业局					
144	上海第一皮鞋厂	30 万双训练鞋车间	1	933	7	907	147
145	上海第四皮件厂	高档皮手套技改	1	684	37	544	129
146	亚洲皮鞋厂	引进皮鞋专用设备	1	1 523	32	1 405	278
147	工艺编制厂	自动编织机	1	808	112	445	177
148	上海汽灯厂	电镀线扩大汽灯出口	1	590	29	483	85

〔续表〕

序号	建设单位	项目内容	项数	批准额度		实际使用	
				总投资（万元）	其中用汇（万美元）	人民币（万元）	外资（万美元）
149	上海制伞二分厂	U型伞骨生产线	1	855	140	335	209
150	上海新兴锁厂	引进12台制锁设备	1	378	99	12	102
151	上海铝制品二厂	水壶生产关键设备	1	333	90	0	90
152	上海异型铆钉厂	引进双进线H530冷墩机	1	426	112	11	114
153	上海铝制品一厂	铝制品内外涂层喷涂	1	1 307	175	658	175
154	上海人民工具五厂	电动工具生产设备	1	891	190	188	190
155	上海刀片厂	双层刀片刀架生产线	1	2 215	348	923	348
156	上海宝屐皮鞋厂	女鞋生产关键设备	1	150	40	0	40
157	上海塑料薄膜厂	涂胶复合设备	1	305	70	44	79
158	上海塑料制品十三厂	涂膜塑料包装生产线	1	2 650	447	997	622
159	上海长征锁厂	引进制锁设备	1	349	31	236	45
160	上海起重配件厂（新联）	引进高强度铁链	1	566	131	79	131
161	上海铁丝厂	引进铜扁丝机	1	500	0	500	135
162	上海冰箱压缩机厂	扩大旋转式压缩机	1	10 101	1 800	3 441	2 500
163	上海镀锌铁丝厂	引进镀锌铁丝设备	1	437	23	352	117
164	上海带锯厂	带钢连续热处理电炉	1	639	130	78	144
165	向东仪表厂	引进高过载磁力轴承	1	214	36	80	48
166	上海人民针厂	新增珠针	1	529	95	16	95
167	上海塑料制品二厂	引进聚丙烯制膜设备	1	5 137	778	2 243	1 218
168	上海恒安日用电器厂	扩大出口中高档不锈钢餐具	1	405	0	405	70
169	上海新峰家用五金厂	出口不锈钢餐具	1	665	0	665	115
170	上海家用空调器厂	高效节能型空调器	1	14 524	1 369	7 145	2 623
171	江湾机械厂	扩大工业缝纫机出口技术改造	1	875	26	779	162
172	江湾机械厂	出口工业缝纫机(浦东)	1	6 167	315	4 431	1 074
173	江湾机械厂	新型高速平缝纫机	1	14 335	1 386	6 421	2 100
小　计			30	69 491	8 048	33 823	13 362
纺织局							
174	五洲服装厂	引进牛仔裤生产线及设备	1	307	25	214	67
175	中华一针	扩1.5万锭开发新原料	1	1 610	0	1 610	433
176	上海毛巾二厂	烘干机、杆织机	1	1 915	265	1 023	299

〔续表〕

序号	建设单位	项目内容	项数	批准额度		实际使用	
				总投资(万元)	其中用汇(万美元)	人民币(万元)	外资(万美元)
177	上海新风色织厂	剑杆织机	1	3 781	666	1 317	897
178	上海色织十四厂	剑杆织机	1	3 452	762	633	933
179 180	上海春光服装厂	原地扩建	2	1 298	50	1 114	300
181	上海服装二厂	出口西服	1	1 882	173	1 087	20
182	上海帽厂	出口工艺帽设备	1	44	12	0	12
183	光明服装厂	出口布服装设备	1	123	31	8	31
184	第四衬衫厂	引进衬衫生产设备	1	52	13	4	14
185	上海服装二十六厂	出口布服装设备	1	78	20	4	21
186	唐山服装厂	出口布服装设备	1	118	30	0	30
187	光华西服厂	缝纫机专用设备生产线	1	74	20	0	20
188	上海衬衫厂	衬衫关键设备	1	74	20	0	20
189	第二衬衫厂	引进衬衫设备	1	382	56	175	56
190	上海羽绒服装厂	出口羽绒服装	1	59	16	0	16
191	上海衬衫五厂	出口衬衫专用设备	1	92	10	55	10
192	延安服装厂	出口西服	1	266	15	170	15
193	第一毛纺厂	引进走锭开发轻松品	1	1 959	165	1 312	473
194	第二毛纺厂	引进后整理设备扩 4 752 锭	1	1 375	130	894	130
195	上海第十五羊毛衫厂	粗纺毛衫生产线	1	1 850	149	1 274	149
196	上海第七毛纺厂	毛纺锭引进染整设备	1	2 181	187	1 487	190
197	上海第二十五棉纺厂	半精纺针织花色绒 2 964 锭	1	3 890	297	2 544	823
198	上海第十二服装厂	年产 27 万套西服	1	1 318	82	1 015	328
199	上海针织五厂	腈纶色织运动衫裤	1	1 105	250	277	250
200	上海时装厂	时装生产设备	1	111	30	0	30
201	上海第三十六织布厂	引进挠性剑杆织机 24 台	1	777	80	481	210
202	上海第六织布厂	引进喷气布机	1	3 530	443	1 935	780
203	上海第一丝织厂	引进 12 台剑杆织机	1	918	54	454	54
204	上海第三十一棉纺厂	出口纯棉绒布	1	784	25	692	213
205	上海第一羊毛衫厂	引进羊毛衫针织机	1	1 394	245	490	289
206	上海第五毛纺厂	高支精纺呢绒生产线	1	1 726	357	337	436
207	西西被单厂	增加 126 台被单织机	1	1 652	121	1 156	351

〔续表〕

序号	建设单位	项目内容	项数	批准额度		实际使用	
				总投资（万元）	其中用汇（万美元）	人民币（万元）	外资（万美元）
208	上海西服厂	西服生产关键设备	1	137	37	0	37
209	协丰毛纺厂	引进粗纺针织纱生产线	1	2 452	283	1 401	560
210	经昌色织厂	引进技术	1	1 513	323	318	382
211	上海第十九服装厂	引进服装专用设备	1	950	31	835	173
212	上海第六毛纺厂	发展品种、提高质量	1	1 171	91	807	152
213	上海色织七厂	剑杆织机48台	1	563	120	119	141
214	上海国棉二十二厂练塘分厂	扩棉纺锭	1	5 100	0	5 100	1 075
215	同兴袜厂	纯棉混纺品	1	378	34	228	34
216	上海第十四羊毛衫厂	羊毛衫针织机及配套设施	1	1 147	50	958	191
217	上海第十七毛纺厂	针梳机	1	673	173	28	173
218	上海第十一毛纺厂	染整后整理设备	1	306	65	66	65
219	上海第三制线厂	更新制线染整设备	1	1 147	121	698	121
220 221	上海飞达羽绒服装厂	新增羽绒生产线	2	444	73	174	112
222	上海华庭棉纺厂	1万棉纺锭	1	1 808	6	1 786	328
223 224	上海毛巾十五厂	漂印后处理技术改造	2	1 975	228	907	288
225	上海国棉三十四厂	扩棉纺锭	1	4 294	0	4 294	772
226	上海国棉三十七厂	扩锭	1	4 506	0	4 506	570
227	上海第二印染厂	原项目部分资金转入	1	3 440	0	3 440	529
228	上海第十五棉纺厂	原项目部分资金转入	1	2 100	0	2 100	368
229	远东针织厂	调整产品结构	1	319	83	11	83
230 231	鸿新色织厂	剑杆织机开发装饰布	2	1 232	150	677	269
232	星火开发公司	“九四专项”总体配套	1	1 798	0	1 798	315
233	上海纺织涤纶总厂（转合资）	涤纶聚酯装置一期	1	29 125	3 425	10 678	5 110
234	上海色织二厂	高档出口产品	1	1 492	354	150	354
235 236	上海化纤四厂	1 000吨/年涤纶细旦长丝	2	5 797	896	1 598	979
小　计			63	114 044	11 342	64 439	21 081

〔续表〕

序号	建设单位	项目内容	项数	批准额度		实际使用	
				总投资(万元)	其中用汇(万美元)	人民币(万元)	外资(万美元)
建材局							
237	上海棱光实业股份有限公司	引进二手多晶硅设备	1	2 487	225	1 725	508
小　计			1	2 487	225	1 725	508
集体办							
238	上海长虹绣品厂	引进绣花机	1	763	186	75	186
239	上海雅乐妇女用品厂	引进缝纫设备	1	93	25	0	25
240	上海闵艺帽厂	引进电脑横编机绣花机	1	189	51	0	51
241	上海机用皮带扣厂	引进专用设备	1	93	25	0	25
242	苏艺窗帘绣品厂	窗帘 21.5 万条	1	318	86	0	86
243	三灵电器厂	第二代烟用聚丙烯丝束	1	8 701	676	5 056	1 000
小　计			6	10 157	1 049	5 131	1 373
财办系统							
244	南翔速冻食品有限公司	扩大南翔小笼出口	1	456	20	382	46
245	龙华蛋批	2 条敲蛋生产线	1	336	70	79	70
246	肉鸭联合公司	引进孵化设备	1	197	27	99	27
247	东方皮毛服装厂	水貂皮大衣出口	1	95	15	37	15
248	卢湾皮鞋厂	15 万双皮鞋出口	1	74	20	0	20
249	远东皮鞋厂	工作便鞋出口 30 万双/年	1	76	20	0	20
250	上海土产公司蜂产品厂	出口蜂皇浆、花粉	1	713	50	528	50
251	上海绸缎商店	装修改造	1	180	20	106	20
252	上海制面厂	精制龙须面结扎机	1	28	8	0	8
253 254	上海面粉公司	移地改造	2	15 515	1 718	9 149	1 284
255	上海西门装潢印刷厂	引进印刷设备	1	327	43	40	43
256	上海茂昌食品厂	引进蛋卷冰激凌	1	496	112	80	112
小　计			13	18 493	2 123	10 500	1 715
农委系统							
257	练塘工艺编织厂	草席编织机	1	370	0	370	76
258	马桥紫江塑纤厂	复合包装生产线	1	472	108	72	121

〔续表〕

序号	建设单位	项目内容	项数	批准额度		实际使用	
				总投资（万元）	其中用汇（万美元）	人民币（万元）	外资（万美元）
259	泰日针织服装厂	针织内衣出口	1	988	0	988	252
260	上海南翔灯泡厂	引进吹泡机扩大出口	1	9 492	726	6 790	1 250
261	上海乳胶厂分厂	聚氯乙烯（PVC）手套	1	499	0	499	136
小　计			5	11 821	834	8 719	1 835
宣传系统							
262	《文汇报》印务中心	引进设备	1	232	40	0	40
小　计			1	232	40	0	40
其他系统							
263	上海高桥石化丙烯酸厂	3 万吨/年丙烯酸装置	1	68 000	6 537	26 467	0
264	上海高桥石化公司	2 万吨 ABS 树脂装置	1	6 221	532	4 253	1 210
265	上海金阳腈纶厂	2 万吨腈纶装置扩建	1	56 489	5 943	23 360	9 277
266	上海卷烟厂	5 万箱中华烟	1	19 975	755	15 671	0
267	上海卷烟厂	18 万箱甲级烟	1	19 980	2 008	8 534	0
268	东海半导体器件厂	组装软盘驱动器	1	736	182	60	198
小　计			6	171 401	15 957	78 345	10 685
合　计			268	1 472 456	118 503	846 271	154 537
“九四专项”总计			308	2 970 952	221 020	1 911 966	316 854

说明：因年代久远，许多项目单位全称已难考证，本表皆按档案原文使用简称。

附录

国务院关于上海市扩大利用外资规模的批复

国函〔1986〕94号

上海市人民政府，国务院各有关部门：

为了振兴上海市的经济，巩固和发展上海市在亚太地区的地位和作用，国务院同意上海市扩大利用外资规模，以加强城市基础设施建设，加快工业技术改造，增加出口创汇能力，发展第三产业和旅游业。现对上海市人民政府关于扩大利用外资规模的请示批复如下：

一、原则批准上海市第一批利用外资的总规模为三十二亿美元（包括国内配套的人民币资金），其中大部分可以在“七五”计划期间安排。

二、同意上海市提出的建设地下铁道、市区污水合流治理、黄浦江大桥、虹桥机场、市内电话扩容等五个城市基础设施项目利用外资约十四亿美元，工业技术改造利用外资约十三亿美元，第三产业和旅游业利用外资约五亿美元的初步设想。为利于还款，同意将城市基础设施、工业技术改造、第三产业和旅游业项目，无论是创汇和不创汇的、赢利和不赢利的、短期见效和长期见效的，都由上海市“捆”在一起，统一核算，综合开发经营，并负责综合还款。

三、为减轻上海市的外债负担，对上述五个城市基础设施项目，各有关部门要支持上海尽量争取利用政府间贷款和世界银行贷款。工业技术改造项目，可考虑利用国外出口信贷、国际商业信贷，或向中国投资银行（转贷世界银行贷款）等方面筹措资金。所需国内配套资金，尽可能立足于国内筹集，也可由银行协助发行建设公债集资，并相应少借外债。

四、同意对上海市（第一批利用的三十二亿美元外资）单独实行以下政策和措施：

（一）筹集外资可由中国银行或经批准的其他金融机构担保；上海市的非金融机构，经中国人民银行批准，也可以对外担保。经中国人民银行批准后，上海市可向国外筹集商业贷款和发行债券。

放宽利用外资项目的审批权限，即总投资为两亿元人民币（包括外资折合人民币投资额，下同）以上的项目，报国务院审批；总投资两亿元人民币以下的项目，原则上由上海市审定。但不能将一个项目分列若干项目。属国务院文件规定的控制重复引进范围内的项目，仍按规定办理。

（二）上述利用各类外汇贷款兴办的项目，按现行政策分别情况，区别对待：国内企业按照对国内企业税收规定办；中外合资、合作经营、外商独资经营企业（简称“三资”企业）按照对“三资”企业税收规定办；利用政府间贷款或世界银行贷款的项目，所需进口的机器设备和基建材料，免征关税和产品税（或增值税）；利用其他外资安排的基础设施和工业项目，所需进口的机器设备确属国内不能制造或供应不足的，按现行规定审批后，也可免征关税和产品税（或增值税）；对旅游业项目所需进口的设备、材料，按现行的优惠税收规定办。

（三）上述利用国外各类外汇贷款兴办的项目，从获利起的十五年内，其新增人民币利润与折旧费，全部留给上海市并单列，用于统筹还款，具体办法由财政部与上海市另行商定。产品税、增值税、营业税、城市维护建设税仍按规定照章纳税，然后按现行比例与中央分成，地方留成部分用于统筹还款。

(四)利用外资兴办项目的固定资产投资规模,上海市可根据利用外资、配套资金和项目进展情况,由国家计委在安排年度计划时核定,分别纳入当年的技术改造和基本建设计划。同时,在财政上列入上海市预算管理,列收列支。利用外资兴办的项目免征建筑税,但国家能源、交通重点建设基金仍照规定征收。

(五)上述利用外资的项目投产后,新增加的产品出口收汇经结汇后,全部留给上海市用作综合还款,待第一批借用的三十二亿美元外资还清后,再按国家统一规定留成。企业在利用外资前的产品出口收汇基数,由经贸部会同上海市审定。对国家统一经营的商品,仍由外贸总公司代理出口;对实行配额的商品出口,在配额上要给上海市以照顾。

(六)上述利用外资项目投产后生产的产品,凡属于国内企业、地方、部门计划进口的,当这些企业、地方、部门愿用自有外汇购买时,经外汇管理部门批准,可在出售时收取收汇。如属顶替当年中央进口计划内列名的产品,报国家计委、经贸部批准后可收取外汇,国家相应冲减进口计划。

(七)借用的外资,除世界银行、日本协力基金及双边政府贷款外,允许有一部分参加国内的外汇调剂,以支付必要的人民币开支,但不得用于进口消费品和紧俏产品倒换人民币。

(八)允许上海市划出一部分土地,按照上海市的规划要求,让国内有关部门、企业或与外国投资者合作开发经营。具体办法由上海市另拟方案,报国务院审批。

(九)为改善外汇资金融通,中国银行上海市分行应在总行的统一计划下,运用好其外汇存款,并可以有步骤地开办即期和远期外汇买卖。

上海市扩大利用外资规模后,所借外债均由上海市负责偿还。上海市要根据本批复精心制定具体规划;对所有利用外资项目,特别是工业技术改造项目的可行性进行深入研究;做好全市外汇收支综合平衡,把创汇计划落实到企业,使还款有可靠的基础。

国务院

一九八六年八月五日

上海久事(集团)有限公司章程

2017 年

第一章 总 则

第一条 [目的和效力]

为规范上海久事(集团)有限公司(以下简称公司)的组织和行为,保护公司、出资人和债权人的合法权益,上海市国有资产监督管理委员会(以下简称上海市国资委)根据《中华人民共和国公司法》(以下简称《公司法》)、《中华人民共和国企业国有资产法》(以下简称《企业国有资产法》)及其他有关的法律法规和《中国共产党章程》,制定本章程。

公司章程系规范公司组织与行为的法律文件,对于公司、出资人、董事、监事以及高级管理人员具有约束力。

第二条 [公司的设立和开展经营活动]

公司系国有独资公司。根据《公司法》《企业国有资产法》及其他有关法律、法规、规章、规范性文件、公司章程的规定,依据上海市人民政府及上海市国资委的指导和监管依法开展经营活动。

公司依法接受上海市国资委的相关规范性文件和制度的约束,确保国家的法律、法规和上海市国资委的各项监管制度的有效执行,严格执行上海市政府、上海市国资委下发的各项决议文件,切实维护国有资产出资人的利益,实现国有资产的保值增值。

第三条 [法人财产权和公司、出资人的有限责任]

公司是企业法人,自企业法人营业执照签发之日起取得法人资格,有独立的法人财产,享有法人财产权。

公司以其全部财产对公司的债务承担责任,出资人以其认缴的出资额为限对公司承担责任。

第四条 [对外投资及限制]

公司投资要符合国家发展规划和产业政策,符合国有经济布局和结构调整方向,符合企业发展战略和规划,符合公司投资决策程序和管理制度。

公司可以向其他企业投资,但除法律另有规定外,不得成为对所投资企业的债务承担连带责任的出资人。

第五条 [分公司的设立和责任承担]

公司可以设立分公司。分公司不具有法人资格,其民事责任由公司承担。

第六条 [坚持党的领导]

坚持和落实党的建设和公司改革同步谋划、党的组织及其工作机构同步设置、党组织负责人及党务工作人员同步配备、党建工作同步开展,实现体制对接、机制对接、制度对接和工作对接,确保党的领导、党的建设在公司改革中得到充分体现和切实加强。

第七条 [集团化管理]

依据《公司法》及其他法律、法规、规章和上海市国资委规范性文件的规定,公司对其所出资企业履行出资人职责,对其全资、控股、参股企业中的国有资产依法进行经营管理、监督,维护所有者权益。

第二章　名称、住所和经营期限

第八条　[公司名称]

公司名称为上海久事(集团)有限公司。

英文名称为 SHANGHAIJIUSHI(GROUP)CO.，LTD.

第九条　[公司住所]

公司住所为上海市黄浦区中山南路 28 号。

第十条　[公司经营期限]

公司的经营期限为永续经营。

第三章　宗旨和经营范围

第十一条　[公司的宗旨]

公司的宗旨是：以服务上海经济社会发展为使命，以满足城市公共服务需求为目标。坚持社会效益为先，发挥市场机制作用。积极实施四位一体和两翼支撑的发展战略，即以城市交通、体育产业、地产置业和资本经营为主体，以法治化和信息化为支撑。不断提高公共服务能力和水平，把公司打造成为优质的公共服务型企业。

第十二条　[公司的经营范围]

公司的经营范围是：利用国内外资金；城市交通运营、基础设施投资管理及资源开发利用；土地及房产开发、经营，物业管理；体育与旅行经营；股权投资、管理及运作；信息技术服务；汽车租赁；咨询业务。上述经营范围以经公司登记机关核准并记载于企业法人营业执照上的经营范围为准。

第十三条　[经营范围的变更程序]

经出资人同意，上述经营范围可以变更，但是应当办理变更登记，其中属法律、行政法规规定须经批准的项目，应当依法经过批准。

第四章　公司的注册资本和出资时间

第十四条　[注册资本]

公司的注册资本为人民币陆佰亿元(600 亿元)。

第十五条　[注册资本的缴纳]

公司注册资本已全部缴足。

第五章　出 资 人

第十六条　[公司性质]

公司系由国家单独出资、由上海市人民政府授权上海市国资委履行出资人职责的国有独资公司。

第十七条　[出资人享有权利、行使职权、履行义务的依据]

上海市国资委根据上海市人民政府授权，依照《公司法》《企业国有资产法》等法律、法规以及本章程之规定，履行出资人职责。

第十八条　[出资人的职责]

出资人代表上海市人民政府对公司依法享有资产收益、参与重大决策和选择管理者等出资人权利。

出资人依照法律、行政法规以及公司章程履行出资人职责，保障出资人权益，依法规范行权，防止国有资产损失。

第六章　公司的机构及其产生办法、职权、议事规则

第一节　出资人职权

第十九条　[出资人的职权]

公司不设股东会，由出资人依法单独行使以下职权：

（一）审议批准公司的经营方针；

（二）委派和更换由职工代表担任的董事、监事，决定有关董事、监事的报酬及奖惩事项；任命、委派公司监事会主席，监督董事会、监事会行使职权；

（三）审议批准董事会报告；

（四）审议批准监事会报告；

（五）审议批准公司的年度财务预算方案、决算方案；

（六）决定公司的增加或者减少注册资本；

（七）决定发行公司债券或其他具有债券性质的证券；

（八）决定公司出资转让、合并、分立、变更公司形式、解散、清算、申请破产事宜；

（九）修改公司章程；

（十）批准董事会提交的公司重组、股份制改造方案；

（十一）决定聘任或解聘会计师事务所及公司的年度财务决算审计事宜，必要时决定对公司重要经济活动和重大财务事项进行审计；

（十二）公司章程其他条款规定应当由其行使的职权。

出资人行使上述职权应采用书面形式并及时通知公司，保障决策的透明度和实效性。

第二十条 ［出资人对董事会的授权、授权的撤回和修改及补救措施］

出资人可以以书面方式授予董事会行使其部分职权，决定公司的部分重大事项，但第十九条第（六）项、第（八）项职权不得授予董事会行使。

对于已经作出的授权，出资人可以撤回或修改授权内容。

对于董事会在授权范围内进行的具体行为，出资人可以根据公司章程的规定，要求董事会作出报告及说明或者依据其职权随时主动核查，如认为该等具体行为不适当，有权要求董事会停止实施、变更或撤销该等行为及/或采取相应的补救措施。

第二十一条 ［出资人职权的行使］

出资人依据法律、行政法规、规章、其他规范性文件及公司章程独立行使职权，不受公司、董事会、监事会及高级管理人员的干涉。出资人行使职权的程序及形式应符合法律、行政法规、规章、其他规范性文件、规程及公司章程。

第二十二条 ［出资人的决定及效力］

出资人可根据董事会的报告、董事会的要求、监事会的报告主动行使出资人的职权，决定公司的有关事项（包括对公司个别子企业的特别管理等）。

第二十三条 ［出资人行使职权时要求董事会提供书面意见］

出资人在行使职权，决定有关事项时，可以要求董事会提供书面意见，董事会应根据出资人的要求提供书面意见。

第二节 党组织

第二十四条 ［党组织的设立及地位］

根据《中国共产党章程》规定，设立中共上海久事（集团）有限公司委员会（以下简称公司党委或党委）和中共上海久事（集团）有限公司纪律检查委员会（以下简称公司纪委或纪委）。

公司党委通过构建“把握方向、前置决策、用好干部、严格监督、凝聚职工、推进发展”和全面加强党组织自身建设的党建工作体系，围绕企业生产经营开展工作，发挥领导核心和政治核心作用，把方向、管大局、保落实。

第二十五条　[交叉任职]

公司党委书记、副书记、委员职数和公司纪委书记、副书记、委员职数按上级党组织批复设置，并按照《中国共产党章程》等有关规定选举或任命产生。

符合条件的党委成员通过法定程序进入董事会、监事会、经理层，董事会、监事会、经理层成员中符合条件的党员依照有关规定和程序进入党委。党委书记和董事长由一人担任，党员总裁(经理)兼任党委副书记，纪委书记可以兼任监事会副主席。

第二十六条　[工作机构设置与保障]

按照精干、高效、协调和有利于加强党的工作的原则，公司党委设党务、组织人事等工作部门，公司纪委设纪检监察工作部门，配备足够数量的党务工作人员。

党组织机构设置及其人员编制纳入公司管理机构和编制，党建工作经费纳入公司预算，从公司管理费用中税前列支。

第二十七条　[党委主要职责]

公司党委应根据《中国共产党章程》及其他党内法规的规定履行职责。党委应保证党和国家的方针、政策在公司的贯彻执行，落实市委、市政府重大战略决策，落实上海市国资委党委及上级党组织有关重要工作部署；坚持党管干部原则，在选人用人中担负领导和把关作用；支持出资人、董事会、监事会和总裁(经理)依法行使职权；参与公司重大问题的决策，研究讨论公司改革发展稳定、重大经营管理事项及涉及职工切身利益的重大问题，并提出意见建议；担负全面从严治党主体责任，领导思想政治工作、统战工作、精神文明建设、企业文化建设和工会、共青团等群团工作；健全以职工代表大会为基本形式的民主管理制度，支持职工代表大会开展工作，鼓励职工代表有序参与公司治理；领导党风廉政建设，支持纪委履行监督责任。

第二十八条　[党委会议议事规则]

党委会议是公司党委议事、履职的主要方式。公司党委应制定党委会议议事规则，根据民主集中制原则，按照“集体领导、民主集中、个别酝酿、会议决定”的要求，研究讨论和决定属于党委职责范围内的重大问题。

第二十九条　[纪委主要职责]

公司纪委应根据《中国共产党章程》和其他党内法规的规定履行职责。维护党章和其他党内法规，检查党的路线、方针、政策和决议的执行情况，协助公司党委加强党风建设和组织协调反腐败工作。

落实党风廉政建设责任制，公司纪委负监督责任。

第三节　董事会

第三十条　[董事会的组成]

公司设董事会，由五至七名董事组成，其中包括职工代表一名。

董事由出资人委派，但董事中的职工代表由公司职工代表大会选举产生。

第三十一条　[外部董事的委派及职责]

出资人可以向董事会委派外部董事。

外部董事指由出资人依法聘用、所任职公司以外的人员担任的董事。

第三十二条　[外部董事的职权]

外部董事行使以下职权：

（一）有权在董事会会议上独立发表意见，独立履行职责，对公司事务作出自己的独立判断，不受其他董事、监事、高级管理人员及其他单位或个人的影响；

（二）当全体外部董事认为董事会待议议题未经必备程序、会议资料不充分或论证不明确时，可单独或联名提出缓开董事会会议或缓议董事会会议议题，董事会应予采纳；

（三）根据履行职责需要，有权了解和掌握公司的各项业务情况，公司应予配合。公司相关职能部门和人员应为外部董事行使职权提供必要的工作条件，不得限制或者阻碍外部董事了解公司经营运作情况；

（四）履行职务的办公、出差等费用，由公司承担。对公司相关事项作出独立判断前，可聘请第三方社会中介机构提供专业意见，由此而产生的费用由公司承担；

（五）有权就可能损害出资人或公司合法权益的情况，直接向出资人报告；

（六）保证投入足够的时间和精力履行外部董事职责。外部董事一年内在同一任职公司履行职责时间少于三十个工作日或一年内出席董事会会议次数少于当年董事会会议次数四分之三的，且无疾病、境外工作或境外学习等特别理由的，即视为不再适合担任公司外部董事，出资人可以解聘；

（七）每年须向出资人书面报告本人履行职责的详细情况。内容包括：本人履行职责的简要情况；参加董事会会议的主要情况，本人提出的保留、反对意见及其原因，无法发表意见的障碍；主持或参与董事会专门委员会工作的情况；加强公司改革发展与董事会建设的意见或建议。外部董事日常工作时，认为有必要向出资人报告的，可以书面或通信方式向出资人报告。

第三十三条　[外部董事参加会议及表决]

外部董事应出席董事会会议并作出决策。确因故不能出席董事会会议的，可委托其他外部董事代为出席。

外部董事对表决事项的责任不因委托其他外部董事出席而免除。

一名外部董事不得在一次董事会会议上接受超过两名以上外部董事的委托代为出席会议。在与董事会决议事项存在利害关系时，外部董事不得对该项决议行使表决权，也不得代理其他董事行使表决权。

第三十四条　[董事的委派方式、考评和职务解除]

出资人以书面形式委派董事，有权对董事进行考评并解除其委派董事的职务。

第三十五条　[董事的任期]

董事每届任期为三年，获得连续委派或者连续当选可以连任。外部董事的任期根据有关法律、法规、规章及规范性文件的规定执行。

董事任期届满未及时委派或改选，或者董事在任期内辞职导致董事会成员低于法定人数的，在另行委派或改选出的董事就任前，原董事仍应当依照法律、行政法规、部门规章和公司章程的规定，履行董事职务。

第三十六条　[董事的任职要求]

董事应具有与董事职位相适合的教育背景，应具有在公司主要业务领域的经营或行业管理经验，或具有财务、法律等专业技能。

第三十七条　[董事长及职权]

董事会设董事长一名，由出资人委派。

董事长行使下列职权：

(一) 召集、主持董事会会议;

(二) 督促、检查董事会决议的执行情况以及高级管理人员履行职责情况,并向董事会报告;

(三) 签署董事会重要文件和其他应由公司法定代表人签署的文件;

(四) 在发生特大自然灾害等不可抗力的紧急情况下,对公司事务行使符合法律规定和公司利益的特别处置权,并在事后及时向董事会报告;

(五) 主持、决定公司领导分工范围内的事项;

(六) 法律、法规和公司章程规定的其他职权。

第三十八条 [董事会的职权]

董事会的职权如下:

(一) 向出资人报告工作;

(二) 执行出资人的决定;

(三) 决定公司内部管理机构设置;

(四) 制定公司的基本管理制度;

(五) 根据出资人意见,审议批准公司的发展战略和中长期发展规划,并报出资人备案;

(六) 审议批准公司的经营计划;审议批准公司的投资计划与投资方案,并报出资人备案;

(七) 制订公司的年度财务预算方案、决算方案;

(八) 制订公司的利润分配方案和弥补亏损方案;

(九) 决定除法律法规及本章程明确规定应由出资人决定的事项以外的公司其他融资、对外投资(包括对被投资对象的管理,决定公司重要子企业的有关重大事项。出资人另有规定的,从其规定)、资产处置行为;

(十) 决定公司的担保事项,并定期将担保事项报出资人备案;

(十一) 决定聘任或者解聘公司总裁(经理)及其报酬事项,并根据总裁(经理)的提名决定聘任或者解聘公司高级管理人员及其报酬事项,并对高级管理人员进行检查和考核;总裁(经理)及其他高级管理人员的报酬事项应符合国家和上海市有关市管国有企业领导人员薪酬改革的相关规定;

(十二) 制订公司增加或者减少注册资本以及发行公司债券或其他证券的方案;

(十三) 按有关规定向出资人推荐负责公司财务会计报告审计业务的会计师事务所;

(十四) 制订公司合并、分立、解散,或者变更公司形式的方案;

(十五) 公司章程其他条款规定的职权及出资人依据公司章程或其他文件授予的其他职权。

董事会决定公司重大问题,应事先听取党委的意见。

第三十九条 [对外投资与经营方针的匹配、风险投资控制]

在决定对外投资时,董事会应注意具体对外投资事项是否符合出资人决定的公司经营方针,如不符合,董事会应将具体对外投资事项提交出资人决定。

公司在国家法规政策规定范围之内从事的风险投资业务,应当根据上海市国资委的有关规范性文件与工作指引建立规范的决策机制、授权审批、联签责任、定期报告、定期内审、风险预警等制度,建立科学经营决策和风险损失处理预案等,以及严格的责任追究制度,完善风险投资的决策与监督管理体系。

第四十条 [融资事项决定权]

董事会有权决定以下融资事项:

(一) 法律法规明确规定应由出资人决定的融资事项以外的公司其他融资行为;

（二）经批准预算范围内的公司融资行为。

公司以发行债券或其他具有债券性质的证券方式融资的，不适用本条规定。

第四十一条　［担保事项决定权］

董事会应根据出资人颁布的有关规定、公司章程及规范性文件决定公司的担保行为。

第四十二条　［不得越权］

董事会应在公司章程及出资人另行授予的职权范围内行事，不得越权。

第四十三条　［董事会专门委员会］

董事会设战略与投资委员会、预算管理委员会、审计与风险控制委员会、董监事管理委员会及提名与薪酬考核委员会，作为董事会的辅助决策机构。各专门委员会应从各自专业的角度对相关业务进行可行性研究和分析，提出相应的意见和建议，为董事会决策提供科学的依据。

专门委员会所议事项系董事会决策前的可行性研究，所议结果将提交董事会审议。

董事会可以根据需要设立其他专门委员会，其职责由董事会根据公司具体情况确定，并在公司章程中明确。各专门委员会履行职权时应尽量使其成员达成一致意见；难以达成一致意见时，应向董事会提交各项不同意见并作说明。

公司各业务部门有义务为董事会及其下设的各专门委员会提供工作服务。经董事会同意，公司业务部门负责人可参加专门委员会的有关工作。各专门委员会经董事会授权可聘请中介机构为其提供专业意见，费用由公司承担。

第四十四条　［专门委员会工作规则］

董事会可以根据公司章程的规定制定专门委员会工作规则。

第四十五条　［董事会办公室］

公司设立董事会办公室作为董事会常设工作机构，负责筹备董事会会议，办理董事会日常事务，与董事沟通信息，为董事工作提供服务等事项。

董事会秘书主持董事会办公室的工作。公司可以根据实际情况确定董事会办公室与其他部门合署办公。

第四十六条　［董事会会议及年度会议］

董事会每年至少召开四次会议，其中每年第一次定期会议为年度董事会会议。

第四十七条　［董事会会议的召开］

有以下情况之一时，应召开董事会会议：

（一）三分之一以上董事提议时；

（二）监事会提议时；

（三）董事长或外部董事认为必要时；

（四）出资人认为必要时。

第四十八条　［董事会会议的召集和主持］

董事会会议由董事长召集和主持；董事长不能履行职务或者不履行职务的，由半数以上董事共同推举或由出资人指定一名董事召集和主持。

第四十九条　［董事会会议通知和资料提供］

董事长或董事会会议的其他召集者应在董事会会议召开五个工作日之前，将会议的时间、地点、期限、议程、事由、议题以及所议事项的详细资料（包括背景资料和有助于董事理解公司所议事项的信息和数据）通知全体董事以及其他与会及列席人员。对于紧急情况下召开的董事会会议，上述通知时限可以缩短，但必须保证在开会之前董事能够收到足以使其作出正确判断的所议事项的详细资料，并对上述资料进行阅读、理解以及研究的合理时间，不少于董事会召开之日前的两个工作日。

任何董事认为资料不充分的，可提出董事会延期至其获取了充分的资料，董事会应予准许，出资人作出相反决定的除外。

第五十条 [董事会召开的条件]

董事会会议应由过半数董事(委托其他董事出席的，委托董事计算在内)出席方可召开。

第五十一条 [董事的出席和委托]

董事应亲自出席董事会会议，不能亲自出席的，可以委托其他董事出席，但必须向受托人出具有效的委托书，委托书上必须载明对于各项列入表决程序议案的明确意见或授权受托人行使表决权，否则视为委托人对有关的议案未投票。

第五十二条 [董事会会议召开的方式]

董事会会议召开形式及议程应保证给予所有董事充分发表意见和真实表达意思的机会。

董事会会议以现场会的形式举行，在保证与会董事能充分发表意见并真实表达意思的前提下，也可以通信方式或者书面材料审议方式举行。但是，年度董事会会议以及任何董事认为应当以现场会形式举行的其他董事会会议，必须以现场会形式举行。

第五十三条 [董事会会议议案的提出和表决]

任何董事均可在年度会议上提出进行表决的议案，年度会议应予以表决，但提出议案的董事应事先向其他所有董事提供足以使其作出正确判断的所议事项的详细资料，且确保给予其对上述资料进行阅读、理解以及研究的合理时间。

任何董事提议在其他董事会会议上进行讨论或表决的议案，应在会前得到董事长的同意，对于在其他董事会会议上提出且董事长不同意讨论或表决的议案，应首先由会议对是否对该议案进行讨论或表决进行表决。

对重大决策、重要人事任免、重大项目安排和大额度资金运作等需要董事会讨论审议的事项，不得采取通信方式进行表决。

第五十四条 [董事会会议表决方式]

除非会议主持人另行决定，董事会会议表决程序应以记名方式进行。

第五十五条 [董事会会议的表决]

董事会会议进行表决时，每名董事享有一票表决权。

董事会对公司章程第三十八条第(十二)项、第(十四)项所涉及事项进行表决时，或者全体外部董事认为必要时，议案经全体董事三分之二以上同意方可通过。

其他议案经全体董事过半数同意即可通过。

第五十六条 [董事会会议记录]

无论是否采取现场会形式召开，董事会会议应对所议事项做成详细的书面会议记录。该记录至少应包括会议召开的日期、地点、主持人姓名、出席董事姓名、会议议程、董事发言要点、决议的表决方式和结果并载明赞成、反对或弃权的票数及投票人姓名。出席会议的董事和列席会议的董事会秘书应在会议记录上签名。会议记录应妥善保存于公司并与公司章程第五十八条规定的书面报告及董事会决议同时提交出资人，抄送监事会。

第五十七条 [董事会议事规则]

董事会可以根据公司章程制定具体的董事会议事规则,董事会议事规则应报出资人备案。

第五十八条 [董事会提交书面报告]

董事会需在以下情况发生之日起的五个工作日内向出资人就有关事项提交书面报告:

(一) 任何董事会会议召开;

(二) 董事会认为公司发生了任何超越其权限的事宜,需提请出资人决定;

(三) 外部董事认为必要时;

(四) 出资人要求时;

(五) 公司章程其他条款规定的情况。

第五十九条 [董事会建议和意见]

出资人行使职权时,董事会有权主动或应出资人的要求提出建议,但上述建议不妨碍出资人行使职权。出资人依据公司章程行使职权时,董事会或董事有不同意见的,可将不同意见以书面形式报送出资人并妥善保存于公司。

第六十条 [董事会秘书的聘任、解职和职权]

公司设董事会秘书,对董事会负责,由董事长提名,董事会决定聘任或解聘。董事会秘书负责董事会办公室工作,列席董事会会议。

董事会秘书应配合董事长严格依照本章程进行董事会会议材料提供、会议记录、决议整理、董事会报告提交等工作。

第四节 日常经营管理机构

第六十一条 [高级管理人员的组成]

出资人依照法律、行政法规以及公司章程的规定,确定公司高级管理人员的组成。

第六十二条 [任职要求和董事兼任高级管理人员]

高级管理人员应当具备下列条件:

(一) 有良好的品行;

(二) 有符合职位要求的专业知识和工作能力;

(三) 有能够正常履行职责的身体条件;

(四) 法律、行政法规规定的其他条件。

经出资人同意,董事可以受聘兼任高级管理人员。

第六十三条 [总裁(经理)的聘任、解聘和任期]

根据相关部门推荐,总裁(经理)由董事会聘任或解聘。聘期按有关文件规定执行。总裁(经理)可以兼任董事。

第六十四条 [总裁(经理)的职权]

总裁(经理)对董事会负责,行使以下职权:

(一) 主持公司的生产经营管理工作,组织实施董事会决议;

(二) 组织实施公司年度经营计划和投资方案;

(三) 拟订公司内部管理机构设置方案;

(四) 拟订公司的基本管理制度;

(五) 制定公司的具体规章;

(六) 决定聘任或者解聘除应由董事会决定聘任或者解聘以外的负责管理人员;

(七) 主持、决定公司领导分工范围内的事项;

(八)在法律法规及公司章程规定的以及董事会授权的范围内,代表公司对外处理日常经营中的事务;

(九)董事会授予的其他职权。

非由董事兼任的总裁(经理)列席董事会会议,但是董事会讨论该总裁(经理)的薪酬待遇和奖惩聘用等个人事项时除外。

总裁(经理)须按照其职责要求定期向董事会报告其工作情况,接受董事会的监督和指导。董事会闭会期间,总裁(经理)应及时向董事长报告工作。

董事会可以根据公司章程的规定制定总裁(经理)工作规则并报出资人备案。

第六十五条 [董事会对总裁(经理)的授权和责任承担]

董事会可依法将其部分职权以书面方式授予总裁(经理)行使,但董事会在作出上述授权时,应根据法律法规、公司章程、上海市国资委的规范性文件或工作指引注意控制风险,将授权情况向出资人报告或备案,董事会对上述授权及授权范围内发生的具体事项承担最终责任。

第六十六条 [副总裁(经理)的职权]

副总裁(经理)协助总裁(经理)工作并对总裁(经理)负责,其职权由公司管理制度确定。

第六十七条 [财务总监的职权]

财务总监任期和职权按照出资人有关规定执行。

第六十八条 [总法律顾问的职权]

总法律顾问由董事会聘任或解聘,按照《国有企业法律顾问管理办法》等有关规定行使职权。

第六十九条 [高级管理人员的考核、奖惩及方案的制订]

董事会应对高级管理人员设定工作绩效目标并对高级管理人员进行考核和奖惩,具体绩效考核和奖惩由董事会决定。

第五节 监事会

第七十条 [监事会的组成]

公司设监事会,由五名监事组成,设监事会主席一名,设专职监事,设职工监事二名,监事会主席、专职监事由出资人委派。

在监事会人数少于章程规定人数的情况下,已经委派或选举产生的监事单独或共同行使本节规定的监事会职权。

第七十一条 [监事的委派方式]

出资人应以书面通知公司的形式委派监事。出资人有权对其委派的监事进行考评。出资人有权随时解除其委派监事的职务。

第七十二条 [职工监事]

职工监事由公司职工代表大会选举产生。

第七十三条 [监事的身份限制]

董事、高级管理人员及与其相关的人员(指与其相关的第九十四条规定的自然人)不得兼任监事。

第七十四条 [监事任期]

监事任期每届三年。监事连续获委派或选举可以连任,但法律、法规及规章另有规定的除外。

第七十五条 [监事会主席]

监事会设主席一名,由出资人在监事中指定,行使以下职权:

（一）召集、主持监事会会议，决定是否召开临时监事会会议；

（二）检查监事会决议的实施情况，并向监事会报告决议的执行结果；

（三）代表监事会向出资人报告工作；

（四）审定、签署监事会的决议、报告和其他重要文件；

（五）公司章程其他条款规定的职权。

第七十六条 ［监事会办事机构和监事会秘书］

监事会可以设办事机构或在不影响其行使监督职能的前提下与公司其他部门合署办公。可以设专职或兼职秘书，负责监事会日常事务，筹备监事会会议，与监事沟通信息提供服务等事项。监事会秘书由监事会任命，报出资人备案。监事会秘书由公司党组织推荐、听取监事会主席意见，监事会按程序办理。

第七十七条 ［监事会职权］

监事会行使以下职权：

（一）检查公司贯彻有关法律、行政法规、国有资产监督管理规定和制度以及其他规章制度的情况；

（二）检查公司财务，包括查阅公司的财务会计报告及其相关资料，检查财务状况、资产质量、经营效益、利润分配等情况，对公司重大风险、重大问题提出预警和报告；

（三）检查公司的战略规划、经营预算、经营效益、利润分配、国有资产保值增值、资产运营、经营责任合同的执行情况；

（四）监督公司内部控制制度、风险防范体系、产权监督网络的建设及运行情况；

（五）对董事、高级管理人员执行公司职务的行为进行监督，对违反法律、行政法规、公司章程或者出资人决定的董事、高级管理人员提出惩处或罢免的建议；

（六）根据出资人要求，对公司开展专项检查和专项督查工作；

（七）当董事、高级管理人员的行为损害公司的利益时，要求董事、高级管理人员及时纠正；

（八）提请召开董事会会议；

（九）向出资人报告其认为出资人有必要知晓的事项；

（十）指导子公司监事会工作；

（十一）法律、法规、公司章程规定及出资人交办的其他事项。

监事会主席列席党委会议。

监事会主席、专职监事和其他监事列席董事会，监事会主席或专职监事参加各专门委员会会议；监事会主席、专职监事和其他监事可对所参加会议决议事项提出质询或者建议，但不参与、不干预公司的经营决策和经营管理活动。

监事会行使职权所必需的费用，由公司承担。

监事会发现公司经营情况异常，可以进行调查并在必要时聘请会计、法律专业中介机构协助其工作，所发生的费用由公司承担。

第七十八条 ［监事会的知情权］

监事会在行使职权时，可以进行必要的调查工作，除有权向财政、工商、税务、审计、海关等有关部门和银行、重要客户调查了解公司的情况外，有权要求董事会、总裁（经理）及其他高级管理人员、公司业务部门向其提供必要的资料，董事会、总裁（经理）及其他高级管理人员、公司业务部门必须配合监事会工作，按照监事会的要求及时提供真实、充分的资料。除总裁（经理）外的其他高级管理人员或公司业务部门不予以配合的,监事会有权要求总裁(经理)责令其配合;总裁(经理)不予以配合的,监事会有权要求董事会责令其配合;董事会不予以配合的,监事会有权将有关情况提交出资人。

必要时,监事会可以就其职权范围内的事项直接向出资人报告,请求出资人的配合和支持。

第七十九条 [监事会报告制度]

监事会就其行使职权情况向出资人以书面方式汇报。汇报包括:

(一)监事会需每年向出资人提交监事会监督评价工作报告,该报告应真实评价经营管理层在当年度的工作情况以及公司各方面运作的合法性;

(二)对公司重大事项形成的董事会决议,监事会应出资人或董事会要求及时向出资人提交审核报告;

(三)监事会在监督检查或行使职权过程中发现公司经营行为有可能危及国有资产安全、造成国有资产流失或者侵害国有资产所有者权益以及监事会认为应当立即报告的其他紧急情况,应及时向出资人提出专项报告,实行一事一报制度。出资人应根据监事会的意见,决定是否根据公司章程第十九条的规定行使职权。

第八十条 [监事会会议和年度会议]

监事会每年应至少召开四次会议,议事方式主要采用定期会议和专题会议的形式。

第八十一条 [监事会会议的召开]

有以下情况之一时,应召开监事会会议:

(一)三分之一以上监事提议时;

(二)监事会主席认为必要时;

(三)董事会召开并通过重大事项时;

(四)出资人认为必要时。

第八十二条 [监事会会议的召开和主持]

监事会会议由监事会主席召集和主持;监事会主席不能履行职务或者不履行职务的,由出资人指定的监事召集和主持。

第八十三条 [监事会会议召开的条件]

监事会会议在过半数监事出席时方可召开。

第八十四条 [委托其他监事出席]

监事原则上应亲自出席监事会会议,不能亲自出席的,可以委托其他监事出席,但必须向受托人出具有效的委托书,委托书上必须载明对于各项列入表决程序议案的明确意见或授权受托人行使表决权,否则视为委托人对有关的议案未投票。

第八十五条 [监事会会议召开的方式]

监事会会议召开形式及议程应保证给予所有监事充分发表意见和真实表达意思的机会。

监事会会议原则上以现场会的形式举行,在保证与会监事能充分发表意见并真实表达意思的前提下,也可以通信方式或者书面材料审议方式举行。但是,年度监事会会议以及任何监事认为应当以现场会形式举行的其他监事会会议,必须以现场会形式举行。

第八十六条 [监事会会议表决方式]

除非会议主持人另行决定,监事会会议表决程序应以记名方式进行。

第八十七条 [监事会会议的表决]

监事会会议进行表决时，每名监事享有一票表决权，表决事项应得到全体监事过半数同意方可通过。

第八十八条 [监事会会议记录]

无论是否采取现场会形式召开，监事会会议应对所议事项的决定做成会议记录。出席会议的监事应在会议记录上签名。会议记录应妥善保存于公司并提交出资人。

第八十九条 [监事会议事规则的制定]

监事会可以根据公司章程制定具体的监事会议事规则，监事会议事规则应报出资人备案。

第七章 董事、监事、高级管理人员的资格、义务及法律责任

第一节 任职资格以及忠实勤勉义务

第九十条 [董事、监事、高级管理人员的任职限制]

有下列情形之一的，不得担任公司的董事、监事、高级管理人员：

(一) 无民事行为能力或者限制民事行为能力；

(二) 因贪污、贿赂、侵占财产、挪用财产或者破坏社会主义市场经济秩序，被判处刑罚，执行期满未逾五年，或者因犯罪被剥夺政治权利，执行期满未逾五年；

(三) 担任破产清算的公司、企业的董事或者厂长、经理，对该公司、企业的破产负有个人责任的，自该公司、企业破产清算完结之日起未逾三年；

(四) 担任因违法被吊销企业法人营业执照、责令关闭的公司、企业的法定代表人，并负有个人责任的，自该公司、企业被吊销企业法人营业执照之日起未逾三年；

(五) 个人所负数额较大的债务到期未清偿。

已获得委派或选举董事、监事或者聘任高级管理人员不符合上述规定的，对其委派、选举或者聘任的决定无效。

董事、监事、高级管理人员在任职期间出现本条所列情形的，出资人或公司应当解除其职务。

第九十一条 [外部董事的任职限制]

外部董事不得与公司存在任何可能影响其公正履行外部董事职务的关系。下列人员不得担任公司的外部董事：

(一) 本人及其直系亲属、主要社会关系两年内曾在拟任职公司或拟任职公司的全资、控股子公司担任中层以上职务的人员；

(二) 两年内曾与拟任职公司有直接商业交往的人员；

(三) 持有拟任职公司及所投资企业股权的人员；

(四) 在与拟任职公司有竞争或潜在竞争关系的企业任职的人员；

(五) 有关法律、法规、规章和拟任职公司章程规定的限制担任外部董事的其他人员。

第九十二条 [忠实义务和诚信原则]

董事、监事和高级管理人员应当遵守法律、行政法规和公司章程，对公司负有忠实义务，不得利用职权收受贿赂或者其他非法收入，不得侵占或损害公司的财产、利益及对公司有利的商业机会。

董事、监事、高级管理人员在履行职责时，必须遵守诚信原则，忠实履行职责，不应当置自己于自身的利益与承担的义务可能发生冲突的处境，而当其自身的利益与公司和国家的利益相冲突时，应当真诚地以公司最大利益为出发点行事，且应在其职权范围内行使权力，不得越权。

第九十三条 [不得从事的行为]

董事、监事及高级管理人员不得有以下行为：

(一) 挪用公司资金;

(二) 将公司资金以其个人名义或者以其他个人名义开立账户存储;

(三) 违反公司章程的规定,未经出资人或者董事会同意,将公司资金借贷给他人或者以公司财产为他人提供担保;

(四) 未经出资人同意,与本公司订立合同或者进行交易;

(五) 未经出资人同意,利用职务便利为自己或者他人谋取属于公司的商业机会,自营或者为他人经营与所任职公司同类的业务(经适当程序决定,在由公司投资的控股、参股公司任职的除外);

(六) 接受他人与公司交易的佣金并归为己有;

(七) 擅自披露,或非以公司利益为目的使用公司秘密;

(八) 未经公司章程规定或董事会合法授权,不得以个人名义代表公司或者监事会行事。在以其个人名义行事时,在第三方会合理地认为其代表公司或监事会行事的情况下,应事先声明其立场和身份;

(九) 违反对公司忠实义务的其他行为。

董事、监事及高级管理人员违反前款规定所得的收入应当归公司所有。

第九十四条 [不得指使他人从事相关行为]

董事、监事及高级管理人员,不得指使下列人员或者机构从事公司章程第九十三条所禁止其本身从事的事宜:

(一) 董事、监事及高级管理人员的配偶或者未成年子女;

(二) 董事、监事及高级管理人员或者本条第(一)项所述人员的受托人;

(三) 董事、监事及高级管理人员或者本条第(一)项、第(二)项所述人员的合伙人;

(四) 由董事、监事及高级管理人员在事实上单独控制的公司,或者与本条第(一)项、第(二)项、第(三)项所提及的人员或者公司其他董事、监事及高级管理人员在事实上共同控制的公司;

(五) 本条第(四)项所指被控制的公司的董事、监事及高级管理人员。

董事、监事及高级管理人员违反本条规定,视同其本人违反了第九十三条。

第九十五条 [勤勉义务]

董事、监事及高级管理人员对公司负有勤勉义务,应当投入足够的时间和精力,独立、谨慎地行使职权。

第二节 法律责任及追究

第九十六条 [赔偿责任]

董事、监事、高级管理人员执行公司职务时违反法律、行政法规或者公司章程的规定,给公司造成损失的,应当承担赔偿责任。

第九十七条 [公司内部处分]

当出资人发现董事、监事、高级管理人员违反第九十三条或有第九十四条规定的情形的,无论是否依据第九十六条的规定处理,其均可以对相关的董事、监事、高级管理人员提出警告,责令其限期停止相关行为或予以改正。

第九十八条 [出资人要求诉讼和代表诉讼]

董事、高级管理人员有第九十六条规定的情形的,出资人可以书面要求监事会向人民法院提起诉讼。监事有第九十六条规定的情形的,出资人可以要求董事会向人民法院提起诉讼。

监事会或董事会收到前款规定的出资人书面请求后拒绝提起诉讼，或者自收到请求之日起三十日内未提起诉讼，或者情况紧急、不立即提起诉讼将会使公司利益受到难以弥补的损害的，出资人有权为了公司的利益以自己的名义直接向人民法院提起诉讼。

他人侵犯公司合法权益，给公司造成损失的，出资人可以依照前两款的规定向人民法院提起诉讼。

第九十九条　[出资人直接诉讼]

董事、监事及高级管理人员违反法律、行政法规或者公司章程的规定，损害出资人利益的，出资人可以向人民法院提起诉讼。

第一百条　[其他责任]

如董事、监事、高级管理人员违反第九十二条或者出现第九十三条规定的情况或从事法律、行政法规及公司章程其他条款所禁止的行为，除按照公司章程的相关规定追究其民事赔偿责任外，出资人还有权：

（一）在其认为董事、监事、高级管理人员的行为构成犯罪时，要求司法机关进行调查并追究其刑事责任；

（二）立即撤销或建议其他机构撤销行为人的董事、监事职务或解聘行为人的高级管理人员职务；

（三）依照董事、监事、高级管理人员的行政、人事隶属关系对行为人进行相关处分；

（四）依照董事、监事、高级管理人员党籍隶属关系，通过中国共产党相关组织对行为人进行党内处分。

第一百零一条　[改革创新的容错]

公司在发展过程中，因改革创新未能实现预期目标，但董事会和高级管理人员及其他相关人员依照国家和上海市有关法律、法规的规定决策、实施，且勤勉尽责、未牟取私利的，不作负面评价，依法免除相关责任。

第八章　公司的法定代表人

第一百零二条　[法定代表人]

董事长担任公司的法定代表人，对公司改革发展负首要责任。董事长应及时向董事会和出资人报告公司的重大经营问题和经营风险。

第一百零三条　[法定代表人职权]

法定代表人对外代表公司签订合同等文件，进行民商事活动，参与诉讼和仲裁等程序。

第一百零四条　[约束和管理]

法定代表人对外代表公司的行为受董事会及出资人的约束和管理。

第九章　党 建 工 作

第一节　党建工作体系

第一百零五条　[党建工作总体要求]

坚持加强党的领导与完善公司治理有机统一，保证党组织在决策、执行、监督各环节有效发挥作用；坚持党建工作与生产经营深度融合，把党建工作成效有效转化为企业发展活力和竞争实力。

第一百零六条　[党建工作基本职责]

（一）把握方向

坚持党对国有企业的领导，保证党和国家方针政策、重大部署在公司贯彻执行；根据国有独资公司的企业组织形式和公共服务类企业属性，准确把握公司发展方向。

（二）前置决策

对公司重大事项进行前置决策，通过集体研究讨论，明确提出意见和建议，提交相关主体履行法定决策程序。重大决策事项包括董事会决策事项、董事会授权决策事项以及由董事会审议后提交出资人决定的事项。

（三）用好干部

研究决定公司重要人事任免，对董事会或总裁(经理)提名的人选进行酝酿并提出意见建议，或者向董事会、总裁(经理)推荐提名人选，会同董事会对拟任人选进行考察，集体研究提出意见建议；研究探索符合公司发展实际需求的干部培养、使用模式，加强干部队伍建设，为公司发展提供支撑。

（四）严格监督

全面贯彻从严管党治党的要求，落实党风廉政建设责任制，严格党内监督；积极参与公司监督体系建设，发挥党组织在保障公司依法经营管理、健康有序运行方面的作用。

（五）凝聚职工

加强对工会、共青团等群众组织的领导并发挥其作用，加强社会责任体系、诚信体系的建设与履行，凝聚职工，形成发展合力。

（六）推进发展

围绕中心、服务大局，坚持服务生产经营、提高公司效益、增强公司竞争实力、实现国有资产保值增值，以推动公司总体发展规划和专项发展规划的制定、实施为抓手，凝心聚力，推进公司发展。

第一百零七条 [加强党组织自身建设]

通过抓思想建设、组织建设、作风建设全面加强党组织自身建设，发挥党组织在公司治理中的核心作用、党员干部在廉洁自律方面的标杆作用、党的工作对公司发展的引领作用。

第二节 群团组织的设立及党对群团工作的领导

第一百零八条 [工会、共青团组织]

公司根据《中华人民共和国工会法》设立工会组织，开展工会活动，依法维护职工的合法权益，公司研究决定改制以及经营管理方面的重大问题、制定重要的规章制度及其他与职工切身利益有关的事宜时，应当听取公司工会的意见，并积极通过各种形式听取职工的意见和建议，实行民主管理。

公司根据《中国共产主义青年团章程》的规定，设立共青团组织，开展团组织活动，引导青年员工积极参与公司改革发展。

公司应当为工会、共青团等群团工作的开展提供必要的条件。

第一百零九条 [党对群团工作的领导]

公司党委应加强对公司群团组织的政治领导、思想领导、组织领导，发挥公司群团组织团结动员职工群众干事创业的重要作用。

公司党委应当根据公司的公共服务类企业属性，通过工会、共青团等群团组织支持志愿服务活动，在保障重大任务、支援抢险救灾、应对重大突发事件中发挥积极作用。

第十章 财务制度

第一百一十条 [财务会计制度的建立]

公司应当依照法律、行政法规和国务院财政部门的规定建立本公司的财务、会计制度。除法定的会计账簿外，不得另立会计账簿。对公司资产，不得以任何个人名义开立账户存储。

第一百一十一条 ［外派财务总监制度］

公司财务总监由出资人委派，任期按有关文件规定执行，其职权由出资人规定。

第一百一十二条 ［财务会计报告、公司审计和聘用会计师事务所］

公司应当在每一会计年度终了时编制符合法律、行政法规和国务院财政部门规定的财务会计报告，并依法经有相应从业资格的会计师事务所审计。公司应当向聘用的会计师事务所提供真实、完整的会计凭证、会计账簿、财务会计报告及其他会计资料，不得拒绝、隐匿、谎报。

第一百一十三条 ［法定公积金的提取］

公司分配当年税后利润时，应当提取利润的百分之十列入公司法定公积金。公司法定公积金累计额为公司注册资本的百分之五十以上的，可以不再提取。公司的法定公积金不足以弥补以前年度亏损的，在依照前款规定提取法定公积金之前，应当先用当年利润弥补亏损。

第一百一十四条 ［任意公积金的提取］

公司从税后利润中提取法定公积金后，出资人可以决定从税后利润中提取任意公积金。

第一百一十五条 ［财务风险控制制度］

公司应建立科学的财务风险控制制度，并根据出资人的有关规定建立重大财务事项报告制度。

第十一章 解散与清算

第一百一十六条 ［公司解散的事由］

公司因下列原因解散：

（一）公司章程规定的营业期限届满或者公司章程其他条款规定的解散事由出现；

（二）出资人决定并经上海市人民政府批准解散；

（三）因公司合并或者分立需要解散；

（四）依法被吊销企业法人营业执照、责令关闭或者被撤销。

第一百一十七条 ［清算组的成立］

公司因第一百一十六条第（一）项、第（二）项、第（四）项规定而解散的，应当在解散事由出现之日起十五日内成立成员不少于三人的清算组，开始清算。清算组由出资人指定。

第一百一十八条 ［清算组的职权］

清算组在清算期间行使下列职权：

（一）清理公司财产，分别编制资产负债表和财产清单；

（二）通知、公告债权人；

（三）处理与清算有关的公司未了结的业务；

（四）清缴所欠税款以及清算过程中产生的税款；

（五）清理债权、债务；

（六）处理公司清偿债务后的剩余财产；

（七）代表公司参与民事诉讼活动。

第一百一十九条 ［债权申报通知和公告］

清算组应当自成立之日起十日内通知债权人，并于六十日内在报纸上公告。债权人应当自接到通知书之日起三十日内，未接到通知书的自公告之日起四十五日内，向清算组申报其债权。

债权人申报债权，应当说明债权的有关事项，并提供证明材料。清算组应当对债权进行登记。

在申报债权期间，清算组不得对债权人进行清偿。

第一百二十条 ［清算方案、清算期间对公司财产分配的限制］

清算组在清理公司财产、编制资产负债表和财产清单后,应当制定清算方案,并报出资人及/或人民法院确认。

公司财产在分别支付清算费用、职工的工资、社会保险费用和法定补偿金,缴纳所欠税款,清偿公司债务后的剩余财产归出资人所有。

清算期间,公司存续,但不得开展与清算无关的经营活动。公司财产在未按前款规定清偿前,不得分配给出资人。

第一百二十一条 [清算报告和公司终止程序]

公司清算结束后,清算组应当制作清算报告,报出资人及/或人民法院确认,并报送公司登记机关,申请注销公司登记,公告公司终止。

第一百二十二条 [清算组成员的义务、责任]

清算组成员应当忠于职守,依法履行清算义务。

清算组成员不得利用职权收受贿赂或者其他非法收入,不得侵占公司财产。

清算组成员因故意或者重大过失给公司或者债权人造成损失的,应当承担赔偿责任。

第一百二十三条 [宣告破产]

清算组在清理公司财产、编制资产负债表和财产清单后,发现公司财产不足以清偿债务的,应当依法向人民法院申请宣告破产。

公司经人民法院裁定宣告破产后,清算组应当将清算事务移交给人民法院。

公司被依法宣告破产的,依照有关企业破产的法律实施破产清算。

第十二章 劳动人事

第一百二十四条 [劳动合同制]

公司实行全员劳动合同制,根据《中华人民共和国劳动法》与职工建立劳动关系。

第一百二十五条 [工资制度]

公司应依法建立健全劳动工资制度。

第一百二十六条 [社会保险的缴纳]

公司依法为职工缴纳社会保险。

第一百二十七条 [保护职工合法权益]

公司积极保护职工的合法权益,依法与职工签订劳动合同,参加社会保险,加强劳动保护,实现安全生产。公司与工会就劳动报酬、工作时间、福利、保险和劳动安全卫生等事项依法开展集体协商,签订集体合同和专项集体合同。公司采用多种形式,加强公司职工的职业教育和岗位培训,提高职工素质。

第十三章 社会责任和突发事件处理

第一百二十八条 [社会责任]

公司从事经营活动应当遵守法律、行政法规,加强经营管理,提高社会效益和经济效益,接受人民政府及其有关部门、机构依法实施的管理和监督,接受社会公众的监督,承担社会责任,对出资人负责。

公司在实现企业自身经济发展目标的同时,将自身发展与社会协调发展相结合,积极承担社会责任,落实可持续发展和科学发展观,重视公司与利益相关者、社会、环境保护、资源利用等方面的非商业贡献,致力于创造良好的社会效益,实现公司与社会可持续发展。

公司应当积极开展城市发展、环境保护、社区建设等公共事业,努力实现服务民生、服务社会的经营使命。

进一步深化公司社会责任意识，健全社会责任管理体系，完善社会责任信息披露和沟通机制，适时建立社会责任报告制度，定期或不定期发布社会责任报告，内容应当包括公司劳动关系制度建设和职工利益保障等情况，全面提升公司社会责任工作的能力和水平。

公司致力于开展各种形式的企业社会责任公共活动，持续关注企业自身社会责任建设，推动企业积极参与社会公益事业，依法承担更多的社会责任。

公司将坚持依法经营、诚实守信、勇于担当，不断提高经营能力，切实提高服务质量与水平，加强资源节约和环境保护，推进自主创新与技术进步，保障生产安全，维护职工合法权益，参与社会公益事业。

第一百二十九条　[安全生产]

出资人按照法律、行政法规的要求，履行安全生产监管职责。公司作为全面落实安全生产的责任主体，建立安全生产长效机制，防止和减少生产安全事故，保障公司职工和公众的生命财产安全。

第一百三十条　[突发事件]

突发事件是指突然发生的、有别于日常经营的、已经或者可能会对公司的经营、财务状况和公司声誉产生严重影响的、需要采取应急处理措施予以应对的偶发性事件。

对突发事件的应急管理，应建立快速反应、应急处理、舆情收集和信息报送机制，最大限度降低突发事件给公司造成的影响和损失，保持公司正常的经营秩序和稳定，维护社会公共利益和公司利益的统一。

公司发生突发事件应立即向出资人进行报告并建立突发事件报告制度。

必要时，公司可以邀请公正、权威、专业的机构协助解决突发事件，以确保处理突发事件时的公众信誉度及准确度。

第十四章　其他事项

第一百三十一条　[信息披露制度的衔接]

如公司对外投资参股、控股上市公司，行使股东权涉及信息披露时，应与上市公司信息披露制度衔接。

第一百三十二条　[用语解释]

公司章程中“以上”“以下”的表述均包含本数。

第一百三十三条　[未尽事宜的执行]

公司章程未尽事宜根据相关法律法规执行。

第一百三十四条　[章程的生效和解释]

公司章程由出资人签署批准后生效，由出资人负责解释。

出资人：上海市国有资产监督管理委员会（盖章）

索　　引

说明：

一、本索引采用主题词分析索引法，按主题词首字的汉语拼音字母顺序排列(同音字按声调)；首字相同，按第二字音序排列。以此类推。

二、索引主题词后面的数字表示词条所在页码。

三、表格索引按在正文出现顺序排列并置于本索引末尾。

关键词索引

人名索引

表格索引

编　后　记

上海久事(集团)有限公司前身是1987年成立的上海久事公司(简称久事)。2017年4月下旬,久事办公室主任主持召开第一次修志工作会议。修志办的成立和办公场所的落实,标志着久事正式启动修志工作。

久事计划用半年时间做好修志工作组织落实和业务培训工作。修志办专程到东浩兰生集团、上海建工集团学习取经。随后,还到上海申通地铁集团有限公司学习OA系统修志软件应用开发。2018年年初,久事修志办采用的OA系统修志软件正式上线运行。对修志上下限问题,经请示上海市地方志办公室(简称市志办)同意久事集团修志上限为1987年,对1987年前一些大事、要事,作适当追溯。下限到2017年,因2017年是久事成立30年,为叙事完整,下限至2017年较稳妥。2019年年底,因久事集团主要领导调整,一些重要事项和照片作适当顺延。修志办逐一到各直属企业、机关部室了解熟悉情况,为制订第一稿篇目作准备。

同时,组建队伍并成立"久事修志工作群";在初步调研基础上,制订完成第一稿篇目,确定为8篇;随后,进行三次修志业务培训,引导各直属企业、机关部室责任人尽快入门,基本达到培训预期效果。

2017年12月18日,久事召开《上海市级专志·上海久事(集团)有限公司志》(简称《久事志》)编纂委员会成立大会,久事集团党委书记、董事长龚德庆在会上讲话时指出,准备用三年时间完成修志任务,即2018年资料搜集,2019年写稿,2020年出版。市志办党组书记、主任洪民荣在会上对久事修志工作提出殷切希望和要求。

2018年是资料搜集年。修志办坚持每月通报一次各单位、各部室资料卡片上交审核情况并作书面通报。据一年资料搜集统计数据看,各直属企业上交资料卡片6 375张,合格5 748张,合格率90.16%。机关部室上交资料卡片2 400张,合格2 173张,合格率90.54%。初步估算,共搜集资料300余万字。

同时,邀请久事老领导和现任领导讲解久事创业发展经历。一年来,修志办先后请老领导张桂娟、张惠民、胡岳义、孙金富、洪任初、毛小涵、张建伟等回顾久事各个时期发展创业历程,还邀请张新玫、姜澜、孙冬琳等领导回顾财务、体育、房地产发展经历,久事每走一步,都付出辛勤汗水。发展改革和创业艰难,只有亲身参与的人,才知其中甘苦。修志办还请上海强生控股股份有限公司(简称强生控股)老领导讲解强生控股发展变化历程。还请上海久事置业有限公司老领导、老同志回顾房地产和外滩楼宇置换历程,这对久事修志广泛搜集有特色资料,是一次"锦上添花"。

一年来,修志办共走访直属企业、机关部室,面对面开会、协调、沟通、商议达100多次,从一年协调工作实践看,达到一定效果。

修志办在做好面上工作外,还认真查阅档案资料。据统计,查阅1987至2006年档案资料,共计3 415卷,摘录资料近200万字;加上各直属企业、机关部室搜集的资料,共计500多万字。在资料搜集过程中,广泛听取各方面意见和建议,修改完善第二稿篇目,将"九四专项"单独列一篇,以突出久事在实施"九四专项"投融资方面为上海基础设施建设所作出的特殊贡献。第二稿篇目设置为9篇。2019年年初,久事召开2018年资料搜集工作总结表彰会,这标志着大规模资料搜集暂告一段落。

2019年是写稿年，修志办加快查阅档案速度，查阅2007至2015年档案，摘录档案资料200多万字。修志办根据资料搜集情况，讨论修改第三稿篇目，又从9篇调整为8篇，将“员工篇”调整为“员工管理”，放至“管理篇”中。第三稿篇目共为8篇。最终，2019年6月，确定写稿篇目，即第四稿篇目为8篇、48章、179节。责任编辑冯琪负责机构篇、“九四专项”篇、投融资篇，黎宇海负责经营篇、党群篇，王致欣负责管理篇，张怡清负责企业文化篇、人物・荣誉篇。郑浩坤、徐夏临负责全面协调和志稿总述、大事记以及志稿的总纂和统稿工作。12月30日，经责任编辑顽强拼搏，《久事志》(评议稿)基本完成，上交市志办，接收市志办组织的“评议、审定、验收出版”三个阶段工作程序，宗旨是确保志书质量。

2020年3月13日，收到市志办邀请的11位专家对《久事志》的书面评议意见，并及时整理发给各责任编辑。3月31日，办公室在久事集团总裁办公会议就专家意见如何修改作汇报。4月9日，久事集团副总裁召开相关直属企业、机关部室补充搜集资料专题会议，并就补充资料上交时间作出部署。5月8日，责任编辑经过修改，基本完成《久事志》(审定稿)，上交上海市地方志办公室，再次接受领导和专家审定。修志办还给每个直属企业、机关部室送去审定稿1本，给相关老领导送去20本，请有关人员同时审阅修改。

2020年6月17日，市志办组织9位专家在久事大厦召开《久事志》审定会议。专家们在会上又提出修改意见或建议。随后，修志办对专家意见进行整理，并发给责任编辑，要求要消化吸收专家提出的合理意见并全部采纳。6月23日，办公室就修志办下阶段工作进行讨论，要求以“任务单”形式确定每位责任编辑修改任务。7月6日，办公室召开会议对每位责任编辑修改任务作最终明确。随后，安排3人进行统稿，并由修志办作最后汇总，10月中旬送市志办。

2020年11月10日，市志办对《久事志》进行验收并予以通过。随后，根据市志办领导意见，修志办又对《久事志》进行全面修订和调整，最终确定第六稿篇目为8篇、43章、177节、387目，并于12月送出版社。

需要指出的是，《久事志》编纂工作是一项专业性很强的工作，由于编者思想认识水平有限，编纂工作时间仓促，以致志书中难免会有这样那样的疏漏、缺点和不足，恳请久事集团新老员工和广大读者批评指正。

《上海市级专志・上海久事(集团)有限公司志》编纂委员会办公室

2020年12月

图书在版编目(CIP)数据

上海市级专志. 上海久事(集团)有限公司志 / 上海市地方志编纂委员会编 .— 上海 ：上海社会科学院出版社，2021

ISBN 978 - 7 - 5520 - 3541 - 4

Ⅰ. ①上… Ⅱ. ①上… Ⅲ. ①上海—地方志②国有企业—投资公司—概况—上海 Ⅳ. ①K295.1②F832.39

中国版本图书馆 CIP 数据核字(2021)第 063538 号

上海市级专志·上海久事(集团)有限公司志

编　　者：上海市地方志编纂委员会
责任编辑：陈如江　包纯睿
封面设计：严克勤
美术设计：黄婧昉
出版发行：上海社会科学院出版社
上海顺昌路 622 号　邮编 200025
电话总机 021 - 63315947　销售热线 021 - 53063735
http://www.sassp.cn　E-mail:sassp@sassp.cn
排　　版：南京展望文化发展有限公司
印　　刷：上海中华商务联合印刷有限公司
开　　本：889 毫米×1194 毫米　1/16
印　　张：48
插　　页：41
字　　数：1388 千字
版　　次：2021 年 6 月第 1 版　　2021 年 6 月第 1 次印刷

ISBN 978 - 7 - 5520 - 3541 - 4/K·601　　定价：580.00 元